U0901261

长沙年鉴

2015

长沙市地方志办公室　编

长沙市政区图
泗湖山镇
白塘
沧港镇
汉寿县
常
德
市
青山岛镇
营田镇
株木山乡
洋陶湖镇
沅江市
益
横岭湖
太子庙镇
茈湖口镇
湘滨镇
军山铺镇
张家塞乡
白泥湖乡
长春镇
南湖洲镇
湘阴县
迎风桥镇
阳
新泉镇
新桥河镇
资阳区
赫山区
八字哨镇
兰溪镇
袁家铺
樟树镇
益阳市
龙光桥镇
岭北镇
金龙镇
桃花江镇
桃江县
乔口镇
东城镇
大栗港镇
泉交河镇
靖港镇
铜官镇
茶亭镇
浮邱山
鸬鹚渡镇
市
沧水铺镇
格塘镇
桥驿镇
石牛江镇
新康乡
高桥乡
朱良桥乡
望城区
丁字湾街道
泥江口镇
(高塘岭街道)
大泽湖街道
乌山镇
双江口镇
青竹湖镇
城郊街道
大福镇
黄金园街道
秀峰
猴家大山
灰山港镇
青华铺乡
金洲镇
岳麓区
煤炭坝镇
宁乡县
玉潭街道
历经铺街道
天顶街道
长
东方红镇
大成桥镇
白马桥街道
夏铎铺镇
沩山乡
回龙铺镇
白箬铺镇
雷锋镇
岳麓山 295.6
黄材水库
喻家坳乡
黄材镇
坝塘镇
雨敞坪镇
省政府
莲花镇
横市镇
双凫铺镇
资福乡
南田坪乡
含浦街道
洋湖街道
高明乡
巷子口镇
沙田乡
老粮仓镇
东湖塘镇
偕乐桥镇
花明楼镇
龙田镇
流沙河镇
枫木桥乡
灰汤镇
金石镇
道林镇
扇子排
青山桥镇
大屯营镇
韶山市
岳塘
长韶娄高速
韶山乡
雨湖区
壶天镇
云湖桥镇
先锋街道
湘
月山镇
铁路
娄
霞城街道
沪昆高速
东郊乡
杨嘉桥镇
湘潭县
涟滨街道
湘黔铁路
石潭镇
娄星区
棋梓镇
湘乡市
娄底市
谭市镇
梅林桥镇
毛田镇
底
娄怀高速
粟山镇
锦石乡
湘
潭
市
荷塘镇
中路铺镇
市
G5513
G319
G60
G320
S61
S41
S70
S01
G107
S71
S7101

湖南省地图院制作

审图号：湘S（2015）042号 二〇一五年十月

2014·长沙荣誉

3月4日　长沙市获评“中国幸福感最强省会城市”

5月9日　在中国宜居城市排名中，长沙市位列“宜居竞争力最好”的城市前50名

8月　长沙市获评中国“七星级慈善城市”

8月20日　长沙市获评“金海豚大奖——2013-2014年度中国会展名城”

9月　长沙市入选为10个国家级公共服务标准试点城市

10月30日　长沙市获评“最具文化软实力城市”

11月　长沙市成为首批“全国和谐社区建设示范城市”

11月18日　长沙市获第三届“中国法治政府奖”

11月28日　长沙市获“国际友好城市交流合作奖”

长沙市获评全国上网服务行业转型升级试点城市

长沙市获评“全国双拥模范城”

长沙市获评“全国地名公共服务示范市”

长沙市获评“全国节水型社会建设示范区”

长沙市基础教育满意度排名全国主要城市第七位

长沙全市地区生产总值（GDP）比上年增长10.5%，增速居全国省会城市第三位

2014·长沙数字

区域总面积：11815.96 平方千米
建成区面积：325.51 平方千米

年末户籍人口总数：671.41 万人
市区人口总数：303.51 万人

地区生产总值：7824.81 亿元
 第一产业增加值：311.90 亿元
 第二产业增加值：4241.25 亿元
 第三产业增加值：3271.66 亿元
人均地区生产总值：107683 元

全年财政总收入：1003.08 亿元
全市公共财政预算收入：632.80 亿元
全市公共财政预算支出：802.38 亿元

固定资产投资：5435.75 亿元
全市粮食总产量：248.50 万吨

社会消费品零售额：3293.55 亿元
商品进出口总值：125.70 亿美元
实际使用外商直接投资：39.70 亿美元

园林绿化地面积：10163 公顷
城市道路面积：4382 万平方米

货物运输量：30449 万吨
旅客运输量：12745 万人次
国际互联网用户：152.83 万户

国际国内旅游总收入：1192.10 亿元
全年接待国内旅游者：10487.10 万人次
全年接待入境旅游者：120.20 万人次

全市拥有科研开发机构：96 个
专利申请量：17763 项
专利授权量：11448 项

普通高等院校：50 所　在校学生：547517 万人
普通中学：292 所　在校学生：364653 万人
中等职业技术学校：52 所　在校学生：118798 万人
小学：937 所　在校学生：481333 万人

全市卫生机构数：4586 个
医疗卫生技术人员：6.67 万人
全市医疗床位：6.36 万张

全市供电总量：2274871 万千瓦小时
城市供水总量：270 万吨 / 日
城市生活垃圾粪便清运量：206.60 万吨

商品房销售面积：1519.20 万平方米
商品房销售额：928.92 亿元
城市居民人均住房面积：46.70 平方米
农村居民人均住房面积：51.80 平方米

金融机构各项存款余额（本外币合计）：11266.10 亿元
金融机构各项贷款余额（本外币合计）：10712.82 亿元

城乡居民储蓄存款余额：3898.85 亿元
城镇居民年人均可支配收入：36826 元
城镇居民人均消费性支出：26779 元

农村居民年人均可支配收入：21723 元
农村居民人均生活消费支出：13147 元

《长沙年鉴》2014 年度人物、

为充分反映长沙人民自强不息、奋发向上的精神风貌，客观记载长沙市践行“六个走在前列”和经济社会发展过程中涌现的典型人物及事件，发挥地方志“存史、育人、资政”的作用，长沙市地方志编纂委员会决定继续开展《长沙年鉴》2014 年度人物、年度事件评选活动。评选 2014 年度长沙市域范围内涌现的对推动全市经济社会发展有突出贡献和典型意义的人物和事件。

10 月 20 日，长沙《长沙年鉴》2014 年度人物、年度事件评选活动终评会议召开

《长沙年鉴》2014 年度人物、年度事件评选活动于 2015 年 3 月启动，截至 6 月 30 日，各区、县（市）及全市各行业共向长沙年鉴编辑部推荐 37 个人物和 39 个事件，根据评选活动方案，由各区、县（市）地方志系统、地方志学会和报刊媒体等推荐产生 17 名专家评委组成评选委员会，于 9 月 8 日召开初评会议，评选出阿迪力、李芳、孟繁英、邓悦、李远护、刘培友、陈宇旭、罗文智、卢松柏、彭玲、周健、彭水林、柳建新、姜鹏鹏、卢瑞雄、刘珏、彭德良、徐进军、张启均、朱光葵 20 人为候选人物；国宝皿方罍回归故里入藏长沙、国家超级计算长沙中心正式运营、望城消防大队被中宣部授予“时代楷模”称号、楚东村入选“国保省保单位集中成片传统村落 ”、湖南首条国际铁路货运班列“湘欧快线”开通、长沙首条地铁线载客运营、西湖文化园开园、长沙获评“中国法治政府奖”、长沙县首次进入全国县域经济十强县、长沙县率先全国创建“零碳县”、长沙市入选国家公共文化服务标准化试点地区、雨花经开区获批“湖南工业机器人产业示范园区”、长沙率先全省公布政府部门权力清单行政职权减少 6094 项、长沙实施史上最严城市管理、

年度事件评选活动简介

长韶娄高速全线通车、芙蓉区实施“十大民生工程”、2014中国（长沙）国际雕塑文化艺术节成功举办、长沙中院判罚世界五百强企业葛兰素史克中国公司30亿元19个事件为候选事件。

9月14日，《长沙晚报》对入选的候选人物、候选事件进行公示，开始为期15天的公众票选，同时在长沙市政府门户网、长沙方志网开通网络投票，并在政法频道、新闻频道进行飞字播出。10月20日，《长沙年鉴》2014年度人物、年度事件评选活动终评工作会议召开，14人的专家评委和17人的公众评委分别对候选人物和候选事件进行投票，按照网络票选、专家评委投票和公众评委投票分别占总票选的30%、40%和30%的比例综合得分。长沙市公证处的工作人员现场对整个评选活动进行了公证，确认评选活动公平、公正、真实、有效。根据综合得分的高低，阿迪力、罗文智、彭水林、孟繁英、李芳、刘培友、邓悦、彭玲、柳建新、陈宇旭10人入选为《长沙年鉴》2014年度人物；长沙首条地铁线载客运营、国宝皿方罍回归故里入藏长沙、长沙获评“中国法治政府奖”、长沙县首次进入全国县域经济十强县、望城消防大队被中宣部授予“时代楷模”称号、沪昆高铁杭长段和长怀段通车，高铁“金十字”会聚长沙、湖南首条国际铁路货运班列—“湘欧快线”开通、国家超级计算长沙中心正式运营、长沙率先全省公布政府部门权力清单行政职权减少6094项、长沙中院判罚世界五百强企业葛兰素史克中国公司 30 亿元10个事件入选为《长沙年鉴》2014年度事件。

10月20日，评委对候选年度人物、年度事件进行评议

《长沙年鉴》2014

阿迪力

■ 湖南梦想起航电子商务有限公司董事长

大学期间，他白手起家，创业卖切糕；云南鲁甸地震，他向灾区捐助50万元物资；他和合伙人设立助学基金，每年拿出10万元资助困难学子。获评2014年度全国民族团结进步模范个人、入选2014年度“中国好人榜”助人为乐好人，被称为“切糕王子”。

罗文智

■ 广汽菲亚特汽车有限公司整车制造部焊装科科长

他指导团队仅用一个月时间完成首台车的在线试制，创菲亚特汽车一百余年历史上的新纪录；他提出的各项优化方案，为公司降低投资成本5850万元；将创新成果直接转化为生产力，为公司节约资金200万余元。2014年获“全国五一劳动奖章”。

彭水林

■ 芙蓉区沁园小区“半截人”便利店老板

他因一场车祸被截去54%的躯体，在沁园小区开“半截人便利店”，依靠小店自食其力，诚实经营的作风和自强不息的精神感动着大家，经常做些励志演讲和志愿者活动。《人民日报》《经济日报》、中央电视台等媒体宣传报道其感人事迹，2014年获评“中国好人榜”诚实守信好人。

孟繁英

■ 长沙孟妈妈青少年保护家园园长

女，她创办全省首个社区青少年禁毒教育基地，注册成立“长沙孟妈妈青少年保护家园”。15年来，她组织志愿者活动，参加人数6万余人次，帮扶矫正失足少年220名，帮扶关爱特殊群体青少年2000余名。获评“2014年度CCTV中国（湖南）法治人物”。

李　芳

■ 长沙市望城区教育局工作人员

女，2008年，她自筹资金创办湖南首家注册民办图书馆——师友图书馆。馆舍面积360平方米，有图书5万册，对外免费开放，接待读者近5万人次，并建立农家书屋专题网站。2009年，温家宝赠送该馆一本签名的《现代汉语词典》。2014年李芳家庭获评全国“五好文明家庭”。

年度人物

刘培友

■ 长沙市公安局天心分局城南路派出所熙台岭社区民警

他 14 年如一日扎根社区，在警务室全面推行 24 小时服务，实行限时办事、预约办事、承诺服务、上门办事等制度，实现共建“零发案”“无涉毒”“无涉赌”“和谐和睦”的社区目标，被誉为居民心中的活雷锋。2014 年获评“全国公安爱民模范”称号。

邓 悦

■ 长沙市雨花区东山街道党工委委员、街道办事处副主任

他担任长重棚改项目指挥部办公室主任期间，面对错综复杂的历史遗留问题，逐户了解群众诉求，耐心解释政策。重病期间，他还在打电话沟通，帮助菜贩小孩解决入学问题。2014 年 9 月 13 日，他因病去世。曾获评“创建全国文明城市工作先进个人”。2014 年 11 月 10 日，中共长沙市委追授“优秀共产党员”

彭 玲

■ 长沙县消防大队大队长（上校）

女，她爱岗敬业，入伍 21 年，先后组织开展消防安全专项整治 80 余项，排查消除火灾隐患 5000 余条，指挥灭火作战 300 余起，参加大型活动消防安全保卫 400 余起。消防执法始终保持“零差错”记录。曾荣立三等功 2 次，获评“2014 年度全国巾帼建功标兵”。

柳建新

■ 长沙市开福区湘女绣庄创始人、高级工艺美术师

女，从事湘绣艺术 40 余年，发扬湘绣独创的“鬅毛针”刺绣法，创作了许多珍贵的湘绣作品，自编湘绣技艺教程，培养了百位优秀工艺师。2014 年，作品《母爱》获中国工艺美术百花杯金奖及首届艾琳国际手工精品银奖。

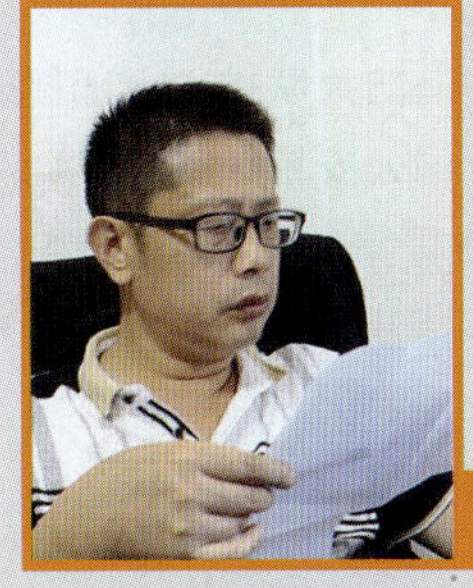

陈宇旭

■ 望城区纪委常委

他在反腐一线工作 19 年，从检察院到纪委，经手查办的违法违纪案件数百件，从未拿原则作交易。他主管案件查办两年来，望城区纪委共立案 199 件，其中大要案 11 件，移送司法机关 11 人，重处率 38% 以上，收缴违纪资金 770 万元，为国家挽回较大经济损失。2014 年《长沙晚报》对其事迹进行报道。省委常委、市委书记易炼红号召全市纪检、监察系统部署开展学习其先进事迹的活动。

《长沙年鉴》2014

长沙首条地铁线载客运营

2014 年 4 月 29 日，长沙地铁 2 号线正式载客运营。地铁 2 号线设站 19 座，线路全长 22.62 千米，总投资 120.64 亿元。该线路串联了汽车西站、长沙火车站、长沙火车南站 3 大客运枢纽和溁湾镇、五一广场、芙蓉广场和袁家岭 4 大公交客流集散中心。

国宝皿方罍回归故里入藏长沙

2014 年 6 月 28 日，流失海外近百年的“方罍之王”皿方罍器身与湖南省博物馆珍藏的皿方罍器盖在长沙举行器身、器盖合体仪式。合体后的皿方罍由湖南省博物馆永久珍藏。皿方罍 1919 年出土于湖南省桃源县，为迄今所见最大、最精美的青铜方罍。

长沙获评“中国法治政府奖”

2014 年 11 月 18 日，长沙市人民政府法制办公室申报的《长沙市政府法制工作规定》获评第三届“中国法治政府奖”。该《规定》于 2012 年 11 月 25 日颁布，2013 年 1 月 1 日正式施行，包含五大机制、三新制度、四项保障，实现了政府法制工作的制度化、规范化、法治化，是全国首部规范政府法制工作的地方政府规章。

长沙县首次进入全国县域经济十强县

2014 年 11 月 1 日，第十四届全国县域经济与县域基本竞争力百强县排名发布，长沙县首次进入全国十强，位列第九。该县全年地区生产总值 1100.6 亿元，增长 11%；工业总产值 2128.3 亿元，增长 12.5%；财政总收入 207.2 亿元，增长 15.1%；全年公共财政预算支出 104 亿元，首次突破 100 亿元。

望城消防大队被中宣部授予“时代楷模”称号

2014 年 8 月 26 日，望城区公安消防大队被中宣部授予“时代楷模”称号，是湖南省和全国公安系统唯一获此殊荣的代表。36 年来，该大队官兵先后参加灭火救援战斗 6000 余次，组织社会救助 3000 余次，成立全国首个消防特殊教育基地，编排全国首套安全知识手语操。

年度事件

沪昆高铁杭长段和长怀段通车高铁“金十字”会聚长沙

2014 年 12 月 10 日，沪昆高铁杭长段全线通车，与已开通运营的沪杭段对接。12 月 16 日，沪昆高铁长怀段全线通车，标志着沪昆高铁湖南段全线通车。至此，长沙已与全国 16 个省会（直辖市）高铁动车直达，宣告湖南与长三角地区地面交通从此进入高铁时代。

湖南首条国际铁路货运班列“湘欧快线”开通

2014 年 10 月 30 日，湖南省首条直达欧洲的国际铁路货运专列“湘欧快线”开行。“湘欧快线”规划为“一主两辅”，主线是从湖南长沙到德国杜伊斯堡，全程 11808 千米，运行时间 18 天。辅线分别抵达乌兹别克斯坦塔什干和俄罗斯莫斯科。

国家超级计算长沙中心正式运营

2014 年 11 月 4 日，国家超级计算长沙中心在湖南大学正式运营，标志着湖南成为国内拥有千万亿次以上超级计算能力的“超算大省”之一，也是国内首个建址于高校的国家级超级计算中心。该中心采用的“天河一号”主机系统是由国防科技大学研制，其峰值速度为每秒 1372.5 万亿次。

长沙率先全省公布政府部门权力清单行政职权减少 6094 项

2014 年 11 月 12 日，长沙对外公布《长沙市政府部门权力清单》和《长沙市行政审批项目流程清单》，经过精简，权力清单仅保留行政审批事项 219 项和行政职权 3393 项，行政职权减少 6094 项。市本级行政审批事项精简 58.2%，部门行政职权精简 61.7%。《人民日报》《新闻联播》对简政放权“长沙经验”进行重点推介。

长沙中院判罚世界五百强企业葛兰素史克中国公司 30 亿元

2014 年 9 月 19 日，长沙中院依法对葛兰素史克中国公司和马克锐等人的违法行为进行审理，当日宣判。该公司被判罚金人民币 30 亿元，这是迄今为止中国开出的最大罚单。对此案的依法处理表明长沙司法机关严格依法律按程序办案的鲜明态度和长沙厉行法治、创造稳定和可预期投资环境的坚定信心。

编辑说明

一、《长沙年鉴》是在中共长沙市委、长沙市人民政府的领导下，由长沙市地方志编纂委员会主办、长沙市地方志办公室编辑出版的系统记述长沙自然、政治、经济、文化、社会等方面情况的年度资料性文献。《长沙年鉴（2015）》记载2014年度长沙市行政区域内各部门、各行业、各地区的主要工作、重要事件，收录若干文献和统计资料，集中反映长沙改革开放的新进程和经济建设、社会发展的新成绩、新经验及存在的问题。所载资料全面、系统、翔实、准确，是国内外人士了解长沙的权威性工具书。

二、本卷年鉴采用分类编辑法，设部目、分目、条目3个层次，部分分目下设子目，条目为记述基本层次。全书共设有37个部目、174个分目、77个子目、1177个条目。正文体例有概况、条目、附录、资料、图表等，以条目为主体，书中插排彩色专版。

三、本卷年鉴对框架结构进行了适当调整，增设“长沙市党的群众路线教育实践活动”专文；将“先导区·开发（园）区”“交通·邮电”两个类目更名为“湘江新区·开发（园）区”“交通·邮政·通信”；将“政法”类目更名为“法治”类目，并将“长沙市人民政府”类目中的“政府法制建设”分目调整至“法治”类目下，更名为“政府法治建设”；将“地方志工作”分目调整至“文化”栏目；将“社会生活”类目下的“区划调整”的内容分解到“长沙概况”与“城乡建设”两个类目中；将“农村经济”类目中的分目“天气气候与气象服务”中的“天气气候”内容调整至“长沙概况”当中。

四、本卷年鉴所载资料均由全市各部门专人撰写、领导审核，年鉴编辑部编辑人员加工整理后再反馈原单位核对，最后由编委会定稿。统计资料由市统计局提供，文稿中有些地区性、部门性数据，由于统计口径不同等原因，与统计局公布的可能不完全一致，请读者在查阅和引用时注意。

五、本卷年鉴收录市直单位和各区、县（市）负责人名单均以2014年12月31日在职者为准，有任免的分别予以注明。

六、本卷年鉴的编辑出版，得到全市各撰稿单位领导及撰稿人的大力支持，在此表示感谢。希望广大读者和各方面人士提出宝贵意见，使《长沙年鉴》更臻完善。

《长沙年鉴（2015）》编纂委员会

《长沙年鉴》编辑部

《长沙年鉴（2015）》组稿人员

（名字按编目顺序排列）

蒋忠良　罗　颖　张光辉　许　彬　张　婷　魏艳丽　何孟科　刘新宙

申　敏　向　康　田　劲　李国雄　赵春华　张云鹏　付　坤　吴源清

丁泽权　金庭碧　宋万能　易　斌　向　辉　侯文学　陈松林　李龙美

王　晔　罗健宁　谈利兵　刘加强　黄熊飞　高伟栋　袁　晶　向晓芳

谭　立　唐朝阳　向　康　边灿群　赵　睿　刘稳振　罗　俊　易介兵

彭　磊　周新建　陈林希　谢　帆　李　平　杨凯龙　粟威武　彭众评

董　浩　雷传红　肖　湘　李　锋　邓为惠　汪　果　颜利民　兰扬剑

陈　勇　肖体忠　李克明　罗　娜　吴树兵　曾浪平　吴　畅　黄元德

乔艳军　左　威　姚　婵　贺菲菲　刘　毅　曾　懿　陈　娟　邹俊平

夏海军　梁　俊　欧阳军　李　斌　张凤辉　王　俊　王　莉　袁　凌

王海奕　符中华　李　畅　陈　琰　贺　辉　刘祖红　闾辉龙　谢宇娟

张　理　陈　伟　刘　剑　杜　邦　谢诗莺　罗雅清　蒋　菁　周　志

殷志成　邓林飞　盛　利　黄露平　杨　洁　钟　庭　易　荣　刘　园

周　舟　陈炳阳　王凌燕　刘　文　曹　玮　饶洁玲　胡晓江　彭智平

陈大勇　彭　珊　李　敏　徐　玢　李艳玲　邵宝盛　王　勇　田春雷

刘　铁　袁　杜　陈　诚　严　波　黄　沁　李　佳　张宏伟　杨　栋

张　钢　龙群飞　朱慧星　罗　勇　刘瀛洲　李　浩　龙　灿　曾祥林

周玉婷　姚湘炬　谭盛中　吴　瀚　张　茜　刘纵波　罗杰斯　阳爱萍

刘　密　邱　孝　文龙辉　陈　进　黄　露　杨　甜　周玉良　师　毅

曹泽明　陈　懿　田小群　张　薇　陈　念　张　婷　周　鹏　柳　斌

刘少尧　王　亮　廖森胜　周　威　尹凤麟　沈　莹　李　江　凡　张

陈龙华　朱小君　邹　晟　黄　忠　柳　青　欧阳花　谢　静　张克学

曾益清　陈　祀　阳　明　刘孙波　蒋湘锋　魏　箐　汪建业　肖　雄

刘飞飞　朱丰顺　刘　伟　卢　平　贺明明　刘先根　胡　琳　欧阳文芳

杨　佳　廖　凯　钟玲俐　张海舟　龙　苏　周　湛　鲁文倩　袁　科

周红波　鲁素爽　王富英　周义娟　王从福　刘科明　钟　婷　周进银

唐继武　蔡水林

目 录

特 载

专 文

大 事 记

长沙概况

中共长沙市委

长沙市人民代表大会常务委员会

长沙市人民政府

政协长沙市委员会

中共长沙市纪律检查委员会

民主党派·工商联

物业服务

住房保障

住房公积金管理

能源节约

城市管理

地名管理

村镇建设

国土资源与环境保护

国土资源管理

环境保护

湘江新区·开发（园）区

湘江新区

国家级开发（园）区

省、市、县级开发（园）区

财政·税务

财　　政

税　　务

金　　融

银　　行

交通·邮政·通信

城市公共交通

铁　　路

公　　路

水　　路

民用航空

邮　　政

通　　信

农村经济

种植业

畜牧水产养殖

科学技术

科技工作

知识产权保护和运用

高等教育

成人教育

特殊教育

民办教育

文　化

公共文化建设

文学艺术

文化市场管理

文化产业发展

文博工作

卫　　生

体　　育

社会生活

区 县

人　物

统计资料

文件选编

附 录

Main Contents

Rural Economy

Business Service Industry

Tourism

Science and Technology

Education

Culture

Health

Sports

Social Life

Districts and county

Figures

Statistical Data

Selected Papers

Appendix

特　　载

在市委十二届七次全体（扩大）会议上的讲话

中共湖南省委常委、长沙市委书记　易炼红

（2014 年 7 月 1 日）

中共湖南省委常委、长沙市委书记　易炼红

同志们：

受市委常委会委托，我向全会报告今年以来的工作，请予审议。

今年上半年，市委常委会在中央、省委的坚强领导下，深入学习贯彻党的十八大、十八届三中全会精神和习近平系列重要讲话精神，进一步落实“三量齐升”总要求和“四化两型”总战略，坚持以“六个走在前列”统一思想、凝聚力量、协调行动，围绕率先建成“三市”、强力实施“三倍”、加快实现基本现代化奋发作为，统筹抓好稳增长、促改革、调结构、惠民生、保安全、改作风等各项工作，实现了稳中求进、新中求进、好中求进的预期目标。主要抓了以下八个方面：

一、深入学习贯彻习近平系列重要讲话精神，着力在武装头脑、指导实践、推动工作上下功夫

党的十八大以来，习近平发表了一系列重要讲话，深刻阐述了党和国家发展的重大理论和实践问题，提出了许多富有创见的新思想、新观点、新要求，是新的历史条件下我们党治国理政的行动纲领。特别是去年 11 月，习近平来湖南考察指导工作，提出了“一带一部”的新定位和“两个加快”（加快转变经济发展方式、加快实施创新驱动发展战略）的新要求，具有很强的思想性、指导性和针对性。市委常委会坚持把深入学习贯彻习近平系列重要讲话精神作为首要政治任务来抓，以上率下，拓展延伸，学用结合，知行统一，为推进长沙更好更快发展、谱写中国梦的长沙篇章提供了有力的思想保证。

（一）注重勤学善学常学，加深对讲话精神实质的理解。市委多次召开常委会、组织中心组集中学习，并在自学上作出规定、提出要求，突出读原著、学原文，重实际、求实效，抓讨论、谈体会，作示范、当表率，坚持用讲话武装头脑、坚定理想信念、推动实际工作。从 2 月份起，集中三个月时间，在市委党校举办了 8 期专题培训班，组织全市 1600 余名县处级领导干部分批进行了集中学习，市委常委班子成员进行专题辅导。在党的群众路线教育实践活动中，市委常委会又分专题进行集中学习和自学，带动全市各级党组织和党员干部学深学透、入脑入心、真信真用，特别是按照“三严三实”要求，加强党性锻炼和作风锤炼，让人民群众感受到了党员干部作风的新气象新变化。通过深入学、反复学、联系实际学、融会贯通学进一步加深了对讲话基本内涵、立场观点方法、内在联系和科学体系的理解，进一步增强了对讲话的思想认同、理论认同和情感认同。

（二）注重联系长沙实际、工作实际，坚持用讲话精神指导改革发展稳定的实践。习近平系列重要讲话，既是思想上的强大武器，又是行动上的科学指南。市委常委会在深入学习、系统学习讲话精神的基础上，注重联系长沙实际和工作实际，用以研究谋划工作、指导推动工作，以使命在身、重任在肩的强烈担当精神和省会意识，把学习成果转化为率先建成"三市"、强力实施"三倍"、加快实现基本现代化、大步践行"六个走在前列"的战略目标，转化为稳中求进、新中求进、好中求进的发展思路，转化为推进转型创新发展、全面深化改革的具体行动。市委常委会还按照习近平对湖南作出的"一带一部"新定位和"两个加快"新要求，明确提出把长沙打造成为"一带一部"核心增长极，以湘江新区申报国家级新区，以临港、临空、临铁为依托建设长沙东部开放型经济走廊，并从经济、城乡、社会三个层面推进转型创新发展，加快打造长沙经济升级版，加快建设品质长沙，加快省会城市治理体系和治理能力的现代化。

二、深入扎实开展群众路线教育实践活动，保持作风建设常态推进

坚持把抓好教育实践活动作为重大政治任务，科学部署安排，精心组织实施，以严的标准、严的措施、严的纪律做实做细各个环节工作，教育实践活动进展顺利、态势良好。市委常委会率先行动、以身示范，切实担负起受教育与抓活动的双重责任。

（一）抓好学习教育，打牢思想基础。带头开展集中学习和"四个一"学习活动，并带着问题开展了3轮针对性学习。重点学习了习近平关于抓好教育实践活动的重要批示精神和指导兰考县委常委班子专题民主生活会时的重要讲话、中央政治局常委联系点工作座谈会精神、省委关于第二批教育实践活动专题民主生活会工作部署视频会议精神，集中观看了兰考县委常委班子专题民主生活会视频和衡东县委常委班子专题民主生活会视频，进一步领会中央和省委的部署要求，学习借鉴中央政治局常委和省委徐守盛书记联系点的经验做法。通过多次学习讨论、座谈交流，提升了认识、触及了灵魂，打牢了思想基础，增强了行动自觉。

（二）开门征求意见，深入查找问题。带头坚持开门搞活动，真开门、开大门，通过调研走访、座谈交流、个别谈话、会议测评、开设市民热线、设置征求意见箱和网络征询等多种方式，广泛听取各方面意见。带头召开高质量的民主生活会，常委班子成员坚持坦诚相见、直面问题，扎实开展谈心交心，相互征求意见建议。通过对各方面意见的认真梳理，共梳理出对市委常委班子意见建议419条，对常委个人意见建议439条，每名常委都根据职责分工认领了对班子的意见建议，每条意见建议都有人"打收条"。市委常委班子征求意见民主评议满意率达到99.6%，为全市教育实践活动开展发挥了从严从实的示范作用。

（三）坚持边整边改，确保活动实效。对照"三严三实"要求集体查摆班子问题，共同会诊个人问题，在狠抓中央和省、市委部署的36项专项整治任务落实的同时，作出"立行立改十项带头"的公开承诺。市委常委班子及每名市委常委按照衡量尺子严、回应意见诚、查摆问题准、原因分析深、整改措施实的要求，认真撰写了对照检查材料，针对查摆的问题提出整改方向、制定具体整改措施。同时，市委向参加活动的128个单位派出31个督导组，真督实导，从严把关，切实做到"四个不放过"，即学习不抓好的不放过、查找问题不深入的不放过、专题民主生活会质量不达标的不放过、问题整改不到位的不放过；市委常委班子成员领办联系点，深入进行督促指导，分批推出36家执法监管部门、窗口单位和服务行业便民利民措施和立行立改公开承诺，让人民群众切实感受到了活动带来的新成效、新变化。

三、落实转型创新发展要求，着力促进经济平稳较快增长

年初，市委对推进转型创新发展进行了研究部署，明确了园区倍增倍升、产业做优做强、企业创新创造的具体举措，强调要以钉钉子精神抓新项目、好项目、大项目建设，动员和激励全市上下把责任担当到位、把干劲鼓足到位、把工作干实到位。半年来，市委常委会集中精力抓调研调度、督查督办、解忧解难，带领全市各级各部门科学应对经济下行压力，全力推动经济平稳较快增长。1—6月，全市实现地区生产总值3580.06亿元，增长10.1%；完成财政总收入536.81亿元，增长7.1%，其中公共财政预算收入335.83亿元，增长9.1%；完成固定资产投资2573.04亿元，增长18.2%;实现社会消费品零售总额1481.09亿元，增长13.4%。

（一）助推园区经济发展。致力于把园区建设成为产城融合、宜业宜居的现代城市经济综合体，部署"集群式项目满园扩园"和"两型化管理提标提档"两大行动，充分发挥园区在转型创新发展中的主阵地作用。对10个国家级、省级园区开展密集调研，摸实情，解难题，求创新，促发展，并着手研究园区体制机制优化的具体政策措施。对园区招商引资、项目建设定期调度和通报，营造"比学赶超"的发展氛围。1—5月，园区完成规模工业总产值2415.9亿元，增长15.8%，较去年同期提高6.7个百分点；完成规模工业增加值651.6亿元，增长13.4%，较去年同期提高3.9个百分点。

（二）加快培育新兴产业。按照产业做优做强的思路，抓紧制定全市产业布局规划（2014—2020），引导一二三产业科学有序发展。强化移动互联网、电子商务、文化创意、住宅产业化等方面的政策支持，营造氛围，优化环境。围绕项目推进、产能释放和企业帮扶，推动电子信息、汽车及零部件、新材料等产业做强做优。扎实推进现代服务业综合试点，试点成效在全国第二批试点城市中排名第一。1-5月，电子信息、汽车及零部件、生物医药、新材料等产业均保持较快增长，分别达到29%、28.5%、25.2%、20.1%，大大高于全市工业平均增速。

（三）全力推进项目建设。精心谋划重大项目，发布了"六个走在前列"重大项目580个，总投资超过1500亿元。明确要求每个国家级园区年内至少实施1个投资50亿元以上的产业项目，其他园区至少实施1个投资10亿元以上的产业项目。先后两次对重大项目建设进行部署和调度，对重大项目实行市领导联点制度，严格实行包引进、包拆迁、包开工、包投产、包稳定的责任制，积极破解征拆安置、要素保障等难题。在一系列措施的强力推动下，项目建设提速增效明显，一批新项目、好项目、大项目陆续落地或开工，如广汽菲亚特高端SUV、中光通讯二代光纤、尔康淀粉胶囊、杉杉新材等。今年1-5月，全市重大项目完成投资516.5亿元，占年度总投资计划1504亿元的34.3%，比上年同期提高14.6个百分点；投资完成率和新建项目开工率分别达到34.3%和61%，比上年同期分别提高14.6个和29.5个百分点。

四、围绕品质长沙建设，着力提升城乡规划建设管理水平

市委常委会对品质长沙建设进行了全面部署，采取务实、有效举措加以推进，让人民群众切身感受到身边正在悄悄发生着令人欣喜的变化。

（一）以更加科学精细的规划引领品质提升。《长沙城市总体规划（2013—2020）》得到国务院批准，为坚持“一张好的蓝图干到底”提供了规划保障。提出以人为本、文化铸魂、两型引领、统筹协调的规划理念和组团式、串珠式城市发展思路，提升湘江新区、高铁新城等重点区域的规划品质。对湘江15个洲岛进行整体规划招标，加快打造“百里滨水走廊”。在新一轮棚户区改造中坚持规划先行，精心设计街区、景观、建筑和城市天际线，留足绿化空间、休闲空间和公共服务空间，加快打造更加“宜居宜业、精致精美、人见人爱”的长沙城。

（二）以高质量的项目建设支撑品质提升。加快推进重大基础设施项目建设，提升城市承载功能，地铁2号线正式试运营，长沙迎来“地铁时代”；国际会展中心、地铁3号线、万家丽路快速化改造、桐梓坡至鸭子铺通道、高铁站场至空港磁悬浮等重大项目相继开工。湘江新区、高铁新城、省府新区、金霞新区、空港新城等片区开发建设提速提效，一大批项目加紧实施。西湖文化园、两馆一厅等项目进入扫尾阶段，20个社区公园分期分批建设。首次出台城市地下管线建设计划，与城市道路年度计划同步实施，杜绝“马路拉链”现象。

（三）以史上最严的城市管理助推品质提升。围绕建设“清洁城市”，实施史上最严厉、最精细、最到位的城市管理，推出清洗保洁的新举措，制定“五无五净”的新标准，落实“门前三包”的新机制，实行各区、县（市）竞赛排名的新规则，城市清洁度、舒适度和美誉度明显提升。围绕建设“绿色城市”，启动三年造绿大行动，全市铺排项目282个，总投资353亿元，先后对韶山路、营盘路、南湖路、岳麓大道、潇湘路、芙蓉北路和劳动东路等城市主干道进行绿化提质改造，打造了一批林荫道、景观道。围绕建设“畅通城市”，深入整治“黑的”“黑摩”，新增1000台出租车，将公交公司由8家整合为3家；完成东二环等主干道改造，打通嘉雨路、马王堆路等“断头路”，城市交通总体改善。围绕建设“靓丽城市”，对城市出入口和城乡接合部进行整体绿化美化。围绕建设更高水准的“文明城市”，建机制，抓常态，严惩处，推动城市文明程度实现新的提升。

（四）以强有力的环保行动保障品质提升。贯彻“以大爱保护环境、以铁腕治理污染”的理念，重点实施“清霾”“碧水”“静音”三大行动。启动大气污染三年防治计划，总投入77.56亿元，涵盖9大类共138个“清霾”项目；加大湘江流域、浏阳河城区段、圭塘河、龙王港等治理力度，其中湘江库区长沙城区段101个排污口截污改造工程全面实施，10月底将实现“零排放”；加大投入推进新港、暮云、雨花等污水处理厂建设，强化水污染治理的硬件保障；对社会生活噪声、交通噪声、建筑施工噪声、工业噪声实行集中整治和严格执法，为市民营造清净生活空间。

五、牢固树立赢在起跑线的信念，着力推进全面深化改革

始终强调必须赢在全面深化改革的起跑线上，以经济体制改革为重点、为牵引，注重发挥市场“无形之手”和政府“有形之手”的作用，用实打实的行动谋划和推进全面深化改革。

（一）在凝聚改革共识上下真功。市委常委会带头学习党的十八届三中全会精神和中央、省委全面深化改革领导小组会议精神，并通过市委经济工作会议、集中轮训等进行动员部署，强调以“赶考”精神对待改革、以前瞻思维谋划改革、以自觉行动率先改革，引领全市上下做全面深化改革的坚定践行者。

（二）在加强组织领导上下真功。市委成立了全面深化改革领导小组，设置了9个专项小组，明确了各专项小组的主要职责、牵头领导和牵头单位，组建了市委全面深化改革领导小组办公室。市委常委会、市委全面深化改革领导小组多次召开会议，加强对全面深化改革的总体谋划和具体实施，出台实施意见、责任分工、2014年改革要点、工作规则等一系列政策性文件。各专项小组、各区、县（市）切实加强对全面深化改革的领导，组建班子，明晰责任，细化任务，推进工作。市委改革办先后召开两次全体（扩大）会议强化对改革的推动，并着手建立全面深化改革的项目管理机制、建言献策机制、信息报送机制、绩效评估机制。

（三）在推动改革实施上下真功。坚持问题导向、主动作为，聚焦长沙发展中的体制机制问题抓改革推进，部分改革取得了实质性成效，改革红利逐步释放。在行政审批制度改革上，以省委、省政府向长沙下放45项省级经济社会管理权限为契机，出台了“一意见两办法”，向区、县（市）下放了99项市级经济社会管理权限，市本级行政审批事项由428项精简到179项，少于广州、武汉等省会城市。在商事登记制度改革上，前置审批由361项减少为19项，变“先证后照”为“先照后证”，1—5月全市新设立商事主体36889户，同比增长52.1%；注册资本464.7亿元，同比增长95.8%。在城市管理体制改革上，将人财物下放至各区，成立城市管理委员会构建大城管格局，建立健全了市、区、街道、社区四级管理体制。同时，城市规划体制改革、绩效考核体系优化、高新区区划微调等改革举措有效实施；组建湘江新区并正式揭牌，申报国家级新区的工作全面提速。

六、以群众需求为导向，着力打造共建共享的民生乐园

坚持把民之所望作为施政所为，以群众呼声为第一信号，以群众需求为基本导向，全力做好保障和改善民生的各项工作，使人民群众共享民生乐园的舒适感、愉悦感和幸福感。

（一）稳步提升社会保障水平。实施更加积极的就业创业政策，1—5月新增城镇就业66万人，新增农村劳动力转移就业3.26万人，城镇零就业家庭保持动态清零，城镇登记失业率控制在2.9%。大力推进保障性安居工程项目建设，截至5月底全市共开工16935套，开工率69.96%，提前实现任务过半。积极申报全国养老服务业综合改革试点城市，着力加大困难群体、特殊群体、优抚群体的保障力度。城乡低保一体化试点和乡镇（街道）社会救助工作平台建设试点加快推进。

（二）加快推进公共服务均等化。积极推进教育均衡发展，将新改扩建中小学（幼儿园）工作纳入省市实事工程，薄弱学校改造项目已完成50%。大力推进基层医疗机构标准化建设，乡镇卫生院建设已完工2所，开工7所；村卫生室已完工37所，开工40所。启动全市公共文化服务体系建设“提质提效”三年行动计划，促进公共文化资源向基层延伸，打通“最后一公里”。积极应对计生政策调整带来的新变化，健全人口网格化信息管理系统和计划生育利益导向政策体系，人口自然增长率稳定在较低水平。食品安全城市建设深入推进，食品检测合格率保持97%以上。

七、维护社会大局和谐稳定，着力推进社会治理创新

切实担负省会安全稳定的政治责任，着眼于社会治理体系和治理能力的现代化，多措并举推进平安长沙、法治长沙、和谐长沙建设，努力把长沙建成为最具安全感、最具公平正义感的城市之一，实现了不发生重大安全生产事故、群体性事件和舆情危机事件的目标。

（一）社会大局稳定可控。对信访维稳的体制机制进行了调整和完善，抓源头治访，抓依法处访，抓领导责任落实，全国“两会”特护期长沙进京非访登记55人次，比上年减少322人次，同比下降72%。完善和推进社会稳定风险评估工作，健全和落实“三调联动”机制，成功调处各类矛盾纠纷15340起，成功率98.2%。加强对敌斗争，捣毁全省最大的“法轮功”地下团伙。健全反恐防暴处置预案，从严从细从实做好各项安保工作，稳妥有效处置了“3·14”涉疆人员持刀故意杀人案件。始终绷紧安全生产这根弦，铁腕抓好隐患排查、日常监督、问题整改、责任追究，安全生产形势总体稳定。

（二）平安建设全面深化。以对违法犯罪行为“零容忍”的态度，深入开展“春雷行动”，集中对黑恶势力、涉枪涉爆和多发性侵财犯罪等8类违法犯罪活动开展专项打击，有力提升了社会治安管控效能。积极推进平安社区（村）创建、社区综治述职、农村治安保险试点等基层平安建设工作，加强网格工作力量和综治信息化平台建设，实现了网格化管理全覆盖。切实发挥群防群治队伍作用，组织10万名“红袖章”进行常态巡防，提升了人民群众的安全感和满意度。以“街所联动、责任共担”为抓手，对刑事发案数超过500起的乡镇（街道）和12个治安重点地区实行了挂牌督办。积极开展“十百千”暨出租屋“三治三防”专项行动，推动全市实有人口服务管理工作深入开展。

（三）民主政治建设深入推进。由市委、市政府领导领办、督办人大建议和政协提案，就进一步规范社区职能、优化社区工作，深入推进“城中村”改造等问题，深入基层一线调研，倾听人民群众意见，切实解决实际困难。坚持和完善“新春第一访”制度，与民主党派人士、无党派人士、市工商联负责人共商发展大计，支持人大代表、政协委员和社会各界人士围绕长沙经济社会发展等重大课题开展调研，并积极推动调研成果的转化利用。认真落实各级党政领导同志、统战干部与党外代表人士的联谊交友制度。引导各民主党派市委、市工商联加强班子建设，开展社会服务。

（四）社区治理不断完善。围绕把社区建设成为管理有序、服务优质、文明祥和的民生乐园，探索建立新型社区服务管理模式，就改革创新社区治理机制作出部署。在全市24个社区开展了错时工作制试点，有效提升了社区服务能力。大力发展各类社区自治组织、公益慈善组织、中介服务组织，通过政府购买服务等方式引导和支持社会组织参与公共管理、公共服务。按照创新治理体制的要求，积极支持工会、共青团、妇联等参与社会管理和公共服务，大力推进信息化、网格化管理，更好的服务广大市民群众。

八、坚持固本强基，着力提升党的建设科学化水平

以踏石留印、抓铁有痕的劲头，持之以恒推进党的思想、组织、作风、制度和反腐倡廉建设，不断健全党建工作的好机制，积极建设奋发有为的好班子，着力打造素质过硬的好队伍，党的领导核心作用、党组织的战斗堡垒作用、党员的先锋模范作用得到全面加强。

（一）是高度重视思想政治建设。深入学习宣传党的重要理论和重大决策部署，组织开展习近平系列重要讲话、十八届三中全会精神等集中学习和专题培训。扎实推进学习型城市建设，创新开展“微理论·微宣讲”系列活动，围绕“六个走在前列”、弘扬雷锋精神和品质长沙建设，推出了一批研究成果。深入开展率先建成“三市”、强力实施“三倍”、全面深化改革等宣传活动，在中央及省市主流媒体推出了一批重点报道，产生了积极影响。制定实施《长沙市培育和践行社会主义核心价值观（2014—2017年）四年行动计划》，深入开展道德模范、身边好人学习宣传活动，社会主义核心价值理念不断强化。

（二）常态持久推进作风建设和党风廉政建设。深入贯彻落实《市委常委会关于改进工作作风密切联系群众的规定》等“两规定一办法”。严格执行《党政机关厉行节约反对浪费条例》，全市会议费、公款出国（境）费、公务接待费、车辆购置及运行费较上年同期分别下降58.5%、55.7%、80.5%和38.5%。对违规用车、出入私人会所、违规职务消费、“庸懒散”及“小金库”等问题开展十项专项整治，加大明察暗访力度，强化执纪监督问责，对市园林局原党委书记、局长周文等3人作出严肃处理，对7名公车私用人员和8起破坏经济发展环境行为点名道姓公开曝光。深入治理违规赠送和收受礼金礼品问题。通过多措并举，全市干部作风建设取得明显成效。同时，切实强化党风廉政建设中党委的主体责任和纪委的监督责任，积极督促“两个责任”落实，大力支持纪检监察机关转职能、转方式、转作风。以建设“廉洁长沙”为总揽，注重抓早抓小，大力推广“制度+科技+文化”模式，科学有效预防腐败。召开“3·23”党员领导干部廉洁从政警示教育大会。强化反腐倡廉宣传教育，大力推动廉政文化进地铁、进景区、进项目。组织开展“党纪条规教育年”活动，举办重点部门、重点岗位人员廉政培训班，出台《长沙市领导干部任前廉政谈话制度》《长沙市领导干部信访监督谈话制度》等四项谈话制度。先后分两批对 14 家重点单位开展巡查工作。坚持将案件查办作为党风廉政建设着力点，保持反腐高压态势，“零容忍”惩治腐败，今年共立案 247 件，结案 209 件，其中涉及县处级干部 18 件，乡科级干部 32 件，处分党员领导干部 206 人，移送司法机关 22 人，进一步强化反腐败的威慑力。深入开展以案释纪活动，推动案发单位整章建制、源头防腐。

（一）全面加强党员干部队伍建设和基层组织建设。认真贯彻《干部任用条例》，严格落实“六用六不用”选人用人导向，科学规范地选拔任用“狮子型”“老黄牛型”等各类各年龄段干部，实现选准用顺目标。认真开展领导干部在企业兼职（任职）和在社会组织兼职（任职）清理，清理和规范在企业兼职（任职）情况的领导干部 445 名，在社会组织兼职（任职）情况的领导干部 641 名。严肃干部人事工作纪律，着力整治“三超两乱”，采取多种措施整改和消化超配职数，将违规党政分设的 14 家市直单位和 195 家区、县（市）单位全部整改消化到位。出台《加强乡镇街道干部队伍建设的意见（试行）》文件，拿出 13 个名额面向乡镇（街道）事业站所负责人定向考录。部署市直单位党组（党委）书记，区、县（市）委书记开展述职基层党建工作，出台《关于贯彻落实〈中国共产党和国家机关基层组织工作条例〉的实施意见》。对全市 120 个村党组织和 26 个社区党组织软弱涣散进行整治，夯实“最后一公里”的组织基础。完成 1314 个村的换届选举工作，组织 11 万在职党员进社区、抓服务、惠民生。

同志们，市委常委会取得的工作成绩，是省委正确领导的结果，是全市各级党组织和党员干部带领广大群众团结奋斗、不懈努力的结果，特别是在座的各位市委委员、候补委员和广大党员干部在各自的岗位上付出了辛勤的劳动，为全市经济社会更好更快发展做出了重要贡献。在此，我代表市委常委会，向在座的同志们以及全市各级党组织和广大党员干部，表示衷心的感谢！

总结成绩的同时，我们也清醒地看到，市委常委会的工作还存在问题和不足，主要是：对事关长沙发展全局的重大问题研究解决不够，工业“一业独大”、服务业发展滞后的状况尚未根本改变，城市规划建设管理水平有待进一步提升，交通拥堵、环境污染等“城市病”日益显现，“融资难”“征拆难”等制约发展的问题仍然较为突出；抓工作落实的力度亟待加强，率先建成“三市”、强力实施“三倍”、加快实现基本现代化、“六个走在前列”大竞赛活动等方面的部署，还需要以强有力举措和钉钉子的精神推动落实；民生事业改善与群众期望有差距，“三农”工作还存在明显短板，农业、农村基础设施相对滞后，城市公共服务还跟不上城市化的步伐，“看病难”“看病贵”“大班额”“择校热”等问题仍然突出；抓班子带队伍需要进一步加大力度，超编超职数治理任务艰巨，机关干部交流不够，调动干部积极性的办法不多，干部队伍中还存在懒散庸、办事拖拉甚至吃拿卡要等行为。对这些问题，希望各位委员、候补委员和同志们多提宝贵意见和建议，帮助市委常委会改进工作、提升领导能力和领导水平。

推动长沙经济社会发展稳中求进、新中求进、好中求进，圆满完成年初确定的各项目标任务，关键在于落实。市委常委会将始终坚持领在前头、干在实处，与全市干部群众并肩携手、休戚与共，心往一处想、劲往一处使、汗往一处流，以智慧、心血、奋斗和担当，聚神聚焦聚力今年各项工作抓落实，交上一份更好更快发展的优异答卷。

政府工作报告
（摘要）

在长沙市第十四届人民代表大会第三次会议上

市　长　胡衡华

（2015 年 1 月 20 日）

一、2014 年工作回顾

2014 年，在市委的坚强领导下，全市上下认真落实省委、省政府“四化两型”总战略和“三量齐升”总要求，科学应对复杂严峻的宏观经济形势，干在实处，走在前列，经济社会持续健康发展。预计完成地区生产总值 7810 亿元，增长 10%；固定资产投资 5430 亿元，增长 18%；财政总收入 1003.08 亿元，增长 13.49%，其中公共财政预算收入 632.8 亿元，增长 17.92%；规模以上工业增加值 3050 亿元，增长 12%；社会消费品零售总额 3160 亿元，增长 13%；城乡居民人均可支配收入分别为 3.6 万元、2.1 万元，增长 9.4%、10.2%；城镇登记失业率在 2.85% 以内；居民消费价格指数为 102.7；单位地区生产总值综合能耗下降 4%。

全面深化改革实现良好开局。商事制度、行政审批、国资国企、城市管理、投融资、生态文明等重点改革顺利推进，率先公布政府权力清单，商事制度改革有效激发创业活力。

新兴产业支撑作用凸显。汽车及零配件、新材料、电子信息、生物医药等产业产值增速超过 25%，工业“多点支撑”格局逐步形成。上海大众样车下线，广汽菲亚特、广汽三菱、比亚迪扩能增产，汽车产业成为长沙经济新的增长极。

获批国家自主创新示范区。出台鼓励自主创新政策 33 条，获国家发明专利授权 2733 件，万人有效发明专利拥有量居全国省会城市第 4 位，新增国家级孵化器 8 个，长沙高新区创新能力居全国高新区十强。

迈入地铁时代、成为综合性交通枢纽城市。地铁 2 号线一期试运营，日均客流量达 18 万人次，有效方便市民出行。沪昆高铁长杭、长怀段建成通车，与京广高铁“十字”交汇，长沙成为直通 16 个省会的全国重要高铁枢纽城市。黄花机场年旅客吞吐量突破 1800 万人次。

品质长沙建设向升级版迈进。全面开展清洁城市、绿色城市、畅通城市、靓丽城市和更高水准的文明城市建设，实施“清霾”“碧水”“静音”行动，城市更加宜居宜业。

县（区）域经济实力不断增强。长沙县、浏阳市、宁乡县进入全国县域基本竞争力 50 强，分别居第 9 位、第 36 位、第 50 位，浏阳市进入中国最佳县级城市 30 强，开福区、岳麓区、望城区都进入全国科学发展百强区和全国投资潜力百强区。

一年来，我们主要抓了以下八个方面的工作：

中共长沙市委副书记、市长　胡衡华

（一）突出经济转型创新发展

着力推动产业、园区、企业转型升级，传统优势产业得到巩固，战略性新兴产业迅速壮大。开展中小企业转型升级系列服务活动，新增上市公司 3 家，19 家公司在新三板挂牌。促进园区转型提质，望城经开区晋升国家级经开区，长沙经开区成为国家知识产权示范园区，金霞经开区获批国家新型工业化产业示范基地。加快发展现代服务业，新增移动互联网企业 500 余家，产出突破 100 亿元，阿里巴巴长沙产业带全面上线；实现文化产业总产出 1600 亿元、旅游总收入 1192 亿元，欧阳询文化园、柏乐园顺利开园，黑麋峰国家森林公园成为 AAAA 级景区；成功举办国际雕塑艺术节、世界休闲农业论坛、科交会、农博会、国资国企合作洽谈周等节会，现代服务业综合试点考核居全国同批城市首位。大力发展开放型经济，直飞法兰克福、洛杉矶航班开通，湘欧国际货运班列运营，湖南进口商品展示交易中心一期、跨境电子商务监管中心建成，黄花综合保税区正式启动国家审批程序，全市实现进出口总额 115 亿美元，增长 16.2%。

（二）突出重点领域改革

改革商事制度，“先证后照”改为“先照后证”，减少前置审批，降低创业门槛，新设立商事主体 10.96 万户，增长 50.4%。启动新一轮国资国企改革，开展国企战略重组试点，推进国企办社会职能分离、国资分类分层监管。改革城管体制，下放城管执法队伍及部分权限，形成“大城管”格局。深化两型社会建设综合配套改革，大河西先导区更名为湘江新区（筹），开展节约集约用地标准化和环境污染第三方治理试点，实行资源环境审计，推广环境责任保险，全面推行工业排污权交易。改革投融资体制，设立城市发展基金，全面清理、规范管理政府性债务，发布民间资本准入项目156个，总投资1971亿元。启动实施户籍制度、行政区划微调、县域功能分区、现代农业综合配套等改革，浏阳、宁乡公立医院改革稳步推进，农房抵押贷款改革在浏阳试点。

（三）突出重大项目建设

铺排重大项目580个，完成投资1641.1亿元，增长37.8%，新项目开工率90%，增长22.1%。地铁4号线开工建设，地铁1、3号线和2号线西延线、磁浮工程、城际铁路建设进展顺利。新增高速公路通车里程59.6千米，长韶娄高速建成通车。滨河路、黄桥大道三期、湘江大道景观道一期竣工通车，万家丽路快速化改造、黄兴大道、金阳大道、岳宁大道、普瑞西路、书院南路等项目启动建设，黄花机场东扩、湘江枢纽工程三期、新港三期、国际会展中心等项目有序推进。实施集群式项目满园扩园和两型化管理提标提档行动，引进投资50亿元以上产业项目9个，第二代光纤基地、杉杉新材、康师傅生产基地、旺旺乳饮、湘江欢乐城等项目开工建设，蓝思科技浏阳新总部及三期、格力电器生产基地、德思勤广场、金桥国际、湾田国际等项目顺利推进，尔康制药淀粉胶囊项目建成投产，中电软件园、地王广场等项目竣工运营。全市实际利用外资39.5亿美元，增长16.2%；引进市外境内投资1392亿元，增长20%。

（四）突出城市品质提升

按照“一级规划、两级建设、三级管理”要求，推进品质长沙建设。加强城市规划设计，城市总体规划修订获国务院批复，主城区、建制镇实现规划全覆盖，村庄规划覆盖率70%以上。实施“四增两减”政策，完成黄兴北路一期等棚改151.65万平方米，长重、坪塘、清水塘、枣子园、友谊东等棚改顺利推进。西湖文化园、斑马湖湿地公园、洋湖湿地公园三期、巴溪洲水上公园、绍基文化公园开园，新增社区公园20个。加强城市地下管线建设管理。完成城区居民自来水户表改造20万户。加快站场建设，河西综合交通枢纽主体完工，黎托综合客运枢纽试运营。全面开展“三年造绿大行动”，完成造林绿化13733.33公顷，森林覆盖率达54.71%；新建绿地720公顷，建成区绿化覆盖率40%。严格城市管理，拆除违法建筑400万平方米、违章广告牌24.2万平方米，市容环境明显改善，文明城市建设取得新成效。实行长株潭大气污染联防联控，淘汰黄标车和老旧机动车5.2万辆，长沙县开展“零碳县”试点，宁乡县取缔关闭小瓦窑59家，全市空气质量优良天数达227天，同比增加30天；截污改造城区段排污口76个，建成污泥集中处理设施，关停污染企业25家、整治58家，主城区污水处理率达96.88%。建成病死动物无害化处理中心。落实节能减排财政政策，推广新能源和分布式能源，推行绿色建筑1635万平方米，获评国家节约型公共机构示范单位，提前实现“十二五”节能减排目标。

（五）突出城乡统筹发展

提高农业现代化水平，水稻规模化经营面积82873.33公顷，4个万亩蔬菜生产片提质扩面，水果规模经营主体近300家；新增新型农业经营主体1500家，培训现代农业领军人才650余人次，首创成立市农业创业者联合会。推动农业与二、三产业融合发展，农产品加工业销售收入突破1300亿元，建设农产品直销标准店242家；现代都市休闲农业经营收入达52.8亿元。加快新型城镇化步伐，加强与金融机构战略合作，15个试点镇建设投资突破200亿元。改善农村生产生活条件，推行水利建设“民办公助”政策，除险加固重点小二型水库55座，清淤扩容山塘4533.33公顷，疏浚沟渠4500千米；解决43.2万农村人口饮水安全问题；新建农村公路637千米、提质改造378千米，宁乡县率先全省完成农村公路安保工程；改造农村危桥32座、危房6187户；新建乡镇污水处理厂10家，新建改建无害化户厕1.1万座；开展农村环境卫生整治，镇容村貌更加清洁有序。

（六）突出民生改善和保障

为民办实事全面完成。新增城镇就业16.91万人，农村劳动力转移就业5.23万人，失业人员再就业4.27万人，城镇零就业家庭持续100%动态清零。社会保险扩面提标，8865名环卫工人成功参保，企业退休人员养老保险金实现“十连增”。开工建设保障性住房2.8万套（户），发放经适房补贴3525万元，补贴住房租赁8048户。提高低保和五保供养标准，改扩建敬老院13所。加强精品社区建设，获评全国和谐社区建设示范城市。建成乡镇卫生院12所、村卫生室273所和社区卫生服务中心7所，引导社会办医，推进双向转诊，群众就医更加方便。食品安全综合治理深入推进，食品抽检合格率98%以上，长沙县获批国家出口食品农产品质量安全示范区。加大计生特困家庭扶助力度，计生工作整体水平继续保持全省第一，人口自然增长率5.24‰。推进公交都市建设，调整和新增公交线路50条，填补公交空白点80余个，投放出租车1000台，公交车刷卡票价下降30%，市民出行更加经济便捷。

（七）突出社会事业发展

教育基础不断夯实，新建改建城区中小学15所，新增学位两万个，提质改造农村义务教育薄弱学校137所，建设公办幼儿园63所，试点“小升初”划片招生，5个区、县（市）成为首批省教育强区、县（市），职业教育获全国先进，高等教育结构不断优化。文化事业蓬勃发展，成为国家公共文化服务标准化试点城市，获全国文化系统先进集体；建成示范性乡镇综合文化站30个、村（社区）文化室100个，完成广播电视户户通7万户；浏阳文庙祭孔古乐入选国家级非物质文化遗产；电视剧《毛泽东》、湘剧《苏秀才》等作品获国家、省“五个一工程”奖，《把粮食存到“银行”》获评中国新闻奖一等奖。加快体育事业发展，全市人均体育场地1.44平方米，社区（村）健身站点实现全覆盖；获省12届运动会金牌总数、团体总分第一。社会治理不断加强，“天网工程”新增高清摄像头2.7万个、公交移动视频监控4000套，刑事立案明显下降。创新普法方式，积极开展人民调解，加强特殊人群管控，为1.4万名群众提供法律援助，法律保障更加有力。开通网上信访平台，积极化解信访积案，群众合理诉求得到有效解决。完成第九次村委会换届选举。加强来长少数民族流动人员服务管理，引导宗教教风建设。深入开展专项治理，促进安全生产标准化。加强统计预警分析与服务，荣获全国第三次经济普查先进集体。

（八）突出政府作风建设

认真开展党的群众路线教育实践活动，严格执行中央八项规定，开展“四风”专项整治，查处违规案件84件，处分37人；严格机关事务管理，全面腾退超标办公用房；市本级“三公”经费减少31.68%，其中因公出国（境）经费减少37%。实施简政放权，承接省级下放权限82项，向区、县（市）下放市级权限132项，市本级行政审批事项从428项精简为179项，精简58%，其他行政职权由9221项精简后公布3393项，精简61.7%，行政审批较法定时限整体提速50%以上。加强行政效能监察，查办行政问责案件198件，问责单位99家、责任人345人，机关作风明显改进。自觉接受人大和政协监督，认真落实人大及其常委会的决议决定，实行政府领导领办督办制，办理人大代表建议352件、政协委员提案470件，切实解决一批市民反映的实际问题。突出重点领域审计监督，创新审计方法，强化结果运用，市本级完成审计项目938个，核减投资额29.97亿元。加大政务公开力度，完善政务服务体系，“12345”热线成为便民纽带。加强政府法治建设，依法行政和公共服务水平不断提升，荣获第三届“中国法治政府奖”。

同时，民兵预备役建设取得新进展，驻长部队积极支持参与长沙发展，军地军民关系不断加强，双拥工作成效明显。应急管理、防震减灾、外事侨务、人防、对台、档案、市志、供销合作、公积金管理、气象、移民等工作取得新成绩。各民主党派、工商联、无党派人士及工会、共青团、妇联、科协、文联、侨联、台联、社科联、残联、贸促会、红十字会、慈善会、关工委、老龄委等为长沙发展做出新贡献。

各位代表，一年来，我们克服经济下行的巨大压力，面对社会治理的繁重任务，实现了经济稳中有进、社会和谐稳定。这些来之不易的成绩，是省委、省政府和市委正确领导的结果，是市人大、市政协监督支持的结果，饱含了各位代表和委员的智慧心血，凝聚了全市人民的辛勤汗水。在此，我代表市人民政府向全市各族人民，向各民主党派、工商联、无党派人士、人民团体，向驻长部队、武警官兵和政法干警，向所有关心支持长沙发展的各界人士，表示诚挚的感谢和崇高的敬意！

在总结成绩的同时，我们也清醒地看到发展中的困难和问题：受宏观经济下行和多种因素影响，地区生产总值、财政总收入、规模以上工业增加值、社会消费品零售总额等指标增速没有达到年初预期；产业和税收结构有待优化，调结构、转方式压力较大；棚户区、城中村与城市发展不匹配，改造力度有待加大；农村基础设施还不完善，需持续加大城乡统筹发展力度；个别地方和少数企业安全生产意识不强，安全生产形势依然严峻；群众对环境越来越关注，保护和治理任务艰巨；改革进入深水区，少数干部创新精神、担当意识有待增强；行政审批仍需简化优化，政府服务与群众期望还有差距等。对此，我们将高度重视，采取有效措施切实加以解决。

二、2015年形势和目标

2015年是全面深化改革的关键之年，是全面推进依法治国的开局之年，也是全面完成“十二五”规划的收官之年，经济发展迈入新常态。一方面，新常态带来新挑战。房地产等传统投资领域增速减缓，消费潜能有待激活释放，出口规模偏小短期内难有根本转变，长沙经济面临巨大下行压力；传统产业转型艰难，新兴产业比重不高，培育新的增长点需要付出更大努力；利益格局加速调整，利益诉求日趋多元，不稳定因素增多，社会治理任务更加繁重；一批新的法律法规和政策相继实施，发展约束更严，要素瓶颈突出，迫切需要我们转变思维和工作方式。另一方面，新常态蕴含新机遇。经济增速放缓，有利于我们优化产业结构，苦练发展内功，加快转型创新发展；全面深化改革，有利于我们理顺体制机制，分享改革红利，释放自身发展潜能；国家区域发展新战略，有利于我们在中部崛起中增强支撑力、在“一带一部”中提升融合度、在长江经济带中拓展增长极。同时，作为全国重要高铁枢纽、全球百强航空枢纽，长沙辐射力更强；城市品质显著提升，长沙吸引力更大；省委、省政府支持要素向省会集聚，长沙带动力更足。只要我们直面挑战、抢抓机遇，改革创新、主动作为，深刻认识、积极引领、科学驾驭新常态，就一定能牢牢把握区域竞争的主动权，实现更高质量、更好效益的发展。

基于以上形势，2015年政府工作的总体要求是：深入贯彻落实党的十八大和十八届三中、四中全会以及中央、省委、市委经济工作会议精神，主动适应经济新常态，坚持稳中求进总基调，以提高经济发展质量和效益为中心，突出改革推动、项目拉动、创新驱动、开放带动，狠抓产业升级、城市提质、城乡统筹、社会治理、民生改善，推进率先建成“三市”、强力实施“三倍”、加快实现基本现代化，全面完成“十二五”发展目标。

综合考虑各种因素，今年经济社会发展的主要预期目标是：地区生产总值增长9.5%；财政总收入增长11%左右；固定资产投资增长16%；规模工业增加值增长11.5%；单位地区生产总值综合能耗下降2%，化学需氧量、二氧化硫、氨氮、氮氧化物等减排指标完成省下达任务；城乡居民人均可支配收入增长9.5%左右；城镇登记失业率控制在4%以内；人口自然增长率在7.8‰以内；居民消费价格指数控制在103.5左右。

为实现上述目标，在工作中必须牢牢把握以下几点：

（一）坚持在自主创新中加快转型发展

以建设自主创新示范区为契机，把创新作为经济发展的引擎，把企业作为创新驱动的基石，注重发挥企业家才能，鼓励企业家创新创造，支持企业加大创新投入，帮助企业破解创新难题，以企业创新发展推动产业和经济转型升级，提升区域经济核心竞争力。

（二）坚持在提升品质中彰显城市魅力

以建设更高品质的现代化大都市为目标，坚持高起点规划、高融合发展、高品位建设、高水平管理、高效率运行，加强区域交通与产业联系，推动城市建设和产业发展同步，注重现代城市与历史文化融合，推进城乡融合发展和共同繁荣，提升城市整体发展水平，更加彰显国际品质和湖湘文化特色。

（三）坚持在“两型”引领中建设生态文明

正确处理发展与资源、环境的关系，坚持源头严防、过程严管、后果严惩，用严格的法律和制度保护生态环境，持之以恒地推进生态文明建设，让长沙的山更青、水更秀、天更蓝、空气更清新，让广大市民享受优美环境带来的健康与惬意。

（四）坚持在改善民生中凝聚发展合力

加大就业、养老、保障房、医疗、教育等民生投入，着力解决事关群众切身利益的现实问题，更好地保障和改善民生，让广大市民更多更公平地分享长沙改革发展的成果，更加主动地参与支持长沙改革发展。

（五）是坚持在依法行政中强化工作落实

自觉运用法治思维和法治方式推进政府工作，恪守法定职责必须为、法无授权不可为，进一步解放思想，创造性地开展工作，狠抓上级政策、改革举措和工作落实，在严格依法行政中，把能力体现在“会干事”上，把目标锁定在“干成事”上，依法全面履行政府职责。

三、2015 年工作重点

2015 年，我们将认真落实省委、省政府“六个走在前列”的要求，积极探索“五个怎么办”的路径，坚持“稳住、进好、调优”，围绕打造国家区域性中心城市、全国综合型交通枢纽城市、全国创新创意城市和“一带一部”核心增长极，重点抓好以下工作：

（一）推进创新驱动发展

启动自主创新示范区建设。充分发挥企业的主体作用和科研机构的能动作用，深入实施“3635”人才计划，支持院士专家工作站建设。运用市场机制加大科技研发投入，引导天使投资人、种子基金发展，创造条件让知识产权自由流动。依法打击知识产权侵权行为，保护和激励创新创造积极性。加强区校合作，建设中南大学科技园研发总部、湖南省大学科研成果转化中心，促进科技成果就地转化。

促进园区转型提质。将新型工业化作为第一推动力，发挥园区主战场作用，坚持差异化发展，深入实施集群式项目满园扩园和两型化管理提标提档行动，全方位提升园区规划建设管理、产业配套、公共服务品质，全力打造宜居宜业、产城融合的现代城市经济综合体。推动国家级园区向千亿级、省级园区向 500 亿级发展。支持金霞经开区创建现代物流示范园区。促进并规范工业地产发展，推广宁乡“飞地经济”模式。支持企业在资本市场融资，培育知名上市公司。

大力发展战略性新兴产业。在巩固提升工程机械、食品加工、家电、花炮等传统产业的同时，加快发展电子信息、汽车制造、新材料、生物医药、节能环保等战略性新兴产业。以高新区为基地，加快北斗导航产业化；以长沙经开区为重点，加快发展集成电路产业；以浏阳经开区为重点，打造移动智能终端生产基地；以宁乡经开区为重点，加快发展智能家电产业；以望城经开区为基地，发展光电产业；以雨花经开区为依托，打造湖南工业机器人产业示范园；以岳麓科技产业园为重点，发展检验检测设计产业。

加快发展现代服务业。顺应个性化、多样化消费新趋势，创新商业业态和模式。加快湖南移动互联网产业基地建设，支持云计算服务业发展。大力发展仓储物流、研发设计、服务外包等生产性服务业，推进中部进出口加工物流中心、传化集团公路港物流、钢铁期货交割库建设。合理规划专业市场，引导金桥、湾田、高岭等大型市场发展，加快马王堆、红星等市场外迁，支持公益性农贸市场建设。加大重点景区保护性开发力度，加强岳麓山景区管理，加快大围山国家生态旅游示范区建设，创建灰汤国家旅游度假区。推进文化创意与相关产业融合发展，打造文化创意“云谷”，加快天心文化产业示范园、长沙（国家）广告产业园、湘台文化创意园、后湖国际艺术区建设。大力发展健康、体育、会展等产业。提升服务业支撑能力，实现服务业增加值增长 10%。

（二）推进重大项目建设

加快重大产业项目建设。实现上海大众、克莱斯勒吉普、比亚迪电动轿车规模化投产，大力发展新能源汽车，增强汽车产业竞争力。启动网讯通等项目建设，推进中兴通讯研发基地、第二代光纤基地、湖南粮食集团宁乡产业园、洋河酒业湖南生产基地、东湖壹号总部基地、国金中心等项目建设，实现蓝思科技浏阳新总部及三期等项目建成投产。

加快重大基础设施项目建设。启动地铁 5 号线建设，加快地铁 1 号、3 号、4 号线和城际铁路建设，实现磁浮工程车通、地铁 2 号线西延线试运行。完成万家丽路快速化改造，建成河西综合交通枢纽。推进火车新北站二期和新港三期建设，完成湘江长沙综合枢纽工程。

创新招商引资方式。在支持现有企业升级改造壮大的同时，以更大力度招商引资，形成部门、区、县（市）、园区、企业多元招商格局。瞄准世界 500 强企业和知名企业，强化产业链招商、专业招商、常态化招商，引进产业链前端、价值链高端的优质项目、龙头企业，不断增强发展后劲。

（三）推进品质长沙建设

强化规划引领。推行“多规合一”，完善控制性详规和专业规划，强化规划刚性执行。优化城市整体风貌、道路景观、建筑形态和大际线，加强重点片区、重要节点的城市设计和环境设计，开展黄兴北路城市景观设计和潮宗街历史文化街区规划设计。提升片区规划品质，完成苏托垸、解放垸规划编制。提升村庄规划覆盖率，让田园风光与乡村文明完美融合。

完善城市功能。启动侯照路、中青路北沿线等道路建设，推进金阳大道、岳宁大道、石长铁路复线建设，实现星沙联络线、洞株公路、芙蓉北路北延线、京港澳复线望城段通车，进一步打通断头路，优化社区交通微循环。新建六水厂，提质改造三水厂和八水厂，完成城区居民自来水户表改造 10 万户。切实加强地下管线建设管理，推动地下综合管廊建设。加强历史文化名城保护与建设，加大风景名胜、古井名泉、古树名木和非物质文化遗产保护力度，将历史文化融入城市细节打造。推进湘府文化公园、清泉寺公园、隆平公园、八方山公园建设，完成谷山体育公园、沙湾公园建设和烈士公园改造，新建一批社区公园。

加快棚户区和城中村改造。按照“四增两减”的要求，重点实施黄土塘、南湖、火车北站、桐梓坡、雅塘、长机、新建西路等棚户区改造，加快火炬、石人、茶子山、朝正垸、天华等城中村改造，提质老旧社区 10 个，推进背街小巷改造。

加快公交都市建设。加强公交站、停车场建设，基本实现公交车进站停放，多渠道增加中心城区停车位。优化公交线路，引导市民公交出行，提升道路畅通能力。

提升城市管理水平。重点整治城郊接合部、仓储物流、三环两厢和立交桥周边环境，治理违法建设、无序设摊，拆除违法建筑300万平方米以上。继续加大造绿力度，实施重大绿化项目20个、重点干线绿化10条，新增绿地666.67公顷，完成立体绿化20万平方米。深入推进更高水准的文明城市建设，广泛动员市民参与、体验、支持城市管理，增强市民的认同感和主人翁精神，不断提升文明素养。

（四）推进区域协同发展

加快湘江新区建设。加大国家级新区申报建设力度，加快滨江、洋湖、梅溪湖、大王山四大重点片区建设，推进梅溪湖路西延线、潇湘大道和坪塘大道南延线、莲坪大道学士段等重要节点项目建设，加强教育、医疗等公共服务设施配套；着力引进高新技术和战略性新兴产业，发展总部经济和现代服务业，促进重点片区与周边区域融合发展，培育长沙新的增长极。

打造东部开放型经济走廊。充分发挥东部现代立体交通优势，以高铁新城、空港城、霞凝港为支撑，以先进制造、现代物流、加工贸易、文化创意、服务外包等产业为重点，大力发展临铁、临空、临港经济，推动黄花综合保税区、金霞保税物流中心等开放平台建设。加强湘赣边县市合作，建设湘赣边区域合作经济带。

推进重点片区建设。推动高铁新城规划提升、建设提速，建好高铁长沙南站东广场，加快国际会展中心建设，完善基础设施配套，打造城市新名片。加快省府新区配套建设，优化解放垸、暮云片区产业和功能布局，繁荣长株潭商圈，打造靓丽南大门。推进隆平新区建设，打造种业“硅谷”。加快望城经开区产业发展和滨水新城功能性开发，构建辐射洞庭湖生态经济区增长极。

（五）推进重点领域改革

深化行政审批制度改革。完善权力清单、监管清单、负面清单，进一步简政放权。以建设领域为重点推行并联审批，优化审批流程，提升审批效率。

深化商事制度改革。精简后置审批事项，完善商事主体信息平台，强化审批效能监察和后续监管，探索工商营业执照、组织机构代码证、税务登记证“三证合一”，充分释放社会资本潜能。

推进国资国企改革。实施市属国有企业战略重组，组建交通集团、国资集团、国投集团，推动国有资本向重点行业、关键领域集中。加强国资监管体系和制度建设，促进国资集中、统一监管。加快政企分开，完善企业法人治理结构，发展混合所有制经济，着力解决国企改革遗留问题。

推进投融资体制改革。推广公私合营（PPP）模式，推动资产证券化，引导社会资本进入更广领域。支持长沙银行成立金融租赁公司，加快功能性、公益性公司转型发展。加强政府债务管理，建立“借、用、还”相统一的举债融资机制；规范民间借贷、担保服务，打击非法集资放贷，强化动态监控和风险提示，防范化解债务与金融风险。

推进财税体制改革。建立全口径预算管理制度，健全预算稳定调节基金制度，压缩部门预算支出。推动“营改增”全面实施。逐步建立事权和支出责任相适应的制度。

深化行政体制改革。完成政府机构改革，稳步推进事业单位分类改革，加大机构和职责整合力度，明晰权责关系，转变政府职能，形成精干高效的政府组织体系。理顺湘江新区与区（县）、园区和市直部门关系，合理配置内部职能。完成城区公证体制改革，理顺城市园林绿化、城市路桥管养等体制。

深化农业领域改革。加快现代农业综合配套改革试验区建设，完善农村土地经营权流转政策，稳妥推动农地入市改革，促进农业资源资本化。开展大瑶强镇扩权试点。推进国家新型城镇化综合改革试点，建立农业转移人口市民化成本分担机制，改革完善农村宅基地制度，实施一元化户口登记制度。

推进社会领域改革。开展养老服务业综合试点，深入推进公立医院改革。培育社会组织，创新社区治理，完成第九次社区居委会换届选举。

（六）推进城乡融合发展

转变农业发展方式。加强“米袋子”“菜篮子”工作，稳定粮食和主要农产品产量，加快发展都市农业、特色农业，大力发展油茶、楠竹、花卉苗木和林下经济，推动宁乡花猪、罗代黑猪、浏阳黑山羊产业规模化、品牌化。促进农产品精深加工业发展，提高农产品附加值。完善农产品流通体系，加快大河西农产品物流中心建设，支持省特色县域经济重点县建设。重点建设一批示范农庄和标准农庄，推进莲花桐木现代农业示范园建设。促进农业机械化和设施化，提高农业现代装备水平。加强农业企业家和管理人才培训，提高农民职业素质。

突出示范城镇带动。实施城乡融合发展行动计划，推进“三联三促建三市”活动，支持宁乡县改市，重点将15个中心镇（小城市）、特色镇建设成为具有湖湘风情的乡村都市和产业特色的功能城镇。加快望城湘江古镇群建设，推动花明楼创建全国宜居小镇，支持偏远乡镇发展。

打造美丽乡村。推动“物的新农村”和“人的新农村”建设齐头并进，新建农村公路600千米、提质改造300千米，改造危桥20座；改造扩容农村电网；加快水利建设，完成小型水库除险加固152座，疏浚沟渠1000千米，清淤骨干山塘3333.33公顷，保护株树桥饮用水源；继续开展城乡环境卫生整治，加大环卫设施投入，推进垃圾分类减量试点和农村改厕工作；完善养老、教育、医疗等农村公共服务，关爱农村留守老人、儿童和妇女，让农村成为山清水秀、村容整洁、和谐幸福的美好家园。

（七）推进“两型”社会建设

大力节约能源资源。突出经济杠杆引导，推进重点领域节能减排改造，推广清洁低碳技术，加快淘汰落后产能，全面完成节能减排任务。优化能源结构，大力发展绿色分布式能源项目，推行能源集中供应，推广太阳能、风力、沼气发电。发展绿色建筑，促进住宅产业化。强化土地集约节约利用，落实耕地保护、土地利用制度，整治违法用地，清理闲置土地，积极探索土地“二次开发”。

加强生态环境保护。推行确权登记生态资源试点，完善生态保护补偿和破坏问责机制。加强长株潭“绿心”保护，开展荒山荒地、废弃矿山复绿。继续实施湘江保护与治理“一号重点工程”，推进湘江流域污染整治和区域生态治污，完成主城区26个排水口截污改造，加快铬盐厂污染治理，不断提升湘江及支流水质。实施河湖连通，更好地发挥城市湖泊的蓄水、调水功能，形成城市良性水生态，建设水生态文明城市。推进浏阳河生态经济带建设，支持长沙经开区创建国家生态工业示范园区，支持望城区、宁乡县建设全国生态区县。

深化环境综合治理。持续开展“清霾”“碧水”“静音”“净土”行动。加大扬尘控制、餐饮油烟治理力度，加强空气质量监测和预警预测。新建4家乡镇污水处理厂，提高乡镇污水处理厂使用效率。推行畜禽标准化规模养殖，完成10万平方米畜禽养殖污染治理。加强建筑工地施工降噪管理，启动城市主干道噪声防治。加大餐厨垃圾集中收集和处理力度。提高全民环保意识，引导全社会参与支持环境保护治理，共享“绿色福利”。

（八）推进民生保障和改善

办好民生实事。建设新农村示范村6个、农民示范合作社10个，创建绿色示范集镇10个、绿色示范社区和村庄各30个。建设乡镇卫生院10所、社区卫生服务中心5个，实现中医药综合服务区全覆盖。改扩建农村敬老院12所，建成街道老年人日间照料中心28个，为1500名残疾人提供居家托养服务，为300名贫困残疾儿童实施抢救性康复。建设示范性综合文化站30个，实现广播电视户户通6万户，完成“好戏天天送”700场。实施农村公路安保工程100千米，改造农村危房5000户，解决32万农村人口饮水安全问题，县以上城镇生活垃圾全面实现无害化处理。办理法律援助案件3000件。健全生态能源网络化服务、肉菜流通追溯体系。

完善社会保障。健全公共就业信息平台，以失地农民为重点加强就业培训，开发公益岗位，促进高校毕业生、残疾人、城镇就业困难家庭等重点群体就业，新增城镇就业12万人。实施社会保险全民参保登记，探索养老保险正常调整机制，开展城乡低保一体化试点，发展社会福利和慈善事业。提高大病医保筹资标准，引入大病救助商业保险，探索职工医保门诊统筹。建设保障性住房3.7万套（户），加大住房公积金对中低收入职工家庭支持力度。

激发创业活力。实施全民创业计划，加强创业孵化基地和创业园区建设，扶持4000名以上大学生创业，创建创业型区、县（市）、街道（乡镇）、社区。大力发展民营经济，支持小微企业发展，激发民间创业热情，让每个创业者有尊严，让更多创业者愿来长沙追梦，能在长沙圆梦。

（九）推进社会事业发展

发展教育文化事业。推行标准化学校建设，扩建长沙职院新校区，新建改建城区中小学10所、城乡公办幼儿园45所，提质改造农村义务教育薄弱学校110所。加强师德师风建设，完善招生制度和教育质量评价体系。促进职业教育与产业发展融合，推动高等教育内涵式发展，鼓励发展民办教育，完善终身教育体系。推进公共文化服务体系标准化试点，启动长沙国王陵考古遗址公园建设，加快炭河里考古遗址公园建设，提质改造秋收起义、胡耀邦故居纪念园，保护抗战遗址，实现“三馆一厅”和陶瓷博物馆对外开放。开展群众喜闻乐见的文化活动，创作一批有影响的文艺精品，创建一批叫得响的文化品牌。加大文化市场综合执法力度，加强意识形态的引导和管理。

提升群众健康水平。完善分级诊疗、大病保险、诊疗“一卡通”等制度，实施基层医疗机构标准化，加快湘雅五医院和六医院、湘江新区医院、河西口腔医院建设。落实“单独二孩”政策，关心失独家庭，加强新生儿出生缺陷管理。实施食品安全专项工程，严格市场监测和准入，确保“舌尖上的安全”。积极备战第一届全国青年运动会，申办全球华人羽毛球锦标赛，深入开展全民健身运动。

建设平安和谐长沙。加强警务云建设，促进“天网工程”与城乡规划建设同步，推进警务实战化，妥善处置各类突发事件和舆情，深入开展禁毒工作，依法打击各类违法犯罪行为。推进覆盖城乡居民的公共法律服务体系建设，加大普法力度，推行社区矫正规范化，加强重大社会矛盾纠纷调处。推进阳光信访、逐级走访、积案化解，促进诉访分离。实施安全发展战略，强化属地管理、行业监管、企业主体责任，坚决遏制重特大安全事故发生。加强民族宗教工作，促进民族团结、宗教和谐。

（十）推进法治政府建设

增强法治意识。完善领导干部及政府工作人员学法用法制度，做到敬畏法律、带头守法，不触碰法律红线，不逾越法律底线，运用法治方式和法治思维推进工作，形成办事依法、遇事找法、解决问题用法、化解矛盾靠法的社会氛围。坚持法治建设与道德建设并举，建设诚信政府，引领社会风气。

依法履行职能。严格按照法定权限和程序履职用权，做到既依法办事，又敢于担当，打造效能政府。建立以政府法制机构人员为主体，吸收专家、律师参加的法律顾问制度。坚持依法决策，完善民主决策机制，做到行政行为实体合法、程序正当，有效防范政府法律风险。严格执行“三重一大”集体决策制，规范行政裁量权，以制度管人管事管权，把权力关进制度的笼子。

强化权力监督。加强政务公开，实行政务服务“流程清单”，让权力在阳光下运行。加快审计职业化建设，创新审计监督办法，强化审计结果运用，推动公共资金、国有资产资源和领导干部经济责任审计全覆盖。主动接受人大及其常委会的法律监督、工作监督和政协的民主监督，及时办理人大代表议案、建议和政协委员提案，自觉接受群众监督和舆论监督。探索适应新常态的绩效考核体系。

加强廉政建设。巩固党的群众路线教育实践活动成果，自觉践行“三严三实”，完善作风建设长效机制。落实党风廉政建设责任制和“一岗双责”制，严格“三公”经费管理，加强反腐倡廉制度建设，强化行政监察，严格行政问责，依法查处腐败案件，始终保持清正廉洁。

狠抓工作落实。始终坚持问题导向，切实强化时间意识，以只争朝夕的精神推进各项工作；切实强化责任意识，以钉钉子的精神一抓到底；切实强化攻坚意识，以主动担当的精神破解发展难题；切实强化全局意识，以团结协作的精神形成强大合力。

同时，促进物价稳定，避免物价过快上涨影响低收入群体生活。加强基层统计工作，充分运用统计成果。加强国防动员和人民武装工作，支持驻长部队建设，促进军地融合协调发展。夯实基层基础，关心基层干部，支持基层工作。加强人民防空、国家安全工作，强化档案、市志、机关事务管理、红十字会等工作，保障妇女、未成年人合法权益。加强中长期发展战略研究，完成“十三五”规划编制。

各位代表，新常态赋予新使命，新使命激发新作为。让我们在市委的坚强领导下，锐意进取，开拓创新，把人民的期待变成我们的行动，把人民的希望变成生活的现实，为率先建成“三市”、强力实施“三倍”、加快实现基本现代化作出新的更大的贡献！

名词解释：

▲ 四化两型：即新型工业化、农业现代化、新型城镇化、信息化和资源节约型、环境友好型。

▲ 三量齐升：即经济总量、人均均量、运行质量同步提升。

▲ 五个一工程奖：即“一部好的戏剧作品、一部好的电视剧（片）作品、一部好的电影作品、一部好的图书、一部好的理论文章”的精品奖。

▲ 四风：即形式主义、官僚主义、享乐主义和奢靡之风。

▲ 四增两减：即增加公共绿地、公共空间、配套设施、支路网密度，减少居住人口密度、开发强度。

▲ “三公”经费：即因公出国（境）经费、公务车购置及运行费、公务招待费。

▲ 一带一部：即湖南为“东部沿海地区和中西部地区过渡带、长江开放经济带和沿海开放经济带结合部”。

▲ 三市：即全面小康之市、两型引领之市、秀美幸福之市。

▲ 三倍：即产业倍增、收入倍加、城乡品质倍升。

▲ 六个走在前列：即在加快转型创新发展，城市规划、建设和管理，加快“两型”社会建设，共建共享全面小康，维护社会和谐稳定，提高党的建设科学化水平中走在前列。

▲ 五个怎么办：即面对经济下行压力持续加大的新情况、全面深化改革新的起跑线、对外开放的新格局、新型城镇化加快推进的新任务、率先向基本现代化迈进的新目标，长沙怎么办？

▲ “3635”计划：即用3年左右时间，在工程机械、汽车及零配件、生物医药、电子信息及现代物流、新能源及新材料、文化创意6个产业领域，分领军人才、高管和研发人才、专业技术骨干人才3个层次，引进500名紧缺急需和战略型人才。

▲ 多规合一：即将经济社会发展规划、城乡规划、土地利用规划、生态环境保护规划等规划编制、实施融合起来。

▲ 三联三促：即城区联试点镇，促城乡整合发展；部门联合作社，促现代农业建设；企业联村社场，促全面小康建成。

▲ 三馆一厅：即市博物馆、图书馆、规划展示馆和音乐厅。

▲ “三重一大”集体决策制：即重大事项决策、重要干部任免、重大项目安排和大额资金的使用，必须经集体讨论作出决定。

▲ 一岗双责：即一名领导干部职务所对应的岗位，不仅对具体业务工作负责，而且对党风廉政建设负责。

▲ 三严三实：即严以修身、严以用权、严以律己，谋事要实、创业要实、做人要实。

长沙市党的群众路线教育实践活动

根据中央和省委的统一部署，长沙市党的群众路线教育实践活动2014年2月21日进行动员，分市、区、县（市）、乡镇（街道）、村（社区）和其他基层组织四个层级推进，1.7万个基层党组织和40万名党员参加了活动，历时8个月。活动开展以来，全市各级党组织围绕“为民务实清廉”主题，贯彻“照镜子、正衣冠、洗洗澡、治治病”的总要求，聚焦“四风”问题，践行“三严三实”，高标准、高质量推进学习教育听取意见、查摆问题开展批评、整改落实建章立制三个环节的工作。

一、坚持把领导带头贯穿始终，以上率下、示范引领，推动了教育实践活动高标准开展。市委常委会作出“带头学习调研、带头征求意见、带头对照检查、带头整改落实、带头推动实践”五项承诺，并积极兑现实施。围绕学习中央指定书目和习近平系列讲话精神，率先开展5个专题集中学习讨论，每个专题由一名常委领学，专题讨论内容通过媒体刊发；依托刘少奇纪念馆开展“四个一”活动，即参观《为民务实清廉—党风楷模刘少奇》主题展览、听取“学习和弘扬刘少奇群众工作作风”专题党课、观看《刘少奇的44天》教育影片、重温《论共产党员的修养》经典文献，每位常委的学习心得在《长沙晚报》公开展示；市委常委分别主持召开不同层次基层代表参加的5个专题座谈会，走访17名离退休老同志代表，广泛听取意见；开展批评和自我批评，常委之间相互批评意见304条；3次召开专题会议，反复研究制定整改方案，整改任务清单在媒体公示。市人大常委会、市政府、市政协领导班子坚持高标准、高质量开展活动。31名市级党员领导干部带头把自己摆进去、带头开展批评、带头整改落实，并分别建立联系点办点示范，省委常委、市委书记易炼红认真履行“第一责任人”职责，带头为全市县处级领导干部上党课，多次深入联系点宁乡县和市发改委调研指导，全程参加联系点专题民主生活会和宁乡县巷子口镇黄鹤村党支部专题组织生活会，指挥调度整改落实工作；市委副书记、市长胡衡华深入园区、企业、高校听取意见，多次到联系点长沙县督促指导活动开展，带头抓整改落实。全市各级党员领导干部特别是主要负责同志，带头贯彻落实中央精神和省、市委要求，做到先学先查先改，把责任扛在肩上，通过上级做给下级看、领导带着大家干，形成强大的推动力量和示范效应，整个活动保持高位推进的良好态势。

二、坚持把学习教育贯穿始终，增强了党员干部贯彻群众路线的思想自觉和行动自觉。各级领导班子和党员干部按照规定的集中学习时间，联系思想实际，学习中央指定书目特别是习近平系列重要讲话，并将《论共产党员的修养》和《苦难辉煌》作为党员领导干部必读书，每名党员领导干部均撰写了学习心得。开展“学习弘扬焦裕禄精神、践行‘三严三实’要求”“做群众贴心人”“五项教育、五项反思”“入党为什么、为党干什么”等讨论活动，引导党员干部深刻剖析检查，提升思想认识。市委分期分批组织1600余名县处级领导干部集中培训，市委常委结合学习体会，分别为学员作辅导报告；分级分类组织1.7万名基层党组织书记专题培训。把加强理论武装与向先辈先进学习结合起来，组织观看《焦裕禄》专题教育片，邀请张云泉、王再德等践行群众路线的先进典型作主题报告；选树活动中涌现出来的先进典型，在全市开展向雨花区东山街道原党工委委员、副主任邓悦学习活动；发挥本土红色资源优势，组织党员干部到刘少奇同志纪念馆、胡耀邦故居、雷锋纪念馆等教育基地参观学习，促使党员干部自觉照镜子、找差距、明方向。市级党员领导干部和各单位党组织主要负责人以践行群众路线为主题，结合自己的学习心得和思想感悟，在本单位或联系点讲了一次以上的党课。各级领导班子和党员干部注意妥善处理工学矛盾，特别是一些执法监管部门和窗口服务单位，经常利用节假日或中午、晚上的时间开展学习。通过持续深入的学习教育，党员干部补了“钙”、充了“电”、提了“神”，切实打牢了为民务实清廉的思想基础。

三、坚持把整风精神贯穿始终，批评和自我批评优良传统得到恢复和发扬。各级领导班子和党员领导干部采取群众提、自己找、上级点、互相帮、集体议等方式，认真查找自身“四风”方面存在的突出问题，撰写对照检查材料，反复修改完善，直至达到“画得准、剖得深、像自己”的要求。各地各单位领导班子开展了两轮以上的谈心谈话，力求谈深谈透、触动思想灵魂。认真拟制批评意见清单，明确规定相互批评意见一般要3条以上，并经严格审核后才能开会。专题民主生活会明确了严格的程序和要求，规定一把手最后对他人开展批评，防止事先定调、框定思维；坚持不照本宣科念稿子，确保关键问题讲深讲透；在班子对照检查后，每位班子成员结合各自职责分工进行讨论发言，认领班子问题，承担整改责任；联点领导和督导组负责同志对批评和自我批评情况可逐一点评，也可随时叫停；市委、各区、县（市）委常委班子专题民主生活会邀请人大常委会主任、政协主席列席并批评意见。会议过程中，各级党员领导干部立足于自我革新，主动把自己摆进去，带头揭短亮丑；班子成员之间相互提出批评严肃认真、坦诚直率。各基层党组织按照“一会四评”（一会：召开创先争优讲评会；四评：党员自评、支部讲评、领导点评、群众参评）的方式召开了专题组织生活会，广大党员经受了一次严格的党内生活锻炼和思想洗礼，收到了“红红脸、出出汗、排排毒、治治病”的效果，达到了“团结—批评—团结”的目的。

四、坚持把问题导向贯穿始终，“四风”突出问题得到有效遏制。坚持边查边改、立行立改，坚决纠正形式主义、官僚主义、享乐主义和奢靡之风。市“四大家”领导班子均严格落实作风建设有关规定，带头在退车腾房、职务消费、文风会风等整改上作表率，注重在整改落实工作中解决关系群众切身利益的突出问题。市委、市政府分三批对598个信访问题进行集中交办，市领导带头公开接访、包案处访；市人大常委会党组组织专门力量对全市基层卫生服务能力建设、禁毒工作和部分居民长期无法办理房产证等方面情况进行深入调研和督查督办，将群众反映强烈的雾霾问题、城区乱挖山体破坏绿地等问题作为监督重点列入年度工作要点，加强执法检查、考察调研、专题询问；市政协党组组织开展“服务率先建成‘三市’、服务民生民利、服务社会和谐”的“三服务”主题活动，开展“一评议两调研”工作，编辑《社情民意信息》68期，搜集社情民意信息1500条。市委把中央和省委部署及结合长沙实际确定的50项专项整治任务，逐项制定工作方案，明确“任务书”“时间表”“路线图”和整改责任人。市委活动办建立专人联络和销号管理制度，采取暗访抽查、专项督查、发督办函、集中通报、及时约谈等方式抓调度、问进度，督促专项整治任务落到实处。把正风肃纪作为推动整改落实的重要手段，贯彻中央八项规定精神，截至2014年底，全市共查处违反作风建设规定的问题439个，处理452人，其中给予党纪政纪处分106人。通过该活动的开展，一大批“四风”突出问题和关系群众切身利益、联系服务群众“最后一公里”的突出问题得到切实解决。在反对形式主义方面，突出抓好政绩观偏差，纠正经济数据统计存在重复计算等问题，健全了体现科学发展观要求的绩效考核评价体系。全市共叫停“形象工程”“政绩工程”64个，查处弄虚作假的问题36个，查处34人。从严控制会议文件简报及内部刊物、清理和规范评比达标表彰活动、清理领导小组和各类议事协调机构。全市较活动开展前共减少会议1314个，减少27.3%；减少文件1480个，减少18.8%；减少简报、内部刊物198个，减少48.4%；减少评比达标表彰活动748个，减少99.07%；减少各类领导小组和议事协调机构1477个，减少58.87%；减少“一票否决”事项21个，减少39.62%。在反对官僚主义方面，积极推进行政审批规范化建设，市本级行政审批项目由原来的428项减少到179项，精简58%；规范收费行为，全市共减少收费、罚款项目238个，查处乱收费、乱罚款、乱摊派问题119个，查处67人，涉及金额55150.94万元；查处“吃拿卡要”问题53个，查处73人；查处“庸懒散拖”问题388个，查处448人；查处在项目审批中搞暗箱操作、权力寻租问题32个，查处42人；查处在专项转移支付资金分配中搞暗箱操作、权力寻租问题28个，查处39人；查处执法执纪部门办“关系案”“人情案”“金钱案”问题61个，查处81人。在反对享乐主义方面，重点清理超标配备公车、多占办公用房等问题，严格规范“三公”经费预算和支出。全市共清理腾退超标办公用房190667平方米，市本级腾退的办公用房全部进行了统筹调配，涉及调整的43家市直单位全部完成搬迁；停建楼堂馆所34个，面积141803平方米；清理清退超编超标公务用车1464台，清理清退违规借（换）车辆216台；全市压缩“三公”经费32285.3万元，压缩27.3%；因公出国（境）减少119批次，下降56.2%，减少345人，下降67.8%。在反对奢靡之风方面，严厉整治和纠正公款送礼、违规职务消费等问题，在中秋、国庆等重要时间节点加大暗访力度，全面规范和整治公款吃喝和奢侈浪费行为。查处在公务活动和节日期间赠送、接受礼品、礼金和各种有价证券、支付凭证的问题43个，查处48人；查处公款大吃大喝、参与高消费的问题57个，查处60人；查处利用婚丧喜庆等事宜借机敛财案件72件，查处69人；查处党员干部参赌涉赌案件72件，查处84人；查处违规设置“小金库”案件28件，查处金额7946.8万元。在解决关系群众切身利益问题方面，集中开展对征地拆迁、涉农、涉法涉诉、安全生产、食品药品安全、环境保护、发展教育事业、医疗卫生等8个方面侵害群众利益行为的专项整治工作。整治落实惠民政策缩水走样，市本级、各区、县（市）共查纠城乡低保错保漏保331人，新增城乡低保13067人；查处违规纳入农村危房改造的54人、违规纳入城镇保障性住房的485人；查处落实惠民政策优亲厚友、以权谋私的问题215个，查处415人。整治拖欠群众钱款、克扣群众财物，共查处不按标准及时足额发放征地拆迁补偿款的问题51个，查处41人；查处侵占挪用各种补助资金的问题32个，查处43人；查处对群众欠账不付、欠款不还、“打白条”、耍赖账的问题33个，查处23人；共清理信访积案1694个，已消化办结939个。在解决联系服务群众“最后一公里”问题方面，对257个软弱涣散基层党组织进行重点整顿，对村、社区承担的公共事务进行全面清理，在全市24个社区开展错时工作制试点，落实了社区专职工作人员住房公积金待遇，从2015年开始每年为每个城市社区安排惠民项目资金20万元。

五、坚持把制度建设贯穿始终，为巩固和拓展教育实践活动成果打下良好基础。在狠抓边学边改、立行立改的同时，注重对已经取得成效的整改项目，采取建机制、立制度的方式固化成果。市本级铺排 27 项制度建设计划，其中，围绕反对形式主义，重点建立健全简报和内部刊物备案审查、规范清理评比达标活动目录管理、市级议事协调机构管理等制度。围绕反对官僚主义，重点建立健全党员干部直接联系群众、党委（党组）贯彻执行民主集中制、“三重一大”事项集体决策制度、行政审批项目目录管理、涉及群众利益重大决策事项社会稳定风险评估等制度。围绕反对享乐主义，重点建立健全创新群众工作方法推动解决信访突出问题、市属国有及控股企业负责人薪酬管理等制度。围绕反对奢靡之风，重点建立健全公务接待管理、会议费管理、培训费管理、差旅费管理、加强“三公”经费审计监督等制度。围绕规范选人用人行为和干部管理，重点建立健全规范干部选拔任用工作、加强审计结果运用、经济责任问责、党风廉政建设责任制考核评价、机关事业单位编外合同制人员管理、市属国有企业公开招聘管理等制度。围绕解决关系群众切身利益的问题和联系服务群众“最后一公里”问题，重点建立健全加强基层服务型党组织建设、推进农村义务教育均衡发展、加强生态环境保护、城市规划执行监督、城市基础设施建设标准、建设工程机动停车场（库）配建标准等制度。同时，市委对 1978 年至 2012 年 6 月期间以市委或市委办公厅（室）文件形式发布的文件进行全面清理，共清理出不适应新形势新任务的规范性文件 565 件。各地各单位也坚持边改边立，健全抓作风建设的长效机制。市本级和各区、县（市）共新建制度 339 个。

六、坚持把开门搞活动贯穿始终，做到全程请群众参与、听群众意见、受群众监督。各地各单位采取座谈访谈、问卷调查、网络征询、设置意见箱、热线电话等方式，面向广大基层群众和服务对象，广泛征求意见。针对个别谈话征求意见“上不来”“不聚焦”的问题，及时指导督导组采取扩大范围谈、重点对象反复谈、隔级谈等方式，确保谈话效果。市级领导班子及成员共征求到意见建议 5213 条，各区、县（市）“四大家”领导班子分别收集意见约 2000 余条。各级各单位均组织干部群众对征求意见、查摆问题情况进行评议；及时通报专题民主生活会情况；公布领导班子和领导干部的整改方案、整改问题清单。市委还组织对各区、县（市）委常委会整改问题清单、第二批教育实践活动 15 项专项整治任务涉及的 61 个具体问题整改清单、19 个与群众联系密切的执法监管部门、窗口服务单位整改问题清单进行集中公示，以社会监督倒逼作风转变和问题整改。畅通活动过程中群众意见反映渠道，受理的举报意见，以《督办函》的形式交办各相关单位，特别重要的由市委活动办直接调查核实，并将督办落实情况与各个渠道交办信访件的办理情况一并纳入对活动单位的评估检查。同时，注重依托新闻媒体，及时向群众通报活动进展和整改动态，在市属媒体推出《整改进行时》《晒晒整改成绩单》等专栏，向全市人民“交账”“晒账”。《人民日报》、新华社、中央电视台、《湖南日报》、湖南卫视等媒体均对有关工作进行了推介报道，中央活动办简报第 226 期、第 458 期专题介绍了长沙市、宁乡县的经验做法，中央电视台《新闻联播》节目以“简政晒清单、让办事不再难”为题，推介长沙精简行政审批项目、提高群众办事效率的经验，省政府办公厅以通报的形式向全省推介长沙整治群众关注的突出问题、确保惠民政策不缩水走样的经验。

此次教育实践活动存在的不足：“四风”问题虽然得到遏制，但有些成果是在高压态势下取得的，仅停留在“不敢”上，党员干部“不想”的自觉尚未完全形成，稍不注意就可能出现反复反弹。由于一些基层单位进入整改落实、建章立制环节的时间不长，不少难度较大的问题还没有完全整改到位，一些群众反映强烈的突出问题还没有得到解决，制度建设上还存在缺位和不配套的问题。有的地方的基层基础仍然不够牢固，“短板”没有完全补上来，联系服务群众的“肠梗阻”没有彻底打通，软弱涣散的状况还没有根本改变。一些党员干部存在“过关”思想、“松劲”情绪。

活动过程中，市委坚持把中央和省委的部署要求与市情实际紧密结合，扎实地开展活动，在如何开展党内集中教育活动、加强和改进党的作风建设等方面，积累了一些宝贵经验。

第一，严格按照中央的部署要求抓活动，确保不偏向、不跑题、不虚不空。坚持把习近平重要讲话精神作为根本遵循，及时开展专题学习讨论，分期分批组织专题培训，党员干部特别是各级领导干部在深入领会讲话精神实质中武装了头脑、把握了方向、掌握了方法。注重在落实中央和省委部署要求的基础上，结合实际，完善操作落实措施，采取简报提示、专题培训等方式及时解读有关政策要求，共下发各类工作提示 51 期，对督导组和单位负责人开展培训指导 11 次。坚持压茬推进，不赶时间进度，不求标新立异，确保按照中央的部署和要求循序渐进，有力有序。

第二，发扬认真精神，把严的标准、严的措施、严的纪律贯穿于活动全过程。市委从活动一开始就提出学习不抓好的不放过、查找问题不深入的不放过、民主生活会质量不达标的不放过、问题整改不到位的不放过的“四个不放过”要求，先后 5 次召开活动单位党委（党组）一把手参加的专题会议，组织各区、县（市）委书记就履行第一责任人责任和抓活动情况向市委全会进行述职，督促落实“第一责任人”职责，对责任落实不力的及时约谈提醒，并作为领导干部纪实评价的重要依据。活动推进过程中，坚持时间服从质量，抓住重要节点、重大事项和重点对象，区分不同层级的工作要求，对活动实施方案、征求意见情况、对照检查材料、相互批评意见清单和整改方案等进行严格审查把关，不达标准及时“叫停”返工；对每个环节及时组织开展“回头看”和自查评估，不符合要求的坚决“回炉”“补火”，有效确保了活动的实际成效。

第三，坚持教育与实践并重，从理论武装入手，从具体问题改起，积小胜为大胜。在谋划和推进活动过程中，始终把解决思想问题、打牢认识基础作为第一位的任务，围绕世界观、人生观、价值观这个“总开关”，突出抓好理想信念、宗旨意识和党性党风教育，通过持久深入补精神之“钙”，党员干部改进作风、密切联系群众的思想更加自觉、行动更加坚定、风气更加浓厚，为确保教育实践活动取得实效打下坚实基础。同时，注重以知促行，始终聚焦“四风”问题，强调每个党员干部身上都存在“四风”问题，围绕解决“四风”问题听意见、挖根源、找症结，以问题整改贯穿活动始终，以整改成效取信于民。市委常委会带头落实中央八项规定精神，各级领导班子一个一个问题抓落实，一项一项向人民群众交账，确保教育实践活动不虚不空不走过场，特别是一批关系群众切身利益的“老大难”问题得到切实解决，赢得群众的普遍好评。

第四，始终注重外力推动，充分发挥督导组在指导把关上的特殊作用。市委派出的31个督导组和区、县（市）、有关市直单位派出的279个督导组、13个巡回督导组，坚持严字当头，扎实工作，在征求意见、专题民主生活会、整改落实等重要节点的把关上，敢于坚持原则、敢于动真碰硬，对思想认识上不去的及时约谈提醒，对一些突出问题明察暗访、盯住不放，特别是在全程参加活动单位领导班子专题民主生活会的过程中，各督导组敢于把关、敢于叫停，全市领导班子民主生活会保持了高水准，开出了好效果。

第五，切实把抓活动、改作风与抓改革、促发展紧密结合起来，做到统筹兼顾、双向助推。活动开展之初，市委就明确要求各级领导干部，既不能以工作忙为借口在教育实践活动中“偷工减料”，也不能以开展活动为“挡箭牌”把改革发展晾在一边。在活动推进过程中，把开展教育实践活动与推进长沙新一轮大建设、大发展、大提升紧密结合，引导党员、干部把作风建设汇聚的正能量转化为破发展难题、促民生改善、保大局稳定的实际行动，以改革发展的实际成果检验作风建设的效果。特别是面对宏观经济运行的压力和挑战，注重围绕全面深化改革、推动经济社会发展抓整改，市委、市政府采取下放132项行政审批权限、推行部门权力清单和负面清单制度、深化城市管理体制改革、加强收费项目清理等一系列重要举措，带动全市各地各单位围绕发展大局开展活动，做到了两手抓、两不误、两促进。

（市委党的群众路线实践活动领导小组办公室）

长沙市"六个走在前列"大竞赛活动纪实

2014年，各级各部门围绕大步践行"六个走在前列"的要求，坚持稳中求进、新中求进、好中求进，致力于转型创新发展、"两型"社会建设、城乡品质提升、增进民生福祉、社会和谐稳定、改进工作作风六大重点，提升标杆，创新抓手，完善机制，深入推进，以大竞赛活动新成效，开创更好更快发展新局面。

一、统筹安排，创新活动举措。根据"六个走在前列"的要求，结合工作实际，进一步发挥各级各部门的创造活力，创新竞赛措施，强力推进大竞赛活动开展。

一是丰富活动载体。各级各部门的大竞赛的活动载体，得到进一步完善和丰富。市级层面，转型创新发展方面，市发改委推进湘江新区、国家新型城镇化综合试点申报，完成战略性新兴产业区域集聚发展试点申报等工作；市政府办、市农办、市工信委、市商务局、市科技局等单位设计了比较好的载体，加强了重大项目、重点园区、重点工作、重要改革的协调。"两型"社会建设方面，重点推进资源节约制度的改革、清洁低碳技术的应用、绿色建筑推广机制的完善。城市规划建设管理方面，推进清洁城市、畅通城市、绿色城市、靓丽城市以及更高水准的文明城市建设，凸显长沙"山水之美、人文之美、城市之美"。共建共享全面小康方面，加快推进城乡一体化、劳动就业保障、文教卫体、食品药品监管，全面推进"蓝天碧水静音"治理行动，举办主题环保开放日活动。维护社会和谐稳定方面，重点抓了立体化防控体系、天网工程深度运用等十项特色工作。提高党建科学化水平方面，市纪委推进"三转"(转职能、转方式、转作风)，抓中央、省委交办专项整改任务的落实；市委办公厅开展"提高三力确保三零""践行五个坚持，建好前哨后院"主题活动；市委宣传部制定了"三个多出"三年规划和工作方案；市委组织部研究制订完善绩效考核方案，突出考核重点，优化考核结果的运用，促进了大竞赛活动开展；市委统战部等单位开展了一系列具有特色的活动。区、县(市)层面，天心区继续开展"四抓四比四争"主题活动，明确各类特色工作83项。岳麓区对重点工作实行"表格式"管理、"一线式"推进、"立体式"督办。雨花区对照六个"十大工程"责任分解表，实行月调度、季讲评，纳入绩效考核。长沙县开展"构建两型生活方式""红袖章"等群众活动。芙蓉、开福、望城、浏阳、宁乡等区、县(市)分别设计了一些工作载体，推进了竞赛活动。

二是加强问题破解。运用大竞赛活动协调互动的系统优势，结合省委书记徐守盛在长沙调研时提出的"五个怎么办"(即面对经济下行压力仍然较大的情况、面对全面深化改革新的起跑线、面对对外开放的新格局、面对新型城镇化加快推进的新任务、面对率先向基本现代化迈进的新目标，长沙怎么办？)，思考用"怎么干"来破解难题，推进长沙发展，促使一批工作走在全国全省前列。2014年，市竞赛办交办问题两批共103个，保证大竞赛活动实打实推进。始终咬住既定目标推进项目建设。清醒认识中央"微刺激"政策带来的重大利好，提振发展信心，特别是要坚定不移地推进项目建设，始终盯住重大项目的签约率、开工率、投产率，扎实做好全程跟踪服务。采取管用措施解决项目建设中的用地、征拆、融资、手续办理等突出问题。对接文明城市总测评推进品质长沙建设。各级各单位以更深的认识、更实的措施、更严的管理、更强的合力推进更高水准的文明城市建设，从注重"面子"到兼顾"里子"的重点转移，强力实施"三进"，即进基层社区、进背街小巷、进城郊接合部，把群众反映大、整治工作难、工作机制不落实、经常反复的问题落到实处，以最佳状态迎接全国文明城市总测评。着力畅通"最后一公里"推进各项工作落实。紧密结合党的群众路线教育实践活动，切实解决群众反映强烈的问题和诉求，重点抓好6大任务47项整改任务的落实。对于职责范围内难以解决、需要更高层面协调调度或给予政策支持的共性问题，做好解释说明，并及时提交市委、市政府研究解决。

三是打造活动特色。随着大竞赛活动的不断推进，各级各部门的工作亮点不断涌现。加快转型创新发展和"两型"社会建设方面，大力推进全局谋划、转型增效等六个方面工作。芙蓉区突出服务重精细、拆迁重民意、提质重质量、融资重引导，努力助推项目帮扶走在前列。开福区成功引进了传化物流等一批重点产业项目。雨花区投资亿元以上项目163个，成功引进10个重大项目，10个新建项目全部开工。长沙县以大平台谋划大项目，以大项目促进大发展，打造了松雅湖片区等八大功能区。浏阳市推进电子信息等四大优势产业，上半年主要经济指标增速全市第一。宁乡县突出工业招商，深入实施集群式项目满园扩园行动。城市规划建设管理方面，完善了城市规划政策，改革了城管体制，顺利推进城市建设体制改革，造绿行动、拆违控违、打击非法营运等工作稳步推进；市住建委加速推进重点工程，绿色建筑的推广。天心区出台了全省首个街道志愿服务嘉许办法。雨花区明确3年投入不低于10亿元，全面完成47个老旧社区和78条背街小巷整治。望城区以建设公园式城区为抓手，在"两型"社会建设方面进行了有益探索。共建共享全面小康方面，出台了一批惠民便民举措，行政审批项目从428项减少到219项，精简比例58%。市教育局公开承诺回应群众提出的问题；市民政局启动特大病慈善救助项目；市住保局推进城市棚改和保障性安居工程建设。芙蓉区开展"春风行动""公共就业服务进校园"等创业就业活动。雨花区全面小康总体实现程度90.96%，居全省第一。宁乡县田间水利扩容提质工程抓得好，获中央投资小型农田水利建设重点县湖南第一名。维护社会和谐稳定方面，突出社会治理网格化管理、群防群治等11项亮点工作，继续保持全国最高荣誉——"长安杯"。浏阳市坚持市级领导和乡镇、街道班子成员公开接访制度，实现了赴上级党政机关"零非访"的目标。天心区开展百日信访积案化解攻坚活动，在全省率先启用电子腕带监管社区服刑人员。岳麓区四位一体社会治理“岳麓模式”获全国“社会治理创新十佳”称号，以“美丽人生、美德先行”为主题打造实践育人新载体的做法走在全国前列。开福区获批全国社区治理和服务创新实验区，并成功创建“湖南省安全生产示范区”。提高党建科学化水平方面，结合党的群众路线教育实践活动，在服务大局、示范效应、创新突破上有新作为、新进展，创新开展在职党员进社区志愿服务等活动，拉近党员与群众的距离。望城区成功举办“2014雷锋精神论坛”系列活动，创新开通“雷锋580”救助热线。长沙县开展“乐和乡村”试点。

二、突出重点，推动活动实施。弘扬“干在实处、走在前列”的精神，坚定不移地落实实施方案和工作要点，力争各项工作走在全省乃至全国前列。

一是在加快转型创新发展上推动走在前列。紧抓核心环节，统筹开展竞赛活动。部署《长沙市“十三五”规划纲要》编制工作，完成“十三五”规划前期15个重大课题招标工作，并就45个专项规划进行责任分解。全年争取国家和省预算内资金10.21亿元，争取企业债券获准发行157亿元。立足转型，加速推动新型工业竞赛活动。全年规模工业总产值9496.17亿元，增长13.3%；规模以上工业增加值3042亿元，增长12%；全部工业增加值3574.93亿元，增长11.4%；重工业增加值1750.74亿元，增长12.7%。创特色，稳步发展现代农业。全年实现农林牧渔业增加值317.72亿元，同比增长4.5%。完成粮食播种面积37.7万公顷，其中水稻面积34.3万公顷，粮食产量248万吨。推进三年造绿大行动，完成绿化里程558.5千米，栽植树木109.1万株。全市铺排163个重大现代农业产业项目，总投资555亿元，已开工162个，开工率99%，实现投资103.5亿元45.33千公顷。以奖代补加大水利建设投入，55座小二型水库全部完成除险加固工作，完成山塘清淤扩容4.53千公顷、沟渠疏浚3600千米、新改造河坝602座、小型抗旱机埠更新改造137处。促集聚，提质发展现代服务业。服务外包业务总量455亿元，同比增长13%。全年社会物流总额2.7万亿元，同比增长14.1%。全年重点联系电子商务企业相关交易额2550亿元，同比增长70%。全市已逐步形成农产品实体市场与虚拟市场相结合、线上线下互动的农产品新流通体系。现代服务业综合试点取得新成绩，在2014年全国试点地区的绩效评价中，长沙被评为优秀等级，同批次试点城市中名列第一。扩影响，努力提升对外开放水平。积极对接珠三角、长三角、环渤海经济圈，起草《构建长沙对外开放新格局三年行动方案》，利用广交会、国际食品展览会等国际国内重点经贸活动平台，帮助企业开拓国内外市场。制定《持续推进长沙国家级文化和科技融合示范基地建设实施方案》《长沙市加快推进文化创新和设计服务与相关产业融合发展行动计划（2015—2020）》。新增高新技术企业90家，高新技术产业总产值6427亿元，增速18.8%。组织开展市外高校专家与本地企业的产学研对接活动8次。

二是在推进“两型”社会建设上推动走在前列。创新改革体制机制。深化资源节约机制改革，优化节能审查行政审批程序工作，制定《重点用能单位能源管理体系实施指南》并正式实施，出台《长沙市促进天然气分布式能源产业发展实施暂行办法》。推进低效用地再开发，开展农村宅基地置换试点。完善环境经济政策。全面实施工业企业排污权交易制度，对全市623家工业企业进行二氧化硫、化学需氧量、氨氮和氮氧化物的第二次初始排污权分配。推行环境污染责任保险与年审制度。污染防治机制改革。推广合同环境服务等环境污染第三方治理，出台大气污染防治行动计划实施方案，完成淘汰和转出黄标、老旧车计25013辆。建立完善全市工业清洁生产机制，编制完成《长沙市工业清洁生产规划（2014—2020）》。完善绿色建筑推广机制。2014年全市新增绿色建筑试点项目130个，新增绿色建筑标识项目22个。同时，在全国同类城市中率先开展涵盖工程建设运营全过程的绿色监管机制研究。加强“两型”项目建设。洋湖湿地公园（三期）等一批重点生态环境项目建成开放。推进节能减排全覆盖工程、“两型”产业发展工程、生态绿心保护工程、城乡环境综合整治工程，积极推进重点用能单位节能低碳行动。突出“两型”应用示范。制定《长沙市2014年度清洁低碳技术推广工作计划》，进一步健全清洁低碳技术推广工作机制。推动十大示范项目建设。深化“两型”示范创建。在学校、村庄、社区等12个领域深化“两型”示范创建，全年申报市级“两型”示范创建单位350余家，同比增加20%以上。获评2014年省级“两型”综合示范片区2个、“两型”示范单位3个、“两型”创建单位35个，数量居全省第一。

三是在加强城市规划建设管理上推动走在前列。强化规划引领。完善专项规划，将城市规划、土地规划和社会经济发展规划统筹起来，在高铁新城开展“三规合一”试点，提出在中心区域增加公共绿地、配套设施、公共空间、支路网密度和减少开发强度、减少居住人口密度的规划政策。重点工程建设实现历史性突破。全年完成重点工程建设投资超过1101.9亿元，铺排重点工程建设项目368个，启动万家丽路快速化改造以及一大批断头路、瓶颈路改造项目，东南二环改造、芙蓉路浏阳河桥、麓南广场、西湖文化园等项目相继竣工，地铁2号线正式投入使用，48个湘江库区高排涵改建项目均已达到库区蓄水要求。狠抓城市管理。强力实行“史上最严格、最精细、最到位的城市管理”，市政、园林、环卫等专业维护部门全方位强化了精细化维护，严格查处十类破坏城市市容和环境卫生行为。打造“绿色城市”，全市道路绿化设施和植物完好率98%以上，重点完成了7条道路沿线和5座立交桥的绿化提质；完成20余条主（次）干道行道树树穴整治，完成万家丽路快速化改造工程绿化移植工程，完成大乔木移植1400余株，存活率90%以上，形成了开敞、大气、生态、有层次感的道路绿化景观，城市生态环境和市民群众满意度得到大幅度提升。

四是在共建共享全面小康上推动走在前列。城乡一体化建设扎实推进。15个试点镇围绕基础设施、产业发展、公共事业、房地产建设全力推动。全年铺排新建或续建项目347个，项目开工率100%。劳动就业和社会保障工作扎实有效。全市新增城镇就业15.45万人，新增农村劳动力转移就业4.96万人，失业人员再就业3.8万人，城镇零就业家庭连续9年实现100%动态清零，城镇登记失业率控制在2.9%以内。全市城乡居民医疗保险参保515.02万人，增长0.3%，市本级累计征收社会保险费104.1亿元，提前超额完成全年任务。安居工程建设继续全省领先。全市保障性安居工程建设实际开工项目95个27591套，开工率为省任务的121.18%，超额完成目标任务。实施“四增两减”原则，对棚户区进行全方位、立体化的提质改造。长沙市棚改货币化安置与实物安置相结合的安置补偿模式得到国家住建部的肯定。教育文化医疗体育事业发展迅速。全年新建、改扩建公办幼儿园47所，全市公办园和普惠性民办园达到幼儿园总数的56.8%；义务教育薄弱学校提质改造137所，出台《关于进一步推进基础教育集团办学的实施意见》，长沙连续4年获全国“全民终身学习活动优秀组织奖”。生态长沙建设成效明显。推进“碧水”“清霾”“静音”三大行动等环保重点工作，编制了《长沙市环境保护中长期发展规划》，起草《关于进一步加强生态环境保护工作的意见》，全年累计对102.5万辆机动车进行排气检测，已淘汰黄标车和老旧车25013辆，全市空气质量优良率62.8%，空气优良天数209天，比上年同期增加15天；PM10、PM2.5平均浓度比上年同期分别下降10.8%、5.1%，下降幅度居全省前列。食品药品监管坚强有力。加强日常监管，有力维护市场秩序。加强“三品一标”认证管理，全市“三品一标”农产品595个，位居全省前列。严格养殖业投入品监管、生猪屠宰检验、食品生产许可与退出管理。开展多项专项整治行动，全市打击食品安全违法犯罪成效明显，查破食品犯罪刑事案件55起，采取刑事强制措施117人，逮捕59人，捣毁黑作坊黑窝点77处，全市食品药品安全总体平稳，市民满意度较高。

五是在维护社会和谐稳定上推动走在前列。创新社会治理，深化平安长沙建设。先后部署开展了打击多发性侵财犯罪、“清霾行动”“春雷行动”等专项行动，实现了“一降三升”：整体发案下降，破案、起诉、审结同步上升。加强重点地区整治、交通秩序整治、出租屋和流动人口整治、“黄赌毒”整治，开展“十百千”暨出租屋“三治三防三优”专项行动，创新警务模式，深化“红袖章”工程，推进街所联动，加强治安防控，有效提升整体防控能力。深化体制机制改革，推进法治长沙建设。加大地方立法力度，出台《长沙市城市桥梁隧道安全管理条例》等法规，推进依法行政。创新执法机制，解决“立案难、诉讼难、执行难”问题，在全省法院案件质量评查及司法绩效考评中名列第一。组织执法检查、专项督查和案件评查，开展“坚决纠正涉法涉诉中损害群众利益行为”等三项专项整治，健全执法管理机制、执法监督机制、执法责任追究机制，有效预防了执法不公、执法不作为、乱作为等行为。完善矛盾调处机制，建立人民调解委员会驻法院、检察院、公安派出所、医院、交警队调解室244个。开展专项调解活动，深入开展“三调联动化矛盾、息诉息访促平安”专项调解活动，全市共调解各类矛盾纠纷29414件，调解成功28901件。加强信访维稳工作，对598个信访突出问题进行集中交办，攻坚化解。全市党员干部结对困难群众近两万名，扶持慰问现金物资1528.7万元，处理信访问题或矛盾纠纷11669个。

六是在提高党的建设科学化水平上推动走在前列。围绕推动班子队伍团结奋斗、务实进取抓党建工作。出台《关于加强乡镇（街道）干部队伍建设的意见》，实施基层党组织“领头雁”工程，不断充实基层干部队伍，先后选派183名机关干部到村挂职“第一书记”，选聘1188名大学生村干部到村工作。围绕夯实基层基础、巩固战斗堡垒抓党建工作。支持建立基层运转经费保障机制，社区、村年均60万元、16万元；设立20万元社区惠民项目资金。累计投入1.58亿元。新建、改造村部1092个，实现动态“清零”。健全村、社区干部基本报酬保障机制，对120个村、26个社区的软弱涣散党组织进行了整顿。安排1900余个机关党组织和村（社区）党组织结对共建，实现机关带基层、联建促发展。围绕落实从严治党、正风肃纪要求抓党建工作。组织党员民主评议，严肃处置不合格党员。开展专项整治行动，在村“两委”换届中，及时发现和解决苗头性倾向性问题223件，查处违法违纪行为24起，查处相关责任人员33人，取消村“两委”候选人参选资格25人。围绕打通联系服务群众“最后一公里”抓党建工作。建设、改造党员服务中心和便民服务中心1706个，深化“网格化管理、组团式服务”，将全市城区划分网格2900个，组建3909个服务团队，组织10万名在职党员进社区报到，志愿服务居民群众65万余人次。

三、优化组织，强化活动保障。加强对大竞赛活动的组织领导，在总体设计、机制建设、方式方法等方面做了许多有益的探索，有效确保“六个走在前列”大竞赛活动的顺利实施。

一是构建协调推进机制。在2013年建立的组织领导、指导运行、协调调度、专项考评等机制基础上，坚持与时俱进，2014年市竞赛办建立起绩效考核、调度讲评、督促检查、问题交办四项协调推进机制。从执行效果来看，各级各单位主要领导更加重视大竞赛活动，活动成效更加显著。全年市竞赛办组织召开3次全市性的调度讲评会议，组织中小会议20余次。组织联合督查组深入企业、项目和基层一线开展了3次专项督查，开展明察暗访20余次，编发督查通报6期，编发工作简报19期。

二是创新项目管理办法。各工作机构结合实际，不断探索竞赛办法。加快转型创新发展和“两型”社会建设专项工作组对照主要目标任务建立责任管理体系，并进行责任细化。共建共享全面小康专项工作组实行了目标任务分解，将重大项目划分为18大项87个子项，明确6大项重点工作，实施17项实事工程。提高党建科学化水平专项工作组制定了重点项目管理制度、考评办法以及宣传方案，项目管理进年度计划、进绩效考核、进全员考核。

三是形成块状管理模式。在具体实践中，工作机构针对活动需要和竞赛特点设计出新的工作模式，解决了大竞赛活动“落不到点”“做不到实处”的问题。专项工作组对各单位的竞赛工作进行分类分线划分，形成市里分专项、专项分小组的块状管理模式。城市规划建设管理专项工作组以“五大提升”为总思路，即抓城乡规划、重点片区、承载功能、生态环境和管理水平的大提升。维护社会和谐稳定专项工作组按照“明确总体思路、明确工作方法、明确活动目标”的“三个明确”，实施了“三抓”，即抓重点、抓亮点、抓特色。　（蒋忠良）

大事记

2014年长沙大事记

1月

1日 长沙实施公交乘车刷卡优惠措施，其中学生刷卡5折优惠，普通市民刷卡7折优惠，65岁以上老人、残疾人和现役军人刷卡免费乘车。

△ 长沙正式启动商事登记制度改革，取消公司注册资本最低限额，住所、经营范围等不再有严格限定，登记手续和环节进一步简化。

△ 第三次全国经济普查登记工作正式启动，长沙举行启动仪式。

△ 长沙最高气温17℃，是长沙有气象记录以来最温暖的元旦节。

2日《贺国强党建工作文集》湖南首发式在长沙举行，省委常委、宣传部部长许又声出席。

△ 召开市委经济工作会议。总结2013年经济工作，部署2014年经济工作。省委常委、市委书记易炼红，市委副书记、代市长胡衡华出席并讲话。2014年经济工作的总要求是稳中求进、新中求进、好中求进。

△ 市纪委下发有关通知，就严肃整治“会所中的歪风”提出纪律要求，决定取缔违规私人会所，将公共资源还之于民。

3日 国内最大市政隧道工程桐梓坡——鸭子铺通道开工，10余千米隧道贯穿东西城区，预计4年完成主线施工。

4日 市纪委举行民主协商通气会，就重要人事安排向各民主党派、工商联、无党派代表人士及老同志通报情况，听取意见。易炼红出席会议并讲话。

6日 长沙市台办举行台商新春座谈会。2013年，长沙新批台资企业15家，投资9.6亿美元。

7日 长沙市政协十一届二次会议召开。

△ 长沙市刘少奇故里花明楼景区被批准为国家AAAAA级景区。

8日 长沙市第十四届人民代表大会第二次会议召开。

△ 长沙市科技工作领导小组办公室和长沙市科技局向社会公布2013年长沙科技十件大事。

9日 长沙首届孝文化节道德讲堂开讲。

10日 长沙市十四届人大二次会议举行第三次全体会议，会议选举胡衡华为长沙市人民政府市长。

11日 长沙市十四届人民代表大会闭幕。大会应到代表501名，实到480名，符合法定人数。大会以电子表决的方式，表决通过长沙市十四届人民代表大会第二次会议关于政府工作报告、计划、财政报告和人大常委会、市中级人民法院、市人民检察院工作报告的决定。

12日 由印度尼西亚驻华大使馆、长沙市贸促会、长沙县人民政府联合主办的“走进印尼”投资贸易推介会在长沙县举办。市委常委、副市长张迎春会见印度尼西亚驻华大使馆副大使魏思诺一行。

14日 胡衡华主持召开市政府常务会议，听取下放部分市级经济社会管理权限工作汇报。拟向区、县（市）下放部分市级管理权限。

14—15日 受水利部委托，长沙水利委员会会同湖南省水利厅召开《长沙水生态文明城市建设试点实施方案》审查会。一致同意通过该《实施方案》。

15日 启动“邻里守望”主题学雷锋志愿服务活动。450万元爱心款物送给困难群众。

16日 全球首款移动4G千元智能手机在长沙启用，标志着4G网络湖南的商用已经揭开序幕。长沙80%市区已覆盖4G信号。

△ 市政府办公厅印发新的《长沙市环卫职工因公伤亡救助资金管理办法》，调整后的《办法》对因公伤亡的环卫职工最高救助8万元。

△ 召开中国民主建国会长沙市十三届四次全体委员（扩大）会议。

17日 全市宣传战线举行学习贯彻落实十八届三中全会精神报告会。宣传部部长张湘涛要求，宣传思想文化战线要打头阵、当先锋，要把学习宣传贯彻落实全会精神作为重大政治任务，抓紧抓好抓出成效。

18日 易炼红在长沙县北山镇督查长沙废物处理中心项目建设情况，要求以“两型”发展成效回报群众信任支持。

△ 全球四大快递公司DHL、UPS、FEDEX、TNT考察团到长沙考察投资环境。胡衡华出席座谈会。

△ 在北京国家会议中心举行的“2013 年中国创造力年度盛典”上，湖南康奕达油茶生物科技有限公司生产的“水酶法油茶籽油”获“年度创造力产品”大奖。

19 日 2013 年度长沙市首届“最美城管人”群众评选活动结果揭晓，王芳等 10 人获评。

20 日 召开长沙警备区党委十届五次全体(扩大)会议，省委常委、市委书记、长沙警备区党委第一书记易炼红出席并讲话，强调要实现富民兴市与兴武强军有机统一。

△ 召开市委常委会议，研究部署全市宣传思想文化和下放部分市级经济社会管理权限等工作。

△《长沙晚报》和湖南中医药大学等多所高校联合举办的“走进大学重点实验室”寒假公益活动。

△ 召开 2014 年度全市教育工作会议。会议提出年内新改扩建 45 所公办幼儿园和 10 所城区中小学。“小升初”试点划片招生。

21 日 召开全市公安工作会议。要求紧紧围绕把长沙建成全国最具安全感城市的目标，全力打造平安长沙升级版。

△ 召开 2014 年打击非法营运专项治理工作会议，确定在春节前对市内各大站场的非法营运、喊客拉客进行集中整治，确保市民安全出行。

22 日《长沙晚报》发布长沙市小升初、中考招生政策。中考等第由 5 档增至 7 档。

△ 长沙市举行老干部新春座谈会，共话发展，喜迎新春。

△ 长沙市宣传文化人才培训基地授牌仪式暨 2014 长沙文化产业发展新年讲座在湖南大学 GR 商学桥举行。

22—23 日 胡衡华督查安全生产和消防安全工作，要求严格落实责任，抓好排查整改。

23 日 市委巡查组进驻市国土局、市湘江综合枢纽开发有限责任公司、雨花工业园区、市轨道交通集团有限公司、明德中学、市人力资源和社会保障局 6 个单位开展为期两个月的集中巡查。

△ 召开建设“清洁城市”动员部署会议。会议提出，要以“清洁城市”建设的强力推进，让人民群众切身感受到城市环境的大改善和城市品质的大提升。

△ 召开全市村党组织和第九次村民委员会换届选举工作动员大会。张迎龙要求严明纪律选优配强村级班子。

△ 召开 2014 年全市国税工作会议。2013 年入库税收收入总额 848.94 亿元，同比增收 123.72 亿元，增长 17.06%。收入规模列中部省会城市第二，增幅列中部省会城市第一。

△ 下午 4 时，望城区丁字镇附近发生山火，经过消防官兵、当地村民及干部 17 小时的扑救，24 日上午 9 时扑灭。

24 日《长沙晚报》报道：长沙正式出台《关于加快转型创新发展实施产业倍增的方案》《关于共建共享全面小康实现收入倍加的方案》和《关于建设秀美幸福长沙实施城乡品质倍升的方案》，实施“三倍”方案明确：以 2012 年为基数，力争 2017 年，确保 2018 年，实现“三倍”目标。

25 日 市委、市人大常委会、市政府、市政协、长沙警备区机关干部放弃休息，走上街头，和各界群众、街道社区工作人员、志愿者一道开展“清洁城市”集中行动，以此推动“清洁城市”建设常态化。

26 日 岳麓区城市管理工作责任网格化管理实施方案出台，辖区 57 条城市交通干道被划分为 89 个路段网格，由 89 名负责人对应确保路段网格良好的市容市貌。

△ 长沙市纪委、市监察局发布《廉洁倡议书》。倡导常思为官之责，谨记为民宗旨；筑牢思想防线，严守党纪国法；反对奢侈浪费，崇尚勤廉俭朴；凝聚廉洁正能量，守护家庭幸福。

27 日 启动对湘江洲岛进行整体规划，概念性规划国际征集和好方案征集活动。这是长沙首次对湘江洲岛进行整体规划。

△ 易炼红主持召开市委常委会议，研究部署开展第二批党的群众路线教育实践活动、党风廉政建设和反腐败工作。

△ 举行各界人士迎春团拜会，易炼红、胡衡华与各界代表欢聚一团。

△ 中国著名律师网（http://www.zgzmls.com）在长沙启动。市民可在网上向大律师咨询法律事务。

2 月

4 日 长沙市城市管理工作领导小组办公室发布《关于规范烟火烟花爆竹燃放维护市容环境卫生的通告》。

6 日 17 时，市商务局发布消息：春节黄金周期间，长沙社会消费品零售总额 96 亿元，同比增长 16%，比全省增幅高一个百分点。

7 日 全省农田水利建设现场会在宁乡县召开。参会人员认为，宁乡农田水利建设进展快，质量优，经验值得在全省推广。

8 日 召开中共长沙市第十二届纪委第五次全会暨全市反腐败工作会议。会议要求以反腐倡廉新的更大的成效取信于民。

△ 望城区举行“大项目突破年”活动誓师大会，明确 2014 年以“六个十大”项目和招大引强为示范，实现项目建设大突破。

9 日 凌晨，环卫、城管、市政、园林等部门近万人出动展开积雪清理工作。

10 日 市轨道交通集团有限公司公布长沙地铁票值卡的 3 种设计样式：普通卡、老人卡和学生卡。

11 日 省委党的群众路线教育实践活动督导组（长沙组）组长孙在田一行到长沙，听取长沙开展党的群众路线教育实践活动前期准备工作情况汇报，指导教育实践活动的开展。

△ 市政府发布《关于实施春季禁渔制度的通告》，禁渔范围为湘江长沙段及浏阳河、捞刀河部分水域；时间为 4 月 1 日 12 时至 6 月 30 日 12 时。

△ 召开长沙棚户区改造工作研究会议。2014 年全市计划实施棚改项目 54 个，计划改造 13260 户。

12 日 召开市委党的群众路线教育实践活动领导小组第一次会议。易炼红强调：释放作风建设的正能量、正效应、正激励。

13日《长沙晚报》报道：长沙紧急启动H7N9禽流感防控预案，市财政安排1180万元专项资金用于疫病防控。

14日 中国电信正式在长株潭启动4G商用服务。这是继移动之后，湖南又一家运营商在4G领域提供商用服务。

△ 开展为期半个月的打击非法营运联合行动。

16日“中奥国际时尚音乐会暨雨花区现代服务业（文化产业）国际品牌签约仪式”在长沙琴岛演艺中心举行。全球最著名的冰场营运商——奥地利AST与德思勤城市广场签约。

17日 召开全市宣传思想工作会议。易炼红强调，宣传工作要弘扬主旋律、守住主阵地、打好主动仗，奋力开创长沙宣传思想工作新局面。

△“长沙市邮政局”更名为“湖南省邮政公司长沙市分公司”。

△ 胡衡华主持召开市政府常务会议，传达学习省两会精神，研究贯彻落实意见，对接落实《政府工作报告》提出的各项任务。

18日 长沙市安全生产监督管理局出台2014年烟花爆竹安全监管重点工作方案及条例举措。今后一律不再新建烟花爆竹生产企业。

△ 召开全市重大项目和重点工程建设推进会。2014年全市共铺排重大项目580个。

19日《长沙晚报》发布长沙市2014年“六个走在前列”重大项目。

△ 大河西先导区召开政府投资项目工程建设考核讲评暨项目建设动员会。根据下发的项目建设计划，2014年先导区铺排项目总计158个，其中续建项目67个，新建项目63个，预备项目28个，工程建设总投资937.41亿元。

△ 召开长沙市非中共党员领导干部座谈会。全市副处以上140余名党外干部畅谈忠实履职、合作共事的心得体会。

△ 召开新闻发布会，对全市人感染H7N9禽流感疫情全面防控进行进一步部署。

20日 全省环保工作会议宣布启动长株潭大气污染成因分析（源解析）体系和预防预警体系建设，进一步完善全省大气监测网络。

△ 海峡两岸两会协议执行成果总结会在长沙举行，海协会常务副会长郑立中、海基会副董事长张显耀分别率团出席会议，全面总结回顾两会正式签协议执行情况。

21日 召开长沙市党的群众路线教育实践活动动员大会。会议要求一要始终坚持开门搞活动，确保群众的参与度、满意度；二要始终坚持问题导向，高度聚焦反“四风”、正作风；三要始终坚持严格要求，切实做到高标准、高质量；四要始终坚持衔接带动，更加突出上行下效、上率下行；五要始终坚持分类指导，务求增强针对性、实效性。

△ 召开党的群众路线教育实践活动督导培训会。市委向128个单位派出31个督导组。

△ 将发改、财政、统计、物价、法制、政务、国税、地税等八个方面的会议合并召开全市综合发展系统工作会议。“八会合一”主要目的：一是以好的会风改作风。二是以“弹钢琴”的办法抓统筹，坚持综合部门综合抓、各项工作统筹抓。

△ 公示长沙拟规划的11个专业市场群。

△ 全国政协常委、副秘书长刘家强率调研组到长沙，就“建筑工人工伤维权有关问题”开展调研，并对湖南东方红建设集团设立100万元工伤处理专项基金、每个项目部设立“农民工维权服务办公室”等新措施给予肯定。省政协副主席王晓琴、长沙市副市长何寄华、市政协副主席龚振湘参加调研。

△ 湖南省环保产业协会、雨花区环保局联合全国第一个环保银行长沙银行环保支行，在全省首次举办环保企业融资对接会，专项解决环保企业的融资难题。

24日 胡衡华会见日本三菱重工业株式会社驻中国总代表碓田圣史一行。希望通过更多的交流，充分发挥三菱重工在节能、环保等领域的技术优势，与长沙企业寻求更多的合作机会。

△ 长沙市学习习近平系列重要讲话和党的十八届三中全会精神轮训班开班。易炼红围绕“大力推进转型创新发展”主题作首场专题辅导报告。

25日《长沙晚报》登载2013年区、县（市）、园区工业经济主要指标情况通报。

△ 易炼红会见到长沙出席湖南移动互联网产业发展研讨会的嘉宾。研讨会主题为“将长沙打造成中部地区移动互联网产业梦工场”，会议就推动产业政策出台、组建产业基金、成立导师团队等开展磋商恳谈。

△ 由中共长沙市委宣传部组织的长沙市第三届“十大年度新闻事件”评选活动正式启动，主题是“回望精彩、走在前列”。

△ 长沙公安交警外网（长沙公安交警支队政务网）改版后开始试运行，市民足不出户就能通过上网查看城区的实时路况、长沙市实景路况地图和交通诱导屏的提示，提前选择合适的行驶路线。

26日 长沙市第十四届人大常委会举行第十一次会议，审议通过《长沙市城市桥梁隧道安全管理条例》、市人大常委会2014年工作要点。

△ 长沙市公安局交通警察支队发布《关于在城区道路设置大客车专用车道的通告》明确规定，城区共设置大客车专用道17条。

△ 召开长沙市食品药品安全工作会议。2014年启动争创全国食品安全示范城市活动。

27日 长沙警方开展为期80天的“春雷行动”。集中对黑恶势力、涉枪涉爆和多发性侵财犯罪等8类违法犯罪活动开展专项打击。

△ 合肥、南昌、武汉三市党政代表团到长沙考察，长江中游四省省会城市党政“一把手”共谋打造中国经济发展的“第四极”。

△ 徐守盛在长沙专题调研学雷锋志愿服务活动，要求让雷锋精神内化于心，外化于行。

27—28日 长江中游城市群省会城市第二届会商会在长沙举行。长沙、合肥、南昌、武汉四市党政主要负责人围绕“开放融合、创新发展”主题，共同商讨加强开放合作、激活创新资源、实现互惠共赢，共推“第四极”创新崛起。会上，四市市长共同签署发布《长江中游城市群省会城市第二届会商会长沙宣言》。

28 日 举办“雷锋精神论坛”。

△“雷锋战友走进雷锋故乡开展雷锋精神寻根之旅”活动走进望城区公安消防大队，见证望城消防学雷锋志愿服务队揭牌及授旗。

3 月

1 日 第八个“长沙慈善日”，长沙慈善会举行“新奥•善行孝老”百岁老人关怀计划项目启动暨援助金发放仪式，向户籍在长沙市的百岁老人提供生活援助和精神关怀。

△《长沙晚报》、星辰影像共同在长沙现代广场举办首届全国擂台赛颁奖典礼暨星辰七周年年会。苏小明等 10 名摄影师获十佳摄影师称号。

△ 长沙市“邻里守望 • 善福 e 家”百团万人学雷锋志愿服务联盟活动启动仪式在天心区城南路天心街道贺龙体育广场启动。为患重病的“金牌义工”“活雷锋”常振伟募得善款 3.9 万元。

2 日 易炼红主持召开市委常委会议。会议决定成立市委全面深化改革领导小组。

3 日 召开全市 2013 年度“六个走在前列”大竞赛暨绩效考核通报讲评大会。通过考核，区、县（市）分中心城区和县（市）区排出名次，96 个市直单位评出一等班子 21 个，二等班子 71 个，三等班子 4 个。纳入考核的 985 名班子成员中，评出一等（优秀）186 人，二等（称职）794 人，三等（基本称职）2 人，四等（不称职）3 人；13 人经甄别考察被诫勉谈话。

△ 召开全市城乡接合部环境综合整治拆违控违工作会议。按照部署，全市全年要力争拆除违法建设 400 万平方米，确保完成 300 万平方米。

△ 长沙市雨花区在全市首发“邻里守望互助卡”，街坊邻居之间凭卡相识、相知、相助，用邻里守望来医治人情冷漠的“城市病”。

4 日《长沙晚报》发布《长沙市城市管理和行政执法局关于加强城市市容和环境卫生整治的通告》，2014 年 3 月 5 日起施行。

△ 胡衡华到北京中央电视台领回《中国经济生活大调查》（由中央电视台财经频道、国家统计局、中国邮政集团公司共同主办）2013 年中国最幸福的十大省会城市奖杯。

△ 长沙市委、市人大常委会、市政府、市政协领导到刘少奇纪念馆开展党的群众路线教育实践活动“四个一”专题学习。

△ 召开全市宣传文化系统“三个多出”（多出工作成果、多出精品力作、多出优秀人才）暨群众文化活动动员大会。

5 日 召开全市旅游工作会议。2013 年长沙旅游总收入首次突破千亿元大关，旅游业成为长沙战略性支柱产业。

△ 长沙“史上最严”市容违法违章行为处罚规定开始执行。全市 1300 余名城管队员走上街头，对随地吐痰、吐槟榔渣、口香糖等 10 类市容违法行为进行严格查处，随地吐痰等罚款 50 元。

△ 长沙首个公益顺风车志愿服务车队在雨花区成立，300 余位私家车主参加。市委常委、宣传部部长张湘涛和团市委负责人参加启动仪式，并为“爱心顺风车”车队授旗。

6 日 长沙召开推进三年造绿大行动现场观摩会。会议决定 2014 年完成迹地更新宜林荒山荒地造林 6000 公顷，“三边”造林“四旁”植树 6666.67 公顷；完成 20 个社区公园建设、建成区新增绿地 1200 公顷以上。

7 日 召开全市群众工作总结表彰动员培训。2014 年群众工作继续开展“结对认亲、排忧解难”“向群众承诺、为群众办事”和群众工作站“三个一”三大主题活动。

△ 召开长沙各界妇女庆祝“三八”国际劳动妇女节 104 周年大会。付玲等被授予长沙市“十大最美女性人物”称号。

△ 省政协副主席武吉海率调研组在长沙就湘江保护与治理工作进行调研。

11 日 连接长沙火车南站与黄花机场的长沙磁悬浮工程通过可行性研究评审。

12 日 市委、市政府召开全市发展开放型经济及现代服务业工作会议。启动“开放型经济引擎计划”。

5—13 日 易炼红率领长沙市代表团访问澳大利亚、新加坡、印度。探索扩大开放深化合作，谋求加快转型创新发展。

14 日 民政部部长李立国到长沙调研社会救助工作。民政部在长沙召开全国民政系统贯彻落实《社会救助暂行办法》视频会议，专题部署《社会救助暂行办法》贯彻实施工作。

△ 易炼红到广汽菲亚特汽车有限公司，实地考察即将上马的新项目建设，现场办公解决项目落实过程中面临的问题。

△ 举行长沙地铁票价听证会，25 名听证会参加人对两套地铁票价定价方案发表了意见，22 人支持方案二，2 人支持方案一，1 人对两个方案都反对。

△ 开福区伍家岭沙湖桥菜市场内，发生一起 2 名外地经商人员因纠纷引发的致 5 人伤亡案件。其中 1 人是纠纷方，4 人是无辜群众。

△ 长沙工商“12315”指挥调度系统全面升级，处理市民投诉更有效。

15 日 召开进一步深化清洁城市行动会议。易炼红强调，长沙要实行史上最严格、最精细、最到位的城市管理，以提标提档的管理硬举措推动城乡品质倍升。

△ 长株潭三地移动 4G 网络正式投入商用，用户只要购买 4G 手机，不换号、不登记、快速换卡，即可享受到全新的 4G 服务。

△ 中央党史研究室副主任高永中到湖南指导开展党史研究和党史宣传工作，并就党史教育基地挂牌等有关情况在长沙调研。

18 日 省政协主席陈求发在长沙调研大气污染治理工作。强调形成共识，确保治理成效。

△ 中铁城建集团总部落户长沙，这是在星城落户的首家工程板块央企集团总部。

△“弘扬社工精神，服务困境群众”2014 年湖南省国际社工日暨主题宣传日启动仪式在湘江风光带滨江广场举行，长沙市一线专业社工 500 余人参加活动，共庆第八个

“国际社工日”。省民政厅厅长段林毅、市委副书记张迎龙出席活动。

△ 地铁2号线一期工程开始为期20天的全封闭按图跑车试运行。

19日 易炼红主持召开市委常委（扩大）会议，传达贯彻全国两会精神和省委常委（扩大）会议精神。要求坚定不移地深入推进转型创新发展，加快打造“一部一带”核心增长极。

19—20日 省政协主席陈求发在长沙调研湘江保护和治理工作。

21日 全市召开群众路线教育实践活动集中学习暨党员领导干部廉洁从政警示教育大会。易炼红以“把‘为民务实清廉’贯穿于长沙改革发展全过程”为主题，就践行党的群众路线为全市1300余名领导干部上党课。

22日 由长沙市委宣传部、市文明办、市轨道交通集团有限公司主办的“地铁来了——2014长沙地铁达人知识竞赛”活动正式启动，竞赛总冠军终身免费乘坐长沙地铁。

23日 第二十一届长沙图书交易会闭幕。428个出版单位参展，总成交额16.8亿元码洋，参展商与成交额创交易会记录。

24日 以“回望精彩，走在前列”为主题的长沙市第三届“十大年度新闻事件”（2013）评选结果公布，长沙开展“六个走在前列”大竞赛，确定率先建成“三市”、强力实施“三倍”、加快现代化进程重大战略；大型史诗电视剧《毛泽东》全国热播等十大新闻事件榜上有名。

26日 新里程公司的哥欧明建拾现金近30万元送还失主。

△ 省政协副主席张大方到长沙调研临空产业发展。张大方强调，大力发展临空经济是提升城市竞争力的重要组成部分。

27日 召开全市人力资源和社会保障工作会议。胡衡华要求把稳定就业当成推动科学发展的头等大事，并进行研究制定公务员跨部门转任实施方案，打破公务员部门终身制，盘活公务员队伍。

△ 中组部召开全国电视电话会议，对2014年组织推动培育和践行社会主义核心价值观有关工作进行安排部署。易炼红代表长沙作经验典型发言。

△ 长沙市红十字会遗体器官捐献纪念广场在长沙市明阳山福寿苑陵园揭幕，首批270名捐献者名字被镌刻在纪念广场的石碑上。这是湖南首个由市州建立起来的遗体器官捐献纪念广场。

28日 全国道德模范与身边好人现场交流活动在长沙举行。中央文明办秘书局局长蒋希伟，湖南省委原常委、湖南省军区原政委、湖南省雷锋精神研究会会长杨忠民，省委宣传部副部长、省文明办主任宋智富及市领导张迎龙等出席。

△ 省委驻长沙督导组召开“企业人士代表座谈会”来自全市国有企业、民营企业、外来投资企业和改制企业的11位代表与省委督导组组长，全国人大内务司法委员会委员，省人大常委会原党组书记、原副主任李江座谈交流，就长沙市党的群众路线教育实践活动市委、政府工作中存在的问题直抒己见。

△ 长沙宝骏巴士有限公司正式成立，该公司由之前的嘉年华、万众、红光巴士3家民营企业整合组建而成。

△ 湖南省第一次地理国情普查新闻发布会在长沙召开。湖南省第一次地理国情普查工作进入全面实施阶段。

30日 易炼红暗访背街小巷，检查市容市貌。

△ 举行长沙市第三届全民健身节启动仪式暨春季马路赛跑。1.5万人参与，副市长夏建平等参加领跑。

△ 长沙社保服务热线“12333”开通。服务范围为市辖区内人力资源和社会保障工作所涉及的政策业务咨询及举报投诉。

31日 由省畜牧水产局、长沙市人民政府联合主办，市畜牧兽医水产局与长沙晚报社等单位承办的“你好，湘江”放养活动，在橘子洲尾沙滩公园的东侧江边举行。渔民代表、志愿者将和游客一道，把100万余尾（只）优质鱼种（蚌）放入湘江。

△ 长沙黄花国际机场开始执行夏秋季航班航线计划，该航季共计划执行直达国内外73个城市的127条定期航线。

△ 召开全市非公有制经济组织的党的群众路线教育实践活动动员会暨非公有制经济人士理想信念教育实践活动再动员大会。

△ 长沙市教育局面向全市下发通知，成立中考命题专家库，这是长沙首次建立初中毕业学业水平考试命题专家库。

4月

1日 省委常委、常务副省长陈肇雄在长沙先导区调研，要求先导区发挥示范引领作用，争创“两型”社会建设标杆。易炼红参加调研。

△ 召开深化城市管理体制机制改革动员大会，成立市城市管理委员会。易炼红任顾问，胡衡华任主任。

△ 省委组织部副部长，省委教育实践活动领导小组成员、办公室常务副主任郭树人到长沙调研教育实践活动。

△ 长沙进入汛期。长沙市防汛抗旱指挥部办公室发布《关于切实做好2014年防汛抗旱值班工作的通知》。

2日“世界自闭症日”“湖南酷贝拉·自闭症儿童康复基金”在长沙成立，每年计划援助50人次。

4日 国务院批复同意《长沙城市总体规划2003—2020年（2014年修订）》，要求长沙市重视城乡统筹发展、合理控制城市规模、完善城市基础设施体系、建设资源节约型和环境友好型城市、创造良好的人居环境、重视历史文化和风貌特色保护。

△ 消失12年的湘江银盆岭大桥（原称“长沙湘江二桥”）桥志碑在紫凤公园揭碑，这也是长沙唯一的一座桥志碑。

4日 首台长沙造国际品牌电梯在湖南崇友电梯科技有限公司下线。

8日 易炼红主持召开市委教育实践活动领导小组第二次领导小组会议。易炼红要求以标准决定质量，确保活动务实有效推进。

△ 易炼红主持召开市委常委会议，研究部署轨道交

通2号线一期工程试运营和全市工会工作。

11日 召开"六个走在前列"重大项目工作交办会，对重大项目建设中的74个重点问题进行集中交办。

11—12日 中央党的群众路线教育实践活动第一巡回督导组组长周声涛一行，到长沙督导调研第二批群众路线教育实践活动。要求高起点谋划、高标准推进、高质量落实。

14日 市政府召开新闻发布会，发布2014年中小企业转型升级系列服务产品暨《长沙市中小企业服务体系建设白皮书》。推出18项服务产品帮助中小企业转型升级。

15日 在《长沙晚报》上发布《长沙市城市桥梁隧道安全管理条例》。

△ 由市委、市政府与同济大学联合主办的同济大学——湖南长沙城乡一体化规划建设高级研修班在上海开班。

16日 奥凯航空正式开通长沙直航济州岛的航班，这是长沙至济州岛的首条直达航线。

△ 长沙地铁票价方案公布。起步价6千米2元，2号线全程最高票价5元，1号线全程最高票价6元，1、2号线全程最高7元。

△ 省委督导组听取市委督导组党的群众路线教育实践活动工作情况汇报，就进一步深入开展教育实践活动提出具体要求。

△ 市轨道交通集团有限公司发布消息：地铁2号线一期工程通过试运营前的相关验收及评审，列车运行图兑现率、列车正点率可靠性等关键指标均达标，具备开通试运营的条件。

△ 全国政协提案委副主任、湖南省政协原主席胡彪考察长沙城市轨道交通建设情况。

18日 地铁2号线开始第一天免费试乘，接受市民的初次检验。

△ 全市重大招标课题结题暨成果转化推介会在市委党校举行，会议对《推进"长沙六个走在前列"，提升城市综合竞争力的发展思路与对策研究》这一课题进行结题论证，开展成果推介和转化应用工作。

△ 中光通信科技（湖南）有限公司与长沙高新区正式签约，投资60亿元在麓谷建设二代光纤研发生产基地。

19日 由《长沙晚报》、星辰影像、长沙市摄影家协会、长沙市益阳商会联合举办"益商杯"摄影挑战赛。

20日 位于长沙火车站西广场南侧的长沙黎托综合客运枢纽正式试运营，该枢纽站能与高铁、地铁、公路实现零换乘。

21日 市委公布《长沙市委常委教育实践活动立行立改"十个带头"》，面向社会公开承诺，接受广大群众监督。

23日 2014"书香长沙"全民阅读活动暨梅溪湖国际文化艺术周书友会活动正式启动。"中华经典诵读""终身学习活动周""科技活动周""社科普及月""读书月"等"书香长沙"系列活动贯穿全年。

24日 省委组织部副部长、省委教育实践活动办常务副主任郭树人为长沙党员领导干部作群众路线教育实践活动专题讲座。

△ 按照全国"扫黄打非"办公室统一部署，省"扫黄打非"工作小组在长沙市贺龙体育场东广场举行侵权盗版及非法出版物集中销毁活动，共销毁26万册非法书报刊、45万张非法音像制品和电子出版物。

25日 市委召开教育实践活动"三学三找"专题学习领学会。易炼红强调，全市各级领导干部要带头学习，做到一实再实、一深再深、日复一日，通过深入学习进一步加深对党的群众路线的理解和认识。

△"商汇滨江·财聚银盆"省会民营企业家"三服务"活动在岳麓区银盆岭街道举行，意大利、泰国和港澳台等地知名企业家，10家省级商会35位企业家，46家市级商会128位企业家，35位长沙本地知名企业家参加活动。代表考察了岳麓区银盆岭商圈。

△ 召开全市党的群众路线教育实践活动工作推进暨基层党建工作述职会议。

△ 浏阳籍的中国工程院院士、南京军区南京总医院副院长黎介寿院士获得永久性小行星命名。

△ 50名劳模代表试乘2号地铁，并参观长沙轨道交通集团公司OCC控制中心，体验城市发展的最新劳动成果。

26日 在开福区湾田国际前坪炒出1250千克世界最大份"辣椒炒肉"。

△ 在岳麓区举办长沙首届大学生生殖健康知识竞赛。

27日 易炼红会见美国威蒙·积泰汽车公司董事长兼总裁王晓麟一行。

28日 市委召开全面深化改革领导小组第一次会议，传达中央和省委全面深化改革各项工作的有关精神，易炼红、胡衡华出席并讲话，要求最大限度地为长沙转型创新发展释放改革红利。

△ 易炼红主持召开市委常委会议，研究部署全市文明创建工作。

△ 召开长沙市行政审批制度改革会议。长沙市全面启动新一轮行政审批项目清理规范工作。

△ 长沙霞凝铁路口岸通过验收"五定班列"（定点、定线、定车次、定时、定价）直达深圳。

△ 新型肥料与作物品质安全研讨会暨湖南科录普成立仪式在长沙学院举行，会议主题为：开发新型安全肥料，致力解决作物重金属污染的问题。中央统战部原副部长、全国工商联原党组书记、中国生物多样性保护与绿色发展基金会理事长胡德平，省领导杨泰波、张硕辅、袁隆平，市领导宋达等出席。

29日 开始试运行网上处理交通违法。

△ 举行长沙地铁2号线试运营通车仪式，省委副书记、省长杜家毫致辞，省政协主席陈求发，省委副书记孙金龙出席，劳模、工程建设者、安保工作者、志愿者和沿线居民代表共同为地铁项目剪彩。长沙正式开启"地铁时代"，长沙地铁报《壹早报》首发30万份。

△ 由市委宣传部、市文广新局、市科协主办，省外专局支持，市图书馆、市外专局承办的2014年"书香长沙"·星城科学讲堂活动启动式暨首场讲座在市政府机关会议中心举行。

△ 由国家环保部主持召开的《长沙大河西先导区生态文明建设规划》(2012—2020年)专家评审会在长沙举行。

30日 省委督导组组长李江在高新区调研指导党的群众路线教育实践活动，对下阶段工作提出"要确立高标准，打造园区教育实践活动的好样本”。

△ 易炼红、胡衡华代表市委、市政府向全市1500余位历年全国省、市级劳模发短信慰问，表达崇高的敬意。

5月

1日 长沙市调整住房保障准入标准正式实施。住房保障低收入标准由家庭人均可支配收入每月不高于1010元，提高到家庭人均可支配收入每月不高于1893元，住房困难标准由家庭人均住房建筑面积低于12平方米调整到低于15平方米。

△ 河西政务中心房屋产权登记窗口全面实现房屋登记“一站式服务、一窗式办结”模式，全面受理房屋产权登记所有业务。

2日 位于开元路下方的地铁3号线东四线站开钻第一根旋挖桩，正式开始车站建设。

4日 易炼红在望城区光明村村部与青年代表座谈，畅聊“青春记忆”，勉励全市广大青年担当历史责任，在推动长沙新一轮更好更快发展的生动实践中展示青春力量。

5日 厦门航空湖南分公司在长沙成立，成为继南航之后第二个在湖南设立分公司的航空公司。

5—6日 省人大常委会副主任谢勇率检查组就《中华人民共和国专利法》等贯彻实施情况到长沙开展执法检查。

7日 全市召开党的群众路线教育实践活动市委督导组负责人会议，深入学习贯彻中央和省委、市委有关会议精神，交流督导工作情况，分析研究存在的突出问题，对下一步督导工作进行部署。

△ 农业部发布消息，袁隆平等10人获评“中国种业十大功勋人物”。

△ 台湾弘辉中国开发集团总经理范云杰、台湾工业总会副秘书长蔡宏明率考察团到长沙，就整合两岸资源，共同打造健康养老、电子信息、文化创意产业园区等进行考察交流。

8日 召开长沙作风建设推进大会，大会通报一起顶风违纪违规的典型案例，要求全市党员干部以此为镜鉴，开展一次警示教育活动和反思。

△ 2014海峡两岸文创名人名企长沙行活动在望城区铜官镇举行。易炼红、谭仲池、胡衡华等出席。

△ 长沙市教育局发布《致全市中小学家长的公开信》。长沙市总体招生原则是“小学招生按照划片招生、相对就近、免试入学的原则进行招生；初中招生在高新区试行划片招生政策，相对就近入学，其他城区继续实行微机派位；高中招生严格按中考成绩和学生志愿填报情况分批录取”。

△ 科技部党组成员、副部长曹健林率领由国家相关部委组成的调研组到长沙，就长沙高新区创建国家自主创新示范区情况进行专题调研。副省长李友志，市委常委、常务副市长陈泽珲，副市长夏建平，高新区管委会主任李晓宏参加调研。

9日 中国社会科学院发布的2014年《城市竞争力蓝皮书》显示，在中国城市的宜居城市排名中，长沙和湘潭位列“宜居竞争力最好”的城市前50名。

△ 湖南第一高楼九龙仓长沙国际金融中心项目转入地上施工阶段。该大楼452米，占地7.44万平方米，计划2017年6月竣工。

11日 长沙节水宣传周正式启动。

△ 湖南首个170号段手机用户在长沙开通，湖南是除北京市之外第一个开通170号段手机的省份。

11日 由长沙大河西先导区管委会、共青团长沙市委共同主办的长沙市“鲜花满途，青春前行”万名大学生环梅溪湖长跑活动在梅溪湖畔举行。全程6.5千米，有中南大学、湖南大学等20所高校万名大学生参加。

△ 由62名绣女合手经过2个月“三班倒”绣成的“大型毛主席像”，该作品长4米，高2米，由湘绣大师江再红主绣。

12日 许又声到浏阳市调研宣传思想文化工作。他要求，浏阳要充分发挥人文历史、生态环境和交通区位优势，把文化资源优势转化为文化产业优势，做好已有项目的开发利用，以产业辐射带动区域经济社会发展。

△ 易炼红、胡衡华会见中民投、民生银行董事长董文标一行。

14日 湘江长沙综合枢纽三期下游围堰爆破以确保长沙库区安全度汛。

△ 岳麓区咸嘉湖街道银谷国际社区举行长沙孝老爱亲红黑榜首榜发布暨孝心示范社区银谷国际社区“微孝行动”启动仪式。市领导张湘涛出席活动。

15日 浏阳市中和镇9个村、社区的村民共同签订《文明办酒村规民约》，承诺70岁以上才能办寿宴。

16日 在深圳文博会2014中国（长沙）第二届手机文化产业博览会新闻发布暨移动互联网投资推介会上，长沙5个文化产业项目共签约引资135.31亿元。

△ 国内首条具有自主知识产权的中低速磁浮交通线路——长沙磁浮工程正式开工。线路计划2016年上半年建成，届时，从长沙火车南站至长沙黄花机场T2航站楼，仅需约10分钟。易炼红宣布项目开工，副省长张剑飞，中国铁建股份有限公司董事长、党委书记孟凤朝致辞。

△ 大围山旅游干线公路浏阳大浏高速茶林互通至白沙公路一期工程开工。该项目南起于浏阳市张坊镇张坊中学，北止于浏阳市白沙古镇，全长36.98千米。

18日 合肥、南昌、武汉、长沙在长举行长江中游城市群四省会城市旅游合作会商会，就四市旅游规划、无障碍旅游区建设等达成共识，并发表《长江中游城市群四省会城市旅游合作（长沙）宣言》。

19日 易炼红会见由全国政协委员、香港商报社长黄扬略率队的“港商入湘30年”采访团一行。

22日 中南大学退休干部李展明捐资助学，18年累计捐出30万元。

△ 举行全市党的群众路线教育实践活动专项整治工作推进会。省委督导组副组长魏忠胜出席会议。

23日 全国政协常委、文史和学习委员会主任王太华率调研组到长沙考察调研，就“继承与发扬中国传统文化，加强书院文化研究保护”开展专题调研。

24日 晚8时至25日上午8时，浏阳平均降雨量85毫米。澄潭江、文家市和金刚三镇的降雨量分别为204毫米、185毫米、176毫米，是近十年来最大的降雨量。

26日 省委督导组到岳麓区调研前一阶段党的群众路线教育实践活动开展情况。

27日《长沙晚报》公布36项“四风”突出问题专项整治任务内容，市委要求确保9月底前整治到位或取得明显成效。

△ 胡衡华主持召开市政府常务会议，会议审议关于制定《长沙市特级教师、首席名师教育奖励补助实施办法》《关于进一步加快工业园区发展的若干意见》（送审稿）《长沙市敬老院建设三年工作行动方案》（送审稿）等。

△ 市台办组织开展“台商看长沙”主题观摩活动。近百名台商先后到中联重科、湘江长沙综合枢纽、靖港古镇等地进行参观交流。

28日 李自健美术馆奠基仪式在长沙大河西先导区洋湖总部经济区举行。

△ 胡衡华会见到长沙参加长沙市民间投资项目对接会的全国政协委员、香港长沙商会会长李秀恒一行。

△ 举行长沙民间投资项目对接会，市政府发布面向民间投资开放的86个项目，覆盖重大城镇片区项目、产业投资、交通市政、生态景观整治、棚户区和安置房、社会事业六大领域，总投资1010亿元。市领导张迎春、彭继球出席。

△ 召开长沙市农村危房改造工作会议。计划2014年完成农村危房改造5000户。

29日《长沙晚报》发布《长沙市天心区人民政府关于南门口棚改项目房屋征收决定的公告》。

△ 易炼红会见台湾佛光山开山宗长、国际佛光会世界总会会长星云大师。星云大师希望长沙发挥在教育、文化方面的独特优势，与台湾民众一道将同根同源的中华文化发扬光大。

△ 浏阳荷花至文家市公路开建。总投资4.68亿元，项目线路总长36.353千米。项目竣工后长沙到胡耀邦故居缩短约40千米。

△ 上海市政协主席吴志明率队港澳委员一行86人到长沙考察。省政协副主席王晓琴、市政协主席范小新陪同。

△ 位于长沙县松雅湖香岛上的松雅禅院举行奠基仪式，台湾星云大师出席仪式。建设面积为2700余平方米，以“弘扬佛教文化，倡导社会公平和谐”为设计主导思想。

30日 蔡跃武资助21人完成学业。

△ 召开全市教育实践活动工作推进暨民主评议会。总结和分析前段活动进展情况，部署下一步工作。

6月

1日 午后出现入夏最高气温35.5摄氏度。

3日 召开全市党的群众路线教育实践活动市领导联系点单位负责人暨督导组长会议。按照中央和省委的统一部署，市、县、乡从6月上旬开始，逐级召开专题民主生活会。

△ 在梅溪湖国际新城举行中南大学湘雅六医院合作框架协议签约仪式。医院选址梅溪湖国际新城，总用地面积约13.33公顷，拟分两期进行，总投资约20亿元。

4日 长沙市餐厨垃圾无害化处理厂被命名为开福区首个公众环境教育基地，同时开福区环保局发布《环境污染举报奖励办法（试行）》，这是长沙各区、县（市）首次出台环境污染举报奖励办法。

5日 市纪委面向全市开展廉政动漫作品征集大赛。

△ 世界环境日，省环保厅和长沙市政府在贺龙体育中心东广场联合举办“向污染宣战，建设美丽湖南”环保宣传展，长沙市宣布重点开展开展“清霾、碧水、静音”三大行动。

△ 江西省人大常委会党组副书记、副主任洪礼和率队到长沙进行城市交通保障畅通专题考察。

6日 召开全市“十三五”规划编制工作动员会。

△ 中国（长沙）水利工程、环境治理及疏浚技术装备展览会（中国水博会）组委会召开新闻发布会，2014中国水博会9月22—24日在长沙举办，并永久落户长沙，每两年举办一届。

△ 湖南凤凰出版传媒股份有限公司等14家长沙民营企业在湖南股交所集体挂牌，长沙民营企业进一步拓宽投融渠道。

8—10日 2014年湖南省节能宣传周暨第六届湖南（长沙）节能和循环经济博览会在长沙红星国际会展中心启幕。展会设国际标准展位400余个，展览面积1.5万余平方米，展出上千种节能、节水、新能源和资源循环利用等先进技术。

9日 阿里巴巴·长沙产业带正式上线。长沙乃至湖南本土特色产品，通过阿里巴巴的电商平台走向全国、全球。

△ 长沙大河西先导区更名为湘江新区，易炼红、何报翔为湘江新区揭牌。

10日 全国人大内务司法委员会到长沙调研《中华人民共和国公务员法》贯彻实施情况。全国人大内务司法委员会委员李江，全国人大内务司法委员会委员、全国人大常委会机关党组成员、纪检组组长王金亮，国家公务员局副局长卢雍政及部分全国人大代表参加调研。《中华人民共和国公务员法》于2006年1月1日开始施行，长沙8年招录公务员3476名。李江对长沙贯彻实施该法的情况予以充分肯定。

△ 2014年“书香天心”全民读书活动在湖南省青少年活动中心启动。省委宣传部副厅级纪检员、省委学习办主任肖君华，市委常委、宣传部部长张湘涛出席。

△ 市食品药品监管局首次集中通报一批食品药品企业“红黑榜”名单，并宣布惩戒措施。其中，“红榜”有九芝堂股份有限公司等17家企业，“黑榜”名单涉及的5家失信企业（个人）。

△ 梅溪湖投资（长沙）有限公司与长沙市妇女儿童医院合作兴建三级甲等妇幼保健院，签约仪式在梅溪湖国际研发中心举行。该院选址于梅溪湖国际新城红枫路与东方红路交会处西北角，规划总用地面积约6.67公顷，2016年投入使用。

△ 市人民政府与长沙远大住宅工业有限公司签署《长沙市两型住宅产业化推广实施的合作框架协议》。陈泽珲主持签约仪式。

11日 市人大常委会主任会议成员就长沙县经济社会发展情况和人大工作进行调研。袁观清指出“以项目为抓手，做发展领头雁”。

△ 胡衡华主持召开市政府常务会议，会议研究长沙创建全国水生态文明城市和进一步精简市本级行政审批项目等工作。

12 日 易炼红主持召开市委常委会议，研究部署全市棚户区改造和进一步精简市本级行政审批项目工作。

△ 有“方罍之王”美誉的青铜器皿方罍器身交接仪式在美国纽约佳士得拍卖总部举行，收藏家谭国斌与佳士得美国区总裁马克·波特在合约上签字，皿方罍器身正式归属湖南。

13 日 召开全市棚户区改造和征地拆迁工作会议。会议宣布长沙计划用 4 年左右时间，改造棚户区 950 万平方米，基本完成城区集中成片棚户区改造。

14 日 美国俄勒冈州波特兰市政府及企业代表团到长沙考察投资环境，并与相关部门和企业交流座谈。会上，长沙市与波特兰市签署缔结经贸合作城市协议书。

16 日 中考开考，首次采用安检，手机等电子设备不得带入考场。

△ 举行“加快启动湘江大道防洪景观道建设”市人大代表建议重点督办暨市领导领办座谈会，湘江大道防洪景观道（沙河桥至湘江长沙综合枢纽段）将启动建设。

△ 张迎春带队考察上海重点项目，期待更多上海企业到长沙发展。

△ 黄兴北路棚改第二期征收签约工作正式启动，征收涉及 7 个地块，2000 住户。

17 日 召开沪洽周省情推介暨重大招商项目发布会，长沙签约 39 个项目总额 441.28 亿元，拟引进资金 439.18 亿元。其中外资项目 10 个，投资总额 93.4 亿元；内资项目 29 个，投资总额 347.88 亿元。

18 日 世界 500 强企业麦德龙正式入驻岳麓区观沙岭街道。

19—20 日 长沙市委常委班子召开教育实践活动专题民主生活会，班子成员开展对照检查和相互批评。

21 日 湖南省脑科医院在省内首开“世界杯”综合征门诊。

22 日 长沙市大众小商品市场发生火灾，过火面积约 2800 余平方米，300 余名消防官兵持续 32 小时作战扑灭大火。

23 日 中国南方航空公司在长沙举行广州—长沙—法兰克福首航新闻发布会，宣布长沙至法兰克福航线正式开通。该航线每周往返三班，是湖南开通的首条洲际航线。

24 日 省人大常委会副主任陈君文率队督查长沙市办理“省人民政府关于湘江流域综合治理情况审议意见”的情况。城区 110 个排水口全面启动改造。

△ 长沙市现代公共文化服务体系建设研修班开班，张湘涛提出要建设一批在全国领先的乡镇（街道）综合文化站。

△ 市人大常委会召开《税收征管法》执法检查组第一次全体会议暨执法检查动员会议。

25 日《长沙市市本级行政审批项目目录》以政府令的形式在长沙市人民政府门户网站公布。

△ 雨花区在全市首发孝道“红黑榜”。

26 日 由人民日报社等单位主办、国务院发展研究中心等 20 余家研究机构提供支持的首届国家治理高峰论坛暨治理创新 100 佳优秀成果调查发布活动在京举行，长沙市岳麓区申报的网格化管理、社会化服务、信息化支撑、一线法保障“四位一体”社会治理“岳麓模式”获全国“社会管理创新十佳”称号，且排名第一。

△ 市委宣传部、市文明办召开会议，启动并部署“中国梦•长沙人•星城美”重大典型宣传暨纪实文学创作活动，用鲜活典型汇聚正能量。

△ 宁乡农民侯建良自费 60 万元拍公益微电影。短片定位为国内首部公共安全防范微电影，意在弘扬正气传播正能量。

27 日 长沙市食品药品监督管理局与长沙金霞经济开发区管理委员会主办“2014 中国·长沙医药健康产业园招商推介会”，中国药店管理学院等 4 家医药行业签约。

△ 工信部向中国电信、中国联通两大运营商颁发“LTE/ 第四代数字蜂窝移动通信业务（LTE FDD）”试商用经营许可，长沙是联通试商用城市之一。

25—27 日 胡衡华率领长沙市代表团考察访问美国旧金山，并与该市市长李孟贤签署长沙市与旧金山市建立友好城市关系意向书。中国驻旧金山总领事袁南生、长沙高新区党工委书记罗社辉等出席签约仪式。

29 日 长沙市 2014 年小学毕业生升初中城区联合微机派位在长沙市天心区湘府英才小学举行，共有学生 24013 人。

△ 中南大学国学研究中心在中南大学中南讲堂成立，并举行首期中南国学会讲。该中心旨在传承优秀传统文化，发扬经世致用精神。

30 日 进社区红色服务月活动启动仪式在石子冲社区举行，同时全市首个党员志愿者微信服务平台“锋蜜在线”正式开通。

△ 长沙磁浮工程第一根旋挖钻孔桩开钻，标志着长沙磁浮工程立体施工正式启动。

7 月

1 日 召开市委十二届七次全体（扩大）会议，易炼红代表市委常委通报市委常委班子党的群众路线教育实践活动专题民主生活会情况。会议就当前和今后一个时期全市经济社会发展各项工作进行部署。

△ 长沙率先在全省启动商事登记制度改革。

1—2 日 省委副书记孙金龙在长沙调研全面小康建设。他强调以精准思维推进县域小康建设。

2 日 晚 10 点，长沙市中考成绩揭晓。2014 年城区有初中毕业生 30726 人，除对口直升生 709 人外，共有 30017 人参考，其中 6A 成绩学生有 2872 名。

△ 召开长沙市行政审批制度改革工作推进会议，部署市本级行政职权清理规范工作。

3 日 市教育局、长沙晚报报业集团联合在贺龙体育场举行长沙市 2014 年中考招生咨询会，省会 80 余所普高、职高和国际高中等，给家长学生提供咨询。

△ 举行长沙慈善会“西城春晖班”签约仪式。从 8 月起，浏阳市田家炳实验中学 50 名家庭特别困难、品学兼优的初中应届毕业生受资助完成高中学业。共资助 75 万元。

△ 湘江新区管委会与建行湖南省分行就共推现代服务业发展签署合作备忘录。

△ 中共中央政治局常委、国务院总理李克强在长沙主持召开部分省份和企业座谈会并讲话。李克强强调坚定发展信心，激发市场活力，实施定向调制，确保经济运行在合理区间。

3—4 日 召开现代农庄建设推进工作会。市委副书记张迎龙出席并讲话，要求将现代农庄打造成长沙靓丽名片。

4 日 600 万尾鱼苗放流湘江，主要为青苗鲢鳙“四大家鱼”，有利改善湘江水质。

△ 首届湖南省青年创新创业大赛启动仪式在湖南大学举行，省人大常委会副主任谢勇出席活动并宣布大赛正式启动。

△ 李克强在拓维信息系统股份有限公司考察。中央书记处书记、国务委员兼国务院秘书长杨晶，全国政协副主席兼人民银行行长周小川，省委书记、省人大常委会主任徐守盛，省委副书记、省长杜家毫陪同考察。

4—8 日 长沙国际动漫游戏展在湖南省展览馆举行，来自全国 200 余家企业参展。

5 日 长沙市公安局、武警长沙支队启动公安、武警常态化联合武装巡逻工作，以提高快速反应，果断处置各类暴恐、突发案（事）件能力，最大限度挤压违法犯罪活动空间。

6 日 液态环保处理设备在长沙投入使用，标志着长沙城区化粪池的处理开启“数字化时代”，实现城市化粪池由“被动清掏”向“计划清掏”的转变，杜绝二次污染，也有利于资源的循环利用和城市宜居水平的整体提升。

7 日《长沙晚报》发布：《关于在全市党员领导干部中严肃整治“为官不为”的问题的通知》。

△ 国家应急交通运输装备工程技术研究中心分中心暨产业化基地揭牌仪式在长沙举行，这标志着应急交通运输领域科研生产新平台正式落户长沙。副省长黄兰香、中国人民解放军军事交通学院院长纪海泉、副市长何寄华、长沙高新区管委会主任李晓宏等出席揭牌仪式。

8 日 第二届中部金融中心论坛在长沙举行。出席会议的有全球经济学家、设计专家和金融机构代表。张剑飞出席论坛并致辞。

△ 省工商系统“同心工程”长株潭区推进会在长沙召开。长沙 20 家单位首获“同心”称号。

9 日 长沙首个二维码防老人走失系统在雨花区侯家塘街道电院社区应用，47 位老人成为首批试用者。

△《长沙晚报》公告：交警部门向市民征集道路交通组织意见和建议，奖金最高 2000 元。

10 日 省十二届人大常委会第十次会议在长沙举行。会议听取了陈肇雄所作的关于省政府职能转变和机构改革方案的报告，报告批出《省政府职能转变和机构改革方案要》已获得党中央、国务院批准。省政府机构改革后，设置工作部门 40 个。机构总数比改革前减少组成部门和直属机构各 1 个。

△ 市政府常务会议审议并原则通过了《关于加快现代农庄发展的意见》（送审稿），要求加快休闲农庄转型发展，力争到 2020 年建成示范农庄 100 家。

11 日—8 月 22 日 长沙 41 家游泳场馆对中小学生免费开放。

11 日 许又声在长沙调研公共文化服务体系建设情况。

△ 在河西步步高广场举行长沙 2014 年征兵集中动员报名活动。

△ 在湘江上端高速大桥下游约 800 米水域，大型浮吊工程船成功打捞一艘 200 吨级沉船，这是迄今为止打捞的最大吨位沉船。

11—13 日 湖南首届立体交通展在梅溪湖举办。

12 日 世界记忆总冠军团队到长沙开讲。

△ 由中国行为法学会与中南大学联合创办的首届“法治中国·湘江论坛”在长沙举行。近百位专家就“法治中国建设与国家治理现代化”主题展开讨论。

△ 南航湖南分公司开通海口—长沙—吕梁来回程航班，这是湖南省内首次开通前往山西吕梁的航班。

14 日 中部商贸物流产业投资推介会在长沙举行。香江控股集团、阿里巴巴、传化物流、普洛斯仓储、前海香江金融等企业与开福区签约，并集结入驻长沙金霞经济开发区高岭商贸组团。这是国内首个商贸产业生态圈，标志着长沙市中心城区传统市场提质外迁有了承接平台。

△ 李银桥之子李卓韦将毛主席曾经在开国大典上穿过的一套中山装礼服捐给湖南红色档案馆收藏。

15 日 益阳市党政代表团到长沙考察，长沙益阳签订两市战略合作框架协议，双方就进一步加快推进经济社会融合发展，合作共赢进行座谈交流。易炼红、胡衡华、益阳市委副书记、市长胡忠雄参加交流。

△ 中国三一重工集团在美国的关联公司罗尔斯公司在起诉奥巴马总统和美国外国在美投资委员会（CFIUS）一案中胜诉。

16 日《长沙晚报》刊登《关于我市开展非融资性担保公司专项清理整治工作的通告》。

△ 举行长沙市全面深化改革业务知识培训会。

17 日 泰国驻昆明总领事索查·亮桑彤到访长沙晚报报业集团。

18 日 湖南规模最大的旅游综合体项目—湘江欢乐城正式开工建设。该项目由湘江投资集团和中建五局联合投资 120 亿元，占地 1.6 平方千米，总建筑面积 50 万平方米。项目所在地为水泥企业开采留下的巨大的矿坑。

20—31 日 由洗心慈善基金会、长沙晚报报业集团以及湖南电视台公共频道和湖南交通频道联合主办的 2014 年“万名学子助学计划”接受申请。全年拟助 800 名寒门学子圆大学梦。

21 日 举行“关于将开福寺恢复为湖湘佛教名刹的建议”。市人大代表建议重点督办会会议明确加快开福寺建设，恢复千年古寺风貌。

22 日 易炼红、胡衡华率长沙市党政代表团到武汉学习考察，共商开展多领域、多层次、多形式的合作。

△ 胡衡华会见深圳化强集团有限公司执行总裁李明一行。

△ 易炼红会见华融证融证券股份有限公司董事长祝献忠、总经理罗农平一行。

△ 市政府办公厅下发切实加强安全生产工作的紧急

通知。

△ 召开长沙市农村土地承包经营权确权登记颁证试点工作会议。长沙市农村土地承包经营权确权登记颁证试点工作从7月中旬开始，年底完成试点任务。

△ 省政协副主席杨雄刚深入望城区调研“双联”工作，并听取所联系的省政协常委的意见和建议，市政协主席范小新、市委顾问谢树林、市政协秘书长彭志一行参加调研。

△ 湖南省政府教育督导委员会通报对长沙5个区、县的教育督导评结意见与结果，芙蓉区、天心区、开福区、岳麓区、宁乡县被认定为全省第一批教育强县（市、区）。

△ 举行长沙台州商会成立大会，长沙市有台州籍经商从业1万余家。市政协副主席、市工商联主席彭继球出席。

25日 沪昆高铁杭长西线试运行，长沙至南昌1小时至杭州3小时，至上海4小时。

△《长沙晚报》刊登长沙市人民政府办公厅关于印发《长沙市促进天然气分布式能源发展暂行办法》的通知。

△ 在岳麓区学士街举行长沙市第二届葡萄节暨“岳麓农趣谷”都市田园旅游节开幕式。活动为期两个月，包括五大主题活动、“创新生活竞技场”岳麓科技园首届科技活动周、农趣谷“寻根之旅”“GRAPE葡萄·蜜爱”七夕相约农趣谷帐篷节、“惬意盈杯·呼吸谷”都市田园新区诗歌散文征集，让葡萄走进网络等。

△ 召开全市消防安全工作会议，贯彻落实省市安全生产紧急会议精神，对长沙重大火灾隐患及区域火灾隐患专项整治行动进行再动员再部署。

△ 由省军区、省通信管理局、省防汛抗旱指挥部办公室主办的“通信长长城—保障三湘”2014湖南省军地联合应急通信演练在长沙举行。

△ 湖南首家3D打印临床应用研究所在湘雅医院正式挂牌成立。

26日 湘江长沙综合枢纽首台发电机组安装。

27日 在长沙举行湖南省福建总商会第二届理事监事会犹职典礼公益事业捐赠仪式。湖南省福建总商会向湖南省残疾人福利基金会的“脑瘫儿童康复项目”捐款500万元。名誉会长郑连发、执行会长李天赐个人捐款各100万元。

△ 长沙教师薛平无偿献血57次共计21400毫升。

28日 长沙公安局开展为期一个月的“网络警务服务月”活动。

29日《长沙晚报》刊登《长沙住房公积金管理中心关于调整2014年度住房公积金缴存基数有关事项的通知》。

△《长沙晚报》刊登《长沙市天心区人民政府关于南湖片区书院路305号地块（原无线电四厂）棚改项目房屋征收决定公告》《长沙市天心区人民政府关于南湖片区殷家冲地块棚改项目房屋征收决定的公告》。

30日 召开全市深化文明创建暨城市管理工作大会。易炼红要求，深化城市环境综合整治，建设更高水准文明城市。

31日 康师傅湖南饮品、方便面生产基地项目落户宁乡经开区举行签约仪式。项目总投资3亿元美元，占地43.33公顷。

△ 易炼红到三一重工股份有限公司现场办公。强调抢抓机遇让转型之路越走越宽。

△ 易炼红、胡衡华，张迎龙分别到武警湖南省总队、国防科大、省军区等地看望慰问官兵。

△ 市政府举行全市安全生产大排查大整治大督查，集中行动暨重点行来（领域）专项整治动员部署会议。市政府决定专项整治从即日起至2月底。

8月

1日 易炼红会见康师傅控股有限公司华中区董事长张百清一行。

△ 胡衡华主持召开市政府常务会议，研究清理规范评比达标表彰活动有关问题以及市政府系统议事协调机构清理工作。全市共有议事协调机构254个，通过调整、合并、撤销后，精简率55.6%。

3日 历时1个月的第十三届“汉语桥”在长沙落幕。来自87个国家的126位选手参赛，来自巴西的施芙莉获得本届比赛全球总冠军。

4日 易炼红会见团中央书记处书记汪鸿雁一行。

△ 易炼红主持召开市委常委会议，研究部署城区停车设施规划建设工作，着力破除出行难，停车难等“城市病”。

5日 经过两个月的施工，开福寺路麻石路面改造工程竣工正式通车。

△ 在长沙宁乡创业的新疆小伙（位于宁乡的湖南梦想起航电子商务有限公司董事长）阿迪力·买买提吐热将5吨长沙产的新疆特产“切糕”送到鲁甸地震灾民手中。

6日 省人大常委会调研组到长沙调研《湖南省长株潭城市生态绿心地区保护条例》实施情况。省人大常委会委员、省人大财经委主任委员田家贵，市委常委、常务副市长陈泽珲，市人大常委会主任王国海参加调研。调研组充分肯定长沙市委、市政府实施生态绿心保护工作条例。

8日 全省第二批党的群众路线教育实践活动市州专项整治工作推进会在长沙召开。省委常委、省纪委书记黄建国要求，重点抓好“为官不为”的不良作风整治。

△ 市委、市政府向云南省昭通市发去慰问电，并向灾区捐款400万元。

△ 新加坡丰树麓谷产业园在长沙高新区开工。该项目由世界500强企业新加坡淡马锡旗下全资子公司丰树集团投资12亿元。

△ 世界500强零食企业大润发以联建形式入驻浏阳城东的创意君悦城，集购物、娱乐、餐饮、教育培训、医疗于一体，总投资5亿元。

△ 长沙公交、的士完成首批车截自动灭火器的安装。这种装置一旦感应到明火，或者车内温度超过180摄氏度，无须人工手动，即可自动灭火。

△ 在上海举行中联重科并购全球著名升降机企业——荷兰Raxatar公司签约仪式。

9日 长沙对口扶持的湘西龙山县在长沙举行重大招商项目签约活动。湖南龙骧交通发展集团有限责任公司等9家企业与龙山县政府签署战略合作协议。

10日 长沙首个由供水公司统管接收的万境水岸小区“试水”，长沙供水公司可以通过智能水表对用户用水情况进行远程监控。

11 日 长沙市城乡环境卫生整洁行动领导小组通报 2014 年全市城乡环境卫生整洁行动年中督查结果。望城岳麓两区最整洁。20 个街道（社区）首次因城乡环境卫生整洁不达标被黄牌警告。

12 日 杜家毫到长沙新港专题调研港口建设和水运发展情况。强调要推进湖南黄金水道建设，加快形成通江达海新优势。

△ 由共青团中央书记处书记汪鸿雁带队的调研组到长沙开展“走进青年、转变作风、改进工作”大宣传大调研活动主题会。

13 日 省委召开第二批教育实践活动整改落实、建章立制工作部署视频会，长沙立即召开专项视频会议进行部署落实。

14 日 易炼红主持召开市委常委会议，部署市委常委会党的群众路线教育实践活动整改落实、建章立制工作，听取全市群众工作等情况汇报，研究相关工作推进举措。

14—16 日 召开长沙市道教协会第六次代表大会。会议选举产生了市道教协会新一届领导班子，马诵奇当选为长沙市道教协会会长。

15 日《长沙晚报》报道：住房和城乡建设部、国家发展改革委、财政部、国土资源部、农业部、科技部等 7 部委发文公布 3675 个全国重点镇名单，长沙 10 个镇入选全国重点镇：望城区铜官镇、乔口镇，长沙县黄花镇、金井镇，宁乡县花明楼镇、灰汤镇、双凫铺镇，浏阳市大瑶镇、镇头镇、永安镇。

△ 省政协主席陈求发率领省政协主席会议成员到长沙进行“工商企业登记制度改革”民主监督考察。

△ 副市长何寄华带领国土、安监、公安等相关部门负责人深入非煤矿山企业比较集中的长沙县北山镇常益碎石场、闽辉石业、茂鑫石材和先锋麻石厂，专项督查非煤矿山安全生产工作。

16 日 省民族宗教事务委员会、省伊斯兰教协会、市民族宗教事务局、宁乡县政府和宁乡县民族宗教事务局相关负责人到“切糕王子”阿迪力·买买提吐热公司调研。

△ 沪昆高铁长沙至南昌段试运行。两地往返只需 3 小时。

△ 由湖南省委宣传部、省旅游局等主办的“乘坐红色专列，重温入党誓词，观看红色大戏”大型主题教育活动在长沙正式启动，国家旅游局党组副书记、副局长王志发出席活动并为湘潭（韶山）全国红色旅游融合发展示范区授牌。

17 日 易炼红、胡衡华会见国家旅游局党组副书记、副局长王志发一行。

18 日《长沙晚报》报道：上海交通大学世界一流大学研究中心正式发布 2014 年“世界大学学术排名”，排名列出了全球颁发的 500 所研究型大学，中国内地共有 32 所大学上榜。中南大学入榜，是湖南唯一入榜的高校。

19 日 市纪委、市监察局在长沙廉政网开通“公款送月饼”等“四风”问题举报窗，接受广大市民群众对公款送月饼节礼、公款吃喝、公款旅游等违反中央八项规定精神行为的在线举报。

20 日 海南海口第十届中国国际会展文化节暨第十三届中国会展业金海豚大奖颁奖典礼上，长沙获被业界誉为中国会展业“奥斯卡”之称的“金海豚大奖——2013—2014 年度中国会展名城”称号。

△ 长沙市向省委督导组汇报群众路线教育实践活动开展情况，省督导组组长李江、副组长孙在田出席会议。会议由张迎龙主持，上半年市本级“三公”经费同比降 55.4%。

△ 长沙市举行国省干线公路建设项目借款合同暨投资意向协议签约仪式。国家开发银行湖南省分行、长沙市公共交通投资管理有限公司签订长沙市省干线公路建设项目 64 亿元贷款合同。

△ 湘江长沙综合枢纽安装一号水轮发电机转轮。该转轮 57 吨重一分钟转 681 圈。

21 日 市政府下发《关于开展 2014 年长沙市引进紧缺急需和占战略型人才申报工作的通知》，2014 年长沙引进领军人才、高级经济管理和研发人才的数量原则上不受限制，专业技术人才引进 100 名。

22 日 召开市委十二届八次全体（扩大）会议，易炼红代表市委常委会向大会通报党的群众路线教育实践活动整改方案，李江、孙在田出席，胡衡华主持会议。

△ 开福区通泰街评选“我们身边的平民英雄”。居民周海民获评，他 30 年在湘江救起 11 人。

23 日 云 GIS 创新服务与区域信息化发展高端对话在长沙举行。来自国土资源部、工信部、发改委、省国土资源等部门的领导、专家共同讨论 GIS 在各行业中的运用与区域信息化的发展前景。

23—24 日 长沙内 5 区及高新区城管部门开展针对“门前三包”落实情况的执法行动。处置 346 起，罚款 45 万元。

26 日《长沙晚报》报道长沙县上半年财政收入首破百亿元。

△ 中央电视台时代楷模发布厅发布：望城区公安消防大队被中宣部授予“时代楷模”称号，为湖南省暨全国公安系统首个获此荣誉的集体。

27 日 全省农村工作座谈会在长沙召开，长沙、永州、常德、怀化作典型发言。

△ 杜家毫在长沙科力远新能源股份有限公司调研。强调依靠创新驱动发展，实现经济提升增效。

△ 2014 年湖南民间投资项目推介暨稳增长扩投资工作会召开，正式发布 2014 年首批 124 个“公共建设领域鼓励社会资本投资项目”，总投资达 1756 亿元，陈泽珲代表长沙作典型发言。

△ 何寄华带领市住建委、交通运输局、旅游局、安监局、质监局和市公安消防支队等单位分管负责人，对全市特种设备安全生产进行专项督查。

28 日 省委组织部副部长、省委党的群众路线教育实践活动办常务副主任郭树人率省委活动办督查组到长沙，督查指导教育实践活动专项整治工作。

△ 浏阳首条直达长沙城区的无收费快速干道—金阳大道(浏阳段)动工。设计时速 80 千米对接规划中的盼盼路。

△ 首批 600 台新型智能渣土车投入运营。

29 日 徐守盛在长沙与获“时代楷模”称号的长沙市

望城区公安消防大队官兵代表座谈，强调争做时代楷模，凝聚强大正能量。

△ 全国首批9家“国家广告产业园区”之一，中南五省唯一的国家广告产业园—长沙国家广告产业园与新华社媒体战略合作签约仪式举行。

△ 省人大考察级到长沙调研城建城管和生态环保工作。

△ 望城区新侨和留学生创业服务站在望城区黄金创业园正式挂牌。该站旨在为留学回国人员营造良好的创业环境。

△ 长沙“芙蓉学子圆梦行动”大型公益助学活动助学金发放仪式在宁乡县举行。

30日 长沙市娄底商会成立。

31日 芙蓉北路新浏阳河桥通车。

△ 长沙开始培养企业首席信息室。由湖南大学、长沙市工信委主办的企业信息化建设与管理（CIO）高级研修班开学，来自全市100余家企业的120名学员参加学习。国家工业和信息化部副部长杨学山作“未来信息化发展以及工厂新技术趋势”专题讲座。

9月

1日 市委、市政府召开化解信访突出问题专项行动调度会。易炼红、孙在田出席并讲话。

△ 中国建设银行湖南省分行与岳麓区政府举行全面战略的合作签约仪式。未来5年内，建行省分行将以固定资产贷款、保障房项目贷款、并购贷款等形式向岳麓区提供不低于150亿元融资支持。

△ 长沙开始开展“最严城市管理执法”，共开出142张罚单。

△ 市政府印发《关于深入推进计划生育特殊困难家扶助关怀工作的实施意见》。将扶助标准提高至每人每月400元，自9月22日起实行。

2日 长沙至香格里拉直飞航线正式开通。

3日《长沙晚报》刊登《中共长沙市委常委教育实践活动整改问题清单公示》。

△ 开展市政违法行为专项整治行动。处罚市容违法案115起。

△ 全市召开作风建设讲评会。从1日开始共查处“四风”方面的典型案件83件，对36人给予了党纪政纪处分。

△ 市政协就长沙经济社会发展以及人民群众关注的热点、难点等问题提出意见建议。

4日 易炼红会见中国航空工业集团党组书记、董事长林左鸣一行。

5日 全省“三湘农产品质量安全行”检验检测体系建设现场经验交流会在长沙召开。长沙市在交流会上作经验介绍。11年来长沙市没有发生一起重大农产品质量安全事件，农产品质量安全合格率在96%以上。

△ 张剑飞在长沙调研住宅产业和污泥处理项目，对长沙在这两个方面的创新走在全国前列予以肯定。

△ 由中国工程院院士、“中国杂交水稻之父”袁隆平领衔的湖南杂交水稻研究中心作为全球唯一从事水稻研究的科研机构，获授联合国粮农组织参考中心，向100余个成员国全方位开放。

△ 在长郡双语中学召开第三十个教师节庆祝大会，对近200名优秀教师和优秀教育工作者进行表彰，其中8名教师因关爱留守儿童获奖，该奖项在长沙是首次设立。

△ 市委教育实践活动办、市纪委、市委组织部、市公安局等部门组织督查组，分5组在全市开展“落实八项规定，纠正四风问题”专项暗访督查。

8日 长沙首座环卫工人休息室正式启用。

9日 市纪委、市监察局机关召开内设机构调整工作全体大会。撤销8个内设机构、新设立8个内设机构，更名3个内设机构。

△ 召开全市车辆超限超载集中整治工作会议。决定从9月至2015年12月31日，在全市开展车辆超载集中整治行动。

10日 长沙市部分执法监管、窗口单位和服务行业领导班子部分整改问题集中在《长沙晚报》公示。

△ 长沙市召开积极稳妥推进户籍制度改革新闻发布会。

11日 在岳麓区雨敞坪镇泉水冲水库附近，市林业局工作人员将万余条无毒幼蛇分3处进行放生。这是长沙第一次大规模的蛇类放生。幼蛇由雨敞坪镇荷叶塘村蛇类专业养殖户廖夏平捐赠。

12日 第八届中国—拉美企业家高峰会在长沙开幕。全国政协副主席刘晓峰出席开幕式并发表主旨演讲。徐守盛致辞，杜家毫主持开幕式。

△ 召开全市教育实践活动专项整治工作讲评会，对专项整治工作进行再部署、再交办。孙在田、魏忠胜、傅世武、周少游、李军出席会议。

△ 举行长沙慈善会2014年“西域环卫天使”困难帮扶慈善基金项目援助金发行仪式。来自各区的116名一线困难环卫工人获赠生活援助金，总计44万元。

13日 长沙市人力资源和社会保障局与湘西自治州人力资源和社会保障局达成人力资源开发服务合作框架协议。以后湘西人到长沙工作更便捷。

15日 20时在洋湖湿地举行大美洋湖·2014中国（长沙）国际雕塑文化艺术节启动仪式暨雕琢时光音乐会。16日—10月30日，市民可到洋湖湿地景区免费观赏各国雕塑大师现场创作。

△ 易炼红会见出席大美洋湖2014中国（长沙）国际雕塑文化艺术节的全国政协常委、港澳台侨委员会副主任委员喻林祥，全国政协外事委员会委员、中国国际文化传播中心党组书记、执行主席龙宇翔，以及10余位来自世界各地的著名雕塑家。

△ 启用电子港澳通行证，有效期分为5年和10年，首位申办者15分钟完成手续。首日受理申请1451人次。

△ 袁隆平杂交水稻研究50周年庆祝大会在长沙召开。

16日 沪昆高铁长沙至南昌段开通运营。全程用时98分钟，结束以往动车运行需3.5小时的历史。

17日 天心区征收办张贴《关于新下河街棚户区改造项目房屋征收范围公告》，其中400年的“下河街”将成历史。

17—19日 江西省委书记、省人大常委会主任任强卫，省委副书记、省长鹿心社率江西省党政代表团到湖南考察。下午两省在长沙举行合作交流会。

18日 长沙近2000所中小学百万学生佩戴胜利花，纪念“九·一八”事变83周年。

△ 长沙举行纪念人民政协成立65周年座谈会。易炼红、胡衡华出席并讲话。

△ 长沙市安全委员会举行全体（扩大）会议暨防范重特大事故会议。胡衡华要求坚决杜绝各类特大事事故发生。

△ 由长沙市文化局广电新闻出版局主办，长沙市印刷行业、湖南省展览会举行，200余家企业参展，首届印博会以“展示成果、聚合资源、转型发展”为主题。

19日 长沙市《机器人产业发展三年行动计划》首次发布。2015年至2017年，市政府计划投入资金1亿元，奖励和扶持机器人产业发展以及机器人产品的推广应用，以雨花经开区的湖南首个工业机器人产业示范园为摇篮，孵化出首批“长沙籍”高端工业机器人。

△ 望城区正式通过省环保厅验收组的验收，获批为湖南首个省级生态区。

△ 市政协民革界别委员赴浏阳市洞阳镇，对“湘江污染防治2014年目标任务”——“企业关闭淘汰项目”之一的“整厂关闭长沙阳河有色金属有限公司”进行实地考察，对该厂的关闭情况进行监督。

20—21日 由长沙晚报报业集团主办的2014湖南秋季品牌家居博览会在红星国际会展中心举行。近40家家装公司参会。

20日 易炼红会见到长沙考察的罗斯柴尔德家族、洛克菲勒财团、瑞银集团、德意志银行等世界知名金融机构区域负责人。

△ 2014年“欢乐潇湘”大型群众文艺汇演决赛长沙市专场在贺龙体育馆举行。

△ 胡衡华会见在长沙出席手机文博会—“中国移动互联网领军人物岳麓峰会”的嘉宾。

22日 举行2014中国（长沙）手机文化产业博览会，参展企业579家，观众逾10万人次。

△ 张家口市党政代表团到长沙考察，易炼红出席两地交流会，商议进一步加强合作。

23日 长沙举行庆祝人民代表大会成立60周年大会。易炼红、胡衡华出席并讲话。

△ 召开全市水生态文明城市创建暨水利建设动员大会，长沙启动全国水生态文明城市建设试点。

24日 2014湖南长沙国资项目合作洽谈周活动启动。共推介发布国资合作项目87个，涉及投资总额4501.7亿元。洽谈周活动以“改革、共赢、合作”为主题，是长沙市深化国企改革，实现资源整合，转化合作成果，承接优势产业转移的一次重要活动。

25日 长沙传化智能公路物流枢纽港项目签约，传化集团斥资10亿元，打造3.0版“智能公路港”。全国工商联副主席、传化集团董事长徐冠巨，胡衡华、张迎春等出席签约仪式。

25—28日 十二届全国人大代表长沙小组的代表就“加快发展长沙市中心城镇建设”进行专题调研。

25—28日 市委常委、统战部部长文树勋，市政协副主席、市工商联主席彭继球率领市委统战部、市民宗局、市工商联及非公经济、民族宗教界人士到湘西土家族苗族自治州龙山县，开展“传递爱心·同心同行”活动。

26日 十二届全国人大代表长沙小组的代表进行专题调研集中审议。着力把长沙建成新型城镇化综合改革试点城市。

27日 2014联合国教科文组织创意城市网络会议在成都举行。张湘涛出席会议，并代表长沙正式向联合国科教文组织提出加入创意城市网络的申请。

28日 开福区政府与长沙市一中签署合作办学协议，长沙市第七中学正式更名挂牌为长市一中开福中学。这是长沙市一中在开福区布局的第一所公办完全中学。

29日 国家级望城经济技术开发区正式挂牌。易炼红，副省长何报翔为开发区揭牌。（共5个国家级）

△ 举行长沙市率先建成全面小康之市工作推进会。

△ 岳麓书院和凤凰网、凤凰卫视联合主办的“致敬国学——2014首届全球华人国学大典”颁奖典礼在岳麓书院举行，著名学者饶家颐、李学勤获“国学终身成就奖”。

△ 珠海市考察团到长沙湘江新区调研考察。市委常委、市委秘书长陈献春参加调研及座谈会，与珠海市委常委赵建国带领的考察团就城市管理体制创新经验进行交流。

30日 全国首个烈士纪念日，长沙举行慰问抗战老干部座谈会。

10月

1日 位于望城区的湖南党史陈列馆正式免费对公众开放，该馆或为湖南新的爱国主义教育基地。

6日 国家足球队在长沙集中训练，6—14日期间两场热身赛的训练场地安排在长沙。

7日《长沙晚报》举办庆国庆无偿献血主题公益活动，1日长沙共有献血者约600人，献血量超过18万毫升。

△ 截至23时，国庆七日假期长沙地铁2号线发送乘客212.2万人次。

8日 被列为网上追逃人员的洛阳失联副市长郭宜品在长沙抓获。

9日 中国少年先锋队长沙市第六次代表大会召开，全市近300名少先队员、辅导员和少年儿童工作者代表参加会议。会议首次印制动漫版工作报告。

△ 张湘涛到洋湖湿地公园，慰问来自17个国家的21位雕塑家。

10日 以“开放开福，共建共赢”为主题的2014长沙第七届开福金秋经贸文化节启幕，同时长沙首座超五星级酒店—北辰洲际酒店开业。

△ 易炼红到洋湖湿地公园看望慰问创作中的雕塑艺术家们。

△ 历时一个多月的三一大道提质改造竣工。由双向4车道拓改成6车道，行车舒适度和通车能力提升。

△ 2014第四届“芙蓉杯”国际工业设计创作大赛峰会暨颁奖活动举行。大赛以“高计驱动未来，融合与创新”

为主题，共发布46个设计命题，吸引全球14个国家和地区的200余所院校参赛，征集到作品3656件，来自国外的作品300余件。

△ 南京雨花台风景名胜区管理局、刘少奇故里管理局共同举办“纪念何宝珍烈士牺牲八十周年”系列纪念活动。

△ 浏阳河东岸风光带启动建设。

11日 市交通运输局召开新闻发布会，为配合万家丽路快速化改造工程，15条公交调出万家丽路。

12日 长沙市首家以非物质文化遗产素质教育基地落户沙坪。

13日 易炼红主持召开市委常委会议和市委全面深化改革领导小组第六次会议，学习贯彻习近平在中央党的群众路线教育实践活动总结大会上的重要讲话精神，研究部署全市教育实践活动下一步工作，讨论审议推动生态文明体制改革、实施工业园区转型提质发展等工作方案。

△ 长沙市人大系统50余名领导干部到上海复旦大学开展为期一周的集中培训。

△ 启动全市道路交通秩序综合整治“畅安行动”。该行动进行到2015年春运期间，重点整治酒驾等十类交通违法行为。

14日“2014湖南（长沙）深圳推介招商活动”在深圳举办。胡衡华出席长沙重大片区重点产业推介会、长沙互联网产业发展环境推介会并致辞。

15日 梅溪湖投资（长沙）有限公司开发中心与北京新航道具教育文化发展有限责任公司签约，宣布引进长沙市中美对外合作学校，这标志着梅溪湖片区内的教育资源正式与国际教育体系接轨。

△《长沙年鉴》2013年度人物、年度事件终评揭晓。全国道德模范廖月娥等十大人物入选年度人物，花明楼风景名胜区获评国家AAAAA风景区等十大事件入选年度事件。

16日 市委、市人民政府决定，在全市开展为期3年的“三联三促建三市”活动。

△ 市委召开会议，传达中央民族工作会议精神，部署落实省委关于抓好新形势力下民族工作的有关要求。

16日 召开长沙市党的群众路线教育实践活动总结大会。

17日 由《长沙晚报》主办的长沙商业地标评选结果正式揭晓，万家丽国际MALL等商业项目入选。

△ 易炼红会见到长沙就“两型”社会建设等进行交流访问的欧洲左翼党青年政治家考察团一行。

18日 岳麓区巴溪洲水上乐园开园。

△ 中国社科院2014年中国中小城市百强实力排行榜出炉，长沙县位列第七，比上届上升一位，连续七年稳居中西部第一。此外，长沙县还获得最具投资潜力中小城市百强第四名，同时列中国十佳“两型”中小城市首位。

△ 2014年全国群众登山健身大会（浏阳站）暨大围山全国登山比赛在浏阳大围山国家森林公园举行。

△ 直径4米、厚6.5厘米、重达832千克的超级南瓜饼在长沙世界之窗出炉，刷新吉尼斯纪录。

20日 中国公共外交协会与欧洲之友携手在望城举行第二届中欧论坛圆桌会议。开幕式上中国人民外交协会前会长、前驻德国大使梅兆荣为望城中德工业区园授牌。

△ 易炼红、胡衡华会见深圳华强集团执行总裁李明率领的项目考察团一行。

△ 市政府与中国工商银行就长沙市城乡融合发展战略投资合作签署协议。标志着城乡融合发展探索全新模式。胡衡华出席并致辞。

21日 由中国公共外交协会主办的世界休闲农业与乡村旅游城市联盟第二次峰会——“湘江论坛”在望城举行。意大利前副总理弗朗西斯科·鲁泰利，牙买加驻华大使拉尔夫·托马斯，外交部原部长、中国公共外交协会会长李肇星，故宫博物院院长单霁关翔出席，易炼红在开幕式上致辞。

△ 2014梅溪湖国际文化艺术周闭幕。

21—22日 省人大常委会副主任谢勇率检查组对长沙贯彻实施《中华人民共和国大气污染防治法》情况开展执法检查。2014年长沙启动实施75个大气污染防治项目。

22日 浙江省嘉兴市党政代表团到长沙考察。易炼红、胡衡华与嘉兴市委书记鲁俊出席两地交流座谈会。代表团还考察了湘江新区规划展示馆、梅溪湖国际服务区、橘子洲生态文化公园等。

△ 铜官古街开街暨“海上陶路源铜官”揭牌仪式在望城区铜官镇窑火陶城文化广场举行。活动邀请了海上陶瓷之路沿线国家政要及驻华大使代表、城市联盟（市长）代表等国内外嘉宾参加。

△ 由中国公共外交协会主办的世界休闲农业与乡村旅游城市联盟第二次峰会——“湘江论坛”在望城闭幕。论坛190余名驻华使节城市市长、政府代表、国内外专家学者以及中外媒体代表参加。

23日 易炼红会见以中国驻芬兰大使于庆泰为团长的外交部驻外使节考察团一行。

△ 2014中国（长沙）科技成果转化交易会启动，第十届全国人大常委会副委员长顾秀莲宣布科交会启动，科技部副部长曹健林，省委常委、常务副省长陈肇雄，省委常委、市委书记易炼红，国防科技大学副校长庄钊文，省政协副主席王晓琴，中国科协副主席黄伯云，省人大常委会原副主任颜永盛，市委副书记、市长胡衡华等出席启动式。

△ 举行长沙民营企业科技项目对接会，会上虚拟科技园协同创新服务平台正式启动，高校、企业可以在该平台上实现科技成果资源共享。

24日 长沙县举行首届环卫技能比武大赛。

25日 举办第二届全国跨区域商校毕业生巡回招聘活动（长沙站）主会场设在中国湖南人才市场，该活动由人力资源社会保障部主办，中国人才交流协会，省人事厅、市人事局联合承办，为商校毕业生提供6500余个岗位。

26日 湖南省第十九个环卫工人节。易炼红、胡衡华看望慰问在节日里坚守岗位的“城市美容师”。

27日 张迎春公见由段燕文教授率领的出席“湘雅医学学院百年院庆协同创新长沙论坛暨第八届化学生物学与创新药物中美圆桌会议”的国内外专家代表一行。

28日 全市召开创新创业大会，深入贯彻落实党的十八大、十八届三中、四中全会精神和省委创新创业大会精神，部署全市创新创业工作。

△ 长沙市第四医院向雨敞坪镇卫生院捐赠一台双向转诊直通车，该直通车是长沙首台双向转诊直诊通车。

△ 全国公安机关爱民模范集体和爱民模范表彰活动在北京举行，长沙市们公安局天心分局城南路派出所熙台岭社区民警刘培友等入选全国公安机关爱民模范。

29 日 沙湾公园动工。该公园位于雨花区体育新城板块内，规划总用地 29 公顷，绿化覆盖率 81.2%，集体育、文化、休闲、娱乐于一体。

30 日 2014 中国（长沙）国际雕塑文化艺术节闭幕，21 位国际雕塑大师经过 45 天创作，在洋湖湿地公园打造出国内首座、规模最大的国际雕塑文化主题公园。

31 日 湘江长沙综合枢纽工程开始全面蓄水。

△ 在北京举行的“中国城市未来发展国际论坛”发布“2014 中国最具幸福感城市”系列榜单，长沙连续七年获选“最具幸福感城市”，同时成为首批获得“最具文化软实力城市”称号的城市之一。

△ 以“农业科技创新与国家粮食安全”为主题的第二届隆平论坛在长沙举行。

△ 由市委宣传部、市教育部、市文广新局、市科协主办，市图书馆等承办的“书香长沙 星城科学讲堂”教育系统专场讲座在雅礼实验中学举行，中国科学院力学研究所研究员周家汉讲授爆破知识。

11 月

1 日 第十四届全国县域经济与县域基本竞争力百强县排名公布，长沙县首次挺进全国十强，位列第九。

△ 胡衡华主持召开市政府第二十三次常务会议，会议审议并原则通过了《长沙市市直机关差旅费管理办法》（送审稿）、《长沙市审计结果运用办法》（试行）等。

3 日 全国第五届“我最喜欢的人民警察”颁奖典礼在武汉举行，湖南 4 位民警获奖，其中长沙胡志国、刘培友获评。

△ 武汉市委常委、市纪委书记车延高一行到长沙考察纪检体制改革和纪检监察机关“三转”（内设机构设置及运行模式：纪检监察派驻（出）机构管理模式及改革工作）工作情况介绍。

4 日 国家超级计算长沙中心在湖南大学正式营运。国家超级计算长沙中心采用“天河一号”主机系统，峰值速度为每秒 1372.5 万亿次，运算速度是普通电脑的 1 万倍。

4—7 日 省委省政府重大决策部署落实督查组到长沙督查。

5 日 投资近 60 亿元的中光通信第二代光纤项目在长沙高新区正式开工。

△ 长沙市工商业联合会（总商会）与加拿大士嘉堡约克区华商会合作交流会在长沙举行，两地商会签署了友好合作协议。

6 日 易炼红主持召开市委常委会议，研究规范干部选拔任用等工作。

6—10 日“亚欧食品安全产业合作推广周”活动在长沙举行。该活动由中国外交部、中国贸促会主办，长沙市政府承办，亚欧基金、中国农业部、中国食药监总局等单位支持。

7 日 全省工业经济及国企改革工作调度会在宁乡召开。宁乡工业经验在全省受到关注。

△ 2015 年意大利米兰世博会中国路演湖南长沙站活动开幕式在长沙贺龙体育场举行。

10 日 市委召开学习邓悦同志先进事迹座谈会，追授邓悦为长沙市“优秀共产党员”。邓悦生前为雨花区东山街道党工委委员、街道办事处副主任。

△ 省人大常委会副主任徐明华到望城区和普通选民一起听取该区人大代表们的公开述职。

11 日 市住建委召开全市工程质量专项治理两年行动和新《安全生产法》宣传贯彻工作会议，全面部署治理行动。

△ 全市学习贯彻党的十八届四中全会精神理论室宣讲骨干暨党委（党级）中心组学习秘书培训班在市委党校开班。

12 日 由省文化厅、长沙市政府联合主办的“创业兴文走在前列—第二届长沙阳光娱乐节”开幕，活动历时两个月，推出“社区家庭 K 歌大赛”“网络竞技大赛”主题活动。

13 日 上海银行同业公会考察访问团到长沙考察金融投资环境和发展合作项目。

△ 2014 中国绿色建材市场营销与合作高峰论坛在长沙举行，并发布联盟（长沙）宣言。

14 日 市委、市政府召开全市园区工作会议，传达贯彻全省产业园区工作会议精神，分析当前经济形势，部署加快推进全市园区转型升级。

△ 深化平安湖南建设会议在长沙召开，市委常委、政法委书记钟钢在会上介绍长沙经验。

△ 国宝皿方罍首次合体在湖南广播电视台主楼大厅展出。

△ 卄福区响应中国文明网号召成立的国内首支文明观察者队。

△ 张迎春会见到长沙访问的美国驻武汉总领事馆新任总领事周重山一行。

△ 湘鄂赣 18 县市在浏阳成立城市广播联盟。

△ 2014 湖南民营企业 100 强发布会暨湖南省工商联成立 60 周年大会在长沙举行。三一集团、大汉集团、晟通科技、步步高集团分别列前四位。

15 日 长沙市台湾同胞投资企业协会举行第七届换届大会，林怀继续当选市台协会长。

16 日 易炼红会见海基会董事长林中森一行。

17 日 医院诊疗信息互联互通暨居民健康卡发放启动仪式在中南大学湘雅三医院举行，办理居民健康卡后，市民可以到全国开通了该卡的任何一家医院就诊。

△ 长沙市第一中学成立水资源保护学校。

17—18 日 永州市政协主席唐定率驻永州市政协委员一行就长沙文化旅游产业发展情况进行考察。

17—24 日 2014 中国中部（湖南）国际农博会在红星国际会展中举行。

18 日 长沙海关所属星沙海关开关，正式对外办理海关业务。

△ 省政协副主席吉海一行到长沙协商地铁 1 号线北

延一期相关工作，推动 1 号线北延工程立项实施。

△ 长沙获第三届“中国法制政府奖”。

△ 中民筑友（长沙）建筑工业化产业园项目在长沙金霞经济开发区管委会签约，正式落户长沙金霞经济开发区。副市长何寄华出席签约仪式。

△ 10 时 57 分，G5501 次和谐号动车组列车从长沙南站出发，标志着沪昆高铁长沙至怀化段正式进入试运行阶段。长沙到怀化 100 分钟左右，长沙到上海 4 小时左右。

△ 长沙市发布住房公积金新政，取消公积金贷款个人担保收费，无房户每年可提取一次付房租，连缴 6 个月可申请公积金贷款。

19 日 第四十四届世界超级计算机 500 强排行榜中，国防科大研制的“天河二号”再次位居榜首，获得“四连冠”。

20 日 由国防科大研制的天河二号超级计算机系统，在国际 TOP500 组织首次正式发布的超级计算机高性能共轭梯度（HPCG）基准测试排行榜上，位居世界第一。

△ 长沙举行现代农业与城乡融合发展重大招商项目集中签约仪式，30 个项目现场签收，合同金额 226.16 亿元。

△ 许又声率省委宣传部、省文化厅、省新闻出版广电局的负责同志调研长沙宣传思想文化工作。

△ 张迎春会见到长沙访问的澳大利亚驻广州总领事戴德明，就深化长沙和澳大利亚之间投资、贸易、教育、旅游等方面的合作进行交流。

20—23 日 中共中央政治局委员、国务院副总理刘延东到长沙、岳阳、湘潭、自治州等地调研，强调聚焦重点，加大力度蹄急步稳推进医改各项工作。

21 日 岳麓区坪塘街道廖月娥敬老院正式启用，首批 10 余位孤寡老人、残疾人入住。这是湖南首家以全国道德模范命名的敬老院。

△ 长沙查处首例网络虚构交易案。

22 日 为期 90 天的中部地区最大的购物嘉年华——第七届“福满星城”购物消费节在友阿奥特莱斯开幕。

△ 湖南宇环智能装备有限公司正式落户长沙经开区。总投资 2 亿元，中国工程院陆军士谭建荣、副市长何寄华、长沙经开区管委会主任李科明等出席活动。

△ 2014 年长沙市就业创业政策进校园活动暨 2015 届高校毕业生供需见面会在湖南财政经济学院举行，近 200 家用人单位参加，提供岗位 6000 余个。

24 日 中国侨联主席林军一行到长沙调研侨联工作，先后考察岳麓区岳龙社区、湖南圣湘生物科技有限公司等地。

25 日 长沙轨道交通 3 号线一期工程银团贷款正式签约，这是长沙历史上最大的银团贷款，以交通银行为牵头行的 8 家银行组成银团，将为地铁 3 号线的建设提供 169 亿元银团贷款。

△ 长沙市首家豆制品集中规范生产基地在宁乡正式投入运营。

26 日 2014 科交会第二阶段“走出去”北京站开幕，首场长沙——北京知名高校产学研合作洽谈暨项目签约仪式在北京理工大学举行，长沙的 11 家企业与北京知名高校在相关技术领域签约，签约金额逾 2600 万元。

△ 长沙高新区与上海浦东发展银行长沙分选举行长沙高新发展产业基金战略合作协作签约仪式。该基金初级设立 50 亿元认缴规模，支持麓谷发展。

26—28 日 夏建平率长沙 35 家高新技术企业和区、县（市）科技局、科技园负责人组成的代表团，赴北京开展 2014 科交会第二阶段“走出去”——高校产学研对接活动。

27 日 长沙县举办首届汽车消费节。活动由长沙市商务局指导，长沙县人民政府举办，长沙县商务局，长沙晚报汽车事业部承办，中南汽车世界、湖南申湘汽车集团协办。

27—28 日 娄底市党政代表团到长沙考察，分享发展经验，携手推进合作。易炼红，娄底市委书记龚武生出席长沙娄底交流座谈会。

28 日—12 月 7 日 中国（长沙）首届“欧阳询杯”全国书法展在市博物馆开展，收到来自 20 个省（区、市）的参赛作品近 7000 件，其中中国书协会员投稿 803 件。

28 日 省委常委、市委书记易炼红主持召开市委常委会议，研究部署长沙环境保护顶层设计、清理党内规范性文件、加强社会组强党的建设等工作。

△ 市委常委会议审议并原则通过《市委市政府关于进一步加强生态环境保护工作的意见》，明确长沙将空出大气污染防治、水污染防治、噪音污染防治等开展集中整治。

是月 长沙获“国际友好城市交流合作奖”。

12 月

1 日 举行第二届中华慈善突出贡献奖（长沙）颁奖仪式。长沙获三项“中华慈善突出贡献奖”。市委顾问、长沙慈善会会长、市慈善基金会理事长余合泉出席。

△ 广东海印集团股份有限公司首批注资 1.8 亿元助力湖南红太阳演艺有限公司在文化产业领域的发展。张湘涛出席签约仪式。

2 日 长沙县宣布每年新增 5000 万元预算，用于补助全县居民七类补助救助民生项目。

4 日 长沙市政府与中国空间技术研究院签署战略合作协议。合作开展智慧城市建设。

△ 湖南省军区政治部副主任刘明建带领省“双拥模范城”考核组到长沙考评验收双拥创建工作。

△ 率队成功侦破葛兰素史克案的长沙市公安局党委副书记、副局长张慧当选为 CCTV2014 年度法治人物。

△ 三一重工、汉森制药、永清环保 3 家上市公司同时公告，筹备设立三湘银行股份有限公开发中心，注册资本 30 亿元，这将是湖南首家民营银行。

△ 长沙市政府组织召开邮储银行助力长沙“三农”发展对接会。7 家涉农企业获 6.48 亿元授信支持。

6 日 长沙县政府推出 21 个政府与社会资本合作（PPP）示范项目，总投资约 408 亿元，其中 5 个项目签订合作意向书，签约金额 146 亿元。

7 日 天心区 10 座环卫小屋通过专家检验评审投入使用。

8 日 湖南第一家沃尔玛山姆会员店——长沙山姆会员店在雨花区开工奠基，预计 2016 年竣工投入使用。

△ 市第十二届纪委第六次全体（扩大）会议在市会议中心召开，芙蓉区委书记梁仲等8名“一把手”集中述廉。

△ 支付宝公司年内截至2014年支付情况湖南在全国排名11位，长沙居全省第一位，人均支付额20099元。

9日 按照国务院、交通运输部、公安部的相关要求，长沙驾培行业启动“计时计程培训管理系统”的试运行。

10日 沪昆高铁杭长段开通运营。长沙到杭州最快3小时38分钟，比之前最快列车缩短4小时37分钟。

△ 易炼红会见苏宁控股集团董事长张近东。张近东一行到长沙考察重点项目的推进情况。

△ 启动全市直选人大代表2014年度向选民述职活动。

△ 长沙县县委书记、长沙经开区党工委书记杨懿文在北京获得中国经济论坛创新大奖。长沙县代表中国城市与丹麦哥本哈根对话，在论坛上赢得“中国版本的能源童话”惊叹。

11日 长沙市党外知识分子联谊会正式成立。市政协副主席刘明理当选为首届理事会会长。

12日 总投资1.3亿元的中国首个太空飞行馆在长沙梅溪湖畔奠基动工。“太空飞行馆”总建筑面积5300余平方米，是以飞行表演为主，集参观体验于一体的综合性航空体育运动科技场馆。

13日 国务院副秘书长、国家信访局局长舒晓琴在长沙调研，强调创新方式方法，落实社会治理工作。

15日 湖南省第十二次妇女代表大会在长沙召开。

16日 省检查考核组到长沙考核检查党风廉政建设和反腐败工作，易炼红出席汇报会并讲话。

△ 沪昆高铁湖南段全线通车，长沙至怀化只需101分钟。

△ 黔张常铁路正式动工建设。黔张常铁路全长340千米，为客货共线国家一级双线电气化铁路，线路设计时速200千米，计划5年半建设完工。

17日 易炼红主持召开市委常委（扩大）会议，分析2014年经济形势，研究铺排2015年经济工作。

△ 福布斯中文版发布2014年中国大陆最佳县级城市30强，浏阳列第二十八位，为中部地区唯一上榜城市，也是福布斯中文版六次发布中国大陆最佳县级城市榜以来，湖南首次有城市上榜。

△ 娄底市委常委、市委秘书长王雄率娄底市园区开发建设考察团到长沙经济开发区考察。

18日 长沙人王红理指挥的海军372潜艇创造了世界潜艇史上奇迹。王红理受到国家主席习近平和中央军委的高度评价。

19日 胡衡华主持召开长沙市第十四届人民政府第二十七次常务会议，会议研究了2015年全市重大项目计划，审议并原则性通过《政府工作报告（征求意见稿）》。

23日 易炼红主持召开2014年度“六个走在前列”大竞赛暨绩效考核述职测评工作会议，胡衡华作个人年度工作述职。

24日 市委经济工作会议召开，全面贯彻落实中央和省委经济工作会议精神，总结2014年，部署2015年的经济工作，易炼红、胡衡华出席并讲话。

△ 首批13台X光机在长沙地铁2号线的长沙火车南站、万家丽广场、五一广场、望城坡5个车站投入使用。

△ 长沙市政府门户网站向社社会公布市本级行政事业性收费项目及标准。

△ 举行“长沙抗战老兵身后安抚计划”项目启动仪式，民革长沙市委与湖南唐人万寿园现场签约，联合建设“长沙抗战老兵陵园”，为长沙地区的抗战老兵百年后提供免费安葬的墓地。

△ 2014年度科技创新人物在北京揭晓。袁隆平、曲道奎等当选2014年度最具影响力的十大科技创新人物，国防科大天河高性能计算创新团队等三个团队当选2014年度科技创新团队。

26日 2014全国智能物流云峰会在长沙举行，会上启动湖南海驿智能物流园招商仪式，这标志着国内首个云服务智能物流园正式落户长沙。

△ 长沙县松雅湖“四路一桥一隧道”（香堤路、捞刀河路、万明路、环湖支路以及松雅湖大桥、松雅湖隧道）在内的环湖“双环线”建成通车。

△ 南方科技大学在长沙举办创新发展报告会。2015年计划在湖南招65人。

27日 湖南省医院协会健康管理专业委员会在中南大学湘雅三医院成立，同时发布全省首部体检机构规范，涵盖管理、操作、服务三大内容。

△ 首台国产大直径全断面硬岩隧道掘进机（敞开式TBM）在长沙经开区下线。该机由中国铁建重工集团联合浙江大学、中南大学、天津大学、中铁十八局等共同研发，拥有自主知识产权。

28日 上午10时48分，湘江长沙综合枢纽工程首台机组发电实验成功。

30日 市委十二届九次全体（扩大）会议召开。易炼红受市委常委会委托向全会报告2014年度工作，会议通报了党的群众路线教育实践活动市委常委班子整改落实情况，区、县（市）委书记就履行基层党建工作责任向全会专题述职。

31日 地铁4号线一期工程在曲塘路开工。该线连接望城区、岳麓区、天心区、雨花区和长沙县，预计2019年底建设运营。

△ 长沙黄花机场旅客吞吐量突破1800万人次，成为全国第十二个旅客吐吞量达到1800万人次的枢纽机场，旅客吞吐量在中部地区排名第一。

长沙概况

责任编辑：陈晓红

自然地理

【区域位置】 长沙市为湖南省省会，是湖南省政治、经济、文化、交通、科技、金融、信息中心。它位于湖南省东部偏北，湘江下游和长浏盆地西缘。地域范围为北纬27°53′～28°41′，东经111°53′～114°15′。东邻江西省宜春地区和萍乡市，南接株洲、湘潭两市，西连娄底、益阳两市，北抵岳阳、益阳两市。东西长约230千米，南北宽约88千米。2014年，全市土地面积11815.96平方千米，其中市区面积1909.86平方千米，建成区面积336.25平方千米。

【地质地貌】 长沙的总体地质特征是：地层出露齐全，花岗岩体广布，地质构造复杂，矿产资源丰富。各个地质历史时期的地层在长沙市均有出露，最古老的地层大约是10亿年以前形成的。总体地貌特征是：地势起伏较大，地貌类型多样，地表水系发达。长沙的东北是幕阜—罗霄山系的北段，西北是雪峰山余脉的东缘，中部是长衡丘陵盆地向洞庭湖平原过渡地带。东北、西北两端山地环绕，地势相对高峻，中部递降趋于平缓，略似马鞍形，南部丘岗起伏，北部平坦开阔，地势由南向北倾斜，形如一个向北开口的漏斗。长沙城区为多级阶地组成的坡度较缓的平岗地带，地势南高北低，湘江由南向北流经中部，穿贯市区，江中的橘子洲长5千米，在全国城市中绝无仅有。湘江两岸形成地势低平的冲积平原，其东西侧及东南面为地势较高的低山、丘陵。东有属于湘赣边雁阵式山系的大围山，海拔800米以上山峰有50余座，其主峰七星岭，海拔1607.9米，为全市最高处；西有海拔800米以上的山峰13座，望城区乔口湛湖的海拔23.5米，为全市最低点。

【自然资源】 长沙地下矿藏种类繁多，尤以非金属矿独具特色，已查明的有锰、钒、铜、钨、金、银、磷、海泡石、重晶石、菊花石、石膏、煤等50余种，有全国独一无二的菊花石。其中大型矿床10处，小型矿床16处，矿点300余处。长沙土壤种类多样，可划分9个土类、21个亚类、85个土属、221个土种，以红壤、水稻土为主，分别占土壤总面积的70%与25%。其余还有菜园土、潮土、山地黄壤、黄棕壤、山地草甸土、石灰土、紫色土等，适宜多种农作物生长。长沙动物地理区划属东洋界华中区，生态地理区划属亚亚带林灌、草地—农田动物群，野生动物多为适应耕地和居民点的类群林栖鸟类已少见，田间捕食昆虫、鼠类和两栖爬行动物丰富。植被以亚热带常绿阔叶林为主，有自然生长和引进栽培的木本植物102科、977种，其中常绿树462种，落叶树515种，乔木457种，灌木414种，竹藤类106种。主要林木有松、杉、栎、樟、楠、椿、茶、油茶、柑橘、毛竹等。1985年长沙市第八届人大常委会通过，长沙市人民政府公布香樟为市树，杜鹃花为市花。

【水文气候】 长沙水文特征：水系完整，河网密布；水量较多，水能资源丰富；冬不结冰，含沙量少。长沙市的河流大都属湘江水系，支流河长5千米以上的有302条，其中湘江流域289条。湘江自湘潭昭山流经长沙县西南边境，然后由南向北纵贯市区，经望城县乔口出境。经过市境的长度有74千米，其间流入湘江的支流有15条，其中较大的有：浏阳河、捞刀河、靳江、沩水。年平均地表径流量82.65亿立方米，径流深550～850毫米。湘江流经长沙市的常年径流量年均692.50亿立方米，全年可通航。全市水能蕴藏量24.53万千瓦，地下水总储量9.35亿立方米/年。

长沙地处中国东南部，属亚热带季风气候。由于位居盆地内部，且距海较远，受冬夏季风转换、地势向北倾斜等因素的影响，春温变化大，夏初雨水多，伏秋高温久，冬季严寒少。长沙市气候有两个主要特征：1. 水热充足，生长期长。1981—2010年，长沙市年平均气温为17.4℃，年平均降水量为1475.8毫米，年平均日照为1583.3小时。热量条件比较优越，降水多集中在春夏两季，多雨期与高温期一致，生长期长，对农业生产有利。2. 气候温和，四季分明，夏冬季长，春秋季短。春季从3月中旬到5月中下旬，为期约70天，期间气温升高很快，对春播有利。春季天气阴雨潮湿，降水量占全年的40%以上。夏季从5月中、下旬到9月下旬，为期约 132 天，季节长，天气热，是夏季的突出特点，夏季温高暑热，常连晴数日，骄阳似火蒸发强盛，在降雨集中期易发生洪涝灾害。秋季从 9 月下旬到 11 月中旬，将近 60 天，是全年最短的一季。冬季从 11 月下旬到次年 3 月上旬，为期 3 个半月，月平均气温大都在 6.1℃以上，冬季气温虽不很低，但比较湿冷，降雪较少，有时会发生冰冻天气，冬季的降水量仅占全年的 16%，是一年中降水量最少的季节。

2014 年，长沙市气候年景整体正常，天气变化较为平缓。春季偏长，夏季异常偏长，秋、冬季偏短，入春、入夏提前，入秋、入冬偏迟，气候年比天文年短；全年雨水正常略偏多，春夏多短时强降水，雨季开始早结束晚；雨日偏多，日照偏少。灰霾天气急剧增多，影响人们身体健康。冬旱、洪涝、暴雨及强对流天气等为长沙主要成灾气象灾害。据长沙市民政局资料统计，全年因自然灾害造成直接经济损失合计 53228.8 万元，较上年度（124934 万元）显著下降，其中农业损失 20324 万元，较上年减少数倍。影响最大的是暴雨洪涝，其次是阴雨天气。2014 年，长沙地区年平均气温 18.2℃，较常年偏高 0.8℃，为有气象记录以来第三高值年，城市热岛效应明显。最低气温 -4.2℃，最高气温 38.8℃，年平均降水总量 1525.7 毫米，较常年偏多，暴雨集中，过程频繁，出现轻度、重度洪涝。且降水不均，冬季长沙地区自西向东出现不同程度的旱情，年平均日照总时数 1542.8 小时，比常年同期偏少。大雾、灰霾天气的出现频率增加，民航、公路等受很大影响，黄花机场、高速公路多次关闭；同时造成城市环境污染加重。出现大风或雷雨大风 8 站次，比历年同期平均值偏少两次，比上年偏多 5 站次。

人口·民族

【总人口及分布情况】 2014 年末，长沙市人口总数为 6714121 人，市区人口为 3035103 人，其中芙蓉区 403948 人、天心区 397329 人、岳麓区 644834 人、开福区 452168 人、雨花区 576257 人、望城区 560567 人（含雷锋镇）。县（市）人口为 3679018 人，其中长沙县 832244 人、宁乡县 1393528 人、浏阳市 1453246 人。全市总人口中，男性 3384823 人，女性 3329298 人，年末男女性别比为 101.67:100。

【人口自然变动】 2014 年，全市出生人口 101938 人，死亡 35379 人，年出生率 15.28‰，年死亡率 5.30‰，年自然增长率 9.98‰。

【人口密度】 2014 年，全市人口密度每平方千米 568.22 人，其中市区每平方千米 1589.18 人。

【民族】 据 2014 年人口统计，长沙市有土家族、苗族、回族、侗族、瑶族、满族、壮族、蒙古族、白族等 54 个族别的少数民族，共计 8.7 万余人。

建置·区划

【封建王朝时期】 秦为长沙郡治临湘县。西汉为长沙国都城。东汉复为长沙郡治，上隶荆州。吴、晋、南朝，临湘析出湘西，临湘为长沙郡首邑，南朝宋开始，湘西为衡阳郡（长沙郡析出）首邑，上隶荆州或湘州（西晋怀帝永嘉元年即公元 307 年分荆、江二州置）。公元 589 年隋统一中国，废州郡，行州、县二级制，临湘（省湘西）改称长沙县，为潭州州治（大业三年（607）隋一度改潭州为长沙郡）。唐武德三年（620）入唐版图。贞观元年（627）设十道，潭州（天宝元年即 742 年，潭州改为长沙郡，至德元年十二月十五日即 758 年 1 月 19 日复改为潭州）暨长沙县属江南道。开元二十一年（733）分十五道，潭州属江南西道。后唐天成二年六月十七日(927.7.18)马殷“以潭州为长沙府”，长沙为楚国都城，周太祖广顺二年（952），南唐边镐陷长沙，湖南政治中心移至朗州（常德）。宋太祖乾德元年（963）二月，入宋版图，至道三年（997）分全国为十五路，潭州为荆湖南路路治。哲宗元符元年（1098）设善化县与长沙县同附廓，潭州辖长沙、善化、浏阳、宁乡、湘潭、湘乡、益阳、安化、湘阴、醴陵、茶陵、攸县等 12 县，直至民初，长沙城为路、州及长善二县治所。元世祖至元十三年正月初一（1276.1.18），长沙入元版图，设安抚司。十四年设潭州行省，十八年二月初九（1281.2.28）迁潭州行省于鄂州，称湖广等处行中书省，徙湖南道宣慰司治潭州路。天历二年三月初九（1329.4.8），文宗以“潜邸所幸”，改潭州路为天临路，辖五县七州。元顺帝至正二十四年（吴王朱元璋甲辰年九月二十四日）(1364.10.19) 徐达领兵至潭州，改天临路为潭州府。洪武五年（1372 年）六月，潭州府更名长沙府，辖十二州县，上隶湖广布政使司。清顺治四年四月初八（1647.5.12）高士俊领兵入长沙，长沙纳入清版图，沿明制设长沙府，上隶湖广，仍辖十二州县。康熙三年（1664）湖广省设右布政使司、湖南按察使司于长沙，偏沅巡抚移驻长沙。清雍正元年（1723）改湖广右布政使司为湖南布政使司。清雍正二年（1724）改偏沅巡抚为湖南巡抚（仍隶湖广）。长沙（府）城自此为湖南省会。长沙府上有盐法长宝道。乾隆时长沙府城不仅为巡抚治，亦为布政、提学、提法三司，巡警、劝业、盐法、长宝四道治所。

【中华民国时期】 1912 年，军政府执行特别议会颁行《湖南府厅州县暂行条例》“凡与府同城之一县或两县，均并于府”。4 月，长沙、善化二县合并为长沙府直辖地，1913 年 9 月改定。1914 年 6 月 2 日，北京政府划湖南为四道，长沙县属湘江道（即原长宝道，1916 年裁撤武陵道，其中 11 县划归湘江道）。1914 年废都甲设乡镇，长沙县辖 7 乡 11 镇。1920 年长沙设市政厅，年底设市政公所。省会警察厅设东、南、西、北、外东、外南、外北、商埠 8 个警察署（区）。当年废除“道”，县直属省。1930 年（7 月 27 日，中国工农红军攻入长沙，成立长沙市苏维埃政府）年底，长沙城分设东、南、西、北、外东特、商埠 6 个区，下辖158街团，街团下辖甲、牌、联（结），5家为1联，2联为1牌，10牌为1甲。1931年5月，裁商埠入西区。1933年8月11日，国民政府行政院同意长沙设市，是第14个设为行政区划的市，也是第7个设市的省会，面积48.5平方千米（11月3日，废除街团制）。1934年4月29日，划全市为4个区（按东南西北顺序命名为一、二、三、四区），每区分4坊，每坊设2～4保，共58保，40～60户为一甲。1938年上属湖南省第一行政督察区。8月11日，改区坊保甲4级制为镇（乡）保甲三级制，原4区为8镇，市郊为4乡。“文夕大火”后缩编为城南、城北两镇及两乡。1939年（8镇4乡）改为4镇4乡。1945年12月，设城东、城南、城西、城北、文艺、金盆、岳麓、会春8区。1947年至1948年9月有83保1843甲。

【中华人民共和国成立后】 1949年8月，长沙和平解放，共辖8区82保1838甲。1950年3月30日设郊区办事处领导外4区。1953年1月设水上区。1955年内4区建306居委会2909居民组。1956年5月，撤销市郊外4区，辖乡并为7乡1镇。同年撤水上区。1957年内4区辖26街道275居委会2766居民组；郊区辖7个乡、镇。1958年9月，农村实行政社合一的人民公社体制，郊区建立万年红、东风、岳麓公社。城区辖4区25街道233居委会2731居民组。

1958年12月24日，湖南省调整县市行政区划，原属湘潭专区的长沙、望城二县划归长沙市管辖。1959年3月（至1977年12月又分设）长沙、望城二县合并称长沙县。2月撤销郊区，并入合并后的长沙县。长沙市辖4区1县，25街道5镇26公社，总面积3842.13平方千米，城区建成区20.93平方千米。1960年1月26日原属郊区的2公社划为3公社，从长沙县划属东、南、北区。3月31日以岳麓公社设岳麓区。4月实行城市人民公社体制。市辖5区改为5个公社，下设分社。1961年9月，撤销城市人民公社恢复5区。1962年1月12日，恢复郊区。1974年1月6日，岳麓区并入西区。1978年底，长沙市辖5区2县（16县辖区）29街道84公社9镇，308居委会1132大队，3604居民组11321生产队，全市面积3754.4平方千米，市区面积352平方千米，建成区面积53平方千米，建域比为1:70.8。1983年2月8日，长沙市增辖浏阳、宁乡、湘阴（1983年7月13日湘阴回归恢复后的岳阳地区）。当年着手改变政社合一建制。1984年市辖5区4县（39县辖区），32街道15镇224乡，445居委会3017村，45811居民组39224村民组。1985年全市面积11818平方千米，建域比为1:206.08。1993年1月16日，浏阳撤县改市。1995年辖县（市）撤区并乡建镇，长沙市辖5区3县1市，38街道67镇53乡，648居委会3091村，市区面积367平方千米，建成区面积101平方千米，建域比1:117。1996年市辖区区划调整，撤销郊区，避免全国城区专名的重名，调整区划范围，新5区为芙蓉、天心、岳麓、开福、雨花。由此，长沙市辖5区3县1市，38街道66镇54乡，651居委会3011村。市区554.07平方千米；建成区110平方千米。2000年辖50街道75镇46乡，763居委会3111村，全市面积11819.5平方千米，市区面积556.33平方千米，建成区面积118.82平方千米，建域比为1:99.47。

国务院2001年10月10日国函〔2001〕131号批复：长沙市人民政府驻地由芙蓉区藩正街迁至岳麓区岳麓大道。

【现行政区划】 2011年5月20日经国务院批准，湖南省人民政府以湘政涵〔2011〕67号文件明确，撤销望城县，设立望城区。2014年4月8日，根据长沙市人民政府长政函〔2014〕78号文件请示，经省人民政府批准，以湘民行发〔2014〕2号文件批复，同意撤销宁乡县资福乡，设立资福镇，以原资福乡的行政区域为新设资福镇的行政区域。行政区划调整后，资福镇辖12个建制村，总面积88.54平方千米，总人口3.9万人，镇人民政府驻资福（原资福乡人民政府驻地）。2014年6月9日，根据《湖南省人民政府关于长沙大河西先导区更名为湘江新区的批复》（湘政函〔2014〕64号）精神，经市委、市政府研究决定：长沙大河西先导区更名为湘江新区，其管理机构更名为“中共湘江新区工作委员会、湘江新区管理委员会”；中共湘江新区工作委员会、湘江新区管理委员会全面履行原中共大河西先导区工作委员会、长沙大河西先导区管理委员会的职能职责；湘江新区管理委员会继续履行原长沙大河西先导区管理委员会对外签订的协议、合同等；原中共长沙大河西先导区工作委员会、长沙大河西先导区管理委员会相关机构同步更名；原中共长沙大河西先导区工作委员会、长沙大河西先导区管理委员会干部职务按干部管理权限重新任命。2014年，长沙市辖6个区：芙蓉区、天心区、岳麓区、开福区、雨花区、望城区，3个县（市）：长沙县、宁乡县、浏阳市。各区、县（市）共辖80个镇，比2013年增加1个。全市共有14个乡，94个街道。各镇、乡和街道共辖村1169个，社区715个。

国民经济和社会发展

【综述】 2014年，长沙市地区生产总值持续增长，全年实现地区生产总值（GDP）7824.81亿元，比上年增长10.5%。分产业看，第一产业实现增加值311.90亿元，增长4.4%；第二产业实现增加值4241.25亿元，增长11.4%，其中工业实现增加值3574.93亿元，增长11.4%；第三产业实现增加值3271.66亿元，增长9.7%。第一、二、三次产业分别拉动GDP增长0.2个、6.4个、3.9个百分点，三次产业对GDP增长的贡献率分别为1.5%、61.1%、37.4%。按常住人口计算，人均GDP107683元，比上年增长9.2%。三次产业结构调整为4.0:54.2:41.8。全部工业增加值占GDP的比重45.7%。全市非公有制经济实现增加值4979.21亿元，占GDP的比重达63.6%。

全年财政总收入1003.08亿元，比上年增长13.5%，其中公共财政预算收入632.80亿元，增长17.9%。公共财政预算支出802.38亿元，增长14.3%。

GDP总量在全省的占比为28.9%，人均GDP为全省的2.7倍，经济总量在长株潭三市中的占比达67.7%。工业增加值、固定资产投资、社会消费品零售总额占全省的比重分别为33.3%、24.8%和32.7%。城镇居民人均可支配收入高于全省平均水平7982元，农民人均可支配收入高于全省平均水平11663元。

为民办实事目标任务全面完成。全年关系民生的省、市39项为民办实事工程建设全面或超额完成目标任务，在促进就业、扶贫解困、教育助学、社会保障、医疗卫生、百姓安居、道路畅通、环境治理等领域效果显著。

全市居民消费价格比上年上涨2.7%，涨幅提升0.1个百分点；商品零售价格上涨1.7%，涨幅持平。原材料、燃料、动力购进价格下降2.1%，工业出厂价格下降1.6%。固定资产投资价格上涨1.5%。

全年新增城镇就业人员16.91万人，年末城镇登记失业率为2.85%。

【农业】 长沙市全年完成农林牧渔业增加值317.72亿元，比上年增长4.5%，其中农业增加值193.56亿元，增长6.1%；林业增加值14.52亿元，增长5.1%；牧业增加值91.80亿元，增长0.7%；渔业增加值12.02亿元，增长8.1%；农林牧渔服务业增加值5.82亿元，增长7.2%。

全年粮食播种面积37.7万公顷，增长1.5%，其中稻谷播种面积34.3万公顷，增长0.8%，优质稻种植面积所占比重为80.6%；蔬菜播种面积17.0万公顷，增长1.2%；油料种植面积5.3万公顷，增长5.1%；出栏肉猪 824.03万头，下降1.4%。主要农产品产量保持稳定。

全市农产品加工企业5689家，其中国家级、省级龙头企业76家。农民专业合作组织7273个，比上年增长35.0%；入社农户16.72万户，参与农户33.19万户。

农业机械总动力576万千瓦；农业机械总值28.39亿元；水稻耕种收综合机械化水平73.1%。

农村基础设施建设投入力度加大，全年开工各类水利工程3万处，水利工程投入资金30.16亿元，水利工程完成土石方0.5亿立方米。

【工业和建筑业】 长沙市全年实现工业增加值3574.93亿元，比上年增长11.4%，其中规模以上工业实现增加值3042.05亿元，增长12.0%。

在规模以上工业中，全市重工业实现增加值1750.74亿元，比上年增长12.7%。重工业增加值占规模工业增加值的比重57.6%，对规模工业增长的贡献率60.8%。

全市园区规模以上工业增加值1825.64亿元，比上年增长13.4%，占全市规模以上工业增加值的60.0%，对规模以上工业增长的贡献率达68.9%。

全市规模以上工业统计的209种主要产品产量中，产量增长的有130种，占产品数量的比重为62.2%。

全市规模以上工业企业经济效益综合指数416.7，比上年提高16.8个百分点；实现主营业务收入9024.06亿元，比上年增长12.1%；利润总额654.92亿元，下降0.1%；利税总额1621.92亿元，增长6.5%；亏损企业亏损额25.90亿元，增长42.9%。

全年具有建筑业资质等级的独立核算企业完成建筑业总产值3193.87亿元，比上年增长15.6%；实现利润总额110.26亿元，增长13.2%；房屋竣工面积6697.81万平方米，增长8.0%。

【固定资产投资】 长沙市全年完成固定资产投资5435.75亿元，比上年增长18.3%。全市计划总投资超过5000万元的在建项目（不含房地产）2211个，全年完成投资2371.05亿元，占固定资产投资总额的43.6%。

在固定资产投资中，第一产业完成投资（不含水利建设投资）49.60亿元，比上年增长10.7%；第二产业完成投资1777.79亿元，增长20.6%，其中工业投资1745.35亿元，增长18.9%；第三产业完成投资3608.36亿元，增长17.4%。全年基础设施建设完成投资995.37亿元，增长24.6%。

全年完成房地产开发投资1310.50亿元，比上年增长13.6%。全市商品房销售面积1519.20万平方米，下降17.5%。全市商品房销售额928.92亿元，其中住宅销售额726.48亿元，下降23.2%。

【国内贸易】 长沙市全年实现社会消费品零售总额3293.55亿元，比上年增长12.9%；剔除物价因素实际增长11.0%。限额以上商品零售额比上年增长13.6%，分类别看，粮油、食品、饮料、烟酒类增长19.0%；服装、鞋帽、针纺织品类增长5.8%；化妆品类增长15.4%；金银珠宝类增长10.7%；家用电器和音像器材类增长4.7%；中西药品类增长15.3%；通讯器材类增长22.1%；石油及制品类增长17.8%；汽车类增长13.1%。

【交通和邮电】 长沙市全年全社会运输周转量431.55亿吨千米，增长10.8%，旅客周转量增长8.0%，货物周转量增长12.2%。全年完成邮电业务总量（2010年不变价）194.86亿元，比上年增长29.8%，其中电信业务总量164.33亿元，增长27.5%。完成邮电业务收入121.63亿元，比上年增长0.4%，其中电信业务收入99.46亿元，下降3.2%。年末本地固定电话用户194.74万户。移动电话用户1118.20万户，增长2.9%。固定电话普及率26.63户/百人，比上年减少0.33户/百人，移动电话普及率152.94户/百人，比上年增加2.49户/百人。年末互联网宽带用户152.83万户。

【对外经济和旅游】 长沙市全年进出口总额（海关口径）772.52亿元人民币（折合125.66亿美元），比上年增长26.0%，其中出口总额538.48亿元，增长41.0%；进口总额234.04亿元，增长1.2%。在出口总额中，机电产品264.18亿元、高新技术产品93.73亿元，分别占出口总额的49.1%和17.4%；在进口总额中，机电产品126.92亿元、高新技术产品50.16亿元，分别占进口总额的54.2%和21.4%。

全年利用外资项目（企业）123个，实际使用外商直接投资39.69亿美元，比上年增长16.7%。全年新增实际到位省外境内资金项目252个，实际到位省外境内资金达609.76亿元，增长14.2%。

全年接待国内旅游者10487.10万人次，比上年增长10.6%；国内旅游收入1143.62亿元，增长19.4%；接待入境旅游者120.20万人次，增长2.8%；国际旅游外汇收入7.82亿美元，增长0.4%；国际国内旅游总收入1192.10

亿元，增长18.5%。

【金融和保险业】 长沙市金融机构各项存款余额（本外币合计，下同）11266.10亿元，比年初增加1114.28亿元，其中城乡居民储蓄余额3898.85亿元，比年初增加391.34亿元；年末金融机构各项贷款余额10712.82亿元，比年初增加1079.80亿元，其中短期贷款余额2529.89亿元，比年初增加208.27亿元，中长期贷款余额7992.60亿元，比年初增加817.00亿元。

全年保险机构原保险保费收入165.77亿元，比上年增长19.3%，其中财产险原保险保费收入75.65亿元，增长21.2%；人身险原保险保费收入90.12亿元，增长17.8%。赔付支出61.00亿元，增长21.5%。

【教育和科学技术】 全市拥有普通高校50所，普通高中74所，初中学校218所，普通小学937所。在学研究生5.24万人，增长1.0%；普通高校在校学生54.75万人，比上年增长3.2%；普通高中在校学生13.15万人，增长1.2%；普通初中在校学生23.32万人，增长2.6%；普通小学在校学生48.13万人，增长5.1%；幼儿园在园幼儿23.28万人，增长7.9%。小学适龄儿童入学率100%，小学升初中入学率110.6%。全市共投入义务教育"免补"经费7.02亿元，执行公办教育收费标准的131.6万人次学生全部享受了免"一费制"入学。补助了4.84万人次农村家庭经济困难寄宿学生生活费。

全市拥有科学研究开发机构96个。全年共取得省部级以上科技成果584项。专利申请17763件，比上年增长11.3%，授权专利11448件，比上年增长10.5%；签订技术合同2278项，成交金额27.76亿元。高新技术产业增加值2231.92亿元，增长21.2%。

【文化、卫生和体育】 长沙市拥有艺术表演团体9个，文化馆10个，公共图书馆12个，博物馆（纪念馆）16个，档案馆14个。全市广播综合人口覆盖率99.4%；电视综合人口覆盖率98.89%；有线电视用户159.68万户。

全市拥有卫生机构（含村卫生室）4586个，其中医院、卫生院276个；卫生防疫、防治机构12个；妇幼保健机构11个。卫生技术人员6.67万人，增加0.46万人，其中执业医师、执业助理医师2.43万人，增加0.14万人；注册护士3.08万人，增加0.28万人。卫生机构床位6.36万张，增加0.57万张，其中医院、卫生院5.74万张，增加0.49万张。

全年全市开展全民健身项目480项次，全民健身运动参加人数460万人。年末拥有各级健身辅导站812个，公共体育场地788个。

【环境、节能和安全生产】 长沙市拥有国家级生态示范乡镇55个，省级自然保护区1个，自然保护区面积0.67万公顷。城市地表水质达标率达98.8%。

2014年全市规模工业综合能源消费量519.19万吨标准煤，比上年下降4.7%。其中六大高耗能行业综合能源消费量340.13万吨标准煤，比上年下降6.8%。重点耗能工业企业的单位产品能耗比上年有不同程度的下降，其中吨水泥综合能耗同比下降1.73%，吨水泥熟料综合能耗下降0.03%，吨铝加工材消耗能源量下降7.22%，电厂火力发电标准煤耗下降1.23%。

全年生产安全事故死亡31人，比上年下降3.1%；亿元GDP各类事故死亡人数0.013人，下降67.5%；道路交通事故死亡人数231人，下降0.43%；万车死亡人数1.28人，下降14.1%。

【人民生活和社会保障】 长沙市2014年末常住总人口731.15万人，比上年增长1.25%。按户籍人口计算，人口出生率15.28‰，死亡率5.30‰，自然增长率9.98‰。城镇化率72.34%，比上年提高1.74个百分点。

全年城镇居民人均可支配收入36826元，比上年增长9.4%。其中，人均工资性收入19471元，比上年增长10.3%；人均经营净收入5606元，比上年增长22.5%；城镇居民人均消费支出26779元，比上年增长19.8%。在城镇居民消费分类中，食品烟酒消费7082元，比上年增长7.5%；衣着消费1915元，比上年增长6.2%；居住消费5749元，比上年增长6.2%；生活用品及服务消费1471元，比上年增长6.0%；医疗保健消费1610元，比上年增长28.3%；交通通讯消费4596元，比上年增长53.7%。2014年末，城镇居民每百户家庭拥有家用汽车45.4辆；计算机83.8台，接入互联网的计算机72.0台。城镇居民人均住房建筑面积46.7平方米。

全年农村居民人均可支配收入21723元，比上年增长10.2%。全年农民人均消费支出13147元，比上年增长13.5%。农村居民平均每百户家庭拥有家用汽车30.5辆；计算机37.4台；移动电话机279.0台。农村居民人均现住房建筑面积51.8平方米。

全市拥有社会福利院、敬老院、养老院、光荣院等169所。各类收养性社会福利单位收养人员1.56万人。城镇各种社区服务设施3582处，其中综合性社区服务中心567个。接受社会捐赠8295万元。全年发放居民最低生活保障金6.7亿元，居民得到政府最低生活保障人数为21.56万人（包括城镇和农村）。

2014年末参加全市劳动保障部门城镇职工基本养老保险的人数196.94万人，比上年末增长3.2%，基本养老金社会化发放率100%；参加城镇居民养老保险人数7.28万人，参加新型农村养老保险人数260.12万人；参加城镇职工基本医疗保险人数157.13万人，增长4.0%。参加失业保险职工人数111.12万人，增长9.5%，全年领取失业保险金人数1.72万人；参加工伤保险职工人数128.82万人，增长1.8%；参加生育保险的人数105.35万人，增长4.2%；参加城乡居民医疗保险人数515.02万人，增长0.3%。

（邹俊平）

注：地区生产总值（GDP）、各产业增加值绝对数按现行价格计算，增长速度按不变价格计算。

表 1　　长沙市主要经济指标占湖南省的比重（2014 年）

	单位	湖南省	长沙市	占全省比重（%）
一、地区生产总值	亿元	27037.3	7824.8	28.9
第一产业	亿元	3148.7	311.9	9.9
第二产业	亿元	12482.1	4241.2	34.0
第三产业	亿元	11406.5	3271.7	28.7
二、工业增加值	亿元	10749.9	3574.9	33.3
三、粮食产量	万吨	3001.3	248.5	8.3
四、固定资产投资	亿元	21950.8	5435.8	24.8
五、社会消费品零售总额	亿元	10723.5	3293.6	30.7
六、公共财政预算收入	亿元	2259.9	632.8	28.0
七、进出口总额	亿美元	310.3	125.7	40.5
# 出口总额	亿美元	200.2	87.6	43.8
八、实际使用外商直接投资	亿美元	102.7	39.7	38.7
九、年末金融机构本外币存款余额	亿元	30255.6	11266.1	37.2
# 个人存款	亿元	16767.1	3898.9	23.3
年末金融机构本外币贷款余额	亿元	20783.1	10712.8	51.5
十、城镇居民人均可支配收入	元	28844	36826	（比全省高）7982
城镇居民人均消费性支出	元	18335	26779	（比全省高）8444
农村居民人均可支配收入	元	10060	21723	（比全省高）11663
农村居民人均生活消费支出	元	9025	13147	（比全省高）4122

表 2　　35 个城市主要经济指标（一）

单位：亿元

城市名称	地区生产总值（现价）				固定资产投资			
	2014 年	位次	比上年（±%）	位次	2014 年	位次	比上年（±%）	位次
长　　沙	7824.8	12	10.5	4	5435.8	11	18.3	9
郑　　州	6783.0	16	9.5	14	5259.7	14	20.1	5
太　　原	2531.1	29	3.3	35	1746.1	27	4.5	33
合　　肥	5158.0	22	10.0	9	5302.6	13	16.9	11
武　　汉	10069.5	7	9.7	13	7002.9	4	16.7	12
南　　昌	3668.0	25	9.8	12	3434.3	22	18.6	8
石 家 庄	5100.2	23	7.9	27	5076.4	15	16.2	15
南　　宁	3148.3	27	8.5	22	2886.7	25	18.7	7
成　　都	10056.6	8	8.9	18	6620.4	6	1.8	35
西　　安	5474.8	18	9.9	11	5904.0	9	15.0	23
贵　　阳	2492.3	31	13.9	1	3489.4	21	15.1	20
昆　　明	3713.0	24	8.1	24	3138.2	23	7.0	29
兰　　州	1913.5	32	10.4	6	1610.7	29	22.3	3
乌鲁木齐	2510.0	30	10.5	4	1526.0	31	20.0	6
西　　宁	1077.1	34	13.5	2	1176.6	33	27.1	1
呼和浩特	2894.1	28	8.0	25	1736.5	28	15.8	19
银　　川	1395.7	33	9.5	14	1392.8	32	21.2	4
沈　　阳	7098.7	15	6.0	33	6564.1	7	2.8	34
长　　春	5382.0	19	6.6	32	3924.5	20	15.1	20
哈 尔 滨	5332.7	20	6.9	31			12.2	27
福　　州	5169.2	21	10.1	7	4388.6	18	14.9	24
海　　口	1005.5	35	9.2	16	821.5	34	26.5	2
南　　京	8820.8	10	10.1	7	5430.8	12	6.6	30
杭　　州	9201.2	9	8.2	23	4952.7	16	16.2	15
广　　州	16706.9	3	8.6	21	4889.5	17	14.5	25
济　　南	5770.6	17	8.8	19	3063.4	24	16.1	17
北　　京	21330.8	2	7.3	29	7562.3	3	7.5	28
上　　海	23560.9	1	7.0	30	6016.4	8	6.5	31
天　　津	15722.5	5	10.0	9	11654.1	2	15.1	20
重　　庆	14265.4	6	10.9	3	13223.8	1	18.0	10
大　　连	7655.6	13	5.8	34	6773.6	5	4.6	32
青　　岛	8692.1	11	8.0	25	5766.0	10	16.1	17
宁　　波	7602.5	14	7.6	28	3989.5	19	16.6	14
深　　圳	16002.0	4	8.8	19	2717.4	26	13.6	26
厦　　门	3273.5	26	9.2	16	1573.0	30	16.7	12

续表 2

35 个城市主要经济指标（二）

单位：亿元

城市名称	社会消费品零售总额				公共财政预算收入			
	2014 年	位次	比上年（±%）	位次	2014 年	位次	比上年（±%）	位次
长　　沙	3293.6	12	12.9	7	632.8	16	17.9	4
郑　　州	2913.6	18	12.7	10	833.9	13	15.2	10
太　　原	1411.1	27	10.1	27	258.9	30	4.7	32
合　　肥	1666.8	24	12.9	7	500.3	21	14.1	12
武　　汉	4369.3	7	12.7	10	1101.0	7	15.6	8
南　　昌	1429.2	26	12.5	17	342.2	26	17.2	5
石 家 庄	2423.5	21	12.5	17	343.5	25	13.0	18
南　　宁	1616.9	25	12.1	20	274.9	29	7.3	29
成　　都	4202.4	8	12.0	22	1025.2	9	14.1	12
西　　安	2872.9	19	12.8	9	583.8	17	16.3	6
贵　　阳	888.6	32	13.1	4	331.6	28	19.6	3
昆　　明	1905.9	23	12.0	22	478.0	22	6.0	30
兰　　州	944.9	31	12.7	10	152.3	34	22.4	1
乌鲁木齐	1070.0	30	10.3	26	340.6	27	12.8	19
西　　宁	412.9	34	13.3	3	168.1	32	14.1	12
呼和浩特	1256.1	28	10.0	28	211.5	31	16.2	7
银　　川	382.5	35	9.9	30	153.6	33	14.1	12
沈　　阳	3570.1	11	12.1	20	785.5	14	-1.9	34
长　　春	2217.5	22	12.6	13	397.3	24	4.1	33
哈 尔 滨	3070.9	14	12.6	13	423.5	23	5.3	31
福　　州	2992.0	16	14.6	1	510.9	20	12.5	21
海　　口	541.3	33	10.5	25	100.1	35	15.4	9
南　　京	3958.0	9	13.0	5	903.5	10	8.7	25
杭　　州	3838.7	10	8.7	32	1027.3	8	8.7	25
广　　州	7697.9	3	12.5	17	1241.5	6	8.7	25
济　　南	2964.4	17	12.6	13	543.1	19	12.7	20
北　　京	9098.1	1	8.6	34	4027.2	2	10.0	24
上　　海	8718.7	2	8.7	32	4585.6	1	11.6	22
天　　津	4738.7	6	6.0	35	2390.0	3	15.0	11
重　　庆	5096.2	4	13.0	5	1921.9	5	13.9	16
大　　连	2828.4	20	12.0	22	780.8	15	-8.2	35
青　　岛	3268.8	13	12.6	13	895.2	11	13.5	17
宁　　波	2992.0	15	13.5	2	860.6	12	8.6	28
深　　圳	4844.0	5	9.3	31	2082.4	4	20.3	2
厦　　门	1072.9	29	10.0	28	543.8	18	10.8	23

续表 2

35 个城市主要经济指标（三）

单位：亿美元

城市名称	进出口总额（海关口径）				实际利用外资金额			
	2014 年	位次	比上年（±%）	位次	2014 年	位次	比上年（±%）	位次
长　沙	125.7	23	26.0	6	39.7	14	16.7	8
郑　州	464.3	14	8.6	19	36.3	16	9.3	16
太　原	106.7	25	16.5	10	10.8	25	14.0	11
合　肥	200.9	19	10.5	13	21.8	21	15.4	10
武　汉	264.3	16	21.4	9	62.0	7	18.1	7
南　昌	122.3	24	25.9	7	23.2	19	9.7	15
石家庄	143.0	22	2.1	29	8.2	27	-14.5	27
南　宁	48.1	30	9.0	18				
成　都	558.5	13	10.4	14	87.6	5	0.1	26
西　安	249.8	17	38.9	3	37.0	15	18.3	6
贵　阳	78.4	28	24.1	8	7.6	28	20.9	3
昆　明	177.9	20	5.3	22	22.4	20	24.4	1
兰　州	45.6	31	12.2	11				
乌鲁木齐	82.9	27	6.3	20	2.6	30	15.7	9
西　宁	16.0	35	28.7	5				
呼和浩特	22.0	34	37.5	4				
银　川	45.0	32	86.7	1				
沈　阳	158.0	21	10.6	12	44.6	11	-23.2	29
长　春	207.2	18	1.6	30	10.6	26	13.0	12
哈尔滨	68.1	29	4.1	26	27.2	18	20.3	4
福　州	346.1	15	10.4	14	15.5	23	8.1	19
海　口	34.0	33	-29.7	35	3.3	29	-35.6	30
南　京	572.2	12	2.6	27	32.9	17	-18.4	28
杭　州	680.0	10	4.5	23	63.4	6	20.1	5
广　州	1306.0	5	9.8	16	51.1	10	6.3	20
济　南	105.0	26	9.7	17	14.4	24	8.7	17
北　京	4156.5	3	-3.3	32	90.4	4	6.1	22
上　海	4666.2	2	5.6	21	181.7	2	8.3	18
天　津	1339.1	4	4.2	25	188.7	1	12.1	13
重　庆	954.5	7	39.0	2	42.3	12	2.2	25
大　连	657.7	11	-4.4	33	140.1	3	3.0	24
青　岛	798.9	9	2.5	28	60.8	8	10.2	14
宁　波	1047.0	6	4.4	24	40.3	13	22.9	2
深　圳	4877.7	1	-9.2	34	58.1	9	6.2	21
厦　门	835.5	8	-0.6	31	19.7	22	5.3	23

续表 2　　35 个城市主要经济指标（四）

城市名称	城镇居民人均可支配收入（元）				城市居民消费价格指数（%）	
	2014 年	位次	比上年（±%）	位次	2014 年	位次
长　沙	36826	11	9.4	8	102.7	4
郑　州	29095	22	9.3	12	102.0	19
太　原	25768	30	7.9	35	102.2	11
合　肥	29348	21	9.4	8	102.0	19
武　汉	33270	15	9.9	4	102.0	26
南　昌	29091	23	10.0	3	102.5	9
石家庄	26071	29	8.3	33	102.0	19
南　宁	27075	26	9.1	15	101.6	31
成　都	32665	16	9.0	21	101.3	34
西　安	36100	12	9.1	15	101.4	33
贵　阳	24961	32	9.4	8	102.7	4
昆　明	31295	20	8.9	23	103.1	1
兰　州	23030	34	10.9	2	102.2	11
乌鲁木齐	23755	33	11.5	1	102.8	2
西　宁	21291	35	9.5	7	102.8	2
呼和浩特	34723	13	8.5	32	101.2	35
银　川	26118	28	9.1	15	102.1	18
沈　阳	31720	18	9.1	15	102.2	11
长　春	27299	25	9.7	5	102.2	11
哈尔滨	28816	24	9.3	12	102.0	19
福　州	32451	17	9.4	8	101.8	29
海　口	26530	27	9.6	6	102.2	11
南　京	42568	6	8.8	26	102.6	7
杭　州	44632	2	9.1	15	102.0	19
广　州	42955	5	8.9	23	102.3	10
济　南	38763	9	8.7	28	102.2	11
北　京	43910	4	8.9	23	101.6	31
上　海	47710	1	8.8	26	102.7	4
天　津	31506	19	8.7	28	101.9	26
重　庆	25147	31	9.1	15	101.8	29
大　连	33591	14	8.7	28	102.0	19
青　岛	38294	10	8.7	28	102.6	7
宁　波	44155	3	9.2	14	101.9	26
深　圳	40948	7	9.0	21	102.0	19
厦　门	39625	8	8.2	34	102.2	11

体制改革

【经济体制改革】 2014年，市委成立全面深化改革领导小组，下设9个专项改革领导小组，市委常委、常务副市长陈泽珲任经济专项领导小组组长，张迎春等9名市领导任副组长，27个成员单位，市发改委为牵头单位，负责专项小组相关联络协调。按照市直有关部门贯彻实施《中共长沙市委关于全面深化改革的实施意见》重要举措分工方案（长办发〔2014〕14号），重要举措共308项，由经济体制改革专项小组协调的改革项目有107项；根据《中共长沙市委全面深化改革领导小组2014年工作要点及责任分工》（长办发〔2014〕15号），由经济体制改革专项小组负责实施11项，其中1项暂缓实施，实际推进10项。1. 商事登记制度改革。1月，全面推行商事登记制度改革（包含实行先照后证、注册资本认缴登记制），信息平台10月份在市政务中心、岳麓、经开工商窗口试运行，11月全面上线运行。《商事登记后置审批项目目录》第三次联席会议审议后将以政府规范性文件发布。2. 深化国有企业改革。7月11日，市委常委会审议通过《长沙市国有及国有控股企业负责人薪酬管理暂行办法》，9月2日，市委改革领导小组第四次会议原则通过《长沙市深化国资国企改革行动方案（2014—2020）》《长沙市交通投资控股集团公司组建实施方案》等系列文件。9月12日，市领导陈泽珲、张迎春、何寄华专题调度交通集团组建实施相关工作。方案修改完善后，拟报市长办公会审议。3. 进一步完善国有资产管理体制。9月2日，市委改革领导小组第四次会议原则通过《长沙市深化国资国企改革行动方案（2014—2020）》等系列文件，国资管理体制改革已经启动。9月下旬，举办2014年湖南长沙国资国企合作项目洽谈周，发布重大项目87个，签约项目14个。4. 推进市与区、县（市）以及高新区，大河西先导区事权和支出责任的合理划分。由牵头单位财政局初拟《关于市与湘江新区事权和支出责任调整方案》，经与湘江新区沟通存在不同意见，湘江新区表示要向市委、市政府主要领导汇报。5. 完善金融市场体系，对全市登记在册的各类非融资性担保公司开展整治工作。积极推动成立金融租赁公司和消费金融公司，中国银监会已回函省政府，在下一次扩大消费金融公司试点范围时，优先考虑支持长沙。初步与长沙银行对接，协调长沙银行作为主发起人发起设立金融租赁公司事项。6. 积极创建国家自主创新示范区。配合科技部、国家发改委、财政部等13部委开展实地调研，形成调研报告呈部委会签，等待正式下文。9月15日，市委召开第五次全面深化改革领导小组第五次会议，已就“积极创建国家自主创新示范区”改革工作方案进行审议。7. 深化城市建设投融资体制改革。出台《长沙市人民政府关于加快市场化改革促进民间投资发展的意见》（长政发〔2013〕19号）、《长沙市人民政府办公厅关于加快市场化改革促进民间投资发展重点工作分工有关问题的通知》（长政办函〔2013〕203号）两个政策文件，已发布两批对民间投资项目，筹备第三次全市民间投资推进会，指导意见等相关文件资料准备完毕，收集拟发布项目37个，推进PPP模式的试点，初步制定深化城市投融资总体改革的初步方案。2014年企业债券融资75亿元，有6支债券正在走申报程序，拟募资金189亿元。8. 建立统一、透明、规范的公共资源产权交易市场。全面优化交易工作流程，完成产权类项目业务流程修改完善工作，实现交易全流程管理的电子化、信息化和规范化，起草《关于加快整合建立全市公共资源交易平台的实施意见》，待省方案确定后再研究推进方案，其他相关工作按计划推进。9. 申报综合保税区。申报材料已报送至海关总署，已组织安排人员，研究改革思路，建设长沙市级的口岸联检单位，加强与深圳口岸的通关协作。10. 在大河西先导区的基础上组建湘江新区。相关申报材料已上报至国家发改委等五部委，征求国家部委意见，湘江新区已先行挂牌。

（张光辉）

【行政机构改革】 2014年，按照《中共长沙市委办公厅关于印发＜中共长沙市委全面深化改革领导小组2014年工作要点及责任分工＞的通知》（长办发〔2014〕15号），市委行政机构改革专项小组承担的改革任务有6项，截至2014年底，各项改革牵头单位按照市委要求，根据长沙实际，积极开展工作，改革任务进展顺利。1. 行政审批制度改革。一是全面承接省政府部门下放的45项经济社会管理权限，已全部落实到位，并筛选33项其他副省级省会城市享有的经济社会管理权限，请求省政府下放长沙。二是在年初向区、县（市）下放99项经济社会管理权限后，6月底，再次向基层下放33项行政审批权限，督促市直单位指导区、县（市）全面承接到位。三是建立并推行政府部门权力清单制度，建立《长沙市人民政府部门权力清单》和《长沙市行政审批项目流程清单》，制定《长沙市行政审批事项目录管理暂行办法》和《长沙市政府（社会）投资建设项目审批流程图》，经市政府常务会议和市委常委会议审定，于11月12日召开新闻发布会对外发布，形成长沙市政府部门权力清单制度体系。《长沙市人民政府部门权力清单》包括市级所有行政权力共3612项，其中上半年完成市本级行政审批事项清理精简，审批事项从485项精简为219项，7—10月完成市本级行政职权清理规范，各单位报送的9221项职权事项，精简规范后，公布3393项。《长沙市行政审批项目流程清单》和《长沙市政府（社会）投资建设项目审批流程图》对行政审批流程进行了细化、优化和规范，审批效率整体提速50%以上。《长沙市行政审批事项目录管理暂行办法》对行政审批事项的新增、调整等设定严格的审核程序，形成了长效管理机制，将权力关进制度的笼子。四是指导高新区初步完成现有行政职权的清理，园区行政职权从150项精简到120项；优化办事流程，提升即办件比例20%；学习外地向开发区放权的先进经验做法，提出向高新区委托下放部分涉企市级行政职权的方案。五是落实全省创新创业会议精神，积极与高新区对接，协商着手在高新区全面铺开“涉企收费清单制度”改革试点。2. 市县政府职能转变和机构改革。省委省政府关于市县政府职能转变和机构改革的意见下发后，特别是8月18日全省市县政府职能转变和机构改革动员电视电话会议召开后，市编委办全面启动改革工作，迅速组织传达上级改革精神，及时向市委市政府主要领导汇报改革进展，广泛征求各方面意见，起草和下发《关于市政府机构改革期间冻结机构编制和人员调整的通知》(长编委发〔2014〕37号)、《长沙市政府职能转变和机构改革工作方案》(长编委发〔2014〕38号)，保证了改革期间人员、机构和国有资产的稳定，确保改革期间机构正常运转。同时，根据长沙作为省会城市和城市政府的现实，反复与省编办沟通，为全市改革争取最大空间。按要求完成食品药品监管体制改革，制定《长沙市加快推进食品药品监管体制改革工作方案（初稿）》和《长沙市食品药品监督管理局主要职责内设机构和人员编制规定（草案)》，并书面征求农业、公安、商务等多个部门意见，邀请分管市领导主持会议进行专题研究，于11月15日正式印发，圆满完成改革任务。市编委办结合长沙实际，以转变政府职能为抓手，解决一批机构设置不合理、部门职能交叉、行政职能体外循环等问题，初步形成《长沙市人民政府职能转变和机构改革方案（预案)》，并于10月16日提交第十四届人民政府第二十一次常务会议审议。12月31日，省委、省政府正式批复长沙市政府职能转变和机构改革方案。3. 事业单位分类改革。一是因地制宜推进改革，制定了《关于分类推进事业单位改革的实施意见》《长沙市事业单位分类工作方案》《长沙市市直事业单位分类指导目录》及说明。二是扎实有序开展分类，组织职能摸底。参照省直做法，于2013年9月在全市范围内开展了事业单位职能职责和业务范围摸底工作，对照相关法规和文件，审核汇总各事业单位的职能职责及职能依据。开展预备分类。根据职能摸底情况，对照《区域分类目录》和《省直分类目录》，对市直纳入分类范围的490个事业单位逐一进行预分类。严格划分行政类。认真对照划分标准和有关规定，在逐一核实法律法规依据的基础上，从严从紧认定行政类事业单位。2014年6月11日，省编办答复同意长沙市44个事业单位划分为行政类，其中市直10个，区、县（市）34个。科学调整类别。汇总并审核各部门和单位的反馈意见，对类别划分意见有分歧的部门和单位进行充分沟通协商，并按照“先易后难”的原则，分两批对市直事业单位类别划分进行调整审定。三是清理规范成效明显。事业单位分类改革对职能萎缩、名存实亡的单位，予以撤销；对职责相近的单位，予以整合；对职责任务不足的单位，核减编制。截至2014年底，全市通过清理规范共减少事业单位401个，收回事业编制1405名，解决了一些事业单位机构设置、编制管理不规范的问题。四是日常管理逐步规范。通过分类，市直各事业单位有了基本的定位。市编委办结合事业单位机构编制总量控制的要求，对于各个类别的事业单位实行不同的管理办法：对于省编办批复为行政类或暂划分为经营类的单位，原则上暂停新增编制和进人，并不再批复新设行政类和经营类事业单位；对于公益类事业单位，强化其公益属性，逐步完善和规范机构编制事项，要求新增公益类机构和编制的，实行机构“撤一建一”、编制“内部调剂”，确保不突破机构编制总量，同时推行政府购买服务，缓解机构编制增长压力。4. 城乡建设体制改革。2014年，按照“统筹平衡、专业负责、分级管理”的原则，对市政基础设施建设管理的重点环节进行了优化完善，形成了《关于加强市政基础设施项目建设管理的若干意见（试行)》，于10月16日以长政办发〔2014〕30号文件印发。取得初步成效：一是有效解决了计划编制统筹不足的问题。上年的计划编制，均由业主自报，发改部门收集、立项。由于各区县、各部门（交通、水务、教育等）、各平台公司均报项目，部门与部门之间，项目与项目之间难以统筹。2014年，统一报市住建委先期进行专业审查，该“顽疾”得到有效解决。二是基本结束“东西分割”的建设格局。改革方案规定：湘江新区所有市政基础设施项目，均必须报市住建委组织评审论证，未经市住建委组织评审论证的项目不得列入全市市政基础设施项目年度建设计划，其市政项目的可研批复、设计审查和施工许可需及时抄报市级行业管理部门。2015年的市政基础设施建设计划草案，已将湘江新区建设项目全面纳入，基本实现了全市建设项目的“一盘棋”局面。三是基本解决项目前期研究不够的问题。以往，由于市住建委作为专业的行政管理部门没有深度参与到具体项目的前期研究当中，导致项目计划的可操作性不强，指导性严重削弱。《意见》出台后，问题得到较好解决。2015年项目编制过程中，市住建委设计处、总工室、管线办、造价站、城科院等专业机构全程参与，提高了计划的操作性，有效避免出现项目难落地、难对接的现象，有利于项目建设的顺利实施。5. 城乡规划管理体制改革。一是理顺了城乡集中统一的规划管理体制。经报请市委常委会和市长办公会研究，市委、市政府同意设立长沙市城乡规划局望城区规划分局，按长沙市城乡规划局内五区规划分局模式进行统一垂直集中管理；分别在大河西先导区国土规划部和长沙县城乡规划局加挂长沙市城乡规划局大河西先导区分局和长沙县分局的牌子。2014年5月4日，市政府办公厅印发《大河西先导区望城区长沙县城乡规划管理体制调整方案》，明确了3个分局的职责及相关要求。5月15日，3个分局分别举行了揭牌仪式。二是完善了规划决策体制和咨询论证机制。市规划委员会完成换届，由市长担任主任，明确规委会委员组成，建立常态化的议事制度，实行议定事项实行票决制，确保规划决策的公正、公平。在规划管理决策过程中，将规划编制、审批、修改、批后管理实行归口管理，实现相互分离、相互制约，规范自由裁量权。在规划项目审批过程中，建立起以市规划局处室例会、局行政许可例会、局务会三个层次的集体审批决策机制，通过召开规委专家审查会提高决策的科学性。推行规划审批双经办人制度，加强相互监督和制约，有效规范了规划权力运行。三是建立更加优质高效的行政审批制度。按照市委、市政府《关于进一步深化行政审批制度改革提高行政效能的实施意见》的要求，制定《建设工程项目审批流程优化方案》《2014年一书两证行政审批制度改革方案》《建设工程行政审批程序规定》，并于7月1日起试运行行政许可与技术审查适当分离的行政许可制度。通过减少审批环节、压缩审批时限，提高行政效能。6. 城市管理体制改革。制定《关于进一步理顺城市管理体制机制的实施方案》，以市委办、市政府办的名义印发。根据“重心下移、属地管理”的原则，将市城管局所属各区城管执法大队（共1242名城管执法人员）成建制下放所在区人民政府和高新区管委会管理，同时为确保责权利对等，下放了部分城市管理方面的行政管理和审批权限，构建了“市委、市政府统一领导，部门联动，市、区分级负责，以区为主，街道和社区为基础”的城市管理新体制。（许　彬）

【农村体制改革】 2014年，按照市委、市政府的决策部署，把改革作为农业农村发展的重要引擎，健全发展城乡一体化体制机制，稳步推进各项农村改革，取得明显成效。1. 率先启动现代农业综合配套改革试验区建设。出台试验区总体方案，望城区10个乡镇（街道）553平方千米纳入试验区范围，完成概念性规划；启动50余个总投资超百亿元基础设施项目的建设或前期工作，近60个产业项目已完成前期工作，全面启动建设；招商引资高效推进，积极探索现代农业、现代工业、现代商贸、现代信息、现代城乡融合发展道路。2. 规范农村土地流转。扩大农村土地承包经营权确权登记颁证试点范围，加快土地流转服务平台建设，推动土地承包经营权向专业大户、家庭农场、现代农庄、农民合作社等新型经营主体流转，全市农村土地流转总面积23.53千公顷，占农用地面积26.4%。3. 稳步推进农村综合改革。浏阳率先全省开展不动产统一登记制度改革、集体土地上房屋抵押贷款改革和农民住房财产权抵押担保试点；长沙县果园镇双河村启动农村集体产权制度改革试点；浏阳市大瑶镇探索扩权强镇试点；望城区和浏阳市启动粮食作物种植精准补贴改革试点。4. 深化户籍管理制度改革。7月1日起实施新的《长沙市常住人口登记管理办法》（长公通〔2014〕140号），8月，制定实施《关于调整户口审批权限和时限的通知》，9月，举办长沙市积极稳妥推进户籍制度改革新闻发布会，明确长沙现有21种迁入落户政策，包括购房落户、投靠落户、务工人员落户、专业技术资格人员落户、投资兴办企业落户等情形。5. 行政区划优化微调。6月18日，省发改委正式作出批复，同意《长沙县功能分区体制机制创新实施规划（2013—2020）》（以下简称《规划》），长沙县功能区建设正式启动；宁乡撤县改市工作，待国家县改市新标准出台后启动实施；11月17日，第二十五次市委常委会议决定，对部分行政区划进行微调，原则同意将长沙县暮云街道、南托街道划归天心区管辖，将长沙县跳马镇划归雨花区管辖。（张　婷）

【生态文明体制改革】 2014年，长沙市组织全面深化生态文明体制改革。全面推进全国水生态文明城市建设试点、湘江新区全国生态文明建设试点。资源节约机制改革深入推进，制定最严格的水资源管理制度实施方案和考核办法，推进城镇和开发园区低效用地再开发，出台并全面实施《长沙市主要地类建设用地定额标准（试行）》，建立完善天然气分布式能源系统推进机制，加强能耗源头控制，开展重点用能单位节能监察。不断完善绿色建筑推广机制，颁布实施绿色建筑行动实施方案，全年共有22个项目取得了绿色建筑设计标识，上海大众汽车有限公司长沙工厂项目取得的三星级绿色工业建筑标识是全省取得的唯一一个绿色工业建筑设计标识。建立大气污染联防联控机制，出台大气污染防治行动计划实施方案，实施燃煤小锅炉整治、挥发性有机物污染治理、黄标车淘汰、建筑扬尘治理、秸秆和垃圾禁烧、耐火材料和立窑水泥等落后产能淘汰等九大类大气污染防治项目75个，淘汰黄标车和老旧机动车5.2万辆，全市空气质量优良天数227天，同比增加30天。健全环保市场化机制，推动畜禽养殖污染治理合同环境服务试点和工业园区环境污染第三方治理，工业企业全面实施排污权有偿使用和交易制度。长沙市餐厨垃圾集中与资源化利用走上规范化、资源化、无害化轨道，日均收集处理餐厨废弃物330吨，全市大中型餐厨废弃物产生单位有效收集率超过90%。探索资源环境履职联审工作，在长沙县试点实施。（魏艳丽）

【司法体制和社会体制改革】 5月28日，市委对全面深化改革作出部署，成立领导小组和9个专项小组，其中市委司法体制和社会体制改革专项小组由市委常委、市委政法委书记钟纲任组长，市领导谭杭生、姚英杰、黎石秋、夏建平、李介德、袁志恒、罗衡宁、陈绍纯任副组长，26个单位主要负责人为成员。市委政法委为牵头单位。专项小组办公室设在市委政法委，市委政法委常务副书记任安良任办公室主任。按照中央、省委、市委的部署和要求，专项小组下发2014年工作要点及责任分工，制定工作规则，明确改革任务，包括司法体制改革5项任务、12项举措，社会体制改革9项任务、23项举措，其中市委部署的改革任务有6项。每项改革任务都明确了牵头单位、参加单位、进度和工作成果要求。全年完成的改革项目包括：启动实施一方是独生子女的夫妇可生育两个孩子的政策；落实劳教制度改革。取得阶段性成果，需要继续完善或长期坚持的改革项目包括：推进审务、检务、警务、狱务公开；清理纠正违法减刑、假释、暂予监外执行工作；健全社区矫正制度；健全社会组织管理体制；健全社会组织第三方评估机制；贯彻落实湘办发〔2014〕7号文件；改革信访工作制度；优化城乡教育资源配置；启动市三医院和宁乡县县级公立医院改革；推进轻刑快办试点；推进涉法涉诉信访机制改革试点；深化平安长沙建设；加强重点领域基层行政执法力量；完善安全生产责任体系；创新立体化治安防控体系；启动养老、医疗保险全民参保登记试点，建立和完善五项保障制度；完善最低工资和工资支付保障制度。需要与行政体制改革配套的改革项目包括：建立科学完善的食品药品安全监管体系；推进城区公证体制改革。需要顶层设计或高位协调的改革项目包括：健全国家司法救助制度；湘江流域综合治理；健全境外非政府组织在长沙活动管理机制。（何孟科）

【文化体制改革】 2014年10月下旬，经市全面深化改革领导小组第五次会议审定，《长沙市深化文化体制改革实施方案》（长办发〔2014〕25号）正式下发。在市文化体制改革专项小组领导下，市文改办协调相关单位严格按照《实施方案》确定的责任分工和时间进度要求，启动有关改革工作。1. 在完善文化管理体制方面，制定相关管理办法。市委宣传部联合市财政局、市审计局等单位出台《制止豪华铺张办晚会实施办法》，在全市范围内开展坚决纠正豪华铺张办晚会现象专项整治工作；5—10月，市委宣传部还联合市公安局、市地税局、市工商局、市文广新局、市工信委、市国税局、市“扫黄打非”办、市委网宣办、市记协十部门联合下发通知，在全市范围内深入开展打击新闻敲诈和假新闻专项行动，加大对假媒体、假媒体机构和假记者的清理力度。2. 在深化国有文化单位改革方面，推进长沙传统媒体和新兴媒体融合发展。11月6日，市委宣传部召开长沙市传统媒体和新兴媒体融合发展征求意见座谈会，市委网宣办、长沙晚报报业集团、市广播电视台等单位同人民网、新华网、红网、华声在线、大湘网、新浪网等网络媒体的负责人就长沙媒体的融合发展展开了讨论，市委常委、宣传部部长张湘涛出席会议。会议就长沙传统媒体与新兴媒体融合发展如何定位、提质升级、发展框架、发展方向等形成初步意见和建议，市委网宣办着手牵头制定融合发展方案。3. 在构建现代公共服务体系方面，进一步深化全国公共文化服务体系示范区建设。5月22日，两办下发《长沙市公共文化服务体系提质提效三年行动计划（2014—2016年）》（长办发〔2014〕9号），10月，长沙市被国家文化部确定为全国8个公共文化服务标准化试点城市。截至2014年底，长沙市基本建成滨江文化园“三馆一厅”（图书馆、博物馆、规划展示馆、音乐厅），长沙实验剧场对外开放运营；在全市建有98个示范性乡镇（街道）综合文化服务中心的基础上，提质30个乡镇（街道）综合文化服务中心，在已建有290个标准的社区（村）文化活动中心（室）的基础上，提质建设100个示范性社区（村）文化活动中心（室）。4. 在建立健全现代文化市场体系方面，推动文化创意和设计服务与相关产业的融合发展。10月11日，张湘涛主持会议，调度并部署《长沙市人民政府关于加快推进文化创意和设计服务与相关产业融合发展行动计划》起草工作。10月底，市委宣传部、市发改委牵头，市委政研室、市政府研究室参与完成了行动计划（征求意见稿）。5. 在创新文化国际交流合作机制方面，全面启动“申都”工作。7月，市委常委会专题研究了长沙申报联合国教科文组织创意城市网络“媒体艺术之都”有关工作。8月26日，张湘涛带队到成都参加2014年联合国教科文组织创意城市网络成都会议，代表长沙正式向联合国教科文组织提出加入创意城市网络的申请。10月下旬，《长沙市申请加入联合国教科文组织“创意城市网络”工作方案》（长办〔2014〕5号）以两办名义正式下发，长沙申报“创意城市网络——媒体艺术之都”工作全面启动。6. 召开专项小组二次会议，明确2015年的文化体制改革任务。11月17日，长沙市文化体制改革专项小组第二次工作会议召开，会议审议通过《2014—2015年文化改革任务书、时间表、责任分工》（长文体改〔2014〕1号）。7. 成立专门机构，展开专项督查。12月3日，市深化文化体制改革专项小组根据市深改办的要求，在原有的改革力量基础上，增加人员和经费的保障，成立市深化文化体制改革专项小组办公室。（刘新宙）

【民主法制领域改革】 2014年，市民主法制领域改革专项小组落实市委、市改革办有关精神，加强联系对接，健全工作机制，为推进民主法治领域改革打下坚实基础。1. 关于第38项改革任务的有关情况。第38项改革任务是“健全立法立项、起草、论证、协调、审议机制，扩大公民和社会组织有序参与立法的途径，防止地方保护和部门利益法治化；完善《中共长沙市委关于贯彻〈中共湖南省委政治协商规程（试行）的意见〉》，深入开展立法协商、行政协商、民主协商、参政协商、社会协商。”2014年，主要做了以下工作：市人大法制委负责牵头起草《规程》。起草过程中，系统认真学习研究了《中华人民共和国立法法》《长沙市人民代表大会及其常务委员会制定地方性法规条例》等相关法律、法规，并对立法法最新修改情况进行了深入了解。在此基础上，起草班子结合工作实际对草案进行了反复修改与完善，形成草案稿。草案及其说明发送改革小组相关成员单位以及规划、住建、法制办、城管等主要部门征求意见，同时送市人大有关专门委员会及常委会有关工作机构征求意见。意见汇总修改后，提交市人大主任会议讨论并通过。政治协商方面，项目牵头部门结合全国、全省有关会议和文件精神进行调整，具体落实。2014年12月25日，《长沙市制定地方性法规工作规程（草案）》经市第十四同人大常委会第十七次会议审议并通过。2. 第39项改革任务的有关情况。第39项改革任务分为电视问政和网络问政。电视问政方面。由市委宣传部牵头，市广播电视台成立《问政长沙》节目组，负责每期执行方案起草和节目前期采制、编辑工作。经多次召开协调会，对选题和点评嘉宾进行甄选，完成了与拟邀请点评嘉宾王林、陈赫、陈潭等学者教授的实质性接触，各位学者教授均同意作为点评嘉宾参与《问政长沙》。抽调精干力量进行节目的前期准备，《问政长沙》节目组组建专门的采编队伍，完成了教育、卫生、食药监3个职能部门选题的调查和前期采编工作。《问政长沙》的节目包装、片头制作以及录制现场的考察工作均已完成，待上级部门关于录制《电视问政》的明确通知批准后，《问政长沙》节目将在长沙市广播电视台新闻频道和新闻广播同步播出，星辰在线同步推出网络现场文字图片。网络问政方面。专项小组会同市委宣传部、市委网宣办制定了实施方案，计划建立以党网为主要平台、以制度为保障的网络问政体系，整合开拓问政资源，依托移动互联网技术进行深度改造，初步建成基于多平台多终端互动的长沙网络问政平台，实现“随时随地问政”“一站式问政”。截至2014年底，星辰在线平台建设已基本完成，并进行试运行；《长沙市网络问政工作实施方案》初稿初步拟定，并修改完善。（申　敏）

【纪律检查体制改革】 2014年，市纪律检查体制改革专项小组结合省委48项、市委43项改革要点，部署7项改革任务，已全部完成。1. 率先全省完成市纪委监察局内设机构改革。一是在推进上超前部署。2014年3月，按照中央纪委提出的“转职能、转方式、转作风”要求，市纪委启动机关内设机构改革工作。在深入调查研究、广泛征求意见和多次汇报对接的基础上，制定内设机构改革方案，并在全省率先获得省纪委批复同意。同时，在市委支持下，加强与市委组织部、市委编委办的协调沟通，9月9日，全市率先全省各市州完成内设机构调整。二是在力量上优化整合。此次机构调整在保持内设机构数、人员编制总数、领导职数和规格维持不变的情况下，着眼于内部挖潜、盘活存量，通过“增、撤、并、转”，将更多人员力量向执纪监督倾斜，撤销并新设立8个内设机构，更名3个内设机构，即撤销监察综合室、监督检查室、党风廉政建设室、执法（财务）监察室、行政效能监察室、纠正行业不正之风室、干部室、宣传教育室，新设立组织部、宣传部、党风政风监督室（市政府纠正行业不正之风办公室）、市委巡查办、第四、第五、第六纪检监察室、纪检监察干部监督室；将纪检监察一室、二室、三室更名为第一、第二、第三纪检监察室。调整后纪检监察室6个，执纪监督一线工作人员64人，占机关总编制65.3%，超过上级纪委的比例和全国平均水平。三是在主业上松绑减负。机构调整后，明晰界定各内设机构的职责和权限边界，工作重心从牵头参与配合相关职能部门从事具体业务，回归到监督执纪问责主业。对市纪委监察局参与的议事协调机构进行清理，对确需纪检监察机关参加的予以保留，对职责范围外的不再参与，清理议事协调机构137个，退出127个，保留10个。同时，将市机关效能建设和优化经济发展环境工作移交给市政府办公厅。2. 探索改革查办腐败案件的领导方式和工作方法。一是抓制度出台。落实十八届中央纪委三次全会提出的“查办腐败案件以上级纪委领导为主”的要求，出台《长沙市纪委关于进一步加强和改进案件查办工作的意见》，明确查办案件以上级纪委领导为主，制定线索处置和案件查办在向同级党委报告的同时必须向上级纪委报告的操作办法，为加强市级纪委对区、县（市）纪委查办腐败案件的领导，发挥查办案件震慑力提供制度依据。二是抓方式转变。2014年，对案件线索进行集体排查，研究分析，分类处理，筛选出一批有价值的案件线索。在案件查办方式上，更加注重线索初核，逐步实现查办案件从“由供到证”向“由证到供”的方式转变，严格时限要求、缩短办案周期，坚持少用、慎用“两规”“两指”，截至11月30日，全市共立案766件，同比增长21.2%，其中涉及县处级干部30件，同比增长100%；结案612件，给予党纪政纪处分610人，移送司法机关52人。全市立案案件中共使用措施26人，同比下降66.2%，使用措施案件占立案总数的3%。市本级使用措施仅3次，全部为受贿案件，且全部移送司法机关，全市解除措施案件中移送司法机关案件92%。三是抓质效提升。坚持秉公执纪监督，严肃查处违纪违法案件，不仅注重“量”的提升，也注重“质”的提升，狠抓一案双查、以案说法、以案促防工作。对违纪违法案件通过长沙廉政网和市纪委通报进行公开曝光，2014年，共下发典型案件通报12期。同时，在市科技局、市住建委等单位开展以案释纪活动，切实发挥查办案件的综合效应。3. 出台意见促进党风廉政建设“两个责任”落实。一是从严从细明确“责任田”。在年初对各级党委（党组）党风廉政建设责任进行签字背书和下发“两个责任”告知书的基础上，结合中央提出的相关精神要求，积极探索实践、积累经验，制定《中共长沙市委关于落实党风廉政建设党委主体责任、纪委监督责任的意见（试行）》，明确“两个责任”的具体内容，形成责任清单。将党委主体责任分解为领导班子集体责任、主要领导责任和领导班子其他成员责任3个层次，明确党委加强党风廉政建设的组织领导和支持查办案件等8项责任，明确纪委维护党的纪律、严肃查处违纪违法案件等6项责任，为全市各级各部门严格落实“两个责任”提供了制度依据。二是以上率下落实责任制。市委和市纪委在落实“两个责任”上，做到积极主动、以上率下。省委常委、市委书记易炼红坚持在落实责任上当表率、作示范，对重要工作亲自部署、重大问题亲自过问、重点环节亲自协调、重要案件亲自督办，并坚持每年定期调研纪检监察工作。2014年，市委常委会多次听取党风廉政建设工作汇报，作出具体部署，提出明确要求。市委常委班子成员坚持以身作则，严格履行主体责任。市纪委认真履职尽责，加强对党的纪律执行情况和干部廉洁从政情况的监督检查，强化对重点对象和关键环节的监督，注意抓细节抓具体，组织开展明察暗访，狠刹干部不正之风，切实有效落实监督责任。同时，强化组织协调，市纪委书记、副书记、常委围绕督促落实《意见》要求，分批约谈了47位区、县（市），市直单位党政“一把手”和纪委书记，督促“两个责任”落实。三是铁面执纪增强责任心。为强化责任意识，使各级各部门守土有责、守土负责、守土尽责，对“两个责任”落实不力的严格追究责任。如对近年来违纪问题频发的市规划局相关责任人启动问责；对市体育局组织的一项体育赛事启动仪式上，赞助企业向受邀嘉宾发放现金的违规问题，对分管副局长进行了问责；对市档案局将国有资产收益转入某公司，开具虚假税票套取资金用于开办食堂、发放干部职工福利的违规行为，实行“一案双查”，对直接责任人进行处分，对该局党组书记、局长给予党内警告处分。中央纪委副书记陈文清、八室主任王荣军到湖南调研时，对全市落实“两个责任”举措给予充分肯定。4. 改革监督模式创新开展市委巡查工作。出台《中共长沙市委巡查工作办法（试行）》，健全巡查组织机构和工作流程，聚焦全市党风廉政建设情况，查找问题、形成震慑。2014年，先后分两批对市国土局、湘江枢纽公司、园林局、农业局等14家单位开展巡查工作。处理群众来信来点429次（件），要求被巡查单位整改涉及党风廉政建设方面的问题76个，14单位负责人就落实巡查意见进行了表态；对巡查发现的问题线索进行深入分析研判，向市纪委移送问题线索54条，向市委组织部等市直有关单位移送问题和建议39条。通过扎实有效的措施，充分发挥利剑作用，形成有力震慑，推动被巡查单位“两个责任”落实和党风廉政建设等各项工作。省委巡视办对全市创新举措、开展巡查工作给予充分肯定，并在《巡视信息》专题刊发全市巡查工作经验。5. 建立健全改进作风长效机制。贯彻落实中央八项规定、省委九项规定和市委“两规定一办法”精神，贯彻落实《党政机关厉行节约反对浪费条例》，建立相关配套措施，规范并严格执行公车配备使用管理、办公用房、公务接待、因公出国（境）等方面具体制度，构建作风建设长效机制。出台《长沙市党政机关国内公务接待实施办法》《关于进一步规范国家工作人员因公临时出国的实施意见》《长沙市考核评定项目管理办法（试行）》《长沙市制止豪华铺张办晚会实施办法》《贯彻落实〈关于厉行节约反对食品浪费的实施意见〉责任分工方案》《长沙市政府办公厅关于加强市本级财政预算和国库管理的通知》《长沙市领导干部经济责任问责暂行办法》以及《长沙市作风建设工作考核指标》等制度机制。（向　康）

【党的建设制度改革】 2014年，市委党的建设制度改革主要内容有：1. 党员领导干部学习培训制度不断完善。建立党委（党组）中心组学习考勤、学习档案、学习调研、学习考核等制度，规范中心组学习过程管理。出台《关于加强全市党委（党组）中心组学习情况通报工作的通知》，将学习通报情况纳入绩效考核。出台《关于严格学员管理、加强学风建设的暂行规定》，强化学风管理。在干部教育培训中注重思想政治教育，高质量完成了学习贯彻习近平系列重要讲话精神和十八届三中全会精神集中轮训。2. 领导班子和干部队伍建设制度改革不断深化。出台《关于改进和规范市委管理干部选拔任用工作的意见（试行）》，从动议、推荐到考察、任用，对每个环节的流程进行明确和优化。持续开展“五好”（精神状态好、民主决策好、推进发展好、服务群众好、廉洁从政好）领导班子创建活动，加强领导班子内部制度建设。发挥绩效考核“指挥棒”作用，修订完善《长沙市绩效考核管理“一个办法、三个细则”》，取消国内生产总值考核指标，坚持日常考核和个性化考核相结合，新增园区考核序列。抓好领导干部个人有关事项报告抽查核实和“三超两乱”（指超职数配备干部、超机构规格提拔干部、超审批权限设置机构，擅自提高干部职级待遇、擅自设置职务名称）等专项整治，严格执行“有错无为、不在状态”问责办法，全年问责不作为领导干部 126 名。3. 人才发展体制机制改革深入推进。贯彻落实《关于进一步加强党管人才工作的实施意见》，启动实施引进紧缺急需和战略型人才“3635 计划”，引进领军人才、高级研发人才和专业技术骨干。出台《长沙市领导干部联系高层次人才制度》《长沙市高层次人才服务管理办法》等文件，为各类人才在长沙创新创业营造良好环境。4. 党的组织制度改革进展顺利。实施党员领导干部民主生活会量化评价办法，坚持和运用党内政治生活“四大法宝”（坚持贯彻执行民主集中制、坚持用好批评和自我批评、坚持严格党内生活、坚持党性原则基础上的团结），完善“三会一课”（定期召开支部党员大会、支部党员会、党小组会，按期上好党课）、谈心谈话等制度。坚持和完善民主集中制，制定《中共长沙市委常委会关于贯彻落实“三重一大”事项集体决策制度的实施办法》《中共长沙市委关于贯彻落实〈关于进一步加强市州、县市区党委民主集中制建设的意见〉的实施办法》等文件。出台实施《关于加强基层服务型党组织建设的实施意见》，对基层党组织建设进行新一轮谋划和布局。制定《关于进一步做好基层党组织结对共建和在职党员进社区报到工作的通知》《关于完善党员干部直接联系群众制度的实施意见》等文件，完善党员干部直接联系群众制度，畅通群众诉求反映渠道。出台《长沙市在党的群众路线教育实践活动中整顿软弱涣散基层党组织实施方案》，开展软弱涣散党组织整顿工作，整顿重点对象 146 个。提升社区为民办实事能力，出台《长沙市社区惠民项目资金使用管理办法》，规范惠民项目资金使用。探索建立党代表任期制和乡镇党代会年会制，推进党代表工作室规范化和全覆盖。加强党员队伍建设管理，完善党员民主评议制度，稳妥开展处置不合格党员试点，健全党员能进能出机制。5. 党的作风建设制度改革效果显著。结合党的群众路线教育实践活动，围绕改进文风会风、厉行勤俭节约、规范选人用人等方面，出台《党政机关厉行节约反对浪费条例》《长沙市党政机关国内公务接待实施办法》《长沙市领导干部经济责任问责暂行办法》《市直机关会议费管理办法》等一系列务实管用制度。出台《关于加强作风建设监督检查的实施办法》，加强对作风建设的监督检查，确保作风建设成果长效化、常态化。进一步健全反腐败领导体制和工作机制，落实党风廉政建设责任制党委的主体责任和纪委的监督责任，强化责任追究，稳步推进纪律检查工作双重领导体制具体化、程序化和制度化。（田　劲）

“两型”社会建设

【概况】 2014 年，长沙市围绕加快建成“两型引领之市”的目标，坚持具体化、项目化、可操作化的原则，创新思路、强化落实，全力推动“两型”社会建设走在前列，取得新的成效。

一、示范引领效益凸显。1. 推进“两型”综合示范片区建设。落实省“两型”工委《关于推进两型综合示范点创建的实施意见》，加快湘江新区省级“两型”综合示范片区和宁乡花明楼省级“两型”综合示范片区建设，市本级为湘江新区省级“两型”综合示范片区配套资金 300 万元，确定滨江新城片区区域供能项目、坪塘污水处理厂及中水回用工程等首批 14 个项目并有序推进，其中根据集中打造“两型”示范社区的工作要求，对岳麓区咸嘉新村和白鹤咀社区予以重点支持，智能垃圾分类回收项目投入使用，有机垃圾微生物减量处理、光伏发电应用、雨水回收利用等项目抓紧推进。指导区、县（市）推进市级“两型”综合示范片区建设，望城区大众垸、浏阳市浏东、开福区青竹湖等片区制定了实施方案，并初见成效。2. 推进“两型”示范单位创建。在学校、村庄、社区等 12 个领域深化“两型”示范创建，加强组织发动，扩大基层参与，丰富创建内涵，规范评审程序，创建工作的针对性、覆盖面和参与度明显提升，申报获批 2014 年省级“两型”示范片区 2 个、全省首批“两型”示范单位 3 家、省级“两型”示范创建单位 35 家，培育市级“两型”示范创建单位 155 家。以“两型”示范创建为平台扩大宣传，组织开展全市“两型”家庭示范创建观摩会等一系列形式多样、特色突出的“两型”主题活动，培育推介望城区桐林坳社区、望城区光明村、岳麓区实验小学等一批“两型”创建示范典型，在中央电视台《新闻联播》《人民日报》等播（刊）发报道 100 余篇，产生广泛的社会影响。3. 推进“两型”示范技术推广。建立 2014 年示范项目库，计 98 个项目、投资 110 亿元。新能源发电技术推广成效显著，有 79.15 兆瓦项目纳入国家分布式光伏发电计划，建成光伏发电项目 60 余兆瓦，在全国省会城市排在前列；宁乡观音阁风电场 50 兆瓦、浏阳连云山风电场 50 兆瓦项目纳入国家核准计划。畜禽养殖污染治理技术推广稳步推进，全年实施规模养殖场畜禽污染治理合同环境服务重点示范项目 20 余个，完成 20 头以上畜禽养殖污染治理（退出）面积 18.5 万平方米。城市公共客运行业清洁能源、节能与新能源汽车推广步伐加快，城区更新达到国Ⅲ以上排放标准公交车3429台，占82.5%；出台推广新能源汽车实施意见。全市水泥生产厂、长沙电厂等全面实施脱硫脱硝技术改造。组织浏阳市、宁乡县申报获批省级清洁低碳技术推广试点县（市）并有序实施。

二、项目支撑不断强化。1. 实施城乡品质提升工程。深入实施三年造绿大行动，2014年完成造林绿化1373.33公顷，森林覆盖率53.4%，新建绿地720公顷，建成区绿化覆盖率40%。整体规划推进15个湘江洲岛生态建设与保护性开发，精心打造湘江风光带、浏阳河风光带、圭塘河风光带等一系列滨水、亲水平台，山水洲城氛围逐步凸显。新建20个社区公园全面实现对外开放。创建市级绿色示范集镇10个、绿色示范村庄30个、绿色示范庭院3500户。2. 实施流域环境综合整治工程。湘江治理保护“一号重点工程”2014年26个项目全面实施，浏阳河城区段污染整治2014年22个重点项目推进顺利，湘江及其支流110个排污口中具体条件实施的101个，截至2014年底，完成76个；启动污水管网及雨污分流建设与改造1600千米，暮云、雨花、花桥等10个污水处理厂的新建、扩建和提标改造，日增污水处理能力80万吨，年末全市污水处理厂16家，日污水处理能力165万吨，主城区污水处理率96.9%。开展湘江长沙段流域环境污染整治联合执法行动5次，对130家存在环境违法行为的企业采取整治措施。加强噪声执法监管，对基建工地夜间临时施工实行分类分批次控制，率先全省推行夜间施工审批网上公示制度。3. 实施节能减排全覆盖工程。推进国家节能减排财政政策综合示范，下达71个节能减排财政政策综合示范项目综合奖励资金支持计划9.12亿元，重点支持浏阳河流域污染治理、梅溪湖和洋湖绿色新区建设、15个绿色生态城镇和两个县城公共自行车系统建设等。推进重大节能项目建设，启动新奥燃气等14个天然气分布式能源项目。加强工业、建筑、交通、农村、商务、公共机构等重点行业和领域节能的综合协调和统筹管理，全市城镇新增节能建筑面积1783.8万平方米，新增53万吨标煤的节能能力。提前一年完成省政府下达的“十二五”节能减排任务。4. 实施生态绿心保护工程。年初与岳麓区、雨花区、长沙县、浏阳市签订生态绿心保护工作目标责任状，11月份由市政府督查室、市“两型”办、市绩效办组成联合督查组，对责任状落实情况进行专项督查。建立与规划、国土、环保、林业等部门联合审查绿心项目规划选址机制，对9个项目提出准入审查意见。编制绿心重大项目库，2014年实施绿心基础设施、公益事业、生态农业、生态服务业、民生民居项目36个，投资16.38亿元。组织区、县（市）政府和市直部门对破坏绿心的违法违规行为全面清理整治，开展督促整改。按照省“两型”委要求，做好《长株潭城市群区域规划》调整工作，积极和中国城市规划设计院对接，在《长沙晚报》、长沙市政府网站上公示公告区域规划调整成果。编制《长沙市2015年长株潭一体化项目库》，共铺排项目45个。5. 实施“两型”产业发展工程。严格落实新建产业项目环境与能源准入制度，优先发展战略性新兴产业，深入推进国家现代服务业综合试点，运用先进适用技术改造提升传统产业，加快壮大现代“两型”农业，以“国家再制造产业示范基地”为依托积极发展再制造业和循环经济。实施园区“两型”化管理提标提档行动，特别是在国家和省级园区全面规划建设分布式能源系统，浏阳经开区、望城经开区两个区域型项目完成供热规划，启动可研编制。

三、“两型”新区加快建设。湘江新区将生态文明建设作为核心竞争力来打造，坚持在建设中保护、在保护中提升，成为长沙乃至湖南的核心经济增长极。1. 项目推进实现高速度。全年完成固定资产投资1913.4亿元，增速19.36%。梅溪湖国际新城、滨江商务新城、洋湖生态新城、大王山旅游度假区等面积达100平方千米的现代服务业发展平台建设加快推进，形成200万城市人口的承载能力。2. 产业发展实现高端化。坚持先进制造业、高端服务业双轮驱动，2014年实际利用外资10.15亿美元，增速16.7%，实际到位省外境内资金187.08亿元，增速14.5%，全年实现第二产业增加值1412.6亿元，第三产业增加值618.06亿元。截至2014年底，核心区累计引进、建设、建成重大现代服务业项目60余个，总投资900亿元以上，已经完成项目投资400亿元；引进工业项目2100个，总投资3000亿元，形成先进装备制造、电子信息、新材料、生物医药、新能源与节能环保、食品加工、航空航天等八大主导产业集群，新区现有上市公司40余家，世界500强企业25家。3. 生态建设实现高质量。围绕“碧水、青山、蓝天”的目标着力治水、复绿、清霾，洋湖湿地公园（三期）、巴溪洲水上乐园、西湖文化园等一批重点生态环境项目建成开放。截至2014年底，实施生态环境项目90余个，梅溪湖国际新城、洋湖生态新城全面执行绿色建筑和绿色市政标准，通过源头整治与末端治理相结合，湘江支流断面水质从劣Ⅴ类提高到Ⅳ类以上，核心区落后产能淘汰率100%，森林覆盖率57%，城市人均绿地面积25平方米，各项生态指标达到或基本达到全国生态示范城区标准。4. 审批服务实现高效率。湘江新区管委会向长沙高新区下放集体建设用地许可等13项行政审批权限，向岳麓区下放临时用地许可、拆迁个案审批等5项权限。出台《湘江新区优化建设项目行政审批流程办法》，实现行政审批整体提速50%以上，成为审批事项最少、办事效率最高、办事过程最透明的新区之一。

四、存在的不足和问题。1. 思想认识还不到位。重发展、轻改革，重总量、轻质量，重建设、轻保护等思想误区不同程度存在。2. 改革创新有待深化。资源环境领域单项改革力度较大，综合配套改革相对滞后。3. 整体联动需要加强。跨区域部门综合统筹、协同推进等制度有待健全。4. 动力机制亟待完善。持续推进“两型”社会的动力不足，考核评价、项目推进、投入引导等机制亟须加强。（魏艳丽）

【欧洲左翼党青年政治家考察团到长沙考察“两型”社会建设】 10月17日，省委常委、市委书记易炼红会见到长沙就“两型”社会建设等进行交流访问的欧洲左翼党青年政治家考察团一行。易炼红对考察团一行的到来表示欢迎。他说，长沙作为国家批复的“两型”社会建设综合配套改革试验区，多年来一直致力于探索资源节约型和环境友好型发展之路，通过积极实施产业转型升级，淘汰高耗能、高污染、高排放的落后产能，大力实施节地、节水、节能

10月17日，易炼红会见欧洲左翼党青年政治家考察团一行

措施，推广绿色建筑模式，倡导绿色低碳出行的生活方式，“两型”发展已经成为长沙鲜明的标签和靓丽的名片。欧洲左翼党副主席、保加利亚左翼党联合主席玛格丽特·米列娃表示，代表团此行深切感受到长沙所展示的独特魅力，特别是山清水秀的自然风貌与现代都市气息的完美融合，给大家留下了深刻印象，希望通过此次交流访问进一步增进欧洲各国对长沙的了解，把中国内地城市推动环境治理、生态建设创造的好经验推广到更多地方。（魏艳丽）

【长株潭国家自主创新示范区获国务院批复】 2014年12月11日，国务院下发《关于同意支持长株潭国家高新区建设国家自主创新示范区的批复》，同意支持长沙、株洲、湘潭3个国家高新区建设国家自主创新示范区，要求充分发挥长株潭地区科教资源集聚和体制机制灵活的优势，积极开展激励创新政策先行先试，激发各类创新主体活力，推进科技成果转移转化，加快创新型城市群建设，努力把示范区建设成为创新驱动发展引领区、科技体制改革先行区、军民融合创新示范区、中西部地区发展新的增长极。国务院及国家有关部委制订出台一系列优惠政策，从用地、财税金融、高新技术产业发展、创新创业服务体系等多个层面支持国家自主创新示范区的建设发展。示范区除可参照执行中关村国家自主创新示范区的优惠政策外，还可结合当地实际情况自行制定有关优惠政策。建设长株潭国家自主创新示范区是湖南省委、省政府加快实施创新驱动发展、推进“四化”“两型”建设、促进“三量齐升”的重大战略部署，也是加快湖南经济结构转型发展的重要举措。（陈壁江）

【长沙启动三年城市造绿大行动】 2月18日，长沙正式启动三年城市造绿大行动，以此为突破口，推进“绿色城市”建设。根据行动实施方案，长沙将结合道路拓改、棚户区改造、城乡接合部整治等工作，大面积增绿、高标准建绿、全方位补绿，加快湘江风光带、浏阳河风光带和城市绿道建设，确保城市绿化扩面提质。到2016年末，长沙建成区绿地率将达35%，绿化覆盖率40%，人均公园绿地面积达到11平方米以上。方案明确，将开展实施中心城市（街景）增绿，在中心城区“见缝补绿”，确保不低于25%的用地用于绿化建设，新建的市政道路建设项目必须按标准要求留足绿化空间，背街小巷绿化也将全面提质改造，形成“夏荫冬阳”“四季成景”的城市街景绿化体系。通过三年建设和提质改造，逐步实现居民出门“300米见绿，500米见园”的目标。（罗雅清）

【长沙推广实施“两型”住宅产业化】 6月10日，市人民政府与长沙远大住宅工业有限公司签署《长沙市两型住宅产业化推广实施的合作框架协议》。从2014年至2016年，长沙“两型”住宅产业化每年新开工面积将分别不少于200万平方米、300万平方米、400万平方米。与传统建筑方式相比，“两型”住宅产业化可实现节水80%、节能70%、节时70%、节材20%。以建设一栋30层精装修住宅为例，工业化建筑方式从动工到交付最快只需10个月，而传统建筑方式至少需要24～30个月。当前长沙正处于工业化和城镇化的快速发展时期，发展“两型”住宅产业化，不仅有望破解传统建造方式资源消耗大、建筑性能低和使用年限短等难题，也是构建“两型”社会和强力实施“三倍”的迫切需要。（魏艳丽）

【全市水生态文明城市创建暨水利建设动员大会】 9月23日，长沙市水生态文明城市创建暨水利建设动员大会召开，长沙大力推进全国水生态文明城市建设试点工作，到2016年将全面完成工作任务，率先全国形成人水和谐的现代水利体系。全市水利建设将投入各类建设资金30亿元以上，完成3万处水利工程建设任务。按照全国水生态文明城市的标准和要求，长沙将以满足城市饮水安全为基础，以水生态景观建设为重点，以水资源高效利用和有效保护为核心，将生态文明理念融入水资源开发、利用和保护等方面，将城市水系和滨水区域建设成为堤防安全的防洪带、风光秀丽的景观带、经济繁荣的产业带、人水和谐的居住区。（魏艳丽）

【长沙市“两型”家庭创建现场观摩会】 11月4日，长沙市“两型”家庭创建现场观摩会在望城区举行。各区、县市“两型”办，妇联负责人，巾帼志愿者代表等100余人参观了被评为“长沙市‘两型’家庭创建示范社区（村）”的黄金园街道英雄岭村，并就如何创建“两型”家庭示范点进行交流。在2014年长沙市“两型”家庭创建活动中，黄金园街道英雄岭村获评“长沙市‘两型’家庭创建示范社区（村）”；黄金园街道英雄岭村张国强家庭，靖港镇前榜村任伟、何亚利家庭获评“长沙市‘两型’示范家庭”。活动对获奖单位和家庭进行授牌，并邀请了专家现场进行垃圾分类知识、环保酵素知识讲座。（魏艳丽）

【长沙市开展生态绿心专项督查】 12月1—4日，市政府督查室、市“两型”办、市绩效办组成市政府联合督查组，通过现场查看、资料查阅、座谈交流等形式对雨花区、岳

麓区、长沙县、浏阳市落实《2014年生态绿心保护工作目标责任状》的情况进行了专项督查，迈出生态绿心常态化督查第一步。岳麓区、雨花区、长沙县、浏阳市政府按照市委、市政府的部署，认真组织，积极推进，在组织领导、制度机制完善、违法违规行为清理整治、环境综合整治、植树造林、“两型”产业发展等方面取得了明显成效。岳麓区政府率先在全省设立每年500万元的生态绿心保护专项资金；浏阳市柏加镇大力发展花卉苗木产业，是绿心区“两型”产业的成功典型。（魏艳丽）

精神文明建设

【概况】 2014年，长沙市精神文明建设工作围绕建设更高水准文明城市目标，推进文明创建网格化、常态化、长效化，文明创建新常态初步形成，建设全国文明城市群迈出坚实步伐。在第四届全国文明城市评选中，长沙继续保持全国文明城市称号，长沙县、浏阳市、宁乡县被明确为全国文明城市（县级）提名资格城市。

一、以价值融入提升创建品位。以争当培育和践行社会主义核心价值观的排头兵为目标，持续推进核心价值观教育实践，运用多种载体、多种渠道，宣传推动、持续叫响“三个倡导”24个字，开展各类主题活动，着力落细落小落实。遴选核心价值观公益广告通稿，在全市重点领域、重点部位、重点公共场所按要求发布。

二、以严格管理提升城市品质。开展清洁、畅通、靓丽三大行动，实施“三进”措施（进基层社区、进背街小巷、进城郊接合部），完善城市民生设施，改善城市人居环境。全面实施史上最严城市管理，教育和处罚各类城市管理违法行为17.3万起。推动对违章建筑、广告的专项整治，拆除违法建设397万平方米、违章广告（招牌）24.2万平方米。实施“三年造绿”大行动，新建绿地720公顷，建成区绿化覆盖率40%。

三、以主题教育提升市民素质。实施道德建设“个十百千万”工程，即以“美丽长沙·美德先行”一大载体促教育实践，用“十佳”创评树先进典型，写百篇故事讲“中国好人”，征千首赞歌唱雷锋精神，辑万行长诗颂道德模范。望城区消防大队获评全国“时代楷模”，孟繁英获评全国“十佳最美志愿者”，卢瑞雄获评全国十佳“最美社区人”，欧阳龙棂获评全国“美德少年”，游柘楠获评全国“十佳最美孝心少年”，14人入选“中国好人榜”，在全国城市中名列前茅。

四、以典型经验提升文明形象。长沙在全国培育和践行社会主义核心价值观以及未成年人思想道德建设工作两次电视电话会议上作典型发言。出台《关于推进诚信长沙建设的实施意见》，推动“红黑榜”发布制度化、规范化。成功承办全省2014年“雷锋家乡学雷锋”工作经验交流会，邻里守望志愿服务经验在全国性会议上作重点推介。承办全省文明旅游集中宣传活动，把好文明旅游“六关”（护照关、组团关、出境关、交通关、落地关、行程关），受到国家主管部门肯定。

五、以夯实基础提升常态水平。举办全市文明创建基层基础工作推进会及系列业务培训会，评选30个社区为全市首批文明创建示范社区。深化省会、军地、城乡、校地共创，抓好文明单位、行业、社区、村镇、家庭等群众性精神文明创建活动以及农村精神文明建设。建立健全问题台账、问题交办、问题销号等工作机制，不断加大督查暗访工作力度，严格执行《长沙市文明城市创建工作问责办法》，对文明创建中“不在状态”的18人依纪依规问责，确保工作落实，文明创建常态化水平进一步提升。（赵春华）

【徐令义暗访长沙市文明创建工作】 6月26—27日、11月6—8日，中央文明办专职副主任徐令义一行两次到长沙市暗访文明创建工作。徐令义一行通过骑单车随机街访的方式，深入主次道路、背街小巷、老旧社区、中小学校、幼儿园、基层服务窗口、“五小门店”（小餐馆、小美容美发店、小洗浴和游泳馆、小旅馆、小歌厅）和网吧等经营场所，对城市文明状况和市民文明素质进行了暗访调查。在充分肯定长沙文明创建工作后，他强调要进一步理清思路、搞好统筹、转变作风、重视基层，提高文明创建水平，切实为群众办实事办好事。省委常委、宣传部部长许又声，省委常委、市委书记易炼红，省委宣传部副部长、省文明办主任宋智富，市委常委、宣传部部长张湘涛陪同。（赵春华）

【纪念“九三”抗战胜利日69周年系列活动】 8—9月，由长沙市文明委主办，中共长沙市委宣传部、长沙市文明办、长沙市教育局、长沙市民政局、长沙晚报报业集团承办的长沙市纪念“九三”抗战胜利日69周年系列活动举行。1. 最美“胜利花”，请您来设计。8月11—20日，在全国征集“九三”抗日战争胜利纪念日胸花——“胜利花”。最美“胜利花”，请您来制作，通过《长沙晚报》、星辰在线、长沙文明网、长沙教育信息网发布“胜利花”制作方法，要求全市中小学生和家长一起动手制作“胜利花”。2. 最美“胜利花”，请您来佩戴。9月1日，长沙市近两千所中小学校百万学生佩戴胜利花参加开学典礼，这是长沙在全国率先以手工花弘扬抗战精神，传播抗战文化。同时，在开福区清水塘小学举行“九三”抗战胜利日纪念活动暨开学典礼。省文明办副主任熊科文，市委常委、宣传部部长张湘涛和省、市有关部门领导出席活动。9月2日，在开福区清水塘社区举行“纪念九三抗日战争胜利日69周年大型诗歌朗诵会”；在中南大学举行“勿忘抗战史，共筑中国梦”抗战歌曲专场音乐会暨“记住历史，珍惜和平”抗战图片巡回展。3. 最美“胜利花”，请您来传递。9月1—14日，全市各公共场所和各中小学校校门口义卖“胜利花”，定价1元以上，爱心不封顶。9月3日，在地铁口、公园、广场等28个点组织志愿者集中义卖。9月17日，全市集中开展“向老兵敬礼，传抗战精神”志愿服务活动。市民义卖、募捐所得钱款51万余元经由长沙市志愿服务基金会雷锋基金转交给湖南“老兵之家”，全部用于资助抗战老兵。（赵春华）

【《长征组歌》少年版全国巡演长沙站歌咏音乐会】 6月30日，由文化部文化艺术人才中心、中国传统文化促进会、省文明办、市文明委联合主办，雨花区文明委承办的“颂歌飞扬党旗飘 同心共筑中国梦”纪念中国工农红军长征胜利80周年《长征组歌》少年版全国巡演湖南长沙站“童心向党 励志追梦”歌咏音乐会，在长沙雨花区大会堂举行。省文明办副主任熊科文，市委常委、宣传部部长张湘涛等出席音乐会。歌咏音乐会以革命老人给儿童讲故事形式把观众带到烽火硝烟的红军战争年代，10首套曲《告别》《突破封锁线》《遵义会议放光辉》《四渡赤水出奇兵》……一直到《大会师》，生动演绎了万里长征中的一个个生动故事，一幅幅栩栩如生的画面。来自枫树山小学、枫树山东南海小学、枫树山鸿铭小学、枫树山大桥小学、砂子塘小学、砂子塘天华寄宿学校、砂子塘泰禹小学、砂子塘新世界小学的小演员参与演唱。 （赵春华）

【“诚立身 孝当先”曲艺携“我们的价值观”走基层活动】 8月31日，由中宣部、中央文明办、中国文联主办，中国曲艺家协会、中共湖南省委宣传部承办，中共长沙市委宣传部、长沙市文明办、中国开福区委宣传部、开福区文明办协办的“诚立身 孝当先”——曲艺携“我们的价值观”走基层活动举行。活动在湖南快板表演艺术家卢克宁、杨文辉的《中华颂》中拉开序幕，催人泪下的河南坠子《慈母泪》，说出众多老人心声；双簧《常回家看看》、讲述全国道德模范故事的《美丽的陈美丽》、二人转《孝女情深》，幽默风趣地相声《为你放歌》等多次掀起高潮，演出紧扣“诚立身”“孝当先”两大主题，将发生在百姓身边的故事以曲艺形式，说学逗唱，寓教于乐，讲述真情故事，宣传最美人物，弘扬美德精神，充分体现了社会主义核心价值观的内涵。 （赵春华）

【全国道德模范与身边好人现场交流活动】 3月28日，由中央文明办主办的“爱国敬业 诚信友善”——全国道德模范与身边好人现场交流活动在湖南长沙举行。全国道德模范廖月娥、任菲莉，全国道德模范提名奖获得者常林庄、李丽、何平、毕明哲，“扁担校长”陈宋瑜等全国道德模范和“中国好人榜”代表，各类学雷锋志愿者队伍等1000余人参加活动。交流活动通过事迹展播、现场采访、网络直播、观众互动等形式，再现了道德模范与好人们的感人事迹，一次次感动着现场观众与网友。 （赵春华）

【雷锋战友走进雷锋故乡活动】 2月27日—3月4日，为深入学雷锋，助力中国梦，纪念毛泽东等老一辈革命家为雷锋同志题词发表51周年，由湖南省委宣传部、长沙市委、望城区委与中国社会福利基金会学雷锋基金管委会、中华雷锋文化促进会共同组织开展了雷锋战友走进雷锋故乡开展雷锋精神寻根之旅活动。雷锋战友团在长沙期间举办了一系列丰富多彩的学习交流活动，先后出席湖南省第二届雷锋精神论坛；向省、市、区三级宣传部、文明办赠送了《中国榜样：永远的雷锋》16册大型丛书；赴韶山瞻仰毛主席故居；与长沙市直机关、驻长部队官兵，长沙学院师生、长沙雷锋学校和长沙市海事局等单位组织了4场学雷锋报告与交流座谈会。走进雷锋母校、参观湖南雷锋纪念馆，与长沙市委宣传部、望城区委共同举办学雷锋常态化座谈会，在望城发出了推进学雷锋活动常态化，为实现中国梦做贡献的倡议。 （赵春华）

【“美丽长沙 文明地铁”学雷锋志愿服务活动】 4月，市文明办、团市委、市轨道交通集团联合开展“美丽长沙 文明地铁”学雷锋志愿服务活动。活动从全市26所高校招募1.7万名地铁文明志愿者，与每个地铁站所在社区志愿服务对接起来，开展文明宣传、文明引导、导乘服务等活动。让市民在体验地铁交通快速便捷的同时，感受现代文明程度和爱心城市温度，使“文明地铁”成为一道亮丽的人文风景。 （赵春华）

【望城消防大队获“时代楷模”称号】 8月26日，中宣部在中央电视台向全社会公开发布“时代楷模”先进事迹，长沙市望城区公安消防大队被授予“时代楷模”称号，是湖南省和全国公安系统唯一获此殊荣的代表。“时代楷模”是中宣部自2014年3月加强改进全国重大典型宣传方式后首次命名确定的荣誉称号，用以表彰、宣传全国范围内具有高尚爱国情怀、无私敬业精神和崇高人格魅力的“中国梦”实践者的感人事迹。湖南省长沙市望城区公安消防大队组建于1978年，36年中，全体官兵立足岗位学雷锋，用雷锋精神建队育警，脚踏实地履行责任，先后参加灭火救援战斗6000余次，组织社会救助3000余次。率先在全省公开承诺“有警必接，有灾必救，有险必抢，有难必帮”，先后推出“爱民护民五项规定”“接待群众五条要求”“社会服务五条标准”等一系列便民利民举措；针对辖区内建筑工地多、农民工数量大的突出问题，对建筑工地农民工开展免费消防安全培训；与长沙市特殊教育学校结成“1+1”爱心帮扶对子，编制全国首部盲文版《消防安全知识手册》，成立全国首个消防特殊教育基地，编排全国首套安全知识手语操等。大队发挥学雷锋示范引领作用，成立望城消防学雷锋志愿服务队，开展消防宣传、爱心助学、扶贫帮困等志愿活动，望城消防学雷锋志愿服务队已发展为拥有8支爱心服务分队，2万余名志愿者的具备较大影响力的社会公益组织。 （钟 婷 赵春华）

中共长沙市委

责任编辑：陈晓红

中共长沙市委机构领导人员

书　　记　易炼红
副 书 记　胡衡华
　　　　　张迎龙（2014.12 免）
常　　委　张湘涛　陈泽珲
　　　　　程水泉　文树勋
　　　　　赵文彬　李　军
　　　　　张迎春　陈献春
　　　　　钟　钢
　　　　　李春艳
秘 书 长　陈献春
市委顾问　余合泉　谢树林
　　　　　黄中瑞
副秘书长　李　果
　　　　　邢之国（2014.04 退休）
　　　　　何季麟　杨　俊
　　　　　文　方（女）
　　　　　唐志远　夏文斌
　　　　　彭治华　李建贵
　　　　　郑耀频（兼）
　　　　　孙　进（援藏）
　　　　　毛　求（女，兼）

市委工作机构

市委办公厅

主　　任　陈献春
副 主 任　李　果
市委机要局局长　郭　逵
纪检组长　刘业奉
副 主 任　刘　晖　舒全球
　　　　　吕发祥
　　　　　张利刚（2014.06 任，2014.12 调走）

市委组织部

部　　长　程水泉
常务副部长　袁黎明
副 部 长　杨意平（女）
　　　　　王瑜珲
　　　　　文丽霞（女，兼）
　　　　　易敏华　李伟群（兼）
　　　　　陈昌佳
　　　　　张白云（女，兼）
副县级纪检员　晏建明

市委宣传部

部　　长　张湘涛
常务副部长　赵柏林
副 部 长　刘绪甲　李卫政
　　　　　朱锦辉
纪检组长　刘玉龙
副 部 长　郑力虎

市委统一战线工作部

部　　长　文树勋
常务副部长　刘映群
副 部 长　李　伟　王国平
　　　　　饶福明　袁义和（兼）
副县级纪检员　罗　伟

市委政法委员会

书　　记　钟　钢
常务副书记　任安良
副 书 记　梅国栋　梁　粮
　　　　　周琼芝（女）
　　　　　谭学军
纪检组长　吴　强
政治部主任　李丽萍
市综治办副主任　胡泽宏
　　　　　梁银明
　　　　　成　钢
市综治办副主任　王伟峰
　　　　　陈建新

市委政策研究室（改革办）

主　　任　蒋红波
副 主 任　杨韶华　彭鉴西
纪检组长　熊俭贵
副 主 任　石曙光
改革办专职副主任
　　　　　曾向阳（2014.09 任）
　　　　　欧阳浩（2014.09 任）

市机构编制委员会

主　　任　张白云
副 主 任　向　伟
　　　　　刘晓杏（女，2014.06 免）
副县级纪检员　方晓明（女）
副 主 任　刘智强（2014.06 任）

市直属机关工作委员会

书　　记　陈献春（兼）
常务副书记　易　冒（2014.01 任）
副 书 记　于安全（2014.06 任）
　　　　　徐云龙（2014.06 任）
纪工委书记　文振中（2014.06 任）
工委委员　徐克娇　陈国胜
　　　　　丁柏平　唐宇航
市直工会主任　杨　敏（2014.06 任）

市人民政府农村工作部办公室（市农办）

主　　任（部长）　郑耀频
副 主 任（副部长）李雪龙　陈志雄
纪检组长　欧阳广才
副 主 任（副部长）周其亮　黄志强
　　　　　周文辉

部门管理机构

市委老干部局

局　　长　　李伟群
副 局 长　　徐水清
　　　　　　全晶莹（女）
　　　　　　邓国强
纪检组长　　黄　虹（女）

市委台湾工作办公室

主　　任　　袁义和
副 主 任　　张克清　王劲锋
副县级纪检员　杨成宪（2014.07 免）
副 主 任　　袁湘鄂

市直属事业单位

市委党校（长沙行政学院）

常务副校长　　肖良定（2014.11 任）
副 校 长　　罗文章（2014.07 任）
　　　　　　范伯力　郑军武
纪检组长　　刘国杰
教 育 长　　汤新华（2014.06 任）

市档案局

书记、局长　　谭利平
副 局 长　　陈艳芳（女）
纪检组长　　樊　平
党组成员　　何立根
副 局 长　　金　科

市接待办公室

主　　任　　杨　俊
副 主 任　　喻中文　易达春
纪检组长　　蒋莉冰（女）
副 主 任　　杨　溢（女）

市委党史研究室

主　　任　　毛　求（女）
副 主 任　　宋俊湘　何六生
　　　　　　李　敏（女）

市委理论教育讲师团

主　　任　　刘莉霞（2014.02 任）
副 主 任　　吴泽彪
副县级纪检员　颜　晖
副 主 任　　汤文辉

刘少奇故里管理局
（刘少奇同志纪念馆）

书　　记　　文　方
局长、馆长　　罗　雄
副局长、副馆长　易锦君　王定良
　　　　　　　黄　可
纪检组长　　熊学爱（女）
副局长、副馆长　胡伟平

长沙晚报报业集团（长沙晚报社）

书记、社长　　龙钢跃
副书记、纪委书记　吴安定
党委委员、总编辑　徐　辉
党委委员、总经理　符洪舟
　　　　　　　（2014.06 免）
　　　　　　　董小林
　　　　　　　（2014.06 任）
党委委员、副总经理　庄居湘（女）
　　　　　　　李　英（女）
党委委员、副总编辑　肖和平（女）
　　　　　　　李万寅

市广播电视台

书记、台长　　曾　雄
副 书 记　　杨先成
副 台 长　　潘开政
总工程师　　许新光
副 台 长　　刘运喜　周国强
　　　　　　贺大公　于　海
纪委书记　　胡蓉华（女）
工会工委主任　吴文广

重要会议

【市委十二届七次全体(扩大)会议】 7月1日，市委十二届七次全体（扩大）会议召开。省委常委、市委书记易炼红受市委常委会委托向全会报告2014年的工作，并就当前和今后一个时期全市经济社会发展各项工作进行部署。市委副书记、市长胡衡华主持会议。会议肯定了2014年市委常委会的工作，强调在宏观经济形势趋紧的情况下，绝不能“冷水泡茶慢慢来”，全市各级各部门必须以打攻坚仗、啃硬骨头的精神，全力确保全年工作目标顺利实现，号召全市上下并肩携手、休戚与共，心往一处想、劲往一处使、汗往一处流，以智慧、心血、奋斗和担当，聚神聚焦聚力全年各项工作抓落实，以历史的担当和发奋图强的努力，向全市人民群众交上一份更好更快发展的优异答卷。市领导张迎龙、袁观清、范小新、余合泉、谢树林、张湘涛、陈泽珲、程水泉、文树勋、赵文彬、李军、张迎春、陈献春、钟钢等出席。市委委员，市委候补委员，不是市委委员、市委候补委员的市委、市人大常委会、市政府、市政协领导同志，市纪委常委，不是市委委员、市委候补委员的区、县（市）长，市直各单位、垂直管理单位党政主要负责同志参加会议。　（谭策宇）

【市委十二届八次全体（扩大）会议】 8月22日，召开市委十二届八次全体（扩大）会议，省委常委、市委书记易炼红代表市委常委会向大会通报了党的群众路线教育实践活动整改方案。省委督导组组长李江、常务副组长孙在田出席，市委副书记、市长胡衡华主持会议。市委常委会党的群众路线教育实践活动整改方案经过省委活动办、省委督导组多次审核把关，在反复征求意见、讨论修改的基础上完善形成，方案明确了整改的指导思想、基本原则、总体目标和具体路径，确定了任务书、路线图、时间表、责任人，提出了整改落实的问题清单、具体措施和保障机制。省委督导组副组长魏忠胜、傅世武、周上游，市领导张迎龙、袁观清、范小新、余合泉、谢树林、张湘涛、程水泉、文树勋、赵文彬、李军、陈献春、钟钢、李春艳等出席。　（谭策宇）

【市委十二届九次全体（扩大）会议】 12月30日，市委十二届九次全体（扩大）会议召开。省委常委、市委书记易炼红受市委常委会委托向全会报告2014年度工作，会议通报了党的群众路线教育实践活动市委常委班子整改落实情况，区、县（市）委书记就履行基层党建工作责任向全会专题述职。2014年，市委常委会担当示范带头、组织领导双重责任，在教育实践活动整改落实上立说立行。截至2014年底，市委常委班子明确的90项整改任务均按时间完成或取得阶段性成效。会上，详细通报了市委常委班子成员带头整改，以实际行动做出示范；对重点难点问题专项整改，以集中攻坚抓好落实；直面人民群众开门整改，以有效措施接受监督；着眼建章立制常态整改，以长效机制严防反弹等方面工作情况。会议对市委常委会坚持把教育实践活动牢牢抓在手上，用整改落实实际成效取信于民的一系列务实举措给予肯定。省委组织部常务副部长林武，省委督导组常务副组长孙在田，市领导胡衡华、张迎龙、袁观清、范小新、余合泉、谢树林、张湘涛、程水泉、文树勋、李军、张迎春、陈献春、钟钢等出席会议。（谭策宇）

【市委经济工作会议】 12月24日，市委经济工作会议召开，全面贯彻落实中央和省委经济工作会议精神，总结2014年、部署2015年的经济工作。省委常委、市委书记易炼红，市委副书记、市长胡衡华出席并讲话。会议明确了2015年经济工作的总体要求是：全面贯彻党的十八大和十八届三中、四中全会精神，以邓小平理论、“三个代表”重要思想、科学发展观为指导，坚持稳住、进好、调优，坚持以提高经济发展质量和效益为中心，更加突出项目拉动、改革推动、创新驱动、开放带动，引领经济转型升级、城市转型升级、社会治理转型升级、法治长沙建设转型升级向更高层次攀升，务求新常态下有新作为，力推转型创新发展取得突破性进展，为率先建成“三市”、强力实施“三倍”、加快实现基本现代化，大步践行“六个走在前列”奠定坚实基础。市领导张迎龙、袁观清、范小新、余合泉、谢树林、张湘涛、陈泽珲、程水泉、文树勋、李军、张迎春、陈献春、钟钢、李春艳等出席。（谭策宇）

附录

中共长沙市委 2014年文件目录

▲长发〔2014〕1号　中共长沙市委长沙市人民政府关于全面深化农村改革加快实现农业现代化的意见

▲长发〔2014〕2号　中共长沙市委关于贯彻落实《中国共产党党和国家机关基层组织工作条例》的实施意见

▲长发〔2014〕3号　中共长沙市委关于贯彻落实中共中央《建立健全惩治和预防腐败体系2013—2017年工作规划》的实施意见

▲长发〔2014〕4号　中共长沙市委关于加强和创新宣传思想工作的意见

▲长发〔2014〕5号　中共长沙市委关于深入开展党的群众路线教育实践活动的实施意见

▲长发〔2014〕6号　中共长沙市委关于印发《中共长沙市委常委会深入开展党的群众路线教育实践活动实施方案》的通知

▲长发〔2014〕7号　中共长沙市委关于印发《中共长沙市委常委会2014年工作要点》的通知

▲长发〔2014〕8号　中共长沙市委关于转发《长沙市人大常委会2014年工作要点》的通知

▲长发〔2014〕9号　中共长沙市委关于转发《政协长沙市委员会2014年工作要点》的通知

▲长发〔2014〕10号　中共长沙市委长沙市人民政府关于印发《长沙市党政领导班子和领导干部绩效考核管理办法》的通知

▲长发〔2014〕11号　中共长沙市委长沙市人民政府关于印发《长沙市加快推进现代化实施方案》的通知

▲长发〔2014〕12号　中共长沙市委关于全面深化改革的实施意见

▲长发〔2014〕13号　中共长沙市委长沙市人民政府关于长沙大河西先导区更名为湘江新区有关事项的通知

▲长发〔2014〕14号　中共长沙市委关于落实党风廉政建设党委主体责任、纪委监督责任的意见（试行）

▲长发〔2014〕15号　中共长沙市委关于议事协调机构清理调整的通知

▲长发〔2014〕16号　中共长沙市委长沙市人民政府关于强化企业自主创新能力建设加速转型创新发展的意见

▲长发〔2014〕17号　中共长沙市委关于贯彻落实“三重一大”事项集体决策制度的实施意见（试行）

▲长发〔2014〕18号　中共长沙市委关于追授邓悦同志“优秀共产党员”称号的决定

▲长发〔2014〕19号　中共长沙市委关于改进和规范市委管理干部选拔任用工作的意见（试行）

▲长发〔2014〕20号　中共长沙市委关于废止和宣布失效一批党内规范性文件的决定

▲长发〔2014〕21号　中共长沙市委长沙市人民政府关于进一步加强生态环境保护工作的意见　（文　芳）

组织工作

【概况】 2014年，全市组织部门认真贯彻落实全国、全省组织部长会议精神，牵头组织党的群众路线教育实践活动，改进和完善选人用人程序，加强领导班子和干部队伍建设，推动实施人才强市战略，提升基层基础保障水平，推进组织工作落实，取得显著成效。

一、贯彻正风肃纪精神，牵头开展党的群众路线教育实践活动。认真履行牵头职责，组织全市1.7万个基层党组织和40万余名党员参与活动、接受教育、改进作风。坚持抓实学习教育环节，严把民主生活会和组织生活会质量关，切实增强党员干部贯彻群众路线的思想自觉和行动自觉。聚焦“四风”问题，深入推进专项整治和整改落实，公款吃喝和奢侈浪费等行为、公费送礼和违规职务消费等现象得到有效遏制，乱收费、乱罚款、乱摊派等发生在群众身边的不正之风得到坚决纠正。坚持以法治思维和法治办法抓作风建设，围绕改进文风会风、厉行勤俭节约、规范选人用人等方面，出台33项务实管用的制度，作风建设逐步进入制度化、常态化的轨道。

二、落实从严治党要求，加强领导班子和干部队伍建设。突出新时期的好干部标准，坚持“六用六不用”选人用人导向，规范干部选拔任用流程，培养选拔敢于担当、善于攻坚的“狮子型”干部，形成干部选任的正激励和正能量。持续开展“五好”领导班子创建活动，实施党员领导干部民主生活会量化评价办法，加强领导班子内部制度建设，各级领导班子的凝聚力和战斗力得到增强。加强思想政治教育，高质量完成学习贯彻习近平系列重要讲话精神和十八届三中全会精神集中轮训。严格干部监督管理，抓好领导干部个人有关事项报告抽查核实等工作，开展“三超两乱”等专项整治，全年消化超配县处级领导职数26名，非领导职数48名。修订完善绩效考核体系，坚持日常考核和个性化考核相结合，新增园区考核序列，有力助推经济社会发展。执行“有错无为、不在状态”问责办法，严格实施问责。

三、强化基层基础意识，抓好基层服务型党组织建设。牢固树立抓基层强基础的导向，严格落实各级党组织抓基层党建的责任，认真开展“三级联述联评联考”，在全省市州委书记履行基层党建工作责任述职测评中，长沙市名列全省第一。出台《关于加强基层服务型党组织建设的实施意见》，对基层党组织建设进行新一轮谋划和布局。加大基层保障力度，村、社区年均运转经费分别达到16万元和60万元，城市社区工作经费年均107万元。设立长沙市社区惠民项目资金，确保基层有钱为群众办实事。整顿软弱涣散党组织重点对象146个，稳妥开展处置不合格党员试点，完成村党组织换届选举工作。推进机关基层党组织结对共建、在职党员进社区报到等工作，有效地促进各类资源向基层党组织集聚。探索建立党代表任期制和乡镇党代会年会制，推进党代表工作室规范化和全覆盖，基层基础保障水平进一步夯实。

四、实施重大人才工程，为转型创新发展提供人才支撑。贯彻落实《关于进一步加强党管人才工作的实施意见》，健全组织部门牵头抓总、其他部门各负其责的人才工作格局。启动实施引进紧缺急需和战略型人才“3635计划”，第一批人才通过评审认定，其中引进领军人才12名、高级研发人才37名、专业技术骨干15名，为推进长沙转型创新发展集聚了人才资源。联合市科协等部门，完成7家院士专家工作站建站，统筹推进教育、卫生和社工人才队伍建设。完善高层次人才服务的政策措施，为各类人才在长沙创新创业营造良好环境。

五、坚持积极稳妥原则，推进党的建设制度改革。贯彻落实市委全面深化改革的安排部署，牵头谋划和组织实施党的建设制度改革工作。按照市委关于改革的统一部署，完成优化绩效考评体系、完善干部选任制度等重点任务，形成《关于改进和规范市委管理干部选拔任用工作的意见（试行）》等一批制度成果。以问题为导向，以项目化管理为抓手，推进六大重点项目改革，如健全改进作风的长效机制、加强社会组织党的建设、统筹推进事业单位分类改革、完善支持村级集体经济发展制度等，各项改革稳步推进、效果良好。（付　坤）

【全市组织部长会议】 3月17日，全市组织部长会议召开。市委副书记张迎龙出席并讲话，市委常委、组织部长作工作报告。会议确定，2014年全市各级组织部门要围绕“抓好两件大事、做好三个保障”来推进组织工作。两件大事：第一件是切实抓好党的群众路线教育实践活动，努力取得各方满意的实效；第二件是以贯彻落实新修订的《干部任用条例》为契机，切实加强领导班子和干部队伍建设。三个保障：做好人才保障、基层基础保障和自身建设保障。会议要求，要以严抓严管的决心、善做善成的精神、稳打稳扎的作风推动组织工作落实。市委副书记张迎龙强调，要落实多出好干部这个核心任务，积极深化干部选拔任用制度改革，努力破解唯票、唯分、唯年龄、唯GDP等问题。要严格日常约束管理，严格规范干部职权，严格干部责任追究，加大对“有错无为”“不在状态”干部的问责力度，打通干部能上能下的通道。各区、县（市）委组织部负责人，市直单位组织人事工作分管领导和处室负责人参加会议。（付　坤）

【培养选拔“狮子型”干部】 2014年，市委提出“要把那些有本事、有魄力，敢抓敢管、敢闯敢干的‘狮子型’干部选拔到重要岗位上来，给他们以干事创业的宽广舞台，让他们发挥引领效应，起到关键作用”，全市各级党委（党组）认真贯彻落实市委要求，高度重视“狮子型”干部的培养选拔和管理，一批“狮子型”干部脱颖而出，成为事业发展的中坚、干部学习的榜样，为“六个走在前列”和全面深化各项改革增添了活力。一是强化用人导向。市委出台《关于坚持正确用人导向，推动“六个走在前列”大竞赛活动顺利开展的意见》，明确“六用六不用”的选人用人标准、要求和程序；组织认真学习《人民日报》刊发的《改革需要“狮子型”干部》评论员文章，并先后两次召开区县委书记、区县长、市直部门主要负责人和“狮子型”干部代表座谈会，专题研讨培养选拔“狮子型”干部问题；注重培育和树立“狮子型”干部先进典型，营造“狮子型”干部有市场、受欢迎、得器重的良好环境。二是加强培养选拔。注重在工作实践中培养锻炼“狮子型”干部，把发展前沿、基层一线、艰苦环境作为“狮子型”干部锤炼本领的阵地、舞台。针对“狮子型”干部个性鲜明、坚持原则、为人正直、敢于碰硬等特点，在干部选任考察中坚持不唯票、不唯分，实事求是作出客观评价。2014年，市委竞争性选拔7名“80后”优秀领导干部，各方反映良好，市园林局局长、开福区洪山管理局主要负责人等重要岗位人选，均选择敢担当、干实事、贡献大的“狮子型”干部担任。三是严格监督管理。结合开展党的群众路线教育实践活动，建立领导联系干部制度，对重点领域、重要岗位特别是新提拔的“狮子型”干部，加强跟踪管理，对履职情况进行纪实评价。市委制定出台《关于对领导干部和机关工作人员“有错无为”“不在状态”实施问责的暂行办法》，加大对领导干部“为官不为”等问题的检查、整治和问责，先后对13名县处级领导干部进行诫勉谈话，责令3名市管干部作出书面检查。（付　坤）

【基层党建工作】 2014年，按照全国社区党建工作座谈会精神，省委常委、市委书记易炼红召开市委常委会专题研究社区党建工作，拿出真金白银，采取实招硬招，推进社区党建工作。一是落实20万元社区惠民专项经费。市、区两级财政新增投入8580万元，为全市429个城市社区各安排20万元的惠民专项经费，用于社区党组织为居民群众办实事。加上均平60万元社区办公运转经费、27万元各类经费，每个社区年均工作经费和服务经费为107万元。二是全市社区场所面积平均超过600平方米。采取市、区、街分担方式，建立覆盖所有社区的办公服务场所。截至2014年底，全市城市社区办公服务场所面积超过600平方米。专门制定2013—2015年三年行动计划，完成全市69个未达标社区办公服务用房建设。三是10万名在职党员到社区报到。部署开展机关和基层党组织结对共建、在职党员进社区报到工作。截至2014年底，全市有1000个市（区）直机关党组织与社区（村）党组织开展结对共建，近10万名机关、企事业单位在职党员按照就近、业余、小型、分散的方式到社区报到。全市在职党员已开展各类志愿服务活动8.9万场次。四是建立三基联述联评联考制度。组织县、乡、村三级党组织书记向同级和上级述职基层党建责任，把加强基层基础保障、落实经费阵地建设等重点任务纳入各级党组织书记述职的重要内容。市委主要领导对区县委书记述职进行点评，乡镇街道书记书面述职和现场抽取述职、回答问题进行述职，管党治党责任进一步增强。（付　坤）

【“3635计划”出台】 3月27日，市委人才工作领导小组第十次会议暨“3635计划”领导小组第一次会议召开。市委副书记张迎龙出席会议并讲话，市委常委、常务副市长陈泽珲，市委常委、组织部部长程水泉，副市长夏建平出席。会议总结了2013年全市人才工作，审议了《长沙市2014年人才工作要点》《长沙市领导干部联系高层次人才制度（试行）》《长沙市人才发展专项资金管理暂行办法》等，并就《长沙市引进紧缺急需和战略型人才计划》（简称“3635计划”）的推动实施进行研究。2月，全市正式出台“3635计划”。计划从2014年开始，用3年时间，在工程机械、汽车及零部件、生物医药、电子信息及现代物流、新能源及新材料、文化创意6个重点产业领域，引进3个层次约500名经济社会发展紧缺急需和战略型人才。2014年，全市制定配套政策，多种方式引进人才，建立领导干部联系高层次人才制度，在长沙创新创业的高层次人才由各级党委、人大、政府和政协的领导干部分级分类联系。优化服务，精心营造有利于人才创新创业的优质环境。（付　坤　刘　毅）

宣传工作

【概况】 2014年，市委宣传部围绕全市工作大局，认真贯彻党的十八大和十八届三中、四中全会精神，全面落实省委常委、市委书记易炼红在全市宣传思想工作会议上的重要讲话精神，切实抓好一意见（市委《关于加强和创新宣传思想文化工作的意见》）、一办法（六部门《关于加强全市基层宣传思想文化工作的实施办法》）、一规划（《推动宣传思想文化工作多出工作成果、多出精品力作、多出优秀人才（2014—2016年）实施规划》）的实施，创新进取，推动全市宣传思想文化工作整体水平提升。

一、坚持理论先行，思想理论武装渗透力有效提升。1. 增强针对性抓理论学习。把学习宣传贯彻习近平系列讲话精神作为首要政治任务，组织各级党委(党组)中心组进行集中学习。全年围绕十八届四中全会精神、群众路线教育实践活动等主题组织6次市委中心组学习。深化学习型党组织建设“五创四评”工作，入选省级优秀项目7个，数量居全省第一。推进学习型城市建设，确定157个学习型城市建设示范项目，以“书香长沙”全民学习活动为总揽，组织书香长沙全民阅读及爱心阅读系列活动，《光明日报》《中国文化报》对其进行了报道。2. 突出分众化抓理论宣讲。广泛开展“微理论·微宣讲”主题系列活动和十八届四中全会“理论宣讲进基层活动”。指导各区、县（市）不断探索创新理论进基层的方式，推出一批深受群众欢迎的理论宣讲载体。全年开展各类理论宣讲活动2万余场次，听众近百万人次；收到各类理论征文近千篇；微博、微信粉丝数突破4万人。3. 对接聚焦点抓理论研究。确定《长沙“一带一部”核心区的思路与对策研究》和《品质长沙建设研究》等两个重大课题并面向全国公开招标。完成对重大招标课题《推进长沙‘六个走在前列’，提升城市综合竞争力的发展思路与对策研究》《长沙基本实现现代化发展战略研究》的结题论证。在《光明日报》《湖南日报》推出《雷锋精神的基本要义与文化传承》《发挥群众主体作用　共建共享品质长沙》《铆足干事创业的精气神》等理论研究成果。

二、把握正确导向，宣传舆论引导实效性明显增强。1. 正面宣传亮点纷呈。对内宣传有新亮点。在中央和省级主流媒体刊（播）正面报道1万余篇。《人民日报》头版头条刊发《把百姓利益放在首位，让城市形象有品位——“人本品质”建长沙》，新华社播发《长沙“四小龙”舞动，助力大都市梦》，中央电视台《新闻联播》单条播发《长沙“还绿于民”提升市民生活品质》《湖南长沙：简政晒清单让办事不再难》。策划“六个走在前列”、城市环境综合整治、“全面深化改革在长沙”等重点主题宣传报道，产生了积极的社会反响。挖掘和宣传邓悦重大先进典型事迹，推介望城区公安消防大队先进事迹。对外宣传有新进展。围绕全市推行政府权力清单制度、深化城市管理体制机制改革等主题，组织、审批召开20余起新闻发布会。精心组织策划“2014湖南（长沙）深圳招商推介会”“外国友人看长沙·湖湘文化行”等重大涉外经贸文化活动的对外宣传报道，组织“港商入湘30年”“上海媒体长沙行”等大型采访活动，做好《人民日报》海外版、《中国日报》、中新社等涉外媒体的海外专版宣传报道，制作《山水洲城·品质长沙》城市形象宣传片。网络宣传有新影响。开展“建设更高水准的文明城市”“大美长沙·铿锵城变”等12个主题宣传报道，向各大重点门户网站推介涉及长沙正面报道1500余篇，成功举办“2014长沙首届网友节”，长沙被评为中国网络城市形象排行榜“十佳城市”。2. 主流媒体在提质创新中扩大影响。政务微博@长沙发布正式获批成为市委、市政府官方微博，获评“十大政务微博飞跃奖”。提质改版《长沙思想政治工作网》，网站总点击量超过22万次。市广电台创办地铁电视，获评“年度最具创新影响力城市台”。中广天择传媒获评“2014年最具影响力版权运营机构”“2013—2014中国最具成长力节目制作公司”称号。《长沙晚报》创办地铁报《壹早报》，星辰在线与相关部门合作开办“长沙廉政网”“和网”，推出“问政长沙”等品牌活动，获得中国城市新闻网站联盟奖的5个奖项。3. 新闻管理在制度建设中不断规范。坚持和完善新闻例会制度，认真落实省委宣传部相关新闻警示，确保新闻舆情导向正确。完善优秀新闻报道评选表彰制度，组织开展长沙市2013年度“十大新闻事件”评选和首届长沙新闻奖评选，新闻专题片《把粮食存到“银行”》、新闻论文《4G技术背景下的报业移动新媒体转型》分别获中国新闻奖一等奖和三等奖。4. 热点舆情在科学应对中处置得当。制定下发系列文件，推动健全突发事件和敏感舆情舆论引导工作机制，做好网上涉及长沙重大敏感舆情交办督办，妥善处置“3·14”开福区街头砍人事件、新快报原记者陈永洲案件审判、葛兰素史克系列案审判等负面舆情50余起，确保舆论引导平稳有力。加强网络舆情日常监测、信息收集和引导处置，监测到涉及长沙负面网络舆情1万余条，发表原创正面网评文章300余篇，转载跟评26700余条。

三、夯实基层基础，文明城市创建新常态逐步显现。1. 根本任务抓牢抓实。出台《长沙市培育和践行社会主义核心价值观行动计划》等文件，以“美丽长沙·美德先行”主题实践活动为总载体，实施“十百千万”工程，即“十佳”创评树先进典型，百篇故事讲“中国好人”，千首赞歌唱雷锋精神，万行长诗颂道德模范，广泛刊播“讲文明树新风”公益广告，抓好“图说我们的价值观”宣传“二十进”，颁布实施新的《市民文明公约》和《市民文明守则》。在中宣部召开的培育和践行社会主义核心价值观电视电话会议上，长沙市作经验介绍。2. 重大活动出新出彩。承办第二届雷锋精神论坛和全国道德模范与身边好人现场交流活动，组织雷锋战友走进雷锋故乡开展雷锋精神寻根之旅活动，开展“百城百台爱心送考”志愿服务活动，举行“情系雷锋全国原创征歌大赛暨峰蜜在行动推广活动”，发布诚信、孝道等各种类别的红黑榜，开展各类先进典型评选，望城区消防大队获评全国“时代楷模”，卢瑞雄被评为全国“最美社区人”，孟繁英被评为全国“优秀志愿者”，全市共有110人入选“中国好人榜”。推进学雷锋志愿服务制度化常态化，全市网络实名注册志愿者突破58万人，网络文明传播总发帖量保持在全国最活跃地区前四名。重视未成年人思想道德建设工作，建成城市和乡村学校少年宫25所，首届长沙市中小学心理健康教育示范学校19所，长沙未成年人网上线运营，欧阳龙棂入选全国“美德少年”，游柘楠获评全国“十佳最美孝心少年”“胜利花”系列活动被推荐为2014年湖南年度公益事件。在全国未成年人思想道德建设工作电视电话会议上，长沙市作典型发言。3. 基础工作夯牢夯实。开展三大行动，即“清洁行动”“畅通行动”和“靓丽行动”，实施“三进”措施，即进基层社区、进背街小巷、进城郊接合部，抓好全市城乡环境综合整治。出台《关于进一步推进文明创建常态化的意见》，构建“网格化管理、社会化服务、信息化支撑、一线法保障”的社会治理体系。

四、完善服务体系，公共文化事业大格局基本形成。1. 公共文化服务在“提质提效”上出实招。实施《长沙市公共文化服务体系示范区提质提效三年行动计划（2014—2016年）》，市、区（县）均设立公共文化服务体系长效运行引导资金。推进梅溪湖国际文化艺术中心、后湖国际艺术区、新广电中心等重大文化设施建设，“三馆一厅”和长沙实验剧场已基本建成。完成一批示范性乡镇（街道）综合文化站、示范性社区（村）文化活动中心（室）建设任务，广泛开展“好戏天天送”“好戏天天演”、农村公益电影放映活动。2. 群众文化活动在“扩大参与”上做文章。“欢乐潇湘—长沙篇 舞动星城 歌涌湘江”大型群众文艺会演活动，举办各类海选、展演活动800余场，1300余支群众文艺团队、10万余名群众演员参与其中，观众累计逾400万人次。校园文化进社区活动参与学校100余所、对接社区200余个，举行各类文艺演出100余场。第二届长沙阳光娱乐节举办各类公益演出300余场。3. 文艺创作生产在“多出精品”上下功夫。实施十大创作工程，加强重点文艺创作项目扶持。策划开展“中国梦·长沙人·星城美”重大典型宣传暨纪实文学创作，陆续在《人民日报》《光明日报》上登载。举行“情系雷锋·大爱长沙”全国原创新歌征集推广活动，推出50首精品歌曲。全年文艺作品共获得国家级、省级奖项150余项。如电视剧《毛泽东》获全国“五个一”工程奖，电视剧《长沙保卫战》、湘剧《苏秀才》等6件作品获评全省“五个一”工程奖，《簸箕上的麻雀》获第九届中国音乐金钟奖最佳作品奖，散文集《自然抵达》获冰心散文奖。

五、实施倍增计划，文化产业发展加速度初现端倪。1. 抓实项目、促进倍增。全面启动文化产业倍增5年计划，铺排长沙新广电中心、湘台文化创意产业园、书堂山欧阳询文化园、后湖国际艺术园等100个重大文化产业项目建设，加快天心文化产业园、长沙（国际）广告产业园、中南国家数字出版基地等重点园区（基地）建设，2014年全市文化产业总产值1800亿元。2. 搭建平台、优化环境。组织文化企业参加第十届深圳文博会，现场签约金额135.31亿元。举办“2014中国（长沙）第二届手机文化产业博览会”，参展企业579家。举办“第二十一届长沙图书交易会”，参展商和成交额分别达428家和16.8亿元码洋。举办“第五届橘洲国际音乐节”，谋划将橘子洲打造成国际音乐之洲。举办“2014中国（长沙）国际雕塑文化艺术节”，着力打造国际雕塑艺术之城。举办“第八届中国手机动漫游戏大赛颁奖典礼暨长沙（国际）动漫游戏展”。做好申报联合国教科文组织“创意城市网络—媒体艺术之都”相关工作。3. 加强推介、大力招商。举办“2014年湖南移动互联网产业发展研讨会”，为打造全国移动互联网创业“第五城”营造氛围。举办“2014海峡两岸文创名人名企长沙（铜官）行”活动，吸引湘江文化艺术中心、西岸国际油画艺术区等6个项目落户湘台文化创意产业园。4. 深化改革、释放活力。召开两次文化体制改革专项小组会议，有序推进各项改革任务。推进市电影放映中心、银宫影剧院和各县市电影公司的改制工作，推动文化管理和执法机构进一步转变职能、理顺关系、提高效能，加快湖南长广天择传媒有限公司等企业实行公司股份制改造。（吴源清）

【网络宣传管理】 2014年，出台《关于进一步做好网上涉及长沙重大敏感舆情交办督办工作的通知》《关于印发〈长沙市网络舆情应急管理工作机制〉的通知》，着力提升长沙网络舆情应急管理工作的规范化、科学化水平。全年共监测到各类涉及长沙负面网络舆情1万余条，成功处置40余起重大敏感舆情。组织“大美长沙 铿锵城变”等12次有较大影响力的主题宣传报道，“建设更高水准的文明城市”主题宣传得到省委常委、市委书记易炼红的高度评价。举办“2014长沙首届网友节”，组织名博大V看品质长沙等八大主题活动，发动百万网友参加活动。@长沙发布 政务微博成为省内市州影响力最大的发布类政务微博，长沙被新华网等评为中国城市网络形象排行榜“十佳城市”。（杨 平）

【“长沙新闻奖”评选】 4月中旬，由市委宣传部、市新闻工作者协会组织开展首届（2013年度）“长沙新闻奖”评选活动，长沙新闻奖设央媒、省媒优秀作品和市属报纸网络、广播电视电台作品四大类共12个奖项，评选范围为2013年度正式发表的新闻作品。有117件中央、省、市新闻媒体作品获奖。其中，一等奖20件，二等奖41件，三等奖56件。宁乡县广播电视台新闻专题《把粮食存到“银行”》、长沙晚报社新闻论文《4G技术背景下的报业移动新媒体转型》，在第二十四届“中国新闻奖”评选中，分别获一等奖和三等奖。长沙新闻奖自2014年设立，为长沙市综合性年度优秀新闻作品最高奖。目的是为了贯彻落实全市宣传思想文化工作“多出精品力作、多出工作成果、多出优秀人才”的要求，发挥优秀新闻作品的示范引导作用，激励各新闻单位争创佳绩。（周青梅）

【中国（长沙）国际雕塑文化艺术节】 9月15日至10月30日，“2014中国（长沙）国际雕塑文化艺术节”在洋湖湿地景区成功举办。活动邀请来自中国、美国、英国等17个国家的21位国际雕塑大师参加，吸引超过25万人次现场观摩，创作的21件城市雕塑作品永久保存在洋湖国际雕塑公园，成为一道永恒的艺术风景。此次艺术节以“城市精神·城市文化·城市创造”为主题，由中国国际文化传播中心、湖南省文学艺术界联合会、长沙市人民政府主办。长沙市委宣传部、长沙市人民对外友好协会、湘江新区管委会、长沙市旅游局、长沙市文学艺术界联合会承办。长沙率先建成国内中部地区首座国际雕塑文化主题公园，是长沙市年度最具有影响力的一场国际文化盛会。全国政协港澳台侨委员会副主任委员喻林祥，中国国际文化传播中心党组书记、执行主席龙宇翔，省领导和老同志李微微、易炼红、李江、刘莲玉、王晓琴、杨忠民出席启幕仪式；省政协原副主席、省文联主席谭仲池和长沙市委副书记、市长胡衡华分别致辞。（刘新宙）

统战工作

【概况】 2014年，长沙市统一战线坚持服务大局谋发展，凝心聚力促和谐，各领域工作取得新的重要进展，全省同心工程长株潭片区现场推进会、全省民主党派工作会议在长沙召开，全市统战信息工作获中央统战部一等奖，稳居全省第一。

一、广泛凝聚人心，开创合作共事新局面。1.做好“新春第一访”工作。省委常委、市委书记易炼红率四大家主要领导新春上班第一天走访各民主党派市委和市工商联、无党派人士并座谈，“新春第一访”持续23年从未间断，成为全市多党合作领域的一张名片。2.支持党外代表人士参政议政。在召开2013年度参政议政专题成果汇报会、做好调研成果汇报和成果转化工作的基础上，明确2014年度各民主党派、工商联、无党派人士参政议政调研课题，并将协同配合的任务分解到相关市直部门。协调推动市委常委与所交的党外朋友进行交流、沟通，对党外代表人士实施“谈心日、走访月、年度履职报告”的“日月年”立体式服务管理，被省委统战部作为典型经验推介。3.组织召开全市党外知识分子联谊会一届一次理事大会，成立全市党外知识分子联谊会，为党外知识分子发挥自身优势、服务全市发展搭建有效平台。4.支持各民主党派加强自身建设工作。在开展党的群众路线教育实践活动同时，助力各民主党派和无党派人士开展“坚持和发展有中国特色社会主义学习实践活动”。并在全省民主党派工作会议上作典型发言。

二、推进“四同创建”，打造同心工程新亮点。全省同心工程长株潭片区现场推进会在长沙召开，省委常委、统战部部长李微微出席并讲话，长沙市作典型发言。在全市“四同创建”（同心园区、同心项目、同心乡村、同心社区）工作经验交流会上，省委统战部常务副部长谭平肯定长沙市的“四

新春第一访

同创建”工作，认为落实有力，氛围浓厚，成效明显。引导各民主党派、工商联和无党派人士参与同心实践活动200余次，提出合理化意见、建议700余条，帮助协调解决涉及居民群众生产生活的各类困难问题800余个。2014年，市一级已创建授牌“四同创建”点26个，其中有8个获评省级首批“四同创建”单位（全省仅33个）。全国各地到长沙学习“四同创建”工作的考察团共36批1000余人次。

三、服务创新创业，推动经济社会新发展。1. 建立政企沟通长效机制。协助市委、市政府3次组织召开民营企业座谈会，通过政企恳谈会，收集问题64个，建议61条，均交各相关职能部门办理解决。2. 发挥财政资金扶持作用。安排高于5.5亿元的创业富民专项资金扶持初创小微企业发展。截至2014年底，全市新增企业36467户，同比增长89.5%；个体工商户66129户，同比增长34.2%。千人创办企业数由2008年的8.1户增长到18.3户。有2623名大学生、1593名退役军人、1886名下岗人员实现自主创业。新批台资企业15家，总投资额3.34亿美元。

四、做好党外代表人士工作。1. 加强党外干部队伍建设。组织召开非中共领导干部座谈会，42名党外干部参加座谈，党外干部的沟通渠道进一步畅通。加强民主党派市委领导班子后备干部队伍建设，根据省委统战部《关于协助民主党派做好2014—2016年市级组织领导班子后备干部队伍建设的意见》文件精神，通过民主推荐、个别谈话、汇总遴选、了解人选、协商沟通、研究确定等程序，初步确定了各民主党派市委领导班子后备干部55人。2. 创新党外干部管理工作。继《统战部长谈心日制度》《党外代表人士“走访月”制度》后，制定出台《党外代表人士年度履职报告制度》，对党外代表人士实施“日月年”的立体式服务管理，被省委统战部作为典型经验推介。3. 深化联谊交友。协调推动市委常委与所交的党外朋友进行了交流、沟通，部机关干部通过茶叙、节日慰问等方式与党外代表人士深入联系。文树勋邀请全市7个党派市委常委、市工商联主席和无党派代表人士到昆明、腾冲进行考察学习，开展暑期谈心活动，进一步凝聚政治共识。为搭建全市党外知识分子发挥自身优势、服务全市发展的有效平台，组织召开全市党外知识分子联谊会一届一次理事大会，成立了全市党外知识分子联谊会。4. 注重培训提升。在市社院完成了第十期少数民族干部培训班、各民主党派新成员培训班、长沙市非公经济组织党组织负责人培训班、统战系统机关干部进修班、各民主党派骨干进修班5期办班任务，调训统战系统干部372人次。精心组织长沙市非公经济组织和社会组织代表人士浙江大学研修班，共有46人参加学习。搭建提升党外干部能力的平台，安排4名党外代表人士到街道和园区挂职锻炼，全面提升党外干部综合能力。

五、海内外交流工作。做好了香港中联办副主任林武率领香港岛各界联合会600余人到长沙参观访问、中国和平统一促进会第七期港澳台及海外统促会中青年骨干研习班55名成员到长沙访问交流等接待工作；协调安排台湾工业总会大陆事务代表、弘辉建设开发（中国）有限公司总经理范云杰一行13人到长沙考察，并与市直有关部门进行座谈交流；香港知青联一行40余人到访，与中国宋庆龄基金会一道向湖南省教科院捐赠一套价值180万元的数字幼儿园平台软件。香港“阅读梦飞翔”慈善基金以建设新概念图书室作为平台，在长沙、益阳等6个市州启动了170余个项目。澳门中联办文教部部长徐婷，全国政协委员、澳门濠江中学校长尤端阳先生率领澳门濠江中学参访团到长沙参观座谈交流，架起澳门和长沙文化教育方面交流与合作的桥梁。支持市黄埔同学会开展日常工作，协助做好黄埔军校建校90周年纪念活动。注重招商引资。10月，文树勋带领4个国家级开发区及市直有关部门的负责同志，到香港、澳门举行“投资长沙、共赢未来”经贸交流活动，推介宣传长沙、结交港澳朋友、推进经贸项目、扩大交流合作。截至11月底，全市新批台资企业15家，总投资额3.34亿美元。全年走访台资企业108家次，为企业解决困难和问题50余个。

六、民族宗教工作。1. 抓好民族政策的贯彻落实。以《2012—2016年培养选拔少数民族干部五年规划》的实施为契机，推动培养选拔少数民族干部工作更加规范化、制度化。11月，该部会同市政府办公厅、市人大、市民宗局等单位对在长沙散居少数民族流动人口工作进行专项调研，实地走访5个区、县（市）及9个相关职能部门，形成《关于切实加强来长少数民族流动人员服务管理的调研报告》。2. 加强少数民族服务管理。指导区、县（市）成立少数民族流动人员服务管理工作领导小组，明确相关部门的职能职责，形成以政法委和民宗局牵头，公安、城管、工商等相关部门积极配合的协调应急处置机制，定期召开会议，切实保障少数民族流动人员合法权益。全年共处理涉及少数民族同胞的矛盾纠纷10余起，无一起反弹或上访。3. 巩固省、市、区三级统战部门共建的既有成果。加速汉回村提质改造，规范宗教事务管理。以教风为主题，制定并下发《关于进一步深入推进教风创建活动的方案》，推进和谐寺观教堂创建活动，完成市委、市政府相关领导对星云大师一行到长沙的接见工作。召集部分高校统战部部长共同商讨高校抵渗的对策建议。4. 加强宗教代表人士思想建设。选送20名宗教代表人士参加省委统战部与社会主义学院联合举办的宗教界人士学习贯彻党的十八届三中全会精神研讨班。选派能静方丈到中国人民大学参加中央统战部举办的“第九期爱国宗教人士研修班”。5. 充分发挥宗教人士作用，文树勋带领非公经济和民族宗教界代表人士到湘西开展“同心同行、传递爱心”项目签约与慈善爱心活动，成功签约9个项目，对接项目23个，长沙光彩基金会龙山同心基金顺利揭牌，首次捐赠价值100万元图书，建立10个“同心书屋”，各团体和企业捐款50万余元，省委统战部《三湘统战》进行了报道。开展洗心禅寺慈善功德基金会万名学子助学活动，全年共为842名贫困学生捐资336.8万元。

七、统战理论调研宣传信息有新成效。1. 拓展研究阵地。充分发挥“一会”（市统战理论研究会）“一基地”（长沙学院研究基地）“一中心”（在长省部级高校联合研究中心）统战理论研究的主阵地作用，深度整合资源，形成研究合力。2. 创新运行模式，开展重点课题社会化招投标活动。共收到高校、民主党派、区、县（市）投标课题60余篇，对12个优秀课题进行了立项委托。向省委统战部报送投标课题33个、中标4个。修订《全市统战信息工作考核评比表彰奖励办法》，并邀请中央统战部、省委统战部的刊物编辑到长沙为全市80余名信息员开展专题统战信息讲座。全年上报统战信息被中央统战部采用36条，被省委统战部采用65条，其中《长沙市通过开展“书记谈统战”征文活动，提高统战工作影响力》在中央统战部第75期《统战工作》上刊发，《长沙市推行党外人士“立体式”联系服务管理模式》等12篇稿件被省委统战部《统战工作》刊发推荐。为展示长沙民营经济的发展成就，彰扬民营企业家创业、创新和创优精神，该部会同市委宣传部、市工商联联合启动“走在前列中的民营企业”大型新闻宣传活动，以10家民营企业、10位优秀企业家、10家优秀商会组织为代表，集中挖掘民营企业典型经验和创新做法。在《中国统一战线》《湖南日报》等主流媒体刊发领导署名文章和“四同”创建等经验交流文章260余篇。上报省委统战部“三湘统战网”512条稿件，被采用459条。（申　敏）

其他工作

·市直属机关党的工作·

【概况】 2014年，市直机关工委设机关党总支1个，3个党支部（2个在职党支部、1个离退休干部党支部），共有47名党员。隶属工委管理的机关基层党组织1746个（党委104个、党总支96个、支部1546个），党员47102名。

一、思想政治建设加强。1. 抓实中心组学习。围绕学习贯彻党的十八大、十八届三中、四中全会精神和习近平系列重要讲话精神，培育和践行社会主义核心价值观、弘扬党的群众路线等主题，定期编印《市直机关党委（党组）中心组学习参考内容》，做好市直单位中心组学习的日常指导。组织市直机关党员干部参加全市“微理论·微宣讲”活动，市直机关5名获奖选手被聘为长沙市理论宣讲团成员、4篇理论征文获奖。按要求推荐学习型党组织建设示范点5个、优秀学习载体2个、党员学习明星2个。发动机关党员干部参加省直机关工委举办的“践行核心价值观，提升党员素质”网上知识竞赛活动，获优秀组织奖。督促市直部门党委（党组）落实书记讲党课制度，汇编并下发《书记讲党课》一书，受到市直各单位和区、县（市）的好评。年底，邀请省直工委常务副书记徐晨光为市直机关近500名党委（党组）书记、党务干部作“常怀忧党之心，担当兴党之责”专题辅导报告，浓厚了“重党建、抓党建”氛围。2. 积极推动文明创建。根据市直机关实际，制定《长沙市直属机关深化全国文明城市创建2014年工作要点》和《市直机关文明（标兵）单位推荐办法》，加强对机关文明创建活动的针对性指导。会同市文明办举办“为民务实、崇德养廉”道德修身主题活动、“深入学雷锋·助力中国梦”——雷锋精神寻根之旅市直机关报告会、“远离烟害、拥抱健康、崇尚文明”及“世界无烟日”主题宣传活动、向革命烈士纪念塔敬献花篮仪式，提升机关干部文明道德素质。组织开展无偿献血活动，完成采血量48000余毫升，展现了机关党员干部热心公益良好形象。配合市文明办抓好“窗口”服务单位问题整改，推动全国文明城市测评迎检工作落实。年内归口推荐省级文明标兵单位6家、省级文明单位10家；市级文明标兵单位10家，市级文明单位24家，文明窗口示范单位3家、先进道德讲堂1家。3. 注重推介身边典型。注重培育市直机关“道德模范”“身边好人”等先进典型，先后宣传推介市直机关获得“中国好人”称号的岳麓区地税局“助人为乐”好人徐勇、供销社“敬业奉献”好人陈大祥、旅游局“诚实守信”好人严春霞、《长沙晚报》“孝老爱亲”好人晏晓峰、高新区国税局“诚实守信”好人欧培军，推荐长沙市殡葬事业管理处火化班参与“中国梦·长沙人·发展美”重大典型宣传活动，较好发挥榜样的引领示范作用，在社会中产生较大影响。年内，向市文明办推荐雷锋式人民公仆5人、雷锋式服务明星10名、雷锋式学习标兵5名、雷锋式优秀义工3名、雷锋式先进市民2名、文明市民标兵12名。

二、基层组织建设提升。1. 认真贯彻《条例》和《实施意见》。会同市委组织部起草并下发《中共长沙市委关于贯彻落实〈中国共产党党和国家机关基层组织工作条例〉的实施意见》，制定《机关党建工作目标考核实施细则》，会同市财政局下发《关于机关基层党组织活动经费使用的通知》，加强了机关党建工作的制度保障。会同有关部门对区、县（市）委、市直部门党组（党委）和机关党组织落实管党责任的情况进行专项督查，印发《督查通报》，对存在的问题逐一进行反馈，提出了限期整改意见。2. 扎实推进示范点创建工作。按照“高起点、严标准、重示范”的原则，下发《关于开展创建机关基层党建示范点的通知》和《关于机关基层党建示范点考评事项的通知》，引导市直基层组织创先争优，提升党建工作规范化、科学化水平。年内共有31个市直机关基层党组织进行了创建申报，组织力量对所有申报单位进行调研指导，年底对13个工作成效明显的单位进行了考评，“典型引领、示范带动”工作格局初步形成。3. 推进党员实践活动。在充分听取社区、机关党组织和区、县（市）委组织部等相关方面意见的基础上，多次与市委组织部磋商，共同起草下发《关于进一步做好基层党组织结对共建和在职党员进社区报到工作的通知》，加强“配对”工作统筹协调，实现市直机关党组织与全市主城区606个社区（村）结对全覆盖。8月底，会同市委组织部召开专题推进大会。截至11月底，市直机关在职党员基本完成到社区的报到工作，并开展了形式多样的公益共建活动，促进了机关党员干部作风转变和基层各领域党建工作统筹协调发展。“在职党员进社区亮身份，服务群众受监督创和谐”获全国“建设服务型机关基层党组织”最佳案例奖。4. 抓好业务培训和党员管理。加大对市直单位基层党组织换届选举指导力度，严把人选关，完善候选人考察、审批、任职谈话等制度。修订完善《机关党的组织工作手册》和《机关基层党的组织生活制度规范》，规范“三会一课”、组织生活、民主评议党员、党员主题活动、换届选举等制度，有效促进工作落实。下发《市直机关发展党员工作指导意见》，全年发展党员165人。完善市直机关“1+5”党员信息管理平台。加强工委机关“一报一刊一网”建设，及时宣传机关党建工作经验做法，促进机关党务干部相互学习交流和机关党建工作整体水平提升。全年慰问困难党员495名，发放慰问资金28万元。在市委党校分4批举办市直机关党务、工会、团青、妇女干部能力提升研修班，培训党群干部453名。

三、反腐倡廉建设成效明显。1. 开展作风整治行动。开展廉政文化宣传活动，编印《作风建设相关规定汇编》，制作《落实“八项规定”、改进工作作风》课件，应邀到“窗口”服务单位宣讲。督促市直部门党委（党组）落实书记讲廉政党课制度，在市直单位成功举办了形式新颖、富有感染力的“做群众贴心人”演讲比赛，强化机关干部的廉政思想和为民服务宗旨意识。加大机关作风建设日常监督力度，配合市纪委等有关部门，以元旦、春节、“五一”劳动节、端午节等重大节日检查为重点，开展工作纪律专项监督检查和“群众办事难”“庸懒散”和“门难进、脸难看、事难办”专项治理，采取明察暗访方式，发现各类问题30起，涉及人员23人，上报市纪委查处14起，给予党纪政纪处分6人。对问题突出的单位采取约谈方式，督促采取有效措施抓好整改。会同相关部门对“12345”市民服务热线投诉、举报、批评三类问题，每周一分析、每月一综合、每月一交办，督促相关责任单位调查核实，并及时整改到位。2. 及时办结案件和信访举报。开展“以案释纪、以案说法”活动，协助市纪委发挥查办案件的治本功能。在违纪案件审理工作中严格工作程序，做到事实清楚、依据合理、执纪准确。全年市直机关立案47起，党纪处分20人，政纪处分43人，双重处分16人，解除行政处分14人，对其中12名市直机关科以下干部（含科级）党员干部按《党纪处分条例》和管理权限给予党纪处理。全年共收到和办结群众来信来访7件次，热情负责接待每名上访群众，积极寻求解决问题的办法和途径，特别是办结了市纪委转办的市司法局陈永教上访上诉20余年的党纪处分的申诉件，市纪委给予充分肯定。

四、群团组织活动丰富多彩。1. 工会工作。开展慰问帮扶活动。春节期间，走访慰问困难职工及劳模代表213人，送去物资及款项近20万余元。公平公正开展市直单位劳模评选推荐工作，注重劳模事迹深度宣传，举办了500余名机关干部职工代表参加的劳模事迹报告会，编辑劳模事迹专刊，弘扬劳模精神，引导广大机关干部职工立足本职做贡献。举办群众喜闻乐见的文体比赛活动。4月，组队参加全省“公仆杯”羽毛球比赛，省委常委、市委书记易炼红等领导参加，长沙代表队获混合团体冠军。6月，组织74个单位、1000余名干部职工参加市直机关羽毛球比赛。8月，举办市直机关广场舞比赛，37个单位报名参赛，推荐少奇纪念馆、市政建设局两支队伍参加全市广场舞比赛，分别获得金奖和银奖。9月，举办机关“迎国庆”书画摄影展，收到参展作品273幅，评选展出作品70幅，促进了机关文化建设。10月，举办第八届机关市直机关职工篮球赛，78个单位、97支代表队参加。11月，举办机关职工乒乓球比赛，市直63个单位、1000余名机关干部职工参加。12月，举办了冬季长跑比赛，机关干部职工3000余人参加比赛。2. 团青工作。激励团员青年干事创业。结合教育实践活动，组织市直单位召开“走群众路线·听青年心声”座谈会，举办各类演讲比赛，鼓励团员青年围绕长沙发展大局，立足本职做贡献。着力提升团员青年思想素质。组织参观少奇故里、秋收起义纪念馆等红色教育基地，参加“劳模事迹”和“深入学雷锋·助力中国梦”报告会。开展“保护湘江母亲河”“美丽中国、秀美长沙”义务植树护绿和“金秋助学”等志愿服务活动，募集助学资金70万余元，引领社会道德风尚，产生良好社会反响。3. 妇女工作。妇工委把“维护妇女权益、促进妇女发展、发挥妇女作用”作为经常性工作，引领机关妇女干部为家庭建设、经济发展、社会和谐做贡献。关心关爱妇女身心健康。组织了《如何做智慧家长》《把握孩子心理要求的关键期》《心血管疾病的预防》等专家讲座，发放妇女“两癌”防治宣传手册，提供宣讲“两癌”预防知识，深受机关妇女欢迎。开展2014年度创建“文明和谐示范家庭”和市级“五好文明家庭”评选活动，推荐900户“文明和谐示范家庭”、8户“五好文明家庭”。探索机关妇女组织和农村妇女组织结对共建，市直妇工委与长沙县福临镇金坑桥村和浏阳淳口三田村妇委会结成共建单位，在妇女工作经费、人才、活动阵地、经验信息等方面实现共建共享，促进城乡妇女工作协调发展。妇工委业务工作被市妇联综合评定为全市七个一类单位之一。4. 关心下一代工作。关工办积极指导市直机关各级关协开展“五好”基层组织创建活动，在市直机关青少年中组织开展了“美丽中国·幸福生活·文明长沙”书画比赛和读书征文比赛，编印《优秀作品集》。组织市直机关“五老”金牌讲师团成员宣传做人做事道理，为机关青少年的健康成长发挥了不可替代的作用。

（丁泽权）

·机构编制工作·

【概况】 2014年，市编委办以深化改革求突破，创新管理谋发展，优化队伍强素质，践行“六个走在前列”，为长沙率先建成“三市”、强力实施“三倍”，加快现代化进程提供了有力的体制机制保障。

一、行政审批制度改革全力推进。1. 行政审批项目清理精简。3—6月，围绕行政审批事项精简50%以上的目标，牵头组织开展行政审批项目清理精简，完成以市政府127号令公布长沙市市本级行政审批项目目录，市本级行政审批事项从428项精简为179项，精简率58%。取消市本级行政审批事项64项，下放33项。2. 市本级其他行政职权清理规范。7—10月，在完成市本级行政审批事项清理精简基础上，铺开市本级其他行政职权清理规范，对全市70家市级机关事业单位的行政职权进行梳理汇总，并按照12个类别逐一审核。经清理规范后，共精简5691项，保留并公布3393项，精简率61.7%，与先期清理公布的219项行政审批项目共同构成了《长沙市政府部门权力清单》。同时，牵头制定《长沙市行政审批事项目录管理暂行办法》，督促市政务服务中心编制了《长沙市行政审批项目流程清单》，初步形成长沙市政府权力清单制度体系。3. 做好上下衔接工作。2014 年初，45 项省级权限下放后，督促市直相关部门主动与省级对口部门衔接，及时做好承接工作，截至年底，均按要求“进窗办理”和“上线办理”。对市本级分批下放到区、县（市）的 99 项和 33 项市级权限，也已同步督促市直单位指导区、县（市）全面承接到位。指导高新区完成现有行政职权的清理，园区管委会行政职权从 150 项精简到 120 项，有效提升了园区服务效能。

二、各项体制改革协调推进。1. 推动市、县两级政府职能转变和机构改革。制定《长沙市政府职能转变和机构改革工作方案》，下发《关于市政府机构改革期间冻结机构编制和人员调整的通知》，起草了《长沙市政府职能转变和机构改革方案》。加强对各区、县（市）政府职能转变和机构改革的指导。2. 制定《长沙市事业单位分类工作方案》《长沙市市直事业单位分类指导目录》及说明，对纳入分类范围的 490 家事业单位提出分类归位意见，完成承担行政职能的 44 个事业单位类别的划分。3. 完成食品药品监管体制改革，制定下发《长沙市食品药品监督管理局主要职责内设机构和人员编制规定》。4. 理顺城乡规划管理体制机制。以市政府办公厅名义下发《大河西先导区望城区长沙县城乡规划管理体制调整方案》，对 3 个规划分局的职能职责进行了相应调整和明确。5. 理顺城市管理体制机制。代市委办公厅、市政府办公厅拟定了《关于进一步理顺城市管理体制机制的实施方案》，起草制定下发《关于进一步明确城市管理有关职责权限划分的通知》。6. 完善市政设施建设管理体制机制。代市政府办公厅起草了《关于加强市政基础设施项目建设管理的若干意见（暂行）》。7. 完善市级公路管理体制机制。代市政府办公厅拟定《长沙市公路管理局及直属机构管理体制改革方案》。8. 推动城区公证、园林等体制改革。拟定《关于理顺城市园林绿化管理体制的方案》及说明，并按有关会议精神稳步推进该项改革。9. 完成相关区划调整工作。制定下发《望城区廖家坪街道委托长沙高新区管理编制人社组工作方案》和《关于望城区廖家坪街道委托长沙高新区管理有关机构编制和人员移交事项的通知》，完成望城区规划体制调整、廖家坪街道、跳马镇、暮云、南托街道划转以及区城管局中队下放有关机构编制调整等工作。

三、参谋服务能力不断提升。1. 组织各类会议及研究审议事项。围绕市委、市政府中心工作，全年共提请召开市编委会议 2 次，研究审议机构编制事项 17 项；组织召开主任办公会议 5 次，研究审议机构编制事项 143 项。2. 加强调研力度。配合和参与全国人大、中组部到长沙分别组织开展的公务员法落实情况和领导职数管理专题调研；参与配合中编办三司，在长沙开展开发区（园区）调研工作，参与配合中编办事改司，在长沙开展事业单位分类改革调研工作；参与省政协组织的“加强大气污染治理，建设秀美幸福长沙”调研、省编办组织的戒毒管理体制调研和工商、质监、药监管理体制改革以及区、县市政府职能转变和机构改革等调研活动。围绕长沙发展实际，先后参与或牵头开展了湘江新区体制建设、行政审批制度改革和中小学教师编制核定等专题调研。3. 加强重点领域的保障服务。为市委政研室（市委改革办）增配 2 名专职副主任、增设内设处室、增加行政编制，并相应批复区、县（市）改革办相关机构编制事项。

四、机构编制管理严格规范。1. 严格机构编制审核审批。全年办理行政编制、事业编制人员入编 2000 余人次，销编 1000 余人次。完成 2014 年度市直机关事业单位公开招录选调人员编制使用计划批复工作；完成市直机关事业单位 2014 年临时工作人员数额的核定工作。拟定《长沙市 2011—2013 年度军转干部新增行政编制分配方案》，将省下达给全市区、县（市）的军转干部编制按要求全部下达到各区、县（市）。完成 9 个区、县（市）中小学教职工编制核定工作。2. 加强对市直机关机构编制法规政策执行情况的检查。编印《长沙市直党政群机关、事业单位和区、县（市）党政群机关、事业单位核定领导职数统计表》一书，撰写长沙市市直党政群机关、事业单位和区、县（市）核定领导职数统计情况报告，配合市委组织部做好迎接中央、省委组织部的检查和调研工作。3. 增设、调整相关市直机关部门机构编制。为市委政法委增设稳评指导处，研究同意执法监督处高配副县级，并按程序报批，对市公安局经侦支队、网技支队、警校、入境支队和内保支队的“三定”及其他机构编制事项进行了明确，对法院、检察院、司法等部门的机构编制事项进行了调整；完成市纪律检查机构设置和职能调整，对市委办公厅内设机构进行优化调整等。4. 启动比照副省级省会城市继续下放省级权限的调查摸底和申报工作。争取省政府批复同意将“长沙大河西先导区”更名为“湘江新区”，为新区开发建设构建合法的体制平台。5. 监督检查。就市环保局机关及所属 7 个事业单位近年来执行机构编制法规政策和纪律的情况进行了监督检查，并督促整改超职数配备领导、违规设置机构等问题。6. 对单位的公开公示情况进行核查。印发《关于在市直机关事业单位开展机构编制事项公开公示工作的通知》，对 20 个单位机构编制事项的公开公示情况进行了实地核查。7. 开展长沙县机构编制事项专项审计工作。根据中组部、中编办、国家审计署有关文件精神和长沙市领导干部经济责任审计工作领导小组具体部署，将机构编制工作内容纳入领导干部经济责任审计范畴，完成长沙县主要领导任期内机构编制事项审计报告。8. 规范事业单位登记管理。全面完成市直事业单位 2013 年度报告书审核工作，参检率与年审合格率均为 100%。办理了事业单位设立登记 3 家、事业单位注销 4 家，办理变更事项 162 件。9. 全面试行事业单位年度报告书公示制度。结合全市实际印发《长沙市市直事业单位年度报告书公示办法（试行）》的通知（长编办发〔2014〕9 号），率先在全省开展事业单位年度报告书公示工作，在长沙市政府门户网站和长沙市编委办的门户网站上公示了 380 家单位的年度报告书。（许 彬）

【伏宁到长沙调研机构编制核查工作】 10 月 15—17 日，中央编办电子政务中心主任伏宁一行，到长沙检查机构编制核查和实名制管理工作。期间，中编办领导在长沙市、长沙经开区、宁乡县、长沙县开展现场检查，听取市、县有关领导的工作汇报，仔细查阅了机构编制台账，在市、县共实地抽查了10个单位，并与抽查单位人事干部进行座谈，全面了解了长沙市及所属县（区）机构编制核查和实名制数据库建设工作，并对长沙市编办开展的各项工作予以充分肯定。（谭丽华）

【长沙市公布市本级行政审批项目目录】 6月30日，市政府127号令公布了长沙市市本级行政审批项目目录，市本级行政审批事项从428项精简为179项，精简率58%。同时，同步取消市本级行政审批事项64项，下放33项。（姚勇军）

【《长沙市市级议事协调机构管理办法》出台】 9月1日，市委办、市政府办印发《长沙市市级议事协调机构管理办法》（以下简称《办法》），明确机构编制管理机关负责市级议事协调机构的相关审核和日常管理工作，从制度上建立健全了议事协调机构设置和监督管理的长效机制。该《办法》对议事协调机构日常管理提出了明确要求：一是严格控制机构设立。议事协调机构的设立应当遵循精简、统一、高效和权责一致的原则。二是严格规范机构管理。《办法》对议事协调机构的调整、更名、撤销、合并和改变隶属关系等日常管理事项作了明确规定。三是严格机构监督检查。《办法》规定由机构编制管理机关定期对议事协调机构进行清理规范和开展专项监督检查，对未能履行工作职责的和擅自改变职责任务或者超越规定职责开展工作的，要及时与承担议事协调机构日常工作的部门沟通，或者向市委、市人民政府提出纠正意见。（杨 德）

12月1日晚，《新闻联播》推介长沙行政审批制度改革经验

【《新闻联播》推介长沙行政审批制度改革经验】 12月1日晚，中央电视台《新闻联播》节目以“湖南长沙：简政晒清单 让办事不再难”为题，推介简政放权的“长沙经验”，消息播发后引起强烈反响。节目以事例展现了长沙简政放权带来的变化：2014年6月，大学毕业两年的广西小伙李乐和朋友一起成立了一家水果公司，注册不到半年时间，他的实体店已经开到了第四家。新公布的长沙市行政审批项目“流程清单”，让老百姓感受到了新变化。流程清单从审批对象、审批依据、承诺期限、审批条件、申请材料、审批程序、收费标准、审批流程图等16个方面对行政审批事项的办理进行了严格规范。在长沙市交通运输局的网站上，“流程清单”对各项业务都进行了规范，办事群众可以清晰地了解所需材料、办理进展等信息，增强了群众办事的便捷性。各部门也出台了相应的问责办法。（许 彬）

【长沙市公布市政府部门权力清单】 11月12日，长沙市召开推行政府部门权力清单制度新闻发布会，向社会公布《长沙市政府部门权力清单》和《长沙市行政审批项目流程清单》。市委组织部副部长、市编委办（市审改办）主任张白云代表长沙市行政审批制度改革工作领导小组发布新闻词。市政府副秘书长、市政府办公厅副主任黄雄姿代表市人民政府发表讲话。新闻发布会由市委宣传部副部长、市社科联党组书记刘绪甲主持。中央电视台、中央人民广播电台、新华社、人民网、《人民日报》、腾讯网、湖南卫视、湖南都市、《湖南日报》《潇湘晨报》《三湘都市报》《长沙晚报》、红网、星辰在线等30余家媒体参加新闻发布会。（姚勇军）

·党校（长沙行政学院）·

【概况】 2014年，长沙市委党校围绕市委、市政府关于“六个走在前列”的总体部署，按照“落实规划、深化改革、创新争先、提升质量”的总体要求，圆满完成全年各项工作任务。

一、深化教学改革，提高培训质量。1. 完成年度干部教育培训任务。全年总计培训主体班25期，培训学员3475人次。接待计划外办班（含面试、会议）35期，培训学员（接待面试及会议）约5600人次。根据中央、省市委的统一部署，2月24日至4月18日，举办8期全市县处级干部学习贯彻习近平系列讲话和党的十八届三中全会精神轮训班。2. 增强党性教育的针对性和实效性。率先在全国党校系统推出党校主体班教学纲要，在教学计划设计中加大党性锻炼的比重；整合利用党性教育基地，打造具有长沙特色的党性教育品牌；挖掘长沙本土红色资源，在湖南第一师范陈列馆、新民学会旧址以青年毛泽东的成长及启示为主要教育内容，推出“长沙红色经典教育”的系列专题，通过理论教学、现场教学等方式，追寻青年毛泽东成长的足迹，提炼干部成长的启示和规律；增加主体班学员异地党性教育专题经费，与江西省委党校井冈山培训基地深度合作，借助异地培训使党性锻炼的内容和形式都有所创新。3. 学员管理更加规范严格。严格执行中组部《关于在干部教育培训中进一步加强学员管理的规定》和市委干教工作领导小组制定出台的《关于严格学员管理加强学风建设的暂行规定》，狠抓考勤制度落实。修订学员入学教育的内容，进一步加强了对学员的思想政治教育、学习管理、组织管理和生活管理。落实住校日制度，引导主体班学员根据各班特色策划、组织、开展

学员论坛、经验分享、道德讲堂以及文体活动等形式多样的住校日活动。

二、完善科研机制，提升科研水平。1. 建立完善科研制度。6月底，出台《中共长沙市委党校（长沙行政学院）关于专职教师年度基本工作量的规定（试行）》《中共长沙市委党校（长沙行政学院）关于专职教师教学科研超基本工作量奖励的办法（试行）》《中共长沙市委党校（长沙行政学院）关于科研成果奖励的办法（试行）》等5项科研制度，下半年修订完善了《中共长沙市委党校（长沙行政学院）学术委员会议事规则》。2. 创造良好的科研条件。2014年专用科研经费39.5万元，较上年增加了251%。教研人员每人享有一定的培训经费，基本满足教研人员业务学习培训的需要。11月28日，举办了第一届全市党校系统理论研讨会，得到全市党校系统教研人员的积极响应，与会人员围绕“率先建成‘三市’强力实施‘三倍’研究”的主题进行了热烈的研讨。3. 搭建科研工作有效平台。规范学术委员会运行，统筹协调全校教学培训、科学研究和决策咨询活动，在校委领导下行使学术及专业指导职能。按照《章程》充实调整学术委员会委员及秘书处，修订完善了《中共长沙市委党校（长沙行政学院）学术委员会议事规则》。先后召开7次会议讨论教学、科研、咨询、管理、人才等相关制度和课题立项结项及论文评审，为提升教学科研咨询和管理服务水平提供了机制保障。4. 科学研究成果丰硕。全年申报省社科基金课题16项，立项省级课题5项，其中省社科基金课题2项，省党校系统课题3项；结项课题5项，其中国家社科基金课题1项，省社科基金重大课题1项，省社科基金课题3项；完成进入市委决策视野课题7项，先后有7项研究成果获省、市领导肯定批示，其中2项获省委常委市委书记批示、1项获市长批示、4项获其他市领导批示。出版专著2部；在省及省级以上公开刊物共发表论文81篇，较上年增加93%，其中核心期刊6篇。

三、强化市情研究，服务决策咨询。1. 开展决策咨询研究。全年立项校级课题9项，结题5项，委托区、县党校课题研究14项。向市委、市政府领导呈送《呈阅件》6期，其中：杜倩博完成的《做好“自选动作”，推进长沙市政府机构改革走在全国前列》，获省委常委、市委书记易炼红批示；张凯兰完成的《完善网格化管理服务，推进社会治理创新——基于岳麓区、开福区的调查与思考》，获长沙市委常委、市政法委书记钟钢批示；李丽纯完成的《加强党政干部知识产权教育，助推长沙创新发展走在前列》，获副市长夏建平批示；李丽纯牵头完成的《努力推进长沙开放型经济立体式多极化全方位发展研究》获长沙市委常委、副市长张迎春批示。启动全市党校行政学院系统开展“率先建成‘三市’强力实施‘三倍’”征文活动，收到全市党校行政学院系统理论文章54篇。2. 关于“六个走在前列”的全市重大招标课题成功结项。由副校长罗文章主持完成的长沙市重大招标课题《推进长沙六个走在前列，提升城市综合竞争力的发展思路和对策研究》，获易炼红、胡衡华、张迎龙等领导的重要批示；由罗文章主持完成的市政协重大提案调研课题《加快启动湘江风光带南北延伸规划建设研究》获市领导胡衡华、姚英杰肯定批示；由周云华、伍贤华、罗凤梅完成的《强化经济转型创新发展的知识产权支撑》，获夏建平肯定批示。3. 加强对区、县（市）党校的业务指导。6月份召开了全市党校校长会议；组织了“一先三优”评选和“选优”评估；全年组织120余人次到区、县党校授课；11月份在浙江大学举办全市党校系统师资培训班，有15位区、县党校教师参加培训；12月中旬，学校组织9个区、县（市）党校校长到湘西龙山县委党校开展教学对口交流；承办了全省党校行政学院校院长会议。组织骨干教师指导和协助长沙县、望城区、浏阳市、天心区、岳麓区等党校做好全省党校系统社科规划课题的选题、论证等工作，使这些区、县（市）委党校都获得了新的课题立项；对雨花区、岳麓区等党校教师的课题调研、研究报告写作进行指导，两校都有1至2项调研成果进入区委区政府决策视野；组织区、县（市）委党校教师参与省委党校行政学院系统理论研讨会，全市获二等奖及以上的论文32篇。（郑　力）

【全省党校行政学院校院长会在长沙召开】 12月30日，全省党校行政学院校院长会在长沙市委党校召开。市委常委、市委组织部部长程水泉看望与会代表并致欢迎辞，介绍了长沙近年来经济、社会等方面所取得的成绩，市委对党校（行政学院）工作的重视和市委党校（行政学院）工作的新亮点。省委学校（行政学院）常务副校院长张国骥指出：党校（行政学院）要进一步深化改革，坚持质量立校，提升全省党校（行政学院）的办学水平。省委党校（行政学院）副校院长刘丹以《开起法治中国的新时代》为题，辅导十八届四中全会精神并传达贯彻中央党校教学改革工作会议精神。会议由省委党校（行政学院）巡视员袁准主持。长沙市委党校常务副校院长肖良定作为先进单位和优秀校长代表发言。来自省委党校、市州党校、省直党校、省高校工委党校近80位代表参加会议。（郑　力）

【学习习近平系列重要讲话轮训班开班】 2月22日，长沙市学习习近平系列重要讲话和党的十八届三中全会精神轮训班在长沙市委党校开班。省委常委、市委书记易炼红围绕“大力推进转型创新发展”这一主题作首场专题辅导报告。他强调，长沙要把握转型创新发展的关键时期，加快经济转型创新、城市转型创新、社会治理转型创新，争当转型创新发展的先行者。市委副书记张迎龙主持报告会，市委常委、市委秘书长陈献春出席。此次培训市委决定从2月22日至4月18日，在该校连续举办8期县处级领导干部集中轮训班，每期5天。易炼红在作辅导报告中指出，全市各级各部门要把学习贯彻习近平系列重要讲话和十八届三中全会精神作为一项长期的政治任务，始终贯穿到工作的方方面面，把责任担当到位、把干劲鼓足到位、把工作抓实到位。强调要从三个方面把握长沙转型创新发展的重点：一是要加快经济转型创新，着力打造长沙经济“升级版”；二要加快城市转型创新，体现品质长沙建设的高水准；三要加快社会治理转型创新，开创“共建共享”新境界。该校校长肖良定、常务副校长罗文章、副校长范伯力、郑军武、纪检组长刘国杰、全校副教授和中层以上干部以及第一期全市县处级领导干部学习习近平系列讲话和党的十八届三中全会精神轮训班共300余人参加报告会。

（郑　力）

【全市重大招标课题结题暨成果转化推介会】 4月18日，全市重大招标课题结题暨成果转化推介会在长沙市委党校举行，会议对《推进“长沙六个走在前列”，提升城市综合竞争力的发展思路与对策研究》这一课题进行结题论证，开展成果推介和转化应用工作。市委常委、宣传部部长张湘涛要求，要积极转化应用好研究成果。长沙市委党校校长肖良定参加会议。张湘涛对课题研究给予高度评价，他指出，研究立意站位高远，理论构建定位准确，对策建议具体明晰，支撑保障切实可行，是一个主题鲜明、重点突出、严谨实用的好报告。下一步要加大宣传力度、扩大成果影响力；要搭建平台载体、提升成果转化率；要加强跟踪研究、增强成果实效性，使之在长沙率先建成“三市”、强力实施“三倍”，加快现代化进程中发挥积极作用。市“六个走在前列”大竞赛活动领导小组办公室、组织部、政法委、市委政研室、发改委（两型办）、工信委、科技局、规划局、统计局、政府研究室、社科联等单位主要负责同志和课题组成员共20余人参加会议。（郑　力）

·对台工作·

【概况】 2014年，全市对台工作把握两岸关系和平发展主题，贯彻中央对台工作方针政策，推动长台经贸合作，开展对台交流，扩大长沙在岛内的影响，开展对台各项工作，取得一定的成效。

一、对台经济工作成效明显。1. 创新招商引资方法。共接待工商团队29批301人次，市领导张迎龙、文树勋、张迎春、陈献春和何寄华等分别出面接待，省委常委、市委书记易炼红会见并宴请林中森和江硕平一行。11月7—13日，市委统战部部长文树勋率团到台湾，对台湾的立体停车场、轨道交通和城市建设进行实地考察，达成一系列交流合作意向。5月，邀请国民党中常委江硕平和岛内知名企业家共24位嘉宾参加“2014海峡两岸文创名人名企长沙（铜官）行”，易炼红会见并宴请台湾嘉宾，洽谈投资事宜。7月31日，康师傅生产基地项目落户长沙，市委副书记、市长胡衡华出席签约仪式，易炼红会见了康师傅华中区董事长张百清一行。全年新批台资企业15家，投资总额3.34亿美元。2. 开展“联台企”活动。挑选50家重点台资企业，由办领导牵头、全办干部参与，开展“联台企”活动。全年共调研走访台资企业100余家次，为企业解决困难和问题50余个，对台资企业反映的困难和问题，做到有反馈、有跟踪、有解决落实。3. 帮助台资企业解决重点难点问题。办领导班子成员分别带队走访调研在长沙的重点台资企业，协调解决部分困难和问题。对8家企业反映突出的15个一时难以解决的重点难点问题进行了梳理，专题向市委主要领导作了书面报告。7月9日，市领导文树勋、张迎春主持召开台资企业项目建设调度会，明确了项目推进的时间表、路径图和责任人。4. 指导台协开展各项工作。协会自成立以来一直没有固定的办公场所，经办领导多次沟通协调，高新区免费提供150平方米用房作为协会的会馆。市台协召开第七届换届大会，海基会董事长林中森，文树勋到会祝贺。市台办组织或指导协会举办了在长沙台商新春联谊会、台商看长沙、2014年海峡两岸文创名人名企长沙(铜官)行、仕霖集团长沙投资环境说明会、台湾屏东精致水果长沙展销会、台商座谈会、民间投资项目推介会、2014年中国（长沙）科技成果转化交易会、春茗酒会等活动，宣传推介长沙，为吸引更多的台商到长沙投资打下良好的基础。

二、对台宣传和涉台教育有声势。1. 璀璨星辰网站发挥积极作用。共发稿2551篇，新闻信息量大、更新快，成为台湾各界了解长沙的重要窗口。在全国78个地市级网站台湾网民点击率月度排名中，璀璨星辰排名前列。2. 到长沙采访的台湾媒体7批次。《旺报》从元月份开始与《三湘都市报》合作，深度报道长沙亮点，中天新闻、《联合报》等对长沙进行全面采访，《经济日报》、中天电视等连续系列报道长沙，长沙成为台湾媒体争相报道的热点。3. 全市25个涉台教育基地根据自身特点开展活动。如王家冲小学、高新博才小学、浏阳河小学举办了征文比赛；湘仪社区举办迎国庆“海峡两岸一家亲”专场文艺晚会，开展涉台知识抢答赛；赤岭路社区、廖家湾社区举办台海形势报告会等，丰富了学生和居民的涉台知识。举行台湾形势报告会10次，1月初，中南大学教授王林给全市对台干部和在长沙台商解读中国经济新走向和两岸关系新发展；3月13日，市台办主任袁义和给市人大民侨外委培训班的学员就当前两岸关系的新发展、新走向、新形势做了深入解读。全面完成国台办下达的征订任务，市台办、浏阳市台办和长沙县台办获评“全国两刊宣传先进单位”。

三、对台交流工作稳步推进。做好各类到台审查手续。全年共办理75批团组469人次到台湾审查手续，其中公职人员34批385人次，非公职人员41批84人次，为各团组提供业务咨询，做好行前座谈和归后总结，为长沙与台湾的交流顺利开展做好助推和服务工作。共组织15批到台湾交流团组，主要涉及经贸、农业和文化教育等行业。农口战线组织了四期培训班到台考察学习台湾农会和休闲农业发展的先进经验，并接受台湾农业专家短期农技培训。2—7月，长沙卫生职业技术学院14名学生在台湾大仁科技大学学习生活，这是全市首批到台湾学习的交换生。3月底，台湾崑山科技大学商业管理学院院长陈淑美率台南市房地产精英考察团一行37人到长沙考察，这是长沙市与台湾南部地区首次进行房地产行业交流。5月，长郡中学14人团队到台湾参加2014年世界中学生羽毛球锦标赛，省长杜家毫访问台湾期间，出席明德中学与台湾南山中学缔结联谊学校的签订仪式，两校中学生举行篮球赛，加深了长沙与台湾两地中学生友谊。9月中旬，做好了国台办重点交流项目“2014年青溪总会高雄会员来湘参访”活动的接待工作，落实了国台办两岸交流工作向台湾南部、基层和青少年倾斜的工作要求。

四、涉台投诉协调工作规范有序。5月，市人大对全市贯彻实施《中华人民共和国台湾同胞投资保护法》和《湖南省实施〈中华人民共和国台湾同胞投资保护法〉办法》情况报告审议意见的办理情况进行督查，市台办积极配合，先后组织完成台资企业走访调研、台资企业代表座谈会、相关市直部门涉台工作汇报会，做好“一法一办法”审议意见落实情况督办检查工作。6月25日，长沙市第十四届人大常委会第十三次会议听取了市政府关于贯彻实施“一法一办法”情况报告的审议意见办理情况的报告。共受理台商投诉案件8件，办结8件，结案率100%，受理来信来访和求助案件17件（其中1件是全国政协，1件是国台办，2件是海协会，3件是省办转来），办结17件，回复率100%，维护了台企台胞台属的合法权益。与市司法局共同筹建的“长沙台资企业法律服务平台”正式在湖南弘一律师事务所挂牌。与市中级人民法院建立联席会议制度，涉台案件沟通平台更加畅通完善。指导市台协邀请专业律师组织了两次有针对性的法律和安全知识讲座，提高了协会会员的法律意识。（宋万能）

【易炼红会见林中森一行】 11月16日，省委常委、长沙市委书记易炼红会见海基会董事长林中森一行。市委常委、市委统战部部长文树勋，市委常委、市委秘书长陈献春参加会见。易炼红对林中森一行到长沙访问表示欢迎，他说，近年来长沙与台湾的经济贸易合作、科教文化交流日益频繁，一大批知名台企在长沙投资布局，带动了长沙经济做大做强，两地人文交流更是源远流长，这其中海基会发挥了重要作用。长沙城乡品质不断提升、产业发展势头强劲、立体交通体系已经构建，区域经济中心的战略地位日趋显现。市委市政府会一如既往地支持台资企业到长沙投资兴业，希望在海基会的沟通协调下，推动长沙与台湾的合作交流，增进两地人民感情。林中森表示，长沙发展优势明显，发展环境良好，在长沙台资企业得到了市委市政府倾力关怀。海基会将积极搭建平台，鼓励更多的台资企业到长沙发展。希望与长沙共同探索区域经济融合发展的路径，在巩固经贸合作的同时，扩大与长沙在教育、文化、科技等方面的交流合作，实现优势互补、共同提升。（宋万能）

【台资企业项目建设调度会】 7月9日，市委、市政府在湘麓山庄召开台资企业项目建设调度会。受省委常委、市委书记易炼红的委托，市委常委、统战部部长文树勋和市委常委、副市长张迎春出席会议，全市19个单位、部门和9家台资企业负责人参加会议。会上，对8家企业反映的15个问题进行了集中交办，明确了具体的解决问题的路径图、时间表和责任人。19个单位的负责人对涉及本单位要解决的问题，主动对号入座、全部打了收条，并确定了责任人和完成时限。会议要求，各单位要抓紧进行研究、尽快推动落实、确保解决到位；市台办要牵头抓好跟踪协调、积极推动问题解决；市委督查室将进行专项督查，对问题解决情况进行通报。截至2014年底，所有问题得到圆满解决。（宋万能）

【台资企业法律服务平台成立】 11月15日，长沙市台湾同胞投资企业协会第七届换届大会晚宴暨“长沙市台资企业法律服务平台”授牌仪式举行。湖南省台办主任冯波，长沙市委常委、统战部部长文树勋、海基会董事长林中森等近400人出席授牌仪式。该法律服务平台的成立，是长沙市政府为深入贯彻落实《中华人民共和国台湾同胞投资保护法》和《湖南省实施〈中华人民共和国台湾同胞投资保护法〉办法》的重要举措，是全面深化党的群众路线教育实践活动为台资企业服务的具体行动。设立“台资企业法律服务平台”旨在为台资企业提供及时、高效、便捷的法律服务，帮助企业树立法律风险意识，建立企业法律风险预防机制，为台资企业持续、健康发展创造优良的法治环境。（宋万能）

·党史和党史联络工作·

【概况】 2014年，长沙市委党史研究室按照开展党的群众路线教育实践活动的要求，围绕中心，服务大局，着力提高党史工作科学化水平，较好地完成了全年的工作任务。

一、提升征研工作水平。确保党史征研工作全面高质完成。继续做好《中国共产党长沙历史》第三卷征编工作，长沙党史正本编撰工作经验在全省被推荐。《党和国家领导人在长沙》《中国共产党长沙历史大事记》《长沙党委工作纪事》（2014卷）等党史作品先后编辑出版。继续加强对区、县（市）党史征研工作的业务指导。9个区、县（市）的正本简史，部门史，街道（镇、乡、村）史编撰工作全面铺开，专题史、口述史编撰工作也在逐步展开。配合省委党史研究室，认真做好《湘江之问》课题研究。加强与相关部门的专题合作，深化党史资料的征集研究。

二、拓展党史宣教平台。提质长沙党史党建在线网站，开辟群众路线教育实践活动专栏；与市委组织部联合开辟《学习党的历史 践行群众路线》专门网页，彰显党史资政育人功能；通过征集整理中共一大至十八大的史料，协助市档案局制作“党的群众路线”专题档案展；在天心区桂花坪街道新园社区举办“我身边的雷锋”党史宣讲，促进“党史四进”常态化；围绕党的群众路线教育实践活动，参与《长沙晚报》“党课讲堂”栏目的组织撰稿，在《长沙政协》杂志新辟党史栏目；协助市直相关部门编撰《长沙史话》《徐特立年谱》，评审毛泽东艺术雕像展方案;协助《湖南日报》《长沙晚报》等媒体开展党史题材的专栏专题报道，增强党史资源的宣传效应，创新党史宣教工作。

三、发挥联络工作优势。充分发挥党史联络组老同志“亲历、亲见、亲闻”的独特优势，发挥党史联络组老同志对党史工作的积极性，加强对区、县（市）党史联络工作指导，指导区、县（市）征集各类党史专题研究的相关资料；组织编辑出版《湘藏情——湖南援藏工作20周年》《回忆与思考》等作品；与市关工委紧密配合,党史联络组的老同志积极参与“五老四教”活动，在全市各地各部门讲课数十场，反响热烈。

四、抓好党史阵地建设。抓好湖南党史陈列馆的周边环境整治工作，并在全市广泛开展党史文献、文物、图片、史料的征集和勘核工作的基础上，牵头认真做好湖南党史陈列馆周边环境整治和雷锋纪念馆提质改造工作，确保了2014年国庆前夕湖南党史陈列馆顺利开馆。抓好“以史铸魂”的平台建设。2014年9月，市委党史研究室召开了长沙市“以史铸魂”座

谈会，努力促成各个区、县（市）积极筹措专项经费，推动党史期刊的学刊用刊工作。（易 斌）

【长沙市党史暨党史联络工作年会】 12月25日，长沙市党史暨党史联络工作年会在湖南党史陈列馆召开。会议由长沙市委党史联络组组长、市人大常委会原主任陈香成主持，长沙市委副秘书长、市委党史研究室主任毛求作2014年度长沙市党史暨党史联络工作总结报告，省委党史联络组组长、省政协原主席刘夫生，省委党史研究室主任张志初，长沙市委常委、市委秘书长陈献春出席会议并讲话。省委党史研究室领导张学军、王文珍、夏远生、马娜及刘阳春、易希文、杜远明、董学生等省、市委党史联络组老领导出席会议。毛求在工作报告中指出，在市委各级领导高度重视和社会各界大力支持下，长沙市党史暨党史联络工作取得丰硕成果。2014年，《中国共产党长沙历史》第三卷征编工作进展顺利；《党和国家领导人在长沙》《中国共产党长沙历史大事记》《长沙市党委工作纪事》（2014卷）、《回忆与思考》5本党史专著已出版。长沙县编撰的《长沙县通史》作为全国首部县级通史公开出版，“以史铸魂”的平台建设取得积极进展，全市党史和党史联络工作走在全省前列，“大党史”工作格局初步形成，并为2015年的工作做了整体部署。陈献春肯定了长沙市的党史工作，对老领导、老同志为长沙党史工作做出的贡献表示由衷的感谢。指出下一步的党史工作要充分考虑好，谋划好，必须做好三个方面的工作：准确把握党史工作的正确方向，正确的认识党史；以史鉴今，资政育人；坚持党管党史的原则，全面提升党史工作的科学化水平。刘夫生表示，老同志要多做贡献，把改革开放的历史、“四化两型社会”的历史一并写好，培养年轻人读史的兴趣，继续续写党的奋斗历史；党史资料广泛，收集要花心思，多提建设性意见；加强党史工作宣传教育，讲究实效，深入人心。张志初向与会者通报了全省党史2015年工作内容——“五子登科”，即编研特色本子，擦亮馆网牌子，深耕湘潮园子，呵护红色宅子，办好纪念场子。会前，与会代表集体参观了湖南省党史陈列馆。（易 斌）

【《中国共产党长沙历史大事记》出版】 为更真实、客观、系统地反映长沙党史的概貌和特色，长沙市委党史研究室从2011年开始，在1993年版《中共长沙党史大事年表》的基础上，着手增加、充实1993年以来的长沙党史大事要事，续编《中国共产党长沙历史大事记（1919—2013）》，以期更好地发挥党史“存史、资政、育人”的功能。该书编撰历时3年，于2014年年底出版发行。《中国共产党长沙历史大事记（1919—2013）》一书由长沙市委党史研究室编撰。湖南省委常委、长沙市委书记易炼红，长沙市市长胡衡华担任编委会主任，易炼红审核书稿并为该书作序。全书遵从编年体与纪事本末体相结合的原则，个别关联度高的历史事件采取适当集中的办法记述，尽量体现事件的全过程。全书约50万余字，上起1919年，下迄2013年，较全面而又简要地再现近百年来长沙党史的继往开来；全方位展示了长沙人民在党的领导下完成新民主主义革命、社会主义改造、开始全面建设社会主义时期到社会主义建设新时期各条战线取得的辉煌成就和伟大历史变革中出台的重大举措及事关全局的重大事件。该书的出版发行，为编纂地方党史基本著作积累了资料、奠定了基础，是一本供广大党员、干部群众学习长沙地方党史的参考读物和工具书。（易 斌）

·理论宣讲·

【概况】 2014年，讲师团认真贯彻落实中央和省市委重大决策部署，主动服务全市宣传工作大局，抓好理论宣讲教育、理论课题研究、市委和县级单位中心组学习服务工作，加强班子队伍建设，推动理论宣讲教育工作迈上新台阶。获评“长沙市学习型党组织建设示范点”，并连续8年被中共湖南省委讲师团评为“全省讲师团系统年度争创先进单位一等奖”。

一、以理论教研为根本点，提高服务水平。1. 理论研究实现重大突破。2014年，讲师团在各大刊物上共发表理论文章18篇，其中省级以上5篇。与省委讲师团合作推出《长沙市土地流转模式调查研究》课题。参与中央组织部党建研究所《党的建设制度改革总体规划问题研究》课题，与省委组织部党建研究所联合开展《党的建设制度改革的主攻方向和突破口问题研究》。该项工作是首次承接全国性重大课题，实现国家级课题零突破。该课题获中组部课题成果二等奖，调研成果优秀奖。2. 理论普及取得显著成效。2014年，讲师团业务骨干宣讲群众路线，习近平系列讲话精神，十八届三中、四中全会精神等计142场，其中到乡镇（街道）、村（社区）、企业、学校等基层单位宣讲37场。指导各区、县组织基层宣讲人员开展微宣讲活动2000余场次，推动了基层理论普及工作。首创的“微理论·微宣讲”活动被评为2014年全省“五创四评”优秀学习载体，并作为理论宣讲工作好经验在全省推广。3. 理论网站重新改版升级。《星城讲坛》理论宣传网站全面改版升级，为干部群众理论学习提供更好的网络平台。更新栏目设置，囊括理论解读、时政热点、宣讲视频、工作动态、辅导资料、服务指南等各方面重要内容，提升网站的可读性和吸引力；加强理论网站战略合作，与全国最具影响力理论宣讲网站——《宣讲家》网实现无缝对接，学习服务功能增强。《星城讲坛》作为理论学习服务网站，知名度和点击率提高，总点击率30万余次，成为全市内容最丰富、功能最强、影响最大的理论宣讲网站，并获“长沙市优秀学习载体”称号。

二、以学习服务为着力点，保障学习质量。1. 精心服务好市委中心组学习。2014年初，根据省委讲师团的年度中心组学习要求，与市委宣传部共同拟定全年《市委中心组学习计划》，确定中心组学习专题，推荐权威专家讲课，为市委中心组学习当好“参谋”、做好服务。定期发放学习辅导资料、做好学习记录、组织学习调研，做好市委中心组学习学前、学中、学后的各项服务保障工作。认真梳理市委中心组学习成果，紧扣市委决策思路，撰写学习综述，宣传市委中心组学习的思想成果。2014年，共组织市委中心组集中学习7次，撰写学习综述7篇，其中3篇在《长沙晚报》全文刊发。2. 指导好县级党委（党组）中心组学习。制定《县级单位中心组

7月31日，长沙市“微理论·微宣讲”竞赛活动在市老干活动中心举行

学习指导计划》，编发中心组学习辅导资料《新视野》4期共8000册，供县级以上单位中心组成员学习参考。为市直班子成员免费发放学习用品，做好学习保障。11月，讲师团举办了“全市学习贯彻党的十八届四中全会精神理论宣讲骨干暨党委（党组）中心组学习秘书培训班”，参加学员130余名，通过邀请多名国内知名专家教授讲课，并组织开展经验交流、成果展示等活动，有效提升了全市县级以上中心组学习秘书的业务能力和理论水平。根据中心组学习“六个环节”的督学要求，出台了《督学评价细则》。不定期开展对县级党委中心组学习旁听督学，提升了县级党委（党组）中心组学习的规范化水平。

三、以主题活动为切入点，擦亮宣讲品牌。2014年，讲师团不断创新理论学习平台，首次举办“微理论·微宣讲”系列活动，吸引上百万干部群众参与互动，全市开展“微宣讲”2万余场次，反响热烈，获得好评，提升了理论宣讲的影响力和品牌度。1. 创新宣讲主体。宣讲主体由专业理论工作者转向群众，对宣讲者不限年龄、不限性别、不限党派，只要导向正确、群众认可，都可以走上讲台，包括学校教师、社区工作人员、公司职员、创业明星等社会群体积极参与。2. 创新宣讲载体。通过网络微信、微博等新兴媒体平台，充分将理论学习渗透到群众的日常生活中。“书香长沙”微理论的微博“粉丝”超过4万人；决赛12名选手的讲课录音，在市广播电台的黄金时段播出；活动微信平台更是全民参与、反响热烈。3. 创新宣讲形式。既有传统的课堂讲授，也有论坛、问答、讨论会、辩论赛、抢答赛等形式，把课堂搬进工厂，搬进车间，搬进农家小院，搬到田间地头。以人人参与、整体提升为目标，开设以“看一篇美文、赏一部短片、讲一个故事、作一番点评、发一点议论”——“五个一”模式为主的微讲堂，使理论宣讲常态化。4. 创新宣讲内容。讲中央的精神，讲市井的故事，与时俱进，紧贴民情，用小故事、身边事、百姓话来讲大道理。挖掘基层党组织和普通党员助人为乐、爱岗敬业、积极奉献等8个经典感人的“微故事”，把故事主人翁、老党员当宣讲“主角”，让身边的人说身边事，以身边的事育身边的人。

四、以理念创新为出发点，激发团队工作活力。针对宣传思想工作的新形势新任务，讲师团积极转变发展思路，创新发展理念，谋划发展措施，适时开展“四个一工程”。1. 明确一个宗旨。以习近平在全国宣传思想工作大会上提出的“两个巩固”为全团宗旨，即巩固马克思主义在意识形态领域的指导地位、巩固全党全国人民团结奋斗的共同思想基础为工作宗旨。2. 牢记一条团训。以“忠诚于党、服务大局、敬业奉献、创新务实”为团训，不断增强全团上下干部职工的凝聚力和向心力。3. 打造一支队伍。打造一支“信念坚定、为民服务、勤政务实、作风优良、团结奋进”的干部队伍。坚定共产主义理想信念，牢记为人民服务的根本宗旨，主动谋事、积极干事，改进工作作风，坚持团结协作，展现新时代理论工作者的新形象。4. 掌握一套方法。体现时代性，做到与时俱进，紧跟党的最新理论成果，进行解读、宣讲和宣传。把握规律性，探索和把握理论宣讲、理论教育、理论研究工作规律。富于创造性，借助新媒体新技术，创新理论宣讲新平台，推动理论普及工作更好更快发展。突出实践性，坚持理论联系实际，深入基层一线掌握调查研究，使理论工作更具实效、更受欢迎。（向　辉）

·政策研究·

【概况】 2014年，市委政研室（改革办）以打造市委“核心智库”“改革中枢”为目标引领，以“优质服务、高效服务、精细服务”竞赛活动为载体，服务发展、服务决策、服务改革、服务小康，各项工作在创新争优中全面提速提效提质。

一、文稿服务工作。累计起草各类文稿280余篇近百万余字，其中市委主要领导文稿243篇。完成市委全会、市委经济工作会议、项目建设推进会、绩效考评大会、清洁城市动员会、群众路线教育实践活动总结会等全市性重要会议的文稿，总体评价较好。累计在省级以上刊物发表领导署名文章10篇，如《践行群众路线要人民群众当考官》《把真功夫下在抓落实上》《干出转型创新发展的新气象新作为新局面》《千条万条，不落实就是白条》等，产生了好的反响。同时，高质量完成了中央、省委领导到长沙考察的汇报材料。

二、调查研究工作。全年形成调研成果30余篇，其中省委常委、市委书记易炼红批示8次，一批对策性调研成果转化为市委决策、重大政策以及发展的具体举措，如优化绩效考核、高新区空间拓展、城市管理体制改革、园区体制改革创新等。同时，一批经验性调研成果得到易炼红批示，并刊发《市委通报》，如高新区中光通讯二代光纤项目引进、开福区荷花园社区治理、芙蓉区三湘南湖市场提质改造和荷花园街道治理创新等。

三、深化改革工作。以扎实的基础工作强化改革保障，为6次市委全面深化改革领导小组会议、6次市委改革办主任（扩大）会议以及区、县（市）工作推进会、经验交流会做好组织服务工作，编发改革简报35期、改革通报5期以及改革清单、改革大事记，举办培训班2期。在《人民日报》全文刊发了易炼红的署名文章《做全面深化改革的坚定践行者》。《人民日报》和《新闻联播》分别就长沙行政审批制度改革进行了报道。《湖南日报》先后刊发《赢在新的起跑线》《用“权力清单”锁定权力边界》等系列报道。省委部署的48项改革在长沙全面落地，15项改革试点有9项在长沙实施，市委明确的43项改革全面推进，做到了有力度、有成效、有亮点。商事登记制度、权力清单和流程清单建设、创新创业领域、市场化等改革走在全国、全省前列，具有自主特色的城乡规划体制、城市管理体制、园区管理体制、行政区划微调、绩效考核体系优化、纪检体制等改革成效明显，国企国资、生态文明体制、文化体制、社会体制、党的建设等改革深入推进。

四、全面小康工作。按照省委分类指导和市委率先建成全面小康之市的部署，进一步加强统筹协调，确保扎实推进，长沙全面小康实现程度位列全省第一，在全省考核中获省全面小康综合优秀奖，长沙6个区、县（市）获单项奖励。

五、党刊编辑工作。《长沙通讯》改版后进一步提质，严格规范用稿，每期一主题、一策划，面向全市1840个基层社区、村扩大发行范围。在70余个参评城市的激烈竞争中，再次获“全国城市十佳党刊”。全年共刊发《长沙调研》12期，发挥了重要的资政作用。《参谋“悦”读》改版后每月1期出刊，在全市办公室和政研系统形成了较大影响力。（侯文学）

【市委全面深化改革领导小组成立】 2014年4月4日，中共长沙市委下发《关于成立市委全面深化改革领导小组的通知》（长发组〔2014〕3号），成立市委全面深化改革领导小组，主要职责是全面贯彻中央全面深化改革决定的总体部署和省委关于全面深化改革的重大举措，研究、制定和实施长沙经济体制、民主法治、文化体制、社会体制、生态文明体制和党的建设制度等方面改革的总体方案和政策举措；统筹协调处理涉及全局性、长远性、跨地区跨部门的重大改革问题；指导、推动、督促组织贯彻落实中央、省委和市委有关重大改革政策措施。市委全面深化改革领导小组组长为省委常委、市委书记易炼红，市领导胡衡华、张迎龙、袁观清、范小新为副组长，市领导张湘涛、陈泽珲、程水泉、文树勋、赵文彬、李军、张迎春、陈献春、钟钢、李春艳、何寄华、姚英杰、黎石秋、夏建平、李介德、曹立军为小组成员。市委全面深化改革领导小组下设办公室（简称“市委改革办”），作为常设性工作机构，设在市委政策研究室，一个机构、两块牌子，内设若干处。陈献春任市委改革办主任，李果、黄雄姿、蒋红波任副主任。后增蒋集政为副主任。市委改革办负责处理市委全面深化改革领导小组日常事务工作，主要职责是：及时就有关重大改革事项向省委改革办请示汇报，搞好工作对接；组织开展全面深化改革重大问题的政策研究；统筹协调有关方面提出有关改革工作方案和措施；协调督促有关方面落实领导小组的决定事项、工作部署和要求；研究处理有关方面提出的重要改革事项及相关请示，向领导小组提出建议；收集汇总有关改革问题的信息资料；联系有关研究机构和专家学者就改革重要问题进行研究和咨询；负责领导小组的值班联络、会议组织、简报编印、资料管理等工作；负责完成省委改革办、市委和领导小组交办的其他事项。市委全面深化改革领导小组下设若干专项小组，由有关部门分别牵头组建，各专项小组及市直有关部门承担市委全面深化改革领导小组部署的相关工作任务。市委改革办负责对各专项小组工作的统筹、协调、督促、检查、推动。各专项小组设联络员，负责与市委改革办日常联络。（侯文学）

·综合调研工作·

【概况】 2014年，市委办综合调研工作围绕全市发展大局，以“服务中心重成效，强化调研出成果，自身素质有提高”为目标，将文稿服务、调查研究作为处室主责来抓，将编辑内刊、对外宣传作为重要载体来办，较好履行了以文辅政的职能，发挥了参谋助手的作用。

一、着力打造精品文稿。将起草领导文稿作为提升参谋辅政水平的根本，准确把握上级精神、领导意图和基层实际的结合点，力争在文稿起草中出新、出彩、出思路、出思想，围绕重要会议讲话、重头理论文章打造了一批精品文稿，充分发挥了文稿指导工作、服务决策、促进发展的重要作用。全年共起草、修改和整理市委领导讲话、报告、汇报、致辞和理论文章491篇。起草的市委经济工作会议报告、全市党的群众路线教育实践活动动员大会报告、学习习近平系列重要讲话精神和党的十八届三中全会精神专题辅导报告等一批重要文稿，得到市委主要领导的肯定。着眼推动长沙发展大局，结合中央和省里的要求，牵头或参与研究制定《中共长沙市委常委会2014年工作要点》《长沙市2014年推进“六个走在前列”重大项目建设实施方案》等一批重要政策文件，推动了全市各项重大工作部署的贯彻落实。市委主要领导署名文章《用好“指挥棒”保障转型发展》《做全面深化改革的坚定践行者》《千条万条，不落实就是白条》《让法治成为地方治理的基本方式》在《人民日报》发表，《奋力谱写中国梦的长沙篇章》在《新湘评论》登载，《把功夫下在抓落实上》等在《长沙晚报》刊发。

二、着力强化调查研究。将调查研究作为提升参谋辅政水平的基础，构建全市“大调研”工作格局，围绕全市经济社会发展中的重点、难点、热点问题，深入开展调查研究，形成一批有价值、有分量的调研成果，为市委决策提供有力依据。统筹谋划，形成合力。确立2014年全市重点调研课题，明确三大研究方向，细分为41个研究课题，并对承担重点调研课题的主办单位和协办单位作出相关工作安排。制定出台《关于构建全市大调研工作格局的实施办法》，整合市委、人大、政府、政协与市直部门、区、县（市）的调研力量，通过统筹调研选题、协同调研活动、共享调研成果，对重点工作进行分阶段、分领域、分专题研究，为市委提供有针对性、可操作性的对策建议。精心组织，构建常态。建立健全一月一调研工作制度，明确每月至少完成一项调研课题，主动开展系列专题调研。先后完成理顺城市管理体制机制、科技创新体系建设、社区“减负增效”、社会组织建设、加快花木产业发展、完善知识产权体系、加快转型创新发展等调研课题，并形成调研报告以不同形式报送领导决策参考。着力健全“全市调研一盘棋”工作格局，召开加强调查研究工作联席会议，与市委政研室、市民政局、市科技局、市林业局、市社科联等部门联合开展了系列专题调研。围绕重大决策的推进落实，注重开口小、切入深、调研透，开展总结经验的案例性调研、破解难题的对策性调研、超前谋划的战略性调研，先后深入长沙县开慧镇、果园镇双河村，浏阳市柏加镇、永安镇，宁乡县巷子口镇等地开展了“解剖麻雀式”的实地调研。突出转化，助推发展。理顺城市管理体制机制、社区“减负增效”、社会组织建设、科技创新等课题已完成并转化为市委决策和政策，加快花木产业发展等一批调研成果得到市委领导的肯定和批示。其中，提出的改革城市管理体制机制的建议和关于科技创新体系建设的建议被市委、市政府采纳应用，截至2014年底，全市城市管理体制改革基本完成，建立健全了市、区、街道、社区四级管理体制；出台《关于强化企业自主创新能力建设加速转型创新发展的意见》，在深化科技体制改革上迈出了较大步伐。《关于长沙市科技创新工作的调研与思考》《长沙市花木产业发展调研报告》等多篇调研课题报告在《长沙通讯》《内情参考》等刊物上刊发。在广泛、深入调查研究基础上提出的湘江新区申报国家级战略新区、打造东部开放型经济走廊、制定政府部门权力清单、推进品质长沙建设等建议，全部被市委采纳，有效地推进了长沙的改革、建设和发展，实现了“研究一个课题、形成一项成果、提出一些建议、推动一项工作”的良性循环。

三、着力提高编辑质量。将内刊编辑作为提升参谋辅政水平的平台，紧扣中心、服务发展，及时通报上情，准确反映下情，使干部群众深入了解市委的决策部署，使市委领导全面掌握各级各部门的实际情况。全年共编辑《市委通报》31期、《内情参考》20期、《大竞赛活动简报》19期，增强了内部刊物的权威性、指导性和实效性，促进了市委决策部署的贯彻落实，推动全市经济社会更好更快发展。同时，认真做好中央、省里领导到长沙考察和市委主要领导外出访问、考察的情况综合，承担李克强、胡锦涛、刘延东、马凯、郭声琨、李铁映等领导到长沙考察和省委书记徐守盛、省长杜家亳到长沙调研指导，以及市委主要领导出访澳大利亚、新加坡、印度等国家和赴深圳、武汉等地考察的汇报材料、资料收集、编撰、审核等工作。同时，协助市委主要领导完成接受《半月谈》《文汇报》等境内外主流新闻媒体采访的参考资料的准备工作。

四、着力强化大局意识。在集中精力抓好文稿服务和调查研究这两项主业的同时，着力强化大局意识，站在全局的高度，配合市委宣传部、市委政研室等部门单位，兼顾做好了全面建成小康社会、全面深化改革和对外宣传等其他工作，有效拓展延伸了服务平台，全面提升了参谋辅政的能力、水平。根据《中共长沙市委关于全面深化改革的实施意见》工作安排，市委办公厅负责牵头组织实施全市协商民主法制领域的改革工作，已会同市人大办公厅、市政府办公厅、市政协办公厅和市委统战部等部门的相关处室，拟定《关于推进我市协商民主改革的实施意见》（送审稿）；做好了市委领导到长沙县、浏阳市、宁乡县和望城区调研全面小康工作的各项服务工作，并组织召开率先建成全面小康之市工作推进会，对相关工作进行了安排部署。紧跟形势需要，加大对外宣传力度。策划推出《“六个走在前列”实施一周年系列报道》《长沙市以改革促发展：赢在新的起跑线》和《以转型创新发展打造园区经济升级版——易炼红率队集中调研园区发展纪实》等专题新闻报道，为宣传推介全市特色重点工作、提升长沙的知名度和美誉度发挥了积极的作用。

（陈松林）

·保密工作·

【概况】 2014年，长沙市保密工作贯彻落实中央和省市委关于保密工作的系列指示精神和工作部署，围绕《2014年长沙市保密工作要点》，深化宣传教育，强化监督管理，突出工作重点，注重创新进取，强化技术防范和业务指导服务，加大涉密案件查处力度，有效推动了全市保密监管和保密技术防范工作的落实，防止和减少了失泄密事件的发生，保密工作取得显著成绩。

一、加强保密教育，增强保密意识。保密教育主要开展了送教上门，集中授课，专题培训；市委保密委根据献春同志提出的“送教上门”指示，开展保密培训“送教上门”活动，覆盖了所有区、县（市），共送10堂课，培训近4000人次。利用各种会议契机，做好市级层面集中授课，丰富和提高参会人员的保密知识和保密技能；全年共组织专题培训8场，培训近2000人次。通过保密教育，全市干部群众保密意识得到极大增强，保密技能得到有效提高。

二、开展专项检查，提高保密成效。2014年上半年，市保密局牵头，联合市委机要局、市委办公厅文电处对全市党政机关重点涉密部门进行了涉密文件和计算机网络保密管理情况专项检查。落实日常监管和技术服务，经常开展门户网站涉密信息网上搜索，全年检查80余次，检索文件30000余份，净化了上网信息；强化涉密计算机监管，定期查看涉密计算机违规外联监控平台，及时发现问题并采取有效措施；加强涉密考试管理，落实考试保密制度，确保了各类国家考试在全市无失泄密事故；做好保密技术服务工作，服务市本级涉密会议和重要会议的保密屏蔽工作。

三、突出问题导向，严肃认真整改。针对检查中发现的问题，主管领导和保密委高度重视，严肃对待，5月15日，市委常委、市委秘书长陈献春主持召开全市保密工作会议，根据会议精神，重点做好了三个方面的工作：一是依法严肃问责。二是限时整改。根据检查存在的问题，市委保密委提出了“断网、建制、技防、严管”的整改要求，各级各部门按照整改期限和整改要求，对照反馈情况，逐一排查、落实；三是完善工作机制。

四、强化制度监管，搞好保密建设。建立和强化信息发布保密审查制度。制发了《关于开展全市党政机关、单位门户网站信息发布工作保密检查的通知》，重申《湖南省党政机关、单位信息公开保密审查实施办法》，规范了全市信息发布保密审查制度，对信息发布保密审查提出了具体要求和相应指导。强化了机关门户网站的监管。加强机关单位公文印制保密管理工作。认真开展军工科研生产单位保密资格认证工作。

五、加强过程规范，做好涉密载体管理。立足本职，做好市本级销毁管理工作。服务上级，做好省销毁中心布置的各项任务。分类指导，做好各区、县（市）和重点涉密单位销毁管理指导工作。（李龙美）

·信息工作·

【概况】 2014年，信息处围绕市委中心工作，认真贯彻“提高三力、确保三零”和“践行五个坚持、建好前哨后院”主题活动的要求，及时准确全面地为中央、省委和市委报送信息，取得一定的工作成效。在信息上报方面，全年共向省委办公厅信息处上报信息4669条次，信息采用质量系数4063分，在全省保持领先。在刊物编辑方面，全年共编辑《长沙要情》287期、《长沙信息》736条、《每周参考信息》56期；市级领导对《长沙要情》批示195条次，其中市委主要领导批示69条次。在网络问政方面，共编辑《市委网络问政留言办理拟回复意见》31期，集中回复网友留言580余条次，督促有关部门解决一批人民群众反映强烈的突出问题，得到领导的肯定和网友的好评。

一、抓归口管理。制订出台《关于加强党委信息归口管理工作的通知》，按照“属地管理、谁主管谁负责”的原则，明确了市维稳办、市应急办、市委网宣办、市信访局、市安监局和各区、县（市）委办的归口管理责任；建立市委信息工作联席会议制度，定期分析研究信息工作重大问题，形成信息工作的强大合力。及时上报“2·13”格林星城农贸市场环境标本检出H7N9禽流感病毒阳性事件、“3·14”伍家岭严重伤人刑事案件、“7·10”湘潭籍幼儿园校车坠入水库事件、三湘南湖大市场“11·29”火灾事故等紧急信息，为市委领导处置突发事件争取了主动，全年未发生迟报、漏报、误报、瞒报紧急信息的情况。

二、抓考核激励。适应信息工作新形势发展的需要，对《长沙市党委信息工作考评办法》进行了修订完善，对评分细则进行了优化设计，加大奖优罚劣力度，调动信息工作部门和人员的积极性。坚持每月对全市各级各部门信息采用情况进行通报，并寄送各单位主要领导，激发各单位抓好信息工作的动力。

三、抓制度完善。2014年，修订完善了《信息刊物编辑工作规范》《信息跟班培训工作制度》《内务管理制度》等一系列制度，进一步完善了信息工作的运行机制，推动信息工作走上了规范化、制度化、科学化发展的轨道。

四、抓人员培训。全年召开10余次全市党委信息工作会议、信息工作联席会议、区、县（市）信息工作调度会等会议，邀请省委办公厅信息处处长、副处长和有关专家学者作专题讲座，对全市党委信息工作人员进行专门业务培训；坚持信息跟班制度，每月从区、县（市）和市直部门抽调信息员跟班学习，提高基层信息员队伍的能力素质；建立全市党委信息系统QQ群，开展在线交流、加强现场指导、促进共同提高。（宋文田）

·督查工作·

【概况】 2014年，市委督查室共组织开展重要督查活动60次，办理领导批示28件、网民留言32条、群众来信1件，办结人大建议、政协提案172件，编发《长沙督查》等刊物82期，督查报告先后45次得到市领导表扬或肯定性批示。市委督查室被省委办公厅评选为2014年度全省党委系统督查工作先进单位。

一、突出督查重点，服务发展大局。围绕项目建设、市容环境整治、全面深化改革、信访积案化解等全市性中心工作开展督促检查，对市委经济工作会议、市委常委会议和常委办公会议精神落实情况建立督查台账，并对市委主要领导到区、县（市）考察调研讲话精神落实情况及时开展回访。同时，履行牵头抓总作用，分线分类对竞赛活动开展督促检查，共分两批对重大项目建设和大竞赛活动中83个重点问题进行交办。

二、创新督查方式，转变工作作风。更多地采取“四不两直”（不下通知、不打招呼、不听汇报、不要陪同，直奔基层、直插现场）的方式开展暗访督查，比重占全年重要督查活动近70%。坚持顶真碰硬、敢于担当的原则，对督查发现的问题尽可能地进行点名通报，并加强督查成果与绩效考核、行政问责的无缝对接，增强督查工作的权威性和震慑力。

三、完善体制机制，构建“大督查”格局。加快建立“党委牵头、统筹联动、分级负责、齐抓共督”的立体式督查工作新格局，建立健全分解立项、情况报告、回访复核、情况通报等督查制度，进一步优化督查立项、情况汇总、实地督办等日常工作流程，提高办事效率和工作质量。（王 晔）

·老干部工作·

【概况】 长沙市现有离休干部1817人，其中市本级离休干部1093人，区、县（市）离休干部724人；由长沙市代管的中央、省属在长单位离休干部199人，易地安置长沙市的56人。全市有退休干部63539人，老红军4人、担任过副市实职以上职务的94人、享受副市级待遇的114人（市本级90人，区、县24人）、副处级以上退休干部2169人。市关心下一代工作委员会先后在全国关心下一代工作理论研讨会、宣传工作会议上典型发言，“五老四教”工作获评湖南省委组织部“2011—2013年全省组织工作创新奖”，承办了全省老年教育工作会议暨长沙远程老年教育现场会。

一、夯实工作基础，传递真情关怀。1. 离退休干部党支部建设提升新水平。全年全市离退休干部党员4.3万人，占党员总数的1/8；离退休干部党组织1134个，占基层党组织总数的1/7，离退休干部党建工作任务相对繁重。在服务型党组织建设上，发挥辐射引导、示范带动和促进提高的作用，在全市创建首批50个“五好”离退休干部党支部示范点，各级老干部工作部门对离退休干部党支部建设给予的资金扶持130万余元，宁乡县回龙铺镇离退休干部党总支获评“全国离退休干部先进集体”。在党组织设置上，坚持地域相邻、行业相近、作用相同、优势互补的原则，方便党员就近参加学习、就近发挥作用。在教育实践活动上，广泛动员部署，坚持实际实用，注重交心交流，开展四查四看，规范“三会一课”（支部党员大会、支部委员会、党小组会议、党课），深入56个基层离退休干部党支部进行指导，编印《情况交流》8期，组织老党员继续锤炼党性、弘扬群众路线、传承革命精神、服务社会发展，把离退休干部党组织打造成了坚强的战斗堡垒。2. 离退休干部思想政治建设实现新发展。坚持以理想信念和党性教育为重点，围绕党章、党的十八大和十八届三中、四中全会以及习近平系列重要讲话精神，深入开展老干部理论学习大课堂活动，抓好老干部的思想政治引导，确保他们始终保持政治坚定、思想常新、理想永存。全年举办以《当前大国关系与国家安全》《十八届四中全会精神解读》为主题的形势报告会两场，为离休干部订阅了《党建文汇》《老年人》《长沙晚报》等刊物。组织各级离退休干部参观工农业生产和重点工程建设；分5批组织市级老领导到外省考察，学习先进经验，形成考察报告，积极建言献策。注重运用网络媒体和信息传播技术，开展老干部网络宣传工作，组建一支100人的老干部网络宣传员骨干队伍，通过红网、微博、QQ群等平台围绕“十八大以来的新变化”“群众路线教育实践活动”等主题发帖讨论，弘扬主旋律，释放正能量，为老同志便捷学习、深入交流创造了条件。3. 服务管理更加完善。各级老干部工作部门坚持每季度必访、生病住院必访、有困难必访、重要节日必访、重大变故必访，实现定期走访慰问离休干部制度化、常态化。全年走访慰问离退休干部2000余人次，发放慰问物资价值238.9万余元。为困难企事业单位离休干部解决财政支持资金3870.8万元，困难企业和差额拨款、自收自支事业单位离休干部统筹外经费及其无固定收入遗孀配偶生活补助、新中国成立前老工人生活补贴资金得到均衡保障。巩固完善离休干部就医“绿色通道”，简化生病住院、医药费报销等手续，及时调整离休干部护理费标准，追加机关事业单位离休干部护理费提标资金112.56万元；建立困难事业单位离休干部一次性抚恤金财政支持机制；及时完成了差额拨款、自收自支事业单位和企业单位离休干部住房差面积货币补贴有关工作。探索利用社会资源、社区力量做好服务管理工作，把“四就近”（就近学习、就近活动、就近得到关心照顾、就近发挥作用）工作纳入了社会综合治理考核范畴，走出一条区域联合、条块结合、资源共享的新路子。坚持“雪中送炭、济困解危”的原则，全年帮扶特殊困难离休干部（遗孀）71名，全面做好离休干部生日祝寿、丧事办理等工作，发放祝寿金3.1万元，协助有关单位妥善做好了163名离休干部的丧事办理工作。做好老干部信访工作，全年共收到老同志来信14件、来访10批次16人次，没有因工作不到位而造成的不良影响事件发生。市老干部休养所坚持用心用情、更细更好地做好老干部工作，创新开展“1+1”结对帮扶等个性化服务，物业、监控、水电改造等难题逐步解决，得到驻所老同志的好评。

二、坚持主动作为，不断推陈出新。1. 组织引导“五老”服务教育实践活动。组织“五老”作宣讲。全市“五老”宣讲员围绕党的十八大和十八届三中、四中全会，以及习近平系列重要讲话精神、中国梦、社会主义核心价值观、群众路线等主题，进机关、进社区、进学校、进企业，通过作报告、谈感受、讲故事、传箴言等多种形式，广泛开展践行群众路线、解读形势政策、社会主义核心价值观教育、传统文化讲解、普法宣传等教育活动，累计开展宣讲9500余场，教育党员干部群众、青少年58万余人次。组织“五老”提建议。全市各级各单位采取召开“五老”座谈会、设立征求意见箱、单独上门征求意见等形式，广泛听取“五老”对本地本单位“四风”突出问题和服务群众“最后一公里”问题的意见建议。广大“五老”采用群众提、自己找、互相帮、集体议等方式，为各级领导班子和党员领导干部查摆“四风”突出问题，帮助一大批领导班子和党员领导干部认清了自身问题，找到了整改方向，为在职党员干部查摆和整改“四风”问题发挥了积极作用。组织“五老”促整改。广大“五老”为党委政府发声、为基层群众代言、为在职干部示范、为转变作风服务，推动了一大批群众最关心、最直接、最现实问题的解决，增强了党同人民群众的血肉联系。2. 为老年文化建设作引领。以各级老干部大学、活动中心为依托，加大投入，创新工作方式，为应对老龄化社会、丰富老年人精神文化生活提供示范、作出引领，全市老干部学习活动阵地大幅拓展，体制机制完善，经费保障有力，服务管理迸发活力。在阵地建设上，全市各级老干部大学（学校）30所、开设848个班次、老年教育学员2.8万余人；各级老干部活动中心室内总面积3万平方米、室外活动面积近1.15万平方米，吸引100万余人次参加各类文化体育活动。在典型示范上，以市本级学习活动场所为龙头，市老干部大学积极争取重视和支持，投入500万余元进行提质改造，学校面貌焕然一新，校园文化儒蕴厚重，办学品位全面提升；市老干部活动中心全年接待老干部10万余人次，多次举办时事政策、社会公益、保健知识、书画展览、老干部运动会等公益讲座和娱乐活动，得到老干部的普遍欢迎。在作用引领上，广大离退休干部通过学习活动阵地，增长知识、陶冶情操、愉悦身心、发挥余热，逐步成为老同志联系社会的纽带、奉献余热的阵地、享受天伦的乐园和文明建设的窗口。3. 为“三市三倍”建设做贡献。在建言献策方面，通过《老骥新声》，老干部围绕城市绿化、地铁管理等方面，提出可操作性强的意见建议，多次得到省委常委、市委书记易炼红，市委副书记、市长胡衡华等领导的批示。在经济社会发展方面，市老科技工作者协会围绕市委、市政府的中心工作，3775名会员组成74个课题组，召开专题座谈会166次，撰写调研报告160篇，提出建议意见1546条，被采纳意见建议201条，获得区、县（市）以上主要领导批示67条。在关心下一代方面，全市各级关工委以社会主义核心价值观教育为重点，向青少年讲历史讲传统、传思想传精神，帮助青少年扣好人生的“第一颗扣子”，树立正确的世界观、人生观、价值观，努力成为中国特色社会主义事业合格建设者和可靠接班人。在和谐社会建设方面，市老年保健协会致力于宣传健康知识、提供健康服务、促进老年人身体健康，全年组织老年保健专家讲师团送课进社区1000余场、受众5万余人，义诊进社区4次、服务群众1000余人，免费发放《保健知识精粹》1万余本，联合《长沙晚报》、长沙新闻频道举办老年保健知识问答赛和抢答赛，近10万名老年人参与其中，在全市上下掀起了一个学习、宣传、推广老年保健知识的热潮。市老干部诗词楹联协会举办《洞庭湖与唐诗》系列讲座，出版诗集《古城新貌》；市老干部书画协会以创建“书画之乡”为抓手，举办“感怀如歌岁月、续写多彩人生”“中国梦·美丽长沙”等画展，通过诗词、书画作品，展示阳光心态，讴歌党的历程，反映发展变化，抒发美好愿景，用老同志的快乐影响和提升老年群众的幸福指数，营造了社会和谐的良好氛围。4. 为社会治理创新献余热。在志愿服务方面，依托“一格五员四化”平台，全市建立173支“五老”志愿服务队，下设1216支小分队，发动50897名“五老”志愿者进网格、亮身份、做承诺，参与社会治理创新。累计创建市级“发挥五老作用示范阵地”120个，区、县（市）级示范阵地264个，为“五老”参与社会管理创新、联系服务群众创造了良好条件。在社区安全方面，“五老”开展“红袖章”治安巡逻、排查社区安全隐患、协助处理安全事故活动，主动为维护社区安全献余热。在矛盾调解方面，“五老”充当党委政府帮手，在化解信访难题、调解医疗纠纷、维护校园安全等方面取得实效。在居民自治方面，“五老”充分发挥自身优势，把志愿服务内容与基层实际相结合，从直接服务居民群众日常生活到引导居民自治上来，彰显出了强大的生命力。（罗健宁）

【老年教育网络课堂工作】2014年，为适应网络技术发展，不断满足老年人精神文化需求和终身学习愿望，缓解全市老年人口基数大、老年学校容量有限、供需矛盾十分突出的现状，市委老干部局在市老干部大学建立老年教育网络直播室，创新开展老年教育网络课堂工作，为老年人提供了“人人皆可学、时时都能学、处处均可学”的网络课堂。科学设置课程。根据老同志的需求，全年共安排直播课29堂，包括心理健康、养生保健、旅游知识、文学故事、地理趣闻等众多实用且深受老年人喜爱的内容；还上传了包括“文史系”“保健系”“文艺系”等多个栏目的52堂点播课程，学员可以根据自己的爱好和需要点播收看，深受老同志的喜爱。收看快捷方便。网络课堂以互联网为教育载体，是“没有围墙的大学”，无论是城区还是农村，学员可以就近就地收看，行动不便或身体不适的老人还可以不出家门参与学习；在师资上，邀请名家名师授课，实现资源共享，还有系统的教材，能够保证教学质量；在成本上，弥补了基层老年学校场地不够、师资缺乏的不足。成效初步显现。网络直播突破了依托课堂、教室、校园的传统教学模式，受到广大老年学员的普遍欢迎，每周集中收看人数2000余人，全年累计5.5万余人次参加网络课堂学习，并不断向具备收看条件的基层拓展和延伸。11月6日，全省老年教育工作暨长沙远程老年教育现场会与会代表，现场参观了长沙市远程老年教育网络直播和开福区江湾社区收看站点，长沙市推介了远程老年教育工作的做法和经验。（罗健宁）

【关心下一代工作】2014年，长沙市关心下一代工作委员会认真开展全市困境少儿调研，全面掌握55856名18岁以下困境少儿的有关情况（占全市未成年人的4.29%）。其中，留守儿童占47.5%，流动儿童占20%，流浪儿童占0.06%，失学孩子占0.5%，失足孩子占0.08%，失亲孩子占7%，孤儿占0.98%，残疾孩子占3.9%，服刑人员子女占0.79%，贫困孩子（重病孩子）占18.2%，精神困惑孩子占0.84%。为此，长沙市关工委在酷贝拉举行了“开展‘三心’（知心、爱心、诚心）活动，关爱困境少儿”启动式暨主题教育社会实践基地授牌仪式，动员各级关工委和“五老”围绕困境少儿生活缺助、管理缺位、心理缺导、精神缺陷的问题，分类采取帮扶措施，为困境少儿共捐资661.8万元、受助学生9000人。关爱困境少儿经验，在全省市州关工委主任会议上作了典型发言，撰写的调研报告得到省委常委、市委书记易炼红，市委副书记、市长胡衡华等领导的批示，认为“调研报告有情况分析，有对策建议，很有价值”，要求相关部门研究并提出具体意见。（罗健宁）

长沙市人民代表大会常务委员会

责任编辑：江　雷

长沙市第十四届人民代表大会常委会机构领导人员

主　任：袁观清

副主任：刘新程　张建国
王国海　赵建强
黄佳惠　谭杭生
芮英姿（女）

秘书长：柳美景

委员（按姓氏笔画排列）

丁志良　任安良
刘有良（女）刘映群（女）
杨金其　吴伯成
陈　慧（女）陈兴平
罗　伟　周　伟
周松波　赵　钺
赵凡存　赵柏林
侯　文　洪　霞（女）
姚仁智　秦光国
袁黎明　翁少兰（女）
高智麟　唐跃军
浣俊懿　黄志平
曹　伟　盛国政
彭友元　彭惊雷
斯洪标　蒋华玲（女）
曾　丽（女）戴志敏（女）

【概况】 2014年，市人大常委会举行常委会会议7次，听取和审议专项工作报告24个，作出决议、决定6项，审议地方性法规3部、通过2部、废止2部，组织开展执法检查5次、专题询问1次、集中考察3次、专题调研6次，依法任免了国家机关工作人员59人。常委会按照“围绕中心、服务大局”的原则，不断完善立法机制和程序，注重立、改、废的统筹协调，制定了《长沙市城市桥梁隧道安全管理条例》，修订了《长沙高新技术产业开发区条例》，起草并二次审议了《长沙市职工劳动权益保障条例（草案）》，组织相关部门对湘江长沙流域水污染防治、房屋安全管理、院前医疗急救管理和城市地下管线规划建设管理等进行了立法调研。还依法对市政府、各区、县（市）人大常委会报备的95件规范性文件进行了备案审查，协助全国和省人大常委会开展了有关立法工作。在立法过程中，常委会坚持科学立法、民主立法。一是科学编制立法计划，注重地方特色。坚持从长沙实际需要出发，按照有特色、可操作的原则，不贪大求全，突出立法重点，重在解决实际问题。二是扩大公民有序参与，注重民主立法。坚持开门立法，通过公开征求立法项目建议、法规草案修改意见以及邀请人大代表、政协委员、专家学者参与立法论证等形式，提高社会公众对立法工作的参与度。三是规范地方立法程序，注重科学立法。认真落实《中共长沙市委关于全面深化改革的实施意见》的要求，对全市制定地方性法规工作进行了一次全面系统的梳理，制定并颁布了《长沙市制定地方性法规工作规程》，对地方性法规从立项、起草、论证与协调、审议、通过、颁布、解释、立法后评估等方面进行全方位规范。经济运行情况监督。听取和审议市2014年国民经济和社会发展计划执行情况的报告，加强对国民经济和社会发展计划执行情况的监督。组织现代服务业发展情况专题调研，督促政府及有关部门搞好规划布局、突出工作重点、抓好平台建设，推动经济转型升级和产业结构调整。针对现代农业发展存在的薄弱环节，开展落实《关于加快推进现代农业发展的决议》情况督查，督促政府落实各项发展政策、加大农业投入，促进现代农业主导产业转型升级。组织对税收征管法实施情况进行了检查，帮助和支持政府及有关部门改进和完善税收征管的管理与服务工作，为促进长沙市经济稳步增长、保障社会各项事业快速健康发展发挥了积极作用。同时，还组织开展了重点工程、重大项目建设专题调研，不断推进“新常态”下重大项目建设上新台阶，以项目建设推动产业转型升级和城市品质提升。常委会主任会议成员也积极参与了全市中心工作和涉及民生、产业、基础设施等方面的重点工程建设。全口径预决算审查监督。加快推进全口径预算审查监督。督促政府首次编制全口径预算，在以往将一般公共预算、政府性基金预算提交代表大会审查批准的基础上，在全省率先将国有资本经营预算、社会保险基金预算一并提交代表大会审查批准，实现了全口径预算审查监督的新进展。不断深化财政审查监督工作。督促政府推进预算公开，将全部预算单位的部门预算和“三公经费”向社会公开。加强对政府性债务的监督，将政府年度举债计划纳入常委会讨论决定重大事项的范围，深入开展政府性债务调研，切实摸清债务底数，推动政府出台《长沙市政府性债务管理暂行办法》，进一步规范举债行为、防范债务风险。加强对财政专项资金的监督，对教育、水利等专项资金使用管理情况进行了跟踪摸底，针对资金使用存在的问题提出了整改建议。逐步健全全口径预决算审查监督机制。探索建立预审制度，提前介入政府预算编制，由“事中、事后监督”向“事前、事中、事后全过程监督”转变，增强了预算编制的科学性；听取和审议预算执行、调整及决算报告，督促政府严格财政收支；强化审计结果运用，听取和审议审计及有关部门整改情况等报告，并督促审计报告指出问题的10个责任单位向常委会汇报整改情况，确保整改取得实效。民本民生问题监督。围绕生态环境、教育医疗、食品安全等民生问题，常委会开展了一系列考察、检查和调研，着力推动关系人民群众切身利益的热点难点问题的解决。为配合“清霾、碧水、静音”三大环保行动，推进长沙重现蓝天白云美景，常委会不断加大生态环境保护工作的监督力度，着力提升城市生态环境品质。组织“清洁城市”工作专题调研，督查工地扬尘治理、机动车尾气监测、餐饮油烟治理和燃煤企业大气污染防治等情况，促使政府加强源头治理，积极应对空气污染问题。听取和审议了食品安全工作情况的报告，推进农产品质量安全检测检验体系建设，督促政府加强对群众关心的蔬菜、肉类、油类安全等问题的监管。组织开展对落实妇女儿童权益保障法审议意见的情况进行督查，督促政府出台了农村妇女土地权益保护相关政策，建立了个案响应机制和维权长效机制。开展了落实《关于促进全市学前教育发展的决议》情况督查，督促政府不断加大政策扶持力度，扩充公办和民办普惠性学前教育资源，全市公办园和普惠性民办园比例提高了30%，有效缓解了“入园难、入园贵”等突出问题，促进了全市学前教育事业的科学发展。同时，还继续深入开展了“农产品质量安全行”“环保世纪行”“三湘农民健康（长沙）行”“民族团结进步行”等活动，推动村卫生室提质、农户改厕等工作，加大对城乡环境治理工作的检查，加强对农产品质量安全的监管，促进少数民族特色村寨的保护与发展等等。法律法规实施监督。常委会积极改进监督工作方式，进一步增强人大监督的刚性和权威。一是加强执法检查。为广泛动员社会力量参与禁毒斗争，预防和惩治毒品违法犯罪行为，组织主任会议成员对长沙市贯彻实施禁毒法、开展禁毒工作情况进行深入调研，并与区县（市）人大常委会两级联动，督促政府构建长效工作机制，切实遏制涉毒犯罪蔓延。调研后形成《关于全市禁毒工作的调研报告》，呈报市委供决策参考。为配合推进“三年造绿大行动”，组织开展了森林法执法检查，推动政府在林业规划、植树造林、城市绿化、加强监管、林权改革等方面取得新进展。为落实好创新驱动发展战略，开展了专利法执法检查，督促政府加强专利保护服务体系建设，积极营造崇尚创新、尊重知识产权的良好氛围，把全社会智慧和力量凝聚到创新发展上来，加快推进创新型城市建设。同时，针对执法检查中发现的问题，提出相关审议意见，及时交政府整改，保障了法律法规在本行政区域内的有效实施。二是强化跟踪督查。综合运用调研、考察等方式，对常委会通过的决议、决定及审议意见的落实情况进行跟踪督查，紧抓不放，一抓到底。继续坚持以“水”为主题，对水资源管理专题询问后整改情况开展跟踪督查，多次对湘江长沙流域干支流截污情况、沿线污染治理情况进行实地调研和考察，特别是对专题询问提出的16个问题进行了逐一督办，并全面公开整改工作进展情况，推动政府实施最严格的水资源管理制度，湘江库区截污治污工作取得了阶段性的明显成果。还对落实红十字会法、台湾同胞投资保护法、湖南省安全生产条例、长沙市城市桥梁安全管理条例等执法检查审议意见的办理情况进行了督查。三是提高询问质量。在2013年询问工作的基础上，进一步改进询问方式，开展了城乡规划工作专题询问。询问前，开展了深入扎实的调研、执法检查与集中考察，通过座谈、走访等途径广泛征求意见和询问问题，前后历时7个月，掌握了翔实情况，为提高询问质量奠定了基础。询问中设立了规定询问与自由询问，询问主体扩大到专门委员会委员，应询人扩大到旁听席上相关单位的负责人。通过询问，人民群众普遍关心关注的城乡规划问题得到了回答，关于城乡规划的疑问在询问中化解、共识在互动中形成，营造了全社会关心、支持、参与规划工作的浓厚氛围，为加强和改进长沙市的城乡规划、建设和管理工作奠定了良好的基础。常委会还把《关于开展城乡规划“一法一办法”执法检查情况的报告》呈报市委供决策参考。司法机关工作监督。为顺应人民群众对司法公正的殷切期盼，“司法公正长沙行”活动在原有良好的基础上，又以“全力推进社区矫正工作”为主题深入推进，并组织新闻媒体对活动开展情况进行了集中宣传报道，有效促进了部门联动协调机制建设，共同推进了社区矫正工作科学发展，进一步夯实了基层基础、创新了社会管理、促进了社会和谐。组织对法院推进司法公开工作、检察院执法规范化建设情况进行专题调研，加强对司法活动的监督，推进严格公正司法，不断提高司法公信力。高度重视信访维稳工作，开展了常委会组成人员轮流接访活动，全年接待处理人民群众来信来访575批（次），妥善处置了一些反映比较集中的涉法涉诉方面的问题。常委会按照中央“照镜子、正衣冠、洗洗澡、治治病”的总要求，围绕“为民、务实、清廉”主题，精心组织，严格把关，扎实推动，确保教育实践活动取得了实实在在的成效。通过对文山会海、办公用房、公务用车、公款吃喝、公款旅游、因公出国（境）等进行专项整改，“四风”突出问题得到了有力整治和有效解决，党员干部的工作作风明显转变、精神面貌明显改善、工作效率明显提高、纪律意识明显增强，形成了求真务实、真抓实干、干事创业的良好氛围。2014年各类会议精简了30%，各类文件减少了25%左右，清退公车11辆，清理并上缴了办公用房1995平方米，压缩机关“三公”经费50%以上。（谈利兵）

【长沙市第十四届人民代表大会第二次会议】 1月8—11日，长沙市第十四届人民代表大会第二次会议在长沙人民会堂召开。大会听取和审议了市人大常委会、市人民政府、市中级人民法院、市人民检察院的工作报告，审查和审议了市人民政府关于长沙市2013年国民经济和社会发展计划执行情况与2014年国民经济和社会发展计划草案的报告、市人民政府关于2013

10月30日，市人大常委会专题询问城乡规划工作

年全市和市本级预算执行情况及2014年全市和市本级预算草案的报告。大会选举胡衡华为长沙市人民政府市长。大会以电子表决的方式，表决通过了长沙市第十四届人民代表大会第二次会议关于政府工作报告、计划、财政报告和市人大常委会、市中级人民法院、市人民检察院工作报告的决议。闭幕会上，省委常委、市委书记易炼红作了重要讲话。大会应到代表501名，实到480名，符合法定人数。大会主席团全体成员在主席台就座。会后，举行了新当选的市长和媒体记者的见面会。（谈利兵）

【重大事项决定】 2014年，常委会紧扣全市工作大局，紧跟市委决策部署，紧密联系工作实际，抓住本行政区域内带有根本性、全局性、长远性的问题、涉及改革发展稳定的重大问题和人民群众普遍关注的热点问题，依法作出决议决定，既确保实现党的主张，又充分反映人民意愿，实现了重大事项决策的科学化和民主化。响应市委号召，贯彻落实率先建成“三市”、强力实施“三倍”、加快现代化进程的战略，动员全市各级人大、全体人大代表在“六个走在前列”大竞赛活动中建功立业。组织对市基层卫生服务能力建设情况进行专题调研，听取了市、区、县（市）、乡镇（街道）的有关情况汇报，实地走访了7个区、县的村（社区）卫生服务机构，听取和审议了市政府有关工作报告，并作出了《关于加快推进全市基层卫生服务能力建设的决议》，为进一步加强基层卫生服务能力建设提供了更加有力的法治保障。为配合推进品质长沙建设，及时作出决定将全市棚户区改造新增42个项目及补充项目纳入当年国民经济和社会发展计划，支持政府提出的棚户区改造项目资本金和还本付息资金安排和偿还计划，大力支持推进新一轮棚户区改造。在切实可行的前提下，支持2014年政府性债务融资与偿还计划，推动长沙市的建设与发展。为加快万家丽路快速化改造项目建设，及时函复同意政府提出的关于改造工程回购资金安排和偿还计划。为支持长沙市干线公路建设，及时函复政府同意将长沙市干线公路项目贷款还本付息资金列入市级财政预算。及时批准政府《关于提请审议长沙市部分行政区划微调方案》，推动落实城市发展规划、提升城市承载力和品质长沙建设。（谈利兵）

【“双联”活动】 2014年，市人大常委会以“双联”活动为平台，加强常委会委员与代表、代表与人民群众的联系。扩大代表对常委会工作的参与，全年共邀请55名代表列席常委会会议和专题询问，邀请380余名代表参加立法座谈、政情通报会、调研考察、执法检查等活动。继续推进代表联络平台建设，畅通了代表与群众之间的联系，努力解决群众“找代表难”的问题，使群众的愿望和要求能够得到及时的表达。全市所有乡镇（街道）都基本建立了代表活动室，部分社区也建立了代表联络站点。不断健全代表信息服务平台功能，代表可以及时了解人大及其常委会的工作情况，及时提交建议、批评和意见并查询办理情况，缩短了常委会同代表之间的时空距离，为代表依法履职提供了高效、便捷的平台，也为人大更好地了解社情民意、倾听群众呼声、促进社会和谐畅通了渠道。（谈利兵）

【代表建议督办】 常委会重视代表建议办理工作，努力做到真正让代表满意。为切实提高办理实效，常委会建立健全了牵头领办、规范交办、挂牌督办、跟踪督办相结合的办理工作模式。注重及时多方征询代表对建议办理工作的意见，对个别反馈不满意的，督促有关单位重新办理，直到代表满意为止。市十四届人大二次会议以来，共收到代表建议378件，其中选取了12件代表建议作为重点督办建议，由常委会主任、副主任领衔督办，进一步加大了督办力度。所有代表建议已基本办理完毕并逐件答复代表，一批事关发展大局和民本民生的问题得到了较好解决，市儿童医疗中心项目建设、开福寺周边征拆、“城中村”改造、水产品一级批发市场建设、农村危桥改造等问题都取得了实质性进展。（谈利兵）

【代表履职服务保障】 组织全市乡镇人大主席、街道人大工委主任培训，不断提高业务水平和服务能力。支持开展市、县两级代表向选民述职活动，让代表面对面与选民进行交流，汇报履职情况，回答选民提问，提升了代表对代表职务的性质、地位、权利和义务的认识和体会，激发了代表履职的积极性和紧迫性，也使基层群众了解了代表的履职情况，密切了代表与群众的联系。落实代表履职登记办法，坚持代表履职通报、履职报告、出勤公布和履职表扬等制度，激发了代表依法履职的热情。深入开展“六个走在前列·人大代表风采”宣传报道活动，不断加大履职典型的推介力度，扩大人大代表的社会影响力，充分展示了人大代表强烈的社会责任感和勇于担当的精神。（谈利兵）

长沙市人民政府

责任编辑：陈晓红

长沙市人民政府机构领导人员

长沙市人民政府

市　　长　　胡衡华
常务副市长　陈泽珲
副 市 长　　张迎春　何寄华
　　　　　　姚英杰　黎石秋
　　　　　　夏建平　曹立军
　　　　　　李介德（2014.12 免）
　　　　　　唐向阳（2014.12 任）
顾　　问　　宋　达　吴念公
　　　　　　黎　勇
秘 书 长　　凌勤杰（2014.12 免）
　　　　　　谭　勇（2014.12 任）
副秘书长　　黄雄姿　严凤枝
　　　　　　曾慧明　刘秋成
　　　　　　蒋集政（兼）
　　　　　　黄吉邦　王伟胜
　　　　　　高　伟
　　　　　　涂文清（2014.12 免）
　　　　　　康小平　杨小林
　　　　　　熊开颜
　　　　　　周春晖（兼）
　　　　　　谭　志（兼）
　　　　　　王体泽
　　　　　　申建华(兼,2014.06 任)
　　　　　　潘胜强（2014.12 任）

市人民政府办公厅

主　　任　　凌勤杰（2014.12 免）
　　　　　　谭　勇（2014.12 任）
副 主 任　　黄雄姿
纪检组长　　刘含华（女）
副 主 任　　戴建文　陶　琼
　　　　　　丁财喜　谭　海
副 主 任　　罗许全

市发展和改革委员会

主　　任　　周岳云（2014.09 免）
　　　　　　张智勇（2014.09 任）
副 主 任　　吴新伟
纪委书记　　曾庆忠
副 主 任　　吴德峰　胡圣国
　　　　　　王启玮
　　　　　　杜海霞（女）
市能源局局长　缪晨光
工会主席　　张国华
市公共资源交易中心主任
　　　　　　杨建强
总经济师　　曾红鹰

市工业和信息化委员会

主　　任　　赵跃驷
副 主 任　　刘志辉
　　　　　　黄杏芝（2014.04 退休）
　　　　　　周双恺
纪委书记　　李贤兴
副 主 任　　许卫华　吴宏亮
　　　　　　万惠明　潘建军
工会工委主任　欧卫兵
总经济师　　熊祥林
副 主 任　　张铁光

市教育局

局　　长　王建华（2014.10 免）
　　　　　卢鸿鸣（2014.10 任）
副 局 长　王建林
　　　　　李　枫
纪委书记　欧阳华初
副 局 长　李　平（女）
　　　　　邓　芸（女）
　　　　　缪雅琴（女）
工会主席　陈仕强
党委委员　胡慎信
副 局 长　方承红（挂职，2014.06 任）

市科学技术局（长沙高新技术开发局）

局　　长　胡石明
副 局 长　宁　枫　胡　勇
纪检组长　卢　异
副 局 长　宋新和　张　凯
　　　　　龚矜国　周一平
总工程师　盛湘饶
副 局 长　孙　沅
　　　　　举力哈提・阿不都热依木
　　　　　（挂职，2014.01 免）

市住房和城乡建设委员会

主　　任　　范焱斌
副 书 记　　冯　辉（2014.06 退休）
　　　　　　席超波（2014.09 任）
副 主 任　　程定夫　杨彩兰
　　　　　　赵金伟
纪委书记　　黄仲翔
副 主 任　　汤　伟　王星耀
工会工委主任　冯先强
副 主 任　　杨新武　胡汉清
党委委员　　袁国琪
副 主 任　　赵志宏　周　飞
总工程师　　竺钦军

市公安局

局　　长　　李介德（2014.12 免）
　　　　　　唐向阳（2014.12 任）
副 局 长　　单大勇　张　慧
纪委书记　　易　昶
副 局 长　　何正良
　　　　　　李湘江（女）
　　　　　　欧益科　徐波跃

副 局 长　夏晓鸥
政治部主任　韦树恒

市民政局
局　　长　曹再兴
副 局 长　丁　文
　　　　　伍仁华　胡建淮
　　　　　贵志平　范凤芝（女）
纪委书记　肖金平
工会工委主任　张龙洋
副 局 长　何水军
党委委员　杨为锦

市司法局
局　　长　魏华松
副 局 长　肖建中　游建伟
　　　　　谢朝晖　陈海波
　　　　　贝先明
政治部主任　彭文学
副 局 长　刘永革　佘再泉
　　　　　余伟军　孙美秀（女）

市财政局
局　　长　张　敏
副 局 长　吴金生
　　　　　肖继红（女）
纪检组长　蔡学辉（女）
副 局 长　邱兵东　肖正波
　　　　　张学峰　宋志元
工会主席　唐元立
总会计师　肖文让（2014.09 任）
副 局 长　李玮玮（女）

市人力资源和社会保障局
局　　长　文丽霞（女）
副 局 长　王　河
　　　　　余正林（2014.12 免）
　　　　　章利云（女）
　　　　　钟建辉（女）
　　　　　陈英庶　伍水清
　　　　　周柏清　戴崇华（女）
纪委书记　鲁爱民
副 局 长　李德清　李佑明
总会计师　肖建国
工会工委主任　伍玉明
人才服务中心主任
　　　　　谭明江
医保局局长　罗　昶
副 局 长　魏　敏（女）

市国土资源局
局　　长　汪泽秋
副 局 长　陈晓阳　傅青山
　　　　　文　雄　刘光标
　　　　　罗国良
工会主席　黄凌红
总工程师　舒桂秋
执法支队长　彭志明
纪委书记　杨　勇
副 局 长　佘　辉
总规划师　李远金
总经济师　刘国梁
市政府征地办副主任
　　　　　黄志勇

市交通运输局
局　　长　刘明理
书　　记　胡岳龙
副 局 长　姚仲权（2014.10 免）
　　　　　罗齐宏
　　　　　刘兆群
　　　　　席超波（2014.09 免）
　　　　　李　宏
纪委书记　刘建祥
副 局 长　浣灿勇　陈　湘
工会工委主任　李柯宁
党委委员　程　林
副 局 长　李学东（兼）

市水务局
局　　长　李增加
副 局 长　丑金科
　　　　　肖才富（2014.12 免）
　　　　　陈江浩　袁自力
党委委员　李正文
总工程师　王力新
纪委书记　黎赛美
副 局 长　罗国强　喻小丽（女）
工会工委主任　肖索夫
副 局 长　王佳良

市农业局
书　　记　何晴之（2014.02 免）
　　　　　吴石平（2014.02 任）
局　　长　吴石平
副 局 长　陈祖生　彭新国
　　　　　曾　鸣　戴渐红
　　　　　张社发　陈水平
纪委书记　罗太平
副 局 长　周　浩
　　　　　刘　军
　　　　　周艳芳（女）
总农艺师　肖志高
副 局 长　陈　锦

市林业局
局　　长　周庆年
副 局 长　黄树森　汤华亮
　　　　　谭景长　段建军
纪检组长　谢欣荣
总工程师　恭映璧
党组成员　徐运金

市商务局（市招商合作局）
局　　长　刘素月
副 局 长　陈再坤　王　红
　　　　　易海斌　毕丽颖（女）
　　　　　毛鹏程　汪东华
　　　　　彭可佳　吴照舒
纪委书记　李四海
工会工委主任　张德春
党委委员　刘利华

市文化广电新闻出版局
局　　长　杨长江
副 局 长　赵一东　吴应龙
　　　　　俞小玲（女）
　　　　　张明清
　　　　　黎　政　聂　勇
纪委书记　郭学稳
副 局 长　吴　洪
工会工委主任　隆建光
党委委员　贺平生
副 局 长　周永康
　　　　　张　勇
　　　　（挂职，2014.04 任）

市卫生局
局　　长　郭　塨
副 局 长　王新良
　　　　　刘明章　黄赣湘
　　　　　邓云其　欧志明
纪委书记　贾保全
党委委员　周英元
工会工委主任　姚喜林
副 局 长　彭　骅

市人口和计划生育委员会
主　　任　周　敏（女）
副 主 任　李亿成
　　　　　张云桥（2014.09 免）
　　　　　燕国浩
　　　　　何俊英（2014.12 免）
党组成员　胡　平
纪检组长　彭水澄
副 主 任　袁　湘（女）
　　　　　厉卫东

副 主 任　刘激扬（女）
　　　　　李淑环（女）

市审计局

局　　长　陈芳辉
副 局 长　段安娜（女）
　　　　　邓国浩
　　　　　黄永健
纪检组长　赵志强
副 局 长　彭保刚
总审计师　关士麟
工会主席　钟宏杰
副 局 长　曹　旨

市食品安全管理办公室

主　　任　黄吉邦
副 主 任　毕则勇
副 主 任　陈明南　张熙坤
　　　　　向建州　彭　进（女）
纪检组长　王本楼

市城市管理和行政执法局

局　　长　肖雄飞
副 局 长　肖　玮（女）
　　　　　曾庆安　张胜祥
　　　　　赵建军
纪委书记　杨远秀
副 局 长　胡智慧　胡　刚
　　　　　邹自强（兼）
执法支队政委　黄剑超
工会工委主任　庄湘衡
副 局 长　李中秋
党委委员　赵会华
总工程师　邹　特
副 局 长　韩定安（兼）

市城乡规划局

局　　长　冯意刚
纪委书记　姚运奇
副 局 长　吴学超　张　斌
　　　　　程展鹏
总规划师　解　成
总工程师　王慧芳
工会工委主任　曾发祥
副 局 长　匡利娥（女）
党委委员　唐子可（兼）

市环境保护局

局　　长　王小平（女）
纪检组长　胡德云（2014.06 免）
　　　　　杨　力（2014.06 任）
副 局 长　张新才　陈小文
副 局 长　刘诗题　郭卫平（女）
　　　　　邓民生
工会主席　邓　峰
副 局 长　赵玲芳（女，援藏）

市统计局

局　　长　刘金文
副 局 长　龚志坚
　　　　　张罗先
　　　　　邹国兴
　　　　　韦　薇（女）
纪检组长　赵安明
总统计师　胡建中
副 局 长　曹敬波

市体育局

局　　长　李卓民
纪委书记　谭艳辉
副 局 长　江哲明
　　　　　陈　晓
　　　　　杨亿明
工会主席　钟国林
副 局 长　李德安
党委委员　黄太焱
副 局 长　朱赛智（2014.12 任）

市物价局

局　　长　李继红
副 局 长　汤三明　熊景业
　　　　　蔡东风
纪检组长　刘安瑜
副 局 长　陈志恺
工会主席　陈建华
副 局 长　郭昊巍（女）
党组成员　雷光裕

市粮食局

书　　记　温建民（2014.04 免）
　　　　　陈　旭（2014.04 任）
局　　长　陈　旭
副 局 长　胡力克
　　　　　张新亮（2014.01 免）
　　　　　周东义
　　　　　赵晓军（2014.02 免）
工会工委主任　郝玉仑
副 局 长　王海军
纪委书记　钟　楠
党委委员　龙　文

市民族宗教事务局

局　　长　刘佳勇
纪检组长　黄必成（2014.03 免）
副 局 长　穆豫湘　彭晓军
　　　　　王自书
党组成员　刘立新（2014.12 任）

市旅游局

局　　长　谭　勇（2014.12 免）
副 局 长　陈　威　曾卫军
　　　　　廖双寅　黄威重
纪检组长　罗晓群（女）
工会主席　章友发
副 局 长　余　岚（女）

市安全生产监督管理局

局　　长　文卫红
副 局 长　谭应球　梁明孝
　　　　　曹惠民　钟才发
　　　　　李建勋　李志兵
纪检组长　杨友良
副 局 长　刘金泽　黄　波
党组成员　郭朋芳（2014.12 任）

市食品药品监督管理局

局　　长　孙卫东
副 局 长　李顺权　易石平
　　　　　谭志国　蒋国平
　　　　　钟　卫　肖志杰
　　　　　金　雷　陈再旭
纪检组长　王长陵
总工程师　曾秋初

市人民防空办公室

主　　任　易权吉
副 主 任　袁健康　戴中平
纪检组长　谭园春
党组成员　罗　峰
副 主 任　王业平
党组成员　汤立新
副 主 任　周吉民（2014.01 任）

市人民政府外事侨务办公室
（市人民政府港澳事务办公室）

主　　任　杜中塔
副 主 任　钟发丽（女，驻外）
纪检组长　孔亦平
副 主 任　缪　画（女）
党组成员　刘新明

市人民政府法制办公室

书　　记　康小平
主　　任　陈剑文（女）
副 主 任　钱晓钢（女）　罗励民
纪检组长　金建平

副 主 任　　杨建辉

市信访局

局　　长　　周春晖
副 局 长　　王强壮
　　　　　　王占一
　　　　　　孙平波
纪检组长　　葛燕华（女）
副 局 长　　刘加利　梁琼生
　　　　　　陈　艳（女）
　　　　　　肖　劲（兼）
　　　　　　蔡　冰（2014.09 免）
　　　　　　杨运雄
　　　　　　杨大公（2014.12 任）

市人民政府研究室

主　　任　　蒋集政
副 主 任　　唐曙光
党组成员　　李守红
副 主 任　　周海毅　王德志

市畜牧兽医水产局

局　　长　　周宏兆
副 局 长　　尹莉亚（女）
　　　　　　宋庆明
　　　　　　毛　晓
　　　　　　卞佑明
纪检组长　　张仕良
总工程师　　廖命忠
党组成员　　邓西京

特设机构

市人民政府国有资产监督管理委员会

书　　记　　李国莲
主　　任　　胡政旗
副 主 任　　胡珊珞　赵定山
　　　　　　陈　军　刘剑锋
　　　　　　刘　军
总经济师　　唐鉴明
副 主 任　　肖新田
纪委书记　　廖可强
工会工委主任　钱　军
副 主 任　　杨能武

部门管理机构

市人民政府口岸办公室

主　　任　　易亮伦
副 主 任　　黄立斌
　　　　　　王光辉
纪检组长　　庄大林

市公务员局

副 局 长　　李哲学

挂靠管理机构

市爱国卫生运动委员会办公室

主　　任　　刘秋成
常务副主任　成菲菲（女）

直属事业单位

市住房保障局

局　　长　　李志坚
副 局 长　　李万雄
纪检组长　　文振中（2014.06 免）
　　　　　　胡德云（2014.06 任）
副 局 长　　黄家兴
　　　　　　李昌贵　潘　宏
党组成员　　苏自立
工会主席　　左　坚

市市政设施建设管理局

书　　记　　刘金春
局　　长　　张跃先
副 局 长　　刘义山　周谟华
　　　　　　马泽谦
纪检组长　　宋　冶
副 局 长　　刘和平　李卫辉
　　　　　　李　航
党组成员　　谷　钢
总工程师　　刘学武

市园林管理局

局　　长　　周　文（2014.04 免）
　　　　　　李洪波（2014.04 任）
副 局 长　　李　伟　韩　辉
　　　　　　唐德华
纪委书记　　谢跃军
副 局 长　　黄　哲
总工程师　　缪赐立
工会主席　　陶晓明
副 局 长　　张明亮

市政务服务中心

主　　任　　熊开颜
副 主 任　　黄文彬　李祥龙
　　　　　　王卫江
纪检组长　　奉蓓蕾（2014.06 任）

市机关事务管理局

局　　长　　谭　志
纪委书记　　张献军
副 局 长　　黄　灿
　　　　　　蔡剑锋
工会主席　　何见明
副 局 长　　夏寿利　陈　亮

市知识产权局

局　　长　　彭民安
副 局 长　　张　立
　　　　　　曾　瑛（2014.02 免）
　　　　　　张　虹（女）
纪检组长　　熊　力
副 局 长　　崔　晓（2014.02 任）

市政府金融工作办公室（市信用征信管理办公室）

主　　任　　李晓斌
副 主 任　　周练军
纪检组长　　李建武
副 主 任　　常跃勤　申志勇
副 主 任　　段永松

市地方志办公室

主　　任　　王习加
副 主 任　　周国平　姚　兰（女）
　　　　　　张列群（女）
　　　　　　贺国成
纪检组长　　赵祖翔

市供销合作总社

主　　任　　陈大祥
副 主 任　　杜　强　陈谷良
　　　　　　谢乐兵
　　　　　　邓大鸣
纪委书记　　伍春强
副 主 任　　文朝阳　田晓阳
工会主席　　吴伟宏
党委委员　　孙玉楼

市人民政府驻北京联络处

主　　任　　雷曙超
副 主 任　　刘增三
　　　　　　肖　劲

其他事业单位

市住房公积金管理中心

书　　记　　彭欢首
主　　任　　王世平
副 主 任　　苏先启　高北平
　　　　　　梁　敏
　　　　　　马保华
总会计师　　周子荣

纪检组长　　朱发军

市人民政府驻深圳办事处
主　　任　　齐　益

市人民政府驻上海联络处
主　　任　　苏　准

市会展工作管理办公室
主　　任　　陈树中
副 主 任　　吴海东
纪检组长　　彭有求
副 主 任　　欧　璟（女）
　　　　　　张　彬

市公路管理局
局　　长　　卢兴映
副书记、纪委书记
　　　　　　王锡财
副 局 长　　赵　锋
　　　　　　刘书臣
　　　　　　李志丰
总工程师　　何贤锋
工会主席　　刘利民
党委委员　　黎　明

市地方海事局
局　　长　　易田宏
副 局 长　　张科正　蒋辽沙
总工程师　　文博徽
工会主席　　胡晓东
党委委员　　柳英平
副 局 长　　周定根

市文化市场综合执法局
局　　长　　厉江华
副 局 长　　谭　旭　郑秋元（女）
　　　　　　李克强
纪检组长　　吴志全
党组成员　　余桂良

市政府电子政务管理办公室
书　　记　　袁　谯
主　　任　　易石军
副 主 任　　石志明
纪检组长　　胡　岚
总工程师　　赵　顺（2014.09 任）

市移民开发管理局
局　　长　　张水平
副调研员　　邹铁清

副 局 长　　杨　立（女）
　　　　　　陈　敏（女）

市能源局
局　　长　　缪晨光

双重领导、以省直厅局为主管理的机构

市工商行政管理局
局　　长　　卓精华
副 局 长　　潘　虹　周自立
　　　　　　许柏松　圣洪兴
　　　　　　谢　辉（女）谢朝晖
纪检组长　　廖　岚

市国家税务局
局　　长　　孙险峰（2014.11 免）
　　　　　　文延风（2014.11 任）
副 局 长　　谭元奎　钱秀芳（女）
　　　　　　梁　健　黄书惕
纪检组长　　刘国锋
副 局 长　　李伯成（2014.05 任）
副 局 长　　潘　斌（2014.05 任）

市地方税务局
局　　长　　方志平
副 局 长　　刘　进　邹　志
　　　　　　夏媛媛（女）
　　　　　　袁　斌　陶佼如
　　　　　　钟奇伟
纪检组长　　蒋亚平
系统工会主任　徐伟民

市质量技术监督局
局　　长　　陈曙光
副 局 长　　田建武
　　　　　　李有富
纪检组长　　王　浩
副 局 长　　张　炼　耿良安
总工程师　　龚　军

国网长沙供电公司
总 经 理　　曹立逊
副总经理　　周宗发　赵　巍
　　　　　　彭京仁　车红卫
　　　　　　寻文革　张治国
纪委书记　　姚震宇
工会主席　　杨泽洲

市邮政管理局
局　　长　　李学东

市烟草专卖局（市烟草公司）
局　　长　　谢建宏
副 经 理　　杨　奇　徐招深
副 经 理　　罗稳刚
副局长、纪检组长
　　　　　　瞿红兵
总农艺师　　何命军（2014.01 任）

市地震局
局　　长　　张彩虹（2014.03 免）
　　　　　　吴　帅（2014.03 任）
副 局 长　　黎品忠
　　　　　　胡文华（2014.03 退休）
　　　　　　满维忠（2014.03 任）

市气象局
局　　长　　郭卫星
副 局 长　　邹林林　匡方毅
纪检组长　　周建坤（2014.05 任）

市水文局
局　　长　　杨小康
书　　记　　任美庆
副 局 长　　易瑾瑜
　　　　　　李京伟
纪检组长　　曾　专

政务纪要

【市政府常务会议研究事项】 2014年，长沙市政府共召开常务会议 20 次，主要研究事项如下：

1 月 14 日，听取下放部分市级经济社会管理权限工作汇报；审议《长沙市人民政府政府信息公开实施办法》（送审稿）；审议《长沙市建设工程抗震设防要求管理办法》（送审稿）；听取长沙市 2013 年第三批次划拨用地情况汇报；听取安全生产工作汇报并审议《2013 年度安全生产目标管理考核结果》（送审稿）。

2 月 17 日，学习传达省“两会”精神；听取关于蔬菜产业发展的情况汇报；研究调整住房保障准入标准有关问题；审议《长沙市渣土弃土场布局规划（2013—2020）》（送审稿）；审议《长沙市人民政府重大行政决策程序规定》（送审稿）；听取有关人员行政处分的情况汇报。

3 月 24 日，审议《长沙市大气污

染防治行动计划实施方案》（送审稿）；审议《关于加快发展现代金融业的若干意见》（送审稿）；审议《长沙市人民政府2014年立法计划》（送审稿）；

听取全市农业农村工作情况汇报；听取2014年市政府系统建议提案办理工作情况汇报。

4月15日，分析2014年一季度全市经济运行形势；研究长沙市申报省级依法行政示范单位问题；审议《长沙市人民政府工作规则》（送审稿）及有关会议工作规范。

5月7日，审议《长沙市市直行政事业单位职工住房补贴实施细则》（送审稿）；审议《长沙市党政机关国内公务接待实施细则》（送审稿）；听取长沙市2014年度第一批次划拨用地情况汇报。

5月27日，审议《长沙市特级教师、首席名师教育奖励补助实施办法》（送审稿）；审议《关于进一步加快工业园区发展的若干意见》（送审稿）；审议《长沙市敬老院建设三年工作行动方案》（送审稿）；研究成立长沙市第一次地理国情普查领导小组有关问题；审议《长沙市人民政府关于明确城市地下管线建设程序和管理的通知》（送审稿）。

6月11日，研究全国水生态文明城市创建工作；研究进一步精简市本级行政审批项目工作；审议《关于加快北斗卫星导航产业发展的若干意见》（送审稿）；审议《长沙市市属国有及国有控股企业负责人薪酬管理暂行办法》（送审稿）；听取关于《长沙市职工劳动权益保障条例（草案一审修改稿）》有关情况汇报。

7月10日，分析2014年上半年全市经济运行形势；审议《关于进一步加强知识产权保护工作的意见》（送审稿）；审议《关于加快现代农庄发展的意见》（送审稿）；审议《关于深入推进计划生育特殊困难家庭扶助关怀工作的实施意见》（送审稿）。

7月24日，听取关于2014年《政府工作报告》目标任务上半年执行情况汇报；研究"公交都市"建设有关问题。

8月1日，听取关于审计发现问题的整改建议；研究申办第十二届中国国际花卉博览会有关工作；研究清理规范评比达标表彰活动工作有关问题；研究政府系统议事协调机构清理工作。

8月19日，审议《关于全面加快棚户区改造工作的意见》（送审稿）；审议《长沙高新技术产业开发区条例》（送审稿）；听取关于全市禁毒工作的情况汇报。

9月11日，审议《长沙市旅游公共服务体系建设三年行动方案(2014—2016)》（送审稿）；审议《长沙市人民政府关于政府购买公共服务的实施意见》（送审稿）；审议《长沙市行政审批事项目录管理办法》（送审稿）。

10月16日，分析2014年三季度全市经济运行形势；听取机构改革方案有关情况汇报。

10月21日，审议《长沙市城乡居民基本养老保险办法》（送审稿）；审议《长沙市被征地农民就业培训和社会保障办法》（送审稿）；研究加快推进城中村改造工作。

10月31日，审议《长沙市差旅费、会议费、培训费和外宾接待费管理办法》（送审稿）；审议《长沙市审计结果运用办法（试行）》；听取2014中国中部（湖南）国际农博会筹备工作情况汇报；研究成立长沙市第二次地名普查领导小组有关工作；审议《长沙市政府部门权力清单》（送审稿）；审议《长沙市行政审批项目流程清单》和《长沙市政府（社会）投资建设项目流程图》。

11月13日，听取关于长沙市部分行政区划微调建议方案有关情况汇报；听取关于长沙市环境保护顶层设计有关情况汇报；研究长沙市开展治理车辆超限超载集中整治行动有关工作；审议《长沙市预算执行情况审计监督实施办法》（送审稿）；研究长沙市2014年度第二批次划拨用地有关工作。

11月26日，审议《长沙市消火栓管理办法（修订稿）》；研究全市实施城镇独生子女父母奖励工作有关问题；研究城乡居民最低生活保障一体化试点工作；审议《长沙市城乡特困家庭子女高等教育助学金管理办法(修订稿)》；听取关于《全装修住宅、全装修集成住宅容积率奖励办法(试行)》失效有关情况汇报。

12月2日，学习贯彻落实十八届四中全会精神及有关法律法规；听取市政府法制办关于依法行政工作有关情况汇报；听取关于全市退役士兵安置遗留问题有关情况汇报并审议《2014年长沙市市级统筹安置内五区符合政府安排工作的退役士兵实施方案》（送审稿）；听取关于长沙现代服务业发展行动计划（2015—2017年）和服务业联席会议制度有关情况汇报。

12月19日，研究2015年全市重大项目投资计划（含政府投资和社会投资）；审议《关于进一步推进非公有制企业建立住房公积金制度的通知》（送审稿）；审议《长沙市城区公证体制改革实施方案》（送审稿）；审议《政府工作报告（征求意见稿）》。

12月29日，审议《长沙市产业空间布局总体规划（2014—2020）》（送审稿）；审议《关于加快发展养老服务业的实施意见》（送审稿）；审议《关于推进长沙市公共租赁住房和廉租住房并轨运行的实施意见》（送审稿）；听取关于暂停路桥通行费征收有关情况汇报；听取关于气象工作有关情况汇报。（罗松明）

【市政府办公会议研究事项】 2014年，市政府共召开市长办公会议49次，主要研究以下事项：

1月2日，研究浏阳河城区段污染治理项目建设。

1月14日，研究《长沙市汽车南站综合交通枢纽工程交通组织方案》。

1月23日，研究长沙国际会展中心建设有关问题。

1月24日，全市2014年安全生产工作部署。

2月12日，研究《长沙市城市绿地系统规划2003—2020》《长沙市历史文化名城保护规划2003—2020》《湘江滨水区城市设计》《隆平新区控制性详细规划（深化设计）》。

2月12日，研究湘江长沙综合枢纽砂石翻坝转运项目建设。

2月19日，研究湘江长沙综合枢纽工程及库区水利工程建设。

2月26日，研究《长沙市人民政府关于加快推进两型住宅产业化的若干意见》，研究城乡规划工作。

3月17日，听取空军长沙机场迁建工作汇报。

3月22日，研究移动互联网产业发展有关问题。

3月24日，研究长沙与周边地区干线公路对接建设。

3月27日，研究湖南中烟公司建设发展问题。

3月27日，研究沪昆铁路客运专线长沙段和磁浮工程建设。

3月29日，研究轨道交通2号线一期工程试运营有关问题。

4月4日，研究防汛工作。

4月14日，研究长沙气象现代化建设有关问题。

4月15日，研究长沙比亚迪汽车有限公司有关问题。

4月16日，研究长沙农产品物流中心项目和长沙市家禽批发市场项目建设。

4月22日，研究“公交都市”建设有关问题。

5月14日，研究加强市校合作有关问题。

5月19日，研究长沙银行管理人员“持股”清理处置有关问题。

5月30日，研究金霞经开区建设发展工作、开福区棚户区改造及潮宗街历史文化街区建设、开福区苏托垸概念性规划方案及开发建设问题。

6月4日，研究市纪委办案点建设、市棚改投资公司资本金筹资方案。

6月10日，研究纯电动汽车充电站（桩）建设有关问题。

6月13日，研究长沙市交通投资集团组建方案、地铁2号线试运营有关工作。

6月13日，研究《长沙市交通枢纽集团组建方案》（送审稿）、地铁2号线试运营有关工作。

7月2日，研究房地产市场有关问题。

7月2日，研究房地产市场有关问题、路桥通行费ETC收费方案。

7月3日，研究空港城开发建设工作。

7月25日，研究长沙市小煤矿关闭退出工作方案。

7月26日，研究房地产市场健康持续发展。

7月27日，研究房地产市场持续健康发展有关问题。

7月31日，研究城区公共停车设施建设有关问题。

8月14日，研究机器人产业发展有关工作。

9月17日，研究《长沙市政府性债务管理暂行办法》（送审稿）。

10月9日，研究《长沙银行2014年增资扩股方案》（送审稿）；研究《长沙市出租车计价结构调整方案》（送审稿）；研究土地出让金及城市基础设施配套费减免或缓缴有关问题。

11月3日，研究调度未开工项目。

11月11日，审议《关于进一步规范工业地产发展的暂行办法》（送审稿）。

11月14日，研究调度工业机器人产业示范园建设工作。

11月19日，研究2015年政府投资重大项目计划（交通建设口）。

11月21日，研究桐子坡—鸭子铺通道工程建设有关问题；研究芙蓉路、湘江大道、湘府路和三一大道快速化改造有关问题。

11月24日，研究2015年政府投资重大项目及市本级预算基本建设项目。

12月2日，研究2014年度省绩效评估指标完成情况。

12月2日，研究与浦发银行合作设立城建基金有关问题。

12月8日，研究韶山中路304号宗地有关问题(圣毅园公司信访问题)；研究有关项目报建费问题；研究岳麓污水处理厂尾水排放有关问题。

12月14日，研究湘府路、湘江中路和三一大道快速化改造有关问题。

12月18日，研究落实市政府与广铁公司联席会议纪要有关事项。

12月19日，研究房地产工作。

12月25日，研究路桥通行费征收有关问题。（罗松明）

【为民办实事工作】 2014年度省、市实事项目涵盖城乡建设、社会保障、公共安全、社会事业、生态环境及其他与广大人民群众生产、生活密切相关的领域。长沙市为民办实事工作按照“党委领导、政府负责、部门协同、上下联动”的工作机制，圆满完成39个省、市下达的为民办实事项目指标。项目完成情况见下表。（冯正一）

表3　2014年长沙市为民办实事工作任务完成表

序号	工作任务表
1	农村公路建设33千米
2	22.42万农村人口喝上安全水、放心水
3	完成山塘清淤增蓄3333.33公顷
4	省级以上生态公益林管护面积及补偿资金到位率均达到100%
5	创建8个农民专业合作社为省级示范社
6	创建4个村庄为新农村示范村
7	创建绿色村庄30个
8	新增城镇管输天然气用户22600户
9	县以上城镇污水处理率达到96%
10	市县供水厂出厂水质全面提升
11	县以上城镇生活垃圾无害化处理率达到100%
12	新建农村能源环保示范性服务单位10个

续表 3

序号	工作任务表
13	创建绿色社区 30 个
14	新增城镇就业 13 万人
15	农村危房改造 4000 户
16	新增 8917 套公租房（含廉租房）
17	城市棚户区改造 12683 户
18	改扩建 1 家精神卫生服务机构
19	救治救助贫困重性精神病患者 300 人
20	20 户贫困残疾人家庭生活起居无障碍改造
21	抢救性康复贫困残疾儿童 381 名
22	办理法律援助案件 2600 件
23	确保农村五保户年分散供养标准，不低于 2640 元
24	确保城乡人均最低生活保障标准，分别不低于 400 元 / 月，260 元 / 月
25	改扩建农村敬老院 13 所
26	新建义务教育合格学校 8 所
27	建设农村公办幼儿园 6 所
28	为农村寄宿制学校添置了学生床位 2320 个
29	新建、提质乡镇（街道）综合文化站 50 个
30	开展免费演艺惠民活动 700 场次
31	新增农村广播电视用户 70159 户
32	新建篮球场 350 个、乒乓球场 400 个
33	完成室外健身路径工程 400 个
34	新建室内健身房 40 个
35	完成肉类蔬菜流通追溯体系 41 项指标建设任务
36	新增社会治安视频监控摄像头 6200 个
37	建立农产品直销标准店 200 家
38	完成城区自来水表户表改造 20 万户
39	落实公交优先，实施票价优惠

附录

2014 年长沙市人民政府文件目录

长沙市人民政府令

▲政府令第 125 号　长沙市电梯安全管理办法

▲政府令第 126 号　长沙市建设工程抗震设防要求管理办法

▲政府令第 127 号　长沙市人民政府关于公布市本级行政审批项目的决定

▲政府令第 128 号　长沙市消火栓管理办法

长沙市人民政府文件

▲长政发〔2014〕1 号　关于促进工业经济平稳较快发展的意见

▲长政发〔2014〕2 号　关于对 2014 年〈政府工作报告〉主要目标任务实施责任分解管理的通知

▲长政发〔2014〕3 号　关于印发《长沙市最严格水资源管理制度实施方案》的通知

▲长政发〔2014〕4 号　关于进一步促进建筑业发展的意见

▲长政发〔2014〕5 号　关于实施春季禁渔制度的通告

▲长政发〔2014〕6 号　关于调整 2014 年《政府工作报告》部分目标任务责任分解有关事项的通知

▲长政发〔2014〕7 号　关于调整望城区长沙县浏阳市宁乡县征收农村集体土地地上附着物及青苗补偿标准的通知

▲长政发〔2014〕8 号　关于印发《长沙市政府专职消防员管理办法》的通知

▲长政发〔2014〕9 号　关于印发《长沙市政府信息公开实施办法》的通知

▲长政发〔2014〕10 号　关于印发《湘江长沙综合枢纽通航安全管理暂行办法》的通知

▲长政发〔2014〕11 号　关于开展城市河道环境综合整治的通告

▲长政发〔2014〕12 号　关于进一步加快蔬菜产

业发展的意见

▲长政发〔2014〕13 号　关于印发《长沙市人民政府重大行政决策程序规定》的通知

▲长政发〔2014〕14 号　关于印发《长沙市开发(园)区低效用地再开发管理办法》的通知

▲长政发〔2014〕15 号　关于印发《长沙市人民政府工作规则》的通知

▲长政发〔2014〕16 号　关于加快推进长沙气象现代化建设的意见

▲长政发〔2014〕17 号　关于印发《加快发展企业研发中心的若干意见》的通知

▲长政发〔2014〕18 号　关于印发《长沙市地下空间开发利用管理暂行办法》的通知

▲长政发〔2014〕19 号　关于开展预拌商品混凝土企业场站专项整治的通告

▲长政发〔2014〕20 号　关于支持长沙（国家）广告产业园发展的若干意见

▲长政发〔2014〕21 号　关于依法严厉打击传销活动的通告

▲长政发〔2014〕22 号　关于加快发展现代金融业的若干意见

▲长政发〔2014〕23 号　关于公开销毁毒品的决定

▲长政发〔2014〕24 号　关于印发《长沙市国有建设用地使用权有偿使用规定》的通知

▲长政发〔2014〕25 号　关于加快推进光纤宽带网络建设和发展的意见

▲长政发〔2014〕26 号　关于取消和下放部分行政审批项目的通知

▲长政发〔2014〕27 号　关于加快长沙市北斗卫星导航产业发展的意见

▲长政发〔2014〕28 号　关于进一步加快工业园区发展的意见

▲长政发〔2014〕29 号　关于加快推进两项住宅产业化的若干意见

▲长政发〔2014〕30 号　关于宾馆酒店招待所等场所禁止免费提供一次性日用品的通告

▲长政发〔2014〕31 号　关于重新公布《长沙市知识产权战略实施纲要》的通知

▲长政发〔2014〕32 号　关于加快现代农庄发展的意见

▲长政发〔2014〕33 号　关于进一步加强知识产权保护工作的意见

▲长政发〔2014〕34 号　关于规范橘子洲景区周边水域交通秩序的通知

▲长政发〔2014〕35 号　关于印发《长沙市市属国有及国有控股企业负责人薪酬管理暂行办法》的通知

▲长政发〔2014〕36 号　关于深入推行计划生育特殊困难家庭扶助关怀工作的实施意见

▲长政发〔2014〕37 号　关于发布《长沙市政府核准的投资项目目录（2014 年本）》的通知

▲长政发〔2014〕38 号　关于全面加快棚户区改造工作的意见

▲长政发〔2014〕39 号　关于优先发展城市公共交通的实施意见

▲长政发〔2014〕40 号　关于开展车辆超限超载集中整治的通告

▲长政发〔2014〕41 号　关于扩大高污染燃料禁燃区范围的通告

▲长政发〔2014〕42 号　关于促进高等职业教育改革和发展的意见

▲长政发〔2014〕43 号　关于加快推进动物无害化处理体系建设的意见

▲长政发〔2014〕44 号　关于印发《长沙市棚户区改造项目贷款资金管理办法》的通知

▲长政发〔2014〕45 号　关于印发《政府购买公共服务暂行办法》的通知

▲长政发〔2014〕46 号　关于进一步加快农村义务教育发展的若干意见

▲长政发〔2014〕47 号　关于印发《长沙市城乡居民基本养老保险办法》的通知

▲长政发〔2014〕48 号　关于印发《长沙市被征地农民就业培训和社会保障办法》的通知

▲长政发〔2014〕49 号　关于印发《长沙市 2014 年度行政执法指导案例》的通知

▲长政发〔2014〕50 号　关于印发《长沙市干线公路建设管理办法》的通知

▲长政发〔2014〕51 号　关于加快推进城中村改造工作的意见

▲长政发〔2014〕52 号　关于印发《长沙市农村公益性墓地管理办法》的通知

▲长政发〔2014〕53 号　关于执行国家第四阶段机动车污染物排放标准的通告

▲长政发〔2014〕54 号　关于印发《长沙市预算执行情况审计监督实施办法》的通知

▲长政发〔2014〕55 号　关于重新公布《长沙市政府投资建设项目审计监督办法》的通知

▲长政发〔2014〕56 号　印发《关于进一步规范工业地产发展暂行办法》的通知

长沙市人民政府办公厅文件

▲长政办发〔2014〕1 号　关于印发《长沙市环卫职工因工伤亡救助资金管理办法》的通知

▲长政办发〔2014〕2 号　关于重新公布《长沙市基本医疗保险监督管理试行办法》的通知

▲长政办发〔2014〕3 号　印发《关于进一步推进禁毒工作社会化的实施方案》的通知

▲长政办发〔2014〕4 号　关于印发《长沙市突发事件应急救援工作预案》的通知

▲长政办发〔2014〕5 号　关于印发《长沙市城市管理工作考核试行办法》的通知

▲长政办发〔2014〕6 号　关于印发《长沙市促进天然气分布式能源发展暂行办法》的通知

▲长政办发〔2014〕7 号　关于印发《长沙市流感大流行应急预案》的通知

▲长政办发〔2014〕8号　关于进一步规范房地产开发管理的意见

▲长政办发〔2014〕9号　关于印发《长沙市招商引资中介人奖励实施办法（暂行）》的通知

▲长政办发〔2014〕10号　关于印发《长沙市轨道交通运营突发事件应急预案》的通知

▲长政办发〔2014〕11号　关于印发《长沙市机关事业单位网站安全管理办法》的通知

▲长政办发〔2014〕12号　关于印发《长沙市人民政府2014年立法计划》的通知

▲长政办发〔2014〕13号　关于加强城市气象防灾减灾示范社区建设的意见

▲长政办发〔2014〕14号　关于印发《长沙市土地报建监控系统实施办法》的通知

▲长政办发〔2014〕15号　关于印发《长沙市公共安全视频图像信息系统规划建设和使用的实施意见》的通知

▲长政办发〔2014〕16号　关于创建长沙出口工程机械质量安全示范区的意见

▲长政办发〔2014〕17号　关于印发《长沙市消防工作考核办法》的通知

▲长政办发〔2014〕18号　关于进一步加强渣土运输车辆管理的通知

▲长政办发〔2014〕19号　关于印发《长沙市公路管理局及直属机构管理体制改革方案》的通知

▲长政办发〔2014〕20号　关于印发《长沙市实行最严格水资源管理制度考核办法》的通知

▲长政办发〔2014〕21号　关于明确城市地下管线建设程序和管理的通知

▲长政办发〔2014〕22号　关于印发《长沙市直行政事业单位职工住房补贴实施细则的通知》

▲长政办发〔2014〕23号　关于印发《长沙市应急工作管理办法》的通知

▲长政办发〔2014〕24号　关于印发《长沙市突发性地质灾害应急预案》的通知

▲长政办发〔2014〕25号　关于印发《长沙市涉外涉侨突发事件应急预案》的通知

▲长政办发〔2014〕26号　关于印发《长沙市人才发展专项资金管理暂行办法》的通知

▲长政办发〔2014〕27号　关于印发《长沙市公共场所安全事故应急预案》的通知

▲长政办发〔2014〕28号　关于促进电子商务产业发展有关事项的通知

▲长政办发〔2014〕29号　转发市发改委等部门《关于进一步鼓励和引导社会资本举办医疗机构的实施意见》的通知

▲长政办发〔2014〕30号　关于加强市政基础设施项目建设管理的若干意见（试行）

▲长政办发〔2014〕31号　关于新能源汽车推广应用的实施意见

▲长政办发〔2014〕32号　关于进一步推进茶油产业建设的意见

▲长政办发〔2014〕33号　关于加快竹产业发展的意见

▲长政办发〔2014〕34号　关于转发市工业和信息化委等单位《长沙市预拌砂浆管理办法》的通知

▲长政办发〔2014〕35号　关于印发《长沙市政府性债务管理暂行办法》的通知

▲长政办发〔2014〕36号　关于印发《长沙市行政审批事项目录管理办法》的通知

▲长政办发〔2014〕37号　关于印发《长沙市企业办社会职能分离移交的实施办法（暂行）》的通知

▲长政办发〔2014〕38号　关于促进现代物流产业发展有关事项的通知

▲长政办发〔2014〕39号　关于印发《长沙市食品药品监督管理局主要职责内设机构和人员编制规定》的通知

▲长政办发〔2014〕40号　关于印发《长沙市干线公路养护工程管理办法（试行）》的通知

▲长政办发〔2014〕41号　关于印发《长沙市公立医院改革指导意见》的通知

▲长政办发〔2014〕42号　关于印发《长沙市移动互联网产业发展专项资金管理暂行办法》的通知

（周　瑒）

政策理论与研究

【概况】2014年，长沙市人民政府研究室围绕推动经济、政治、文化、社会、生态文明建设五大重点，开拓创新，参谋服务和辅助决策水平上新台阶，圆满完成全年工作任务。

一、综合文稿出思想。综合文稿起草立足于出精品、出思想、出政策，实现文稿起草零失误，优质高效地完成市政府领导重要讲话等综合文稿286篇，实现了文稿起草与领导思想的有机契合。精心起草政府工作报告，充分尊重并吸纳人大代表、政协委员的意见，报告充分体现人民意志，成为凝聚全市人民共识，指导全市发展的纲领性文件。开展理论研究，总结发展经验，在新华社《财经》杂志、《新湘评论》等省级以上媒体发表理论文章11篇。

二、课题调研重实效。围绕全市经济社会发展全局性、前瞻性、战略性的重大问题开展研究，着力以调查研究助推实现改革新突破。完成重大课题8个。《长沙“一带一部”核心区建设研究》《湘江新区管理体制的调查与建议》《长沙房地产发展现状及对策研究》《加快推进社会办医调查与思考》《关于长沙住房保障工作的调研与思考》《长株潭（长沙）临空经济新区建设研究》《一个不容忽视的城市重大环境工程》等调研报告得到领导肯定，并4次做出批示。《长沙市“一带一部”机遇与对策研究》研究成果融入《湖南湘江新区规划》；《长株潭（长沙）

临空经济新区建设研究》被列为省政协2014年重点调研报告，省委常委、市委书记易炼红做出重要批示并召开常委会专题进行研究。强化课题民生导向，共合作完成《加快推进长沙社会办医的调查与思考》等民生课题6个。完成领导交办课题5个，其中《环中心城市功能型城镇建设研究》，以建议案形式提交全国两会。完成《长沙商事登记制度改革研究》等自主课题6个，有效促进全市改革的深入推进。

三、政策研究更精准。增强政策指导性，提高政策精准度，提高成果转化率。参与《关于城中村改造过程中若干具体问题处理意见》《关于加快现代农庄发展的实施意见》《进一步加强生态环境保护工作的意见》3个政策性文件的起草工作。配合修改《加快推进高铁新城开发建设工作方案》《长沙市鼓励和引导社会力量举办医疗机构实施办法》《关于加快发展体育产业的实施意见》等5个政策性文件，完成了《长沙城管体制改革方案》政策前期评估。

四、信息服务抓高效。紧贴领导决策需求，提供高质量的信息服务。加强民情的收集与反馈，全年报送《每日视点》200期，市长批示78期95条，建立市长批示督办机制，领导批示均得到及时有效落实。报送《信息专报》4期，批示2期；报送两办信息46条，市领导批示3条，8条被省委、省政府办公厅采用。高质量完成12期《决策咨询》编辑工作，刊物影响力提升。编发《调研参考》12期、调研报告14篇，市领导批示7期。成功策划主办“浏阳河九道湾”发展问计问策研讨会，近100家媒体对活动进行了报道或转载。做好近80万字的《长沙通史·当代卷》编撰工作。按期保质完成《长沙市志》3个篇章的撰写，撰写文稿近7万字。完成《城市大典·长沙市篇章》撰写任务，撰写近3万字，对长沙进行全方位推介。完成2013年卷《市长文稿集》《观点长沙》《市长新闻报道集》汇编工作。（黄熊飞）

外事侨务

【概况】 2014年，长沙市外事侨务港澳工作部门发挥职能优势，主动服务经济建设，拓展对外交往，加强友好联络，强化体系建设，推动外事侨务港澳工作干在实处、走在前列。11月，在2014中国国际友好城市大会上，长沙市被全国友协授予“国际友好城市交流合作奖”。

一、扩大对外交往。全年接待来自美国、瑞典、英国、瑞士、加拿大等58个国家和地区的外宾团组60余批600余人次。秘鲁前总统阿兰·加西亚·佩雷斯、意大利前副总理弗朗西斯科·鲁泰利、英国议会能源及气候变化特别委员会主席蒂姆·叶奥、韩国釜山市市长许南植等一批高级别官方代表相继访问长沙。省委常委、市委书记易炼红，市委副书记、市长胡衡华等省、市领导出席会见、会谈等高规格外事活动25场次。第八届中国—拉美企业家高峰会、世界休闲农业与乡村旅游城市联盟第二次峰会、中国（长沙）国际雕塑文化艺术节、亚欧食品安全产业合作推广周、2014年中国中部（湖南）国际农博会等一批重大国际性节会于年内在长沙成功举办。全年省、市领导率团出访10批次，就推动城市可持续发展、促进对外经贸合作、友城交往合作等与国外开展广泛交流，取得一系列成果。3月，易炼红访问澳大利亚期间，与澳贸委全球执行总裁Laurie Smith签订《关于开展贸易、投资和教育合作的协议》。6月，胡衡华率政府代表团访问美国，与旧金山市市长李孟贤签署两市建立友好城市关系意向书。

二、规范涉外管理。认真贯彻执行中央和省、市有关因公出国（境）规定。全年全市共审核、审批因公出国团组241批534人次，其中党政干部123人次，占报批总人数的23%；党政干部人数比上年同期减少98人次，下降44%。共审核审批因公到港澳团组127批276人次，其中党政干部49人次，占报批总人数的17.7%。全年办理审发外国人到长沙邀请函336份571人次。年内修订完善《长沙市涉外涉侨突发事件应急预案》，完成应急知识宣传周及在长沙境外非政府组织及活动情况调查摸底工作。接公安等部门通报涉外案件情况11起，参与协调涉外事件3起，做好GSKCI案件及埃博拉出血热疫情等相关涉外预案处置工作，推进涉外突发事件处置、境外非政府组织和外国记者到长沙采访管理等联席会议机制常态化。

三、提升服务水平。加强政策指导，年内组织全市百名外事专办员进行外事管理工作业务培训，做好APEC商旅卡专题推介会，全年申报APEC商旅卡32批99人。推动服务效率提速，对职能范围内的4项审批事项提速50%。全年共审核办理华侨回国定居申请21人次，华侨华人、归侨侨眷身份认定23人次，“三侨”考生身份认定4人次。主动服务企业发展。不断简化办事程序，组织开展“上门送政策”服务，重点走访15家侨港澳企业，提供政策指导、信息咨询、资源共享、海外安全等方面专题服务。大力推进惠侨工作，年内协调处理涉侨涉港澳信访65件，办结60件，回复率100%，办结率92.3%。全年走访慰问华侨华人、归侨侨眷521人次，发放慰问物资、慰问金共29万元，发放归侨侨眷生活补助费40.83万元，惠及178人次。

四、推动工作创新。活跃友城交往。全年共接待友好城市和友好机构来访团组21批200余人次。以“亲、诚”为特色的交往工作取得丰硕成果，连获“中美友好城市可持续发展交流合作奖”与“国际友好城市交流合作奖”。年内，与美国旧金山市达成建立友好城市关系意向，与美国波特兰市结成贸易伙伴城市。推进社区侨务工作规范化，出台《关于进一步加强长沙市社区侨务工作的实施意见》，培育并推荐西湖社区获评“全国社区侨务工作明星社区”，科大佳园、集里桥社区获评“全国社区侨务工作示范单位”。助力民间友好交往。促成长沙周南中学、周南实验中学与韩国龟尾市的龟尾女子高中、善州中学结为姊妹学校，组织在长沙生活、工作的170余位外国友人参加“情系长沙·湖湘文化行”主题活动。深化交流合作。全年接待港澳团组27批1152人次。到港澳举办“投资长沙、共赢未来”经贸洽谈，参加“香港国际钻石、宝石及珍宝展”“葡语国家经贸环境专题磋商会”等港澳重大商贸活动。组织全市干部到香港、澳门开展港澳业务、中学教育、现代物流、经营管理等专题培训。（高伟栋）

【易炼红率团访问澳大利亚、新加坡、印度】 3月5—13日，省委常委、市委书记易炼红率领长沙市代表团访问澳

省委常委、市委书记易炼红（右一）与澳大利亚贸易委员会全球执行总裁 Laurie Smith 签署协议

大利亚、新加坡、印度。此次出访紧密结合长沙与相关国家和城市的合作重点，先后与澳大利亚贸易委员会签订《关于开展贸易、投资和教育合作的协议》，与新加坡新科电子、裕廊国际达成合作意向，与澳大利亚伍兹贝格、新加坡丰树集团就项目合作进行了进一步洽谈，与印度马邦工业委员会达成扩大双边交往的共识。（高伟栋）

【长沙与旧金山签署友好城市意向书】 6 月 25—27 日，市委副书记、市长胡衡华率领长沙市代表团考察访问美国，并与旧金山市市长李孟贤签署两市建立友好城市关系意向书。中国驻旧金山总领事袁南生、长沙高新区党工委书记罗社辉等出席签约仪式。签约后，双方还就进一步深化在教育、科技、文化及人才方面的交流与合作进行了深入交流。（高伟栋）

【第八届中国—拉美企业家高峰会在长沙举行】 9 月 12 日，第八届中国—拉美企业家高峰会在长沙举办。全国政协副主席刘晓峰出席开幕式并发表主旨演讲。湖南省委书记、省人大常委会主任徐守盛致辞，省委副书记、省长杜家亳主持开幕式。在为期两天的高峰会活动中，有近 30 个拉美和加勒比国家及中国 20 余个省、市的 800 余名企业家，就战略重点行业、科技创新、信息化、新型城镇化和可持续农业等议题展开热议，并举行千余场对口洽谈会。峰会期间，市委副书记、市长胡衡华受邀出席“中拉城市经济合作论坛”并致辞。市委常委、副市长张迎春出席中国（湖南）焰火产品展示会。（高伟栋）

【外交部驻外使节考察团访问长沙】 10 月 23 日，以中国驻芬兰大使于庆泰为团长的外交部驻外使节考察团 40 余人访问长沙，省委常委、市委书记易炼红会见考察团一行。易炼红向驻外使节们介绍了长沙对外开放情况，希望考察团加大对长沙的宣传推介力度，为扩大长沙与世界各国交流合作牵线搭桥。在长沙期间，驻外使节团前往中联重科、远大住工等进行考察对接。（高伟栋）

【长沙市获评“国际友好城市交流合作奖”】 12 月 29 日，2014 年中国国际友好城市大会颁奖典礼在广州举行，长沙继 2008、2012 年之后再次获评“国际友好城市交流合作奖”。该奖项是中国国际友城工作的最高荣誉，旨在表彰在友城工作各领域交流合作中做出突出贡献的城市。中国国际友好城市大会由中国人民对外友好协会、中国国际友好城市联合会主办，两年举办一届，自 2008 年大会首次设立“国际友好城市交流合作奖”以来，长沙 7 年内 3 次获奖，充分展现了长沙在友城交往方面取得的显著成绩。（高伟栋）

信访工作

【概况】 2014 年，长沙市信访局共受理群众来市信访 20096 件次，其中来信 2840 件次，来访 4514 批 15598 人次，网上信访事项 1616 件次，复查复核申请 42 件次。全市进京非访明显减少，到省集访明显下降，信访问题明显解决，信访秩序明显规范。

一、各级领导高度重视。1. 主要领导亲自部署。省委常委、市委书记易炼红先后 40 余次对信访工作作出重要批示；3 月 2 日、8 月 14 日、9 月 1 日、9 月 26 日先后 4 次主持召开市委常委会或市委办公会议研究信访工作、群众工作；7 月 30 日、12 月 3 日，先后 2 次到基层接访下访，协调解决天鹿公司、新湘百货商场拆迁信访问题。2 月 18 日，市委副书记、市长胡衡华专题研究治理进京非访工作，2 月 24 日，专题调度部署全国“两会”期间信访维稳工作，5 月 13 日，到长沙县接谈来访群众。在 1 月 2 日市委经济工作会和 2 月 20 日市委政法工作会议上，易炼红、胡衡华专门部署安排信访工作。2. 分管领导密集调度。市联席会议印发《关于调整长沙市处理信访突出问题及群体性事件联席会议组成人员的通知》（长信联发〔2014〕2 号），明确市委常委、常务副市长陈泽珲，市委常委、政法委书记钟钢，副市长、公安局长李介德为市联席会议召集人，成立 10 个专项工作组。陈泽珲、钟钢、李介德等领导多次指挥调度、组织协调、研究部署信访工作，做到周调度、月小结、季研究。3. 各级领导公开接访。市委、市政府下发《关于做好 2014 年度市领导接访下访工作的通知》，年内共有 22 名市领导接访包案处理信访问题 24 件次。在《长沙晚报》集中公开各区县（市）党委、政府班子成员，人大常委会主任，政协主席，法院院长、检察院检察长的姓名、职务、分工、接访时间和地点，区、县（市）领导按照“三亲”“四到”“五包”要求，深入一线公开接谈、带案下访、解决问题，区、县（市）领导共公开接访群众 1.8 万人次，化解矛盾纠纷 9000 余件次。

二、集中攻坚化解积案。结合党的群众路线教育实践活动，推进重点信访积案集中攻坚化解，解决群众反映强烈的突出信访问题。1. 集中交办。2 月 20 日，市委政法工作会议将 89 名重点对象现场交办给各区、县（市）党政主要负责人，20 人签订息访息诉

协议书；4月4日，市委活动办和市联席办将省委督导组受理的146个群众来信来访问题，集中交办给责任单位，大部分得到有效处理；5月9日，市领导易炼红、胡衡华将包括省委常委、省委书记徐守盛交办件在内的39件信访积案，交办给市委常委、人大常委会主任、政协主席、政府副市长，以及高新区、各区、县（市）和部分市直部门党政主要负责人，26件息访息诉；7月22日，市委活动办和联席办将梳理的413个信访问题集中交办给责任单位，大部分得到妥善处理；9—11月，市委常委办公会明确在全市开展化解突出问题“百日专项行动”，对前段交办的505个信访突出问题进行集中攻坚化解，已办结490个，144个息访息诉，办结率97%。2. 综合施策。在全市组织开展“三调联动化矛盾 息诉息访促平安”主题活动，按照“一个疑难信访问题、一个司法干部牵头、一个信访干部参与、一个五老小组跟进”的模式，上门开展思想疏导，帮助解决具体问题；开展疑难信访问题公开听证化解活动，下发《长沙市“疑难信访积案听证化解专项活动”实施方案》，邀请“两代表一委员”、律师专家参加，辨法析理、解疑释惑、落实政策；开展信访救助，全市及区、县（市）、乡镇（街道）财政每年安排信访救助资金分别不少于300万元、100万元和10万元，帮扶生活困难信访户解决实际问题，推动息访息诉。3. 督查督办。9月9—12日、12月1—10日，市委督查室、市政府督查室、市联席办等组成6个督查组，先后两次到各区、县（市）和部分市直单位专项督查信访突出问题办理情况，通过“一看、二查、三听、四解、五复”的方式，现场了解领导包案和积案化解情况，并由市委督查室下发《督查通报》如实通报情况。市综治办、市联席办多次组织到各区、县（市），特别是重点乡镇（街道）现场办公，清理甄别群众诉求、多措并举化解问题；市信访局班子成员带领10个专项工作组，深入基层走访信访群众，甄别信访诉求，明确处理要求，协调指导督促开展积案化解工作。

三、强力推进非访治理。把非访治理作为一项重点工作来抓，狠抓责任落实、接访劝返和依法治访，全市信访秩序明显好转。1. 严格落实责任。逐级签订《信访工作目标管理责任书》，明确进京非访总量下降50%的工作目标；市综治办、市维稳办、市联席办和市公安局联合下发《关于进一步解决进京非正常上访问题的意见》，明确进京非访处置工作责任和工作措施；市委办公会议明确对信访责任落实不好、信访问题解决不力、信访积案久拖不决、信访总量居高不下的责任单位实行重点管理，对进京非访量大、排名靠前的乡镇（街道）实施挂牌督办、黄牌警告，市综治办、联席办定期约谈乡镇（街道）党（工）委书记；完善信访通报制度，由市委《长沙要情》每周，市综治办、市联席办每月，重点时段每天通报各区、县（市）及市直单位进京非访情况；建立区、县（市）及局机关工作周点评、月讲评、季测评、年考评工作机制，规范信访系统内部管理和工作流程，切实防止因信访事项处置不当导致矛盾问题上交。2. 全力接访送返。在长沙火车站、高铁站、机场、北京外围组织查找劝导工作，发现进京上访人员，及时劝导送返，严防失控进京，全年成功劝导拟进京人员2000余人次。在重点时段和敏感节点，组织工作力量，及时调度处置，重点单位工作人员提前进京布防、上门沟通交流，有效防止人员进京非访。在全国“两会”期间，全市共登记进京非访55人次，总量较上年度特护期减少322人次，较上年度同比减少80%；国庆特护期进京非访较上年同期（128人次）下降76.6%；十八届四中全会特护期进京非访较十八届三中全会（69人次）下降23.2%。3. 坚持依法治访。8月12日，易炼红批示：请公安机关加大依法处置的力度和效果；9月25日，市委政法委召开全市依法治理进京非正常上访工作调度部署会；十八届四中全会期间，市委常委、市委政法委书记钟钢在京强调要依法处理特护期恶意进京非访人员。全市政法部门落实市委、市政府工作部署，对反复恶意登记、缠访闹访和牵头组织策划的上访对象，公安、检察、法院、司法等部门协同联动、主动出击、专案经营，全年全市政法机关依法处理涉访违法行为260人次，其中刑事拘留13人。

四、深入开展群众工作。1. 工作基础全面夯实。市直、各区、县（市）、乡镇（街道）共组成1879个工作组，选派15003名党员干部驻村（社区）开展群众工作；建立党代表和党员联点群众制度，475名市级党代表深入村（社区）群工站听民声、解民忧、暖民心，35万名在职党员主动到村（社区）报到，投身村（社区）建设和发展。2. 活动载体丰富有效。在全市组织开展“结对认亲、排忧解难”“向群众承诺、为群众办事”、群众工作“三个一”（群工站每月安排一天为信访接待日，每个工作队员联系一名重点信访对象，每个工作组包案处理一个突出信访问题）三大主题活动，全市党员干部结对困难群众近2万名，组织活动7911场，扶持慰问现金物资1528.7万元，公开承诺实事6108件，处理信访问题或矛盾纠纷11669个。3. 督导宣传扎实深入。联合市委督查室、市作风办、市纪委定期与不定期组织对群众工作情况开展督查，下发督查通报3期；开展集中调研座谈20余场次；集中交办群众反映强烈的民生问题50余个；编发《长沙群众工作》44期；《湖南日报》《长沙晚报》、长沙电视台新闻频道、长沙新闻广播、星辰在线等多家媒体进行集中报道宣传。

五、推动落实信访改革。1. 实行网上阳光信访。在全省率先开通网上信访平台，运用互联网面向公众24小时开放受理信访事项。长沙信访网络平台坚持“网上受理、网下办理、每件必复”，对网上信访事项，2个工作日交办、15个工作日反馈、3个工作日审核、20个工作日之内网上回复。积极应用全国信访信息系统，实行“阳光信访”，实现群众信访“可跟踪、可查询、可评价”。2. 全面落实诉访分离。认真贯彻落实中央《关于依法处理涉法涉诉信访问题的意见》精神，在接访大楼设立涉法涉诉信访分流窗口、人民调解室、律师咨询室和经济仲裁室，滚动公示涉法涉诉信访问题政策法规和分流流程，引导信访群众通过法律途径解决涉法涉诉信访问题。全年共分流引导涉法涉诉人员416批689人次。3. 引导群众依法逐级走访。认真贯彻落实国家信访局《依法逐级走访办法》和湖南省《依法逐级走访实施细则》，在市、县两级信访大厅设立宣传栏，在醒目位置广泛张贴、电子显示屏滚动播出依法逐级走访规定内容，让来访人知晓并自觉遵守；组织信访干部认真培训学习，市、县两级共组织专题培训学习11次，培训信访干部620人次；督促基层单位加大初信初访处理力度，压实基层工作责任，对本应通过下级部门受理的信访问题，市本级不予受理。（袁晶）

【全市化解信访突出问题专项行动调度会】 9月1日，市委、市政府召开化解信访突出问题专项行动调度会。省委常委、市委书记易炼红出席会议并强调，群众之所求就是党委、政府之所为，要把解决信访突出问题作为教育实践活动整改阶段的重要工作内容，切实做到热情接访、依规处访、妥善息访，以实实在在的成效取信于民。省委督导组常务副组长孙在田出席并讲话。市委常委、常务副市长陈泽珲主持会议。市领导钟钢、姚英杰、李介德、曹立军，市中级人民法院院长罗衡宁、市人民检察院检察长陈绍纯参加。各区、县（市）和市直相关部门负责人在会上作了表态发言。会议明确，集中9—11月三个月时间，在全市开展化解信访突出问题“百日专项行动”，对全市598个信访突出问题进行集中攻坚化解。（袁晶）

【舒晓琴到长沙调研】 12月13日，国务院副秘书长、国家信访局局长舒晓琴到长沙调研，先后来到岳麓区网格化社会管理服务指挥中心和雨花区人民来访接待中心实地查看，强调要有效整合资源，克服各自为政，通过信息化建设，有效整合各方资源和社会力量，创新社会治理的方式方法，把“社会治理”的大概念，落实到解决和人民群众息息相关的“小事情”、和社会方方面面相关的具体事情中去。副省长戴道晋，省政府副秘书长虢正贵，省政府副秘书长、省信访局局长张严，市委常委、常务副市长陈泽珲陪同调研。（袁晶）

【国务院《信访条例》执法检查组到长沙检查】 6月19—22日，国家信访局副局长范小毛带领国务院《信访条例》执法检查组到长沙检查指导工作，市委副书记、市长胡衡华，市委常委、常务副市长陈泽珲会见检查组一行。省政府副秘书长、省信访局局长张严，副市长、市公安局局长李介德，市政府副秘书长、市信访局局长周春晖等陪同检查或参加相关活动。检查组分别到开福区、芙蓉区、雨花区、浏阳市、望城区现场检查了信访积案化解情况，听取了《信访条例》实施情况的汇报。检查组充分肯定了长沙市近年来认真贯彻《信访条例》的做法，要求按照中央的统一安排和部署，着力推进信访工作改革发展。（袁晶）

政务公开与政务服务

【概况】 2014年，市政务服务中心围绕全市中心工作，服务全市全面深化改革大局，推进政务公开与政务服务工作，各项目标任务全面完成。

一、全面完成行政审批整体提速50%等审改任务。年内，推动了长沙市行政审批制度改革，落实省委常委、市委书记易炼红2013年在全市优化经济发展环境大会上和2014年审改工作调研会上提出的“行政审批整体提速50%”工作要求，狠抓一次性告知制度完善提高、前置审批精减、申报材料清理规范、审批流程优化再造、流程清单编制、细化分解《实施办法》等工作。全面实现行政审批整体提速50%的目标，完成中心承担的行政审批制度改革任务。1. 抢抓时间节点 。为全面展开行政审批提质提速工作，1月14日，组织召开区、县（市）政务中心主任和窗口单位负责人会议，学习传达“一意见两办法”文件精神，对贯彻落实好文件要求及各项任务进行专门部署，统一改革提速思想。3月7日，召开相关窗口负责人会议，就如何实现“整体提速50%”工作目标进行专题讨论研究，听取意见建议，就重点难点问题进行认真分析和梳理。4月1日，召开行政审批效率提速工作再动员会。同时，与市政府督查室一起，对每个单位所有项目进行核查，对没有达到提速50%的单位进行督办。4月29日前，48个单位具有行政审批职能的单位，所有审批事项提速50%以上的单位37个；48个单位的471项行政审批事项，在2013年审批时限的基础上提速50%以上的有432项，达到91.7%，实现整体提速的工作目标。2. 狠抓关键环节。为规范窗口行政审批行为，中心重新统一并规范审批专用章的使用，重新制定并推行办事公开、服务承诺、首问责任、一次性告知、限时办结、效能评估等工作制度，在市政府门户网站和中心网站发布59家单位共565项审批事项一次性告知清单、表格文本等附件。在学习外地先进经验的基础上，探索审批新途径，创新审批新方式，1月16日，向市政府研究室提交《关于提请市政府2014年在全市全面推行行政审批“两集中两到位”改革工作的建议》，代拟《长沙市人民政府关于在全市全面推行行政审批“两集中两到位”改革的工作方案（征求意见稿）》，建议市政府尽快实行“两集中两到位”改革，以推进职能部门内部审批环节的精简和审批效率的提高。同时，为扩大并联审批工作范围，推行建设项目模拟审批，制定《长沙市企业设立并联审批实施办法（征求意见稿）》和《长沙市市级投资项目模拟审批试行办法（征求意见稿）》，并向市政府进行专题汇报，市政府决定把这两项工作纳入下一步行政审批制度改革工作范畴，统一部署推进。3. 全力推动重点。根据市政府第127号令规定和市委市政府“力争在年底前公布流程清单”的要求，市政务中心牵头制定《长沙市行政审批项目流程清单》和《长沙市政府（社会）投资建设项目审批流程图》。将全体干部组成1个综合组、4个流程清单编制审核组和1个建设项目流程图编制审核组，细化工作责任，全市50个审批职能部门全力配合，按照《长沙市规范优化行政审批项目和投资建设项目流程工作方案》（长政办函〔2014〕149号）文件要求，对保留的行政审批项目流程进行优化整理，形成流程清单初稿；市政务中心加强部门间的联系、协商、沟通，征求50个部门意见500余次，历经3轮审核，形成逻辑严密、合法合规的流程清单和流程图。完成《长沙市行政审批项目流程清单》《长沙市政府投资建设项目审批流程图》和《长沙市社会投资建设项目审批流程图》的绘制。10月31日，通过市政府常务会议审议，11月12日，召开新闻发布会，正式对外公布。流程清单的编制使各部门审批流程优化，审批效率进一步提高。前置条件从361个精减为255个，精减29.4%。审批环节从1442个精减到1301个，精减9.8%。审批处室从337个精减到313个，精减7.1%；申报材料从2421份精减到2229份，精减7.9%；办理时限从法定的5583个工作日减少到1930个工作日，减少率65.4%。办理时限从优化前的3769个工作日减少到1930个工作日，减少48.8%。4. 各界强烈反响。《长沙市行政审批项目流程清单》从审批程序、申请材料、承诺期限、申请地点等16个方面对行政审批事项的办理进行了规范，办事群众普遍反映流程清单对办理各类事项有很好的指导作用，信息更加完整、格式更加统一、路径更加明确、获取更加方便，审批过程更加透明、规范。此次公布的《长沙市政府投资建设项目审批流程图》和《长沙市社会投资建设项目审批流程图》将涉及多个部门的审批流程从原来的“串联”审批改为“并联”审批，并详细规定每个阶段的审批时间，使办事流程精简了，办理效率提高了。中央、省、市20余家媒体进行报道，并对长沙的“清单模式”进行专题报道。11月25日《人民日报》要闻版刊发“长沙市政府减权瘦身”一文；12月1日，中央电视台《新闻联播》以《湖南长沙：简政晒清单 让办事不再难》为题，推介简政放权的“长沙经验”，引起社会各界强烈反响。

二、全面完成2014年度全市乡镇（街道）政务服务中心标准化建设任务。2014年，中心督导组到乡镇（街道）进行日常督导50余次，召开工作推进会、区、县（市）政务中心主任联席会、优秀建设单位现场观摩会共11次，进行审批服务事项下放专题调研2次，全面推进乡镇（街道）政务服务中心建设提质改造。10月21日至11月19日，对全市75个提质改造的乡镇（街道）对照标准进行督导，对存在问题的单位要求立即整改。截至2014年底，75个建设单位有23个优秀，其余的达标，全面完成2014年乡镇（街道）政务服务中心标准化建设任务，就近服务群众网络体系进一步提质提效。该项工作呈现出4个特点：1. 各级领导指导到位。各区、县（市）人民政府将乡镇（街道）政务服务中心建设摆上重要议事日程，形成“党委统一领导、党政齐抓共管、部门各负其责、基层积极参与”的工作机制，为建设工作顺利推进，提供了坚强的组织保障。2. 建设标准落实到位。一是办事大厅面积达到标准要求。所有申报达标建设单位都克服困难，达到100平方米建设标准，有的超过规定面积。如雨花区左家塘街道政务大厅面积800余平方米，洞井街道政务大厅面积600余平方米。二是配套设施达到标准要求。2014年申报的75个乡镇（街道）政务服务中心都配置了便民设施和办公设施，做到配套设施齐全，实现办公区“五有”（即有电脑、办公椅、打印机、空调、复印机）、休息区“三有”（即有休息椅、饮水机、服务指南）、公开区“四有”（即有查询平台、公开 栏、电子显示屏、投诉箱）的建设目标。三是窗口设置和事项进驻达到标准要求。按建设标准，乡镇（街道）政务服务中心应有7个窗口31个事项、街道政务服务中心应有6个窗口26个事项的要求都得到认真落实。大部分建设单位对窗口设置和进驻事项根据本乡镇（街道）实际需要有所增加。3. 建设资金投入到位。各区、县（市）人民政府按照达标建设标准，明确2014年经省、市检查验收达标的建设单位至少给予“1:1配套”的以奖代补经费投入。雨花区建设资金投入大，对新建的予以40万元、改扩建的予以20万元的以奖代补奖励，并且做到资金专款专用。4. 服务标准规范到位。2014年，全市75个乡镇（街道）政务服务中心标准化建设全部按要求建立健全办事台账，便民设施齐全，窗口管理严格，办事效率快捷，服务水平提高。所有事项办理流程全部公开，最大限度地方便群众办事。

三、全面加强政府信息公开工作和专干队伍建设。1. 强化顶层设计。以市政府名义印发由中心代拟的《长沙市政府信息公开实施办法》（长政发〔2014〕9号）、《2014年度长沙市重点领域政府信息公开任务分解表》（长政办函〔2014〕93号），以政务公开政务服务工作领导小组办公室名义制发《关于进一步做好政府信息公开工作的通知》等5个规范性文件，让信息公开各个方面、各个环节有规可依、有章可循。为推进全市政府信息公开，特别是在涉及群众切身利益的重点领域的政府信息公开方面发挥着积极指导作用。2. 突出指导督导。建章立制的关键在于抓落实，为了解《长沙市政府信息公开实施办法》等文件的落实情况，开展对全市政府信息公开工作的调研、指导、督促和检查2次。8月28日，召开全市政府信息工作推进会，请典型单位代表介绍经验，对督查情况进行通报，市政府秘书长凌勤杰出席会议。3. 强化队伍建设。6月26—27日，在国办颁布《中华人民共和国政府信息公开条例》以来，首次组织开展了全市政府信息公开工作人员培训会，聘请专家、学者对全市信息公开工作进行系统培训，提高政府信息公开业务水平和工作能力。根据中央和省、市政府信息公开近年来下发的文件制度进行收集，结合全市工作实际，制定依申请公开各种情况的统一处理样表，汇编《政府信息公开文件制度选编》，在培训会上下发，为全市更好地开展政府信息公开工作提供帮助。4. 回应群众关切。全年指导全市受理、处理政府信息依申请公开件数3000余宗，市本级共受理申请150余件，回复率100%。加强对依申请公开网上申请系统的管理、督促。强化各部门对网络依申请的重视度，及时做好答复工作，避免由此引发的投诉情况。全年指导、督促各市直部门单位对200余件网上依申请公开进行了答复工作，接待前来咨询、投诉、依申请公开政府信息的群众1000余人次。5. 科学考核推进。以市政务公开政务服务工作领导小组办公室名义印发《长沙市市直部门政府信息公开考核细则》（试行）和《长沙市区县（市）政府信息公开考核细则》（试行）（长政务办〔2014〕4号）文件。加强政府信息公开工作的考核检查。

四、“12345”市民服务热线知晓率满意率提升。长沙市“12345”市民服务热线于2013年12月25日正式运行，填补了长沙市无综合性民生服务热线的空白，其呼叫大厅220平方米、设有45个座席，其规模居全省第一。1. 各级各部门高度重视。中心制定完善各项管理制度，实行以市政府办公厅牵头的疑难工单会商制和市纪委等部门组成的联合督办制度；构建热线工单办理与年底绩效考核、群众路线教育实践活动实效、城管体系考核挂钩的“三挂钩”考核体系。建立热线工作月调度、月通报制度，对全市工单办理情况进行综合排名，定期上报市领导，下发成员单位分管领导，易炼红、胡衡华多次在通报上进行重要批示推动疑难工单办理。7月16日，经胡衡华批示，全市热线工作半年工作讲评会召开，市委常委、常务副市长陈泽珲出席并做重要讲话。年内制定下发了《长沙市12345市民服务热线新闻报道工作意见》《关于加强12345市民服务热线工单办理的意见的通知》《关于增加长沙市12345市民服务热线成员单位的通知》等文件，指导和规范成员单位热线工作。2. 热线知晓率提升。与长沙市广播电视台、长沙晚报报业集团联合，在政法频道设立每天一期的《12345市民直通车》电视新闻栏目。截至11月底，报道359条工单，涉及校车安全、垃圾清理、路灯问题、公交卡办理等关系群众切身利益事项，开设了纪委督办、宣传周、主播接线日等专题；在《长沙晚报》设置《12345市民直通车》专栏，截至11月底，共报道35篇热线新闻。11月3—10日，在全市开展了热线宣传周活动。各区、县（市）以政务中心为依托，传统与创新宣传手段相结合，搭台宣传与网络宣传同进行，当月工单量明显上升，满意率比全年平均满意率上升3个百分点。3. 平台功能拓宽。协调资金近15万元，为110个热线成员单位配发一台“热线通”手机，每台手机上安装热线手机APP，可随时接收工单、查询工单、办理工单。同时与公安局110指挥中心进行对接，实现系统对接零障碍，实现三方通话功能；整合了长沙市本级行政效能投诉热线“12342”。4. 日常工作规范管理。编写了呼叫中心工作人员手册，对受话规则、应答技巧、录单和派单等进行规范，对工单案件类型进行了细分，对职能部门服务事项、全市行政区域地名、常见热线和办公电话等进行了整理，做到各项工作程序化、制度化、规范化。截至12月24日24时，共接到市民有效来电17.7万个，在线答复12.3万件，办理转办工单5.1万件，接通率保持在98.7%以上，在线办结率保持在70%以上，按时办结率保持在99%以上，经过第三方回访，市民满意度由最低70%提升到77%，1.6万名市民给出非常满意的高度评价。市民热线成为政府与市民之间“最畅通、最便捷、最信任”的联系渠道。

五、市本级政务服务大厅管理成效明显形成新常态。1. 管理制度日趋完善。为进一步落实市政府《管理办法》，制定了《长沙市政务服务中心窗口及分中心工作绩效考核办法》和《长沙市政务服务中心窗口工作人员工作绩效考核办法》《长沙市政务服务中心窗口工作人员行为准则》《AB岗工作制度》等13项配套制度，从责任、对象、要求、结果等各个方面，实施全程立体式的痕迹化管理规范，形成了一套管人管事管行为的管理体系。年初，改选了考核领导小组、成立了考核评估小组，形成了日常监管、数据核查、窗口评定、领导小组评审、通报结果为一体的规范、科学、公正的考核程序。对窗口的项目进窗、人员进驻、事项授权、办事质量、群众评价、在线办理、窗口管理、完成任务等方面实施全面量化评估，对窗口工作人员的爱岗敬业、业务办理、行为规范、遵章守纪等方面实施量化评估，形成全面量化考核体系。2. 管理措施更加科学。建立派驻单位主管、市政务中心监管的双重管理体制，形成派遣单位分管领导值班、窗口负责人督促、中心领导巡查、办事群众监督的齐抓共管机制，收到明显的管理成效。2014年，分管领导值班签到完全按要求落实的有42家，应值班签到次数为2244次，实签1837次，签到率82%。全年应参加考勤人次99440人次（前窗工作人员每人每天2次，后室工作人员每人每天1次），实际考勤人次为95900人次，迟到、早退现象168人次，仅为0.2%，巡查、暗访发现各类不规范行为共105人次，仅为0.11%。全年有21个窗口56人次共收到表扬信53封，锦旗19面。全年政务大厅接受中央和省、市媒体的正面的宣传报道40余次，接待全国各地学习考察调研团30余批次。3. 服务功能不断增强。2014年，市政务大厅新增加了市旅游局、市残联、市贸促会3个办事窗口，服务功能进一步增强。完成了公积金中心、交通局、公共服务单位、住建委报件窗口等10余个单位前窗后室的调整，大厅布局更加合理规范。4. 文明之风更加浓厚。2014年，加强了对窗口工作人员的教育培训，全年共组织8次学习培训，开展服务工作讲评2次、工作点评3次。发放《窗口学习园地》6期，邀请高校教授给窗口及机关全体人员开展业务辅导、心理健康辅导5次。开展“学雷锋创文明标兵单位”活动、“四比四促”活动和“争创人民满意政务服务中心”活动，弘扬正能量，窗口服务意识和服务质量有了明显好转。市住建局产权处窗口干部曾佩冰被评为市“三八红旗手”，市药监局窗口干部赵松义被评为“长沙好人·我身边的雷锋”；市住建委窗口被评为2014年度长沙市“青年文明号”。（向晓芳）

电子政务

【概况】2014年，长沙市电子政务工作围绕全市发展的中心工作，深化改革，服务大局，推进信息技术应用建设，优化网站管理服务，完善电子政务网络体系，加强政务信息资源统筹规划，在改善公共服务，加强社会管理，服务科学决策、节约财政资金等方面发挥了重要作用。2014年，长沙市政府门户网站在全国政府网站绩效考评中获评省会城市第一。“重点信息公开专栏”“市长信箱”栏目获电子政务理事会评比的2014年政府网站“精品栏目”奖。在2014年首届中国网络安全与媒体责任公益活动中，长沙市电子政务办被授予“中国网站建设领域优秀单位”。

一、推进应用建设工作，业务协同能力增强。2014年，长沙市电子政务工作围绕经济社会发展的大局，以电子政务统一的应用基础平台为支撑，推进工商、税务、财政、交通、公安、商务等重大信息化工程的应用体系建设，使各部门间信息数据实现共享，业务协同能力增强。1. 完善社会综合治税信息平台。2014年，全市启动了社会综合治税信息平台二三期建设，并于2014年9月25日正式上线运行。截至2014年底，完成了31个部门44项涉税数据的数据入库、比对分析和前台展示等工作。全年综合治税累积成果4.57亿元。2. 建设商事服务管理信息平台。该平台已接入市级部门29家，公布了2014年全市8.2万家商事主体的基本信息、税务信息和组织机构代码证信息等内容。3. 建设政府机关办公业务信息化系统。政府机关办公自动化系统“3+1”在市政府办公厅的部署实施，有效实现了用户的个性化需求。4. 完善网上政务服务和电子监察系统。2014年，根据长沙市政府令第127号公布保留的全市219项行政审批事项，除取消、下放、体制内审批、涉密涉隐私项目外，全部实现在线办理和电子监察。推进政务服务一体化平台。按照长沙市委市政府行政审批效能整体提速50%的要求，全市拟建政务服务一体化平台。

二、优化网站管理服务，网上服务质量提升。长沙市政务网站建设工作着力于推进政民互动，加强舆情监控，加大信息公开力度，提升办事能力，提高政务网站的管理与服务水平。1. 推进政府网站政民互动，搭建沟通桥梁。将“领导信箱”回复时效纳入电子监察，实行实时监控，并推行信件办理首问责任制度。特别是“市长信箱”栏目，平均每年收到有效信件9000余件。2014年，“市长信箱”栏目共收到来信8402封，信件回复率96.25%。2. 加强网上政务舆情监控，服务领导决策。对网络上关于长沙的相关信息进行实时监控，加强舆情分析，精心整理，每天把网民关注的最新重点、热点、难点以《网络舆情摘报》的形式呈报领导参阅，为领导决策提供参考。3. 加大政府网站信息公开力度，回应民众关切。结合长沙市经济建设发展的重点、热点、难点问题，开设“在线访谈”“新闻发布会”栏目，对涉及政务活动的重要舆情和公众关注的社会热点问题，积极予以回应。同时，加强“信息公开”栏目、“重点信息公开”专栏的建设维护力度，实现了重点信息的深度公开。2014年，通过“长沙市政府重点信息公开”专栏公开重点领域政务信息2000余条。其中，有58个市直部门在财政资金栏目下公示了2014年部门预算和“三公”经费。同时，公布了完整的《长沙市政府部门权力清单》，从审批程序、申请材料、承诺期限、申请地点等16个方面对行政审批事项的办理进行规范，既方便了群众办事，又加强了对政府部门权力运行的监督。4. 提升政府网站网上办事能力，开辟办事渠道。全市政府门户网站设置了“园区信息”频道，开辟了“企业开办”“经营纳税”“招商引资”等重点栏目，方便了企业办事，优化拓展招商引资渠道；2014年市政府门户网站开设了“便民查询”栏目，同时全面梳理了“户口办理、生育证办理、身份证办理、公积金贷款等14个重点办事服务专题；实现了全市行政许可事项的在线办理以及规划、税务、国土、房屋产权等重要业务的在线申报，提高了行政效率，方便了群众办事。

三、健全网络布局，政务网络体系建设不断完善。按照“集中统一、整合共享、联合协同、安全高效”的原则，长沙市建成了上联省、下联区县、横向连接各市直部门，内外网隔离的电子政务网络平台，实现资源共享和信息互联互通。同时，全市电子政务外网已延伸到街道（乡镇）、社区（村）。2014年，所有区、县都全部完成政务外网的接入工作。宁乡县电子政务网络平台基本实现全县130家单位接入电子政务内网和外网，共享2G宽带光纤互联网和物理隔离专用内网。同时，电子政务外网延伸到422个村（社区），让村（社区）一级能访问和办理相关资源和业务。浏阳市先后完成政务外网、政务内网、精密空调、安全监控等项目，完成了外网延伸到村（社区）的招标工作。望城区投资1100万余元按照B级标准建设了电子政务中心机房，通过电子政务中心机房，望城区电子政务网络平台已纵向连接省、市电子政务内外网，横向连接区直各部门、乡镇、村（社区）、学校等。长沙县搭建长沙县电子政务城域网，实现全县所有县直科局通过1000M光纤、各镇街道通过100M专线联接到县中心机房，中心机房配置了小型机、服务器、数据存储中心、交换机、防火墙、防病毒网关等高档先进设备。雨花区有协同办公系统和各部门专用业务系统全面向政务内网迁移，同时部署长沙市电子政务外网安全监控平台雨花区分平台。开福区启动区电子政务外网二期建设，将行政区划调整后新设置的街道和捞刀河以北的社区、村全部连入区电子政务外网，实现电子政务外网覆盖到全区所有的部门、街镇及社区（村）。岳麓区电子政务外网覆盖至区直机关各单位、各街道（镇）及相关单位、各社区（村）、公安系统各派出所，共计约200余个部门；电子政务内网覆盖至全区71个区直单位、17个街道（镇）、96所学校及9个教育二级机构等计190余个单位。天心区实施建设了光纤城域网（简称“天政网”）项目二期（天心区教育系统光纤网络建设项目），搭建了展示演示中心平台，实现了52个教育系统学校单位、81个社区（村）统建政务网络的接入。芙蓉区完成了标准统一、功能完善、安全保障的电子政务网纵向和横向的平台搭建，实现全区所有职能部门、各街道、社区的互联互通。

四、紧抓安全运维，电子政务安全保障能力提高。全市建立了人防、物防和技防相结合的安全防范体系，启动集中统一安全平台建设，制定了立体的安全防护、响应和容灾机制。定期对所辖区、县（市）及市直各机关事业单位网络及应用系统进行安全检测，发现一起，整改一起。为加强运维安全管理，全市建立以监控和巡检相结合的运维制度，每天对机房、网络平台和应用系统进行3次现场巡检。运维效率提高60%，用户平均满意度95%以上。同时，启动对“市电子政务外网平台”“长沙市政府门户网站”“长沙市商事主体登记管理平台”“长沙市综合治税系统”“长沙市网上政务服务和电子监察系统”及“长沙市文化执法系统”的安全等级测评工作，为市政府网络平台及重要应用系统安全防护工作的开展奠定了良好基础。

五、统筹规划编制，电子政务发展水平提高。为建设数字长沙，促进长沙市电子政务又快又好发展，长沙市由市电子政务办实行电子政务项目的统一管理，为财政节约大量资金，避免重复建设。2014年，启动《长沙市电子政务“十三五”发展规划》的编制工作。通过发放部门调查问卷、开展座谈会等多种形式做好规划前期及调研工作。为推进乡镇社区服务示范试点，全市遴选了18个乡镇（街道）社区（村）作为电子政务管理和服务示范试点。（谭　立）

政协长沙市委员会

责任编辑：江　雷

政协长沙市第十一届委员会机构领导人员

党组书记、主席　　范小新
党组副书记、副主席　　钟新莲
党组副书记　　谢明德
副主席　王力力（兼）龚振湘
　　段安娜（兼）彭继球（兼）
　　唐志浩　　石长松
　　袁志恒　　刘明理（兼）
顾　问　周秋光　　李克俭
　　龙建强 (2014.09 退休)
　　陈立湘
秘书长　彭志一
副秘书长　朱世平　　贺明兰
　　高清福　　朱建军（兼）
　　李　平（兼）黄光裕（兼）
　　刘志红（兼）
常委（91 人，按姓氏笔画排列）：
　　丁　文（女）尹小英（女）
　　王力力　　王国平
　　王明娟（女）王剑平
　　王清华（女）王瑜琿
　　邓文莉（女）付　超
　　帅放文　　石长松
　　刘丹军　　刘志红（女）
　　刘佳勇　　刘明理
　　刘诗题　　刘绪甲
　　朱世平　　朱建军
　　汤建尧　　何金松
　　吴晓佳　　张业军
　　张庆和　　张　炬
　　张　青（女）张蔚秋（女）
　　李天赐　　李　平（女）
　　李正元（女）李光华
　　李丽雄（女）李卓民
　　李　枫　　李素娥（女）
　　杨名兴　　杨余飞
　　邹国兴　　陈伟建
　　陈　忞　　陈昉青
　　陈迪夫　　陈剑文（女）
　　陈　斌　　陈　锦
　　周小春（女）周至仁（女）
　　周锦民　　易敬平
　　范小新　　金长义
　　俞小玲（女）段安娜（女）
　　祝珍明　　胡日新
　　胡石明　　贺志勇
　　贺明兰（女）钟新莲（女）
　　饶福明　　唐再明
　　唐志浩　　徐志刚
　　徐勇斌（女）涂立奇
　　袁志恒　　郭建华
　　高清福　　康镇麟
　　黄光裕　　黄树明（女）
　　黄祖群　　黄　锋
　　龚振湘　　喻志军
　　彭志一　　彭继球
　　曾　理（女）董晓明
　　蒋言斌　　蒋　林
　　谢丽华（女）谢明德
　　释圣辉　　释坚愿（女）
　　熊开颜　　谭克涛
　　谭学军　　谭　勇
　　戴跃锋

【概况】 2014 年，政协长沙市委员会（以下简称“市政协”）深入学习贯彻中共十八大、十八届三中、四中全会精神和习近平系列重要讲话精神，高举中国特色社会主义和爱国主义伟大旗帜，牢牢把握团结和民主两大主题，坚持“忠实履职、服务大局、务实创新、和谐共进”的工作思路，凝心聚力，建言献策，助推发展，服务群众，各项工作富有特色、成效明显。

搭建履职平台，服务全市工作大局。深入开展服务率先建成“三市”、服务民生民利、服务社会和谐的“三服务”主题活动，组织动员全市政协系统和广大政协委员，积极投身经济社会发展事业。市政协主席会议成员积极服务“六个走在前列”有关重点项目，为长沙市新材料产业相关企业、湘江长沙航电枢纽项目、食品加工相关企业、宁乡大河西农产品物流中心、市电业局项目、环保和园林项目、市城管局项目、交通运输项目等，多方协调解决有关困难问题。加大对中心镇建设联系点、建设扶贫村联系点的帮扶指导力度。市政协 31 个界别、各区、县（市）政协和广大政协委员发挥独特优势，结合各自实际，广泛深入开展“三服务”主题活动，共为项目和企业解决实际问题 215 个，开展招商引资引智活动 107 次，发放法律宣传资料 3 万余份，举办公益慈善活动 326 次，捐款捐物价值近 3000 万元，协助各级党委、政府化解各种矛盾 198 起，推动解决群众最关心的现实问题 728 个。

推进协商民主，充分发挥重要渠道作用。建立协商工作机制。积极探索推进政协协商民主的有效途径，出台市政协《关于制定年度协商计划的办法》，制定 2014 年协商计划，将重点调研、民主评议、提案办理等与协商有机结合，积极有序地开展全体会议协商、专题协商、对口协商、界别协商、提案办理协商和立法协商，全年协商座谈28次。认真组织全会协商。十一届二次全会期间，组织委员重点协商讨论市政府工作报告、全市2013年国民经济和社会发展计划执行情况和2014年国民经济和社会发展计划草案报告、全市2013年财政预算执行情况和2014年财政预算草案的报告、市中级人民法院和市人民检察院工作报告，集中谋大事、议大事；召开“服务转型升级、实现产业倍增”“关注民生民利、促进社会和谐”“建设秀美幸福长沙、实现城乡品质倍升”3场专题协商会，提出许多有参考价值的意见和建议。重点开展专题协商。围绕深化行政审批制度改革、推进园区科技创新、加强大气污染治理和社保基金管理情况开展专题协商，委员与市政府领导和相关职能部门负责人互动交流，增进共识，提出意见和建议。协商后形成的“深化行政审批制度改革、加快政府职能转变”的建议案提交市委、市政府，市政府专题进行答复，有关建议为长沙市出台《长沙市政府部门权力清单》，完善有关行政审批办法、简化和下放行政审批项目提供参考。关于“长沙市社保基金管理情况”的协商，为政府部门提高社保基金使用效能，更好地服务人民群众提供有益借鉴。广泛开展对口协商、界别协商、提案办理协商和立法协商。就农村义务教育、城市地下管网建设、智慧长沙建设、宗教场所建设、加强已引进海外人才服务等重要议题开展对口协商和界别协商，为政府部门改进工作提出许多中肯的意见和建议。关于农村义务教育的对口协商，市委书记易炼红对市政协报送的协商意见作出批示，有关协商意见在市政府出台的《关于进一步加快农村义务教育发展的若干意见》中得到转化落实。选择14件提案进行提案办理协商，搭建提办双方良性互动平台，提升提案办理工作实效。组织市政协立法协商专家组成员参与《长沙市职工劳动权益保障条例》等4部地方性法规和政府规章的协商，许多意见建议得到重视和采纳。

“加强大气污染治理，建设秀美幸福长沙”专题协商会

积极参政议政，建言献策助推发展。全年共组织专题调研考察15次，形成建议案1件、调研考察报告9份。为推动全市园区加快转型提质发展，就“推进科技创新，加快园区经济倍增”开展常委会调研，提出的意见和建议得到市政府主要领导的批示，调研报告作为全市园区工作会议材料印发。积极推进生态文明建设，回应群众关切，就“加强大气污染治理，建设秀美幸福长沙”开展常委会调研，广泛听取社会各界和广大人民群众意见，多次召开专家论证会，为长沙市加强大气污染治理建言献策，《人民政协报》对此进行专题报道。选择商事制度改革、加快现代金融业发展、文化旅游产业、农村敬老院建设和管理、公安工作等，开展主席会议考察；围绕发展现代农业、打造湘江“百里滨水走廊”、加强国有资产管理、推广绿色建筑、城市地下管网建设、岳麓山风景名胜区保护等开展专委会调研考察，有关意见建议成为党政决策和推动部门工作的重要参考。创新提案办理形式。健全提案办理协商机制，开展重点提案高层领办，遴选确定8件重点提案，其中2件由书记易炼红、市长胡衡华分别领办，市政协主席会议成员参与办理，起到示范带动效应。6件“重难特”提案由副市长领办，取得良好的办理效果。反映社情民意信息工作迈上新台阶。全年共收集社情民意信息1731条，编审上报上级政协421条，全国政协采用7条，省政协采用54条，跃居全省政协系统第一。编发市政协《社情民意》内刊99期，转部门办理47件，这些信息涉及改革、发展、民生、稳定等方方面面，得到省市领导高度重视，有59期信息得到有关领导批示，其中书记易炼红和市长胡衡华批示34期，一些问题得到重视和解决。如《莫让“农家书屋”监管缺失流于形式》，省政协主席陈求发、省政府副省长李有志作出批示，省政协为此召开专题协商会议，促成全省即将出台进一步发挥“农家书屋”作用的相关政策。

开展民主监督，推动改进部门工作。精心组织民主评议。选择“城乡居民基本养老保险和失业保险资金管理情况”进行民主评议。市政协评议组通过扎实的调研，掌握大量第一手资料。在此基础上召开民主评议大会，并向市委报送民主评议报告。针对评议中提出的问题，市有关部门认真采纳评议意见，主动进行整改。积极推进集中委派民主监督员工作。积极探索提高民主监督组织化、制度化的有效途径，召开民主监督员片组会，由分管副主席带队到部分派驻单位走访座谈，推动工作开展。各民主监督小组制定接待群众来访办法，通过多种形式广泛收集群众意见建议，加强与派驻单位的沟通协商，寓民主监督于支持服务之中，推动派驻单位改进工作。拓展民主监督的领域。通过调研考察、协商工作、界别活动、提交提案、反映社情民意等多种履职途径实施民主监督，推动有关工作的改进和民生事业的改善。将政协民主监督和新闻舆论监督有机结合，聚焦市民出行、雾霾治理、物业管理纠纷、二次供水安全、村级卫生网络建设、贫困学生入学难等群众最关注、最期盼解决的现实问题，制作“政协之声”25期，在长沙电视台新闻频道播出，引起社会广泛关注和有关部门的重视。

坚持团结民主，凝心聚力促进和

谐。注重发挥党派、团体和无党派人士的积极作用。建立市政协主席会议成员联系党派制度，定期走访市民主党派和市工商联机关，定期召开有关座谈会，加强思想沟通，听取工作意见。积极为市各民主党派、工商联、无党派人士合作共事搭建平台和创造条件，共有近500人次的党派、团体和无党派委员参与市政协大会发言、调研考察、民主监督、协商会议等重点履职活动，53件集体提案、272件委员提案立案交办，62条社情民意信息被全国政协和省、市政协采用。深化联络联谊工作。发挥政协渠道畅通、联系广泛的优势，加强港澳台侨和海外联谊工作，广泛开展经贸、文化、教育交流，全年接待来访国际友人和港澳台人士20余批次，与20余个国家的华侨组织建立经常性联系。在澳门召开港澳委员政情通报会。积极开展招商引资引智，促成长沙与澳门签署经贸合作框架协议，协助举办加拿大安大略省—长沙绿色建筑推介与合作活动，做好驻上海外资银行同业公会10余家银行代表到长沙考察的服务工作，为港澳台侨委员在长投资兴业牵线搭桥、排忧解难。致力促进民族团结和宗教和睦。积极贯彻国家的民族政策和宗教政策。支持少数民族界和宗教界的委员抵制多起境外宗教渗透，协调处理在长少数民族群众的维稳工作。推动白沙井清真寺扩建、基督教城南教堂迁建等问题的解决。推动历史文化遗产保护。积极发挥长沙市历史文化名城建设推动委员会的作用，组织有关专家学者考察抗战遗址保护情况，协助长沙电视台拍摄反映长沙抗战的电视系列片《为了不曾忘却的记忆》；考察长沙国王陵国家考古遗址公园保护建设情况，向市政府提出建议，推动有关工作的落实；对黄兴北路宗教历史文化街区建设进行考察论证，推动历史文化资源的保护和利用。成立市政协文史资料专家委员会，加强文史资料的挖掘、征集和整理。

加强自身建设，着力提升履职能力。认真学习习近平在庆祝人民政协成立65周年大会上的重要讲话精神，深刻领会和把握中共中央关于全面深化改革、全面推进依法治国、发挥人民政协作为协商民主重要渠道作用等重大决策部署；邀请市委、市政府领导分别为委员作政情通报和反腐倡廉专题报告，邀请有关专家作协商民主、大气污染防治、曾国藩的做人做事做官等专题讲座，组织全市政协系统部分领导干部赴清华大学进行研修培训，组织参加省政协有关理论征文及研讨活动，开展“读好一本书”活动，为全体委员订阅报纸杂志、发放学习资料等，政协委员和政协机关的学习培训进一步加强，履职的思想政治基础更加巩固。制定委员履职管理办法和委员履职考评方案，建立委员履职信息电子台账，切实加强委员的服务管理和考核工作，委员服务管理工作逐步完善。落实主席会议成员联系界别、常委联系委员、委员联系群众的制度，加强委员走访和联系，在事业上支持委员，在履职上服务委员，在生活上关心委员，努力为委员履职尽责创造条件。各区、县（市）政协引导和支持委员在乡镇（街道）、社区建立一批委员工作站（室），联系群众，反映民情，为民解难，委员的履职作用得到充分发挥。评选一批优秀市政协委员，全市政协系统有4名政协工作者和委员获评省政协“忠实履职、奉献湖南——最美政协人”。聚焦查找和解决“四风”问题，从改进文风会风、严格出国（境）管理、严格公车管理、委员履职服务等10个方面，切实加强整改，重点建立健全改进文风会风等18项制度，机关党员干部的服务意识、为民意识不断增强，履职能力明显提升。（唐朝阳）

【政协长沙市第十一届委员会第二次会议】 1月7—10日，中国人民政治协商会议长沙市第十一届委员会第二次会议在长沙人民会堂举行。省委常委、市委书记易炼红，市委副书记、代市长胡衡华等党政领导到会祝贺并专程看望了与会的政协委员。1月7日上午，市政协党组副书记、副主席钟新莲主持大会并宣布开幕。省委常委、市委书记易炼红代表中共长沙市委对大会的胜利召开表示热烈祝贺并发表重要讲话；范小新代表政协长沙市第十届委员会常务委员会作了工作报告；唐志浩代表政协长沙市第十届委员会常务委员会作了提案工作情况报告。会议期间，与会委员认真审议了市政协常委会工作报告和提案工作情况报告，对两个报告表示赞同。与会全体委员列席了市第十四届人民代表大会第二次会议开幕式，听取并协商讨论了政府工作报告，对报告表示认同。会议通过协商讨论，对长沙市2013年国民经济和社会发展计划执行情况和2014年国民经济和社会发展计划草案报告、长沙市2013年财政预算执行情况和2014年财政预算草案报告以及法院、检察院工作报告表示赞同。1月9日上午，举行专题协商会。分“服务转型升级、实现产业倍增”“关注民生民利、促进社会和谐”和“建设秀美幸福长沙，实现城乡品质倍升”三个专题分别召开会议。来自不同行业的政协委员们踊跃发言，各抒己见，为率先建成“三市”、强力实施“三倍”、加快现代化进程积极建诤言，献良策。1月10日，市政协十一届二次会议闭幕大会由市政协党组书记、主席范小新主持。大会通过了政协长沙市第十一届委员会常务委员会工作报告的决议、提案工作情况报告的决议和政治决议。市政协提案委员会主任陈伟建报告了十一届二次会议提案审查情况。（唐朝阳）

【政协长沙市第十一届委员会第6–12次常委会议】 第六次常委（扩大）会议。1月8日，政协长沙市第十一届委员会举行第六次常委（扩大）会议。市政协主席范小新，党组副书记、副主席钟新莲，党组副书记谢明德，副主席王力力、龚振湘、段安娜、唐志浩、石长松、袁志恒、刘明理，顾问周秋光，秘书长彭志一出席会议。会议由市政协副主席彭继球主持。会议听取了18个小组的政协委员、列席人员讨论易炼红在市政协十一届二次会议开幕大会上的讲话、审议政协长沙市十一届常委会工作报告和提案工作报告、讨论市人民政府工作报告的情况汇报，审议市政协十一届二次会议政治决议（草案）、政协长沙市十一届常委会工作报告决议（草案）、提案工作情况报告决议（草案）。

第七次常委（扩大）会议。1月9日，政协长沙市第十一届委员会第七次常委（扩大）会议召开。市政协主席范小新，市委常委、组织部长程水泉，市政协党组副书记、副主席钟新莲，党组副书记谢明德，副主席王力力、龚振湘、段安娜、彭继球、唐志浩、袁志恒、刘明理，顾问周秋光，秘书长彭志一出席。市政协副主席石长松主持会议。会上，程水泉受中共长沙市委的委托，通报了有关人事事项。会议听取了协商人事安排的意见。

第八次常委（扩大）会议。1月10日，政协长沙市第十一届委员会第八次常委（扩大）会议召开。市政协主席范小新，党组副书记、副主席钟新莲，党组副书记谢明德，副主席王力力、龚振湘、段安娜、彭继球、石长松、袁志恒，顾问周秋光，秘书长彭志一出席。市政协副主席唐志浩主持会议。会议听取了各组审议市政协十一届二次会议政治决议（草案）、常委会工作报告决议（草案）、提案工作情况报告决议（草案）的意见和协商人事安排的意见，听取、审议了市政协十一届二次会议提案审查情况的报告。

第九次常委会议。3月28日，政协长沙市第十一届委员会第九次常委会议召开。市政协党组书记、主席范小新，党组副书记、副主席钟新莲，党组副书记谢明德，副主席王力力、龚振湘、彭继球、唐志浩、袁志恒、刘明理，秘书长彭志一出席。市政协副主席袁志恒主持会议。会议审议通过了《政协长沙市委员会关于制定年度协商计划的办法》《政协长沙市委员会2014年协商工作计划》。此外，会议还审议通过了辞免、撤销和增补市政协委员名单，增补王剑平等12人为市政协委员。

第十次常委会议。7月15日，政协长沙市第十一届委员会常务委员会第十次会议召开，市政协主席范小新，党组副书记、副主席钟新莲，党组副书记谢明德，副主席段安娜、彭继球、唐志浩、刘明理，市政协秘书长彭志一等出席。市政协副主席刘明理主持会议。会议审议通过了《政协长沙市委员会常务委员会关于“深化行政审批制度改革，加快转变政府职能”向中共长沙市委、市人民政府的建议案》《政协长沙市委员会委员履职管理办法》和《政协长沙市第十一届委员会委员履职考评方案（试行）》。

第十一次常委会议。9月25日，政协长沙市第十一届委员会常务委员会第十一次会议召开，市政协主席范小新，党组副书记、副主席钟新莲，党组副书记谢明德，副主席王力力、段安娜、唐志浩、石长松、袁志恒、刘明理，顾问周秋光，秘书长彭志一出席。市政协党组副书记、副主席钟新莲主持会议。会议审议通过了《关于民主评议城乡居民基本养老保险和失业保险管理情况的报告（草案）》《关于“推进科技创新，加快园区经济倍增”的调研报告（草案）》《关于“加强大气污染治理，建设秀美幸福长沙”的调研报告（草案）》。

第十二次常委会议。12月18日，政协长沙市第十一届委员会常务委员会第十二次会议召开，市政协主席范小新，市委常委、市纪委书记李军，副市长黎石秋，市政协党组副书记、副主席钟新莲，党组副书记谢明德，副主席王力力、彭继球、唐志浩、石长松、刘明理，顾问周秋光，秘书长彭志一出席会议。大会邀请李军作了党风廉政建设和反腐败工作的专题报告；听取了市政协十一届三次会议筹备工作情况汇报；审议通过了政协长沙市第十一届委员会常务委员会工作报告（草案）、政协长沙市第十一届委员会常务委员会关于十一届二次会议以来提案工作情况的报告（草案）；审议通过了《关于召开政协长沙市委员会十一届三次会议的决定》以及议程和日程；审议通过了市政协十一届三次会议执行主席，秘书长、副秘书长名单，委员分组办法和各组召集人名单；审议通过了《政协长沙市委员会2015年协商工作计划》；市政府通报了市政协十一届二次会议以来提案办理情况；会议还听取了市政协办公厅、各专委会和研究室年度工作述职并对其进行评议。　（唐朝阳）

【提案工作】 6月4日，省委常委、市委书记易炼红就市政协重点提案《关于进一步规范我市社区职能优化社区工作的建议》进行领办协商。该提案由民建长沙市委在市政协十一届二次会议上提交，易炼红书记结合群众路线教育实践活动，亲自调研，多次研究和部署，提案办理协商会议以纪要的形式推动政协参政议政成果的转化和落实，按照督办要求，市民政局联合市委组织部、市财政局、市人力资源和社会保障局、市住房公积金管理中心联合下发了《关于规范社区专职工作人员工资福利待遇的意见》（长民发〔2014〕33号），落实了社区专职工作人员住房公积金待遇。同时，市民政局还启动了《社区公共服务目录》的编制工作，并指导雨花区、开福区启动了社区公共服务综合信息平台建设工作，逐步推进社区治理体制创新。8月18日，《关于加快长沙“公交都市”建设的建议》由市长胡衡华领办。胡衡华多次现场调研，并召开市政府常务会和市长办公会专题进行研究，市政府下发了《长沙市“公交都市”建设示范工程实施方案》，明确2014年增加1.5亿元公交专项资金，并将出租车特许经营权使用费的全部收益用于支持发展公共交通，力争用5年时间，把长沙建设成为国内领先的“公交都市”优秀示范城市。2014年，市政协积极探索重点提案高层领办机制，不断创新和完善重点提案办理工作。首次实现党政一把手领办市政协

“加强大气污染治理，建设秀美长沙”调研

重点提案，首次采用省、市政协重点提案联合现场督办的形式开展办理协商，并将重点提案办理协商纳入市政协全年协商计划，综合统筹，整体推进，健全协商民主新机制。市政协十一届二次会议以来，市政协共收到提案576件，经审查立案522件。市政协主席会议审议确定8件提案作为重点提案进行办理协商，分别是：进一步规范长沙市社区职能，优化社区工作；加快长沙公交都市建设；重点推进书堂山欧阳询文化园建设打造长沙历史文化名城新名片；加强长沙市地方政府性债务管理；加快推进长沙市电子商务产业发展；进一步改善长沙物流业发展现状；进一步推进长沙市食品工业发展；发展社区健康养老，完善社会保障体系。重点提案由市党政领导领办，市政协主席会议成员参与提案办理协商。同时，市政府进一步加大对“重难特”提案的督办力度，经市政府常务会议研究，确定6件提案由副市长领办。分别是：长沙市抗战遗址保护；加快推进长沙现代种业发展；加强长沙市物业工作；完善实时交通信息发布系统，缓解城市交通拥堵；改善浏阳市文体设施；加大对长沙市电商扶持力度。（杨　霞）

【民主评议工作】 2014年组织开展了对“市人社局社保资金管理使用情况”民主评议。重点对“城乡居民养老保险的管理使用情况”和“失业保险的管理使用情况”进行评议。3—9月，评议小组分别通过座谈、明访、暗访、个别谈话、民主测评、问卷调查、网络调查等形式，对各区、县（市）、街道（乡镇）、社区（村）、服务对象，进行广泛征求意见，收集网民提出的问题，组织相关人员对网民提出的问题进行集中答复。同时又将民主评议与专题协商相结合，民主评议结束后市政协专门组织召开了一次“社保基金管理使用情况”的专题协商会，呼吁协商解决人社部门不能解决的问题，促进了人社部门的工作。民主评议工作在综合方面情况的基础上形成了《关于城乡居民基本养老保险和失业保险管理情况》评议报告，并报市委参阅，得到了市委书记易炼红的批示。（叶向京）

【专题协商】 4月18日，市政协在枫林宾馆召开“推进科技创新，加快园区经济倍增”重点课题专题协商会，委员们与政府职能部门协商交流，共同“把脉”园区及企业科技创新发展。市委副书记、市长胡衡华，市政协主席范小新，市领导何寄华、夏建平、钟新莲、谢明德、王力力、段安娜、彭继球、唐志浩、袁志恒、刘明理，以及市政协秘书长彭志一参会。胡衡华充分肯定了此次专题协商组织形式好、主题关注度高。会后市政协形成协商纪要报市政府，市长胡衡华批示各有关部门认真办理，市政府对市政协专题协商会意见和建议作了答复。6月24日，市政协“加快政府职能转变”专题协商会在枫林宾馆举行。从4月到6月，市政协3个调研组分别围绕下放审批权限，发挥行业协会和市场中介组织作用，前置审批，简化审批流程、提高办事效率，理顺政府管理体制机制等5个方面的内容，先后调研市法制办、市政务中心等16家市直部门单位，开福区、浏阳市的50家区（市）直部门单位，长沙高新区等各类园区、企业31家，最终收集问题50余个，提出意见建议50余条。参与专题协商调研的8名市政协委员在协商会就围绕下放审批权限执行情况等问题道实情、建诤言、提对策。市领导胡衡华、范小新、陈泽珲、张迎春、何寄华、黎石秋、夏建平、李介德、曹立军、钟新莲、谢明德、王力力、龚振湘、段安娜、彭继球、唐志浩、石长松、袁志恒、刘明理、周秋光，市政府秘书长凌勤杰，市政协秘书长彭志一出席专题协商会。10月24日，市政协就“加强大气污染治理，建设秀美幸福长沙”召开专题协商会。市政协主席范小新，副市长姚英杰，市政协副主席钟新莲、王力力、龚振湘、段安娜、唐志浩、石长松、袁志恒，秘书长彭志一参加会议。“加强大气污染治理，建设秀美幸福长沙”是2014年市政协常委会的重点调研课题。3月至7月，市政协调研组赴各区、县（市）及13家企业深入调研，多次召开座谈会、专家咨询论证会，还组织了部分委员到外地学习先进经验，形成了详尽的调研报告。报告对长沙大气污染治理存在的主要问题及原因进行了分析，并从规划引领、依法依规治污、整体防控、生态功能修复、环境能力建设等方面提出了对策建议。11月13日，市政协就“长沙市社保基金管理情况”召开专题协商会，市政协主席范小新，副市长何寄华，市政协领导钟新莲、谢明德、龚振湘、段安娜、彭继球、石长松、周秋光参加会议。2014年，市政协重点对长沙城乡居民基本养老保险和失业保险管理情况进行了民主评议和多次调研。专题协商会上，多名市政协委员就该议题提出了自己的见解和建议，并就如何减轻企业负担、简化申领程序等问题现场提问，市财政局、市民政局、市工商局、市人社局等相关部门负责人现场作出了答复。（唐朝阳）

【对口协商】 5月23日，针对加快推进农村教育事业发展的问题，市政协与市政府开展2014年第一次对口协

市政协民主评议大会

商。通过协商双方形成共识，充分肯定近年来长沙农村教育事业所做的大量工作以及取得的明显成效，但长沙农村教育仍存在薄弱环节，出台加强农村义务教育均衡发展的意见非常有必要。市政协主席范小新，副市长夏建平，市政协副主席石长松参加会议。8月28日，针对“城市地下管网建设”问题，市政协与市政府召开对口协商会，副市长姚英杰，市政协副主席钟新莲、王力力、袁志恒参加。在对口协商会上，市政协人口资源环境委员会介绍了“城市地下管网建设”考察调研情况，多名市政协委员结合前期调研的情况，就城市地下管网建设提出了意见和建议，与市政府开展对口协商。10月17日，针对智慧长沙建设中存在的问题，市政协与市政府召开对口协商会，市政协党组副书记谢明德参加。在协商会上，市政协港澳台侨和外事委主任谢丽华介绍了智慧长沙建设考察调研情况，彭娟等6名委员从智慧政府、智慧民生、信息产业建设、政企共建、理顺体制机制、公共服务平台建设六个方面的问题提出意见和建议，与市政府开展对口协商。通过协商推动了市政府出台《长沙市智慧城市发展整体规划》等5个规划和1个实施意见。（唐朝阳）

【界别协商】 8月21日，市政协组织宗教和少数民族界别的委员召开“推动宗教场所建设”界别协商会，并展开专题调研考察。市政协主席范小新，市委常委、副市长张迎春，市政协副主席龚振湘、段安娜，市政协秘书长彭志一参加相关活动。21日，调研组先后来到白沙井伊斯兰教清真寺、基督教城南堂、佛教玉泉寺，现场调研宗教场所的保护、建设、修复情况。9月2日，市政协组织致公党、侨联界别的委员召开“加强已引进海外人才服务”界别协商会，市政协党组副书记谢明德参加协商会，副主席刘明理参加调研活动。从创新政策和机制、优化创新创业环境、科学配置资源、强化各项服务4个方面与市人社局进行了协商。形成的协商建议得到省委常委、市委书记易炼红的高度重视，批转市委组织部认真研究，市委人才工作领导小组拟出台《长沙市高层次人才服务管理办法》。（车昭益）

【社情民意工作】 2014年，市政协围绕改革发展大局，服务民生事业，更加积极主动地开展反映社情民意信息工作。全年共收集社情民意信息1731篇，编发市政协《社情民意》内刊99期，转部门办理47件，这些信息涉及改革、发展、民生、稳定等方方面面，得到省、市领导高度重视，有59期信息得到有关领导批示，其中市领导易炼红、胡衡华批示34期，推动一些问题得到重视和解决。编审上报上级政协421篇，全国政协采用8篇，省政协采用54篇，首次获全省政协系统第一名。

（周英姿）

【集中委派民主监督员工作】 2014年继续开展对市中级人民法院、市人民检察院等16个单位集中委派民主监督员工作。通过走访、座谈、调研，对集中委派民主监督员工作进一步积极探索，确定了规范化、组织化、制度化发展思路，分片组召开组长会推动各项工作，并起草签发了《集中委派民主监督员工作实施办法》。各民主监督小组制定了年度工作计划，建立了接访登记制度，主动与派驻单位建立了协商制度，通过参加专项执法活动、立法听证、座谈、现场考察、工作交流和明察暗访等方式，采取常规监督与重点监督相结合的方法，主动收集群众反映的意见、建议，将群众反映的热点、难点问题作为监督的重点，并邀请专家与监督小组一起对在监督中发现的问题进行研究分析，将有关情况收集整理后向派驻单位进行反馈。

（叶向京）

【聘任特约委员】 3月28日上午，市政协在枫林宾馆举行十一届特约委员聘任仪式，朱翔等17人被聘为本届市政协特约委员。市政协党组书记、主席范小新为特约委员授予聘书，市委常委、统战部部长文树勋，市政协党组副书记、副主席钟新莲，党组副书记谢明德，副主席王力力、龚振湘、彭继球、唐志浩、石长松、袁志恒、刘明理，顾问周秋光、秘书长彭志一出席。（唐朝阳）

【市政协举行2014年上半年政情通报会】 8月5日，市政协在长沙市会议中心举行2014年上半年长沙市政情通报会暨学习讲座。市委副书记、市长胡衡华代表市政府通报上半年全市经济社会发展情况。会议由市政协主席范小新主持，市领导钟新莲、谢明德、王力力、龚振湘、段安娜、彭继球、唐志浩、石长松、袁志恒、刘明理、周秋光，市政协秘书长彭志一参加。通报会后，著名作家、省作协主席唐浩明以《曾国藩的做人、做事、做官》为题为委员作了学习讲座。

（唐朝阳）

【“三服务”主题活动经验交流会】 10月29日，市政协“三服务”主题活动经验交流会在岳麓区召开，会议总结交流一年来主题活动取得的成效。市政协紧紧围绕“服务率先建成‘三市’、服务民生民利、服务社会和谐”主题，全面加强对“三服务”主题活动的组织指导，主席会议成员带队对区、县（市）政协和有关界别主题活动情况进行全面调研，全市各级政协组织、各界别及广大政协委员积极响应，开展了形式创新、内涵丰富的“三服务”活动。（杨　珂）

【全国政协经济委到长沙调研】 10月14—15日，全国政协常委、经济委员会主任周伯华率全国政协调研组到长沙开展“大力支持中小微企业技术创新”专题调研。省政协主席陈求发，省委常委、市委书记易炼红，省政协副主席武吉海，市领导范小新、文树勋、陈献春、谢明德等陪同调研。调研组一行深入长沙高新区和望城经开区，先后考察了长沙硕博电子、华曙高科、竞网科技、长高新材料、金龙集团等十余家中小微企业，实地听取企业的意见和建议，并与相关单位进行了座谈。近年来，长沙围绕自主创新促发展、技术升级促转型，出台了《关于大力推动长沙市产业技术升级的意见》，实现了服务模式、服务观念、服务方式和方法上的转变。全市全年新产品产值对规模工业总产值的贡献率达到21.2%，成为长沙工业经济新的增长点。周伯华对长沙在支持中小微企业技术创新方面的工作给予了充分肯定。希望长沙在支持中小微企业技术创新方面进一步实现从机制、政策保障到法律体系保障的创新。

（刘忠诚）

【助推开放发展】 市政协加大与港澳台及海外交流合作，引进了一个45亿元的项目，落户宁乡。促成长沙与澳门签署经贸合作框架协议，为长沙扩大与葡语系国家合作开辟了新的途径。邀请了外资银行驻上海分行负责人等4个代表团到长沙考察，台湾合作金库银行明确表态将在长沙设立分行，加拿大安大略省绿色建筑企业与长沙有三个项目达成合作意向，加拿大士嘉堡约克区华商会与长沙市总商会签署了合作协议。促成美国旧金山市与长沙签署了建立友好城市关系意向书，邀请了香港都会扶轮社及香港伤健协会代表到长沙考察。（车昭益）

长沙市纪念人民政协成立65周年座谈会

【长沙举行纪念人民政协成立65周年座谈会】 9月18日，长沙市纪念人民政协成立65周年座谈会在枫林宾馆举行。省委常委、市委书记易炼红，市委副书记、市长胡衡华出席并讲话。市政协主席范小新主持座谈会，市领导及老同志张迎龙、袁观清、谢树林、臧宝山、张贤遵、董学生、文树勋、陈献春、李春艳、黎石秋、钟新莲、谢明德、王力力、彭继球、唐志浩、石长松、袁志恒、刘明理，市政协秘书长彭志一出席。在座谈会上，市政协老领导、新老委员、各界人士、政协工作者等各界代表围绕“话政协情、聚各界力、圆中国梦”主题抚今追昔，畅所欲言。易炼红代表市委向全市各级政协组织和广大政协委员、各民主党派、工商联、无党派人士、人民团体和各族各界人士表示祝贺和问候。易炼红强调，全市各级政协组织和广大政协委员要深入贯彻落实党的十八大精神和习近平系列重要讲话精神，在长沙改革发展的新征程上要更加奋发有为。胡衡华表示，人民政协具有人才荟萃、智力密集、联系广泛的优势，在政治协商、参政议政、民主监督各个方面都体现出专业性和针对性，对政府工作水平的提高起到了促进作用。期待长沙各级政协组织和广大政协委员一如既往地帮助、监督和支持政府工作，市政府各相关部门也将认真听取意见和建议，办好政协提案。范小新希望全市各级政协组织和广大政协委员，要把握政治方向，做民主政治的积极推进者；要投身发展大业，做改革发展的积极参与者；要关心群众利益，做民生福祉的积极维护者；要提升工作思路，做政协工作的积极实践者，努力推动人民政协事业再上新台阶。（唐朝阳）

中共长沙市纪律检查委员会

责任编辑：江　雷

中共长沙市纪律检查委员会机构领导人员

书　记　　李　军
副书记　　邱俊杰
　　　　　周松波
　　　　　尹小英（女）
常　委　　周耀炳
　　　　　陈育俊
　　　　　熊冬华
　　　　　沈　光
　　　　　彭清华
秘书长、办公厅主任
　　　　　沈　光

长沙市监察局领导人员

局　长　　邱俊杰
副局长　　周耀炳　黄　锋

长沙市预防腐败局领导人员

局　长　　邱俊杰
副局长　　周耀炳
　　　　　文灿辉（女）

【概况】 2014年，长沙市纪检监察系统围绕中心、聚焦主业，坚决维护党纪国法权威，持续纠正“四风”，有力惩治腐败，推进纪律检查体制改革，全市党风廉政建设和反腐败工作取得新进展新成效，得到上级纪委的充分肯定，《中国纪检监察报》、中央纪委网站等媒体专题推介市纪检监察特色工作50余项。

一、坚持不懈纠正“四风”。强化执纪监督，从具体问题和具体事情入手，抓好中央八项规定、省委九项规定精神贯彻落实，干部作风建设取得明显成效。狠抓重要时间节点作风建设，深入开展明察暗访，开通“四风”问题网上监督举报直通车，严查快处公款吃喝、公款送礼、公款旅游、公车私用和利用婚丧喜庆敛财等违规违纪问题，查处“四风”问题92件，给予党纪政纪处分41人，问责45人。在长沙廉政网设立曝光台，点名道姓公开曝光典型问题。查处了市园林系统、市体育局等顶风违纪问题，持续释放执纪必严的强烈信号。开展全市作风建设讲评，通报剖析典型案例，推动作风问题整改。结合教育实践活动，牵头开展公车私用、公款吃喝送礼、“会所中的歪风”等10项专项整治，协调推进全市其他39项专项整治工作。查处了市土地开发建设有限公司、市白蚁防治站等单位“小金库”案件，清理违规公车并公开拍卖，取消名校“空降班”和“条子生”，市本级“三公”经费同比下降55%，全市党政干部因公出国（境）批次同比下降67%，全市领导干部通过市“5910”廉政账户等形式上交红包礼金及购物卡共计995万元。长沙专项整治的做法和成效得到省委活动办的充分肯定，并在全省作了经验发言。同时出台《作风建设监督检查办法》等10余项制度，有力推进作风建设常态化。

二、保持惩治腐败高压态势。坚持以法治思维和法治方式加强和改进纪律审查工作，加大对腐败案件查处力度。全市共立案937件，同比增长16.1%，结案950件，给予党纪政纪处分946人，其中涉及县处级干部30件，同比增长66.7%，乡科级干部90件，移送司法机关52人。严肃查处周江、谭薇、范建凯等一批领导干部严重违纪问题。全市各级检察机关立案侦查涉嫌职务犯罪案件145件189人；各级人民法院审理职务犯罪案件63件83人。规范信访举报工作，2014年全市纪检监察机关共受理信访举报4690件，同比增长27%，直接核实线索285件，移送案件线索302条，开展信访监督185件，为261名党员干部澄清不实信访问题。强化线索集中管理，对近五年案件线索大起底，按照拟立案、初核、暂存、留存和了结五类方式，实行分类处置。改进办案方式，加大初核力度，突出快查快办，严格控制并规范使用纪律审查措施，2014年使用措施案件26件，较2013年下降63%，占立案总数的2.77%，低于全省平均水平。加强反腐败协调，充分发挥市委反腐败协调小组作用，出台市委反腐败协调小组工作规则等3项制度，反腐合力不断加强。强化办案保障，公开选调、选拔优秀办案干部，充实办案力量，市财政专款保障办案点运行，静园案件查办及警示教育基地建设开工。出台《关于进一步加强和改进案件查办工作的意见》等规定，严格落实案件监督管理各项制度，坚持依纪依法安全文明办案，确保了办案人员“零违纪”、办案工作“零事故”。

三、积极推进纪检体制改革。加强组织领导、调研谋划，推进纪检体制改革。完成市纪委机关内设机构和人员调整，在不增加机构、编制和人员的情况下，通过内部挖潜、盘活存量，把更多力量投入党风廉政建设主战场，纪检监察室由3个增加到6个，执纪监督问责一线人员达64人，占机关总编制的65.3%；全面清理和退出参与的议事协调机构，从原参与的137个减到10个；按要求将机关效能建设和优化经济发展环境工作移交给市政府办公厅，有效解决职能泛化和工作越位、错位、不到位的问题，确保纪检监察机关聚焦主业，全力以赴加强执纪监督。及时下发“两个责任”告知书，分批约谈30余位区、县（市）、市直单位党政“一把手”和纪委书记。协助市委出台《关于落实党风廉政建设党委主体责任和纪委监督责任的意见》，进一步明晰“两个责任”具体内容及责任边界。对市规划局、市档案局等单位违纪违规问题实行“一案双查”，既追究当事人责任，又追究单位主要负责人责任。改进年度党风廉政建设责任制考核方式，重点考核党委主体责任和纪委监督责任，将园区和国有企业纳入考核范围。贯彻落实“两个为主”要求，进一步规范案件审查和线索报送工作，认真清理和办好上级交办、督办和自办案件。健全巡查组织机构和工作流程，完善巡查制度，规范巡查工作，分两批对市国土局、湘江枢纽公司等14家单位开展巡查，移交案件线索46条，督促被巡查单位整改落实，巡查效果初步显现，省委巡视办专刊予以推介。

四、深化教育预防工作。深入开展“党纪条规教育年”和“3·23”党员领导干部廉洁从政警示教育活动。举办征拆、工程建设、教育、卫生等重点岗位人员廉政培训班，省委常委、市委书记易炼红，市委副书记、市长胡衡华带头讲授廉政党课。开展新任领导干部廉政法规知识测试。结合教育实践活动，开展党政正职述责述廉评议，强化述廉结果运用。出台领导干部任前廉政谈话等四项谈话制度，开展廉政谈话30批次，诫勉谈话14人次。对领导干部工作中苗头性、倾向性问题早发现、早提醒、早纠正。在全市组织交流预防腐败工作经验，推行“制度+科技+文化”预防腐败模式，加强对重点领域廉政风险防控，全市各级各部门防治腐败的能力和水平有了新的提升。在市规划局、市科技局等单位开展以案释纪、以案说法，通过查办案件推动建章立制，发挥办案治本功能，达到“查处一起案件、完善一套制度、教育一批干部”的效果。改版升级纪检监察官方网站。通过有效整合，创办集媒体问政、纪委问责、廉政微剧于一体的“廉政长沙”电视栏目。在机场、车站等重点场所开展廉政公益广告展播，不断浓厚廉政文化氛围。深入推进廉政文化进园区、进景区、进重点工程。推进廉政文化进地铁，打造廉政文化主题地铁站“橘子洲·青莲站”，扩大社会化廉政宣传效果，塑造了长沙特色的廉政文化名片。

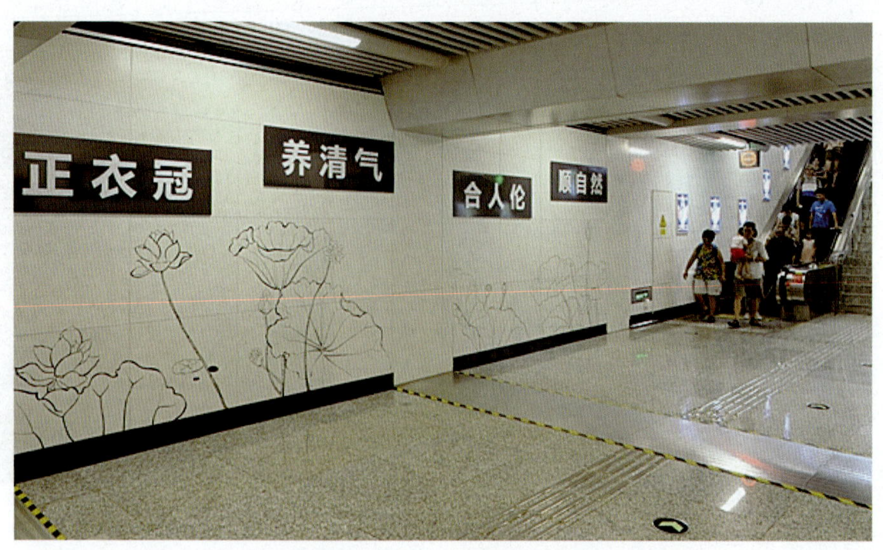

地铁“橘子洲·青莲站”开通

五、着力打造过硬队伍。深入开展党的群众路线教育实践活动，严肃整改“四风”问题，切实转作风、树新风。市纪委常委班子公开承诺并自觉践行“十个带头”，切实做到情况明、数字准、责任清、作风正、工作实。着力推进全市纪检监察系统学习常态化，创建学习型机关，建立“每月一课”制度，设立“清风书屋”，不断提升纪检监察干部能力素质。加大干部培训力度，外派200余名干部参加中央纪委、省纪委业务培训。大力推进信息化建设，实现市纪委机关办公自动化。推进派驻机构纪委书记向市纪委常委会述职，进一步明确派驻机构的职能职责，强化责任意识和履职意识。切实做好干部选拔交流、内部轮岗等工作。坚持典型示范，在全系统组织开展向望城区纪委常委陈宇旭学习活动。成立纪检监察干部监督室，加强对全市纪检监察干部的监督管理，严肃查处5名违规违纪的纪检监察干部。

（向　康）

【地铁“橘子洲·青莲站”开通】 5月1日，长沙地铁2号线运营，位于湘江橘子洲的地铁“橘子洲·青莲站”与公众见面，同时开通了地铁“青莲号”廉政专列，开启了廉政文化进地铁的序幕。长沙市纪委廉政文化进地铁的总体布局是“一点、一线、一面”：“一点”即廉政文化主题站“橘子洲·青莲站”；“一线”即廉政专列“青莲号”；“一面”即所有地铁媒介的全方位宣传。主题站分为“莲之源”“莲之韵”“莲之美”“莲之乐”四个板块，汇聚了湖湘历史名人典故、廉洁格言诗词、廉政漫画、廉洁公益广告等；廉政专列在车厢的乘客拉手、广告看板等都融入了廉政文化元素，电视滚动播放着廉洁公益短片；在沿线19个站点均按一定比例融入了廉洁文化元素。通过点、线、面结合的方式，形成了一个多维度、全方位的立体空间。（向　康）

【内设机构调整】 9月9日，长沙市纪委、市监察局机关召开内设机构调整工作全体干部大会，通报机关内设机构调整情况，宣布人员调整方案。通过调整，市纪委、市监察局机关直接从事执纪监督的一线人员64人，占机关总编制65%。撤销8个内设机构。撤销监察综合室、监督检查室、党风廉政建设室、执法监察室（财务监察室）、行政效能监察室、纠正行业不正之风室、干部室、宣传教育室；新设立8个内设机构。设立组织部、宣传部、党风政风监督室（市政府纠正行业不正之风办公室）、市委巡查办、第四纪检监察室、第五纪检监察室、第六纪检监察室、纪检监察干部监督室；更名3个内设机构。纪检监察一室、二室、

三室依次更名为第一、第二、第三纪检监察室。（向　康）

【长沙市反腐败工作会议】2月8日，中共长沙市第十二届纪委第五次全会暨全市反腐败工作会议召开。省委常委、市委书记易炼红在会上强调，要深入贯彻落实习近平系列重要讲话精神和中纪委、省纪委全会精神，坚持不懈地把党风廉政建设和反腐败斗争推向深入，以反腐倡廉新的更大成效取信于民，为全力推进“六个走在前列”，率先建成“三市”、强力实施“三倍”，加快现代化进程提供坚强有力的纪律作风保障。市委副书记、市长胡衡华主持会议。市委副书记张迎龙宣读了2013年全市党风廉政建设工作先进单位表彰通报，市委常委、市纪委书记李军作了题为《聚焦主业锐意创新努力开创党风廉政建设和反腐败工作新局面》的工作报告。市领导范小新、余合泉、谢树林、张湘涛、陈泽珲、程水泉、文树勋、赵文彬、张迎春、陈献春、李春艳等参加会议。

（向　康）

【创新开展巡查工作】2014年，长沙纪检监察系统借鉴中央和省委巡视工作经验，在长沙探索创新开展巡查工作，出台了《中共长沙市委巡查工作办法（试行）》，健全巡查组织机构和工作流程，聚焦全市党风廉政建设情况，着力查找问题、形成震慑。先后分两批对市国土局、湘江枢纽公司、园林局、农业局等14家单位开展了巡查工作。处理群众来信来点429次（件），要求被巡查单位整改涉及党风廉政建设方面的问题76个，14单位负责人就落实巡查意见进行了表态；对巡查发现的问题线索进行深入分析研判，向市纪委移送问题线索54条，向市委组织部等市直有关单位移送问题和建议39条。通过扎实有效的措施，充分发挥了利剑作用，形成有力震慑，推动了被巡查单位“两个责任”落实和党风廉政建设等各项工作。省委巡视办对长沙市创新举措、开展巡查工作给予充分肯定，并在《巡视信息》专题刊发长沙市巡查工作经验。（向　康）

【述廉评议】12月8日，市第十二届纪委第六次全体（扩大）会议召开。芙蓉区委书记梁仲，长沙县委副书记、县长张庆红，市民政局党委书记、局长曹再兴等8名县（处）级党政正职向会议作述廉报告。市委常委、市纪委书记李军出席述廉评议活动。此次述廉评议分准备阶段、考察测评、集中述廉评议、整改落实四个阶段进行。自6月份述廉评议活动正式启动以来，述廉评议工作组深入述廉评议对象所在单位进行述廉考察，通过廉政测评、设立征求意见箱、公布举报电话、个别谈话、召开座谈会、走访了解、查阅资料等方式，广泛收集述廉评议对象职权涉及范围内干部群众及服务对象的意见和建议，并结合群众路线教育实践活动督导组的意见和审计部门的审计意见，出具述廉考察报告，确保评议的客观公正。会上，42名市纪委委员、党代表、市人大代表、市政协委员对8名述廉对象进行了廉政测评，并当场宣布测评结果。

（向　康）

【建立健全改进作风长效机制】2014年，长沙市纪检监察系统认真贯彻落实中央八项规定、省委九项规定和市委“两规定一办法”精神，积极贯彻落实《党政机关厉行节约反对浪费条例》，建立相关配套措施，规范并严格执行公车配备使用管理、办公用房、公务接待、因公出国（境）等方面具体制度，着力构建作风建设长效机制。出台了《长沙市党政机关国内公务接待实施办法》《关于进一步规范国家工作人员因公临时出国的实施意见》《长沙市考核评定项目管理办法（试行）》《长沙市制止豪华铺张办晚会实施办法》《贯彻落实〈关于厉行节约反对食品浪费的实施意见〉责任分工方案》《长沙市政府办公厅关于加强市本级财政预算和国库管理的通知》《长沙市领导干部经济责任问责暂行办法》以及《长沙市作风建设工作考核指标》等制度机制。完善了长沙市2014年党风廉政建设责任制考核体系，出台了科学、具体、可操作的量化考评测评办法，重点考核“两个责任”落实、作风建设、案件查办、支持“三转”等情况，切实提高责任制考核的科学性和满意度。

（向　康）

【长沙市预防腐败工作经验交流会】4月28日，长沙市预防腐败工作经验交流会召开。市委常委、纪委书记李军在会上指出，纪检监察机关要真抓实干，加大学习借鉴和改革创新力度，力争取得预防腐败工作新成效。省纪委正厅级纪检员、监察专员胡海鹰出席会议。会上，望城区纪委、市交通运输局、市水业集团公司等分别介绍了本单位预防腐败工作的经验和做法。

（向　康）

【长沙廉政网改版升级】7月1日起，长沙市纪委、市监察局（预防腐败局）门户网站“长沙廉政网”(www.cslz.gov.cn)改版升级、全新上线，向社会传递出市纪委、市监察局重视并积极运用互联网，重视民意、善待民意的强烈信号，体现更加开明、开放的思路和姿态，标志着长沙反腐进入互联网时代。（向　康）

【周农到长沙调研】10月21日，省纪委副书记、省监察厅厅长、省预防腐败局局长周农带队到长沙调研党风廉政建设和反腐败工作。市委常委、市纪委书记李军，市纪委副书记、市监察局局长、市预防腐败局局长邱俊杰等陪同调研。周农要求，要突出抓好“两个责任”的落实，聚焦纪检监察主业，加强执纪监督问责；要突出抓好纪检监察体制改革，全面贯彻落实党的十八届三中全会以及四中全会精神；要突出抓好安全文明办案工作，正确使用办案措施；要突出抓好作风建设，巩固群众路线教育实践活动的成果，落实从严治党的要求；要突出抓好自身建设，加强对纪检监察系统内部的监督，防止出现“灯下黑”。

（向　康）

民主党派·工商联

责任编辑：吴丫丫

中国国民党革命委员会长沙市委员会

【概况】 截至2014年底，中国国民党革命委员会长沙市委员会（以下简称“民革长沙市委”）共有党员1119人，平均年龄55岁，大学文化程度以上588人，占党员总数的52.5%，具有中、高级职称的587人，占党员总数的52.5%;共有5个工委、2个总支、48个支部、1个小组。

一、自身建设。1. 思想建设。组织市民革党员学习十八届三中、四中全会精神及全国“两会”精神，通过开辟学习专栏、开展征文和统战理论研究等方式，组织民革党员开展坚持和发展中国特色社会主义学习实践活动。开展主题为“坚持和发展中国特色社会主义学习实践活动——讲民革好故事,听民革好声音”的第二届“同心论坛”活动。二轻系统支部开展主题为“弘扬井冈山精神，坚定走中国特色社会主义道路”学习实践活动，芙蓉区工委开展“触碰百年历史，同心共创明天”主题学习实践活动等。做好宣传工作，树立民革形象。及时向各新闻媒体报道市委会举行的重要会议和重要活动，推介民革党员中的优秀人物。全年，长沙新闻频道、湖南都市频道等省市级电视媒体专题报道民革市委工作14次，《团结报》报道28次、省市级纸媒体报道40余次。全年共编撰4期《工作简报》；对民革网站进行改版升级，更新各类报道、信息200余条；建立“长沙民革”微信公众平台。2. 组织建设。进一步优化市委领导班子结构。选举增补刘激扬为市委常委、刘建波为市委委员。做好党员发展工作，全年发展党员34人，平均年龄35岁，男女比例7:10，全部具有本科学历，其中4人具有硕士研究生学历，具有中级以上职称的21人，占总人数的62%，具有民革特色的12人。做好党员培训工作。全年共选送53名党员参加各级组织举办的各类民主党派骨干培训及新党员培训班。其中常委康镇麟参加中央统战部举办的第三十一期全国民主党派骨干进修班、常委刘激扬等2名党员参加中共省委组织部和统战部举办的第十七期民主党派骨干培训班。全年9个基层组织进行换届或届中调整。开展基层组织评估考核工作，按照评分细则对参与考核的基层组织进行评分，并召开基层组织评估表彰大会，其中二轻系统支部、财贸支部、浏阳市三支部、岳麓区四支部获一等奖，另有18个基层组织分别获二等奖、三等奖和鼓励奖。调研区属工委工作开展情况，制定出台《区（市）工委工作条例》。年内，各基层组织的建设得到中共省委统战部的肯定，3月，在中共省委统战部召开的全省民主党派工作座谈会上，财贸支部作为优秀基层组织作典型发言；12月，中共省委组织部和统战部举办第十七期民主党派骨干培训班，组织培训班学员到二轻系统支部进行考察学习。9月，成立社会和法制工作委员会，组织召开社法委成立大会，选举陈慧担任社法委主任。推荐7位党员为民革省委社会和法制工作委员会成员。3. 机关建设。继续开展文明单位创建活动，加大干部学习、培训力度，创建学习型机关。5—10月，选送1名机关干部到梅溪湖街道进行为期半年的挂职锻炼；7月，选送1名机关干部到浙江大学参加由中共市委统战部组织的“长沙市非公经济组织和社会组织代表人士素质提升研修班”。

二、参政党职能。1. 建言献策。年初，民革党员中的省、市人大代表和政协委员累计提交个人建议和提案40余份。在政协长沙市第十一届委员会第二次会议上,民革市委作题为《让农民因合作而富　让农业因合作而强》的大会发言。集体提案《理顺社区“责权利”，创新社区管理体制》获市长胡衡华的重要批示。2. 完成调研报告。年内，民革长沙市委成立专题调研小组，到省内外开展实地调研，完成《长沙市城市社区管理职能研究》《长沙市农民集中居住情况调研》《助力长沙文化产业“走出去”打造湖南开放型经济高地》《关于进一步加强无偿献血，确保临床用血需要》4篇调研报告，其中《引导农民集中居住，建设美丽宜居乡村》在长沙市各民主党派工商联参政议政成果汇报会上作专题发言。3. 推进信息工作。民革长沙市委创新信息报送制度，加强信息工作力度，调动各基层组织参政议政积极性，芙蓉区工委成立“说话吧”、雨花区工委成立“参政议政工作部”。全年民革长沙市委报送信息100余条，其中中央统战部采用2条、全国政协采用1条、省政协采用5条；《建议利用橘子洲唐生智公馆修建长沙抗战纪念馆》和《关于长沙申办2019年亚运会的建议》两篇信息获市委书记易炼红的批示。年初，民革长沙市委获市政协“2013年度社情民意信息工作先进单位二等奖”、获中共市委统战部“2013年度统战信息先进集体二等奖”。4. 加大民主监督力度。领导班子、党员中的各级人大代表、政协委员参加各类协商会议、考察和督查活动，协商长沙市职工劳动权益保障、森林执法检查等工作。11月，组织民革界别政协委员到浏阳市洞阳镇，实地考察“湘江污染防治2014年目标任务”——“企业关闭淘汰项目”之一的长沙阳河有色金属有限公司，对该厂的关闭情况进行监督。

三、社会服务。1. 开展关爱抗战老兵活动。全年共慰问老兵200余人次，筹集慰问物资及善款5万余元。1—4月，民革长沙市委相继对26位抗战老兵进行史料采集和拍摄工作，为每一位抗战老兵制作视频、照片、留言和手印等等；6月，浏阳工委承办“回顾抗战历史，弘扬爱国精神”的抗战老兵集结号活动；上半年，民革长沙市委与市政协、长沙电视台新闻频道联合拍摄主题为“为了不曾忘却的记忆——寻访长沙抗战遗迹”的系列新闻片，在长沙电视台新闻频道连续播出5集；8—12月，《团结报》文化周刊以“镜头里的抗战老兵”为主题，对浏阳籍抗战老兵故事进行19期连载。12月，民革长沙市委启动“抗战老兵身后安抚项目”，与湖南唐人万寿园有限责任公司签订《关于共建长沙抗战老兵陵园的合作协议》，为百年后的抗战老兵免费提供安息之地。2. 组织关爱弱势群体。开展“博爱牵手，基层组织牵手困难群众”活动。机关支部先后3次到怡园社区为5户签约结对帮扶的困难群众送去慰问金；雨花区工委到桂花社区为贫困家庭儿童送爱心；市委“科教文卫专委会”和浏阳工委先后在“六一”儿童节和教师节前夕，两次到浏阳市张坊镇小溪小学赠送学习用品；城建局支部定点帮扶湘西凤凰山江小学，并捐赠1套万余元的净水设备；天心区工委到大托铺街道黄鹤小学开展爱心书籍捐赠活动；民革助学公益基金发起第二季“博爱牵手·民革助学”公益扶贫助学活动，共捐助10万余元资助中南林业科技大学13名贫困学生；浏阳工委开展创建“同心乡村”主题活动，为三口镇村民免费义诊；一医院总支、城建局支部和财贸支部联合到湘西古丈县开展送医赠药活动，为村民免费义诊300余人次，免费发放药品1500余盒，并向古丈县断龙乡卫生院捐赠价值3万余元的药品；政协支部开展系列“关爱失独家庭”活动；开福区工委到社区开展普法讲座，并为社区居民和环卫工人开展免费法律咨询；岳麓区一支部到长沙市第一福利院探望孤寡老人及儿童；雨花区四支部多次到桂花社区慰问困难群众；天心区工委到坡子街街道“慧灵智障服务中心”开展捐赠活动等等。年内，城建局支部被民革中央评为“伸出博爱之手——民革基层组织牵手困难群众”活动十佳基层组织。

四、服务祖国统一大业。1. 开展系列祭拜活动。清明节，祖统委员会开展“祭拜国军73军烈士公墓”活动；7月，民革市委机关到常德开展祭拜陆军第七十四军常德会战阵亡将士活动；10月，民革长沙市委协办由民革省委主办的“纪念辛亥革命元勋黄兴诞辰140周年”活动。2. 举办台情学习座谈会。年内，民革长沙市委围绕时下对台工作热点，做好涉台宣传工作，4月和9月举办两次台情报告学习座谈会，其中邀请台湾专栏作家刘台平为祖统委员讲述近期台湾“九合一”选举最新动态；全年编辑印发《台情研讨》3期。12月，天心区工委组织部分党员到台湾进行学习交流。

（边灿群）

民革长沙市第十三届委员会

主任委员	朱建军
副主任委员	陈　慧（女）
	薛开伍
	刘仙娥（女）
	蒋　林
秘书长	张蔚秋

中国民主同盟长沙市委员会

【概况】 截至2014年底，中国民主同盟长沙市委员会（以下简称“民盟长沙市委”）共有盟员1601人，平均年龄54.4岁，具有中、高级专业技术职称的占81.1%，下设5个区工作委员会、48个支部。

一、参政议政。各级盟员人大代表和政协委员立足“两会”平台，积极履行参政议政职能。十二届全国人大二次会议期间，何寄华提交5份建议，就《关于破解新能源汽车推广应用瓶颈的建议》接受人民网、湖南红网、《北京晚报》的采访；就城市和农村的水污染问题、深化税制改革问题、推动政府转型升级和产业倍增问题等，分别做客“中经在线访谈”2014年两会特别节目，接受人民网、《湖南日报》等多家全国、省、市媒体的采访。何寄华提交的《关于进一步完善信访工作机制的建议》中的建议，在2014年2月底中共中央办公厅、国务院办公厅印发的《关于创新群众工作方法解决信访突出问题的意见》中大部分予以采纳；该次会议期间，他再次就信访工作接受《北京青年报》、中国经济网的专访。省十二届人大三次会议期间，刘志红提交2份建议案，并就《关于在全省推广“农村环保自治模式”的建议》接受《长沙晚报》采访。市十四届人大二次会议期间，8位盟员市人大代表共提交13份建议案。杜有志提交的3份建议案得到市人大联工委等相关部门领导的高度评价和媒体关注，《关于让“国学经典”走进中小学课堂的建议》成为副市长夏建平领办的市人大重点督办建议案。省政协十一届二次全会期间，2位盟员委员共提交7份提案。张伯序的《关于在全省城镇所有居民集中区域禁止露天焚烧垃圾的建议》《应刻不容缓地加强监管，以确保食品安全的建议》受到媒体关注，《关于克服短板，强力推进湖南文化产业跨越式发展的建议》在联组会议上得到省长杜家毫的高度评价，《关于进一步加大湖南对外正面宣传力度的建议》引起省委宣传部部长许又声的高度重视。市政协十一届二次会议期间，民盟长沙市委向大会提交4份集体提案，其中《关于加快长沙“公交都市”建设的建议》成为市长胡衡华领办的市政协重点督办提案。盟员市政协委员个人提案立案35件。会议期间，民盟长沙市委集体提案《加快“长沙制造”向“长沙创造”转变的建议》和黄荣华的《关于建立我市被拆迁人综合数据信息库的建议》、刘志红的《关于规范长沙婚庆市场的建议》、张庆和的《关于建立健全食品安全群防群治机制的建议》被市政协评为优秀提案，刘志红、张庆和被评为市优秀政协委员。区级“两会”盟员为本区域建设、发展献计献策，提交建议、提案共60余份。协商议事、民主监督和专题调研是民盟长沙市委参政议政工作的重点。市委会领导参加市委统战部组织的对湘江流域长沙段重点污染源专项监督点考察活动，实地考察已关闭重金属污染厂矿；参加省委统战部关于湘江流域水污染治理情况汇报会，提出建设性意见。组织民盟界别委员以实地走访、考察、座谈等方式开展“三服务”主题活动，到杜甫江阁截污工程现场进行考察和座谈，听取市水务局关于长沙市排水工程建设管理和市政局关于杜甫江阁排污工程进展情况的汇报。联合市政协提案委，组织民盟界委员调研东湖村、合平村征地拆迁工作，听取区、街、村三级有关农村征地拆迁工作的情况反映和意见、建议。邀请发改委、国土局等7家市直单位及市委统战部举行调研座谈会，并就征地拆迁工作与各区或县政府部门沟通，征求意见。到市消防支队听取人社局、法制办、公安局、应急办等市有关部门领导对于推进中国消防力量职业化建议的意见；与市计生委与部分区县街道计生工作负责人座谈听取进一步完善中国计划生育政策的意见。反映民意信息取得成果。专题培训盟员骨干和信息员，完善信息报送机制，发动基层盟员参与撰写。《关于开展黄埔军校成立九十周年纪念或庆祝活动的建议》《建议逐步放开“禁止城镇居民购买农村宅基地和住房”的政策》等12条社情民意信息被全国政协、省政协、市政协采用，《我市二次供水安全问题亟须解决》和《关于加快推广医疗家庭契约式服务的建议》分别被市委书记易炼红和市长胡衡华批示。2014年，民盟长沙市委被民盟省委评为“社情民意先进集体”，获全市统战信息工作先进单位一等奖，被市政协评为“社情民意先进单位”，包括《烟稻混作的几个隐患值得引起重视》在内的7篇社情民意稿件分别被评为市政协优秀社情民意稿件二、三等奖。围绕全市中心工作和民生热点，公开向基层进行参政议政课题招标。包括《构建社区居家安全体系，创新社会治理机制》在内的8个课题分别中标。明确《关于破解我市农村征地拆迁难题的对策与建议》作为向中共市委汇报的重点课题，确定包括《加快我市基础教育与职业教育的对接，构建现代教育发展的新格局》在内的5个调研报告转化为民盟长沙市委集体提案，其中两个转化为市政协大会发言材料。参与民盟省委、中共市委统战部、市政协等单位组织的参政议政课题和统战理论课题竞标。张庆和的《协商民主视域下增进提案办理效益的路径探析》获省政协理论征文三等奖，刘志红的《社会结构变迁与社区统战工作研究》获民盟省委统战理论成果二等奖，张庆和的《协商民主视域下增进提案办理效益的路径探析》、刘志红的《论协商民主的实质与民主党派的历史使命》分别获市政协理论征文活动优秀稿件二等奖、优秀奖。民盟长沙市委被评为民盟省委参政议政工作先进集体和市政协理论征文活动优秀组织单位。

二、自身建设。制定下发《民盟长沙市委2014年学习宣传工作实施意见》等文件，对思想建设提出具体明确的要求，统一思想、凝聚人心。自觉加强理论修养，坚持主委会、常委会和机关例会主题学习和中心发言制度，各区工委及时部署并落实学习任务。通过主题活动、骨干班培训、各级党校或社院轮训等形式的学习，加强盟员参政履职能力和政党意识。定期编印《简报》《学习资料》，在《长沙盟讯》上开辟专题专栏，夯实思想建设阵地。利用盟讯、网站、工作简报、QQ群、短信平台等盟内宣传阵地，启动“手机报”信息平台，向全体盟员通报最新盟务工作动态，提升思想建设成效。做好长沙民盟网站、市委统战部“和网”和民盟省委网站信息报道的采、编、报工作，积极向民盟省委网站和《湖南民盟》《长沙统一战线》等投稿，推介思想建设成果。注重利用社会媒体对外宣传、扩大民盟影响。以“开展坚持和发展中国特色社会主义学习实践活动”为抓手，以湖南民盟省级组织成立65周年系列活动为载体，延伸和深化思想建设内涵。开展“湖南民盟精神”表述语征集活动，继续抢救性保护长沙民盟史料，收集整理相关盟史。配合民盟省委代表性人物和长沙市志民盟人物篇的征稿工作，完成康德、陈志恪等8位盟员个人传记材料。2014年民盟长沙市委被民盟省委评为“宣传工作先进单位”。以基层组织建设年为契机，注重联动开展活动。主委班子多次深入基层开展调研，指导基层开展活动。落实常委和机关干部联系基层制度，促进基层工作的制度化、规范化、程序化。举行基层工作经验交流会，强化盟员发展工作。物色优秀人才入盟，发展一批年轻化、有代表性的盟员。重视不同层次的学习培训，举办新盟员和骨干培训班，选送骨干盟员分别参加浙江大学、中央社院、省社院、市社院等培训班的学习。发挥各专委会作用，开展多种形式活动。参政议政工作委员会为调研做了大量协调工作。妇女工作委员会牵头举办“三八”妇女节女性健康知识讲座。教育工作委员会牵头举办教师节“民盟与教育”论坛活动，并表彰94位盟龄、教龄均达30年的盟员教师。青年工作委员会开展关爱地中海贫血症儿童的活动。老同志工作委员会与海外联谊工作委员会委员参加湖南民盟成立65周年庆典大会并进行座谈。深化机关建设，努力建设学习型、服务型机关，努力营造盟员之家的温馨氛围。

三、社会服务。整合资源，参与“同心工程”项目建设。开展“一对一”帮扶，对同心社区困难帮扶户定时进行上门慰问和走访；参加湖南“一家一”助学就业同心温暖工程活动，捐资成立“民盟·集拓特教班”。继续发挥孟妈妈青护园和社区大学这两个品牌的效应。组织盟员志愿者义务开展社区教育活动，开展“情暖高墙、关爱孩子”联合帮扶活动，为湖南省未教所的未成年犯赠送生活用品，参加禁毒宣传活动。盟员孟繁英获评中国“最美志愿者”。开拓社会服务领域。发起关爱地中海贫血症儿童活动，与“湖南省地贫家长互助会”联合举办“关爱地贫儿童”活动启动式，向3户罹患重型地贫的贫困家庭各送去1万元慰问金；通过多途径呼吁将重度“地贫”纳入大病医保体系；整合民盟资源，为患儿及其家庭提供学业辅导和护理技术、心理辅导等支持。关注“校园安全”，将民盟中央“米信校园安全行”项目在长沙推广。组织机关干部开展

9 月 25 日，湖南民盟省级组织成立 65 周年纪念大会在长沙举行

“随手公益”活动。各区工委和基层支部在坚持传统、发挥优势基础上，在形式和内容上力求创新，在服务社会上更好地体现民盟特色。开福区工委在四方坪街道成立“同心环保联合会”，并创建湖南环保教育宣导基地，定期举办环保知识课程，宣导国际环保理念和方法，并提供垃圾分类实践课程。湖南生物机电职业技术学院支部在望城区乌山镇蓟家巷村挂牌社会服务示范基地，为该村农民提供养殖技术支持。在市委统战部“携手同心、共建三市”专题新闻采访活动中，将民盟长沙市委 10 年来持续帮扶浏阳石江村所取得成绩和影响在长沙电视台、《长沙晚报》分别播出和刊登，展现长沙民盟在履行基本职能、践行“同心思想”、服务科学发展观上的成效。2014 年，民盟长沙市委被民盟中央评为“社会服务先进集体”。（赵　睿）

民盟长沙市第十五届委员会

主任委员　何寄华

副主任委员　刘志红（女）　赵凡存　张庆和　陈迪夫

【湖南民盟省级组织成立 65 周年纪念大会在长沙举行】 9 月 25 日，湖南民盟省级组织成立 65 周年纪念大会在长沙举行。民盟中央副主席龙庄伟，省委常委、统战部部长李微微，省政协副主席、民盟湖南省委主委杨维刚，民盟省委副主委、民盟市委主委何寄华等出席会议。民盟省委专职副主委兼秘书长赵为济主持会议。大会表彰在湖南经济社会发展中做出突出贡献、在参政履职和本职工作方面成绩突出的集体和个人。市商贸旅游职业技术学院支部、市周南中学支部被评为民盟中央先进基层组织，民盟长沙市委被评为省级先进地方组织，湖南生物机电职院支部、芙蓉区综合支部、市雅礼中学支部、市天心一中支部、市麓山滨江实验学校支部被评为省级先进基层组织，10 位盟员被评为省级优秀盟务工作者，22 位盟员被评为省级先进个人。会后，纪念湖南民盟省级组织建立 65 周年文艺表演上演，民盟长沙市委选送的《万马奔腾》作为开场舞进行演出。长沙盟员鲁晓川、徐海萍作为民盟省委青年委员会委员参加诗朗诵《多党合作颂》表演。为纪念湖南民盟省级组织建立 65 周年，湖南民盟书画院在湖南省简牍博物馆举办民盟书画展，长沙盟员周群艺、罗光磊、吴敏智、周桂华、何雪苗、谢兆岗、鲁晓川 7 位盟员书法作品入选湖南民盟成立 65 周年书画展。民盟长沙市委专职副主委刘志红，原老领导龚墨池、张鹤皋、吴承志、彭代源、郑宏旺等人及机关全体干部和盟员代表 50 余人参加庆祝活动。（赵　睿）

中国民主建国会长沙市委员会

【概况】 截至 2014 年底，中国民主建国会长沙市委员会（以下简称“民建长沙市委”）共有会员 968 人，建成 5 个区工作委员会、32 个支部、6 个专门工作委员会、2 个联谊会。其中经济界人士 729 人，中级职称以上人士 400 人。市委会机关设办公室（社会服务处）、组织处、宣传处（参政议政处）。现任主委段安娜、副主委李丽雄（专职）、斯洪标、刘诗题、张海岸，常委 11 人，委员会委员 25 人。

一、参政议政。1. 民主监督见实效。市委会领导班子成员积极准备，按要求参加“四大家”以及法院、检察院等各类协商、述职述廉会议，表达界别意愿和百姓呼声。协商前，市委会都会及时组织参政议政委员会和法律工作委员会委员，就相关议题进行协商讨论，集思广益，对“一府两院”工作、重要人事协商等提出建议，大多得到采纳。2. 调研提案受重视。市委会通过推动课题招标方案的落实及充分利用优势资源开展调研，完成 4 个调研和 6 个集体提案。全年共完成统战理论论文 9 篇，其中李丽雄撰写的理论文章《浅谈协商民主的实现途径》中标民建省委理论研究招标课题，并在《湖南统一战线》杂志刊登。市委会提交的《关于加强我市涉农企业科技创新能力的建议》和政协委员江跃龙的《关于“做好长沙农产品现代物流产业试点工作”的几点建议》紧贴长沙社会经济发展的实际且具有极强操作性，被市政协评为优秀提案。市委书记易炼红亲自领办和督办民建长沙市委提交的集体提案《关于进一步规范我市社区职能，优化社区工作的建议》，在领办协商会上形成创新社区治理机制、提升社区服务水平和健全社区工作队伍等 3 条意见，进一步提升长沙市社区的管理水平，这也是长沙首次由党政一把手领办协商政协提案，对全市创新社区治理机制、提升社区服务水平和健全社区工作队伍产生积极影响。3. 开展培训提素质。市委会组织部分会员和机关干部参加两次民建省委反映社情民意工作“半年一讲”会议。在社情民意和统战信息的写作、反映社情民意“三化”新路子探索、湖南经济发展环境研究等方面进行系统学习，并在会上作经验交流发言。5 月 30 日，市委会按照民建省委全员培训的要求，举办全市社情民意、宣传报道写作全员培训会，邀请省政协研究室新闻信息中心主任王文君、民建省委宣传处处长龙冬林分别主讲社情民意、宣传报道的写作

知识。会员参与社情民意和宣传报道写作的积极性空前高涨，稿件数量和质量大幅提高。

二、组织建设。1. 做好组织发展工作。按照注重质量、注意数量的原则，全年发展新会员42名，并于6月7—9日组织开展新会员集中培训。2. 成立望城区支部。经多次与望城区统战部沟通协商，4月召开支部成立大会，组建民建望城区支部，这是民建长沙市委在望城区成立的第一个建制支部。3. 做好民建长沙市委领导班子后备人选推荐工作。按照省市统战部门关于《协助民主党派市委做好2014—2016年领导班子后备干部建设实施意见》精神，经过资格审查、酝酿、民主推荐产生领导班子后备人选。4. 指导基层组织开展工作。根据年初工作计划中，市委会工作重心下移、组织工作促“三化”（规范化、制度化、科学化）的要求，加强对基层工作的指导。

三、思想建设。1. 指导基层组织开展多种形式的坚持和发展中国特色社会主义学习实践活动。根据民建中央和民建省委指示精神下发《民建长沙市委关于开展坚持和发展中国特色社会主义学习实践活动的实施方案》，各基层组织积极响应，及时组织会员学习贯彻，开展形式多样的学习实践活动。2. 开展非公经济会员思想动态调研。民建长沙市委非公有制经济的会员不断增多，会员思想多元化倾向，市委会确定2014年重点对非公经济会员思想动态做一次全面深入的调研，以便有针对性地开展思想教育工作。3. 组织新会员培训及座谈。民建长沙市委组织发展的新会员参加市社会主义学院新会员培训班集中学习，并召开新会员座谈会及会员证授证仪式，通过播放会史宣传片、发放会刊杂志、邀请会务骨干和老会员现身说法以及鼓励新会员畅谈感想等形式，加深新会员对民建历史和传统的了解，增强新会员对民建组织的认同感、归属感和自豪感。

四、社会服务。1.“三服务”主题活动。4月12日，举办“服务会员企业，解融资之困，排用工之忧”主题讲座，分别就“企业用工风险防范和降低用工成本”和“多途径解决融资难问题”两个方面进行专题讲座。并针对有效地运用社会力量助推非公经济发展、解决非公企业融资难和用工难等现实课题进行一系列有益的探索。5月25日，民建经开区支部和长沙银行支部召开“银企对接”座谈会。针对中小企业融资门槛高、时间长、额度少、期限短的实际情况，长沙银行在座谈会上发布针对中小微企业提供融资服务的平台——“长湘汇”，并派出相关部门负责人和业务骨干，针对民建经开区支部和经开区内的小微企业融资问题进行“一对一解剖”，为企业融资出谋划策。2.“同心”工程建设。天心区工委“同心社区”影响力不断扩大。3月26日，天心区工委主委王德军在全省民主党派工作座谈会上就“同心社区”建设作典型发言。民建中央组织部部长李世杰，湖北省委常委、统战部部长张岱梨以及全省各市州民主党派专职副主委等分别到天心区工委联点的白沙井社区考察调研“同心社区”创建工作。3. 社会服务。开福区工委慰问捞刀河敬老院，为敬老院的老人们送上最需要的彩电、洗衣机和一些生活用品、营养品等，并与老人们进行心贴心的交流；天心区工委在白沙井社区举办计生、健康知识讲座；芙蓉区三支部走访滨湖社区困难家庭，并送上数千元慰问金；雨花区一支部慰问走访怡园社区低保户、精神残疾人员以及抗美援朝老战士，并为每人送上1000元春节慰问金；雨花区三支部到麻阳县富洲学校为“思源·教育移民班”学生和其他班级贫困学生捐赠价值近5万元的衣服、文具等爱心物资。天心区工委会员谢军能、张顺新和任超文帮助白沙井社区困难少年谭宇洋就读湖南生机电职业技术学院，并承担其今后5年共7.5万元的学杂费和生活费。（刘稳振）

民建长沙市第十三届委员会

主任委员　段安娜（女）
副主任委员　李丽雄（女，专职）
　斯洪标　刘诗题
　张海岸
秘书长　石莉波（女）

中国民主促进会长沙市委员会

【概况】截至2014年底，中国民主促进会长沙市委员会（以下简称“民进长沙市委”）有会员927人，平均年龄52.7岁，具有中、高级专业技术职称的752人，占81.1%。共有7个工委、2个总支、48个单一支部。

一、参政履职。1. 依托“两会”平台，积极建言献策。“两会”期间，会内各级人大代表、政协委员提交批评、建议、意见和提案共143件。其中省、市人大代表提交批评建议意见19份，省、市政协委员提交提案40份，民进长沙市委向市政协提交集体提案6份。集体提案《关于加强我市地方政府性债务管理的建议》被列为长沙市政协重点督办提案，促使市财政局出台《长沙市政府性债务暂行管理办法》。4件提案被评为市优秀提案，2人被评为市优秀政协委员，10人被评为区县优秀政协委员。2. 深入调查研究，落实成果转化。年内完成“小城镇建设与旅游产业融合发展”“会展业发展的路径选择”“提高耕地综合利用率”“工业园区节能降耗”“完善现行教育编制”5个课题调研。其中“小城镇建设与旅游产业融合发展”课题内容被确定为市政协十一届三次全会的6个大会口头发言材料之一。配合民进湖南省委开展“关于湘江污染治理”课题调研，联合民建长沙市委、市环保局开展“长沙餐饮业油烟治理”课题调研。各工委根据实际，发挥优势，共完成调研报告13篇。3. 组织专题考察，开展民主监督。民进长沙市委组织会内人大代表到长沙市长善垸污水处理厂开展专项考察，组织会内市政协委员到宁乡开展“民主党派如何发挥自身优势，整合资源，支持农村小学素质教育”调研考察。主委班子参与中共市委、市政府、市政协组织召开的各类专题协商、征求意见会议10余次。各级特约人员积极参与案件办理、项目招标监督及纪委、检察院、审计局、质监局等单位组织的各类考察、监督活动。4. 聚焦热点难点，反映社情民意。全年共报送统战信息、社情民意322条。统战信息被中央统战部采纳3条、省委统战部采纳4条、市委统战部采纳71条。其中《同心共进谋发展，构筑幸福新山园》作为省委统战部同心创建经验材料专题刊发和推介。反映统战信息工作在7个党派市委和市工商联中，综合排名第一。社情民意工作连续6年在市政协24个社情民意报送单位中排名第一。3条信息被全国政协采用，6条信息被民进中央采用，11条信息被省政协采用，近20条信息被市政协采用。

二、自身建设。1. 学习实践活动。一是推进政治学习。年内组织学习中共十八届三中、四中全会和全国"两会"精神6次，对会内市委委员、人大代表、政协委员、基层组织负责人和机关干部进行培训。组织4篇统战论文参与中共市委统战部的统战理论课题竞标，两篇政协论文参与市政协征文评奖活动。二是践行社会主义核心价值观。以纪念民进湖南省委成立30周年为契机，在全会开展以"弘扬优良传统 爱岗敬业奉献"为主题的纪念活动和"读会史、学传统、明使命"学教活动。组织机关干部和骨干会员听取中央社院党组书记、副院长叶小文的《市场经济中"信用缺失症"的诊治》的报告和民进中央副主席刘新成的《历史传统与道路选择》讲座。参与民进湖南省委"同心同行·责任与使命"和"争做合格的中国特色社会主义参政党成员"两项征文活动，组织骨干会员撰写17篇文章参加评选。三是加强宣传阵地建设。向各级媒体报送宣传报道111篇次，其中中央级刊物采用7篇次、中央级网站采用50篇次、省市级刊物采用30篇次、网站采用60篇次。完成4期《长沙民进》的编印任务，完成《长沙市志1988—2012(民进篇)》的整理撰写工作。2. 推进"组织建设年"工作。一是加强市委班子建设。全年开展班子集体学习6次，召开7次主委班子会议、两次常委会议和1次全体委员（扩大）会议，实现对会内重大工作事项的科学民主决策和坚强领导。二是开展专题调研。从4月开始，民进长沙市委用两个月时间，对各工委和望城区支部进行组织建设专题调研。5月，举办民进中央基层组织建设调研工作会议。全国政协副主席、民进中央常务副主席罗富和出席会议并作重要讲话。三是创新组织活动。划拨专项经费18万元用于支持基层组织工作和表彰奖励，开展组织活动创新和"创先争优"评比活动。在民进中央、省、市组织的"创先争优"评比中，民进长沙市委被授予"民进全国组织建设先进地方组织"称号；民进长沙市综合总支被授予"民进全国组织建设先进基层组织"称号，张早平被授予"民进全国组织建设先进个人"称号；9个基层支部和22名会员受到民进湖南省委表彰；7个基层支部和23名会员受到民进长沙市委表彰。四是加强队伍建设。全年共发展新会员33人，其中发展副科级实职2人。推荐民进长沙市委领导班子和会员参加市级以上培训40人次，自行举办1期会员培训班，培训近3年入会未参加培训的46名会员。推荐4名会员担任实职科级干部，2人走上正科实职领导岗位，2人晋升为副科实职干部。五是组织会内活动。做好会内老领导和70岁以上老同志共120余人的上门慰问工作。全年看望因病住院、吊唁去世会员12人次。组织迎春联欢会、教师节活动，指导基层开展"三八"妇女节、老人节和"三胞"联谊等庆祝活动，组织机关退休干部开展户外活动。3. 提升机关整体效能。坚持用制度管人，按制度办事，以《民进长沙市委制度汇编》为蓝本，督促和指导各工委和基层支部建立和完善有关制度。输送9名干部外出学习考察，推荐1名年轻干部到街道办事处挂职锻炼。与株洲民进、福州民进、韶关民进等5个省内外兄弟市委进行工作交流。全年组织机关干部集中学习10次。规范机关日常管理，加强机关文化建设，对主要办公区进行更新和修缮，提高机关工作效率和服务水平。

三、社会服务。1. 开展"同心"主题服务活动。5月，举办"文化惠民·同心共进"大型文化公益活动，现场献演花鼓戏讽刺喜剧《连升三级》，近600位市民免费享受文化大餐。参加由中共湖南省委统战部、省教育厅主办，中共长沙市委统战部、市教育局承办的"湖南'一家一'助学就业·同心温暖工程"签约仪式，为长沙市职业教育学院"民进·特教班"募集帮扶资金30万元。参与中共长沙市委统战部开展的共建"同心社区"项目，向怡园社区及4户结对帮扶困难对象捐款捐物1万余元。直属工委"同心"法律进社区，芙蓉区工委"同心惠民·雅韵三湘"送戏进社区，雨花区工委"同心百课"进基层，岳麓区工委共建"同心社区"，天心区工委"温暖天心民进同行"爱心慰问等系列"同心"活动受到社区居民和群众的普遍欢迎。2. 推动"阅读·梦飞翔"项目发展。香港"阅读·梦飞翔"基金会主席梁伟明一行到望城区考察，并应邀为全区100余位中小学校长举行专题培训讲座。截至2014年底，"阅读·梦飞翔"项目累计投入爱心资金1300万元，在全省建成标准化图书室（角）202所，直接受惠学生13万余人，培训人数2万余人。3. 社会主义新农村建设。民进长沙市委经过多方协调，争取和投入资金18万元用于宁乡山园村粮食生产、山桥小学提质改造和"大爱民进情系山桥小学"爱心捐赠活动。联合雨花区政协和雨花区侯家塘街道办事处在宁乡县大屯营同荣小学开展"医疗爱心行动"，会内医卫界会员为该校学生开展体检、义诊和健康咨询活动。4. 定期举办经济界人士联谊活动。4月，组织长沙民进经济界人士联谊会企业家与湖南华菱钢铁集团举行友好对接活动并探讨交流国企改革和项目合作。11月，联谊会在湖南搜农坊有限公司举行2014年第二次全体理事会议暨"农业与电商融合发展路径探讨"主题活动。（罗　俊）

民进长沙市第十一届委员会

主任委员	李　平（女）
副主任委员	高智麟（专职）
	张早平　邹国兴
	李正元（女）
秘书长	李素娥（女）

中国农工民主党长沙市委员会

【概况】 截至2014年底，中国农工民主党长沙市委员会（以下简称"农工党长沙市委"）有党员870人，具有中、高级专业技术职称的843人，占总人数的97%，平均年龄49.6岁。基层组织有5个区工委、6个总支、30个支部、1个基层工委。

一、参政议政。农工党长沙市委《关于加快发展我市现代农业的调研报告》《推进我市城市大气污染综合治理》等调研课题的对策建议，得到中共长沙市委的高度重视和采纳。农工党长沙市委向长沙市政协提交集体提案4

件。农工党员中人大代表、政协委员在2014年“两会”期间，提交提案建议近100件。农工党长沙市委提交的提案《关于进一步推进我市食品工业发展的建议》获市政协十一届二次全会“优秀提案”奖。俞小玲、龚振湘等联名提交的提案《关于建立长沙市非物质文化遗产戏剧人才引进“绿色通道”》及陈忞、王清华、黄树明、王林、周锦民分别撰写的《创新发展动漫商业文化　加快长沙文化产业发展》《关于解决出租车司机就餐、如厕困难的建议》《关于尽快出台长沙市电梯安全监督管理办法的建议》《关于加强长沙市住宅小区两证办理工作的提案》《关于推行城市垃圾分类回收处理的建议》获市政协十一届二次全会“优秀个人提案”奖。参与中共长沙市委、市人大、市政府、市政协举行的民主协商会、情况通报会、专题座谈会及与政府各有关局（委、办）对口联系工作会议等30次，考察活动25次，民主评议、监督活动15次。农工党长沙市委积极响应中共湖南省委统战部和农工党湖南省委号召，开展“同心系湘江·共护母亲河”联合专项监督活动。党员杨百放反映《关于加快长沙县暮云污水处理厂建设的建议》引起中共湖南省委统战部的高度重视，副部长崔永平专程到该地进行调研，对农工党长沙市委的专项监督工作给予充分肯定。全年报送统战信息30余条、社情民意20余篇。其中《农村土地流转不能搞“大跃进”更不能搞“一刀切”》等4篇社情民意被省政协采纳。易介兵被评为2014年度全市社情民意工作先进个人。发挥党刊《前进论坛》《农工湘讯》《长沙农工》作用，进一步统一党员思想认识，提高党员政治素养和理论水平。编辑机关刊物《长沙农工》4期，《前进论坛》党员征订率63%，被农工党中央评为“《前进论坛》发行工作先进单位”。认真组织完成《长沙市地方志——农工党长沙市委1998年至2012年》撰稿工作。在各级党刊上发表理论研讨文章20余篇，向农工党湖南省委、中共长沙市委统战部报送工作简讯30余篇。农工党长沙市委积极响应农工党中央开展的“中国梦·农工情”主题教育活动，带领基层组织骨干30余人前往江西井冈山革命纪念地参观学习，进行爱国主义和革命传统教育。组织开展“我为什么入党，我能为党做什么”征文系列活动。选派党员高智颖代表农工党湖南省委参加农工党中央主办的“中国梦·农工情”演讲比赛，获一等奖。

二、自身建设。1. 加强自身建设。全年共发展38位政治素质高、参政能力强的新党员，其中傅强、李湘伟增补为雨花区政协委员。根据工作需要，对开福区工委、芙蓉区工委和芙蓉区、岳麓区综合支部领导班子进行调整，将宁乡总支升格为基层工作委员会。农工党长沙市委被农工党湖南省委评为“2014年度先进市级组织”。2. 走访和联络工作。年初制定《2014年度市委机关走访联系服务基层组织工作方案》，共走访统战部门、联系基层组织、看望党员近100余次，倾听党员的建议和意见，为党员排忧解难。3. 推进后备干部队伍建设。积极推荐并组织党员参加省、市社会主义学院的学习培训。农工党长沙市委组织14名党员参加“中央社会主义学院农工党湖南省委培训班”，7名党员参加各民主党派骨干进修班，14名新党员参加各民主党派新成员培训班，加大对机关干部的培养、锻炼力度，选派1名干部参加市统战系统浙大培训班学习，2名机关干部分别参加农工党省委在中央社院组织的培训班学习，对省市级人大代表、政协委员进行专题培训。不断充实与完善党员后备人才库，建立后备人才库及人大代表、政协委员、特约人员信息档案。积极推荐优秀党员担任领导实职，王晓玲任长沙市按摩医院副院长。4. 党员立足本职，为推动长沙全面建成小康社会建功立业。党员邓龙开设政协委员工作室，为弱势群体提供法律援助。杨高被评为“湖南省首届省公益律师之星”。周宇君承担国家卫计委《关于医疗纠纷破解路径》的调研课题。彭顺超捐资20万元改善家乡益阳枫树山敬老院的居住环境等。王林被聘为中共湖南省委党的群众路线教育实践活动《电视问政》首席评论员。王爱民被聘任为“中国保健学会老年痴呆委员会常务委员”，张智博被聘为“中国中西医结合专业委员会学术部委员”，王敏被聘为“中华医学会感染病学分会艾滋病学组全国委员”，并出席世界艾滋病学术大会，在她的带领下，长沙市第一医院艾滋病科被批准为湖南省艾滋病诊疗质控中心。谭春华被中南林业科技大学聘任为客座教授，被评为“湖南省规划学会2014年度先进工作者”。刘竞芳被评为“2014年湖南省卫生系统先进个人”。傅强作为农工党湖南省委社会服务工作委员会秘书长、湖南民间联合救灾小组组长多次带领团队深入到地震、洪涝灾区开展社会公益服务活动，被中央文明办、民政部、团中央等部门授予“中国首批五星级志愿者”称号。周娉撰写的新闻稿件《将粮食存进银行》获2014年中国新闻奖一等奖，创造了中国县级媒体获中国新闻奖一等奖新纪录。贺小平出版个人体育评论集《体坛观潮》、个人随笔集《凭栏听雨》和系列丛书《潮汐与船》《香樞树下》。

三、社会服务。农工党长沙市委全年在服务民生民利、关心弱势群体等方面开展服务活动50余次，赢得社会的广泛赞誉。与社区搭建援助平台，共建“同心社区”，组织党员中的医药专家到怡园社区开展关爱百姓健康，继续对口帮扶社区的贫困家庭。组织党内爱心人士和医疗专家在湘湖社区卫生服务中心和仁大夫家庭医疗服务连锁机构锦绣家园门诊部建立医疗康复点，计划每年为部分患者提供免费康复治疗。组织农工党界别的60余名政协委员及农工党长沙市委医药、法律专家到宁乡县道林镇田心小学开展爱心助学、医疗义诊、法律咨询“三服务”主题活动，这次活动共捐助直饮水工程款和药品共5万余元，受益群众400余人。农工党芙蓉区综合支部建立帮孤助残长效机制，定时定点举办“学习雷锋、助残扶困活动”，全年为脑瘫儿童提供价值3万元的康复治疗资助。律师支部党员全年共办理法律援助案件56件，为群众提供法律咨询400余人次。天心区工委对口帮扶八角亭社区20户贫困家庭，捐赠慰问款及物资6000元。岳麓区工委在岳麓区莲花镇开展“同享健康生活 共建美丽长沙”中小学生眼科疾病筛查、老年人健康体检活动。开福区工委带领长沙市一医院总支的党员专家与开福区伍家岭街道建湘新村社区联合共建“同心健康社区”，为居民提供医疗健康服务2000余人次。雨花区工委组织开展高铁站健康咨询服务活动。农工党长沙市委组织部分政协委员、党员对慈利县宜冲桥乡歇家庄小学开展爱心助学活动，累计捐款13万余元用于学校修缮草坪、购置课桌椅和书包等，有效改善学校的教学环境和学生的学习条件。党员易军出资兴办的长沙市湘麓中等职业学校免费招收100名贫困学子就学，学生毕业后全部安排在诺舟大药房就业。药业支部党员继续对口帮扶湘西吉首矮寨小学特困学生，资助学生在校期间的全部生活费、寄宿费和学习用品，并承诺帮扶至大学毕业。（易介兵）

农工民主党长沙市第十二届委员会

主任委员　龚振湘
副主任委员　洪　霞（女）
　陈　忞
　王清华（女）
　黄树明（女）
秘书长　周锦民

中国致公党长沙市委员会

【概况】2014年，中国致公党长沙市委员会团结带领全市致公党党员，认真学习贯彻中共十八大和十八届三中、四中全会精神，推进自身建设，履行各项职能，工作取得新的成绩，被致公党中央评为“先进集体”。

一、思想建设。深入开展“坚持和发展中国特色社会主义学习实践活动”实施活动。通过举行报告会，选派干部参加学习培训，组织中心组专题学习研讨，在“长沙致公网”设立专栏和开展征文活动等形式，深入学习中共十八大和十八届三中、四中全会精神、习近平一系列重要讲话精神、社会主义核心价值观以及致公党十四大精神，增强广大党员的道路自信、理论自信和制度自信。开展新党员入党教育培训，评比表彰先进典型，举办老龄党员党史知识抢答赛和看长沙新变化活动，组织党员和部分党务干部到芷江抗日战争受降旧址、麻阳滕代远纪念馆、杨开慧、缪伯英故居及纪念馆参观学习，拜祭致公党先辈司徒美堂先生，提升广大党员的集体荣誉感、历史使命感和社会责任感。

二、参政议政。1. 建言献策。利用“两会”平台建言。2014年初，向各级“两会”提交议案、建议和提案99件，其中集体提案4件。《创新科技金融服务平台，推动我市经济转型升级》和《关于加大我市两型社会综合配套改革力度的建议》《优化长沙创业环境，支持中小企业发展》获市委副书记、市长胡衡华批示。通过协商活动献策。组织党员中的政协委员参加各级政协组织开展的专题协商、界别协商等活动，关于“一府两院”工作报告、重要人事安排、行政审批制度改革、大气污染治理和人才引进等问题提出意见、建议。其中“关于做好海外人才来长创业服务工作”的协商建议，引起省委常委、市委书记易炼红高度重视并作出批示，助推市政府制定《长沙市高层次人才服务管理办法》。2. 专题调研。通过落实《专题调研课题招投标暂行办法》调动工作积极性。招标确定并高质量完成“园区产业转型升级”“国企改革”“职业教育发展”和“知识产权运用”4个课题，其中有两个课题成为致公党湖南省委2014年的重点调研课题。各区（市）工委紧贴地方工作中心，完成课题调研6项。3. 信息工作。全年向各级政协、统战部门和致公党上级组织反映社情民意信息81条，3条社情民意被省、市政协采用，26条统战信息被各级统战部采用，《关于推进政府向社会力量购买服务的建议》由市委副书记、市长胡衡华作出批示。《致公党长沙市委对习近平在第二次中央新疆工作座谈会上讲话的反映》被中央统战部《零讯》专报采用。致公党长沙市委被中共长沙市委统战部评为“全市统战信息工作特别贡献单位”。4. 民主监督。参与各民主党派对湘江治理情况的专项民主监督工作，牵头对浏阳市蕉溪岭原铜钨矿尾库矿治理工程开展专项调研，并对工程存在的问题和后续工作提出意见、建议，并出具书面的监督整改报告。在中共党委开展的群众路线教育实践活动中，利用中共长沙市委常委会、市人大党组、市政协党组、市委统战部和对口联系单位党委征求意见的机会，对长沙市多党合作事业的发展等提出意见、建议。

三、社会服务。1. “同心社区”展现新亮点。在7个联点社区开展扶贫帮困、医疗义诊、法律援助、科技普及、文化建设等形式多样的共建活动30余次，投入建设资金近100万元，惠及居民上万人次，为共建社区的硬件建设、文化建设以及社区团结和谐的氛围形成发挥重要作用。其中水风井“同心科普社区”和枫树山“同心工作站”成为全省知名品牌。“同心科普社区”被《湖南日报》专题报道，中共湖南省委统战部常务副部长谭平和致公党省委主委会班子成员专程考察，中共湖南省委常委、省委统战部部长李微微作出批示，充分肯定建设成果。中共湖南省委常委、长沙市委书记易炼红考察“同心工作站”后，对致公党市委依托党内律师和社会公益组织开展社区共建的模式给予高度评价。2. “致公助学”活动。全年累计开展助学活动60余次，捐赠款物近300万元。为帮扶浏阳市特殊教育学校的特困残疾学生，资助开办“致公·浏阳特校班”。响应省统一战线“‘一家一’助学就业·同心温暖工程”的号召，签约开办“致公·湘贵特教班”。依托致公党党员李丽的“心灵教育中心”，投入20万元挂牌建立“精神助学”基地，开展“未成年人心理健康辅导”“特殊青少年群体心理帮扶”等“精神助学”工作，成为特点突出、影响广泛、社会效益明显的助学品牌。致公党中央副主席闫小培专程到该基地考察，称赞“精神助学”工作体现“真情、真心、真干”。3. 基地建设。继续推进林业种植基地建设。组织专家到浏阳佳源油茶丰产林基地开展现场咨询服务活动并提供技术指导。致公党中央闫小培副主席到长沙调研期间，全程观摩咨询服务活动，对该服务模式给予高度赞扬。坚持扶助市第二福利院。“六一”儿童节前夕，给市第二福利院的孤残儿童送去价值2万元的衣服、玩具和食品。挂牌建立企业服务基地。选择湘贵实业有限公司作为帮扶基地，组织致公党内的管理咨询专家到基地开展咨询活动，并为基地的电子商务发展争取资金支持。把扶持企业发展作为社会服务工作重点的做法得到中共市委常委、统战部部长文树勋充分肯定。由于社会服务成绩突出，在致公党全省社会服务工作会议上，致公党长沙市委的佳源油茶丰产林服务基地、精神助学基地、水风井“同心科普社区”、枫树山“同心工作站”和“湘贵实业”企业服务基地5个项目被评为“全省社会服务工作优秀成果”，4人被评为“全省社会服务工作先进个人”。

四、侨海联络。1. 加强与致公党组织的交流。组织部分党务干部和党员代表，先后到致公党昆明、贵阳、苏州、宁波、南京、深圳、株洲、湘潭等市委考察学习，接待张家界、青岛、钦州、厦门、西安、常德等地致公党组织到访。依托“致公万里行”活动，专程到致公党中央机关和北京市委考察学习。利用参加全国性会议和培训的机会，与全国各地的致公党省、市组织进行广泛交流。2. 加强与涉侨部门的合作。推动“五侨联动”工作机制的健全和完善，在全市第二次“五侨联席会议”上介绍侨海联络工作进展情况，对进一步深化五侨合作提出新建议。与市政协港澳台侨外事委和市侨联合作，调研长沙市人才引进工作，加深对海外引进人才，尤其是归国留学人员相关情况的了解。联合岳麓区侨联，走访调研部分侨资企业。3. 密切与海外侨胞的联络。选派20人参加致公党中央“海外洪门中青年代表人士研修班暨致公党海外联络干部培训班”，并与巴拿马致公党总部副主席郑艺良、加拿大洪门总盟长罗立等进行交流。会见到长沙访问的菲律宾中国洪门致公党副理事长林志谦、澳门致公协会监事李伟晶和中华青年进步协会会长林英培一行。各工委、支部和部分党员利用各种机会，分别与美国、瑞士、新加坡、以色列、韩国、拉美、台湾、澳门等国家和地区的爱国团体、友好人士开展了交流。1名同志被本党中央评为“对外联络工作先进个人”。

五、自身建设。1. 组织发展。全年新发展党员27名，其中硕士研究生16名、博士研究生1名，平均年龄36岁，19人有侨海关系。2. 组织管理。顺利完成2014—2016年领导班子后备干部推荐工作和全体党员“组织信息平台”的核录工作。严格执行党内监督的相关制度，加大服务力度，深化人文关怀，使干部队伍更加团结务实，工作效能和履职水平明显提升。3. 组织架构。为了加强宁乡县、望城区和长沙经开区党员的管理，在这3个地区设立党员临时活动小组。对4个专委会和4个工委，以及两个支部的班子进行调整，对两个人数过多的支部调整规模。4. 对接省直工委。顺应致公党省委对致公党省直工委进行组织化改造的新举措，主动开展工作，为致公党省委实施省直党员属地化管理出谋划策，召开区工委负责人会议专题研究与省直区工委对接的举措。各工委落实部署，在各类互动活动中探索出一些有益的联动方式，为推进长沙市区组织一体化运作和充分利用省直党员资源奠定基础。5. 组织影响。一是利用媒体广泛宣传。在“长沙致公网”和《长沙致公》刊登稿件300余篇，向致公党内和统战系统网站投稿600余篇次，采用360余篇次。“携手同心，共建三市”专题新闻采访活动对“精神助学”“同心科普社区”以及“致公·浏阳特校班”开班等进行报道。二是利用各种机会进行推介。利用致公党中央常务副主席蒋作君等领导到长沙调研的机会，汇报了工作；利用全省民主党派工作座谈会等各类会议，推介工作成绩和经验。三是党员的作为。党员胡国安被评为“全国优秀中国特色社会主义事业建设者”，受到中共中央政治局常委、全国政协主席俞正声接见。（彭　磊）

致公党长沙市第五届委员会

主任委员　王国海

副主任委员　黄光裕　李光华

吴晓佳

邓雪琴（女）

九三学社长沙市委员会

【概况】 截至2014年底，九三学社长沙市委员会（以下简称“社市委”）发展社员29名，社员总数599人，平均年龄54岁，其中高级职称271人，占45.2%，中级职称278人，占46.4%。社市委共设基层支社21个，设芙蓉区、天心区、岳麓区、开福区、雨花区5个区工作委员会和参政议政、城建环保、社会法制、文教卫、海外联络、妇女、青年、老龄8个专门工作委员会。

一、参政党职能。1. 全面开展专题调研。由中共长沙市委统一安排，由社市委牵头，联合市发改委、市住建委、市规划局、市旅游局、市文广新局开展《关于尽快采取有效措施保护我市传统村落文化遗产的建议》的调研，社市委组织社内城建、规划、环境等方面专家到周边省市开展《关于加强“一江两岸”风貌保护及建设品质的建议》的调研，都形成高质量的调研报告。社市委完成社省委的《应对气候变化，将“电能替代”上升为湖南省重大宏观能源发展战略的建议》《湘江流域点源污染监测报告》《关于加快配套改革充分实现农村土地财产性收益的建议》招标课题任务。其中由陈希华撰写的《应对气候变化，将“电能替代”上升为湖南省重大宏观能源发展战略的建议》受到社省委、社中央高度重视。2. 建言献策。组织社内人大代表、政协委员做好参政议政调研。全年向市政协提交集体提案5份、个人提案40余份。2014年市政协重点督办的8件提案中，社市委有2件提案位列其中。集体提案《加快推进我市电子商务产业发展的建议》由市委常委、副市长张迎春领衔督办，该提案对建立和完善电子商务物流服务体系，推动电子商务物流配送行业的发展起到积极的作用。社市委常委、市政协委员梁军的提案《发展社区健康养老，完善社会保障体系》由副市长黎石秋领衔督办。该提案聚焦社会老龄化和养老保障体系之间的矛盾，建议重点推进政策扶持、标准制定、人才培养等方面，促进形成多层次、多类型、多形式的养老服务产业格局。以上两个提案均被评为市政协优秀提案。集体提案《推进新型城镇化要重视文化特色建设》将作为指导纳入长沙市新型城镇化实施纲要中，并在实施纲要中具体落实文化特色建设的相关要求与指标。集体提案《加强我市地下管网规划、建设、管理的建议》由市住房和城乡建设委员会主办并逐步落实，启动城市地下管网摸底调查工作，制定年度建设计划，开展地下管网综合管廊试点工作。集体提案《关于加快我市出租车管理体制改革》得到市政府高度重视，在打击黑车、改善营运环境、提升服务方面取得良好的效果。集体提案《新型城镇化要强调“以人为本”，积极推进我市人居环境品质的建议》的建议和意见得到采纳。在市政协十一届二次全会上，组织社内市政协委员参加“建言建设幸福秀美长沙”等专题协商会，王新夏、唐日清等人的发言受到中共领导的高度肯定。市政协委员黄竹林提交《落实艾滋病防治相关政策，为浏阳市艾滋病病人解决实际困难》和《关于增加全市艾滋病防治专项经费的建议》2份提案，建议和措施得到采纳。陈希华主笔撰写的《尽快在长株潭城市群的路网规划建设中将新能源（电动）汽车充电站纳入规划控制与有序建设的建议》，对缓解雾霾、改善大气环境意义重大，被社省委作为集体提案在省政协十一届二次会议上提交，列为省政协2014年重点提案，由张大方领衔督办，该提案引起省发改委的高度重视，在提案协商会上明确答复要把建议措施落实到位，推动全省新能源汽车的健康发展。3. 加强民主监督。2014年，社市委参加“加快推进湘江保护与治理”专题协商会，王力力代表社市委作《关于妥善解决“湘江长沙综合枢纽工程”建成后库区水资源水环境问题的建议》的专题发言，受到杜家毫、陈求发等领导的肯定。参加省统战系统“同心系湘江、共护母亲河”专项民主监督活动，组织社内环保、城建、规划等方面的专家进行实地调研考察与座谈，形成《湘江流域长沙段点源污染监测报告》，推进湘江长沙段点源污染的治理。在第二批党的群众路线教育实践活动中，社市委和广大社员积极参与，反映党风政风问题，推动当地教育实践活动有效开展。担任各级特约人员的社员，以高度的政治责任感参加有关检查和监督工作，发挥特约人员的作用。参政议政工作获九三学社中央议政成果二等奖。4. 报送各类信息。2014年，社市委采取多种途径强化信息报送意识，明确信息报送任务，完善和扩充基层支社信息员队伍，充分调动各级人大代表、政协委员的积极性，全年共向社省委、统战部上报各类稿件258篇。社中央网站采用稿件45篇，稿件上报及采用数在九三学社全省排名第一，该项工作获九三学社湖南省委反映社情民意信息工作一等奖，被市政协评为反映社情民意信息工作先进单位。社情民意省政协采用7篇，其中《农村土地承包经营权抵押贷款面临的难题亟待破解》被中央统战部《零讯》综合采用；社市委提交的《中共长沙市委主要负责同志春节后第一个工作日走访各民主党派》被中央统战部《每日汇报》综合采用;《村级党外“黑马”急需好“马倌”》获易炼红批示；《加快长沙城市物流配送体系建设的几点建议》获胡衡华批示。5. 各区工委围绕区政区情参政议政。2014年，芙蓉区工委撰写的《发挥在湘异地商会作用，拓展芙蓉区招商新途径》被评为区优秀提案，并作为全会一号提案发言，刘源被评为区优秀政协委员；开福区通过调查形成《开福区道路绿化的现状及品质提升的建议》的调研报告。雨花区工委深入调研形成《关于清霾工作的调研报告》，完成《关于加快配套改革，充分实现农村土地财产性收益的建议》的调研报告。作为开福区人大代表及政协委员的社员撰写《弘扬开福古井文化 恢复鸳鸯井生活取水》等一系列议案和提案，为开福区的经济和社会发展出谋划策。天心区工委苏剑撰写的提案《关于科学完善天心区人民法院在拆迁过程中功能与定位的建议》被评为区政协的优秀提案。社员苏剑、饶灿、潘军、周海燕被评为区优秀政协委员。岳麓区工委向区政协提交两份提案，其中《关于如何实现岳麓区产业倍增的对策和建议》在政协大会上获得典型发言。望城支社完成《公园式城区建设模式下的生态控制线规划研究——以望城区为例》的调研报告。

二、社会服务。1. 升级红丝带品牌，丰富活动内容。社市委先后在高校、社区、工地、企业、高铁等举办“让红丝带飘起来”系列活动，宣传防治艾滋病知识。2014年，雨花区工委开展“雷锋精神，高铁速递——让红丝带在高铁飘起来”志愿宣传活动。1000千米的路程，一路飘起红丝带，志愿者共发放600份宣传资料。天心区工委与社市委青年委、妇委会联合市疾控中心在天剑社区举行“行动起来，向‘零’艾滋迈进——让红丝带在社区飘起来”活动，向天剑社区的居民发放防治艾滋病宣传资料1000份，播放防治艾滋病宣传片，社区志愿者还进行禁毒防艾歌唱表演。通过活动的开展，宣传艾滋病常识，唤起大家对艾滋病感染者的理解和关爱。配合市委宣传部、统战部组织开展“携手同心 共建三市”的党派行专题新闻采访活动，在《长沙晚报》、新闻频道中对“红丝带飘起来活动”作专题系列采访报道，获社会各界的一致好评。2. 延伸同心品牌，着力为民服务。社市委充分发挥人员优势，积极与社区、企业结对共建，开展文化共建、教育共建、医卫共建、科技共建等活动，坚持把“专、精、特、新”的专业人才，全面引进社区，为社区发展谋思路。经常与7个社区保持联系，逢年过节，筹措资金和物资慰问社区联点帮扶对象。天心区工委在金盆岭街道天剑社区开展以“同心携手 温暖同行”为主题的志愿者服务队进社区活动。活动现场，九三学社天心区工委与天剑社区共同建立“同心社区示范点”，签订“同心志愿者结对共建协议”，志愿者开展防假币知识宣讲，子女教育咨询、法律咨询。开福区工委在上年启动的慢病研究基地的基础上进行拓展，将基地延伸至洪山街道卫生服务中心，扩大研究地域，更大范围地采集研究数据，并且将洪山街道洪山桥社区筹建“同心社区”，建立“同心书屋”“同心健康服务中心”“同心法律咨询室”等，洪山桥社区打造成开福区同心工程的样板。3. 搭建爱心平台，圆梦寒门学子。芙蓉区工委与社省委、省直支社在马王堆街道古汉城社区开展以“爱心助学、科普宣传”主题活动，共募集善款2万元，资助10名古汉城社区的大、中、小学生，现场举办“识别非法集资，远离诱惑陷阱”科普宣传主题讲座，开展科普知识抢答活动。岳麓区工委携手湖南仁和环保有限公司，开展2014年的捐资助学活动，从长沙汽车工业学校与宁乡县麻山中学选取70名学生进行资助，该项捐资助学行动已连续进行10年，总计捐赠150万元，受益贫困学生达千人次。雨花区工委开展“梦想出发，德乐同行”活动，到宁乡县沩山乡同庆村和洞井辖区贫困孩子家中，募集资金11万元，开展结对认亲、帮扶助学活动。望城支社启动东城助学行活动，向东城中学捐赠文学书籍，寄语学子多读文学书籍，并对困难学子进行捐赠。4. 设立爱心驿站，帮助弱势群体。妇委会继续开展“手拉手——‘海星’大行动爱心妈妈”活动，到长沙市第一福利院彩虹孤残儿童服务中心看望18位孤残儿童，并给他们带去牛奶、饼干等食品。助养期间，爱心妈妈们关心他们的成长状况和生活状况，和他们一起做游戏、交流，让他们感受到浓浓的母爱。在第二十四次全国助残日，天心二支社社员捐款1万元参加天心区“爱心帮百户，助残奔小康”的大型公益活动。雨花区工委举办“同心梦工厂”之“你我牵手•乐在‘棋’中——雨花区第二届残疾人象棋比赛”活动，向每位残疾朋友发放慰问物资，现场传授残疾人康复用品和训练设备的使用方法，展示义肢产品和适合残疾人的运动健身用品。成立雨花区丰和公益服务联盟，依托同心梦工厂，打造“丰和晴天”公益就业援助中心，推出“爱心水果直通车”项目，与果熊维尼公司（湖南）农产品有限公司联袂打造的残障人士就业创业新平台，实施爱心水果直销连锁项目。开福区工委关注社区矫正工作，专程走访慰问清水塘司法所在册矫正对象张某，并送去慰问金，并联系相关单位，帮助解决上岗培训等问题。

三、自身建设。1. 思想建设。社市委组织开展深入学习中共十八大三中、四中全会精神和习近平一系列重要讲话精神活动。在社市委成立30周年之际，举办学习报告会，邀请社中央学习实践活动宣讲团成员赖某深作题为《同心共圆中国梦》报告。参加社中央关于开展“坚持和发展中国特色社会主义征文活动”及“参政党理论与社史研究征文活动”，上报征文稿件10篇。其中社市委机关吕坚所撰写的《当代中国政党制度的本体特色》入选中央《九三学社坚持和发展中国特色社会主义专题论坛论文集》。配合社中央开展离退休成员的思想状况调研，召开座谈会，形成《九三学社长沙市委离退休成员的思想状况调研报告》，受到社中央及社省委的好评。2. 组织建设。全年发展社员29名，组织30名社员参加各种培训班，其中7人参加社省委到人民大学为期1周的培训。召开2014—2016年九三学社长沙市委领导班子后备干部民主推荐会。增补1名市人大代表、1名市政协委员、1名市政协特约委员、2名区政协委员，社市委共有各级人大代表、政协委员64人（66人次）。关心社员生活，对社员慰问120人次。老社员杨谱获“北京九三”王选关怀基金的资助，王选关怀基金会副秘书长赵鑫一行上门慰问，并送上3万元关怀基金。社市委机关戚艳玲被九三学社中央评为先进组工干部。3. 纪念活动。2014年是社市委成立30周年，8月31日在枫林宾馆隆重召开纪念大会进行庆祝，480名社员参与活动。并召开社市委成立30周年暨中秋座谈会，总结工作，回顾九三学社市委的历史，展示社市委与中国共产党亲密合作和发扬民主与科学的光荣传统，对优秀社员、优秀社务工作者进行表彰，纪念活动的开展进一步增强了社员对组织的认同感，增强了组织的凝聚力。4. 社内活动。妇委会组织全体女社员齐聚社省委机关会议室，开展妇女节活动，邀请专家为社员作一堂《家庭是孩子的第一课堂》的精彩讲座。重阳节活动由各区委会承办，其中高新区支社到江西“上饶集中营”、雨花一支社到湘乡东山书院、医卫支社到重庆秀山刘邓大军司令部旧址开展学习实践活动。5. 机关形象。2014年，社市委机关开展文明单位创建活动，对机关办公硬件设施进行改善。完善档案管理，制定相关制度，清理历年的档案，开展年鉴投稿、修志工作。社市委机关被评为2014年长沙市文明单位。（周新建）

九三学社长沙市第七届委员会

主任委员　王力力
副主任委员　刘有良（女，专职）
　匡利娥（女）
　汤建尧
　邓立新

长沙市工商业联合会（总商会）

【概况】 2014年，长沙市工商业联合会（总商会）（以下简称“市工商联”）打造非公有制经济升级版，引导非公经济人士健康成长，推进创业富民工作。全年非公经济完成增加值4979.21亿元，较上年增长12%，占全市GDP总量的63.6%，比重较上年提高1.6个百分点。全市非公经济实交税金709.75亿元，较上年增长19.1%，增速较上年提高约12个百分点。长沙虚拟科技产业园协同创新服务平台工作获评全国工商联“2014十大创新工作”。

一、推动非公经济转型升级。1. 政企恳谈。推动建立政企沟通平台，增强发展动力，提振发展信心，及时把民营企业遇到的困难、问题和建议反映给市委、市政府，帮助会员企业排忧解难。年内，协助市委、市政府3次组织召开民营企业家座谈会，省委常委、市委书记易炼红两次参会并作重要讲话，9月交各区、县（市）和相关职能部门办理问题建议62条，截至11月底全部办理完结。2. 融资改革。为深化投融资体制改革，破除“玻璃门”“弹簧门”，组织召开长沙市民营企业投资项目对接会，推出第二批由民间资本投融资建设的项目61个，连同继续发布的第一批项目25个，共计86个，总投资1010亿元。对接会当场签约项目8个，投资额38.36亿，参会企业400余家。拓宽直接融资渠道，动员组织企业上市、股权交易市场挂牌，项目涉及汽车、环保节能、生物医药、电信、物流、商贸服务等多个领域。3. 科技服务。为落实民营企业协同创新走在前列三年行动计划，加强产、学、研、金、企有机融合，举办长沙民营企业科技项目对接会暨虚拟科技园协同创新服务平台启动仪式。促成湖南启仁环保科技公司“生活垃圾热裂解气化减量无害循环利用处置技术”等6个科技成果项目签约，签约技术金额4700万元。创新平台集聚15所国内知名高校、科研院所的100余名专家，40余家知名律师事务所、会计师事务所和金融等中介机构，2000余家中小微企业注册，发布各类专利10000余项。打破实体科技产业园在时间、空间上的局限，利用信息技术实现科技成果池、企业池、金融池资源的有序规范流动，为加快科技成果在民营企业的高效转化搭建技术创新平台。该项工作获评2014年全国工商联系统“十大创新工作”。4. 普惠金融。为推动普惠金融服务实体经济发展和破解小微企业“融资难、融资贵”难题，联合《潇湘晨报》、省投融资商会举办“2014湖南（长沙）首届投资理财博览会”，整合各金融机构、商会、企业、媒体的优势资源，多方联动，打造投资理财交流平台。博览会设置特装展位30个、标准展位120个，汇集北京、上海等地的银行、保险、证券、信托以及互联网金融等90余家机构参展，主办《经济新常态下的财富机遇》《互联网金融发展峰会》等高峰论坛4场，投融资主题活动20场，参展人数5万余人。新华社、凤凰财经等20余家各类媒体现场直播或采访。5.经贸服务。筹办“2014首届中国（长沙）国际美丽健康时尚产业博览会”，观展3万余人次，成交1000万余元。举办武汉、合肥、南昌、长沙等长江中游城市群商会合作交流会，建立长江中游城市群商会紧密合作机制，共同打造中国经济增长“第四极”。组织长沙汽车产业考察团到上海考察汽车产业，举办沪、湘汽车产业民营企业座谈会，形成汽车产业调查报告，引导长沙汽车产业发展。组织企业参加“香港·文化创意·授权”研讨会和各类招商引资推介活动。两次组织25家企业到湖南股权交易所挂牌融资。6.参政议政。为打造长沙市开放型经济升级版，整合各方资源，完成《长沙市发展开放型经济面临的困难与对策研究》的课题调研。参与政策落实情况第三方评估，完成《企业投资自主权落实和示范项目调查评估报告》等3篇评估报告。完成《2013度长沙非公有制经济发展报告》等4篇调研报告和《长沙年鉴》《长沙市地方志资料年报》中工商联工作史料的编撰。向市政协十一届二次全会提交《关于进一步改善长沙物流发展现状的建议》等7份集体提案，其中《关于进一步改善长沙物流业发展现状的建议》被市政协列为重点提案。撰写市政协全会大会发言材料2篇。组织召开“社情民意暨统战信息培训会议”，全年报送社情民意56条，其中《民间融资乱象应引起高度警惕》《建议我省尽快建立大病医疗保险合机制》被省政协采纳，《应高度重视小微企业融资堪忧影响社会发展稳定现象》《支持长沙汽车零部件产业转型升级的建议》等10篇被市政协采纳，并得到市委书记易炼红、市长胡衡华的重要批示。7.发展环境。发挥民营企业投诉处理中心和长沙市总商会仲裁调解中心的职能作用，通过仲裁为5家直属会员企业解决商事纠纷案件5起，涉及标的8500万余元。组织中小微民营企业主代表开展优化非公经济发展环境座谈会，市委常委、市纪委书记李军率领市纪委、市监察局相关人员参加座谈会，会上共提出问题38个、建议46条；违规收取长沙益商小额贷款公司抵押保证金等一些重点突出问题得到及时、有效解决。配合市纪委在全市开展为期4个月的损害民营经济发展环境问责专项行动。举办“民营企业危机应对刑事法律风险防控与法商风险管理”论坛，组织民营企业家依法维权座谈会。

二、推荐创业富民工作。1.凝心聚力谋发展。召开2014年创业富民工作会议，下发《2014年长沙市推进创业富民工作要点》，制定《2014年长沙市推进创业富民工作考核内容》，将创业富民工作纳入成员单位的绩效考核内容。易炼红到望城区考察青年回乡创业情况，召开“奋斗的青春最美丽，我们的事业在家乡”青年代表座谈会，振奋大众创业信心。全市市场主体43.6万户，其中私营企业数近13万户，较创业富民开展前劲增长164.3%；千人创办企业数由2008年的8.1户增长到18.3户。2.工作推进提品质。一是完善政策推创业。发布《推进长沙商标品牌战略的实施意见》，全市新增注册商标2729件，总数64241件。二是特色活动创品牌。继续开展“创业手牵手，帮扶一加一”活动，新推结对帮扶对子155对；第六季“创业大本营”活动，策划打造中国首档明星48小时“实习老板”创业体验真人秀节目；举办“五四青年创业周”。三是树立典型重示范。举办第二届“创业女性”评选活动和“我的中国梦——奋斗的青春最美丽”青年创业主题团日活动，表彰奖励一批创业标兵，强化示范引领。四是基层创业掀高潮。深入实施“创业富民在基层”活动。提升长沙创业网建设水平，开通创业网微信公众平台，搭建创业大本营网站，完成市创业办创业典型60例采编，新增创业之星典型20期，创业梦在路上16期。《长沙新闻》和《都市早班车》重点报道长沙开展“创业手牵手，帮扶一加一”“创业大本营”“创业百星”“五四青年创业周”等主题系列活动，宣传创业富民典型180余人、创业事迹70余篇。中央电视台七套《致富经》栏目摄制组到望城区开天新农业有限公司，采访胡再明放弃百万年薪回乡创业故事。3.提升服务求创新。一是加大创业培训，全年完成22家定点机构招标任务，发放创业培训合格证4477本。开展创业培训20余次，参与培训企业800余家，培训人数3100人次。二是提升创业服务，畅通“大学生创业就业服务绿色通道”，接待大学生3451人次，受理各类事项1442件，办结1442件。三是培育孵化基地。创建市级“巾帼现代农业科技示范基地”10个；打造“天心创业大厦”品牌；成立汽修创业就业基地和中小企业上市孵化基地。

三、促进非公经济人士健康成长。1.加强“四信”教育。开展“信誉建设年”活动，把以“信念、信任、信心、信誉”为内容的非公有制经济人士理想信念教育实践活动不断引向深入，重点在加强国情、省情、市情形势政策教育上下功夫，认真学习贯彻十八届三中、四中全会及习近平系列讲话精神，深入企业、商会调研，撰写的非公有制企业社会信誉建设调研报告《深化信誉建设，力促“两个健康”》在《中华工商时报》和有关杂志全文发表。在雷锋纪念馆建立非公经济人士诚信教育基地，开展“百家商会学雷锋、讲诚信”主题教育活动，把“四信”内化于企业发展全过程。2.强化典型引领。把宣传先进典型活动与长沙市“六个走在前列”大竞赛活动有机结合起来，创新开展“走在前列的民营企业”集中采访宣传专题活动。在《长沙晚报》、长沙市广播电视台和星辰在线等新闻媒体开设非公经济宣传专栏，重点报道30家优秀企业、优秀企业家和优秀商会，充分展示非公经济发展成就和转型升级典型的风采。推出“解放思想、创业富民”大讲坛5期，举办“中国企业未来发展之路”“中国梦·品牌梦”等大型论坛。向中央、省、市媒体共报道150余篇，其中中央媒体报道20余篇。3.推进非公党建。一是夯实组织建设。清理整顿软弱涣散党组织222家，表彰三一集团有限公司党委等52个“先进基层党组织”。二是完善制度建设。建立健全非公党组织制度，编印《长沙市非公经济组织党建工作指导手册》。三是注重教育培训。启动“非公经济组织基层党组织规范化建设年活动”，组织党组织书记到清华等名校脱产学习。四是严格党员管理。表彰“先进党员”，探索工业园区党建联组工作法，创造性开展“125”工作法，推进“双培双推”工程。4. 丰富光彩活动。引导各商会组织会员企业参与“情系‘三区’感恩社会光彩大行动”等光彩事业活动，履行社会责任。开展“同心促发展·光彩龙山行”活动，举办“长沙·龙山非公经济人士高级研修班”；到湘西龙山对接项目23个，签约金额19.995亿元；成立长沙市光彩基金龙山同心基金，为基金捐款61万元；为龙山乡村新设同心书屋10个，捐书4万册，价值100万元。

四、加强工商联“两支队伍”建设。1. 商会及会员队伍建设。一是完善商会管理制度，加强对直属行业商会、异地商会、乡镇商会的指导；开展商会建设经验交流会，促进商会合作、共赢；完善数据库建设，发展新会员；建立人大、政协委员情况明细册，建立委员活动台账。二是发挥商会、会员在宣传政策、提供服务、反映诉求、维护权益、加强自律上的主体作用，提高商会运行的制度化、规范化水平。三是根据社会组织管理制度改革后商会组织面临的新情况、新问题，总结新形势下商（协）会发展的成功经验，逐步建立健全市、县、乡3级商会网络组织。长沙市各类商（协）会、行业组织共309家，其中市直商（协）会52家，新增7家；会员总数22468户，直属会员9703户。2. 机关干部队伍建设。一是建立健全规章制度。对原机关31项管理制度进行全面梳理，规范工作程序，明确工作标准，使市工商联各项工作科学化、制度化和规范化。二是严格机关全员绩效考核。根据工商联工作的新情况、新任务、新要求，以作风建设为重点，科学制定全员绩效考核内容。把考核内容层层分解，落实到人，实现全体机关干部职工“有位、有事、有责”。三是建立常态化学习教育机制。以著名大学、党校、市民学校和省、市社会主义学院为依托，推荐、选派党员干部参加教育培训，形成大宣教培训格局。制定完善学习计划，坚持“六有”学习制度，即有计划、有主题、有时间、有记录、有考勤、有成果。坚持领导班子成员带头学、带头写、带头讲，推动形成全员学习、全程学习、全面学习的良好氛围，推进学习型机关建设。

（陈林希）

长沙市工商业联合会（总商会）

主　席（会长）	彭继球
第一副主席（副会长）	饶福明（兼）
专职副主席（副会长）	张明刚
	傅　纯
	刘立红（女）
副县级纪检员	蔡　虹（女）
秘书长	李　俊 （女，2014.12任）

【长江中游城市群商会合作交流会】 3月21—22日，由市工商联发起和倡议，并牵头组织的长江中游城市群（长沙）商会合作交流会在长沙举行。会议旨在推动武汉、合肥、南昌、长沙四省会城市工商联、商会间合作交流，进一步整合商会资源，促进经贸合作，实现互惠共赢；共同探索商会协同创新、助推民营企业转型升级之路；充分发挥商会独特的民间优势，力争将长江中游城市群打造成为中国经济增长“第四极”。武汉、合肥、南昌、长沙四大省会城市以及株洲市、湘潭市、岳阳市工商联、商会60余位代表出席会议。会上，四省会城市工商联共同签署《长江中游城市群四省会城市商会合作协定》，提出积极响应长江中游城市群省会城市《武汉宣言》和《长沙宣言》，通过区域内商会之间的合作，协助政府促成签订协议的落实，推动政府消除阻碍资源和产品信息等各要素流通的地方性政策壁垒，促进区域资源的合理配置，为民营企业在区域内发展提供有利条件，从而推动区域内民营企业健康、快速发展。（陈林希）

【长沙民间投资项目对接会】 5月28日，市工商联、市发改委、市商务局和市外事侨务办共同主办“长沙民间投资项目对接会”，会议以“加快市场化改革 激活非公经济发展活力”为主题，由市政协副主席、市工商联主席彭继球主持，市委常委、副市长张迎春致辞。中国民营企业五百强企业、海内外商会、企业家代表等共400余人参加。市发改委作长沙民间投资项目发布说明，会上发布86个投资项目，总投资额1010亿元。会上进行项目签约，涉及地产、汽车、环保、商贸等多个投资领域的8个项目成功签约，总投资49.36亿元，引进资金38.36亿元。会议为深入贯彻党的十八届三中全会精神，贯彻国务院和湖南省关于鼓励和引导民间投资健康发展的文件精神，落实长沙市政府《关于加快市场化改革促进民间投资发展的意见》，进一步加快市场化改革，激发民间资本的活力发挥积极作用。

（陈林希）

【“走在前列中的民营企业”专题新闻宣传活动】 9月12日，市工商联联合市委宣传部、市委统战部共同组织的“走在前列中的民营企业”集中采访报道活动启动。市委常委、统战部部长文树勋，市政协副主席、市工商联主席彭继球出席。从9月中旬开始，《长沙晚报》、长沙市广播电视台等市直主要新闻媒体开设专栏，重点报道10个优秀企业、10位优秀企业家和10家优秀商会，以点带面向社会公众展示民营企业的风采。报道内容主要是企业在新常态下突围求变，转型升级，在科技创新、诚信建设等方面取得的成就，以及企业在回报社会、安排就业、履行社会责任方面的特殊贡献。彰显民营企业家创业、创新、创优精神，营造尊商、重商、扶商、爱商的浓厚氛围，激发长沙人民干事创业的热情，进一步推动全市民营经济转型创新发展。（陈林希）

【长沙民营企业科技项目对接会】 10月23日，市工商联联合市科技局、中南大学知识产权研究院、长沙岳麓高校科技成果转化发展研究中心共同举办长沙民营企业科技项目对接暨虚拟科技园协同创新服务平台启动仪式。活动在“2014中国（长沙）科技成果转化交易会”期间举办，中科院院士俞汝勤，省工商联、市委统战部、市政协、市知识产权局和市科技局有关领导以及高校、科研院所专家、法律事务所等代表共200余人参加会议。会上，进行重大科技成果项目推介，有6个项目签约，签约金额近4700万元。长沙虚拟科技园协同创新服务平台正式启动，该平台是市工商联2014年10月联合市科技局、中南大学知识产权研究院、长沙岳麓高校科技成果转化发展研究中心推出的高科技产业化个性特色服务信息集合平台。以科技成果转化市场导向为模式、多元利益主体自愿参与、协同创新为机制、大数据挖掘软件为工具，实现多元利益主体共赢的大平台。该平台克服传统科技园、经济园区物流、时空、企业、信息等实体经济局限，开创自由开放、信息充分公开对接、多元主体无障碍，发现价值、实现价值的一种全景图示的电子商务网络推介、撮合与线上交易系统。平台为实现长沙民营科技型企业转型升级、促进长沙高新科技产业跨越式发展、推进长沙市社会经济发展提供有力支撑。 （陈林希）

12 月 5—7 日，湖南（长沙）首届投资理财博览会召开

【湖南（长沙）首届投资理财博览会】 12 月 5—7 日，由市工商联与潇湘晨报社、湖南省投融资商会联合主办的“湖南（长沙）首届投资理财博览会”在湖南红星国际会展中心举行。展会主题是“阳光投资，合法理财，激活民资，支持实体”，全面展现湖南投资理财最新发展成果，引导民众阳光投资、合法理财，汇聚全国投资代表性力量为长沙所用，致力打造中南地区最权威的投资理财交流平台。上百家专业金融投资机构参展，包括互联网理财等新型的多种理财产品，为中小企业和市民推出多种投资理财项目、超值理财产品。财博会举办 4 场财富大讲堂，国务院参事、中国光彩基金会理事长谢伯阳，上海自贸区管委会市场营销部副总监阮海一，财富证券副总裁、湖南股交所董事长李必才等金融专家、理财达人共同探讨财富之道。展会评出“十大理财产品”“十大理财人物”等系列奖项，百家理财机构在现场签署“理财社会责任宣言”。 （陈林希）

【“同心促发展·光彩龙山行”活动】 2014 年，市工商联组织长沙市非公经济人士开展“同心促发展·光彩龙山行”活动，开展培训学习、座谈交流、项目对接，成立长沙市光彩基金龙山同心基金，进行现场爱心捐助等。9 月 15—19 日，市工商联在市委党校举办“长沙·龙山非公经济人士高级研修班”。龙山县 32 名企业家与长沙市 30 名企业家，共同参与为期 5 天的学习培训。研修班专门邀请名师、名企业家现场讲授，提升长沙市、龙山县非公经济人士素质，加强龙山与长沙非公经济人士的交流与合作，帮扶龙山县经济社会发展。9 月 25—28 日，市委统战部、市工商联、市民宗局以及部分非公经济人士、民族宗教界人士共 85 人到龙山县开展“传递爱心·同心同行”和“同心促发展·光彩龙山行”活动。活动共签约合作项目 9 个，签约金额 19.995 亿元。为支持龙山教育事业，市工商联、市光彩事业基金会购买 43008 册价值 100 万余元的书籍，在龙山县新设立 10 个同心书屋，市委常委、统战部部长文树勋为同心书屋授牌。为帮助龙山县贫困家庭，建设和谐龙山，市工商联与龙山县工商联共同发起成立长沙市光彩基金龙山同心基金，龙山同心基金首次接受爱心捐赠 61 万元。 （陈林希）

社会团体

责任编辑：江　雷

长沙市总工会

【概况】 2014年，长沙市总工会以“总结、完善、巩固、提升”为基调，服务发展、服务职工，凝神聚力、主动作为，动员带领全市工会干部和广大职工群众圆满完成了各项工作任务，获省总工会工作目标考核一等奖。

一、以推动改革发展为担当，充分发挥职工主力军作用。1. 劳模精神大力弘扬。举行长沙市第二十次劳动模范表彰大会，评选表彰了150名市级劳模；推荐个人和集体获评全国、全省“五一”劳动奖章、奖状和工人先锋号等称号；在长沙门户网“星辰在线”发布“长沙市第二十次劳动模范表彰”大型专题栏目，全方位展示161位2014年全国、全省“五一”劳动奖章获得者、长沙市劳动模范风采。遴选12名市级以上劳模加入长沙市劳模事迹报告团，深入企业、机关、学校、社区宣讲劳模事迹、弘扬劳模精神；在市总官方微博、星辰在线微博以及长沙文明网微博联合开展“为劳模点赞活动”，转发达37.8万人次，评论8.61万人次，结合职工宣教传统手段和网络新媒体优势，形成了“劳动最美、劳模光荣”的良好舆论导向。2. 劳动竞赛蓬勃开展。组织开展了第十三届“星城杯”劳动竞赛和形式多样的技术比武、技术创新、技术交流等竞赛活动，先后举办了美容美发化妆、焊工、数控车工、数控铣工、数控加工中心、水质安全检测、家政服务、收银员、畜牧水产养殖等多个工种的市级职业技能竞赛，选拔选手参加省级以上竞赛取得优异成绩。岳麓区总工会建筑行业技能大赛、雨花区总工会三个层面的“三比”竞赛、宁乡县总工会的“大练兵、大比武”竞赛等活动亮点纷呈。各级工会还举办了“安全生产月”系列活动，推动“安康杯”竞赛更广泛深入地开展。3. 职工文化富有特色。关注职工素质提升，发挥工会“大学校”作用，联合社会力量开办“职场公开课”和“女职工素质教育大讲堂”，全年送素质教育课80余堂，举办公开课10堂、名人讲座15次，积极开展优质阅读推广、中华经典名篇诵读等活动，职工书屋创建全国示范点3家，市级示范点35家。组织开展全市职工篮球赛、职工文艺作品展演和“鹊桥联谊”交友等活动，编排选送的节目在全省职工文艺会演、广场舞大赛荣获佳绩。深入全市困难职工社会化服务帮扶对象集中居住区、各大型建设工地、农民工居住聚集区等地，开展送电影、送文化产品、送文体器材等活动，丰富了困难职工的业余文化生活。

二、以服务职工群众为己任，切实履行工会维护职能。1. 维权工作有效推进。坚持依法维权、源头参与，大力推动《长沙市职工劳动权益保障条例》地方立法，积极开展普法宣传，免费发放各类劳动法律宣传资料近10万份，举办了劳动争议调解员、厂务公开民主管理等业务培训班。工会维权主动性不断增强，进一步完善了各项维权机制，建立健全了职工信访维稳工作情况通报制度、职工信访维稳、事件处置（接待）制度、职工群体突发信访事件处置应急预案和工作信息交流制度；职工维权工作实现了接待、受理、协商调解处理、解释宣传、生活救助、困难帮扶、法律援助的集成升级。望城区、长沙县总工会等争取党政重视支持，建立了与政府职能部门的联动维权机制，效率效果大为提高。市总全年参与职工重大集访事件处置工作协调会100余次，接待上访职工2000余人次，处理上级工会批办的信访案件300余次，为职工提供免费法律援助40余次，各级地方工会配合当地司法机构提供法律援助近千起。开展工资集体协商“春季要约行动”；区域（行业）性工资集体协商、职代会建设与区域（行业）性工会组织建设实现同步推进；芙蓉区总工会获全国“贯彻落实工资集体协商三年规划先进集体”称号；2014年，全市工资集体协商建制企业达1.07万家，覆盖职工48.06万人。2. 服务水平稳步提升。通过健全职工服务（帮扶）体系、拓展“工会服务卡”功能、开展“双联”等项目化帮扶、实施第二期在职职工医疗（住院）互助计划等，工会常态化、普惠化服务格局加快形成。全市各级地方工会投入500万余元支持职工服务（帮扶）体系建设，乡镇街、园区等区域性、行业性职工服务（帮扶）站点增加至126个，配备社会化工会工作者126人。截至2014年12月底，“工会服务卡”已采集了6587多家企业、84万名会员的信息，银行开卡41万张，增设了男性乳腺癌、前列腺癌保障和女职工特殊疾病保障等救助计划，全年有102名持卡会员获得保障救助金76.68万元。女职工特殊疾病保障工作从2014年3月份启动，全年共有1200个基层工会的8.2万名女职工参加，为32名女职工发放特殊疾病保障补助金32万元。市总第二期医疗（住院）互助计划，全年共有1990个基层工会的17.72万人申请参加，为1.45万人次职工发放医疗互助金1530万余元。选取500户特困职工，以居家照料、辅助康复、环境维护、矛盾调处、精神慰藉、心理咨询等为主要内容，开展工会精准帮扶试点，“三工（工会+社工+义工）服务职工”的工会社会化帮扶新模式取得初步成效。全市各级工会女职工组织积极开展女职工“关爱行动”，以一线女环卫工人和单亲、特困女职工为重点，开展了向一线女环卫工人送爱心早餐、为困难女环卫工人赠送女职工特殊疾病保障等系列活动。3. 劳动保护力度加大。市总推动全市各级工会加大对高温慰问和劳动保护的投入，协助政府职能部门开展职工职业病防治相关工作，参与建筑施工事故、落水淹亡、火灾等多起安全生产事故的调查处理，协调推动把“老工伤”下岗职工纳入工伤保险范畴，并举办了工会劳动保护专干（监督检查员）培训班，开展了“健康中国行”健康巡讲进工厂公益活动。

三、以教育实践活动为契机，不断加强工会自身建设。1. 工会机关和工会干部的工作作风大为改进。市总工会扎实开展党的群众路线教育实践活动，坚持问题导向，整改落实到位。领导班子19项整改内容全部完成；市总机关建立健全了工作纪律抽查、通报和去向报告、公示等一系列规章制度；清理了办公用房，清退了机关临聘、借用人员，削减了26项评比表彰活动，全年发文数同比下降18%，三公经费开支同比下降9.3%；注销了长沙市职工技术协会；促进了工作作风转变，提高了机关工作效能，树立了工会良好形象。全市各级地方工会践行群众路线，着力去行政化，努力建设服务型机关。经开区总工会深入开展“学习基层、服务职工”活动，创新“板块工作法”，职工代表常任制进一步完善，被全总作为典型推广；岳麓区总工会以项目工会为依托，为农民工开展“十大活动”成效明显，《湖南日报》在头版予以报道。2. 组织建设和会员发展工作取得实效。全年新建工会基层组织2400余个、涵盖法人单位5100余家，新发展会员7.91万人，其中农民工3.31万人。开展了组建工会和发展会员大核查工作，经核查，全市现有基层工会组织1.58万个，涵盖法人单位2.3万个，会员近100万人。全市50人以上非公企业工会组织规范化建设和开展“双亮”活动达标率达到90%；长沙市总工会在全国乡镇（街道）工会工作交流观摩会上作典型发言；高新区总工会采取“联组工作法”，整合党建资源指导、带动工会基层组织建设；市政建设局工会工委创新的“项目工会进工地”工作方法，先后被《工人日报》《湖南工人报》等媒体报道推介。3. 工作能力和组织实力进一步增强。加强工会干部教育培训，全年共组织12批、70余人次分别参加了全总、省总的各类业务培训和调训活动，市总在浙江大学开办了第二期工会干部高级研修班，举办各类培训班22班次、参训2600余人次。全市各级工会运用现代信息技术的能力和做网上职工工作的能力进一步提升，市总工会官方微博的“粉丝”超过百万，浏阳工会微信公众号在全国工会微信中排名稳居前五，长沙工会在网络空间的发言权和对新生代职工的影响力大大增强，开福区、天心区总工会探索开展网格化管理取得显著成效，得到全总、省总的关注和肯定。加强工会财务管理和审计监督，确保了工会经费稳步增长，严格了经费使用管理和资产监督管理，提高了工会财务会计管理和审计工作规范化水平。长沙市职工服务（帮扶）中心建设进入收官阶段，即将投入使用。推动事业单位管理、改革和工人文化宫的改造、开发。

（谢　帆）

长沙市总工会领导人员

市人大常委会副主任、市总工会主席　张建国（2014.11免）
市人大常委会副主任、市总工会主席　赵建强（2014.11任）
党组书记、副主席　彭惊雷
党组副书记、副主席　匡涛涛
唐再明党组成员、副主席　唐再明
党组成员、副主席　鲁承钢
党组成员、副主席　朱余华
党组成员、纪检组长　孙兴红
党组成员、经费审查委员会主任　汪中会
副主席（兼）、长沙水泵厂工会主席　杨宁琳

【长沙市总工会第十九届委员会第四次全体会议】 11月14日，长沙市总工会召开第十九届委员会第四次全体会议。会议同意张建国辞去长沙市总工会第十九届委员会委员、常委、主席职务，选举赵建强为长沙市总工会第十九届委员会委员、常委、主席。长沙市委副书记张迎龙出席会议并讲话。市委组织部常务副部长袁黎明就相关人事调整作了说明。长沙市人大常委会副主任、市总工会主席赵建强表示，工会工作政治性强、政策性强、服务领域广，他将和市总领导班子一起，团结和依靠广大工会干部和全体职工群众，认真履行职责，切实做好工会工作。张迎龙对张建国为长沙工会事业所作出的突出贡献予以充分肯定。张迎龙表示，赵建强接替张建国担任市总工会主席，是市委从大局出发，根据工作需要、市总工会领导班子建设实际，广泛听取意见，充分发扬民主，通盘考虑、慎重研究决定的，充分体现了市委对工会工作和市总工会班子建设的重视。张迎龙指出，工会组织要始终坚持正确的政治方向，顺应职工期盼，加强自身建设，求真务实，开拓创新，把工会建成受群众信赖的职工之家，谱写长沙工会工作的新篇章。

（谢　帆）

共青团长沙市委员会

【概况】 2014年，团市委牢牢把握团的根本任务、政治责任和工作主线三个根本性问题，深入践行市委“四个进一步”重要要求，在努力提高团的吸引力和凝聚力、扩大团的工作有效覆盖面上狠下功夫，团的事业呈现出强劲的发展态势。3月28日，中央政治局委员、国务院副总理马凯在考察长沙创业青年金融服务中心时充分肯定了团市委为青年创业贷款所作出的探索和成效；5月4日，省委常委、市委书记易炼红深入田间地头看望返乡创业青年并在“奋斗的青春最美丽，

我们的事业在家乡"青年代表座谈会上高度肯定了共青团工作；8月4日至15日，团中央书记处书记汪鸿雁在长沙进行"走转改"大宣传大调研时，表示要将长沙青年创业、区域化团建、雷锋号创建等工作经验推向全团。2014年，团市委被评为全国突出贡献青年文明号组织单位，《中国青年报》头版、湖南卫视、《湖南日报》《长沙晚报》《长沙通讯》《长沙组工通讯》等多次推介长沙共青团工作。

丰富活动载体，加强青少年理想信念教育。开展"我的中国梦""扣好人生第一粒扣子"等主题教育活动，举办"奋斗的青春最美丽"系列分享活动、青年创业典型事迹报告会、"我的一次志愿者经历"主题团队日、"与人生对话""与信仰对话""彩虹人生"等活动，鼓励和引导广大团员青年敢于有梦、勇于追梦、勤于圆梦，抓牢抓实了青少年的理想信念教育。积极进军网络新媒体，提质官网，访问量突破560万，"手机报"覆盖26万人次，开通官方微信粉丝达3万人，影响力雄居全省首位，稳居全国省会城市前列；开发了会务系统、地铁志愿者培训手册等功能性产品，联合出版了《十几岁》"扣好人生第一粒扣子"专刊，联合拍摄关注农村留守儿童公益电影《一个人的学校》，时尚的文化产品和新鲜生动的工作模式深受青少年喜爱。

发挥品牌优势，组织广大青年投身改革发展。开展"青年文明号20周年""青春建功主战场"等活动，结合地铁建设、园区开发等重大项目开展"我为重点工程献青春"竞赛活动，开展"挑战杯"职业学校创新创效创业大赛，引导青年建功岗位，助推了长沙新一轮大建设。引进7支团队共计76名北大清华学子到长沙开展见习调研活动，形成调研报告8篇、见习小结11篇。在全国首创青年社会组织公益创业孵化中心，组织青联委员、青企协会员前往香港大学、法国朗蒙费朗高商学院开展培训交流，邀请郎咸平、段兆麟、朱汉民等专家教授举办专题讲座，帮助青年提升素质，助推了长沙新一轮大发展。组织近3万名志愿者参与"美丽长沙 文明地铁""保护母亲河 清洁新家园""万家丽路便民交通疏导"等大型志愿服务活动，全年还组织开展"两会一节""红红火火过大年""文明出行、谦让有礼"、助残"阳光行动""蓝结行动禁毒"等活动，获中国青年志愿者优秀项目奖1个、优秀个人2名，获首届中国青年志愿服务项目大赛金奖1个、银奖6个。指导廖家湾社区雷锋号志愿者工作站起草全国第一个《社区志愿服务管理规范》并在全省颁布施行。全年新增12家市级、6家省级"雷锋号"，组织青年引领新风，助推了长沙新一轮大提升。

搭建服务平台，服务广大青年创业成长。举办第五届"五四青年创业周"系列活动，联合长沙银行成立长沙创业青年小企业信贷服务中心，全市举办了小微信贷直通车活动7场，发放全国首款由共青团与银行共同开发的融资服务卡10000张，已有1066个小微企业获得贷款4.52亿元，其中35岁以下青年创业贷款1.36亿元，贷款笔数412笔。推荐长沙高新区信息产业园获评全国首批"青年创业示范园区"（全省唯一一家）；推选长沙创业青年在湖南省青年创新创业大赛上获得一等奖1个，二等奖3个，三等奖4个，获全国青年创新创业大赛二等奖1个。在全国首创市级农业创业者联合会，举办农业企业家高端讲座，打造了创业青年交流、培训、服务、合作的平台。组织"共青团与人大代表、政协委员面对面"活动，全年主办、会办建议、提案3件。青少年权益创新全国试点工作取得阶段性成果，试点经验得到团中央充分肯定。2014年中央预防组对全国第一批重点青少年群体服务管理试点推开区县考核，全市3个区、县（市）中2个获优秀，1个获良好，考核成绩位居全国前列，预防专项组工作在全市综治委全会暨平安长沙建设会议上作典型发言。市青基会全年共筹资578.71万元，帮扶困难青少年2014名，援建希望学校2所、青少年活动阵地3个，改善办学条件8所，获全国青基会共同体"希望工程影响力奖"。举办了"先导杯"机关青年足球赛、"鲜花满途，青春前行"大学生环梅溪湖长跑、大学生社团文化艺术节等活动，丰富团员青年精神文化生活。市青少年宫开设免费培训班18个，免费服务青少年7896人次，建成了流动青少年宫、网上青少年宫、无障碍互动式青少年宫、普惠式青少年宫，推动了青少年文化活动及阵地建设。

夯实基层基础，提升共青团自身建设水平。全年新建两新组织203家，覆盖35岁以下的青年7402人，团员5092人；扎实推进区域化团建和乡镇实体化大团委示范工程建设，创建一批团工作示范乡镇、村级示范团支部、示范性乡镇直属团组织；完善TSW团组信息网，健全"以考代训"的团干协管模式，制定《长沙市共青团工作考核办法》，编印《长沙市共青团基础团务手册》，指导一级机构团组织换届改选，推动基层团组织规范有序、高效运转。成功召开市青年企业家协会第四次会员大会、市青联第十二届二次常委（扩大）会、长沙市第六次少先队代表大会，认真落实《中共湖南省委关于进一步加强少年儿童和少先队工作的意见》精神，进一步增强了组织活力。通过邀请专家辅导讲座、实地学习考察、专题讨论交流等形式，打造学习型团组织，举办中央团校、市委党校等团青干部培训班，提升团青干部的综合素质，加强了干部队伍建设。推荐1家全国级"五四红旗团委（团支部）"，1名"全国优秀共青团员"，推荐5名优秀青年人才当选湖南省"湖湘青年英才"，2名优秀青年获评"全国农村青年致富带头人"。

（李　平）

共青团长沙市委员会领导人员

书　记	喻志军
副书记	叶　妙（女）
	詹萍萍（女）
	赵雪峰　周　坤
青少年宫主任	苏启丰
纪检组长	戴　旭

【长沙共青团官方微信上线】 3月27日，"长沙共青团"官方微信公众平台正式推出，清新的版面风格、强大的服务功能、丰富的信息资讯，得到长沙广大青年的热烈好评，大家纷纷关注并点赞。截至2014年年底，官方微信粉丝达3万人，影响力雄居全省首位，稳居全国省会城市前列，同时开发了会务系统、地铁志愿者培训手册等功能性产品，传播了青年好声音，凝聚了青春正能量。（李　平）

团中央书记处书记汪鸿雁到长沙调研青少年权益工作

【马凯调研长沙创业青年金融服务中心】 3月28日，中共中央政治局委员、国务院副总理马凯深入长沙银行先导科技支行长沙创业青年金融服务中心考察。省委常委、市委书记易炼红，省委常委、省委秘书长韩永文，副省长张剑飞等陪同考察，团市委书记喻志军、长沙银行股份有限公司董事长张智勇、长沙创业青年金融服务中心负责人黄治国等先后介绍了创新金融服务平台支持青年创业相关情况。马凯高度肯定长沙创业青年金融服务中心很好地整合了政府部门、共青团和银行的资源，在解决创业青年贷款难题上进行了有益的探索，取得了很好的成效，希望扩大资本金，进一步发展壮大，更好地帮扶青年创业。

（李　平）

【长沙市万名大学生环梅溪湖长跑活动】 5月11日，由大河西先导区管委会、共青团长沙市委共同主办的“鲜花满途，青春前行”长沙市万名大学生环梅溪湖长跑活动在秀美怡人的梅溪湖畔激情开跑。市委常委、长沙大河西先导区党工委书记、管委会主任赵文彬，市人民政府副市长夏建平，市委副秘书长唐志远，大河西先导区党工委委员、综合管理部部长李爱诚，团省委学校部部长王虹彬等领导出席活动，团市委书记喻志军同志主持起跑仪式。活动开通了专门微信公众平台，充分利用时尚流行手段，融入情感、艺术元素，吸引了来自省会20所高校超过10000名在校大学生踊跃报名参加，引导了大学生“走下网络、走出宿舍、走向操场”，展示了朝气、蓬勃、向上的青春风采。（李　平）

【“杜鹃花开·情满星城”长沙市第五届爱心公益项目博览会】 5月30日，由市委宣传部、市少工委、市文明办、团市委、中共长沙县委、长沙县政府共同主办，市青基会、市青少年宫、中共长沙县委宣传部、长沙县少工委、长沙县文明办、长沙团县委共同承办的“杜鹃花开·情满星城”长沙市第五届爱心公益项目博览会在长沙县星沙文化广场隆重举行。活动感召了近两千人参与，所募集的款项全部用于帮扶困难青少年和援建爱心项目等，充分发挥了青少年活动阵地的引导、教育、服务、公益功能，营造了关心爱护少年儿童、促进少年儿童成长成才的良好社会氛围。（李　平）

【“先导杯”长沙市第四届机关青年足球赛】 6月26日，由市直工委、团市委、市体育局联合举办的“先导杯”长沙市第四届机关青年足球赛落下帷幕。共有2000余名来自全市各区县（市）、园区、行业战线的机关青年踊跃报名，29支代表队经过小组赛、淘汰赛共71场比赛的激励角逐，芙蓉区代表队、长沙县代表队、岳麓区代表队分别获得区县片区的冠军、亚军、季军，省邮政公司、市公安局代表队、市城乡规划局代表队分别获得系统片区的冠军、亚军、季军，最终芙蓉区代表队摘得本届比赛桂冠。此次比赛活跃了广大机关青年文化生活，增进了广大机关青年之间的交流，激发了青年干事创业的激情与活力。

（李　平）

【汪鸿雁一行到长沙调研】 8月4—15日，团中央书记处书记汪鸿雁一行到长沙，开展为期两周的“走转改”大宣传大调研活动。省委常委、市委书记易炼红会见了汪鸿雁一行，双方就共青团和青年工作深入交换了意见。调研期间，汪鸿雁书记一行先后调研了长沙青年创业、区域化团建、雷锋号创建、青年社会组织孵化工作，听取了长沙共青团的全面工作汇报，充分肯定了长沙共青团取得的成绩，特别是在引智和青年人才培养、青年志愿者、青年创业服务、青年社会组织孵化、青少年权益维护、新媒体建设等方面创造了特色，走在前列。12日，由汪鸿雁书记主讲，调研组在长沙开展“走进青年、转变作风、改进工作”大宣传大调研活动主题宣讲会。团省委副书记、党组副书记（主持工作）汤立斌、副书记冯海燕参加，团省委部分机关干部、全市各级团组织负责人及其他组织代表等240余人参会。汪鸿雁书记勉励大家要敢担当，有韧劲，始终抓好组织队伍和干部队伍建设，注重工作内容设计和制度建设，提高专业工作化水平，做到“虚功实做”“久久为功”。（李　平）

【长沙市农业创业者联合会成立】 9月30日，长沙市农业创业者联合会第一次会员代表大会在枫林宾馆举行。长沙市委副书记张迎龙，长沙市政府副市长黎石秋，长沙市政协副主席龚振湘出席会议，市农办等部门相关领导参加会议，来自全市的农业创业者代表，省农科院、湖南农业大学的专家、领导等共290余人参会。大会审议通过了《长沙市农业创业者联合会章程》，选举产生了长沙市农业创业者联合会理事会和监事会，柳中辉当选第一届联合会会长。长沙市农业创业者联合会的成立为广大农业创业者搭建了更加广阔的平台，形成了共同“支持农业、扶持创业”的良好氛围。

（李　平）

【中国少年先锋队长沙市第六次代表大会】 10月9—10日，中国少年先锋队长沙市第六次代表大会在枫林宾馆召开。市委副书记张迎龙，市人大副主任谭杭生、市人民政府副市长夏建平，长沙警备区政治部主任曹清军及团省委有关领导出席开幕式，全市少先队员代表、辅导员、少年儿童工作者等近300人参加会议。团市委书记喻志军，市教育局党委书记、局长王建华向大会分别致辞，大会审议通过了《吹响集结号 壮大预备队 时刻准备为谱写中国梦长沙篇章贡献力量》的工作报告，张迎龙代表市委、市政府向大会表示祝贺并作重要讲话。大会期间，设计制作并印发了动漫版工作报告，为长沙乃至全省少代会历史上的首创。组织了号鼓队、献词队伍演出，少先队基本知识展示比赛，展现了少先队组织朝气蓬勃、奋发有为的精神风貌和长沙少年儿童快乐生活、全面发展的时代风采。10日，市第六届少先队工作委员会举行了第一次全体会议，夏建平当选为市第六届少工委主任，刘秋成、王建林、周坤当选为市第六届少工委副主任。（李　平）

【6家青年社会组织入驻孵化中心】 10月11日，长沙市青年社会组织孵化中心第一期入驻组织见面会暨签约仪式在市青少年宫杜鹃楼召开，共青团长沙市委副书记叶妙、市青年社会组织孵化中心主任史铁尔出席会议。长沙湖湘自然科普等6家青年社会组织通过初审、复审从几十家报名组织中脱颖而出，正式与中心签订入驻协议。长沙市青年社会组织孵化中心旨在为青年社会组织提供办公场地支持、小额资金扶持、资源对接、注册咨询、能力提升培训、社工督导及评估等方面的服务，首次入驻的6家组织将在中心接受为期一年的孵化。（李　平）

长沙市妇女联合会

【概况】 2014年，市妇联深入学习贯彻党的十八大、十八届三中、四中全会和习近平系列重要讲话精神，以群众路线教育实践活动为契机，大步践行“六个走在前列”，各项工作齐头并进、全面发展，取得实效，为团结引领全市妇女投身全面深化改革发挥了应有作用。

一、引领妇女投身转型创新发展彰显新作为。围绕在“六个走在前列”大竞赛活动中建功立业的主题，深入推进“创业富民·巾帼示范在行动”系列活动。召开各界妇女代表庆“三八”座谈会和纪念大会，表彰市“三八红旗手”30名、“三八红旗集体”10个，“十大最美女性人物”“十大创业女性”和“十佳创业女大学生”30名，省委常委、市委书记易炼红与妇女代表亲切座谈，并寄语全市广大妇女更好地发挥“半边天”作用，以巾帼不让须眉的勇气、担当和作为，建新功，创大业，助推长沙新一轮大建设、大发展、大提升。组织“我的创业梦”创业女大学生风采展示，对女大学生优秀创业项目给予资金支持。创建市级以上巾帼现代农业科技示范基地11个。组织创业女性进校园巡回宣讲活动，举办创业致富女带头人和手工编织技术培训班，开展“寻找民间女艺人”系列活动，举办优秀民间女艺人作品展，推介“指尖上的中国”典型，达成“四百结对”帮扶508对。“春风行动”组织各类女性专场招聘会143场次，服务妇女116443人次，成功介绍就业28186人次。承办“星城杯”家政服务员职业技能竞赛，开展长沙市《关于大力推进家庭服务业发展的实施意见》精神落实情况调研，组织召开“家政服务公司等级评定”和“家庭住家服务规范”地方标准初审会，市妇联家政服务中心组织城乡妇女实用技术培训18期、918人，新增就业岗位2895个。一系列活动的开展，浓厚了妇女干事创业、奋勇争先的氛围，激励了妇女为转型创新发展献计出力。

二、创新家庭文明建设取得新进展。引导妇女、家庭培育和践行社会主义核心价值观，开展家风家训、家庭美德建设调研，持续开展万户“文明和谐示范家庭”及百户“五好文明家庭”创评活动，百户“五好文明家庭”荣登长沙市孝老爱亲首榜红榜。面向基层，组织开展体现时代精神、契合家庭需求、群众喜闻乐见的寻找“最美家庭”活动，开设网上活动专栏，通过组织推荐、社会各界推荐和自荐，申报91户，最后评出省、市级“最美家庭”23户。“两型”家庭创建活动列入长沙市“六个走在前列”大竞赛活动重要内容，纳入市政府教科文卫系统为民办实事项目，与市两型办配合全面启动“五年万户”行动，在芙蓉区马王堆社区和望城区英雄岭村举行两型家庭创建现场观摩活动，创建两型家庭示范社区（村）2个，以点带面，评定市“两型示范家庭”10户、“两型创建家庭”2000户。商南花获评全国百名“传承好家风的好爸好妈”，选送的《就这样陪你长大》获2014年全国“我演我家”家庭情景剧二等奖。组织家庭教育指导者能力建设研修班，编印《长沙市“好家规、好家训”家长教子故事集》，召开“好家规、好家训”家长教子故事会，组织“家长课堂”五进活动，建立“家长成长”QQ群，确定9个“蒲公英”家长课堂授课点，送课30场次。开展“做谦恭有礼的中国人”“经典诵读”“学习雷锋，认星争优，做美德少年”、优秀童谣传唱等系列公益活动，市儿童活动中心被评为长沙市学雷锋“十佳”先进集体。组织“崇德向善迎新春、红红火火过大年”和“邻里守望”巾帼学雷锋志愿服务活动，圆满完成创建全国文明城市有关任务。“好家规、好家训家长教子故事征集编印和宣传展示活动”等3个案例获“长沙市未成年人思想道德建设工作创新案例”。《中国妇女报》以《激发群众正能量 创新家庭工作》为题深度报道长沙市家庭工作经验。

三、维护妇女儿童合法权益构建新格局。以落实市人大《中华人民共和国妇女权益保障法》执法检查审查意见为契机，推动市政府妇儿工委印发《关于开展维护农村妇女土地权益试点工作的通知》，分别联合市农办、市民政局印发文件细化有关工作。以23个实事项目带动妇女儿童发展规划实施，规划实施纳入市绩效考核内容，组织市政协妇联界别委员调研规划实施情况。针对全市普惠性幼儿园和公办幼儿园指标尚未达标的情况，深入调研，协调督促，推动教育部门在全市新增普惠性幼儿园515所。抓住村“两委”换届选举的契机，联合市民政局印发文件，采取有效措施，确保了第九次村委会换届中村“两委”女干部配备率达到100%并提高女性正职比例，推荐代表并组团参加省第十二次妇代会。坚持个案维权，全年接处12338热线及信访件887件/1029

人次，指导各区、县（市）妇联接访503件/577人次，心理咨询服务中心接处咨询案例119人次、法律援助申请13件，对夫妻共同债务案件非举债人合法权益重点关注并实施援助。完善反家暴工作格局，全国首创多机构合作反家暴试点工作，试用《家庭暴力案件危险性评估量表》，指导试点区、县（市）通过联席会议等多机构合作方式及时干预高危家暴案件，创建“妇女之家”反家暴示范点10个。举办市预防和制止家庭暴力工作组年会暨多机构合作反家暴工作机制研讨论坛、妇联系统维权信访业务培训暨案件交流会，组织社会工作者家暴案件追踪及管理技能、关怀家暴目睹儿少、家暴处理与辅导等专题培训，提升反家暴工作者业务技能。充分发挥综治成员单位作用，到岳麓区雨敞坪镇福胜村开展联街创点工作。

四、优化妇女儿童发展环境实现新突破。大力宣传男女平等基本国策，组织“女性课堂”，在“长沙大讲堂”宣讲《男女平等基本国策和社会性别主流化》，开展“女性参政，比男性更难吗？”大讨论，在各级各类媒体发稿400余篇（条），其中深度报道文章10余篇（条），国家级媒体稿件20余篇（条）。落实市委全面深化改革的实施意见，加强基层救助能力建设，拓展特殊妇女儿童群体救助渠道，在全省率先成立长沙市妇女儿童发展基金会，举办书画作品拍卖会等筹集善款53.88万元，接受捐赠30万元。通过基金会救助、新春慰问、贫困妇女“两癌”救助行动、申报“贫困母亲两癌救助专项基金”以及“春蕾行动”等活动，全市慰问救助单亲母亲、特困妇儿、贫困“两癌”妇女、患尿毒症妇女和留守、孤残儿童4209人，金额279.33万元。深入推进新一轮农村妇女“两癌”免费检查项目，到长沙、浏阳等县（市）督查调研，项目县完成“两癌”免费检查118969人，全市免费检查农村适龄妇女1000624人。举行“健康与美丽同行”长跑暨农村妇女“两癌”免费检查项目宣传活动，向社会宣传妇女“两癌”防治知识。开展“看一个世界，送一份祝福”新春慰问、“你我牵手·共同成长”爱心结对帮扶活动，为市第一福利院、浏阳大洛完小的儿童送去价值2万余元的书籍、6万元资金和物资。

五、妇联组织建设科学化水平得到新提高。扎实开展党的群众路线教育实践活动，27项整改任务全部整改到位，组织“下基层、访妇情、办实事”调研走访活动，党员干部工作作风明显改善。联合市委组织部在浏阳市、望城区试点配备妇联兼职副主席工作，两地共配备县（市）、乡镇两级兼职副主席64名，吸纳了更多优秀女性参与妇女工作。指导女领导干部联谊会、女企业家协会、女法律工作者联谊会换届，各学协会活动开展经常，作用显著增强。加强“妇女之家”建设，创建省级“示范妇女之家”3个、市级“示范妇女儿童之家”30个。建立市、区、县（市）两级定期更新女性人才库制度，已收集12类人才信息。加强干部队伍建设，推动机关、二级机构干部轮岗交流，激发干部队伍活力。出台《长沙市妇联执委工作制度》，继续实施全市妇女工作考核和机关全员绩效考核，推进全年目标任务完成。加强党风廉政建设，坚持贯彻民主集中制，严格执行“三重一大”决策制度和作风建设各项规定。致力培养学习型干部、打造学习型机关，组织中心组学习8次，“30分钟课堂”全年开课33堂并获评市直工委“优秀学习载体”，组织班子成员参加县处级领导干部学习贯彻习近平系列重要讲话和党的十八届三中全会精神集中轮训班，联合市委组织部、市委党校举办长沙市基层妇联主任培训班，指导市直机关妇工委及各区、县（市）妇联培训基层妇联干部，组织执委和机关干部职工到浙江大学培训。（杨凯龙）

长沙市妇联领导人员

党组书记、主席	谭慧慧
党组副书记	周小春
副主席	曾　丽
党组成员、副主席	钟小珍
党组成员、副主席	赵景利
党组成员、纪检组长	杨倩之
党组成员、副主席	李　辉

【市妇联组织配备兼职副主席工作试点】 2014年，为进一步增强妇联组织的群众性、社会性和统战性，吸纳更多优秀女性参与妇联工作，2月，市妇联启动妇联组织配备兼职副主席工作。4月15日，与市委组织部联合印发《长沙市试点推进妇联组织配备兼职副主席工作实施方案》的通知，成立长沙市试点推进妇联组织配备兼职副主席工作领导小组，市委副书记张迎龙任组长、市政府副市长夏建平任常务副组长。4月25日，与市委组织部联合召开试点推进工作动员会议，浏阳市、望城区组织部、妇联主要负责人参会。自5月起，浏阳市、望城区妇联迅速行动起来，广泛调查摸底。浏阳市妇联针对试点工作涉及的乡镇街道数量较多、试点工作复杂等现实情况，组织前期调研摸底8场次，召开决策者座谈会议3次，掌握了100余名热心妇女工作、能力素质高、社会影响力强的优秀女性基本情况，同时向基层党政领导宣传试点规定要求，凝聚党政合力共同推进试点工作展开。望城区委组织部和区妇联在望城公众信息网、望城党建网发布选任公告，宣传妇联组织选任兼职副主席的目的、工作职责及选任条件。公告发布后，经个人自荐、群众推荐和组织推荐，共有45人妇女踊跃报名。历时半年时间，通过宣传发动、申报推荐、审查考察、公示任职、教育培训、推广实施等阶段，两地试点工作有序推进。浏阳市全面完成了妇联组织配备兼职副主席试点工作，浏阳市妇联本级配备兼职副主席2名，任期五年，37个乡镇、街道妇联配备兼职副主席41名，任期三年，任职期间不改变原身份，兼职不兼薪酬。望城区妇联配备兼职副主席2名，乡镇（街道）妇联配备兼职副主席19名。（杨凯龙）

【长沙市各界妇女庆祝“三八”妇女节大会】 3月7日上午，长沙市各界妇女庆祝“三八”国际妇女节104周年大会在市会议中心召开。市委副书记张迎龙出席会议并讲话。市委常委、宣传部部长张湘涛，市人大副主任谭杭生，市政府副市长夏建平，市政协副主席钟新莲，市委副秘书长夏文斌，市政府副秘书长刘秋成，市文明办、长沙晚报报业集团、市广播电视台的主要负责人，市妇联全体班子成员及各界妇女代表350余人参加大会。会上，市妇联党组书记、主席谭慧慧致辞，寄语全市广大妇女姐妹努力创造新业绩、树立新风尚、争做美丽新女性。副市长夏建平宣读表彰通报，对长沙市“十大最美女性人物”及提名奖获得者、长沙市三八红旗手（集体）、“十大杰出创业女性”“十佳创业女大学生”进行表彰。2013年4月，由市委宣传部、市文明办、市妇联、长沙晚报报业集团、市广播电视台联合在全市开展“十大最美女性人物”评选活动。历时近一年的评选，最终评选出的“十大最美女性人物”是：中联重科股份有限公司副总工程师、中联重科中央研究院院长付玲，湖南龙骧巴士八车队七路线驾驶员吴晓红，芙蓉分局朝阳街派出所社区民警张萍，湖南奇异生物科技有限公司董事长周奇志，蓝思科技股份有限公司董事长周群飞，长沙孟妈妈青少年保护家园园长孟繁英，湖南大学文学院教授胡遂，长沙市第三社会福利院院长唐江萍，宁乡县历经铺乡农民、长沙林盛林业科技女能手陶文英，长沙电视台政法频道副总监谢妍。市委副书记张迎龙充分肯定了各级妇联组织和各界妇女在2013年为长沙发展所做的贡献。他强调，2014年是落实党的十八届三中全会精神、全面深化改革的开局之年，还是落实中国妇女十一大精神，团结广大妇女“巾帼建新功、共筑中国梦”的关键一年。各级妇联组织找准妇联工作和市委、市政府中心工作的结合点，在服务经济社会发展中同步推动妇女发展环境的优化和工作资源的改善；紧密结合党的群众路线教育实践活动，深入开展“下基层、访妇情、办实事”活动；发挥妇联在家庭工作中的传统优势；加强自身建设，构建开放、多元、立体的妇联组织体系，建设一支高素质妇联干部队伍，开创妇女儿童事业发展新局面。大会还表彰了凡素琼等10名十大最美女性人物提名奖、黄宇等30名市级“三八红旗手”、长沙县妇幼保健院等10个市“三八红旗集体”、王玉玲等“十大杰出创业女性”和王敏等“十佳创业女大学生”。（杨凯龙）

【省妇儿工委督导长沙“两个规划”实施工作】 3月26日，省政府妇女儿童工作委员会督导组来长沙就“十二五”妇女儿童发展规划实施情况进行阶段性评估督导。上午，在督导组组长、省妇儿工委副主任、统计局副局长李绍文的带领下，督导组来到芙蓉区马坡岭街道锦林社区儿童之家、火星街道曾家坪社区儿童友好家园、马王堆国际幼儿园、人民新村社区儿童早期发展中心等地，通过实地走访、查阅资料等方式，对芙蓉区妇女儿童工作进行督导检查。下午，长沙市组织召开省“两个规划”阶段性评估督导汇报暨2014年妇儿工委全会，全面总结长沙“十二五”妇女儿童发展规划实施情况、市妇儿工委2013年工作，对2014年规划冲刺达标进行了安排部署。市政府副市长、市妇儿工委主任夏建平参加督导汇报会，芙蓉区、开福区、市法制办等三个单位在会上进行述职发言。在实地考察芙蓉区三个社区，并听取情况汇报与座谈后，省督导组组长、省统计局副局长李绍文对长沙市实施“十二五”妇女儿童发展规划所取得的成绩和经验表示充分肯定。他说：此次实地考察让他感到“震撼”，长沙的规划实施工作组织保障有力、目标推进给力、项目成效给力、自身建设用力，真正发挥了省会城市落实两纲的领头羊作用，示范带动效应明显。李绍文强调，两个规划的实施工作还面临一定困难，今年是攻坚之年，时间紧、任务重，要进一步增强实施两个规划的责任意识，进一步解决两个规划中的难点问题，进一步提高监测统计水平，进一步加强对示范县市区的工作指导，切实保障妇女儿童各项权益，努力优化妇女儿童生存和发展环境，确保两个规划如期达标。督导组一行还实地考察了岳麓区幼教集团第十二幼儿园及岳麓区望新小学。（杨凯龙）

【寻找“民间女艺人”系列活动】 为展现城乡妇女才艺风貌，发掘培养民间艺术人才，促进民间文化产业发展和妇女创业就业，市妇联积极开展“寻找民间女艺人”系列活动，寻找在编织、刺绣、剪纸、陶艺、雕刻、布艺、花艺或其他手工类领域有一定造诣和突出成就的民间女艺人，通过开展作品征集、作品展示、作品推广等系列活动，在各地深入挖掘和发现了40余名优秀民间女艺人，包括工艺美术大师、残疾艺术家等，年龄最大的女艺人已经94岁高龄，最小的才21岁。这些优秀民间女艺人作品于12月19日进行了集中展出。省妇联副主席鲁华，市委常委、宣传部部长张湘涛，副市长何寄华亲临会场参观，对民间女艺人的精湛技巧和她们的艺术作品赞不绝口。同时，《长沙晚报》、星辰在线等媒体大力宣传，为活动造势，在微信等平台上发表《会展预告——长沙民间女艺人作品展》《最不能错过的民间女艺人作品展》《长沙首次集中展出40余位民间女艺人优秀作品》《民间女艺术家展之我的名字可以吃哦》等生动有趣的博文，引发万余网友大量转载、点赞和关注，社会反响强烈。在展览期间，组织了“寻找民间女艺人”活动现场DIY环节，通过邀请刘颂松、陈妙华、黄国莉等三位老师对自己所擅长的领域，开展《纸要你快乐》《指尖上的艺术——中国结》《毛线编织艺术》等文化宣讲，弘扬传统民艺的博大精深，同时通过现场体验教学，让听众与民间艺人一起面对面交流手艺，激发年轻一代对民间艺术的兴趣。市民们跟着女艺人学习手工技艺，一些市民对艺术品爱不释手，提出想要购买收藏。作品共展出5天，近万名市民前往参观，一睹民间艺术风采。这次活动为建立女艺人数据库，成立女艺人协会，适时帮助推广产品，帮助广大城乡妇女实现增收致富奠定了坚实基础。（杨凯龙）

【市妇联以“两型”家庭创建助推“两型”社会建设】 2014年，市妇联深入贯彻党的十八大、十八届三中全会和全国妇联副主席、书记处第一书记宋秀岩到长沙调研讲话精神，按照《长沙市两型社会建设综合配套改革2014年工作要点》《2014年度全市“两型社会”建设走在前列工作责任分工》以及推进生态文明体制改革的相关工作任务，以“两型”家庭创建为切入口，为长沙“两型”社会建设做出了应有贡献。一是明确创建目标，找准工作定位。“两型”家庭创建活动作为2014年度全市“两型社会建设走在前列”的重要内容之一，纳入市政府2014年教科文卫体线为民办百项实事的项目。特别是上年12月，全国妇联副主席、书记处第一书记宋秀岩到长沙调研，对长沙“两型”家庭创建情况进行了充分肯定，并提出了新的更高要求；副市长夏建平主持召开相关单位负责人参加的工作协调会，指明了长沙市“两型”家庭创建的方向。市妇联进一步明确了工作目标，找准工作定位。一是在全市启动“两型”家庭创建“五年万户”行动；二是通过“两型”家庭创评、“两型”家庭示范社区（村）创建、开展“两型”实践活动等举措，实施“366710”工程。二是立足职能，开展“两型”示范家庭创评活动。市妇联、市“两型”办联合印发《关于实施长沙市两型家庭创建五年“万户行动”的通知》（长妇联字〔2014〕4号）。全市广大家庭积极参与，涌现了一大批“两型”家庭创建先进典型，2014年共评选表彰市级“两型”示范家庭10户，“两型”创建家庭2000户。三是扩大影响，举办长沙市“两型”家庭创建推进观摩活动。11月14日，市妇联、市“两型”办在望城区黄金园街道英雄岭村召开长沙市“两型”家庭创建推进观摩活动，省妇联副主席贺建湘、市政府副市长夏建平出席活动。市妇联主席谭慧慧介绍“两型”家庭创建工作情况，市“两型”办主任吴德峰宣读《关于2014年长沙市“两型”家庭创建的情况通报》。同时，还邀请专家现场进行垃圾分类知识、环保酵素知识讲座。活动由市妇联副主席钟小珍主持。省、市、区、县（市）妇联、两型办有关负责人、市两型示范家庭代表，巾帼志愿者代表等100余人参加观摩活动。 （杨凯龙）

【市妇联开展“给妇女一个没有暴力的未来”活动】 为进一步完善识别和干预家庭暴力机制，深化反家暴“长沙模式”的内涵，长沙市妇联于2014年6月正式开展“给妇女一个没有暴力的未来”活动。一是组建专家团队。邀请台湾中正大学犯罪防治系教授林明杰，台湾国立中正大学师资培育中心兼任助理教授陈慧女，台湾防暴联盟理事长、副教授张锦丽，中华女子学院教授李洪涛，南京晓庄学院心理健康教育与研究中心名誉主任陶勑恒，湖南警察学院副教授欧阳艳文等作为专家组建专家团队。二是开展技能培训。7月、9月、12月开展3次面向社区工作者的家暴案例追踪及管理技能培训。8月面向全市十个区、县（市）的教育局干部、教师和社区工作人员，开展关怀家暴目睹少儿工作培训。9月上旬开展为期三天的面向家暴施暴人和干预者的关于家庭暴力施暴者的心理治疗和行为矫正的培训。分类别、分层次的培训，有力提升各方干预家暴的技能和水平，为更好实施预防和制止家暴工作奠定基础。三是召开联席会议。分别在浏阳市和开福区两地召开家暴案件联席会议，2014年浏阳市级召开5次联席会议，形成完善的联席会议机制。开福区根据家暴案件危险性级别，在区、乡镇（街道）、村（社区）分级召开3次联席会议。四是开展试点工作。除在浏阳、开福两地试点外，还在全市范围内创建10个“妇女之家”反家暴工作示范点，重点在开福区东风路街道浏河村社区试点多机构合作，识别和干预家暴工作，组织社区法、检、公、司、教育、民政等部门人员开展培训，指导社会工作者和心理咨询师全程介入家暴个案，制定社区干预家暴流程图，建立和完善反家暴工作机制。五是组织高层论坛。11月25日，召开长沙市预防和制止家庭暴力工作组年会暨长沙市多机构合作反家暴工作机制研讨论坛。市预防和制止家庭暴力工作组各成员单位负责人，各区、县（市）妇联主席等90余人参加活动。论坛就如何更好地建立“多机构合作反家暴工作机制”展开讨论，重点探讨人身保护令、联席会议、家暴心理干预等热点议题。六是撰写政策建议稿。向国务院法制办提出《关于〈反家庭暴力法草案（征求意见稿）〉的修改建议》，内容涉及42条修改建议，重点提出关于家庭暴力的定义、多部门合作干预家暴、社会组织的作用、公安机关告诫制度、人身安全保护裁定的具体规定等方面的修改意见。在市“两会”期间以及湖南省政协会议上提交多机构合作反家暴工作的建议和提案，提出各部门要将反家庭暴力培训工作纳入本级业务培训计划，建立反家暴业务培训工作长效机制。七是开展活动总结。召开总结会议，展示活动成果，推广家暴案件联席会议机制、示范点特色工作等，进一步对活动进行反思，提出活动遇到的挑战和有关建议。

（杨凯龙）

【“蒲公英”家长课堂开设】 为进一步促进家庭教育工作创新发展，推动家庭教育工作走上科学化、规范化的轨道，市妇联在“进机关、进学校、进企业、进社区、进农村”的“五进”活动基础上，以普惠为工作方向，在全市社区、学校等各类家长学校中，创新设立系统性授课的“蒲公英”家长课堂固定点，服务基层、服务家长、服务未成年人。在各基层单位踊跃推荐申报的基础上，市妇联认真审核，最终确定望城坡街道、岳麓区第一小学、天心区政府、开福区荷花池社区、新世界小学、长沙县金坑桥村、望城区书堂山村、浏阳市妇女儿童活动中心、雨花学校9个申报点为首批“蒲公英”家长课堂固定点。“蒲公英”家长课堂固定点每批为期1年，为公益性质，不收取授课费及其他任何费用。固定点以社区、学校为主阵地，每场听课家长人均不少于100人，且相对固定。市妇联副主席、市家庭教育学会会长赵景利担任主授课，进行《我们的第二次成长》系列家庭教育课，其他老师为辅授课。每次授课后，我们都会留下市妇联家长成长群的QQ号码，许多家长第一时间加入群组，目前已经有群成员150余人。家长成长群也成为大家交流沟通家庭教育问题的便捷平台。“蒲公英”家长课堂全年送课30场次，惠及群众3700余人。

（杨凯龙）

【寻找“最美家庭”活动】 为进一步推进家庭文明工程传承好家风，全面展示长沙家庭健康文明的生活方式和积极进取的精神风貌，市妇联在深化五好文明家庭创建活动基础上，开展寻找“最美家庭”活动，以实际行动培育和践行社会主义核心价值观。一是营造氛围，全方位开展主题宣传活动。制定下发《关于开展寻找“最美家庭”活动的通知》。在长沙妇女网开设活动专栏，及时传达全国、省市有关精神，通报活动进程，并推介了岳麓区廖月娥家庭、市公安局张茂斌家庭、望城区刘志军家庭等典型事迹。二是创新方式，扎实开展寻找“最美家庭”活动。创新寻找“最美家庭”活动的评选方式，改由上而下的分配名额变为由下而上的申报，基层妇联、社会团体、普通居民均可通过申报、自荐、他荐等多种方式参与活动。短短一个月时间，全市参评的家庭达91户，廖月娥家庭获全国“最美家庭”提名奖，周海云等8户家庭被评为湖南省“最美家庭”，范树根等15户家庭被评为长沙市“最美家庭”。同时，市妇联深入望城区和芙蓉区开展长沙市家庭美德建设情况调研，先后到芙蓉区、长沙县、岳麓区的9个社区，走访李美云、张茂斌、周海云等最美家庭候选户，实地了解她们的家庭故事和事迹，感受好的家风家训。4月17日，省妇联主席肖百灵先后来到邓逢喜家庭和芙蓉区湖湘管理局跃进湖社区，对长沙开展寻找“最美家庭”活动进行调研走访，对长沙的工作给予了充分肯定和高度评价。三是上下联动，基层活动丰富多彩。活动启动以后，全市各级妇联组织和妇女之家纷纷行动起来，开展了形式多样、各具特色的寻找“最美家庭”活动。长沙县制定《长沙县开展“最美家庭”评选活动实施方案》，并在2月的县妇联工作会议上下发各乡镇街道妇联，呼吁全县广大姐妹争做“最美家庭”的践行者、倡导者和监督者。浏阳市开展送家风家教课下乡活动，开展示范点建设，在淳口镇开展了家风家教座谈会及家风家教建设工程。望城区向全区妇女群众和家庭发出倡议，争做“最美家庭”的参与者、示范者、宣传者，共创美好生活，共建美好望城。芙蓉区举办纪念“三八”国际劳动妇女节104周年“寻找最美家庭共建和谐芙蓉”主题活动。天心区开展了优秀家训家规征集活动，并在天心新闻网对获奖的家训家规进行专题报道。岳麓区、雨花区、宁乡县、开福区等均制定了各自的实施方案，多角度、多方位开展寻找“最美家庭”活动。 （杨凯龙）

【“好家规、好家训”家长教子故事宣传展示活动】 家庭教育是一切教育的基础，2014年全国上下都掀起了“家风是什么”的讨论。为广泛宣传、代代传承优良家规、家训，推进全市家庭教育工作健康发展，市妇联积极响应全国妇联的号召，从4月开始在全市家长中开展“好家规、好家训”家长教子故事征集活动，截至10月，共征集故事397篇。经专家组和活动组委会严格评审，最终罗文安、李钺等获得一、二、三等奖和优胜奖，长沙县妇联、浏阳市妇联、芙蓉区教育局、湖南农大子弟小学等6个单位获得组织奖。市妇联还将百篇优秀作品收录编印成《长沙市好家规、好家训家长教子故事集》公益发放。11月7日下午，市妇联在长沙市实验剧场举行长沙市“好家规、好家训”家长教子故事宣传展示活动，台下近600名家长认真“取经”。市政协原主席、市关工委主任董学生，副市长夏建平出席活动。故事会以访谈形式进行，来自各行各业的8名家长代表围坐在台上，争晒家规家训，讲述自己的教子小故事，引起了现场家长们的强烈共鸣。此次故事会是探索家庭教育新形式的一种新尝试，目的在于引导家长自发自觉参与家庭教育，树立正确的家庭教育理念。《湖南日报》等各大媒体进行了宣传报道，群众反响好。今后，市妇联将持续开展这项活动，做成系列和品牌，做出更大的影响。 （杨凯龙）

【市妇联开展省第十二次妇女代表大会代表推选工作】 为推选好省第十二次妇女代表大会代表，市妇联与市委组织部、市委统战部先行研究，征求对长沙市出席省第十二次妇代会代表选举和执委候选人推选名额分配（草案）的意见，并与各区、县（市）、市直各有关单位充分协商，征求意见。10月10日，市妇联召开动员会议，安排部署长沙出席省第十二次妇代会代表和执委候选人选举推荐工作，9个区、县（市）妇联主席和20个系统的相关人员出席会议。会后，各区、县（市）妇联与同级组织部门、统战部门先行研究，并向当地党委汇报；各相关单位向党委（党组）汇报，根据代表条件，按照民主集中制的原则，在充分酝酿、协商的基础上，层层采取民主推选的形式，提出代表候选人预备人选建议名单并上报市妇联。市妇联召开第十五届二次常委会通过此名单，10月24日，市妇联召开第十五届三次执委（扩大）会议，选举出席省第十二次妇女代表大会代表及执委候选人。随后，市妇联分别向市委统战部、组织部、市纪委等5家单位去函，请对出席省妇代会的长沙市代表名额51名（含省妇联1人），执委候选人名额7名予以审核，并将审核后的名单报省妇联，同时录入代表大会报送系统。12月14日至16日，湖南省第十二次妇女代表大会在长沙召开。以市妇联党组书记、主席谭慧慧为团长，芙蓉区荷花园街道党工委书记喻霞元为副团长的长沙代表团的51名代表，圆满完成了省第十二次妇代会的各项任务。经省妇联十二次妇代会的选举，长沙市7位执委候选人谭慧慧、廖建华、何玄、王晓玲、龙花明、张霞、郑宇全部当选为省妇联第十二届执委，谭慧慧选为省妇联第十二届常委。会议期间，受市委委托，市委常委、组织部长程水泉看望出席此次妇女代表大会的长沙团全体代表。 （杨凯龙）

【母亲健康快车项目现场交流会在长沙举行】 10月30—31日，湖南省市州、示范县市区政府妇儿工委办公室业务培训班暨母亲健康快车项目现场交流会在长沙宁乡举办，来自全省14个地州市的妇儿工委办公室专职干部、31个省级示范县市区政府妇儿工委办公室主任以及母亲健康快车项目县政府妇儿工委办公室主任参加此次培训会议。在开班仪式上，长沙市政府妇儿工委副主任、市妇联党组书记、主席谭慧慧致欢迎辞，热烈欢迎兄弟市州妇儿工委到长沙交流，期待大家携手同行，共同开创全省妇女儿童事业更加灿烂辉煌的明天。省妇联纪检组长郑丽东作重要讲话，要求审时度势，不断增强推动两个规划实施的责任感；攻坚克难，推动两个规划重点难点指标如期实现；夯实基础，充分发挥各级妇儿工委办公室的作用。在此次培训班上，省统计局社科处处长蔡东娥讲授了妇女儿童发展规划监测统计评估工作，省政府妇儿工委办公室钟波就积极推动妇女儿童发展规划实施作专题讲座。13个地州市妇儿工委办公室交流了年度重点工作，就工作中遇到的困惑、难点工作进行了深入探讨。2个国家级示范区及部分省示范区交流了规划实施工作经验，大家还现场考察了宁乡县妇幼保健院，就母亲健康快车项目实施工作进行总结交流。 （杨凯龙）

【“我的创业梦”长沙市女大学生创业风采展示活动】 为贯彻落实省市创新创业大会精神，促进女大学生等重点群体创业发展，市妇联启动“我的创业梦”长沙市女大学生创业风采展示活动，这次创业风采展示活动采取创业导师与创业女大学生结对帮扶的形式，在长沙晚报、潇湘晨报等媒体上发招募令，向社会广泛征集创业女大学生及创业项目，最终遴选出16名优秀选手，由市女企业家协会周璟、熊苹、邹红艳、何玄4名企业家担任导师，抽签分组后，进行一个多月的培训，于10月30日下午在市档案局会议室举行现场PK风采展示，16名创业女大学生按照分组，逐一进行了梦想团队秀、个人形象秀、创业梦想秀等环节展示。经现场导师点评、评委打分和大众评审投票，最终8名创业女大学生获得优秀奖，其中汤昭、雷灿、刘萍等三人分别获得一、二、三等奖，熊苹获得最佳导师奖。湖南省妇联主席杜亚玲，市委副书记张迎龙出席，长沙市政府副市长何寄华、市政协副主席彭继球、市创业办主任饶福明等领导出席并现场指导。省妇联杜主席对活动给予高度评价。市委副书记张迎龙充分肯定了本次创业风采展示活动内容好，形式新，并就推进女大学生创业工作提出殷切希望。担任主评审的副市长何寄华现场进行了点评发言，对每一名创业女大学生的创业项目及其特点进行了总结评价，勉励所有的创业女大学生坚持梦想，敢于创新，充当全市创新创业的生力军。

（杨凯龙）

长沙市科学技术协会

【概况】 2014年，长沙市科学技术协会坚持需求导向，发挥科协优势，升高标杆，开拓创新，扎实工作，统筹推进各项工作，科协事业取得新的进展，显著提升了市科协的形象，提升了科协的贡献力、影响力和凝聚力。

一、积极凝智聚力，服务创新驱动发展战略实施和长沙经济转型创新发展取得新成效。积极推进院士专家工作站建设。认定了第二批7家市级院士专家工作站，引进院士及创新团队专家达57人，聚焦攻关16个关键技术项目。加强院士专家工作站的日常管理和服务，召开建站单位负责人座谈会，认真收集工作建议。组织对首批院士专家工作站进行考核，5家评为优秀，4家评为良好，首批院士专家工作站运行一年来，新增9个省级以上研发平台，企业投入工作站运行经费逾7000万元，新引进院士7名，为企业培养博士后14人，博士9人，硕士58名，建站单位共获得专利160余项，其中发明专利38项。12月31日，市委市政府召开了“2014年全市院士专家工作站建设工作会议”，市“四大家”领导出席会议。会议全面总结了一年来的工作，安排部署了今年和今后一个时期的工作，对第二批7家院士专家工作站进行了授牌，确定了7家企业院士专家工作站为培育单位，通报了年度考核结果，进行了工作交流。组织开展院士专家长沙行活动。针对制约园区和有色金属企业发展的关键技术问题，争取市政府的重视和中国科技咨询服务中心、中国有色金属学会、湖南省科协、中南大学等单位的支持，针对园区和企业的实际需求，组织力量多次深入园区企业，摸清企业技术需求，邀请中国有色金属学会、中国汽车工业研究院、中国原子能科学研究院、中南大学、清华大学等单位20余位院士专家多次深入园区，与园区和企业直接对接，解难题、促发展。10月底，市政府在望城经开区举行了以“创新驱动，有色生辉”为主题的“2014院士专家长沙·望城行”活动，促成了望城经开区、园区企业与中国有色金属学会和中南大学、清华大学等高校和科研院所签订8个“产学研”合作项目。积极推进科技新技术应用推广。在望城开展科技信息应用推广和创新方法培训，实现在该区规模以上企业的“两个全覆盖”，促进了企业自主创新能力提升。

二、不断深化学术活动实效，学会服务能力显著提升。学术活动实效得到强化。围绕服务创新驱动和产业升级，举办了以“开放、创新与产业升级”为主题的2014年长沙科学技术学术年会，共征集418篇论文，评出优秀论文一等奖13篇，二等奖21篇，三等奖34篇，一等奖论文全篇收录于《长沙大学学报》。年会特邀机器人技术专家马宏绪、建筑专家俞大有分别作了“工业机器人及其发展现状与趋势”和“建筑产业现代化——建筑的绿色革命”的主题报告。指导学会和区、县（市）科协围绕年会主题举办学术活动，支持了五个年会分会场和四个重点学术活动。支持开展“一画建筑谈”、市生物医药青年科技工作者论坛等“高、精、尖”学术活动，促进了学术繁荣。决策咨询成效明显提升。组织科技工作者建言献策，向政协提交了6个集体提案，《加快我市科技服务业发展的对策和建议》被评为优秀提案，市长胡衡华批示相关部门研究采纳。围绕市委、市政府中心工作和热点民生问题，开展决策咨询课题研究，建立了以研究成果质量决定经费支持力度的激励机制，取得丰硕研究成果，《长沙住宅产业化发展路径研究》等课题得到胡衡华和夏建平的重要批示，4个调研报告和2份建议分别列入《调研参考》《决策咨询》刊登计划。广泛征集科技工作者建议，汇编了《科技工作者建议集》，得到市领导和各界的重视与好评。学会能力建设进一步加强。制定并实施市科协《学会服务能力提升计划实施方案（试行）》，采取以奖促建和重点项目资助相结合的方式，为学会发展和工作创新提供必要的指导和支持。评定资助了市中西医结合学会等10家优秀科技社团，立项支持23个项目，资助学会开展学术创新、建立科技服务站、科普创新、建设科技思想库、服务科技工作者等方面的活动，启动学会科技服务站建设试点工作，指导市蔬菜学会、市兽医学会建立科技服务站，满足基层科技服务需求，有效提升了学会的服务能力。

三、积极推进科普工作创新发展，科普惠农益民成效不断显现。深入实施基层科普行动计划。安排100万专项资金实施市本级基层科普行动计划，评选表彰了8个市级农技协和科普示范基地、3名农村科普带头人和5个科普示范社区。推荐12个单位获全国和全省实施“基层科普行动计划”表彰，获奖补资金200万元。8月召开了全市“科普惠农兴村计划”现场观摩和经验交流会，推动了基层科普行动计划的进一步实施。办好各类主题科普活动。围绕全国科普日“创新发展、全民行动”主题，重点组织科普“四进”活动（即进农村、进社区、进学校、进企业），集成开展老年健康科普知识讲座、科普志愿者基层服务周等55项新颖别致的科普活动。9月21日在洋湖湿地公园举行“全国科普日”长沙主场活动启动仪式，省科协党组书记、常务副主席毕华，市委副书记、市长胡衡华，副市长夏建平，市政协党组副书记、市科协主席谢明德等领导出席，市民参与积极，取得了良好效果。参与全市科技活动周活动，召开全市青少年科技创新大赛和机器人竞赛工作总结表彰大会，展出了近三年来200余件获奖作品。联合市轨道交通集团有限公司、市公安消防支队和消防义工100余人参与省消防协会举办的“防灾减灾日”“平安出行——消防安全知识进地铁”宣传活动。参加全市“三下乡”活动，组织10名农业专家现场答疑，并捐赠了2万元现金和价值1万元的农业科技物资。提升品牌科普影响力。全年围绕“绿色长沙、智慧长沙、科普长沙”主题，共举办“星城科学讲堂”系列讲座8期。联合长沙晚报开办专家与媒体面对面活动，全年刊出《科学生活家》专栏40期（累计已达106期）。围绕中老年人健康科普加强“科普知识库”建设，在内五区试点建设面向中老年人的健康科普服务站并举办专题科普讲座20场次，编撰并分别印制10000册生活科学丛书《老年保健知识摘编》及《老年人保健用药知识》免费发放给社区居民。举办“科普大篷车”下基层巡展暨流动科普展览活动30次，逾万市民受益。支持学会牵头筹划组织产业科普旅游，拓展了社会大众对产业企业科技的关注和认知。拓宽青少年科技教育普及面。评选表彰了10名第三届市青少年科技创新市长奖获得者，市长胡衡华亲自颁奖。举办市青少年科技竞赛活动组织辅导工作培训班，培训了300余名科技辅导员和组织工作者。首次开展青少年科学工作室建设，建立了4家市级青少年科学工作室。精心组织了中学生“高校科学营”和青少年科普夏令营活动。成功举办第三十一届市青少年科技创新大赛、第七届市青少年机器人竞赛、第九届市中小学生现场网页制作竞赛及第九届市“奇思妙想”纸质结构模型搭高普及竞赛，组织参加第三十五届省青少年科技创新大赛、第七届省青少年机器人竞赛共获奖172项。组织参加第二十九届全国青少年科技创新大赛、第十四届中国青少年机器人竞赛及国际发明展览会等赛事获奖61项，各项成绩继续位列全省前茅和全国省会城市前列。开展公众科普需求调查。为进一步增强科普工作的针对性和有效性，聘请中南大学专家组成课题组，组织开展了全市城区科普需求调查，调查报告成果为科普工作提供了有力参考。

四、不断加强自身建设，科协组织的凝聚力不断增强。深入开展党的群众路线教育实践活动。按照市委统一部署，市科协紧盯“四风”顽症，重点解决“四风”方面存在的问题，深入开展党的群众路线教育实践活动，整个活动做到了善始善终、善做善成，取得了明显成效。按照当地党委要求，各级科协组织扎实开展教育实践活动，全市科协系统作风建设显著加强。着力加强科协组织和干部队伍建设。积极推进学习型党组织建设，深入开展“党纪条规教育年”活动，严格落实党组中心组学习、民主集中制以及民主生活会等制度。健全科协组织机构，加大高新技术开发区、园区及高校等科协组织建设力度，不断扩大科协基层组织的覆盖面和影响力。实施市科协机关中层干部竞争上岗，严格按照规定选拔任用干部，进一步加强了科协机关和直属事业单位干部队伍建设，进一步激发了机关和直属事业单位党员干部干事创业的积极性、主动性和创造性。积极举荐宣传优秀科技人才。争取市委市政府重视、相关部门支持，设立科技人才评定项目，开展青年科技人才和青少年科技创新人才评定工作，积极主动向党委、政府举荐优秀科技人才。联合星辰在线开展《科技创新急先锋——星城优秀科技工作者风采》系列宣传活动，大力宣扬优秀科技工作者的先进事迹。长沙沃园生态农业科技有限公司总经理彭焕新入选中国科协“乡村情·科技梦——优秀农村科技工作者”百人宣传名单。通过《长沙晚报》、长沙电视台新闻频道、星辰在线等媒体对企业“院士专家工作站”建设的相关经验成果、先进典型等进行广泛宣传，推广了经验，扩大了示范效应。拓展联系服务基层科技工作者的渠道和方式。组织科协界政协委员围绕服务经济科技开展课题研究，积极建言献策。创新市科协委员服务工作，建立了主席（副主席）联系常委、常委联系委员制度，受到广大委员和科技工作者的欢迎和肯定。组织开展科协系统第三届“科协杯”乒乓球比赛，加强了科协工作者、科技工作者的情感交流。组织慰问在长院士、院士专家工作站进站院士、知名专家、市青年科技奖获奖者和困难科技工作者，送去市委市政府的关怀和温暖，有效地激发了院士专家和广大科技工作者服务长沙经济社会发展的热情。天心区科协在5个街道成立了科协组织，长沙县科协在镇、村建立科协群众工作站和联系点，浏阳市科协以市委市政府名义聘请袁隆平等7名著名科学家和行业专家为名誉主席，组建浏阳经济发展“科协智囊团”，加强了科协与科技工作者的联系。（刘孙波）

长沙市科学技术协会领导人员

名誉主席（按姓氏笔画为序）

于起峰　何继善

李克俭　李斌恺

官春云　钟　掘（女）

袁隆平　黄伯云

主　　席　谢明德（兼）

党组书记、副主席　李范坤

党组成员、副主席　王　准

易　方

王　勇

党组成员、副县级纪检员　杨迪君

副主席（兼）（按姓氏笔画为序）

王永宏　刘建湘

李　跃（女）邱兵东

陈　锦　易自力

胡　勇　莫一平

黄　滔　黄　瑶

戴崇华（女）

长沙市文学艺术界联合会

【概况】 2014年，长沙市文学艺术界联合会深入贯彻落实党的十八大，十八届三中、四中全会精神及习近平文艺工作座谈会重要讲话精神，以市委十二届六次、七次全会和“六个走在前列”大竞赛活动精神为指引，创新奖励扶持机制，精心锻造活动品牌，拓宽文艺宣传路径，深化文艺评论工作，加强协会组织建设，全市文艺工作呈现出精品力作成果丰硕，工作成果竞相迸发、优秀人才竞相涌现的良好局面。

一、加大奖扶力度，文艺创作的环境更加优化。站在全省领先、全国争先的目标高度，以高站位、大手笔、硬举措奖扶优秀文艺创作，通过项目扶持、文艺评奖、配套奖励“三轮”驱动，全方位激发了文艺创作的活力。一是项目扶持大力推进。开展了重点文艺创作项目扶持工作，树立“大长沙”观念，凡在长机构和在长沙工作、学习三年以上的个人均可申报。于2013年12月启动，经《长沙晚报》等媒体广泛发布公告、组织项目申报受理、专家评审会议及市领导张湘涛、夏建平参加的领导小组会议专题研究，最终共有55个项目纳入扶持范围，其中文学著作出版类19个、舞台艺术类16个、展览艺术类13个、影视艺术类6个、文艺评论类1个。并经严格考察并公示后，签订扶持合同，重点扶持金额达189万元。目前，已完成20个重点文艺创作项目。二是文艺评奖公平公正。组织了“首届长沙文艺新人新作奖”评选。同时，为扩大评奖影响力和知晓度，面向全国征集“长沙文艺新人新作奖”奖杯设计方案，通过网络投票、专家评审的方式评选出了入选和入围奖杯。5月份研究制定下发《评奖实施方案》，明确参评范围、申报条件、申报要求、评奖程序，并召开了新闻发布会。为保证评奖公平公正，严格按照申报受理、专家初评、专家复评、领导小组终评、评奖结果公示等环节进行，评审均采用实名制投票，最终9个艺术门类有28位新人获奖。12月29日，市委宣传部组织召开精神文明建设“五个一工程”奖颁奖暨长沙文艺工作会议，会上对首届文艺新人新作奖获得者进行了颁奖。三是配套奖励及时跟进。按照组织申报、申报受理、信息核实等程序，经两次班子会议研究，决定给予获2013年度“中国书法兰亭奖佳作奖入展”的书法作品，获中国戏剧节优秀表演奖的湘剧作品《苏秀才》，获中国民间文艺山花奖的湘绣作品《八月》、获中国音乐金钟奖声乐作品最佳作品奖的歌曲《簸箕上的麻雀》等作品配套奖励。市委宣传部也对2013—2014年获得第五届毛泽东文学奖的《中国橡胶的红色记忆》等15件作品进行了再奖励。

二、力推精品力作，文艺创作的成果更加丰硕。筑牢以人民为中心的文艺工作导向和创作导向，第一时间组织召开传达学习“习近平文艺工作座谈会重要讲话精神”会议，会议传达了习近平讲话精神，市领导张湘涛对贯彻习近平讲话精神提出了要求，雷宜锌、张世敏等文艺家代表作了发言。同时，始终把精品创作摆在文艺工作的重中之重，通过奖励扶持、创作采风、展览展演、研讨推介、参展参评等方面的大力支持指导，进一步打造了精品力作竞相迸发的生动局面，各艺术门类获国家级奖项百余项。文学类，龚盛辉长篇报告文学《向着中国梦强军梦前行》获省“五个一”工程奖。何顿长篇小说《来生再见》获《中国作家》杂志鄂尔多斯文学奖大奖、中篇小说《青山绿水》获《中篇小说选刊》2012—2013年度优秀中篇小说奖；刘克邦《自然抵达》获冰心散文奖、《散文五题》获《创作与评论》2013年年度奖；薛媛媛报告文学《中国橡胶的红色记忆》获徐迟报告文学奖优秀奖、毛泽东文学奖等。书法篆刻类，岳麓印社陈华获第五届中国书法“兰亭奖”二等奖，实现了湖南书法家在“兰亭奖”上零的突破，李砺、朱杰入展。陈寰、龙志山获中国（长沙）首届“欧阳询杯”全国书法展优秀奖；陈毅华、何飙、彭灿辉、王勇、秦汉、喻伟等作品入展全国书法展。美术类，戴永强水彩作品《芦笙响起》入选第十二届全国美术作品展进京作品并获第十二届全国美展—湖南省优秀美术作品展金奖；王礼水彩画《祈》、吴新杰水彩画《石城》、何细华雕塑作品《心语》入选第十二届全国美术作品展并或获第十二届全国美展——湖南省优秀美术作品展银奖；刘昕文、徐芝麟等11人获第十二届全国美展—湖南省优秀美术作品展优秀奖。长沙画院杨建五、郭文光作品入展“城市表情—中国大城市专业画院优秀作品联展”。曲艺类，“大兵相声专场”在上海首演；电视剧《傻人有傻福》（剧本名《蠢得死传奇》）预计2015年1月全国播出；青年演员杜帅、曾敏代表湖南参加CCTV电视相声大赛，进入决赛。戏剧类，王萍《过渡》获2014年长江流域小戏小品大赛一等奖、省“中国梦”主题的小戏小品大赛一等奖、优秀表演奖。音乐类，红叶工作室《簸箕上的麻雀》获中国音乐金钟奖声乐作品最佳作品奖；湖南知青艺术团获第八届世界合唱比赛民谣组金奖、男声组金奖、女声组铜奖。舞蹈类，舞蹈《八班教室》获第九届中国舞蹈“荷花奖”校园舞蹈比赛金奖，《打牙祭》获省“欢乐潇湘”一等奖。诗词类，完成《大美长沙》大型诗集编辑工作，收录诗近800余首。影视类，电视剧《毛泽东》获全国五个一工程奖优秀作品奖和湖南广播电视奖一等奖，彭海燕创作剧本的电影《青春雷锋》获省“五个一工程”奖。民间文艺类，青竹湖湘绣作品《荷心万点声》获2014年“中国原创·百花杯”中国工艺美术精品奖铜奖；邬建美湘绣《复兴之梦》获省“中国梦”优秀作品，柳建新、刘雅湘绣《母爱》获“2014工艺美术百花杯金奖”。

三、精心策划组织，文艺活动的品牌更具影响。紧扣时代发展的脉搏，围绕弘扬“中国梦”、社会主义核心价值观等时代主题，精心策划一系列主题鲜明、影响广泛、精彩纷呈的文艺活动，宣传推介了优秀文艺作品、文艺人才，扩大了长沙文艺工作的影响力。1. 主题活动声势浩大。组织开展“中国梦”主题文艺创作活动，广泛动员全市文艺家协会组织创作文学类、展览类、舞台类作品160余件，全省评选出130件获奖作品，其中长沙市42件作品获奖。组织开展“美丽中国梦”首届全国校园剪纸邀请赛暨第四届长沙市校园剪纸大赛，收到18个省市自治区，163所高校及中小学参赛作品3396件，出版了全国第一本以校园剪纸为主题的《校园山花集》。民协剪纸艺委会坚持数年，以创建“长沙剪纸艺术示范学校”和举办比赛的方式，创新了传统艺术的传承方式，被誉为“长沙模式”。组织“我爱你，中国”全国歌曲征集评比活动、“梦想中国 情系长沙”2014年长沙市摄影艺术展、“中国梦·长沙情”迎春剪纸精品艺术展、“溢美童心·少年中国梦”全国青少年儿童书画大赛、全国青少年“畅想中国梦”征文大赛、“中国梦·长沙情”长沙市首届花鸟画展、唱响“中国梦”合唱邀请赛、“中国梦·舞之梦”长沙市2014年舞蹈新作品会演等一系列活动。2. 专题活动精彩纷呈。同市宣传部开展“中国梦长沙人星城美”纪实文学创作活动、市第三届校园文化进社区活动，负责收集评选书画、剪纸等展览类作品。组织开展“地铁元年”篆刻展、开展第十二届全国美展—长沙展区优秀作品展、第二届“杜鹃杯”驻长高校灯谜邀请赛、潇湘流韵·长沙市收藏协会会员藏品展、长沙女作家文学作品图书展、“潇湘韵致”2014年长沙第二届书法名家小品展、国庆65周年长沙市书法作品展、少儿模特艺术大赛、“索尔杯”全国青少年国际标准舞公开赛、湖南省第五届大学生国际标准舞锦标赛、“亲爱的日子——何立伟文学艺术三十年”展览、市花鸟画精品展、市诗人协会地铁采风笔会、庆祝建国65周年书画名家笔会、长沙名胜地名篆刻作品展，启动市第二届民间“十大收藏家”及“十大收藏精品”评选，参与组织首届“欧阳询杯”全国书法展等。长沙画院开展“四维上下—郭文光釉下五彩佛瓷诚品展”。3. 志愿服务深入基层。组织“我们的中国梦，送欢乐下基层”——慰问重点工程建设者文艺演出，在杜花路地铁站施工工地上演了精彩文艺节目、“惠民为民乐民，送欢乐下基层”——泉塘社区文艺会演、庆“八一”送文艺进军营慰问演出，为驻长75105部队近千名官兵带来一场精彩纷呈演出。组织开展“我们的价值观—曲艺走基层全国百场巡演长沙专场演出”“到人民中去——长沙文艺志愿者深入基层服务摄影采风活动，到长沙县江背镇教农民摄影；启动市2014大学生曲艺大赛暨“曲艺进校园”巡演活动，到长沙商贸旅游职业技术学院等高校开展3场巡演。在江背镇、长沙画院成功申报湖南省文艺惠民基地基础上，推进《创作》杂志社成为省文艺惠民基地。4. 对外交流拓展深化。组织开展“长沙·广州书法篆刻作品交流展”，展出两地书法家精品力作120余件；岳麓印社组织“江苏·湖南篆刻家作品联展”；组织“重庆·长沙·德阳三地写生作品交流展”；市书协孔小平主席赴澳门开展“云境·平心——潇湘清风澳门展”；组织“长沙·岳阳民协友好交流暨作品展”；市文联副主席唐樱参加第三届两岸民族文学交流暨艺术研讨会；湖南知青艺术团到拉脱维亚演出；中国人民对外友好协会、厄瓜多尔驻华使馆在首都图书馆共同主办“印象厄瓜多尔”杨建五等6人画展等。

四、深化改革创新，文艺工作的影响更加扩大。紧扣新形势下文艺工作的特点，把文艺宣传作为多出优秀人才、多出工作成果、浓厚艺术氛围的重要抓手，加大微信平台和文联网站建设力度、深入开展文艺评论、浓墨重彩开展主流媒体报道，长沙文艺工作的影响力全面扩大。一是精心打造公共网络平台。紧扣新媒体下文艺工作新要求，5月份开通“长沙文艺”微信公众平台，每周发布2—3篇文艺活动或信息，优秀文艺人才或优秀文艺作品，目前已发布90余条信息。全面升级改版长沙文艺网，增加网上调查、公众信箱、视频欣赏、网上展厅等相关栏目，形成宣传展示长沙文艺工作和文艺作品的强大声势。二是积极开展文艺评论。首次在中国作协召开何顿长篇小说《来生再见》作品研讨会，中国作协副主席、书记处书记李敬泽出席，近30位知名文艺评论家参加了会议。一些艺术类权威报刊刊发了长沙市优秀文艺作品获文艺家一系列文章，如《文艺报》12月19日、24日刊发了何顿《来生再见》多篇评论文章；《文汇报》刊发《何立伟：用文字和画画同时对这个世界说话》；《中国书画报》刊登《于精微处见雄劲 居巧变间显安闲——罗光磊篆刻艺术赏析》；《中国青年报·青年时讯》每期刊载市美术家协会会员作品简介；长沙市花鸟画家协会“长沙市花鸟画精品展”《当代美术》整版登载等。三是强化主流媒体报道。将媒体报道作为扩大长沙文艺影响的重要渠道，《中国文化报》《中国艺术报》《湖南日报》、湖南经视、人民网、新浪、腾讯、《长沙晚报》、长沙电视台等媒体全年对全市文艺活动、文艺工作进行相关报道5000余篇。百度搜索长沙文联及有关文艺家协会的活动及作品相关报道和转载80余万帖。党组书记、副主席王俏应邀做客星辰在线，就“文化让长沙人获得更高层次幸福感及如何推进长沙文艺事业繁荣发展”进行在线访谈，众多网民观看在线访谈并提问，有力扩大了长沙文艺工作影响力。

五、优化组织建设，文艺发展的基础更加夯实。为更好地发挥协会在文联履行联络、服务、协调、指导职能中的桥梁载体作用，进一步加大了协会建设，在规范管理、人才队伍建设，协会组织建设等方面取得了新进展新成效。1. 加大协会组织建设力度。按照省委常委、市委书记易炼红同志批示，经过三个月时间的紧张筹备，在长沙诗人协会基础上，成立了长沙市诗词协会，于12月召开了长沙市诗词协会第一次会员代表大会，并在原有基础上增选了3位70后进入主席团。各协会认真做好会员发展工作，吸纳了一批优秀会员特别是年轻会员加入协会；指导市音乐家协会成立了葫芦丝巴乌学会、长沙商贸旅游职业技术学院分会等。2. 推进领导干部文艺界兼职清理工作。按照市委组织部的部署和要求，迅速启动市管领导干部在协会兼职清理工作，通过调查摸底、衔接沟通，让11位市管干部主动辞去所兼任协会领导职务，其他留任的按要求履行了报批手续。3. 推进协会人才队伍建设。为进一步加强队伍建设，向文艺界发出了《文艺工作者践行社会主义核心价值观倡议书》。同时，为全面提高队伍创作水平，指导支持各文艺家协会开展了一系列的培训讲座和研讨会。市美协组织国展名家研讨会，市作家协会组织会员参加中国作协副主席、书记处书记何建明和茅盾文学奖获得者毕飞宇主讲的“文学名家大讲堂”，岳麓印社邀请浙江无双手书法篆刻家孔黎翔开展篆刻讲座，市曲艺家协会定期组织文学、戏剧等讲座培训青年会员，市民协组织全国校园剪纸邀请赛论文研讨会等。

六、突出学习教育，自身建设的效果更加凸显。围绕力克“四风”问题，深入开展教育实践活动，大力改善了机关工作作风，提升了履职能力，塑造了自身队伍良好形象。1. 学深研透，切实加强思想武装。把学习教育作为硬性要求和内在自觉，党组成员带头先学深学，采取个人自学、集中研讨、专家辅导等多种形式开展学习。认真学习了党章、党的十八大报告和十八届三中四中全会精神，《论群众路线——重要论述摘编》等，系统学习了习近平系列重要讲话精神，对习近平兰考讲话精神、群众路线教育实践活动动员讲话及总结讲话等进行了组织传达学习。并针对文艺工作如何弘扬习总书记系列重要讲话所强调的“中国梦”“社会主义核心价值观”等内容进行了系统思考，以指导谋划文联工作。邀请市委讲师团干部、黄花镇黄龙新村党支部书记王再德等授课，组织全体党员干部撰写“入党为什么、为党干什么”心得体会等，进一步树牢了服务群众意识。同时，创造条件机关干部参加团干班、宣干班、公共文化管理高级研修班等，进一步提升了素质素养。同时，组织文联党组成员和党员干部开展“践行群众路线，走访慰问困难群众”“践行群众路线，走访慰问空巢老人”等活动，为困难群众和空巢老人送去慰问物资和关怀，并听取对文联领导班子和文艺工作的意见。2. 求真务实，作风建设稳步推进。坚持民主集中制，强化集体决策。平均每月召开两次以上党组会议，集体研究涉及本单位发展的重要决策、重大事项、重要干部任免、大额度(5000元以上）资金使用等问题。加大抓工作落实的力度，坚持每月召开 1 次月工作例会，对每月的工作进行小结讲评，及时发现和解决工作中存在的问题并对下步工作进行调度。认真组织制定《文联机关管理制度汇编》，按照“立、改、废”的原则，全面梳理规范机关工作制度，充分调动机关干部职工的工作积极性。3. 从严从实，严肃认真开展批评。把贯彻整风精神贯穿于教育实践活动始终，广泛深入征求意见，召开“两代表一委员”、离退休老干部征求意见座谈会，共收集到对领导班子和班子成员意见建议 164 条，梳理后共有意见建议 136 条，包括领导班子 54 条，党组成员 82 条。认真开展对照检查，一把手主持起草了文联领导班子的对照检查材料，多次召开党组会议进行讨论修改，多次召集处室负责人、二级机构班子成员等召开会议征求意见，文联领导班子和个人的对照检查材料进行了 7 次修改。组织召开了高质量的专题民主生活会，会上党组之间相互批评意见 3—5 条，会上共提出批评意见 70 条，达到了指出问题、相互促进、相互提高的目标，得到市委督导组的高度评价。4. 见行见效，动真碰硬整改问题。深入贯彻中央“八项规定”、省委“九项规定”、市委“两规定一办法”；进一步严明政治纪律、组织纪律，坚持重要事项请示报告制，确保政令畅通、令行禁止。认真组织制定《整改方案》，多次组织班子会议对《整改方案》的制定进行研究修改，并将《整改方案》面向机关干部、服务对象、二级机构工作人员征求意见。整改过程聚焦形式主义、官僚主义、享乐主义和奢靡之风，及群众反映强烈的突出问题和服务群众“最后一公里”的问题，逐一明确“任务书”“时间表”“路线图”和整改责任人，38 项“四风”问题和群众反映强烈的突出问题得到了解决，以问题的解决更好地服务了群众和基层文艺工作者。（卢　平）

长沙市文学艺术界联合会领导人员

党组书记、副主席	王　俏
主　　席	何立伟
党组成员、副县级纪检员	王　勇
党组成员、副主席	谢胜文
党组成员、副主席	李小军
党组成员、副主席	唐　樱

【重点文艺创作项目扶持工作】 2014 年，重点文艺创作项目扶持工作在《长沙晚报》等媒体广泛发布公告，共收到申报材料 135 件，经资格复核、专家评估、领导小组会议审议等程序，并报市领导批准，最终共有 55 个项目纳入扶持范围，其中文学著作出版类 19 个、舞台艺术类 16 个、展览艺术类 13 个、影视艺术类 6 个、文艺评论类 1 个。经严格考察并公示后，签订扶持合同，重点扶持金额 189 万元。为繁荣文艺创作，鼓励更多文艺工作者投身文艺创作事业提供了有力支持。（卢　平）

【“长沙文艺新人新作奖”评选】 5 月中上旬，市文联研究制定下发了《评奖实施方案》，明确参评范围、申报条件、申报要求、评奖程序。5 月 21 日召开了新闻发布会。为保证评奖公平公正，严格按照申报受理、专家初评、专家复评、领导小组终评、评奖结果公示等环节进行，评审均采用实名制投票，最终 9 个艺术门类有 28 位新人获奖。同时，为扩大评奖影响力和知晓度，面向全国征集“长沙文艺新人新作奖”奖杯设计方案，通过网络投票、专家评审的方式评选出了入选和入围奖杯。12 月 29 日，市委宣传部组织召开精神文明建设“五个一工程”奖颁奖暨长沙文艺工作会议，会上对首届文艺新人新作奖获得者进行了颁奖。通过评奖，发现了一批优秀文艺作品和优秀青年文艺人才，为推动长沙文艺事业发展繁荣发挥了积极作用。（卢　平）

【庆祝建国 65 周年书画名家笔会】 9 月 30 日上午，由长沙市文学艺术界联合会主办的“长沙市文联庆祝建国 65 周年书画名家笔会”在湘麓山庄举行。笔会由市书法家协会、美术家协会、花鸟画家协会、长沙画院协办。参加这次笔会的有：孔小平、刘昕文、杨建五等近 20 名书画名家。笔会现场气氛热烈。艺术家们凝心构思，挥毫泼墨，他们以不同的书体和不同的风格，创作了“锦绣山河”“金声玉振”等近 20 幅书画作品。艺术家们一边现场创作，一边相互交流书画技巧，用画笔抒发自己对实现中华民族伟大复兴的中国梦的向往和对伟大祖国的美好祝福。浓浓的墨香，传神的笔韵，力透纸背的功力，充分体现了中华文化的无穷魅力。（卢　平）

【“亲爱的日子——何立伟文学艺术三十年”展览】 10 月 18 日，由长沙市文学艺术界联合会举办的“亲爱的日子——何立伟文学艺术三十年”展览暨“文学与时代大家对话”文化沙龙，在“月湖时当代艺术中心”举行。本次展览是何立伟主席的第一个大型个展，共展出文学著作、历史图片、小说手稿、作家信笺等文史资料，以及绘画、漫画、摄影等艺术作品 100 余件，以文献展加艺术展的形式，全面呈现何立伟主席自 1984 年以来在长沙市文学艺术界联合会工作 30 年来取得的艺术成就。在展览开幕式上，中国著名作家韩少功与何立伟围绕“审美的文学与亲爱的日子”这一主题进行了一场高峰对话。通过对何立伟生活和艺术创作经历的叙述，探讨当代文学艺术与生活审美的关系，辩思其内在的统一性。其文人漫画曾在海内外报刊开设专栏，多次被评为“最受读友欢迎之专栏”，亦在《南方周末》《南方都市报》、天涯杂志、《北京青年报》《光明日报》《文汇报》、家庭杂志等 10 数家主流媒体开设专栏，广受好评。且为史铁生、格非、韩少功、张炜、刘

醒龙等著名作家的文学著作插图，具有广泛的影响力。（卢　平）

【长篇小说《来生再见》作品研讨会】 11月21日，长篇小说《来生再见》作品研讨会在北京召开。研讨会由中国作协创作研究部、中国作协小说委员会、《中国作家》杂志社、湖南省作家协会、长沙市文联、江苏文艺出版社主办，长沙市作家协会承办。中国作协党组成员、副主席、书记处书记李敬泽，湖南省作协副主席、长沙市文联主席何立伟，长沙市文联党组书记、副主席王俏以及雷达、梁鸿鹰、胡平、李云雷等近40位专家学者参加研讨会。会议由中国作协创作研究部副主任彭学明主持。《来生再见》是长沙市文联专职作家何顿于2013年11月出版的长篇力作，总计40余万字，以平凡真实的人物历史观，以对平民百姓的敬畏感，从宏观世界和微观视角写了平凡与高尚，无奈与蜕变，一个民族的坎坷与壮烈。既关注世界历史，又关注人心，有很好的文学价值，艺术价值，对当下如何认识和尊重历史，从历史中吸取教训也有很好的指导和警示意义。该作品于2014年年底获第七届《中国作家》鄂尔多斯文学奖大奖。（卢　平）

长沙市归国华侨联合会

【概况】 2014年，长沙市侨联深入贯彻落实党的十八届三中、四中全会、全国第九次侨代会、湖南省第七次侨代会精神，紧紧围绕市委、市政府的决策部署和中心工作，坚持“以人为本，为侨服务”，凝聚侨心侨力，各项工作取得了可喜成绩。长沙市侨联被评为全省侨联系统绩效评估优秀单位第一名，连续第六年被评为市级“招商引资服务工作先进单位”称号，连续第十七年被评为市级文明单位。

一、致力于引资引智，服务经济发展有新成绩。1. 招商引资拓展服务。全市侨联接待来自美国、英国、新西兰、泰国等国家和港澳台地区的海外人士近千人次，接待英国福建商会、中侨商会以及树仁集团等重要侨商、侨领、侨资企业到访，结合他们的投资需求或专业特长安排考察、交流活动，做好招商引资服务工作。其中望城区侨联接待海外侨团、侨领21批400余人次。雨花区侨联与柬埔寨湖南商会、纽约旅美湖南同乡会等建立起良好关系。宁乡县侨联通过联络旅美侨胞，与密歇根州达成“友好结对城市”初步意向。省第七次侨代会期间，与长沙县侨联一起，组织10余个国家和地区的40余名海外华侨华人参观黄兴故居，密切与海外侨胞的联系；与宁乡县侨联一起，邀请来自30余个国家和地区的130余名海外侨领侨商参加“世界侨领侨商楚沩行”活动，参观园区和企业，推介投资环境、招商引资项目。组织了长沙市20名侨资企业家参加省侨商会第二次代表大会暨二届一次全体理事会议。“五侨”联合组团由市侨联领导带队出访东南亚，与海外侨社团开展联络联谊，扩大长沙市侨务资源。2. 招贤引智卓有成效。经市侨联推荐，在全国第五届新侨创新成果交流表彰活动中，有7位新侨（企业）获评“中国侨界贡献奖”，占全省的一半以上，圣湘科技公司董事长戴立忠作了大会交流发言。推荐三诺生物公司蔡晓华博士入选省百人计划。全市侨联加快推进引才工作，大力引进高层次人才。特别是高新区侨联召开海外高层次人才联谊会高新区分会成立大会，先后组织10家重点企业赴广州召开“高新区高层次人才政策推介会暨招聘会”等系列活动，联手博士科技、华南理工大学等广州高校推介人才政策环境，吸引高层次及应届硕博士来区创新创业。截至2014年年底，园区现有国家“千人计划”专家11人，湖南省“百人计划”专家39人，长沙市“313计划”专家46人，长沙市“3635计划”专家30人，高新区“555计划”专家39人，人才申报、审批、获批资金稳居全省第一。3. 新侨工作与时俱进。精心组织“创业中华·梦起星城”——长沙市新侨和留学回国人员创业创新主题活动，组织召开新侨和留学回长人员创业经验交流会，参与组织“创业中华·魅力长沙”留学人员职业规划专题论坛暨海归招聘会，联合市创业办指导新侨创业者申报创业富民专项资金，举办“创业中华·情系长沙”新侨登山活动，加强联络联谊，服务新侨和留学回国人员创新创业。望城区侨联成立了新侨和留学生创业服务站，开福区侨联成立了归国留学人员联谊会，浏阳市侨联以“浏阳市海归人士联谊会”为平台，开通“浏阳市海归人士联谊会”网站，创建浏阳市海归人士服务中心和浏阳市海归人士创业孵化基地，扶持新侨创新创业。泰谷生物公司、金龙国际集团等一大批新侨企业蓬勃发展。泰谷生物公司承担了“国家火炬计划”，2014年元月公司挂牌上市。金龙国际集团年营收总额超百亿元，入围2014年中国民营企业500强。支持创建黄金创业园等新侨创业基地，目前园区已吸纳新侨企业56家，年总产值突破2亿元。在省委组织召开的全省侨联工作会议上，长沙市作了《广泛凝聚侨心侨力，推动新侨创新创业》的典型发言。

二、致力于为侨服务，依法维护侨益有新成果。1. 夯实维权服务平台。组织召开了市侨联法顾委工作年会，聘请第二批涉外涉侨律师服务团。深入走访了全市律师服务团和援助工作站，加强联系，提高维护侨益工作水平。联合长沙市政法系统各单位召开首次涉侨案件通报会，通报了涉侨案件工作机制贯彻落实情况，明确相关单位联系人并建立了QQ群，进一步落实涉侨案件通报机制。市公安局制定下发了《关于建立健全涉侨案件办理工作机制的实施意见》，建立对口联络协调、当事人身份审查、涉侨案件通报等七项制度，并在全市范围内新增11名侨界警风警纪形象监督员。涉侨律师服务团为真维斯公司代理二审诉讼，为省侨商会副会长康健乐代理两个案件分别向最高院申请再审和提起上诉。各区县侨联也加强维权平台建设，雨花区侨联成立了雨花区侨之家法律服务中心，开福区筹备成立了开福区侨联法顾委和涉外涉侨法律服务站等。在一起涉及柬籍华人的刑事案件中，市、区侨联通过涉侨案件机制的协调作用，使案件得到妥善处理，维护了当事人的合法权益。2. 维护侨界群众权益。市侨联机关处理侨界群众信访20余件，为侨界群众解决身份认定、困难救助、涉外涉侨身份证、婚姻登记、回国定居及医保等方面政策和办理流程咨询、寻亲问友、退休老归侨生活补助费领取等问题，促进了侨界的和谐稳定。岳麓区涉侨法律援助中心免费为区域内困难群众法律立案援助240件，有效维护了侨界群众的合法权益。天心区侨联在荷兰籍华人季丰去世后联系荷兰大使馆解决其妻子的遗孀补助问题和协调解决侨眷刘晨煦房屋拆迁问题。长沙县侨联结对帮扶特困侨眷郑家曙，解决其孙子上学问题，为其争取到慰问金和困难补助2万余元及省侨联房屋整修资金2万元。3. 优化侨资企业服务。市侨联深入侨资企业调研，重点走访了三诺生物、易通汽配等多家侨资企业。帮助港资企业雅居乐房地产公司挽回经济损失30万元，协调圣湘科技公司建成湖南省首家核酸诊疗工程技术研究中心。开福区侨联协助长沙科利达印刷器材有限公司争取到市级海外人才与智力引进项目配套资金。

三、致力于建言献策，积极参政议政有新进展。1. 工作机制不断完善。市侨联召开2014年参政议政工作会议，调整新一届侨联参政议政委员会成员，吸收了一批年富力强、建言献策水平高的侨界人士，委员会整体参政议政能力有所提升。建立健全提（议）案奖励机制和课题招标制，充分调动侨界参政议政的积极性，提升建言献策质量和水平。“两会”前召开人大代表、政协委员座谈会，研究、交流如何撰写建议、提案，提升参政议政水平。2. 主题调研逐步深入。组织侨界人大代表、政协委员参观考察港资企业——天圆地方·大中华珍珠文化馆、侨资企业——湖南开天新农业科技有限公司和西湖建筑集团，并与企业家座谈，帮助代表、委员们深入基层了解当前经济环境，为促进经济发展建言献策。精心承办省政协侨联界委员到高新区开展新侨创新创业调研活动。牵头组织市政协侨联界委员“三服务”主题调研活动，收集并反映企业的困难问题。3. 提案质量有所提高。市侨联和侨界人大代表、政协委员提交建议、提（议）案25篇，其中集体提案4篇，各区县侨联提交建议、提案52篇。提交的建议、提案均选题好，有深度，操作性强，得到相关部门的重视和认真办理。《关于加快长沙现代物流业发展的建议》被评为优秀集体提案，市侨联界政协委员龙云被评为2014年度优秀政协委员。

四、致力于扶贫帮困，践行爱心公益有新业绩。1. 扶贫帮困乐办实事。市侨联争取到上级侨联、市政府帮扶资金以及自筹资金5万元，慰问全市70岁以上的老归侨及重点侨务对象179户。各区县侨联慰问困难归侨侨眷200余人次，慰问金额6万元。市侨联爱侨基金慰问困难归侨侨眷及侨界重点人士40人次，慰问金额2万元。争取省侨联专项资金4万元，帮扶10余位特困侨界群众。组织老侨到望城区光明村参观社会主义新农村建设活动。市侨联作为“一推行四公开”群众工作组的组长单位，慰问联点的荷花园社区困难群众20余户，还为社区增设公交车站、建立流动图书馆、购置宣传车等。对4户结队帮扶的特困家庭，以上门走访、现金物资慰问、解决生产生活中各类问题等方式进行帮扶。2. 爱心公益一如既往。组织市侨联委员、2007年度感动中国十大人物李丽赴宁乡县煜英侨爱心学校开展“亲情中华”主题演讲活动，为山区孩子开展心理教育。邀请泰国华侨李自珉在长沙县双江镇中学开展“亲情中华”主题演讲，进行爱国主义教育。组织湖南拓展集团有限公司为山区学校捐赠价值5.4万元的教学设施。争取泰国泰玺集团捐款30万元在长沙县龙华村建设“泰玺文化广场”。

五、致力于提升素质，加强自身建设有新突破。1. 扎实开展党的群众路线教育实践活动。坚持从高从严标准，成立高规格领导小组，制定严密地实施方案，确保教育实践活动有序开展。坚持教育先行，组织认真学习中央、省委和市委规定的必读学习资料，党员干部参学率百分之百。坚持深入基层一线征求意见，先后召开15次座谈会，组织个别谈话40次，发放调查问卷362份，共收集到对领导班子和班子成员意见建议399条。坚持对标对焦要求，领导班子和领导干部个人对照检查材料均修改10次以上，组织召开了高质量的专题民主生活会和组织生活会。坚持真查真改，针对查摆出的问题，列出问题清单，研究制定了切实可行的整改落实方案，明确了6个方面36条具体整改事项，明确了牵头领导、责任部门和整改时限。坚持着眼长远，加强制度建设，制定完善18个机关制度并汇编成册，严格执行制度，建立长效机制。领导班子整改清单中的任务都已经解决并取得明显成效。2. 加强侨联组织建设。组织全市侨联系统学习贯彻中办《关于加强和改进新形势侨联工作的意见》。注重加强学习交流，加强队伍建设。先后组织16名全市侨联系统新任干部、侨联工作示范社区（村）侨联专干参加省侨联举办的研讨班。邀请省侨联党组书记、副主席朱建山进党校开展侨务知识与涉侨法律法规讲座。选送机关干部参加中国侨联举办的培训班和进党校进行脱产培训。由市侨联领导带队，参加2014年全国省会、副省级城市侨联工作交流会，推介长沙侨联组织建设工作模式。组织市侨联委员参观张国基和何凤山纪念馆，与益阳市侨联学习交流。组织部分区县侨联赴浙江学习考察新侨工作和留学生创业园成功经验。挂牌天心区赤岭路社区、开福区江湾社区两个侨联示范社区，完成望城区和芙蓉区侨联换届选举工作。长沙学院侨联直接申报和参与省科技厅、教育厅，长沙市科技局科研项目近20项，发表科研论文40余篇，其中国家级核心文章10余篇。中国侨联主席林军到岳麓区调研社区侨务工作，到高新区调研新侨企业，充分肯定了长沙侨联工作取得的成绩。市委常委会听取侨联工作汇报，对市侨联各项工作走在全国、全省侨联前列予以充分肯定，就加强侨联后备干部的选拔和培养以及自身建设提出明确要求，再次增加了侨联工作经费。湖南省第七次侨代会，长沙市共推选出50名代表、3名特邀代表，4名海外代表出席，其中10人被省人力资源和社会保障厅、省侨联授予“全省归侨侨眷先进个人”称号，参会代表、先进个人数量在全省市州中遥遥领先。会前，市委副书记张迎龙，市委常委、统战部部长文树勋亲切接见参会的长沙市代表并寄予殷切希望。3. 加强宣传工作。向上级侨联、统战部及有关媒体报送信息124条，其中市侨联信息46条，区、县（市）侨联信息78条，中国侨联采用14条，湖南省侨联采用55条，湖南省委统战部采用8条，《长沙晚报》、长沙新闻频道对侨界新闻多次报道，《湖南日报》专版对长沙市基层侨联工作进行报道，侨情民意得到充分反映，侨界和侨联组织的社会影响进一步提升。加强对基层侨联组织信息工作的指导，进行总结并评优表彰，评选芙蓉区侨联等5个区、县（市）侨联为“长沙市侨联系统信息工作先进单位”，全市侨联系统信息工作水平得到全面提升。（陈边城）

长沙市归国华侨联合会领导人员

党组书记	王国平	
主　　席	翁少兰（女）	
副 主 席	谢远知	刘　斌（女）
	丁小琥（兼）	洪也凡（兼）
	邓文胜（兼）	曹　凛（兼）
	贾　民（兼）	
秘 书 长	粟威武	

长沙市台湾同胞联谊会

【概况】 2014年，长沙市台联围绕市委、市政府建设全面小康之市、“两型”引领之市、秀美幸福之市，为实现“三市”“三倍”的目标这一中心，在市委统战部领导和湖南省台联指导下，在本会全体理事的共同努力下，认真贯彻党的十八大和二中、三中、四中全会精神，团结和带领全市台胞、台属牢牢把握两岸关系和平发展的主题，充分发挥自身优势，科学定位，主动作为，拓宽工作思路，创新工作机制，在联谊服务台胞、台属等方面取得了成绩，结合长沙市政协开展的“三服务”（服务“五化一率先”、服务民生民利、服务社会和谐）工作，发挥优势，主动作为，创新履职，参政议政促发展，联络联谊促团结，服务群众促和谐，各项工作取得了预期的成效。

一、围绕六个走在前列，建设“三市”，实施“三倍”、提升“三量”、共圆“三梦”的发展思路和重大部署加强学习、宣传。根据台联理事会成员大多数兼职的实际情况，以会代训，抓住每次会议机会，组织各类专题学习。一年来共召开会长扩大会议、座谈会等三次，积极参加省台联的各类专题学习会议，认真学习领会精神。机关干部注重加强理论、业务学习。除参加统战系统的集体学习外，还组织了部分骨干参加了在省社会主义学院举办的台联中青年干部培训班，5月市台联秘书长彭众评参加全国台联组织的中青年干部学习班，到北京参加培训；9月，参加了社会主义学院举办的干部培训，丰富了理论、开阔了视野、提升了能力、结交了朋友，进一步提高了做好新形势下对台工作的能力。台联界别的政协委员积极参加政协组织的学习培训和情况通报会、提案汇报会，不断加强学习，提高思想认识。10月，组织了会长及部分常务理事到芷江抗日战争纪念馆及湘西进行了调研，探讨与台湾有关团体共同举行抗日战争胜利70周年的交流纪念活动。同时，还有意识的通过电话了解、邮寄资料、向来访的台胞台属宣传台海政策和长沙的改革开放成果，帮他们解惑释疑。

二、主动服务台胞台属，增强“台胞之家”的凝聚力。做好台胞联谊服务工作是台联作为“台胞之家”的重要职责，始终牵挂台胞的冷暖，把台胞当作自己的亲人，满怀手足亲情，切实为他们排忧解难，使他们真真切切地感受到党和政府的关怀和“台胞之家”的贴心。台联积极开展走访慰问送温暖活动，扶贫济困送温暖活动。坚持平时走访和节日慰问相结合，把党和政府的关怀及时送到台胞手中。1. 开展“送温暖、献爱心”活动，会机关平时注重加强在长沙的台胞、台属联谊交流，以组织节庆联谊活动、与来访的台胞台属交流等形式，了解其在生活、工作上的情况，了解其亲属在台湾的状况，进一步密切乡亲情谊，增强“台胞之家”的凝聚力、亲和力和向心力。2. 走访慰问，访贫问苦。积极争取省红十字会支持，送去慰问物质，下拨30余份慰问物资送发给困难台胞。会机关平时抓住各种机会、上门看望慰问因病住院台胞、生活困难台胞。对一代台胞给予特别的关心，为生活困难的老台胞提高了生活补贴，为老台胞订阅了党报。在中华民族的传统节日端午节、中秋节和春节，从紧张的工作经费里挤出资金，向生活困难的台胞、台属给予生活补贴。通过所作的努力，使广大台胞台属深切地感受到了党和政府对他们的关心。3. 2014年先后深入了解台胞家庭，面对面沟通，心与心交流，了解他们的工作、生活、创业等情况，反映他们的愿望和心声。并利用中华民族传统节日邀请台胞台属参加座谈会，沟通交流乡亲感情，畅谈个人成长经历和感受，表达对党和政府的感激之情。4. 根据全国台联、省台联的指示精神，对定居的台湾老兵进行了摸底调查，了解情况，上门慰问，对部分生活困难的老兵给予了生活补助。其中对曾参加抗日的台湾老兵和曾参加解放战争因金门战役被俘的台湾老兵给予特殊的关照，对这些为民族独立和新中国的成立付出鲜血和努力的老兵们给予力所能及的照顾。

三、创新思路、拓宽视角、加强乡亲联谊。1. 积极配合全国台联每年举办的“龙脉相传、青春中华”台湾青少年夏令营的湖南、长沙活动，派出秘书长到北京迎接并由两位副会长陪同他们游览，与他们交流感情，介绍湖南，推介长沙。在长沙安排他们参观了岳麓书院、橘子洲头、简牍博物馆、参观了台资企业，并在中南工大进行了座谈交流。2. 热情接待来访的台胞、台属，协助解决遇到的困难、解答遇到的问题。2014年，共接待到访的台胞、台商20余人次，接待到台属40余人次，协助他们解决了房产遗留问题、在长沙就业问题和孩子上学、孩子户口问题、寻找亲友以及法律资助等问题，维护他们的利益，同时积极宣传长沙的投资环境，鼓励他们到长沙发展。3. 与省台联密切合作，参与台湾作家到湖南采风访问活动，与代表团进行了接触，互赠了礼品，促进互相了解。四是与台湾抗日亲属协进会进行了接触，邀请他们到湖南考察，探讨了与抗日亲属协进会共同就抗日战争胜利70周年进行共同活动的可能性。

四、以参政议政服务经济建设为目的，推荐优秀人才。为了提高台联的社会地位，将代表长沙市台胞、台属的先进代表和具有一定参政议政能力、有强烈的为湖南省、长沙市的社会、经济发展做贡献的愿望的同志，举荐到社会群团组织中去，加强对海内外的联系，给他们施展才华的平台。进行了大量的考察摸底工作，进行了大量的沟通工作，在各级统战部门的大力支持、协助下，提名推荐到长沙市港澳台侨经济文化交流促进会11位同志。台联机关还与市委统战部、市政协有关部门到台联骨干企业进行了调查研究，了解情况，协助解决问题。

五、结合参政议政服务服务三市、

实现三倍，投入“三服务工作”。2014年上半年，市台联一方面通过“两会”平台，以建言献策的方式，投身“六个走在前列”大竞赛活动，认真组织各级人大代表和政协委员向各级“两会”提交议案、建议和提案，这些议案、建议和提案陆续得到妥善办理，均逐渐显现出良好的社会效应。据统计，各级人大代表、政协委员共提出建议案、提案20余份。市台联发挥桥梁、纽带作用，一方面多收集反映百姓的呼声，为他们的合理诉求“鼓与呼”；另一方面也多协助党委政府做好协调关系、化解矛盾的工作。落实到具体工作中，除了通过扶贫济困的方式帮扶弱势群体外，还积极反映社情民意。副会长董升顺反映台湾反服贸的社情民意被全国政协采用，收到了极大反响。同时加强思想教育，着重做好台胞、台属的安稳工作。积极响应市政协“三服务”工作，鼓励政协委员积极投入，亚太公司董事长、副会长董升顺带领企业在“三服务”中成绩突出，被市政协评为三服务先进个人，其经验在表彰会上做了介绍。拓展联谊面，服务“民生民利”。秉承为台胞服务、为台属服务的宗旨，通过各种方式，服务台胞、台属，服务“民生民利”。结合“三服务”活动的开展，对长沙市的困难台胞进行了摸底调查。长沙市一、二、三代台胞约有180余人，还有一些从台湾回来的老兵。由于历史原因，这些台胞大部分的文化层次不高，工作状态不理想，生活层次大都在中等水平以下，还有部分在平均生活水平以下。对困难台胞进行摸底，有助于政府及有关部门对台胞生活状况的了解，为扶助贫困台胞提供了依据。以此为基础，会长白树仁积极与政府领导协商沟通，并通过正常途径，向政府建议给予困难台胞以生活补贴。此项工作正在加紧进行中。配合全国台联对台籍台属的情况进行了摸底调查，为全国台联了解、掌握情况提供了翔实的依据。

六、加强对台联络工作，支持长沙的经济建设。在为长沙市经济服务的中心任务上，发挥与台商联系紧密的优势，积极推进对长沙老字号企业的合作、复苏和振兴的工作，多次联系国资委和内贸行办，就长沙老字号品牌与台湾泰元食品“原味”品牌进行合作牵线搭桥，与德茂隆等企业进行沟通，准备进行深层次的合作谈判，在互利合作的基础上，为长沙老品牌注入新的血液，提供动力。这对恢复和振兴长沙老字号品牌开创了一条道路，前景可观。还接待了台湾高雄、金门等企业，就其在长沙销售金门高粱酒等事宜进行了沟通，协助他们成立公司。加强了与长沙市台湾同胞投资企业协会的联系，为促进长台经济贸易合作做出了努力。还积极为台资、台属企业做好牵线搭桥工作，先后为亚太公司、开福区建工塑料厂、湖南源创高科工业技术有限公司等单位就一些问题与有关部门进行沟通，协助解决问题。还出访了广州市台湾同胞联谊会，双方就台联的工作进行了交流，表达了两地台联加强联系、互相学习的愿望。还积极参加同心社区的建设工作，依托自身优势开展了各类“服务民生民利”的工作。白树仁会长还应邀到社区街道与青少年交流座谈，介绍台湾问题和两岸的交流趋势，介绍市台联的工作，受到社区好评，并在岛内取得了一定影响。理事所属的台资、台属企业，在大的经济形势不好的情况下，积极开拓进取，逆势而为，克服困难，积极进取，从总体上而言，均比上年有了新的进步，扩大了经营，开拓了市场，取得了新的成绩，为长沙经济建设贡献了自己的力量。在发展企业的同时，不忘回馈社会，积极参加公益活动、扶贫助学、接济弱势群体。台联的中心工作，就是作为台胞、台属与政府及相关部门的沟通桥梁，及时将政府和党的关心关怀传达给他们，同时，客观反映他们的诉求，协助解决他们遇到的现实问题。在取得成绩的同时，也深感到工作的不足，2014年，组团到台湾考察联络乡情乡谊的工作由于主客观原因没有成行，对深入基层，联系台胞、台属的工作还不够，与区、县统战部、台办的联系还有待加强，由于办公用车的制约，不得与向企业请求用车支持，给企业造成了额外负担等，这些问题有待于在2015年的工作中加以改进。长沙市台联的工作，始终得到了中共长沙市委统战部的坚强领导，得到了各区、县统战部、台办的大力支持，得到了省台联的正确指导。（彭众评）

长沙市台湾同胞联谊会领导人员

会　长	白树仁
副会长	陈昉青
秘书长	彭众评

长沙市红十字会

【概况】 2014年，长沙市红十字会在省红十字会的精心指导下，在市委、市政府的坚强领导下，认真贯彻落实《中华人民共和国红十字会法》，围绕中心，服务大局，取得显著成绩。2014年，长沙市红十字会被人力资源和社会保障部、中国红十字会总会授予“全国红十字系统先进集体”荣誉称号，红十字龙骧“学雷锋博爱车队”和市红十字志愿服务队队长陈旭被评为“长沙市学雷锋双十佳”，陈旭还被评为全国首批优秀五星级志愿者。

一、以人道博爱为宗旨，及时组织救灾赈灾。在2013年云南鲁甸地震发生后，市红会第一时间派出由10余名机关干部和志愿者组成的紧急救援队奔赴灾区，并及时发出募捐赈灾倡议书，组织动员社会力量，共募集爱心款物142万余元。其中，切糕王子阿迪力通过长沙市红十字会向灾区捐赠5000千克价值50万元切糕的事迹受到全社会的广泛关注，中央电视台《新闻联播》《焦点访谈》等栏目进行了专题报道，省、市领导对此给予充分肯定。

二、以救护培训为主业，大力普及急救知识。结合长沙文明城市创建，大力实施社区应急救护培训“百千万工程”。1. 做实救护师资培训。与市文明办、市教育局联合举办两期救护师资培训班，培训了60名社区卫生服务中心（站）医务人员和55名中小学校校医成为救护师资，使之成为社区应急救护培训和学校救护培训的中坚力量。2. 做大救护员培训。坚持走公益培训的道路，按照2天16课时的标准，组织专业救护员救护知识授课和实践操作训练，全年共为中石油油田服务公司、蓝思科技、广汽菲亚特汽车有限公司等培训救护员1400余人，增幅达60%。3. 做新救护培训项目。接受湖南中粮可口可乐饮料有限公司捐款10万元，由市教育局与长沙市红十字蓝天救援队具体负责，在全市22所中小学校组织开展防灾演练和救护知识培训，推动“平安校园”建设。与湘雅医院、省人民医院、儿童医院联合组织开展“暑期安全——红十字救在身边”青少年自救互救培训活动，培训学生和家长2000余人次，深受广大青少年、市民朋友的欢迎。按照文明城市创建要求，依托各区县青少年素质教育基地和社区学校组织开展红十字初级救护知识和技能培训，全年共培训中小学生和社区群众10余万人次。

三、以项目创新为动力，着力增强救助实力。1. 社会救助项目有新突破。与中科英德（北京）国际血管瘤医学研究中心合作，设立红十字会第二个千万级公益基金——“长沙市红十字中科英德血管瘤治疗专项救助基金”，每年100万元，10年总计1000万元，专项用于救助重症血管瘤患者；动员龙之媒文化传播有限公司再次捐款20万元，“左家右邻同心银行”、沁满园互助联盟捐款12.5万元，成立红十字肾病救助基金，专项用于救助重症肾病困难患者。2. 社区陪伴项目有新提升。依托志愿者队伍，继续实施“红十字友阿学雷锋社区陪伴公益项目”，全年结对困难群众5000余户，上门开展陪伴服务10000余人次，发放救助款100万余元，该项目被中国红十字会总会确定为全国“第四期红十字志愿服务项目发展计划”扶持培育的试点项目；成功举办38期“非常帮助爱心之旅”爱心公益活动，帮助孤、寡、残老人和残障儿4000余人次，募集和发放爱心款物15万元；为全市5所老年公寓争取“中央专项彩票公益金支持失能老人养老服务项目”资金100万元；争取中国红十字小天使基金，救助14岁以下白血病患儿30名，发放救助金92万元。3.“博爱家园”项目有新进展。由中国红十字会总会和市、县共同出资35万元，在长沙市宁乡县流沙河镇合兴村设立“博爱家园项目”，中国红十字会总会原党组书记、常务副会长赵白鸽到长沙考察时，对该项目给予了充分肯定，将合兴村“博爱家园项目”建设经验向全国推广。4.“博爱送万家”活动有新举措。春节前夕，与市委宣传部合作，共同举办“崇德向善迎新春·红红火火过大年”——红十字博爱送万家活动，吸引大批爱心人士参与，全市红十字系统共为困难群众送去450万余元爱心款物，为维护社会和谐稳定做出了积极贡献。5.“三献”工作有新成效。全市共实现造血干细胞捐献120余例，成功挽救了100余人的生命；实现人体器官捐献124例，使265名重症患者获得新生；实现眼角膜捐献146例，使860余名患者重见光明。3月，长沙市红十字遗体器官捐献纪念广场在明阳山公墓建成投入使用，这是全国省会城市红会自建的第一个遗体器官捐献纪念广场。

四、以强化职能为目标，不断夯实工作基础。1. 加强组织建设。加快理顺县级红会管理体制，芙蓉、开福、雨花、望城区和长沙县、浏阳市、宁乡县红会机构独立，并配备乡科级正职常务副会长，编制3～4名；天心、岳麓区红会机构虽未从卫生系统完全独立，但均配备了1名乡科级正职常务副会长兼卫生局领导班子成员；大力开展红十字模范单位创建活动，全市共创建省级红十字模范单位12个；积极争取市委、市政府对红十字工作的重视和支持，市政府召开专题会议研究成立长沙红十字备灾救灾和救护培训中心、造血干细胞捐献工作站相关事宜，并在场地改造、人员配备、机构运行等方面做了具体安排，可望2015年正式投入使用。2. 加强队伍建设。全市红十字会志愿服务队已发展成为拥有注册志愿者2000余名、25支服务分队的队伍，并先后成立了长沙市红十字蓝天救援队、红十字水上救援队，多次组织中国红十字会应急救援制水队长沙分队志愿者参加全国和全省的制水队训练，不断提高专业救援队伍的实战水平和应急反应能力。3. 加强作风建设。以党的群众路线教育实践活动为契机，建立健全《机关会议制度》《公务接待管理制度》等29项规章制度，查找部署整改项目16项，已整改到位13项，以突出问题的集中解决推动团队作风建设不断加强。

（董　浩）

长沙市红十字会第八届理事会领导人员

会　　长	夏建平
名誉会长	谢树林　张菊萍　钟新莲　胡子敬　何清华
副 会 长	刘秋成　缪雅琴　李玮玮　彭　骅　彭惊雷　唐俊杰（专职）　苏松泉　段军如
秘 书 长	黎跃刚

【云南鲁甸地震救援】 8月3日，云南省昭通市鲁甸县境内发生6.5级地震。市红十字会第一时间派出由10余名机关干部和志愿者组成的紧急救援队奔赴灾区，并及时发出募捐赈灾倡议书，组织动员社会力量，共募集社会各界爱心款物142万余元。其中，“切糕王子”阿迪力通过长沙市红十字会向灾区捐赠5000千克、价值50万元切糕的事迹，传递了“维汉一家亲”和“一方有难、八方支援”的正能量，被8月9日中央电视台《新闻联播》和《焦点访谈》分别以《“切糕王子”5000千克切糕送灾区》《万斤切糕千里来》为题进行了专门报道，赢得了社会各界的赞誉。（董　浩）

【救护培训“百千万”工程】 2014年，市红十字会继续组织开展救护培训“百千万工程”，在全市培训100名救护师资，1000名救护员，10万名掌握基本急救常识中小学生和社区群众。与市文明办、市教育局联合举办2期救护师资培训班，培训了60名社区卫生服务中心（站）医务人员和55名中小学校校医成为救护师资，使之成为社区应急救护培训和学校救护培训的中坚力量。按照2天16课时的标准，组织专业救护员开展救护知识授课和实践操作训练，全年共为中石油、蓝思科技、广汽菲亚特汽车有限公司等培训救护员1400余人，增幅达60%。接受湖南中粮可口可乐饮料有限公司捐款10万元，由市教育局与长沙市红十字蓝天救援队负责，在全市22所中小学校组织开展防灾演练和救护知识培训，推动“平安校园”建设。与湘雅医院、省人民医院、儿童医院联合组织开展“暑期安全——红十字救在身边”青少年自救互救培训活动，培训学生和家长2000余人次，深受广大青少年、市民朋友的欢迎。按照文明城市创建要求，依托各区县青少年素质教育基地和社区学校，组织开展红十字初级救护知识和技能培训，全年共培训中小学生和社区群众10万余人

次，圆满完成文明创建有关红十字会的工作任务。（董 浩）

【公益项目】 2014年，市红十字会与中科英德血管瘤研究中心联合成立了基数1000万元的“长沙红十字中科英德血管瘤专项救助基金”，继续实施基数1000万元的“长沙市红十字友阿公益基金”。初步建立了“4个100万”的救助公益项目体系，一是每年100万元的友阿公益基金，联合友阿集团，针对社区困难群体继续实施“长沙红十字友阿学雷锋社区陪伴”项目，上门开展陪伴服务10000余人次，发放救助款100万余元；二是每年100万元的中科英德血管瘤救助基金，专项用于救助重症血管瘤患者；三是每年100万元的小天使基金。争取中国红十字小天使基金，救助14岁以下白血病患儿30名；四是每年100万元的支持养老院失能老人养老服务的资金和物资。2014年，中国红十字会总会原党组书记、常务副会长赵白鸽到长沙考察由中国红十字会总会和市、县共同出资35万元，在长沙市宁乡县流沙河镇合兴村设立“博爱家园项目”，对该项目给予了充分肯定，将合兴村“博爱家园项目”建设经验在《中国红十字报》上向全国推广。春节前夕，与市委宣传部合作，共同举办“崇德向善迎新春·红红火火过大年”——红十字博爱送万家活动，吸引大批爱心人士参与，全市红十字系统共为困难群众送去450万余元爱心款物，为维护社会和谐稳定做出了积极贡献。（董 浩）

【市红十字遗体器官捐献纪念广场建成】 3月27日，在明阳山福寿苑陵园，长沙市红十字遗体器官捐献纪念广场举行揭牌仪式，标志着长沙市红十字遗体器官捐献纪念广场正式建成投入使用，这是全国省会城市红会自建的第一个捐献纪念广场。广场建立以后，长沙市的遗体器官捐献者家属可以选择在此纪念碑上刻上捐献者的名字，表示对捐献者的缅怀和纪念。广场的建立同时反映了长沙市“三献”工作的迅速发展。截至2014年年底，长沙市共有1800余位市民登记成为遗体器官捐献志愿者；实现造血干细胞捐献120余例；实现人体器官捐献124例，使265名重症患者获得新生；实现眼角膜捐献146例，使860余名患者重见光明。（董 浩）

【长沙市红十字会组织建设】 2014年，长沙市红十字会加快理顺县级红会管理体制，芙蓉、开福、雨花、望城区和长沙县、浏阳市、宁乡县红会机构独立，并配备乡科级正职常务副会长，编制3～4名；天心、岳麓区红会机构虽未从卫生系统完全独立，但均配备了1名乡科级正职常务副会长兼卫生局领导班子成员。同时，大力开展红十字模范单位创建活动，全市共创建省级红十字模范单位12个，市级红十字模范单位14个。积极争取市委、市政府对红十字工作的重视和支持，8月14日，市委常委会议专题听取了市红会工作汇报，10月13日，市政府召开专题会议研究成立长沙红十字备灾救灾和救护培训中心、造血干细胞捐献工作站相关事宜，并在场地改造、人员配备、机构运行等方面做了具体安排，可望2015年投入使用。（董 浩）

长沙市残疾人联合会

【概况】 2014年，市残联以“规范提升”作为工作引领，以“建设一流队伍，开展一流服务，创造一流业绩”为工作理念，推进惠残助残实事工程，稳步提升残疾人群体的幸福指数。

一、以惠残实事助力残疾人“小康梦”。1.紧盯康复第一要务，实现康复服务广覆盖。按照“人人享有康复服务”的目标，实施残疾人康复实事项目。实施省为民办实事“0～6岁贫困残疾儿童抢救性康复”项目，为381名0～6岁贫困残疾儿童实施抢救性康复救助，并在省为民办实事项目的基础上扩大了救助面，将救助年龄段扩大到0～14周岁，对437名贫困残疾儿童进行康复救助。芙蓉区、雨花区、浏阳市、望城区等地也纷纷自筹资金做项目，2014年全市合计有1000余名残疾儿童享受到了免费的康复训练。实施“义肢助残”工程，投入119.2万元免费为全市152名贫困缺肢残疾人免费安装假肢155例，所用材料由普及型改为普遍适用功能型。实施“光明关爱”工程，共筛查眼疾患者5万余人次，全市投入114.11万元，为1000名低、弱视力患者验配助视器和939名贫困眼疾患者进行青光眼、胬肉、眼底病手术。实施“辅具适配进家庭”项目，投入65.92万元为451户贫困残疾人家庭免费提供一对一、面对面的辅具适配，适配辅具1235件。落实中残联2013年度残疾人事业专项彩票公益金辅助器具适配项目，为贫困重度残疾人适配辅具167件，低视力残疾人助视器适配具846件，假肢、矫形器适配40例。开展“康复零距离”康复进社区活动，市残联康复中心组织专业医疗队伍，为250名贫困残疾人提供五项免费上门医疗康复服务。加强民办康复机构规范管理，出台了《长沙市残疾儿童康复机构建设标准》，组织专家对民办康复机构开展中期督查和终期达标评审，严格按照标准淘汰了一家机构，并评出了7个一类机构，10个二类机构。长沙市民办残疾儿童康复机构已遍及各区、县（市），各机构管理和服务水平日益提高，得到世界宣明会、香港协康会、壹基金、慈善会等国际国内组织的评估认证和资助，启音被中残联定为湖南省唯一的“全国基层教改试点机构”。加强康复人才培养，积极组织、认真参与选派基层残联、康复机构的人员参加省级、国家级培训100余人次，全市共举办康复协调员培训班10期，培训人数达1200余人。与世界宣明会、香港协康会联合举办了自闭症儿童康复师资培训班，进一步提高了长沙市康复技术水平。2.紧咬就业第一目标，构筑培训就业宽平台。2014年，市残联以培训为抓手，着力提升残疾人职业技能，大力开展残疾人就业工作，努力帮助残疾人实现人生价值。根据市场需求，创新培训内容，开发特色项目，开设了高端特色手法培训班、连锁企业经营与管理、电子商务培训班等适合残疾人自身条件和就业创业前景较好的职业技能培训班，全市共完成培训1215人次。为规范培训管理，提升培训效果，市残联出台了文件，从学员的推荐、筛选、请假、开办审批等日常管理和培训班的监管验收进行了明确规定，要求市级定点培训机构实行培训学员指纹打卡签到管理。以“残疾人就业援助月活动”和“百万残疾人就业工程”为载体，积极举办残疾人求职专场招聘会，全年全市共举办16场残疾人专场招聘会，其中市本级4场，新增残疾人就业1020人，被市政府评为“长沙市就业工作优秀单位”。大力扶持残疾人创业，与财政局联合出台了《长沙市残疾人创业扶持暂行办法》，对创办公司和个体从业的残疾人进行扶持，动员社会力量兴办残疾人创业孵化基地帮助残疾人创业，全市共新建3个残疾人创业孵化基地，帮助和扶持20余个残疾人创办的企业发展经营和生产。积极开展“盲人按摩进社区”项目，全市有33家盲人保健按摩机构达到省盲人保健按摩操作规范和服务规范要求，安排盲人就业97人，共申请省扶持资金39.78万元。加大残保金征收工作力度，将内五区的年审工作全部进驻市政务中心窗口，使年审工作流程更加规范，2014年全市残疾人就业保障金征收比上年增长30%，为残疾人事业发展提供了坚实的资金保障。三是紧抓维权第一保障，强化权益实现多层次。加大无障碍改造力度，2014年共投入98.5万元，在全市高标准打造了12个无障碍社区，为残疾人提供了更加便捷参与社会生活的环境。在圆满完成省实事工程残疾人无障碍改造20户任务的基础上，自加压力，投入82万元对493户贫困残疾人家庭进行无障碍改造，比年初计划410户多83户，极大地方便了残疾人的日常生活，使残疾人生活更加舒心。加强残疾人信访维稳工作，实行维稳工作台账制度，对残疾人群体中各类不稳定因素开展摸底排查并一一登记在案，对残疾朋友反映的问题与要求及时协调办理，全年共接待残疾人来电来访2000余人次，办理长沙市“12345”市民服务热线工单61件，妥善处理残疾人“叭叭车”问题集访事件14起，未发生一件因工作不负责、问题解决不到位而导致的到市到省进京非法上访事件，实现了残疾人群体的总体稳定。加大残疾人法律援助力度，发挥市县两级残疾人法律援助站的作用，聘请律师每周一为残疾人提供无偿的法律援助，依法维护残疾人的合法权益。宁乡县残联法律援助中心妥善解决了黄友良车祸致残纠纷问题，多次到衡东县与当地司法部门协调，为其追回赔偿款10万余元。加大残疾人法律教育工作，开福区残联举办法律知识进社区活动，举办残疾人法律知识讲座6场，参加人数300余人，提高了残疾人的守法意识和依法维权意识。

二、以扶残行动助推残疾人“共享梦”。1. 健全扶残大机制，政策保障越来越强。在全省率先出台了《长沙市残疾人康复救助实施意见》，对康复医疗、康复训练、居家康复、辅具服务等四大领域的9个方面内容实施普惠性的政策救助，对符合条件的对象应补尽补，将残疾儿童康复训练补助由200元/月提高至500元/月，实现了康复救助范围和救助力度的新突破，2014年共计补助153.02万元，使更多的残疾人享受到了优质优惠的康复服务。推进残疾人按比例就业工作，与市委组织部等7部门联合出台了《关于促进残疾人按比例就业的实施意见》，要求市级党政机关、事业单位和国有企业带头招录和安排残疾人就业，为残疾人就业开辟了新的舞台，极大地提升了残疾人就业水平。积极向市委、市政府主要领导汇报，在2013年市长办公会议确定残疾人凭“爱心卡”免费乘坐城市公交车政策的基础上，促成了《长沙市残疾人免费乘坐公共交通工具实施办法》的出台，将残疾人免费乘坐地铁纳入到条款中，并为办理了爱心卡的残疾人购买了意外保险，形成了保障残疾人出行权益的长效机制。二是强化助残大行动，帮扶力度越来越大。全面落实长沙市的36项惠残政策，提高残疾人的生活救助水平。按城镇80元每人每月、农村60元每人每月的标准落实重度残疾人生活补助，2014年共为全市32152名重度残疾人发放重残补助金2970万元。落实重度残疾人护理补贴，按照每人每月50元的标准为4.2万余名一级和二级残疾人发放补贴资金168万元。加大残疾人及其子女入学帮扶力度，对就读普通高中、中职和高等院校的残疾人和贫困残疾人子女入学给予补助，全年共补助1875人，发放补助金294万元。加强与市住建委的协调，将危房改造重点向残疾人危房户倾斜，2014年共为691户残疾人危房改建给予补贴138.2万元。深入开展“连千村帮万户”及联系点困难残疾人帮扶工程，对全市9个贫困村98户贫困残疾人家庭开展了扶贫帮扶，引入爱心企业“湖南蜜蜂哥哥蜂业养殖公司”采取免费培训、赠送种蜂的方式对宁乡县巷子口镇黄鹤村贫困残疾人进行帮扶，养蜂农户人均收入达到0.5万元，国务院扶贫办、中残联第五督导检查组对长沙市残疾人扶贫工作给予了充分肯定。大力开展残疾人托养工作，创造性地开展“1+1”残疾人居家托养服务新模式，由1家家政公司联合1家社工机构为残疾人提供居家照料、职业发展和生活支持服务。2014年全市残疾人托养机构已达到22家，共为近千名智力、精神和重度肢体残疾人提供日间照料和集中托养服务。大力开展节假日走访慰问贫困残疾人活动，全市各级各部门共走访慰问贫困残疾人29510户，发放慰问金及慰问品共计1200.8万元，为残疾人送去了党和政府的关怀。3. 开展爱残大宣传，社会环境越来越好。充分运用省、市新闻媒体和残联系统刊物、网站等媒介，大力宣传残疾人事业，共发表稿件927篇，圆满完成中残联“两刊”征订和宣传工作。开展“筑梦星城，与爱同行”大型系列宣传活动，2014年共投入148万元，聘请长沙电视台新闻频道打造全方位、多层次、宽领域的宣传平台。制作公益宣传片在电视、电台、星辰在线网站、酒店楼宇和城市主干道公交站台播放，举办“筑梦星城，感恩你我”大型室外残疾人工艺品义卖、大型残疾人就业专场招聘会和“长沙市扶残助残善行四十佳”表彰电视晚会，长沙市新闻频道、《长沙晚报》等媒体对活动进行了深入报道，进一步扩大了活动的社会影响力。副理事长曾军作客热线001栏目和市政府门户网站，分别就残疾人就业和残疾人托养工作进行了在线访谈，进一步扩大了残疾人事业的社会知晓率。利用全国助残日、全国爱耳日、全国肢残人活动日、国际盲人节、国际残疾人日等活动，掀起声势浩大的宣传活动，营造了有利于残疾人事业科学发展的良好社会环境，得到了省残联的高度肯定，在12月举行的全省宣文工作会议上，唐乐炎副理事长应邀向全省介绍组宣文体工作的“长沙经验”。

三、以爱残组织助燃残疾人“幸福梦”。1. 实施“基础工程”，推进基层组织建设。扎实推进基层残疾人组织建设，进一步健全了市、县、镇、村四级残疾人工作服务网络。筹措经费125万余元，为全市1812名专职委员按每人800元的标准发放了补助经费，有效地调动了专职委员的工作积极性，稳定了基层残疾人工作队伍。大力开展残疾人工作“明星乡镇”“明星社区”创建，分三批次对全市33个申报乡镇、221个申报社区进行验收，31个乡镇成功创建“明星乡镇”、206个社区成功创建“明星社区”，全年共下拨创建经费230万余元。通过创建，有效提高了乡镇和社区抓残疾人工作的积极性和主动性，各级残疾人组织和工作者的能力素质在创建工作中得到了提高。“明星社区”创建工作已经成为长沙市残疾人工作的品牌，得到各级领导的高度肯定，全省残疾人组织建设工作会议重点推介了长沙市残疾人工作“明星社区”创建经验。加强残疾人证办理和管理，将以前的每周三审证改为工作日审证，累计办理残疾人证109564本。强力推进“基础管理建设年”工作，截至年底，基本完成核查和调查工作，为数据整理、录入和上报奠定了基础。2. 实施“文化工程”，推进文艺体育建设。大力开展残疾人文化和体育事业，努力发掘残疾人文艺和体育苗子，培育了一批批优秀的残疾人文艺工作者和体育运动员，他们在文艺和体育领域弘扬了自强不息，拼搏进取的精神，为长沙市夺得了荣誉，也实现了人生梦想和自身价值。在湖南省第八届残疾人文艺会演中，长沙市总分排名全省第一，参赛节目获两个一等奖、五个二等奖。健全残疾人体育人才培养保障机制，落实残疾人运动员的训练经费、生活补助和社会保障，使残疾人运动员全身心地投入训练之中，不断提高运动成绩，在全省第九届残运会上，长沙市共夺得金牌32枚、银牌20枚、铜牌11枚，取得了金牌第二、总分第三和奖牌第四的历史最好成绩，并获“体育道德风尚奖”。3. 实施“素质工程”，推进干部队伍建设。加强基层残疾人工作者业务培训与指导，2014年共举办两期业务培训班，对209名来自乡镇、社区的残疾人工作者进行了脱产培训，进一步提升了基础残疾人工作者的政治素养、业务能力和服务水平。大力开展“六个走在前列”大竞赛活动，制定了“六个走在前列”年度竞赛活动方案，选定了活动载体，完成了联系帮扶农业企业工作，取得了良好的成效。通过竞赛活动的开展，进一步增强了机关干部的竞争意识和工作激情，营造了你追我赶、力争上游的良好发展氛围。把学习贯彻党的群众路线教育实践活动作为切入点，大力开展“六得”干部队伍建设，全体党员干部把心思用在“想干事”上，把勇气用在“敢干事”上，把本事用在“干成事”上，涌现了大量全心全意为残疾人服务、兢兢业业推动残疾人事业发展的先进典型。市残联党组书记、理事长被评为全省唯一的“全国残联系统先进工作者”。 （朱阳辉）

长沙市残联领导人员

党组书记、理事长	熊慈明
党组成员、副理事长	唐乐炎
党组成员、副理事长	曾　军

【“筑梦星城·与爱同行”大型残疾人就业专场招聘会】 为庆祝第二十四次全国助残日，为帮助残疾人充分就业，5月16日，长沙市残联与长沙市人力资源与社会保障局联合主办了一场声势浩大的“筑梦星城，与爱同行”残疾人就业专场招聘会。长沙市政府副市长黎石秋出席活动并作重要讲话，市政府副秘书长曾慧明、市人力资源与社会保障局、市残联、长沙电视台领导以及爱心企业、社会各界爱心助残人士、志愿者、前来应聘的400余位残疾人朋友等参加了招聘会。 （朱阳辉）

【长沙市重度残疾人享受护理补贴】 市政府办公厅下发了《关于做好重度残疾人护理补贴发放工作的通知》（长政办函〔2014〕169号），从2014年5月1日起，对自愿申请、具有长沙户籍、持有第二代《中华人民共和国残疾人证》（以下简称残疾人证）且残疾等级为一、二级的残疾人，每人每月发放50元重度残疾人护理补贴。此举，将令长沙市42000余名重度残疾人获益，2014年发放补助金1700万余元。 （朱阳辉）

【长沙市残联工作会议】 11月17日，全市残联工作会议在长沙县开源大酒店举行。市残联领导班子成员，正、副部室长，直属二级单位负责人，各区、县（市）残联领导班子成员以及高新区社会事业局负责同志参加会议。会议由市残联党组书记、理事长熊慈明主持。上午，各区、县（市）残联、高新区社会事业局首先汇报了2014年工作完成情况，并就年底工作冲刺及2015年工作进行了谋划，提出了建议。市残联党组书记、理事长熊慈明对各区、县（市）残联以及高新区2014年残疾人工作进行了一一点评，就2015年工作思路进行了指导。下午，市残联各部室负责人就相关业务工作进行了通报，并就各区、县（市）残联提出的问题和建议进行了解答。 （朱阳辉）

【“善行四十佳”颁奖晚会】 11月30日，市文明办、市残联在全市范围内开展的2014年扶残助残“善行四十佳”的评选活动在湖南教育电视台举行颁奖仪式。此次评选活动旨在大力倡行“美丽长沙、美德先行”主题道德实践活动，广泛普及志愿助残理念，打造“善行长沙”品牌。受表彰的“善行四十佳”包括十佳爱心个人、十佳爱心企业、十佳爱心团体、十佳爱心社区。颁奖仪式在感动中国人物李丽的励志演讲中拉开帷幕。仪式上，40个扶残助残先进典型受到了表彰。长沙市特教学校的残障孩子们为现场观众带来了精彩文艺节目。 （朱阳辉）

长沙市社会科学界联合会

【概况】 2014年，市社科联（院）在市委、市政府的正确领导下，认真贯彻落实党的十八大、十八届三中全会精神和习近平系列重要讲话精神，按照全市“六个走在前列”的要求，履行社会科学认识世界、传承文明、创新理论、咨政育人和服务社会的职责，紧紧围绕率先建成“三市”、强力实施“三倍”、加快现代化进程的目标，认真组织课题研究、深入推进社科普及、全面优化学会管理，各项工作取得新进展。2014年度工作情况如下：

一、突出部门主业，科研工作在围绕中心、服务大局中实现新作为。我们始终把履行智库职责、服务率先发展作为工作的重中之重，并一以贯之。着重加强全局性、战略性、前瞻性重大理论与实际问题研究，建立规范稳定的直报渠道，实现重大成果进入决策，不断提升成果水平和转化能力。据统计，2014年市社科联（院）主持、组织和参与的课题研究成果有7项成果获得省委常委、宣传部部长许又声和省委常委、市委书记易炼红的肯定性批示，有10余项研究成果获市领导批示，并在《人民日报》《光明日报》《经济日报》推出了理论文章多篇。紧扣发展战略，课题招标有声有势。2014年，社科重大课题招标工作紧紧围绕市委、市政府中心工作，经报请省委常委、市委书记易炼红，市委常委、宣传部部长张湘涛批准，同意启动“长沙建设‘一带一部’核心区的思路与对策研究”和“品质长沙建设研究”两个重大项目的研究，并面向全国公开招标。按照省市主要领导同志的批示精神：“务必组织发动国内一流专家团队来承担课题研究的工作要求。”市社科联加大宣传力度，在《光明日报》和相关网站刊载招标公告，吸引了包括清华大学、中南大学、省委党校、省社科院等省内外高校、科研院所的踊跃申报，最后经匿名评审、集中答辩、公告公示并报请省市领导审批，确定了中标单位。研究工作正按计划有序推进。围绕中心大局，课题规划紧贴实际。2014年，经请示省、市领导同意，申报了省、市领导担纲的湖南省社会科学成果评审委员会的重大项目“长沙实施大气污染专项治理研究”和省社科规划办重点项目“社会舆论场与网络舆论场互动机制研究”，均获上级部门立项。其中“长沙实施大气污染专项治理研究”完成的《研究报告》和《对策建议》均获省、市领导易炼红、张湘涛批示，《对策建议》在市委《内情参考》以专刊形式刊发，《研究报告》在市政府主办的《决策咨询》全文刊发，在全市范围内产生了较好的社会影响。同时，单位围绕市委、市政府率先建成“三市”、强力实施“三倍”发展战略，规划立项了“廉洁长沙建设研究”“基层干部队伍履职状态调查”“光明村城乡一体化建设研究”等20余个研究课题。与往年相比，2014年课题立项围绕中心更紧，市领导组织牵头更多，面向基层项目更广，为成果转化运用奠定了良好基础。同时，2014年还通过规划立项工作，组织发动省会专家学者完成了“建立健全党的作风建设保障机制研究”“长沙市文化旅游产业发展研究”“中国梦时代特征研究”“长株潭快速融城进程中的地方政府功能发挥研究”“长沙市农业信息化服务体系研究”等10余个课题研究项目。搭建平台载体，理论研究对接实践。2014年，通过召开成果论证会、结题报告会、成果转化推介会等形式，搭建理论与实际对接平台，推进2013年社科招标项目的转化应用工作，《长沙晚报》和长沙电视台新闻频道多次报道。2013年，面向全国公开招标的项目“长沙基本实现现代化发展战略研究”和“推进长沙“六个走在前列”，提升城市综合竞争力的发展思路与对策研究”重大招标课题的成果均获省、市领导易炼红、胡衡华等的肯定性批示，并明确要求市直职能部门在实际工作统筹考虑，认真吸收。市委常委、宣传部部长张湘涛多次出席课题调研、课题论证、成果转化等会议并就如何实现理论与实践对接提出了明确要求。其中，《推进长沙“六个走在前列”，提升城市综合竞争力的发展思路与对策研究》在市委《内情参考》以专刊形式刊发；《长沙基本实现现代化发展战略研究》在《湖南省情要报》刊发，在成果转化上实现了新的突破。注重联动协作，理论推介成果丰硕。2014年，既注重内强素质，又注重发挥“联”的作用，整合省市社科资源，推进研究成果在中央、省市主流报章上刊发。2014年，在《人民日报》《光明日报》《经济日报》《湖南日报》《长沙晚报》等刊物上都推出了研究成果。其中，《雷锋精神是核心价值观建设的宝贵财富》在《人民日报》刊发，《对加快推进新型城镇化的思考》在《光明日报》刊发，《弘扬崇高精神引领伟大事业》在《经济日报》刊发，《铆足干事创业的精气神》等3篇文章在《湖南日报》刊发。在《长沙晚报》头版适时推出的《共建品质长沙 共享民生乐园》《以破解“五个怎么办”的实效大步践行“六个走在前列”》两篇理论文章均获省、市委领导的肯定性批示。参与研究的《湖南省社会主义核心价值观的培育和践行》获省委常委、宣传部部长许又声的肯定性批示。结合党的群众路线教育实践活动撰写的《发挥群众主体作用 共建共享品质长沙》《群团机关建设中反“四风”的现实思考》等文章获得各方好评。同时，2014年，还配合市委宣传部做好了《长沙文化发展报告蓝皮书（2014）》《雷锋精神论纲》和《中外志愿服务比较研究》等3部专著的撰稿、组稿和编辑出版工作。主动回应关切，释疑解惑积极作为。2014年7月28日至29日，省委书记、省人大常委会主任徐守盛亲临长沙考察指导工作，针对新形势、新任务，明确向长沙提出了“五个怎么办”。8月4日，省委常委、市委书记易炼红主持召开市委常委会议，学习贯彻省委书记、省人大常委会主任徐守盛在长沙调研时的讲话精神，并强调要深刻理解“五个怎么办”的要义和实质，结合工作实际抓好贯彻落实。为落实好省委、市委主要领导指示精神，加快推进长沙转型创新发展步伐，制定了编撰《长沙改革创新发展系列丛书》方案，拟着重围绕“要着力稳增长，要着力推改革、要着力促开放、要着力提品质、要着力现代化、要着力强保障”等专题开展专项研究，该方案获炼红、衡华、迎龙、湘涛等省市领导的肯定性批示。目前，初步设计了研究提纲，各项工作正有条不紊的推进。同时，还集体研究一批群众关心、关注的民生课题，特别是“长沙市实施大气污染专项治理研究”“信访工作的社会矛盾化解功能研究”“刘少奇群众工作方式研究”等一批重点课题研究集中反映了群众关注的雾霾天气、信访与社会矛盾化解、群众工作方法等社科课题，为群众释疑解难，为市委、市政府解决民生难题提供了决策咨询。强化激励导向，社科双评规范有序。报请市委、市政府领导同意，召开全市社科工作会议。省社科联党组书记周发源、市领导张湘涛、夏建平、石长松等出席会议。会上表彰了长沙市第十一届社会科学优秀人才和第十五届社会科学优秀成果。徐赛华、张鸿辉、龙钢跃3人被评为“长沙市第十一届社会科学优秀人才”，谭建林、徐昌才、熊力游、张凯兰、黄熊飞5人被评为“长沙市社会科学先进工作者”。“探索湘江古镇群落的复兴路”等63项社会科学成果被评定为“长沙市第十五届社会科学优秀成果”。2014年，在全市严格清理规范各类评奖的条件下，在市委、市政府领导的关心下，社科“双评”工作继续给予保留，将原长沙市社会科学优秀人才和社会科学优秀成果评审委员会调整为长沙市哲学社会科学优秀成果优秀人才评定委员会。在全市继续组织开展哲学社会科学优秀成果优秀人才评定工作，研究制定长沙市第十六届优秀成果和第十二届社科优秀人才评定方案、公告、评定文件等并呈报市领导批准；在《长沙晚报》和星辰在线等发布评定公告，经过自愿申报、专家评审等环节，评定出了新一届社科优秀人才和优秀成果，按惯例跨年度表彰。

二、更新思路理念，科普工作在走进社区、走进学校中拓展新空间。社科联担负着组织、管理和协调社科界开展理论研究与学术交流的重要职能。如何适应新形势新要求，充分调动各方积极性和创造性，是摆在我们面前的一项重大任务。普及社科知识，服务社会大众，提升公民素质，是社科联（院）的一项重要工作职能。社科普及创新，内容更实影响更广。为进一步推进青少年社科知识教育，普及社科知识，培养学生的创新精神，增强学生的实践能力，在广大学生中普及形成学科学、爱科学、讲科学、用科学的良好风尚，联合团市委主办社科普及进校园活动，选择浏阳市中和镇丁字完小、社港镇大洛完小和长沙市雨花区长塘里小学开展系列科普活动。活动形式新颖、学生积极性高、参与面广，深受师生好评。配合做好湖湘大学堂系列活动，积极参与湖南省社科普及宣传活动，结合全市社科工作实际，利用长沙社科资源，协助省委宣传部、省社科联积极做好“2014年湖南省社科普及进农村系列活动”，并邀请相关专家在望城区光明村作了以《社会主义核心价值观怎么看？》为主题的演讲，深受好评。这是湖湘大学堂第一次走进农村与广大村民朋友面对面进行交流，为村民朋友提供丰富的精神食粮。《湖南日报》、红网等媒体广泛报道。配合做好湖湘大学堂《铸雷锋品质做职业达人》主题演讲活动，邀请到长沙职业技术学院院长张红专和抚顺职业技术学院院长张建中从职业规划的角度讲述雷锋，引导学生树立正确职业导向。《湖南日报》《长沙晚报》和主流网络媒体广泛报道。做好“湖南省社科普及立法调研座谈会”相关工作，省人大教科文委委、法制委、省社科联主要领导和市委常委、宣传部部长张湘涛出席会议。社科学术交流，成效更佳提升更快。经市委、市政府领导批准同意，主办了2014年长江中游城市群建设研究交流会，来自武汉、合肥、南昌、长沙社科院的专家围绕“开放融合、创新发展”主题，积极为四省会城市挺进全国“第四极”、构建“四核四圈”新格局建言献计。张湘涛出席会议并讲话，他希望四个省会城市社科院要有强烈的使命担当，争做协同发展的理论先导；有强烈的问题意识，聚焦协同发展的关键领域；有良好的合作机制，构建协作研究的长效机制。《长沙晚报》等媒体广泛宣传报道。同时，配合市委宣传部做好“雷锋精神论坛”的相关工作，协办了相关会议，推出了交流论文。

三、突出规范管理，学会工作在服务基层、服务会员中取得新进展。随着政府职能的转变，社会中介组织的作用日益凸显，社科类学会要积极主动与政府形成互动、互联、互补的工作格局。作为社科类学会的业务主管部门，坚持“管”“联”并举，强化自身的桥梁纽带作用，做到真情联心、常态联络、工作联动。规范有序做好学会日常年检工作。2014年5月22—23日，与长沙市民间组织管理局共同主办2014年社科类学会骨干培训暨2013年度社科类学会集中年检工作会议。参加培训学会48家共66人。社科联作为业务主管单位，对年检工作高度重视，积极配合民政部门的工作，年检合格率98%。优质高效做好学会骨干培训工作。按照年度工作计划，开展了示范性学会创建工作的经验交流、全市社科类学会骨干培训的专题辅导、全市社科类学会骨干培训暨年检动员工作，省社科联、市纪委、市政府办公厅、市委宣传部、市委党校、市民政局领导出席会议并讲话，受到社会各界，尤其是基层社科工作者和基层学会、协会的高度评价。创新探索做好先进学会创建工作。由长沙市委宣传部、长沙市民政局、长沙市社科联联合下文，对2013年开展示范性学会创建评选活动结果进行内部通报，在5月组织召开的“全市社科类学会骨干培训暨年检工作会议”上，对全市示范性学会、全市学会规范运作的示范典型、全市学会能力建设的示范典型、全市学会服务发展的示范典型等进行了推介。组织优秀学会参加10月份2014全国大中城市社科联第25次工作会议，共有3家学会获得全国先进学会和3个社科先进个人的荣誉。报请市领导同意，对2014年示范性学会创建工作进行整体动员和部署，并于11月份召开全市社科类社会团体评估工作动员会暨社科类学会示范性学会创建工作会议，邀请市民间组织管理局领导就如何做好学术类社会团体评估申报工作详细解读“长沙市学术类社会团体评估指标体系”。依法规范做好领导兼职整顿工作。根据中共中央办公厅、国务院办公厅《关于党政机关领导干部兼任社会团体领导职务的通知》（中办发〔1998〕17号）和中央组织部《关于审批管理的干部兼任社会团体领导职务有关问题的通知》（组通字〔1999〕55号）文件精神，学会部在5月31日前对社科联为业务主管单位的42家学会进行了摸底清理，指导学会重新对因工作需要继续在学会兼任领导职务的人员进行申报，并分三批次向市委组织部干部监督处统一申报审批，完成了20个学会的领导干部兼职情况的申报审批工作。建立学会“促强培优扶弱”发展新机制。为深入贯彻落实市委《关于进一步繁荣发展哲学社会科学的意见》以及《关于加快推进学会创新发展的若干意见》等文件精神，充分发挥学会在推动全社会创新活动中的作用，推动学会创新发展、规范发展、科学发展，在全市社科类学会中开展了“促强、培优、扶弱”专项行动计划。在全市打造一批发展能力强、学术水平高、服务成效显著的示范学会；培育一批社会信誉好、凝聚能力强、内部管理规范的优质学会；扶持一批发展潜力大、提升后劲足、基础设施待加强的薄弱学会，切实推动全市社科类学会建设管理工作在整体上提升层次和水平。

四、注重制度先行，机关建设在务实严谨、规范科学中提升新效能。团队是事业发展的前提条件和核心要素，团队的凝聚力、向心力强弱直接关系到机关整体效能地发挥，影响到机关建设水平。2014年，着重做好以下几个方面的工作：群众路线教育，有序推进成效显著。社科联党组严格按照中央、省市委的统一部署和具体要求，紧紧围绕为民务实清廉主题，聚焦作风建设，集中解决“四风”方面存在的突出问题。通过各环节活动，全面查找“四风”方面存在的突出问题，深刻剖析问题产生的根源，精心组织好班子专题民主生活会和支部专题组织生活会，按照问题导向，针对突出问题制定了24项整改任务，细化整改措施和责任，坚持开门搞整改，自觉接受群众监督，严格贯彻执行中央“八项规定”、省委“九项规定”以及市委“两规定一办法”，坚决反对形式主义、官僚主义、享乐主义和奢靡之风，认真开展了整改落实，目前24项整改任务已经整改落实到位的有23项，正在按工作方案落实而且即将完成的有1项，同时从6个方面加强建章立制，其中修订完善的制度9项，新建制度5项，已基本按照设定的时间节点完成整改，整改工作取得了明显成效，以实际行动取信于全市广大社科工作者。团队团结协作，纪律更严作风更优。严肃党内政治生活，切实增进班子的团结，不断提高领导班子的凝聚力和战斗力；切实改进工作作风；坚持理论学习，通过理论学习，在认识上取得一致，行动上保持步调一致；建立完善的工作制度，确保班子的工作有条不紊；坚持出于公心，互相支持，工作中既有分工，又不分家，密切配合，相互支持、相互体谅，相互补台；坚持主席（党组）会议议事制度，坚持民主科学决策，重大事项必上主席（党组）会议；切实加强领导班子自身建设，领导能力、科学发展能力、创新能力明显增强。重大决策部署，民主科学守规守矩。按照科学执政、民主执政、依法执政的要求，在坚持科学民主决策工作中，把工作重心放在全局性大事、要事的研究和谋划上，放在重大决策、重点部署的推进落实上，放在重要问题的解决上，有效保证了市社科联工作的高效运转。坚持科学民主决策，实行重大问题和重要事项集体决策制度，为提高社科联领导班子决策能力，根据市委、市政府相关要求，社科联先后出台了《主席（党组）会议议事制度》《三重一大制度》《三个不直接分管制度》《科学民主决策制度》，实行决策责任制，落实决策过错责任追究制度，建立科学决策程序和机制，努力实行专家咨询制度，特别是重大课题招标评审、社科优秀成果和优秀人才评定、长江中游城市群建设交流、示范学会创建等工作都经过专家或研究机构的论证，保障决策的科学性；坚持重大事项按规按程序向上级部门及时报告，初步形成了科学合理、公开透明、统筹兼顾、高效务实的决策制度体系，促进了各项工作的顺利开展。机关党建更强，有声有色基础夯实。机关支部严格落实“三会一课”、民主评议党员等组织生活制度，按时收缴党费，落实了党风廉政建设责任制，党组完善了中心组学习制度，完成了基层党组织结对共建、在职党员进社区报到并按要求开展了工作，党组书记带头讲党课，支部书记集中进行了学习，积极参加党建工作培训。党风廉政勤政，监督更实常抓不懈。一是加强党风廉政建设，严格遵守党政领导干部廉洁自律的各项规定，自觉接受纪检部门和群众的监督。二是严格遵守各项纪律。严守政治纪律，政治上、思想上、行动上与党中央和省市委保持高度一致；严守干部人事纪律，选人用人做到公道正派；严守外事纪律，坚决执行领导干部因公出国（境）各项规定；严守财经纪律，规范公务接待。三是切实履行廉政责任，认真落实党风廉政建设责任制。主要领导对本部门党风廉政建设负总责，班子其他成员是所分管职能处室（单位）党风廉政建设的第一责任人，带头规范从政行为，切实履行监督职责，做好思想政治工作，切实做到“一岗双责”。（蒋湘锋）

长沙市社会科学界联合会领导人员

市委宣传部副部长兼市社科联（院）党组书记　　刘绪甲

市社科联（院）党组副书记、主席（院长）　　贺代贵

市社科联（院）副主席（副院长）　　邓建伟

市社科联（院）党组成员兼纪检组长、副主席（副院长）刘　明

法 治

责任编辑：尚 畅

【概述】 2014年，全市政法各级各单位和广大政法综治维稳干部，围绕全市工作大局，切实履行政法职能，取得明显成效。维护社会和谐稳定，加强社会稳定风险评估，推进社会矛盾化解、突发事件处理和信访问题治理，强化社会面管控和重点保卫工作，实现市委提出的“五个不发生”（不发生重大政治影响事件、不发生暴力恐怖事件、不发生重大刑事案件、不发生大的群体性事件、不发生公共安全事件）的目标；深化“平安长沙”建设，强化侦查打击，开展重点整治，加强治安防控，夯实基层基础，推进社会治理创新，构建平安建设的长效机制，实现整体发案下降，破案、起诉、审结同步上升等“一降三升”，人民群众安全感进一步提升；维护社会公平正义，推进法治长沙建设，健全执法管理、执法监督、执法责任追究等机制，组织执法检查、专项督查和案件评查，开展执法问题整治，严查司法腐败，提升执法司法的权威性和公信力；推进司法体制改革，成立专项小组，制定工作规则，下发2014年改革要点，积极推进司法公开、涉法涉诉信访改革试点、刑事速裁试点等改革任务；服务经济建设大局，充分发挥政法机关的职能作用，着力营造公平正义的司法环境、干净干事的政务环境、安定有序的治安环境；突破一批工作难点，治理进京非访工作、打击侵财型违法犯罪、命案侦破、构建交通秩序整治常态、破解执行难等一批难点工作取得突破性进展，全年进京非访登记同比下降62.59%，下降幅度居全省首位，全年破侵财犯罪案件9613起，同比上升29.1%，全年命案70起全部告破，交通整治两次群众问卷满意率均达到90%以上，长沙从上年起首次退出全国十大堵城之列，反邪工作连续14年实现“三零”目标；打造一批工作亮点，葛兰素史克等一批案件的办理取得良好法律效果和社会效果，“3·14”涉疆人员持刀故意杀人危害公共安全案、“7·11”公交车纵火案、“12·26”持枪抢劫案等重特大案件快速处理、快侦快破，有力震慑了暴力犯罪；一批特色经验由中央、省有关部门推介：以法治引领平安建设和推进医疗纠纷调解、法院系统的执行工作和防治虚假诉讼、检察系统的加强刑罚执行监督和提高办理经济案件质量、公安系统的禁毒和交通整治工作经验、司法行政系统的戒毒管理“PB”模式和生活服务社会化、国安局专案侦破、610办反邪涉网斗争等；同时涌现出一大批先进典型。2014年，市政法委承担“六个走在前列”大竞赛活动第五专次组“维护社会和谐稳定”的综合协调工作。《长沙市政府法制工作规定》以排名第一的成绩获评第三届“中国法治政府奖”；长沙被评为“全国和谐社区建设示范城市”。（肖 湘）

【维护社会稳定】 2014年，全市紧紧围绕影响社会和谐稳定的源头性、根本性、基础性问题，着力从源头上化解社会矛盾，依法化解和稳妥处置一大批不稳定问题。全年没有发生有重大影响的群体性事件和影响恶劣的不稳定事件，社会大局持续和谐稳定。成立社会稳定风险评估领导小组，对815个项目进行风险评估，其中准予实施791个，暂缓实施17个，否决实施7个。全年排查各类不稳定问题4347起，化解910起。化解到各类非法聚会集访及其他群体性不稳定事件110余次，依法稳妥处置一大批群体性不稳定事件，强化重点时段、重大不稳定问题的防范控制和化解处置工作，着力做好全国、全省“两会”，全国道德模范与身边好人活动、清明节、“六四”、十八届四中全会、文明城市测评、龙舟赛、舞动潇湘汇演、省市国资洽谈周、葛兰素史克案件宣判等重大活动、重点时段维稳安保工作，有力确保全市社会大局的持续稳定。

（李 锋）

【轻微刑事案件快速办理机制改革】 年初，市委政法委印发《长沙市关于实行轻微刑事案件快速办理机制的规定（试行）》，市直政法各部门分别制定本系统的实施细则。4月，组织开展对全市轻微刑事案件快速办理工作的专项督查和调研，研究解决政法部门间内部协作与外部配合等机制问题。全年共办结（一审判决）“轻刑快办”案件222件，办结案件平均用时28天，办案期限显著缩短。已办结的轻刑快办案件没有一件提起上诉、申诉和信访，实现了案结事了人和，取得了良好的法律效果、社会效果和政治效果。10月，按照中央对刑事案件速裁程序试点工作的部署，全市选取两区一县（岳麓区、雨花区、长沙县）启动试点工作。（邓为惠）

【执法规范化建设】 市委政法委先后组织开展对死刑执行、律师行业监管、打击扒窃犯罪、司法鉴定的规范管理等工作的调研，针对普遍性的执法司法问题，出台文件制度进行规范，牵头出台规范死刑执行、建立律师工作联席会议制度、扒窃入刑指导意见、规范对违法上访人员行政处罚证据收集标准等文件制度。（邓为惠）

【对减刑、假释、暂予监外执行工作的专项整治】 在2013年开展对执法检查工作的基础上，2014年，市委政法委加大对减刑、假释、暂予监外执行执法行为中违法问题的清理纠正力度，重点解决人民群众反映强烈的“有权人”“有钱人”逃避法律惩处，违法减刑、假释、暂予监外执行以及监管不规范、不到位的问题。经清理纠正，44名暂予监外执行不符合条件或条件已消失的罪犯被收监执行，1名司法工作人员被立案侦查。（邓为惠）

【涉法涉诉中损害群众利益行为专项整治】 年初，确定专项整治工作的总体目标、基本步骤和具体措施，明确时间表和责任人。多次专题研究如何深入推进该项工作，先后组织全市政法机关开展自查自纠，并对五项具体任务进行分线调度调研和全面督查验收等工作。9月24—25日，市委常委、政法委书记钟钢带队对市直政法单位专项整治情况进行重点督查和核查验收。在专项整治过程中，全市政法机关共查处违法违纪案件18件党纪政纪处分40人。（邓为惠）

【案件评查活动】 将案件评查纳入全年重点工作部署，成立由钟钢任组长的案件评查活动领导小组，专门制定下发评查活动实施方案。组织对60件案件进行直接评查，全面覆盖刑事、民事、行政等各类案件。特别是加大指定评查案件占评查案件总数的比重，从人民群众关注、反映强烈的信访案件及在督办、交办中发现的可能存在问题的案件中选择20件纳入集中评查。在57件评定等次的案件中，被评定为基本合格案件共计4件，占案件总数的7.02%；不合格案件共计3件，占案件总数的5.26%。印发《2014年度长沙市政法委案件评查活动情况通报》，并逐案进行问题整改和责任追究。全市两级党委政法委组织评查案件374件，发现瑕疵和错误案件99件，占评查案件的26.5%。（邓为惠）

【平安社区（村）创建活动】 市综治委制定下发《关于深入开展平安社区（村）创建活动的意见》，明确“三有、四无、五到位”的平安社区（村）创建标准。即有健全的组织机构（综治、维稳领导小组，治保、调解、帮教、实有人口管理、禁毒、预防青少年犯罪等组织健全）、有完善的制度体系（相应的工作制度规范、完整）、有必备的工作阵地（建有综治工作站、治安巡防站，有专职或义务巡防队，工作开展经常、有效）。无安全生产重大责任事故、无重大群体性事件、无进京重复非正常上访、无重大民转刑案件。做到社会治安防控到位、矛盾纠纷排查调处到位、实有人口和出租屋管理到位、特殊人群帮教管理到位、综治宣传教育到位。通过组织社区（村）开展创“三有四无五到位”活动，降低社区（村）刑事、治安案件发案率，提升群众平安建设知晓率和公众安全满意率，力争实现2016年全市平安社区（村）覆盖率达60%的目标。（汪　果）

【“红袖章”工程建设】 确定以专职巡防队伍、义务巡防队伍、居（村）民小组长、楼栋长、“五老”等平安志愿者以及驻长各单位内保队伍为主体；以当好“五大员”（治安巡防员、情报信息员、安全检查员、纠纷调解员、综治宣传员）、落实“五必须”（陌生人必问、可疑人员必查、重点部位必巡、安全隐患必检、可疑情况必报）为主要工作内容，实行“民警带队、看门守栋、错时巡防”的“红袖章”治安巡防队伍。经过广泛动员，层层发动，全市已编织一张防范严密、覆盖面广、控制有效的“红色安全网”。《法制日报》以“长沙十余万红袖章编严安全网”为题在全国推介长沙市的做法。（汪　果）

【建立社区（村）综治工作述职制度】 为全面深化平安长沙建设，进一步夯实综治基层基础，有效提升人民群众对综治工作的知晓率、参与率、满意率，市综治办制订并下发《长沙市社区（村）综治工作述职制度》，在全市推进社区（村）综治干部、户籍民警述职并建立测评机制，坚持以述职测评考核基层平安成效和干部实绩。述职由综治组织，公安参与，采取会议述职方式，向人大代表、政协委员、居民楼栋长、驻区单位负责人、个体经营者、治安积极分子、居民代表等进行述职，总结、交流工作经验，分析解决存在的问题，并让群众对工作作出评议。（汪　果）

【“三调联动解化矛盾、息诉息访促平安”专项调解活动】 成立由钟钢任组长的长沙市“三调联动化矛盾、息诉息访促平安”专项调解活动领导小组，市综治委“三调联动”专项组、市中级人民法院、市司法局、市信访局联合下发《长沙市“三调联动化矛盾、息诉息访促平安”专项调解活动活动方案》。4月2日，在宁乡县组织召开“长沙市三调联动化矛盾，息诉息访促平安”现场经验交流会，总结全市人民调解和“三调联动”工作，推介专项调解活动工作经验。（汪　果）

【进京非正常上访治理工作】 市综治办牵头协调推动，市维稳办、市信访联席办和市公安局协作配合，齐抓共管，按照“诉求合理的解决问题到位，诉求无理的思想教育到位，生活苦难的帮扶救助到位，行为违反的依法处理”的工作要求，着力解决进京非正常上访突出问题。全市把进京非正常上访治理工作实行“四个纳入”，即纳入年度综治考评、纳入绩效考核、纳入领导干部综治稳维实绩档案、纳入综治工作追责范围。对全市144个重复进京上访对象的基本情况逐一摸清底数，逐一建立档案，逐一明确化解责任主体和责任领导。对进京非正常上访人次排名全市前10位的乡镇（街道）实行挂牌督办，对其负责人进行约谈。2014年进京非正常上访人数与上年同比下降62.59%。（颜利民）

【“十百千”暨出租屋“三治三防”专项行动】 进一步加强和创新流动人口与出租屋服务管理工作，巩固出租屋专项行动整治成果。在全市评选出20个出租屋“三治三防三优”专项行动示范单位；“十佳”流动人口与出租屋服务管理示范中心；20个流动人口与出租屋服务管理示范站；成员单位实有人口服务管理“十佳”业务能手。评选出百名出租屋“三治三防三优”专项行动优秀个人；“百佳”实有人口服务管理优秀个人及百名实有人口服务管理先进工作者。综治专干、社区民警、协管员通过实有人口服务管理工作发现提供案件线索1000条以上。以出租屋整治为抓手，以“底数清、情况明、管控严、服务优”为总目标，不断强化“以房管人、以业管人、以证管人”机制，严密“人防、物防、技防”举措，推进出租屋服务管理机制有序健康发展，不断提升流动人口服务管理水平。通过精心组织，广泛宣传，专项行动成效斐然。（汪　果）

【综治“双联”】 为全面推进社会治安重点地区整治工作，进一步优化长沙市经济社会发展环境，全市坚持开展市领导联区（县）联街（乡）抓整治的综治“双联”工作，下发《关于对芙蓉区火车站广场及周边地区等8个社会治安重点地区进行预警整治的通知》，将火车站广场及周边等8个地区定为市级社会治安重点整治地区，明确整治的主要问题、整治第一责任人、直接责任人和整治责任单位。成立8个高规格的对口联系帮扶督导组，由市领导带领工作组联系重点乡镇（街道），开展现场暗访，查找治安乱源，组织专项整治，帮助解决问题。

（汪　果）

【农村治安保险试点】 6月，市综治办、人保长沙市分公司联合印发《长沙市农村治安保险试点工作方案》。在全市9个县、市(区)，高新区的47个乡镇(街道）开展农村治安保险试点工作，采取政府（街道）全额承担、政府与街道按比例进行承担、政府（街道）补贴与农户自缴相结合、农户全额自缴和村委会全额承担等五种方式交纳保费。为75311户农户提供23.05亿元的保障，内五区承保覆盖面达25%，长、望、浏、宁四区、县（市）承保覆盖面达35%，2014年度保费收入共计237.44万元，共受理报案766起，支付赔款48.89万元。12月11日，《法制日报》以《长沙试推治安保险破解农村治安老大难题》对长沙开展治安保险试点的工作进行报道。（兰扬剑）

【园区纳入综治工作考评】 为推进园区社会平安稳定，实现综治工作的全覆盖，将长沙经济技术开发区、望城经济技术开发区、浏阳经济技术开发区、宁乡经济技术开发区4个国家级经济开发区和长沙高新区隆平高科技园、天心经济开发区、岳麓工业集中区、长沙金霞经济开发区、雨花经济开发区、长沙暮云经济开发区、浏阳工业集中区、金洲新区工业集中区8个省级经济开发区纳入全市综治工作考评范畴。并制定印发《长沙市2014年度园区社会管理综合治理考评办法》，考评内容主要包括领导责任制落实、平安园区建设、法治园区建设、维护社会平安稳定和民意测评情况5个方面。

（兰扬剑）

【老旧社区治安防控体系建设】 为提高老旧社区治安防控能力，市综治办下发《关于加强全市老旧社区治安防范设施建设的意见》，该意见对老旧社区治安防范设施建设提出工作目标和工作要求，对人防、物防、技防建设提出建设要求意见。6月6日，在雨花区侯家塘街道召开老旧社区治安防控建设观摩会。（兰扬剑）

【城市公共交通安保工作】 9月2日，市综治办组织在消防总队特勤支队(望城）召开全市深化平安公交建设暨反恐防暴演练大会，市领导钟钢、何寄华、李介德、刘明理出席会议，全市公安、消防、交通等系统300余人参加会议。会议进行“刀斧砍杀暴力事件应急处置”“公交车劫持人质事件应急处置”“公交车燃爆事件应急处置”等科目的演练。会上，市综治委授予常建伟“长沙市平安建设好司机”称号，授予施伟东、周华珍“长沙市见义勇为先进个人”称号，并分别给予奖励。

（兰扬剑）

【精神障碍患者救治救助和管理服务工作】 市委市政府高度重视精神障碍患者的救治救助和管理服务工作，将其纳入每年为民办实事范畴，出台专门文件，为精神障碍患者免费发放药品、免费常规检查、免费住院治疗、免费康复训练。市综治办协调民政、公安、司法、卫生、残联等部门为精神障碍患者康复提供相关政策和经费支持，积极探索社会化、综合式、开放式的康复模式，成立以长沙心翼精神康复会所为中心的精神康复联盟，全面推进精神病人社会化康复工作，未发生过有影响的精神障碍患者肇事肇祸案（事）件。长沙市工作得到了中央综治办领导的肯定，《湖南政法综治动态》推介长沙市的典型做法。（颜利民）

【探索建立心理干预机制】 为建立畅通有序的诉求表达、心理干预、矛盾调处、权益保障机制，使群众问题能反映、矛盾能化解、权益有保障，2014年在全市开展“强化心理干预，提升化解矛盾能力”“积极开展心理矫正工作，促进社区服刑人中健康回归”“加强心理安全教育，引导中小学生健康成长”为主题的试点工作，并取得初步成效。省综治办在《湖南政法综治动态》上作专题推介。（兰扬剑）

【表彰长沙市社会管理综合治理先进集体和个人】 经市委、市人民政府同意，评定望城区、岳麓区、天心区为社会管理综合治理红旗等次区、县（市），评定雨花区、开福区、浏阳市、宁乡县为社会管理综合治理优秀等次区、县（市），评定长沙警备区政治部、市教育局11个单位为社会管理综合治理红旗等次单位，评定市纪委（市监察局）、市委办公厅等42个单位为社会管理综合治理优秀等次单位，评定浏阳经济开发区、长沙金霞经济开发区两个单位为社会管理综合治理红旗等次园区，评定望城经济开发区、雨花经济开发区、天心经济开发区3个单位为社会管理综合治理优秀等次园区，评定长沙市第二十一中学、长沙市第三医院等10个单位为社会管理综合治理红旗等次行业平安创建单位，评定长沙市群众艺术馆、湖南省疾病控制中心等15个单位为社会管理综合治理优秀等次行业平安创建单位，评定长沙县长龙街道、开福区芙蓉北路街道等15个单位为社会管理综合治理红旗等次乡镇（街道），评定浏阳市永和镇、宁乡县资福镇等45个单位为社会管理综合治理优秀等次乡镇（街道），评定市水务局、市审计局等7个单位为社会管理综合治理平安单位，评定芙蓉区定王台街道、天心区城南路街道等11个单位为社会管理综合治理平安

乡镇（街道）。评定骆正平、陈立民等150人为社会管理综合治理优秀个人。（兰扬剑）

【表彰见义勇为先进个人】 全市广大人民群众在各级党委、政府的领导下，积极参与社会治安综合治理，为打击违法犯罪，匡扶正义，促进社会治安的明显进步和培养良好的社会风气做出很大的贡献，涌现出一大批见义勇为先进典型。为进一步弘扬正气，激励广大人民群众自觉同违法犯罪行为和各种灾害作斗争，市社会管理综合治理委员会、市见义勇为基金会决定，授予施伟东、周华珍2人“长沙市见义勇为模范”称号，授予黄先进、刘擎烽、周新来、曹建军、杨泽、陈定华、胡昌桂、张强、夏参明9人“长沙市见义勇为先进个人”称号。（颜利民）

【实施社会治安综合治理“黄牌警告”】 市委、市政府决定对安全意识淡薄，治安保卫责任长期落实不到位，内部治安防范设施缺失，对公安机关多次下达治安隐患整改通知置若罔闻的湖南省文物商店实施黄牌警告。责成芙蓉区综治委对在沪昆高速湖南邵阳段“7·19”特别重大道路交通危化品爆炸事故中履行安全监管责任不得力、不到位的芙蓉区交通运输局、芙蓉区安全生产监督管理局、芙蓉区工商行政管理局实施社会治安综合治理“黄牌警告”。责成长沙县综治委对在沪昆高速湖南邵阳段“7·19”特别重大道路交通危化品爆炸事故中履行安全监管责任不得力、不到位的长沙县工商行政管理局实施社会治安综合治理“黄牌警告”。（兰扬剑）

【政法宣传】 开通长沙长安网，出台《长沙长安网管理办法》，下发政法综治队伍建设和宣传工作考核细则，指导各区、县（市）建立并完善各自长安网，加强日常调度管理，初步成立管理员和通讯员队伍，先后在中国长安网上稿38篇，在湖南长安网上稿120余篇，超额完成工作任务，及时反映全市政法工作动态；处置好一批突发事件，及时做好舆论引导工作，始终坚持用正面声音引导舆论，切实加强和规范对重大案件和群体性事件的新闻报道，在处理曾成杰死刑案件、“3·14涉疆案件”、陈永洲案件、葛兰素史克案件、公交车纵火案件等方面积极主动发声，指导协调政法机关及时高效应对舆论炒作，有效防止将一般涉法案件炒作转化为极端涉法事件，没有造成大的负面影响；打造一批优质平台。指导督促市直政法各单位全面加强宣传平台建设，大力加强政法宣传。长沙中院依托湖南都市频道和政法频道的“一号法庭”、《执行风暴》，市检察院依托“一网两微”（门户网、微博、微信）加大职务犯罪预防宣传，长沙公安依托长沙警事电视专栏、微博、微信和《星城警务报道》《长沙公安》，市司法局依托“我要找律师”“都市调解室”“以案说法”等多种形式开展宣传，大力度宣传长沙政法工作，有效扩大宣传面和宣传效果。树立一批先进典型。望城区化解医患纠纷工作、校车管理、“红袖章”工程、心理干预等典型经验被中央政法委和中央级媒体推介；政法系统6人被评为长沙市第二十次劳动模范、1人获评“全市十大孝星”提名奖，11人被评为全市“我身边的雷锋式忠诚卫士”，市公安局天心分局城南路派出所社区民警刘培友获全国公安机关爱民模范、被公安部授予“全国特级优秀人民警察”荣誉称号，市公安局经侦支队支队长胡志国获全国“我最喜爱的人民警察”特别奖、被公安部授予“二级英雄模范”荣誉称号，雨花区法院党组书记、院长王均全获2013年度CCTV中国（湖南）法治人物称号，市公安局党委副书记、副局长张慧当选CCTV2014年度全国法治人物；全市检察系统有3人被评为“全国检察机关预防标兵”“全国十佳民行法律文书承办人”等称号，3人入选全国检察人才库，6人获省级“十佳办案能手”“优秀侦查员”“优秀办案能手”等称号。（陈　勇）

【主题教育实践活动】 全市政法系统深入开展“百日大走访”“一包双联”“服务经济月”活动，组织全体政法干警深入社区（村）走访居民群众、企业、单位，累计召开群众恳谈会5576个，走访10万余人，解决困难近2万个，结对帮扶近3万户，支付帮扶资金100万余元。全市政法系统共联系577个社区（村），12015名干警共联系12318户群众，累计包案156件，化解142件，共联系企业600余家，重点工程和项目350余家，为企业和重点工程提供法律服务100余次，提出司法建议125条，化解涉企矛盾800余起，办理、审理涉企案件3000余起。（陈　勇）

法治政府建设

【概况】 2014年，市政府法制办践行“尚法、务实、创新”的长沙政府法制精神，以全面推进依法行政为重点，以率先建成法治政府为目标，扎实开展各项工作。市政府法制办作为“依法行政的中坚力量”，始终保持对法律的虔诚，对法治的追求，在建设更具水准、更富形象的法治政府上不懈努力、不遗余力。在中国政法大学于12月28日发布的《中国法治政府评估报告（2014）》中，长沙市的法治政府指数在全国100个城市中排名第七。市政府法制办报送的《推进建设法治政府工作机制的制度化、规范化——长沙市出台全国首部规范政府法制工作的地方政府规章〈长沙市政府法制工作规定〉》从全国74个申报项目中脱颖而出，以排名第一的成绩获第三届“中国法治政府奖”。

深度参与各项改革和决策。1. 参与涉法事务处理。充分发挥政府法制机构的法律专业优势、智慧和能力，深度参与涉法重大、疑难案件的处置，努力做到保障人民群众和政府合法权益两不误，有效地维护了法治政府的良好形象。2014年，全面参与路桥通行费事件、黄兴北路、枣子园征收案件和高新区、岳麓区拆控违等具体执法问题的研究处理。2. 参与行政审批制度改革。积极参与新一轮行政审批制度改革工作，对“一意见两办法”等系列文件进行了合法性审查。对审批项目反复对照法律条文、上级文件进行多轮细致的审查，确保精简项目符合中央以及省关于行政审批制度改革的精神，符合相关法律法规的要求，确保市本级行政审批项目由428项精简至179项，精简比例高达58.2%，为把长沙打造成为行政审批项目最少的省会城市做出积极的贡献。3. 参与行政职权清理规范。在市本级行政职权清理规范工作中，承担行政处罚、行政强制、行政确认、行政征用、行政裁决、行政检查等6大项7131项行政职权的审核工作，占全部清理任务的80%。在3个月内查阅法律条文67199条，基本确认行政处罚等6项职权2651项，精简率达62.8%。4. 参与行政执法体制改革。加大相对集中行政处罚权的探索力度，获取省政府对长沙县进一步推进相对集中行政处罚权工作的同意批复，组织市城管局和望城区、长沙县、浏阳市、宁乡县城管局对相对集中行政处罚权开展情况进行统计；推进湘江流域综合治理行政执法工作，配合由省政府法制办、省环保厅、省水利厅、省海事局组成的调研小组，做好改革试点调研工作，向相关执法单位书面征求调研意见，收集、整理形成调研报告；参加市体育局行政执法委托、城市管理有关职责理顺、市公路管理局及直属机构管理体制改革等执法体制问题研究，审查相关权力下放、机构调整、职责明确的文件。5. 参与改革决策法律审查。根据市委、市政府的安排，市政府法制办对相关改革文件、事项进行合法性审查，严把改革事项法律关口，确保改革决策没有法律瑕疵，依法规范进行。对《中共长沙市委贯彻落实〈中共中央关于全面深化改革若干重大问题的决定〉的实施意见》《市直有关部门贯彻实施〈中共长沙市委贯彻落实中共中央关于全面深化改革若干重大问题的决定的实施意见〉重要举措分工方案》《关于优化经济发展环境与开展收费检查专项整治工作实施方案》《市委生态文明体制改革专项小组2014年改革工作要点及责任分工》等文件的征求意见稿进行认真讨论，出具详细的法律意见；对省级园区体制机制、长沙县功能区建设、高新区涉企收费改革、湘江新区体制建设等具体改革事项进行法律审查并提出法律建议。　（吴　畅）

【依法行政】　积极发挥组织协调、督促指导、考核评价职能，积极推进依法行政工作全面开展。强化依法行政考核，制定全市依法行政考核明细和社会管理法治化考核指标；联合市政府督查室，对区、县（市）完成省对市州依法行政考核指标情况进行了专项督查。积极组织开展依法行政示范单位的申报和创建活动，制定创建活动方案，在全市综合发展系统工作会议、全市法制办主任和法规处长会议上进行部署、强调，完成省级依法行政示范单位的申报工作；指导各级各部门开展创建活动，宁乡县已授予首批8个单位依法行政示范单位。强化行政执法队伍建设，完成第三批6家执法主体的清理公布工作；与市城管执法局、体育局、轨道公司等单位联合举办执法人员岗前培训班；就城市管理体制改革中产生的执法证办理新问题和改革过渡时期执法证办理的问题，积极汇报请示、多次沟通协调，努力寻求解决方法。组织开展执法案卷评查活动，对43个单位的138宗行政处罚案卷和164宗行政许可案卷进行严格评查。发布行政执法指导案例，经过严格筛选、专家论证、多轮修改和不断完善，选择5个具有合法性、代表性、针对性和示范性的指导案例，编纂发布《长沙市2014年度行政执法指导案例》。　（吴　畅）

【地方立法】　坚持法制统一原则，立足解决长沙经济社会发展实际问题，正式颁布了《长沙市电梯安全管理办法》《长沙市建设工程抗震设防要求管理办法》《长沙市城市桥梁隧道安全管理条例》《长沙高新技术产业开发区条例（修订）》《长沙市消火栓管理办法（修订）》。努力打造科学立法，强化起草单位责任，深入开展立法调研，建立项目退回制度。不断深化开门立法，在市政府法制网上开通“法规规章草案意见征集系统”，加大法学专家、人大代表、政协委员等专家参与立法论证的力度，建立对单个立法项目的立项论证制度，正式启动《立法听证操作指南》的制定工作。需要特别提出的是，市政府法制办坚持立法听证的经验做法受到社会各界的高度关注，2014年12月27日市政府法制办受邀参加由北京大学法学院、北京大学公众参与研究与支持中心主办的“依法治国与法治政府研讨会”，陈剑文主任在研讨会上做《加强立法听证，扩大公众参与——长沙市立法听证的探索与思考》的主题发言，与会专家学者们对此好评如潮。积极推进立法协调，在向市政府常务会议提请审议立法计划、立法项目之前，创设分管法制的副市长召开协调会就立法项目进行商讨确定的环节，强化市政府领导对政府立法工作的领导，有效协调解决立法工作中的主要矛盾和重点问题。认真开展立法指导，对二类立法项目实行提前介入、指导，针对《湘江长沙段流域水污染防治条例》《长沙市社会急救医疗管理条例》等二类立法项目，通过与起草单位组织联合调研、专题学习研讨的形式加强指导。　（吴　畅）

【规范性文件管理】　共审查市政府和市政府办文件153件次；向法定监督机关报备规章、规范性文件87件，报备率、及时率和规范率均达到100%；接受区、县（市）政府规范性文件报备110件；接受公民对区、县（市）政府，市直部门规范性文件合法性审查申请2件，其中出具法律建议函1件，确认合法1件；每月按期将市直部门规范性文件“三统一”基本信息在市政府门户网及政府法制网上公示，全年共公示11期；共统一登记、编号政府和政府办规范性文件81件，受理市直部门和法律法规授权组织规范性文件登记申请85件，全部予以登记、编号、公布；对5件市政府会议纪要、22个议题进行严格审查把关。探索开展规范性文件管理评议活动，对近年各区、县（市）政府规范性文件报备工作存在的问题进行细致梳理和整体评议；及时总结2014年以来个别市直部门和区、县（市）直部门制定的规范性文件因存在法律瑕疵和缺陷被撤销的情况，制定下发《关于进一步加强规范性文件管理工作的指导意见》。强化对基层文件管理工作督促指导，以规范性文件制定事前辅导为重点，先后对望城区政府制定相关征地补偿、市公安局制定相关户籍政策等进行前期指导，对市能源局等单位规范性文件管理工作规则和程序进行整体辅导。认真开展规范性文件管理工作调研，组织对望城区政府、芙蓉区政府、市公安局、市民政局等6家单位的规范性文件管理工作进行调查研究，撰写《关于长沙市规范性文件管理工作的调研报告》，提出提升规范性文件管理工作水准的思路和对策。　（吴　畅）

【行政复议应诉】 收到行政复议申请429件，受理300件，旧存29件，审结232件，结案率77.33%，其中，维持158件，撤销及确认违法26件。坚持复议能力建设，进一步规范行政复议接待、调查取证以及复议审理、复议决定等各环节的工作程序和流程；实行行政复议案件分区县负责制。坚持办案方式创新，对重大、复杂案件积极推行听证方式审理，组织7次听证；坚持把协调与调解贯穿于复议接待、立案、审理全过程，共调解行政复议案件32件，复议调解率为13.79%。坚持主动接受监督，将行政复议工作流程和相关制度上墙公示，建立典型行政复议案件文书定期公示制度，在市政府法制网上公示3起不同行政类型、不同复议决定形式的典型案件。坚持行政司法互动，针对城管执法扣押物品处理、政府信息公开、房屋征收、工伤认定的实务问题等，先后召开8次行政司法互动会。坚持监督指导并重，发布以行政复议为主题的政府法制建设白皮书，加大行政复议案件纠错力度，撤销或确认违法复议案件26件，发出行政复议建议书或意见书4份，审核市直机关承办的市政府为被告（被申请人）的诉讼（复议）案件的答辩状（答复书）12件，直接代理市政府出庭应诉6次。（吴 畅）

【政府合同审查管理】 审查各类政府合同（含文件）74份，出具法律意见69份，参加政府及部门各类涉法事务性会议72次，审查合同金额达570亿余元，所出具的法律意见基本得到认同与采纳，政府合同审查工作高质高效推进。进一步完善审查管理机制，加强政府合同审查、备案、归档等程序的制度化、规范化建设；建立严格的政府合同审查登记编号制度，加强对合同登记备案的监督，规范合同签约管理与履约管理。进一步创新审查管理方式。在探索审查机制、健全内部审查程序、规范合同文档管理、加强审查跟踪等方面下功夫，创新合同审查方式，完善集体审查制度，加强与来文单位进行沟通，注重合同审查的事前事后协调，倡导“现场修改”审查方式，切实提高合同审查的效率。进一步突出审查管理重点，紧紧围绕政府中心工作，为全市重点工程建设保驾护航，完成市委市政府交办的博长公司土地出让合同纠纷、田汉剧院地下空间开发争议、万家丽路快速化改造工程、生态动物园信访事件、御龙泉苑遗留问题等重大法律事务的审查；完成《长沙市坪塘工矿棚户区改造暨旅游产业中心区项目招标施工合同》《国防科技大学 长沙市人民政府北斗产业化战略合作协议》等重大项目合同的审查工作。（吴 畅）

【获第三届“中国法治政府奖”】 2014年，在第三届“中国法治政府奖”评选中，市政府法制办报送的《推进建设法治政府工作机制的制度化、规范化——长沙市出台全国首部规范政府法制工作的地方政府规章〈长沙市政府法制工作规定〉》从全国74个申报项目中脱颖而出，在11月18日的终评会上以排名第一的成绩获奖，并由十一届全国人大常委会副委员长华建敏颁奖，创造了长沙市有史以来在法治政府建设领域的最高荣誉。按照市领导安排，11月26日，市政府法制办组织召开新闻发布会，向全社会发布长沙获奖情况，受到人民网、新华社、《光明日报》《法制日报》、中新社等新闻媒体的高度评价。（吴 畅）

附录

2014年度地方性法规和政府规章目录

一、地方性法规

1. 2014年4月，市人大出台了地方性法规《长沙市城市桥梁隧道安全管理条例》。（2014年2月26日长沙市第十四届人民代表大会常务委员会第十一次会议通过，2014年3月28日湖南省第十二届人民代表大会常务委员会第八次会议批准）

2. 2014年12月，市人大出台了地方性法规《长沙高新技术产业开发区条例》。（2014年10月31日长沙市第十四届人民代表大会常务委员会第十五次会议通过，2014年11月26日湖南省第十二届人民代表大会常务委员会第十三次会议批准）

3. 2014年12月，市人大出台了地方性法规《长沙消防栓管理办法》。（2014年11月26日市人民政府第25次常务会议通过）

二、政府规章

1. 2014年1月，市政府出台了政府规章《长沙市电梯安全管理办法》（长沙市人民政府令125号）。

2. 2014年3月，市政府出台了政府规章《长沙市建设工程抗震设防要求管理办法》（长沙市人民政府令126号）。

公　安

【概况】 长沙市公安局下设警令部、政治部、后勤装备部、纪委，刑事侦查、治安管理、交通警察、特巡警、监所管理、经济犯罪侦查、禁毒、国内安全保卫、网络安全保卫与技术侦察、人口与出入境管理、单位内部安全保卫、警务督察、执法监督13个支队，警校（警官培训中心），芙蓉、天心、岳麓、开福、雨花、高新6个城区公安分局，公交治安管理分局和森林公安分局（森林公安分局接受市公安局、市林业局双重领导），指导望城、长沙、浏阳、宁乡4个区、县（市）公安局，联系消防、武警、警卫3支现役部队。

2014年，全市公安机关紧紧围绕“把长沙建设成为全国最具安全感城市”的目标，全面深化“六大警务”，全力打造平安长沙升级版，为全市创造平安和谐的社会治安环境。

一、维护社会稳定。1. 情报预警精准超前。坚持将情报信息工作摆在突出位置，不断健全完善情报搜集、研判、预警体系和机制建设，切实提升情报获取能力。2. 对敌斗争主动进攻。强化国保基础工作、专案打击工作和网上政治保卫。3. 反恐工作常抓不懈。加强反恐领域重点人员摸排控制，建立涉恐重点群体和重点人台账并布控比对。加强涉恐线索核查，及时侦办涉恐专案。健全完善处置预案，强化实战合成演练，先后开展针对公交、地铁等重点目标反恐演练和应急拉动演练4次，参与“湘江2014”军地联合反恐演习。4. 矛盾排解务实有效。统筹抓好公安信访维稳和“抓源头、打基础、强机制、促规范”专项活动。常态化抓好局长接访、日常接访、“局长信箱”等制度的落实，确保民意诉求渠道畅通。深入开展矛盾纠纷排查化解和慰问扶助活动，坚持滚动性排查、多元化调解，及时化解不安定因素1000余起。5. 应急处突及时稳妥。坚持“三个慎用”和层级处置原则，理顺群体性突发事件处置工作三级响应、业务归口、情报预警、舆情管控等机制，高效稳妥处置各类群体性事件。6. 监所管理安全有序。建立健全监所安全四项工作体系，坚持严管严控，确保4.2万余名被监管人员的安全，连续五年实现“零安全责任事故、零非正常死亡、零负面舆情”。

二、确保治安平稳。1. 做强侦破打击主业。先后部署开展“清霾行动”“春雷行动”、扫黄禁毒等多个专项行动，保持严打整治的凌厉攻势。全年立刑事案件71166起同比下降13.9%，破刑事案件16559起同比上升32.9%，逮捕直诉12661人同比上升11.1%，受理治安案件85493起同比上升6%，查处治安案件13686起同比下降32.5%，行政拘留24478人同比上升38.5%。坚持命案必破，强化破大打恶，现行命案发70起（同比下降30%）破70起，破案率100%，摧毁恶势力团伙74个，抓获网上在逃人员2022名。大力推进缉毒打击整治，启动“办案先行查毒机制”试点，侦破毒品刑事案件1468起，缴获毒品折算成海洛因357千克，强制隔离戒毒2123人，裁决社区戒毒2917人。严厉打击经济犯罪，查破各类经济犯罪案件527起，挽回经济损失8.6亿元。2. 严密社会治安防控。进一步完善网格化巡逻、立体化防控工作机制，大力加强主要街面和社区巡逻防控，街面见警率和管控率明显提高。突出重点部位治安防控，在长沙火车站等地实施推行特警、武警、治安警、辅警、保安“五位一体”联勤机制。全力加强地铁和公交安防工作，确保了地铁2号线运营以来无重大刑事案件、治安事件和运营安全事故发生，严防了公交暴力恐怖案件发生。加强内部单位治安防控，出台《关于进一步加强全市单位内部治安保卫工作的意见》。坚持依法管网、以人管网、技术管网，虚拟社会的管控能力进一步增强。3. 深化重点问题整治。全面推进社会治安重点地区整治工作，对全市8个社会治安重点地区实行市级预警挂牌整治，限期整改。巩固中小旅社治安管理，查处违规违法经营旅馆1486家，取缔无证经营旅馆93家。开展“扫黄扫赌治安大清查”行动和“黄赌”集中整治行动，查处“黄赌”案件3085起，抓获涉案人员14475人，集中销毁4300余台电游赌博机具。组织缉枪治爆专项行动，查处涉枪涉爆违法犯罪案件466起，收缴枪支、管制刀具、仿真枪3315支（把），子弹31854发、黑火药烟火剂5040千克。严厉打击食品药品犯罪活动，摧毁犯罪团伙14个，捣毁食品犯罪黑作坊、黑窝点68个。4. 加强改进警保卫工作。圆满完成中央领导到长沙考察、外国元首到长沙参观考察以及各类重要会议等系列警卫任务，实现“零差错、零事故、零失误”。切实加强大型活动安全保卫，确保第十届中国金鹰电视艺术节、中巴足球赛等系列大型活动安全顺利进行。全年完成警卫任务和大型活动安保工作590场次。

三、优化行政管理。1. 不断优化人口服务管理。围绕出入境证件和户口身份证办理、派出所窗口工作、服务海外高层次人才等业务，推出“十二项便民利民措施”。稳妥推进户籍制度改革，探索积分制落户政策，7月1日开始实施《长沙市常住户口登记管理规定》，长沙落户政策呈现“放宽时间早、准入门槛低、审批条件宽”的特点。切实加强常住人口管理服务，部署为期三年的户口登记管理专项清理整顿工作，开展农业户口登记弄虚作假现象专项清理。全市新增户籍人口8.6万人，新增登记流动人口134万人，办理居住证44.2万张，办理居民身份证31.7万人次。全面启动出入境证件“三表合一”，积极推动电子往来港澳通行证启用，受理因私出境申请60万人次。进一步强化对境外到长沙人员服务管理，完成260家涉外单位信誉等级审查评定，14家评定为A等、52家评定为B等，办理境外人员签证（签注）和证件4719人次，登记临时来长沙境外人员20.9万人次，查处违反出入境法规案件及涉外案（事）件577起。2. 大力推进交通疏堵保畅。推动全市启动33条断头瓶颈路的改造项目，完成107个社区、200条支路

4月23日，长沙警方联合多部门举行地铁反恐演练

交通微循环改造，建成13座过街天桥和2处地下通道，完善36条主次干道、118处点段新式隔离护栏，清理规范73个重点工程占道施工围挡，整改61家挪用公共停车场。智能交通（二期）工程全面建成，高清、标清视频监控点位和“电子警察”达到703个，智能控制路口达到225个，基本覆盖二环以内中心城区，智能交通（三期）工程通过审批立项，建成后将实现三环以内城区全覆盖。全面推行“见警最大化、管理精细化、效果公认化”网格化勤务机制，城区执守路口增至306个、高峰岗增至282个。开展“春季攻势”“夏季行动”和“畅安行动”，推动交通整治形成常态，查处各类机动车交通违法行为254万起，扣留机动车12.5万辆，查处酒驾4348起，行政拘留696人。创新完善车、驾管服务，推出十项便民服务举措，车管所“周六、周日对外办公”，在全国驾考行业首推“考前心理辅导免费服务”，在全省率先开通网络、手机银行、快处快赔点交通违法处罚通道。全年道路交通事故立案1509起、死亡231人、受伤1628人、直接财产损失578.4万元。全市机动车保有量达到1803756辆（其中小汽车1259884辆）、驾驶人达2034718人。3. 全面深化火灾隐患排查。全面实施“长沙消防”品牌战略规划，望城区公安消防大队被中宣部授予“时代楷模”荣誉称号。部署开展第二次“清剿火患”战役、重大火灾隐患集中整治、秋季校园及周边地区治安综合治理以及监狱系统、非法违法既有建筑、劳动密集型企业、居民小区等10余个消防安全专项整治行动。全市共检查单位16681家，发现并整改火灾隐患15917处，整改销案重大火灾隐患15383处，处罚单位1055家，罚款1.47亿元，责令“三停”326家，拘留16人。全年发生火灾4656起、死亡17人、受伤13人、直接财产损失7186万元，没有发生群死群伤的火灾事故。

四、持续固本强基。1. 深化信息化建设与应用。按照“报警统一受理、分级分类协同处置”和“指令上下贯通、系统左右对接、运转迅速流畅”的目标全面建成市应急联动指挥系统，在全市应急联动单位与公安机关之间搭建起一座横跨政务网和公安网的指挥调度平台，实现非警情的分流处置，同步建立公安三级指挥调度体系。“天网工程”（一、二期）建设顺利完成，建成高清摄像机33370余支，建成公交移动视频监控设备4000余套，整合接入城市安防系统、电子卡口、道路交通监控、平安校园监控、地铁监控等摄像机12600余个，全市公共区域监控摄像机达到5万个，实现对全市重点单位、重要路口、主次干道以及社区街巷的监控全覆盖。警综平台应用推动警务工作迈上新台阶，以规范公安业务流程为核心，以社区警务和执法办案为支柱，坚持“情报主导警务”，创新警情流转、消息提醒、电子笔录、地图采集、办案区域管理、非羁押人员管控等功能，实现案件信息闭环管理。公安信息通信保障能力显著增强，全局公安专用三级网千兆复用链路升级改造完成，公安专网带宽、安全及稳定性进一步提高。350兆警用数字集群通信系统（PDT）完成基站选址、方案设计、项目招标采购等工作。信息数据整合与共享全面开展，广泛收集各类社会信息，大力推进政府部门间信息共享，先后与市民政局、市电子政务办、市人社局签订信息共享合作协议，已整合交通、医疗、教育等九大类外部信息，数据总量达60余亿条，同比上升175%。新型技术体系建设稳步推进，建设长沙公安“警务云”，全面整合信息技术资源，并在此基础上构建全新的公安科技信息化技术体系，实现“智慧警务”。2. 加强基层基础工作。出台《关于进一步加强和改进公安基层基础工作的实施意见》。推动警力下沉，城区分局派出所警力占比达到60%、四区县市局派出所警力占比达到45%，近两年招录的2401名辅警全部分配到基层所队。推进社区警务工作，落实社区民警专职化，全市配备专职社区民警827人。采取采集与应用同步、质量与数量并重、走访调查与重点督导相结合的方式，强力推进“两实”信息采集和问题数据整改。深入开展出租屋“三治三防三优”专项行动，按照“一户一号，公开挂牌，依法管理”的要求，全面落实出租屋挂牌管理制度，全年累计登记出租房屋14.2万户，查处出租屋案件19147起。3. 抓实后装和基础设施建设。按照“倾向基层、服务实战、重点保障”的原则，优先保障公安中心工作、重点项目建设、基层实战单位和警用装备等经费。完成第二驾考中心、市一看守所扩建、开福巡警大队业务用房、治安水警公安趸船建设并投入使用；市局机关二院办公用房土建部分完成验收；内六区27个新建派出所25个完成选址、8个开工建设；监管支队武警营房维修改造工程、特警训练基地建设项目工程、居民身份证制证生产厂房工程、刑事技术大楼以及3个基层大队业务用房工程有序推进。加强应急处突装备配备，市本级完成551.2万元反恐装备采购，为特警装备头盔式夜视仪、红外热成像仪、大型催泪喷射器等反恐处突装备，县级公安机关装备配备全部达标。

五、推进规范执法。1. 着力推进公安法治建设。出台《全市公安机关深化执法规范化建设五年规划》，明确

6月13日，举行“为何从警、如何做警、为谁用警”主题演讲比赛决赛

全市公安执法规范化建设方向。参与《长沙市特定行业实名登记管理办法》《长沙市消火栓管理办法》起草、修改，对全局现行38件规范性文件进行全面清理。出台《案件审核委员会工作规定》《关于办理"制造噪声干扰正常生活"治安案件的指导意见》等执法制度，促成检、法机关在全市范围统一扒窃案件批准逮捕标准，为公安实战提供法制保障。2. 着力实施公安体制改革。优化行政审批，出台《进一步深化行政审批制度改革的实施意见》，公开承诺所有公安行政管理项目审批时限较2013年整体提速54%以上；全面清理行政职权，形成市局十二项行政职权权力清单，为社会各界了解市局行政职权情况提供一览表；推进商事登记制度改革，出台《商事登记制度改革相关行政许可审批的实施细则》等，简化工作流程、缩短行政审批时限。落实"轻刑快办"工作，出台《关于实行轻微刑事案件快速办理机制的实施意见》，完成轻刑快办案件200余起。3. 着力整治执法突出问题。深入开展执法检查"回头看"活动，抓住执法办案关键环节、重点领域、重点单位，坚决整治侵害群众利益行为，着力解决办关系案、人情案、金钱案等突出问题。全面开展"乱收费、乱罚款、乱摊派"、弹性执法、选择性执法等执法不公问题专项整治和不捕不诉案件执法评查专项行动，建立健全假案防止、错案纠正、过错追究等制度，对造成重大冤假错案的，实行终身责任追究。4. 着力推动执法办案减负。针对民警反映的案件呈批环节繁琐以及后续处理工作繁重等问题，将相关案件审批权限下放分区县市局，减少案件审批层级；出台《关于简化基层相关执法工作的意见》，从台账报表、接处警、随身物品管理、信息系统及未破案件检查标准等方面入手，精简相关文书手续，优化执法办案程序；扫清基层执法障碍，梳理执法中存在的主要问题与困惑20类120个，出台系列《关于解决执法问题与困惑指导意见》，服务基层执法实战。

六、加强队伍建设。2014年内有73个集体、389名民警获公安记功、嘉奖，市局党委副书记、副局长张慧当选"CCTV2014年度全国法治人物"，经侦支队支队长胡志国、天心分局社区民警刘培友分别获第五届"我最喜爱的人民警察"特别奖、提名奖，刘培友被公安部授予"全国公安机关爱民模范"称号，受到习近平等中央领导同志亲切接见。1. 深入开展党的群众路线教育实践活动。扎实抓好学习教育、听取意见，查摆问题、开展批评，整改落实、建章立制等各环节工作，有力整治"四风"问题和有效解决人民群众反映强烈的突出问题，进一步提高了党内生活的政治性、原则性和战斗性，有力推动作风建设的制度化、常态化、长效化，活动实现预期目标，取得显著成效。2. 持续强化经常性思想政治工作。出台《经常性思想政治工作规范》《经常性思想政治工作评估实施方案》，全面规范基层党组织工作制度、政治理论学习制度等17项制度，把思想政治工作融入到公安工作全过程。夯实基层党建基础，出台《关于进一步加强和改进全市公安机关党建工作的实施意见》，重点抓好党支部专题组织生活会、民主评议和书记讲党课活动等各项党建工作。推进警察公共关系建设，深入开展"百日大走访"活动，扎实落实双联工作，组织"长沙公安文艺小分队"赴社区慰问演出等活动。3. 切实加强纪检监察和督察工作。坚持"铁纪治警、铁规管人、铁面问责"治警方针，扎实推进队伍纪律作风建设。坚持有案必查，违纪必处，加大对职务犯罪、侵害群众利益、媒体曝光和民警严重违法违纪案件的查办力度。突出督察抓队伍、促工作的职能作用，围绕全局性工作和队伍建设开展强力督察，突出整治"四风""四难""庸懒散"及执法不公等突出问题。4. 全面落实从优待警措施。完成400名交警、1500名警务辅助人员的招录、培训、上岗工作，有效缓解了基层警力不足问题。出台《长沙市警务辅助人员管理办法》等一系列辅警管理制度，推动辅警队伍正规化建设。改进表彰奖励，规范"一事一奖"活动，落实"送奖上门"和战时表彰奖励制度，确保基层和一线实战单位及其民警受奖数量占总数的85%以上。强化民警执法权益保护，落实侵权案件联动查处、典型案例分析、正名与抚慰机制，出台《民警正当执法权益被侵害抚慰办法》。落实民警年休假和定期体检制度，开辟公安民警因公负伤、紧急救治"绿色通道"，与省人民医院等5家知名医院签订《公安民警因公负伤紧急救治绿色通道协议书》。完善心理服务三级网络，开展"民警心理健康服务工作推进季"以及巡回团体心理辅导活动，建立民警、职工心理电子档案。做大做强长沙公安民警体育协会、长沙公安文联、长沙公安民警警务技战法研究协会等23个分会，发动广大民警共计4280余人参加各类协会，营造"快乐工作、健康生活"的警营氛围。 （肖体忠）

【"春雷行动"】 2月下旬至5月中旬，全市公安机关开展"春雷行动"，集中对黑恶势力、涉枪涉爆和多发性侵财犯罪等8类违法犯罪活动开展专项打击，营造严打高压态势，提升社会治安管控效能。行动期间，以命案侦破为龙头，全面加大侦破有广泛社会影响案件和打击严重暴力犯罪的力度，各分区县市局对现行命案实行局长挂帅，集中优势兵力办案，刑侦、特巡警等警种和各派出所始终保持临战状态，一旦发生现行命案，做到快速出击，确保快侦快破、"发一破一"。对强揽工程项目、以恶护赌、赌场"放典"、欺行霸市、强买强卖、非法讨债等严重影响经济发展环境的黑恶犯罪，坚持露头就打、除恶务尽，探索建立与检察院、法院、工商、税务等部门的协作配合机制，形成预防和打击黑恶势力犯罪的合力。深入开展缉枪治爆战役，进一步强化对涉枪涉爆问题突出地区的排查整治，严厉打击整治全市范围内商店门市、流动商贩非法贩卖仿真枪、管制刀具等问题。全面强化打击工作措施，针对人民群众反映强烈的"两抢三盗"、盗窃车内财物、街头诈骗和电信犯罪等多发性侵财犯罪持续主动出击、严厉打击，以"打团伙、打系列、打流窜"为重点，全面落实类案侦查机制，强化牵头警种责任，强化日常调度，提升打击效应，坚决遏制多发性侵财犯罪的高发势头。针对人民群众关注的食品、药品安全问题，加强重点领域摸排，畅通举报渠道，获取一批食品、药品安全领域案件线索，积极联合农业、卫生、工商、质检、食品药品监督等相关行政执法部门，严厉打击整治制售有毒有害和假冒伪劣食品、药品的"黑作坊"，制售假冒伪劣生产生活资料的“黑工厂”，强化专案攻坚，实施精准打击，彻底摧毁产业链条。严厉打击集资诈骗、非法吸收公众存款、传销、金融诈骗、商业贿赂、假发票等经济领域犯罪，严厉打击“黄赌毒”违法犯罪活动和交通事故肇事逃逸犯罪，全力开展追逃工作，最大限度地减少社会治安隐患。在为期80天的“春雷行动”中，全市公安机关共破获各类刑事案件4500余起，打击处理犯罪嫌疑人6900余人。（肖体忠）

【打防电信诈骗犯罪】 针对长沙各种类型的电信诈骗呈现多发趋势，提醒市民群众提高警惕、谨防被骗，进一步强化打击防范电信诈骗犯罪工作，专门出台《打击防范电信诈骗犯罪工作机制》（以下简称《机制》），从力量保障、经费保障、合成侦查、信息研判、警务协作、宣传防范、考评考核等七个方面构建完善打击防范电信诈骗犯罪长效机制，有效遏制此类案件高发态势，切实保障人民群众财产安全和社会治安稳定。根据《机制》要求，从刑侦支队、各分区市县局抽调精干力量，组成25人的打击电信诈骗犯罪专班，专职负责电信诈骗专案的侦破打击工作，各警种充分发挥职能优势，整合资源，形成打击合力。同时，定期组织全市层面的电信诈骗犯罪案件分析研判工作，按照先易后难、先近后远的原则确定一批目标案件展开侦破，并积极与外省市公安机关联系，加大线索和证据提取力度，最大限度地拓宽侦查渠道。为筑牢打击防范电信诈骗犯罪的“防火墙”，进一步加强与银行、通信等部门的警务协作机制，联动协同银监部门及银行业金融机构对涉案账户快速应急控制和查控封堵，通过及时“截流”最大程度减少被骗群众损失，联动通信监管及基础电信运营企业对电信诈骗犯罪案件进行线索核查、证据调处等。（肖体忠）

【全年现行命案全破】 2014年，全市公安机关不断强化“命案必破”工作理念，进一步落实命案侦破机制，充分发挥刑侦专业破案和各警种整体作战相结合的优势，强化快速反应，积极运用现代信息化侦查手段，创新战法，综合施策，有效提升命案侦破打击效能。先后成功破获天心区“6•25”、岳麓区“2•26”、雨花区“3•16”、望城区“7•21”等一批性质恶劣、社会影响大的命案。全年全市共发生现行命案70起，破获70起，破案率100%，同时还破获命案积案5起，抓获外地命案逃犯26人。全年现行命案破案率较上年同比上升5个百分点，发案数较上年下降31%，呈现出破案上升、发案下降的良好局面，社会治安形势进一步好转。同时，始终突出大要恶性案件侦破工作，对大要恶性案件继续落实侦破责任制和挂牌督办制，先后成功侦破了芙蓉区“1•5”绑架案、浏阳古港系列爆炸案、“12•26”岳麓区洋湖湿地公园持枪抢劫案等恶性刑事案件，八类恶性案件破案率较上年上升20.9个百分点。（肖体忠）

【“2014—166号”特大贩毒团伙案】 8月21—22日，在市公安局和省公安厅禁毒总队的组织指挥下，禁毒支队联合网技支队、浏阳市局，在广东、云南和省内株洲、湘潭、衡阳、邵阳等地公安机关的支持配合下，成功侦破公安部督办“2014—166号”特大贩毒团伙案件，共抓获涉案人员16名，缴获冰毒20余千克、麻古23000余粒，缴获仿“六四”式手枪1支、涉案车辆4台。年初，禁毒民警通过侦查，发现2013年以来，刘某甲、刘某乙等人贩毒活动十分猖獗，在长沙逐渐形成一个组织严密、关系复杂的贩毒团伙。该团伙中刘某甲、刘某乙分别负责联系云南西双版纳、广东揭阳的“上线”购进毒品麻古和冰毒，李某红等人负责在长沙及省内株洲、湘潭、邵阳等地联系“下线”贩卖。禁毒支队迅速将此情况向上级报告，公安部于4月4日批准立为部督“2014—166号”毒品目标案件。在各项前期侦查工作取得明显成效、收网时机成熟后，8月21日、22日，专案组启动抓捕行动，先后在长沙、衡阳等地共抓获涉案人员16名。（肖体忠）

【地铁反恐演练】 长沙地铁2号线于4月底试运营，为切实做好轨道交通反恐防恐工作，检验和提升公安机关及相关单位应对处置突发案（事）件的能力，4月23日，长沙市反恐办组织市应急办、公安、卫生、民政、环保、住建委、轨道集团等单位在长沙地铁2号线杜花路站开展爆炸恐怖袭击应急演练。该地铁反恐应急演练以“不搞台本预演、检验实战能力”为原则，突出检验公安机关和相关成员单位在紧急情况下的组织指挥能力、应急处突能力、协同作战能力和现场处置能力。该演练长沙公安机关共出动警力1000余人次，各类警用车辆100余台次，所有器材装备均按照实战要求进行配备和使用，公安机关还专门安排考评组，对演练过程和效果进行考核评估。从演练整体效果来看，达到健全机制、锻炼队伍、完善预案和有效处置的预期效果，提升应对涉及地铁突发案（事）件的应急处置能力和水平。（肖体忠）

【交通整治“春季攻势”】 为巩固深化全市文明创建和疏堵保畅成果，推进“六个走在前列”大竞赛活动和四项综合整治，从3月3日起，交警部门开展声势浩大的道路交通秩序综合整治“春季攻势”，以主城区和城郊接合部为重点，攻坚整治机动车乱停、乱行、闯禁、涉牌涉证、涉酒涉毒、违法占用大客车专用道，行人闯灯乱行、翻越道路隔离设施以及电动车、电动自行车闯灯越线等八类交通违法行为。整治期间，全市城区共查处各类交通违法行为434603起，其中黑车交通违法行为2479起，机动车乱停乱放63327起，社会车辆占用大客车专用道31822起，酒驾659起，查处发生交通事故应撤而拒不撤现场334起，车外抛物4410起，电动车违法32852起，查扣老年代步车93台，查扣摩托车3409台。通过两个月的高强度整治，集中整治一批突出的交通乱象，重点规范一批交通秩序乱的城区道路，道路通行效率明显提升。（肖体忠）

【“天网工程”竣工验收】 为创新社会管理，构建立体治安防控体系，深入推进“平安长沙”建设，长沙市于2011年开始启动实施“天网工程”。两年多来，市公安局积极牵头，密切协同各市直部门、调度各分区县市局完成了项目需求论证、立项可研、技术方案评审、招标采购和施工建设等工作。5月12日，长沙市组织相关专家对“天网工程”建设与服务采购项目进行了验收，一致同意“天网工程”项目通过验收。“天网工程”在长沙城区建设监控摄像机33370余支，公交企业在公共交通工具内建设4000余套移动监控设备，大力整合接入2007年以来已建治安监控、道路监控、电子卡口等视频图像资源近万个，实现政府投资建设的公共监控摄像头达到4万个，并与市应急联动指挥系统联网，为城市管理、反恐处突、救灾应急等提供视频图像共享服务。依托“天网工程”，长沙警方边建边用，实现了“侦破打击精准化、预警处置高效化、治安防范立体化、行政服务优质化”，全市公安机关驾驭社会治安的能力和水平得到全面提升。（肖体忠）

【重点医院警务室建设】 为深化创建“平安医院”活动，进一步加强医院安全防范能力，维护医院正常医疗秩序，保护医患双方合法权益，促进全市医疗卫生事业健康持续发展，市公安局在全市25家重点医院建立警务执勤室，包括中南大学湘雅医院等20家三级医院和望城区人民医院等5家二级医院。医院警务室按照统一的外观标识、警力及装备配备进行建设，其中警力配备不少于1名民警和2名协警，警用装备包括钢叉、钢盔、防刺背心等，以应付和处置各类突发警情。职能职责包括及时受理群众报警求助，对医院内发生的各类案事件迅速出警，依法查处、打击发生在医院内的各类违法犯罪活动；协助医院做好涉医纠纷的预防和调解工作，保障医患双方人身、财产安全和合法权益；指导、督促各医院加强内部治安保卫，强化人防、物防、技防和消防工作，维护医院治安秩序等。（肖体忠）

【户籍制度改革】 根据国务院《关于进一步推进户籍制度改革的意见》和对《长沙市城市总体规划（2003—2020）年》的批复，长沙市属于合理确定落户条件的大城市，且2020年之前将要步入人口规模特大城市行列。长沙市的落户政策具有“放宽时间早、准入门槛低、审批条件宽”等特点。为规范和明确户口登记工作，进一步降低门槛，指导已在长外来经商务工人员和农业转移人口落户，吸引更多的人来长沙创业、工作和生活，7月1日，长沙市开始实施《长沙市常住户口登记管理规定》(以下简称《规定》)。根据《规定》，落户长沙可通过购房落户、经商务工人员落户、专业技术资格人员落户、投资兴办企业落户等21种方式，外来经商务工人员和农业转移人口凡符合条件的能够简易快速地迁入户口。在降低落户准入门槛的同时，严格按照市委、市政府关于行政审批效率提速50%的要求，大力提升户口审批效能，多项户口审批业务由原来的15个工作日减少至5-7个工作日，并大量增加了购房落户、夫妻投靠落户等当场办结情形。（肖体忠）

【行政审批制度改革】 为深入推进党的群众路线教育实践活动，长沙公安机关着眼立行立改，按照中央、省、市关于深化行政审批制度改革的要求，通过规范审批流程、下放审批权限、提高审批效率、推行审批公开，大力推进公安机关行政服务全面提质提速，向市民群众提供更加优质便捷的服务。自5月12日起，对包括旅馆业特种行业许可核发等在内的31项行政审批项目，在2013年提速的基础上整体再提速54%。这31项涉及治安管理、交通管理、人口与出入境管理、消防管理等，如爆破作业人员许可证核发从法定20个工作日提速到3个工作日必须办结，提速达到85%，如典当业、旅馆业、公章刻制业等特种行业许可证核发、城市养犬审批、保安员证核发、互联网上网服务营业场所信息网络安全审批等由原来的10个工作日提速到5个工作日；机动车检验合格标志核发、机动车驾驶证核发、审验、机动车登记、临时通行牌证核发、非机动车登记等，均提速到0.5个工作日，即符合条件、资料齐全的当场就可办结。（肖体忠）

【派出所基础工作】 10月，制定下发《关于深入推进公安派出所基础工作的通知》，部署进一步加强全市公安派出所基层基础工作。1. 明确派出所职责任务。推行“三队一室”的警务运行模式，即社区民警中队、巡逻防范中队、侦管中队和综合勤务指挥室。实现派出所工作重心向治安防范、人口管理、信息收集、化解矛盾、服务群众等基础防范管控工作的转移。明晰派出所社区警务工作信息收集、人口管理、安全防范、治安管理、矛盾化解、为民服务等基础工作职责。2. 充实派出所和社区警力。城区派出所警力不少于20人、建制镇派出所警力不少于10人、建制乡派出所警力不少于5人，城区公安分局派出所警力要占总警力60%以上、四县市区派出所警力要占45%以上，社区民警要占派出所警力的25%以上。科学界定社区民警工作职责和任务，着力解决警务室“空城”、民警“空挂”、社区民警不姓“社”的问题。全市城区派出所和县市城关镇派出所要全面实行社区民警专职化。3. 完善基础工作信息化建设。规范统一对社区民警基础信息采集工作的内容、标准和流程，整合各警种信息资源，明确采集项目和要求，进一步完善社区警务信息工作平台和网上考核功能，建立直观便捷、功能齐全的工作界面，实现基础工作信息“一站式”采集和“一体化”应用。4. 推进社区警务室双网建设。按照“有室、有警、有制度、有成效”的“四有”标准设立警务室。在城市、城关，原则上以社区为单位，对于规模较小、治安平稳的社区，可与相邻社区合并组成警务区；在农村，以一个或多个行政村划分警务区，对案件多发或情况复杂的警务区应建立警务室，其余的可设立流动警务室、警务点、警民联系点。社区警务室全面完成公安信息网接入。拓宽两实信息采集、录入渠道，实现内外网并用功能。5. 强化协辅警力量投入和管理。理顺流口协管员和治安巡防队员两支队伍管理机制，实现归口公安管理、使用。加强管理，强化考核，确保在岗在位、专职专用。各分区县市局协辅警配备比例不低于政法专项编制总数的80%，新增协辅警充实到派出所不低于80%，每个社区警务室配备不少于2名辅警。6. 落实综合警务保障。将社区警务工作经费纳入到公安基础工作专项经费，严格实行项目库管理，确保安排社区警务室每月不少于800元的工作经费，实行专款专用。（肖体忠）

检 察

【概况】 长沙市检察机关辖市检察院、星城地区检察院和9个区、县（市）检察院。截至2014年底，全市检察机关共有编制1063人，实有在编干警1010人（其中检察专项编989人，事业编21人），平均年龄43岁，其中有法律职称的891人。

2014年，长沙市检察机关忠实履行宪法和法律赋予的职责，主动服务全市工作大局，自觉践行司法为民，坚决维护公平正义，检察工作全面、深入推进，取得了新进展。

一、切实履行审查批准逮捕、审查起诉职能，打击刑事犯罪工作有力推进。全年全市检察机关共批准逮捕各类刑事犯罪嫌疑人7318人、不批准逮捕3354人；提起公诉10301人、不起诉1058人；全市检察机关以占全省十分之一的检力办理全省近五分之一的各类刑事案件。严厉打击危害国家安全、公共安全和妨碍社会管理秩序犯罪。共批准逮捕放火、爆炸、破坏计算机信息系统、走私、贩卖、运输、制造毒品等犯罪嫌疑人1412人、提起公诉1437人。岩养等21人贩卖、运输毒品“麻古”239.24千克一案，系湖南省自新中国成立以来涉案毒品最多、金额最大的贩毒案，检察机关依法从快批准逮捕、提起公诉后，其中有7人被法院一审判处死刑，有力维护社会安定。严厉打击严重侵害公民人身、财产权利犯罪。共批准逮捕故意杀人、绑架、抢劫、故意毁坏财物等犯罪嫌疑人341人、提起公诉429人，有力保护群众人身财产安全。严惩破坏市场经济秩序犯罪。共批准逮捕走私、非法经营、集资诈骗、对非国家工作人员行贿、损害商业信誉等犯罪嫌疑人441人、提起公诉662人，有力维护市场经济秩序。市检察院在办理审查起诉葛兰素史克（中国）投资有限公司及高管对非国家工作人员重大行贿案中，抽调业务骨干20余名成立专案组，审查复核案卷材料2000余本，引导公安机关侦查取证、提供补充侦查卷165册，传唤、讯问犯罪嫌疑人46人，通知、询问证人154人，确保起诉的犯罪事实清楚，证据确实、充分，该案向法院提起公诉后，5名被告人均受到法律的制裁，取得很好的法律效果和社会效果，得到中央政法委和最高人民检察院的充分肯定。依法从宽处理轻微刑事犯罪。对主观恶意较轻、社会危害性不大的初犯、偶犯、未成年人犯等，不批准逮捕1825人、不起诉527人。严防发生冤假错案。严格把握批捕和起诉的法定条件，严把事实、证据、适用法律关，对事实不清、证据不足和不构成犯罪的案件，依法不批准逮捕1529人、不起诉531人，确保案件处理经得起历史的检验。

二、切实履行查办和预防职务犯罪职能，惩防职务犯罪工作稳步推进。保持惩治腐败高压态势，共立案侦查涉嫌职务犯罪案件147件192人；特别是加大查办渎职犯罪案件的力度，共立案49件68人，同比分别上升75%、100%；追缉在逃人员归案19人。突出查办大要案。立案查办县处级以上国家工作人员26人（含省检察院交办厅级干部4人）、大案119 件。依法查办金潇明（正厅级）、廖洪元（副厅级）、龙承海（副厅级）、王春生（正处级）、周江（副处级）等一批涉嫌重特大受贿犯罪和聂荣喜（正处级）等一批涉嫌滥用职权、玩忽职守犯罪要案。严肃查办司法人员、行政执法人员职务犯罪案件。依法立案查办侦查、司法人员涉嫌职务犯罪案件7件8人；立案查办行政执法人员涉嫌职务犯罪案件21件28人。深入查办民生领域职务犯罪案件。依法立案查办教育医疗、惠民补贴、安全监管、食品安全等民生领域涉嫌职务犯罪案件48件56人。全面深化预防职务犯罪工作。制定、落实《关于加强和改进预防职务犯罪工作的意见》。深化个案、专项、系统预防，发出检察建议63份；对280个重大公共建设项目进行同步预防；提供行贿犯罪档案查询13134次。深化预防宣传，探索“文化+制度+科技”立体预防，加强警示教育，推动预防教育进党校、进机关、进企业、进基层。市检察院联合市轨道交通集团公司在地铁二号线开展预防公益宣传活动，展播大要案例，播放预防短片，产生良好社会影响。深化社会化网络体系预防，深入开展预防调查、犯罪分析；撰写、呈报惩防职务犯罪调查、分析报告47件，为党委、政府有关决策提供参考。

三、切实履行诉讼监督职能，诉讼监督工作深入推进。加强刑事立案、侦查活动和审判监督。对侦查机关应当立案而不立案的，监督立案133件；对不应当立案而立案的，督促撤案112件；对应当逮捕而未提请逮捕的，追加逮捕147人；对应当起诉而未移送起诉的，追加起诉98人；对刑事审判中的违法情况提出纠正意见18件次；对认为确有错误的刑事裁判，提出抗诉21件，法院已审结16件，其中改判和发回重审9件。加强刑罚执行和监管活动监督。组织开展减刑、假释、暂予监外执行专项检察活动，重点监督职务犯罪、金融犯罪和黑社会性质组织犯罪等罪犯刑罚执行情况，对447名呈报减刑、假释、暂予监外执行但经审查不符合其条件的罪犯，依法监督不予批准；对76名不符合暂予监外执行条件或条件已消失的罪犯收监执行刑罚，为历年之最、居全省之首，其中原处级以上领导干部24人。深入开展清理纠正久押不决案件工作，依法纠正14件21人。立案查办监管场所涉嫌职务犯罪案件4件4人。加强民事审判和行政诉讼活动监督。共办结不服生效裁判监督案件156件，依法提出抗诉6件，提请抗诉21件，发出再审检察建议13件；收到再审判决书11份，改变原判决10份；依法办理支持起诉、督促起诉、督促履职等公益民事行政案件248件。

（李克明　罗　娜）

长沙市人民检察院领导人员

党组书记、检察长　陈绍纯
党组副书记、副检察长　刘　建
党组副书记、副检察长　彭志敏（2014.12免）
党组副书记、副检察长　徐百坚（2014.12任）
党组成员、副检察长　姚湘中
副检察长　祝珍明
党组成员、星城地区人民检察院检察长　李宗戈
党组成员、工会主席、机关党委书记　薛乐基
党组成员、副检察长　闵　文
党组成员、政治部主任　盛　磊
党组成员、反贪污贿赂局局长　丁晓波
党组成员、纪检组长　周亚红（女）
党组成员、反渎职侵权局局长　胡飞虎

【监所检察】 星城地区人民检察院牢固树立“三个维护”监所检察工作理念，全面实施长沙检察工作新发展的

总体思路，以减刑、假释、暂予监外执行专项检察活动和“司法公正长沙行”活动为载体，全面加强和改进全市监所检察工作。1. 服务监管场所综合整治，维护监管场所安全稳定。着力抓好检察室规范化建设。制定“保一争示范”的目标，争创全国示范检察室。加强检察室信息化建设，在省女子监狱检察室、市看守所检察室投入资金180万余元，建成检察室监控信息平台，实现对监管场所全方位、实时、动态监督。全市两级院14个驻所检察室全部一次性通过省检察院验收，其中6个检察室已呈报高检院参评一级规范化检察室，驻省女子监狱检察室、驻市看守所检察室拟呈报为全国示范检察室。强化日常监督。依法严厉打击被监管人特别是“牢头狱霸”的违法犯罪活动，维护监管安全和秩序稳定；坚持深入“三大现场”和充分利用监控视频，加强对监管活动各环节的动态监督，及时发现、纠正监管违法情形并跟踪整改落实，确保监督效果。规范处置在押人员死亡事件。全年各监管场所共发生罪犯死亡事件36起（其中29人为外籍在押犯在长康监狱治疗期间死亡），均为正常死亡。2. 加强刑罚执行和监管活动监督，着力维护刑罚执行的公平正义。认真开展减刑、假释、暂予监外执行专项检察活动。全年全市通过检察建议启动收监执行程序65人，其中“三类罪犯”38人。加强刑罚变更执行监督。共减刑呈报审查4946件，发现并纠正不当310件；假释呈报审查187件，发现并纠正不当71件；暂予监外执行呈报审查55件，发现并纠正不当1件。全面摸清“三类罪犯”的情况和底数，并逐一审查、逐一建档，对监管场所提请的三类罪犯减刑和假释案件进行逐案逐人审查。共向监管场所发出减刑和假释提请检察建议书25份，其中建议暂缓对10名三类罪犯呈报减刑，降低对4 名三类罪犯呈报减刑幅度，暂缓对11名三类罪犯的呈报假释，建议均被采纳。推动久押不决案件的清理工作。共审查在押人员5036人，发现久押不决案件共16件28人，其中最高人民法院死刑复核5件7人；省高院8件18人，已书面报请省检察院监督纠正；市中院3件3人，均已发出纠正违法通知书。原清查的久押不决案16件28人，已纠正14件21人。3. 查处和预防刑罚执行和监管活动中的职务犯罪，促进监管场所廉政建设。共受理线索13起，初查案件6件6人，立案4件4人，移送审查起诉1件1人，法院判决4件4人（含上年积案），开展司法工作人员渎职行为调查9起。加强社区矫正和监外执行监督，积极参与服务社会管理工作。全年全市共有监外执行（社区矫正）罪犯3472人，共检察发现监外执行（社区矫正）违法或不当情况238人，占监外执行（社区矫正）罪犯总数的6.8%，对监外执行（社区矫正）违法或不当情况，共提出书面纠正意见282件，已纠正272件，纠正率为96.4%。积极参与“司法公正长沙行”活动，着力加强对缓刑、假释和专项行动之外的暂予监外执行罪犯的日常检察监督工作。对检察中发现需启动收监执行程序的人员，适时发出检察建议书。加强对罪犯脱管、漏管的检察监督。针对出现脱管的原因，启动司法工作人员渎职行为调查。罪犯邱芳龙违法保外就医一案，查明罪犯邱芳龙私自伪造病历诊断资料，骗取保外就医。向雁南监狱发出检察建议，要求对邱骗取保外就医的期间不计入刑期。同时向省监狱管理局发出检察建议，要求雁南监狱整章建制，严格保外就医的审批程序，并对该事件中失职、渎职的工作人员依法进行处理，检察建议均得到采纳，该案受到省检察院和高检院的充分肯定。推进社区矫正规范化试点工作。将天心区检察院定为全市规范社区矫正监督工作的试点单位，探索、创新社区矫正检察监督工作的新方法、新模式。在天心区检察院制定《社区矫正检察工作规程》，规范和细化监督管理流程，对社区矫正检察监督的内容、侧重点、时间节点、社区矫正机构的违规表现等进行细化，使社区矫正检察工作更加规范、更具可操作性。自主开发一套集档案录入、实时定位、考核管理等信息化管理功能于一体的社区矫正检察管理系统软件，将社区矫正人员基础信息和社区矫正有关法律文书等资料录入管理系统，并对其社区矫正期间的日常活动和管理情况进行全程记录，并将上述软件在全市进行推广。4. 改善监管环境，维护被监管人员合法权益。加强对被监管人员合法权益的保护。尊重和平等保护被监管人员受教育权、劳动权、休息权及生活、医疗、卫生等方面的合法权益，落实司法人文关怀。通过“亲属团聚座谈会”亲情帮教活动，激发在押人员对社会、对亲人、对监狱的感恩之情，帮助其树立真诚悔罪、积极改造、对未来新生活的信心。为缓解长期在押罪犯在出监培训间隔期的焦虑情绪，湖南省星城监狱于2014年1月23日开展服刑人员亲情帮教活动，邀请长沙市中院、驻狱检察室派员到场给会见亲属做法律咨询，打消亲属关于刑罚执行以及监管安全法律制度方面的疑惑，参加会见的亲属60余名，均对刑罚执行的公平公正表示认同，并将配合好服刑人员的进一步改造，此次活动开展效果明显，获得社会好评。妥善处理在押人员控告申诉案件。及时受理和处理在押人员合理诉求，切实维护在押人员的合法权益。对于生活特别困难的被监管人员，协助有关部门做好帮教扶持工作，确保其顺利回归社会。5. 探索新增业务，推动监所检察全面发展。探索开展调研财产刑执行监督。积极开展修改后“两法两规则”新增检察职能履行情况专项调研活动，在市院成立的专门领导机构指导下，进行财产刑执行监督调研工作，制定调研方案。通过市院与中院的衔接协助，商请长沙市中院提供有关2011年至2013年财产刑判决及执行情况的材料和数据，并就法院在财产刑执行中涉及的程序、机制、现状以及对检察机关介入财产刑执行监督工作的意见和建议寻求解答。对近期判决的附带财产刑的典型案件，跟踪其财产执行情况，依法就财产刑执行不到位情况向市中院发出检察建议书，督促2名罪犯家属交纳罚金21万元。《财产刑执行检察监督的实证分析》一文，被省检察院检察理论年会评为二等奖。认真履行羁押必要性审查职责。稳步实施“筛选过滤式羁押必要性审查法”，即首先通过羁押必要性评估，对于涉嫌犯罪情节严重、可能判处十年以上有期徒刑的暴力型犯罪的主犯、实行犯，社会危险性较大的在押人员，经过一次审查后，除非发生患有严重疾病或者其他确需变更强制措施的情形，不再重新进行羁押必要性审查；其次，将涉嫌犯罪情节较轻的未成年、女性、老年在押人员，过失犯、初犯、从犯、胁从犯等作为羁押必要性审查的重点对象，进行动态审查，必要时分阶段多次审查。当发现可能出现不需要继续羁押的情形时，随时启动羁押必要性审查程序。开展全面、有步骤、有重点的审查，共审查6名在押人员，向办案机关或部门提出释放或变更强制措施检察建议3份，其中2份检察建议已被采纳。有效开展死刑执行临场监督。依法对26名罪犯进行了死刑临场监督，查明执行的相关文书，对罪犯验明正身，对死刑的场所、方法和执行死刑的活动均进行细致的检察。

（李克明　罗　娜）

【反贪污贿赂】 全市检察机关反贪污贿赂部门充分发挥检察机关依法反腐职能，坚持以遏制腐败蔓延为目标，以执法办案为中心，以深化反贪侦查改革为动力，进一步加大办案力度，加快侦查模式转型。全年共立案查办贪污贿赂犯罪案件100件126人，同比增长1.6%，其中大案96件，大案率96%，县处级以上要案22人（其中厅级干部4人），要案率17.5%；侦查终结97件127人，同比增长8.5%；提起公诉98件129人，同比增长3.2%；法院作出有罪判决84件102人，同比增长21.4%。进一步调整办案结构，在突出查办大要案的同时，坚决查办发生在群众身边的"苍蝇级"案件，共查办科级以下干部贪贿案件55件75人，查办行贿犯罪20件23人。进一步加大依法独立办案力度，共自行初查立案57件70人，占立案数的55.6%。进一步加大查办辖区内贪贿犯罪的力度，共查办本辖区案件53件67人。推进规范执法，提高办案效率，严控撤案率和不诉率，确保案件质量。在已侦查终结97件127人中，清理往年积案21件29人，积案已清理64.4%，当年立案当年侦结76件98人，占立案数的77.8%。在已侦结的案件中，移送审查起诉97件126人，撤案1人，撤案率仅为0.8%；不起诉10件16人，不起诉率仅为11%。全年没有无罪判决、诉后撤回起诉的案件，在全省检察机关执法状况考评中，反贪部门再次实现"零扣分"。查办重点工程建设、专项资金管理、社会保障等领域案件12件12人，查办企业中的案件20件24人，围绕维护发案单位正常运转的良好环境，自觉做到"六不"，没有发生任何因办案而引发的上访事件。办案为预防工作打好基础，结合查办案件，扎实开展个案预防73件，推动发案单位整章建制73个，结合办案调处矛盾10个。加大追逃追赃工作力度，加强与公安、边防、电信、金融、海关等相关部门的协作配合，共抓获或敦促犯罪嫌疑人自首4人；通过办案为国家挽回经济损失6019.84万元。通过人员结构调整，加大岗位练兵和培训力度，推荐了3名业绩突出的人员参加全省检察机关的反贪侦查业务标兵、办案能手的评比，市院反贪局陈秋平被评为全省检察机关反贪侦查业务标兵，岳麓区院反贪局周康桄和开福区院反贪局梁棵被评为反贪办案能手。

（李克明　罗　娜）

【反渎职侵权】 全市检察机关反渎职侵权部门共受理渎职侵权案件线索65件87人，立案侦查47件66人，其中要案4件4人，渎职罪名46人。侦查终结并移诉33件46人，起诉32件44人，有罪判决29件42人。全市反渎职侵权办案工作呈现"五个新突破"：立案人数有新突破，创全市历史之最、居全省首位；渎职罪名立案人数有新突破，创全市历史之最；市院反渎局立案侦查处级要案有新突破，创历史新高；起诉人数和判决人数较2013年有新突破，均位居全省前列；查处渎职犯罪领域及罪名有新突破。所查办案件涉及国税、国土、质监、安监、发改、人社、商务、公安等十余个相关部门及国家机关工作人员，并在科技、食品安全、生猪补贴、城市管理、动植物检疫等领域有所突破。立案查处的长沙市质量技术监督局雨花分局副局长舒宗文食品监管渎职案，为全省第一例食品监管渎职罪名案件。加大"两带"工作力度，严肃查办渎职犯罪案件。市院反渎局坚持"带头办案"和"带领基层局办案"的"两带"工作机制，成效显著。市局自行摸排线索并立案侦查处级要案4件4人。由市院反渎局于2013年立案侦查的长沙市人力资源和社会保障局副局长尹久长（正处级）滥用职权、受贿案，芙蓉区政协副主席陈建萍（副处级）滥用职权、受贿案均于2014年做出有罪判决，在市院反渎局自办案件中，创下处级干部渎职罪名判处实刑的历史新高。同时，加大对基层局办案指挥力度，抽调市局侦查室骨干力量前往基层院指导办案，全市办案工作呈现整体推进、全面发展的良好态势。全市两级反渎部门专项案件共立案30件39人，其中科技创新基金领域11件16人，重大责任事故领域8件9人，司法干警违法犯罪5件5人，生猪补贴专项资金4件7人，食品药品安全领域2件2人。加大系统案件运作和经营力度，提升反渎工作影响力。注重"系统抓、抓系统"的办案思维，加大对行业运作规律、特点的分析力度，以此类推查办行业窝案串案，反渎战里打出"多米诺骨牌效应"。市局指挥查办了病害猪无害化处理系列案、省科技厅创新基金管理中心系列案、"7·19"重大道路交通安全事故爆燃案、长沙县公安干警徇私枉法案等4个系列案，成效明显。加大强制措施应用力度，提升办案质量效果。积极转变侦查理念和方式，将侦查重心前移，加大初查力度，掌握大量基础证据，为直接立案并果断采取强制措施打下坚实基础。在科技领域查办的17人中，除5人系通过纪委调查后立案外，其余均为初查后直接立案侦查。在"7·19"特大道路交通危化品爆燃事故调查中，专案组调取发案单位书证资料1100余份，视频资料32份，收集法律法规210部，在掌握大量证据后先后立案8件9人。

（李克明　罗　娜）

【刑事检察】 全市检察机关侦查监督部门共受理公安机关提请逮捕的普通刑事案件7384件10821人，同比分别上升17.3%、10.9%，审结7286件10672人，批准逮捕5177件7318人，逮捕率为68.6%，其中故意杀人、故意伤害、强奸、非法拘禁、绑架、聚众斗殴等严重暴力犯罪、"两抢一盗"等多发性侵财犯罪、毒品犯罪等犯罪嫌疑人5190人，寻衅滋事、开设赌场和妨害公务等扰乱公共秩序犯罪嫌疑人739人，生产、销售伪劣产品、走私等破坏市场经济秩序的犯罪嫌疑人441人，危险驾驶、交通肇事、重大责任事故等危害公共安全的犯罪嫌疑人256人，环境资源类犯罪嫌疑人26人，生产、销售伪劣商品和侵犯知识产权案件48件99人。不捕2109件3354人，其中因事实不清、证据不足不捕839件1437 人，不构成犯罪不捕54件92人，无社会危害性不捕1207件1812人，符合监视居住不捕1件2人，其他情形不捕8件11人。共办理复核案件2件，均维持原基层院不批准逮捕决定；办理延长侦查羁押期限案件18件64人，办理基层院请示案件26件，办理省、市院交办及控告申诉部门转办案件6件，办理基层院备案登记审查批捕案件12件。监督立案。全市共受理应当立案侦查而不立案侦查案件线索155件，经审查要求公安机关说明不立案理由154件，公安机关主动立案126件151人，经审查认为公安机关说明不立案理由不成立而通知公安机关立案7件9人，公安机关接通知后对7件9人全部予以立案。监督撤案。全市共受理不应当立案侦查而立案侦查案件线索113件，要求公安机关说明立案理由113件，公安机关主动撤案109件，通知公安机关撤案4件，公安机关执行通知撤案3件，对不撤案发出纠正违法通知书1份。纠正漏捕。全市共纠正漏捕130件147人；起诉43件79人，判决48件98人，3年以上有期徒刑的7件24人人。书面纠正违法。全市共向侦查机关（部门）发出书面纠正违法294件次，已纠正304件次。共开展侦查阶段羁押必要性审查16件25人。审查后，建议公安机关释放犯罪嫌疑人或变更强制措施，被采纳的14件19人。

全市两级公诉部门共受理公诉案件8124件12093人，同比分别上升14.5%和6.7%，受案数呈上升态势，其中受理检察机关侦查部门移送案件165件224人，同比分别上升23.1%和19.8%。受理公安机关移送案件7959件12679人，同比分别上升14.4%和6.5%。审结案件7453件11566人，审结率（人）为95.6%，同比上升5.7%。经审查依法提起公诉6842件10468人，同比下降11.7%和4.1%；不起诉582件1061人，同比上升26.5%和32.0%，撤回起诉8人，同比上升60.0%。法院已判决6343件9690人，无罪判决案件2件2人。市检察院公诉处办理各类案件共156件385人，交基层院办理33件，审结125件362人，起诉审结率94.1%，同比上升11.5个百分点。办理二审案件221件，同比上升59.0%，办理基层院请示案件79件，同比上升163.3%。严厉打击严重危害社会治安的刑事犯罪。全年对故意杀人、故意伤害、强奸、绑架等严重暴力犯罪案件提起公诉850人，对抢劫、抢夺、盗窃、诈骗等多发性侵财犯罪案件提起公诉4012人，对“黄赌毒”等破坏社会管理秩序案件提起公诉2779人。严厉打击职务犯罪。全年共提起公诉职务犯罪案件123件168人，其中科级27人、县处级17人、地厅级3人，为国家挽回经济损失3000万余元。严厉打击破坏社会主义市场经济秩序犯罪。如长沙县院围绕县委“领跑进军”战略目标和“两型”产业核心区建设，发挥检察职能作用，改进服务方式，在“促转型、防风险、优环境、守底线”四个方面不断注入检察正能量，为促进县域经济建设发展提供了强有力的司法服务和保障。该院做法得到省委常委、省纪委书记黄建国的肯定。新华社、中央电视台等十余家中央媒体进行集中报道推介。倾力化解社会矛盾促进社会和谐。全年对263人适用刑事和解，对93人作出不起诉，和解后依法起诉的均向法院提出从轻或减轻处罚的量刑建议，取得良好的社会效果。集全市合力，成功办理在全国有重大影响的案件。如葛兰素史克涉贿案。葛兰素史克（中国）投资有限公司（简称GSKCI）是英国著名医药公司葛兰素史克公司（简称GSK）在中国境内的全资子公司，其涉嫌对非国家工作人员行贿罪等案件是中国司法机关首次大规模对一家国际知名企业在华公司涉嫌商业贿赂的行为进行查处，社会影响重大，案情特别复杂，涉及GSKCI多个部门、关联企业及众多员工，牵连全国数千家医院、数万名医生，且主要贿赂形式与传统商业贿赂案件有很大不同，十分隐蔽，取证难度极大，并存在诸多法律适用的疑难问题。根据中央的统一部署，在高检院及省院的领导下，市检察院成立了“5·09”案公诉专案组，历时将近一年，从引导侦查取证，到审查起诉、出庭公诉，圆满完成任务，案件取得良好法律效果、社会效果、政治效果。所有被告单位及被告人均认罪服法，所有辩护人放弃无罪辩护，一天之内迅速结束庭审，且均未上诉。GSKCI被判处罚金人民币30亿元，这是中国司法机关有史以来开出的最大罚单。该案的成功办理，为中国打击跨国企业商业贿赂树立了成功范例。

（李克明 罗 娜）

【民事行政检察】 全市民行部门共受理各类民行监督案件495件。共办结不服生效裁判监督案件158件，其中提请抗诉21件；提出抗诉6件；提出再审检察建议13件。不支持监督申请111件；终止审查3件（组织当事人和解结案）。收到法院再审判决文书13份，改变原判10件（其中含抗诉案件法院再审判决文书5份，改变原判4件；提请省院抗诉案件法院再审

葛兰素史克涉贿案庭审现场

判决文书4份，改变原判2件；再审检察建议案件法院再审判决文书4份，改变原判4件），改变率为76.9%。对民事行政审判活动违法情况提出检察建议19件，采纳19件。对民事行政执行活动提出检察建议29件，采纳28件。共办理支持起诉案件199件，采纳203件。共办理督促履行职责（含督促起诉）案件52件，采纳45件。其中，市检察院民行处共受理民行监督案件172件。办结不服生效裁判监督案件132件；其中提请抗诉16件；提出抗诉6件；发出再审检察建议5件；不支持监督申请102件；终止审查3件，均为调解结案。（李克明　罗　娜）

【控告申诉检察】　全市控告申诉检察部门坚持以加强监督制约、加强权利救济、加强矛盾化解为总要求，以全面推进涉法涉诉信访工作机制改革和各项检察改革为契机，以执法办案为中心，进一步推进矛盾化解、加大办案力度、创新工作机制、加强队伍建设，为全年控申工作的顺利开展夯实基础，为维护群众合法权益、促进社会和谐稳定和公平正义作出新贡献。全市共受理群众来信485件，接待来访1712人。组织检察长接待日265次，检察长接待来访 407人，检察长批办案件51件，办结检察长批办案件50件。受理举报线索289件：其中举报线索初核27件，奖励举报有功人员7人，奖励举报金额7000元：受理本院管辖的举报线索194件，转反贪部门111件、转反渎部门55件、存查16件；受理下级院管辖的举报线索50件；受理非检察机关管辖的举报线索44件。共受理刑事申诉案件37件，其中受理不服检察机关处理决定的案件17件，立案7件，办结6件，予以维持5件，改变原决定1件；受理不服法院判决的案件20件，立案复查6件，办结7件，不予抗诉7件，发出再审检察建议3份。受理刑事赔偿申请7件，予以赔偿3件，赔偿金额14.81万元。办理刑事被害人救助案件44件，救助金额38.5万元。全年受理各类交办案件共计15件，办结14件，息诉14件。

（李克明　罗　娜）

【职务犯罪预防】　全市职务犯罪预防部门认真贯彻落实《建立健全惩治和预防腐败体系2013—2017年工作规划》，着力加强和改进预防职务犯罪工作，主动、有效服务项目建设、服务改善民生、服务综合配套改革，大力提升“预防生产力”。全市预防部门结合办案开展职务犯罪预防调查24件，提出预防检察建议63件，撰写年度分析报告7份，其中市院2013年度惩防职务犯罪年度报告受到市长胡衡华、人大常委会主任袁观清的亲笔批示肯定；开展犯罪分析23件，召开犯罪分析会议10场次；深入剖析涉案单位、部门、行业、领域的制度疏漏，帮助发案单位整章建制，为党委、政府有关决策提出深刻的预警预测建议，增强预防工作的针对性、实效性和影响力，建议接纳率为100%；紧密结合侦防一体化机制，发现并移交职务犯罪线索4人。着力工程建设领域同步预防，主动、有效服务重大公共工程和公共投资项目建设。市检察院全年共参与重大工程招投标监标56次，对轨道交通1号线一期工程尚双塘车辆段采购项目、长沙市开福区四方大道道路工程监理、麓谷中心小学弱点工程、看守所医疗设施采购项目等进行了开标监管。同时，充分运用行贿犯罪档案查询功能，配合建设单位搞好工程建设领域职务犯罪源头预防工作，全市开展行贿犯罪档案查询13134次，强化工程建设市场主体廉洁准入，优化投资环境，参加280场次抽签入围会、开标定标会。着力侦防一体化，预防一体化，紧紧依靠办案开展预防工作。在省科技厅创业基金系列案件中，岳麓区院预防科侦防同步，移送犯罪线索3人；疏理过期的、不合理的规章制度政策27项110余条，促进发案单位整章建制17项60余条。望城区院预防科提前介入省地震局防震减灾中心线索初查，以预防调查形式摸排出犯罪嫌疑人魏永明并移送立案，对该单位同步开展预防工作，帮助发案单位整章建制，落实整改。

（李克明　罗　娜）

【人民监督】　人民监督工作办公室紧紧围绕检察工作大局，不断探索工作方法，创新工作机制，人民监督工作有序开展。深入推进走访和征求人大代表意见建议活动。全年完成对7名全国人大代表、64位省人大代表、260余名非职务市人大代表的普遍走访工作。在全市检察机关深入开展党的群众路线教育实践活动中，组织起草活动实施方案，制定联系走访方案、宣传手册、意见表，共收集整理征求意见表1300份，意见和建议200余条。认真办理、回复人大代表、政协委员的意见和建议。共受理省市人大、政协交办、转办的信访材料、案件及建议意见6件。用心做好代表、委员的日常联系工作，刊印2014年度四期《长沙检察·人大代表、政协委员联络专刊》，定期向市人大代表、政协委员、人民监督员汇报检察工作，全年共发送检察信息40期。开展各种形式的检务公开活动，举办以“介绍检察机关职能，展示侦查监督风采”为主题的“检察开放日”活动及以“强化刑罚执行监督，确保法律正确实施”为主题的“检察开放周”活动，邀请80余名社会各界群众参观市检察院驻湖南省女子监狱检察室、观摩天心区检察院对监外执行人员的规范化管理。精心组织、筹备相关会议活动，全年共组织省、市人大代表座谈会、人民监督员小组会、民主监督员会议、相关单位和部门及兄弟检察院对口交流等活动和会议10余次。结合全市检察工作实际，针对检务公开工作制定《长沙市检察机关2014年深化检务公开工作方案》《长沙市检察机关检务公开实施细则》。全年共监督“七类案件”20件30人，其中拟不起诉案件14件22人，拟撤销案件6件8人。

（李克明　罗　娜）

法　院

【概况】　2014年，长沙市中级人民法院（以下简称“长沙中院”）有工作人员287名（含在编人员283人，政府雇员4人），其中具有审判职称的法官185名；队伍文化层次：博士研究生9名，硕士研究生毕业88名，大学毕业166名，专科毕业24名；队伍年龄结构：35岁以下107名。设置31个职能部门，其中审判庭、局18个：刑一庭、刑二庭、未成年人综合审判庭、民一庭、民二庭、民三庭、民四庭、知识产权与涉外商事审判庭、行政庭、土地房屋征收审判庭、审监庭、立案一庭、立案二庭、执行局（含执行一庭、执行二庭、执行三庭、执行指挥中心）；审判管理、队伍管理和司法行政管理等部门13个，办公室、政治部（含组织干部处，法官管理处、宣传教育处）、研究室、审管办、司法警察支队、后勤服务处、信息技术处、纪检监察室、机关党委和离退办。共计30个职能部门，其中审判庭、局18个；审判管理、队伍管理和司法行政管理等部门12个。

长沙市法院现设置25个人民法庭，天心区法院设南托法庭。岳麓区法院设置坪塘、莲花法庭。开福区法院设金霞中心法庭。长沙县法院设置经济开发区、榔梨、黄花、路口、福临5个人民法庭。望城县法院设置丁字、高塘岭、靖港、雷锋4个人民法庭。浏阳市法院设置园区、沿溪、大瑶、镇头、北盛和沙市6个人民法庭。宁乡县法院设置金洲、黄材、花明楼、双凫铺、偕乐桥、流沙河6个人民法庭。全市农村人民法庭共有法官和其他工作人员180余人，法庭年均审执结案件数6000余件。

2014年，全市法院各项工作取得新成绩，涌现出“全国优秀法院”“全国少年法庭工作先进集体”“全国法院党政机关执行人民法院生效裁判专项积案清理先进集体”“全国法院司法宣传工作先进集体”“全国优秀法官”等先进典型；有51个集体、112名个人受到省级以上表彰。宁乡县花明楼法庭被评为“全国法院人民法庭工作先进集体”。天心区法院防治虚假诉讼经验、岳麓区法院“诉非衔接”工作、开福区法院“打击医托诈骗”专项审判、雨花区法院刑事庭审示范庭、望城区法院自主研发的“人民陪审员管理系统”软件、长沙县法院裁判文书改革等，均得到最高人民法院高度评价。　　（吴树兵）

长沙市中级人民法院领导人员

党组书记、院长	罗衡宁
党组副书记、纪检组长	梁英飞
党组副书记、副院长	钊作俊
党组成员、副院长	黎　军
党组成员、副院长	邹剑钧
党组成员、副院长	周芳乐
副院长	邓文莉
党组成员、工会主席	刘显杰
党组成员、副院长	刘革强
党组成员、执行局局长	范登峰
党组成员、政治部主任	陈永超

【刑事审判】 坚持实体公正与程序公正并重，坚持惩治犯罪与保障人权并重，维护国家安全，维护人民利益。共审理刑事案件1079件，判处罪犯1508人，其中，判处五年以上有期徒刑至死刑416人。依法惩治严重暴力犯罪，审理故意杀人、抢劫、绑架等严重危害人民群众人身安全的刑事案件76件，判处罪犯143人，对潘鸾平故意杀人，孙永喜、周长征抢劫杀人等一批重大恶性案件的罪犯依法判处死刑。审理盗窃、抢夺、诈骗等侵害人民群众财产安全的刑事案件301件，判处罪犯360人，增强人民群众安全感。保持打击毒品犯罪的高压态势，审理毒品犯罪案件123件，判处罪犯239人，对贩卖麻古222.35千克的岩养、杨鑫、吕宝明等人，依法判处死刑，净化社会环境。依法严惩职务犯罪，审理贪污、贿赂等职务犯罪案件63件，判处罪犯83人，对湖南省交通厅原副厅长李晓希等被告人从严惩处，促进反腐败斗争深入开展。依法惩治破坏市场经济秩序犯罪，审理集资诈骗、非法吸收公众存款、合同诈骗、走私等犯罪案件36件，判处罪犯74人，营造公平竞争的市场环境。依法审理葛兰素史克公司商业行贿案，判处罚金30亿元，开出了迄今为止全国最大罚单。依法严惩拐卖儿童、组织儿童乞讨、强奸儿童等严重侵害未成年人权益犯罪，对残害未成年人致死的高翔、李媛依法判处死刑。全面贯彻证据裁判原则，坚持疑罪从无，对指控证据不足的被告人依法宣告无罪。健全假释、缓刑、暂予监外执行管理制度，审理减刑、假释案件5695件，确保刑罚变更执行公开公平公正。（吴树兵）

【民商事审判】 充分发挥民商事审判规范引导功能，平等保护各类市场主体的合法权益。共审理民商事案件8514件，调撤结案2231件，调撤率26.2%。审理婚姻家庭继承案件313件，维护有序的家庭关系。审理涉出嫁女、入赘男、半边户等土地权益纠纷案件34件，为处理同类矛盾纠纷提供司法指引。审理侵权责任案件1125件，及时修复被破坏的社会关系，妥善处理黄某某等人与湖南某大药房企业集团姓名权纠纷案，依法保护姓名权中的财产性利益。公正高效审理涉军案件18件，维护军人军属合法权益。审理民间借贷、金融借款、互联网金融、小微企业融资借贷纠纷等案件1805件，同比增长50.8%，维护正常金融借贷市场秩序。审理买卖合同纠纷案件449件，同比增长82%，维护市场公平交易秩序。审理房地产开发、商品房销售、房屋租赁等案件1987件，同比增长66.1%，规范房地产交易行为。审理劳动争议案件1304件，同比增长69.1%，促进企业依法用工，维护劳动者合法权益。审理破产、公司诉讼、证券期货等案件176 件，助推产业转型升级。审理知识产权案件704件，充分发挥司法保护知识产权的主导作用，营造良好的创新环境，本田技研工业株式会社外观设计专利权纠纷案入选中国法院知识产权司法保护50件典型案例。审理仲裁司法审查案件100件，依法支持和监督仲裁活动。审理涉外民商事案件51件，涉港澳民商事案件14件，依法维护外商与港澳同胞的合法权益。审理涉台民商事案件14件，办理涉台司法互助事务7项，促进两岸经济交流与发展。　　（吴树兵）

【行政审判】 积极受理行政诉讼案件，维护行政相对人的合法权益，预防和化解行政争议。共审理行政案件780件。审理政府信息公开案件134件，彭某某诉某县国土资源局信息公开答复案入选最高人民法院年度十大政府信息公开典型案例。审理行政不作为案件90件，促进行政机关依法履行职责。审理行政处罚案件75件，加强对涉及公民人身、财产权益的行政执法行为的司法监督。审理刘某某不服城市公共客运管理行政强制案，支持打击非法营运，维护合法交通营运秩序。发布行政审判“白皮书”，向行政机关提出司法建议24条，促进司法与行政良性互动。审结涉省、市重点工程建设案件385件，依法推动黄兴北路棚改、天心区枣子园棚改及岳麓区滨江新城等项目的征收扫尾工作，为地铁1号线等重点民生工程提供有力司法支持。指导和监督基层法院办理司法强拆案件112件，无一引发社会不稳定事件。严格执行国家赔偿法，妥善审理国家赔偿案件12件，确保受害人获得赔偿。

（吴树兵）

【执行工作】 完善执行机制，整合执行资源，及时维护胜诉当事人权益。共执结案件896件，执结率75.9%，执行到位14.07亿元，同比分别上升95.2%、3.8%和30.3%。组织指导基层法院执结案件18892件，同比上升34.4%，标的额53.55亿元。开展小额民生案件专项执行活动，全市法院执结涉农民工工资等民生案件1851件，标的额2958万元，长沙中院被评为"全国法院涉民生案件专项集中执行工作先进集体"。积极探索金融案件执行方式，执结金融积案265件，为国家挽回经济损失2.5亿元。加大对规避执行行为的惩治力度，限制出境84人次，限制高消费196人次，对505名抗拒执行的当事人实施司法拘留，依法追究12名被执行人刑事责任。积极推进失信被执行人名单制度，将3665名失信被执行人信息纳入最高人民法院失信被执行人名单库，356人迫于信用惩戒威慑积极配合法院履行执行义务。对不主动履行生效裁判的"疯狂英语"创始人李阳通过微博曝光，促使案件顺利执结。规范执行行为，审查执行异议、复议案件169件，纠正不当执行、违法执行和消极执行。与湖南都市频道、湖南经视等媒体合作策划《执行风暴》《正在执行》等栏目，全程公开执行案件430件，通过媒体曝光老赖500名，发布执行悬赏公告122份，执行工作经验被最高人民法院向全国推介。依法推进立案信访、审判监督工作。充分保障当事人诉权，降低立案门槛，取消律师代理案件的面签手续，积极破解"立案难"。开展化解信访积案"百日专项行动"，接待处理来信来访3910人次，完成远程视频接访59件人次，进京访同比下降31%，涉诉信访工作考核名列全省第一。严格落实审判监督要求，审理再审案件181件，其中，维持77件，改判42件，发回重审26件，调解和撤诉20件，其他16件，坚决依法纠错，维护裁判权威。 （吴树兵）

【司法改革】 规范有序的司法权力运行机制是公正司法的重要保障。长沙中院以深化司法体制改革为契机，着力解决审判流程不畅、审判效率不高等突出问题，提高公正司法水平。1. 改革案件审批制度。加强合议庭组织建设，严格合议庭评议制度，完善合议庭成员共同参与和制约监督机制，支持合议庭依法独立裁判。出台《审判长负责制综合改革方案》，探索建立更加符合法官职业特点和司法规律的审判权运行新机制。简化案件审批程序，制定《深化案件审批制度改革试点方案》，下放裁判文书审签权，确保"让审理者裁判，由裁判者负责"。严格限制审委会讨论案件范围，讨论案件占全部案件1%，使审委会聚焦重大疑难复杂案件的法律适用问题，更好发挥审委会作为最高审判组织的指导作用。2. 优化内部职权配置。建立院、庭长带头办案制度，充分挖掘内部潜力，服务和保障执法办案第一要务。实行刑事案件办理繁简分流，在全国人大常委会授权下试点刑事案件速裁程序，达到"简出效率，繁出精品"的司法效果。完善送达制度，引入电子送达方式，建立当事人确认送达地址并承担相应法律后果的约束机制，有效破解"送达难"。规范诉讼保全程序，出台《民事诉讼保全操作规程》，简化财产保全审批流程，降低财产保全担保门槛，努力破解"保全难"。3. 健全司法公开机制。推进裁判文书公开、审判流程公开、执行信息公开3大平台建设，构建开放、动态、透明、便民的阳光司法机制。全面推行裁判文书上网，出台《裁判文书公开工作方案》，在中国裁判文书网公开各类裁判文书41430份，其中市中院9045份。加快执行指挥中心建设，司法拍卖项目实现网上报名、网上交易和网上结算。积极创新庭审公开方式，以视频、音频、微博等方式及时公开庭审过程，开展网络庭审直播30次，网民浏览量达24万人次。健全"法院开放日"长效机制，邀请社会公众走进法院，通过亲身体验了解法院。实行减刑、假释案件一律网上裁前公示制度，大力推进减刑、假释案件审理公开透明化。四是完善审判流程管理。推动审判管理和信息化建设深度融合，全市法院建成科技法庭69个，其中新建32个，建立审判管理网络信息联动机制，收案、办案、结案、存案等日常管理实现信息化。加强司法鉴定信息化管理，建立鉴定机构名册制度，规范委托鉴定行为，委托中介机构司法鉴定案件2892件，结案2646件，确保鉴定客观公正。健全审判运行态势分析机制。严把案件审核关、文书签发关。严格案件质量评查，全年评查各类案件9132件，集中反馈、公开通报8次。狠抓审限管理，建立审限提示、审限预警、公示通报等制度，首次下达院长督办令22份，有效清理积案，实现法定审限内均衡结案。 （吴树兵）

【司法监督】 坚持人民代表大会根本政治制度，认真执行市人大及其常委会的各项决议，围绕"司法公正长沙行"主题，开展"延伸帮教进社区，激励教育为明天"系列活动。主动配合人大常委会开展司法公开等专题调研和执法检查。积极组织院、庭长和法官参加人大常委会组成人员开展的轮流接访活动，依法妥善处理一批反映集中的涉诉信访问题。及时向人大常委会报告工作，提请任免法官14人次。加强与代表的日常联络，通过走访、寄送联络刊物、发送工作短信等多种形式通报法院工作情况。办理人大代表建议7件，邀请人大代表、政协委员旁听庭审、体验执行20场189人次。凡金融犯、职务犯、涉黑犯的减刑假释，一律邀请人大代表、政协委员旁听。在人大常委会监督下开庭审理宁明智撤销缓刑案，防止漏管、脱管和重新违法犯罪。认真接受市政协、各民主党派、工商联的民主监督。积极配合市政协民主监督小组开展工作，办理政协委员提案7件，通过专题调研、召开座谈会等方式加强与政协委员的沟通联系。自觉接受检察机关诉讼监督，审理检察机关刑事抗诉案件21件，民事抗诉案件10件，其中维持18件，改判和发回重审13件。 （吴树兵）

【司法宣传与服务】 1. 积极践行司法为民。针对人民群众重点关切的民间借贷、房地产纠纷、知识产权保护、劳动争议化解、未成年人权益保护、交通事故损害赔偿等问题，组织开展"长沙法官为您送上一点建议"系列活动8场次，通过法官与群众互动，面对面提出司法建议和对策，帮助企业和人民群众防范法律风险，从源头预防和减少矛盾纠纷。有序落实"人民陪审员倍增计划"，全市法院共增加人民陪审员2276名，参审案件44338件，陪审率达60.5%。多渠道听取律师意见和建议，对律师反映的五大类问题逐一研究和整改，尊重和保障律师权利。完善司法救助实施细则，为生活确有困难的当事人提供司法救助171.9万元。创新便民利民举措，为行动不便的当事人上门立案、预约立案18次，推广芙蓉区法院开办“法律服务夜市”、浏阳市法院“送法下乡”的经验，指导基层法院开展巡回审判107场次，方便人民群众诉讼。2. 自觉推动法治建设。发挥人民法院的职能优势，以“一推行四公开”等多种形式开展法治创建活动，推进基层治理法治化。积极参与社会治安综合治理，促进立体化治安防控体系建设。完善审判工作与社区矫正衔接机制，依法向管制犯、缓刑犯发出禁止令45份，促进社区服刑人员融入社会。在充分尊重当事人意思自治的前提下，颁发人身保护令8份，有效干预并控制家庭暴力。健全未成年人普法教育机制，组织“送法进校园”活动32次，有效预防未成年人犯罪。充分发挥裁判价值引导功能，通过重大案件专项宣传报道、新闻发布会、公布典型案例等方式，以案释法，与省、市新闻媒体联合制作《一号法庭》等法治栏目9档，在各级媒体发布新闻稿件640篇，推动全社会进一步增强法治意识。（吴树兵）

司法行政

【概况】长沙市司法局作为市人民政府组成部门，主要承担着普法依法治理、监狱戒毒、律师公证、法律援助、司法鉴定、国家司法考试、人民调解、安置帮教和社区矫正等工作职能。市司法局内设14个职能处室，辖有坪塘监狱、长桥强戒所、星沙强戒所、长沙公证处、市法律援助处、市“12348”法律服务和信息指挥中心、市工读学校、市律师协会等单位和9个县（市）区司法局及188个司法所；对全市197家律师事务所的3042名律师、10家公证机构的58名公证员、70家法律服务所的581名基层法律服务工作者、34家司法鉴定机构的425名司法鉴定人负有监管职责。局机关及直属单位有干部职工550人，其中局机关61人，直属单位489人。

2014年，全市司法行政工作围绕全面推进依法治国和深入推进司法体制改革的发展主题及“全省率先、全国争先”的工作目标，充分发挥法治宣传、法律服务和法律保障的职能优势，精心培育城市法治精神，主动服务经济社会发展，全力维护社会和谐稳定，不断做大做强司法行政事业，为长沙经济社会发展提供了优质高效的法律服务和坚强有力的法律保障，司法行政群众满意度和社会美誉度大幅攀升。

一、基层基础建设。1. 完善制度体系。对全局各项工作制度进行全面的搜集整理，出台完善《长沙市司法局工作规则》《“三重一大”事项集体决策制度》等系列制度，形成权责分明、监督有力、科学合理的制度体系，切实提高全局工作的制度化、规范化和科学化水平。2. 理顺管理职能。配齐配强坪塘监狱、长桥强戒所、星沙强戒所三个单位的领导班子，城区3人以上司法所全部明确为乡镇副科机构。大力推进基层司法所规范化建设，基层承载力和活力不断提升。积极争取设立司法鉴定管理处，市法援中心更名为市法律援助处。3. 提升承载能力。市局视频监控指挥中心实现远程视频监控和视频会议功能，完成与局属二级机构的网络对接工作。坪塘监狱新址建设主体工程基本完成，市工读学校二期工程运动场和体育馆顺利竣工并投入使用。4. 强化便民举措。将所有的行政审批事项全部纳入市政务服务中心窗口办理，制定《长沙市司法局派驻市政务服务中心窗口工作人员管理办法》和行政审批项目流程图，编印《办事指南》，简化办事程序，提高审批效率。

二、服务能力建设。牢固树立以人为本、服务为先的理念，有效整合司法行政法律服务资源，大力整治和规范全市法律服务市场，切实维护群众的合法权益和社会的公平正义。1. 服务发展大局。大力推进“法律顾问百千万”工程，组建“信访法律服务律师专家团”，积极为党委政府在经济建设、社会治理、城市建设和招商引资等方面重大决策提出法律意见，为重大工程和重点项目建设提供法律服务，为中小企业规范经营、转型升级提供法律支撑，确保了经济平稳健康发展。围绕“助改革、促发展、保民生”的主题，积极推进“牵手重点工程、中小企业、社区建设”专项法律服务活动，设立“台资企业法律服务平台”，为台资等企业的可持续发展创造了良好法治环境。2. 服务保障民生。公证机构积极推进城区公证体制改革和布局调整，为出行不便的群众提供公证上门服务1100余次，接待群众来访30万人次。法律援助深入开展“法援苍生与您同行”活动，服务受援人14478个，为740名农民工、180名老年人、993名妇女、774名未成年人、301名残疾人等提供法律援助。司法鉴定成立司法鉴定协会，积极开展司法鉴定法律援助和行风建设专项活动。组织开展“司法考试高校行”活动，年度国家司法考试圆满完成。“12348”法律服务热线免费向市民提供法律咨询，年接听咨询电话34500余个，咨询服务能力进一步加强。

三、法治社会建设。围绕关于全面推进依法治国的总体要求，加大普法宣传力度，强力推进长沙法治社会建设。1. 创新普法方式。突出重点法律法规宣传和重点对象学法用法，认真组织全市国家工作人员无纸化学法考试大竞赛活动，国家工作人员无纸化普法普及率超过90%。精心编印系列普法丛书近8万册，开展“百个村、百个社区”法治巡回讲座280场次。2. 培育法治精神。组织实施在省级法治村（社区）建设统一规范的法治文化标志，完成6个社区法治公园建设并如期向社会开放。与《潇湘晨报》《长沙晚报》、长沙新闻电台合作开办法治专题栏目，在潜移默化中培育具有长沙特性的法治精神。3. 开展法治创建。大力推动区域、行业和基层依法治理实践，全市9个县（市）区均已全面开展法治区、县（市）活动，全市26个行政执法部门开展了行业依法办事示范窗口单位创建活动。长沙市获评全国“六五”普法中期先进城市，开福区入选“全国法治县（市区）创建先进单位”。

四、维稳防线建设。1. 巩固监所安全重点防线。监狱强戒工作贯彻落实场所安全稳定的要求，大力规范监所管理，科学设置安全防范网络，强化值班带班和警戒备勤制度，全年未发生罪犯、戒毒人员脱逃、非正常死亡或较大安全生产责任事故。市属劳教场所全部转型为强制隔离戒毒所，全面收治强制隔离戒毒人员。主动对接社区开展戒毒（康复）工作，切实加强对社区吸毒人员的管理。坪塘监狱服刑人员改造质量评估体系全省领先，长桥强戒所安防管控水平大幅提升，星沙强戒所获评全省戒毒系统“三项创新性工作”示范单位。2. 筑牢人民调解基础防线。扎实推进“三调联动化矛盾、息诉息访促平安”专项调解活动，组织“五老干部”参与重大矛盾和信访积案的化解工作。对司法助理员专项编制进行全面清理，大力推进收编建所和人民调解“以奖代补”工作。与湖南都市频道联手打造《都市调解室》栏目。天心区、开福区的婚姻家庭调解室，开福区、望城区的校园调解室，芙蓉区、天心区的房产物业纠纷调解室，岳麓区、望城区的医患纠纷调解室，长沙县、雨花区的道路交通事故调解室，浏阳市的林权纠纷调解室，芙蓉区的保险行业协会调解委员会等成为行业品牌。3. 强化社矫安帮特殊防线。全市社区矫正工作全面推进规范化、制度化、法治化建设，开发运用指纹图像报到核查系统，大力实施电子手铐新型监管方式，社区服刑人员重新犯罪率控制在 0.12%，大大低于全国平均值。天心区建立全省首家现代化社区矫正中心，宁乡县社区矫正中心全面建成使用。开福区、雨花区搭建了特殊人群心理咨询疏导平台，并执行了全省首例社区服刑人员公开庭审收监。（曾浪平）

【监狱工作】 2014 年，坪塘监狱以部级现代化文明监狱建设为总揽，以维护两个安全为前提，以提高改造质量为中心，在确保场所稳定、提升执法水平、增强队伍综合素质等工作方面取得了新的突破。1. 场所持续安全稳定。严格落实监管、生产安全工作责任，以全面深化精细化管理为抓手，高标准规范基础管理，以打造“平安监狱”为目标，加强业务建设，完善网控平台，监管秩序持续稳定。2. 改造质量稳步提高。严格落实“5＋1＋1”作息制度，全力构建“大教育”工作格局，形成了“大课堂”“大氛围”“大活动”“大内容”“大手段”“大投入”的教育特色。组织开展“情暖高墙、关爱孩子”“依法禁毒、构建和谐”等多项教育活动，教育改造质量稳步提高。3. 执法水平有效提升。制定《湖南省坪塘监狱工作规则》，大力推进刑法执行、基础业务、生活卫生、监企管理的规范化建设，加大狱务、刑务、党务公开力度，认真开展监狱执法考评。实现监企分开，引入专业财务审计，有效提升执法管理水平。4. 整体迁建进展顺利。按照“软硬两手、同步推进”的思路，实施迁建项目化管理，从配套办公、生活绿化、安防设施、经费保障等方面保障工程质量，年内基本完成监狱新址建设主体工程，装修及亮化、绿化等工程正在有序进行之中。（张　琳）

【戒毒工作】 2014 年，长桥强戒所党委凝心聚力，锐意进取，带领全所民警职工全面推动戒毒职能转型。1. 场所管理工作。加强民警直接管理和所情动态研判力度，实施宿舍单元化定置管理和车间“6S”管理，严格落实安全稳定“四级必办”，场所管理进一步规范。新型高清数字化视频监控系统年底完工并投入使用，场所技防能力进入全省领先水平。开展经常性警务督查，有效整治场所安全隐患，确保场所安全“六无”目标的实现。2. 戒毒转型工作。建成医疗戒护、康复教育、常规矫治、回归适应四个功能区，构建“三期四区”戒毒模式，全年收治戒毒人员 600 余名。实施戒毒人员“净身入所”，配足配齐医务人员，与省第二人民医院建立医疗绿色通道，戒毒医疗管理迈上新台阶。3. 教育矫治工作。落实周四集中课堂教学和周日休息制度，建成心理矫治中心。选送职业培训 197 人次，邀请社会帮教 16 次。与芙蓉区司法局合作建立定王台社区戒毒（康复）指导站，与长沙电视台政法频道、新闻频道合作录播禁毒专题节目 8 期。4. 队伍建设工作。深入开展党的群众路线教育实践和“禁违拒腐、严管队伍”正风肃纪专项活动，深入推进所务公开，大力规范民警执法行为。全年解除强戒、办理奖惩均做到公开公正，确保了“单位零事故、民警零违纪、执法零过错”。

星沙强戒所以构建“大戒毒、大矫治”工作格局为目标，科学推动戒毒工作一体化、专业化、社会化建设，场所持续安全稳定，矫治质量明显提升，获 2014 年全省戒毒系统市州所绩效评估考核一等奖。1. 强化教育，狠抓队伍建设。制定《2014 年度民警教育培训计划》，组织进行两大三性、警体素质培训。深入开展“禁违拒腐 严管队伍”专项活动和“庸懒散”专项整治活动，民警政治意识、大局意识和工作责任感大幅提升。2. 打造平台，狠抓矫治质量。初步建成强制隔离戒毒业务综合管理平台，实现基础台账信息化。建立民警个别谈话教育室，有效提高证据保全和教育矫治质量。建立社区康复指导站，稳步加强戒毒人员后续照管。3. 创新手段，狠抓规范管理。通过条形码管理的方式，在民警、戒毒人员、生产工具三者之间自动生成唯一的条码标识，有效加强人员和工具管理。严格履行报账审批手续，全面接受纪委、审计、税务等部门的检查和监督，进一步规范资金使用管理。4. 拓展职能，狠抓禁毒教育。积极扩大青少年禁毒教育基地的社会效应，全年接待社会群体教育学习共 6000 余人次，《湖南日报》、湖南卫视等多家媒体先后 30 余次进行报道，多位领导给予高度评价。（刘孟龙　汪杰明）

【普法依法治理】 2014 年，全市普法依法治理工作深入实施“六五”普法规划，不断增强法治宣传教育的针对性、实效性和导向性，为全面推进依法治国和长沙法治社会建设营造良好法治环境。1. 精心组织法律“六进”活动。开展“百个单位、百个社区、百个乡村百场法治讲座”共计 280 场次，发放宣传资料 10 万余份，出动流动宣传车 137 台，播放法治电教片和电影 142 场，举办法治文艺演出 15 场，为群众提供法律咨询和法律服务 30000 人次。2. 大力创新法治宣传形式。以《长沙晚报》《潇湘晨报》和长沙广播电台等主流媒体为宣传平台，合作推出《案例说法》《举案说法》等专栏。结合“12·4”宪法日，联合长沙电视台举办以“弘扬宪法精神、推进依法治国”为主题的大型电视节目。3. 全面营造良好法治环境。组织开展农村“法律明白人”活动，培养农村“法律明白人”示范教员 75 名，发展法治宣传志愿者725名。创建市“法治村（社区）”20个，市“依法办事示范窗口单位”20个，23个村（社区）获得第七批“全省民主法治示范村（社区）”命名。（李 葭）

【人民调解】 2014年，全市人民调解工作以“三调联动化矛盾、息诉息访促平安”专项调解活动为契机，以化解信访积案为重点，积极支持和鼓励“五老人员”和社会志愿者参与重大社会矛盾化解工作，有力维护全市社会和谐稳定。1. 扎实开展专项调解活动。组织动员“五老人员”和社会志愿者658人，成立信访积案调解或法律援助工作小组316个，包案上访人员376人，成功化解赴省进京非正常上访案件123件，2014年进京非访案件与2013年同期相比下降61.4%。2. 全面落实纠纷排查制度。全面落实人民调解矛盾纠纷排查调处协调会议制度和重大矛盾纠纷信息报告制度。建立重大纠纷工作台账，对重大民转刑案件建立一案一台账制度。全市人民调解组织共调解各类矛盾纠纷39347件，调解成功38721件。3. 深入推进行业调解工作。建立综治部门牵头、业务主管部门推动、司法行政部门指导、财政和业务部门保障的专业性、行业性人民调解工作机制。加强对行业性、专业性、跨区域调委会的工作指导，进一步加强和巩固医疗卫生、道路交通、物业管理等专业性、行业性人民调解委员会建设。4. 大力加强规范化建设。全面落实人民调解组织和人民调解员备案工作，村（社区）调委会均落实机构、场地、人员、经费，基本统一人民调解标牌、印章、标识、程序、制度文书报表，建立一周一排查的调解工作机制和纠纷排查、不稳定因素、治安问题、安全隐患、特殊人群等考核机制。（吴 宽）

【社区矫正和帮教安置】 2014年，全市累计接收社区服刑人员10484人，累计解矫7016人，累计减刑5人，累计收监60人，在册3468人，全部落实监管措施。全市1.3万余名刑释人员帮教率达100%，重新犯罪率始终控制在3%以内。1. 加强社区矫正机构建设。大力推进市、区两级社区矫正机构建设，市局和开福区司法局社区矫正机构经编办同意更名为社区矫正管理局，新建全国一流、全省领先的天心区社区矫正中心，全市区、县（市）级社区矫正中心7个。2. 创新矫正对象管理方式。对全市社区服刑人员实施指纹图像核查监管并每月进行定期通报，全市社区服刑人员指纹图像核查签到率达100%。积极开展分类矫正、个案矫正、心理矫正、社区服务、警示教育等转化措施，社区服刑人员遵纪守法意识明显提高，教育转化率96%以上。3. 强化刑罚执行监控力度。由市中院、检察院、公安局、司法局4家单位联合下发《关于执行全国人大常委会有关罪犯收监执行立法解释的通知》，明确依法撤销缓刑、撤销假释或者对暂予监外执行罪犯收监执行的工作程序。对全市200余名职务罪犯进行体检复查，对60余名不符合监外执行条件的罪犯实行收监执行。4. 提升帮扶教育工作实效。筹备成立长沙市“启心”关爱帮扶协会，主要针对全市8.6万余人的特殊人群开展关爱帮扶活动。开展“三帮一促”主题帮教活动，对“情暖高墙、关爱孩子”联合帮扶活动进行了专题部署。建立刑释人员信息库，市级刑满释放人员过渡性安置基地在开福区建成，已过渡安置102人。（李 喆）

【律师工作】 2014年，全市新增律师事务所21家，新增执业律师323人。全市律师代理刑事诉讼2957件，民事诉讼10570件，行政诉讼583件，担任法律顾问2461家，办理非诉讼法律事务20098余件。1. 全面实施“十大工程”。出台《长沙市律师行业“十大工程”建设实施方案》，强力推进行业党建与创先争优、发展战略与行业规则、考试考核与奖励评审、纪律惩戒与职业道德、青年律师与人才培养等十大工程。2. 努力搭建发展平台。顺利完成律师协会换届选举和协会党委换届选举，成立信访法律服务律师专家团，与长沙市台湾事务办公室联合设立“台资企业法律服务平台”，向台资等企业提供零距离法律服务。3. 积极推进专项活动。积极推进“牵手重点工程、中小企业、社区建设”法律服务专项活动和“法律顾问百千万工程”，制定下发《开展“法律服务进社区（村）”专项活动的实施方案》《关于推进2014年度“法律顾问百千万”工程任务的通知》等文件。4. 推动建立律师工作联席会议制度。建立由市委政法委牵头的全市律师工作联席会议制度，召开全市律师工作联席会议第一次会议，明确联席会议职责任务、议事规则及进一步加强律师工作和律师执业权利的保障措施。（欧阳叶青）

【公证工作】 2014年，长沙市公证行业扎实开展公证法律服务“进社区、进乡村、进机关、进学校、进企业”活动，全年办理各类公证52482件，公证收费1460万元。1. 大力拓展业务范围。巩固委托、继承、遗嘱、赠予、收养、民事协议等各类基本公证事项，积极拓展房地产、金融、公司等领域，大力发展提存、拆迁安置、送达、保全等公证事项，形成基本服务、重点服务、特色服务有序发展，各领域、各事项比例、结构不断优化的良好局面。2. 强力推进机构调整。为建立有利于公证事业发展的机制体制，明确适合长沙市公证工作特性的人事、分配、税收、社会保障等政策，由市政府牵头召开长沙市城区公证体制改革协调会议，并经市政府常务会议讨论通过城区公证体制调整方案。3. 致力提升公证质量。要求公证人员恪守职业道德、遵守执业纪律、坚持办证原则、严格公证程序、自觉抵制不正当竞争，营造出“办铁证、出新品、做新人”的执业氛围。通过随机抽卷的方式，开展案卷督查及质量跟踪，确保全年未出现一例错、假公证。4. 着力优化执业环境。在芙蓉区万家丽路大润发超市前坪组织开展全市公证行业“助改革、促发展、保民生”法律服务暨《公证法》颁布九周年宣传活动，与长沙政法频道、湖南交通频道等媒体协作进行现场采访报道，有效提升公证工作的社会影响力。（邓 红）

【司法鉴定管理】 2014年，全市司法鉴定机构完成鉴定7309件。1. 以完善“两结合”为重点，着力加强司法鉴定管理能力。大力推动设立司法鉴定管理机构，上半年市编办批复同意市司法局设立司法鉴定管理处，并明确其主要工作职责。经市民政局批准正式成立长沙市司法鉴定行业协会，召开全市司法鉴定协会第一次会员代表大会，在完善行政管理与行业自律管理工作方面迈出新步伐。2. 以实现平稳交接为目标，致力提升行业规范管理水平。为更好地了解省司法厅委托下放管理的司法鉴定机构情况，对23家鉴定机构分别开展深入调研，实现管理上的平稳交接。对全市34个司法鉴定机构、425名司法鉴定人进行初审，编撰2014年度长沙市司法鉴定名册，在长沙市司法局门户网站上进行公告，有效提升司法鉴定管理的规范化水平。3. 以强化执业监管为核心，大力加强司法鉴定质量建设。开展司法鉴定行业行风建设专项活动和司法鉴定案件案卷评查活动，要求各机构健全制度，规范操作，加强监管，强化责任。认真做好投诉举报查处工作，受理投诉3起，对2起投诉进行行政处理，做到“件件有落实，事事有回音”。（冷　冷）

【法律援助】 2014年，全市法律援助工作进一步强化基础、细化管理、优化服务、深化创新，全年提供来访来电咨询10548人次，办理法律援助案件3846起。1. 全面夯实基层基础。在工会等单位设立法律援助工作站134个，在律师事务所设立法律援助联络点108个，在188个乡镇（街道）、1855个社区（村）全部成立法律援助工作站。推行窗口开放式办公，接待人员挂牌上岗，实行法律援助事项的受理、审查、指派“一条龙”服务，法律援助申请审批时间压缩为2.5个工作日。2. 大力强化管理职能。进一步理顺和强化市法律援助处对全市法律援助工作的监督管理职责，继续完善法律援助受理、审批、指派、承办等各个环节的工作程序、工作制度和服务标准。有效加强法律援助工作人员和办案律师的行为管理，逐步加大听庭、回访等个案监督力度。3. 不断服务民本民生。开展农民工讨薪法律援助、关爱妇女儿童法律援助送温情、法律援助进高墙等活动，进一步完善刑事法律援助工作协作机制，强化看守所法律援助工作站宣传职能，确保符合条件的法律援助申请人知晓并能及时得到法律援助。4. 积极开展宣传教育。组织开展特殊时间的法律援助宣传活动，利用妇女节、儿童节、重阳节等节日组织集中宣传。参加长沙市政法频道制作的“有请发言人”栏目，在市政府门户网站接受在线访谈，在《长沙晚报》等媒体开辟专栏，有效增强长沙法律援助的社会知晓率和美誉度。（秦　琴）

【工读教育】 2014年，市工读学校朝着创全国一流工读教育品牌的目标，在提高育人实效、提升教育质量、拓宽育人渠道、改善办学条件等方面踏出坚实的一步。1. 强化德育管理，提高育人实效。以行为习惯养成和德育为主线，加强行为习惯养成教育，狠抓学生日常思想教育，坚持日检查周评比工作。定期召开经验交流会，对难以转化的学生群策群力，寻求最有效的教育转化措施。2. 完善激励机制，提升教学质量。实行量化管理和科学评价，从课前备课、课堂教学、作业批改、课外辅导、发表论文、学生转化等方面对教师进行全面考核。继续开展经典诵读和第二课堂活动，年度中考学生升学率77.8%。3. 抓好双向交流，拓宽育人渠道。加强与校外优质资源的联系，全年累计安排大学生志愿者进校园开展主题活动21次，接待明德中学、市第二十中学、开福区新河街道社工站等校外教育个案咨询16轮次。4. 抓好工程建设，改善办学条件。学校二期工程建设项目的体育馆和体育场建设于9月28日正式竣工，顺利通过长沙县建设局验收，并成功承办市司法局第二届法治宣传杯运动会。（杨文清）

军 事

责任编辑：尚 畅

长沙警备区

【概况】 2014年，长沙警备区深入学习、坚决贯彻党的十八届三中、四中全会和习近平主席系列重要讲话精神，按照年初工作部署，谋强军、抓融合、改作风、保稳定，部队和国防后备力量建设呈现稳中有进、整体提升的良好局面。

一、思想政治建设得到加强。创新理论武装抓得实，通过召开党委全会、融入专题学习、组织讨论交流等方式，全党、全军重大会议精神和习主席重要讲话精神跟得紧、传达快、贯彻好。扎实开展"牢记强军目标，献身强军实践"主题教育，官兵听党指挥的思想根基更加牢固。榜样力量突出，王家巷干休所卫生所长李国祥勇救跳楼轻生女，被省军区记三等功；防汛演练官兵抢救一名跳水轻生男子，中国军网、省市主流媒体都作了报道，社会反响好。涉徐信息清查清理严肃认真，责任到人，干净彻底。服务中心作用发挥明显。完善非战争军事行动政治工作预案，集中对接和研究防卫作战政治工作方案；组建"三战"队伍，政治工作直接作战功能初具基础；围绕中心工作开展新闻报道，取得明显成效，被省军区评为标兵单位。干部管理严格正规，组织1次干部讲评和3次专题教育，主官绩效考评客观公正，用人风气整体向好。涉军维权工作扎实，全年协调处理案件10起，本级接访受理21起86人次，办结18起。

二、军事斗争准备持续深化。结合战备防护期开展12次战备形势教育，有效增强官兵的紧迫意识和打仗意识；参加筹备"省军区防恐准备示范观摩现场会"，全面提升应对暴恐袭击能力；高质量完成作战数据信息采集和战备方案修订对接；组织战备拉动演练试点，动员实兵若干人参加"湘江—2014"非战争军事行动演习，实战能力得到锻炼。坚持早操体能、队列训练，全年组织2次现役干部研究作业集训和3次基础科目考核，年底参加"两考一评"取得优良成绩；组织若干名新任职基层武装部长参加省军区集训；全年共轮训民兵预备役骨干若干人，组织民兵分队训练58期若干人，超额完成军事训练任务。加强信息化建设，师团两级新建文印室，构建办公局域网，实现文件集中打印和无纸化办公；启用新军线号码和办公手机，为确保移动通信安全打下良好基础。警备区司令部被广州军区评为先进司令部。

三、综合保障效益稳步提高。投入600万余元，高标准完成警备工作正规化建设现场会、市直属民兵分队配套建设、信息化升级改造、连队营房维修等重大任务和基础设施建设的保障工作。组织后勤干部集训，进行新规定、新要求培训，队伍能力素质得到加强。落实经费管理规定，严格预算管理、票据审查，公务卡强制结算项目结算率98%；厉行节约较好，全区公务接待开支同比下降39.8%；完成对雨花区人武部军事主官、长沙县人武部双主官在职履行经济责任情况审计，没有发现大的问题；资金账户管理严格，落实"收支两条线"要求，顺利通过总部资金安全检查。抓好"两项普查"和营房维护管理工作，在迎接总部工作组检查验收中取得98.5分。树牢服务意识，军需物资油料供应及时到位，卫勤服务官兵反响较好。积极推进职工工资制度改革，全面实行职工绩效工资，顺利完成7名退休职工移交工作，后勤部被广州军区评为职工移交安置工作先进单位。

四、安全稳定局面得到巩固。守住安全底线，全年没有发生任何事故、纠纷和案件。坚持每周大交班一次提醒、每月办公会一次讲评、每季度常委会一次分析，官兵安全意识得到加强。扎实开展"百日安全无事故""条令月"两项活动和安全隐患大排查、私家车使用管理、司机和车辆安全管理、枪支弹药和民兵武器装备仓库四项整治，查摆解决安全隐患89个，清查出各类枪弹若干发、雷管若干枚、土制火枪1支和部分枪械零配件，全部按规定处理完毕。协调市委市政府为警备区机关大院种植绿化隔离带，完善民兵武器装备仓库、财务室、文印室等重点部位的红外监控和报警器等安防设施，不定期检查对外经营场所和车辆运行情况，及时消除安全隐患，民兵武器装备仓库连续36年安全无事故。顺利完成若干吨民兵报废弹药集中调运和就地销毁任务。突出城市警备职能，全年出动执勤人员若干人次，执勤车辆若干台次，检查过往军车若干台次，查纠违章军车若干台次，处理军警民纠纷若干起。警备区被省军区评为"安全工作先进师级单位"。

五、国防后备力量建设有所突破。紧贴作战任务抓整组，民兵整组工作进步明显，交叉编组、人册不一等问题得到初步解决。相继成立市民兵应急营、“三战”大队、后勤专业保障队，直属民兵力量得到加强。展开专武干部调研，着力破解“专职不专、专武不武”问题，起草相关文件。落实各级有典型要求，抓建工作有新成效，基层建设基础进一步夯实。组织市国动委各专业办公室40人参加业务集训，规范工作运行秩序；参加全省国防动员领导干部统一考核，组织区（县、市）国动委普考，动员组织能力有效提高。兵役征集任务圆满完成，顺利完成若干名男兵、若干名女兵和若干名军校生国防生招生体检、政审、面试。“双带双促”活动全面铺开、整体推进，社会效应初步显现。积极配合地方做好全国“两会”、节假日等重要节点维稳维权工作，为地方党委政府分忧解难。国防教育公益宣传电子屏进市直机关和社区的协调工作进展顺利，全面铺开国防教育户外大型公益广告牌建设试点，国防教育基本设施得到加强。参建参治作用发挥明显，组织民兵预备役人员3万余人次参与抗洪救灾、森林灭火、扶贫帮困、文明创建、维护社会稳定，受到地方党委政府充分肯定。

两个干休所服务意识进一步增强，保障水平不断提高，活动开展经常，工休关系和谐，老干部评价较好，左家塘干休所被省军区评为先进干休所。此外，预备役登记、对台宣传、保密档案、计划生育、医疗卫生等工作都取得新的进步，《长沙军事年鉴》2013年卷获全军军事年鉴评比二等奖。

（黄元德）

长沙警备区领导人员

省委常委、市委书记、警备区党委第一书记　易炼红

市委常委、警备区党委书记、政治委员　李春艳

警备区党委副书记、司令员　王忠斌

警备区副政治委员　金长义

警备区参谋长　赵　钺

警备区政治部主任　王洪浪（2014.03免）

警备区政治部主任　曹清军（2014.03任）

警备区后勤部部长　欧阳文卫

【组织民兵开展灭火救援】 1月2—7日，由于长沙地区持续出现暖冬干燥气候，宁乡、长沙两县和浏阳市三地相继发生5起森林大火，过火总面积约为70.67公顷。火灾发生时，3县（市）人武部先后调集民兵消防分队队员若干人，出动消防车辆16台（次），动用各种消防器械设备102（件）套，紧急投入灭火救援。在灭火救援中，3县（市）人武部主要领导坚持靠前指挥，现场调度，最大限度地减少火灾带来的损失，为国家和人民群众挽回经济损失1400万余元，受到当地政府和人民群众的交口称赞，有若干名部队官兵和民兵受到地方政府的通令嘉奖。1月21—24日，望城区桥驿镇、浏阳市洞阳镇、宁乡县黄材镇、岳麓区含浦镇、莲花镇等地相继发生森林火灾，总过火面积达100余公顷。山火严重威胁集体财产和山区600余户村民的房屋安全。四区、县（市）人武部接到火警报告后，立即由军政主要领导带队，先后派出民兵森林消防队员若干人次，出动消防车辆16台次，动用消防器材800余件（套）第一时间赶到救火现场，开展灭火施救，为集体和群众挽回财产损失近3000万元。7月11—16日，长沙地区连降暴雨，湘江、浏阳河、捞刀河、靳江河、沩水河等普遍超过警戒水位，望城区靖港镇格塘乡、岳麓区晗铺镇、宁乡县黄材镇等地区部分堤坝相继发生渗漏、垮堤和山体滑坡等洪水灾害。接到灾情报告后，警备区按就近快速的动员方案，迅速组织部队现役官兵和民兵预备级人员投入抗洪抢险。据不完全统计，在该次抗洪抢险战斗中，先后出动部队和民兵预备役官兵若干人次，动用各种装备器材320余件（套），解救被困群众128人，转运各种物资180余吨，清洗水淹庄稼约12公顷，修复水毁堤坝（渠道）230余处。（何　波　毛主亮）

【长沙警备区党委十届七次全体（扩大）会议】 1月15日，警备区党委召开十届七次全体（扩大）会议。会议的主要任务是深入学习党的十八届三中、四中全会和习近平主席关于军队建设的系列重要讲话及两级军区党委全体（扩大）会议精神，部署新年度警备区部队建设和民兵预备役工作任务。警备区党委副书记、司令员王忠斌代表党委向大会报告工作。各区、县（市）人武部、干休所党委向警备区党委汇报2014年工作情况。省委常委、市委书记、警备区党委第一书记易炼红，警备区党委书记李春艳先后在会上发表讲话。强调警备区部队建设和民兵预备役工作必须始终牢记备战打仗的根本职能，扎实开展“学习践行强军目标、做新一代革命军人”的主题教育，用党的创新理论和习主席系列重要讲话精神武装部队官兵和民兵预备役人员的头脑，培育对党、国家和人民无限忠诚的核心价值观，强化军政训练和教育管理，汇聚兴军强军的正能量，如期形成大规模作战的国防动员和防卫作战能力，提升应急处突的快速反应能力，强化支援地方经济新常态建设的参与能力，为实现国家复兴的“两个一百年梦想”作出新的更大贡献。

（任少林）

【广州军区城市警备纠察现场观摩会议】 1月23日，广州军区城市警备纠察现场观摩会议在长沙举行。该会议的中心议题是总结交流广州军区范围内城市警备纠察正规化建设的经验，研究和探讨城市警备纠察如何维护军队的良好形象和军车运行的良好秩序。长沙警备区警备纠察连为现场会议提供了文明执勤、依法纠察和队列、盾牌操等汇报表演项目，受到广州军区首长和与会代表一致好评。（徐　志）

【组织全区战备值班情况大检查】 2月7日，长沙警备区组织5个工作组，由警备区首长带队，分别到9个区、县(市)人武部和民兵武器仓库，对战备值班情况进行大检查。检查期间，带队领导分别向各单位领导通报中央军委副主席范长龙2月6日抽查全军11个大单位作战值班情况后发表的“两好一差”（各级值班首长、值班员在位履职情况好，各作战部队遂行任务完成好，但各级信息化保障部门通信保障能力差）的重要讲话，并按照范副主席的重要指示，对各单位值班首长、值班员在位履职登记、各项值班事项记录、通信联络信息保障、值班分队人员落

实等情况进行全面检查，对在位履职较好的10个单位给予表扬，对个别短时离岗离位的值班人员进行严肃批评，并限时进行改正，强化全区战备值班人员的战备观念，提升战备值班的履职责任和能力。（黄 勇）

【双向绩效考评杠】 2月11日，广州军区《战士报》刊登经验文章，并配发编后小议，介绍长沙市依靠双向绩效考评硬杠杆助推党管武装工作全面落实的经验。具体办法是对区、县（市）人武部主要领导和基层武装干部进行年终绩效测评考核前，由警备区和区、县（市）人武部将绩效考评的8大类工作分门别类地罗列出来，请市、区、县（市）和乡镇（街道）三级地方领导按优秀、良好、合格、不合格4个层次进行评估打分。打分表格发出多少份就一定要收回多少份，考评打分者必须签名。这样一来，接受考评的人和负责考评打分的领导都不敢马虎懈怠，使考评结果真实公平。即强化了人武干部和武装专干对本职工作的责任感，又增强了地方党政主要领导对武装工作的高度关注，使双向考评考出党管武装工作的积极性、主动性和创造性，推动全市党管武装工作的全面落实。（李柏利）

【机关官兵和职工开展爱心捐款】 2月27日，警备区组织机关干部、战士和职工为警备区仓库4级士官赵波进行“献爱心捐助”活动。该爱心捐款的原由是赵波的小孩被严重烧伤，入院治疗需要20万余元费用，为给小孩治病，赵波已倾其所有，并向亲戚朋友借了不少钱，家庭生活陷入极度困难，为帮助赵波渡过难关，警备区政治部和后勤部共同发起爱心捐助活动，当场募得捐款22800余元，帮助赵波解决燃眉之急。（卢 姗）

【“雷锋家乡学雷锋”系列活动】 3月3日，警备区召开“雷锋家乡学雷锋”再动员会议，安排部署“雷锋家乡学雷锋”系列活动。系列活动的内容主要是继续在全区现役官兵和民兵预备役人员政治课堂教育中广泛开展雷锋精神宣讲，组织部队官兵、应征入伍新兵和民兵预备役人员到雷锋纪念馆和雷锋雕像前讲传统、立誓言，把学雷锋作为部队军营文化建设和民兵政治教育阵地建设的重要内容，浓厚学雷锋活动的舆论氛围，让雷锋精神在部队官兵和民兵预备役人员头脑中扎根更深；继续在全区官兵和民兵预备役人员中开展“雷锋志愿者”服务活动，在公交、的士、商场等“窗口”单位设立“雷锋车队”“雷锋商店”“雷锋热线”“雷锋基金”等“雷”字号学雷锋载体，推进扶贫助学、慈善捐助、环境保护、科学普及、无偿献血、人文关怀、应急救助等学雷锋志愿服务向深度和广度扩展；继续广泛开展“寻找身边雷锋”活动，通过组织发动、媒体宣扬、社会推荐、市民推荐等不同形式，寻找身边的“活雷锋”；继续在全区现役官兵和民兵预备役人员中开展“雷锋式人物”评选表彰活动，树立一批“雷锋式”爱兵模范，“雷锋式”优秀士兵，“雷锋式”专武干部，“雷锋式”优秀民兵，用“身边雷锋”展示善行义举；继续在全区现役官兵、应征入伍新战士和民兵预备役人员中开展“续写雷锋日记”活动，弘扬雷锋精神、争当雷锋传人；继续开展“立足岗位学雷锋、爱岗敬业当先锋”活动，着力推进文明单位学雷锋志愿服务站建设；通过参加全市“八创八评”，着力推进“雷锋号”“雷锋班”“雷锋岗”等示范单位建设，普及立足岗位学雷锋，提升现役官兵和民兵预备役人员的道德素质。3月5日，长沙市驻军部队“雷锋精神的科学内涵与时代意义”大型研讨会在雷锋家乡望城区举行。来自全市若干个部队团以上单位的主要领导参加会议。国防科大、省武警总队、省边防总队、省消防总队、舟桥84团、望城区人武部、望城区消防大队等单位先后在会上进行交流发言。市委常委、警备区政委李春艳在会上发表讲话，强调雷锋精神的核心内涵就是忠于党、忠于祖国、热爱人民，学习和弘扬雷锋精神最根本的是与时俱进，知行合一，用时代要求来规范自己的一言一行，自觉培育和践行社会主义核心价值观。（王 荣）

【应对突发事件】 3月14日，长沙市开福区伍家岭沙湖桥农贸市场发生新疆人持刀砍人事件，当场3死2伤，行凶者被公安民警当场击毙。开福区人武部接到报告后，经请示同意后立即派出20名民兵应急分队的队员火速到现场，协助公安干警维护现场秩序，经查，该事件主要是新疆人之间因生意纠纷发生的凶杀案，而非恐怖事件。（黄元德）

【长沙市民兵“三战”大队成立】 3月19日，长沙市首支民兵“三战”（心理战、网络战、舆论战）大队在长沙警备区揭牌成立。“三战”大队共编制官兵若干人，下辖心理、网络、舆论三个中队，队员主要来自全市电讯通信、新闻媒体和公、检、法、司11个单位和部门，其基本任务是应对信息化技术条件下的舆情网络和心理战，大队长由长沙警备区政治部副团职干事何波担任。（毛主亮）

【长沙市民兵应急营成立】 3月27日，长沙市民兵应急营在长沙警备区组建成立。长沙市民兵应急营是“长沙民兵应急连”的基础上组建而成的，其

3月5日，长沙警备区组织官兵向雷锋雕像敬献花篮

编制为若干人。为市委、市政府和长沙警备区直辖的应急力量。其使命和任务为平时应急、战时应战。其建设目标为“编组结构合理、装备器材配套、政治素质过硬、管理正规有序、训练水平较高、队伍可靠性管用”。市委常委、常务副市长陈泽珲，市委常委、警备区政委李春艳，警备区司令员王忠斌、副政委金长义、参谋长赵钺、政治部主任曹清军等领导出席成立大会。陈泽珲强调，民兵应急营使命光荣，责任重大，全市党政军各级领导一定要高度关心和支持民兵应急营的建设，真正把民兵应急营打造成为长沙市民兵队伍的一面旗子，招之即来，来之即战，战之能胜，为维护全市社会秩序和谐作出新的贡献。（曾 庆）

【湖南省大学生预征启动仪式】 4月16日，湖南省大学生预征启动仪式在湖南林业科技大学举行。省市党政军领导陈肇雄、黄跃进、胡衡华、陈泽珲、李春艳、王忠斌等出席预征启动仪式，市征兵领导小组常务副组长、警备区司令员王忠斌与大学生预征对象就大学生征兵有关政策进行互动交流。当日，长沙市若干所高校的若干名大学毕业生响应祖国召唤、踊跃报名参军。（赵佑华）

【长沙舟桥民兵队伍增添新装备】 4月29日，为应对汛期可能出现的洪涝灾害，长沙警备区调集全市若干名民兵舟桥分队的队员，携带27艘冲锋舟在浏阳河举行防洪抢险准备演练。其中1艘水陆两用气垫救援船首次在长沙舟桥民兵队伍中亮相，这种水陆两用新式气垫救生船与冲锋舟配套使用，具有快速、便捷和功率较大的特点，正式装备长沙民兵舟桥分队后，为舟桥民兵遂行抗洪救灾、抗旱救灾等紧急任务提供精良装备。（彭智峰）

【为烈士寻亲活动】 5月6日，随着51年前在酒泉卫星发射中心因公牺牲的吴秋来烈士的墓址迁回老家浏阳，一场由浏阳市人武部、民政局和湖南卫视联合发起的为烈士寻亲活动圆满结束。为烈士寻亲活动的开展，始于年初湖南卫视新闻联播《绝对忠诚》一档节目。为了让第一代湘籍航天建设者的事迹传于后人，永垂青史，栏目组远赴酒泉卫星发射中心采访报道，并在发射中心烈士陵园里发现一座只有“吴秋来同志墓，1956年3月入伍，1963年7月3日因公牺牲”二行字的墓碑。出于对烈士的崇敬，栏目组回湘后，便与浏阳市人武部和民政局联系，决定联合发起为烈士寻亲的活动。4月12日，由湖南卫视发出来“寻访浏阳籍战士吴秋来的亲人”的消息，并代表发起单位向烈士亲人问好，消息发出后，烈士的侄儿吴铴采便按照具体的联系方式，找到浏阳市人武部，告知叔叔失联51年的详细情况，决定要把烈士叔叔接回家。在市人武部和市民政局的大力帮助协调下，失联半个世纪的吴秋来烈士终于魂归故里。（黄元德）

【民兵应急分队开展防恐演习】 5月31日，望城区人武部组织民兵应急分队开展防恐怖活动模拟演习。演习的假设情况是：5名恐怖暴乱分子携带炸药，在汽车站劫持2名人质，扬言引爆炸药。演习开始后，演习民兵在指挥员的号令下，迅速赶到现场，查明情况，组织在场群众进行有序疏散。同时，开展喊话，并迅速找来“恐怖分子”的亲人，进行现场劝阻，逐步把“恐怖分子”逼入一间狭小的房间，并趁“恐怖分子”提出想要抽烟喝水要求时，派其亲人送烟送水，暂时稳住“恐怖分子”的狂躁情绪，派出领导与其继续对话，晓以利害，最终迫使“恐怖分子”放弃爆炸行动。通过演习，使参加演习的民兵应急队员们懂得在紧急情况下如何处置突发事件的基本方法，提升应急民兵队伍维稳处突的应变能力。（段石虎）

【合成参谋和专武干部集训】 6月15日，长沙警备区合成参谋和专武干部集训在省武警总队训练基地正式开训。集训为期一个月。合成参谋和专武干部的共同科目为队列、体能和轻武器射击。合成参谋的偏重科目为信息化网络指挥及战斗文书拟制和标图。专武干部的侧重科目为战时兵员动员的组织与集结和应急处突时民兵队伍的组织和指挥。集训以提高战斗力生成模式为目标，以考核检查为手段，既注重单兵训练，更注重集体探讨和交流。参加集训的若干名专武干部，考核成绩优良率86.4%，其余均在合格以上。（曾 庆）

【“大学生参军宣传交流”活动】 6月25日，长沙警备区在湖南涉外经济学院体育馆举办“大学生参军宣传交流”活动。来自全市12所高校的1200余名应届毕业生，与驻长部队大学生入伍优秀代表，优秀军嫂和部队退伍后成功创业的人士现场进行互动交流。驻长部队空军警卫连副连长苏振洲、二炮某基地军医蒋杰等大学生军人代表先后在会上介绍从大学生毕业生成为合格军人的成长经验，激励大学毕业生从军报国，有效激励大学毕业生的报名参军热情。（周 彦）

【联合防恐演练现场首次运用排爆机器人】 6月30日，在长沙警备区联合驻地公安、武警、消防官兵举行的“湘江—2014”防恐防暴军事演习中，一辆外观与坦克相似，带着摄像头，机械臂和履带等多种装备的排爆机器人首次在演习中进行成功排爆，排爆机器人投入应用后，为长沙应急民兵队伍参与应急处突增强了科技手段。（李乐峰）

【组织官兵为白血病患者献血】 7月21日，中南大学湘雅三医院白血病重症患者赵丹的家人在医护人员的陪伴下，来到长沙警备区，送上患者精心设制的一面锦旗，感谢警备区官兵为她带来第二次生命。赵丹3月份住进湘雅附三医院，6月份经反复诊断为白血病，由于化疗，血液中的白细胞和血小板急剧减少，生命垂危，急需AB型血液进行输血抢救，但附三医院和长沙市的其他医院均一时未能找到这种血型的血液，医院在媒体发起寻找血液的公告，曾经到过附三医院义务献血的警备区纠察连官兵知道这一消息后，迅速组织逄杰、周晨、镇康等7名官兵赶往医院，抽出900毫升AB型血液，为正在抢救中的赵丹进行输血，使赵丹及时得救。（安清云）

【征兵宣传活动】 8月3—6日，长沙警备区组织18名优秀复退军人分别深入到全市部分高校和街道（乡镇）

参军报名点，与千名报名应征青年开展“参军互动”活动，18名优秀复退军人用自己经过军营磨练，复员退伍后牢记军人本色、艰苦创业的事迹，生动阐释军营熔炉锤炼对人生发展的重要意义，鼓励有志青年从军入伍，报效国家，激发全市广大适龄强年的参军热情。8月6—11日，长沙警备区组织11名优秀大学生士兵分别到长沙市15所高等院校，开展巡回演讲报告。优秀大学生士兵代表用自己投笔从戎、经过部队磨砺，不断成长进步的典型事例，鼓励青年学子踊跃报名参军。调动了高校学生的参军报名的积极性，截至8月12日，全市24所高校，报名参军的大学生若干名。（周　彦）

【新兵输送工作】 9月2日，省市党政军领导在长沙火车站为长沙2014年夏季征兵应征入伍的若干名新兵举行欢送仪式。省、市党政军领导陈肇雄、黄跃进、陈泽珲、李春艳、王忠斌、赵钺等出席欢送仪式，入伍新兵代表在欢送仪式上表示，一定要牢记亲人的嘱托和家乡的众望，安心服役，刻苦训练，把自己磨炼成为新时期的合格军人，为建设现代化人民军队贡献自己的力量。省军区司令员黄跃进在会上发表讲话，希望新战友们入伍后发扬湘军优良传统，接好雷锋精神接力棒，不辱军人使命，不负家乡人民的厚望，为部队建设建功立业，争取早日把立功喜报寄回家乡。9月4—11日，随着大批新兵在长沙启运和中转，长沙警备区从警备纠察连和驻长部队有关单位，先后抽调若干名官兵，进驻车站和机场，协助铁路和民航部门，共同维护新兵运输秩序，做好运输保障工作，保障若干批次若干名新兵在长沙完成启运和中转。（李　乐）

【开展国防教育日系列活动】 9月12日，在全国第十四个国防教育日前夕，长沙警备区联合市国教办，在全市开展国防教育系列活动。活动立足于以行政引导和基地化教育与撒网式教育相结合转变，引导企业和民间资本投资国防基地建设，向教育基地输送优秀复退军人作为师资力量，在下大力完善和巩固酷贝拉青少年国防教育体验基地、远大空调军事训练营、中联中科新员工特训营的基础上，再新创建若干个企业国防教育基地，同时依托省会城市网络覆盖面广、通信发达快捷的优势，扩大国防教育信息化，将国防教育基地搬到网上，将国防教育的文物资料、节目作品及各项活动数字化，通过电子显示屏、手机报、微信等，实现全时域、全地域的“渗透式”呈现。（王　荣）

【“纪念抗战胜利69周年系列活动”】 9月23日，为纪念中国人民抗日战争胜利69周年，长沙警备区在全区现役官兵和民兵预备役人员中广泛开展以“铭记历史、缅怀先烈、珍视和平、警示未来”为主题的抗日战争胜利69周年系列活动。这次系列活动包括在雷锋纪念馆，文家市秋收起义会师纪念馆、湖南第一师范纪念馆等开设纪念现场，用绘画、实物等展示中国军民可歌可泣的抗日历程；聘请王维本等9位抗战老兵重温抗日战争的烽火岁月，揭露日本军国主义侵华罪行；举办以抗日战争为主要题材的文艺汇演和演讲；组织部队官兵和民兵预备役人员参观中日长沙会战的遗址遗迹；组织志愿者小分队为抗战老兵和抗战烈士遗属送温暖等。通过系列活动，使全体官兵和民兵预备役人员受到一次生动的爱国主义思想教育。（张运年）

【《解放军报》头版头条报道长沙市国防教育经验】 9月29日，《解放军报》在头版头条的位置，刊登长沙市开展全民国防教育的报道，向全军推广长沙市开展全民国防教育的经验。这些经验概括为实行地方党委、政府统揽，国防教育纳入全市公民素质教育轨道；坚持政府财政拨款，企业捐款和民间资助结合，加快国防教育基地建设；广泛开展经常性的国防教育，让国防教育进机关、进社区（村镇）、进学校、进媒体、进军营，使广大市民自觉接受国防思想熏陶，使长沙真正成为国防城，连续5次获全国“双拥模范城”称号。（毛主亮）

【长沙县“老兵创业园”助复退军人致富】 10月26日，来自江西、广东、广西和贵州四省（区）的100余名复退军人从长沙县“老兵创业园”完成半个月的专业培训，到各自的家乡实现致富梦想。长沙县“老兵创业园”是长沙县人民政府和县人武部5年前联手“创扶”建立起来的复退军人创业平台。5年来，县人武部积极向金融、税收、国土等部门争取政策、协调运作资金，聘请专家指导，实行“吃住全包、培训费全免”的优惠办法，先后开办培训班17期，参加培训的复退军人达2000余人。很多经过培训的复退军人回到家乡后，利用自己学到一技之长，创办经济实体，既先富自己，又带领当地群众走上小康之路。据不完全统计，到2014年10月，经过“老兵创业园”培训的复退军人已有26人拥有超过百万元的资产成为当地的致富模范。（陈　华）

【宁乡县人武部积极帮扶复退军人带头致富】 11月26日，宁乡县人武部组织100余名复退军人在横市镇召开复退军人带头致富现场观摩会议，推广养蜂能手李海军的养蜂致富经。近3年来，宁乡县人武部积极协调地方民政、财政税务部门，在全县设立了“双带双促”活动专项资金，通过以奖代投、定额补助、贷款贴息、风险补偿等形式，扶助全县200余名复退军人率先创办退伍军人养殖、种植、加工、服务等10余家“创业示范基地”，帮助2000余名复退军人近地创业就业，每年为国家创税收近千万元。（黄文钦）

【入伍新兵跟踪回访工作】 12月8—13日，长沙警备区所属9个区、县（市）人武部，先后派出11个新兵跟踪回访小组，到2014年夏季新兵入伍的若干个部队，和10个乡镇开展入伍新兵跟踪回访。跟踪回访过程中，回访小组先后与部队领导，入伍新兵和新兵家属开展座谈，了解入伍新兵的工作生活情况，听取入伍新兵和新兵家属的诉求，帮助入伍新战士在部队健康成长进步。（黄元德）

【涉军维权检查督导】 12月16—20日，长沙警备区组成4个工作组，由警备区领导带队，分赴9个区、县（市）对涉军维权工作开展检查督导，在检查督导中重点总结推广长沙县、宁乡县协调地方职能部门“涉军维权在基层”的经验，对检查发现的20余起涉军维权纠纷进行了调解，对6起严重危害军人和军属权益的案件协调地方有关部门进行处理，维护军人和军人家属的权益，受到军人和军人家属的欢迎。（王　荣）

武警长沙市支队

【概况】 中国人民武装警察部队湖南省总队长沙市支队（简称长沙市支队）于2005年6月8日在一支队和原长沙市支队的基础上重新组建（旅级）。支队机关位于长沙市岳麓区天顶乡青山村雷锋大道。

2014年，支队突出强军目标、服务大局、核心能力、强基固本和作风建设，各项工作扎实推进，中心任务完成圆满，部队建设稳中向好。上半年，武警部队王建平司令员、张瑞清副政委和杨士武部长先后到支队考察指导给予充分肯定。

一、加强思想政治建设。坚持把学习贯彻习近平主席系列重要讲话和全军政治工作会议精神作为当前最重要的政治任务来抓，自觉把上级精神转化为推动强军目标落地生根的具体行动。严格落实党委中心组带机关促部队学习制度，利用“三学一研”、麓山大讲堂和周三留营学习平台，推动理论武装向纵深发展，参加总队政工干部大练基本功获团体第二名。扎实开展主题教育，精心搞好教育设计，区分课题类型，分别邀请领导干部、基层主官、普通战士上台授课，高质量完成5个专题授课和15个小课串讲，参加总队主题教育设计被评为优胜单位。严密组织“战斗力标准”大讨论，以“中国梦·强军梦·我的梦”为主题，扎实开展主题团日、演讲比赛等配教活动；充分挖掘驻地红色资源，持续推进“弘扬雷锋精神，争做新时代革命军人”活动，组织全体机关干部参观刘少奇故居、胡耀邦故居和秋收起义旧址，重温入党誓词，经验做法在武警报头版头条刊发；以先进军事文化建设为契机，投入资金完善“三室”建设，推动“六室三场一队一品八种文化”建设，建成支队营院文化墙，组建军乐队、威风锣鼓队，唱响强军赞歌，提振官兵精气神；广泛开展“深知兵、真爱兵”活动，要求干部走进士兵、贴近士兵、研究士兵，密切内部关系，大力营造温馨和谐环境；高度关注官兵心理问题和家庭涉法问题，与长沙市中级人民法院共建，先后3次邀请地方专家进行法纪教育和心理辅导，为若干个中队聘请法律顾问，妥善处理官兵家庭涉法问题6起，排除个别人若干名，关注对象若干名和心理指数偏高人员若干名，确保官兵思想纯洁巩固。

二、确保多样化任务圆满完成。坚持以正规化执勤等级评定交叉检查为抓手，以“固定勤务专项治理、执勤专项治理、执勤隐患六查”3项活动为载体，有效治理整顿执勤隐患86处，先后2次组织对22个执勤分队进行正规化执勤等级评定，7个执勤分队评定为“好”，15个评定为“较好”。推进重要警卫目标“四防一体化”建设是今年总队党委为基层办好九件实事的头等大事，总队首长先后到省委、省政府28个哨位逐一检查指导，两级党委机关累计投入大量经费高标准完成了省委、省政府、省人大等6处目标建设改造，购置各类执勤装备器材，配齐作战勤务值班室、备勤室、哨位执勤装备器材，满足了执勤任务需要。着眼提高执勤能力，组织召开5类勤务研讨会，加强执勤实案化训练，逐单位、逐目标修订完善24个执勤方案，规范24个执勤兵力部署图，执勤分队累计组织260次实案化执勤方案演练，成功处置上访人员企图袭击哨兵、看守所犯人骚乱、在押犯聚众斗殴等执勤险情7起，总部、总队6次转发成功处置典型事例，先后6名执勤官兵记三等功。以推进规定外执勤目标清理调整为契机，主动协调10处目标单位召开25次撤勤协调会，按时间节点圆满完成省博物馆、省广电中心等9处目标勤务撤收，3个执勤中队转换为执勤机动中队。截至12月已有步骤有计划地推进机动大队、省政协点、省博物馆、黄花机场、中南点、长康监狱、坪塘监狱、省看守所、市第一看守所等9个中队新（扩）建工程。截至10月底，支队出动兵力若干人次，圆满完成胡锦涛、李克强等中央首长来湘考察等三级以上警卫勤务29批次，武装押解、押运、省“两会”安保、春运执勤、扑灭山火等任务226批次，均实现万无一失的目标。针对当前反恐形势，购置若干台巡逻车，配齐各类巡逻装备器材，每日派出若干名兵力担负10个重点区域、27条城市主干道联勤武装巡逻任务，抓获网上逃犯1名，持刀涉恐嫌疑人1名，有效维护长沙地区社会稳定。着眼处突维稳形势任务需要，扎实做好重要敏感期战备工作，修订完善支队8个战备方案、6个保障计划和基层5类若干个战备方案，5次组织执勤兵力抽组演练，6次组织支队前指带机动中队和县市中队应急班紧急出动，高质量完成“卫士-14”演习总部评估任务，有效提升部队遂行多样化任务能力，受到司令员王建平和总部评估组高度评价。

三、提高部队实战化训练水平。围绕“能打仗、打胜仗”目标，按照实战化训练要求，突出抓好“六训”，即：基础科目训牢、重点科目训强、专业科目训精、特战科目训实、处突科目训活、干部骨干训全”。首长机关重点练谋略、练指挥、练技能，大力开展“学、研、练、考、评”活动，先后组织理论辅导12次，召开军事、政治、后勤工作各类研讨会5次，每日组织1次体能训练，每周进行1次专业技能训练，每月组织1次作业展评，每季组织1次考核，首长机关能力素质得到有效提升。基层分队在抓好基础科目训练的基础上，突出实弹实爆实投训练，先后组织勤训轮换，反恐特战骨干、森林防火专业、装备操作使用、预提指挥士官和新训干部骨干等各类集训、培训8批次，参训人数达若干人次，消耗实弹若干万发，催泪弹、爆震弹若干枚，23次开展夜间实弹应用射击，部队实战化训练质量有质的飞跃。坚持以考促训，为克服以往考风不实、标准不统一的问题，结合半年按纲建队考核，组织若干名机关、基层干部骨干到教导队集中考核，单位和个人考核成绩进行网上公示排名，严格实施奖惩，切实增强各级大抓军事训练的紧迫感，军事训练整体水平进步明显，参加总队半年遂行任务能力考核总评成绩达到“优秀”。

四、严抓管理促安全。认真贯彻落实总部、总队依法从严治警集训精神，着眼“有里有面、聚焦打仗、整体融合、安全发展”的“四个正规化”

建设，实现管理模式从习惯人治向依靠法治的转变。深入开展“条令学习暨装备管理月”活动，组织官兵进行条令竞赛，坚持每周1小时条令学习制度，建立个人自学、集中组织周学习、月考核、季讲评、典型交流和年终评定的“5＋1条令学习机制”，强化官兵的条令意识和执行力，规范官兵的日常养成，自觉形成“以正规严管理、以管理抓养成、以养成促正规”的闭合回路。支队党委始终把安全工作当作“兜底工程”来抓，坚持将安全教育、安全制度、安全分析、安全评估、安全防范、安全检查、安全讲评和安全责任八大要素系统整合、捆绑齐抓，牢固树立“越是安全的时候越要抓安全，越是安全形势好的时候越要紧盯安全”的安全理念。结合总队事故案件警示月教育活动，广泛开展案例讨论，认真搞好“十查五防”活动，有效做好预防工作。严密组织对若干名核心涉密人员进行政治考核，重点把考试落榜、心理疾患、身体有病、家庭涉法、家庭受灾、婚恋受挫、进步受阻、改选愿望强烈八类人员纳入视线，全部落实“三包一”措施。严格落实安全工作“四级操作法”，着力破解不假外出、自控能力弱、不安心服役、不服从管理、乱交往、形象差6个难题。深入开展安全大检查活动，坚持每日有排查、每周有分析、每月有通报、每季有讲评，排查安全隐患94处，整改86处，其余8处指定机关责任科室对口负责。9月，总参军训部副部长唐宁率工作组对支队进行安全工作综合检查给予高度评价。

五、加强现代后勤建设。围绕“保障多样化任务、服务现代建设、向信息化转型”三大任务，持续稳步推进现代后勤建设。为高标准完成总队后勤应急保障“一组五队”展示暨检验评估组织与实施试点工作，着力提高后勤综合保障能力，支队党委专题研究试点方案，确立“可看、可学、实用、管用”的总体目标，成立试点工作领导小组，机关3个部门全力合作，后勤部全体人员参与，先后召开部署会4次，推演20余次，支队主官多次深入一线指导，总队周副司令员、后勤部罗部长先后莅临支队检查指导，对试点准备工作给予肯定。加大后勤专业队伍培训力度，扎实开展司务长、初级厨师等专业集训，有效提升能力素质。按照总队首长“聚财有招、管财有力、用财有效”的指示精神，进一步规范经费预决算，科学规范后勤管理，严格落实财务审核制度，高标准高质量完成军人保障卡换发。以迎接总部财务审计联合检查为契机，认真搞好财务管理专项治理，针对总队财务业务会审指出的问题，限时逐项抓好整改，进一步规范财经秩序。持续开展“厉行勤俭节约，反对铺张浪费”和“伙食管理年”活动，落实每天2人采购、3人验收、5人签字制度，坚持每月检查一次，每季度通报一次，有效防止跑冒滴漏。认真指导基层因地制宜开展农副业生产，严格落实成本核算，前三季度累计实现生产效益40万余元。

六、科学谋划补选退工作。坚持早计划、早谋划，扎实搞好士官选取摸底工作。2014年，支队满服役期人员若干名，若干人参加总部、总队、支队组织的各类资格培训，若干人参加士官升级培训，有选取士官愿望的战士若干人，占今年满服役期战士总数的四成以上，选改压力较大，走留矛盾较突出。针对这个情况，支队严格落实“八步”程序和选取标准，确保公平公正、确保选准用好。同时积极做好新训工作，党委机关先后2次到新训大队蹲点调研、3次现场办公，成立新训工作领导小组，专门指定副支队长戴国兵、副政治委员陈海勇全程负责，先期组织对60名新训干部骨干集中培训并进行身体心理测查，确保带兵人的质量效益。加强与总队训练基地协调，做好教育、训练、住宿和伙食保障各项准备工作，下发训练器材180余件，准备新训教案50余份，全力保障新训工作。严格新兵教育管理，认真贯彻落实“一封信”精神，组织召开新兵教育训练管理研讨会，加强对新训干部骨干的监督，公开支队领导手机号码，坚决杜绝侵占新兵利益、打骂体罚和“冷暴力”等问题发生，确保“不跑一兵、不打一兵、不伤一兵、不亡一兵”。严密组织“三查一除”，成立专门领导小组，联合总队医院、警务、宣传、保卫、卫勤等部门，抽调专门人员驻点新训大队进行排查，加强与入伍地征兵部门、战士家庭、学校或社区联系，确保排查质量。截至年底，因政治身体、心理问题退换兵若干名，确保安全稳定。严密组织军事训练，周密制定计划，改进训练方法，广泛开展评比竞赛，坚持每天讲评一次训练情况，每周组织2至3次会操，每周分析训练形势，每月评选训练标兵，积极营造“比、学、赶、帮、超”的浓厚氛围。10月底，参加总队新训团队列会操取得第一名。

（乔艳军　左　威）

武警长沙市支队和支队各部门领导人员

支　队　长	熊贤清
第一政治委员	李介德（2014.12免）
	唐向阳（2014.12任）
政治委员	张力强
副支队长	祝立志（2014.01免）
	刘　胤
	黄　勇
	何文斌（2014.01转业）
	戴国兵（2014.01任）
副政治委员	陈海勇
参　谋　长	戴国兵（2014.01免）
	付必胜（2014.01任）
政治部主任	詹长虹（2014.01转业）
	常建清（2014.01任）
后勤部部长	付必胜（2014.01免）
	周金荣（2014.01任）

【安保警卫】 1月6—11日，支队出动兵力若干名，车辆若干台次，担负长沙市“两会”期间会场警戒、武装巡逻、机动备勤等任务。

2月8—9日，支队出动若干名兵力，担负湖南省“两会”期间会议现场安全保卫任务。

2月20—24日，中共中央政治局原常委、中央纪委原书记贺国强一行5人，到湖南调研，担负首长考察期间住地、活动现场一级加强警卫勤务。

3月27—29日，支队出动兵力担负中共中央国务委员、国务院副总理马凯一行到湘考察的住地、专车二级加强临时警卫任务。

4月8日，支队派出兵力，担负“湖南省人民政府工作会议”临时警卫勤务。

4月8—14日，原国家主席、中共中央总书记胡锦涛一行到湘考察调研。支队出动兵力，担负首长考察期间住地、活动现场一级加强警卫勤务。

4月21—22日，中共中央政治局

委员、中央书记处书记、中组部部长赵乐际和中央书记处书记、中央纪委副书记赵洪祝一行到湘考察。支队出动兵力，按二级警卫规格部署首长住地、专车警卫和机动备勤等任务。

5月16—21日，长沙支队派出兵力担负原国务委员戴秉国同志一行到长沙、浏阳考察的住地、专车二级加强临时警卫任务。

6月3—5日，全国人大副委员长艾力更·依明巴海一行到长沙考察。支队出动兵力，按二级警卫规格部署首长住地、专车警卫和机动备勤等任务。

8月3—4日，长沙支队派出兵力担负原全国人大副委员长许嘉璐一行到湘考察住地、专车的二级临时警卫任务。

8月18—20日，支队派出兵力担负全国人大副委员长、妇联主席沈跃跃一行到湘考察住地、专车的二级临时警卫任务。（乔艳军　左　威）

武警长沙市消防支队

【概况】 2014年，全市消防工作和部队建设朝着争创“全国一流公安消防支队”迈出了坚实步伐。省委常委、市委书记易炼红，长沙市委副书记、市长胡衡华，市委常委、政法委书记钟钢，副市长、市公安局局长李介德等领导先后多次召开消防工作会议研究消防工作，带队开展消防安全检查工作。5月7日，国务委员、公安部部长郭声琨考察望城区公安消防大队，看望慰问基层消防官兵。年内，支队被公安部消防局表彰为“先进党委班子”“勤政廉政先进单位”；连续三年被省消防总队评为“先进党委班子”；支队望城大队在全国重大典型创建上取得突破，先后被公安部授予“学雷锋模范消防大队”荣誉称号，被中宣部授予“时代楷模”荣誉称号，被中宣部命名为“全国学雷锋活动示范点”。

截至12月31日，全市共发生火灾4788起，全市消防部队共接警出动9224次（其中火警4788次，抢险救援2641次社会救助1711次，执勤保卫84次）。共出动车辆若干台次，出动人员若干人次。抢救、疏散被困人员4259人，抢救财产价值3.6亿元。全市消防部队先后圆满完成“第十届金鹰电视艺术节”“第八届中国—拉美企业家高峰会”、长沙市反地铁爆炸恐怖袭击、总队郴州地震救援等消防安保和演练任务，成功处置了“1·14”凯乐国际城高层建筑火灾、“6·22”天心区大众桥头小商品市场火灾、“8·17”京港澳高速槽罐车追尾化危品泄露事故、“9·8”岳麓区高信向日葵小区火灾、“11·29”芙蓉区三湘南湖大市场家具城火灾等灭火和抢险救援任务。

8月，中共中央宣传部正式授予湖南省长沙市望城区公安消防大队“时代楷模”荣誉称号。（姚　婵）

长沙市公安消防支队领导人员

支队长	宋利军
支队政委	粟　平
副支队长	王建军
	李志明
	刘　钧（2014.07免）
	李文才（2014.07任）
副政委	彭建国（2014.07免）
	曹爱民（2014.07任）
参谋长	刘红军
政治处主任	李政军（2014.07任）
后勤处处长	毕良之（2014.08任）
防火监督处处长	
	龚自清（2014.07任）

【公共消防基础建设】 为全面提升省会城市火灾防控能力，市委、市政府在年内加大防控工作经费的投入，强力推进全市公共消防基层建设。一是完善营房建设工作。浏阳市集里站、南区站全面建成，12月底投入使用；武广新城站已完成拆迁、立项、征地，河西交通枢纽微型站完成选址；长沙县二站、经开区榔梨消防站主体动工建设；天心区大托站完成征地任务；芙蓉区长榔站、岳麓区洋湖站、高新区东方红站、宁乡灰汤站、望城铜官站已完成规划立项；特勤大队一、二中队已开展进行改造，开福区伍家岭、浏阳市关口消防站维修改造已到收尾阶段。二是抓好军需卫勤和资产管理。做好全市1005名官兵被装数据录入和修改，及时准确地完成夏季和冬季服装发放工作；全年投入18万元完善支队机关卫生队功能分区建设，并添置更新一批医疗设施和抢救器械。（姚　婵）

【防火监督】 2014年，支队先后开展第二次“清剿火患”战役、重大火灾隐患集中整治、秋季校园及周边治安综合治理、监狱系统、非法违法既有建筑、劳动密集型企业及居民小区等10余个消防安全专项行动。年内共检查单位16681家次，发现并整改火灾隐患15917处，整改销案重大火灾隐患15383处，处罚单位1055家，责令“三停”326家，拘留16人；针对城乡接合部、棚户区、“三合一”场所等区域性火灾隐患以及物流仓储、商贸市场、“城中村”等方面存在的消防安全隐患，联合各地政府职能部门开展综合治理，整改销案了芙蓉区东岸、开福区捞刀河、雨花区黎托等片区一大批区域性火灾隐患，共计拆除违法违章建筑4659处、100万平方米。同时，紧密结合社会单位消防控制室达标创建活动，并明确了创建试点单位、标准、措施，全年共完成达标数170家，培训消防控制室操作人员1100余人、从业人员7293人。（姚　婵）

【消防宣传教育】 2014年，支队继续在全市各区、县（市）推行“政府出资、街道配合、中介实施、群众参与”的消防宣传普训，直接受众达20万余人，发动成立厚天消防等志愿服务队，开展各类宣传200余场，全面提升民众消防安全意识；依托长沙政法频道每周《夜线》节目继续开设《火线追踪》子栏目，全年播出节目54期；联合市民政局以独居老人为重点，开展家庭和养老机构“九九消防平安行动”；与天择传媒合作在山东卫视播出全国首档消防体验类节目《热血真男儿之烈火雄心》；依托湖南卫视主导策划一期儿童消防专题节目《一年级》和《爸爸去哪儿》消防总动员119宣传周亲子嘉年华活动，吸引广大民众对消防工作的关注度和认知度，配合省委宣传部、省消防总队推出高水准消防公益微电影《雷锋的样子》，在全社会引起高度赞誉。（姚　婵）

【军事业务】 为强化部队“打赢致胜”思想，支队坚持从实战出发，狠抓部队执勤训练工作。1. 加强安全教育。扎实开展以“安全工作大于天”为主题的“五无一创”活动，年内开展实地督、视频抽查等行动，发现并消除一大批部队管理漏洞，确保部队内部未发生一起有较大影响的安全责任事故。2. 加强部队管理。积极开展队伍管理专项教育整顿、“条令条例学习月、学习周”活动，完善《长沙消防部队正规化管理规定》《长沙消防部队正规化建设制度汇编》等规章制度，组织全市部队进行营区安全保卫预案演练，全面提高部队正规化建设水平。3. 加强实战能力。年内，开展灭火救援无预案演练以及地震、地铁、隧道救援以及高层地下建筑、大跨度大空间、石油化工类大型灭火演练40次，提升部队应对各类突发事件的处置能力。并全面提高全勤指挥部作战力能建设，确保开展“每战一评”规定，强化典型战例战评和战术研讨。4. 加快信息化建设。坚持“信息主导勤务”，完成119指挥中心大屏幕系统的安装调试工作，实现中队监控视频、视频会议系统、指挥视频以及交警路面监控视频均可上墙显示工作。（姚　婵）

表4　2014年分区县火灾基本情况

地区	2014年火灾四项指数			
	起数	亡人数	伤人数	损失（万元）
合计	4627	17	15	6927.8
芙蓉区	444	2		2640.2
天心区	468	3		1091.5
岳麓区	585	1	1	106.2
开福区	585	4		143.6
雨花区	726	4	7	784.2
高开区	81	1	5	36.8
经开区	93		1	11.6
长沙县	570	1	1	1069.4
望城县	256			93.8
宁乡县	376			178.3
浏阳市	443	1		772.2

【后勤保障】　在市、区（县）两级政府大力支持下，2014年全市消防业务经费保障再创历史新高，经费总量2.85亿元，同比上年2.49亿元增幅14.5%。1. 提升装备建设工作。年内共投入4601万元经费采购消防装备，其中5367件（套）个人基本防护装备、2133件（套）消防员特种防护装备、6385件（套）常规消防器材，382件（套）消防通信器材，450件（套）侦检器材，2544件（套）救生器材，122件（套）破拆器材，466件（套）警戒器材，添置消防车辆8台。2. 加强专职消防队伍建设，提请市政府出台《关于长沙市政府专职消防员工资福利待遇的意见》，制定《长沙市政府专职消防员管理办法》，继续招收政府专职消防员325名，同时，大幅度提升政府专职消防文员经费保障标准，将政府专职消防文员级别等级划分为高级、中级、初级三个等级，工资等级按照级别等级每级400元递增的标准，确保政府专职消防文员工资待遇增幅提高。（姚　婵）

【大型火灾扑救】　2014年，长沙市天心区、芙蓉区先后发生两起过火面积广、扑救难度大、投入力量多的火灾事故。2014年6月22日12时25分，位于长沙市天心区五一西路大众小商品城1层夹层发生火灾，支队先后调派42台消防车、600余名消防官兵赶赴现场参与火灾扑救。经过近30小时灭火战斗，成功将着火区域控制在大众小商品城1层夹层和3层仓库、西面桥头大市场2层区域内，成功扑灭火灾，无人员伤亡，搜救被困人员120余名，疏散人员1100余名。2014年11月29日16时5分，位于长沙市芙蓉区三湘南湖大市场家具城四层发生火灾。支队迅速调集21个中队、55台消防车、360余名官兵赶赴火灾现场进行扑救，火灾过火面积约1.8万平方米，无人员伤亡。（姚　婵）

2014年1月24日，支队成功扑灭望城区黑麋峰国家森林公园山林大火

【消防安全节目】　支队携手湖南人民广播电台FM938潇湘之声联合重磅推出全国首个“消防安全公益指数”发布平台，开启消防宣传合作新模式。节目通过每天早上7:30早间黄金节目发布每日消防安全公益指数，播报时长约3分钟，实现365天不间断公益提醒。2014年发布平台运行以来，（截至12月31日）已发布消防出警指数149期，消防安全温馨提示180余条，曝光重大火灾隐患50余家，普及消防安全及应急常识400余条。（姚　婵）

人民防空

【概况】 2014年，长沙人抓建设、抓发展、抓整改，各项工作取得明显成效。

一、指挥通信保障建设。稳步推进指挥所工程（1501）建设，主通道已实现全线贯通，并已启动二衬工程。全面完成全市防空袭方案修订工作，在全省的防空袭方案评比中获特等奖。加强超短波基站和海事卫星通信设备建设，实现各基地台站与中心台站互通，并率先在全省完成全市海事卫星通信网建设。市，区、县（市）无线短波电台定时沟通联络顺畅，沟通率达98%。组织开展为期一周的区、县（市）人防机动指挥训练；配合长沙警备区参加省军区组织的维稳反恐演习；参加省人防办“湘防—2014”机动指挥通信系统跨区拉动训练，训练演练得到全面加强，人防队伍及装备进一步得到有效检验。升级完善防空警报网络，加强防空警报设施的社会化管理，落实好三级管理中每个单位的工作责任，确保鸣响率、覆盖率“双百”达标。全年新装固定警报器20台，圆满完成11月1日全省防空警报试鸣工作。

二、工程建设与管理。合理调控“结建”布局，制订出台《关于进一步明确我市结合民用建筑修建防空地下室有关规定的通知》，并于2014年3月1日正式开始执行。270号令、60号文件出台后，及时向市委市政府请示汇报，就人防易地建设费的收费标准及收费面积，与有关部门进行沟通，明确政策执行节点，确保政策执行到位。全年审批“结建”项目若干个、若干平方米（其中先导区报建70万平方米），竣工验收若干个、若干平方米，征收易地建设费若干元（非税到账金额）。市本级综合结建率102%；全市平战结合利用率97.3%。完成《长沙市人防工程信息系统》的升级改造，实现人防工程管理数字化、网络化、自动化。继续做好人防工程日常维护管理。落实轨道交通、过江隧道等重点工程兼顾人防要求，及时认真做好人防工程审批、质监工作。全面完成长沙综合枢纽工程影响人防工程年度处理工作。

三、人防宣传教育。印发全市“五进”工作的通知，进一步明确新年度全市人防宣传工作具体任务和目标。与市教育局共同下发全市2014年度人防教育的工作安排，明确工作要求和相关指标。全面加强人防宣传教育基地建设与管理，教育示范基地引领作用逐步明显明显，先进经验在全省推广。做好5月12日防空防灾日、11月11日全省防空警报试鸣日、一令一文件宣传等重大活动宣传工作。全市各区、县（市）人防办均选择人流比较集中区域组织人防宣传活动，形式多样，内容丰富，影响较大。全年在《中国人民防空》杂志等国家级报刊、网站刊发稿件13篇，在省级报刊、网站刊发59篇。 （贺菲菲）

【“中南人防—2014”观摩活动】 由广州军区人防办主办、省人防办承办的“中南人防—2014”研讨观摩活动在长沙成功召开。根据广州军区和省人防办通知要求，长沙市重点承担并完成了长沙人防工程建设信息化管理系统建设、枫林三路人防工程三维仿真智能化管理系统建设；枫林三路人防工程和地铁2号线工程（橘子洲站）观摩现场准备工作；人防工程建设信息化管理系统成果、地铁2号线工程（橘子洲站）设防成果多媒体片制作以及地铁和过江隧道兼顾人防要求的经验材料等多项工作任务。与会代表200余人观看长沙市反映建设成果多媒片展示，观摩了枫林三路地下人防工程智能化管理、地铁橘子洲站江中站点设防现场后，反响强烈，国家人防办副主任柳庆森、广州军区副司令员王晓军给予高度评价，省人防办通报表彰。 （贺菲菲）

【过街通道建设】 坚持在城市建设中主动作为，结合交通需要，把人防融入城市建设协调发展，根据市领导“过街通道原则上由人防部门建设”的要求，积极拓展融合渠道。芙蓉路（图书城）人防地道工程、香樟路（南雅）人防地道工程路面恢复通车、通道已投入使用，解决芙蓉路图书城地段和香樟路南雅中学路段市民和学生过街难题，正在发挥社会效益。湘江路（风亭路口、迎霞路口）两处人防地道工程做了大量的前期准备工作，完成立项、可研、施工图审查、上网招投标等手续，在制订管线迁改方案，通道建设有序推进。 （贺菲菲）

【县级人防工作】 认真贯彻落实省政府、省军区《关于加强县级人防工作的意见》，不断强化县级人防机构队伍、指挥通信、宣传教育等基础工作，严格执行一令一文件，县级人防工作得到全面加强。2014年，4县市区防空地下室报建面积若干平方米，竣工面积若干平方米；岳麓区指挥所已全面完成，正继续完善内部信息化建设；芙蓉区指挥所正在紧张建设中。雨花区“结建”人防工程四级管理模式在全市起着引领作用。望城区、长沙县、浏阳市、宁乡县完成了城市人口接收安置方案的修订工作，天心区、芙蓉区、开福区建设数字超短波基地台站，天心区机动指挥通信车安装了超短波车载台；9个区、县（市）的机动指挥车均配备海事卫星通信设备。芙蓉区人防素质教育基地，望城区东马小区、应农图书馆人防教育基地示范作用明显。 （贺菲菲）

人力资源和社会保障

责任编辑：刘盼盼

人力资源

【概况】 2014年，全市人社系统围绕“民生为本，人才优先”的工作主线，统筹推进就业创业、人事人才、劳动关系工作，为长沙建成“三市”、实现“三倍”提供有力地人力资源支撑。

一、城乡就业形势保持总体稳定。全市城镇新增就业16.9万人，失业人员再就业4.3万人，新增农村劳动力转移就业5.2万人，城镇登记失业率为2.85%，城镇零就业家庭实现100%动态清零。1. 重点群体就业难问题较好解决。核拨就业专项资金2亿元，组织开展了就业援助月、春风行动、民营企业招聘周、高校毕业生就业服务月等专项活动，切实解决高校毕业生、农民工、就业困难人员等群体的就业问题。开展市长、局长进校园，就业指导讲座等活动，承办全国第二届部分大中城市联合招聘高校毕业生专场活动，有力推动了长沙市高校毕业生就业。全年各级人力资源市场举办招聘会418场，现场达成就业意向11.7万人次；举办人才招聘会171场，参会人数23万人次。2. 部分企业的招工难问题有效缓解。市人社局将就业服务主要对象由个人转为兼顾企业，统筹解决就业“两难”问题。主动组织缺工企业奔赴各地招工，化解了部分企业的用工荒问题。尤其是春节前后，全市各级就业机构联动，帮助蓝思科技化解了3.5万人的用工缺口问题，被省委常委、市委书记易炼红誉为主动服务企业、为企业排忧解难的好案例。与湘西州人社局签订人力资源开发服务合作框架协议，实现两地人力资源市场无缝对接，缓解了长沙各类劳动密集型企业招工难的问题。3. 公共就业服务能力明显提升。与编办、财政等部门共同制订人力资源市场整合实施方案，完成各级人才市场、人力资源市场的整合。推出长沙人才网“手机版”和长沙人才市场微信公众号，实现了“指尖上的就业”。建成公共就业专项资金网上申报系统，实现就业专项资金网上申报、审核、公示。优化长沙人力资源网，实现了求职登记、职业指导、信息反馈等一条龙网络服务。高效完成全市劳动力资源信息采集工作，分级建成用人单位、劳动力资源库，为准确把握全市就业创业形势、修订新一轮就业创业政策提供了翔实的基础数据。稳步推进充分就业社区创建工作，全市市级充分就业社区达到60%。4. 创业工作迈出新起点。高规格召开全市创新创业大会，省委常委、市委书记易炼红，市委副书记、市长胡衡华等四大家主要领导出席并讲话，明确了创新创业的优先发展位置。牵头制订《全民创业带动就业三年行动计划》，为掀起全市新一轮创业热潮提供了政策导向。巩固创业型城市创建成果，健全完善创业培训、小额担保贷款等制度，全市创业培训1.2万人，新增小额担保贷款1.1亿元。全年开展各类职业技能培训6.4万人次。机械技工学校、创业与就业服务指导中心运行规范有序。

二、人才队伍建设力度不断加大。实施新一轮高端人才引进计划，提请长沙市委、市政府发布实施引进紧缺急需和战略型人才“3635”计划，不断加大宣传推介力度，拓宽引才渠道，创新引才方式，及时编印了高层次人才需求信息库，完成了专家推荐、网上申报通道建设等工作，赴北京、深圳、大连、上海等地开展“走出去”专项宣传推介活动，并在美国硅谷、洛杉矶、驻法使馆等地设立引才联络站。2014年年底，包括2名院士在内共有132名高端人才通过初核，首批64名拟入选对象名单已进入公示阶段。做好高校毕业生“三支一扶”的人员招募和待遇落实工作，积极落实引进人才各项优惠政策，为4807名引进人才发放各类补贴3642万元。继续实施高技能人才振兴计划，确定高技能人才培训基础能力建设项目实施单位2家、技能大师工作室建设项目6个。有序开展2014年度职称评审各项工作，严格各项资格考试资格审查，涉及会计、土建、社会工作师等20余个专业5.6万人。建立高层次人才服务工作部，编成高层次人才服务手册，出台高层次人才服务管理办法，成功举办星城国际大讲堂、人才企业对接会、交友联谊等主题活动，解决海外高层次人才和外国专家在长的实际困难。成功申报国家引智项目20项，省级引智项目74项，市级引智项目129项，下拨各级引智经费达1000万元。长沙“专家库”“项目库”“成果库”建设位居全国第六，被国家外专局专文表彰。

三、人事制度改革进一步深化。统筹开展事业单位公开招聘工作，核准发布招聘计划1606名，核准区、县（市）事业单位招聘方案22次，全市事业单位公开招聘工作进展顺利，无不良社会舆情，社会反响良好。认真做好事业单位岗位设置日常管理工作，启动第二批事业单位岗位设置工作，基本完成纳入岗位设置方案的核准工作。全面完成事业单位2013年度考核结果备案工作。规范机关津补贴工作有序推进，接受国家六部委机关津贴补贴专项检查，积极推动机关公务员第二步规范津补贴工作，数次到省、北京做好汇报沟通。全市机关事业单位工资福利和津补贴均按国家和省里文件进行了规范，长沙市启动第二步规范公务员津贴补贴工作得到了中央有关部门、省政府的理解支持。进一步完善事业单位绩效工资审核机制，加强对事业单位绩效工资监督、指导和管理。军转安置工作扎实有序，按时完成2014年度全市计划分配军转干部安置任务，做好企业军转干部解困和稳定工作，再次提高全市企业退休军转节日慰问标准。长沙市军转干部“阳光安置”办法，得到国务院军转办的充分肯定，在2014年第六次全国军转表彰大会上，长沙市安置工作单位、军转工作者、转业干部获全国先进。为民办实事工作任务全面完成。全市2014年实事考核项目共39项，其中省考26项，市考13项。首次将实事工作纳入全市绩效评估体系，改革考核模式，完善协调机制，定时通报实事进度、问题。2014年底，进度超前34个，其他全部完成目标任务。

四、劳动关系协调机制不断完善。1. 劳动关系进一步和谐。继续巩固劳动合同签订率，全市各类企业的劳动合同签订率稳定在98%以上。大力推进劳动用工备案，市本级累计939家用人单位12万人次进行了劳动用工备案。会同市总工会等部门开展“春季要约行动”，审核集体合同20家，涉及职工10686名。提高集体协商集体合同制度运行质量，全市已建立工会企业12783家，工资集体协商建制数11799家，建制率达92.3%。规范劳务派遣行为取得初步成效，工资收入分配制度改革稳步推进，企事业工资收入分配秩序更加规范。2. 监察执法力度加大。开展了农民工工资清欠、清理整顿劳动力市场秩序、最低工资标准执行情况、女职工及未成年工特殊保护情况等专项执法检查活动，开通举报投诉联动受理平台，在全省率先实现了“一点举报投诉，全市联动受理”。全市全年劳动保障监察机构受理并处理举报投诉3583起，为3.2万名劳动者追回工资和押金1.6亿余元，举报投诉案件法定时效内结案率100%。“两网化”管理水平不断提升，市级两网化监控指挥中心筹建顺利，两网化信息系统改造升级顺利完成。建立公安、法院行政司法联动机制，劳动维权形成合力。3. 劳动仲裁能力提升。加强与法院、工会、信访等部门联动，着力提升办案效能和办案质量，全年办理劳动人事争议仲裁案件7853件，立案受理达到3773件，结案率达94.8%，结案率和调解率明显提高。加强基层调解组织建设和业务指导力度，全市街道（乡镇）调解组织组建率达100%，50%以上的小额案件可在基层处理。4. 信访维稳控制有力。进一步健全落实信访制度，稳控重点信访人员和群体，维稳工作保持平稳。2014年，市人社局接待群众来访12977人次，答复咨询电话14417次，回复“省长、市长信箱”信访事项270件，处理“局长信箱”信访事项9643条。（刘　毅）

【“3635计划”新闻发布会召开】 参见P62“组织工作”相关条目。

【与湘西签订人力资源开发服务合作协议】 9月13日，长沙市人社局与湘西州人社局签订了《人力资源开发服务合作框架协议》。双方协议从2014年起，两地实现人力资源市场对接，供求信息共享；长沙市给予自治州经济社会发展人才智力支持，自治州给予长沙市用工企业批量劳动力资源支持；双方建立联络互访长效工作机制、“校企合作”模式，自治州在长成立劳动保障维权办事机构。当天，蓝思科技等长沙市22家有一定影响力的企业，现场开展招聘，提供生产、研发、销售等方面的岗位1500余个，吸引了众多求职者。长沙市人社局局长文丽霞表示，长沙将每月收集50至100家企业的招聘信息给自治州，由自治州人社局通过有效途径发布，重大招聘信息将组织专场招聘活动。自治州则利用每年1月就业援助月、3月春风行动、5月民营企业招聘周、9月高校毕业生就业服务月、11月高校毕业生就业服务周等时段，接纳长沙用工需求较大企业到当地开展招聘活动。（刘　毅）

【第二届全国跨区域高校毕业生巡回招聘活动】 10月25日，第二届全国跨区域高校毕业生巡回招聘活动在长沙举行，主会场设在中国湖南人才市场，全国40余个城市的200余家知名企业提供各类专业岗位8000个左右。分会场长沙人才市场参展企业则以省内企业为主，汇聚200余家企业，为求职者提供就业岗位6500余个。分会场参展企业涉及机械工程、IT、通信、房地产、外贸、物流、汽车、法律、人力资源、土建、市场营销等专业门类，远大集团、威胜科技、恒润高科、晟通集团等知名企业也加入揽才阵容。各大公司底薪基本都在1800元以上，包住、双休、年假等多种待遇诱人，不少企业展台前面排起长队，现场十分火爆。现场还设立了多个就业政策咨询点，就毕业生人事档案转接、创业就业政策运用、档案管理等接受现场咨询，并免费发放就业政策及服务指南等资料，实名登记离校未就业毕业生。为给更多高校毕业生提供就业机会，高校毕业生城市联合网络招聘大会于10月25日至11月24日在湖南人才网和长沙人才网举行，各求职者可通过进入湖南人才网和长沙人才网进行线上求职。同时，已开通湖南人才网的微信（微信号：hnrcw85063731）和长沙人才市场官方微信（微信号:长沙人才市场），求职者可通过关注微信来获取更多就业信息。（刘　毅）

【举报投诉联动平台开通】 根据人社部、省人社厅和党的群众路线教育实践活动的要求，市人社局将从2014年7月1日起以“两网化”（网格化和网络化）信息系统为支撑，在市级指挥中心的基础上建立全市举报投诉联动平台，实现“一点举报投诉、全市联动受理”。举报投诉联动平台以“统一指挥、属地管理、分级负责”为工作原则，各二级网格对符合受理范围的举报投诉不分注册地均应受理，不属于本网格的案件则通过“两网化”信息系统，上传分发中心，再由分发中心传递至有管辖权的劳动保障监察机构受理并查处，实现“一点举报投诉、全市联动受理”，使劳动者在市内任何一级网格都可以进行举报投诉。首接举报投诉网格负责举报投诉信息的录入。凡是录入举报投诉信息属于本级管辖的，依法受理立案处理；不属本级管辖的，将于举报投诉接待当日录入并上传至分发中心。对于分发中心分发的举报投诉案件，受案网格将在接案当日向当事人告知案件移交情况。受案网格自举报投诉之日起不超过5个工作日内决定是否受理，不予受理的应告知当事人。（刘　毅）

社会保障

【概况】 2014年，全市人社系统紧紧围绕“民生为本，人才优先”的工作主线，以扩面征缴、完善制度和确保发放为重点，进一步健全完善社会保险体系，社会保险覆盖范围不断扩大，社保基金继续保持收大于支的良好势头。全市企业基本养老、医疗、工伤、失业、生育保险参保人数分别达到142.9万人、157.1万人、128.8万人、111.1万人、105.4万人，城乡居民养老、医疗参保人数分别达到265.5万人、515万人。社会保险基金征缴连年攀升，全市全年社保基金征缴已达218.7亿元。

一、制度更加完备。出台城区环卫职工参保办法，解决了社会广泛关注的环卫工人参保问题，全市参保率达95%以上。出台新的城乡居民基本养老保险办法和被征地农民社会保障办法，提高补贴补助标准，率先出台城乡居民养老保险生存认证办法。完善了大学生医疗保险参保办法，探索城乡居民大病医疗保险办法和城乡居民医保市级统筹办法，规范调整了特殊门诊管理和职工医保政策，长沙市医保城乡统筹工作经验被《人民日报》推介。逐步实行工伤普惠制，继续巩固小工伤“绿色通道”，建筑行业农民工工伤保险参保工作经验受到全国政协、人社部领导充分肯定。建立工伤认定司法互动联席机制，缓解了各部门间就同一问题法律适用上的冲突。和国资委、财政等部门沟通，就改制企业女职工退休年龄、特殊工种提前退休补缴“一费”等问题做出一定政策突破，最大限度维护了职工权益。

二、待遇持续提升。顺利完成33.1万企业退休人员的养老保险待遇“十连调”，调整后全市基本养老金1822元，市本级达到1998元。城乡居民养老保险基础养老金标准提高到105元。继续深化医保付费方式改革，探索实施“日间治疗手术”，扩大门诊单病种范围，启动医疗费用付费总额控制方案，有效控制了群众医疗开支。进一步扩大失业保险金使用范围，核拨岗位补贴和转岗培训补贴3474万元，支持企业稳岗就业。提高工伤门诊部分限额标准，全面调整全市企业工伤人员伤残津贴和因工死亡职工供养亲属抚恤。

三、经办更加便民。针对过去企业反映突出的缴费基数年审难问题，创新实施了网上申报审核，受到用人单位一致好评。2014年市本级共有7167家单位通过审核，网上审核通过率达82.9%，基金征缴额较申报前有大幅度提高。社会化管理服务信息系统全面上线，继续推行人脸识别认证，认证率达到91%。在全国率先推行“失业人员自助签到一体机”，失业人员可在市内任一签到机上自行完成每月认证签到。对事实清楚但没完成认定的工伤事故，按“待定工伤”实行费用“挂账”处理，减轻了用人单位垫付费用的负担。全面采集全市机关事业单位工作人员基础数据。社会保障“一卡通”顺利开通，12月正式发卡。市本级及内七区除望城区养老保险外所有的险种纳入市统一信息系统管理，业务经办系统已延伸到113个街道（乡镇）和819个社区。在全国率先出台基层人社平台标准化建设办法，实施统一量化评估考核，基层平台管理服务能力切实增强。“12333”电话咨询服务热线全面投入使用，截至2014年底，全市“12333”热线累计接收近30万个，转人工服务近10万个，来电转人工接听率达90%，受到普遍欢迎。对行政许可项目进行了全面清理，将7项行政许可项目和34项非行政许可项目，分别精简为5项和1项，精简率达85%，办理期限提速50%，率先将医疗保险、职业培训等部分管理权限按属地管理原则下移到各区县。

四、监管更加有力。以市政协民主评议社保资金管理使用情况为契机，发挥全市基金监管委员会作用，开展了社会保险基金管理综合评估检查等活动，加大社会保险基金监管软件的实施应用，严肃查处各类投诉举报，确保基金安全。开展打击套取骗取医保基金的专项整治活动，查处违约违规定点医疗机构39家。新推行的医保智能审核系统收获奇效，对医疗服务实现了全过程监管，2014年全市住院人次、住院人次费用等首次出现负增长现象。（刘　毅）

【长沙市城乡居民基本养老保险基础养老金增至105元】 11月17日，长沙市政府发布新修订的《长沙市城乡居民基本养老保险办法》，自2014年12月12日起施行。新规主要有调整参保缴费档次、集体补助标准、政府补贴标准、缴费年限补贴，增加政府代缴已纳入国家计划生育特别扶助制度的对象养老保险费，调增基础养老金，探索建立城乡居民基本养老保险丧葬补助金和抚恤金制度等七方面的变化。一是参保缴费档次由100元至3000元30个精简到14个。二是集体补助标准由不超过参保人最高缴费档次的3倍，调整为不超过长沙市最高缴费档次标准。三是参保缴费补贴由50元提高到160元，政府补贴力度全省最高。四是增加5元基础养老金。将建立基础养老金正常增长机制，基础养老金标准在目前每人每月100元的基础上增加5元，达到每人每月105元，基础养老金标准一直保持全省最高。五是已纳入国家计划生育特别扶助制度的对象，由区县（市）政府代其缴纳城乡居民基本养老保险费。新规还规定，探索建立全市统一的城乡居民基本养老保险参保人员死亡丧葬补助金和一次性抚恤金制度。长沙市城乡居民基本养老保险办法不断完善，待遇水平逐步提高，参保率持续增长。2014年1—10月，全市城乡居民基本养老保险参保人数265.75万人，缴费人数159.64万人，缴费金额1.95亿元，年满60周岁以上享受待遇71.92万人，制度实施以来累计发放待遇27.72亿元，发放率达到100%。（刘　毅）

【新修订《长沙市被征地农民就业培训和社会保障办法》】 为切实解决被

12 年 15 日，长沙市社会保障“一卡通”首发

征地农民社会保障实施过程中存在的具体问题，进一步完善被征地农民就业培训和社会保障制度，11 月 17 日，长沙市政府颁布了新修订的《长沙市被征地农民就业培训和社会保障办法》（长政发〔2014〕48 号），从 2015 年 1 月 1 日起实施。新《办法》主要变化在提高第一年龄段被征地农民基本生活补助费、调整第二、三年龄段人员被征地农民医疗保险缴费标准、明确一次性养老保险补偿金的发放对象、被征地农民中退役军人的军龄以及规范被征地农民社会保障资金的收支、管理程序等方面，加强了对区、县（市）的业务指导，规范工作程序，解决当前征地社会保障工作的重点难点问题，全面优化了全市被征地农民就业培训和社会保障政策。长沙市被征地农民就业培训和社会保障制度从 2008 年 4 月实施以来，实现了被征地农民与城镇职工就业培训和社会保障体系的全面接轨，制度运行良好，工作开展顺利，有效地解决了被征地农民的后顾之忧，得到老百姓的普遍赞同。（刘　毅）

【社保费基数网上申报试行】 为方便参保单位快捷申报社保费基数，从 2014 年 4 月 1 日起，市人社局 2014 年社会保险缴费基数申报试行网上操作。2013 年 12 月 31 日前在市本级和各区参加各项社保的用人单位，均须进行申报。2014 年 1 月 1 日以后参保登记的用人单位，本年度不需申报。用人单位可以登录市“12333”公共服务平台（www.cs12333.com）申报 2014 年度社会保险缴费基数。无网络条件的，可使用申报审核部门提供的自助电脑进行网上申报。网上申报系统审核没有通过的用人单位应到指定地点进行现场申报。网上服务平台提示其申报状态为“数据审核未通过”的用人单位，应进行现场申报，但仍通过网上服务平台报送数据。与上年年审相比，2014 年在时间缩短一半，人员减少四分之三的情况下，市本级共有 7167 家用人单位完成了基数申报，比 2013 年年审多 424 家；从基金征缴额来看，完成 2014 年基数申报的用人单位的社会保险费应缴额，较申报前有较大幅度高，2014 年基数申报共审核差额基数 6.6 亿元。2014 年基数申报工作在降低经办机构和用人单位行政成本的同时，确保了基金征收效率。（刘　毅）

【长沙社会保障“一卡通”首发】 12 月 15 日上午，长沙市社会保障“一卡通”正式首发，首发 400 余张，到 2016 年底力争实现 700 万张社会保障卡的发放任务。“一卡通”的应用分三步走：第一步是满足医疗保险就医结算、养老保险金、失业保险金、工伤伤残津贴等社会保险待遇的发放、医疗保险个人账户管理等功能，并附有金融支付功能；第二步支持社会保险、就业、人事人才、劳动关系等与个人相关的身份认定、管理、结算等业务功能；第三步将民政、卫生、公积金等部门的业务应用整合到社会保障卡中。为实现这些功能，长沙将通过服务窗口、基层服务网点、银行服务网点等柜面服务渠道和电话、网站、自助服务终端等电子服务渠道，建成全方位、立体式的社会保障卡服务体系。长沙于 2011 年 7 月启动社会保障“一卡通”项目可行性研究；2014 年 6 月，长沙成为“信息惠民”国家试点城市，核心就是以社会保障卡为主体和载体，重点解决医保异地就医结算、养老保险待遇享受等问题，整合卫生部门的“居民健康卡”功能，并搭载社会救助、公积金管理等社会管理和公共服务其它领域的应用，借此创新社会管理服务模式。（刘　毅）

【“12333”电话咨询服务热线开通】 3 月 30 日，市人社局正式开展“12333”电话咨询服务热线，自动语音服务将提供 24 小时全天候信息咨询服务，人工座席将在法定工作日提供各类业务咨询和投诉服务。“12333”热线的服务范围包括市区范围内人力资源和社会保障工作所涉及的政策业务咨询和举报投诉。长沙“12333”热线人工服务时间为星期一至星期五（节假日除外）的 8 时至 12 时，14 时 30 分至 17 时 30 分（冬季）或 15 时至 18 时（夏季）。自动语音提供每天 24 小时服务。自上年 12 月服务热线试运行以来，长沙“12333”电话咨询已受理群众咨询服务 31846 个。当日，市人社局还现场开展了以“走近农民工”为主题的全市“‘12333’全国统一咨询日”活动，吸引数百名农民工朋友现场咨询政策信息和求职信息。（刘　毅）

公务员管理

【概况】 2014 年，长沙市公务员局围绕“建一流队伍，创一流业绩”的目标，有序开展公务员考录、考核、培训、调配、奖惩等业务，全面完成年度目标任务。

一、专项整治。1. 清理全市评比达标表彰活动。对 2010 年 1 月以来市本级各机关单位开展的评比达标表彰项目进行清理，出台市级清理文件，叫停所有评比达标表彰活动，清理评比达标表彰活动 277 项。同时规范考核评定工作，制定《长沙市考核评定项目管理办法（试行）》，公布考核评定项目目录，保留 39 项考核项目

长沙市公务员初任培训进驻宁乡县沩山乡

和25项业务评定项目，较单位申报的219项减少70.8%，不允许开展管理目录之外的其他考核和业务评定。2.清理市本级行政奖励工作。对市本级45家机关申报保留的175项行政奖励事项进行逐项审核和清理规范，市本级行政奖励项目保留25家单位的22项，精简程度达87.5%。3.清理一票否决事项。牵头对全市“一票否决”事项进行集中清理，全市保留5项“一票否决”事项。4.抓好清理长期违规借调人员整治工作。按照省委组织部《关于清理纠正违规长期借调人员、违规配备秘书、调动工作不转工资关系等问题的实施方案》要求，清理清退全市党政机关、事业单位借调试用期内的新录用公务员、选调生337人。

二、公务员招录。2014年长沙市计划面向社会公开招录公务员174名，实际录用153人（核减6个计划。3人未达面试平均线，10人自愿放弃，2人资格终审不合格）。湖南省首次实行党政群机关公务员、法院工作人员、检察院工作人员、选调生考录“四考合一”。长沙市继续加大面向基层定向考录力度，首次面向乡镇事业站（所）长、中心主任招录公务员，定向考录人员占全年实际录用人数的15.3%，有效拓宽基层进人渠道。在职位条件设置上，乡镇职位设置5年最低服务年限，从源头上为留住人才提供保障。在面试考官安排上，全省考官分片区统一实行大抽签，全部启用异地考官，首次在面试考场内设置观察员席位，邀请5名人大代表和政协委员担任观察员，见证考生答题、考官评分全过程，进一步提升招录工作公信力。

三、公务员培训。2014年，首次将公务员初任培训延伸到农村、农民家中，组织市直行政系统48名初任公务员到宁乡县沩山乡进行农村体验式调查培训。积极探索远程教育模式，创建“清华·长沙公务员在线学堂”，该学堂是清华在湖南地区首个公务员在线网络学堂。继续做好品牌课程，分别围绕经济、军事、国学举办3期公务员大课堂。首次将公务员培训与年度考核挂钩，分别在清华大学、浙江大学、井冈山举办3期公务员在职培训骨干班，调训对象为上年度考核评为优秀等次的公务员，强化公务员培训的正激励作用。全年举办各类公务员培训班31期，其中在职班15期，公务员大课堂3期，初任班4期，任职班8期，社会主义核心价值观培训1期，初任培训参训率达100%。

四、全员绩效考核。积极与市委组织部、市绩效办衔接，将市直机关单位公务员、工作人员的优秀等次比例与单位领导班子绩效考核结果挂钩，确定各单位人员的优秀等次比例。对全市机关、参照管理事业单位的35684人进行年度考核备案。同时，加强全员绩效考核调研成果运用和考核工作指导，科学研究制定考评方案、精细设计指标体系、规范考核标准程序，重点加强平时考核，完善绩效评估与个人考核对接机制，激发队伍活力。

五、公务员法实施。2014年6月10日，全国人大内务司法委员会委员李江，全国人大内务司法委员会委员、全国人大常委会机关党组成员、纪检组组长王金亮，国家公务员局副局长卢雍政及部分全国人大代表到长沙调研《中华人民共和国公务员法》贯彻实施情况。省人大常委会委员、内务司法委员会主任委员李平，市领导袁观清、陈泽珲、谭杭生陪同调研，长沙市公务员管理工作得到调研组的充分肯定。

六、为民办实事。2014年是长沙市持续开展为民办实事工作十周年，组织开展了实事工作大型调研活动，回顾历史，总结成效，着眼未来。长沙市2014年实事考核项目39项，其中省考26项，市考13项，目标任务全部完成。首次将实事工作纳入全市绩效评估体系，改革考核模式，采取扣分制，完善协调机制。对实事进度、问题定时通报商议，数据每月上旬上报市主要领导，每月6日在全市经济工作月报上公布。（曾　懿）

中 共 长

2月21日，省委常委、市委书记易炼红出席长沙党的群众路线教育实践活动动员会

市委副书记张迎龙（左三）一行参观芙蓉南路社区政务大厅

5月15—19日，2014年第十届中国（深圳）国际文化产业博览交易会举行，市委常委、宣传部部长张湘涛（前排中）带领长沙参展团参展

市委常委、常务副市长陈泽珲（左一）到高新区考察创业就业工作

市委常委、组织部部长程水泉（前排左）到岳麓区桔子洲街道天马村调研

市委常委、统战部部长文树勋（左二）考察望城“四同创建”工作

沙 市 委

3月5日，市委常委、大河西先导区党工委书记赵文彬（左二）到望城区考察项目建设工作

6月17日，市委常委、市纪委书记李军（左二）调研地铁廉政文化建设

5月15日，市委常委、副市长张迎春（前排右二）一行到长沙中电软件园园区调研

4月18日，市委常委、市委秘书长陈献春（右）到长沙市第一社会福利院调研

4月18日，市委常委、政法委书记钟钢（中）调研望城区政法工作

4月11日，市委常委、警备区政委李春艳（左二）率机关工作组到望城区人武部检查督导党的群众路线教育实践活动开展工作情况

长 沙 市 人

1月9日，市人大常委会主任袁观清在市十四届人大第二次代表大会上作工作报告

9月23日，长沙庆祝人民代表大会成立60周年大会举行

9月29日，市人大常委会组成人员考察长沙市城乡规划工作

10月30日，市人大常委会专题询问城乡规划工作

大 常 委 会

7月7日，市人大常委会主任袁观清(左二)到乔口镇专题调研督办《关于在望城区乔口镇建设湖南省水产品一级批发市场的建议》

3月24日，市人大常委会主任会议成员专题调研长沙市禁毒工作

6月11日，市人大常委会主任会议成员到长沙县集体调研经济社会发展情况

7月2日，市人大常委会党组召开党的群众路线教育实践活动专题民主生活会

10月13日，市人大常委会组织人大系统领导干部到上海学习培训

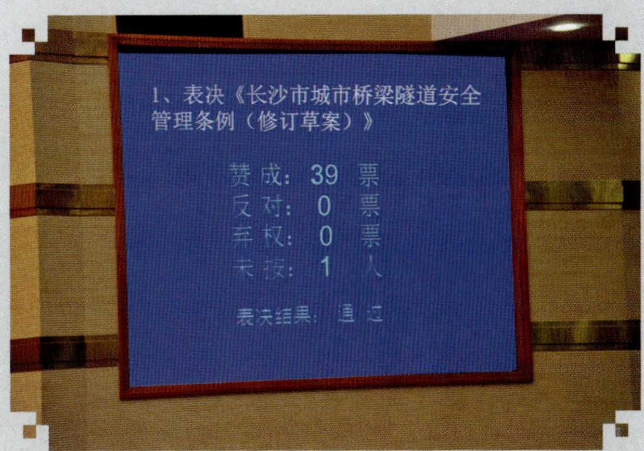

2月26日，长沙市第十四届人大常委会第十一次会议表决通过《长沙市城市桥梁隧道安全管理条例》

长　沙　市

①②
③④
⑤

① 市长胡衡华在《经视问政》节目接受问政

② 长沙获评中国法治政府奖，常务副市长陈泽珲出席发布会并讲话

③ 副市长张迎春（左一）调研望城区夏粮收储工作

④ 副市长何寄华在长沙汽车南站慰问高温下工作的公交车驾驶员

⑤ 副市长姚英杰（右二）调研迪马公司周边地块棚改项目工作

人　民　政　府

⑥⑦
⑧⑨

⑥ 副市长黎石秋一行到长沙高新区调研农村及社会事业发展情况

⑦ 副市长夏建平调研程潜公馆旧址改造工作

⑧ 副市长李介德在长沙市火车站看望慰问一线执勤交警

⑨ 副市长曹立军（前排中）考察浏阳市一中考点

政 协 长 沙

省政协主席陈求发（左三）调研长沙污染治理

市委书记易炼红（右一）领办《关于进一步规范我市社区职能、优化社区工作的建议》重点提案

市领导就领办的重点提案进行调研

市政协主席范小新（右三）开展"加强大气污染治理，建设秀美长沙"调研

市政协主席会议成员考察开福区

市政协主席会议成员考察长沙市公安工作

市　委　员　会

政协长沙市委员会第十一届第二次会议

纪念人民政协成立 65 周年

政情通报会

政协十一次常委会议

市政协机关深入开展党的群众路线教育实践活动动员大会

市政协召开“加快政府职能转变”专题协商会

市政协召开社情民意信息工作总结表彰暨信息员培训会议

“加强大气污染治理，建设秀美幸福长沙”专题协商会

第十一届二十三次主席会议

全市政协系统“三服务”主题经验交流会

市政协民主评议大会

主席联委员活动

长沙

①3月5日，长沙警备区组织机关干部到雷锋纪念馆参观学习，司令员王忠斌（左二）认真听取纪念馆工作人员讲解雷锋同志成长进步的事迹

②7月11日，长沙警备区政委李春艳（左二）率市委、市政府扶贫工作组到浏阳市高坪镇志民村现场办公，研究精准扶贫事宜

③3月5日，长沙警备区组织全区官兵到雷锋纪念馆参观学习，副政委金长义（右二）等领导带领官兵宣誓

④5月21日，长沙警备区协调市国动委组织各专业办公室骨干开展国防动员业务集训，参谋长赵钺主持集训，并作集训动员讲话

⑤4月1日，长沙警备区举办“把握形势、勇于担当，为实现强国梦强军梦奉献青春正能量”专题报告会，政治部主任曹清军为专题讲座进行授课

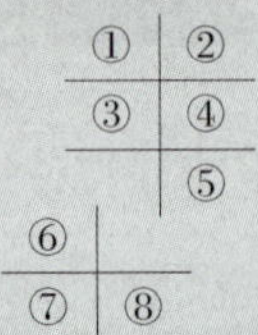

⑥1月9日，广州军区城市警备纠察工作现场观摩会议在长沙举行，长沙警备区警备纠察连为现场会汇报表演文明规范执勤动作

⑦1月25日，长沙警备区组织官兵在驻地清扫马路积雪，保障车辆和群众的安全通行

⑧2月19日，长沙市召开民兵预备役部队整组工作会议，部署年度民兵预备役部队整组工作

警 备 区

① 2月22日，全军“投身强军实践、践行群众路线”先进事迹报告会在北京举行，长沙警备区设立分会场，组织官兵听取先进模范人物的先进事迹

② 3月2日，长沙警备区组织官兵在望城区开展清污治理活动

③ 3月5日，长沙警备区组织官兵向雷锋雕像敬献花篮

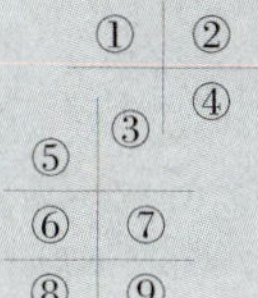

④ 3月26日，2014长沙市民兵应急营挂牌成立，市党政军领导现场检阅应急民兵营队伍

⑤ 4月1日，长沙市“三战”大队挂牌成立

⑥ 4月29日，长沙警备区组织民兵舟桥分队开展水上救援实兵演练

⑦ 5月5日，长沙警备区党委召开党的群众路线教育实践活动征求意见座谈会，省军区领导率工作组进行现场指导

⑧ 6月25日，湖南省军区组织“湘江—2014”演习，长沙警备区组织师团两级首长和机关干部认真参加演练

⑨ 7月11日，长沙市2014年夏季征兵工作全面启动，广大适龄青年踊跃报名参军

宁乡经济技术

10月31日，中央编办三司副司长王岐海（左二）一行调研宁乡经开区

11月5日，副省长黄兰香（中）率队考察宁乡经开区

1月21日，宁乡经开区企业楚天科技在深圳证券交易所成功上市

2月27日，格力集团董事长董明珠为宁乡经开区和宁乡县的1500余位各界代表讲课

3月25日，宁乡经济技术开发区能源利用信息化管理中心正式启动

6月13日，宁乡经开区举行“蓝月谷之夏”食品饮料产业活动季启动仪式暨中国（长沙）现代农业产业化示范园重点项目签约仪式

6月27日，宁乡经开区举行小微企业入园集中签约暨园区产业扶持政策新闻发布会

开发区管理委员会

7月29日，省委书记、省人大常委会主任徐守盛（左二）调研宁乡经开区

12月11日，省委常委、市委书记易炼红率长沙市项目建设流动观摩团考察宁乡经开区格力电器综合生产基地项目

7月18日，长沙市委副书记、市长胡衡华（左三）调研宁乡经开区

7月28日，宁乡经开区举行金融与实体经济对接会暨中国农业银行宁乡经开区支行开业仪式

7月29日，宁乡经开区玉屏山国际产业城正式动工建设

7月31日，康师傅方便面及饮品湖南生产基地正式落户宁乡经开区

11月25日，湖南名优商品北京展示销售中心在北京正式开业

宁乡金洲新区

①②
③

① 市委书记易炼红（前排左二）调研红宇新材
② 市委书记易炼红（左四）调研杉杉新材
③ 市委书记易炼红考察新区

市长胡衡华（前排左二）调研星邦重工

市长胡衡华（前排左二）调研邦普循环

管 理 委 员 会

①②
③④
⑤

① 副省长黄兰香（前排中）调研长高集团
② 县委书记黎春秋（前排左一）向副省长李友志（前排左二）介绍项目选址地情况
③ 副市长陈泽珲（右三）考察新区
④ 县长周辉（前排左三）调研金洲新区
⑤ 金洲新区工委书记刘永红（左三）调研园区企业

宁乡金洲新区

三一现场生产

三一车间

伟特家具

星邦重工

普洛斯金洲物流园

管 理 委 员 会

中国（金洲）锂电谷产业园推介暨锂电产业对接会

金洲锂电谷项目签约仪式

湖南邦普循环科技有限公司

湖南红宇耐磨新材料股份有限公司

赛恩斯环保

经济管理

责任编辑：刘盼盼

宏观经济管理

【概况】 2014年，市发改委按照全市“六个走在前列”的总体要求，围绕稳增长、调结构、促改革，各项工作均取得积极成效。

一、宏观综合，发挥参谋助手作用。1. 抓重大战略谋划。启动全市“十三五”规划编制工作，开展15个“十三五”前期重大研究课题研究；确定45个“十三五”重点专项规划和园区规划；向省发改委报送建议纳入国家和省“十三五”规划的重大政策、重大项目和重大工程。牵头编制《长沙市产业空间布局规划（2014—2020）》《长沙市现代服务业发展行动计划（2015—2017年）》《长沙市低碳城市试点工作规划（2014—2020年）》《长沙市加快推进文化创意和设计服务与相关产业融合发展行动计划(2015—2017年)》《关于进一步鼓励和引导社会资本举办医疗机构的实施意见》等规划和文件。2. 抓经济形势分析。密切跟踪全市经济运行情况，完成了3篇季度经济形势分析报告，1—9月全市经济社会发展计划执行情况报告、2015年全市发展思路建议和年度计划报告等重要材料。3. 抓重点问题研究。围绕产业发展、深化改革、对外开放、新型城镇化等28个影响全市经济社会发展的重点领域进行了研究，形成《全市经济社会发展重大问题措施建议》供市领导决策参考。

二、上下衔接，争取各类资金资源。1. 争取资金有成绩。全年共争取到农业农村、工业、高新技术、服务业、经贸流通、基础设施、社会事业、资源环境、保障性住房建设等各级各类资金10.21亿元。积极开展债券融资，全年共有轨道集团、长沙县城投、望城经开区、浏阳经开区、浏阳市城投、宁乡经开区、宁乡县城投等7支债券获批，债券规模达157亿元。2. 争取项目有成效。协调完成轨道交通、长益高速复线、蒙西至华中煤运铁路湖南段等重大项目的前期工作。开慧通用机场可研报告上报省发改委审查，2015年将正式开工建设，成为湖南第一个通用机场。3. 争取资源有突破。成功争取国家新型城镇化综合试点、国家信息惠民试点城市、国家电子商务示范城市、国家下一代互联网示范城市、全国养老服务业综合改革试点等示范试点。国家循环经济示范城市、战略性新兴产业区域集聚发展试点的申报工作稳步推进。全年共争取国家和省级创新平台27个，其中，省级企业技术中心8家，占全省新增认定企业技术中心总数的36.4%，获批数量保持全省第一；省级工程研究中心（实验室）18家，占全省新增工程研究中心（实验室）的69.2%。

三、突出项目带动，提高投资管理水平。1. 强化项目谋划包装。编制2015年重大项目投资计划，在充分筛选论证的基础上，提出2015年全市铺排重大项目624个（不含预备项目），其中续建项目356个，新建项目268个，2015年度预估投资1844亿元，同比增长22.4%。积极引进社会资本，编制《扩大民间投资参与公共建设领域投融资指南》，组织召开民间投资项目对接会和民间投资项目发布会，分两批次对外发布了对民间资本放开的项目共156个，总投资达1971亿元。2. 优化政府投资管理。加强政府投资重大项目审查审批，委托中介机构对项目进行评估，并会同住建、规划、国土、环保、财政及相关行业管理部门、邀请相关专家进行评审论证，将评估报告和专家评审意见作为政府决策的重要依据。全年可研审批共审减金额13亿元，审减率10%。精心做好项目备案，对备案条件进行简化，全年窗口共办理备案项目278件，办结率100%。推进政府投资项目代建制管理，全年实施市本级代建制管理项目5个。3. 严格招标投标管理。优化招投标监管服务，完善《关于规范政府投资项目招标投标行为的实施意见（试行）》，取消备案制企业投资项目招标事项核准，以及政府投资项目招标文件的备案备查。全年共核准招标方案15个，完成备案备查项目共计1550宗。继续推行“阳光交易”，公共资源交易中心共完成各级各类交易项目2549宗，交易额455.3亿元，为政府节约资金23.1亿元，保持场内交易“零违纪”、服务工作“零投诉”纪录。认真做好中介机构抽取监管工作，共完成1184个抽取项目的监管。积极推进电子招投标，湘江新区政府投资施工类项目已在公共资源交易中心实现电子招投标，2015年将在全市全面推行。4. 加强重大项目调度。强化重大项目调度工作，每月将全市重大项目投资完成情况、形象进展情况进行调度汇总，分析形成通报。2014年全市580个重大项目（不含中央、省在长沙重大项目、不含 50 个政府投资预备项目）完成投资 1641.1 亿元，同比增加 450 亿元，占年度总投资计划的 109%；新建项目开工率达 90%，同比提高 22.1 个百分点。5. 加大重大项目稽察力度。协调配合国家稽察办对长沙市企业债券、大中型灌区续建配套与节水改造、粮食仓储设施建设等项目开展稽察督查；配合省稽察办对长沙市城镇污水垃圾处理设施等项目开展专项稽察；组织对地铁 2 号线两个主变电站进行补充检查。做好工程建设领域项目信息公开工作，全年公布项目信息 607 条、26898 项，公开发布的各项数据在市直部门中排名首位。此外，开展停建楼堂馆所、举债建豪楼地标等奢华浪费建设行为的专项整治工作。

四、“两型”建设，推进综合配套改革。1. 加快推进“两型”重点改革。出台最严格的水资源管理制度实施方案和考核办法，推进城镇及开发园区低效用地再开发，建立完善天然气分布式能源系统推进机制，优化节能审查行政审批程序。完善环境经济政策，健全境内河流生态补偿机制，全面实施工业企业排污权交易制度，推行环境污染责任保险。推进污染防治机制改革，推广合同环境服务等环境污染第三方治理。完善绿色建筑推广机制，颁布实施绿色建筑行动实施方案。2. 加快推广清洁低碳技术。制定《长沙市 2014 年度清洁低碳技术推广工作计划》，启动技术推广示范应用项目 98 个、投资 110 亿元，脱硫脱硝技术、餐厨垃圾资源化利用和无害化处理技术、节能与新能源汽车等加快推广。3. 加快深化“两型”示范创建。推进湘江新区省级“两型”综合示范片区建设，指导每个区、县（市）选择“两型”元素相对集中的区域创建“两型”综合示范片区。在学校、村庄、社区等 12 个领域深化“两型”示范创建，获评 2014 年省级“两型”示范单位 3 个、“两型”创建单位 35 个，数量全省第一。4. 加快强化生态绿心保护。进一步完善绿心保护工作目标管理责任体系，建立健全与规划、国土、环保、林业等部门联合审查绿心项目规划选址机制，组织编制绿心重大项目库，对破坏绿心的违法违规行为进行清理整治。

五、统筹协调，抓好各项重大工作。1. 推进重点中心工作。组织国家级湘江新区申报工作。公立医院改革试点稳妥推进。推进经济体制改革，基本完成 2014 年度的 10 项改革任务。牵头开展全市“加快转型创新发展和两型社会建设走在前列”竞赛活动。2. 积极服务实体经济发展。下达长沙市新材料、生物产业高新技术产业化专项及新认定市企业技术中心补助资金 780 万元；积极开展市级企业技术中心认定工作，80 家企业申报。牵头编制《2014 中国·长沙重大招商引资项目册》。3. 节能减排工作有序推进。推进国家节能减排财政政策综合示范，下达 68 个示范项目综合奖励资金支持计划 6.42 亿元。组织编制《长沙市节能技术和产品推荐目录》，积极开展重点用能单位能源审计工作，成功举办 2014 年节能宣传周暨节能和循环经济博览会。单位地区生产总值综合能耗下降 4%，在省政府节能目标考核工作评定为“超额完成”等级，有望提前一年完成省政府下达的“十二五”节能目标。4. 其他工作稳步推进。参与筹备长江中游城市群省会城市第二届会商会，牵头起草《长江中游城市群省会城市第二届会商会（长沙）宣言》。积极推进长沙市开福区老工业基地调整改造。做好全国中小企业股转路演中心争取工作。组织对新增粮食产能田间工程等项目进行竣工验收，会同有关部门对农村饮水安全工程进行中期评估及复核，编制高标准农田建设规划 2015-2020 实施方案。国民经济（装备）动员工作取得新进展，新建 4 家省级国民经济动员中心，申报一家国家级动员中心。（陈　娟）

统计工作

【概况】 2014 年，全市统计部门围绕全市中心工作，统计领域不断拓宽，改革创新不断推进，数据质量不断提高，统计服务成效显著，获全国第三次经济普查先进集体等十余项荣誉，继续保持省级文明标兵单位称号。

一、着力能力提升，统计服务优质高效。全局共完成 16 项调研课题，撰写统计分析 200 余篇，实现了质量与效果双提升，其中《上半年长沙经济运行情况分析》等 3 篇分析被国务院办公厅采用，200 余篇次被国家、省、市网站媒体采用，86 篇次被市级以上领导批示，比上年增长 21.4%。1. 预警分析更及时。针对工业、房地产、投资等多个领域受宏观环境影响明显，增速回落，对经济增长支撑减弱的状况，组织各专业力量深入基层调查研究，实地了解项目建设进度和企业生产经营情况，及时反映问题，准确提出建议。针对工业经济持续下行状况，全方位、多维度开展调研分析并提出对策建议，根据市统计局分析建议，市新型工业化领导小组 4 次召开会议进行专题研究，副市长何寄华 3 次召开会议进行专题部署，9 月以来规模工业逆势上扬、连续回升，全年规模工业增速居省会城市第六、中部第二，市委书记易炼红对市统计局撰写的 9 月份工业经济形势分析做出批示：“市统计局的分析客观、准确”。针对 R&D 经费支出占 GDP 比重偏低、提升不快，离“十二五”发展目标存在差距等问题，及时分析预警，市领导高度重视，督促相关部门加大工作力度，有力推动了全市转型创新发展。2. 参谋作用更突出。围绕全市发展大局，加大重大问题、重点工作分析研究，一批课题研究和统计分析成果得到及时转化，为市委、市政府科学决策、出台政策当好了参谋。在乡镇街道考核中，结合市对区、县（市）绩效考核内容，将考核与转型创新发展、全面小康建设、城乡品质倍升等全市中心工作相结合，完善指标体系，同时改进考评方法、优化考核流程，新的考评办法经市委常委会讨论通过并在全市实施。起草了《长沙市加快推进现代化实施方案》，并以市委、市政府文件正式下发，《中国信息报》对此进行了专题报道。撰写的有关新型工业化发展、推动园区产业转型升级等分析建议被市委、市政府采纳。市局撰写的《关于长沙市产业相关情况分析》中有关区域产业布局建议，纳入了《长沙市产业空间布局规划（2014-2020）》。先后完成了《长沙加快建成全面小康之市》《关于 2014 年湖南省全面建成小康社会考评的思考》等分析报告，及时将国家新的考评监测体系变化情况、长沙试算实现程度以及发展中的短板问题向市领导报告。3. 民意调查科学。

按照市委主要领导提出的“更加注重市民的直观感受、直接评价”的要求，圆满完成了绩效考核等各项民意调查。调查方案更优。年初广泛征求各方意见，多次召开方案讨论会，从优化样本结构（扩大直接服务对象调查样本等）、完善调查问卷（让“知情人”评价“身边事”）、增加调查频次（集中调查4次）等方面进一步完善绩效考核社会公认评估调查。调查领域更宽。既增加了园区序列的绩效考核民意调查，又承担了市委市政府交办的政风行风民意调查，并开展“义务教育满意度”“大学生住房及生活状况”等民意调查，全年完成11项民意调查，设计问卷30余种，调查样本达5万余个，比上年增加50%。4. 服务公众更快捷。积极改进工作方法、创新服务方式，在全局推行重点工作督查制、首问责任制和服务评价制度，通过网络服务、现场服务、电话服务等方式做好社会服务，编辑《长沙统计年鉴》《长沙经济运行快报》《全国省会城市横向对比资料》等10余种统计产品，并及时上网发布；开通长沙市统计局微信，加大消费、人口、社会保障等民生类统计调查与数据发布，使社会各界更加快捷便利地了解统计数据和信息；长沙统计信息网全年访问点击量突破10万次，全年更新数据2700余条，日均更新信息8条；完善《网络统计信息咨询办法》，加快咨询回复速度，平均答复时限比上年加快1天，实现了即询即复；并通过“12345”市民服务热线以及现场、网络等方式接待群众咨询，群众满意率达100%。

二、创新基层建设，统计基础夯实。1. 以考核增添助力。利用乡镇街道考核契机，提高各级党委政府对统计工作的重视，促进基层统计规范化建设。继续推进省级示范单位创建考核活动，2014年推荐2个县级统计局和10个乡镇街道统计站为全省统计工作规范化建设先进单位，长沙市先进单位覆盖率在全省领先；在全国率先开展社区统计平台建设，现设立窗口社区（村）1088个，城区社区统计平台建设率80%以上。2. 以培训提升能力。首次对全市所有乡镇街道统计站246名统计人员进行了为期2天的集中培训，对国家级、省级园区统计人员培训学习170人次，组织43名统计检查员和统计执法骨干进行了执法集中培训；加强日常业务培训，对企业统计人员业务培训4000余人次，组织全市统计从业资格、统计继续教育、专业技术资格培训4600余人，比上年增长15%。通过强化培训，基层统计人员业务能力得到增强，统计数据质量得到提高。3. 增加投入。积极争取国家、省、市支持，在为每个乡镇街道统计站配备一台台式电脑的基础上，2014年又为每个乡镇街道添置一台笔记本电脑和打印机；对18个联点乡镇街道统计站各下拨2万元工作经费。同时，创新出台《长沙市统计局乡镇街道统计站目标管理办法》，从组织领导、机构人员、工作制度、经费保障、信息化建设等方面进行考评指导，对规范化乡镇街道统计站实施“以奖代补”，有效发挥带动示范作用。4. 以减负增加动力。首次开展《统计报表负担调查》和《统计报表清查》工作，对市级部署的统计任务进行清理，取消过时报表，改进调查方式，杜绝重复调查，市本级减少统计调查任务5项，有效减轻了基层负担，基层统计人员积极性更高，工作针对性更强。

三、坚持创新导向，推进统计改革。1. 率先开展基层统计联点。推进“一线工作法”，全局干部深入基层、深入企业，做到了“情况在一线掌握、问题在一线解决、服务在一线提供、感情在一线融洽、能力在一线提升”。在全国首创《处室联系基层统计站工作制度》，处室联点18个基层统计站，定期听取意见、察访实情、现场指导、解决难题，畅通联系渠道，实现服务基层“零距离”。2. 创新开展重点企业服务。推行重点企业（单位）统计服务联系制度，选择520家重点企业、38个重点部门、188个乡镇街道、30个社区作为重点服务对象，实施点对点式“VIP”个性化服务。通过业务培训、上门服务、集中座谈等方式开展重点服务，全年共开展12批次重点企业服务、赴百余家重点企业调研，召开重点企业统计联系和业务培训会议24次、部门联系协调会议12次，主动了解企业生产经营状况及统计需求，及时向市委、市政府反映企业生产经营中遇到的困难问题，搭起了企业与党委政府沟通的桥梁。同时，全力为企业提供信息和服务，帮助解决统计业务难题。3. 率先建立深化改革实施办法。按照全省部署并结合长沙实际，出台了《长沙市全面深化统计改革实施方法》，列出了长沙统计改革的时间表、路线图，明确了4项改革任务和16项重点工作，对GDP核算、投资、网上零售、新型服务业、能源、城镇化、就业、信息产业等热点难点问题进行了改革部署；健全服务业统计，将规模以上服务业纳入国民经济核算。在望城区率先全省开展固定资产投资改革试点，为全省固定资产投资改革全面铺开积累了经验。4. 推进统计信息化建设。狠抓统计专网向乡镇街道延伸，指导区、（县）确定统计专网延伸方案，截至2014年底全市所有乡镇街道统计站全部接入统计专网，进一步提升了基层统计信息化水平。在确保网络安全的情况下建立了虚拟专用统计网络系统，出台《长沙市统计局VPN系统使用管理办法》，完成了推广培训，注册用户在办公区域外也可通过该系统正常使用统计专网的资源，进一步提高了工作效率。

四、经济普查圆满完成。全市共完成97440家单位、61.92万个体经营户的数据采集、审核、验收和上报工作。与二经普相比，增加5.12万个单位、16.83万个体经营户，增长率居全省第一。全市完成了1.2万家跨区域重名重码单位和9000余条跨表审核改错任务，重点对1.5万家单位属性指标进行审核界定，对上万家数据异常单位逐一核实确认，并对6534家联网直报企业数据再次进行核实，确保了单位真实存在、指标填报准确、数据全面准确。制定了《长沙市第三次全国经济普查事后质量抽查方案》，于5月组织开展了市级事后质量抽查工作，由局领导带队组成10个抽查组分赴各区、县（市）进行质量抽查，没有发现虚假单位，主要经济指标基本准确。6月，顺利通过国务院经普办对长沙市进行的事后质量抽查，检查组认为长沙市的普查单位真实、数据质量可靠。

五、依法统计，数据质量有效保障。1. 切实强化数据质量控制。加强制度建设。制定《长沙市统计数据质量控制办法》《长沙市地区生产总值核算评估办法》等多项制度，明确数据质量控制的总体要求、工作重点和保障机制，强化数据质量审核评估，规范统计数据报送流程，严格报表报送审批手续。加强联网直报。坚守“四条红线”，做到“即报即审”，通过查看企业填报说明，开展数据预审，进行比对审核、电话查询、上门核查等方式严把数据审核关，确保了联网直报上报率100%，审核率、验收率全省第一。加强专项整治，在全市统计系统开展了“形象工程”和“政绩工程”专项整治和督查工作，对“一套表”联网直报工作中违法违规和不规范报送行为进行专项整治。2. 重点完善基本单位名录库。通过建立考核机制和对口联系机制，将名录库工作纳入对区、县（市）和市局专业处室考核，加强与编制、民政、工商、税务、质监等部门的联系沟通，建立了季度交换单位登记资料机制，将名录库维护更新工作延伸到全部乡镇街道，建立了基本单位名录电子台账，及时收集整理单位变化信息，对全市近3万家单位进行了更新维护，新增“四上”企业数居全省第一。3. 扎实推进统计法治建设。严格执法检查。加大统计违法案件查办力度，全市执法检查各类单位370家，立案查处21家，处罚21家，责令整改67家，在媒体上曝光7家典型违法单位。严格组织开展统计巡查，先后对开福区、天心区、浏阳市3个区、县（市）和市农业局、市国土资源局2个市直部门开展了统计巡查。加强统计监管，规范了报送程序，夯实基层基础，提高了数据质量。加强法治建设。健全和规范法治工作机制，加强统计法治宣传，提高统计执法水平，增强依法决策、依法行政和依法管理能力，全局干部职工的法律素质得到全面提高。推进统计法治宣讲进党校、进社区、进企业，加大基层统计执法人员的培训力度，全年授课人数3000余人次，为统计发展营造了良好的社会环境。坚持依法统计。下发《关于清理废止给统计工作及数据质量造成不当压力和不良影响有关文件内容的通知》，要求各区、县（市）对下发各类文件进行一次彻底清理、废止有关文件，坚决取消违背统计法精神、影响统计工作独立性的有关做法，确保统计部门依法独立行使统计职权和统计数据客观真实。（邹俊平）

审计工作

【概况】 2014年，长沙市审计机关完成审计项目3334个，查出违规金额50.28亿元，促进增收节支19.83亿元（其中上缴财政金额6.02亿元），核减投资额41.59亿元，移送违法违纪案件线索30起，审计要情、报告、信息被市级以上领导批示和省级以上媒体采用100余篇。其中长沙市审计局完成审计项目938个，查出违规金额45.7亿元，上缴财政金额4.87亿元，核减投资额29.97亿元，获全省审计系统先进集体、连续4年蝉联全省市州审计机关工作目标管理考核第一名、连续5年获全市领导班子绩效考核一等班子、连续两年获长沙市党风廉政建设先进单位等一系列荣誉；成功创建“全国文明单位”；一个审计项目被审计署评为“2014年地方优秀审计项目”，实现长沙市审计机关成立30年以来的历史性突破。（唐朝阳　夏海军）

【重大决策和政策措施落实情况审计】 2014年1月至3月，长沙市审计局组织对全市城镇保障性安居工程进行专项审计，揭示保障性住房改变用途等问题，确保惠民政策落实。2014年6月至12月，长沙市审计局重点对城建投、轨道集团、先导投、湘江综合枢纽四家公司进行审计调查，重点关注国有资本结构、运营情况、内控制度建设情况等，揭示突出问题，为市委、市政府决策提供重要参考。2014年8月至10月，根据国务院和审计署的安排，长沙市审计局从全市审计机关抽调39名审计业务骨干赴株洲参与土地出让金审计，圆满完成审计任务。（唐朝阳　夏海军）

【预算执行审计】 2014年2月至6月，长沙市审计局对市本级财政预算执行、3个市直部门预算执行、20个单位“三公经费”支出等进行审计，且在全省率先对国有资本经营预算执行进行审计，首次将市本级存量资金、财税优惠政策执行情况作为审计重点。通过审计，揭示收入征管存在漏洞、预算结余结转资金较大、部分水利项目未招标和“低中高结”等突出问题，督促收回拖欠的国有股分红6125万元、国有产权处置收入1.15亿元，清缴2007年以来沉淀在市本级非税收入汇缴结算账户的专项资金1.59亿元。长沙市人大常委会在审议市本级预算执行审计工作报告时，给予“范围广、层次深、情况明”高度评价。（唐朝阳　夏海军）

【经济责任审计】 2014年，长沙市审计机关共对165名党政领导干部进行经济责任审计，查出违规金额3.83亿元，揭示部分领导干部履行法定职责不到位、违反决策程序、资产处置不当、资金运用不规范等问题，强化责任的界定，推进审计结果运用，有效促进依法行政。同时，创新经济责任审计制度，实行离任交接制度，探索“履职联审”“量化划等”等新型审计方式，积极推进“两型”审计。2014年10月，湖南省经责办向全省审计机关全文转发长沙市审计局制定的《关于乡镇（街道）领导干部经济责任审计结果量化划等的指导意见（试行）》《关于在地方党政主要领导干部经济责任审计中实施履职联审的意见》等两个文件。（唐朝阳　夏海军）

【政府投资审计】 2014年，长沙市审计机关共完成政府投资审计项目2971个，核减投资额41.59亿元。其中长沙市审计局完成政府投资审计项目880个，送审金额166.89亿元，核减投资额29.97亿元，综合核减率17.96%，为市政府节约大量资金，有效提高政府投资绩效。在长沙市某工程审计中，对14个标段进行结算审计，结算报审金额4.62亿元，核减投资额1.82亿元，核减率39.45%。《长沙：打造政府投资审计“升级版”》经验做法被《中国审计》杂志、审计署网站重点推荐，在全国产生较大影响。（唐朝阳　夏海军）

【审计成果运用】 强化审计整改。2014年7月，长沙市委副书记、市长胡衡华主持召开政府常务会就审计整改工作进行专题部署，要求将审计整改的落实情况纳入绩效考核，对于整改未到位的问题，由市政府督查室组织督查，并追究有关人员责任。11月，长沙市委办公厅、长沙市政府办公厅出台《长沙市审计结果运用办法（试行）》（长办发〔2014〕33号），在制度上确立“六维”审计整改体系，多个监督职能部门形成合力。强化案件查处。2014年，全市审计机关共向纪检、检察、公安等机关移送重大案件线索30起，移送处理人员23人，移送处理金额1.64亿元，发挥反腐“尖兵”作用。长沙市审计局在生猪生产专项资金审计中，将某保险公司涉嫌虚假承保、理赔等违法行为的案件线索移送公安机关查处，收缴违纪资金32.12万元，3名公司负责人被查处。

（唐朝阳　夏海军）

【审计业务管理】长沙市审计机关以审计计划管理为龙头，探索“板块审计”“1+N”等新型审计组织方式，加大审计服务购买力度，统筹整合审计资源。以“金审工程”建设为契机，重点推进联网审计系统、视频会商系统建设，提高审计效率和深度。以打造优秀审计项目为抓手，狠抓审计质量，4个审计项目被湖南省审计厅评为“优秀审计项目”，其中《长沙经济技术开发集团有限公司2012年度资产负债损益审计》被审计署评为“2014年地方优秀审计项目”。

（唐朝阳　夏海军）

物价管理

【概况】2014年，长沙市价格部门按照“稳中求进、新中求进、好中求进”总要求，充分发挥价格对宏观经济的杠杆作用，为长沙市建成“三市”、实施“三倍”发展战略营造良好的价费环境。

一、稳控物价，价格宏观调控富有成效。1. 价格预警监测效果凸显。一是开展价格预警工作。坚持价格预警联席会议制度，分析研究重要商品市场价格变化情况，提出保障市场供应、平稳市场价格等建议，联合各成员单位采取积极应对措施，切实做好重要商品的生产、流通和供应工作，积极维护市场价格平稳。二是提升价格监测水平。在原有监测网点的基础上，经过严格筛选和科学组合，确定120家测报点，实行信息互通资源共享。将报告制度180项任务层层分解，落实到点到人。提高对市场突发性、异常波动事件监测的灵敏度。全年共向国家、省上报各类监测数据4万余条，调查报告5篇，动态分析材料24篇，上报率、准确率100%。开展重要民生商品价格信息公布工作，从2月份起，在媒体上公开5家超市、5家农贸市场油、蔬菜、肉禽蛋、水产等数十种主副食品的具体销售价格，增强了价格透明度，有效引导正确消费行为，促进市场价格稳定和社会和谐。截至年底，所公布的35种商品价格较2月份平均下降12.68%。三是落实惠农扶持政策。及时发布2014年稻谷最低收购价、烟叶最低收购价、主要农作物种子最高零售价格等政策规定，认真落实生猪养殖扶持政策，并实行不间断的监管，确保国家惠农政策落到实处。全年长沙市CPI累计同比涨幅2.7%，圆满完成省、市政府寄予的将CPI涨幅控制在3.5%左右的预期目标。2. 价调基金征管得到加强。一是足额征收到位。市物价局将价格调节基金征收纳入年度工作目标考核，加强与财政、税务、电力等代征单位工作协调，形成征收合力，全年共完成征收任务1.98亿元（含县、市、区），其中市本级1.52亿元。二是突出使用重点。共投入价格调节基金6330万元，重点投向蔬菜基地的建设、推广农产品直销店、粮食肉食储备、低收入群体补贴、应对价格异常波动等方面，为市政府平抑物价、调控市场、发展经济、保障民生发挥了应有作用。创造性探索农产品直销店建设，运用调节基金扶持全市直销店300余家，确保直销店同一品种的价格比同一区域的同类市场低15%，每天推出特价菜品种达到2～3个，深受老百姓好评。《长沙晚报》对此进行了专题报道。三是加强资金使用管理。在全国率先开展价调基金绩效考评工作，拟制《价格调节基金绩效评估方案》，现已上报市政府。认真组织对价调基金使用跟踪考核，确保资金管理规范化。3. 价格改革工作持续深化。深化行政审批制度改革，精简审批事项，压缩审批环节，缩短审批时间，审批事项和审批时间均减少50%。积极推进公立医院改革，重点指导市三医院和宁乡县县级医院进行试点，已基本完成医药价格改革方案审定工作。同时，对公立医院机构之外的所有医疗机构的医疗服务价格全部实行市场调节价。深入推进资源性产品价格和环保收费改革，建立完善了排污权有偿使用制度，扎实贯彻省局制定的排污权有偿使用收费和交易价格政策；进一步完善了居民用阶梯式气价和非居民天然气季节差价政策。

二、规范秩序，稳步推进价费监督管理。1. 行政服务收费管理规范。会同市财政局对全市行政事业性收费进行了一次全面清理，并将清理情况上报市政府。根据国家、省统一安排，对2014年上级明确取消、降标及市场化收费项目全部落实到位，并对2013年规定的取消、降标收费执行情况进行全面检查，没有发现违规违纪现象。严格贯彻落实上级有关行政事业性收费管理规定，着眼优化经济社会发展环境，突出抓好行政事业性收费年审工作，年审率100%，合格率100%。着眼规范服务性收费项目，认真办理年检、换证、新办服务价格登记证。2. 价费热点问题有效解决。一是规范停车收费。结合全市实际，下发了《关于贯彻〈湖南省机动车停放服务收费管理办法〉》，对长沙市停车管理收费进行了明确和细化。同时，对实施过程，特别是住宅小区停车收费情况进行了专题调研，有效推进停车收费规范化。二是整治驾培驾考收费。针对驾培、驾考方面存在的一些收费问题。5月份集中对市内69所驾校和13家驾考进行检查，对驾校存在的问题逐一登记，并逐一送达提醒告诫书，并对收费不规范的驾校全面进行整治，有效促使了该行业规范运作、合理收费。三是强化中介机构服务收费管理。集中开展中介机构服务清理、整治、规范工作，对收费项目多，数额比较大，以及群众意见比较集中的部门收费情况，进行了细致的清理和检查，对与老百姓生活息息相关的中介服务单位进行全面审核登记，对收费管理中存在的一些收费不规范问题进行纠正和限期整改。3. 价格监督检查成效明显。一是充分发挥举报热线作用。加大硬件建设力度，在全省率先完成“12358”举报平台系统升级，为实现国家、省、市、县（区）四级联网奠定了坚实的基础。全面落实新修订的《价格行政处罚规定》《价格违法行为举报处理规定》等法律、法规，及时修订价格举报工作制度，价格举报程序得到进一步完善。同时向社会承诺一般投诉举报事项7个工作日内办结回复；情况复杂的，60日内办结回复；特别复杂还需延长办理时限的，必须经本级主管部门负责人批准，但延长期限不得超过30日。认真受理群众来访、来信及“12358”投诉举报电话，热情为民排忧解难，全年受理群众价格投诉、举报、咨询8663件，有效维护了广大群众的合法权益。二是加强市场价格监管。元旦、春节、“五一”、端午、中秋、“十一”等重要节假日及“两会”期间，通过市、区联动的方式，以各大集贸市场、超市和车站等场所为重点，对粮油、蔬菜、肉食及交通运输、旅游景点的价格进行巡查，严厉打击经营者哄抬物价、囤积居奇、串通涨价、价格欺诈等不正当价格行为。三是扎实开展专项检查。开展“发展环境优化年”收费专项检查。重点检查交通（地方海事）、人社、工信委、司法、卫生、林业、农业、文化（广播电视）、民政、工商、食监、质监、地震、气象等14个职能部门2013年以来的收费行为。开展电力价格专项检查。开展商业银行价格专项检查。重点对上海浦东发展银行长沙分行、东莞银行长沙分行、南粤银行长沙分行、渤海银行长沙分行、长沙开福农村合作银行5家银行2012年至2013年收费情况进行了全面检查。开展教育收费专项检查。重点查处中小学校向学生收取、新生录取或学生转学挂钩收取捐资赞助费、帮困基金等费用；义务教育阶段学校利用教育、教学场地、资源举办面向学生的培训补课并收取费用，或与社会办学机构合作举办向学生收费的各种培训班、补习班、提高班等有偿培训等内容。2014年，全市共查处价格违法案件81起，涉及价格违法金额711.846万元，实施经济制裁1093.52万元，其中没收款699.95万元，罚款389.77万元，退还3.8万元。通过强有力地检查行动，减轻企业和消费者负担，净化价格环境。

三、保障民生，充分发挥价格服务职能。1.民生价费监管持续强化。一是教育方面。坚决落实国家及省有关教育收费文件精神，特别是农村学校义务教育阶段免收住宿费、学校食堂伙食管理收费公示等内容。继续对长沙市就读义务教育阶段公办学校的外来务工人员子女实行“一费制”全免政策，确保外来务工人员子女与城市户口学生入学收费一视同仁。严格把好民办学校收费关，依据各自不同的办学条件，制定了相应的收费标准，学校、学生反应良好。积极推动全市寄宿制学校改革，严格寄宿制学校收费审批，出台了8所学校收费标准，并对其收费情况进行跟踪。认真开展普惠幼儿园调研工作，着力解决全市幼儿入园难、入园贵的难题。二是医药方面。采取分级管理的办法，由区、县（市）物价局负责辖区内机构的日常管理；进一步加强价费公示，增强医疗收费的透明度；加强了县及县以上医院和执行二类以上收费医院的医药费用监测工作，定期通报医药费用监测结果，有效地控制了长沙市医药费用的不合理上涨。三是住房方面。加强对保障性住房价格监管，按照“保本微利”原则，从严核定各类保障性住房价格，全年共审核了3个廉租房楼盘价格。严格审核物业收费标准，加强对物业服务企业的收费管理，抓好收费公示制度的落实，就规范物业收费服务出台了专门的文件。四是公共交通方面。大力实施公交优先战略，开展公交都市建设，从2014年1月1日起，按中小学生刷卡五折优惠、普通市民群众刷卡七折优惠和65周岁以上老年人、残疾人以及现役军人（法定节假日）刷卡免费乘车。地铁票价方案已顺利出台，出租车计价结构方案上报市政府审批，通过理顺各类交通票价，有力推进了长沙公共交通建设。2.价格认证服务扎实推进。全年共办理各类价格认证案件21441宗，鉴证价值17756.31万元。公务车维修审核17506台次，申报金额2745.63万元，审核金额2239.22万元，核减金额506.41万元，核减率达18%，为强化公务车管理提供了有力支撑。在全省率先开展轻刑快办涉案财物价格认定工作，有效提升了司法办案效率。3.价费惠民政策落实力度加大。认真落实各项价费惠民政策，继续对全市低保户每月每户减免10千瓦时电费、6吨水费、6立方米天然气费、8元有线电视费，城市低保液化气用户钢瓶液化气按每瓶85元的价格供应，几项措施一年为困难群众减负近2000万元。将城乡居民住宅小区公用附属设施用电调整为居民用电，将过去合表用户承担的4%～6%损耗改由供电企业承担，对市水业集团直接供水的自建了生活垃圾设施以及向管辖部门缴纳了生活垃圾处理费的乡镇，免征随水代征的生活垃圾处理费，这三项措施一年为相关企业和群众减负1.1亿元。多方协调，经省局批准将轨道集团生产运营用电由原来的按一般工商业及其他用电调整为按相应电压等级大工业用电价格的电度标准执行，同时不计收基本电费，不执行峰谷分时电价政策，此项政策一年为该企业减少电费开支4800万余元。落实鼓励创业和再就业的收费优惠政策，对全市下岗失业人员、军队退役人员、高校应届毕业生、失地农民、返乡就业农民及残疾人自主创业，自工商部门批准其经营之日起3年内减免行政事业性收费。

四、固本强基，加强价格基础工作。1.成本调查审核有序开展。做好湖南稻谷、生猪成本价格指数发布平台的数据调查上报工作，全年上报调查数据168条。加强农本调查工作，全年共下乡对农产品成本调查登记户进行辅导和督查297人次，完成农户种植意向、农户存粮、农资购买计划三个专项调查以及早籼稻、烤烟、生猪等农本调查12项。扎实抓好成本审核工作，全年共完成监审项目303个，监审总成本24.43亿元，核减5.67亿元。核减率23%。提升成本审核水平，开展重要原材料成本价格查询平台建设。根据省局统一安排，认真做好常用消费品社会平均成本调研工作，按时、按质、按量完成上报任务。2.价格信息服务全面扩展。组织编印了《居民生活消费价格指南》，免费向全市市民发放。充分利用网络平台和长沙晚报等媒体，积极为社会提供政策法规、政务信息、相关的价格监测数据和咨询服务，使群众及时了解价格政策，知晓价格变动形势。在市政府门户网站上发布了长沙市行政事业单位收费项目及标准；在平面媒体对老百姓密切关注的“米袋子”“菜篮子”“油壶子”价格及变化趋势及时予以发布；不定期向市委信息办、市政府信息办

3月14日，长沙市地铁票价定价听证会

发送常规价格监测分析、热点价格问题、重点价格调研材料，为领导决策提供服务；在市区大型农贸市场、社区服务中心以及平价粮油蔬菜直销店设立价格信息电子显示屏，每天发布全市粮油、蔬菜、肉禽蛋鱼交易价格，防止个别市场和个别经销商恶意涨价行为，合理引导百姓消费。3. 价格法制建设逐步加强。积极开展法制教育，邀请法学专家来局进行专题辅导，开展网上学法，学习率达到100%，积极推进依法行政，严格落实“二报二回一公开”的程序要求，对市物价局的行政职权实行“横向到边、纵向到底”的摸排清理，形成了长沙市物价局行政职权清单，圆满完成了市本级清理“权力清单”的工作任务。组织执法人员参加各类业务培训，采取自查与互查相结合的方式，开展案卷评查工作，全面提升价格执法人员的综合素质和业务水平，在2014年全市行政单位案件评查中，市物价局5本参评案卷均在98分以上，其中4本代表长沙市参加全省行政单位案卷评查。全面推进合法性审查，降低具体行政行为的应诉风险。（梁　俊）

【开展重要民生商品价格信息公布工作】 从2月份起，在媒体上公开5家超市、5家农贸市场油、蔬菜、肉禽蛋、水产等数十种主副食品的具体销售价格，增强了价格透明度，有效引导正确消费行为，促进市场价格稳定和社会和谐。截至年底，所公布的35种商品价格较2月份平均下降12.68%。（梁　俊）

【地铁票价方案出台】 3月14日，长沙市物价局召开长沙地铁票价听证会，25名听证代表，就前期公布的两套地铁票价听证方案发表意见，着重围绕起步公里数、最高封顶价以及关注老年人、残疾人等方面阐述自己的观点。4月16日，长沙地铁1号线、2号线票价正式对外公布：长沙地铁1号线、2号线按里程计价，起步价2元可乘6公里，超过6公里采用“递远递减”的计价原则，6～16公里范围内每递增5公里加1元，16～30公里范围内每递增7公里加1元，30公里以上每递增9公里加1元。2号线坐完全程花费5元钱。伤残军警及办理残疾人证的，凭有效证件免费乘车；65周岁及以上老年人凭有效证件办理老年票，持票免费乘车。（梁　俊）

【出租车计价结构调整】 在周密细致调研，严格成本审核基础上，于11月28日认真组织长沙市出租车计价结构调整听证会，充分听取各方意见。2015年3月中旬，长沙市新的出租车计价结构方案正式出台，于3月25日起正式实施。（梁　俊）

安全生产监督管理

【概况】 2014年，全市发生各类生产安全事故（不含火灾事故）288起，死亡99人，受伤281人，经济损失3736.78万元。与2013年相比，减少事故38起，下降11.7%；减少死亡20人，下降16.8%；减少受伤41人，下降12.7%；增加经济损失627.97万元，上升20.2%。

一、强化红线意识，完善安全生产责任体系。1. 落实讲话精神，把握工作新导向。认真贯彻落实总书记习近平关于安全生产重要指示，市、县两级成立了安全生产讲师队伍，组织了60余人的宣讲团队，开展专题宣讲30余场次，近2000名县、科级领导参加听课。2. 健全责任体系，构建齐抓共管新局面。提请市委、市政府印发了《关于贯彻落实〈湖南省党政领导干部安全生产“一岗双责”暂行规定〉的实施意见》和《关于加强基层安全监管能力建设的实施意见》等文件，市县两级党委都明确了联系或分管安全生产工作的领导，落实了领导干部年度述职述安、带队检查安全生产工作等制度，构建了“党政同责、一岗双责、齐抓共管”的责任体系。3. 完善考核体系，落实工作新要求。按照“淡化控制指标考核、淡化集中考核；注重工作考核、注重过程考核；强化部门联动考评、强化考评结果应用；改进考核模式、改善考核办法”的思路，完善了考核评价体系，将绩效考核中安全生产所占分值的三分之二作为工作考核分值，将14个工业园区和6家市属重点企业进行安全生产单列考核。

二、深化专项整治，规范安全生产工作秩序。1. 开展安全生产大排查大整治大督查集中行动。在容易引发重特大安全事故的13个重点行业领域以铁的手腕落实整治措施、确保安全生产。严格落实烟花爆竹高温停产制度，认真开展矿山防采空区塌陷、粉尘爆炸危险场所、涉氨企业安全、油气管线安全和劳动密集型企业消防安全等专项整治。2. 持续开展“打非治违”。先后3次召开“打非治违”协调调度和点评会议，建立健全并认真落实了驻点督导、联合执法等工作机制，对重点行业和领域实施精确打击、重点打击和有效打击。全年共牵头组织和协调开展集中执法行动15775次，出动执法人员108376人（次），检查生产经营单位61973家，责令停产整顿企业283家，取缔非法生产经营建设单位385家，提请关闭企业30家，实施经济处罚2123.9万元。3. 不断深化安全生产专项治理行动。组织和部署开展了坚决纠正安全生产方面损害群众利益行为、危险化学品道路运输和公路桥梁隧道安全检查、压力管道整治、油气输送管线治理、涉氨企业治理、职业病危害治理、重大火灾隐患集中治理等专项治理行动20余项。排查群众最反感、反映最强烈的影响制约安全生产的关键问题76项，已整改49项。4. 强力推进职业卫生安全监管工作。开展职业病危害专项治理，治理存在高危粉尘危害企业506家，其中责令停产整改70家，提请关闭、拆除、退出企业278家，经治理达标的企业133家。加强源头监管，完成职业卫生审核（备案）项目42个。开展基础建设和示范企业创建，302家企业达到职业卫生基础建设基本要求，10家企业核准为职业卫生管理示范企业。加强部门联动，联合市人社局、市疾病预防控制中心开展职业卫生免费培训，培训人员1995人。推进职业健康监护信息卡制度，共发放信息卡31276张。

三、突出源头治理，提升本质安全水平。1. 强化安全隐患源头管控。不断完善隐患排查整治“三自”系统，获中国软件和信息服务“政府安全生产监督管理领域最佳应用奖”，长沙被列为全国隐患排查治理体系建设5个试点城市之一。共录入企业11427家，其中，全市高危行业和工贸企业共有9239家企业进行了填报，填报率100%；共填报50389条隐患，已整改47764条，动态整改率94.79%。五里牌冷库、金苹果冷库、辉鸿公司冷库、定王台书市、粮贸大厦等重大隐患得到有效整治。2. 安全生产标准化建设。组织了10期企业安全生产标准化建设自评人员培训班、705家企业的2010人参加培训，开展安全生产标准化咨询服务机构座谈，组织全市工贸企业安全生产标准化建设现场观摩交流，有1117家企业完成标准化达标创建。同时组织了标准化建设“回头看”活动，对达标企业实行动态管理，全市共取消达标企业称号10家。3. 实行隐患举报奖励制度。从7月开始实行安全生产举报奖励制度，建立和完善了举报事项的受理登记、核查核实、统计报告、奖励兑现和举报奖励资金审批、领取等工作制度，调查处理安全生产事故、重大事故隐患和非法违法行为的信访举报40余项。

四、坚持依法行政，提高安全生产法治水平。1. 规范行政行为。制定《行政许可行为操作规程》，严格行政许可的程序步骤。对行政许可项目事项实施程序进行了全面清理修订，对相关流程进行梳理再造，行政许可时限在现有基础上整体压缩50%。制定《行政执法检查和行政处罚行为操作规程》，进一步规范行政执法检查和行政处罚行为。2. 加大计划执法力度。编制年度行政执法计划，全市安监部门共检查生产经营单位24373家，下达《责令限期整改指令书》8649份。其中市局共检查生产经营单位405家，下达《责令限期整改指令书》188份。3. 严格事故查处和责任追究。认真落实《长沙市一般生产安全事故查处挂牌督办办法》《长沙市生产安全事故报告和调查处理工作规则》等制度，市本级调查处理生产安全事故5起，已结案5起，规定时限内结案率100%；行政处罚4家单位、19人，罚款60.15万元；政纪处分9人，党纪处分1人，追究刑事责任3人。

五、培育安全文化，强化全民安全意识。1. 努力扩大宣传覆盖面。在《长沙晚报》开辟了5个安全生产专版，开设了“安全生产看长沙”专栏，组织安全生产新闻报道2500余篇次。制作了20个专题公益广告，在长沙新闻频道、公交电视、地铁电视多个时段播放公益宣传片和飞字广告，发布安全生产短信110万余条。2. 不断丰富活动内容载体。组织开展了总书记习近平关于安全生产系列讲话宣贯活动、安全生产宣传咨询日、“遴选最佳安监人员”、书法摄影比赛、应急演练、安全事故警示教育等安全文化活动近千场次，观众近10万人。3. 严格开展培训教育。完成全市安全生产资格考试机构和8个考试点的建设，实现理论考试机考全市并网运行，2014年已完成考试量25482人次，占全省考试量的51%；全市已核发各类安全生产资格证（安全培训合格证）共计20095个，有力提升从业人员的安全素质。

六、推动强基固本，夯实安全生产基层基础。1. 加强基层安全监管能力建设。提请市委、市政府印发了《关于加强基层安全监管能力建设的实施意见》，切实提升县乡安全监管能力。协调安排中央、省、市三级财政投入资金800万余元，支持区县和乡镇的安全生产基础建设。对全市工业园区安全生产工作情况进行了督查，摸清了工业园区安全生产基本情况。2. 持续推进安全示范创建活动。加大示范城区的创建力度，全市已创建示范乡镇（街道）132个，其中省级示范乡镇（街道）39个，全市七成以上的乡镇街道成为安全生产示范，雨花区和开福区被省政府命名为“安全生产示范县（区）”。协调相关部门组织开展了平安交通、平安校园、平安农机、平安渔业创建活动。3. 提升事故应急救援能力。与相关职能部门加强了联动，开展了全市输油管道泄漏事故应急救援演练，进一步检验了联合应对事故灾难的预测预警、指挥协调和救援保障机制。全市各区、县（市）、相关部门和生产经营单位、学校累计开展应急演练9679场次，参演人数33.59万人，观摩人数38.98万人，有效提升了事故应急救援能力。将蓝天应急救援服务中心列为市应急救援基地，“依托社会力量建队伍”这一模式得到了国家安监总局的肯定。

存在问题与困难：1. 事故发生的概率增加，指标控制压力较大。一方面是发生重特大事故的不可控因素增加，另一方面是上级下达的事故控制指标每年都在以10%左右的比例下降，事故控制指标的压力不断增大。2. 高危行业相对集中，监管任务十分繁重。尽管通过近几年来的安全生产专项整治和许可证制度的实施，各级政府积极调整产业结构，已经取缔、关闭、整合和整治了一大批不具备安全生产条件的生产经营单位，但长沙市仍然是一个高危行业门类齐全、总量较大、小型分散且安全条件相对较差的地区。3. 事故隐患大量存在，治理难度依然很大。长沙市高危行业存在布局不合理、安全硬件条件差、企业规模和安全管理水平不能完全适应安全标准和许可要求等突出问题；工贸企业集中的工业园区，因源头监管缺失，许多企业未落实安全设施和职业病防护“三同时”工作，留下了大量隐患；许多困难企业的生产经营条件不能满足安全生产的基本要求；许多原国有企业在改制过程中没有同步考虑安全隐患整改问题，遗留下一大批影响公共安全的重大事故隐患；部分事故隐患在整治后仍具有反复性，治理难度大。4. 企业主体责任不落实，本质安全水平有待提高。企业是安全生产的责任主体。但从实际情况来看，上面重视下面不重视、政府重视企业不重视、领导重视老板不重视的情况依然存在。一方面，各级安全监管在力量上还不够强、手段上还不够现代、震慑力度上还不够威严，给了一些企业主违规违法的空间。另一方面，还是企业主体责任不落实、安全意识淡薄的因素，导致个别企业重经济效益轻安全投入、受利益驱动从事非法违法生产经营建设活动。5. 基层监管能力较弱，手段方法相对落后。由于安全生产工作的特殊性，在实际工作中并不能严格落实法律法规和党委政府的决策部署，安监部门在力量配置、装备配备、队伍建设、经费保障、运行机制上都还不能完全适应安全生产工作的需要，或者说不能完全履行安全生产法律法规赋予的职责职能。在监管手段和方法上表现为按老办法应付新问题，得过且过、应付了事；工作无诚意之心、无创新之举、无得意之作；发现新情况的目光不敏锐，研究新课题的思路乏前瞻，解决新问题的举措缺创意。

（欧阳军）

国有资产监督管理

【概况】 2014年，市国资委完善国资监管工作机制，全力推进国企改革发展，化解各类矛盾和问题，维护系统大局和稳定，各项工作目标任务全面完成。

一、推动国资国企改革。1. 做好国资国企改革的顶层设计。起草制订了《长沙市深化国资国企改革行动方案（2014—2020）》，9月份经市委常委会议审议通过，11月24日在全市深化国资国企改革工作会议上下发至相关部门和企业，为推动长沙市新一轮国资国企改革描绘了蓝图。2. 推进上一轮国企改革扫尾工作。制定《长沙市国有企业破产改制和改革扫尾工作方案》，明确目标、路径图和时间表。湖药政策性破产安置方案、正圆环保搬迁及产业延续整体方案以及原长重厂、毛巾集团、试剂厂政策性破产后遗留问题解决方案已经市政府办公会议研究审议通过。针对企业办社会职能分离移交不到位不彻底的情况，加大推进力度，修改完善政策，印发《长沙市企业办社会职能分离移交实施办法》《长沙市企业办社会职能分离移交扫尾工作方案》《关于推进中央在长企业分离移交“三供一业”工作的实施意见》，召开全市企业办社会职能整体移交签订协议和工作培训会，为2年内全面完成移交工作打下坚实的基础。加大浏磷、轴承等6户企业政策性破产总成本审定等后续工作力度，完成长重、湖动的破产成本审核工作。3. 积极推进国企转型、重组和上市。五里牌肉联厂关停转产方案已获批，曙光产业搬迁工作方案市政府已审定；各行办资产经营公司组建工作已经完成；《长沙市交通投资集团组建方案》按市长办公会议要求稳步推进；重组、组建城投集团、湘江控股、高新控股、轨道集团、国资集团、国投集团方案正在抓紧研究完善。

二、不断完善工作机制。1. 国资监管制度进一步完善。从2009年启动修订《长沙市市属国有及国有控股企业负责人薪酬管理暂行办法》，在三任分管市长的牵头下，进行了5轮修改，3轮征求相关部门、企业意见，2014年7月经市政府常务会议和市委常委会议研究审议后已正式出台。同年，以市政府办公厅的名义出台了社会职能分离移交办法，以市国资委的名义出台了业绩考核办法、重大投资监管办法，进一步完善了国资监管制度，促进了监管工作的制度化、长效化。2. 国有资产处置进一步规范。在加强资产处置监管上，坚持依法依规、公开透明，做到资产评估项目核准（备案）率100%，国有产权交易入场率100%。2014年，共计受理国有资产处置项目14个，受理资产评估备案及核准项目35个，评估前资产总额208845.86万元，净资产总额77678.41万元，评估后资产总额304550.75万元，增值率45.83%，净资产总额190644.81万元，增值率145.43%。在防范决策风险和法律风险上，公开选聘了金州、云天2家律师事务所作为市国资委法律顾问，为国资监管和国企改革提供法律保障。3. 国资统计评价工作进一步夯实。规范352户企业财务决算、年报统计工作，形成基层统计单位、汇总单位、市国资委“三级”报送平台，健全统计评价考核机制，完善分工明确、沟通顺畅、配合有力的工作机制，统计信息质量逐年提高。同时，积极与中部六省省会城市开展工作交流，建立六市监管企业统计分析数据库，对标同行业先进企业，为科学决策、加强监管、促进发展提供信息服务和基础支撑。2014年，市国资委被省国资委评为财务快报工作先进单位。

三、服务企业发展。1. 招商引资成果丰硕。加大招商引资力度，组织举办好“湖南长沙国资项目合作洽谈周”活动，是促进企业发展的重要举措。为确保活动取得成功，3月，成立活动筹备工作小组，制订“洽谈周”方案；5月，筛选和包装推介项目87个，总投资4501.7亿元；9月，组织四个小分队，由四大家领导带队分别到北京、上海、广州、深圳等地开展了上门招商活动，邀请78家央企及地方大型国企和有关知名企业，成功召开专题座谈会5场；9月23—25日，96家企业、300余名客商参加了“洽谈周”活动，中国建材等央企和外地知名企业，与长沙市政府、各区（县、市）政府、各园区及市属企业签订合作项目14个，引资总额268.25亿元。该次活动是2014年长沙市在本地举行的最大一次招商活动。2. 重点项目调度有力。重点抓好2012年北京央企对接推介会22个签约项目的跟踪服务、项目落地工作。华润饮料湖南生产基地等3个项目已履约或竣工投产，中机国际工程技术研发中心建设等11个项目在建或已启动运作，王府井雨花购物中心建设等5个项目已办理相关手续及前期准备工作，华能燃气基地建设等3个项目待进一步洽谈，已完成投资138.39亿元。2014年签约的14个项目已经有4个落地，到位资金50.06亿元。重点协调、调度、服务了原长重厂、轴承厂棚改、商业储运宁乡冷链物流园建设等重点企业、重点项目，帮助解决项目建设中存在的困难和问题。2014年，调度市属国家出资企业开工项目119个，完成投资121.9亿元。3. 企业扭亏脱困初见成效。针对企业因资金枯竭，职工生活困难、企业生存发展艰难等问题，通过争取领导重视，亲自接访，促使天鹿控规土地实现收储，化解了长期困扰企业的资金来源问题；通过调整领导班子、加强内部管理、注入流动资金，缓解了锅炉厂亏损的局面。2014年，国有经济发展质量和效益同比稳中有增，运行态势良好。截至年底，资产总额3002亿元，同比增长20%；净资产1423亿元，同比增长12%；累计营业收入287亿元，同比增长24%；累计利润总额17.9亿元，同比增长32%；缴纳税金14.3亿元，同比增长10%。国有资本保值增值率为101.4%，国有资本经营预算实现收益收缴17.06亿，同比增长3倍。4. 企业运行安全稳定。全年组织开展4次安全生产督查，对系统内重点企业、重点领域、重点隐患进行排查；对52处危旧房屋，安排引导资金300万余元进行整改；对浏阳永和镇磷矿石生产区地质灾害问题进行多次调研，争取市级专项资金支持200万元，并积极协调当地政府实施治理；对消防安全重大隐患源进行了专项整治，着力关闭了五里牌肉联厂、商标线带厂、协裕公司等市场。2014年，全系统没有发生安全生产责任事故。（李　斌）

【煤炭建材行业】 2014年，全市共产原煤55.2万吨，全市煤矿未发生伤亡事故，实现了安全生产年，创有煤炭开采以来历史最好水平，市煤矿安全生产监督管理局被评为全市安全生产目标管理先进单位。1. 平稳推进了企业改革改制。市石材公司因湘江大道重点工程建设停产后，积极做好矿区土地确权工作；妥善解决了市石棉水泥制品厂职工到龄不能退休的问题，并就该企业整体改制进行了探索；原玻纤总厂破产改制资金缺口已得到落实；市水泥厂生活区征拆工作圆满完成，非经营性资产已划转至岳麓区人民政府；市煤炭工业总公司实施了公司制改造，成立了煤建国有资产经营有限公司，完善了法人治理结构，原总公司毛家桥煤栈拆迁资金顺利实现了资产置换；全行业向社区移交退休党员63名，对全行业企业党组织进行了清理，申请撤销8家名下无党员的基层党组织。2. 确保行业稳定。信访维稳方面：全年召开行业安全维稳工作会议9次，排查不稳定因素10条，参加全市维稳行动6次。合理发放并监管使用特困企业困补资金21万元、维稳资金8万元。妥善解决了南煤栈、运输公司职工要求落实住房公积金缴存的诉求，平息了毛家桥贸易公司股东利益分配不均的集体上访，全程跟踪维护市水泥厂非经营性资产移交整个过程的安全稳定，积极处置坩埚厂企业停保引发的不稳定问题，认真处理3起信访个案，行办全年共接访28起60人次，信访总量和上访人数同比分别下降28%和52%。安全方面：对企业危房隐患进行了全面摸排上报，整改消防、危房安全隐患12处，其中限期整改安全隐患4处。22万元危房整改资金全部落实到位。3. 推进落后小煤矿关闭退出。根据省政府下达长沙市关闭50%小煤矿的目标要求，长沙市明确了关闭不少于15家煤矿的目标，并明确了奖补措施，形成了“早关”“多关”“督促企业主动关”的工作氛围，全部采取直接关闭的形式，分二轮共关闭煤矿18家，占全市煤矿62%，全部通过省关退办的验收，超额完成省政府下达的目标任务，同时，争取中央、省、市和县（市）政策奖补资金1.5亿元，全部补贴到位。坚持一手抓煤矿关闭退出工作，一手抓矿井升级整改达标工作，明确保留煤矿的基本条件，对达不到三级质量标准化的矿井一律停产整顿或停产整改，聘请专家对保留矿井逐矿进行调查摸底，对照保留矿井条件和质量标准化要求，评估论证，按一矿一策原则，逐矿形成评估结果，为保留煤矿提供了有效指导。4. 开展安全生产专项整治和“打非治违”专项行动。按照长政办函〔2014〕139号文件精神，结合全市煤矿实际，明确了以小煤矿关闭退出、一通三防、防治水工作为重点，深入开展市煤炭行业“六打六治”、打非治违专项行动，采取市、县（市）两级联动，以县（市）为主，市局督导的形式进行。全市共组织集中执法行动94次，出动执法人员807人次，排查隐患1275条，整改1267条，隐患整改率99%，罚款26万元。（张凤辉）

【汽车电子行业】 2014年，市汽车电子行业经过10余年的改革，国有企业已基本退出市场。有生产经营的企业中曙光电子集团有限公司全年生产电子管120.81万只，实现产值4253万元，完成销售收入6020.34万元；长沙新创韶光微电子有限责任公司全年生产匀胶铬板138157块，集成电路80万块，车用洗涤器6000套，实现产值3027万元，完成销售收入2396万元；长沙电子器材有限公司实现销售收入208.6万元。1. 改革改制工作。一是彻底解决了湖南天心电子公司职工安置后续问题。行办筹资收购了天心电子公司位于电子大楼1—3层的权益，解决了该公司职工安置后续资金来源，在年内艰难筹资近500万元，支付了职工经济补偿金，清缴了历年累积的社保欠费，彻底解决了职工到龄不能退休和生病无法就医的难题，天心电子改制屏障彻底清除，汽电行业改制工作画上句号。二是探索特困集体企业改革解困的路径。行办对长沙汽车附件一厂和长沙市广播通讯设备实业公司两家特困集体企业进行了多次调研，对其人员状况、资产结构、债务情况、职工诉求和可利用的政策进行了深入了解，力图在集体企业改革解困上实现一个突破。设想利用职工的期盼和支持，充分考虑职工诉求，盘活企业自身的存量资产，请求政府支持回购直管公房，选择适当的改制方式，不要政府直接掏钱，基本上可以一揽子解决两家企业职工安置的问题。并对汽车附件一厂提出了整体处置资产，一揽子解决职工问题的安置思路，从方案制定，职工大会决定、资产审计评估、寻找合作伙伴、方式路径选择、程序和步骤设计、安置成本测算、启动资金筹措等一系列前期准备，都已基本完成。同时鉴于广通资产存在瑕疵、整体处置有很大困难的实际，行办提出了最大限度利用并盘活存量资产、增加租金减轻压力、维持现状的思路。三是积极协调长沙人民无线电厂改制资产无法变现问题。该厂改制资产因文物控规无法变现，导致职工安置无法完成，因到龄不能退休已多次上访市政府。从办公经费中拆借6万余元解决了一名癌症患者的退休问题，缓解了上访的矛盾，同时，多次呈报市政府相关部门，提出了如下处理建议：将该资产纳入天心区棚改范围。由市文物局收回，由天心区政府承接该资产并解决企业后续资金。四是改革遗留问题处理情况督促原湖南电位器厂兼并方履行职工安置职责。对行业所属国有企业相关人员资料进行了再次梳理、甄别，经过行办和企业的努力，行业内汽电、曙光、金谷、韶光等企业有25人作为遗留问题通过了教师资格审核。五是行办资产经营公司工作。完成资产经营公司审计、资产清查、评估和新公司章程制定工作，对长沙市汽车工业总公司进行了公司化改造，成立长沙市汽电国有资产经营有限公司，按要求选举产生了公司董事会、监事会成员，完成了新公司工商注册登记和长沙市汽车工业总公司注销工作。新公司成立后，行业党委给予了大力支持和帮助，以确保尽快步入正轨。2. 行业管理工作。2014年行办共接待职工来访28批176人次，处理网上信访件7件，出具信访答复4份，未发生到省、进京非正常群访和集访事件。重点抓好各企业宿舍、厂房、出租屋安全隐患的督查，对存在问题的企业下达整改通知，限期整改；为曙光电子集团有限公司、长沙人民无线电厂、长沙汽车附件一厂、湖南金谷实业有限公司等企业争取安全隐患整改资金，完成了部分隐患问题的整改，全年行业内未发生一起安全责任事故。落实扶贫帮困工作。共走访慰问困难党员、困难职工、困难企业军转干部和老战士、离退休老同志400余人，共发放慰问金70万余元。

（王　俊）

工商行政管理

【概况】 2014年，长沙工商系统奋力改革攻坚，积极应对挑战，各项工作圆满完成。

一、服务经济发展。商事制度改革稳步推进，全年新设商事主体109618户，增速列中部省会城市第一；新增广告经营主体6860户、网络商品经营主体14万户、注册商标8772件、马德里国际商标135件。全市驰名商标拥有量达104件，稳居中部六省省会城市第一。

二、强化市场监管。查处各类违法案件3737起，查扣不合格商品、食品案值2560万元，捣毁制假窝点48个，叫停“霸王条款”116条，捣毁传销窝点2811个，遣送涉传人员1.26万人。全市涉传投诉举报下降20%；广告违法率由16.2%降至12.5%，广告市场秩序综合排名由全省第五上升至第二。

三、消费维权。新设立消费维权服务站247个，总数达到1616个；评议消费投诉集中的企业472家，约谈企业416家；向社会发布年度消费维权报告，发布消费警示26期；受理消费者咨询、投诉、举报16.01万件，调处消费纠纷15768件。

四、推动信息化建设。持续推进市场主体电子地理监管系统、网络经营监管系统、广告跟踪监测系统、12315指挥调度系统、重要商品电子溯源系统建设，标注市场主体42.8万户，录入监管信息155.4万条，开展网上巡查18万户次；监测各类媒体广告47197条次；全市860家重点批发企业、92家800平方米以上大型超市的重要商品纳入网络监控。全年获得市级以上荣誉38项，央视新闻联播、《人民日报》、新华社等7家中央媒体正面报道长沙工商工作，在全国引起反响。

（王　莉）

表5　　2014年内资（非私营）企业统计

行业分类	期末实有		
	合计		
	户数（户）	其中：企业法人	注册资本（金）（万元）
合计	13326	6144	15644371.67
农、林、牧、渔业	169	99	117275.40
农业	44	28	92622.59
林业	19	17	2345.60
畜牧业	15	12	11720.00
渔业	1	1	3.00
农、林、牧、渔服务业	90	41	10584.21
采矿业	66	56	13761.60
煤炭开采和洗选业	1	0	0.00
石油和天然气开采业	2	1	3000.00
黑色金属矿采选业	5	5	1961.70

续表 5

行业分类	期末实有		
	合计		
	户数（户）	其中：企业法人	注册资本（金）（万元）
有色金属矿采选业	0	0	0.00
非金属矿采选业	57	49	8796.70
开采辅助活动	0	0	0.00
其他采矿业	1	1	3.20
制造业	1911	1695	1729147.65
农副食品加工业	80	73	27658.60
食品制造业	45	36	26355.40
酒、饮料和精制茶制造业	20	18	24679.30
烟草制品业	3	1	16000.00
纺织业	25	21	9188.00
纺织服装、服饰业	72	64	12982.39
皮革、毛皮、羽毛及其制品和制鞋业	23	22	2089.20
木材加工和木、竹、藤、棕、草制品业	38	34	1784.40
家具制造业	16	14	1138.20
造纸和纸制品业	64	60	10763.80
印刷和记录媒介复制业	119	107	10444.06
文教、工美、体育和娱乐用品制造业	55	44	9417.64
石油加工、炼焦和核燃料加工业	5	3	188.00
化学原料和化学制品制造业	124	111	55258.24
医药制造业	26	22	57134.32
化学纤维制造业	1	1	30.00
橡胶和塑料制品业	69	59	6318.71
非金属矿物制品业	281	259	148677.33
黑色金属冶炼和压延加工业	29	27	2235.40
有色金属冶炼和压延加工业	23	21	39336.67
金属制品业	103	95	52009.05
通用设备制造业	170	158	157915.51
专用设备制造业	133	117	507990.03
汽车制造业	57	50	198149.19
铁路、船舶、航空航天和其他运输设备制造业	28	27	121784.32
电气机械和器材制造业	122	113	108736.69
计算机、通信和其他电子设备制造业	66	55	79469.20
仪器仪表制造业	41	38	5299.40

续表 5

行业分类	期末实有		
	合计		
	户数（户）	其中：企业法人	注册资本（金）（万元）
其他制造业	30	24	21863.40
废弃资源综合利用业	24	7	12356.00
金属制品、机械和设备修理业	19	14	1895.20
电力、热力、燃气及水生产和供应业	128	70	234400.83
电力、热力生产和供应业	68	26	101989.23
燃气生产和供应业	20	13	37723.70
水的生产和供应业	40	31	94687.90
建筑业	555	341	1091425.21
房屋建筑业	213	132	459461.16
土木工程建筑业	103	85	398839.50
建筑安装业	56	23	56267.43
建筑装饰和其他建筑业	183	101	176857.12
批发和零售业	4038	1402	608466.60
批发业	1896	977	431671.80
零售业	2142	425	176794.80
交通运输、仓储和邮政业	593	160	477927.14
铁路运输业	29	9	53166.50
道路运输业	205	98	318924.24
水上运输业	12	10	34648.40
航空运输业	10	0	0.00
管道运输业	0	0	0.00
装卸搬运和运输代理业	63	21	34356.40
仓储业	28	21	36630.60
邮政业	246	1	201.00
住宿和餐饮业	347	150	83603.58
住宿业	176	80	40628.11
餐饮业	171	70	42975.47
信息传输、软件和信息技术服务业	318	75	113540.24
电信、广播电视和卫星传输服务	202	21	43227.01
互联网和相关服务	53	21	12355.00
软件和信息技术服务业	63	33	57958.23
金融业	2410	273	5367093.28
货币金融服务	1439	26	196105.33

续表 5

行业分类	期末实有		
	合计		
	户数（户）	其中：企业法人	注册资本（金）（万元）
资本市场服务	324	195	5006337.91
保险业	383	2	1400.00
其他金融业	264	50	163250.04
房地产业	573	515	3448573.02
房地产业	573	515	3448573.02
租赁和商务服务业	1080	475	1378320.12
租赁业	27	19	7534.84
商务服务业	1053	456	1370785.28
科学研究和技术服务业	565	435	677197.56
研究和试验发展	191	160	481333.31
专业技术服务业	276	214	133582.95
科技推广和应用服务业	98	61	62281.30
水利、环境和公共设施管理业	93	82	184752.20
水利管理业	16	13	82180.00
生态保护和环境治理业	25	20	42711.20
公共设施管理业	52	49	59861.00
居民服务、修理和其他服务业	268	168	17114.57
居民服务业	87	40	2858.70
机动车、电子产品和日用产品修理业	92	72	3814.20
其他服务业	89	56	10441.67
教育	24	17	5656.60
教育	24	17	5656.60
卫生和社会工作	17	13	26292.00
卫生	16	12	16292.00
社会工作	1	1	10000.00
文化、体育和娱乐业	171	118	69824.07
新闻和出版业	33	27	15275.78
广播、电视、电影和影视录音制作业	41	37	29555.99
文化艺术业	24	15	5369.80
体育	22	16	13659.00
娱乐业	51	23	5963.50
其他	0	0	0.00

表 6　　2014 年长沙地区私营企业基本情况统计

行业分类	合计				
	户数（户）	其中：分支机构	投资者人数（人）	雇工人数（人）	注册资本（出资金额）（万元）
合计	137350	11144	301532	398969	46478952.62
农、林、牧、渔业	3362	44	6962	24233	1028094.23
农、林、牧、渔服务业	655	3	1149	5907	149868.30
采矿业	275	3	604	3081	83490.88
开采辅助活动	0	0	0	0	0.00
制造业	11483	306	27610	145006	4376969.41
金属制品、机械和设备修理业	151	4	380	1413	23105.21
电力、热力、燃气及水生产和供应业	207	23	562	1292	118792.40
建筑业	6400	452	13848	27449	2539370.79
批发和零售业	43304	4131	87615	70143	9376404.86
交通运输、仓储和邮政业	2642	387	5502	8810	678967.23
住宿和餐饮业	1381	375	2151	8663	207184.01
信息传输、软件和信息技术服务业	5772	446	11893	10707	1472878.80
房地产业	4172	333	9928	13420	4101214.76
租赁和商务服务业	26390	2529	59495	34068	7706294.05
科学研究和技术服务业	21620	540	51751	25438	6037059.31
水利、环境和公共设施管理业	676	71	1523	2035	264489.96
居民服务、修理和其他服务业	2742	231	5386	7780	315968.09
教育	194	17	412	790	50393.00
卫生和社会工作	254	24	468	1567	87198.23
文化、体育和娱乐业	1845	231	3354	6395	422246.26
其他	0	0	0	0	0.00

表 7

2014 年长沙市个体工商户情况统计

行业分类	期末实有						其中：本期登记			本期注销（户）	
	合计			其中：城镇							
	户数（户）	从业人员（人）	资金数额（万元）	户数（户）	从业人员（人）	资金数额（万元）	户数（户）	从业人员（人）	资金数额（万元）	合计	其中：城镇
合　计	319019	724670	2080297.64	281354	650939	1759891.64	70710	185451	706145.10	9507	9050
农、林、牧、渔业	5362	21384	252053.44	2888	10779	105175.50	1260	5420	76611.30	60	34
农、林、牧、渔服务业	277	1007	7987.10	201	781	6736.90	35	117	1472.00	4	1
采矿业	120	537	3312.60	51	223	2348.20	10	37	585.00	31	10
开采辅助活动	0	0	0.00	0	0	0.00	0	0	0.00	0	0
制造业	13046	48074	158021.18	9973	37525	126525.72	2359	9878	48600.90	375	299
金属制品、机械和设备修理业	170	445	1459.32	136	363	1300.00	25	74	454.00	2	2
电力、热力、燃气及水生产和供应业	42	122	544.30	33	84	507.80	4	21	247.00	2	1
建筑业	370	1378	5956.50	304	1072	4173.50	61	305	1790.50	10	9
批发和零售业	216109	403044	1031924.90	190967	364272	939954.84	41588	84796	312768.91	6619	6361
交通运输、仓储和邮政业	9341	15280	32117.16	8203	14024	28940.06	645	1259	5832.60	104	101
住宿和餐饮业	32104	116098	283920.04	30241	111050	261781.93	13461	48083	140331.15	895	872
信息传输、软件和信息技术服务业	1569	3241	8265.35	1293	2759	6819.98	257	575	2294.30	47	38
金融业	0	0	0.00	0	0	0.00	1	3	2.00	1	1
房地产业	298	852	1419.68	297	848	1411.68	75	254	417.00	7	7
租赁和商务服务业	6643	16633	82566.84	6426	16200	77831.19	1914	4955	25070.30	235	232
科学研究和技术服务业	1218	3161	6532.05	1070	2872	6025.63	114	391	1303.50	38	34
水利、环境和公共设施管理业	285	441	1090.19	206	357	888.79	6	14	33.00	6	3
居民服务、修理和其他服务业	27735	76740	153148.40	25417	72611	143415.57	7958	24266	62986.74	961	938
教育	78	553	1590.00	70	486	1470.50	32	144	737.00	7	6
卫生和社会工作	1148	3327	8941.68	1113	3228	8442.26	220	779	2805.30	34	31
文化、体育和娱乐业	3551	13805	48893.33	2802	12549	44178.49	745	4271	23728.60	75	73
其他	0	0	0.00	0	0	0.00	0	0	0.00	0	0

质量技术监督管理

【概况】 2014年，全市质监系统有效服务长沙经济社会发展，推动各项工作落在实处。市局被国家质检总局评为"全国质检系统依法行政示范单位"。

一、提升质量。1. 强化质量宣贯和品牌建设。加强质量宣传，营造质量强企氛围。以"质量月"活动等为契机，组织企业进行各类培训宣贯，广泛宣传质量工作，发动企业开展质量提升工程、QC小组等活动，引导企业建立健全质量管理体系。积极培育中国质量奖、省长质量奖、湖南名牌，组织开展了2014年度湖南名牌申报工作，向省局推荐报送"湖南名牌"产品56个，已通过现场评审。联合市工信委、市国资委开展首席质量官制度试点工作，推荐20位企业管理者参加省局组织的首席质量官培训。启动了"湘绣（沙坪产区）"地理标志保护产品更名工作，拟将名称更改为"沙坪湘绣"。宁乡县"沩山毛尖"正式启动地理标志产品保护申报工作。2. 扎实推进标准化工作。大力推进中小微标准化工程，筛选出50家企业为2014年试点企业，举办试点企业标准化人员基础知识培训班，培训人员达400人次，试点企业运用标准技术手段增强了产品市场竞争能力。企业节约运行成本660万余元，新增产值1610万余元。全市共获批各类标准化项目55项，受理企业产品标准备案152家306项，组织辖区内12家企业参与国家标准、行业标准制修订41项，指导2家企业采用国际标准组织生产，组织2家企业申请标准化良好行为AAA确认。推动国际标准化组织/烟花爆竹技术委员会（ISO/TC264）秘书处积极开展日常工作，主持制定《烟花爆竹规格与命名》等2项国家标准，通过《环保烟花基本技术要求》等3项国家标准立项。不断创新农业标准化工作，召开项目建设交流会议，开展示范区标杆学习，邀请专家讲授示范区验收细则等相关知识，全市4家单位获批省级农业标准化示范项目。结合长沙实际开展服务业标准化创建试点工作，切实抓好项目申报和项目服务工作，宁乡县政务服务中心创建国家级"公共服务综合标准化试点"已通过审批并启动建设，成为湖南省首个国家级政务中心服务标准化项目。3. 有序开展计量工作。进一步加强对加油机、医用计量器具、安全防护用计量器具等强检计量器具的监管。继续巩固实施"管、检、修、查"四分离的加油机监管模式，日常巡查加油站35家，对102家加油站的411条加油枪进行了维修（更换）后铅封的施加和管理，培训成品油销售单位计量员109名，及时处理加油站计量投诉23起。将医用计量器具管理的"备案—检定申请—年审"中的"年审"改为"年报"程序，通过已建立的由计量行政监管部门、检定机构、医院三方参与的网上工作联络平台，将检定周期到期预告、器具备案、检定申报、受检情况通报、不合格器具的后处理监督等事项实行在线及时办理和告知。4. 加快质量信用体系建设。根据省局统一部署，全面启动企业质量信用档案数据库建设，系统数据库已建立企业基本数据信息。加强对外出具企业质量信用证明管理，全年共受理企业质量信用证明申请74份。结合实际，制定实施了《长沙市质量技术监督局监管信息"红黑榜"制度》，并在市政府和市局门户网站公布了两批质量违法案件和企业名单。

二、安全监管。1. 特种设备安全监管力度加大。实行市局领导带队检查安全生产制度，深入开展安全生产大检查，重点对全市气瓶充装单位、商场及居民小区电梯、压力管道等进行专项整治，坚决打击特种设备领域损害群众利益行为。检查生产经营单位800余家，排查治理隐患150余处，各类特种设备检验48153台套。组织全市13家较大规模的大型游乐设施运营使用单位代表在长沙世界之窗举行向社会公开承诺活动，广泛开展《特种设备安全法》《长沙市电梯安全管理办法》普法宣传，与市应急办、长沙政法应急频道共同拍摄了电梯安全宣传短片，即将在全市公共场所播出。"96366"电梯应急处置中心正式投入试运行，成功实施救援104起，解救被困乘客300余人。组织地铁二号线开展电梯困人应急救援演练，确保地铁2号线顺利开通运营。2. 食品安全监管力度加大。按照辖区监管责任制要求，建立全市1300余家食品生产企业的基本信息、监督抽查、违法信息在内的电子和纸质监管档案，开展行业准入"禁止性"警示，公布一批食品安全"黑名单"。严格食品生产许可受理前的资格审查与企业必备生产条件的现场核查，对不符合条件的企业，一律不予许可，全年新办、换发食品生产许可证306张，新发制售分离食品生产小作坊许可证14张。对全市800余家食品企业1430批次食品及食品添加剂进行了监督检验，合格率95.03%，乳制品三聚氰胺专项抽查421批次，合格率100%。组织开展了桶装水、地沟油及散装食用油、白酒、乳制品、肉制品、明胶、食品添加剂等专项整治行动。全年查处食品安全违法案件101起，涉案货值1200万余元；取缔"黑窝点""黑作坊"20余家，现场没收假冒伪劣食品及相关原材料5000余千克，销毁假冒伪劣食品40吨，向公安部门移送涉嫌犯罪的食品违法案件6起、犯罪嫌疑人8人。联合《潇湘晨报》在市食检中心举办"食品安全我来测—实验室开放日"活动，20余位面向社会公开招募的长沙市民全程参观食品检测流程，并动手参与检测，树立和巩固食品消费信心。3. 消费品监管力度加大。开展汽车"三包"规定实施情况的监督检查，对15家进口汽车4S销售企业进行了"三包"规定的监督检查。落实机动车安检机构的监督检查和执法检查，对全市18家正常营运的车检机构开展了一次安全大检查，对2家严重违法的车检机构立案查处，并全面部署了2014年度的监督检查。组织开展了春节"两会"期间专项执法行动、湘江长沙段流域环境污染隐患企业专项整治、车用燃油、农资专项打假、妇婴卫生用品专项执法检查、消防产品专项整治、防水材料、水泥等专项整治和专项执法（打假）行动，立案查处575起，涉案货值金额3000万余元。与此同时，完成南京青奥会24批次原材料、134批次产品和北京APEC 31批次原材料、147批次烟火药、82批次产品、24批次跌落试验的焰火产品专项监督检验，采取驻厂监管、定期巡查、抽样检验等措施全过程监管，确保了两大盛会烟花爆竹质量安全和燃放安全。

三、服务发展。1. 服务全市中心

工作。积极发挥工业产品生产许可的调控作用，先后对44家危险化学品及其包装物、容器获证企业开展专项检查，对全市电线电缆、化肥、燃气灶具、特种劳动防护用品等18家工业产品获证企业开展证后监督检查。开展安全生产大检查行动，先后组织危险化学品及其包装物、容器工业产品生产许可证涉证产品专项整治，排查涉证企业61家，对18家烟花爆竹原辅材料应办证企业举办申证服务指导讲座。根据市政府大气污染治理方案的统一部署，积极参与“清霾”行动，认真贯彻落实国家淘汰落后水泥产能政策，报请省局吊销4家水泥企业生产许可证。开展湘江段流域污染隐患企业排查工作，排查企业、工地80余处。加大对车用汽柴油产品的监管力度，抽样送检25批次，立案查处1起销售不符合强制性标准的油品案。与公安消防、工商等部门建立联动机制，开展消防产品专项执法，共立案7起。2. 助推企业转型升级。积极配合市政府大力推行豆制品集中生产加工平台建设工作，引导帮扶网络销售火爆的买买提切糕作坊进入宁乡县妙盛工业园区规范生产。撰写2013年度《长沙地区组织机构代码统计分析报告》，为市政府经济宏观抉择提供可靠的经济数据。开通了组织机构代码证办证年检窗口和新办证窗口，在开福区政府设立代码办证窗口，受到广泛好评。不断提升技术机构的技术检测服务能力和水平，2014年完成工业产品定期监督检查计划4800批次，预计全年完成率为93.6%。市食检中心通过CNAS监督评审+扩项评审。市质检所通过国家实验室认可考核，申报的60个产品得到认可，156个参数获得国家实验室认可资质，通过技术机构现场管理及能力达标验收。省花检中心通过了国检中心实验室“三合一”现场评审。市信息所搭建了长沙市标准情报馆。积极开展国家工程机械液压件检验中心筹建工作，聘请了5名知名专家和6名教授组成工程机械液压件学术委员会，申报4项科研项目。3. 切实保障民生利益。通过“12365”、政务大厅、门户网站等窗口和平台，拓宽与人民群众的联系渠道，了解利益诉求，解决群众关心的质量问题。“12365”投诉举报中心共受理各类投诉举报案件532宗，已办结484宗，办结率为91%。组织各县(市、区）局对辖区内的重点强制性认证产品的生产企业进行了日常检查，特别是对全市辖区17家汽车强制性生产单位进行了重点检查，质量基本稳定。按照国家局和省局关于“计量惠民生、诚信促和谐”活动要求在餐饮业、眼镜店、液化气等领域开展了诚信计量体系建设，经营户自愿签订了诚信计量承诺书。开展瓶装液化气计量专项检查，共检查全市8家液化气充装站和部分液化气经销门店，抽查瓶装液化石油气524瓶，对违反计量法律法规的全部立案查处完毕。对8家眼镜店进行了监督检查，督促其接受了检定。在橘子洲头组织了“5·20”世界计量日的现场免费检测、宣传和咨询活动。组织开展元旦、春节和“两会”期间的计量专项检查，重点检查了红星市场、火车南站、汽车南站和火车站周边的商贸衡器、出租车计价器和定量包装商品，处理20余台作弊的电子秤和计价器“跳跳表”。加强对安全防护用计量器具的监管，进一步提高了可燃气体报警器的受检率；完成310家医疗机构9937台件医用计量器具的检定，检定覆盖率100%，有效保证患者看病准。（袁　凌）

食品药品监督管理

【概况】 2014年，长沙市食品药品监管系统和食安系统履行监管职责，整治食品药品突出问题，推进食药安全社会共治，圆满完成各项工作任务。食安工作创新开展了豆制品集中生产加工基地建设；食品安全犯罪打击得到国务院食安办和公安部的高度肯定；食品抽检总体合格率再创新高，达到98.4%。长沙市在全国医疗器械“五整治”推进会上作了经验交流发言；国家食药监总局先后多次推介长沙经验。

一、加强监管，生产经营秩序持续稳定好转。1. 坚持日常检查从严。加大日常检查力度，全面清查消除问题隐患。全年共检查行业生产经营企业4万余家次。开福区深入推进信息化建设，逐步实现行业的动态监管。2. 坚持行业准入从严。把牢行业准入关口，严格GMP、GSP认证检查，倒逼企业提升工艺技术和质量管控水平。全年依法办理、换发、变更证照2025家。3. 坚持风险防范从严。加强对上市产品的安全监管，跟踪防范潜在风险。全年收集、上报、审核、评价药品、医疗器械不良反应报告近9000份，同比增加15%。完成食品药品检验检测14.8万余批次，超过年度计划25%。加强应急响应，全面清查上海“福喜肉”、江西“病死猪肉”等，有效防止了外地问题波及长沙。岳麓区坚持逐月公布检验检测结果，及时发布消费警示。4. 坚持打假治劣从严。全年全市共查处食品药品犯罪刑事案件58起，其中公安部挂牌督办4起、国家总局挂牌督办2起。芙蓉区、望城区、长沙县、宁乡县先后查处了毒豆芽案、病猪肉案、毒狗肉案等多起影响较大的典型案件。

二、深入整治，有效遏制各类食品药品安全突出问题。1. 开展农村食品市场“四打击四规范”专项行动。检查农村食品生产经营单位4800余个，取缔无证户78个，捣毁黑作坊24处，查处违法案件172起，有效整顿规范了全市农村食品市场。望城区组织的“四打击四规范”专场新闻发布会引起良好社会反响。2. 开展医疗器械“五整治”专项行动。查处医疗器械非法体验店200余家，注销医疗器械经营“空壳”公司70余家，查处典型案件6起，其中新大利非法制售假避孕套案被国家总局列为全国医疗器械“五整治”头号督办案件。在全国医疗器械“五整治”推进会上，长沙市介绍了工作经验。3. 开展餐饮门店环境卫生整治行动。全市城区共检查门店28400余家次，覆盖率超过95%。芙蓉区、天心区、岳麓区、开福区、雨花区均安排专门力量配合市里的统一行动，收效显著。4. 开展打击食品药品制假售假专项行动。组织对食品药品制假售假违法行为进行了12轮集中打击整治，查处捣毁黑窝点、黑仓库、黑门店、黑场所470余处，侦破的假性药案被公安部和国家总局挂牌督办。5. 开展高桥大市场专项整治行动。选派业务骨干对高桥大市场进行“驻点监管”，以“解剖麻雀”的精神，探索出一整套大型综合性批发市场的监管新方法，被国家食药监总局肯定和推介。6. 开展中药材中药饮片整治行动。采取定期检查与突击检查相结合、全面检查与重点检查相结合、自查与抽查相结合的方式，对辖区内中药材中药饮片生产经营企业进行了多轮次检查，严打严查增重染色、掺杂掺假、走票挂靠等违法违规行为。共检查生产经营企业157家次、零售药店3400余家、医疗机构2300余家，抽验123批次，责令整改119家，立案查处12起，提请省局收回《药品GMP证书》1家。7. 开展非法推介保健食品专项整治。针对不法分子利用早市会议非法兜售假冒保健食品，严重侵害中老年人利益的问题，按照市人民政府《关于进一步整顿规范声称具有特定保健功能及疾病预防治疗等功效相关产品推介行为的通告》精神，依法查处了73个以会议推销、电话营销、讲座宣传、现场体验等方式，非法推介保健食品的相关现场，收缴各类产品近30000件（套）、宣传资料26000余册，移送公安机关刑事侦查3起，抓获犯罪嫌疑人5名。8. 开展违法广告专项整治行动。对虚假宣传、夸大宣传的食品药品违法广告进行严密监测，对发现的违法广告品种一律提请省局暂停其在全省的销售，一律移交工商部门查处。全年共监测违法广告361条，移交工商部门查处违法广告及其产品122件，食品药品广告违法率相比上年下降3个百分点。

三、严格食品安全监管，推进综合治理措施。2014年，长沙市未发生一般及以上级别食品安全事故，食品抽检总体合格率为98.4%。1. 机构改革平稳有序。出台新市食品药品监督管理局“三定”方案，适时整合食品药品监管职能，有序划转人员，初步形成了新的监管体系。各区、县（市）结合实际，不等不靠，先期酝酿机构改革方案，县级食药体制改革稳定推进。机构改革期间，各地各部门严格依法履行各自监管责任，保障了食品安全监管工作的连续性和稳定性。加强法规研究和执法协调，开展肉品市场专题调研，切实解决执法办案障碍。严格实施督查考核，严格责任追究，先后组织对“五小”门店、食品生产企业、校园食品安全等开展督查23次，被督查单位达1600余家，整改和纠正食品安全问题1200余起。2. 监管基础不断巩固。深入开展基层规范化管理体系建设，推进监管责任网格化、联点工作网络化，建立健全基层监管网络。加强基层监管队伍建设，区、县（市）安排食安专职人员156名，全市乡镇（街道）设置食安专干483名，食安信息员5009名。2014年全市安排食品安全工作经费7000万余元，其中统筹食品检测资金3084万元。3. 重点项目扎实推进。创新开展豆制品集中生产加工基地建设，加强协调指导，推进项目建设进度，天心区、开福区、雨花区、长沙县、浏阳市基本完成厂房及配套设施新建、改造工程。继续推行重点水产品凭证入市制度，建立二维码信息查询追溯系统，与4省、11个地区的36家水产品生产基地签订对接协议，引导优质产品优先进入长沙市场。开展水产抽样检测2730批次，合格率99.27%，销毁不合格水产品1047千克。加强餐厨垃圾无害化处理和资源利用，与全市3000大中型餐饮单位签订《餐厨垃圾收运合同》，餐厨垃圾日处理量达300吨。查办违法处置餐厨垃圾案件441起，查扣非法收运车辆450台，捣毁非法收集、加工潲水油黑窝点6个。4. 日常监管扎实有效。强化食用农产品生产监管，创建农业标准化生产示范基地259个，示范总面积达5.4公顷。新认证“三品一标”农产品170个（全市“三品一标”农产品达625个），位居全省前列。严格养殖业投入品监管，检查企业（场、户）21526家次，立案115起，其中宁乡县刘得明等无证生产经营假兽药案被农业部评为典型案例。严厉打击私屠滥宰，关停取缔黑窝点60个，查扣私宰肉4000千克。严把生产加工源头关，强化现场集中检查，下达《责令改正通知书》2000余份，责令企业停产整顿90余家。加强流通环节监管，立案查处食品案件1196起，捣毁制假售假窝点16个，取缔无证无照食品经营户38户，查扣不合格食品1.6万千克。保障餐饮消费安全，检查餐饮单位4.9万余家次，立案处罚163家。望城区成功创建省级餐饮服务安全示范区县。5. 综合治理取得突破。深入开展校园及周边、农村食品市场、桶装饮用水、肉及肉制品等专项整治行动，查办行政（刑事）处罚案件2300余起，关停、取缔无证小作坊97家、私屠滥宰窝点73个、无证食品餐饮店142家。严厉打击食品安全违法犯罪，查破食品犯罪刑事案件58起（较2013年增加24起），其中公安部挂牌督办案件4起，采取刑事强制措施138人，依法逮捕和直诉136人，捣毁黑作坊黑窝点89处。长沙市公安食品安全执法大队被公安部评为“打击食品犯罪保卫餐桌安全”专项行动先进单位。

四、优化服务，促进行业发展取得成效。1. 为基层百姓提供贴心式服务。强化对“12331”举报投诉电话的日常值守，去年共受理咨询与投诉举报977件，做到了事事有登记、件件有回音。全市建立乡镇农残速测室112个、蔬菜基地农残速测室104个，将检测服务送到人民群众家门口。2. 为医药企业提供便捷式服务。简政放权，让公权力回归公共服务。2014年，精简行政许可62.5%，效率提升达到60%。浏阳市局取消办证审查收费，再造许可流程，缩减了办证时间。3. 为行业发展提供创新式服务。积极指导帮扶行业五大重点项目建设，做到全程服务、全程跟踪、全程协调。

五、强化宣传，推进食品药品安全社会共治。1. 开展主题宣传活动。组织开展“3·31”举报投诉日、食品安全宣传周、药品安全宣传月等系列主题宣传报道活动，传播部门声音，展示了监管动态，引导社情民意。浏阳市主题宣传活动得到省局充分肯定。雨花区组织开展的“食品药品安全知识竞赛”吸引了人民群众的广泛参与。长沙县创新宣传方式，成功举办食品药品安全主题文艺汇演。2. 创新与媒体合作模式。聘请媒体记者为食品药品社会监督员，依托其人员力量和技术设备的优势，对食品药品领域的违法违规行为进行前期跟踪暗访，锁定目标和证据，确保了打击的快速、精准。3. 推行执法过程全程展示。先后12次邀请媒体记者与监管人员一道进入现场，对执法过程进行全程跟踪、全景记录和全面展示，让宣传报道更有看点、更加鲜活。4. 落实举报奖励制度。认真贯彻落实《长沙市食品安全违法案件举报奖励办法》，有效调动了广大人民群众参与食品药品安全监管的积极性。2014年，全市兑现奖励334起，共计42.7万元。（王海奕　符中华）

【餐饮门店环境卫生整治行动】 从2014年3月5日起，按照“先集中排查整治，后常态跟踪检查”的思路，城五区餐饮门店环境卫生深入整治，保证群众饮食消费安全。全市城区共检查门店28400余家次，责令整改484家次，停业整顿163家，餐饮门店检查覆盖率超过95%。对岳麓区商贸城老梅园虾城等9家环境卫生极差且整改不力的餐饮门店进行了集中曝光，群众点赞多、社会评价好。1. 加大宣传教育引导力度。一是建立短信教育平台。以全市食品药品行业诚信管理平台为依托，建立健全餐饮行业业主和从业人员手机号码库，通过定期发送环境卫生宣传手机短信，不断强化其责任意识和道德良知，促进养成良好的卫生习惯，自觉维护环境卫生，主动参与城市清洁。二是建立举报投诉平台。向全社会公布餐饮门店环境卫生举报投诉电话“12331”，24小时接受群众的举报投诉。三是建立媒体曝光平台。联系省市媒体对少数环境卫生状况极差且整改不力的餐饮门店进行集中曝光，提高企业的违法违规成本。2. 加强行业日常监督管理。采取不预告检查、不定期抽查、不间断巡查和定期集中排查等方式，综合运用限期整改、停业整顿、关闭取缔等手段，切实加大对餐饮门店的日常监管力度，全面整顿和规范行业经营秩序。同时，加强与区、街道、社区的沟通联系，督促其按照属地管理原则，积极配合市食药监局强化对辖区内餐饮门店的监督管理，构建起“条块结合、综合治理”的工作格局。强化餐饮门店法人和经营业主门前店内环境卫生第一责任人的责任。3. 加速潲水集中回收进程。一是加大集中回收力度。联合城管部门采取有力的措施，强化湖南联合餐厨垃圾处理有限公司的责任意识和服务意识，不断提高该市餐厨垃圾的集中回收处理的覆盖率。二是加大监督管理力度。对极少数不支持配合餐厨垃圾集中回收处理的餐饮门店，坚决予以关停，杜绝餐厨垃圾流入地下非法加工窝点。三是坚决打击非法收购。对非法收购“潲水油”的行为坚决“一脚踩死”。严打非法收购行为，严查非法运输车辆，严治非法加工窝点。重点铲除城市周边的地下养猪场，让“潲水油”地下非法加工窝点无处藏身。 （王海奕）

【打击食品药品制假售假专项行动】 市食药监局联合市综治办，对食品药品制假售假违法行为进行了12轮集中打击整治，共捣毁黑窝点25个，查封黑仓库43处、黑门店246个、黑场所79个，查处问题单位62家。查处的杨明华、莫顺明非法生产销售假性药案由公安部和国家总局挂牌督办。省、市10余家媒体对专项行动进行了深入报道。1. 多方联动建网。下发《关于深入排查食品药品制假售假线索的通知》，明确由市综治办与市食药监局联合部署，全市各区县的综治、食药监部门与所在地区、乡镇、社区联合建立食品药品制假售假排查网络。排查网络必须覆盖所有区域，做到不漏一个社区（村）、不漏一个单位（场所）、不漏一个楼栋（单元）。2. 重点排查“四黑”。排查内容集中在“四黑”：非法生产销售假冒伪劣药品、医疗器械、保健食品、化妆品和普通食品的地下“黑窝点”；以集会、讲座等方式，违法宣传销售“三品一械”的宾馆、酒店、农家乐等“黑场所”；用于存放假冒伪劣药品、医疗器械、保健食品、化妆品和普通食品的“黑仓库”；打着免费使用体验的旗号，夸大宣传，向人民群众特别是中老年人推销或变相推售医疗器械的非法体验“黑门店”。3. 严格落实责任。各区、县（市）、乡镇（街道）、社区（村）负责辖区内的排查工作，实行“第一时间报送”与“周报告”相结合的方式，及时将排查情况报送至综治、食药监部门。市综治办把排查工作的有关情况纳入到2014年度各区、县（市）和乡镇（街道）的综治考评，凡因工作不落实、排查不到位而导致食品药品安全问题的，将给予其“黄牌警告”甚至“一票否决”。 （王海奕）

【中药材中药饮片整治行动】 自2014年4月开始，长沙市食药监局按照全省的统一部署，采取定期检查与突击检查相结合、全面检查与重点检查相结合、自查与抽查相结合的方式，对辖区内中药材中药饮片生产经营企业进行了多轮次检查，严打严查增重染色、掺杂掺假、走票挂靠等违法违规行为。共检查生产经营企业157家次、零售药店3400余家、医疗机构2300余家，抽验123批次，责令整改119家，立案查处12起，提请省局收回《药品GMP证书》1家。1. 加大整治力度。制定出台《长沙市中药材中药饮片专项整治行动实施方案》，并做出了“八个严禁”“三个一律”的规定。即：严禁制售染色增重中药材、严禁制售掺杂使假等假劣中药材、严禁药渣废料回流市场、严禁销售中药饮片、严禁销售中成药、严禁销售化学药、严禁销售毒性药材、严禁销售受国家保护的濒危动植物及制品。发现违法行为的，一律追查到底，从严从重从快顶格处罚；涉嫌犯罪的，一律移送公安司法部门；对公职人员涉嫌包庇、通风报信的，一律停职并通报纪检部门处理，涉嫌犯罪的移送公安机关追究刑事责任。2. 查处违法行为。严格落实“谁生产、谁经营、谁开办、谁管理、谁负责”的原则，对85家经营户逐户开展“翻箱倒柜”式排查清理。期间，对15个门店下达责令整改通知书，对7个门店进行停业整顿处罚；对3个经检验不合格的中药材品种实施追根溯源，依法从严查处2起严重违法案件。整治行动期间，共出动执法检查人员11000余人次，车辆4500台次，检查药品生产企业17家次，批发企业137家次，零售药店3400余家，医院、门诊（诊所）、社区卫生服务中心（站）、村卫生室等共计2300余家。查明非法渠道购进中药饮片11家、责令整改119家；抽验123批次；立案查处12起。3. 规范市场秩序。制定《长沙高桥中药材专业市场经营户及经营的列入药食同源物品目录的品种备案登记管理办法》，对市场经营户进行备案登记管理，严控交易范围，有效规范了交易行为。 （王海奕）

【豆制品集中生产加工基地建设】 2014年，长沙市食安办认真贯彻落实《湖南省食品生产加工小作坊和食品摊贩管理条例》，积极开展食品生产加工作坊专题调研，针对豆制品作坊散、乱、差等问题，研究出台了《关于规范豆制品生产经营行为建设集中生产加工基地的实施方案》，通过“龙头带动”“股份联合”和“区域集中”等经营模式，每个区、县（市）各建成1个豆制品集中生产加工基地，引导食品作坊规范发展。截至年底豆制品生产基地建设进展顺利，天心区、开福区、雨花区、长沙县、浏阳市已基本完成厂房及配套设施新建、改造

工程，即将投产。（符中华）

【实行举报奖励制度】2014年，长沙市食安办及各地各食品安全监管职能部门认真贯彻落实《长沙市食品安全违法案件举报奖励办法》，建立统一规范的举报渠道，进一步扩大举报奖励覆盖面。对群众举报投诉建立及时交办、限期回复工作机制，对查实的重大线索，食安、食药、公安等部门联合行动，查处了一批食品安全违法案件。2014年，全市共受理举报投诉2833起，立案672起，兑现奖励334起共42.7万元（较2012年增加10万元），其中望城区18.86万元。（符中华）

【食品安全违法犯罪典型案例】“3·20”生产销售有毒有害食品（狗肉）案。2012年以来，犯罪嫌疑人李勇、邓华江、付国强、邓寿强、宋拥军、肖伯良、符良桂、陈富强等人在宁乡、桃江等地使用麻醉飞镖注射器和弩毒杀狗，然后销售给犯罪嫌疑人黄立祥等人，黄立祥明知收购来的7吨多狗肉是使用麻醉飞镖注射器和弩毒杀狗的狗肉，仍加工后冰冻冷藏后加价销售给犯罪嫌疑人贺应安，贺应安明知收购来的狗肉是使用麻醉飞镖注射器和弩毒杀狗的狗肉仍加价销售给犯罪嫌疑人任志锦、喻献忠、晏兰芝、罗建祥、戴建良等人并销售给人食用。其中犯罪嫌疑人任志锦获利5000余元，晏兰芝获利500余元，戴建良获利300余元，喻献忠获利1.2万元，罗建强获利3000余元。

“7·25”生产销售不符合安全标准食品（腊肉）案。2013年8月以来，犯罪嫌疑人胡永强多次从犯罪嫌疑人王芳华和吕建湘（已被邵阳市公安局刑拘）处购买病死猪肉20余吨，用于熏制腊肉。在生产过程中，非法添加亚硝酸钠与“胭脂红”。2014年7月25日，犯罪嫌疑人胡永强被长沙市公安机关查获，当场查获腊肉110余千克及“胭脂红”、硝酸钠各一件。2014年4月以来，犯罪嫌疑人王芳华从犯罪嫌疑人刘朵云（已被邵阳市公安局刑拘）处购进大量病死猪肉，除销售给胡永强外，还销售给犯罪嫌疑人胡爱香与胡永香，共30余吨。

“7·29”余海波等人生产加工假冒“旺旺碎冰冰”案。2014年7月29日，长沙市公安局经侦支队抓获犯罪嫌疑人余海波等人，经查其经营的两家食品饮料加工企业：一是公开租用高新区浏阳河农业开发有限公司旧厂房，打着经营“长沙快线食品有限公司”的幌子，生产“无极线碎淬冰”“黑洨淬淬冰”等自主品牌；二是暗地勾结犯罪嫌疑人牟建宏，租用益阳市资阳区长春镇白鹿铺村新屋小学作为车间，添置全套生产和包装设备，雇用犯罪嫌疑人龚叶辉、邓志权、曾赛群、曾鸿钧、曾运等人加工生产假冒“旺旺碎冰冰”。现场共扣押“旺旺碎冰冰”成品177件共计1.1吨、包装内管21万余个、外包箱2190个，以及包装机、封口机等设备和原材料等。自2014年4月至案发，共制售假冒“旺旺碎冰冰”1.2万余件，金额达30万余元。

“10·9”生产销售不符合安全标准食品案。2014年9月16日，邵阳市公安局以涉嫌“生产销售不符合安全标准食品”罪对湖南省湘乡市长丰油脂生产有限公司法人代表魏友才刑事拘留，魏友才供述从廖东福手中所收购的油用于食用油的生产。2014年10月9日，宁乡县公安部门对廖东福传唤审查，初步查明：2011年6月以来，廖东福在租赁的煤炭坝镇一民房内，用收购来的猪皮上刮下的碎肉进行炼油。在明知他人将此用于食用油生产的情况下，卖给湖南省湘乡市长丰油脂生产有限公司魏友才，用于食用油生产销售，共约销售40吨左右，金额约18万元。（符中华）

表8　2014年度长沙市食品安全刑事案件

序号	办案单位	立案时间	案件性质	简要案情	犯罪嫌疑人	处理情况
1	长沙市公安局食安执法大队	2014年1月14日	生产销售有毒有害食品（豆芽）案	2011年底以来，犯罪嫌疑人刘灿、童春桂夫妇先后租用芙蓉区东岸乡西龙村居民安置房从事绿豆芽生产。2013年初，为提高绿豆芽产量、品相，达到增产、增销非法牟利目的，在明知“AB粉”“无根水”是有毒有害植物生长激素，被国家明令禁止用于豆芽生产的情况下，仍购进“AB粉”“无根水”等有毒有害添加剂，用于绿豆芽生产。2013年4月至案发，犯罪嫌疑人先后生产有毒有害绿豆芽10万余斤，并通过马王堆蔬菜市场摊位，以0.7元/斤的价格对外批发，销售金额7万余元	刘　灿 童春桂	移送起诉
2	长沙市公安局食安执法大队	2014年1月14日	生产销售有毒有害食品（豆芽）案	2013年9月至2014年1月14日，犯罪嫌疑人邓联凯、陈水平为增加绿豆芽产量，缩短生长周期，品相变好，租赁芙蓉区东岸乡西龙村五组61号开办“黑作坊”，共购买、添加“AB粉”200包，“无根水”2000支，“漂白颗粒”400粒，“乳白色化学试剂”600毫升，非法生产豆芽，并运送至马王堆生鲜市场对不特定对象进行销售，非法获利。期间共生产销售“毒豆芽”8.82万斤，非法获利1万元	邓联凯 陈水平	移送起诉
3	长沙市公安局食安执法大队	2014年2月19日	生产销售有毒有害食品（豆芽）案	2014年2月18日，接匿名举报，民警对芙蓉区东岸乡西龙村一作坊进行查处。查获犯罪嫌疑人王军虎、吴云梅夫妻，用于花生苗生产的：甲醛1瓶、赤霉酸7包、增粗剂128支，涉嫌有毒有害的花生苗半成品500桶	王军虎 吴云梅	移送起诉

续表 8

序号	办案单位	立案时间	案件性质	简要案情	犯罪嫌疑人	处理情况
4	长沙市公安局食安执法大队	2014 年 2 月 19 日	生产销售有毒有害食品（豆芽）案	2013 年 8 月底至 2014 年 2 月 18 日，犯罪嫌疑人季运军、王军凤为提高花生苗销量，牟取非法利润，租赁芙蓉区东岸乡西龙村四组一幢民房开办黑作坊，在培植花生苗的过程中超范围、超量添加“异菌 · 多 · 锰锌”“甲霜 · 锰锌”“敌磺 · 福美双”等有毒农药，生产出的不符合安全标准花生苗成品经简单冲洗后，运送至市马王堆生鲜市场“湖南菌业”门面进行销售。期间累计生产和销售成品约 1.5 万斤，价值金额 5 万～6 万元	季运军 王军凤	移送起诉
5	长沙市公安局食安执法大队	2014 年 7 月 3 日	王友良等人非法屠宰案	2014 年 3 月以来，犯罪嫌疑人王友良、李群香夫妻二人租用雨花区黎托乡侯兆村友谊组民房，在未办理任何证照情况下开设生猪屠宰场，并雇请犯罪嫌疑人严再春负责宰杀生猪。期间，犯罪嫌疑人王友良负责收购、组织宰杀分割生猪，李群香通过红星生鲜市场对外销售，共私宰生猪 220 余头，并利用雨花区红星生鲜市场的摊位悉数对外销售，销售金额 40 万余元，获利 3 万余元	王友良 严再春 李群香	移送起诉
6	长沙市公安局经侦支队	2014 年 7 月 29 日	余海波等人生产加工假冒“旺旺碎冰冰”案	犯罪嫌疑人余海波经营两家食品饮料加工企业：一是公开租用高新区浏阳河农业开发有限公司旧厂房，打着经营“长沙快线食品有限公司”的幌子，生产“无极线碎淬冰”“黑技淬淬冰”等自主品牌；二是暗地勾结犯罪嫌疑人牟建宏，租用益阳市资阳区长春镇白鹿铺村新屋小学作为车间，添置全套生产和包装设备，雇用犯罪嫌疑人龚叶辉、邓志权、曾赛群、曾鸿钧、曾运等人加工生产假冒“旺旺碎冰冰”。2014 年 7 月 29 日，执法人员在长沙公司办公室和益阳厂房内扣押“旺旺碎冰冰”成品 177 件共计 1.1 吨、包装内管 21 万余个、外包箱 2190 个，以及包装机、封口机等设备和原材料等。自 2014 年 4 月至案发，共制售假冒“旺旺碎冰冰”1.2 万余件，金额达 30 万余元	余海波 龚叶辉 邓志权 曾赛群 曾鸿均 曾　运 牟建宏	移送起诉（余海波、龚叶辉、邓志权、曾赛群、曾鸿均、曾运） 在逃（牟建宏）
7	长沙市公安局食安执法大队	2014 年 9 月 9 日	生产销售假冒“太太乐鸡精”“西湖味精”案	2013 年 2 月至 2014 年 9 月 24 日，犯罪嫌疑人阮次忠伙同吴志君、阮永忠、谭鸾球租赁雨花区圭塘小区 14 栋 1 楼作为加工点、仓库。大量购进假“太太乐鸡精”“西湖味精”“莲花味精”内包装袋，自己订制相应的纸板箱和合格证，以福瑞、伊品品牌味精，九牛人、鸡味鸡精为原料，重新分装，以换包装的形式加工成“太太乐鸡精”“西湖味精”“莲花味精”等名牌调味料。并通过送货上门，物流发往外地，上门购买三种方式将大量假冒的名牌调味品对外销售，牟取暴利	吴志君 谭鸾球 阮永忠 阮次忠	监视居住（吴志君、谭鸾球、阮永忠） 批准逮捕（阮次忠）
8	高新区与浏阳市公安局治安管理大队	2014 年 1 月 3 日	生产销售有毒有害食品（豆芽）案	2010 年下半年以来，犯罪嫌疑人龚邦荣、龚帮庆租用浏阳市关口办事处水佳社区民房，雇请其子龚陈等人生产豆芽，在生产过程中非法添加“AB 水粉”等明令禁止添加在食品中的添加剂，共生产豆芽 40 余万千克，获利 70 万余元。现场查获豆芽成品 1330 千克，及生产豆芽所用的赤霉酸、种子处理剂、多菌灵、8503 无根豆芽水剂、8904 豆芽生长液等物品	龚帮庆 龚　陈 龚邦荣	移送起诉
9	芙蓉区公安分局第一治安管理大队	2014 年 2 月 19 日	生产销售有毒有害食品（豆芽）案	2014 年 2 月 19 日，接群众举报，在芙蓉区马王堆火炬二片 8 组一民房内，抓获犯罪嫌疑人陈冬珍，查获国家明令禁止在豆芽生产中使用的“豆芽生长液”149 瓶。经查，2013 年 5 月开始，犯罪嫌疑人陈冬珍伙同其丈夫谭立群从一广西老板（在逃）处购买豆芽机和“豆芽生长液”从事豆芽生产，并将有毒有害豆芽通过马王堆菜市场销往各超市、摊档	陈冬珍 谭立群	移送起诉
10	芙蓉区公安分局第一治安管理大队	2014 年 4 月 24 日	非法屠宰经营猪肉案	2013 年 2 月份以来，犯罪嫌疑人黄国华、蒋丽辉在芙蓉区马王堆火炬村九队一民房内合伙开办屠宰场，各自进货和销售。雇佣王志军、方强、张华负责屠宰。黄国华和蒋丽辉两人各自平均每天销售猪肉达 1000 余千克，平均每天各自销售金额达 1 万元。2014 年 4 月 24 日被公安机关查获	黄国华 蒋丽辉 陈向平 王志军 张　华 方　强	移送起诉
11	芙蓉区公安分局第一治安管理大队	2013 年 5 月 28 日	非法屠宰经营猪肉案	2014 年 7 月份以业，犯罪嫌疑人周凯明在芙蓉区马王堆火炬村一队一民房内开办屠宰场，以每月 3600 元雇用赵智负责屠宰生猪并送货。平均每天销售猪肉达 800 千克，每天销售金额达 1 万元。2014 年 5 月 28 日被公安机关查获	赵　智 周凯明	移送起诉

续表 8

序号	办案单位	立案时间	案件性质	简要案情	犯罪嫌疑人	处理情况
12	芙蓉区公安分局第一治安管理大队	2014年6月9日	生产销售有毒有害食品（圆豆腐）案	2014年5月30日，市质监局芙蓉分局在芙蓉区马坡岭街道西龙村一队对朱胜德的无证油炸圆豆腐进行抽样检测后，在浸泡液和浸泡后的圆豆腐半成品内检出过氧化氢。5月30日，市质监局芙蓉分局根据相关法律，对朱胜德涉嫌销售有毒、有害食品案移送市公安局芙蓉分局。经查犯罪嫌疑人朱胜德，在生产圆豆腐的过程中添加国家明令禁止的过氧化氢，从2014年1月起共生产销售2.25万千克产品，销售金额约13.6万元	朱胜德	移送起诉
13	天心区公安分局大托派出所	2014年6月25日	非法屠宰经营猪肉案	2010年7月以来，犯罪嫌疑人陈立付租赁长沙县暮云镇高云小区民房，雇佣犯罪嫌疑人陈立军、陈跃祥无证屠宰生猪贩肉，每天屠宰生猪1～4头，分别在高云小区菜市场设摊位贩卖和送至高云小区饭店、超市销售，总计非法经营额达11.9万余元	陈立付 陈立军 陈跃祥	移送起诉
14	天心区公安分局青园派出所	2014年9月10日	销售伪劣产品案	经依法侦查查明：2013年8月22日，刘子微在天心区友谊路中铁十二局门口“李南超市”内将价值5.16万元的假茅台酒（经贵州茅台酒股份有限公司鉴定）销售给李运南	刘子微	移送起诉
15	天心区公安分局第一治安管理大队	2014年9月16日	非法屠宰经营猪肉案	自2014年6月初，犯罪嫌疑人余俭、袁和平合伙，雇佣犯罪嫌疑人刘正泉、郭嘉非法屠宰生猪，累计销售10万余元	袁和平 郭　嘉 刘正泉 余　俭	移送起诉
16	岳麓区公安分局第一治安管理大队	2014年7月25日	生产销售不符合安全标准食品（腊肉）案	2013年8月以来，犯罪嫌疑人胡永强多次从犯罪嫌疑人王芳华和吕建湘（已被邵阳市公安局刑拘）处购买病死猪肉20余吨，用于熏制腊肉。在生产过程中，非法添加亚硝酸钠与“胭脂红”。2014年7月25日，被公安机关查获，当场查获腊肉110余千克及“胭脂红”、硝酸钠各一件 2014年4月以来，犯罪嫌疑人王芳华从犯罪嫌疑人刘朵云（已被邵阳市公安局刑拘）处购进大量病死猪肉，除销售给胡永强外，还销售给犯罪嫌疑人胡爱香与胡永香（均在逃），共30余吨	胡永强 王芳华	移送起诉
17	岳麓区公安分局第一治安管理大队	2014年9月3日	非法屠宰经营猪肉案	2014年2月以来，犯罪嫌疑人廖正兰伙同龚志刚、李海军、廖国亮共同出资，承租岳麓区观沙岭土城社区一居民屋私设屠宰点，雇请陈卷生等人非法屠宰生猪并对外销售，营业额达数十万元	陈卷生 王幼诚 廖国亮 廖正兰 李海军 龚志刚 王慈诚	移送起诉
18	开福区公安分局第一治安管理大队	2014年5月30日	生产销售有毒有害食品（鸭掌）案	2011年9月至2014年5月29日，犯罪嫌疑人尹善莲租赁开福区洪山桥街道朝阳社区一队一间厂房，使用“双氧水”“烧碱”加工生产无骨鸭掌、鸭掌筋等食物销往广州、岳阳、东莞等地	尹善莲	移送起诉
19	开福区公安分局第一治安管理大队	2014年6月6日	生产销售有毒有害食品（脆皮豆腐）案	2014年4月20日至5月30日，犯罪嫌疑人李佑华租赁开福区洪山桥街道朝阳社区8队1号一间房屋，使用“双氧水”生产加工脆皮豆腐等食物，并向马王堆菜市场马路边等地不特定人群及商贩等进行销售，至案发共生产销售有毒有害脆皮豆腐2000千克，销售金额1.2万元	李佑华	移送起诉
20	雨花区公安分局第三治安管理大队	2014年8月25日	销售不符合安全标准食品（绵羊）案	2014年6月24日，市动物卫生监督所检查时发现130只绵羊的货主裴降不能提供动物检疫合格证明，经采样检测为小反刍兽疫病毒核酸阳性。经查：该批130只活羊系裴降在河南购买，另在云南购买一批黑山羊重6吨，该批黑山羊销售给刘新辉、徐让利等人，追回黑山羊43只，经采样检测为小反刍兽疫病毒核酸阳性	裴　降	批准逮捕
					裴　分 徐让利 刘新辉	监视居住
21	雨花区公安分局高桥派出所	2014年9月3日	销售不符合安全标准食品（羊肉）案	2014年3月28日至6月16日，犯罪嫌疑人肖劲松在雨花区雨花亭街道石马社区石马禽畜批发大市场销售不符合食品安全标准的羊肉18.5千克	肖劲松	依法刑拘
22	雨花区公安分局黎托派出所	2014年9月2日	销售不符合安全标准食品（羊）案	2014年6月22日，刘塞仁违规购进一批未经检疫的黑山羊，又将其中59只羊销售给林春宰杀对外销售。6月24日，市动物卫生监督所在杨家山禽畜市场将尚未销售的57只羊查获，经采样检测“小反刍兽疫病毒核酸”阳性，依据有关规定将羊进行捕杀	刘塞仁 林　春	监视居住

续表 8

序号	办案单位	立案时间	案件性质	简要案情	犯罪嫌疑人	处理情况
23	望城区公安局治安管理大队	2014 年 7 月 3 日	销售有毒有害食品（狗肉）案	2013 年至案发，犯罪嫌疑人周德友为获取非法利益，明知用毒镖射杀的狗肉有毒不能食用的情况下，以明显低于市场价格收购的用毒镖射杀的狗销售给刘安乐、谢红英夫妇，李凤阳、杨小曼夫妇。两对夫妇将明知有毒的狗肉销售给消费者食用。另，毛友平、毛友四二人明知用毒镖射杀的狗肉有毒，还将其射杀的毒狗以 4.5 元 / 斤的价格销售给李凤阳、杨小曼夫妇及孔建兵、覃业群夫妇。刘平、薛铁夫明知刘安乐、李凤阳门店销售的为有毒狗肉，仍参与销售毒狗肉供消费者食用	刘安乐 周德友 孔建兵 覃业群 谢红英 刘　平 毛友四 薛铁夫 毛友平 杨小曼 李凤阳	移送起诉
24	望城区公安局治安管理大队	2014 年 7 月 31 日	销售有毒有害食品（狗肉）案	2013 年至今，犯罪嫌疑人周德友明知用毒镖射杀的狗肉有毒不能食用，为获取非法利益，其将收购的用毒镖射杀的狗以明显低于市场价格的价钱销售给刘安乐、谢红英夫妇、李凤阳、杨小曼夫妇	周德友	移送起诉
25	望城区公安局治安管理大队	2014 年 7 月 31 日	销售有毒有害食品（狗肉）案	2014 年 3 月份，杨小曼明知周德友的狗肉是他人用毒镖盗杀，仍从周德友处收购毒狗肉，转而以高价销售给消费者食用。同年 7 月，其多次从毛友平等人手中收购用毒镖盗杀的狗，经过加工处理出售给消费者食用	杨小曼	移送起诉
26	望城区公安局治安管理大队	2014 年 7 月 31 日	销售有毒有害食品（狗肉）案	2014 年 5 月份，孔建兵为非法获取利益，明知毛友平、毛友四、杨志刚的狗肉系用毒镖盗杀他人的家狗，仍从毛友平等人手中大量收购毒狗肉，以高价销往株洲等地的农贸市场	孔建兵	移送起诉
27	望城区公安局治安管理大队	2014 年 7 月 31 日	销售有毒有害食品（狗肉）案	2014 年 5 月份至今，毛友平为获取非法利益，多次利用击发弩发射毒镖盗杀他人的家狗，转而将有毒的狗肉出售给“杨曼水产羊狗批发”的杨曼以及做狗肉批发的孔建兵等人	毛友平	移送起诉
28	望城区公安局治安管理大队	2014 年 7 月 31 日	销售有毒有害食品（狗肉）案	2014 年 6 月份至今，毛友四为获取非法利益，利用击发弩发射毒镖多次盗杀他人的家狗，并将毒狗肉销往马王堆菜市场经营狗肉的门店以及孔建兵等人	毛友四	移送起诉
29	望城区公安局治安管理大队	2014 年 8 月 6 日	生产销售有毒有害食品案	2014 年 8 月 6 日，望城区质监局与区食药局共同查处：长沙湘上厨食品有限公司（法人代表：危德文）自 2013 年 8 月至今，在未取得食品生产、加工、销售许可证的情况下，擅自在其望城区乌山镇乌山村九眼塘组家中，使用工业烧碱及过氧化氢等工业原料生产加工食品，并将加工后的食品销往市场供人食用	危德文 王薄辉 肖伟新	移送起诉
30	望城区公安局治安管理大队	2014 年 8 月 3 日	生产销售有毒有害食品（狗肉）案	2013 年 11 月至 2014 年 8 月间，犯罪嫌疑人戴中苗为获取非法利益，明知用毒镖射杀的狗肉有毒的情况下，流窜至茶亭镇九峰山村、望群村、戴公桥村等地多次用毒镖射杀盗窃狗只，并将射杀的狗以 4 ～ 5 元钱每斤的价格销售给湘阴县文星镇桥东市场“姚氏海鲜水产批发部”的犯罪嫌疑人姚岳飞、贺平夫妇。夫妇二人明知射杀的狗有毒，又将收购的毒狗以 6 ～ 7 元每斤的价格销售给湘阴县文星镇“贵州花江狗肉店”的“老罗”（身份不详）、长沙市马王堆菜市场的“周哥”（身份不详）等人，“老罗”“周哥”等人将毒狗销售给消费者食用	戴中苗 姚岳飞 贺　平	移送起诉
31	长沙县公安局治安管理大队	2014 年 2 月 21 日	生产销售有毒有害食品（豆芽）案	2013 年 12 月至 2014 年 2 月，犯罪嫌疑人李春成在明知“AB 水”“无根 109”是有毒、有害的非食品原料的情况下，为增加产量、获取更大利益，仍在豆芽菜生产的中非法添加“AB 水”“无根 109”，将有毒有害豆芽对外销售。期间共生产销售有毒有害豆芽 4 万余斤	李春成 宋细妹	移送起诉
32	长沙县公安局治安管理大队	2014 年 3 月 20 日	生产销售有毒有害食品（豆芽）案	2014 年 3 月 13 日，根据群众举报，在芙蓉区东岸街道西龙村内查获一生产豆芽黑作坊。现场抓获犯罪嫌疑人钟松华、廖金凤夫妻，并在其作坊查获用于豆芽生产的“无根豆芽素”181 支，“无根 109”粉末 4 包及部分豆芽菜。经检测其生产的豆芽中检出 4–氯苯氧乙酸钠和 6– 苄基腺嘌呤有害物质成份。	钟松华 廖金凤	移送起诉
33	长沙县公安局治安管理大队	2014 年 4 月 11 日	生产销售有毒有害食品（豆芽）案	2010 年初至 2014 年 3 月 24 日，张秋英在长沙县黄兴镇光达村塘湾子组自己家的豆芽作坊内生产豆芽放入“无根激素”并伙同其丈夫艾新华将该有毒豆芽对外销售。	张秋英	移送起诉

续表 8

序号	办案单位	立案时间	案件性质	简要案情	犯罪嫌疑人	处理情况
34	长沙县公安局治安管理大队	2014 年 3 月 21 日	生产销售有毒有害食品（腊肉）案	2014 年 3 月 20 日，在福临镇开物村开农组一废旧厂房内，查获犯罪嫌疑人吴金术等人利用工业盐、病死猪肉制作腊肉。查扣半成品腊肉 3750 千克，工业盐 1100。经查实，吴金美、吴金术、吴长林、张正忠受老板何富山、刘正秋雇佣，在此制作毒腊肉。	吴金术 吴金美 何富山 刘正秋 吴长林 张正忠	移送起诉
35	长沙县公安局治安管理大队	2014 年 3 月 19 日	生产销售有毒有害食品（豆芽）案	2014 年 3 月 19 日，根据群众举报，在芙蓉区东岸村一组内查获一涉嫌非法添加“无根豆芽素”有毒有害物质生产豆芽黑作坊。现场抓获犯罪嫌疑人吴辉武、廖卫红夫妻，在其作坊查获用于豆芽生产的“无根豆芽素”150 支及部分豆芽菜。	吴辉武 廖卫红	移送起诉
36	长沙县公安局治安管理大队	2014 年 9 月 14 日	生产销售不符合安全标准食品（病死猪）案	2014 年 9 月 14 日，犯罪嫌疑人龙明崇以图财为目的，在义塚山上捡了 3 头病死猪在家中进行私自屠宰加工以待销售，9 月 15 日，犯罪嫌疑人又采取同样的手段捡了 4 头病死猪运往家中屠宰病死猪时被长沙县农业执法大队当场查获，现场扣押病死猪肉共计 345.5 千克。	龙明崇	批准逮捕
37	长沙县公安局治安管理大队	2014 年 8 月 22 日	生产销售不符合安全标准食品（病死猪）案	2014 年 2–3 月，陈创从当地农户收购病死猪 2 头，在家屠宰后将猪肉卖给何富山制作腊肉。2014 年 6–7 月，陈创收购 5 头病猪，在家屠宰后得猪肉 436 千克，存于家中准备出售，于 7 月 18 日被长沙县路口镇食品安全办公室工作人员查获。经补检，该批猪肉为不合格猪肉。	陈　创	移送起诉
38	长沙县公安局治安管理大队	2014 年 11 月 6 日	生产销售不符合安全标准食品（病死猪）案	2014 年 5 月起，犯罪嫌疑人蔡金四多次以低价从长沙县北山镇新云村、安沙镇及开福区捞刀河街道等地收购病死猪共计 12 头，其中 2 头病死猪贩卖给刘旺，刘旺又转卖至宁乡县、芙蓉区马王堆等地。蔡金四将未能贩卖的 9 头病死猪在家中屠宰，并将病死猪肉以低价贩卖给蔡多强，继而运往红星大市场贩卖给他人。	蔡金四 蔡多强 刘　旺	刑拘
39	浏阳市公安局文家市派出所	2014 年 3 月 26 日	生产销售有毒有害食品（豆芽）案	2007 年以来，犯罪嫌疑人彭传林伙同其妻子张惠芳在生产豆芽过程中，非法添加使用国家明令禁止添加的 AB 粉水调节剂。2014 年 1 月 11 日，在生产窝点现场查获 AB 粉 26 袋，豆芽防菌粉 13 袋。经检测，精制 A 粉、种子处理剂中检出主体成分为 6– 苄基腺嘌呤。	张惠芳 彭传林	移送起诉
40	浏阳市公安局文家市派出所	2014 年 1 月 11 日	生产销售有毒有害食品（豆芽）案	2009 年以来，犯罪嫌疑人廖桂自、蔺桂秀（另案处理）在浏阳市文家市镇文家市社区何垅组何家老祠堂从事豆芽生产销售。为提高产品的质量、产量，两人在生产过程中添加国家明令禁止使用的 AB 粉、无根豆芽素等植物生产调节剂。2014 年 1 月 11 日，从其作坊现场查获“无根豆芽素”水剂 74 支，无根成品豆芽五塑料桶共计 20 千克。	蔺桂秀 廖桂自	移送起诉
41	浏阳市公安局大瑶派出所	2014 年 1 月 9 日	生产销售有毒有害食品（豆芽）案	2011 年以来，犯罪嫌疑人刘雨鸣多次购买“AB 粉、水”用于生产有毒豆芽，并卖向市场从中牟利。后因厂家停产无法购买到“AB 粉、水”及自身身体原因，刘雨鸣于 2013 年 10 月停止生产有毒豆芽。	刘雨鸣	移送起诉
42	浏阳市公安局沿溪派出所	2014 年 1 月 10 日	生产销售有毒有害食品（豆芽）案	犯罪嫌疑人张英伏在自己家中开设豆芽生产作坊，从 1992 年开始利用 AB、水生长剂等化学材料生产销售豆芽至今，自己不在家时由其妻子孔庆秋和儿子张波负责生产销售，所生产豆芽销售到沿溪、永和两个集镇农贸市场内以及沿溪中学、沿溪完小、梓山小学食堂。	孔庆秋 张　波 张英伏	移送起诉
43	浏阳市公安局古港派出所	2014 年 1 月 11 日	生产销售有毒有害食品（豆芽）案	犯罪嫌疑人唐发芳、罗娟娟从 2005 年开始至 2013 年 11 月底期间，在古港镇古城社区菜园组家中，利用有毒的“AB 水”和“AB 粉”生产豆芽，并将生产出来的毒豆芽在古港镇新农贸市场内出售。	罗娟娟 唐发芳	移送起诉
44	浏阳市公安局官渡派出所	2014 年 1 月 11 日	生产销售有毒有害食品（豆芽）案	2011 年以来，犯罪嫌疑人朱年香多次从贵州乌当区植物生长调节剂厂邮购 AB 粉和 AB 水，用于生产豆芽并销售。经搜查，在其家中的豆芽生产车间里提取的残留豆芽，并检测出“4– 氯苯氧乙酸钠”成份	朱年香	在逃
45	浏阳市公安局大瑶派出所	2014 年 1 月 9 日	生产销售有毒有害食品（豆芽）案	2011 年以来，犯罪嫌疑人刘松鸣为缩短豆芽生产周期，提高豆芽产量，多次购买“AB 粉、水”用于生产有毒豆芽，并卖向市场从中牟利。2014 年 1 月 9 日，在现场查获“AB 粉、水”生产的有毒豆芽 97.5 千克。	刘松鸣	移送起诉
46	浏阳市公安局达浒派出所	2014 年 1 月 10 日	生产销售有毒有害食品（豆芽）案	自 2011 年始，犯罪嫌疑人周将生购买 AB 粉用于生产豆芽，并将所生产豆芽在达浒镇农贸市场销售。2014 年 1 月 10 日，在其家中查获增粗剂 120 支、赤霉素 19 包、多功能防腐剂 27 支、豆芽光亮剂 3 包、水溶性 AB 粉 48 包、豆芽多效脱壳增白王 2 包、无根豆芽素 11 包、植物生长调节剂（AB 粉）5 包	周将生	移送起诉

续表 8

序号	办案单位	立案时间	案件性质	简要案情	犯罪嫌疑人	处理情况
47	浏阳市公安局永和派出所	2014 年 1 月 11 日	生产销售有毒有害食品（豆芽）案	2012 年 7 月以来，犯罪嫌疑人孔祥化在位于永和镇金满地小区家中，在生产制作绿豆芽的过程，违法使用含有 6- 苄基腺嘌呤的“AB 粉水”有毒有害物质，并将该绿豆芽销售给“周记夜宵”等夜宵店，同时在永和镇农贸市场进行销售	孔祥化	移送起诉
48	浏阳市公安局经济和涉税犯罪侦查大队	2014 年 8 月 5 日	假冒注册商标案	2010 年至今，犯罪嫌疑人丁嘴从湖南省泰尔制药股份有限公司盗窃大量半成品及标签，包括燕麦力片、泰尔牌维亭片等 17 种产品和瓶贴，用其母亲阳春莲的身份信息在淘宝网上开设“101 号店”，将上述泰尔公司半产品在“101 号店”内大量销售，销售金额达 20 万余元。2014 年 9 月 10 日，在犯罪嫌疑人家中搜出大量从泰尔公司盗窃出来的上述半产品，价值 11645 元	丁　嘴	批准逮捕
49	宁乡县公安局治安管理大队	2013 年 11 月 28 日	生产销售不符合安全标准食品（腊鸡）案	2013 年 9 月至 11 月间，犯罪嫌疑人邱凡玉从温氏鸡场有限公司低价购得 2500 余千克次鸡、病死鸡，先后 3 次以 3400 元的价格贩卖给犯罪嫌疑人陈秀伟。陈秀伟将购得的次鸡、病死鸡在家中熏制成腊鸡，以每千克 10 元的价格在宁乡县玉潭镇杉木桥市场出售，销售总额约 2.5 万元	邱凡玉 陈秀伟	移送起诉
50	宁乡县公安局治安管理大队	2014 年 3 月 6 日	生产销售有毒有害食品（豆芽）案	2013 年上半年以来，犯罪嫌疑人李石租住宁乡县玉潭镇南苑社区一民房，使用“AB 粉”“无根水”等国家明令禁止添加的添加剂加工毒豆芽销售到金海实验中学、金励实验小学等食堂。	李　石	移送起诉
51	宁乡县公安局治安管理大队	2014 年 3 月 5 日	生产销售有毒有害食品（豆芽）案	2013 年以来，犯罪嫌疑人黄章虎在自己经营的黄氏蔬菜专业合作社，使用“AB 粉”、绿豆生产剂加工毒豆芽，并将“AB 粉”、绿豆生产剂出售给段漫仔、谢建军、谢海炎、甘桂荣等人（2014 年 3 月 5 日，4 人被湘潭市公安局抓获），2014 年 3 月 18 日，黄章虎被宁乡县局治安大队抓获，现场扣押生产毒豆芽的用水 3 瓶	黄章虎	移送起诉
52	宁乡县公安局治安管理大队	2014 年 4 月 8 日	涉嫌妨害动植物检疫案	2014 年 2 月份，犯罪嫌疑人李志强在四川省金堂县购买 233 头种用黑山羊，在没有向当地动物卫生监督机构申报和检疫的情况下，将所购黑山羊调运至宁乡县喻家坳乡玉山村自己家中，并将已感染“小反刍兽病的黑山羊先后贩卖给宁乡县、益阳市、湘潭市、洞口县等地的养殖户，造成邵阳洞口县等处发生“小反刍兽疫病”不断扩散和蔓延的重大动物疫情，涉案价值达数百万元	李志强	移送起诉
53	宁乡县公安局治安管理大队	2014 年 3 月 20 日	生产销售有毒有害食品（狗肉）案	2012 年以来，犯罪嫌疑人李勇、邓华江、付国强、邓寿强、宋拥军、肖伯良、符良桂、陈富强等人在宁乡、桃江等地使用麻醉飞镖注射器和弩毒杀狗，然后销售给犯罪嫌疑人黄立祥等人，黄立祥明知收购来的 7 吨多狗肉是使用麻醉飞镖注射器和弩毒杀狗的狗肉，仍加工后冰冻冷藏后加价销售给犯罪嫌疑人贺应安，贺应安明知收购来的狗肉是使用麻醉飞镖注射器和弩毒杀狗的狗肉仍加价销售给犯罪嫌疑人任志锦、喻献忠、晏兰芝、罗建祥、戴建良等人并销售给人食用。其中犯罪嫌疑人任志锦获利 5000 余元，晏兰芝获利 500 余元，戴建良获利 300 余元，喻献忠获利 12000 余元，罗建强获利 3000 余元	罗建祥 李　勇 付国强 贺应安 邓华江 黄立祥 任志锦 戴建良 晏兰芝 陈富强 喻献忠	移送起诉
					邓寿强 宋拥军	在逃
54	宁乡县公安局历经铺派出所	2014 年 7 月 24 日	生产销售不符合安全标准食品（腊鸡）案	2013 年 10 月，犯罪嫌疑人杨月平先后两次从长沙市杨家山家禽批发市场犯罪嫌疑人孙小伍及他人手中以 1.2 元每斤的价格购进不明原因死鸡 400 千克，将其中的 180 千克加工成“腊鸡”对外销售，共计获利 600 元。	杨月平 孙小伍	移送起诉
55	宁乡县公安局喻家坳派出所	2014 年 10 月 9 日	生产销售不符合安全标准食品案	2014 年 9 月 16 日，邵阳市公安局以涉嫌“生产销售不符合安全标准食品”罪对湖南省湘乡市长丰油脂生产有限公司法人代表魏友才刑事拘留，魏友才供述从廖东福手中所收购的油用于食用油的生产 2014 年 10 月 9 日，宁乡县公安部门对廖东福传唤审查，初步查明：2011 年 6 月以来，廖东福在租赁的煤炭坝镇一民房内，用收购来的猪皮上刮下的碎肉进行炼油。在明知他人将此用于食用油生产的情况下，卖给湖南省湘乡市长丰油脂生产有限公司魏友才，用于食用油生产销售，共约销售 40 吨左右，金额约 18 万元	廖东福	取保候审

城乡建设

责任编辑：尚　畅

规划管理

【概况】 2014年，长沙市城乡规划系统以省委、省政府“在城市规划建设和管理中走在前列”为导向，树立“两型”发展和以人为本的规划新理念，完善规划管理体制，加强规划引领，严格规划实施，创新管理手段，规划龙头作用更加突出，为进一步突出品质长沙的“山水之美、人文之美、城市之美”，率先建成“三市”、强力实施“三倍”，加快现代化进程提供有力规划支撑。

一、规划体制改革。在完善规划决策机制、健全规划管理体制等方面取得突破。1. 健全规划决策体系。按照“一级规划、二级建设、三级管理”的理念，市委、市政府成立由省委常委、市委书记易炼红任组长的市委城乡规划工作领导小组，明确人员组成、主要职责和运行机制。完成市城乡规划委员会换届，由市长胡衡华任主任，通过健全常态化、票决制的议事制度，确保了规划决策的严谨科学、公开公正。规委会全年召开7次会议，对61个议题进行表决和研究，其中表决事项45项，表决通过40项，未获通过5项。2. 理顺规划管理体制。经研究，市委、市政府同意设立长沙市城乡规划局望城区分局，按内五区分局模式垂直管理；在大河西先导区国土规划部、长沙县城乡规划局分别加挂长沙市城乡规划局先导区分局、长沙县分局牌子；3个分局于5月15日正式挂牌。

二、规划政策引领。围绕城乡规划实施加强政策引领，变蓝图式的规划为行动性、引导性的规划，科学统筹和引导经济发展和项目建设，改善人居环境。1. 牵头制定和实施“四增两减”政策。牵头制定并实施以增加公共绿地、配套设施、公共空间、支路网密度，减少开发强度、减少居住人口密度为主要内容的“四增两减”政策，通过开放共享、配套建设、规划引导等手段完善基础设施配套，改善人居环境。该政策已纳入长沙市党的群众路线教育实践活动整改措施。按照“四增两减”的原则规划棚改项目，明确旧城区国有划拨地改变用地性质时须留出1/3的用地作为绿地或公共设施、市政设施用地，2014年全市启动的22个棚改项目拟增加公共设施用地28.09公顷、市政设施用地5.17公顷、道路设施用地24.26公顷、公共绿地21.04公顷。2. 组织编制《长沙市城乡建设五年行动规划》。以城市总体规划和各领域专项规划为依据，围绕城市建设策略，梳理五年内市委、市政府急需解决的重大城建问题，提出集约增长行动、蓝天碧水行动、文化名城行动、产业倍增行动等十大行动为主体的《长沙市城乡建设五年行动规划》，突出建设项目库在空间上的规划布局以及前瞻性、引导性和针对性，促进规划蓝图的落实和重大项目的落地。3. 全力推进“三规合一”试点工作。统筹城市规划、土地利用规划和经济社会发展规划（产业规划）中涉及城市用地和空间资源的要素，落实在一个空间平台考虑，推进“三规”有机协调和融合，引导城市由“单核心圈层蔓延式”向“多中心轴向组团式”发展。在高铁新城开展“三规合一”试点，编制高铁新城绿色空间与产城融合规划、节约用地专项规划以及核心区城市设计等规划。4. 创新主城区容积率管理措施。加强容积率管理数据统计分析，明确长沙市经营性用地容积率管理应采取总量控制、分区分类平衡管理的总体思路，提高轨道交通站点周边用地开发强度，适当降低一般地区用地开发强度，完善《长沙市容积率管理技术规定》。5. 积极探索“停车难”问题解决方法。开展老旧小区停车综合整治研究，组织修订《长沙市建设工程机动车停车场（库）配建标准（试行）》，提高配建标准并在规划实施中严格把关，参与编制《停车场专项规划》和《城区停车设施建设管理实施方案》，推进停车设施建设。

三、城乡规划编制。以《长沙市城市总体规划（2003—2020）》（2014年修订）获国务院批复为契机，完善规划编制体系。1. 开展强制性内容建库。开展总体规划和相关专项规划强制性内容梳理及建库，总规强制性内容数据库于2014年5月正式运行，专项规划强制性内容数据库形成初步成果。2. 完善规划编制体系。加大专项规划编制和整合力度，开展排水、给水、燃气、电力等市政基础设施规划整合并形成一张图纳入依据图管理；加快推进《长沙市绿地系统专项规划》《长沙市户外广告布局专项规划》《历史文化名城保护规划》等48个专项规划编制和上报，其中15个已获市政府审批。按照2015年实现新一轮法定依据全覆盖的目标加快推进控规编制和审批，推进南湖新城等21个编制单元的控规新编、修改和转换，完成大王山旅游度假区、星沙产业基地西片等12片控规编制单元成果并报市规委会审查通过。3. 加大城市设计力度。高起点组织湘江洲岛概念规划国际征集，完成概念规划与深化，合理规划湘江洲岛开发与利用；开展古城风貌区核心区保护规划编制，加快推进潮宗街、高铁站周边、解放垸、苏托垸、朝正垸等重点片区和重点节点周边城市设计。创新棚户区改造思路，结合棚户区改造2014年计划，开展雅塘村等22个棚户区改造配套城市设计，促进城市品质的提升。4. 促进城乡统筹发展。继续推进15个中心镇（小城市、特色镇）规划整合和提升，完成9个中心镇（小城市、特色镇）规划提升入库；制定《长沙市村庄整治规划技术导则》及《长沙市小城镇公共设施技术导则》，科学引导城乡规划建设。5. 严格规范规划修改。继续推行控规修改前置审查制度，修订《〈长沙市控制性详细规划修改前置审查程序规定〉实施细则》，全年共完成控规修改项目82个。

四、城乡规划实施。按照全市深化改革和行政效能提升要求，抓好规划审批改革与重点工程建设服务，确保城乡规划有序实施。1. 清理行政审批事项。按要求清理行政审批事项13项，保留5项。对保留的审批事项制定办事指南，公开审批具体条件、审批标准和技术规范，提高行政审批的规范性。2. 提高行政效能。按照深化行政审批制度改革、提高行政效能的要求，制定《2014年“一书两证”行政审批制度改革方案》和《建设工程行政审批程序规定》并于7月1日起试运行，通过减少签字环节、压缩审批时限、推行行政许可与技术审查分离以及试点中介机构进行技术审核等措施，提高审批效率。3. 服务重点工程。加大前期介入力度，主动服务地铁1、3号线，磁悬浮，长株潭城际轨道，国际会展中心等重大工程项目建设。加快推进万家丽路快速化改造，开展湘江大道、芙蓉路、湘府路快速化改造研究。高效办理供水、污水设施改扩建工程以及人行过街设施、电力设施、燃气工程和移动4G基站等项目审批。推行预约服务、延时服务和短信服务等便民措施，提升窗口服务水平和群众满意度。市局全年受理报建2213项次，核发《选址意见书》120个；《建设用地规划许可证》196个，用地面积1136.66万平方米；《建设工程规划许可证》653个，面积1844.50万平方米，管线长度4345.09千米；核发《建设工程规划竣工验收合格证》368个。湘江新区、望城区、长沙县、经开区、高新区及内五区分局共受理报建3727项次，核发《选址意见书》243个；核发《建设用地规划许可证》404个，用地面积2769.74万平方米；核发《建设工程规划许可证》1970个，面积3803.05万平方米，管线长度1011.18千米；核发《乡村建设规划许可证》853个，面积38.93万平方米。

五、执法监督。创新执法理念，推进执法规范化建设。修订《违法建设行政处罚裁量权基准》和《行政处罚程序规定》。加强批后管理，严格执行四级监管机制，全年共参与放线验线225次，参加建设位置复验104处，实施主体封顶检查159次，实施竣工检查258次，巡查1142次，实施现场公示432次，检查及现场公示到位率均达100%；依城管部门来函出具规划专业意见1841份，鉴定违法建设面积113.36万平方米。加大行政处罚力度，下达行政处罚决定书59份，处罚违法建筑面积33.28万平方米，处罚金额1156.06万元。利用卫星遥感监测手段动态监测和查处违法建设，清理未取得《建设工程规划许可证》擅自建设的建（构）筑物244处，底层面积14.94万平方米并移交各区政府整治，违法建设面积较上年减少80%以上。开展联动执法，对无法采取改正措施消除影响的违法建设责令限期拆除，积极配合区政府及相关职能部门开展拆违专项行动，拆除违法建筑面积230.06万平方米。开展过期临时建筑清理以及4S店审批建设情况清查，清理到期未拆除临时建设655处。

六、规划管理手段。围绕法治、科学、智慧、阳光的目标，切实抓好法制建设、规划研究、信息建设和规划宣传，创新规划管理手段。1. 以法制建设为抓手，打造“法治规划”。《长沙市城乡规划条例》（草案）已上报市政府，列入市人大适时出台的立法计划；开展规范性文件清理，制定和修改《建设工程行政审批程序规定》等6个规范性文件。严格执行合法性审查制度，全年对159个案卷进行了合法性审查；开展行政执法案卷评查，抽查行政许可案卷65个，行政处罚案卷31个；认真做好行政复议和行政诉讼，办理行政诉讼案17件均胜诉。2. 以研究评估为依托，打造“科学规划”。加大规划研究力度，完成长沙市基本实现现代化城乡规划策略研究、长沙市城乡品质倍升研究、湘江两岸规划发展策略研究、高铁新城规划研究等重大规划课题研究10余项，对长沙未来城市发展重点及方向提出规划策略，科学辅助决策。注重规划实施评估，完成《2013年规划实施年度报告》《长沙市交通状况年度报告（2013）》《长沙市市政基础设施规划实施年度报告（2013）》《长沙规划十年重要案例分析》等，对规划实施情况进行客观评价。3. 以信息建设为突破，打造“智慧规划”。成功承办2014年中国城市规划信息化年会。完成2014版“一站式规划管理服务平台”研发、运行及完善并实现市

2014年10月30日市人大常委会专题询问城乡规划工作

局和各县（市、区）同步升级，提升规划管理信息化和集成化水平；开展“易建通”系列软件的开发，促进电子报批的标准化、规范化。加大城市仿真手段应用，完成虚拟现实仿真平台二次开发，整合全市230平方千米虚拟现实系统，完成长沙主城区范围内三维数据制作与更新，在大河西先导区全面实施三维仿真评审。组织对长沙市地下空间系统数据建设情况进行梳理，对燃气、给水等地下管线数据进行动态更新，完成长沙市城市地下空间建设与管理平台比选方案。4. 以规划公开为载体，打造“阳光规划”。加大规划公示力度，实施批前公示和批后公布688次。加快规划展示馆布展，深化布展方案报市政府审定，新增数字沙盘项目并全面启动装修。加大规划宣传力度，与湖南卫视等媒体合作策划了湘江洲岛、城市总体规划和“四增两减”等主题宣传，接待媒体采访、咨询200余次；开通长沙规划官方微信平台，对外发布信息75条；建立“12345”市民服务热线平台管理系统，办结613件；加大网站更新和政务公开力度，主动更新各类规划信息3000余条，网站总访问量153万人次，受理答复依申请公开492件，答复市长信箱、局长信箱咨询294件。开展四期规划进社区活动，印制《地铁规划》卡通图册、《魅力乡镇，大美长沙》主题台历30000册，发放到436个社区及相关单位。（李　畅）

【《长沙市城市总体规划（2003—2020年）》获国务院批复】 2014年4月4日，国务院下发《关于长沙市城市总体规划的批复》（国函〔2014〕45号），《长沙市城市总体规划（2003—2020年）》（2014年修订）正式获国务院批复。总体规划明确长沙市是湖南省省会，长江中游地区重要的中心城市，国家历史文化名城。规划明确长沙“一轴两带多中心、一主两次六组团”的城市空间结构，2020年中心城区人口规模629万人，城市建设用地规模629平方千米。国务院在批复《总体规划》时，要求长沙市按照合理布局、集约发展的原则，推进经济结构调整和发展方式转变，不断增强城市综合实力和可持续发展能力，完善公共服务设施和城市功能，逐步建设成为经济繁荣、社会和谐、生态良好、特色鲜明的现代化城市。（李　畅）

【市委城乡规划工作领导小组成立】 2014年，市委、市政府进一步加强对城乡规划工作的领导，健全规划决策机制，提高规划决策水平。2014年3月，市委常委会、市长办公会分别研究城乡规划工作，8月21日成立由省委常委、市委书记易炼红任组长的中共长沙市委城乡规划工作领导小组，明确人员组成、主要职责和运行机制。完成长沙市规划委员会换届。2014年3月21日召开长沙市城市规划委员会2014年第一次会议，4月修订《长沙市城乡规划委员会章程》，明确规委会由25名委员组成，其中公务委员19名，非公务委员6名，规委会主任由市长担任。规委会建立常态化、票决制的议事制度，确保规划决策的公正、公平。（李　畅）

【长沙市城乡规划局成立望城区、先导区、长沙县分局】 2014年3月，经长沙市委、市政府研究，同意设立长沙市城乡规划局望城区分局，按长沙市城乡规划局内五区分局模式进行垂直统一管理；在大河西先导区国土规划部和长沙县城乡规划局分局分别加挂长沙市城乡规划局先导区分局和长沙县分局牌子。2014年5月4日，长沙市人民政府办公厅印发《大河西先导区望城区长沙县城乡规划管理体制调整方案》，明确了各规划分局机构设置、工作职责以及相关工作要求。2014年5月15日，以上3个分局正式挂牌，副市长姚英杰出席望城区分局挂牌仪式。（李　畅）

【城乡规划“一法一办法”执法检查和专题询问工作】 2014年，长沙市人大常委会开展城乡规划“一法一办法”（《中华人民共和国城乡规划法》和《湖南省实施〈中华人民共和国城乡规划法〉办法》）执法检查和专题询问工作。市人大常委会先后制定执法检查和专题询问工作方案，组织对长沙城乡规划工作进行了调研，并组织举办《城乡规划法》专题讲座。9月29日，市人大常委会主任、党组书记袁观清率市人大常委会组成人员对全市城乡规划管理工作进行为期一天的考察。10月30日，市人大常委会听取长沙市城乡规划局局长冯意刚代表市政府作的关于贯彻实施城乡规划“一法一办法”情况的报告以及市人大城环委关于长沙市贯彻实施“一法一办法”执法检查情况的报告。10月31日，市十四届人大常委会第十五次会议举行第三次全体会议，就城乡规划工作进行专题询问，市规划局、市住建委、市交通局、市卫生局、市城管局等单位负责人到场应询。市委副书记、市长胡衡华，市人大常委会主任、党组书记袁观清出席会议并讲话。市人大常委会16位委员和3名市人大代表通过规定询问和自由询问的形式，围绕长沙城乡规划的编制、实施、修改和批后管理等工作提出19个群众关心的热点、难点问题，为增强长沙城乡规划工作的前瞻性、科学性和严肃性发挥了重要的推动和促进作用。（李　畅）

勘察设计

【概况】 2014年，全市完成建筑工程初步设计审查5388.5万平方米，完成建筑工程施工图审查备案4261.2万平方米。市住建委全年共计完成建筑工程初步设计审查1551.5万平方米，较2013年增加251.0万平方米，同比增长率为19.3%；完成建筑工程施工图审查备案1311.5万平方米，较2013年增加188.6万平方米，同比增长率为16.8%。项目的初步设计审查及施工图审查备案覆盖率100%，按时办结率达到100%。（陈　琰　贺　辉）

【规范审查收费管理】 为规范长沙市政府投资建设工程施工图设计文件审查服务及收费管理，合理确定施工图设计文件审查收费标准，市住建委会同市发改委、市财政局、市物价局等部门，于2013年出台《关于加强我市政府投资建设工程施工图设计文件审查服务及收费管理的通知》（以下简称《通知》）（长住建发〔2013〕48号）。该《通知》明确长沙市政府投资建设工程施工图设计文件审查服务单位的选取方式和收费标准。2014年，长沙市政府办公厅发布《关于加强市政基础设施项目建设管理的若干意见》（长政办发〔2014〕30号），该《意见》进一步扩大业主自主空间：服务类20万元以上30万元以下的项目，由建设单位提出委托建议报分管副市长审批后确定，由财政和审计部门审定合同控制价，建设单位具体实施；服务类20万元以下事项由各建设主体自行委托具备相应资质的单位承担，并签订合同，其合同款由建设主体依据相关计价标准、计价依据、市场行情确定，财政和审计部门不另行对合同价款进行评审，只依据合同约定进行结算审计。（贺　辉）

【提高服务水平】 2014年，长沙市勘察设计工作，按照“提前安排、主动服务”的要求，积极为重点工程做好服务。针对有史以来长沙市财政投资规模和建设规模最大的民用建筑—长沙国际会展中心等重点工程项目开展设计审批专项“帮扶”活动，积极了解项目进度、存在的问题，并为项目建设出谋划策、排忧解难。与发改、规划等部门密切配合、协调工作，高质量快速地完成了设计审批工作。支持配合市轨道公司做好磁浮线前期准备工作，就该项目预拌砼搅拌站建站进行对口帮扶。为促进长沙市建设工程勘察设计质量水平进一步提高，根据住建部及省住建厅统一部署，结合长沙市实际，市住建委于2014年6月6日出台《长沙市建设工程勘察设计质量专项治理工作方案》，为下一步开展长沙市建设工程勘察设计质量专项治理行动奠定基础。重点从工程勘察质量、工程设计质量、施工图审查质量和对外地入长勘察设计单位管理质量等4个方面开展专项治理工作。通过专项治理，使勘察设计市场行为明显规范，勘察设计质量水平明显提升，在全市勘察设计行业逐步树立打造城市生态文明“两型社会”建设的理念。到2017年全市建设工程施工图设计审查每百个项目违反工程建设标准强制性条文数比2012年下降25%，勘察设计审查一次性通过率在2012年基础上提高15%。勘察设计引起的建设工程质量问题明显减少，全市建设工程勘察设计总体水平显著提高。（贺　辉）

【优化审批程序】 为进一步优化建筑工程初步设计审批程序，加快工程报建进度，市住建委于2014年10月27日出台《关于进一步优化建筑工程初步设计审批流程的通知》（长住建发〔2014〕275号），在初步设计审批过程中建设单位可在行政审批暂不具备条件的情况下，申请先行组织技术审查，待手续完善后再进行初步设计审批，更好更快地服务工程项目建设，为建设单位争取宝贵时间。为提高消防行政审批效率，简化办事流程，强化服务职能，市住建委与市消防支队于2014年10月16日联合出台《长沙市建设工程消防设计审核及备案抽查改革实施办法（试行）》，探索消防设计审批行政审批与技术审查相对分离，并将消防文件技术审查时间提前至行政审批之前，大大加快消防设计施工图报建速度。（贺　辉）

建筑业

【概况】 建筑业是长沙市的重要支柱产业，2014年全市建筑业企业实现总产值3193.87亿元，同比增长17%，占全省建筑业总产值的比重达53%，；实现增加值670.75亿元，同比增长12.8%，对全市GDP增长的贡献率为10.2%，占全市GDP的比重为8.6%。2014年全市建筑业增加值是2010年的1.6倍，近五年年均增长12.7%。市管企业实现总产值1310.68亿元，同比增长12.59%；实现增加值290.93亿元，同比增长13.42%。市管企业中，产值50亿元以上的企业达到3家，20亿元以上的企业达到15家，10亿元以上的达到40家。（刘祖红　阎辉龙）

【企业转型升级】 1. 资质结构进一步优化。2014年，建筑企业结构状况是：企业总数1174家，其中，施工总承包企业292家（特级3家、一级87家、二级86家、三级116家），涵盖12个总承包序列的11个专业；专业承包企业578家（一级34家、二级95家、三级416家、不分级33家），涵盖60个专业承包序列的41个专业；劳务分包企业304家（一级264家、二级13家、三级27家），涵盖全部劳务工种。工程监理企业37家（其中甲级14家、乙级18家、丙级5家）。一级建造师人数达到7886人，二级建造师人数达到14086人。2. 努力创建和谐建筑业形象。一是加强建筑行业诚信建设。按照企业申报、区（县、市）主管部门初审、考评领导小组评定等一系列程序，评选出AAA信用企业为82家，AA信用企业为46家，总数为128家，占全长沙地区建筑业企业总数的7.11%。今年申报企业和评定得分在90分以上的企业较去年都有所增加（去年申报企业133家，得分在90分以上的共108家）。二是妥善处理矛盾纠纷。针对房地产下行的特点，每月加强拖欠工程款和因此可能导致大面积拖欠农民工工资情况的摸排。专门下发《关于摸排工程款拖欠情况的通知》，对建设领域拖欠工程款情况进行调查摸底，对拖欠额度达到2000万以上的项目进行重点监控，制定应急预案和应对措施。认真接待拖欠投诉、妥善处理结算纠纷，全年接待农民工投诉120余起，涉及金额8500万余元，确保社会和谐稳定。3. 深化建筑业改革创新。一是出台《关于进一步促进建筑业改革和发展的意见》。该意见明确今后一段时间长沙市建筑业发展的指导思想和目标任务，在推进建筑业企业改革、提升建筑业核心竞争力、强化施工现场质量安全管理、加强建设市场体系建设、加大建筑业政策扶持力度

7月9日，梅溪湖国际广场一期工程观摩现场

等方面提出了具体的措施。该《意见》的出台将为全市建筑业发展注入更强的动力。二是强化企业转型升级的意识。通过会议、调研、座谈等形式，不断引导企业进一步认清和正确判断当前所面临的机遇和挑战，充分认识转型升级的重要性和紧迫性，转变发展理念，正视存在的问题，企业的创新意识明显提升，发展后劲明显加强。市管企业中，龙头企业发展较快，特别是本地企业参与本地重大工程建设取得明显突破。地铁建设中，落实对诚信企业的扶持政策，地铁3号线先后发包的8个主体标段都有本地企业中标，在锻炼队伍、提升企业能力上取得可喜进展。（谢宇娟）

【施工现场质量安全管理】 2014年，通过强化内部管理，认真贯彻落实安全生产法律法规、标准、规范以及市住建委的工作部署，大力推进“三化”管理，深入开展专项整治，安全监督管理工作有序推进。全年共创建湖南省建筑施工安全质量标准化示范工地540个、绿色施工工地188个、绿色示范工地21个、全国AAA级安全文明标准化工地11个。7月9—11日，组织所有在长沙的施工企业、监理企业和施工项目部在长沙高新区信息产业基地1、2号软件研发楼项目和梅溪湖国际广场一期工程（金茂广场）项目开展建筑施工安全质量标准化示范工地现场观摩，通过以点带面，全面提升建筑施工安全生产管理水平。7月25日，长沙市建筑工程安全监察站举行“送教进企业”开班仪式，自此拉开向施工企业宣讲安全生产法律法规、标准规范和规范性文件的序幕。通过“送教进企业”，旨在提升施工企业学习规范、执行规范的意识，提升安全生产管理水平。2014年，为进一步提升全市工程质量水平，长沙市住建委开展全市预拌混凝土站场搬迁、环保升级改造专项整治，同时，紧跟住建部的工作部署，在长沙市开展声势浩大的工程质量治理两年行动，对规范全市检测机构检测行为、开展工程质量通病防治、落实五方责任主体单位工程质量终身承诺制等进行部署。2014年，根据《工程质量治理两年行动方案》要求，全市1313个项目签订五方责任主体工程质量终身承诺书。为探索“企业负责、行业自律、政府监管、社会监督”的工程质量安全管理模式，提升项目的质量安全管理水平，市住建委制定《全市建设工程质量安全开放日活动实施细则》，按照政府投资市政重点工程、保障性住房、住宅产业化项目、取得预售许可商品住宅项目四类，开展质量安全开放日活动。并在12月18日下午组织市民群众60余人在洋湖蓝天保障房项目成功举办首届质量安全开放日活动，受到媒体和市民群众的肯定和赞扬。为改善城区环境，长沙市政府下决心开展预拌商品混凝土场站专项整治，加快三环内场站外迁和三环外场站的提质改造，践行“绿色两型”要求，加速城市品质倍升。市政府办公厅于2014年5月先后下达《关于印发〈长沙市预拌商品混凝土场站专项整治工作方案〉的通知》（长政办函〔2014〕100号）和《关于开展预拌商品混凝土企业场站专项整治的通告》（长政发〔2014〕19号），正式启动专项整治行动。随后市住建委牵头制定《长沙市绿色环保型混凝土搅拌站场建设标准》，并会同市规划局制定《长沙市混凝土搅拌场布局规划（2013—2020）》。专项整治工作计划是在2014年完成二环以内的生产场站的关停搬迁，启动三环外保留场站的环保改造升级；2015年完成二环至三环之间生产场站的搬迁工作，完成三环外保留场站的绿色环保技改升级。至2014年12月31日，长沙市二环内的23家场站和4家二环至三环内的场站全部实现关停。开福区引导7家企业在三环外的四个片区建设环保型新站。宁乡县实现2家搅拌的绿色环保提质改造。（刘祖红）

【完善市场监管机制】 2014年，全年市管项目共发放正式施工许可证325个，同比增长33.74%；建筑面积1131.58万平方米，同比增长19.19%；工程造价266.71亿元，同比增长34.99%。1. 牵头组织诚信体系建设，切实推动行业发展。一是印发《长沙市住房和城乡建设委员会关于住房和城乡建设行业诚信体系建设的工作方案》。二是联合《长沙晚报》建立住建行业“曝光台”，对部分建设项目及责任主体违法违规等不诚信行为予以公开曝光，该项工作得到住建部部长陈政高高度评价，并安排中国建设报到长沙进行报道。2. 优化项目报建流程，提升行政服务质量。一是牵头组织施工许可流程优化方案，组织项目业主调研会，征求手续办理中遇到的问题、意见，并进行汇总、整理，进一步精简许可条件和流程，达到许可时限优化50%的目标。二是按照市政府会议精神，与省住建厅衔接落实城区变电站建设报建政策的效用问题，明确相关电力变电站等建设项目无须办理施工报建手续。3. 积极完成专项工作，强化市场监管。积极开展严厉打击建筑工程施工转包违法分包行为工作。按照住建部、省住建厅的统一部署，自2014年9月开始，组织在全市开展严厉打击建筑施工转包违法分包行为工作。截至2014年12月已完成宣传贯彻工作、自查自纠工作、专家组组建工作、业务培训、第一批次检查工作。该项工作历时2年（至2016年9月），必将对规范建设市场秩序，促进行业发展起到巨大作用。（闫辉龙）

重点工程

【概况】 2014年，全市铺排重点工程建设项目368个，年度计划总投资为1101.9亿元，其中政府类投资项目292个，年度投资675.89亿元，社会类投资项目76个，年度投资426.01亿元。截至12月底，累计完成投资1112.93亿元，占年度计划的101%。其中政府投资类项目完成投资676.34亿元，占政府投资类计划的100.06%；社会投资类项目完成投资436.59亿元，占社会投资类计划的102.48%。湘江新区完成情况：年度投资247.03亿元。其中，政府投资项目年度投资156.02亿元，完成投资135亿元，占年度计划的86.53%；社会投资项目年度投资91.01亿元，完成投资101.39亿元，占年度计划的111.41%。全年开工项目322个，未开工46个，其中市本级未开工项目18个。

（陈　琰　张　理）

【湘江长沙综合枢纽工程】 湘江长沙综合枢纽工程是省、市“十一五”重大项目，是以适应湘江水运大通道建设、提高城乡供水保障水平和长株潭三市城市发展需要为主，兼顾发电、交通等功能的公益性基础设施建设工程。项目建成后，湘江城陵矶经长沙至衡阳段通航能力将由1000吨级提升到2000吨级，有利于保障供水、改善湘江风光带滨江环境、开发旅游资源、提升城市品位，增强长株潭经济整体竞争力，加快长株潭城市群“两型社会”建设步伐；是一个重要的经济工程、环境提质工程和民生工程。工程总投资63.78亿元，主要建设内容包括：年通过能力9800万吨的2000吨级双线船闸、46孔泄水闸、6台单机0.95万千瓦灯泡贯流式水轮发电机组、宽27米长1907米的坝顶公路桥，坝顶高程39.7米。Ⅰ级永久型水工建筑物设计供水采用100年一遇，校核洪水为500年一遇，永久性次要水工建筑物设计洪水为30年一遇，校核洪水为100年一遇。坝址位于望城县的蔡家洲，距湘江一桥26千米，距株洲航电枢纽131.4千米，水库正常蓄水位29.7米（黄海标高），库容6.75亿立方米，坝址控制流域面积90520平方千米，建设工期72个月。枢纽工程2012年10月实现蓄水通航后，枢纽船闸和部分已建泄水闸投入运行，枢纽大坝实现了初期蓄水26米（黄海高程），工程进入了工程建设与运行管理同步推进阶段。蓄水两年多来湘江长株潭段水位一直保持在26米以上，枯水期水位超过城市供水警戒水位4米以上，满足三市市民枯水期生产生活用水需要。（张　理）

【万家丽路快速化改造工程】 万家丽路快速化改造工程，北起福元路，南至湘府路，全长约为16.5千米，改造为全线高架的城市快速路。主线按城市快速路标准建设，全线高架，双向六车道，设计车速为80千米/小时；辅道按城市主干路标准建设，双向八车道（其中含一对公交专用道），设计车速为50千米/小时。主线与辅道之间通过9对出入口匝道相通。全线拟与主要道路交叉节点设五处互通，即福元路口、三一大道、鸭子铺路、长沙大道、湘府路。通过设置主线高架桥实现主辅分离，即长距离快速直行的车辆集中在主线、短距离需要转弯的车辆集中在辅道，两者各行其道。万家丽路高架桥建成后，这一路段将形成三层立体交通格局，将安沙、星沙、开福区、芙蓉区、雨花区、暮云等片区紧密联成一体，成为拉动经济和区域同步发展的重要纽带；并与福元路、湘府路和西二环线形成一个快速通道圈，为中心城区日益拥堵的南北交通分流，构建东南二环外的一个辅环，成为中心城区的交通走廊。高架快速路主线桥梁的边线距离两侧建筑均超过21.5米，出入口匝道桥梁边线距离两侧建筑超过13米，大大高于其他大中城市同类桥梁与建筑的距离，对两厢居民的干扰相对较小。同时，设计方案中已考虑多种降噪措施，在环境敏感区域设置声屏障进行隔音；桥梁采用连续现浇结构，并采用疏齿型伸缩缝，进行减震降噪；桥面铺装采用多孔面层沥青材料进行降噪；辅道两侧种植一定宽度的绿化带消纳噪音。高架快速路建成后，将大幅增强沿线地块的辐射力和可达性。因高架道路全线架空，地面道路中央分隔带的布置可为行人提供更为安全和方便的过街环境。因此，万家丽路高架的建设将对沿线商业产生积极的影响。（张　理）

【长沙国际会展中心】 会展中心方案建筑设计平面12个展馆、2个登陆厅，总建筑面积约43.3万平方米，其中地上面积约30.1万平方米，室内净展示面积约17.75万平方米，室外净展示面积约8.5万平方米，单个展厅面积约1.45万平方米；场馆设置有小轿车停车位3100个，大货车（大巴）停车位550个，非机动车停车位3200个。根据最新估算，项目总投资额约60亿元（含拆迁成本），拟分两期建设，其中两个登陆厅、内廊及北面四组八个展厅为一期建设，南面两组四个展厅为二期建设，一期计划于2016年投入运营。（张　理）

表9　　长沙市2014年重点工程建设项目计划（市级）

单位：万元

序号	项目名称	建设内容	起止年限	总投资		累计完成投资（含前期经费）	年计划投资		年度主要建设内容
				合计	其中拆迁		年度投资	其中拆迁	
1	湘江长沙综合枢纽工程	枢纽主要包括船闸、泄水闸、电站、坝顶公路桥、鱼道、护岸及管理区营地等，船闸为双线船闸，船闸等级为2000吨级，闸室有效尺寸280米×34米×4.5米（长×宽×门槛水深），设计年通过能力9800万吨（双闸双向）。双线船闸共用引航道，引航道宽度为146米，上下游引航道长度分别为910米。泄洪闸共设46孔，左汊26孔，堰顶高程18.5米，单孔泄流净宽22米，泄流宽度572米；右汊20孔，堰顶高程25.0米，单孔泄流净宽14米，泄流宽度280米。电站为河床式厂房，总装机容量57兆瓦，安装6台单机9.5兆瓦的灯泡贯	2009–2015	637788		460861.47	80000		1.完成左汊14.5孔泄水闸的土建部分施工和机电金结设备安装 2.坝顶公路桥贯通 3.电站厂房土建部分施工、金属结构安装和送出工程全部完成，电气工程完成70%，机组安装完成40%，机组设备制造完成70%，第一台机组发电 4.完成三期围堰拆除 5.鱼类增殖放流站完成40%建设 6.长沙库区建设完成，株洲、湘潭库区建设完成50%

续表 9

单位：万元

序号	项目名称	建设内容	起止年限	总投资		累计完成投资（含前期经费）	年计划投资		年度主要建设内容
				合计	其中拆迁		年度投资	其中拆迁	
2	轨道交通 1 号线一期工程	线路全长 23.55 千米，起于汽车北站，终于万家丽路站，设站 20 座	2010–2015	1419461		567575	320000	20000	基本完成车站结构及区间工程，完成部分车站装饰装修工程，完成部分机电设备的购置、安装
3	轨道交通 2 号线西沿线一期工程（雷梅片区开发地下配套交通工程）	线路全长 4.53 千米，含 4 站 4 区间，起于望城坡站，止于西三环	2011–2015	246518		73080	30000		基本完成土建工程及部分机电设备的购置、安装
4	长沙市芙蓉路－南湖路交叉口下穿隧道工程	项目宽 11.5 米，全长 427.14 米	2013–2014	6268		3268	3000		完成工程建设
5	川河路（人民路－湘府东路）	人民路—湘府路，约 8.65 千米，规划宽 26 米	2009–2014	62816		48816	14000	5000	完成建设
6	京港澳高速公路长沙黎托段改造及辅道工程	主线改造：雨花互通至李家塘互通，全长约 3.7 千米，宽 40 米。辅道工程：北起栗塘路，南至 15 号路，长约 4 千米，京珠高速主线东西两侧各一条辅道，各宽 20 米	2013–2015	133187		31911	50000	/	主道改造工程基本完成建设，辅道工程完成部分路基及排水
7	红旗路浏阳河大桥	南北引桥共长 295.0 米，全桥总长 550.0 米	2013–2015	33394		13530	19000	9000	完成大桥建设
8	红旗中路（湘府东路－机场高速）	红旗中路南起湘府东路（K0+000），北至长沙大道（现名机场高速），全长 4.98 千米，路幅 60 米	2013–2015	46041.08		5000	22000	17000	红旗中路（机场高速～香樟路）的路基、排水基本形成
9	湘江综合枢纽长沙城区排水系统改造	敢胜垸水系与道路工程（高塘坪路、敢胜路），将明渠改造为低排管涵	2013–2014	29652		2920	16000	12000	完成部分路基及排水
		汤阳桥排渍泵站改造工程	2013–2014	18121		2860	9800	1800	基本完成主体建设
10	渔业路及延伸工程	一期：盛世路－车站北路段，道路桩号（K0+000～K2+481.504），全长 2481.504 米。全线道路等级为城市主干道，规划路幅宽度 36 米。二期：车站路—福元路段，长约 1 千米	2012–2015	50201	11698	11410	13000	4000	一期：完成盛世路至双河路的全部工程，建成通车，双河路至车站北路段在完成拆迁后启动建设。二期：车站路—福元路段开展前期工作，在开福区政府完成征地的前提下启动建设
11	营盘东路东延线	西起农园路，东至星沙大道，道路全长 4038.83 米，双向六车道	2010–2015	53024		46184	3000		营盘东路道路Ⅱ标（京珠西辅道－长星路）：完成部分顶进地道工程，完成部分路基
12	车站北路捞刀河大桥	道路全长 1.5 千米，其中桥梁全长 618 米，两端接线道路及引线总长 882 米，全线按城市Ⅰ级次干道设计	2010–2014	34130	10975	19062	6000	5000	主桥基本建成，引桥和接线道路在开福区政府完成拆迁后启动建设
13	麓南广场	拆除红线范围内建构筑物，新建地上道路、地下通道、地下商场、箱涵改造、市政管线迁建、绿化广场、照明工程、交通设施及环境景观工程等。建筑面积 10220 平方米	2010–2014	16107	5247.8	14907	1200		完成项目建设

续表 9

单位：万元

序号	项目名称	建设内容	起止年限	总投资		累计完成投资（含前期经费）	年计划投资		年度主要建设内容
				合计	其中拆迁		年度投资	其中拆迁	
14	西湖文化园	综合整治龙王港下游西湖渔场区域，完成龙王港防洪工程、湖体整治、环境整治以及公园建设项目	2010–2014	260000	85521	170728	21000	1000	1. 完成西湖文化园创意文化街工程;2. 视地铁完成情况对西湖文化园 5 号地下车库及地下商业建设进度进行铺排；3. 完成景观桥梁桥 1. 桥 2 主体工程；4. 基本完成除北部开发地块外龙王港下游河道（望麓桥至望月路口）河段岸线工程；5. 基本完成园区市政景观工程
15	长沙城区受湘江枢纽影响的排水管网改建工程	受湘江枢纽影响的排水管网改造工程中交由我司实施的项目共有 4 个，项目总投资约 9041 万元，其中项目公司负责湘府路高排涵工程、南湖路高排涵工程，南北站公司负责新货站高排通江管涵工程，水利投公司负责中山路高排管涵改造工程	2013–2016	9041	1179	6521	4000	1179	拆迁完成的前提下，在湘江枢纽蓄水前基本完成蓄水影响工程主体建设
16	火车北站棚改二期	位于开福区芙蓉中路以东，东风路以西，三一大道以南，体育馆路以北，二期项目总用地面积为 6.55 公顷	2013–2016	90000	90000	22600	10000	10000	完成潘家坪加油站及部分私房户征拆
17	黄兴北路棚户区改造工程	黄兴北路及两厢，旧城区改造	2011–2018	668377	668377	300000	80000	80000	继续进行项目征收工作
18	朝正垅城中村改造及环境整治工程	对片区内的棚户区和征地整治及土地整理，建设相关配套设施	2012–2020	757657	757657	72000	50000	50000	开展项目征收工作
19	长沙国际会展中心	长沙国际会展中心建设项目，场馆占地 53.07 公顷，会展场馆总建筑面积 43.3 万平方米，其中地上建筑面积 30.1 万平方米，地下建筑面积 13.2 万平方米	2013–2016	598000	47000	40800	32000		完成第一期地下部分的土建工程
20	长株潭烟草物流园	长株潭烟草物流园园区建设，联合工房、管理用房及科研中心	2013–2016	270000		3000	25000		1. 撇洪渠建设；2. 物流园联合工房主体工程建设；3. 启动其他配套设施建设
21	京港澳高速公路东、西辅道（芙蓉区段）	东辅道总长 2654 米，宽 20 米，其中：北段（西垅路－远大路）长 2102 米；南段（人民路－滨河路）长 552 米。西辅道总长 3.65 千米，宽 20 米	2013–2015	37885.1	19741	3500	2000	待定	西辅道：完成建设；东辅道：督促芙蓉区完成征拆，办理前期工作
22	白沙路	城市次干道，全长 660 米，路幅宽 33 米	2013–2014	10590	7000	9458	1000		完成道路工程建设
23	圭白路二期道路工程	①北段：花卉路－时代阳光大道。②南段:金井路－振华路(涉及雨花区及长沙县）	2011–2015	29374.72	9758.84	17520	2500		北段完成涵改桥工程建设
24	洞井路（雅塘冲路—香樟路）	城市主干道，长 1.35 千米	2013–2015	22293	5394.97	6000	8000	1395	雅塘冲路至曲塘路段视征地情况完成建设；曲塘路至香樟路段完成建设
25	城南西路道路、排水截污干管改造工程	道路拓改全长 410 米、城区截污干管改造，受湘江枢纽影响的排水干管改造，规划路幅按 37 米控制，按 33 米实施	2013–2015	21523	16017.35	13500	7023	3730	完成排水管网建设

续表 9

单位：万元

序号	项目名称	建设内容	起止年限	总投资		累计完成投资（含前期经费）	年计划投资		年度主要建设内容
				合计	其中拆迁		年度投资	其中拆迁	
26	长沙城区受湘江枢纽影响的排水管网改建工程	受湘江库区蓄水影响的排水设施更新改造及建设，共分 48 个工程子项，市市政建设局作为前期工作业主负责统一组织项目的勘测、设计及其中 42 个项目统一监理工作（另 6 个项目单独委托监理）。市住房城乡建设委及市市政建设局监管区县及有关平台项目的实施	2012–2014	8600	55750	6600	2000	待定	完成设计工作；配合各业主单位完成施工过程中设计服务及现场监理
27	滨江文化园“两馆一厅”及业务建设	总建筑面积 15.1 万平方米，包括音乐厅、图书馆、博物馆、景观塔、架空层	2011–2014	137600		107600	30000		基本完成建设
		1. 图书馆、博物馆和音乐厅前期筹备建设；2. 图书馆、博物馆和音乐厅业务建设；3. 园区筹备与后续建设	2013–2014	30000			30000		1. 图书馆 5 月完成内装修，同步推进相关筹备工作；2. 博物馆 5 月完成内装修，同步推进相关筹备工作；3. 音乐厅 10 月完成内装修，同步推进相关筹备工作
28	青少年宫	建筑面积约 5.7 万平方米，包括文体活动区、游乐活动区、素质教育区及地下车库	2013–2015	40000		300	5000		1. 完成土方开挖及基坑支护 2. 完成部分正负零基础工程
29	东南二环团结立交桥抢险暨路面应急处治工程	北起洪山庙浏阳河大桥南，南至韶山路立交西，全长 12.4 千米	2013–2014	25000		19000	6000		完成路面应急整治建设。
30	长沙河西综合交通枢纽	项目包含换乘大楼、背板楼、停车场、写字楼等，总建筑面积约 31.5 万平方米（不含已经建成的公交停保楼），交通部分 17.5 万平方米，配套商业部分 14 万平方米	2010–2015	300000	46600	70000	50000		完成各单体建筑封顶及外装
31	长沙港霞凝港区三期工程	码头泊位 6 个，铁路专用线 1 条及库场、生产生活辅助设施	2013–2016	70511	18650	8500	19000	7000	南片区土地拆迁、北片区水工结构、北片区征地、20 吨吊车采购、南片区陆域形成
32	沙坪工业园公交停保场	公交停车坪、调度管理用房	2013–2015	9000	5000	2000	6000	3000	公交停车坪、维修保养房、调度管理用房
33	石长复线增建二线	线路全长 282 千米，长沙市境内约 58.05 千米（含联络线 6.7 千米）	2010–2015	1180000	80000	128857	40000		基本完成路基、铺轨、站房建设等工程
34	沪昆客运专线	湖南段 508 千米，长沙段约 101.87 千米（含联络线 19 千米）	2010–2014	6871781	286972	4990000	100000		杭长段于 2014 年底实现建成通车；长昆段基本建成
35	长株潭城际铁路	全长 95.513 千米，长沙段约 43.5 千米	2010–2017	2405000	515500		550000	150000	征地拆迁及路基、桥涵、隧道、地下车站等工程施工
36	蒙西至华中地区煤运通道岳吉段铁路	全长 1837 千米（含相关枢纽及联络线工程），湖南段约 268.84 千米，长沙段约 97 千米	2013–2018	15540000		18700	280000	50000	征地拆迁及路基、桥涵、隧道等工程施工

续表 9

单位：万元

序号	项目名称	建设内容	起止年限	总投资		累计完成投资（含前期经费）	年计划投资		年度主要建设内容
				合计	其中拆迁		年度投资	其中拆迁	
37	长沙市第一垃圾中转场配套污水厂项目	建设日处理规模 1200 吨 / 天的污水处理厂	2013–2014	6400		2000	4400		完成土建和设备安装调试
38	长沙固体废弃物处理场渗滤液处理厂扩容项目	建设日处理规模 1200 吨 / 天的渗滤液处理厂	2013–2014	11400		500	10900		完成土建和设备安装调试
39	城乡接合部环境综合整治工程	拆除违法建设、户外广告、亭棚，清理垃圾堆物，治理施工场地、非法营运、“五小企业”，实施市政、环卫、绿化、公交、道路、管网、路灯、消防基础设施建设和规范门店招牌、房屋立面整治、亮化景观建设等工程	2012–2014	196000		120000	76000		完成 2014 年城乡接合部环境综合整治任务
40	沙湾公园	沙湾公园定位为体育健身、休闲、兼顾娱乐的综合性公园，建设内容为水体、围墙、绿化、道路、广场铺装、公用建筑和管理建筑、建筑小品、运动场地、停车场、给排水管网、供电照明、挡土墙等	2013–2015	9800		130	5000		完成道路建设，广场铺装，给排水官网和供电照明，完成部分建筑和绿化、其他辅助工程
41	暮云污水处理及尾水中水回用工程	建设规模 4 万吨 / 日、污水提升泵站 3 座及配套管网	2012–2015	44191		6600	18000		完成厂区、泵站及部分配套管网建设
42	职教基地后勤区建设	建设学生公寓 80000 平方米和食堂 15000 平方米等	2013–2015	39000	3000	5000	15000		完成主体建设
43	长沙职院新校区扩建	用地 17.332 公顷，建设面积 16.5 万平方米	2012–2015	50000	20000	20000	15000		完成部分主体建设
44	体育综合楼	18000 平方米，内容包括室内篮球场，舞台、训练场及各类教室	2013–2015	7100		4000	2000		完成主体建设，启动装饰工程
45	图书馆	建筑面积 25000 平方米		11957			1000		形象进度至正负零标高
	教学实验楼	文科类教学实验楼 20000 平方米		7000			2000		完成至地上二层
	礼堂（学生活动中心）	8000 平方米学生活动中心		6200			1350		形象进度至地上二层
46	长沙市第三医院内科大楼	新建内科大楼 38000 平方米，其中，地上 20 层，地下 2 层		16800			5000		完成建设
47	长沙市公共卫生中心（二期）建设项目	食堂、污水处理站、实验室特殊环境、120 紧急救援指挥系统等		5500			2000		完成食堂、传达室、污水处理站、污物暂存间设计、报建等前期工作；实验室装修及设施、120 指挥中心装修及设施完成 50%
48	长沙市第四医院门急诊楼、住院楼改造装修	对门急诊楼、住院楼改造装修，建设面积约 17160 平方米		2800			1500		进行部分改造装修
49	长沙市中心医院建设	胸科中心综合楼及附楼工程总建筑面积 18761 平方米，医疗综合楼（含全科医生培训基地）建筑面积 53520 平方米		36465			5125		综合楼及附楼完成工程项目主体封顶，医疗综合楼完成前期手续，力争年底启动土方开挖工程

续表 9

单位：万元

序号	项目名称	建设内容	起止年限	总投资		累计完成投资（含前期经费）	年计划投资		年度主要建设内容
				合计	其中拆迁		年度投资	其中拆迁	
50	长沙市重型机器厂棚户区改造 B、C 地块安置房建设项目	用于安置房建设的 B、C 地块，其中 B 地块 1 栋 31 层 186 套，C 地块 4 栋 33 层 858 套，总面积 8.8 万平方米		22456			12000		B 地块安置房建设主体工程，在雨花区完成拆迁工作交底后启动 C 地块建设
51	八方山生态公园	绿地、景观水面、休闲活动场地、管理用房及植草砖停车位等	2012–2014	19539	14000	6042	13497	9000	绿地、景观水面、休闲活动场地、管理用房及植草砖停车场施工及主体施工
52	长沙新广电中心大楼	中心大楼主楼及辅楼	2010–2014	53859	1659	32632	9990		完成外立面装饰，室外及园林景观工程，室内电气安装工程，电梯安装工程
53	武广项目（原长沙文化产业基地二期）	城市综合体（住宅、公寓、酒店、写字楼）	2013–2018	450000	32400	5000	75000	32400	6 月完成土地征收，8 月清表腾地，9 月项目动工
54	“无线长沙”建设项目	1. 湖南移动将在长沙建成 1 万个 WLAN 热点、15 万个 AP，以 2G+TD+WLAN 构成立体、无缝的高速无线宽带网络；2. 将重点搭建“无线长沙”综合信息平台、并着力将“无线长沙”打造成为市县乡三级无线政务应用平台、全国性的移动电子商务平台等，3. 打造移动电子商务、公共事业、医疗、教育、金融、旅游、生活服务、消费购物、就业、交通等十大信息化应用，满足社会各行业的信息化应用需求，提升城市信息化水平	2013–2015	1000000			300000		1. 完成建设方案编制；2. 启动基站建设；3. 打造部分应用平台
55	体育馆建设项目	体育馆	2013–2014	7000	250	3000	4000		完成幕墙、装饰、钢结构扫尾室内装饰室外附属工程、室内设备设施、看台座椅
56	体育场改建项目	体育场	2013–2014	3545.85		2545.85	1000		完成钢模结构、人造草皮、塑胶跑道、看台座椅
57	500 千伏星沙输变电工程	变电容量 2000 兆伏安	2013–2015	155950	2000	40000	80000		变电站及其配套线路的土建工程
58	220 千伏龙王输变电工程	变电容量 240 兆伏安	2013–2015	38799	2000	2000	15000		变电站及其配套线路的土建工程 90%
59	110 千伏太平输变电工程	变电容量 126 兆伏安	2013–2015	23201	15000	12000	11201	3000	变电站及其线路土建 10%
60	110 千伏星沙中输变电工程	变电容量 100 兆伏安	2012–2014	5208	300	208	5000		变电站及其线路土建与电气安装、投产送电
61	长沙黄花国际机场东扩工程	机场工程：飞行区等级指标 4F，在现有跑道东侧新建一条长 3800 米、宽 60 米的第二跑道，在跑道两侧各建设 1 条 3800 米长的平行滑行道、4 条快速出口滑行道及 7 条垂直联络道，第二跑道东侧平行滑行道两端设绕行滑行道，现有跑道与第二跑道西侧平行滑行道间设 4 条快速出口滑行道、5 条垂直联络道，现有跑道与现有平行滑行道间增加 1 条垂直快速联络道；第二跑道主降方向设置Ⅲ类进近灯光和仪表着陆系统，次降方向设置Ⅰ类进近灯光和仪表着陆系统；配套建设通信、供电、给排水、供热、供冷、消防救援等设施	2013–2015	400000		100000	100000		完成部分工程

续表 9

单位：万元

序号	项目名称	建设内容	起止年限	总投资		累计完成投资（含前期经费）	年计划投资		年度主要建设内容
				合计	其中拆迁		年度投资	其中拆迁	
62	京港澳高速复线（茶亭段）	起于茶亭互通，止于白箬铺龙塘村，与长常高速相连，长45千米，宽34.5米，其中长岳段茶亭境内长3.69千米		40000			10000		完成征拆任务，工程方面完成路基工程
63	芙蓉北大道（梅花岭至沙河段）	全长17.96千米，宽24.5千米		45000			15000		完成部分路基
64	益娄高速	双向四车道，宁乡段37.47千米，设三个互通		300000			60000		全县启动征拆工作和相关建设工作
65	长韶娄高速公路	双向四车道，宁乡段46千米，征地152公顷，设三个互通		270000			85000		路面及附属工程

表 10

2014 年长沙市级新建重点项目

单位：万元

序号	项目名称	建设内容	起止年限	总投资		累计完成投资（含前期经费）	年计划投资		年度主要建设内容
				合计	其中拆迁		年度投资	其中拆迁	
1	轨道交通3号线一期工程	线路长35.483千米，起于坪塘莲坪大道站，止于星沙龙角路站，共设车站26座	2013–2018	2381400		20000	150000	10000	完成部分交通疏解及管线迁改工作，完成部分车站工程施工
2	机场线中低速磁悬浮项目	长沙中低速磁悬浮线（高铁至机场）线路西起高铁长沙南站，东至黄花国际机场2航站楼，全场约18千米，全为高架线，设车站3座，分别设置于长沙南站、榔梨站和机场航站楼前，其中在长沙南站和武广、沪昆高铁和轨道2、4号线换乘		378000			10000		完成项目前期工作，启动建设
3	长沙火车南站站前东广场工程	与沪昆高铁配套建设站前东广场工程		150000			2000		完成项目前期工作，启动建设
4	五一广场、芙蓉广场地下空间开发及火车南站西广场商务楼	1. 五一广场总面积60851平方米，地下2层结构；2. 芙蓉广场总建筑面积28788平方米，地下3层结构。以经营权方式合作开发		113200			10000		完成前期工作及部分主体工程
5	湘府东路电力隧道工程	220伏钢筋混凝土电力隧道4260米	2014–2015	8718		520	7000		基本完成建设
6	桐梓坡－鸭子铺通道工程	起于金星路，止于西龙路，长约12.2千米，城市地下快速通道	2011–2019	928200	181100	9970	25000		完成前期工作，启动一期建设
7	梯塘路（劳动东路－黄江公路）	梯塘路道路全长2156.251米，路幅宽度46米，规划为城市次干道	2013–2016	26837	11700	13000	2000		完成第一期工程
8	星沙联络线（东岭立交－捞刀河东岸）	西起东岭立交到捞刀河东岸，全场2473米，近期实施主路宽21米，其中跨捞刀河桥桥长430米，桥宽31米		22857			5000		完成前期工作，在开福区政府完成征地的前提下启动建设

续表 10

单位：万元

序号	项目名称	建设内容	起止年限	总投资		累计完成投资（含前期经费）	年计划投资		年度主要建设内容
				合计	其中拆迁		年度投资	其中拆迁	
9	南郊广场	包括公园东大门景观广场、停车场及广场配套商业建筑、半地下商业建筑和地下停车库		46000			7000		在征地完成后，11 个月内完成广场主体工程建设
10	万家丽路（湘府路－福元路）快速化改造	湘府路－福元路段设置主线高架桥快速化改造，跨浏阳河、圭塘河桥，路线长约 17 千米	2014–2015	455000	待定		50000	待定	1. 完成前期手续；2. 完成部分下部结构及高架主线；3. 完成部分绿化移植和管线迁改
11	红旗北路（人民路－滨河路）	城市主干道，长 1367 米，路幅宽 42 米	2014–2015	13425	4410.40		5000	3000	视征地拆迁情况，完成六里港排水工程及部分土方、路基、排水工程
12	时代阳光大道	新兴加油站至长沙县交界处，长约 2000 米，是雨花区栗塘保障性住房小区的交通和管网载体，宽 45 米		18000			1000		完成前期工作，资金、征拆到位的前提下，完成部分排水、路基工程。
13	G106– 机场联络线（金阳大道一期）	一级公路，全长 21.9 千米，其中长沙县 7.9 千米，浏阳市 14 千米，路基 26 米，沥青混凝土路面		167000			4000		完成前期手续，争取启动建设
14	生活垃圾深度综合处理（清洁焚烧）项目	建设日处理规模 5000 吨的垃圾焚烧项目	2014–2017	240000		300	8000		完成工可审批，确定项目业主，力争启动项目建设
15	“一点两线”提质工程	1. 全线绿化提质；2. 沿线桥体及挡墙景观处理；3. 沿线基础设施更新；4. 沿线增设景观照明；5. 与提质有关的给排水配套；6. 继续清理和拆除沿线违章建筑及广告，增设城市宣传欢迎牌；7. 沿线适当选点增设艺术品元素	2014	39000			39000		完成项目建设
16	道路绿化提质改造（道路林荫建设）	完成芙蓉北路（伍家岭北－原沙河收费站），潇湘大道(橘子洲桥－猴子石桥)，岳麓大道（银盆岭大桥西－三环线东），芙蓉南路（二环－中意一路）、劳动东路（树木岭－沙湾路）、韶山路(八一路－汽车南站）等 6 条道路沿线绿化提质和道路林荫建设	2014	20000			20000		完成建设任务
17	排水堵点改造	完成 18 处排水堵点改造。其中，芙蓉区为车站北路至向阳门第、向韶村（含广济桥社区发动机厂宿舍）、东二环线杨家山至滩头坪路、晚报西街（含晚报北街、同心巷、湖心巷）；天心区为中信新城片区及三环线周边、灵官渡片区及白沙路周边、小西门片区及下河街周边。岳麓区为万宝山小区排水管道整治工程、学士路污水改造工程、咸嘉湖隧道口堵点、岳麓大道西延辅道（110–114 路灯杆）。开福区为福元路片区排水疏浚及改造工程、大明大道片区排水疏浚及改造工程、万家丽北路、中山路片区。雨花区为劳动路（卷烟厂－车站路）、桂花路与车站路交叉口、沙湾路箱涵清淤	2014	8000			8000		完成建设任务

续表 10

单位：万元

序号	项目名称	建设内容	起止年限	总投资 合计	总投资 其中拆迁	累计完成投资（含前期经费）	年计划投资 年度投资	年计划投资 其中拆迁	年度主要建设内容
18	人行过街设施建设	营盘路东风路口西侧、车站路烈士公园民俗村、万象新天小区前、晚报大道精彩生活超市、人民路德政园路口、靳江路麻园路口、清水路中南大学升华公寓门口等 7 处地段拟新建人行过街天桥	2014	4000			4000		完成建设任务
19	长沙铬盐厂铬污染土壤修复工程	止水帷幕、污水处理站、解读铬渣最终处置、土壤修复	2014–2017	70000			6000		完成止水帷幕一期 532 米，完成污染场地详勘工作，完成土壤修复咨询工作；启动止水帷幕二期 1200 米建设，启动污水处理站 2000 吨 / 日建设
20	长沙市中小学生科技活动中心及素质教育基地建设	建设面积约 30000 平方米		20000			2000		完成前期工作并启动实施
21	长沙教育学院培训综合楼和师生食堂及校园提质改造建设	新建食堂 1000 平方米、住宿楼 9000 平方米、校园提质改造原有教学楼、科技楼、办公楼外墙贴砖，水电气改造，体育馆屋顶钢架和地板更换，校园规划整理等		6000			3000		完成前期工作及 50% 主体工程
22	花桥污水处理厂二期及提标改造工程	一期已建规模 16 万吨 / 日尾水提标改造，二期扩建规模 20 万吨 / 日	2014–2015	116205			30000		启动二期厂区建设，完成后河泵站建设
23	雨花污水处理厂工程	新建污水处理厂一期 6 万吨 / 日及配套管网	2014–2015	62620			20000		启动厂区及部分配套管网建设
24	长善垸污水处理厂二期及提标改造工程	一期已建规模 16 万吨 / 日尾水提标改造，二期扩建规模 20 万吨 / 日	2014–2015	154383			15000		启动二期厂区建设及一期提标改造
25	长沙市第六水厂建设工程	新建工艺流程，总规模 40 万吨 / 天，其中一期规模 10 万吨 / 天		57000			10229		完成项目征地，启动项目建设
26	湘湖污水处理厂提标改造暨中水回用工程	提标改造达到地表Ⅳ标准补充至年嘉湖、跃进湖及配水管网工程	2014–2015	21716			15000		完成提质改造及管网建设
27	金霞污水处理厂提标改造工程	出水水质提高至一级 A 标准	2014–2015	8920.55			8000		完成出水水质提标改造
28	农村敬老院改扩建	敬老院改扩建	2014	9300			9300		改扩建敬老院
29	新下河街棚户区改造项目	征收棚屋 80 栋，涉及征收地户 315 户，征收棚屋面积 62478.72 平方米		143300			63520		启动征收
30	2014 年 WCDMA 无线网扩容工程	新增 RNC2 个，新建通信基站 501 站，新增载扇 1931 个，新增相应电源及天馈	2014	14757			14757		新增 RNC2 个，新建基站 501 站，新增载扇 1931 个，新增相应电源及天馈

续表 10

单位：万元

序号	项目名称	建设内容	起止年限	总投资		累计完成投资（含前期经费）	年计划投资		年度主要建设内容
				合计	其中拆迁		年度投资	其中拆迁	
31	2014年本地传输网工程	敷设光缆1890.89千米，新立光交接箱196个，新增管道502.25千米	2014	17692.7			17692.7		敷设光缆1890.89千米，新立光交接箱196个，新增管道502.25千米
32	学生公寓小区建设项目	学生公寓	2014	16725			10000		完成基础及主体工程、土方
33	麓谷文化产业园	项目总投资12亿元，总建筑面积20万平方米，主要用于建设新闻中心、新媒体创意中心、印务中心及配套设施。建成后的麓谷文化产业园，将是一个集传媒内容生产、新媒体运营、文化产业经营于一体的现代传媒基地		120000			10000		基坑、土方工程；部分桩基
34	汉长沙王国家考古遗址公园	项目为文化遗产大遗址保护项目中的国家考古遗址公园，分别为文物保护区、遗址公园区、遗址公园建设控制区，遗址公园区为2平方千米，文物保护区1.63平方千米。主要以文物保护的原真性、完整性为原则建设汉长沙王专题博物馆、模拟考古社区、文物修复开放中心、观众服务中心、观景平台、安防中心、考古工作站等		29500			2000		项目前期工作
35	湖南信息职业技术学院新校区建设工程	总建筑面积266360平方米，新校建设	2014–2017	56000	20000	1500	25000	20000	完成征地拆迁、土地平整、基础设施建设（水、电、路、排污等）
36	湖南广播电视台节目生产基地及配套设施建设项目	建设两个大型演播厅就技术配套用房和道具库、办公用房、基地水电用房及观众参观通道等	2014–2018	80000			20000		前期工作及土地平整
37	220千伏医药园输变电工程	变电容量240兆伏安	2014–2015	20000	1000		12000	1000	变电站及其配套线路的土建工程
38	城市配电网建设工程	建设10千伏线路152.89千米；建设变压器769台/容量299360千伏安；建设低压线路480.74千米；新装、更换环网柜及柱上开关625台	2014	28000			28000		建设10千伏线路152.89千米；建设变压器769台/容量299360千伏安；建设低压线路480.74千米；新装、更换环网柜及柱上开关625台
39	农村配电网建设工程	新建、改造10千伏线路830.73千米；建设变压器1306台/容量232895千伏安；建设低压线路1699.38千米；新装、更换环网柜及柱上开关209台；一户一表改造12965户	2014	22700			22700		新建、改造10千伏线路830.73千米；建设变压器1306台/容量232895千伏安；建设低压线路1699.38千米；新装、更换环网柜及柱上开关209台；一户一表改造12965户
40	综合枢纽~威灵110千伏输变电工程	线路长度15.7千米	2014	5800	200		5800	200	投产送电

表 11　第二类区（县、市）政府投资项目

单位：万元

序号	项目名称	建设内容	起止年限	总投资		累计完成投资（含前期经费）	年计划投资		年度主要建设内容
				合计	其中拆迁		年度投资	其中拆迁	
1	滨河路	西龙路－长榔路，长 9440 米，宽 26 米	2013–2015	108144	58000	65000	30000		完成部分道路主体工程
2	路网建设	合平路一期：西龙路－长榔路，长 9440 米，宽 26 米；望龙南路:隆平路—长农路，长 597 米，宽 36 米；杉木北路：远大路－人民路长 970 米，宽 26 米	2013–2015	18999	4700	4500	5950	500	合平路一期道路主体通车（除农科院段），望龙南路、杉木北路竣工
3	沙咀子泵站重建	新建 4 台 800 千瓦和 3 台 280 千瓦排渍机组	2013–2014	13785	5500	11000	2785		竣工
4	芙蓉生态新城 1 号安置小区二期 AD 地块	新建建筑面积 135000 平方米	2013–2016	84300		15000	50000		启动主体建设
5	芙蓉生态新城 2 号安置小区	新建及安置面积 46.2 万平方米	2014–2016	157100		15000	100000		完成拆迁，启动建设
6	芙蓉生态新城 3 号安置小区 B 地块	建筑面积 171283 平方米	2013–2015	57243	17298	6000	42000		主体封顶
7	大同三小及幼儿园	占地 2.6 公顷，建筑面积 2.2 万平方米，其中幼儿园建筑面积为 3677 平方米	2013–2014	9000		3000	6000		完成主体工程
8	受湘江枢纽影响的排水管网改造	柏家河高涵工程、双管子高排涵工程	2012–2014	31186	9159	10000	21186	1200	完成建设
9	长沙广告产业园	项目位于黑梨路以北，石竹路以东，用地面积约 4.67 公顷，建筑面积 16 万平方米	2012–2015	150000	10000	55000	65000	5000	一期完成七栋建筑主体封顶。二期启动拆迁
10	南湖片区土地整理	书院路以西，南二环以北，湘江以东，西湖路以南土地整理	2007–2017	800000	600000	450000	100000	100000	主要进行 C–CR–9 地块、书院路 56 号等地块征收及部分地块征收扫尾 C–CR–1 地块办理相关手续
11	坡子街棚改项目	古道巷有机棚改（二期）1.694 公顷、太平路周边零星地块棚改 2.32 公顷	2012–2015	171000	171000	26000	25000	10000	房屋征收及土地整理
12	保障房及安置房项目	凯悦荣城、天悦嘉园	2012–2015	61000	5500	38000	19000		主体竣工
13	学校建设	明德天心中学、仰天湖中建小学	2013–2015	36000	4000	4000	15000		完成主体建设 60%
14	区域道路基础设施建设	1. 木莲冲路（洞井路—韶山路），长 1536 米，宽 46 米；2. 香月路（香松路—湘府路），长 659 米，宽 30 米	2013–2014	31838	20138	14013	17825	7461	完成建设
15	园区道路基础设施建设一	比亚迪路（一期），环保大道至长沙县界，长约 2.9 千米	2013–2014	18513	6538	7538	10975		完成建设
16	园区道路基础设施建设二	花卉路东段延长线（一期），圭白路至振东路，长约 1.91 千米	2013–2015	14951	4302	4302	5000		完成部分工程建设
17	一汽棚改安置房建设项目	安置房	2012–2015	24316	5123	9810	7230		完成主体工程建设

续表 11

单位：万元

序号	项目名称	建设内容	起止年限	总投资		累计完成投资（含前期经费）	年计划投资		年度主要建设内容
				合计	其中拆迁		年度投资	其中拆迁	
18	星城新宇·黎雅苑农村拆迁保障住房项目	保障性住房	2011–2014	85433	4898.1	55000	30433		完成建设
19	星城新宇·桃花苑农村拆迁保障住房项目（一期）	保障性住房	2012–2015	76365.29	3308.7	22000	16000		一期完成主体建设
20	星城新宇·瑞景苑农村拆迁保障住房项目	保障性住房	2012–2015	28185.59	2860	13000	13185.59		完成主体工程建设
21	黎郡新宇·太和园农村拆迁保障住房项目	保障性住房	2012–2014	63250	3321	31625	31625		完成建设
22	洪塘村农民保障住房	农民安置保障住房	2012–2014	80000	5400	40000	40000		完成建设
23	圭塘河风光带二期	公园项目	2013–2015	51000		500	26000		完成项目部分（木莲冲路至长塘路段）的景观工程建设
24	雅塘村小学扩建	新建综合楼 6000 平方米	2013–2014	1800		600	1200		完成建设
25	公卫大楼	地上十二层，地下 2 层，总建筑面积 20139 平方米	2013–2014	10000		4000	6000		完成建设
26	岳麓区市政路网	1、天马路：潇湘大道—麻园路，长 693 米，宽 26 米；2. 观沙岭片支路九：谷岳路—坦山路，全长 360 米，宽 26 米；3. 长望路：银杉路—环达环保东，长 470 米，宽 36 米	2013–2015	12600	6050	4200	7800	2100	1. 天马路拉通毛路；2. 观沙岭片支路九拉通毛路；3. 长望路拉通毛路
27	岳华新苑农民安置房项目	拟建农民安置房 5 万平方米，商品房 10 万平方米	2013–2016	75000	15000	8000	30000	7000	启动部分安置及商品房主体工程
28	黄泥岭 6 号（原啤酒厂宿舍）棚改项目	占地 1.26 公顷，进行棚户区改造和安置房建设	2013–2016	15000	8700	8000	6000	700	启动安置房主体建设
29	熊家湾棚改项目	占地 5.852 公顷，其中，集体土地 5.47 公顷，需拆除房屋 158 栋 10.2 万平方米，涉及拆迁人口 502 人，需安置约 600 人；国有土地 0.38 公顷，需拆迁 30 户，安置约 120 人	2013–2015	50000	30000	10000	30000	20000	完成拆迁和前期手续办理，启动安置房建设
30	莲花城乡一体化两型示范镇建设	全镇 17 个村（社区）共 113 平方千米。项目包括莲花小城镇示范基地建设；莲花万亩土地综合整理第四期工程；莲花和文化旅游风景区建设；莲花镇政务服务中心；莲花生态宜居走廊；莲花河整治工程，莲花河河坝拓宽、堤防加固、清淤增蓄、景观改造等；莲花镇环境综合治理工程，完成 17 个村、社区垃圾收集基础设施建设和散户污水处理，整治农业面源污染，开展绿色家庭创建等	2009–2015	500000	100000	300000（其中，政府投资 35000）	5000		1. 完成莲花生态宜居走廊绿化、亮化 2 千米和提质改造房屋 100 户；2. 完成中小河道的生态治理 5 千米；3. 完成污水处理管网 3 千米敷设；4. 完成环境卫生综合整治；5. 完成老机关房屋修缮；6. 完成互通口广场的景观建设；7. 启动先导区农副产品物流交易中心建设；8. 铺设安全饮水管道 5 千米

续表 11

单位：万元

序号	项目名称	建设内容	起止年限	总投资		累计完成投资（含前期经费）	年计划投资		年度主要建设内容
				合计	其中拆迁		年度投资	其中拆迁	
31	市政道路建设	捞刀河路一期：兴联路－二环线，长 1150 米，宽 46 米。（总投资 12800 万元，其中拆迁约 8000 万元，2014 年度计划投资 4800 万元）；纸笔塘路一期：中青路－荷莲路，长 680 米，宽 14 米。（总投资 2260 万元，2014 年度计划投资 1360 万元，其中拆迁 900 万元）	2013–2015	15060	8900	9000	6160	900	基本完工
32	芙蓉北路提质改造	对芙蓉北路（捞刀河北岸—青竹湖大道）路段路面坑洞、沉塌严重的部位破除后进行基础补强，再铺设沥青。对网裂的沥青路面采取沥青面层铣刨并进行整体罩面处理。同时对道路部分排水管道进行改造疏浚	2013–2015	12000		4000	4000		完成二期（兴联东路－青竹湖大道）建设
33	受湘江航电枢纽影响的排水管网改造工程	完成五一路、湘雅路、横河路、鹅秀路、汤家湖路、霞凝路等六个高排管涵改造工程	2013–2015	12932	700	5612	5000	450	完成湘雅路、横河路、鹅秀路、汤家湖路通江高排口和部分管网建设
34	九尾冲定向房源建设项目	总用地面积 7.47 公顷，总建筑面积 27.5 万平方米，地下室 4 万平方米	2012–2015	120000	57000	64000	30000		完成部分主体工程建设
35	金盆丘农民保障性住房项目	净用地面积 1.12 公顷，总建筑面积 34712 平方米，3 栋 15—17 层高层住宅，可安置人数 324 人	2013–2014	8500	650	3100	5400		完成建设
36	沙坪绣坊街	项目净用地面积 8.53 公顷，总建筑面积 13 万平方米，其中地上建筑面积 12 万平方米，包括商铺、住宅、餐饮、酒店、旅游购物中心	2013–2014	65000		32000	33000		完成建设
37	高塘岭廉租房	用地约 3.33 公顷，位于取忠路以北，洪公塘路以东，白芙塘路以南，新建廉租住房 1000 套（一期 300 套、二期 420 套，三期 280 套），含地下车库、管理用房及部分商业用房	2012–2014	10000	1000	8600	1400		280 套廉租住房和基础配套设施基本建成
38	长沙铜官窑国家考古遗址公园	建设展示及景点标识标牌，考古调查与发掘，重要遗迹的保护等项目；重建宝塔；新建或改造遗址公园内道路；新建 3 个停车场，新建水、电等配套工程设施建设；核心区居民拆迁安置及民居改造；新建彩陶溪水利水系工程、生态保护与环境整治等工程；新建旅游环保厕所 4 个，垃圾及污水处理设施；建设游客服务中心及管理用房等旅游配套设施，新建设遗址博物馆及文物保护用房	2010–2015	52800	4500	28800	4000		1. 长沙铜官窑遗址博物馆及望城区铜官窑遗址文物保护用房建设项目主体建设；2. 继续进行考古发掘，重要遗迹的保护，启动陈家坪遗迹馆项目建设
39	洞株公路	项目起于长沙市雨花区环保大道下穿京港澳高速公路处，止于株洲市荷塘区，全长 13.501 千米，其中长沙县境内 12.208 千米，采用设计速度千米 / 小时、路基宽度 28 米的一级公路标准	2013–2015	49603	18000	10000	23600		2014 年建设主要工程

续表 11

单位：万元

序号	项目名称	建设内容	起止年限	总投资		累计完成投资（含前期经费）	年计划投资		年度主要建设内容
				合计	其中拆迁		年度投资	其中拆迁	
40	黄金大道（S207 南延线空港城段	全长 4.1 千米，漓湘路－机场高速段	2013–2015	38000	11000	15000	15000		进行机场高速至长永高速段路基建设
41	北山大道	全长 6.245 千米，宽 26 米，设计时速 50 千米 / 小时，双向四车道，对接规划中的长青公路，通过长青公路连接青竹湖大道	2013–2015	26000	6500	6500	8000		完成路基、桥梁工程的三分之二
42	受湘江枢纽影响的排水管网改造工程	长永高速星沙收费站区域排水改造，梨江高排渠工程，暮云通江管涵	2013–2015	30524	6712	21080	25172	2000	长永高速星沙收费站区域排水改造，梨江高排渠工程，暮云通江管涵
43	水渡坪棚户区改造项目	建设地址位于水渡坪社区原跃进氮肥厂生活区内，同时新建 3 栋 32 层高层电梯房，约 760 套住宅，新建总建筑面积约 7.7 万平方米（含地下室 1.2 万平方米），计划总投资 2.2 亿元	2013–2016	22000	4000	6000	8000		2014 年进行三栋主体工程建设
44	长沙县妇幼保健院整体搬迁项目	总建筑面积约 65000 平方米的，按开设 499 张床位的二级专科医院标准建设	2012–2015	38800	3800	9500	8000		完成医疗综合楼基础及主体
45	白石洞水库新建项目	白石洞水库总库容 1627 万立方米，其中正常库容 1485 万立方米，死库容 55 万立方米，设计灌溉面积 0.234 万公顷，以农村安全饮水、供水、和水源城市供水备用水源功能为主，兼顾农田灌溉、生态旅游、防洪等综合功能的中型水利工程	2013–2016	57000	41000	29000	20000	10000	继续完成移民安置工程，启动枢纽工程建设
46	浏阳荷花－文家市公路	二级公路，全长 36.105 千米，路基 12 米，路面 9 米，沥青混凝土路面	2013–2015	46805	4505		20000		完成路基工程
47	浏阳市大瑶镇小城市建设项目	南川河风光带综合开发，大瑶两型新城建设，新城小学，李畋文化娱乐城，李畋故里－中国花炮商贸城等项目建设，将大瑶打造成区域性次中心城市	2013–2016	100000	30000	20000	20000		完成南川河风光带开发、绕城环线、新城小学建设，启动两型新城、花炮市场群、商贸城及汽车城项目建设
48	浏阳市永安镇小城市建设项目	做好对接园区路网建设；建设南环路，新建两个客运站、一个货运站和一个物流中心，完善城市给排水系统，农村安全饮水人口达 4 万人以上，中心完小扩建，沿河建设防洪堤、绿化带及活力舞池，中心医院升级为工业新城区二甲医院，建设一所高等职业技能培训学院，一个公园和两个游乐园，建设华盛健康城、永明示范小区、凯旋豪庭等项目	2013–2017	100000		20000	20000		进行北辅路，沿河路二期，纬 3.5 路二期，市场路南延道路建设，将光明南路提质改造完成华盛健康城一期建设
49	浏阳市镇头镇中心镇建设项目	先行推动镇头大道、中心汽车站、污水处理厂、主要街道立面路面改造提质、新城开发、章甫路、良田路、紫园路、正良路和旧城改造 5 个建设项目	2013–2017	40000		12500	20000		1. 镇头大道完成土地报批、征地拆迁、施工图纸设计，启动建设 2. 中心汽车站完成土地报批、征地拆迁，启动建设尽早投入使用 3. 污水处理厂完成进项、土地报批、征地拆迁，启动建设 4. 完成镇柏路、紫园路、万紫路提质改造 5. 完成粮站搬迁、房屋征收，启动建设

续表 11

单位：万元

序号	项目名称	建设内容	起止年限	总投资		累计完成投资（含前期经费）	年计划投资		年度主要建设内容
				合计	其中拆迁		年度投资	其中拆迁	
50	大围山生态旅游整体开发项目	以一园带四镇（即以大围山国家森林公园为核心带动周边的大围山镇、张坊镇、达浒镇、小河乡）的形式，整体打造大围山生态旅游示范区。建设好大围山景区连接大浏高速干线公路；新修公园南大门及配套设施；建设红莲寺至祷泉湖旅游公路；公园现有西大门下移至泥坞，新建游客服务中心、停车场、旅游购特街；打造杜鹃花海、樱花基地；进行景区提质改造；建设园区环保公交系统；按 AAAAA 级旅游景区标准建设景区标识标牌体系	2012–2018	61354		11854	19500		1. 完成大浏高速茶林互通至白沙公路一期工程路基、隧道总工程量的50%； 2. 完成建设红莲寺至祷泉湖旅游公路；完成西大门下移至泥坞工程；打造好杜鹃花海、樱花基地； 3. 完成栗木桥景区、七星岭景区的提质改造工程；按 5A 级旅游景区标准建设景区标识标牌体系
51	胡耀邦同志文物资料保护研究中心	总建筑面积 5629 平方米，具体建设内容为文物资料展示区、文物库房区、文物修复、保养及后勤区和景观游赏区以及接待中心五大区域	2013–2014	12800		4570	8230		完成文物资料展示区、景观游赏区、接待中心建设
52	炭河里国家考古遗址公园	遗址公园总面积 142 公顷，项目分两期建设，内容包括：博物馆工程主体及其配套项目建设；遗址本体保护与展示；河道整治与滨河景观；以及项目征拆和公园路网等配套设施建设		98000			30000		青铜博物馆外墙干挂，室内装修、陈列布展，完成博物馆广场、生态停车场等相关配套设施建设，以及旅游公路、河道疏浚、滨河景观建设；遗址本体展示与保护；一直本体至青铜文化博物馆中轴建设
53	榔梨公租房一期二批次	由 13 栋建筑单体组成。其中 6 栋宿舍、1 栋食堂、2 栋高层住宅及商铺、3 栋综合服务楼。新建公租房 1568 套	2013–2015	22000		700	6600		多层全部竣工，高层完成2/3
54	板桥公租房	一栋高层住宅和五栋多层宿舍，新建公租房 1060 套	2013–2015	10500		560	3150		多层全部竣工，高层完成2/3
55	浏阳河风光带东岸	长约 9400 米，宽约 80 米	2014–2015	78680.46		20000	30000		完成部分土方工程
56	东风小学	占地 2.53 公顷，建筑面积 1.2 万平方米	2014–2016	11000		0	5500	5500	完成拆迁及报建手续
57	16 中重建	占地 5.2 公顷，建筑面积 5.8 万平方米	2014–2015	28000		0	15000	15000	完成部分主体工程
58	市政路网项目	蓝天路、和平东路、汇丰路、九峰路、君逸路	2014–2015	15600	3000	2100	12700	1400	启动建设，1 条道路通车
59	区域道路基础设施建设	1. 石坝路（万家丽路 – 山塘路），长 278 米，宽 30 米； 2. 东进路（万家丽路 – 马王堆路），长 472 米，宽 24 米	2014	9550	5200	0	9550	5200	完成建设
60	湘江枢纽配套工程建设	石碑大港下游高排渠系工程，先锋路与黑梨路交叉口沿先锋路往北 355 米，截面 3.5×2.5 米	2014	1500	200	0	1500	200	完成建设

续表 11

单位：万元

序号	项目名称	建设内容	起止年限	总投资		累计完成投资（含前期经费）	年计划投资		年度主要建设内容
				合计	其中拆迁		年度投资	其中拆迁	
61	城市品质工程	1. 社区环境综合提质：拟从岳北社区东片、科教新村东片、科教新村西片等选取 2–3 个进行综合整治；2. 景观片区建设；3. 社区公园建设：拟从航天社区、小龚家湾、岳华社区等社区中新建 3–4 个社区公园；4. 城乡接合部环境整治：拟对雷锋大道、含光路银盆公园周边、潇湘北路福元路大桥至三汊矶大桥沿线、八方小区、王家湾等斑点进行城乡接合部环境综合整治 5. 出入城口整治，对云栖路等出入城口进行整治	2013–2014	27400	4000	7000	20400	1000	1. 社区环境综合提质：完成社区环境综合提质改造社区 2–3 个； 2. 景观片区建设：完成景观片区建设项目 1 个； 3. 社区公园建设：完成社区公园建设 3–4 个； 4. 城乡接合部环境整治：完成斑点整治 5 处。 5. 完成云栖路改造
62	湘江长沙综合枢纽库区水利建设后续项目	1、堤防工程：洋湖垸柏家洲进出道路加固，洋湖垸湘江左岸二水厂至湘府路大桥护岸； 2、涵闸工程：丰顺垸晚安路南潇湘大堤涵闸处理、洋湖垸靳江左岸鸡公塘低涵封堵； 3、泵站工程：麓山垸泵站增加一台 280 千瓦机组；湘麓垸罗家湖泵站重建前池机房和污水提升提升泵房，增加两台机组	2014	5480			5480		完成建设
63	麓枫和苑二期	占地 3.13 公顷，建筑面积约 7 万平方米。共需安置 540 人	2014–2016	21000	6000		6500	6000	完成拆迁和前期准备工作，启动安置房建设
64	联丰苑保障住房一期	结构类型为框架式结构，一期占地 8.93 公顷，建筑面积 25 万平方米，计划建 5 栋 24 层、3 栋 30 层高层住宅	2014–2016	64000	3000		28000	3000	完成部分安置房主体建设
65	藕塘村土地整理一期	占地 16.83 公顷，涉及拆迁人口约 318 人	2014–2015	31493	21493		26700	16700	完成前期手续办理、土地收购和部分征拆工作
66	岳麓区田园风情特色小镇建设和集镇改造	1. 雨敞坪田园风情特色小镇：集镇两厢立项装饰，新建群众文化广场，新建集镇农贸市场。雨九、惊袁线两厢房屋立面装饰，集镇环线公路的建设； 2. 含浦街道集镇改造：集镇两厢立面装饰，门店广告牌整治，新建群众文化广场，新建污水处理厂，集镇给排水，绿化，亮化，网线下地，机关改造	2014–2016	10000			5000		1. 雨敞坪田园风情特色小镇：完成集镇两厢立面装饰，启动文化广场和农贸市场的征地建设工作； 2. 含浦街道集镇改造：启动集镇污水处理厂建设、给排水建设、机关改造等工作
67	岳麓区教育项目	1. 长沙市岳麓区素质教育基地：规划用地约 16 公顷，建教学楼、办公楼等配套用房及场馆约 3 万平方米；2. 白鹤小学：规划用地约 2.67 公顷，一期 36 班，建教学楼综合楼 11000 平方米，配建田径场等附属工程；3. 白马小学：规划总用地面积约 2.93 公顷，42 班小学，建筑面积约 20000 平方米	2014–2015	25000	2500		13700	2500	1. 长沙市岳麓区素质教育基地：办妥前期手续，完成拆迁，启动建设； 2. 白鹤小学：启动主体建设； 3. 白马小学：完成手续办理，启动主体建设

续表 11

单位：万元

序号	项目名称	建设内容	起止年限	总投资		累计完成投资（含前期经费）	年计划投资		年度主要建设内容
				合计	其中拆迁		年度投资	其中拆迁	
68	岳麓区民生项目	1. 雨敞坪镇敬老院：新建一栋约 3500 平方米的大楼，共二层，150 个床位； 2. 社区综合服务用房：拟对麓枫、阳光、湖中、窑坡山、荣华、咸嘉湖等 16 个社区按社区规范化要求进行建设； 3. 交通项目：农村公路建设 100 千米；农村公路危桥改造 9 座；芝字港大桥及道路建设；铁红线大修工程 5.9 千米； 4. 水库除险加固：对烂桥子水库、斜塘水库、木塘水库等 12 处水库进行除险加固	2014	14780			14780		1. 雨敞坪镇敬老院完成建设； 2. 完成社区阵地标准化建设； 3. 完成农村公路建设 100 千米、农村公路危桥改造 9 座、芝字港大桥及道路建设和铁红线大修工程 5.9 千米等项目建设； 4. 完成水库除险加固建设
69	后湖国际艺术园	将后湖文化艺术园建成一个具有国际影响的及原创艺术生产、艺术人才培训、文化艺术展示销售及休闲娱乐等为一体的综合功能基地，成为岳麓两型社会建设的助推器、长沙国际文化名城建设的新抓手、湖南文化强省建设的新名片		300000			5000		规划设计等前期工作
70	滨河南路二期	163 医院至广铁路，长 2070 米，宽 20 米	2014–2015	20700	13750		15830	13750	基本完成拆迁，争取启动项目建设
71	开福区泵站改扩建项目	1. 朝正垸月湖泵站增容规模 2400 千瓦（总投资 4715 万元，2014 年度计划投资 2000 万元）； 2. 霞凝垸霞凝泵站：增容规模 500 千瓦（总投资 1301 万元，2014 年度计划投资 1000 万元，其中拆迁 100 万元）； 3. 戴家河垸戴家河泵站：增容规模 500 千瓦（总投资 3187 万元，2014 年度计划投资 1000 万元）； 4. 墙板厂泵站：增容规模 1050 千瓦（总投资 2800 万元，2014 年度计划投资 2000 万元）	2014–2015	13572	100		6000	100	启动朝正垸月湖泵站建设，完成霞凝垸、戴家河垸泵站主体建设。墙板厂泵站基本完工
72	油铺街 S8 棚改安置房源建设项目	项目占地面积 0.864 公顷，总建筑面积 51211 平方米，共建 2 栋住宅楼	2014–2015	33000	18000		21000	18000	完成基础和地下室施工，启动主体建设
73	荷叶村农民安置房项目	总面积 3.49 公顷，净用地面积 2.59 公顷，总建筑面积 91000 平方米	2014–2015	28700	3000		8000	3000	完成基础和地下室施工，启动主体建设
74	周南附小	项目占地面积 33100 平方米，总建筑面积 19853 平方米，共建 5 栋教学楼、办公、辅助用房	2014–2015	6200			5000		完成主体建设
75	高丁公路	道路宽 50 米，长 11.68 千米	2014–2015	138154	55113		20000	15000	完成前期工作，启动路基工程
76	腾飞路	西起旺旺东路，东至秀湖北路，长约 5.874 千米，宽 46 米	2014–2015	52777	20353		26500	10000	基本完成拆迁及土方工程
77	马桥河路南延线	城市主干道，全长 5.522 千米，红线宽度 46 米，设计速度 60 千米 / 小时，总占地 42.788 公顷	2014–2015	48000	20000		44000	20000	基本完成拆迁，完成路基及市政管网，启动路面工程

续表 11

单位：万元

序号	项目名称	建设内容	起止年限	总投资		累计完成投资（含前期经费）	年计划投资		年度主要建设内容
				合计	其中拆迁		年度投资	其中拆迁	
78	湘台文化创意产业园	引进国内外知名文化创意企业，形成集陶艺及书画艺术创作、多门类文化交流会展、高信息技术研发、休闲旅游度假、城市综合服务于一体的综合型功能园区		3000000			5000		启动园区起步区基础设施建设；着力铜官老街原陶瓷总公司废旧工厂改造及配套设施建设；着力建设艺术家村落
79	松雅湖基础设施项目	捞刀河路、香堤路、东六线及北沿线共 9.7 千米道路建设，环湖支路 11 千米及附属设施建设。环湖片区十三条市政道路建设，总长约 17.3 千米	2014–2016	92240	30000		22200		环湖基础设施建设全面完成，园林景观工程完成工程总投资的 1/3，高胡公园完成工程总投资的 1/4，环湖市政 13 条道路建设完成总投资的 1/3
80	G354 浏阳关口－集里公路（浏阳西北环线）	一级公路，全长 7.8 千米，路基 24.5 米，沥青混凝土路面，用地 44 公顷	2014–2015	40000			20000		完成部分路基建设
81	城区截污干管改造及新建	新建截污干管 41.2 千米、改造截污干管 16.193 千米	2014–2016	15000			15000		城区淮川河、济川河、浏阳河截污整治
82	制造产业基地农民安置房建设项目	总建筑面积为 156351.80 平方米：含安置楼、配套商业用房、幼儿园、社区配套服务用建筑	2014–2015	22063			19126		完成南园和北园安置房建设
83	宁梅大道（宁乡段）	一级公路，双向六车道，全长 27.443 千米，宁乡段长 11.4 千米，路基宽 32 米	2014–2015	90000	28000	500	37000	28000	前期手续办理及征地拆迁及路基工程
84	宁乡东城区污水处理厂及其管网配套工程工程	项目总投资 2.53 亿元，污水处理厂占地 4 余公顷，日处理污水能力 2.5 万吨，配套网管里程 73 千米	2014–2015	25267	3500		12000	3500	土方、基础、土建主体

长沙市 2014 年重点工程建设项目计划（先导区部分）

2014 年项目总计 132 个，其中续建项目 65 个，新建项目 67 个。年度预计总投资 247.03 亿元，其中政府性投资 156.02 亿元（工程建设主体 66.63 亿元，征地拆迁费用 89.39 亿元），社会投资 91.01 亿元。

表 12

第一类 政府性投资项目

单位：万元

序号	项目名称	项目性质	建设规模和内容	起止年限	工程建设投资（不含拆迁资金）	年度预计工程建设投资	投资主体	建设主体	年度建设目标	备注
1	滨江绿化提质改造工程	续建	1. 潇湘风光带二期南段景观工程：面积 28 万平方米，全长 3800 米；2. 滨江新城北入口（潇湘北路）广场：面积 5000 平方米，包括土方工程、绿化景观、给排水等	2013–2014	5000	2700	长沙先导投资控股有限公司	长沙市滨江新城建设开发有限公司	1. 2. 完成建设；3. 5 月开工建设，年底完成建设	
2		新建	3. 茶山路沿江风光带市民广场：面积约 7000 平方米，包括硬质景观、绿化、景观照明亮化等	2014						
3		新建	银盆岭大桥南侧绿化广场：面积约 15000 平方米，包括硬质景观和绿化、照明亮化、给排水	2014	1000	1000	保利（长沙）西海岸置业有限公司	保利（长沙）西海岸置业有限公司	1 月开工建设，年底完成建设	

续表 12

单位：万元

序号	项目名称	项目性质	建设规模和内容	起止年限	工程建设投资（不含拆迁资金）	年度预计工程建设投资	投资主体	建设主体	年度建设目标	备注
4	片区能源中心	新建	取水头部，站房土建、房建，设备安装与调试等	2014–2015	25000	12000	中节能先导城市节能有限公司	中节能先导城市节能有限公司	完成取水头部、能源站土建、房建	
5	滨江教育配套	新建	滨江长郡中学：（净用地 5.87 公顷，建筑面积 87708 平方米，可满足 66 个班级，定位于初高中完全中学）	2014–2015	23000	15000	长沙先导投资控股有限公司	长沙市滨江新城建设开发有限公司	5 月开工建设，年底完成主体工程及部分附属工程	
6		新建	岳围九年制学校：（小学净用地 19456 平方米，容积率 1.2，中学净用地 17837，容积率 1.5）	2014–2015	12174	1000	长沙先导投资控股有限公司	长沙市滨江新城建设开发有限公司	12 月开工建设	
7	滨江片区道路工程（1）	续建	1. 湘岳南路（全长 1337 米，道路宽度 30—16 米，北起银盆岭路，南至潇湘中路）； 2. 谷岳路（西起银杉路，东至滨江景观道，长 1041.011 米，路幅宽 28 米）； 3. 观沙岭路（2）（南起含光路，北至坦山路，长 977.612 米，路幅宽 30 米）； 4. 银观东路（观沙岭路至潇湘大道，长 240 米，宽 20 米）； 5. 北津城高排管涵工程	2012–2014	10647	10000	长沙先导投资控股有限公司	长沙市滨江新城建设开发有限公司	完成建设	
8	湿地公园（三期）	续建	400 公顷湿地，包括休闲区、展示区、保育区、体验区、科教区景观工程。其中湿地公园三期：规划总面积 196 公顷，包括湿地景观、园林建设	2013–2016	15000	10000	长沙先导投资控股有限公司	长沙先导洋湖建设投资有限公司	完成保育区、体验区部分绿化工程建设，以及启动休闲区、展示区提质工程 (10 月 1 日开园）	
9	洋湖湿地生态旅游配套服务中心	新建	用地面积约为 12 万平方米，容积率 0.6—1.0，建筑面积约为 7—12 万平方米	2014–2016	50000	1000	社会投资和长沙先导投资控股有限公司	长沙先导洋湖建设投资有限公司	完成前期策划与招商，确定设计方案，启动一期建设	
10	洋湖城市中心广场及一期 D 区景观工程	新建	将洋湖城市中心广场连同湿地公园一期 D 区整体打造高品质公共景观空间，营造洋湖总部经济区门户形象，含潇湘风光带	2014–2016	10000	2000	长沙先导投资控股有限公司	长沙先导洋湖建设投资有限公司	开工建设	
11	蓝天保障房	续建	建筑面积 59.3 万平方米	2013–2016	140000	35000	长沙先导投资控股有限公司	长沙先导洋湖建设投资有限公司	完成 1—6 号栋主体工程	
12	洋湖教育配套	续建	洋湖雅礼中学：建筑面积 9.5 万平方米	2013–2015	31000	4000	长沙先导投资控股有限公司	长沙先导洋湖建设投资有限公司	开工建设	
13		续建	连山小学：建筑面积 2.7 万平方米	2013–2014	8000		长沙先导投资控股有限公司	长沙先导洋湖建设投资有限公司	完成部分主体结构工程	
14	科普馆、景观塔配套建筑	续建	建筑面积分别 5800 平方米、2200 平方米	2013–2014	10000	4000	长沙先导投资控股有限公司	长沙先导洋湖建设投资有限公司	完成建设	

续表 12

单位：万元

序号	项目名称	项目性质	建设规模和内容	起止年限	工程建设投资（不含拆迁资金）	年度预计工程建设投资	投资主体	建设主体	年度建设目标	备注
15	莲坪大道（坪塘段）	续建	莲坪大道（坪塘段）：潇湘南大道东线—靳江河，长 2.5 千米，规划宽度 31 米	2012–2014	9000	3000	长沙先导投资控股有限公司	长沙先导城建投资有限公司	完成建设	
16	靳江河南岸堤防景观工程（潇湘南大道—三环线）	新建	靳江河南岸堤防景观工程（潇湘南大道—三环线）：全长 6.2 千米	2014–2016	8000	2840	长沙先导投资控股有限公司	长沙先导城建投资有限公司	潇湘南大道—坪塘大道段完成建设	
17	洋湖片区道路工程（1）	续建	1. 靳江河路（滨河路—窑咀路）：道路长 2530 米，路幅宽 16 米； 2. 靳江河南岸防洪整治工程（滨河路—窑咀路）：总长 1856 米； 3. 长湾路：滨河路—潇湘南大道，长 780 米，宽 28 米； 4. 滨河路：靳江河路—兆新路，全长约 1.3 千米，宽 28 米； 5. 规划三路：滨河路—岳塘路，长约 250 米，宽 16 米； 6. 井腰塘路：兴联路—潇湘南东线，全长 1690 米，宽 16 米； 7. 建兴路：坪塘大道—滨河路，长约 380 米，宽 16 米； 8. 连山路：坪塘大道—潇湘南大道东线，全长 1500 米，宽 16 米； 9. 罗谷塘路：洋湖大道—连山路，道路长约 863 米，宽 18 米； 10. 岳塘路两厢绿带：坪塘大道—潇湘南，长约 1 千米，两厢约 20 米； 11. 公交路两厢绿带：岳塘路—靳江河路，长约 850 米，两厢约 20 米； 12. 华润路：含浦大道—窑咀路，长约 1.4 千米，宽 16 米； 13. 含浦大道污水管网：联丰路—靳江河，管径 1.2 米，长约 2 千米； 14. 学士高排管涵：箱涵及原有涵闸改造； 15. 3 号高排渠学士联络线以北段：长约 800 米的污水管； 16. 龙骨寺泵站：装机 6 台，3080 千瓦； 17. 连塘路：坪塘大道—兆新路，长 630 米，宽 26 米； 18. 竹岭路：坪塘大道—兆新路，全长 636 米，宽 16 米	2013–2016	79800	28710	长沙先导投资控股有限公司	长沙先导城建投资有限公司	1. 完成建设； 2. 完成建设； 3. 潇湘南大道至兆新路段完成建设； 4. 完成建设； 5. 完成建设； 6. 完成兴联路—潇湘南大道西线集体土地段土路基（50%）； 7. 完成建设； 8. 完成集体土地段土路基 9. 完成 94 区路基； 10. 完成建设； 11. 完成建设； 12. 完成建设； 13. 完成建设； 14. 完成建设； 15. 完成建设； 16. 完成建设； 17. 完成土路基； 18. 完成土路基	
18	洋湖片区道路工程（2）	新建	1. 庙湾路：岳塘路—中央大道，全长约 680 米，宽 26 米； 2. 靳江河路：窑咀路—洋湖大道 全长约 1800 米，宽 13 米； 3. 公交路：湿地公园段	2014–2015	9900	1840	长沙先导投资控股有限公司	长沙先导城建投资有限公司	1. 8 月份开工，完成岳塘路—滨河路段路面； 2. 12 月份开工建设； 3. 5 月份开工建设，年内建成	

续表 12

单位：万元

序号	项目名称	项目性质	建设规模和内容	起止年限	工程建设投资（不含拆迁资金）	年度预计工程建设投资	投资主体	建设主体	年度建设目标	备注
19	公共设施配套	新建	加油站：建设和协议出让各两个加油站	2014–2016	5000	1200	长沙先导投资控股有限公司	长沙先导城建投资有限公司	完成两个加油站建设并投入运营	
20		新建	停车场：渔人码头停车场、洋湖大道湘府路桥下停车场及湿地公园三期停车场	2014–2015	4600	3100	长沙先导投资控股有限公司	长沙先导投资控股有限公司	渔人码头停车场完成主体工程，洋湖大道湘府路桥下停车场完成建设，湿地公园三期停车场 12 月份开工建设	
21		新建	先导区范围内新增公交中途站候车亭 408 个	2014–2020	4200	140	长沙先导投资控股有限公司	长沙先导城建投资有限公司	完成洋湖大道、潇湘南大道等道路公交中途站 40 个站点建设	
22	梅溪湖国际文化艺术中心	续建	总建筑面积 12.5 万平方米，包括大剧院和艺术馆两部分。大剧院由 1800 座的主演厅和 500 座的多功能小剧场组成，艺术馆由 12 个展厅组成	2012–2016	335438	35000	先导区管委会	梅溪湖投资（长沙）有限公司	完成土建主体工程（不含钢结构）	六个走在前列项目
23	龙王港（二环线至三环线段）旅游项目整体提质工程	续建	文化艺术中心段至三环线段，规划长度 5.2 千米	2013–2016	8000	5000	梅溪湖投资（长沙）有限公司	梅溪湖投资（长沙）有限公司	完成肖河口至文化艺术中心段建设	
24	梅溪湖片区保障性住宅小区（二期）	续建	14.5 万平方米，由 8 栋建筑构成，地下室面积 22000 平方米	2012–2014	35500	7500	梅溪湖投资（长沙）有限公司	湘潭天元置业有限公司	完成建设	
25	梅溪湖中、小学项目	续建	川塘小学：占地面积约 3.27 公顷，建筑面积约 27000 平方米，规划 60 个班	2013–2015	10900	5000	梅溪湖投资（长沙）有限公司	梅溪湖投资（长沙）有限公司	完成主体工程	
26		续建	骑川小学：占地面积 2.6 公顷，规划为 48 个班，总建筑面积约 22000 平方米	2013–2015	7800	4000	梅溪湖投资（长沙）有限公司	梅溪湖投资（长沙）有限公司	完成主体工程	
27	二环以东湖泊工程	续建	二环以东湖泊岸线、景观和综合泵站建设，总水面面积约为 22.93 公顷	2013–2015	7500	3500	梅溪湖投资（长沙）有限公司	梅溪湖投资（长沙）有限公司	完成蓄水及部分景观工程	
28	桃花岭数字服务中心	续建	建筑面积 8409 平方米，用地面积 6133 平方米	2013–2017	7500	2000	梅溪湖投资（长沙）有限公司	梅溪湖投资（长沙）有限公司	完成土建工程	
29	麓云广场	续建	枫林路与麓云路交界处，占地约 13000 平方米，建筑面积约 8600 平方米	2013–2015	5500	3000	梅溪湖投资（长沙）有限公司	梅溪湖投资（长沙）有限公司	基本完成地下室工程	

续表 12

单位：万元

序号	项目名称	项目性质	建设规模和内容	起止年限	工程建设投资（不含拆迁资金）	年度预计工程建设投资	投资主体	建设主体	年度建设目标	备注
30	梅溪湖师大附中等中、小学项目	续建	师大附中梅溪湖实验中学：建筑面积 51994.4 平方米	2013–2014	17899	5966	金茂投资（长沙）有限公司	金茂投资（长沙）有限公司	完成建设	
31		续建	周南梅溪湖实验中学：建筑面积 43947.36 平方米	2013–2014	17354	6942	金茂投资（长沙）有限公司	金茂投资（长沙）有限公司	完成建设	
32		续建	博才小学：建筑面积 24498.89 平方米	2013–2014	8693	2898	金茂投资（长沙）有限公司	金茂投资（长沙）有限公司	完成建设	
33		续建	博才实验小学：建筑面积 19510.52 平方米	2013–2015	8679	6075	金茂投资（长沙）有限公司	金茂投资（长沙）有限公司	完成室内装修、水电安装、室外工程、智能化工程	
34	梅溪湖东片区中轴线	新建	三环以东中轴线 60 米绿化带，两厢 7 米宽道路及局部地下空间	2014–2016	待定	待定	金茂投资（长沙）有限公司	金茂投资（长沙）有限公司	启动城市岛至龙王港段建设	
35	龙王港河步行桥	新建	跨龙王港河连接梅岭公园与银杏公园	2014–2015	4000	3000	梅溪湖投资（长沙）有限公司	梅溪湖投资（长沙）有限公司	完成主体建设	
36	梅溪湖城市岛	新建	总用地面积约 20000 平方米	2014–2016	10000	2000	梅溪湖投资（长沙）有限公司	梅溪湖投资（长沙）有限公司	完成前期工作，开工建设	
37	梅溪湖片区路网建设	续建	1. 看云路（骑川路）：三环线—东方红路，长约 475 米，规划宽度 30 米（含跨肖河桥梁）； 2. 听雨路（肖河路）：三环线辅道—东方红路，长约 566 米，规划宽度 22 米（含跨肖河桥梁）； 3. 采菊路（麓龙路）：看山路（麓云路）—映日路（秀峰路），长 524 米； 4. 支路七：川塘路—燕龙路，长 408 米，规划宽度 18 米； 5. 川塘路：映日路（秀峰路）—支路七，长 423 米，规划宽度 18 米	2013–2014	10986	6986	梅溪湖投资（长沙）有限公司	梅溪湖投资（长沙）有限公司	完成建设	
38	环湖景观提质改造（含文化岛景观塔）	续建	环湖景观提质优化，配套设施完善，部分景观构筑物和标识系统	2013–2015	9900	5000	梅溪湖投资（长沙）有限公司	梅溪湖投资（长沙）有限公司	完成部分地块提质优化工程	
39	梅溪湖水质保障优化及龙王港流域雨污分流制改造工程	续建	1. 梅溪湖水质保障优化工程：（1）桃花岭山体高排系统；（2）环湖中排截流系统；（3）学湖路、大塘坡路； 2. 龙王港流域分流制改造：东方红路、科技路、麓云路分流制改造	2013–2014	9000	9000	梅溪湖投资（长沙）有限公司	梅溪湖投资（长沙）有限公司	完成建设	
40	二环以东龙王港综合整治	续建	位于二环以东，枫林路以西，西二环—支路十七，长约 600 米，规划宽度约 70 米	2013–2014	3200	2700	梅溪湖投资（长沙）有限公司	梅溪湖投资（长沙）有限公司	完成建设	

续表 12

单位：万元

序号	项目名称	项目性质	建设规模和内容	起止年限	工程建设投资（不含拆迁资金）	年度预计工程建设投资	投资主体	建设主体	年度建设目标	备注
41	金茂投资市政路网建设	续建	三环以东赏月路、映日路、梧桐路、雪松路、听雨路及其它支路	2013–2015	18427	10000	金茂投资（长沙）有限公司	金茂投资（长沙）有限公司	完成路基、排水、综合管线、部分路面等，达到通车条件	
42	高新路（麓谷大道南段）	续建	枫林路至梅溪湖路：长 940 米，宽 40 米	2013–2014	5000	1000	长沙振业房地产开发有限公司	长沙振业房地产开发有限公司	完成建设	
43	与高新区合作开发项目	续建	1. 纳秋路（支路十一）：三环线—东方红路，长约 440 米，规划宽度 40 米（含跨肖河桥梁）； 2. 安夏路（支路十二）：三环线辅道—东方红路，长约 410 米，规划宽度 20 米（含跨肖河桥梁）； 3. 藏冬路（东雷路东延线）：三环线辅道—东方红路，长约 405 米，规划宽度 20 米（含跨肖河桥梁）； 4. 惜春路（支路十）跨肖河桥梁：长 32 米，宽度 20 米	2012–2014	10761	5000	梅溪湖投资（长沙）有限公司	梅溪湖投资（长沙）有限公司	完成建设	
44		新建	东方红小学：占地约 3.53 公顷，规划为 66 个班，总建筑面积 30000 平方米	2014–2015	11300	3000	梅溪湖投资（长沙）有限公司	梅溪湖投资（长沙）有限公司	完成部分主体工程	
45	梅溪湖三环撇洪渠改造	新建	总占地面积约 3.33 公顷，含泉水坝水利工程及三环沿线捌洪渠及景观工程	2014–2015	8000	4000	梅溪湖投资（长沙）有限公司	梅溪湖投资（长沙）有限公司	完成片区内水利及景观工程	
46	麓枫路	新建	枫林路至龙王港河北岸，长约 1100 米，规划红线 33 米	2014–2016	4620	1000	梅溪湖投资（长沙）有限公司	梅溪湖投资（长沙）有限公司	完成前期工作，开工建设	
47	梅溪湖派出所	新建	占地面积 0.33 公顷，建筑面积约 6560 平方米	2014	4000	3000	梅溪湖投资（长沙）有限公司	梅溪湖投资（长沙）有限公司	完成主体工程	
48	三环线隧道工程	续建	隧道主体长度 3.3 千米，宽 26 米	2013–2015	130000	50000	先导区管委会	梅溪湖投资（长沙）有限公司	完成部分隧道主体工程	六个走在前列项目
49	科技广场	新建	6 万平方米科技艺术展示中心及 4—6 万平方米广场	2014–2016	104000	5000	梅溪湖投资（长沙）有限公司	梅溪湖投资（长沙）有限公司	开工建设	六个走在前列项目
50	雷锋湖综合整治工程（长沙儿童公园）	新建	儿童乐园占地 133.33 公顷，水面 26.67 公顷	2014–2016	114000	5000	梅溪湖投资（长沙）有限公司	梅溪湖投资（长沙）有限公司	启动水利湖泊景观工程建设	六个走在前列项目
51	梅溪湖西片区保障性住房（三期）	续建	总建筑面积约 35 万平方米	2013–2015	98000	40000	梅溪湖投资（长沙）有限公司	同人置业有限公司	完成主体工程	六个走在前列项目

续表 12

单位：万元

序号	项目名称	项目性质	建设规模和内容	起止年限	工程建设投资（不含拆迁资金）	年度预计工程建设投资	投资主体	建设主体	年度建设目标	备注
52	梅溪湖路西延线	续建	梅溪湖路—黄桥大道，长约 6.6 千米，规划宽度 80 米（含岳麓区段两侧各 20 米绿化带）	2013–2015	95280	20000	梅溪湖投资（长沙）有限公司	梅溪湖投资（长沙）有限公司	建成通车（隧道段除外）	六个走在前列项目
53	梅溪湖西片合作区保障房（四期）	新建	占地面积约 20.4 公顷，总建筑面积约 75 万平方米	2014–2016	188000	8000	梅溪湖投资（长沙）有限公司	梅溪湖投资（长沙）有限公司	完成前期工作，开工建设	
54	龙王港河综合整治二期及景观工程	新建	长沙儿童公园—三环线	2014–2016	37771	5000	梅溪湖投资（长沙）有限公司	梅溪湖投资（长沙）有限公司	完成部分岸线工程	
55	雷锋新河综合整治及景观工程	新建	长沙儿童公园—天雷路，长约 1500 米	2014–2015	11000	1000	金茂投资（长沙）有限公司	金茂投资（长沙）有限公司	开工建设	
56	西片区道路路网工程	新建	1. 紫荆路：红枫路—合作范围边界，长 2325 米，宽 40 米； 2. 梧桐路：合作范围边界—三环线隧道，长 4779 米，宽 36 米； 3. 雪松路：合作范围边界—三环线隧道，长 3981 米，宽 36 米； 4. 红枫路：合作范围边界—三环线隧道，长 3255 米，宽 40 米； 5. 夏鹃路：红枫路—梅溪湖路西延线，长 2978 米，宽 40 米； 6. 看云路：合作范围边界—三环线隧道，长 3545 米，宽 30 米； 7. 樱花路：红枫路—梅溪湖路西延线，长 2866 米，宽 30 米； 8. 松柏路：红枫路—梅溪湖路西延线，长 1605 米，宽 40 米； 9. 金菊路：三环线隧道—梅溪湖路西延线，长 1359 米，宽 30 米； 10. 听雨路：三环线隧道—梅溪湖路西延线，长 734 米，宽 30 米； 11. 赏月路：三环线隧道—梅溪湖路西延线，长 517 米，宽 36 米； 12. 映日路：三环线隧道—梅溪湖路西延线，长 397 米，宽 30 米	2014–2016	160262	20000	金茂投资（长沙）有限公司	金茂投资（长沙）有限公司	部分开工建设	
57	东方红中学（麓山国际中学）	新建	占地 7.75 公顷，规划 90 个班	2014–2016	38000	5000	金茂投资（长沙）有限公司	金茂投资（长沙）有限公司	开工建设	
58	西片区电力隧道	新建	雪松路、樱花路电力隧道约 5.4 千米	2014–2016	6000	1000	金茂投资（长沙）有限公司	金茂投资（长沙）有限公司	完成部分隧道工程建设	
59	巴溪洲水上公园	续建	常水位以上洲面积 80 公顷，拟规划约 7.13 公顷作为建设用地，进行游艇俱乐部及巴溪洲桥等相关建设，其余 90% 的用地进行绿化景观建设	2013–2014	72000	30000	先导区管委会	长沙先导土地开发建设有限公司	10 月开园	六个走在前列项目

续表 12

单位：万元

序号	项目名称	项目性质	建设规模和内容	起止年限	工程建设投资（不含拆迁资金）	年度预计工程建设投资	投资主体	建设主体	年度建设目标	备注
60	湘军文化园	续建	湘军文化广场：占地约 6.67 公顷	2013–2015	25911	10000	先导区管委会	长沙先导土地开发建设有限公司	完成钢结构工程	
61		新建	桐溪寺：占地约 1 公顷，建筑面积约 4300 平方米	2014–2015	7000	150	先导区管委会	长沙先导土地开发建设有限公司	12 月份开工建设	
62	坪塘中片区保障住房	续建	安置房约 24 万平方米，限价商品房约 41.73 万平方米	2013–2016	135226	30000	长沙先导土地开发建设有限公司	长沙先导土地开发建设有限公司	中片保障房主体结构封顶，限价商品房一期完成主体结构封顶	六个走在前列项目
63	坪塘南片区保障住房（一期）	续建	建筑面积约 38 万平方米	2013–2015	100000	45000	长沙先导土地开发建设有限公司	长沙先导土地开发建设有限公司	除幼儿园及公寓主体封顶外其余工程竣工	
64	大王山旅游度假区旅游服务中心（一期）	续建	项目总占地 4.93 公顷，总建筑面积约 4.8 万平方米	2013–2015	48100	19000	长沙先导土地开发建设有限公司	长沙先导土地开发建设有限公司	主体封顶	
65	文正书院	续建	项目总占地 2.07 公顷，总建筑面积约 1.1 万平方米	2013–2015	8900	2600	长沙先导土地开发建设有限公司	长沙先导土地开发建设有限公司	主体封顶	
66	坪塘北片区保障住房	新建	建筑面积约 67.5 万平方米	2014–2016	192773	5000	长沙先导土地开发建设有限公司	长沙先导土地开发建设有限公司	完成土方外运、基坑支护及部分桩基工程	六个走在前列项目
67	湘江西岸堤防整治工程	续建	莲坪大道—巴溪大道长 3.9 千米，规划宽度 22 米，含堤防整治及景观道路	2013–2015	20000	2000	先导区管委会	长沙先导土地开发建设有限公司	部分路段通车	
68			景观工程：莲坪大道—巴溪大道长 3.9 千米	2013–2015	6500	1000	先导区管委会	长沙先导土地开发建设有限公司	部分路段完工	
69	坪塘片区路网建设（1）	续建	1. 荷叶路：坪塘大道—新平路，长 560 米，规划宽度 20 米； 2. 清风南路：潇湘大道东线—坪塘大道，长 976 米，规划宽度 26 米； 3. 石门塘路：长 1500 米，宽 12 米； 4. 联江路：潇湘南大道东线—洋湖南路，长 2956 米，规划宽度 26 米 5. 巡抚西路：坪塘大道南延线—山泉路，长 1700 米，规划宽度 16 米	2013–2015	33224	4750	长沙先导土地开发建设有限公司	长沙先导土地开发建设有限公司	1. 荷叶路：坪塘大道至潇湘大道西线段竣工； 2. 清风南路：坪塘大道至潇湘大道西线段竣工，潇湘大道西线至潇湘大道东线启动建设； 3. 石门塘路：完成路基；4. 联江路部分路段通车； 5. 巡抚西路完成部分路基	
70	坪塘监狱整体搬迁新建工程	续建	总建筑面积 4.995 万平方米	2013–2014	15000	8000	长沙先导土地开发建设有限公司	长沙先导土地开发建设有限公司	完成建设	

续表 12

单位：万元

序号	项目名称	项目性质	建设规模和内容	起止年限	工程建设投资（不含拆迁资金）	年度预计工程建设投资	投资主体	建设主体	年度建设目标	备注
71	石门塘环境景区整治工程	续建	总占地面积约 3.2 公顷的湖体河景观	2013–2015	5600	3800	先导区管委会	长沙先导土地开发建设有限公司	完成土方工程及部分苗木种植	
72	桐溪港水系	新建	桐溪湖连接矿坑水系	2014–2015	20000	600	先导区管委会	长沙先导土地开发建设有限公司	完成前期工作	
73	红桥中学	新建	占地面积约 5.33 公顷，建筑面积约 5.3 万平方米	2014–2015	17000	3500	先导区管委会	长沙先导土地开发建设有限公司	9 月开工，年底完成部分基础工程	
74	大王山旅游度假区中心区配套工程	新建	配套路网：总长约 4.3 千米	2014–2016	28000	1000	长沙先导土地开发建设有限公司	长沙先导土地开发建设有限公司	12 月份开工建设	
75		新建	欢乐广场：占地面积 4.68 万平方米，5 万平方米地下车库	2014–2016	23000	12000	长沙先导土地开发建设有限公司	长沙先导土地开发建设有限公司	6 月份开工建设，年底完成地下室	
76	坪塘片区路网建设（2）	新建	虹山路：潇湘南大道东线—蓝山路，长 1450 米，规划宽度 20 米	2013–2016	4200	800	长沙先导土地开发建设有限公司	长沙先导土地开发建设有限公司	5 月份开工，年底潇湘大道西线至潇湘大道东线完成路基工程	
77	中运量交通 T1、T2 号线	新建	T1 线：全长 22.5 千米，线路起于雷锋镇，终于滨江金融商务区，该线串联了梅溪湖片区（科技广场、国际服务区）、市委市政府和滨江金融商务区（暂只实施梅溪湖路段）；T2 线：全长 26 千米，线路起于雷锋镇，终于洋湖总部经济区。该线串联高新区、雷锋镇、第一师范、西站枢纽、梅溪湖国际服务区、大学城片区、洋湖总部经济区	2014–2016	待定	待定	先导区管委会	先导区管委会	完成前期工作，适时开工建设	
78	潇湘大道快速干道改造工程（猴子石—三汊矶）	新建	潇湘大道市政道路改造为快速路	待定	待定	待定	先导区管委会	长沙先导公共设施投资建设有限公司	完成前期工作，适时开工建设	
79	河西交通枢纽市政配套工程	续建	包括西二环及枫林路路面拓宽，枫林路与西二环立交桥以及地下通道	2012–2014	23300	15300	先导区管委会	长沙先导公共设施投资建设有限公司	完成地下通道，桥梁主体工程	

续表 12

单位：万元

序号	项目名称	项目性质	建设规模和内容	起止年限	工程建设投资（不含拆迁资金）	年度预计工程建设投资	投资主体	建设主体	年度建设目标	备注
80	大学城东片水系与道路建设（水系改造部分）	续建	包括新建 12 米 ×1.8 米高排箱涵约 1336 米及出江涵闸，新建 8.0 米 ×2.0 米低排箱涵约 1599 米，同步建设麻园路、湖大支路一、湖大支路二、湖大支路三道路及配套雨污水管	2013–2015	17440	14000	先导区管委会	长沙先导公共设施投资建设有限公司	完成建设	
81	跨片区绿化提质改造工程	续建	1. 麓景路提质改造（枫林路—岳麓大道）：麓景路两厢提质改造；2. 西二环北段绿化提质改造：枫林路至三汊矶绿化提质改造；3. 岳麓大道两厢绿化提质改造；4. 金星广场绿化提质改造	2013–2014	6124	5124	先导区管委会	长沙先导公共设施投资建设有限公司	完成建设	
82	跨片区绿化提质改造工程	续建	1. 西二环南段绿化提质改造工程：枫林路—罗家嘴立交绿化提质改造；2. 咸嘉湖路绿化提质改造工程：金星大道—西二环线绿化提质改造	2013–2014	1520	1520	先导区管委会	岳麓区城管局	完成建设	
83	道路路网工程	续建	1. 长望路：西二环 ~ 环达环保段，长 970 米，规划路幅宽度 36 米；2. 坦山路：岳华路 ~ 银杉路段，长约 650 米，规划路幅宽度 46 米；3. 岳银广场：岳麓大道以北，银杉路两厢，规划建设面积 10089 平方米；4. 天马山高排渠通江管涵工程：新建 D2200 高排管，顶管长度约 700 米，同步建设一座 20.0 米 ×5.0 米沉砂池及截污系统	2013–2014	14023	6619	先导区管委会	长沙先导公共设施投资建设有限公司	完成建设	
84	道路路网工程	新建	含浦大道第一段：长 4.05 千米，宽 23.5 米	2014–2015	23000	1000	先导区管委会	长沙先导公共设施投资建设有限公司	完成前期工作，开工建设	
85	道路路网工程	新建	1. 许家洲路：北起南二环，南至联丰路，宽 20 米，长约 470 米；2. 丰泰家园道路配套：规划路：支路四—银杉路，全长 214 米，宽 18 米；3. 迎春路：雷锋大道—二环线，长约 350 米，宽 20 米	2014–2015	4270	2070	先导区管委会	长沙先导公共设施投资建设有限公司	1. 完成路基工程；2. 完成建设；3. 启动前期工作，开工建设	
86	丰顺垸港口泵站拓建工程	新建	位于白莱湖片区的水利工程（含安装 2 台 220 千瓦机组，新建 1 个蓄水池、1 个拦污栓、1 个排水闸、1 个控制室）	2014–2015	1500	200	先导区管委会	长沙先导公共设施投资建设有限公司	启动前期及规划工作，适时开工建设	
87	谷山庭院配套道路	新建	1. 观沙岭片支路九：岳华路—北津城路，长约 300 米，宽 18 米；2. 观沙岭片支路五：支路九—支路六，长约 450 米，宽 18 米	2014–2015	1620	200	先导区管委会	长沙先导公共设施投资建设有限公司	启动前期工作，适时开工建设	

续表 12

单位：万元

序号	项目名称	项目性质	建设规模和内容	起止年限	工程建设投资（不含拆迁资金）	年度预计工程建设投资	投资主体	建设主体	年度建设目标	备注
88	湘江枢纽库区长沙城区段截污工程	新建	1. 白茉湖高排渠； 2. 银江路排水口； 3. 莲坪大道高排口； 4. 荷叶路高排口； 5. 坪塘镇区排水口； 6. 九骏 d1800 高排口； 7. 东方红路（支路十以南）高排口； 8. 东方红路（骑川路以北）高排口； 9. 东方红路与骑川路交叉口高排口； 10. 东方红路与麓松路交叉口处高排口； 11. 东方红路与秀峰路高排口； 12. 靳江河高排口； 13. 大学城中排涵系统截污及山水利用； 14. 北津城路高排口； 15. 港口泵站自排； 16. 白茉湖高排涵； 17. 开田冲路高排涵； 18. 学士路高排涵； 19. 湘江西岸堤防整治工程（截污工程）	2014	待定	待定	先导区管委会（6、12、13、15） 梅溪湖投资（长沙）有限公司（7、8、9、10、11） 长沙先导土地开发建设有限公司（3、4、5） 长沙先导城建投资有限公司（1、16、17、18） 长沙市滨江新城建设开发有限公（14） 长沙市湘江新城建设开发有限公司（2）	长沙先导公共设施投资建设有限公司（6、12、13、15） 梅溪湖投资（长沙）有限公司（7、8、9、10、11） 长沙先导土地开发建设有限公司（3、4、5、19） 长沙先导城建投资有限公司（1、16、17、18） 长沙市滨江新城建设开发有限公（14） 长沙市湘江新城建设开发有限公司（2）	1. 完善片区污水管网及末端排口截污改造；2. 实施上游雨水管道截污；3—5. 实施截污改造；6. 实施土储中心地块雨水管及闸口建设；7—10. 近期完成污水截流，远期完成分流改造；11. 明渠分段接入雨水管，并在末段设置截污管；12. 新建西二环（王家湾至靳江路口段）污水管网，并同步对片区进行山水分离和分流制改造；13. 实施麓山南路与清水路多处截污改造，设置截污井或分流制管网；在清水路（麓山南路南—后湖路）东侧实施截污改造，并同步对片区进行山水分离和分流制改造；14. 完成临时污水泵站建设，同步对银杉路上游混接的雨污水管道进行分流制改造；15. 完成港口泵站、污水提升设施、压力管网建设，并完善片区污水管网；16—17 完善片区污水管网及末端排口截污改造，完善片区污水管网及末端排口截污改造；18. 完善片区污水管网及截污改造；19. 莲坪大道至督抚路 2015 年完成建设，督抚路至巴溪大道完成 700 米施工	

表 13　　第二类 社会投资项目

单位：万元

序号	项目名称	项目性质	建设规模和内容	起止年限	工程建设投资（不含拆迁资金）	年度预计工程建设投资	投资主体	建设主体	年度建设目标	备注
1	楷林国际大厦	续建	总建筑面积约 20 万平方米，纯甲级写字楼项目，规划建设 3 栋 LEED 认证超高层写字楼，引进金融机构等大型企业总部	2012–2016	200000	40000	楷林（长沙）置业有限公司	楷林（长沙）置业有限公司	B 栋建至 20 层（总共 35 层）	六个走在前列项目
2	广发银行大厦	新建	总建筑面积约 8 万平方米，已与广发银行签约引进其湖南分行进驻办公	2014–2016	50000	20000	湖南银建滨江置业有限公司	湖南银建滨江置业有限公司	主体建至 10 层	
3	浦发银行大厦	新建	总建筑面积约 5 万平方米，规划建设浦发银行湖南分行办公大楼	2014–2016	30000	15000	浦发银行股份有限公司	浦发银行股份有限公司	主体建至 10 层	
4	鼎衡大厦	新建	总建筑面积约 5 万平方米，规划引进鼎安担保等金融机构	2014–2015	30000	15000	湖南贵发投资置业有限公司	湖南贵发投资置业有限公司	主体建至 15 层	
5	世茂希尔顿酒店	续建	总建筑面积约 55 万平方米，其中希尔顿酒店及写字楼建筑面积约 10 万平方米	2011–2016	120000	20000	长沙世茂房地产有限公司	长沙世茂房地产有限公司	希尔顿酒店建至地面 10 层	
6	渔人码头	续建	总建筑面积约 8 万平方米，建设以娱乐、餐饮、休闲、购物为一体的精品滨江商业街区	2012–2014	150000	15000	长沙渔人码头置业有限公司	长沙渔人码头置业有限公司	10 月份建成营业	
7	滨江总部大楼（A9）	新建	建筑面积 8 万平方米	2014–2016	80000	2000	长沙先导投资控股有限公司	恒伟地产公司	10 月份开工建设	
8	福晟财富中心（A5—1）	新建	总建筑面积约 13 万平方米，拟建设福晟集团湖南总部大楼	2014–2015	80000	30000	湖南福晟集团有限公司	湖南福晟集团有限公司	主体建至 10 层	
9	湘江玖号（A8）	新建	总建筑面积约 6.3 万平方米，拟建设低密度亲水型特色商业街区	2014–2015	40000	20000	长沙先导臻缔地产开发有限公司	长沙先导臻缔地产开发有限公司	主体封顶	
10	A7 地块商业街	新建	占地面积 3.07 公顷，建筑总面积 3.7 万平方米	2014–2015	40000	18000	长沙渔人码头置业有限公司	长沙渔人码头置业有限公司	完成部分主体工程	
11	柏宁城市广场（柏宁酒店）	续建	项目位于洋湖片区，将建成 650 间客房、16.5 万平方米的白金五星豪华酒店和建筑面积达 11 万平方米的两栋甲级写字楼	2011–2015	140000	20000	长沙市柏宁房地产开发有限公司	长沙市柏宁房地产开发有限公司	完成酒店裙楼主体结构及写字楼到 10 层	
12	中赢广场（浙江商会大厦）	续建	总建筑面积 8 万平方米，主要建设高端特色写字楼和部分商业	2013–2015	60000	10000	中盈万佳置业有限公司	中盈万佳置业有限公司	完成主体十二层	
13	湖南省信用联社总部	续建	商业 6 万平方米，建设科研与金融业务用房、数据中心、培训机构等	2012–2014	62000	27000	湖南农信置业有限责任公司	湖南农信置业有限责任公司	完成土建建设。	
14	省建筑设计院	续建	总建筑面积 58400 平方米	2013–2015	23000	5000	省建筑设计院	省建筑设计院	设计大楼完成主体施工	
15	洋湖总部大楼	新建	建筑面积 9 万平方米	2014–2016	90000	2000	长沙先导投资控股有限公司	恒伟地产公司	10 月份开工建设	
16	梅溪湖山涧明月酒店	续建	总用地面积 106514 平方米，总建筑面积 11860 平方米，容积率 0.11，建筑密度 5.17%	2012–2014	31600	16000	梅溪湖投资（长沙）有限公司	梅溪湖投资（长沙）有限公司	完成建设	

续表 13

单位：万元

序号	项目名称	项目性质	建设规模和内容	起止年限	工程建设投资（不含拆迁资金）	年度预计工程建设投资	投资主体	建设主体	年度建设目标	备注
17	金茂梅溪湖国际广场	续建	商业部分总建筑面积约 32 万平方米，业态包含购物中心、甲级写字楼、五星级酒店、企业定制中心、社区独栋商业、住宅	2013–2016	780000	160000	长沙金茂梅溪湖国际广场置业有限公司	长沙金茂梅溪湖国际广场置业有限公司	国际广场商业部分的写字楼、酒店和企业定制中心计划在 2014 年完成地下室结构，地上部分主体结构达到预售条件	六个走在前列项目
18	步步高·新天地	续建	建筑面积约 60 万平方米，内容：美式 shoppingmall、国家时尚家具广场、梅溪湖步行街、酒店、公寓、写字楼、住宅	2013–2016	350000	50000	步步高置业有限责任公司，步步高商业连锁股份有限公司	步步高置业有限责任公司，步步高商业连锁股份有限公司	一期完成主体工程建设	六个走在前列项目
19	梅溪湖科技研发中心	新建	梅溪湖国际研发总部大楼：总建筑面积约 10 万平方米	2014–2016	20000	5000	梅溪湖投资（长沙）有限公司金茂投资（长沙）有限公司	梅溪湖投资（长沙）有限公司 金茂投资（长沙）有限公司	10 月份开工建设	六个走在前列项目
20		续建	金茂梅溪湖国际研发中心 11 号栋（绿方中心）：总建筑面积约 1.1 万平方米	2013–2014	15000	5000	长沙梅溪湖国际研发中心置业有限公司	长沙梅溪湖国际研发中心置业有限公司	完成土建工程及外立面和景观绿化	
21		新建	中冶长天梅溪湖科研设计中心：建设面积为 7 万平方米，其中建设内容包括行政楼、设计楼、科研楼及辅助设施	2013–2016	45000	3000	中冶长天国际工程有限责任公司	中冶长天国际工程有限责任公司	土建部分主体施工	
22		新建	景嘉微电子科研生产基地：总建筑面积 1.4 万平方米，建设调试、试验、研发中心大楼、装配和检测中心、生活配套中心等	2013–2015	19667	1000	长沙景嘉微电子股份有限公司	长沙景嘉微电子股份有限公司	完成前期工作，开工建设	
23		新建	中瑞海设计总部：地上 12 层，地下 1 层，总建筑面积 4.6 万平方米		20000	6000	湖南中瑞海建筑设计有限公司	湖南中瑞海建筑设计有限公司	完成前期工作，开工建设	
24	湘雅梅溪湖医院	续建	规划总建设面积 20 万平方米，主要有医疗综合楼、普通住院楼、高端坐月子中心、高级住院楼、心脑血管中心、高端体检中心	2013–2015	87000	2000	湖南嘉泰医疗科技有限公司	湖南嘉泰医疗科技有限公司	开工建设	
25	好莱城二期商业广场	新建	项目占地面积 1 万平方米，建筑面积 9 万平方米	2014–2016	80000	10000	湖南省源城置业有限公司	湖南省源城置业有限公司	完成地下室 2 层	
26	梅溪湖金茂悦商业街及电子商务园区	新建	项目面积 8.1 万平方米（包括电子商务园区 5.7 万平方米和商业街 2.4 万平方米）	2014–2016	71151	18000	长沙梅溪湖金悦置业有限公司	长沙梅溪湖金悦置业有限公司	二期 2—3 层商业大部分封顶，写字楼主体达到 10 层	
27	骑龙大街	续建	总建筑面积约 13 万平方米，商业部分主体及装修，周围分园林、景观、绿化、小区道路和配套设施	2012–2014	110000	20000	湖南正湘置业有限公司	湖南正湘置业有限公司	商业竣工运营	
28	中建·梅溪湖中心	续建	中建·梅溪湖中心项目位于长沙市岳麓区梅溪湖国际新城中心地段，占地 18.2 公顷，总建筑体量 81 万平方米，总投资 34 亿元，规划建设 30 万平方米商业、酒店和写字楼（含 6 万平方米沿湖商业街）	2013–2018	340000	50000	湖南中建信和梅溪湖置业有限公司	湖南中建信和梅溪湖置业有限公司	24 万平方米商业、酒店和写字楼完成土方、基坑支付工程，其中 6 万平方米沿湖商业街竣工	

续表 13

单位：万元

序号	项目名称	项目性质	建设规模和内容	起止年限	工程建设投资（不含拆迁资金）	年度预计工程建设投资	投资主体	建设主体	年度建设目标	备注
29	晟通·梅溪湖国际总部	新建	商业部分总计建筑面积 31 万平方米，地上部分 22 万平方米（计容面积），地下停车场 9 万平方米；其中国际甲级标准写字楼及配套 16.5 万平方米，主体商业街及地铁商城约 2 万平方米，服务式公寓 3.5 万平方米	2014–2017	149500	23000	湖南晟通置业有限公司	湖南晟通置业有限公司	商业、写字楼完成土方和基础工程	
30	湖南省歌舞剧院	新建	艺术生产大楼；公益性剧场；共计 2.8 万平方米	2014–2015	15000	3000	湖南省歌舞剧院	湖南省歌舞剧院	完成一期桩基工程	
31	梅溪湖会议中心	新建	国际品牌五星级度假酒店，总建筑面积约 12 万平方米	2014–2016	140000	10000	梅溪湖投资（长沙）有限公司	梅溪湖投资（长沙）有限公司	6 月份开工建设	六个走在前列项目
32	巨人网络生态办公区	新建	总建筑面积 16 万平方米		100000	1000	社会投资或梅溪湖投资（长沙）有限公司	社会投资或梅溪湖投资（长沙）有限公司	完成前期工作，年底开工建设	六个走在前列项目
33	大王山旅游度假区中心区	新建	冰雪世界：占地面积约 13 万平方米，建筑面积约 12 万平方米	2014–2016	160000	12000	长沙先导土地开发建设有限公司	长沙先导土地开发建设有限公司	8 月开工，年底完成岩壁支护，完成底板工程及部分地下车库	六个走在前列项目
		新建	五星级酒店：占地面积约 3.15 万平方米，建筑面积约 6 万平方米	2014–2016	78000	5000	长沙先导土地开发建设有限公司	长沙先导土地开发建设有限公司	8 月开工，年底完成底板工程及部分地下车库	
		新建	商业步行街：占地面积 4.8 万平方米，建筑面积约 5 万平方米，含四星级酒店	2014–2016	75000	1000	长沙先导土地开发建设有限公司	长沙先导土地开发建设有限公司	12 月份开工建设	
34	三正半山酒店	新建	总建筑面积 3.8 万平方米(地上 4 层、地下 2 层）	2014–2016	30000	300	社会投资	社会投资	启动前期工作	
35	矿山修复公园	新建	占地 233.33 公顷公园（含莲花湖面积约 50 公顷）	2014–2016	40000	3000	湖南湘烽山水旅游开发有限公司	湖南湘烽山水旅游开发有限公司	11 月份开工建设，完成部分土方工程	
36	巴溪洲水上公园俱乐部	续建	建筑面积 2700 平方米，地下 1 层，地上 3 层	2013–2014	3980	1800	长沙先导土地开发建设有限公司	长沙先导土地开发建设有限公司	10 月 1 日竣工	
37	王府井（河西）旗舰店	续建	拟建含购物中心、5A 级写字楼、商业街于一体的城市综合体，商业面积约 15 万平方米	2013–2015	60000	40000	长沙永祺房地产开发有限公司	长沙永祺房地产开发有限公司	完成主体建设	
38	红星美凯龙（湖南总部）项目	续建	占地 3.17 公顷，建筑面积 15.6 万平方米，其中商业 13 万平方米，住宅 2.6 万平方米。项目将打造 10 万平方米以上的大型家居专业卖场，以经营精品家居和建材为主	2013–2015	60000	22000	长沙银红家居有限公司	长沙银红家居有限公司	完成主体结构施工	

续表 13

单位：万元

序号	项目名称	项目性质	建设规模和内容	起止年限	工程建设投资（不含拆迁资金）	年度预计工程建设投资	投资主体	建设主体	年度建设目标	备注
39	麦德龙购物广场	续建	总建筑面积98万平方米，总投资40亿。一期36.5万平方米已完工，二期东区28.4万平方米在建，西区34.8万平方米，其中商业面积21万平方米、麦德龙购物广场14.5万平方米	2012–2015	400000	100000	湖南恒东房地产开发有限公司	湖南恒东房地产开发有限公司	完成钰龙天下二期西区建设	六个走在前列项目
40	佳兴世尊酒店	续建	总建筑面积12万平方米，集五星级酒店、5A级写字楼、休闲娱乐等于一体	2012–2014	80000	20000	长沙佳兴集团有限公司	长沙佳兴集团有限公司	建成运营	
41	恩孚瑞士酒店	续建	总建筑面积27万平方米，集五星级酒店、AAAAA级写字楼、奢侈品购物中心等于一体	2012–2014	33000	10000	恩孚集团投资有限公司	恩孚集团投资有限公司	建成运营	
42	青山奥克斯城市综合体	新建	总用地面积18.8公顷，总建筑面积57万平方米（地上43万平方米），其中商业面积11万平方米，另有自持商业5万平方米，集AAAAA写字楼、高端公寓、商业购物中心等于一体	2014–2017	200000	8000	长沙奥克斯广场置业有限公司	长沙奥克斯广场置业有限公司	完成前期工作	
43	恩瑞万豪国际大酒店	新建	项目占地面积1万平方米，建筑面积9万平方米	2014–2016	100000	25000	西湖房地产开发公司	西湖房地产开发公司	进行主体结构施工	
44	协信滨江商业综合体	新建	商业总建筑面积约25万平方米，集都市时尚购物中心、高档娱乐、金融企业总部于一体，总投资约39亿元	2014–2016	200000	20000	长沙远沛置业有限公司	长沙远沛置业有限公司		

城市公用事业

·供　水·

【概况】 2014年，长沙城市供水，以提升区域供水能力为目标，坚持服务民生为导向，积极推动产业转型升级和城乡供水一体化，不断夯实发展基础，提升综合实力，城市供水水质综合合格率、管网压力合格率、漏点维修率均达100%，为长沙经济社会又好又快发展奠定坚实的基础。

一、运营管理。2014年，长沙水业集团继续全面实施从紧预算管理，实现全年安全生产无事故，经营指标较2013年稳步提升。全年供水总量55589万立方米，原水输送9780万立方米，污水处理共计15211万立方米。实现营业总收入13.07亿元（未含排水公司），较2013年提升24.8%。供水公司实现收入7.88亿元，引水公司实现收入3.37亿元，江南水务实现收入4.64亿元，排水公司实现收入1.3亿元（未并入长沙水业集团合并报表），物业公司实现收入1875万元。

二、重组股改。2014年是长沙水业集团资产重组起步之年。长沙水业集团上下精诚协作，重组股改各项工作均在有序推进。1. 优化资产结构。完成11.3亿元首轮现金增资工作，有效缓解了长沙水业集团资金紧缺状况。2. 提高盈利能力。理顺污水结算价格及流程，污水收入同比大幅增长。3. 壮大资产规模。引水公司剩余股权划转全部完成；排水公司待部分土地出让金转增到位后，即可完成股权划转；新港污水厂整体划转、洋湖垸污水厂整合已开展前期沟通对接工作。4. 契合上市合规性。土地变性转增资本工作进入操作阶段，已完成11宗土地的变性及资金上缴工作；供水、污水特许经营权授予工作已明确授予主体及流程，按流程有序协调推进；引水工程调概及江南水务股权改革等其他相关工作均按计划完成。

三、水务建设。1. 排水项目建设方面。暮云污水处理厂于2014年10月建成调试运行，入厂污水收集管网正在加快建设；雨花污水处理厂已实现全面开工建设；花桥污水处理厂二期主体工程建设即将完成；长善垸污水处理厂一期提标改造及厂外配套管网即将完工，二期扩建工程待拆迁腾地完成后尽快启动建设。2. 供水项目建设方面。一水厂提质改造项目进入方案论证阶段；三、八水厂提质改造项目前期手续已基本完成，在实施腾地搬迁工作；六水厂新建项目前期手续基本完成，已启动拆迁腾地工作；同时，实施梅溪湖西路、潇湘大道南延线、望城马桥河路、长韶娄高速公路联络线等主干线给水管网工程，供水服务范围进一步拓展，管网布局进一步优化，全年完成DN100及以上管网53千米。3. 户表改造方面。将户表改造纳入各区政府考核内容，建立定期调度和信息报送机制；协调出台一系列政策文件，进一步理顺户改实施流程，通过全方位的举措，全年共签订统管协议179个，完成户改项目约20万户。4. 同步推进其他项目。新开铺污水处理厂提标改造、二水厂扩建工程、七水厂（暮云水厂）新建工程、廖家祠堂水厂第二水源建设等项目均在按计划推进。在加快推进项目建设进度的同时，以打造“精品工程、放心工程、安全工程”的理念全程指导项目建设。暮云污水处理厂厂区土建工程及现场施工管理被评为“湖南省安全质量标准化示范工程”，并被长沙县授予“绿色工地”称号；花桥污水处理厂改扩建工程以“确保芙蓉奖，争创金杯奖”为目标正在精心组织实施。

四、管理体系。1. 战略管理方面。为优化长沙水业集团战略管控模式，引入中大畅想咨询机构对长沙水业集团管控模式、人力资源管理、企业文化等方面进行优化；引入E20环境平台对长沙水业集团战略管理进行整体规划，通过前期深入调查、访谈、搜集资料等，为2015年公司变革发展奠定了基础。2. 人力资源管理方面。出台《长沙水业集团总部员工考勤管理暂行规定》等一系列管理制度，规范人力资源管理工作流程；组织评选18名高级、特级技能员工，初步打通了技能、技术和管理三条职业发展通道；9月份成立长沙水业集团员工教育培训中心，公开招募、选聘、培训了92名内部培训讲师。3. 营销管理方面。全面开展水费历史欠费专项催缴工作，成立4个帮促组深入基层开展帮扶工作，全年追回水费欠费共计1.04亿元（其中2013年12月31日前历史欠费1117万元）。当期水费回收率90.9%，较201 3年提高1.62%；户表回收率达到98.33%；综合水费回收率93.89%，较2013年提高1.30%；产销差率为21.9%（含政府采购公益性用水，实际产销差率为18.33%）。4. 信息化管理方面。长沙水业集团一级协同办公（OA）平台搭建完成并已上线运行，供水公司营销系统升级工作已经启动，GIS系统也正在逐步完善之中。5. 投融资管理方面。全年通过股权增资、债务融资方式获得融资资金32.92亿元。制定年度资金总规划、季度资金统筹、月度资金需求计划，进一步完善和规范长沙水业集团融资、资金计划管理。6. 招投标管理方面。认真落实“三重一大”制度，工程招投标、物资采购及服务外包在纪检监察的全程参与下，严格按照规定程序实施。7. 资质升级方面。江南水务在2014年初获得市政总承包一级资质，工程监理甲级资质已通过省建设厅审核，管道安装专业承包二级资质、安全质量标准化认证也在积极申报。物业公司成功升级为二级资质，市场竞争力有效提升。

五、服务品质。1. 服务时限提速50%。积极响应市委、市政府要求，以新装水表为切入点，制定并严格执行《新装水表流程管理规定》，实现服务时限提速50%。2. 水质指标持续达标。自2014年10月起，将水质月报制改为周报制，及时对外公布出厂水及长沙市109个管网监测点管网水水质指标，全年供水、污水出水水质综合合格率均达到100%。3. 服务形象有效改善。通过对客服中心、城西、城北等服务窗口的重建、改建，并出台《调整对外服务承诺时限》《规范窗口工作人员管理办法》等制度，服务形象有效改善。4. 供水服务模式不断创新。组织开展11次进社区服务及两次大型水厂开放日等宣传活动；及时主动发布信息，正确引导舆论，树立良好企业形象；积极搭建微信平台一期建设和“96533”供水服务热线的升级工作，努力打造“服务热线、短信平台、微信公共账号、水业官网”四位一体的对外服务平台；通过新开通银联预付代扣、农信社水费代收业务，打破收费盲区，有效贯彻“便民、利民、惠民”的服务宗旨。（刘　婷）

【供水建设】 2014年，全市城区日供水设计能力达到225万立方米/天，出水水质达标率均达到国家106项水质检测标准。供水管网建设遵循“路通水到、适度超前”的工作目标，供水管网总长为2200千米，覆盖区域达300平方千米。年供水总量达5.8亿米，城区日供水量为159立方米，单日最大送水量达183万米，确保城市供水安全。（陈　伟）

【户表改造】 2014年，全市户表改造任务为20万户。其中，天心、雨花、开福、芙蓉、岳麓五区各改造3万户，长沙水业集团接管在建居民住宅用户5万户。3月，确定项目为655个，6月基本完成初步设计工作，7月开始各施工单位陆续进场，随后各项目全面推进。为了更好地完成户表改造工作任务，市水务局着重抓了3个方面的工作，确保目标任务的圆满完成。一是加大宣传力度，通过报纸、电视、网络媒体等对户表改造的政策和意义广而告之，组织人员定期开展进社区服务活动，提高用户改造意愿。二是加强沟通协调，通过组织召开户表改造专题会议，进一步明确各区政府及相关单位的职能职责，加强沟通联系，建立长效的良好的协调、调度、联系机制。三是加强责任管理，以政府绩效年终考核为目标，督促各区政府及相关单位将工作任务层层分解，责任上肩，定期通报工作进展情况，确保工作顺利推进。（陈　伟）

【城区居民住宅供水设施建设和管理】 2014年，在建立健全工作流程和工作机制的基础上，通过摸底调查、政策宣讲、上门服务和相关环节的严格把关等多种手段，已签订统建协议的97个，共810万平方米。此外，对于暂未办理统建手续的项目，建立严格的把关和动态管理机制，及时掌握此类项目的情况，确保《长沙市城区新建居民住宅供水设施建设和管理办法》落实到位。为了全面推动新建居民住宅供水设施统建工作，市水务局突出抓好4个方面的工作。一是搞好引导发动。通过采取媒体公告、上门宣讲、座谈等多种形式的政策宣传，准确解读政策，缓和开发单位的抵触情绪。二是与相关部门建立信息共享机制，通过组织召开协调会、上门沟通、去人去函等形式，先后与住建部门、先导区管委会、高新区管委会等建立长效信息共享机制。三是开展专项执法检查，对于属于统建范畴但未办理统建手续的项目，建立严格的把关和动态管理机制，及时掌握此类项目的情况；对于主观故意不遵循统建政策的，下达《关于开展整顿违规建设居民住宅居民住宅供水设施和违规用水的专项执法检查通知》，定期进行专项清理，严厉打击偷盗、使用转供水等违法用水行为。四是提高了服务意识，加强与开发单位联系，充分了解其在执行过程中遇到的实际困难，主动提供方案及专业技术支持，派专人对项目跟进和服务工作。（陈　伟）

【二次供水管理】 2014年，对主城区34个项目的二次供水设施建设方案进行备案，对11个项目进行验收，为119个项目办理基建临时用水手续，确保二次供水设施满足安全、优质供水的需求。开展水质监督员工作。联合《三湘都市报》、市卫生局和市住房和城乡建设委员会聘请100名志愿者，搭建民间二次供水监管的平台。开展“我为小区守水质”的水质监督员监督水质活动，该活动得到市民的大力支持和热情参与，形成民间监督二次供水水质的良好氛围。（陈 伟）

【规范消防栓管理】 一是全程参与市法制办组织的《长沙市消火栓管理办法》修订工作。二是为彻底解决长沙市消火栓无序取水的现象，进一步规范长沙市消火栓取水工作，由市水务局和市公安消防支队联合下发《关于规范我市城区消火栓取水工作的通知》（长水发〔2014〕183号）。三是在主城区按规定补充3500座消火栓设施。在城区设置定点消火栓取水，实行“一栓两用”，此类消火栓可供消防取水与公益取水使用，在内五区共设置600个取水点。要求公益性取水单位全力配合取水点的设置，并到供水部门办理取水许可证，及实行一车一证办法。规范长沙市环卫、园林、市政用水行为。（陈 伟）

·城市排水与污水处理·

【概况】 2014年，城市排水和污水处理工作，坚持以《城镇排水与污水处理条例》为指导，潜心谋划，真抓实干，在建设硬件和管理软件两个方面上下功夫，在行业管理、项目建设、防洪排涝等方面取得较好成果。

一、行业管理。1. 加强运行管理，确保污水处理厂满负荷运行达标排放。按照特许经营合同和委托经营合同，组织市排水处对主城区运行的8座污水处理厂加强日常监管，确保污水处理厂的满负荷运行和达标排放。截至12月底，8座污水处理厂处理规模为128万吨/日。1—11月，城市污水处理率为96.28%，8座污水处理厂共处理污水40761.88万吨（比2013年增加3605.6万吨），日均122万吨，负荷率达到95.3%（比2013年高8.4%）。一是加强日常监管和业务指导。组织人员定期对污水处理厂的水质、水量及固体废弃物处理结果进行检查，严格按照《长沙市污水处理企业运行管理办法》把关，保障污水处理厂的正常运行。二是加强协调和服务。针对城市建设快速发展过程中进水管网时常损毁、进水水质和水量不稳定等因素对污水处理厂造成的不利影响，及时到现场了解和处理突发事件，积极商榷并制定解决措施和方案，有效解决污水处理厂进水异常的问题。2. 加强排水管网管理，全面开展“十二五”城镇污水管网建设专项行动。2014年4月，市政府将排水管网的管理工作由市城管局移交市水务局。为保证工作的延续性，市水务局立即组织人员对接，制定工作方案，全面接管城区排水管网管理工作。一是快速开展排水管网情况的摸底调查，与市城管局、市住建委等单位紧密协作，全面搜集各区市政局、城建档案馆、长勘院和长沙规划设计院等各方掌握的排水管网信息，逐步完善全市排水管网包含平面位置、高程、管径、材质、结构、流态、功能等详细参数的数据库。二是积极争取支持政策。经过前期的情况摸排和工作协调，7月，市水务局向市政府提交了《长沙市城区防洪排渍情况汇报和下段工作对策及建议》，得到市长胡衡华、副市长姚英杰等市领导的高度重视，对市水务局提出的对策和建议给予了高度肯定，并专门做出批示，为日后管网管理指明方向。三是建立健全管理制度。针对长沙排水管网维护作业简单、方式落后，机械化程度不高、效率低下等弊端，建立健全《长沙市排水管网维护管理暂行规定》《长沙市排水管网维护管理监管及考核机制暂行规定》和《长沙市2015年市政管网维护管理年度预算》等标准制度。四是规范建设移交机制。逐步建立完善排水管网移交机制，即“建设一处介入一处、竣工一处移交一处”。督促各区市政局正式接收各建设主体历年来建设完成但未移交的排水设施，以提高管网的运行效率。五是加强工作协调。针对城投、轨道等项目在城区如万家丽路、金星路等地段造成排水管网堵塞的情况，牵头召集十余次工作协调会，分析情况，制定对策，明确责任，下达整改方案和整改要求，对暂不具备条件进行改造的堵点，要求责任单位制定应急预案，及早配备应急排水设施，降低渍水风险。六是明确管网维护责任。按属地辖区原则，明确各区辖区内的所有排水管网维护责任主体为各区市政局，同时明确管网的数量和任务，由原来平均400千米增加到1000千米，各区任务平均增加60%，保证城区所有排水管网都有维护责任主体。七是加强设施建设监管。在管网建设方面，建立和修订长沙排水设施相关地方性技术标准，并逐步形成市水务局和运行维护管理部门全过程介入设计、建设施工、竣工验收等环节的机制，确保按设计要求进行设施建设。同时，与管线办一起制定相关措施，建立多部门联动管理机制，杜绝施工泥浆水、混凝土搅拌车灰浆水排入下水道。八是制定城区堵点改造计划。与各区政府进行对接，指导各区市政局排查和市水务局核实，对2014年汛期出现的76处堵点收集整理相关数据并进行了科学分类，制定2015年堵点改造计划，为明年城区防汛打牢基层。九是继续推进管网建设专项行动。根据市政府相关文件精神，下达《长沙市“十二五”城镇污水管网建设任务项目清单》《长沙市水务局关于建立“十二五”城镇污水处理设施管网配套建设信息动态报送机制的通知》，并建立管网建设信息报送机制。按照建设任务和专项审计要求，狠抓项目建设、调度、协调、督查，确保各项工作稳步推进。全市规划内改造污水管网1675.25千米，完成污水管网改造400千米。3. 加强泵站管理，不断提高设备完好率。强化对城区排水设施运行服务中心的领导，加强城区防洪排渍泵站的运行管理。年初制定防洪排渍工作方案，设立应急预案，明确领导和各职能部门的责任，狠抓落实。通过强化生产管理、设备管理、人员管理，做好资金保障、技术保障、后勤保障，汛期和暴雨时泵站设备完好率始终保持在91%以上（较2013年提升一个百分点），全年累计提升污水26190.12万吨，抽排渍水3016.38万吨，确保38.37米水位下城区服务范围不渍水。4. 加强排水许可，有效建立排水许可制度。按照《城镇排水与污水处理条例》，着重加强了排水许可制度工作，在全市范围全面实施排水许可制度。一是做好排水许可证的核发工作。按照国务院和住建部的相关规定，继续做好全市排水许可制度的实施与许可证的发放工作，对城区排入设施的污水进行监测许可和对接入排水设施的管道进行监督及许可，全年共发放排水许可证71份。二是主动对接，强化排水许可。对在建市政重点工程如轨道交通、桥梁隧道、大型开发项目在其前期和实施过程中，加强排水指导和监督，及时发现和纠正违法排水行为，保障长沙排水系统的有序运行。委托湘江新区管委会对梅溪湖、洋湖及滨江片区进行排水许可审批及监管。三是加大排水设施保护集中整治力度，对发证单位落实情况跟踪督查。对全市已建和在建项目工地进行不定期检查，制止违法排水行为为20余次，查处破坏管网设施、违规乱排行为多起，并配合取缔3处违法洗砂场，组织现场业务指导排水户110户，确保排水设施的安全。5. 加强污水处理费征收管理，确保污水处理费应收尽收。一是按照“收支两条线”的原则，加大污水处理费征收管理力度。年初与水业投资管理有限公司签订委托代收合同，明确职责任务，确保污水处理费应收尽收，足额征收到位，及时入库。2014年完成征收任务3.46亿元，比2013年增收0.13亿元。二是加强污水处理费使用的管理。按照特许经营合同和委托经营合同，加强污水处理企业运行成本核算和监管，及时向污水处理企业拨付污水处理服务费，为污水处理企业正常运行提供了资金保障。三是认真做好污水处理费减免工作。年初按照《长沙市减免污水处理费实施办法》，对符合减免条件并提出减免申请的单位进行备案核查，每月对申请减免单位的污水处理设施运行情况、水质和水量进行检查，每季组织市环保局、市财政局一道进行督查和检测。年底，根据平时督查和水质检测情况，严格按照相关减免政策，由市水务局、市环保局、市财政局会签减免审核意见上报市政府审批。

二、截污工程。主城区截污工程从2009年启动以来，为长沙水环境保护和污水处理行业发展作出积极贡献。2014年1月，市政府明确由市水务局牵头，对湘江枢纽长沙库区全面启动截污工作。该截污工程有110个排水口需截污改造，其中具备截污条件的排水口为101个。作为牵头部门，市水务局成立以李局长增加担任组长的工作领导小组，明确工作责任和目标任务；完成110个排水口的打包可研编制工作，并得到市发改委的批复。制订并下发《长沙市水务局湘江枢纽库区长沙城区段截污工程实施方案》，对110个排水口的截污改造任务进行全面铺排，明确工作责任单位、目标任务和完成时间节点要求，其中将具备实施条件的101个排水口纳入市绩效考核范围，形成三级责任制。建立常态化的调度督查工作机制。形成一月一督查、一月一对接、一月一交办、一月一简报的工作机制，对全市截污工程进行督查，对出现的问题在市直部门进行交办，对关联工程进行及时对接，对全市截污工程进展情况及时进行通报，有效地推进工程进度。五是积极争取上级资金的支持，通过多渠道共争取上级补助资金5.3亿元，其中浏阳河流域排水口截污工程，长善垸、花桥、雨花污水处理厂建设工程均列入长沙2013年节能减排财政政策综合示范典型项目，分别争取中央资金2.49亿元、2.3亿元；杜甫江阁、南湖港、柏家河三个排口争取中央资金5336万元，有效缓解了相关建设单位的资金压力，促进了截污工程的建设。截至2014年底，76个具备截污条件的排水口已有58个排水口完成截污改造，剩下的将于2015年完成。

三、污水处理能力。为配合库区蓄水，保障湘江水质安全，牵头组织对运行的污水处理厂进行提质改造和扩建，使污水处理厂出水水质由一级B标提升到一级A标及地表Ⅳ类水质。同时启动新建敢胜垸污水处理厂、苏托垸污水处理厂的前期工作。1. 污水处理厂提标改造项目。市水务局作为责任主体的建设项目包括金霞、湘湖、开福和岳麓污水处理厂提标改造工程等4个项目。一是金霞、湘湖污水处理厂项目，已完成可研批复、初步设计批复、施工图设计及审查、施工、监理、设备招标和施工报建工作。绿化移栽等场地清理工作已完成并于12月正式开工建设。二是开福污水处理厂项目，10月按计划已完成环评批复。11月完成深化可研文本、能评报告编制、选址意见书以上报发改委进行可研批复。三是岳麓污水处理厂项目，已完成水质水量调查、环评审查，已取得建设用地选址意见书，可研文本已上报先导区项目建设部审批通过，计划2015年启动建设。2. 污水处理厂续建与扩建项目。水业集团作为责任主体的建设项目有暮云、雨花、花桥、新开铺、长善垸5个项目。一是暮云污水处理及中水尾水回用工程，已基本完工，即将通水试运行。二是雨花污水处理厂建设项目，已办结建设工程施工许可并开工建设。三是花桥污水处理厂提标及二期工程，已办结建设工程施工许可并开工建设。四是新开铺污水处理厂提标及二期，已完成提标改造工程能评、环评批复及可研文本初稿，正在办理可研批复。五是长善垸污水处理厂提标及二期，已完成前期工作，现已开工建设。3. 污水处理厂新建项目。敢胜垸污水处理厂由轨道公司作为责任主体，估算投资14亿。截至12月已完成水质水量调查、立项批准，可研文本已报送发改部门审批，计划2015年底启动建设，2016年竣工运行。苏家托污水处理厂，根据市长办公会议纪要精神，由金霞经济开发区负责前期工作，市水务局负责指导与协调，已完成片区排水规划修编及工程方案设计。计划2015年启动建设。四是库区市本级水利建设项目。牵头组织湘江长沙综合枢纽库区水利项目市本级工程。2014年完成湘江长沙综合枢纽库区水力建设市本级二期三阶段工作任务，完成涉水工程，与财政到位资金进度同步完成设备采购安装。 （刘　剑）

·城区防洪排渍·

【概况】 2014年入汛以来，长沙市主城区大到暴雨累计降雨7次，其中局部最强降雨在6月19日，主城区最大小时降雨量30-40毫米，全市启动三级应急响应；强降雨造成局部地区出现短时间小面积渍水，全市较易渍水点达24个。总体来看，2014年汛期长沙市城区未出现大面积和长时间的渍水，未影响到主干道的交通出行，相对往年长沙市2014年城区渍水情况有所好转。从客观上讲，2014年降雨量较均匀，强度没有2013年大，且持续时间不长。主观上，市防指积极应对，未雨绸缪，保证了防洪排涝工作的实质成效。这些都得益于市委、市政府的正确领导，得益于市城防指科学指挥和及时调度，得益于各部门、各区

（县）的协同配合，得益于各区市政局、市排水运行服务中心、市桥梁处、轨道公司等运营维护管理单位的高度负责和积极工作。（刘　剑）

【汛前准备】 4月3日，市政府成立长沙市强降雨天气防洪排渍工作指挥部，由副市长姚英杰任指挥长，副秘书长王伟胜任常务副指挥长，在市水务局设立办公室，负责对城区防洪排渍工作的领导、指挥和调度；各责任单位也相应成立防洪排渍指挥机构，制定应对强降雨工作方案和应急预案。2月10日下发《关于扎实做好2014年度汛前准备工作的通知》。2月8日市防办召开汛前准备工作会议，将城市内涝与防流域性洪水、山洪地质灾害，并列纳入2014年防汛抗灾的重点。督促要求各区县严格落实以行政首长负责为核心的责任制，并根据领导干部调整情况对防汛指挥机构进行调整和充实，及时落实各级、各部门责任。随后，市城防指出台《长沙市强降雨天气防洪排渍预案》，明确各部门的职能职责、应急抢险的机制和程序。组织各责任单位进行布置落实，确保各项措施落到实处。（刘　剑）

【堵点改造】 市水务局在汛前对易堵点整改情况进行重新梳理，分类进行工作指导。一是对具备条件并已安排任务的堵点，督促其抓紧整改，在汛前完成整改任务或增设临时设施；二是对暂不具备条件进行改造的堵点，要求责任单位制定应急预案，及早配备应急排水设施，降低渍水风险；三是对城投、轨道等项目造成管网堵塞的责任单位，明确下达整改方案和整改要求，责成按期完成；四是对新暴露的堵点，根据实施条件，采取了相应处置措施。（刘　剑）

【强化汛期值班】 进入汛期后，严格执行24小时值班和领导带班制度，所有防汛值班的人员都能坚守岗位，保持24小时开启手机。值班工作中，各值班人员坚持做好早请示晚汇报，及时处理各类事项同、传达各类文件资料和紧急通知。在前段的防汛值班工作中，对各区县防办和各有关单位进行多次值班抽查，加强各级防汛值班人员的责任感。对强降雨过程中可能引发内渍的地方，建立市、区、街道、社区四级责任体系，保证信息畅通和除险快捷。（刘　剑）

【汛期调度】 一是与气象部门建立密切的信息互动机制，利用城防信息平台，在每次强降雨前12小时、6小时、3小时等分阶段发布气象分析，要求各成员单位、各区城防办加强值班备勤，做好应急处置相关准备；二是降雨时段要求各区城防办每15分钟上报一次雨情、渍情、值守和处置情况；三是利用市防办的天网工程监控平台，市城防办派专人对强降雨区域进行观测，发现险情，及时安排处置；四是市城防办加强与交通电台等媒体及市民热线的沟通联系，将相关情况第一时间通知各责任单位及时处理；五是各区市政部门积极投入排渍抢险，各街道社区加强维护和巡查，汛期共出动人员21287人次。六是加强应急抢险调度。市城防办根据雨情和渍情不同情况，及时调度支援抢险。汛期共计调度排水运行服务中心、迪沃公司等单位分别支援开福区、轨道公司等抢险6次。对每次降雨出现的堵点建立台账，及时更新，重点对新出现的问题进行专题研究。有条件的及时整改，不具备条件的制定处置预案，确保在下一轮强降雨过程中不出现同类问题。（刘　剑）

·供　　气·

【概况】 2014年长沙市新建天然气管网152千米，新增天然气用户15万户，年供应天然气8.7亿立方米，同比增长6%，最大日供气量377万立方米，正常供应率100%；年供应液化石油气10万吨。

一、出台长沙市燃气发展规划。5月29日，《长沙市燃气发展规划》通过长沙市城乡规划委员会审议。10月23日，取得长沙市人民政府正式批复。

二、开展燃气行业专项整治。7月，市政府成立以分管住建工作的副市长为组长的专项整治小组部署全市城镇燃气专项整治工作，重点整治燃气管线违章占压、燃气工程非法开工和液化气市场违法违规经营行为。11月，承办召开市城镇燃气安全专项整治推进暨行业安全工作会议。市政府副市长姚英杰在会上作重要讲话。各区、县（市）人民政府领导高度重视，迅速组织专门力量，制订整治工作方案，开展整治攻坚战，专项整治工作初见成效。

三、创新液化气安全管理。报请市政府下发《关于加强全市液化气安全管理的通知》（长政办函〔2014〕196号），明确了住建、质监、工商、公安、安监、物价、规划、交通管理等职能部门的责任；明确了各区、县（市）政府和街道（乡镇）液化气安全管理职责，实行液化气行业管理重心下移，液化气行业管理步入由市、区、县（市）、街道（乡镇）和社区构成的三级管理体系进行管理的新模式。

四、启动燃气保险工作。12月16日，长沙市燃气保险启动仪式在市燃气局举行。市住建委党委委员、副主任杨彩兰，中华联合财产保险股份有限公司湖南分公司党委书记、总经理江炳忠出席启动仪式并讲话。燃气经营企业负责人和省市主要媒体代表参加启动仪式。燃气保险是太平洋保险公司推出的一款保险产品。产品规定：被保险人自民用燃气意外事故发生之日起180日内以该次意外事故为直接原因身故，本公司按意外伤害保险金额给付身故保险金。（刘　舒）

·地铁与城轨建设·

【概况】 根据2011年7月市政府批复的长沙市城市总体规划和综合交通规划，长沙市规划远景年城市轨道交通线网由12条线路组成，总体结构布局为“米字形构架，双十字拓展”，整体上呈主副中心轴带放射形态。线路总长约456千米，设车站333座，其中城市轨道换乘车站45座，中心城区范围内线网规模416千米，线网密度0.6千米/平方千米。线网中，1～6号线是沿城市主客流走廊布置的骨干线路，7～10号线是市区补充线，11、12号线为市域快线。线路总长456.0千米，城市轨道换乘站45处，城际轨道换乘站22处。中心城区范围内线网规模416.0千米，线网密度0.60千米/千平方米；其中主城区范围内线网密度达到0.76千米/千平方米；城市核心区线网密度达到1.05千米/千平方米。（杜　邦）

【轨道交通法规修订】 2012年4月6日，长沙市第十三届人民政府第50次常务会议审议通过将《长沙市轨道交通管理条例》（以下简称《条例》）列入2012年立法计划的项目。2012年7月2日，长沙市第十三届人民代表大会常务委员会第四十一次会议初审《条例》并公布《条例》（草案，一审修改稿）。广泛征求长沙市社会各界的修改意见。2012年7月31日，长沙市第十三届人大常委会第42次会议表决通过《条例》，《条例》是长沙市首部规范轨道交通的地方性法规，按规划与用地、资金保障与综合开发、建设、运营管理等项分为九章。全文约11000字。对促进轨道交通发展，加强轨道交通管理，保障轨道交通建设的顺利进行和安全运营具有深远意义。（杜　邦）

【长沙市轨道交通近期建设规划获批】 2012年12月，国家发改委批复《长沙市城市轨道交通近期建设规划（2012—2018年）》，至2018年建成2号线西延一期工程、3号线一期工程、4号线一期工程和5号线一期工程，长约96.3千米，形成“米字型构架、双十字拓展”轨道交通网络主骨架。其中2号线西延一期工程自梅溪湖西站至望城坡站，线路长4.5千米，设站4座，投资24.66亿元，规划建设期为2012—2015年；3号线一期工程自莲坪大道站至龙角路站，线路长35.6千米，设站25座，投资236.28亿元，规划建设期为2012—2016年；4号线一期工程自普瑞大道站至桂花大道站，线路长33.5千米，设站24座，投资219.38亿元，规划建设期为2013—2017年；5号线一期工程自蟠龙路站至时代大道站，线路长22.7千米，设站18座，投资156.63亿元，规划建设期为2014—2018年。项目总投资636.95亿元。（杜　邦）

【轨道交通1号线一期工程】 轨道交通1号线一期工程线路为南北走向，北起汽车北站，沿芙蓉路向南，穿越北二环、浏阳河、新河三角洲规划开发区，进入黄兴路由北向南，经劳动路回到芙蓉路，向南过南三环后止于万家丽路。线路全长23.63千米，其中地下线22.28千米，高架及过渡段线1.35千米，设车站20座，其中地下站19座，高架站1座，分别为汽车北站站、开福区政府站、北辰三角洲站、开福寺站、湘雅路站、营盘路站、五一广场站、黄兴广场站、南门口站、侯家塘站、南湖路站、赤黄路站、涂家冲站、铁道学院站、友谊路站、省政府站、桂花坪站、大托站、中信广场站、尚双塘站。设换乘站4座，分别与轨道交通2（五一广场站）、3（侯家塘站）、4（黄土岭站）号线和长株潭城际铁路（开福寺站）换乘。设尚双塘车辆段1座，变电所2座，与2号线一期工程共用轨道交通控制运营中心。工程总概算141.94亿元，建设工期为5年，2010年12月26日开工，预计2016年试运营。（张　理）

【轨道交通2号线一期工程（第一条轨道线路）】 轨道交通2号线一期工程线路为东西走向，全长22.26千米，起于河西望城坡站，终点至光达站，途径枫林路、五一路、荷花路、沙湾路及杜花路，分别下穿湘江、长沙火车站、东二环线及浏阳河，全部为地下线。2号线一期工程共设站19座，均为地下站，分别为望城坡站、金星路站、西湖公园站、溁湾镇站、橘子洲站、湘江中路站、五一广场站、芙蓉广场站、迎宾路口站、袁家岭站、长沙火车站、锦泰广场站、万家丽广场站、人民东路站、长沙大道站、体育公园站、杜花路站、武广长沙站、光达站，其中五一广场、长沙南站分别与1、3号线换乘，并按规划预留与其它线路的换乘条件。在线路东端设黄兴车辆段与综合基地，在西湖公园与体育公园设两座主变电站，在武广杜花路站北侧设控制中心。工程总概算120.64亿元，建设工期为5年。轨道交通2号线已于2009年9月开工，2014年4月29日试运营。（张　理）

【轨道交通2号线运营情况】 一是运营情况。自2014年4月29日至2015年5月3日，轨道交通2号线已安全运营370天，运送旅客7113.8万人次。平均票价2.54元；实际开行列车数91673列，运行图兑现率99.99%，正点率99.6%，运营里程191.5万列千米。2014年4月29日至2014年12月31日日均客流18.5万人次，2015年1月1日至2015年5月3日，日均客流19.23万人次。2015年5月2日单日客流达39.0万人次，创历史最高。二是票价方案。根据市政府批准的票价方案，长沙地铁1、2号线按里程计价，起步价2元可乘6千米，超过6千米采用“递远递减”的计价原则，6—16千米范围内每递增5千米加1元，16—30千米范围内每递增7千米加1元，30千米以上每递增9千米加1元。三是储值卡情况。长沙轨道交通储值卡设计有普通卡、老年卡、学生卡和异形卡。普通卡、老年卡、学生卡的正面以长沙山水洲城美景为背景，背面以长沙市轨道交通线网为背景。普通卡采用蓝色为主色调，以长沙市市花——杜鹃花为设计元素；老年卡采用黄色为主色调，以牡丹花为设计元素；学生卡以绿色为主色调，采用与学习息息相关的字母、数字、运算符号为设计元素。异形卡包括以长沙地标性、代表性建筑“长沙火车站”“烈士公园”和历史文化遗产“杜甫江阁”为主形象，有将“大湖南”和“大湖蓝”结合起来的“青山绿水大湖蓝”卡和长沙地铁开通一周年纪念卡等。（杜　邦）

【轨道交通3号线】 轨道交通3号线起自星马片区，主要途径开元路、洪山路、双拥路、车站路、桂花路、劳动路、白沙路、潇湘大道，接入坪塘片区，全长42千米，共设32个轨道站点，其中轨道换乘站10处，平均站间距1.4千米，线路运营速度35千米/小时。3号线一期工程自莲坪大道站至龙角路站，全长35.6千米，设站25座，投资236.28亿元，于2014年1月3日开工建设。（杜　邦）

【轨道交通4号线】 轨道交通4号线起自望城区，途径雷锋大道、金星北路、银杉路、溁银路、麓山路、新建路、劳动路，接入高铁片区和黄榔组团南部，全长54千米，共设32个轨道站点，其中轨道换乘站11处，平均站间距1.7千米，线路运营速度45千米/小时。4号线一期工程自普瑞大道站至桂花大道站，线路长33.5千米，设站24座，投资219.38亿元，于2014年12月31日开工建设。（杜　邦）

【长沙中低速磁浮工程】 长沙中低速磁浮工程起于长沙火车南站东广场，沿劳动路、黄兴大道、机场高速高架敷设，终于黄花机场航站楼。正线全长约18.5千米，均为高架线，全线设车站3座，分别为长沙火车南站、椰梨站和黄花机场站，计划投资41.95亿元，于2014年5月16日开工建设。（杜 邦）

【长株潭城际铁路及西延线项目】 1. 项目基本情况。长株潭城际铁路是连接长沙、株洲、湘潭城市群的城际快速铁路，由铁道部和湖南省合资建设，广州铁路（集团）公司和湖南发展投资集团有限公司分别为部省双方出资人代表。长株潭城际铁路正线全长95.51千米，最大坡度30‰，使用双线运行，区段最高设计行车速度200千米/小时，采用电力牵引，自动控制，长沙、暮云、株洲、湘潭站到发线有效长度650米，其余车站450米，项目总投资240亿元。项目于2010年6月30日举行建设动员大会，总工期48个月。长株潭城际铁路在长沙境内共设12个车站，其中4个地面高架车站（暮云站、生态动物园站、中信新城站、火车站），8个地下车站（汽车南站、湘府路站、香樟路站、树木岭站、开福寺站、滨江新城站、市府站、雷锋大道站）。为使长株潭城际铁路火车站以西列车具备始发终到条件，省委、省政府科学决策，先期启动城际铁路西延线雷锋大道至黄金镇站段建设，西延线全长9.022千米，投资估算总额26.76亿元，全线新设车站3个，为望青路站、尖山站、黄金镇站。2. 项目建设情况。一是长株潭城际铁路。该铁路2014年累计完成投资50亿元，为年度计划50亿元的100%，其中长沙境内全年累计完成投资26.3亿元，完成辖区内年度计划24.5亿元的107.3%；开工累计完成投资41.6亿元，完成辖区内计划总投资144.48亿元的28.8%。湘江隧道，矿山法地段左、右线上台阶分别累计掘进3005.3米、3115.9米，下台阶分别累计掘进2932.2米、2984.1米，二衬分别累计掘进2650.6米、2621.8米，滨开盾构区间左、右线均累计完成掘进2711.7米，左线管片安装1514环全部完成，右线管片安装完成1509环，进开盾构区间累计完成设计量1320根的55%；树木岭隧道，矿山法地段左、右线上台阶分别累计掘进2712.4米、2732.4米，下台阶分别累计掘进2578.4米、2536.4米，二衬分别累计掘进2208.9米、2220.9米，进树盾构区间左、右线分别累计完成掘进2577.6米、2525.6米，左线管片安装1432环，右线管片安装完成1399环。香湘盾构区间左、右线分别累计完成掘进2044.5米、378米，左线管片安装1128环，右线管片安装完成210环；地下车站：雷锋大道站累计折合完成18447平方米，完成设计的90.8%，市府站累计折合完成16439平方米，完成设计的90.4%，滨江新城站累计折合完成21017平方米，完成设计的95%，开福寺站累计折合完成12820平方米，完成设计的55.9%，树木岭站累计折合完成23278.6平方米，完成设计的94.4%，香樟路站累计折合完成16446.4平方米，完成设计的91.8%，湘府路站累计折合完成18455.7平方米，完成设计的95%，汽车南站累计折合完成15382.8平方米，完成设计的85.6%；理工大学特大桥桩基、承台、墩身、预制梁架设全部完成；地面地上车站长沙火车站、中信新城站、生态动物园站、暮云站于12月2日完成招投标。二是城际铁路西延线。项目可行性研究报告于2014年7月获湖南省发改委批复同意；10月17日，省委书记、省人大常委会主任徐守盛主持召开全省铁路及高速公路开工建设集中动员大会，正式宣布启动项目建设；11月获得中国铁路总公司对项目的初步设计批复，同年底完成三电迁改现场勘测工作。三是项目征拆进度。截至2014年底，长株潭城际铁路长沙境内累计完成房屋拆迁约29万平方米，累计完成征拆投资27亿元。集体土地方面，已经全部完成征地拆迁工作，完成征地面积38.58公顷，拆除房屋10.35万平方米（含代拆房屋4873平方米），安置人口682人，迁移花木苗圃6.77公顷，造塘还塘4.39公顷，完成补偿投资2.72亿元；国有土地方面，完成征拆腾地面积44.85公顷，提供临时施工用地56.68公顷，拆迁房屋18.5万平方米，拆除私房36户，拆除公改私住房140户。（谢诗莺）

园林建设与绿化

【概况】 2014年，长沙市园林管理局（以下简称“市园林局”）突出园林绿化管理，推进文明创建，调整经济结构，加强项目建设，推广两型园林，圆满完成全年各项工作任务。完成城市建设项目附属绿化设计方案审查114个，其中办结79个，退窗35个；受理三级资质核准（含延续）103件，办结43件，办理一、二级资质初审71件，指导扶持4家公司获得一级资质。经市委市政府审定，市园林局行政权力共计14项，其中行政确认1项，行政检查2项，行政征收1项，受理转报3项，其他职权7项。省住建厅同意下放“城市古典名园修复方案和20公顷以上公共绿地、居住区绿地、风景林地的设计方案审批”行政职权。局政务窗口共接待办事群众咨询1247人次，在线办理行政审批事项241件，协办总图联合审查148件，参与联合验收65件，行政审批项目精简50%，行政审批全面提速50%，绿化补偿费征收工作正式入窗受理。2014年，市园林局获“长沙市部门决算报表编制先进单位”“全市国家工作人员无纸化学法考法大竞赛活动先进单位”等称号；长沙生态动物园被湖南省机关事务局授予“湖南省公共机构节能示范单位”称号；天心阁管理处讲解班被中华全国总工会授予“全国工人先锋号”称号；望月公园获中国建设职工思想政治工作研究会风景园林行业分会颁发的2013—2014年度“基层思想政治工作先进单位”称号；市园林局指导的梅溪湖生态公园建设项目获住房城乡建设部颁发的2014年国家人居环境范例奖。（罗雅清）

【全市“造绿大行动”会议】 2014年10月9日，全市“造绿大行动”工作推进会在市档案馆召开。会议由市委副书记张迎龙主持，市委副书记、市长胡衡华，副市长姚英杰、黎石秋出席会议，三年造绿行动市、区两级各成员单位负责人参加会议。市委副书记、市长胡衡华指出：实施三年“造绿大行动”，推进“绿色城市”建设是市委、市政府为加快品质长沙建设，让城市更加“宜居宜业、精致精美、人见人爱”而作出的重要部署。要高度重视当前三年“造绿大行动”工作存在的突出问题，科学铺排项目，提高绿化质量；科学把握提升三年“造绿大行动”工作实效的重要环节，突出城乡绿化重点，提升城乡绿化水平，巩固城乡绿化成果，坚持与生态环境保护相结合，坚决杜绝先推山毁树再植树造林、先平湖填水再人工造景，充分保留现有的原生绿地和水体，不搞短期行为，不搞形象工程，坚决杜绝高价买绿、高价建绿和“砍头树”进城等现象发生。2014年10月30日，全市“三年造绿大行动”工作座谈会在市林业局召开，市委常委、市委秘书长陈献春主持会议。市林业局局长周庆年、市园林局局长李洪波以及造绿行动其他相关部门的负责同志，先后介绍开展“三年造绿大行动”推进“绿色城市”建设的工作情况，分析当前面临的问题，并提出下一步的目标、建议和计划。黎石秋副市长、姚英杰副市长先后作补充讲话。省委常委、市委书记易炼红在会上指出，对于上年的造绿行动，大家都给予一致的肯定，长沙现在的绿色城市建设不是要不要干的问题，而是怎么以更大的力度、更高的水准、更实的效果来推进的问题。三年造绿大行动现在进入第二年，总的工作要求是：以更大规模、更高水准来推进三年造绿大行动，全力打造“城在林中、路在绿中、人在景中”的绿色城市新画卷。具体要求是：推进绿色城市建设，要有更高一层的认识；推进绿色城市建设，要有争创一流的追求；推进绿色城市建设，要有万众一心的合力；推进绿色城市建设，要迅速地行动起来。（罗雅清）

【“两型园林”创建活动】 根据市委“六个走在前列”大竞赛活动和市政府办公厅印发的《长沙市人民政府办公厅关于印发〈2014年度长沙市两型社会示范创建工作方案〉的通知》（长政办函〔2014〕82号）要求，为落实市委、市政府建设“三市”，共圆“三梦”的战略部署，引导全市城市园林事业快速健康发展，市局联合市两型办在全市开展“两型园林”示范创建活动。该创建工作从6月开始筹备，11月中旬进行现场考察和评审，历时近半年，共有申报项目64个，申报单位48家。创建工作组委会按照“公平、公开、公正”的原则，加上专家们严格把关，共评审出“两型园林”标杆单位（项目）1个、“两型园林”创建示范项目36个（其中工程项目23个、规划设计项目13个）、“两型园林”创建工作先进单位7个。评选活动对引导全市园林绿化的健康可持续发展，为未来园林绿化的规划建设和管理发挥了良好的示范作用，对推动全市“两型”社会创建发挥了积极作用。（罗雅清）

【市属公园主题活动】 按照市委、市政府的要求，市园林局坚持以提高社会影响力和市民满意率为不懈追求，以传统节假日和旅游旺季为契机，举办高规格、有特色的活动。精心组织和策划湖南烈士公园清明省会长沙公祭仪式、园林生态园第三届格桑花生态文化艺术节、天心阁朗诵达人•2014长沙唐人诗会活动、天心阁中秋拜月祈福晚会和纪念“九一八事变”83周年活动暨走访慰问抗战老兵志愿服务活动启动仪式、紫凤园首届琼花艺术节、晓园爱绿护绿游园活动、南郊公园世界杯群众体育文化活动月暨文明旅游宣传月活动、生态动物园动物狂欢节活动和桂花公园绿色游园倡导活动等，既赢得了良好的社会效益，又创造良好的经济效益。（罗雅清）

【“绿色城市”建设】 长沙市实施三年造绿大行动推进“绿色城市”建设领导小组办公室（设在市园林局）下达年度绿地建设计划，组织督查督导和技术培训，对全市433条道路进行全面的绿化普查，建立市委、市政府对区县政府和市直单位的“绿色城市”建设考核机制。由市园林局机关处室和局属单位抽调的技术骨干组成7个督导组，赴各区县、园区现场查勘造绿情况，加强技术指导，督促及时整改，扎实有效推进了造绿工作。全市完成“绿色城市”建设项目293个，涵盖道路绿化、公园建设、出入城口绿化、立体绿化等十大工程，新建了30个公园（其中综合性公园4个），绿化提质了83条（段）道路，新建绿道44.45千米，建成林荫景观广场10个、林荫停车场25个、林荫道路26条，实施立体绿化建设11.16万平方米。2014年全市建成区共新增绿地751公顷，其中新增公园绿地397公顷，较上年分别增长136%和264%。中央电视台新闻联播报道了长沙开展“绿色城市”建设提升市民生活品质的一系列举措和成果，香港《文汇报》以《长沙绿色盛宴 绘就山水洲城》为题，对长沙“三年造绿大行动”进行大篇幅报道。（罗雅清）

【城市绿地规划管理】 强化城市绿线管理，保护城市规划绿地。一是构建城市绿化规划管理体系。依据《长沙市城市绿地系统规划（2004—2020）2013年修改》，对城市规划区内各类绿地范围划定控制线，编制完成《长沙市城市绿线规划》，建立城市绿线动态管理系统，将长沙市城市绿地信息的采集、发布、分析、管理、决策与空间管理融为一体。编制《长沙市城市绿线管理技术规定》，形成城市绿线划定、管理、调整等的标准体系。二是加强城市绿线管理。从严从紧控制绿地用地性质调整，对涉及调减的项目，均落实绿地补偿方案后按程序审批。加强了与望城等区、县（市）的工作衔接，延伸行业管理，指导绿线监管。三是大力推进规划公园建设。对全市规划公园进行现场查勘，对“规而未建”公园情况进行全面摸底统计，提出内六区三环以内范围规划公园绿地建设实施方案，并启动《长沙市公园建设规划》的编制工作。（罗雅清）

【城市风景园林活动】 积极开展行业活动，促进行业健康发展。一是积极开展城市绿化月系列活动。在沙湾公园举办活动启动仪式，组织义务植树、绿色城市摄影展、主题宣传等一系列活动，吸引民众逾千人参与，获得良好的社会效益。二是积极开展国家园林城市迎检复查整改工作。省住房和城乡建设厅委派专家组，对长沙市国家园林城市的保先、发展情况和绿荫行动的开展情况进行核查，评价长沙市基本形成绿地种类齐全、布局较为合理、景观生态效果较好的城市园林绿化格局，有关指标达到国家园林城市标准要求。三是积极推动风景名胜行业管理。市园林局组织督促全市各风景名胜，贯彻实施新修订的《湖南省世界遗产与风景名胜区体系规划》，以长沙县影珠山申报省级风景名胜区和花明楼申报国家级风景名胜区为重点，多次深入实地挖掘风景名胜潜在资源，影珠山被批准为省级风景名胜区，花明楼已正式启动国家级风景名胜区申报工作。四是全面启动申博工作。10月，市政府正式启动长沙市申办第十二届中国国际园林博览会的工作，这项工作得到了省市领导和主管部门的支持，各项工作有序开展。五是指导申报人居环境范例奖。指导梅溪湖生态公园项目，成功申报国家人居环境范例奖。（罗雅清）

【园林工程建设】 1. 新建项目正式开工建设，续建项目顺利完成竣工。一是沙湾公园建设准备充分顺利开工。公园于10月29日正式启动开工建设，进入实质性施工建设阶段。二是晓园东苑建设顺利竣工验收。10月完成附属安装及周边景观绿化等，并顺利通过竣工验收。三是白沙古井公园提质改造项目顺利完成。白沙井提质改造于2014年1月底完成竣工验收，以全新的面貌重新对社会开放，受到市民游客广泛好评。2. 预备项目前期工作稳步推进。一是雨花洞井体育休闲公园（狮子山公园）建设，已完成建设项目的立项批复，公园概念性规划方案已编制完成。二是湘府文化公园建设，已完成公园概念性方案并通过市政府审查，后续详规编制和工程设计进行招标。三是石人冲水库公园，已完成项目立项批复。（罗雅清）

晓园增设户外健身活动区2处

【晓园公园为市民游客办实事】 晓园立足实际，大力加强公园管理力度，不断完善基础服务设施，努力提升公园服务水平，园容园貌、游园秩序得到较大的改善。一是多种形式收集市民游客意见。通过成立晓园市民游客委员会、召开市民游客座谈会、建立一对一联系制度、开展“晓园开门评园”活动、大门入口处挂群众意见薄、公示联系电话等形式，广泛听取市民游客的建议和意见，通过各种形式了解百姓之所需之所想，共收集市民游客意见300余条，经整理分类，归纳集中反映10个方面的问题。二是听取民意全面整改落实。为进一步完善基础服务设施建设与管理，晓园进行实地查勘和研究，制订工作方案，并迅速进行落实。完善无障碍通道入口8处;添置石桌凳12套，木制靠椅44套;新增人行次道397米12条，新辟林下活动空间4处，总面积500余平方米;增设户外健身活动区2处，并添置健身器材共计16组；新植乔木大树23棵，成活率达100%；青年湖安装了安全护栏230米；园内安装了青年湖水循环喷灌系统，利用青年湖水导入全园绿化喷灌系统，既解决园内浇水难的问题，又有效净化青年湖水，还可有效改善园内土质；完善公园云水居餐厅服务功能，增加适合大众消费和口味的中式快餐和茶饮；建立并实施晓园干部职工一对一市民游客联系制度，增加市民参与度，积极探索与市民共同管理公园的模式。基础服务设施的完善，改善园内的景观和服务功能，市民游客对公园的满意度大幅提升。（罗雅清）

表14　长沙市园林管理局机关及直属单位

序号	单位	公园总面积（亩）	固定资产总额（万元）
1	烈士公园	2120.25（含老动物园面积62.94）	96680.38
2	生态动物园	1257.35	9550.61
3	南郊公园	478.06	24890.12
4	园林生态园	1014	8729.66
5	天心阁	39	10773.02
6	晓园公园	49.32	8507.27
7	王陵公园	270.69	20895.16
8	桂花公园	26.55	3414.47
9	紫凤园	49.39	5088.96
10	合计	5304.61	188529.65

注：数据统计截至2014年4月30日

房地产业

·房地产开发·

【概况】 截至2014年底，全市房地产开发企业1793家。其中壹级资质企业11家，贰级企业151家，叁级企业661家，肆级企业266家，暂定资质企业704家。从地区（企业注册地址）分布来看，芙蓉区298家、天心区233家、岳麓区267家、开福区205家、雨花区297家、望城区99家、长沙县185家、宁乡县103家、浏阳市106家。全市共有在建项目748个。

2014年全市共完成房地产开发投资1310.5亿元，同比增长13.6%，增速增长1.8个百分点；房屋施工面积为9647.15万平方米，同比增加11.3%，增速下降6.4个百分点；房屋新开工面积为2582.9万平方米，同比下降7.2%，增速下降59.7个百分点；房屋竣工面积为1438.85万平方米，同比增加2.7%，增速上涨3.7个百分点；房屋空置为1106.96万平方米，同比增加30%。 （蒋 菁）

【构建行业诚信体系】 1. 加强行业监督管理。一是与省厅、区（县、市）房地产开发主管部门对接，制定《长沙市房地产开发资质管理程序工作实施方案》，理顺审批程序和流程，建立内五区房地产开发工作联系登记制度，明确责任，积极发挥区住建局的服务作用。二是更新《房地产开发资质申办指南》，优化办事流程，提高办事速度。三是开展2013年度房地产开发资质核查，并结合此次核查对叁级及以下的企业按照业绩、人员等条件核定资质等级就位，并按注册所属区（县、市）重新编号发证，便于统一管理。四是强化房地产项目资本金监控，严格按照长政办发〔2013〕52号规定实行新标准监控，并组织对共管监控账户专项抽查，确保资金监管到位。五是加强长沙市商品住宅质量保证书的管理，重新修订《长沙市新建商品住宅质量保证书》示范文本，切实维护住房消费者的合法权益。六是规范开发经营行为，经多次修改后上报市政府的《关于进一步规范房地产开发管理的意见》，年初由市政府办公厅发文后，严格按照相关要求强化监督管理。七是征求省、市工商局关于房地产开发资质注销和取消经营范围的相关问题的意见，明确企业注销流程。八是对空窗企业（暂定资质未延期、有等级企业未参加年度核查）进行专项清理，清理空窗企业321家。九是按照市政府统一安排牵头组织市住建委商事登记改革。十是强化对房协的监管，建立《加强行业协会工作联系制度》，促进行业协会发挥好桥梁纽带和平台作用，共同推动房地产开发行业健康稳定发展。2. 构建行业诚信体系。一是加强开发企业信用信息管理，及时收集汇总开发企业信用信息，进行信用评价，出具《房地产开发行业信用评价报告》。二是启动在行政审批事项中核查房地产开发企业信用记录工作。三是起草《长沙市房地产开发严重失信企业管理办法》，每月对严重失信企业及时曝光，保障消费者权益。四是完成2013年度房地产开发诚信金牌企业评定，表彰授牌111家企业；总结经验修改完善《长沙市房地产开发诚信金牌企业评定办法》，启动2014年度房地产开发诚信金牌企业评定。五是建立《长沙市开发企业资金链断裂情况一览表》，及时将企业严重不良行为记入台账，并进行重点监控，定期录入信用信息系统。六是严肃查处无证开发、越级开发、转借倒卖资质、抽逃注册资金和项目开发资金、非法集资等行为，并对该类企业采取注销资质或将开发资质权限限定在某一范围，防止新的问题出现。 （蒋 菁）

【产业机构调整】 1. 逐步取消住房限购政策。根据其它城市的一些做法和长沙市的实际情况，长沙市逐步放开限购，先对一些主要面向保障性住房及棚户区改造安置房源小区，以及绿色建筑和住宅产业化项目，由项目开发商申请，市住建审核逐一放开限购，2014年7月份全面放开限购。2. 积极引导金融机构贯彻落实住房金融政策。一是建立金融机构联席会议制度。由市住建委牵头，建立在长开展房地产金融业务的金融机构联席会议制度，定期或不定期的召开联席会议，对房地产金融风险进行预控。二是积极做好住房金融服务工作。2014年，长沙市积极贯彻落实《关于进一步做好住房金融服务工作的通知》，争取国家开发银行338亿元的棚户区改造授信额度；引导金融机构对于贷款购买首套普通自住房的家庭，贷款最低首付款比例为30%，贷款利率低于贷款基准利率的优惠利率，缩短放贷审批周期；鼓励金融机构在防范风险的前提下，支持资质良好、诚信经营的房地产企业开发建设普通商品住房，积极支持有市场前景的在建、续建项目的合理融资需求。3. 引导行业提升开发品质。一是推进住宅产业化。成立由常务副市长陈泽珲任组长的“两型”住宅产业化领导小组，领导小组办公室设市住建委。向各区、县（市）下达政府主导投资项目“两型”住宅产业化年度建设任务，并组织督查，全年完成住宅产业化建设任务173万平方米。形成《长沙市关于加快推进“两型”住宅产业化的若干意见》上报市政府。评选2014年度“长沙市两型住宅产业化示范项目（试点）”。组织相关市直部门、委有关处室和二级机构负责人开展2014年度“两型”住宅产业化现场观摩培训活动。积极筹备申报住宅产业化国家试点城市。二是推进全装修住宅。组织多次座谈会和调研活动后，研究《关于加快推进全装修住宅建设的意见》，2015年全装修住宅实施目标将超过500万平方米，此后实施比例与实施面积将逐年提高，推动建设领域进一步节能减排、引导全社会形成低碳环保的居住理念。三是加强交流推广。参加第十三届住博会，住建部科技促进中心（住宅产业化促进中心）授予市住建委“先进单位”。前往成都参加全国中小城市房地产管理部门领导干部培训班，作“两型”住宅产业化推进工作经验介绍。应邀参加住建部组团的第十届中韩住宅与城市合作会议与第十八届中日建筑住宅交流会议，并考察韩国城市建设、日本节能建筑及老年地产项目。组织参加在沈阳召开的全国住宅产业现代化工作现场交流会，学习外地住宅产业化发展经验。接待沈阳、济南、株洲、湘潭等地开发主管部门的考察，与他们进行相互学习交流。组织开发企业参加可再生能源观摩活动和建设工程质量保险座谈会。4. 鼓励企业多元化发展。一是调研长沙市保障房建设的相关情况，形成《鼓励民间资本参与保障性住房建设的建议》，提出鼓励民间资本参与保障性住房建设的模式，推荐试点项目。二是召开促进开发企业转型座谈会，分析当前房地产发展形势，宣传老年地产发展相关政策。三是组织相关处室和企业赴杭州考察老年地产，学习推动老年地产开发的经验和主要做法。四是牵头成立老年产业课题研究领导小组。邀请相关部门负责人、专家、学者、相关企业等开展老年产业课题研究，探索推进养老服务业综合改革试点的模式、政策等，以推动房地产企业开发新的老年地产产品。五是邀请澳大利亚外商与开发企业代表召开座谈会，推荐长沙老年地产项目，加强与外商合作，推动地产多元化发展。六是指导协会举办《当前房地产市场的基本态势和转型发展》开发企业培训会。邀请清华大学周立教授进行《十八届三中全会房地产政策及投融资形势分析专题讲座》，提高对市场、政策的敏感度，提升企业的生存和竞争能力。（蒋　菁）

·土地征收与房屋拆迁·

【概况】　2014年，市本级（内五区）共完成房屋征收拆迁面积59.12万平方米（含纳入监管的协议征收项目），其中：私房2551户，20.61万平方米；单位442家，37.83万平方米；直管产147户，0.69万平方米；共审批23个房屋征收项目的征收补偿方案，监控补偿资金64.59亿元，解控52.15亿元，其中，监控强拆款2.91亿元，解控强拆款1.17亿元。（周　志）

【重点项目征收】　一是完成五一大道东段周边零星地块棚改项目、浏阳河风光带东岸及滨河路项目（一、二期）、杉木路建设项目、京珠西辅道项目、长株潭城际铁路项目、万家丽路快速化改造项目、红旗路项目、南湖片区都江路及周边零星地块棚改项目、城南西路道路建设项目、市轨道交通1号线新中变电站项目、南郊公园东大门项目、西湖文化园二期和三期项目、土城头路项目、莲坪大道坪塘段项目、火车北站片区棚改项目、城际铁路开福区段项目、开福区国营综合农场28.8公顷保障性住房建设项目、马王堆路、石坝路、香月路、比亚迪路、曙光南路（新建路——车站南路）、三十七中扩建、洞井路、磁浮铁路、城际铁路站点、川河南路共28个项目（含3个棚改项目）的征收工作；二是新启动古道巷有机棚改项目（二期）、原长沙重型机器厂棚改项目（A、D、E、F四个地块）、黄兴北路（二期）棚户区改造项目、橘洲湾路棚户区改造项目、坪塘棚改（长沙市水泥厂）项目、长沙市火车北站二期(金珑、三维地块)项目、雨花区支路四十二道路工程项目、万家丽路快速化改造工程建设项目等23个新项目，这些项目的房屋征收工作都在有序推进。（周　志）

【创新推行“模拟征收”】　2014年8月，根据市政府的统一部署，市征收办制定《关于长沙市国有土地上房屋试行模拟征收的工作方案》，认真组织市中级人民法院、市法制办、开福区征收办等单位及业主单位代表赴成都进行学习考察，对成都市开展模拟工作的管理体制、实施程序和条件、模拟征收工作的资金运作等相关情况进行深入了解。同时，结合长沙市实际，市征收办牵头制定《关于长沙市国有土地上房屋试行模拟征收的意见》（征求意见稿），在多次征求区、县（市）征收部门以及市中院、发改、规划、国土、住保等市直部门意见后，形成了送审稿；于11月提交省、市行政司法对接会议专题讨论，会议就主要内容达成一致意见，会议明确：按达成的指导性意见，选择一至两个有代表性的项目先行试点，试点到一定时期后，再行出台正式的文件。市征收办选择雨花区砂子塘街道的两个棚改项目开始试点，标志着全市“模拟征收”工作正式迈入试点探索阶段。（周　志）

【规范化征收】　一是按照《湖南省实施〈国有土地上房屋征收与补偿条例〉办法》的要求，制定《长沙市国有土地上房屋征收评估机构选定指导性意见》，依法依规建立共有13家评估机构的全市房屋征收评估机构备选库；二是严格执行审批程序，加大监控力度，不断强化项目征收和补偿监管；三是从安全生产、施工人员管理、文明施工等方面突出抓好拆除工程安全监管；四是根据住建部和省住建厅有关要求，逐步推进长沙市城市房屋征收项目信息系统建设。2014年，已选择岳麓区、开福区两区征收办开展试点工作。（周　志）

·房地产市场及管理·

【概况】　2014年，长沙市房地产市场保持基本健康平稳的发展。在市场供应上，全市全年新建商品房累计批准预售2711.58万平方米，同比增长21.36%，新增供应量创历史新高。在市场成交上，全市全年新建商品房累计网签1698.59万平方米，同比减少13.64%。在住宅均价上，全市全年新建商品住宅网签均价5451元/平方米，同比下跌6.94%。在二手房成交上，全市全年二手房成交面积417.66万平方米，同比减少20.54%。2014年，长沙市加强房地产市场监管，防范市场风险。建立在长沙开展房地产金融业务的金融机构联席会议制度，对房地产金融风险进行预控。建立长沙市楼盘预警预报机制，对全市在售楼盘进行跟踪，全力防控单一楼盘风险。（殷志成）

表 15

全市房产交易情况统计

统计时间：2014 年 1–12 月

（单位：万平方米、套、亿元、元 / 平方米）

项目名称		全市	同比（%）	其中：内六区				
				累计数	同比（%）	本月数	同比（%）	环比（%）
一、商品房批准预售面积		2711.58	21.36	2026.25	34.63	286.68	120.41	45.71
其中：	住宅	2037.72	6.30	1501.07	17.27	203.37	88.16	51.26
	商业	378.71	106.93	264.12	136.86	59.46	546.48	133.37
	办公	157.52	82.17	138.09	59.92	17.44	36.27	25.44
二、商品房网签面积		1698.59	-13.64	1139.85	-17.93	143.24	26.71	11.28
其中：住宅		1429.36	-16.41	958.79	-19.65	108.32	11.60	-3.73
三、商品房网签套数		156291	-16.46	105371	-21.48	12034	14.51	3.00
其中：住宅		132006	-18.28	88303	-22.41	10032	14.29	-0.17
四、商品房网签金额		1073.39	-16.50	791.04	-21.31	103.54	17.66	25.53
其中：住宅		779.20	-22.21	576.73	-25.07	67.56	2.64	4.13
五、网签均价	住宅	5451	-6.94	6015	-6.74	6237	-8.03	8.16
	商业	13147	0.50	15373	3.90	13278	-12.74	1.86
	办公	10766	-9.82	10926	-8.87	11019	4.27	6.88
六、商品房备案面积		1632.47	-16.20	1134.42	-18.48	123.15	15.35	7.12
其中：住宅		1397.39	-16.75	952.60	-19.02	95.03	8.68	-3.63
七、商品房备案套数		154117	-17.20	108515	-19.97	10801	5.65	2.26
其中：住宅		128571	-18.83	87605	-22.12	8595	3.96	-2.51
八、商品房备案金额		1004.11	-17.06	772.53	-18.84	85.01	13.30	11.32
其中：住宅		774.62	-19.00	582.21	-20.84	55.00	-4.00	-4.35
九、商品住宅备案均价		5543	-2.71	6112	-2.24	5788	-11.66	-0.75
商品房非住宅备案均价		9762	3.53	10468	4.07	10673	16.26	-7.44
十、二手房成交面积		417.66	-20.54	284.95	-11.34	22.74	-22.07	-3.73
其中：住宅		327.35	-11.18	236.90	-10.37	19.11	-6.18	-14.58
十一、二手房成交套数		36261	-7.45	27154	-5.54	2079	-6.35	-11.72
其中：住宅		31778	-9.46	24325	-8.23	1923	-6.88	-13.69

制表单位：长沙市房产研究中心　填表人：邓 晖　核对人：申 蝶　报出日期：2014 年 12 月 30 日

表 16

内六区新建纯商品房交易统计

统计时间：2014 年 1–12 月　　（单位：万平方米、套、亿元、元 / 平方米）

项目名称	累计数	同比（%）	本月数	同比（%）	环比（%）
一、商品房批准预售面积	1915.20	30.92	286.68	120.41	55.32
其中：住宅	1393.71	12.43	203.37	88.16	64.66
二、商品房网签面积	1038.47	–21.62	140.43	29.57	21.49
其中：住宅	857.87	–24.09	105.59	13.91	6.22
三、商品房网签套数	96946	–24.63	11760	16.02	11.44
其中：住宅	79916	–26.22	9770	15.88	9.54
四、商品房网签金额	762.34	–22.34	102.55	18.78	29.36
其中：住宅	548.54	–26.56	66.67	3.41	8.08
五、商品住宅网签均价	6394	–3.25	6315	–9.22	1.75
商品房非住宅网签均价	11838	–1.80	10297	–26.11	–5.22
六、商品住宅网签中位数价	6122	–3.59	5969	–5.66	–0.25
其中：普通商品住宅	6061	–3.90	5881	–5.62	–0.37
七、商品房备案面积	1056.99	–19.12	107.17	6.40	6.14
其中：住宅	875.28	–19.83	79.05	–2.88	–6.58
八、商品房备案套数	102640	–19.98	9676	–0.68	1.19
其中：住宅	81754	–22.27	7470	–4.07	–4.43
九、商品房备案金额	747.25	–19.13	79.84	9.59	10.89
其中：住宅	557.06	–21.28	49.83	–9.59	–6.23
十、商品住宅备案均价	6364	–1.81	6303	–6.90	0.37
商品房非住宅备案均价	10467	4.05	10673	16.26	–7.44

制表单位：长沙市房产研究中心　填表人：邓 晖　核对人：申 蝶　报出日期：2014 年 12 月 30 日

（注：本表中商品房相关数据均不含集资、定向开发、经济适用房数据）

物业服务

【概况】 截至2014年底，全市物业服务企业增加到1081家，其中一级资质企业36家，二级资质112家，三级资质933家。一、二级企业比去年增加36家，在全行业中的占比增加3个百分点，品牌企业初步显现出产业发展的龙头作用。物管项目达3000余个，总面积1.5亿平方米，物业管理覆盖率达75%，从业人员超过10万人。物业维修资金归集历年累计达165亿元，使用金额历年累计超过1.61亿元，2014年归集20亿元，使用5622万元。

一、行业行为逐步规范。1. 突出诚信管理，发挥市场约束力。出台《长沙市物业行业信用信息管理办法》，建立物业服务企业数据平台，将企业的营业收入、业务能力、服务水平、业主投诉、及部门意见纳入信用档案管理。2. 突出制度建设，引导行业自律。在全市物业小区印发物业服务企业自律公约、业主委员会成员履职承诺书和住宅装饰装修管理服务协议，规范了各方主体行为。3. 突出问题导向，开展专项治理。以关注民生、维护民利为主线，以解决群众诉求、化解突出矛盾为出发点，开展业委会建设、矛盾调处等重点难点问题研究，组织对地下停车场使用性质变更情况进行专项督查，加强小区燃气安全监管，完善相关联动协调机制。开展专题研究，对全市“住改商”的情况开展摸底调查，形成调查报告报市人民政府专题研究。并在开福区联合城管、工商、公安、卫生、教育等部门开展“住改商”整治试点工作。

二、服务水平显著提升。全年有6个项目上报住建部作为全国示范推广项目，有19个项目获省级示范项目荣誉称号。1. 狠抓教育培训，提升服务能力。积极参与湖南省首届物业管理行业技能竞赛，长沙市中建物业获得第一名，普瑞物业获得第三名。积极组织参与全省物业管理行业知识竞赛，长沙市代表队获得三等奖。2. 妥善调处矛盾纠纷，构建和谐氛围。建立长沙市物业小区矛盾纠纷专家咨询调处中心，发挥行业专家在矛盾纠纷调处中的积极作用。全年共接受处理“12345”热线、市长信箱等投诉500余件，妥善调处山水庭院、西湖丽景、诚兴园、番阳小区等小区发生的矛盾纠纷。3. 开展主题活动，树立行业形象。以创建文明城市为契机规范服务标准，通过一月一考评等措施，巩固文明创建成果，在全市文明指数测评中表现突出，得到各级领导的高度肯定；以学雷锋志愿服务活动为载体，进一步增强服务意识，开展扶老助残、帮困解难、应急救助、便民利民服务，为空巢老人提供生活照料和家政服务，受到社会的广泛赞誉；以创建平安物业为平台，进一步完善服务体系，健全“人防、物防、技防”三位一体和街道、社区、小区多方联动的安全防范体系，培育了湘域熙岸花园、钱隆樽品、北京御园3个“平安物业”典型示范项目。

三、维修资金使用增效。深入破解物业维修资金使用难题，提高物业维修资金使用效率。1. 完善应急维修配套制度。制定了《应急情况下使用物业专项维修资金的意见》，对应急维修的范围和程序进行了明确规定。全年受理应急维修使用申请划拨业务近800笔，受益住户接近7万户。2. 启用短信投票系统。为解决“双三分之二”业主签名表决难的问题，继网络投票、电话投票表决系统后，正式上线实施手机短信投票系统，全年有60余个小区，3000余户业主参与投票。3. 优化维修资金使用审批。对使用预算费用3万元以下维修和更新、改造项目和应急维修项目审批权限下放到区级管理部门，进一步简化程序提高效率。

（邓林飞）

住房保障

【概况】 2014年，长沙市住房保障局以棚户区改造为重点，扎实推进保障性安居工程工作，超额完成省、市下达的各项目标任务。获长沙市“六个走在前列”暨绩效考核一等单位、长沙市文明单位、长沙市文明窗口示范单位、长沙市财政支出绩效评估优等单位等称号。长沙市棚改工作货币化安置与实物安置相结合的安置补偿模式得到住建部的肯定，在2014年7月30日全国住房保障工作座谈会上予以典型推介，新华社内参《专供房价分析报告》两次刊发长沙棚改综合探索和后续管理经验，均得到中央领导批示。中国新闻社中新网于11月5日播发《圆百姓安居梦》文章，《中国建设报》于11月25日刊发《长沙：鼓励货币化安置加快棚户区改造》，对长沙市棚改工作予以积极评价。

2014年，省下达长沙市保障性安居工程建设考核任务22768套。截至12月底，实际开工项目95个28002套（户），开工率为省下达任务的122.99%，其中公共租赁住房项目开工42个新建11517套，为任务数的121.13%；城市棚改项目开工53个改造16485户，为任务数的124.32%。从9月份开始，开工率达到100%，排名全省第一。省绩效考核和为民办实事年终评估核查小组对长沙市保障性安居工程指标完成情况进行资料核查和项目实地抽查，充分肯定“长沙市保障性安居工程建设项目扎实，思路创新，各项工作争先创优，亮点突出”。（盛　利）

【棚户区改造】 贯彻落实市委、市政府棚改工作新理念，以“四增两减”为导向推进新一轮棚改。一是摸实情。牵头组织各区、县（市）对全市棚户区存量、主城区零星棚屋和“城市斑点”、国有工矿和国有企业棚户区进行调查摸底，为市委、市政府棚改决策提供科学依据。二是拟政策。起草并报市政府出台《关于全面加快棚户区改造工作的意见（长政发〔2014〕38号）》，牵头制定完善相关配套政策，组织棚户区改造安置补贴、城市设计暨“四增两减”、统贷平台资金管理业务培训。三是争资金。全年共争取中央、省保障性安居工程专项资金8.05亿元，同比增长7.76%；组织国开行贷款承贷棚改项目51个，争取贷款授信338亿元，第一批12个项目101亿元贷款已签订正式放贷合同。四是强机制。充分发挥市安居棚改办统筹协调作用，从相关市直部门抽调工作人员集中办公，实行周碰头、周调度，加快手续办理，畅通绿色通道。（盛　利）

【保障性住房建设与管理】 一是建设方面。在全省率先试点推动乡村教师、乡村医师公租房建设。2014年在44个乡镇、48个学校和医院新建公共租赁住房1468套，有效改善了乡村教师和医师居住条件；积极推进住宅产业化和绿色建筑行动，重点落实高新区尖山印象公租房等5个保障性安居工程住宅产业化项目，2014年新立项的政府投资项目全部按绿色建筑一星标准进行设计和建设；开展保障性安居工程建设示范项目创建活动，尖山印象公租房项目被列为省保障性安居工程建设示范项目；组织2次全市保障性安居工程安全生产检查，确保了安全生产零事故。二是管理方面。起草《关于推进长沙市公共租赁住房和廉租住房并轨运行的实施意见》，经市政府常务会议审议通过；通过合理提标扩面、科学分解任务、简化审批流程、并轨实施保障、开展督查通报等方式，切实提高入住率。截止12月底，全市廉租房、公租房总入住率为88.7%，超额完成省目标任务；组织开展廉租住房管理专项整治行动，对主城区9465套廉租住房开展地毯式排查，出台《廉租房管理违规行为整改指导意见》，对854起违规行为下发整改通知书，已整改到位541户，并调研形成《关于加强公共租赁住房后续管理服务的实施意见》（讨论稿），探索建立保障性住房监管长效机制。（盛　利）

【服务提质】 一是住房保障提标扩面。经市政府批准，从2014年5月1日起，全市住房困难认定面积从人均12平方米提高到人均15平方米，住房困难家庭低收入认定标准从1010元提高到1893元，同时，将未婚、离异或丧偶的单身对象和有房屋产权登记记录的住房困难家庭纳入住房保障范围。鼓励棚改被征收对象选择货币补偿方式自主购房改善居住条件，明确棚户区改造安置补贴标准为每户15万元。认真贯彻落实“湘五条”规定，积极与开发商洽谈团购商品房用于棚改安置房，截至2014年底，已与开发商签订优惠协议6191套，已签订正式购房合同3352套。二是审批管理增速提质。践行群众路线，优化审批流程，市、区两级住房保障审批时间缩短为10个工作日，审批提速50%。对残疾、老人等特殊群体开辟“绿色通道”，实现当天办结。全年共办理经适房上市交易3625户，缴款13415万元；发放廉租住房租赁补贴8285户；办理棚改征收住房保障资格审批1441户。三是房改工作稳步推进。出台《市直行政事业单位职工住房补贴实施细则》，成立专门班子，抽调专门人员，开发专门系统，召开专门大会，全力推进市直行政单位职工住房补贴发放工作。2014年累计受理144个单位11014人住房补贴，完成复审122个单位10458人，下发批文64个单位5174人，发放补贴金额7115.23万元。全力服务市重点工程和棚户区改造，做好了1096户城镇拆迁“半边户”购保障性住房资格审查工作。（盛　利）

【完善棚户区改造配套政策】 由长沙市住房保障局起草并报市政府出台《关于全面加快棚户区改造工作的意见》（长政发〔2014〕38号），突出“规划先行、四增两减、安置优先、市级统筹”的特点，明确用地政策、财税政策、涉征政策、安置房筹集、棚户区改造安置补贴五类30条支持政策，并及时完善制定《长沙市棚户区改造项目贷款资金管理办法》（长政发〔2014〕44号）、《长沙市棚户区改造安置补贴审批操作实施细则》（长住保发〔2014〕52号）等配套政策，拟定《长沙市购买商品住房用于公共租赁住房及棚改安置房工作指导意见》（送审稿）及订购合同参考样本。（盛　利）

【廉租房专项整治活动】 2014年8月底，针对保障房存在的转租、空置、欠租等行为，制定工作方案，组织开展廉租住房管理专项整治行动，对全市9465套廉租住房开展地毯式排查，逐户上门调查核实，层层签订整改工作目标责任书，落实整改责任，对854起违规行为下发整改通知书，已整改到位541户。并以专项整治为突破口，探索保障性住房监管长效机制，调研形成《关于加强公共租赁住房后续管理服务的实施意见》（讨论稿）。（盛　利）

【启动市直行政事业单位职工住房补贴工作】 7月25日，召开市直行政事业单位职工住房补贴工作暨业务培训会议后，8月2日正式启动市直行政事业单位职工住房补贴审批发放工作，直接惠及市直行政事业单位3.8万余名干部职工，计划于2015年底全部审批发放到位。该次住房补贴的对象范围是指市直行政事业单位中在职在编职工（含离退休人员、政府雇员），各区、县（市）行政事业单位及企业可参照执行；享受条件为没有购买福利房或已购买福利房但面积未达到规定标准，同时还要求在1998年12月31日前没有达标私房。（盛　利）

住房公积金管理

【概况】 2014年，长沙住房公积金管理中心瞄准“全省标杆、全国一流”的总体定位，推动长沙住房公积金事业健康发展。全年新增住房公积金开户单位1398个，新增开户职工14.5万人，完成归集66.4亿元，同比分别增长30.9%、19.8%、20.3%；全年提取住房公积金31.3亿元，占当年归集额的47.1%，发放个贷1.16万户32.5亿元，发放试点项目贷款5.25亿元。全年完成业务收入8.84亿元，实现增值收益4.3亿元，上缴保障性住房建设补充资金3.4亿元。

一、加快归集扩面。1. 重点抓好非公企业建制缴存。以“领导联点、任务捆绑、全员参与”的方式，对企业开展调研走访、政策宣传和催建催缴。组建住房公积金执法大队，下发催建催缴通知书1093份，下发责任整改通知书323份，全年共有1098家非公企业2.6万名职工开户建制，分别占新开户单位和职工数的78.5%、17.9%。长沙非公企业建制缴存工作经验在2014年全国住房城乡建设工作会议上作典型推介。2. 推进聘用人员和社区工作人员建制。联合有关部门出台《关于做好市直机关事业单位编外合同制人员住房公积金缴存工作的通知》《关于规范社区专职工作人员工资福利待遇的意见》。全市市直机关事业单位编外合同制人员开户单位173家，开户职工3086人；全市社区专职工作人员开户单位109家，开户职工831人。3. 强化“双联”工作机制。加强各部门信息共享和协调配合，将“双联”工作机制从市本级延伸到区、县

（市）一级。各区、县（市）加强归集扩面工作领导，组织召开园区、行业、街道“制度推进会”20余场，参会企业600余家。

二、发挥住房保障作用。1.调整优化公积金提取政策。放宽对农民工、非本市户籍职工提取公积金条件，职工与单位解除劳动关系后可随即提取；放宽租房提取条件，缴存职工在本市无自有产权住房，每年可申请提取上年度汇缴额的50%。2.积极发展公积金个贷业务。多次深入楼盘宣讲公积金政策，扩大公积金贷款使用范围。恢复省内住房公积金异地个人住房贷款业务，实现武汉、长沙、南昌、合肥四城公积金缴存异地互认，将个贷条件调整为连续足额缴存6个月（含）以上，取消公积金贷款个人担保收费，不断加强贷款风险控制。3.扎实推进“试点”项目贷款工作。完成住房公积金试点贷款项目调整工作，加强对试点项目的指导，依规有序发放贷款，及时收回到期贷款本息。

三、加强资金风险防控。1.改进支付方式，实行“零余额账户”管理、“资金集中支付”改革，资金集中存储、统一管理、统一支付，提高资金使用效率和收益，防范资金风险。2.加强资金管理，规范账户开设和资金存储，合理控制贷存比。进一步规范资金调拨、使用程序，加强财务管理，严格执行资金支付制度。3.规范业务管理，强化内控制度管理，加强网络在线稽核，全面强化风险点控制，开展季度稽核检查，促进业务审批规范化。

四、提升服务品质。1.推出十项便民服务举措。推出“领导带头、业务提速、预约上门、延时服务、通道拓展”等改进住房公积金服务工作十项举措。2.进一步提速业务审批。出台实施《关于进一步提升住房公积金业务审批效率的通知》，对个贷和归集缴存业务审批流程进一步简化，对申请资料进行再瘦身。住房公积金业务审批事项在2013年提速56.3%的基础上，整体再提速62%。3.提升“12329”热线服务品质。建立健全“12329”热线各项工作制度，做好咨询、举报、投诉和建议的转办和协调处理。长沙“12329”热线管理工作在2014年全国宁夏现场会上作典型推介。（黄露平）

【长江中游四省会城市实现住房公积金异地使用】 2014年12月，长江中游城市群省会城市武汉、长沙、合肥、南昌住房公积金管理中心签署《长江中游城市群暨长沙、合肥、南昌、武汉住房公积金异地使用合作协议》。根据该协议，自2015年1月1日起长江中游四省会城市公积金实行缴存异地互认和转移接续。职工在就业地缴存公积金，在户籍地购买自住住房的，可向户籍地公积金中心申请公积金个人住房贷款。异地购房贷款执行贷款地住房公积金贷款政策规定。职工及配偶未使用住房公积金贷款的，异地购房可提取公积金用于购买户籍地首套自住住房或偿还商业住房贷款。

（黄露平）

能源节约

【概况】 2014年，在经济稳增长的大形势下，长沙市保持能源消费总量增速减慢，单位GDP能耗稳步下降的趋势。初步测算，前三季度综合能源消费量为368.47万吨标准煤，比上年同期下降3.7%，预计全年单位GDP能耗下降3%以上。

一、机制改革。1.项目“能评”效率大幅提升。按照深化行政审批制度改革的总体要求，坚持“应进必进、在线审批”的原则，执行网上在线审批制度和一次性告知制度，属于区、县（市）与工业园区立项管理的项目的节能审查职能一律下放到区、县（市）与工业园区。节能评估审查效率提高50%以上。2014年，市本级开展固定资产投资项目节能评估审查项目26个，备案项目136个。同时，积极探索开展能评验收工作，构建从项目立项、能评、验收全过程监管机制。2014年，组织对山河智能智能化桩基础成套施工装备关键技术及开发项目进行节能验收。2.能源管理体系地方标准建设取得重大突破。制定《重点用能单位能源管理体系实施指南》（DB43/T 921-2014）并正式实施，这是湖南省第一项能源管理体系标准，也是全国关于能源管理体系的第一个地方标准，是企事业单位节能工作管理者实践操作的指南文件。从山河智能装备股份公司、长沙新奥热力公司、中南大学和省儿童医院能源管理体系试点的情况来看，能源管理体系标准的内容“接地气”，指导性、实用性、可操作性强，社会反响好。

二、项目推进。1.向上争资力度不断加大，2014年，积极对接国家投资政策，做好节能技改和重大能源开发项目申报和资金争取工作。长缆电工科技股份有限公司获得中央预算内投资810万元，湖南谷力新能源科技股份有限公司申报的2015年中央预算内投资战略性新兴产业（能源）项目已通过国家能源局专家初审。2.天然气分布式能源项目推进加快。出台《长沙市促进天然气分布式能源产业发展实施暂行办法》（长政办发〔2014〕6号），制定具体的可操性措施，促进天然气分布式能源项目建设推进加快。2014年，长沙新奥燃气有限公司调度指挥中心一期工程天然气分布式能源站、小天城燃气分布式能源站和湖南科霸汽车动力电池有限责任公司天然气分布式能源站正在开工建设；比亚迪、湖南省博物馆、王府井、美高梅综合商业广场等8个楼宇型项目和浏阳经开区区域型项目已完成核准手续，预计2015年初可开工建设。全市分布式能源项目推进争取了市里专项资金预算，在国家组织的相关会议上进行经验发言，具有全国性的影响力。3.风电开发来势喜人。宁乡观音阁风电场50兆瓦项目、浏阳连云山风电场50兆瓦项目纳入国家核准计划，其中宁乡观音阁项目已核准，预计2015年6月份可投产；浏阳连云山项目抓紧办理核准手续。湘电新能源宁乡龙田50兆瓦风电场和华电莲花70兆瓦风电场项目已获得省发改委路条，在进一步落实项目建设条件。4.光伏项目建设扎实推进。2014年，有79.15兆瓦项目纳入国家分布式光伏发电计划，截至年底，全市已建设完成光伏发电项目60余千伏。5.着力引进龙头能源企业。2014年以来，引进协鑫集团、裕坤合投资等在长沙成立区域公司，为长沙市能源项目建设补充新鲜血液。

三、节能管理。1.稳步推进节能统筹管理。加强工业、建筑、交通、农村、商务、公共机构等重点行业和领域节能的综合协调和统筹管理，对重点行业主管部门落实2013年度节能计划进行督查，拟定2014年节能工作方案。2. 积极推进重点用能单位节能低碳行动。及时调整市重点用能单位名录，落实能源利用状况报告制度，积极推动能源审计工作，在上年完成34家长万家企业能源审计工作的基础上，继续推动未完成能源审计工作的万家企业加强与节能服务机构的对接，2014年完成能源审计近10家。3. 组织开展节能目标考核。顺利迎接省政府节能目标考核工作，被评定为“超额完成”等级;组织开展对区、县（市）节能目标考核工作，完成了2013年度各区、县（市）政府节能目标考核，其中，天心区、望城区和浏阳市超额完成节能目标。同时，完成65家在长国家万家企业（单位）2013年度节能目标责任评价考核，以考核促成效。4. 建立区、县（市）节能目标完成情况“晴雨表”发布制度。为指导和推动区、县（市）做好节能工作，强化统计预警，会同市统计局建立区、县（市）节能目标完成情况晴雨表发布制度，按季度向社会发布各区、县（市）节能目标完成情况“晴雨表”，这在全省14个市州中属首创。

四、执法宣传。1. 广泛开展节能宣传进机关、进企业、进学校、进基层等一系列活动。围绕2014全国节能宣传周“携手节能低碳，共建碧水蓝天”主题，开展“节能课堂”“节能伴我在校园”“携手节能低碳”等丰富多彩、喜闻乐见的宣传活动。成功举办了2014年节能宣传周活动启动式暨第六届湖南（长沙）节能和循环经济博览会；制作了节能公益宣传光碟，供会议中心等平台巡回播放；形成了与湖南红网、长沙晚报、长沙新闻频道等媒体常态合作,优化《节能课堂》《节能在身边》等专题栏目，提升长沙能源网的建设质量，营造全民节能浓厚氛围。2. 强力推动节能综合监察。认真制定节能综合监察，规范节能监察行为，创新节能监察理念。2014年联合区、县（市）园区开展温控执法检查;组织对宾馆酒店招待所等场所禁止免费提供一次性用品实施五周年专项检查，重新颁布市政府公告；以统一监察文本，规范监察行为，运用监察成果为重点。完成22家重点用能单位节能综合监察。配合省节能监察中心实施对长沙市未完成目标任务的在长国家万家企业（单位）的监察，以及温控监测和能效标识使用监察行动。3. 委托中南大学编印《能源知识与节能管理》培训教材，为进一步规范教育培训奠定基础。4. 节能技术产品推广应用力度不断加大。制定先进节能技术研发及成果激励政策，组织开展对节能领域科技进步作出重要贡献的单位给予扶持，通过专家评审，对3个研发类项目和7个成果转化类项目给予了资金扶持，同时，发布《长沙市节能技术和产品推荐目录（第一批）》，发掘一批优秀的节能技术、项目，鼓舞一批研发、推广人员，宣传一批优秀的企业。积极推广高效照明产品，全年推广财政补贴高效节能灯和LED灯90万余只。（杨　洁）

【第六届湖南（长沙）节能和循环经济博览会】 2014年6月8-10日，2014年湖南省节能宣传周暨第六届湖南(长沙）节能和循环经济博览会在长沙红星国际会展中心召开。省人大常委会党组成员陈叔红宣布节能宣传周和节博会开幕，省发改委主任谢建辉主持，省发改委副主任、能源局局长王亮方和市委常委、常务副市长陈泽珲致辞。该博览会期间也是全国第二十四个节能宣传周，主题是“携手节能低碳，共建碧水蓝天”。作为节能宣传周期间的主体活动之一，第六届湖南（长沙）节能和循环经济博览会由省发改委、长沙市政府主办，湖南省节能监察中心、长沙市发改委、长沙市能源局承办。展会设国际标准展位400余个，展览面积1.5万余平方米，包括节能低碳与循环经济、绿色建筑与新型城镇化、新能源与雾霾治理、绿色出行与智能交通四大主体展区，集中展出上千种节能、节水、新能源和资源循环利用等先进技术。（杨　洁）

【发展天然气分布式能源】 2014年起，在国家节能减排财政政策综合示范期结束后，长沙每年将安排预算资金3000万元，专项用于天然气分布式能源项目及相关产业链的发展。拥有天然气分布式能源，就相当于在家附近建设一座天然气发电站，可以供电，可以利用发电时产生的冷热水供应冷暖气，还能做到用电“峰谷差互补”，缓解“电荒”。在利好政策的推动下，长沙天然气分布式能源项目建设迅速发展。其中，黄花机场能源站于2013年8月实现并网发电；长沙新奥燃气有限公司调度指挥中心一期工程天然气分布式能源站、小天城燃气分布式能源站、湖南科霸汽车动力电池有限责任公司天然气分布式能源站已开工建设；浏阳经开区、望城经开区等区域型天然气分布式能源项目已启动前期工作。同时，金桥国际、湖南省博物馆、王府井、美高梅综合商业广场等10余个楼宇型项目办理项目核准手续。预计到2015年末，长沙将建设天然气分布式能源项目15个左右，年发电量逾5亿千瓦时，每年可减少二氧化碳排放量约50万吨，节约标准煤量近10万吨。（杨　洁）

【全国首个能源管理体系地方标准出台】 2014年9月29日，由长沙市能源局和中国检验认证集团湖南公司共同合作编制的湖南省地方标准《重点用能单位能源管理体系实施指南》在长沙发布，于10月1日正式实施。该标准是全国首个能源管理体系地方标准,比相关国家标准内容更丰富、细致，指导性和可操作性更强，是能源管理工作科学化、规范化、体系化的重要标准工具。标准制定后，长沙市能源局制定推广实施计划、出台配套扶持鼓励政策和考核办法来推动标准的实施。初步计划用三年时间完成60-100家重点用能单位能源管理体系建设，争取在“十三五”末期，全面完成长沙市重点用能单位能源管理体系建设。市能源局还组织有关部门和专家对体系的实际运行情况进行验收和评价，对推动该项工作积极主动、体系建设评价优秀的单位，将给予资金支持；对推动体系建设不积极或评价不合格的单位将进行重点监察。（杨　洁）

【长沙市再颁通告禁止宾馆酒店免费提供一次性日用品】 2014年7月，由市能源局起草的《关于宾馆酒店招待所等场所禁止免费提供一次性日用品的通告》（以下简称《标准》）由市政府发布实施。长沙市再颁的《通告》明确要求，8月25日起，宾馆酒店招待所等场所免费提供一次性日用品将受处罚。《通告》要求，由市发改委牵头，市能源局负责，联合市商务局、市环保局、市物价局、市旅游局、市城管执法局、市工商局等部门，对全市宾馆、酒店、招待所等场所提供一次性日用品情况开展定期检查，督促各宾馆、酒店、招待所等场所停止免费提供一次性日用品。市能源执法支队将加强日常监督检查，对不执行的单位提出整改意见，督促整改；对拒不整改的，将依法给予处罚，并公开曝光。长沙禁止各宾馆酒店招待所免费提供一次性牙刷牙膏、拖鞋、梳子、洗发水、沐浴液、香皂、浴帽等日用品（又称“7小件”）已有5年历史。市能源局发布的《＜关于宾馆酒店招待所等场所禁止免费提供一次性日用品的通告＞执行五年专题抽样摸底调研报告》显示，平均合格率达97.2%，近6万床位5年节约资金3000万余元。

（杨　洁）

城市管理

【概况】 2014年，市委、市政府高度重视城市管理，以空前的力度抓改革、抓部署、抓推进、抓落实，不断深化城管体制机制改革。各级各单位深入推进“清洁城市”行动，实行“史上最严格、最精细、最到位”的城市管理，强化城市管理“三进”活动。主次干道整洁有序，背街小巷环境改观，城市绿化提量提质，市民满意度有新提升。1. 深化城管体制改革，维护管理形成新格局。成立市城管委，健全“职责清晰、权责对等、协同参与、评价监督”体制，将部分审批权、城管执法队伍、项目建设经费等下放到各区，明确市直部门17项城市管理职责，市区职责更加明确，部门边界更加清晰，设立4000万元专项奖励经费，考核评价引入市民评议，为品质长沙建设提供持续动力和体制保障。2. 实施“清洁城市”行动，城市面貌发生新变化。按照“五无五净”标准，深度推进道路清扫清洗行动，提高机械化清扫率，推行“五步清洁法”、一路一方案等清洗清扫模式，道路清洗常态化、制度化，实现城市保洁新常态，3. 强力推进最严城管，服务大局彰显新作为。力推最严城市管理“横向到边、纵向到底”，加大清洗保洁和精细管养力度，巩固城管、公安“双剑合璧”保障，投放智能化新型渣土车600台，出台渣土管理9条新规，拆除违法建筑400万平方米、违章广告24.2万平方米。4. 开展“三进”集中行动，基层基础得以再夯实。推进城市管理“进基层社区、进背街小巷、进城乡接合部”，推广门前三包管理“三单”制，创建20个开放式物业服务“精品社区”，综合提质长华等5个社区，建设绍基公园等20个社区公园（街头小游园），强力整治城乡接合部乱象。5. 提升硬件承载能力，城市功能取得新改善。绿化提质芙蓉路、南湖路等6条道路，绿化提质城乡接合部面积35.5万平方米，建设营盘路东风路口西侧等8处人行过街天桥，新建50座环卫工人休息室，实施湘江大道等的节点亮化，推进生活垃圾深度综合处理（清洁焚烧）等项目。

（钟　庭）

开展不履行市容环境卫生“门前三包”责任制违法行为专项整治行动

【市容环境卫生】 2014年，全市以史上最严格、最精细、最到位的城市管理来推动城乡品质倍升，大力推进“清洁城市”行动，全面促进环卫管理的规范化、精细化、常态化，不断提升环卫工作质量和服务水平。一是狠抓日常保洁维护。提升全市主次干道及环卫公用设施维护水平，确保约3575万平方米道路清扫保洁到位，620座公共垃圾站、519座公厕、165座地下通道、2.7万余个果皮桶、360台洒水车、167台机扫车、436台垃圾运输车等环卫专用车辆设施完好、正常使用；全市每天5800余吨生活垃圾日产日清，无害化处理率达100%，整个收集、中转、填埋过程无二次污染。二是加强督查考核力度。制定《长沙市市容环卫维护作业标准》《2014年长沙市市容环卫工作要点》《关于进一步加强环卫清洗清扫保洁作业的通知》《长沙市环卫系统进一步深化“清洁城市”行动工作方案》《长沙市环卫系统道路周洁制工作实施方案》等文件。经过近一年的推行，长沙市环卫维护工作更加规范，精细化作业程度得到提升。并根据《长沙市城市管理工作考核试行办法》，将环卫维护作业实施分类考核，考核采取“同类、等量、随机、集中与交叉相结合、信息公开”的方式，每月二次集中交叉检查，按时公布考核情况，适时组织考核情况讲评，确保作业实效。三是配合治理城区环境污染。切实加强了对各区道路清扫保洁和渣土收运管理工作的指导协调、督查考核的同时，配合环保、水务等部门强化城区环境污染治理工作。继续推进湘江水域水面保洁维护作业市场化运作，加强对维护作业企业的监管，落实合同约定义务，确保水面的洁净度。完善生活垃圾污水排污管网建设，启动长沙市第一垃圾中转处理场配套废水处理站项目、固体废弃物处理场垃圾渗滤液处理场提量扩改项目及尾水外排管道项目，能有效提高生活垃圾污水处理能力，减少生活污水直排对湘江水域水质的影响；加强垃圾中转站、填埋场及周边环境质量控制，通过改进设备、提高工艺、增加绿化、规范作业、加大环境实时监测等措施，将环境影响降低至最小。四是完善环卫社保体系。在市委、市政府高度重视下，各职能部门大力配合、协调，已为符合条件的一线环卫工人进行参保登记，全市已有8922名环卫合同工已录入社保参保系统，参保经费从2014年1月起已缴纳到位。督促各区认真落实环卫合同工最低工资标准每年上浮10%的规定，提高其工资待遇。完成50座环卫工人休息室，9月18日举办首座环卫工人休息室启动暨美的电器赠送电器仪式。为尽量避免高温作业可能给环卫一线作业人员带来的人身安全隐患，下发《关于调整高温季节环卫一线作业时间的通知》，督促各区市容环卫管理局、各环卫作业单位要妥善安排好一线作业人员的作业，建立、健全防暑降温工作制度，落实高温季节的补助补贴和相关防护制度、措施。落实环卫工人救助帮扶措施，按长政办发〔2014〕1号《环卫职工因公伤亡救助资金管理办法》文件精神，协调各区落实环卫工人因工受伤补贴资金的拨付到位。五是整治城区环境卫生。紧紧围绕“建设更高水准的文明城市”总体部署，深入推进“清洁城市”行动，制定并发放《全市市容环境卫生整治工作方案》，从9月1日起组织开展市容环境卫生综合整治，取得阶段性的成果。截至10月底，组织集中整治行动99次，清除裸露垃圾3854余吨，维修地下通道各类问题1748处，维修站厕问题5966处，新购垃圾运输车41余台。六是推进生活垃圾分类收集处理。为加快城市生活垃圾减量化、资源化、无害化进程，按照市委、市政府指示精神，长沙市将逐步建立和完善垃圾分类工作运行机制。全面摸底全市生活垃圾收集、运输、处置情况，成立了垃圾分类项目与试点工作小组，组织相关部门负责人对全国生活垃圾分类试点部分城市进行实地考察，9月出台《关于开展城市生活垃圾分类的建议方案》。年底，通过政府采购程序，择优选择科研单位对城市生活垃圾分类收集体系进行课题研究，为后期在长沙市全面推广生活垃圾分类、实现城区生活垃圾处理全面革新奠定基础。（侯跃辉）

【市政管理】 2014年，全市城管系统不断提高业务指导和管理水平，有效促进市政道路维护管理力度和各区市政维护单位精细化管理水平。一是健全制度，加强管理考核。修改完善市政管理维护专业考核细则，进一步细化、完善现行市政维护考核办法，健全市政维护管理制度。以日常巡查和数字化为抓手，在规范业务考核制度的同时，不断调整和完善考核方式，采取“2+6”的模式，即维护计划内抽取2条道路，周边抽取6条道路，进行分组交叉考核。9月，为督促各区市政局进一步加大维护力度，配合2014年全国文明指数测评迎检工作，调整考核方式，采取检查路段城区全覆盖、随机抽取的方式，保证全市市政道路的完好。加强路政审批批后监管和考核，严格审批流程，规范审批制度，采取复勘与批后监管相结合的方式，严格控制占道面积、占道时限，不断规范围挡，严格落实公示制度，落实审批信息报送制度，实时掌握动态信息。二是克服困难，强化道路日常维护管理。针对2014年天气多变、雨水较多的情况，合理制定维护计划，精心组织道路维护，抢抓晴好天气，主动维护抢修道路，及时对辖区道路病害进行处理和维护。2014年，全市共修补路面64万平方米，修补人行道12万平方米，清掏各类井18万次，疏浚排水管道78万米。其中芙蓉区修补路面9.3万平方米，天心区修补路面8.5万平方米，岳麓区修补路面17万平方米，开福区修补路面17万平方米，雨花区修补路面8万平方米，高新区修补路面4万平方米。有效改善道路运行情况，确保城区98%以上道路状况运行良好。三是加强沟通，理顺职责职能。2014年3月，根据职责职能的调整，加强与有关职能部门的沟通衔接。为保证过渡期间长沙市城区不发生大面积的渍水现象，按照“工作移交，责任不移交”的原则，市级城管部门主动与市防指、水务部门沟通，完善《全市城管系统城区防汛工作预案》，明确机构及人员组成、分组保障、应急处置、责任分工、工作要求等。针对原由市级城管部门负责审批的城市道路临时占用、挖掘以及依附于城市道路建设各种管线、杆线等设施等3项审批权下放，多次召开专题会议进行调研和业务指导，理顺和规范现行的审批流程。为保证城市管理工作与竣工道路实现无缝对接，与市住建、交警等单位衔接，拟定《长沙市市政道路及附属设施移交管理办法》，进一步规范市政道路及附属设施交接管理工作，明确建设单位和维护管理单位之间的责任、权利与义务，保障新、改、扩建等市政道路及附属设施建成后能正常投入使用。四是精心组织，推进重点工程建设。根据城管体制改革的要求，市城管局不再承担具体项目建设，集中精力抓好对市级部门和区级市政设施维护管理工作的监督考核。提质城区路网，建设营盘路东风路口西侧等8处人行过街天桥。（张杰捷）

【城区绿化】 2014年，全市城管系统及维护作业单位以精细化管理为总揽，以创新管理方式和建立长效机制为重点，以文明程度测评为契机，主动作为，落实责任，维护管理精细化水平取得明显进步。一是精细管理，维护水平稳步提升。全年补栽补种行道树（含大乔木）1.5万株，花灌木（含大灌木）9.8万株，模纹植物73万平方米，草皮42万平方米；累计修剪行道树（含大乔木）41万株，花灌木（含大灌木）104万株，模纹植物850万平方米，草皮150万平方米；喷洒农药稀释液5000多吨，施肥（液）800吨；修复损坏园林绿化设施5.5万余（套）米。全市道路绿化设施和植物完好率达98%以上。二是狠抓项目，工程建设稳步推进。实施“三年造绿行动”，绿化提质芙蓉路、南湖路、东南二环等6条道路沿线，实施万家丽路快速化改造工程绿化移植工程，综合整治地铁、改造道路等绿化破坏严重的区域，在城郊接合部绿化提质35.5万平方米，道路绿化设施和植物完好率达98%以上，城乡环境不断美化。对人民路、韶山路、芙蓉路、车站路等20余条主（次）干道行道树分批提质并布设树穴盖板。三是严格督查，规范行政许可。按照长办发〔2014〕4号文件要求，市局自从2014年3月1日起将城区砍伐、修剪城市树木审批（不含公园绿地）和临时占用城市绿地（不含公园）、街道两侧和公共场地许可的审批权限下放至各区人民政府。为切实做好交接工作，更加有效的提高工作效率，下发《关于做好绿化行政审批权限下放工作的函》，规范工作程序、完善工作制度、加强事后监管，并积极配合行政执法部门，对损毁绿化、占用绿化行为加大查处力度，有效保护城市绿地。四是活动搭台，工作实效大幅提高。组织“3.12 植树节暨补栽补种月活动”“业务培训”等专项活动，组织举办 10 期各种形式的园林绿化专业技术培训，提高维护人员绿化维护业务水平。通过活动搭台，提高工作实效，绿化维护工作整体水平得到大幅提升。（陈国平）

【城管行政执法】 2014 年，全市城管系统认真落实市委、市政府“史上最严格、最精细、最到位城市管理”工作要求，积极顺应城市管理体制改革、重心下移的形势，以“进一步巩固和发展文明城市创建工作成果”为工作核心，圆满地完成全年工作任务。1. 实施最严城管执法，市容水平有效提升。一是明确标准，强力推进。制定《关于加强城市市容和环境卫生整治的通告》《全市城市市容秩序大执法工作方案》《全市最严城市管理执法方案》，通过全市统一部署、分区实施、层层落实责任的方式，强力推进市容严管严控；二是紧扣最严，严管重罚。全年共教育各类城市管理违法行为 17.3 万起，办理各类案件 2.6 万余件，处罚金额 1022 万元，均为往年同期 3 倍，对乱吐乱扔、门前三包、店外经营以及渣土违规运输案件实施顶格处罚 357 起，“严管重罚”力度得到明显提升；三是加强督查，严格考核。重点加强重大节会期间的检查监督，组织开展“全市出入城口城市管理问题”和“全市城市管理突出问题”等城市管理专题督查，督办到位各类城市管理问题 1016 起，同时严格考核，将各区市容管控及督办任务完成情况作为月度考核的重要依据，切实调动各区工作责任心，认真落实检查、指导和督促的职责。2. 切实加大工作力度，专项整治齐头并进。一是加强违法建设专项整治。严格落实市委书记易炼红的“从严控违、铁腕拆违”的指示精神，以城乡接合部综合整治为抓手，明确各区违法建设拆除任务目标，重点督办群众举报、领导批示和数字化反馈的等性质恶劣、影响严重的典型违法建设行为，切实加大对违法建设的拆除力度；二是加强违章户外广告（门店招牌）整治。以确保违法户外广告设置零增量为目标，积极加强巡查、批后监管和工作督办，有效遏制、查处新增违法户外广告（招牌）违规行为，全市（内五区、高新区）户外广告 24.2 万平方米；三是加强渣土专项整治。通过狠抓源头、严查线路、详细台账、全面清退等工作措施全力整治扬尘污染和渣土运输，取得良好整治效果。1-10 月共办理渣土执法案件 1605 起，罚款人民币 463 万元；四是加强餐厨垃圾专项整治。以保量为基本目标，通过细化餐厨垃圾收运管理，强化非法加工窝点打击力度等措施，联合整治、定点打击等形式，有力打击餐厨垃圾违法违章行为。全年共办理餐厨垃圾行政执法案件 441 起，处罚 259350 元，暂扣非法收运车辆 450 台，教育餐饮单位家 420 余家次，教育非法收运人员 560 余人次。四是坚持拆建同步，城乡接合部环境整治深入推进。坚持“拆控并举、拆建同步”的工作原则，深入推进整治工作。印发《长沙市城乡接合部环境综合整治拆违控违工作实施方案》，对高新区和内五区下达《目标任务责任书》，坚持“一月一调度，一月一讲评，一月一专报，一月一通报”工作机制，每月就拆违拆违工作中遇到的困难进行调度，积极协调解决。按季度对各区拆违控违面积进行专项调研和实地督查核对，对各区和重点街道（乡镇）拆违控违工作进行评比排名。全年，城乡接合部拆除违章建筑 397 万平方米，治理施工场地 194 处，治理砂石场 71 家，建设路灯基础设施 164 处，建筑立面改造 624 处。（程代国）

【基层管理】 2014 年以来，按照市委、市政府“清洁城市”大行动部署和城市管理“三进”工作要求，全市城管系统立足服务改善民生，注重创新实践，扎实推动各项工作开展。一是强力推进门前“三包”责任落实。按照易炼红提出的城市管理工作“五个强力推进”的要求，确立“建长效机制，保常态效果”的工作思路，组织开展落实门前“三包”责任制大动员、大宣传、大纠违、大执法活动。选定芙蓉区荷花园街道、天心区城南路街道、岳麓区咸嘉湖街道、开福区清水塘街道、雨花区左家塘街道开展门前“三包”机制试点创新，探索建立“四位一体”责任机制、执法管理“三单”制、严管重罚联动机制、门店自治群众参与机制，坚持每周综合检查评定，每半月定期到各试点街道进行督促指导，每月召开一次试点创新工作调度会议，每季度召开试点街道间的观摩交流会议，不断加强试点创新工作的统筹调度，组织互相学习借鉴取长补短，有力促进了试点创新的共同提升。创新完善责任落实机制、部门联动机制、严管重罚机制和群众参与机制。门前三包管理“三单”制逐步推广、门店自治协会相继成立、“市容监督员”队伍不断壮大，“精美社区”“精美楼栋”和“星级门店”评比深入人心。通过不断推进门前市容责任制，各试点街道在门前责任制落实上投入不断加大，辖区门店、单位和社区居民的意识明显增强，门前市容环境卫生“三包”责任制度机制逐步建立健全，市容面貌发生显著变化，试点创新工作取得了较好成效。二是全面推进开放式社区物业服务。重点开展 20 个“精品社区”、80 个“样板社区”创建活动，下发《开放式社区物业服务工作手册》，规范了物业服务内容、服务标准、服务流程，并逐步将工作范围从老旧开放式小区延伸到了农安小区、安置小区。在老旧居民小区广泛开展楼栋自治活动，实现居民自我管理，倡导有偿服务，发动业主自觉自愿交纳物业管理费用，有效弥补社区经费缺口，调动社区开展老旧居民区物业服务工作的积极性。将市级经费标准明确到各区，检查督促各区落实开放式社区物业服务的补助经费，进一步延伸工作范围。10 月，组织各区、街道相关人员和拟创精品社区在雨花区左家塘街道召开开放式社区创建工作观摩推进会议，起到示范引领作用。通过开展开放式社区物业服务工作，有效解决老旧居民区环境卫生不洁、市容秩序混乱、服务管理缺失等市民群众普遍关注的热点突出问题，促进社区服务管理的常态化，提升服务管理质量，市民群众给予较高评价，对开放式老旧社区物业服务工作满意率达到 95% 以上。易炼红考察城管工作时，对开放式物业服务工作给予充分肯定和较高评价，称之为城管“三进”工作的典范。三是提质改造老旧社区。2014年，继续把老旧社区提质改造作为服务民生、改善民生的重要工作，广泛实施老旧社区、背街小巷综合整治和提质改造项目，提质改造广厦新村社区（南片）等5个老旧社区，全市范围内形成通过实施老旧社区改造切实推进服务民生、改善民生的浓厚氛围。四是加强街道社区城管工作督导。坚持日常督查考核与重点问题督查交办相结合，每周汇总，每月通报，加强对街道社区城管工作的督促指导，对日常督查发现的突出问题通过下发督办函的方式责令限期整改，对五差街道的问题进行跟踪督查，对武广南站周边问题进行了重点督办，对雨花区圭塘街道存在的问题进行专项督查，坚持每周一督查，每月一汇总，在督促解决问题的同时，帮助指导建立健全长效常态机制，确保圭塘街道在规定时间内彻底整改存在问题，取得比较好的成效。五是加强集镇管理工作指导。在各县（区、市）推荐的基础上，经实地考察，选定长沙县高桥镇、路口镇，望城区金山桥街道、桥驿镇，浏阳市金刚镇、大围山镇，宁乡青山桥镇、老粮仓镇作为2014年度拟创示范镇。5月份、8月份和10月份，分别对各拟创示范镇工作进度进行了全面督查，肯定各县（区、市）及乡镇的工作成绩，指出了存在的问题，进一步明确下步工作要求。11月底，对示范镇创建工作进行全面验收，综合各方面的考核情况，评选出4个集镇管理示范镇一类镇、4个二类镇。（匡绍武）

【城区景观亮化】 一是完成市级建设维护的2006年—2013年夜景亮化设施维护管理交接工作。按照市委、市政府理顺城管体制的总体要求，制定移交工作实施方案，明确工作责任，对240余处市级负责维护管理的夜景亮化设施，分辖区范围、分楼宇、分年度、分维护管理单位和经费登记造册，并组织市、区责任单位和维护单位分区现场移交到位。二是加强市、区两级建设夜景亮化设施日常维护管理工作。制定和完善全市夜景设施日常维护管理各项检查考核制度和标准。组织各区全面摸底区投区建的楼宇景观亮化设施，并积极协调处置各区上报的相关楼宇景观亮化维护管理存在的问题。完成原市级建设的2007年和2011年建设维护管理70栋楼宇夜景亮化设施维护管理招投标工作。全面完成“一江两岸”等重点区域亮化提质建设。办理和回复市委、市政府交办的市长信箱、市民来信和媒体反映的多起夜景亮化维护管理方面的问题。（任 伟）

【交通设施管理】 2014年，坚持“科学规划、合理设置、凸显特色、美观大方”的交通设施工作思路，强化管理、加强协调、开拓创新，交通隔离设施和路名牌管理水平不断提升。一是顺利完成新一轮清洗、维护招投标。2014年初，根据工作需要，组织新一轮交通隔离设施清洗、维护招投标工作，确定2014—2016年度全市定点清洗维护单位，为做好交通隔离设施市场化管理工作打下坚实基础。4月，根据市委市政府指示和局党委部署，迅速完成相关职能职责调整，将全市道路交通隔离设施清洗工作下放至各区环卫局，及时做好调整及相关对接工作，强化清洗督查考核，并制定相关措施，将清洗考核纳入数字化管理系统，确保清洗考核管理及时到位。二是健全道路交通隔离设施管理机制。继续加强交通隔离设施和路名牌的日常督查考核力度，根据不断变化发展的交通设施管理情况，进一步完善交通隔离设施清洗、维护督查考核体系，协调将清洗工作纳入数字化考核管理，交通隔离设施精细化管理进一步加强。在强化日常管理的基础上，处室每周组织开展1次集中维护行动，促进交通设施管理全面提质。三是优化调整提质交通隔离设施。优化调整各类交通隔离设施150余处，超额完成年初既定任务，并根据群众反映，对木莲冲路等10余处路段进行开口和设施优化，方便老百姓出行。通过政府采购招投标程序，设置各类护栏近5万米。四是顺利实施万家丽快速化改造工程道路分流项目。积极配合做好万家丽快改项目周边分流道路交通隔离设施设置任务，在22条道路上设置护栏2.7万米，有力保障万家丽路快改项目的顺利实施。组织路名牌定点维护单位对万家丽路沿线100套路名牌进行有序拆除和入库保管，确保了国有财产的安全。五是执法理赔工作再上台阶。开展新一轮交通设施价格认证，使理赔工作更加规范和合理。截至10月底共处理理赔事故500余起，理赔金额300万余元。并加强对故意破坏交通隔离设施的违法行为的查处力度，有效地遏止该类违法现象的蔓延，保护了国家财产。（刘建东）

【“清洁城市”行动】 为塑造“整洁、清秀、靓丽”的省会新形象，紧紧围绕“六个走在前列”大竞赛活动和城市环境综合整治工作的总体部署，全面实现城乡品质倍升，2014年1月23日，长沙市委、市政府全面启动“清洁城市”行动，力争实现“五无五净”（即道路无垃圾、无杂物、无积泥、无积水、无污迹，路面干净、绿地和树圈干净、边角侧石干净、井沟井盖干净、果壳箱等环卫设施干净）的目标。“清洁城市”行动主要包括环境卫生清扫清洗、市政道路修整改造、城区绿化提质提档、广告招牌规范管理、建设施工文明管理、市容秩序严管严控、建筑立面清洁美化7个方面的内容。一是实现城市保洁新常态。长沙市城管系统全面开展道路清扫清洗行动，按照“五无五净”标准，对城区主要干道及附属设施实施延时保洁制、周洁制，推行“五步清洁法”、一路一方案等清洗清扫模式，确保道路清洗常态化、制度化，区县政府定期开展环境卫生大扫除行动，大量城郊接合部裸露垃圾被清除。提高机械化清扫率，投入1亿余元购买环卫保洁清扫设备，市委、市政府专门购买13台多功能清洗车赠送到各区，有效提升了清洗保洁效率。狠抓扬尘污染治理，2014年11月1日，长沙市新型智能环保渣土运输车辆入市营运，运用现代科技成果和管理手段，杜绝渣土、砂石等运输车辆对道路设施的破坏和对环境的污染。二是构建城市美化新常态。深入实施“三年造绿大行动”，重点绿化提质7条道路沿线和5座立交桥，整治20余条主（次）干道行道树树穴，实施万家丽路快速化改造工程绿化移植工程，形成开敞、大气、生态、有层次感的道路绿化景观。综合整治地铁、改造道路等绿化破坏严重的区域，在城郊接合部实施拆违还绿、清脏播绿、平土复绿、垂直挂绿、造景添绿工程，绿化提质35.5万平方米，全市道路绿化设施和植物完好率达98%以上。专项整治农贸市场及占道为市问题、城区架空杆线，综合整治五一路、芙蓉路等城区主要道路两厢，城乡接合部环境不断美化。三是形成精细维护新常态。长沙市注重从细处着眼，提升城市洁净美观。全面维护、翻新、更换公用设施、设备，整修公共厕所、垃圾站、地下通道、人行天桥、垃圾运输车等环卫公用设施和专用车辆、设备，加强公交站台、交通设施、邮政报刊亭、电话亭、交警岗亭等设施的清洗、维护力度，确保城区公共设施外观整洁，功能齐全。加强水域及河滩清扫保洁，全面清除水面漂浮垃圾和因水位高低变化给滩头带来的垃圾，水域清洁度大幅提升。经过全市城管战线的共同努力，不断纵深推进“清洁城市”行动，一是实现城乡环境卫生大提升。全市市容环境整体有显著改善，通过科学铺排、人机结合、水车冲洗等方式，城区主次干道路面见本色，地下通道、人行天桥、果皮筒等公共设施外观整洁，功能齐全。大量城郊接合部裸露垃圾被清除。实现全市每天5800余吨生活垃圾日产日清，无害化处理率达100%，收集、中转、填埋过程无二次污染。二是实现城市市容秩序大提升。通过集中整治、强力执法，规范管理重点区域市容秩序，有效引导和疏导流动摊贩，全市主次干道、广场、小区的脏、乱、差现象得到遏制；主次干道人行道违章停车现象得到控制；重点片区基建工地围挡、城区亭棚占道经营及公交站停车场、长途汽车站占道、维护、清洗等问题有所解决。三是实现全民参与度大提升。市委书记、市长定期讲评、通报“清洁城市”行动，各市直有关部门实现横向联动、协调推进，各区县政府属地管理职责上肩，网格化责任明确，“清洁城市”行动得到有效贯彻落实。中央、省市主流媒体高度关注长沙城管，中央一台新闻联播《长沙还绿于民，提升生活品质》《人民日报》头版头条《人本品质建长沙》等主流媒体深度报道长沙市“清洁城市”行动，社会舆论正能量不断增强。人人参与、人人动手的良好氛围正逐步形成，群众性集中大扫除行动形成常态，市民对长沙市城市管理工作的综合评价持续提升。（钟　庭）

【长沙实施史上最严城市管理】 2014年，是长沙的“最严城市管理年”，长沙市深入发动全面共推史上最严格、最精细、最到位的城市管理，重拳整治城区环境卫生“脏乱差”现象，切实解决人民群众反映最强烈的突出问题。一是实施最严格城管执法。颁布“史上最严市容令”，将乱吐乱扔、店外经营、门前三包不履职等十类破坏城市市容和环境卫生行为作为最严城管执法的整治重点，全面开展城市管理大整治、大排查，严厉查处违反城市管理规定的行为，设立违章曝光台，每周定期曝光一批违法违规行为，迅速掀起城市管理“严管重罚”的新高潮，切实扭转各类市容乱象。2014年，全市共教育各类城市管理违法行为为17.3万余起，办理各类案件2.6万余件，处罚金额1022万元，对乱吐乱扔、门前三包、店外经营以及渣土违规运输案件实施顶格处罚357起。二是落实最精细维护作业。长沙市参照国内先进发达城市标准，出台市政、园林、环卫、执法等工作新规范，提升精细化考核、管理、维护水平，确保城市环境保洁常态化、制度化。三是实行最到位管理考核。按照城市管理重心下移的原则，进一步强化区级政府主体责任、街道属地管理责任和区直管理部门牵头职责，促进管理、执法深度融合，确保最严城市管理执法工作“横向到边、纵向到底”。完善管理考核标准、办法，市委书记、市长定期讲评、通报全市城市管理工作运行情况，每年设立4000万元城市管理奖励专项经费，建立区级城管数字化平台，健全“职责清晰、权责对等、协同参与、评价监督”的体制，引入市民评议，启动“市民随手拍”活动，截至12月31日，市民随手拍用户注册数达1048人，市民上报有效城管类案卷1225条，有效案卷处置率为83%。通过实施“史上最严城市管理”，长沙市城管执法力度切实强化，城市管理各类违法违章行为得到有效整治，城市管理“共建共创”的合力正不断凝聚，城区市容面貌明显改善。2015年1月5日，《人民日报》头版刊发《长沙“严”出新景象》，充分肯定长沙市城市管理“下狠心、出重拳”，以问责倒逼“有为”，呈现城市管理新景象。2015年，长沙城管部门将继续推进“最严城市管理”，以最严格的标准、最严密的组织、最严厉的措施，进一步落实属地管理责任，提升市容市貌维护标准，提高市容常态管控水平，确保城区良好市容秩序。（钟　庭）

地名管理

【一批道路命名】 1. 1月3日，市民政局以长民发〔2014〕3号文件批复，同意将起点为福元路，终点为山月路，长约1320米，宽约16米的道路命名为共和路。

2. 经开福区民政局开民发〔2014〕2号文件请示，3月24日，市民政局以长民办函〔2014〕3号文件批复，同意将西起湘江北路，东至芙蓉北路，长780米，宽约24米的无名道路统一纳入楚家湖路管理，新的楚家湖路西起湘江北路，东至彭家巷路，长约3380米，宽约24米。

3. 经开福区民政局开民发〔2014〕1号文件请示，4月3日，市民政局以长民办函〔2014〕4号文件批复，同意命名“安康路”等9条道路。

4. 经天心区民政局文件请示，4月21日，市民政局以长民办函〔2014〕5号文件批复，同意将北起木莲西路，南至枫香路（规划名），长453米，宽约20米的道路命名为“云峰路”。

5. 经长沙先导城市建设投资有限公司长先城投字〔2014〕28号文件请示，5月4日，市民政局以长民办函〔2014〕7号文件批复，同意命名长沙大河西先导区白赛湖片区内的龙迴塘路等6条道路。

6. 经雨花区民政局雨民〔2014〕1号文件请示，5月28日，市民政局以长民办函〔2014〕12号文件批复，同意将西起曙光南路，东至茶园坡路，长500米，宽约22米的无名道路统一纳入桂园路命名，新的“桂园路”西起韶山中路，东至茶园坡路，长1500米，宽22米。

7. 2014年6月9日，根据《湖南省人民政府关于长沙大河西先导区更名为湘江新区的批复》（湘政函〔2014〕

64号）精神，经市委、市政府研究决定：

（1）长沙大河西先导区更名为湘江新区后，其管理机构更名为“中共湘江新区工作委员会、湘江新区管理委员会”。

（2）中共湘江新区工作委员会、湘江新区管理委员会全面履行原中共大河西先导区工作委员会、长沙大河西先导区管理委员会的职能职责。

（3）湘江新区管理委员会继续履行原长沙大河西先导区管理委员会对外签订的协议、合同等。

（4）原中共长沙大河西先导区工作委员会、长沙大河西先导区管理委员会相关机构同步更名。

（5）原中共长沙大河西先导区工作委员会、长沙大河西先导区管理委员会干部职务按干部管理权限重新任命。

8. 经岳麓区民政局岳民字〔2014〕10号文件请示，7月18日，市民政局以长民办函〔2014〕17号文件批复，同意命名岳麓科技产业园区（岳麓区学士街道范围内）内的金穗路等9条道路。

9. 经雨花区民政局雨民〔2014〕2号文件请示，7月28日，市民政局以长民办函〔2014〕19号文件批复，同意将莲湖社区筹委会内一南起湘府路，北止砂子塘万境水岸小学，长2000米，宽30米的南北向无名道路统一纳入圭塘路管理，新的圭塘路南起湘府路，北止曲塘路，长5600米，宽30米。

10. 经天心区民政局文件请示，8月27日，市民政局以长民办函〔2014〕24号文件批复，同意将起点为木莲路，终点为云峰路，长约290米，宽约5.5米的路段命名为“长铸路”。

11. 经望城区民政局文件请示，8月27日，市民政局以长民办函〔2014〕25号文件批复，同意将正在施工的南起沙河大桥北至黄桥大道（湘江长沙综合枢纽工程），长约9522米，宽约42米的路段，并入湘江北路命名。将湘江北路向北延伸至黄桥大道。

12. 经开福区民政局文件请示，11月10日，市民政局以长民办函〔2014〕30号文件批复，同意将捞刀河街道大明村东起长青路，西止中青路，长1200米，宽16米的东西向无名道路命名为“大明路”。

13. 经雨花区民政局文件请示，11月10日，市民政局以长民办函〔2014〕31号文件批复，同意将高桥街道辖区内南起长沙大道，北止民主路，长352米，宽10米的南北向无名道路命名为高桥西街；将南起长沙大道，北止朝晖路，长720米，宽16米的南北向无名道路命名为高桥东街。

14. 经高新区社会事业局文件请示，市民政局以长民办函〔2014〕45号文件批复，同意将东起谷苑路，西止正兴路，长1200米，宽36米的路段统一纳入谷苑路命名；将东起麓松路，西止正兴路，长1350米，宽36米的路段统一纳入麓松路命名；将东起林语路，西止正兴路，长1300米，宽26米的路段统一纳入林语路命名；将东起杏康路，西止正兴路，长600米，宽16米的路段命名为鑫材路；将北起林语路，南止规划道路，长1300米，宽16米的路段命名为杏康路；将南起杏康路，北止林语路，长1400米，宽16米的路段命名为沁园路；将西起正兴路，南止规划道路，长2200米，宽16米的路段命名为竹韵路；将西起正兴路，西止正兴路，长3500米，宽16米的路段命名为环联路。

15. 经岳麓区民政局文件请示，12月22日，市民政局以长民办函〔2014〕47号文件批复，同意将银盆岭街道辖区内东起银杉路，西止观沙路，长851米，宽13米的道路命名为府中路；将北起岳麓大道，南止银双路，长450米，宽40米的道路命名为湘岳路。（易　荣）

【一批建筑物命名】 1. 1月6日，市地名委员会以长地发〔2014〕1号文件批复，同意将座落在湘府东路与圭塘河交汇处东北角的2栋27层楼高的建筑物命名为“万境财智中心”，门牌号码为“湘府东路二段208号”。原长地发〔2013〕92号文件作废。

2. 1月6日，市地名委员会以长地发〔2014〕2号文件批复，同意将座落在滨江路与潇湘北路交汇处沿滨江路由南往北前行约300米靠西侧4栋2至45层楼高的建筑物命名为“楷林商务中心”，门牌号码为“滨江路53号”。

3. 1月6日，市地名委员会以长地发〔2014〕3号文件批复，同意将座落在劳动中路与车站南路交汇处沿劳动中路由东往西前行约260米靠北面的1栋27层楼高的建筑物命名为“畅顺大厦”，门牌号码为“劳动中路491号”。

4. 1月6日，市地名委员会以长地发〔2014〕4号文件批复，同意将座落在沙湾路与石坝路交汇处东北角3栋22至33层楼高的建筑物命名为“武广美寓”，门牌号码为“沙湾路388号”。

5. 1月6日，市地名委员会以长地发〔2014〕5号文件批复，同意将座落在坪塘路与先导路交汇处东南角16栋2至33层楼高的建筑物群命名为“和顺逸品苑”，门牌号码为“坪塘路337号”。

6. 1月6日，市地名委员会以长地发〔2014〕6号文件批复，同意将座落在枫林三路与西二环交汇处的西北角1栋32层楼高的建筑物命名为“喜地大厦”，门牌号码为“枫林三路8号”。

7. 1月17日，市地名委员会以长地发〔2014〕7号文件批复，同意将座落在芙蓉南路与友谊路交汇处沿友谊路由西往东前行约100米靠南面的1栋27层楼高的建筑物命名为“中浩大厦”，门牌号码为“友谊路413号”。

8. 1月17日，市地名委员会以长地发〔2014〕8号文件批复，同意将座落在含光路与潇湘北路交汇处东南角12栋2至48层楼高的建筑物群命名为“万科金域滨江苑”，门牌号码为“潇湘北路三段959号”。

9. 1月17日，市地名委员会以长地发〔2014〕9号文件批复，同意将座落在茶子山中路与银杉路交汇处沿茶子山中路由东往西前行约220米靠北面的1栋9层楼高的建筑物命名为“润东楼”，门牌号码为“茶子山中路36号”。

10. 1月17日，市地名委员会以长地发〔2014〕10号文件批复，同意将座落在环湖路与连湖一路交汇处西北角的11栋3至45层楼高的建筑物群命名为“方茂苑”，门牌号码为“环湖路1099号”。

11. 1月17日，市地名委员会以长地发〔2014〕11号文件批复，同意将原定位于座落在青竹湖路与中青路交汇处沿中青路由北往南前行约700米靠东面的建筑物群“佳海工业园”

有关数据由原来的17栋4至6层楼高（原长地发〔2012〕6号）变更为102栋2至21层楼高。原长地发〔2012〕6号文件作废。

12. 1月16日，市地名委员会以长地发〔2014〕12号文件批复，同意将座落在洋湖路与潇湘南路交汇处东南角32栋2至34层楼高的建筑物群命名为“观澜海赋家园”，门牌号码为“潇湘南路一段508号”。

13. 2月19日，市地名委员会以长地发〔2014〕13号文件批复，同意将座落在曲苑路与东方红中路交汇处沿东方红中路由北往南前行约50米靠东面的6栋25至33层楼高的建筑物群命名为“麓辰家园”，门牌号码为“东方红中路368号”。

14. 2月19日，市地名委员会以长地发〔2014〕14号文件批复，同意将座落在劳动东路与古曲路交汇处沿劳动东路由西往东前行约420米靠南面的13栋3至32层楼高的建筑物群命名为“浪琴山花园”，门牌号码为“劳动东路260号”。原长地发〔2013〕6号文件作废。

15. 2月19日，市地名委员会以长地发〔2014〕15号文件批复，同意将原定位于座落在南二环与许家洲路交汇处沿许家洲路由北往南前行约400米靠西面的建筑物群“锦峰苑”重新定位于南二环与许家洲路交汇处沿许家洲路由北往南前行约400米横跨许家洲路两侧，有关数据由原来的11栋22至33层楼高（原长地发〔2013〕46号）变更为30栋2至36层楼高。原长地发〔2013〕46号文件作废。

16. 2月19日，市地名委员会以长地发〔2014〕16号文件批复，同意将座落在雷锋大道与杜鹃路交汇处沿雷锋大道由南往北前行约2000米靠东面的24栋3至34层楼高的建筑物群命名为“金科城美苑”，门牌号码为“雷锋大道468号”。

17. 2月19日，市地名委员会以长地发〔2014〕17号文件批复，同意将座落在中意一路与正塘坡路交汇处沿中意一路由西往东前行约350米靠北面的2栋24至25层楼高的建筑物群命名为“正旺华府”，门牌号码为“中意一路209号”。

18. 3月5日，市地名委员会以长地发〔2014〕18号文件批复，同意将座落在人民中路与芙蓉中路交汇处沿人民中路由西往东前行约290米靠南面沿无名小巷前行约95米的5栋32层楼高的建筑物群命名为“地质家园”，门牌号码为“人民中路72号”。

19. 3月5日，市地名委员会以长地发〔2014〕19号文件批复，同意将原定位于座落在麓松路与文轩路交汇处东南角的建筑物群“天元涉外景园”重新定位于麓松路与文轩路交汇处沿文轩路由西往东前行约400米湖南涉外经济学院北门东西两侧，有关数据由原来的7栋1至33层楼高（原长地发〔2013〕20号）变更为17栋1至33层楼高。门牌号码由原来的“文轩路579号”变更为“文轩路479号”。原长地发〔2013〕20号文件作废。

20. 3月17日，市地名委员会以长地发〔2014〕20号文件批复，同意将座落在枫林三路与东方红中路交汇处东北角的7栋3至33层楼高的建筑物群命名为“惠和苑”，门牌号码为“枫林三路948号”。

21. 3月17日，市地名委员会以长地发〔2014〕21号文件批复，同意将座落在望岳南路与咸嘉湖西路交汇处的东南角10栋3至28层楼高的建筑物群命名为“吉顺美苑”，门牌号码为“咸嘉湖西路119号”。

22. 3月17日，市地名委员会以长地发〔2014〕22号文件批复，同意将座落在星沙大道与远大二路交汇处西北角的19栋1至30层楼高的建筑物群命名为“东业上城嘉苑”，门牌号码为“远大二路679号”。

23. 3月17日，市地名委员会以长地发〔2014〕23号文件批复，同意将座落在湘江中路与橘洲湾路交汇处沿橘洲湾路由西往东前行约100米靠南面的16栋3至46层楼高的建筑物群命名为“橘洲澜庭”。门牌号码为“橘洲湾路8号”

24. 3月21日，市地名委员会以长地发〔2014〕24号文件批复，同意将座落在湘府东路与松林路交汇处沿松林路由北往南前行约100米靠南面的13栋15至22层楼高的建筑物群命名为“南屏锦源雅苑”，门牌号码为“松林路1号”。

25. 3月21日，市地名委员会以长地发〔2014〕25号文件批复，同意将座落在仙岭路与桃花塅路交汇处东南角的14栋2至27层楼高的建筑物群命名为“卓越蔚蓝城邦苑”，门牌号码为“桃花塅路608号”。

26. 3月21日，市地名委员会以长地发〔2014〕26号文件批复，同意将座落在猴子石路与殷家冲路交汇处沿猴子石路由北往南前行约200米靠东面的4栋12至31层楼高的建筑物群命名为“泰龙华府”，门牌号码为“猴子石路288号”。

27. 3月21日，市地名委员会以长地发〔2014〕27号文件批复，同意将座落在湘江北路与安顺路交汇处东南角的12栋4至21层楼高的建筑物群命名为“嘉德物流中心”，门牌号码为“湘江北路一段369号”。

28. 3月21日，市地名委员会以长地发〔2014〕28号文件批复，同意将座落在沐风路与踏雪路交汇处西北角的8栋18至33层楼高的建筑物群命名为“家兴苑”，门牌号码为“沐风路129号”。

29. 3月21日，市地名委员会以长地发〔2014〕29号文件批复，同意将座落在洞井路与香樟路交汇处沿香樟路由西往东前行约500米靠北面的9栋2至34层楼高的建筑物群命名为“澜悦湾”，门牌号码为“香樟路583号”。

30. 4月1日，市地名委员会以长地发〔2014〕30号文件批复，同意将座落在湘江北路与楚家湖路交汇处沿楚家湖路由西往东前行约490米靠北面的3栋16至31层楼高的建筑物群命名为“塞兰雅园”，门牌号码为“楚家湖路83号”。

31. 4月15日，市地名委员会以长地发〔2014〕31号文件批复，同意将座落在尖山路与青山路交汇处东北角的18栋2至33层楼高的建筑物群命名为“乐谷园”，门牌号码为“尖山路709号”。

32. 4月15日，市地名委员会以长地发〔2014〕32号文件批复，同意将座落在万家丽南路与新兴路交汇处东北角的8栋30至33层楼高的建筑物群命名为“颐景名苑”，门牌号码为“万家丽南路二段111号”。

33. 4月15日，市地名委员会以长地发〔2014〕33号文件批复，同意将座落在位于东二环与劳动东路交汇处沿劳动东路由东往西前行约200米靠北面的5栋32至33层楼高的建筑物群（不含长沙重型机器厂宿舍）命名为“惠民锦园”，门牌号码为“劳动东路563号”。

34. 4月24日，市地名委员会以长地发〔2014〕34号文件批复，同意将座落在枫林三路与平川路交汇处西北角的4栋27至32层楼高的建筑物命名为“紫檀溪苑”，门牌号码为“平川路239号”。

35. 4月24日，市地名委员会以长地发〔2014〕35号文件批复，同意将座落在云峰路与木莲西路交汇处沿云峰路由北往南横跨云峰路东西两侧的20栋3至30层楼高的建筑物群命名为“水墨林溪苑”，门牌号码为“云峰路58号”和“云峰路59号”。

36. 4月25日，市地名委员会以长地发〔2014〕36号文件批复，同意将座落在古曲路与人民东路交汇处东北角8栋2至33层楼高的建筑物群命名为“中惠锦苑”，门牌号码为“人民东路315号”。

37. 4月25日，市地名委员会以长地发〔2014〕37号文件批复，同意将座落在黄谷路与汇金路交汇处的西南角的62栋2至25层楼高的建筑物群命名为“万境蓝山梧桐苑”，门牌号码为“汇金路288号”。

38. 5月4日，市地名委员会以长地发〔2014〕38号文件批复，同意将座落在黄兴南路与劳动西路交汇处西北角1栋30层楼高的建筑物命名为“文鼎大厦”，门牌号码为“劳动西路93号”。

39. 5月4日，市地名委员会以长地发〔2014〕39号文件批复，同意将座落在林语路与嘉运路交汇处西南角5栋1至6层楼高的建筑物命名为“华曙高科产业园”，门牌号码为“林语路181号”。

40. 5月4日，市地名委员会以长地发〔2014〕40号文件批复，同意将座落在花侯路与长沙大道交汇处沿花侯路由北往南前行约270米靠西面的21栋3至27层楼高的建筑物群命名为“新宇黎锦苑”，门牌号码为“花侯路62号”。

41. 5月4日，市地名委员会以长地发〔2014〕41号文件批复，同意将座落在谷丰路与含光路交汇处沿含光路由东往西前行约100米靠南面的4栋17至34层楼高的建筑物命名为“广泰锦苑”，门牌号码为“含光路733号”。

42. 5月4日，市地名委员会以长地发〔2014〕42号文件批复，同意将座落在桐梓坡西路与嘉运路交汇处的西南角27栋2至25层楼高的建筑物群命名为“中冶天润菁园”，门牌号码为“嘉运路209号”。

43. 5月4日，市地名委员会以长地发〔2014〕43号文件批复，同意将座落在陡岭路与学堂园路交汇处横跨学堂园路南北两侧6栋5至33层楼高的建筑物命名为“景致雅苑”，门牌号码为“陡岭路152号”。

44. 5月4日，市地名委员会以长地发〔2014〕44号文件批复，同意将座落在芙蓉北路与兴联路交汇处东北角的1栋27层楼高的建筑物命名为“友谊咨询大厦”，门牌号码为“兴联路339号”。

45. 5月4日，市地名委员会以长地发〔2014〕45号文件批复，同意将座落在五一大道与曙光路交汇处靠五一大道北侧的1栋41层楼高的建筑物命名为“佳兆业商业广场”，门牌号码为“五一大道318号”。

46. 5月12日，市地名委员会以长地发〔2014〕46号文件批复，同意将座落在芙蓉区东湖街道合平村内3栋10层楼高的建筑物命名为“合意苑”。

47. 5月16日，市地名委员会以长地发〔2014〕47号文件批复，同意将座落在先导路与和顺路交汇处东南角的9栋2至34层楼高的建筑物群命名为“绿景欣苑”，门牌号码为“和顺路269号”。

48. 5月19日，市地名委员会以长地发〔2014〕48号文件批复，同意将座落在麓云路与环湖路交汇处横跨环湖路南北两侧的31栋2至46层楼高的建筑物群命名为“中建梅溪嘉苑”。门牌号码为“环湖路918号”和“环湖路919号”。

49. 5月19日，市地名委员会以长地发〔2014〕49号文件批复，同意将座落在香樟路与圭塘路交汇处沿圭塘路由南往北前行约270米靠西面的4栋18至31层楼高的建筑物命名为“香丽名苑”。门牌号码为“圭塘路206号”。

50. 5月23日，市地名委员会以长地发〔2014〕50号文件批复，同意将座落在中意一路与迎新路交汇处沿迎新路由东往西前行约520米靠北面的6栋26至32层楼高的建筑物群命名为“坤颐商务中心”。门牌号码为“迎新路499号”。

51. 5月23日，市地名委员会以长地发〔2014〕51号文件批复，同意将座落在圭塘路与香樟路交汇处东北角的1栋29层楼高的联体裙楼命名为“万坤图商业广场”。门牌号码为“香樟路819号”。

52. 5月29日，市地名委员会以长地发〔2014〕52号文件批复，同意将座落在湘府东路与洞井中路交汇处沿湘府东路由西往东前行约450米靠北面的建筑物“宏源国际大厦”变更为“双塔国际广场”，有关数据由原来的2栋32层楼高（原长地发〔2013〕120号）变更为2栋21至26层楼高。门牌号码为“湘府东路二段258号”。原长地发〔2013〕120号文件作废。

53. 6月3日，市地名委员会以长地发〔2014〕53号文件批复，同意将座落在青竹湖路与中青路交汇处沿中青路由北往南前行约2500米靠东面的17栋4至19层楼高的建筑物群命名为“山河医药健康产业园”。门牌号码为“中青路1048号”。

54. 6月9日，市地名委员会以长地发〔2014〕54号文件批复，同意将座落在杜鹃路与雷锋大道交汇处的西南角1栋26层楼高的建筑物命名为“小时代公寓”。门牌号码为“杜鹃路989号”。

55. 6月9日，市地名委员会以长地发〔2014〕55号文件批复，同意将座落在南二环与芙蓉路交汇处沿南二环由东往西前行约640米靠北面的4栋1至33层楼高的建筑物命名为“鑫悦嘉园”。门牌号码为“南二环二段282号”。

56. 6月9日，市地名委员会以长地发〔2014〕56号文件批复，同意将座落在香樟东路与香莲路交汇处沿香莲路由北往南前行约100米靠东面的5栋6至18层楼高的建筑物命名为“博泰西苑”。门牌号码为“香莲路23号（北门）”和“香莲路53号（南门）”。

57. 6月10日，市地名委员会以长地发〔2014〕57号文件批复，同意将座落在香樟东路与湘天路交汇处沿湘天路由北往南前行约300米靠西面的25栋3至34层楼高的建筑物群命名为“绿地之窗佳苑”。门牌号码为“湘天路499号”。

58. 6月11日，市地名委员会以长地发〔2014〕58号文件批复，同意将原定位于坐落在时代阳光大道西与万芙路交汇处横跨时代阳光大道西南北两侧14栋及高升路与时代阳光大道西交汇处西南角的11栋共计25栋15至24层楼高的建筑物群“才子佳城”更名为“才子嘉都”，有关数据由原来的25栋15至24层楼高(原长地发〔2013〕37号)变更为24栋16至25层楼高。原长地发〔2013〕37号文件作废。

59. 6月11日，市地名委员会以长地发〔2014〕59号文件批复，同意将原定位于座落在花侯路与劳动东路交汇处沿劳动东路由西往东前行约450米靠北面的建筑物群“城际新苑”有关数据由原来的8栋16层至25层楼高（原长地发〔2011〕131号）变更为30栋1层至34层楼高。原长地发〔2011〕131号文件作废。

60. 6月11日，市地名委员会以长地发〔2014〕60号文件批复，同意将座落在木莲路与洞井路交汇处沿木莲路由东往西前行约600米靠南面的9栋2至34层楼高的建筑物群命名为“蓝光河畔景苑”。门牌号码为“木莲东路413号”。

61. 6月16日，市地名委员会以长地发〔2014〕61号文件批复，同意将座落在湘仪路与重阳路交汇处西北角的1栋28层楼高的建筑物命名为“和隆大厦”。门牌号码为“重阳路170号”。

62. 6月16日，市地名委员会以长地发〔2014〕62号文件批复，同意将座落在望安路与欣盛路交汇处西北角的4栋4至9层楼高的建筑物命名为“华时捷环保科技园”。门牌号码为“欣盛路673号”。

63. 6月16日，市地名委员会以长地发〔2014〕63号文件批复，同意将座落在环湖路与连湖七路交汇处西北角的22栋3至44层楼高的建筑物群命名为“晟通牡丹苑”。门牌号码为“环湖路777号”。

64. 6月18日，市地名委员会以长地发〔2014〕64号文件批复，同意将座落在五一大道与建湘路西南角的1栋75层楼高的建筑物命名为“世茂商务中心”。

65. 6月24日，市地名委员会以长地发〔2014〕65号文件批复，同意将座落在蔡锷中路与五一大道交汇处沿蔡锷中路由南往北前行约110米靠西面的1栋32层楼高的建筑物命名为“丰盛大厦”。门牌号码为“蔡锷中路185号”。

66. 6月24日，市地名委员会以长地发〔2014〕66号文件批复，同意将座落在青竹湖路与太阳山路交汇处沿太阳山路由北往南前行约1400米靠西面的67栋3至30层楼高的建筑物群命名为“馥桂园”。门牌号码为“太阳山路828号”。

67. 7月1日，市地名委员会以长地发〔2014〕67号文件批复，同意将座落在京珠高速与香樟东路交汇处的西北角的8栋26至31层楼高的建筑物群命名为“旺雅馨园”。门牌号码为“香樟东路299号”。

68. 7月1日，市地名委员会以长地发〔2014〕68号文件批复，同意将座落在果子园路与托子冲路交汇处西北角的34栋11层楼高的建筑物群命名为“先锋新宇小区”。门牌号码为“托子冲路99号”。

69. 7月1日，市地名委员会以长地发〔2014〕69号文件批复，同意将座落在万家丽中路与长沙大道交汇处沿长沙大道由西往东前行约360米靠南面的14栋2至17层楼高的建筑物群命名为“华雅佳苑”。门牌号码为“长沙大道418号”。

70. 7月1日，市地名委员会以长地发〔2014〕70号文件批复，同意将座落在荷花路与恒达路交汇处沿恒达路由南往北前行约100米靠西面的2栋30至32层楼高的建筑物命名为“惠通才庭”。门牌号码为“恒达路243号”。

71. 7月1日，市地名委员会以长地发〔2014〕71号文件批复，同意将原定位于座落在隆平路与红旗路交汇处西南角和东北角的建筑物群“中房瑞致小区”有关数据由原来的37栋32层楼高（原长地发〔2011〕130号）变更为53栋3至32层楼高。原长地发〔2011〕130号文件作废。

72. 7月2日，市地名委员会以长地发〔2014〕72号文件批复，同意将座落在滨柳路与长湾路交汇处东北角的6栋31至32层楼高的建筑物群命名为“西雅韵花园”。

73. 7月7日，市地名委员会以长地发〔2014〕73号文件批复，同意将座落在韶山中路与劳动中路交汇处沿韶山中路由北往南前行约130米靠东面的1栋28层楼高的建筑物命名为“潇影大厦”。门牌号码为“韶山中路1号”。

74. 7月7日，市地名委员会以长地发〔2014〕74号文件批复，同意将座落在京珠高速与振华路交汇处东北角的25栋6至12层楼高的建筑物群命名为“聚合工业园”，门牌号码为“振华路519号”。

75. 7月7日，市地名委员会以长地发〔2014〕75号文件批复，同意将座落在环保中路与金海路交汇处西南角的12栋6至17层楼高的建筑物群命名为“领智工业园”，门牌号码为“金海路128号”。

76. 7月7日，市地名委员会以长地发〔2014〕76号文件批复，同意将座落在古曲路与远大一路交汇处东北角的3栋32层楼高的建筑物命名为“同鑫家园”，门牌号码为“远大一路895号”。

77. 7月7日，市地名委员会以长地发〔2014〕77号文件批复，同意将座落在金洲大道与正兴路交汇处沿正兴路由南往北前行约900米靠东面的4栋1至6层楼高的建筑物命名为“鑫和医药园”，门牌号码为“正兴路410号”。

78. 7月7日，市地名委员会以长地发〔2014〕78号文件批复，同意将座落在谷山路与潇湘北路交汇处沿潇湘北路由南往北前行约400米靠西面的11栋2至27层楼高的建筑物群命名为“西江悦苑”，门牌号码为“潇湘北路三段668号”。

79. 7月7日，市地名委员会以长地发〔2014〕79号文件批复，同意将座落在晓光路与兴安路交汇处沿兴安路由北往南前行约200米靠东面的1栋4层楼高的建筑物命名为“南科楼”，门牌号码为“正大路277号”。

80. 7月7日，市地名委员会以长地发〔2014〕80号文件批复，同意将原定位于座落在云栖路与金牛路交汇处沿云栖路由西往东前行约100米靠南面的建筑物群“中海江御名园”有关数据由原来的45栋28至33层楼高（原长地发〔2011〕89号）变更为70栋3至33层楼高。原长地发〔2011〕89号文件作废。

81．7月7日，市地名委员会以长地发〔2014〕81号文件批复，同意将座落在万家丽中路与湘府东路交汇处沿湘府东路由西往东前行约1100米靠南面的82栋3至33层楼高的建筑物群命名为“长房半岛蓝湾馨苑”，门牌号码为“湘府东路一段969号”。

82．7月9日，市地名委员会以长地发〔2014〕82号文件批复，同意将座落在雀园路与书香路交汇处沿雀园路由东往西前行约500米靠北面的40栋4至16层楼高的建筑物群命名为“叠翠园”。门牌号码为“雀园路468号”。

83．7月15日，市地名委员会以长地发〔2014〕83号文件批复，同意将座落在晴岚路与黄兴北路交汇处横跨黄兴北路东西两侧的19栋4至43层楼高的建筑物群命名为“北辰凤凰天阶苑”。门牌号码为“晴岚路68号”和“晴岚路98号”。

84．7月17日，市地名委员会以长地发〔2014〕84号文件批复，同意将座落在天心区桂花坪街道办事处杉木冲组内的9栋6至11层楼高的建筑物群命名为“景荣华苑”。

85．7月17日，市地名委员会以长地发〔2014〕85号文件批复，同意将原定位于座落在近湖四路与近湖七路之间横跨环湖路两侧的建筑物群“佳兆业云顶小区”重新定位于近湖四路与近湖七路之间横跨环湖路两侧及横跨梅溪湖路两侧处，有关数据由原来的49栋2至51层楼高（原长地发〔2013〕119号）变更为94栋2至51层楼高。原长地发〔2013〕119号文件作废。

86．7月17日，市地名委员会以长地发〔2014〕86号文件批复，同意将原定位于座落在后湖路与靳江路交汇处沿靳江路由西往东前行约130米靠南面的建筑物群“湘桥佳苑”重新定位于后湖路与丰顺路交汇处横跨丰顺路南北两侧，有关数据由原来的3栋2至17层楼高（原长地发〔2013〕18号）变更为6栋2至17层楼高。原长地发〔2013〕18号文件作废。

87．7月17日，市地名委员会以长地发〔2014〕87号文件批复，同意将座落在时代阳光大道西与高升路交汇处东南角的11栋10至25层楼高的建筑物群命名为“轻盐雅苑”，门牌号码为“时代阳光大道西388号”。

88．7月17日，市地名委员会以长地发〔2014〕88号文件批复，同意将座落在火炬路与紫薇路交汇处东南角的1栋30层楼高的建筑物命名为“华泰大厦”，门牌号码为“紫薇路8号”。

89．7月17日，市地名委员会以长地发〔2014〕89号文件批复，同意将原定位于座落在沙湾路与长沙大道交汇处沿沙湾路由北往南前行约700米靠西面的建筑物群“东澜湾嘉园”重新定位于沙湾路与长沙大道交汇处由北往南前行约700米横跨沙湾路东西两侧，有关数据由原来的11栋33层楼高（原长地发〔2013〕16号）变更为41栋5至33层楼高。原长地发〔2013〕16号文件作废。

90．7月21日，市地名委员会以长地发〔2014〕90号文件批复，同意将座落在智贤路与翰林路交汇处西南角的14栋2至30层楼高的建筑物群命名为“联丰苑”。门牌号码为“智贤路59号”。

91．7月28日，市地名委员会以长地发〔2014〕91号文件批复，同意将座落在劳动路与韶山路交汇处东南角的1栋28层楼高的建筑物命名为“友阿百利大厦”。门牌号码为“劳动中路2号”。

92．7月28日，市地名委员会以长地发〔2014〕92号文件批复，同意将座落在福元中路与东二环交汇处东北角的7栋3至18层楼高的建筑物群命名为“尚铭商业中心”。门牌号码为“福元中路28号”。

93．7月28日，市地名委员会以长地发〔2014〕93号文件批复，同意将原定位于座落在中意一路与湘府东路交汇处沿湘府东路由西往东前行约750米靠北面的建筑物群“万境水岸嘉苑”，有关数据由原来的14栋2至32层楼高（原长地发〔2011〕98号）变更为18栋2至33层楼高。原长地发〔2011〕98号文件作废。

94．7月28日，市地名委员会以长地发〔2014〕94号文件批复，同意将座落在湘府西路与新联路交汇处西南角的13栋18层楼高的建筑物群命名为“长铁嘉园”。门牌号码为“湘府西路299号”。

95．7月28日，市地名委员会以长地发〔2014〕95号文件批复，同意将座落在雀园路与书香路交汇处沿雀园路由东往西前行约500米靠北面的40栋4至16层楼高的建筑物群命名为“朗辰园”。门牌号码为“雀园路468号”。

96．8月4日，市地名委员会以长地发〔2014〕96号文件批复，同意将座落在时代阳光大道与万家丽南路交汇处沿时代阳光大道由西往东前行约900米靠南面的15栋4至35层楼高的建筑物群命名为“博长山水佳园”。门牌号码为“时代阳光大道330号”。

97．8月4日，市地名委员会以长地发〔2014〕97号文件批复，同意将座落在观沙路与茶子山中路交汇处沿观沙路由南往北前行约500米靠东面的20栋3至27层楼高的建筑物群命名为“观沙嘉苑”。门牌号码为“观沙路468号”。

98．8月13日，市地名委员会以长地发〔2014〕98号文件批复，同意将座落在捞刀河路与兴联路交汇处东北角的2栋3层楼高的建筑物命名为“高岭国际商贸城”。门牌号码为“兴联路669号”。

99．8月15日，市地名委员会以长地发〔2014〕99号文件批复，同意将座落在茶子山路与银杉路交汇处沿银杉路由南往北前行约1100米靠西面的18栋3至31层楼高的建筑物群命名为“光明伊晨苑”。门牌号码为“银杉路599号”。

100．8月15日，市地名委员会以长地发〔2014〕100号文件批复，同意将座落在高升路与金井路交汇处沿高升路由西往东前行约600米横跨高升路两侧的12栋2至29层楼高的建筑物群命名为“鸿运佳苑”。

101．8月15日，市地名委员会以长地发〔2014〕101号文件批复，同意将座落在洞井路与井莲路交汇处西北角的10栋3至26层楼高的建筑物群命名为“莲景苑”。门牌号码为“井莲路499号”。

102．8月15日，市地名委员会以长地发〔2014〕102号文件批复，同意将座落在劳动东路与古曲路交汇处沿劳动东路由东往西前行约300米靠南面的23栋2至33层楼高的建筑物群命名为“永升商业广场”。门牌号码为“劳动东路222号”。

103. 8月19日，市地名委员会以长地发〔2014〕103号文件批复，同意将座落在梅溪湖路与近湖一路交汇处沿梅溪湖路由西往东前行约250米靠南面的6栋3至20层楼高的建筑物群命名为“君康家园”。门牌号码为“梅溪湖路91号”。

104. 8月26日，市地名委员会以长地发〔2014〕104号文件批复，同意将座落在南二环路与劳动东路交汇处沿南二环东侧辅道靠南面由东往西前行约180米处的7栋1-34层和约300米处的2栋33层的建筑物群命名为“叠彩峰苑”，门牌号码为“南二环一段123号”。

105. 8月26日，市地名委员会以长地发〔2014〕105号文件批复，同意将座落在金海路与万芙南路交会处西北角的11栋24至27层楼高的建筑物群命名为“新宇桃花苑”，门牌号码为“金海路58号”。

106. 8月26日，市地名委员会以长地发〔2014〕106号文件批复，同意将座落在树木岭路与航空路交汇处东南角的4栋26至28层楼高的建筑物群命名为“新宇自然苑”，门牌号码为“航空路22号”。

107. 8月26日，市地名委员会以长地发〔2014〕107号文件批复，同意将座落在雨花区井湾子街道井塘社区的4栋6至27层楼高的建筑物群命名为“新宇井塘苑”。

108. 9月1日，市地名委员会以长地发〔2014〕108号文件批复，同意将座落在雀园路与书香路交汇处东北角的11栋2至13层楼高的建筑物群命名为“创谷产业园”，门牌号码为“雀园路568号”。

109. 9月1日，市地名委员会以长地发〔2014〕109号文件批复，同意将座落在潇湘北路与含光路交汇处沿含光路由东往西前行约400米靠南面的13栋2至32层楼高的建筑物群命名为“当代滨江苑”，门牌号码为“含光路125号”。

110. 9月1日，市地名委员会以长地发〔2014〕110号文件批复，同意将原定位于坐落在正兴路与枫林三路交汇处沿枫林三路由东往西前行约350米靠南面的建筑物群“雷锋机电建材市场”，有关数据由原来的10栋4至5层楼高（原长地发〔2009〕77号）变更为24栋4至22层楼高。原长地发〔2009〕77号文件作废。

111. 9月1日，市地名委员会以长地发〔2014〕111号文件批复，同意将座落在香樟路与洞井路交汇处沿香樟路由东往西前行约850米靠北面的1栋30层楼高的建筑物命名为“云集大厦”，门牌号码为“香樟路255号”。

112. 9月1日，市地名委员会以长地发〔2014〕112号文件批复，同意将座落在东方红南路与看云路交汇处西北角的16栋2至34层楼高的建筑物群命名为“鑫苑名家雅苑”，门牌号码为“东方红南路369号”。

113. 9月1日，市地名委员会以长地发〔2014〕113号文件批复，同意将座落在金海路与正大路交汇处东南角的4栋5至15层楼高的建筑物群命名为“金海工业园”，门牌号码为“金海路177号”。

114. 9月1日，市地名委员会以长地发〔2014〕114号文件批复，同意将座落在花侯路与长沙大道交汇处沿花侯路（规划）由南往北前行约500米靠西面的18栋32层楼高的建筑物群命名为“新华都万家城青云苑”。

115. 9月2日，市地名委员会以长地发〔2014〕115号文件批复，同意将座落在天心区赤岭路街道办事处广夏新村社区内3栋25至29层楼高的建筑物命名为“南湖明珠嘉园”。

116. 9月3日，市地名委员会以长地发〔2014〕116号文件批复，同意将座落在木莲西路与长铸路交汇处沿长铸路由北往南前行约290米靠西面的5栋6层楼高的建筑物群命名为“长铸佳园”，门牌号码为“长铸路60号”。

117. 9月4日，市地名委员会以长地发〔2014〕117号文件批复，同意将座落在连湖五路与连湖六路之间横跨环湖路两侧的27栋3层楼高的建筑物群命名为“达美溪湖湾”。门牌号码为“环湖路298号”。

118. 9月4日，市地名委员会以长地发〔2014〕118号文件批复，同意将座落在东方红路与枫林三路交汇处西南角的6栋3至30层楼高的建筑物群命名为“步步高梅溪商业中心”。门牌号码为“东方红南路657号”。

119. 9月4日，市地名委员会以长地发〔2014〕119号文件批复，同意将座落在梅溪湖路与近湖二路交汇处西南角的19栋3至25层楼高的建筑物群命名为“万科梅溪郡”。门牌号码为“近湖二路58号”。

120. 9月12日，市地名委员会以长地发〔2014〕120号文件批复，同意将座落在杜鹃路与西二环交汇处沿杜鹃路由东往西前行约360米靠北面的57栋2至26层楼高的建筑物群命名为“奥克斯缤纷广场”。门牌号码为“杜鹃路858号”。

121. 9月12日，市地名委员会以长地发〔2014〕121号文件批复，同意将座落在潇湘北路与银盆岭大桥交汇处沿潇湘北路由南往北前行约800米横跨潇湘北路两侧的28栋2至47层楼高的建筑物群命名为“万科金域百汇苑”。门牌号码为“潇湘北路三段1060号”。

122. 9月15日，市地名委员会以长地发〔2014〕122号文件批复，同意将座落在湘江北路与绕城高速交汇处沿湘江北路由南往北前行约880米靠东面的2栋2至6层楼高的建筑物命名为“骧运物流园”。门牌号码为“湘江北路一段489号”。

123. 9月15日，市地名委员会以长地发〔2014〕123号文件批复，同意将座落在湘浦路与福祥路交汇处东南角的4栋3至32层楼高的建筑物命名为“清江雅苑”。门牌号码为“福祥路65号”。

124. 9月15日，市地名委员会以长地发〔2014〕124号文件批复，同意将座落在大王家巷与庆和里交汇处东北角的1栋29层楼高的建筑物命名为“毛家桥大厦”。门牌号码为“庆和里27号”。

125. 9月15日，市地名委员会以长地发〔2014〕125号文件批复，同意将座落在枫林三路与玉兰路交汇处东南角的2栋6至25层楼高的建筑物命名为“西枢纽商务中心”。门牌号码为“玉兰路433号”。

126. 10月8日，市地名委员会以长地发〔2014〕126号文件批复，同意将座落在东二环路与福元西路交汇处沿福元西路由东往西前行约600米靠南面的17栋4至33层楼高的建筑物群命名为“旷代沁园”。门牌号码为“福元西路508号”。

127. 10月8日，市地名委员会以长地发〔2014〕127号文件批复，同意将座落在双杨路与远大一路交汇处沿远大一路由东往西前行约300米靠北面的35栋2至34层楼高的建筑物群命名为“卓越汇富苑”。门牌号码为“远大一路1389号”。

128. 10月8日，市地名委员会以长地发〔2014〕128号文件批复，同意将座落在劳动东路与树木岭路交汇处沿树木岭路由北往南前行约150米靠西面的2栋28至34层楼高的建筑物命名为“双铁兴苑”。门牌号码为“树木岭路16号”。

129. 10月8日，市地名委员会以长地发〔2014〕129号文件批复，同意将座落在青竹湖路（已建部分）与长青路（规划）交汇处横跨青竹湖路（在建部分）两侧的26栋2至6层楼高的建筑物群命名为“沙坪绣坊商业中心”。门牌号码为“青竹湖路1699号”。

130. 10月8日，市地名委员会以长地发〔2014〕130号文件批复，同意将座落在岳麓大道与银杉路交汇处沿岳麓大道由西往东前行约250米靠北面的4栋12至35层楼高的建筑物命名为“岳北和苑”。门牌号码为“岳麓大道54号”。

131. 10月13日，市地名委员会以长地发〔2014〕131号文件批复，同意将原定位于座落在环湖路与莲湖一路交汇处西北角的的建筑物群“方茂苑”重新定位于坐落在莲湖一路与环湖路交汇处沿环湖路以北横跨莲湖一路两侧，其名称不变，有关数据由原来的11栋3至45层楼高（原长地发〔2014〕10号）变更为20栋3至52层楼高。原长地发〔2014〕10号文件作废。

132. 10月13日，市地名委员会以长地发〔2014〕132号文件批复，同意将座落在湘府西路与新联路交汇处西南角的13栋18层楼高的建筑物群更名为“香芙嘉园”。门牌号码为“湘府西路299号”。原长地发〔2014〕94号文件作废。

133. 10月17日，市地名委员会以长地发〔2014〕133号文件批复，同意将座落在杉木冲路与高升路交汇处西南角的1栋22层楼高的建筑物命名为“中扬和苑”。门牌号码为“杉木冲东路325号”。

134. 10月14日，市地名委员会以长地发〔2014〕134号文件批复，同意将座落在坪塘路与莲坪路交汇处沿莲坪路由西往东前行约500米靠南面的7栋3至26层楼高的建筑物群命名为“德惠雅苑”。门牌号码为“莲坪路53号”。

135. 10月17日，市地名委员会以长地发〔2014〕135号文件批复，同意将座落在井莲路与红星路（规划名）交汇处东南角的1栋29层楼高的建筑物命名为“紫铭大厦”。门牌号码为“井莲路397号”。

136. 10月24日，市地名委员会以长地发〔2014〕136号文件批复，同意将座落在洞井中路与井莲路交汇处沿洞井中路由南往北前行约350米靠东面的9栋3至33层楼高的建筑物群命名为“兆丰园”。门牌号码为“洞井中路122号”。

137. 10月24日，市地名委员会以长地发〔2014〕137号文件批复，同意将座落在合平路与隆平路交汇处西北角的22栋4至22层楼高的建筑物群命名为“东科园”。门牌号码为“隆平路869号”。

138. 10月24日，市地名委员会以长地发〔2014〕138号文件批复，同意将座落在岳麓区东方红镇荷叶坝村内8栋1至7层楼高的建筑物群命名为“恒凯环保科技园”。

139. 10月24日，市地名委员会以长地发〔2014〕139号文件批复，同意将座落在赤岭路与书院路交汇处沿赤岭路由南往北前行约600米靠东面的1栋30层楼高的建筑物命名为“旭和大厦”。门牌号码为“赤岭路219号”。

140. 10月24日，市地名委员会以长地发〔2014〕140号文件批复，同意将座落在韶山南路与正塘坡路交汇处沿正塘坡路由东往西前行约350米靠南面的14栋2至33层楼高的建筑物群命名为“中建信和城”。门牌号码为“正塘坡路69号”。

141. 10月24日，市地名委员会以长地发〔2014〕141号文件批复，同意将原定位于座落在天心区大托镇先锋村范围内的建筑物群重新定位于芙蓉南路与披塘路交汇处沿披塘路由西往东前行约300米靠北面的8栋及芙蓉南路与披塘路交汇处东南角的34栋建筑物群命名为“中建芙蓉嘉苑”。有关数据由原来的34栋3至18层楼高（原长地发〔2012〕3号）变更为42栋3至18层楼高。原长地发〔2012〕3号文件作废。

142. 10月24日，市地名委员会以长地发〔2014〕142号文件批复，同意将原定位于座落在盛世路与湘江北路交汇处沿湘江北路由北往南前行约1000米靠东面的11栋32层楼高的建筑物群“江湾纯水岸花园”更名为“恒大御景半岛湘江苑”。原长地发〔2009〕115号文件作废。

143. 11月4日，市地名委员会以长地发〔2014〕143号文件批复，同意将座落在位于芙蓉区东岸街道东屯村13栋2至32层楼高的建筑物群命名为“盛隆佳园”。

144. 11月5日，市地名委员会以长地发〔2014〕144号文件批复，同意将座落在岳麓区东方红镇荷叶坝村的2栋3至6层楼高的建筑物命名为“金兰锦园”。

145. 11月18日，市地名委员会以长地发〔2014〕145号文件批复，同意将座落在黄兴大道与远大三路交汇处东南角的62栋1至15层楼高的建筑物群命名为“远大城”。门牌号码为“远大三路6号”。

146. 11月18日，市地名委员会以长地发〔2014〕146号文件批复，同意将座落在岳麓西大道与黄桥大道交汇处沿岳麓西大道由东往西前行约1000米靠南面的21栋2至12层楼高的建筑物群命名为“兰天汽车文化园”。门牌号码为“岳麓西大道3599号”。

147. 11月18日，市地名委员会以长地发〔2014〕147号文件批复，同意将座落在远大一路与京港澳高速交汇处沿远大一路由东往西前行约450米靠南面的1栋23层楼高的建筑物命名为“远通大厦”。门牌号码为“远大一路1518号”。

148. 11月18日，市地名委员会以长地发〔2014〕148号文件批复，同意将座落在东风路与三一大道交汇处沿东风路由北往南前行约650米靠东面的6栋3至34层楼高的建筑物群命名为“润景园”。门牌号码为“东风路382号”。

149. 11月18日，市地名委员会以长地发〔2014〕149号文件批复，同意将座落在京港澳高速与曲塘路交汇处东北角的15栋2至43层楼高的建筑物群命名为“恒大商业广场”。

150. 11月26日，市地名委员会以长地发〔2014〕150号文件批复，同意将座落在青竹湖路与太阳山路交汇处沿青竹湖路由西往东前行约550米靠北面的129栋3至23层楼高的建筑物群命名为“金隅曦园”。门牌号码为“青竹湖路467号”。

151. 11月26日，市地名委员会以长地发〔2014〕151号文件批复，同意将座落在书院南路与经贸街交汇处沿经贸街由西往东前行约330米靠东面的8栋3至34层楼高的建筑物群命名为“荣盛书苑”。门牌号码为“经贸街58号”。

152. 11月26日，市地名委员会以长地发〔2014〕152号文件批复，同意将座落在环保中路与万家丽南路交汇处西南角的28栋3至34层楼高的建筑物群命名为“绿地新都会佳苑”。门牌号码为“万家丽南路二段112号”。

153. 11月26日，市地名委员会以长地发〔2014〕153号文件批复，同意将座落在湘江北路与湘江银盆岭大桥交汇处沿湘江北路由南往北前行约200米靠东面的17栋2至53层楼高的建筑物群命名为“北辰三角洲奥城”。有关数据由原来的17栋2至53层楼高（原长地发〔2010〕96号）变更为47栋2至53层楼高。原长地发〔2010〕96号文件作废。

154. 11月27日，市地名委员会以长地发〔2014〕154号文件批复，同意将座落在茶子山路与滨江路交汇处靠滨江路东面的12栋2至6层楼高的建筑物群命名为“久昊商业广场”。门牌号码为“滨江路168号”。

155. 11月28日，市地名委员会以长地发〔2014〕155号文件批复，同意将原定位于座落在芙蓉南路与友谊路交汇处沿友谊路由西往东前行约100米靠南面的1栋27层楼高的建筑物“中浩大厦”更名为“运成大厦”。原长地发〔2014〕7号文件作废。

156. 12月9日，市地名委员会以长地发〔2014〕156号文件批复，同意将座落在先导路与湘浦路交汇处西北角的4栋4至32层楼高的建筑物群命名为“湘江时代商务广场”。门牌号码为“先导路179号”。

157. 12月9日，市地名委员会以长地发〔2014〕157号文件批复，同意将座落在湘府东路与圭塘路交汇处沿圭塘路由西往东前行约480米靠北面的1栋26层楼高的建筑物命名为“华坤大楼”。门牌号码为“湘府东路二段200号”。

158. 12月15日，市地名委员会以长地发〔2014〕158号文件批复，同意将座落在新韶东路与刘家冲路交汇处沿刘家冲路由北往南前行约200米靠东面的3栋14至17层楼高的建筑物群命名为“兴康同和家园”。门牌号码为“刘家冲北路122号”。

159. 12月15日，市地名委员会以长地发〔2014〕159号文件批复，同意将座落在金马路与华章路交汇处东南角的1栋15层楼高的建筑物命名为“福天兴业大楼”。门牌号码为“金马路377”。

160. 12月15日，市地名委员会以长地发〔2014〕160号文件批复，同意将座落在芙蓉北路与福元西路交汇处沿福元西路由西往东前行约500米靠南面的建筑物群“万科城”有关数据由原38栋变更为39栋（其中最低1层，最高34层）。原长地发〔2013〕86号文件作废。

161. 12月18日，市地名委员会以长地发〔2014〕161号文件批复，同意将座落在枫林三路与麓云路交汇处沿麓云路由北往南前行约350米靠西面的1栋18层楼高的建筑物命名为“金溪公寓”。门牌号码为“麓云路202号”。

162. 12月18日，市地名委员会以长地发〔2014〕162号文件批复，同意将座落在谷苑路与麓松路交汇处沿谷苑路由东往西前行约400米靠南面的建筑物群“海凭园”有关数据由7栋变更为18栋（其中最低5层，最高14层）。原长地发〔2012〕69号文件作废。

163. 12月25日，市地名委员会以长地发〔2014〕163号文件批复，同意将座落在潇湘南路与洋湖路交汇处西南角的16栋2至33层楼高的建筑物群命名为“旷远画境美苑”。门牌号码为“潇湘南路一段509号”。

164. 12月29日，市地名委员会以长地发〔2014〕164号文件批复，同意将座落在中意一路与汇金路交汇处西北角的7栋3至29层楼高的建筑物群命名为“冠铭商务中心”。门牌号码为“中意一路798号”。

165. 12月29日，市地名委员会以长地发〔2014〕165号文件批复，同意将座落在紫薇路与龙柏路交汇处沿龙柏路由东往西前行约100米靠北面的1栋8层楼高的建筑物命名为“紫东公寓”。门牌号码为“龙柏路153号”。

166. 12月29日，市地名委员会以长地发〔2014〕166号文件批复，同意将座落在王家湖路与晚报大道交汇处东北角的1栋23层楼高的建筑物命名为“长城万悦汇大厦”。门牌号码为“晚报大道349号”。

167. 12月29日，市地名委员会以长地发〔2014〕167号文件批复，同意将座落在芙蓉南路与新姚南路交汇处西南角湖南省工商行政管理局内的4栋14层楼高的建筑物群命名为“和桂园”。门牌号码为“芙蓉南路二段118号”。 （易　荣）

表 17　新命名道路

序号	规划名	长（米）	宽（米）	起止点	拟命名	理由
1	金鹰路	1640	20	东起锦绣路西至万家丽路	归苑路	以广电大型住宅小区归心苑命名
2	广电路	647	20	东起圣爵菲斯酒店西至万家丽路	传媒路	湖南广播电视台创新精神的体现
3	扬名路	283	15	南起三一大道北至传媒路	安康路	以湖南广播电视台传媒中心命名
4	文广路	549	15	南起三一大道北至圣爵菲斯酒店	欢城路	以圣爵菲斯酒店欢城命名
5	会展路	650	20	东起锦绣路西至欢城路	星光路	明星聚集之地
6	清照路	339	15	南起三一大道北至传媒路	会展路	以湖南国际会展中心命名
7		759	20	东起欢城路西至金鹰路	广电路	以湖南广电俗称命名
8		303	15	南起广电大楼后北至归苑路	安居路	寓意广电人安居乐业
9		819	15	南起三一大道北至工程兵大道	金鹰路	以湖南广电举办的大型活动金鹰节命名

表 18　白赛湖片区道路命名

序号	道路名称	道路走向	起止点	长度（米）	宽度（米）	命名理由
1	靳江路	南北	学仕联络线—联丰路	300	26	重名，建议沿用历史老地名，改名为“龙迴塘路”
2	华润路	东西	含浦大道—联丰路	1400	16	以企业命名，建议沿用历史老地名，改名为“青龙咀路”
3	窑咀路	南北	学仕联络线—联丰路	500	16	建议沿用历史老地名，改名为“窑坡路”
4	开田冲路	南北	学仕联络线—联丰路	732	26	沿用历史老地名，建议维持
5	白赛湖路	东西	含浦大道—靳江路	1000	16	沿用历史老地名，建议维持
6	联丰路	东西	含浦大道—坪塘大道	1780	16	西段已正式命名，建议维持

表 19　岳麓科技产业园道路命名

序号	拟命名道路路名	原道路名称	起止点（位置）	红线宽度（米）	长度（米）	走向
1	金穗路	学谷路	茶园小区东侧，云栖路—联丰路	8	760	南北
2	裕园路	无	裕园小区内，象嘴路—车塘河路	8	810	东西
3	宝骏路	无	裕园小区内，联丰路—学士路	6	560	南北
4	茯苓路	茯苓冲路	三环线（南段）—莲含大道（规划名）	26	2493	东西
5	智贤路	黎家村路	翰林路—学士路	16	441	南北
6	翰林路	梨张路	三环线—联东路（规划名）	20	2683	东西
7	琨玉路	张家村路	新星路（规划名）—含浦路	16	1603	南北
8	玉麟路	有成路	莲含大道（规划名）—三环线	16	1151	东西
9	紫苑路	医专路	长潭西辅道—含浦路	16	1276	南北

村镇建设

8月26日，国家四部委到长沙调研农村人居环境建设考察铜官古街

【概况】 2014年，长沙市小城镇基础设施建设投资额达131.5亿元，同比增长9.58%；县域城镇化率达到53.5%，同比增长1.8个百分点。农村危房改造任务为5300户，实际完成6290户，超额完成任务数。全市农村危房改造累计财政投入达1.7亿元，其中中央财政投入3975万元，省级财政投入1060万元，市级财政投入3594万元，各区、县（市）财政配套8344万元。“以船为家渔民上岸”安居工程完成85户，累计财政投入达89.78万元，其中中央财政投入68.5万元，市级财政投入7.53万元，各区、县（市）财政配套13.75万元。

（刘　园）

【农村危房改造】 5月28日，2014年长沙市农村危房改造会议在市政府多功能会议厅召开。市农村危房改造工作领导小组组成部门，全市有危改任务的区、县（市）分管负责人，区、县(市)住建部门主要领导、分管领导、相关科室负责人和乡镇主要负责人参加会议。会上公布制定《2014年长沙市农村危房改造工作实施方案》，9—10月由市住建委15个党委班子成员分别带队组成专项督查组对各乡镇(街道)农村危房改造工作机制、对象确认、标准规模、资金配套等情况等进行全面督查。2014年10月，省长杜家毫在省政府办公厅《政务要情》（专报第175期）对长沙农村危房改造等5项工作作出“前5个问题可在全省推广”的重要批示。在湖南省人民政府办公厅关于转发《长沙市整治群众关注的突出问题确保惠民政策不缩水走样》的通报中，长沙市农村危房改造科学准确，获省人民政府办公厅通报表扬，并转发要求全省各级各部门学习借鉴。在《湖南省农村危房改造工作领导小组办公室关于2013年全省农村危房改造工作情况的通报》中，长沙市2013年农村危房改造工作在全省绩效评价中排名第一。

（周　舟）

【小城镇建设】 望城区铜官镇、乔口镇，长沙县黄花镇、金井镇，宁乡县花明楼镇、灰汤镇、双凫铺镇，浏阳市大瑶镇、镇头镇、永安镇10个镇入选全国重点镇。长沙县金井镇、望城区乔口镇、浏阳市三口镇、宁乡县沩山乡等4个乡镇获评2013年度“湖南省两型示范小城镇”称号。望城区靖港镇，长沙县开慧镇、白沙镇，浏阳市大瑶镇，宁乡县沩山乡等5个乡镇被长沙市人民政府授予“2013年长沙市两型城镇创建示范单位”；望城区新康乡、乌山镇，长沙县北山镇、跳马镇，浏阳市官渡镇、镇头镇、金刚镇，宁乡县流沙河镇、煤炭坝镇、巷子口镇、双江口镇等11个乡镇被长沙市人民政府授予“2013年长沙市两型城镇创建工作先进单位”；在中共长沙市委办公厅、长沙市人民政府办公厅《关于2013年度城乡发展一体化和推进现代农业先进单位评选结果的通报》中，市住建委获得长沙市2013年度“为农服务”先进单位。长沙市充分利用现有的小城镇建设专项资金，探索小城镇管理“以考促管”的工作机制，制定下发《长沙市小城镇建设综合管理考核办法》，实行分类管理、综合评价。11月下旬组织规划、财政等成员单位及专家组成联合评审组，采取听汇报、查资料等方式对经各区、县（市）住建局初审推荐的23个乡镇从建设管理、规划管理、集镇环境整治、项目管理等5个方面进行综合打分，根据评价结果对靖港镇、文家市镇等前20名建制镇（乡）分别给予20万元的资金奖励，并在全市予以通报表扬，引导乡镇做精做美，切实提高城镇建设品位与管理水平。

（刘　园）

国土资源与环境保护

责任编辑：尚 畅

国土资源管理

【概况】 一、保障建设用地需求。1. 推进用地报批。围绕市委、市政府“六个走在前列”重点项目和全市各类重大建设项目，积极做好建设用地报批工作，保障了黄花国际机场第二跑道东扩工程等国家、省级重点项目用地。2014年，国土资源部批准长沙市中心城区建设用地759.86公顷和城市保障性安居工程用地40.39公顷；省国土资源厅批准长沙市建设用地385宗，面积3959.78公顷，其中农用地转用3466.24公顷。全市保障性安居工程供地106.65公顷，农民安置房、廉租房、棚改安置房用地做到了应保尽保。2. 推进节约集约用地。全市2013年度建设用地节约集约利用考核、单位GDP建设用地下降考核年度评估、2014年度开发（园）区土地集约利用评价等工作顺利完成。积极做好黎托片区节地试点工作验收前期准备，专项规划深化成果经市政府审批。出台《长沙市开发园区低效用地再开发管理办法》及《长沙市地下空间开发利用管理暂行办法》等规范性文件，下发《长沙市城镇低效用地再开发工作实施方案》。望城经开区、长沙高新区、长沙经开区、宁乡经开区、金霞经开区被评为全省节约集约用地先进单位，共获省厅土地利用计划指标奖励100公顷。“长沙节约集约用地综合标准化”项目列入国家第一批98项社会管理和公共服务综合标准化试点项目之一。3. 抓好增减挂钩项目实施。在抓紧实施长沙县果园镇浔龙河增减挂钩项目的同时，积极推进浏阳市城乡建设用地增减挂钩项目的实施。省厅批复《浏阳市2012年城乡建设用地增减挂钩项目实施方案》，同意将浏阳市社港镇、沿溪镇、沙市镇、龙伏镇61.93公顷的废弃建设用地作为拆旧区，复垦新增农用地61.93公顷（耕地48.99公顷）；建新区位于浏阳市集里、关口街道办事处、澄潭江镇和龙伏镇，新增建设用地面积不超过61.39公顷，工作进展顺利。同时，浏阳市和望城区向省厅申报2个新的增减挂钩项目，涉及拆旧区面积87.17公顷，已进行现场实地踏勘确认。

二、突出国土资源保护。1. 土地规划管控。严格按照《长沙市主要地类定额标准（试行）》规定，加强用地预审，全市通过用地预审项目591个，涉及用地总规模4413.02公顷，其中新增建设用地3567.3公顷，农用地3556.66公顷，占用耕地1927.14公顷。核减不合理项目103个，涉及用地面积 96.42公顷，其中农用地87.77公顷，耕地占60.22公顷。严格执行年度新增建设用地计划，省厅下达和奖励的土地利用计划指标已全部安排并组卷上报，全市已安排项目除国家、省、市重点工程及个别因行业选址有限制要求确需在圈外选址外，其它项目均安排在圈内选址。市委、市政府确定的15个城乡一体化发展乡镇土地利用规划修改工作全面完成。2. 耕地保护。认真落实各级政府耕地保护目标责任制，完成二调调减耕地现状调查评价成果省级验收，有序实施土地开发，全市共备案补充耕地项目23个，预计新增耕地248.6公顷；验收补充耕地项目126个，新增耕地面积618.53公顷。全年易地补充耕地指标83.93公顷。全市各类建设用地占用耕地1130.83公顷，补充耕地1131.01公顷，确保了耕地先补后占、占一补一，连续15年实现耕地占补平衡。大力推进高标准基本农田建设，全市实施土地综合整治项目35个，建设规模12279.58公顷，总投资3.39亿元，完成了省下达的高标准基本农田建设任务。创新土地整治模式，长沙县金井镇涧山村“生态保护型”土地整治项目试点通过验收，并获得好评；望城区和宁乡县启动“先建后补、以补促建”土地整治试点。3. 矿产资源管理。结合对144个煤矿和非煤矿山企业进行储量检测，严厉打击非法开采、超深越界行为。长沙县北山镇常益碎石场和华兴石材厂、宁乡县双凫铺九如塘采石场整合到位。市级办理采矿权延续登记2家、变更登记3家，上报省厅初审意见6家。配合做好煤矿、非煤矿山整顿关闭相关工作，全市关闭注销金属非金属矿山69家，16家政策性关闭小煤矿已进入剩余储量核实及价款结算等扫尾阶段。认真组织开展探矿权采矿权年检，按要求比例完成实地抽检工作。

三、规范土地市场秩序。1. 土地储备管理。全力做好市本级土地收储工作，全年储备土地入库14宗130.76公顷，完成拆迁土地6宗146.94公顷，储备土地出库11宗（挂牌出让5宗、划拨出让6宗）面积86.67公顷，成交总价15.61亿元，创历史新高。至年底库存土地81宗，面积855.59公顷。大力推进储备土地招商出让，参加深圳第九届城市土地展，与雨花经开区联合开展土地招商引资，取得较好效果。2. 国有土地出让。严格执行国有建设用地使用权招拍挂出让规定，全市挂牌出让土地459宗，面积1883.39公顷，出让价款387.29亿元。其中商住用地846.58公顷，出让价款331.22亿元；工业用地1015.51公顷，出让价款55.44亿元。协议出让134宗，面积87.95公顷，出让价款14.05亿元。划拨供地333宗，面积2011.01公顷。市本级(含先导区)共挂牌出让土地97宗，面积533.38公顷，出让价款222.53亿元。修改出台《长沙市国有建设用地使用权有偿使用规定》，公布实施新的基准地价。加强规费征收管理，市本级国土收入278.23亿元，其中河东150.74亿元、先导区127.49亿元；入库360.3亿元，其中河东124.28亿元，先导区236.02亿元；代收配套费21.87亿元。3. 土地市场动态监管。全市计划供应土地4722.18公顷，实际供应土地4385.62公顷，供地计划实施率92.87%。加强土地市场动态监测，凡挂牌、协议出让及划拨供地项目均上报生成监管号。落实督办通报制度，对违规出让的宗地及时预警。开展低价出让土地使用权专项清理整治，对2009—2013年出让土地逐宗清理，存在问题进行整改。开展闲置土地清理，全市共清理涉嫌闲置土地264宗，面积1776.97公顷，都得到妥善处置。认真做好城市地价动态分析，在全国105个监测城市中排名第六。

四、有效维护群众权益。1. 推进依法行政。加强法制宣传，开展新《行政诉讼法》及司法解读法制专题讲座。推进行政审批制度改革，承接“集体建设用地（四公顷以上）许可”等省级行政审批权三项;向县（市）下放“临时用地许可”等市级行政审批权4项。取消地役权登记等审批事项，将乡镇土地利用总体规划审批及修改等事项调整为政府内部管理事项。认真做好依法行政事务性工作，市本级全年共收到行政复议案件113件,受理100件，不予受理13件，共审结158件（含上年存案73件）。做好司法协助工作，共接受司法协助查封土地使用权173宗，司法协助解除查封46宗。2. 地质灾害防治。全市共发生各类地质灾害481起，达到统计标准的189起，未发生因地质灾害致人死亡及重大财产损失事件，保障人民群众生命财产安全。认真开展全市地质灾害隐患排查，排查出各类地质灾害隐患点744处，其中中型以上97处，逐点落实防灾责任和监测责任，更新全市地质灾害群测群防体系。积极开展地质灾害气象风险预警预报，扎实做好应急处置和值班值守。加快推进地质灾害防治和地质环境治理项目建设，中央财政直接安排的长沙煤炭、黑色金属矿区地质环境综合治理项目完成预验收；岳麓区麻田磷矿地质环境治理项目完成整改并通过预验收。完成矿山复绿工程4个，复绿面积21.764公顷。3. 重视群众信访。认真做好群众信访接待、承办、督办事项，市本级接待来访群众548批次、1024人次，受理87起，转送120起。承办上级交办、转送信访案件26起，处理非正常上访案件7起，督办案件12起。加大领导接访和积案化解工作力度，对261宗维护群众权益线索进行排查和整改，落实线索71条，化解一批信访积案。下发《长沙市国土资源局关于〈长沙市涉及群众利益重大决策事项社会稳定风险评估暂行办法〉的实施细则》，全年完成征地拆迁稳评项目报告备案222个。（陈炳阳）

【征地拆迁补偿安置】 全年市本级共实施拆迁项目258个，其中本年度新启动93个，完成腾地1474.4公顷，拆除房屋5765栋，合法房屋面积240万平方米，动迁23914人；县级共实施项目359个，本年度新启动219个，完成腾地3927.4公顷，拆除房屋4969栋，合法房屋面积167万平方米，动迁18477人。全市落实被征地农民安置54494人，办理被征地农民转户33198人，转户率93.38%；纳入城镇居民社保体系28514人，纳入率89.30%;收缴社保资金31.04亿元，缴纳率91.65%。市本级本年度新建成被征地农民安置保障住房212.41万平方米。提高征地补偿标准，下发《关于调整长沙县望城区浏阳市宁乡县征收农村集体土地地上附着物及青苗补偿标准的通知》。（陈炳阳）

【国土资源执法监察】 对全市新开工418个项目进行跟踪检查，有效防控了新开工项目违法用地。开展土地矿产卫片执法检查，部下发长沙市疑似土地违法图斑1832个，面积1341公顷，其中耕地415.85公顷。经分割合并共有2022宗，其中合法用地970宗，违法用地1052宗。对违法用地采取非立案查处569宗，立案查处483宗，违法占用耕地面积占新增建设用地占用耕地面积比例3.68%，处于较低比率。矿产图斑10个，对其中3个违法图斑立案查处并整改到位。全年全市查处土地违法案件214件，面积145公顷，耕地占68.93公顷。收缴罚没款1162.90万元，没收违章建筑物38.67万平方米，拆除5.72万平方米。（陈炳阳）

【地籍测绘管理】 市本级共核发土地使用权证94880本，其中办理土地初始登记514宗、4494.6公顷；办理土地抵押登记437宗，抵押面积1217.37公顷，抵押金额603.14亿元;办理土地注销登记 430宗；办理土地冻结171宗。调解土地纠纷8起。农村集体土地确权登记发证工作进展顺利，完成地籍区和地籍子区划分，按《宗地代码编制规则》编制宗地代码。第二次土地调查数据成果公布，完成2013年度变更调查和遥感监测，全市第一次地理国情普查工作通过预验收。在浏阳启动不动产统一登记试点工作。“数字长沙”运行良好，成果应用得到推广，“智慧长沙时空信息云平台”获国家测绘地理信息局批复。“数字长沙县”和“数字望城”地理信息基础工程建设项目得到省厅批复。（陈炳阳）

【基础测绘与行业管理】 全年完成基础测绘项目3个，测绘1:500地形图65.12平方千米，城镇变更调查项目2个，面积31平方千米。初审申请测绘资质18家，其中12家为新申请测绘资质，6家为增加测绘资质作业范围；做好测绘资质复审换证工作，办理乙级以下70家测绘单位复审换证手续，2家外地测绘单位来长沙进行测绘作业备案；加大力度推进测绘成果汇交，全市汇交886项测绘成果。参与建设工程联合验收项目141个，及时出具验收报告。（陈炳阳）

【国土资源信息化】 利用局门户网站推进政府信息公开，全年公开国土资源信息1519条，公布案卷办理查询信息140586条，土地证查询信息125691条。推进电子政务建设，做好建设用地报批、土地供应备案、土地市场动态监测等系统的信息服务工作，完成市效能监察、综合治税、“12345”服务平台、国家土地市场动态监测等系统数据的导入。推进国土资源“一张图”项目建设，建设方案通过长沙市发改委可行性评审。抓好国土资源档案信息化项目建设，完成所有文书档案、用地类和部分供应类档案的数字化扫描工作，文书电子档案在电子政务办公中得到应用。（陈炳阳）

环境保护

【概况】 2014年，长沙市环境保护局按照“以大爱保护环境、以铁腕治理污染”的总要求，紧紧围绕“清霾、碧水、静音”等重点工作，加强环境保护顶层设计，出台《长沙市环境保护中长期规划(2015—2030年)》和《关于进一步加强生态环境保护工作的意见》，统筹推进城乡生态环境一体化建设，夯实生态文明基础。长沙县、望城区分别通过国家级、省级生态县验收，经开区完成国家生态工业示范园验收，湘江新区全国生态文明示范区、高新区生态工业和环保产业示范园建设稳步推进。全市生态环境质量稳步提升。

2014年，全市化学需氧量、氨氮、二氧化硫和氮氧化物四项污染物分别较上年削减8.13%、5.5%、3.68%和1.0%，圆满完成年度工作任务。全年空气质量优良天数比上年增加30天，优良率达62.2%，PM10、PM2.5平均浓度比上年分别下降11.6%、9.6%；城镇集中式饮用水水源地水质达标率、市级交界断面水质达标率均达到100%；声环境质量符合环境功能区标准。市环保局获省环保厅重点工作优胜奖。（王凌燕）

·污染防治·

【大气污染防治】 出台《长沙市大气污染防治行动计划实施方案》和《长沙市应对霾天气全社会联动方案》。淘汰黄标车和老旧车5.2万辆，发布《关于对无绿色环保标志的机动车实施交通限制通行措施的通告》。建立住建、城管、环保、交警等部门扬尘污染联合执法制度。全面完成城区109座加油站、1座油库和169台油罐车油气回收改造工作。加强垃圾和秸秆焚烧整治。宁乡县完成34家耐火材料企业整治。（廖小林）

【水污染防治】 按照湖南省湘江保护和治理“一号重点工程”要求，出台《长沙市水污染防治行动工作方案》。启动建设长善垸、岳麓等6家污水处理厂二期及提标改造工程；新建乡镇污水处理厂10家，完成环保验收并正常运营35家，有效运营率达55%。开展电镀、采矿、造纸等涉水重点企业整治，关闭天心新路电镀厂等25家污染企业，完成湖南博隆矿业等7家企业强制清洁生产审核，对浏阳58家造纸企业进行专项整治。（禹文峰）

【噪声污染防治】 制定《长沙市噪声污染防治（静音）行动方案》，组织开展系列执法行动，重点严控“三考”期间噪声污染。芙蓉区全面开展石材加工企业（作坊）整治工作，退出138家，拆除60家，治理70家。（王凌燕）

【固体废弃物污染防治】 开展全市危险废物环境污染专项整治行动，联合卫生部门组织医疗机构及医疗废物集中收集处置单位污染整治专项行动，摸清产生危险废物企业的家底，建立危险废物管理台账和档案。原铬盐厂止水帷幕一期工程正式开工，完成污染场地勘察和综合整治，启动场地风险评估、修复标准拟定、土壤修复试验、止水帷幕二期建设等工作。（程骥驰　侯　芳）

【污染物总量减排】 对全市工业源、农业源、生活源、集中式处理设施源、机动车源及国家重点监控企业开展环保统计。严格执行《长沙市建设项目主要污染物总量指标管理实施细则》，从严控制工业企业的新增排放量，规范实施新改扩建项目总量审核。对主城区9家污水处理厂实施减排效能考核，减排效益与污水处理费拨付直接挂钩。（骆　姣）

【推进第二轮环保三年行动计划】 2014年度长沙市安排“环保三年行动计划”（含增补）项目170个，完成项目165个，完成率97%。其中，雷锋河综合整治已于2013年提前竣工；湖南华电长沙发电有限公司完成布袋除尘＋电除尘工程，并通过省环保厅验收；茅栗冲水库饮用水源保护工程和城区109座加油站油气回收改造均圆满完成。（傅　扬）

·环境监察与监测·

【环境监察】 组织开展环境隐患大排查等31类环保行动156次，出动执法人员5万余人次，检查企业1.9万余家次，依法查处146家，责令限期改正731家。及时处置“4.17”湘江株洲挖沙船油污染等10余起环境污染突发事件。及时有效处理环境污染投诉4279件，回复率及处理率100%，全年未发生群体性赴京上访、重大群访事件。推动241家企业购买环境污染责任保险。全市共征收排污费4896.06万元，其中市本级共征收排污费1375.97万元，比上年度增加14.84%；追缴少征、漏征的排污费121.9754万元。获省环保厅组织的规范重点行业排污费征收大比武第一名。（刘跃辉）

【环境监测】 开展PM2.5空气质量标准因子监测研究，启动全市6个运行空气自动监测子站设备更新工作和空气质量预警预报统计模型研究项目。开展PM2.5源解析工作，全面完成长沙市大气污染排放源清单数据库构建工作。完善湘江长沙库区监测体系，制定并实施水质加密及预警监测工作方案。完成执法监测报告186份，共提供有效监测数据1506个，为环境执法提供了强有力的证据。获湖南省总工会、省人社厅、省环保厅、省住建厅、省水利厅共同组织的“水环境监测技能竞赛”一等奖。（夏茂子）

【突发事件应急处置】 为有效防范突发性环境污染事故的发生，及时、合理处置可能发生的各类重大、特大环境污染事故，维护社会稳定，市环保局成立环境污染事故应急指挥部，编制突发环境事件应急预案。2014年，及时处置“4•17”

湘江株洲挖沙船油污染等10余起环境污染突发事件，全年全市未发生重大环境安全事件。（陈　杰）

·生态文明建设·

【环保宣传与教育】 主动开辟立体化宣传阵地，在长沙晚报、长沙电视台等媒体开设《保护环境 共同行动》《六个走在前列进行时 环保在行动》《铁腕治污》3大新闻专栏。组织环保开放日、“六·五世界环境日”等宣教活动。做到电视有画面、报纸有版面、电台有声音、网络有对话，使环保工作始终置于群众的关注与监督之中。广泛开展新环保法宣传，以“大力宣传新环保法，弘扬环境保护基本国策”为主题，在全市范围内开展新环保法宣传“六进”（进机关、进乡村、进社区、进学校、进企业、进媒体）活动。（周　可）

【环境经济政策】 开展排污权有偿使用和交易，圆满完成623家企业第二次初始排污权分配，实现144家企业排污权交易，新改扩建项目排污权交易率100%，收缴率全省第一。推进河流生态补偿，编制《长沙市境内河流生态补偿办法》和《实施细则》。对126家企业开展环境行为信用评价，并将评价结果对社会公布。开展环保责任审计，完成对长沙县党政主要领导干部任期经济责任审计履职联审。（祁英杰　张伟红）

表20　　2014年长沙市环境质量状况

主要指标	年均值（微克/立方米）	较上年增减
市区环境空气		
二氧化硫	24	-27.3%
二氧化氮	42	-8.7%
可吸入颗粒物	84	-10.6%
细颗粒物	74	-10.8
空气质量达标率	62.2%	+8.2%
市区大气降水		
pH年均值	4.1	＋0.03个pH单位
酸雨频率	98.04%	-1.96%
城市噪声		
区域环境噪声	54.7分贝（A）	-0.1分贝（A）
交通干线噪声（昼间）	69.8分贝（A）	＋0.7分贝（A）
地表水		
湘江长沙段水质达标率	97.9%	持平
集中式饮用水源地水质达标率	100%	持平

注：监测数据由长沙市环境监测中心站提供

湘江新区·开发（园）区

责任编辑：江　雷

湘江新区

【概况】 湘江新区的前身是长沙大河西先导区，规划面积1200平方千米，包括岳麓区全境约550平方千米，望城区湘江以西部分区域约500平方千米，宁乡县沩水河以东部分区域约150平方千米。其中核心区面积570平方千米，包括岳麓区及望城区部分区域。2014年，实现地区生产总值2154.05亿元，增长11.5%；湘江新区管委会完成财政收入270.28亿元，其中公共财政收入24.45亿元，基金预算收入245.83亿元；完成固定资产投资1913.4亿元，增长19.36%；实现社会消费品零售总额515.27亿元，增长17.27%；完成规模工业增加值956.96亿元，增长12%；第三产业增加值618亿元，增长13.84%；实际到位省外境内资金187亿元，增长14.5%；外商直接投资实际到位资金10.15亿美元，增长16.7%。

项目建设快速推进。新区管委会年度铺排重点项目158个，政府性项目工程建设投资71.5亿元，社会产业项目完成投资94.5亿元。大河西交通枢纽主体工程、岳银广场及岳麓大道地下通道、麓云路及枫林路绿化提质工程等30个项目建成竣工，新建片区道路15条，通车里程30千米；实施生态环境项目30个，洋湖湿地公园（三期）、巴溪洲水上乐园建成开园，占地160公顷的西湖文化园已经建成，全面实施肖河流域截污工程，完成三年造绿大行动12条道路的绿化提质，新增绿地面积200万平方米；实施科教文卫项目29个，师大梅溪湖中学、周南梅溪湖实验中学、博才小学、博才实验小学等8所中小学建成投入使用，新增学位16500个，约占全市新增学位的二分之一。全年完成新启动拆迁项目401.73公顷。加大力度拆迁扫尾和国有土地征收工作，在岳麓区范围内，扫尾项目涉及土地面积约666.67公顷，拆除房屋约2600余栋；新启动了81.73公顷的集体土地拆迁和大王山片区的潇湘大道南延线二三期、市水泥厂生活区、桐溪港社区等项目国有土地征收；在高新区范围内，扫尾项目已基本完成；新启动雷锋科技城项目，涉及集体土地共320公顷，动拆群众近2600人，年内签约率约98%，拆除房屋约804栋，房屋拆除率约97%。

高端产业加速发展。坚持先进制造业、现代服务业双轮驱动，一批重大产业项目加速推进。总投资百亿元的湘江欢乐城开工建设；滨江金融中心楷林大厦部分封顶，广发银行、浦发银行、鼎衡大厦开工建设；滨江商务中心渔人码头、湘江玖号全面封顶；洋湖总部经济中心中盈广场、柏宁城市综合体、省建筑设计院封顶；金茂梅溪湖国际广场总投资78亿元、总建筑面积近100万平方米，主塔楼高238米，加快主体施工；总投资约50亿元、占地面积约20公顷的步步高梅溪新天地12月主体封顶；梅溪湖国际文化艺术中心完成土建主体工程；中建梅溪湖商业街（梅澜坊第一组团）于2014年12月全面开业运营。产业招商成效显著，签约中美国际学校、红星美凯龙、吉祥人寿等项目30个，凤巢游艇俱乐部、天择传媒、长沙市妇女儿童医院等11个项目土地挂牌出让，其中50亿元以上的项目2个，10亿元以上的项目10个，总投资超过400亿元。园区经济快速发展，新引进企业2500余家，总投资超过400亿元，其中长沙高新区年度实现技工贸总收入2200亿元，获批全省首个移动互联网产业集聚区，全年新注册互联网企业400余家，在全国高新区中综合排名提升到第14名，创新能力排名第10位。

两型建设成效显著。梅溪湖绿色生态示范城区试点，梅溪湖国际新城、滨江商务新城、洋湖生态新城三大片区“国家智慧城市试点”深入推进。实现绿色建筑集中连片发展，核心区新建绿色建筑覆盖率80%以上，全年在规划设计环节落实绿色建筑标准的项目55个，建筑面积550万平方米，获得绿色建筑设计标识的项目10个，其中获得英国绿色建筑标准（BREEAM）的最高级奖项“杰出级”设计认证、按国家三星级标准建设的绿方中心主体封顶，湖南省首个纯三星级绿色住宅小区西雅韵项目主体建成。建筑产业现代化形成示范，洋湖蓝天保障住房、洋湖中学、西雅韵等5个建设项目共88万平方米，采用建筑产业现代化技术，其中洋湖蓝天保障房是湖南最大的建筑产业现代化示范基地。推进可再生绿色能源规模应用，推进分布式能源站建设，采用江水源热泵技术的滨江B站、洋湖A站和污水源热泵技术的大河西交通枢纽启动建设，年内共评定5个市级可再生能源示范项目，总建筑应用示范面积21万平方米。试点推广有机生活垃圾微生物技术处理技术，在梅溪湖片区达美D6区、梅溪青秀、旭辉御府三个试点小区，推广应用有机生活垃圾微生物处理技术，推进固体废弃物“无害化、减量化、资源化”处置，生活垃圾回收再利用率50%以上。因地制宜推广绿色市政新技术，在东雷路等5条市政道路应用热拌可再生沥青路面，综合利用废旧沥青料2100吨，在秀峰路南延线等3条市政道路上采用再生水稳技术，综合利用固体废料11000吨。

改革创新不断深入。突出简政放权，激发市场活力，向长沙高新区下放集体建设用地许可等13项行政审批权限，向岳麓区下放临时用地许可、拆迁个案审批等5项权限。出台《湘江新区优化建设项目行政审批流程办法》，建立项目号管理、规划咨询服务等制度，取消、合并19项审批事项，对12项审批事项简化审批手续，将房建类项目审批时限由42天缩短为19天，市政类项目由49天缩短为32天，实现了行政审批整体提速50%以上，成为审批事项最少、办事效率最高、办事过程最透明的新区之一。率先启动建立综合生态补偿机制，探索实施覆盖整个规划区域、直接补贴到行政村的生态补偿机制，形成“保护者受益、破坏者付代价”的保护生态环境的正确导向。 （刘　文）

湘江新区党工委、管委会领导人员

长沙市委副书记、市长，湘江新区党工委书记　胡衡华（2014.10任）

长沙市委常委、新区党工委书记、管委会主任　赵文彬（2014.10离任）

新区党工委委员、管委会副主任　凌勤杰（2014.12任）

党工委委员、综合管理部部长　李爱诚

党工委委员、国土规划部部长　文　雄（2014.09离职）

党工委委员、项目建设部部长　谈文昌

党工委委员、纪工委书记　夏艳兰

【先导区更名为湘江新区】 6月9日，经湖南省委研究同意、省政府批复，长沙大河西先导区更名为湘江新区（筹）。湖南省委常委、长沙市委书记易炼红，副省长何报翔出席湘江新区（筹）揭牌仪式。新区规划范围与原长沙大河西先导区一致，规划面积1200平方千米，按原有体制实施运作。建设湘江新区是贯彻落实习近平2013年11月考察湖南时的重要讲话精神、打造“一带一部”核心增长极的重要支撑，是长沙乃至湖南在更高起点推进新型城镇化、融入长江经济带和长江中游城市群的战略平台。 （刘　文）

【湘江欢乐城开建】 7月18日，湖南规模最大旅游综合体项目——湘江欢乐城正式开工建设。项目占地1.6平方千米，总投资120亿元，由湘江新区投资集团和中建五局联合投资约120亿元，其中中建五局投资约40亿元。该项目作为“两型”工程，完全按照生态、绿色的建筑标准来设计、建设，是市委、市政府推动长沙城市功能完善、城市品质提升和产业转型升级的重要举措，创造性地将区域内湖泊、矿坑、森林资源有效整合利用，包括欢乐广场、欢乐水寨、欢乐雪域、欢乐丛林、欢乐天街五大核心项目。 （刘　文）

【洋湖湿地景区三期开园】 10月1日，洋湖湿地景区（三期）正式对外开放，并实现一、二、三期水体相连。湿地公园三期总共213.33公顷，内有66.67公顷农田就地保留，开辟成农耕浅滩区，恢复自然景观，并种植芦苇和兰荻等植物，形成湿地自然景观，为白鹭创造栖息环境。作为生态保育区，主要是水系恢复，最大亮点是将千亩农田改为恢复性国内最大白鹭栖息地之一，白鹭栖息地建在二期观鸟长廊的正北面，总面积66.67公顷，其中白鹭塔位于洋湖湿地景区中心，登上白鹭塔，整个洋湖生态湿地景区风貌一览而尽，亚热带湿地科普馆位于湿地主入口后方，建筑面积5000平方米。 （刘　文）

【巴溪洲水上公园开园】 10月18日，巴溪洲水上公园正式开园，该项目占地面积73.33公顷，是集湿地群鸟、生态密林、游艇码头于一体的综合性水上生态公园，是长沙湘江段第二个建成开放的洲岛。该公园依次建设九溪烟树、石龙花园、木龙花园、水影广场、荷塘月色、天鹅剧场、柳堤春晓、苇风芦影、长河红霞等9个主要景点。同时，洲岛南部6万平方米湿地与巴溪洲西面的水域连在一起，实现湿地内的水始终循环，湿地最南端为观景平台，可供市民观赏湘江美景。 （刘　文）

【梅溪湖国际文化艺术周】 10月17日晚上7时45分，在湘江新区梅溪湖国际新城中央绿轴室外剧场，“风尚之巅·国际艺术经典大赏”上演，揭开了2014梅溪湖国际文化艺术周序幕。该届艺术周由梅溪湖投资（长沙）有限公司承办，坚持“沐浴心灵、升华星城”的主题和“国际、高雅、时尚”的艺术定位，共有来自俄罗斯等8个国家近1000名艺术家以及艺术团体参演，演出100余个高水平文艺节目。主要包括10月19日晚的“白俄罗斯国家广播交响乐团经典名曲音乐会”、10月21日晚的“柔情似水·国风雅韵音乐大典”以及10月18—20日晚16:00—18:00在梅溪湖国际新城环湖路祈福大道上演的公共空间情景艺术展。 （刘　文）

【大美洋湖·2014中国（长沙）国际雕塑文化艺术节】 9月15日—10月30日，大美洋湖·2014中国（长沙）国际雕塑文化艺术节成功举办，17个国家21名国际雕塑大师齐聚湘江新区洋湖湿地景区进行雕塑创作。第十一届全国人大常委会副委员长司马义·铁力瓦尔地，联合国经济可持续发展大会秘书长沙祖康分别向艺术节发来贺信；全国政协港澳台侨委员会副主任委员喻林祥，中国国际文化传播中心党组书记、执行主席龙宇翔，省领导和老同志李微微、易炼红、李江、刘莲玉、谭仲池、王晓琴、杨忠民出席启幕仪式。该届艺术节由中国国际文化传播中心、省文联、长沙市政府主办，以“城市精神·城市文化·城市创造”为主题，是湖南第一次以雕塑为纽带组织国际文化交流盛事。雕塑作品完成落户于洋湖湿地景区，成为长沙的城市景观。 （刘　文）

【中建·梅溪湖中心梅澜坊商业街开业】 12月25日，中建·梅溪湖中心梅澜坊商业街试营业，该项目位于梅溪湖1000米核心湖岸线，商业街长度约1千米，由18栋现代建筑依湖组合而成，是一个低密度、纯亲水，既有美食又有风景的湖边街区商业。主要打造餐饮品味生活、娱乐缤纷生活、休闲写意生活等三大主题业态，为市民提供全新的消费体验。已经试营业部分为梅澜坊商业区第一组团，主要以美食、餐饮为主。山越山、漫咖啡、熙乐坊、时间仓、炸鸡情侣等美食大牌已进驻。（刘　文）

国家级开发（园）区

·长沙高新技术产业开发区·

5月21日，湖南省首家外贸综合服务体启动仪式在长沙高新区举行

【概况】 2014年，长沙高新技术产业开发区坚持把创新驱动、转型升级、稳中求进摆在更加突出的位置，着力调结构稳增长、抓改革优环境、转作风惠民生，稳步推进创新麓谷、高效麓谷、美丽麓谷和幸福麓谷建设，经济社会发展取得新的成效。

一、加快转型升级，全区经济社会平稳发展。产业平稳健康发展。全年实现技工贸总收入2200亿元，规模工业总产值1280亿元，财政总收入80亿元。获批全国首家环境服务业试点园区和全省首个移动互联网产业集聚区，节能环保、新材料生物医药产业产值同比增长21%、29%、10%，移动互联网产业增长翻番。招商引资提质增效。全年实现到位外资3.26亿美元，到位省外境内资金33.21亿元，市外境内资金固定资产投资额52.84亿元；完成进出口总额19.4亿美元，引进进出口额超过10亿美元的加工贸易企业2家；新注册入区各类企业2100余家；新签约产业项目17个，签约项目总投资超过170亿元；全省首家外贸综合服务体落户高新区。项目建设强力推进。全年新开工产业项目18个、竣工项目17个。完成全社会固定资产投资208亿元，增长24%，其中工业投资100亿元，增长26%。

二、实施创新驱动，科技创新能力持续提高。创新孵化载体不断夯实。中电软件园、芯城科技园等建成投入使用，园区新增孵化面积50万平方米，各类孵化器、加速器达19个，孵化总面积达265万平方米，在孵企业近3000家，区内国家级孵化器达10家。创新平台建设稳步推进。长株潭国家自主创新示范区正式获批，高新区创新能力进入全国前十强。全年新增省级企业技术中心3家，省级工程技术研究中心5家，2家单位获批湖南省院士工作站。成立3D打印、生物医药和节能环保产业技术联盟，促进创新资源的对接整合。科技金融加快融合。各类投融资平台累计为企业提供资金支持100亿元，科技支行累计为小微企业授信5亿元。“全景网长沙网上路演中心”正式开通运营，2家企业成功上市，5家企业完成上市预披露，全区上市企业达35家、占全省的40%以上；12家企业成功挂牌新三板，总数排全国高新区第十位，上市挂牌后备企业80余家；加快区域股权交易市场建设，成功实现2家企业挂牌，4家企业签约。创新实力日益增强。全年申报国家、省、市各类科技计划项目700余个，获得资金支持2.6亿元；新认定高新技术企业120家，高新企业总数达518家，占全市近50%；新增市级以上创新型试点企业8家，总数达105家；获批市级技术创新项目35个，30余家企业获全市科技进步奖和产学研合作与成果转化奖。全年企业专利授权总量2328件，其中发明专利授权575件，同比增长17%，占全市国家级和省级园区发明专利授权总量的51.2%。创新创业加快聚集。“三五”人才计划深入实施，全年新增千人计划专家1名，百人计划专家8名，长沙市创新创业领军人才达到11名。搭建高层次人才交流平台，建设首批50套高层次人才公寓；举办科交会系列专场活动、“搜云杯移动互联网创业大赛暨2014创新中国走进长沙”“黑马大赛生物医药医疗健康行业赛”等活动，创新创业氛围进一步浓厚。

三、深化产城融合，城市建设管理扩容提质。加快基础设施建设。完成对廖家坪街道托管，麓谷总面积达140平方千米。全年铺排项目124个，完成总投资52亿元。建设完成道路总里程35千米，新建市政道路20条，续建市政道路8条，基本建成区面积达到45平方千米。保障房建设累计完成投资11亿元，新建成面积80万平方米。加大拆迁安置力度。全年共启动拆迁项目12个，动迁1339户，拆迁总面积491.53公顷。开展系列扫尾攻坚专项行动，累计完成扫尾签约49户，倒房84户；加强安置工作，促进拆安同步，全年完成安置3879人，截止到2014年年底，累计安置拆迁人口12601人，当年安置人口数量位居全市第一。提升城乡发展品质。大力推进“清洁城市”行动和三年造绿计划，实施“林荫大道”、路面“灰改黑”以及“亮化、美化、畅通、清霾、碧水”等七大工程，累计投资7.6亿元，完成园区道路绿化提质面积22.82公顷。

四、加强民生改善，社会大局保持和谐稳定。社会事业协调发展。文体设施日益完善，完成20余处健身场馆和8个绿色网吧的建设；食品安全四级监管网络初步建立，获评全国首批民生改善典范开发区；教育强区战略深入实施，全年教育投入达3.5亿元，新招录教师75人，高新技术工程学校在全市中职学校综合排名中位列第二。社会保障全面加强。新增城镇就业8735人，农村劳动力转移就业599人，新增被征地农民和农村居民稳定就业1285人，扶持创业94人；城乡居民基本养老、医疗保险参保率分别达到96%、98%，5621名被征地农民全部及时纳入社保体系；社会保险基金运作规范率、安全完整率达100%；已建工会组织企业工资集体协商建制率达89.5%。社会大局稳定可控。持续开展“平安园区创建”活动，推进“天网工程”和公众安全满意工程建设，构建多方位、立体化的社会治安防控体系，全年无重大恶劣刑事治安案件发生；突出信访维稳和矛盾调处工作，全年共调处化解重大矛盾纠纷163起、防范化解和有效处置群体性事件60余起；安全生产总体形势保持平稳，工矿商贸领域连续24个月未发生生产安全死亡事故。（曹　玮）

长沙高新区党工委、管委会领导人员

党工委书记　罗社辉

党工委副书记、管委会主任　李晓宏

党工委副书记　黄德湘

党工委副书记、管委会常务副主任　邓自力

党工委委员、管委会副主任　刘　琳　莫一平　陈志红　陈大庆　立　明　周意龙

党工委委员、纪工委书记　刘颖鹏

党工委委员、总工会主席　杨金林

党工委委员、人大、政协联络办主任　江从平

党工委委员　甘其斌

党工委委员（兼）、市公安局高新区分局党委书记、局长　陈曙光

【高新区6家单位入选国家级环保服务业试点】 4月4日，环保部发布了《关于同意开展环保服务业试点的通知》（环办〔2014〕377号），同意批复湖南省7家单位作为环境服务的试点单位，其中6家单位属于长沙高新区，占比近9成，分别是长沙高新技术产业开发区、永清环保股份有限公司、凯天环保科技股份有限公司、华时捷环保科技发展有限公司、湘牛环保实业有限公司和湖南现代环境科技有限公司。据悉，获得这一试点的单位将在工业园区环境管理职能社会化、综合环境服务、环境金融服务等领域开展服务模式的探索。

【湖南省外贸综合服务体落户高新区】 5月21日，湖南省首家外贸综合服务体启动仪式在长沙高新区举行，湖南卓志供应链服务有限公司作为试点企业，为省中小外贸企业提供物流、通关、融资、退税、收汇、信保等综合服务。这一服务体将向全省外贸企业或有意向开拓海外市场的企业提供一种全新的外贸服务理念，是省外贸工作的一个崭新起点。（曹　玮）

【长泰机器人获世界级机器人创新奖】 7月8日，在上海举行的IERAAward评奖大会上，长沙高新区企业长泰机器人最新研发的“CTR铸铁件机器人自动化精整系统”获得第二名，该系统突破性地解决铸造行业恶劣环境下工人工作的困扰，利用机器人实现铸件精整的自动化清理全过程。“IERAAward”是国际机器人行业的最高荣誉，长泰机器人成为中国正式加入国际机器人联合会（IFR）以来首家获奖的中国企业。（曹　玮）

【新加坡丰树麓谷产业园开工】 8月8日，一个累计投资12亿元的现代服务综合产业园项目——新加坡丰树麓谷产业园在长沙高新区开工。该项目由世界500强企业新加坡淡马锡旗下全资子公司丰树集团投资，以电子商务运营及数据中心、国际高端汽车体验中心及零部件分销中心、现代医药及医疗器械组装制造、现代物流等产业为主，兼有区域和城市生产配送、现代服务等多项功能，直接为国际性先进生产制造企业和商贸流通企业的区域运营中心提供服务。项目建成后将填补长沙高新区在现代服务综合产业领域的空白，极大提升全区产业配套能力。（曹　玮）

【长沙网上路演中心落户高新区】 8月14日，“开放共赢、助力发展——全景长沙网上路演中心揭牌仪式暨中小企业网上路演”活动在长沙高新区麓谷企业广场科技金融大厦举行。该次活动旨在全方位展示湖南金融市场风采、促进湖南地区资本市场和地方经济发展、提升上市公司及高新区企业的公司治理水平和市场透明度、加强中小微企业与各类投资者的沟通交流。全景长沙网上路演中心是湖南省首个路演中心，除了为拟上市公司提供一系列服务外，还可以为证券公司、基金公司、银行等机构提供网上路演、产品推介等服务，降低企业成本。（曹　玮）

【麓谷首届汽车文化节】 10月17日，备受瞩目的中国·麓谷首届汽车文化节正式拉开帷幕。本届汽车文化节为期3天，以“驱动麓谷，畅游车世界”为主题，以游园的形式举行，购车客户轻松畅游30余家汽车4S店。作

10月17日，中国·麓谷首届汽车文化节举办

为高新区打造的顶级汽车城，麓谷汽车世界以整车销售为主体，以商业配套、汽车后市场服务和多功能会展带动销售，促进长沙汽车市场群的日渐兴旺，最终串起多产业集聚，打造撼动湖南车市乃至中部地区车市的“汽车航母”。（曹　玮）

【长沙高新区创新能力进入全国高新区前十】 11月14日，全国火炬统计工作会在四川成都召开，长沙高新区在首次国家高新区创新能力评比中获得第十名，并获2013年“火炬统计工作先进单位”，这是长沙高新区第十次获此称号。国家高新区创新能力评价指标体系包括五大板块，分别是创新资源集聚、创新创业环境、创新活动绩效、创新的国际化和创新驱动发展；涵盖研发人员数量、研发经费投入、研发机构数量、企业人均营业收入、净资产利润率和规模以上企业万元增加值综合能耗等25项评价指标。其中，长沙高新区创新资源集聚排名第5，创新创业环境排名第12，创新活动绩效排名第16，创新的国际化排名第21，创新驱动发展排名第8。（曹　玮）

【长沙高新区信息产业园获批“全国青年创业示范园区”】 11月20日，长沙高新区信息产业园被共青团中央授予首批“全国青年创业示范园区”称号，这是湖南省唯一获此殊荣的单位。近年来，信息产业园积极推进青年创业型企业的培育和发展工作，创新运营模式、提升服务能力，涌现出一批高质量的创业项目和一群高素质的创业青年，带动了创业氛围的形成和创业工作的开展。该园充分发挥长沙在科技、人才、文化氛围等方面的综合资源优势，发展形成了具有产学研结合、科技成果转化、高新技术企业孵化、战略性新兴产业培育、创新创业人才培养等功能的科技型园区，已成为青年科技创业创新与辐射的重要源头、区域创新体系的重要组成部分。（曹　玮）

【长株潭国家自主创新示范区获批】 12月3日，国务院常务会议审议通过长沙、株洲、湘潭三个国家高新技术产业开发区建设国家自主创新示范区，并下发《关于同意支持长株潭国家高新区建设国家自主创新示范区的批复》（以下简称《批复》）。《批复》要求湖南按照党中央、国务院决策部署，全面实施创新驱动发展战略，充分发挥长株潭地区科教资源集聚和体制机制灵活的优势，积极开展激励创新政策先行先试，努力把长株潭国家自主创新示范区建设成为创新驱动发展引领区、科技体制改革先行区、军民融合示范区和中西部地区发展新的增长极。（曹　玮）

【长沙高新区门户网站综合影响力排名全国第三】 12月19日，由中国高新技术产业导报社、中国信息化研究与促进网主办，促进网（北京）网络发展研究中心、中国创新网、高新区网站联盟等单位组织的“2014年度国家高新区门户网站推荐及综合影响力评估”活动圆满结束，并对外发布了评估结果。长沙高新区获2014年度国家高新区门户网站综合影响力领先奖第三名和2014年度国家高新区门户网站招商服务领先奖第一名。（曹　玮）

【《长沙高新技术产业开发区条例》获批】 新修订的《长沙高新技术产业开发区条例》（以下简称《条例》）于10月31日经长沙市第十四届人民代表大会常务委员会第十五次会议审议通过，于11月26日经湖南省第十二届人民代表大会常务委员会第十三次会议批准，并将于2015年3月1日起施行。《条例》的修订实施，是长沙高新区推进法制建设，加快创新驱动发展的一项重要成果，对于促进长沙高新区管理工作的规范化、法治化，推动高新技术产业的蓬勃发展将起到重要作用。（曹　玮）

·长沙经济技术开发区·

【概况】 2014年，长沙经开区认真开展党的群众路线教育实践活动，以“六个走在前列”为指引，以发展提质为主线，以转型升级为目标，以改革创新为动力，实现了园区经济社会平稳发展。

一、园区经济平稳增长。全年实现工业总产值1650.60亿元，同比增长10.7%；实现工业固定资产投资110亿元，完成税收96亿元。完成到位外资3.8亿美元，完成市外境内资金形成固定资产投资42.8亿元。加快产业结构调整，汽车制造产业、电子信息分别保持超30%、50%的增速，弥补了工程机械产业下行态势所产生的不足。工程机械产业占比由80%下降到55%，汽车制造产业产值突破320亿元，占比由12%上升到20%。

二、转型升级初见成效。管委会紧紧围绕转型升级新目标，陆续出台了促进集成电路、支持电子商务、促进小微企业、支持专利驱动创新等系列政策，为促进转型升级释放了政策红利，转型升级成效初显：一方面传统产业实现转型升级，引导工程机械、汽车产业进一步瞄准需求，细分市场，进一步调整产品结构，如铁建重工高端盾构机、众泰“云100”新能源汽车，均保持了较快的增速，焕发出新的生机；另一方面，新兴产业方兴未艾。全力支持发展集成电路、电子商务、高端服务业等，找到了转型升级的着力点，湖南省电子商务协会、湖南电商创新创业基地、深圳集成电路设计产业化基地长沙基地先后落户。

三、重大项目全面推进。园区坚持重大项目领导联点、“学习与服务”、督查考核等制度，领导干部深入项目一线，及时协调解决困难，为重大项目开建、竣工提供有力保障。全年新开建项目23个，竣工投产项目20个，完成工业固定资产投资110亿元。蓝思科技榔梨工业园、广汽菲亚特二期、恒天九五二期、中国通号等重大项目全面推进。广汽三菱扩产项目、国科微电子（一期）、长沙创芯科技6英寸集成芯片项目等项目相继竣工投产。上海大众（长沙）项目累计完成投资51亿元，样车于12月下线，将为实现打造“中国汽车产业集群新板块”注入强劲动力。

四、招商引资勃发生机。园区以招商新规促产业转型升级，坚持“大招商、招大商”，重大项目纷至沓来。引进投资过亿元项目10个，投资过10亿元项目1个，投资50亿元以上的项目2个。总投资约60亿元的克莱斯勒Jeep项目已启动厂房建设工程，该项目投产后将实现年产8万辆吉普和15万台发动机，预计2015年10月建成投产，达产年后可望实现销售收入160亿元。蓝思科技研发生产基地（二期）建设项目总投资56亿元，预计年产值150亿元。为延伸产业链，今年引进了汽车零部件企业9家，其中延锋彼欧、延锋江森均是世界500强企业投资。先后开建工业地产项目12个，已建成标准厂房面积67.81万平方米，共引进企业244家，其中生产型企业163家。

五、基础建设扩容提质。园区坚持高起点规划、高标准建设、高品质配套，加快推进基础设施和生活商业配套设施建设。全年完成基础设施投入7.68亿元，平整场地208.2公顷，实现拆迁腾地208.2公顷，动迁人口1260人。同时，完成了核心区控规提升，对产业布局、公共服务设施、商业设施、道路交通、市政设施等进行了专项规划。全面启动绿化亮化、道路改造、公租房建设、交通设施优化等提质工程，完成星沙供水应急管网、星沙污水处理厂扩容提质建设。星沙海关、长沙出入境检验检疫局已相继开关开检，为加快开放型经济构建平台。持续推进“以区带园”，不断拓展发展空间，星沙产业基地实现工业总产值34亿元，汨罗工业园、新疆鄯善工业园等“飞地园区”建设顺利推进。

六、生态环境不断优化。近年来，园区着力构建“两型社会”，以创建“国家级生态工业示范园区”为目标，不断提升城市品质。始终把住了项目环评准入关、验收关，坚决拒绝高污染、高耗能的项目入区。全面启动“三年造绿行动”，新增绿化面积43.5万平方米。着力打造人民东路优质亮化工程，园区生态绿化环境有较大改观。完成星沙污水处理厂扩容提质改造工程，不断完善园区雨污管网路网建设，污水处理率达95%以上。创建“国家生态工业示范园区”已通过省级审核验收，力争2015年通过国家级验收。

七、自主创新加快推进。年初，经开区顺利获批为全省首个“国家知识产权示范园区”。出台了《专利驱动创新发展鼓励办法》，拟3年投入1.5亿元，重点鼓励园区企业技术创新和知识产权保护。全区省级以上技术中心达29家，三一重工、三一汽车分获中国专利金奖1项、中国专利优秀奖1项。

八、社会管理成效显著。加大了社会管理创新投入，大力推进公共服务项目建设，全年建成1878套公租房，解决了部分企业员工住房难的问题。强化企业员工集中居住小区的管理服务，有力地提升了企业员工生活品质。新开通了3条园区穿梭巴士线路，改善了部分企业产业工人的出行环境。完善公共设施配套，在新一轮控规提升中，规划建设“一主三次”商业中心，满足产业工人生活居住需要。加强安全生产管理和安全隐患大排查、大整改，全年没有发生重大安全生产事故。

九、服务保障坚强有力。管委会强势推动“招才引智三年行动计划”，吸纳国内外高层次人才294名，举办国家“千人计划”专家经开区行活动。全年举办现场综合招聘、企业专场招聘和“企业校园行”等招聘活动52场次，招揽人才1000余人；认真完成领导干部在企业和社会组织兼职任职、领导职数配备、“三超两乱”等11项专项治理、检查工作。出台了《集团公司人事管理暂行规定》，完成了干部三年轮训计划；继续深化互联共建工作模式，构建区“微党建”动态管理平台。开展“上企业、到一线、问情况、解难题”活动，成立劳动争议调解委员会。开展慰问困难职工活动。全面优化审批流程，加快审批进度，推行全程代办，缩短项目落地周期，推动企业诚信体系建设，营造了公平竞争的营商环境。

十、工作作风切实改进。按照中央和省、市纪委部署安排，结合群众路线教育实践活动，全面落实党风廉政建设责任制，大力推进作风建设。明确了党工委主体责任和领导干部“一岗双责”，修订了党风廉政建设考核办法，对重点领域、关键岗位领导干部进行廉政谈话，党工委书记亲自讲廉政党课，进一步强化了遵规守纪意识。公布“5910”廉政账户，已存入礼金近20万元。坚持边活动边整改，区领导班子和班子成员查摆“四风”方面突出问题971条，机关开展谈心谈话359人次。从严从实整改“四风”意见、76项问题清单、55项专项整治任务，扎实推进32项制度建设计划。领导班子成员公开承诺力行“八个带头”、10个部门公开服务承诺、发布了18项立行立改措施。机关作风明显好转，群众满意率达90%。针对案件查办、经济责任审计、两节期间厉行节约和廉洁自律情况督查、工程建设领域专项治理、群众举报等发现的83个问题，交办有关部门限期完成整改。出台了党工委“三重一大”事项集体决策办法、行政决策程序、主任会议规则、征地拆迁资金管理、集团公司监事会议事规则等30余项制度。各类会议同比下降20%以上，共整改腾退办公用房1046平方米，“三公”消费等下降27%以上，企业满意度测评达90%以上。

（区志办）

长沙经开区党工委、管委会领导人员

党工委书记、长沙县委书记
杨懿文
党工委副书记、管委会主任
李科明
党工委副书记、管委会常务副主任
吴京生
党工委副书记、纪工委书记
高　杰
党工委委员、管委会副主任
陈新忠　巩　固
黄　瑶　刘逢春
范遵新
党工委委员、总工会主席
丁仁义
党工委委员
张贤长　张文球
王维倩　郭汉辉

【国家生态工业示范园区创建工作通过省级验收】 11月5日，长沙经开区国家生态工业示范园区创建工作通过省环保厅、商务厅和科技厅组织的省级考核验收。省环保厅科技处处长张志光主持考核验收，中国环保产业协会副会长刘启风和中国环科院等单位专家，省环保厅副厅长王会龙及省环保厅、商务厅、科技厅和市环保局的相关领导参加，管委会主任李科明、副主任黄瑶及区生态园建设工作领导小组成员单位负责人出席。2008年，长沙经开区启动国家生态工业示范园区的规划建设工作；2010年12月，《长沙经济技术开发区国家生态工业示范园区建设规划》和《长沙经济技术开发区国家生态工业示范园区建设规划技术报告》通过了环保部、商务部和科技部组织的专家论证；2011年4月，环保部、商务部和科技部正式发文批准长沙经开区创建国家生态工业示范园区。6年来，长沙经开区大力推进国家生态工业示范园区建设工作。为保障创建工作的有效开展，成立了创建国家生态工业示范园区领导小组，由管委会主任担任组长，管委会相关领导担任副组长，管委会相关局（室）为领导小组成员单位。出台了《长沙经济技术开发区创建国家生态工业示范园区五年行动计划(2011—2015年)》《长沙经济技术开发区关于推进国家生态工业示范园区建设的若干意见》和《长沙经济技术开发区生态文明建设专项资金管理办法》，逐步建立了国家生态工业示范园区的运行机制和框架，提高了园区企业资源利用效率和清洁生产水平，初步形成了经济高效型、资源节约型、环境友好型的国家生态工业示范园区，在生态建设和工业发展共生共建方面在湖南省树立了一面崭新的旗帜。（区志办）

【省开发区协会理事会在园区召开】 4月10日，省开发区协会第一届第三次理事会在长沙经开区召开。全省省级以上开发区负责人和省、部分地州市发改委领导聚首星沙，共商全省开发区合作、发展、共赢大计。会议由省开发区协会主办，长沙经开区管委会承办，省开发区协会会长赵淑珍主持。省发改委地区处处长兼省开发区协会秘书长文会中作2014年湖南省开发区协会工作报告，参会代表审议并通过了2014年协会工作报告，共同见证湘潭高新区与慈利工业集中区，湘潭经开区与江华经开区的战略合作签约，会议还审议并通过津市工业集中区为理事单位。至此湖南全省省级及以上开发区、高新区、出口加工区、保税区、工业集中区已达到139家，基本实现县市区全覆盖。（区志办）

【集成电路产业政策发布会暨深圳IC基地长沙基地合作协议签约】 10月15日，长沙经开区举办2014长沙经开区集成电路产业政策发布会暨深圳IC基地长沙基地合作协议签约仪式。89家集成电路产业企业，105名代表参加会议。长沙经开区发布《长沙经济技术开发区促进集成电路产业发展试行办法》。该办法将从2015年起由经开区财政每年安排1亿元，设立集成电路产业发展专项资金，重点对产业培育、税收、研发、投资并购、贴息贷款、上市、人才引进等进行扶持。长沙经开区管委会与深圳集成电路设计产业化基地管理中心还签署了合作协议，共同建设深圳IC基地长沙基地。长沙经开区将依托现有产业基础，在深圳市科技创新委员会和深圳集成电路设计产业化基地管理中心的全力指导下，在三年内完成深圳IC基地长沙基地的初期建设，培育一批骨干龙头企业，形成一批特色优势产品，造就一批高端产业人才，形成集成电路产业集群发展新格局，打造集成电路产业湘军。（区志办）

【中国（长沙）科技成果转化交易会在园区举办】 10月23—24日，长沙经开区承办的中国（长沙）科技成果转化交易会新能源汽车行业产学研对接暨众泰纯电动汽车发布会专场活动在众泰汽车基地举行。主要活动包括新能源汽车产学研对接以及众泰云100纯电动汽车上市发布会。此次发布的众泰云100纯电动汽车，采用两厢车设计，使用高密度三元聚合电池，最高时速可达每小时85千米，续航里程大于150千米，能满足日常代步使用。云100提供专业电源快充和家用普通电源慢充两种充电方式，为纯电动汽车的普及提供了可能。在传统配置方面，云100还配备半独立悬挂和坡道智能辅助系统，同时还提供导航、倒车影像、7英寸彩色电容屏，蓝牙、WiFi、手机中控屏双屏互动系统、及带有手机APP功能的远程安保功能。众泰云100的诞生，既是企业发展的必然，也是长沙汽车工业在新能源领域探索的成果，作为湖南省首款纯电动轿车，众泰云100填补了湖南省汽车工业中新能源整车研发和制造的空白，标志着长沙汽车工业在新能源领域实现“与世界同步”。该次活动签约项目25个，金额超3亿元。投资过亿元的陕汽重卡与LNG天然气站一体化项目建设、国产机器人示范应用服务与科普中心、湖南省全承载客车工程技术研究中心、中科院电工所产学研基地等新技术应用平台项目举行了现场签约仪式。以众泰汽车工为依托的湖南省首家新能源技术研发中心、首家新能源汽车监控中心，首家新能源汽车校企联合实验室也在本次专场活动上启动。（区志办）

【星沙水厂应急管网通水】 12月4日，星沙水厂应急管网通水，实现星沙水厂和廖家祠堂水厂的联合供水。星沙的水源打破单一来源，供水保证率和水质大幅提升。星沙水厂应急管网工程总投资7100万元，管网从廖家祠堂水厂开始，经西冲路、东十线、南二路、东八线、滨湘路最终到达星沙水厂，全长11.2千米。（区志办）

【“2014年度人力资源工作会议暨千人计划专家经开区行”活动】 12月5日，长沙经开区举行“2014年度人力资源工作会议暨千人计划专家经开区行”活动。活动分为“人力资源工作会议”“参观区规划展馆及园区企业”“千人计划网·智汇邦·创业在

12月5日，长沙经开区举行“2014年度人力资源工作会议暨千人计划专家经开区行”活动

中国——千人计划专家长沙经开区集成电路产业合作沙龙”三个环节。省委统战部副部长、湖南欧美同学会常务副会长崔永平，省人社厅副厅长、省外专局局长黄赞佳，市委组织部常务副部长袁黎明及省市组织、统战、人社、外专、教育部门领导，党工委书记杨懿文，管委会主任李科明及全体工管委班子成员，创新创业高层次人才及部分园区重点企业负责人，相关技职院校负责人，千人计划网负责人及千人计划专家、企业家，欧美同学会负责人、专家等300余人参加，讨论交流人才引领驱动创新“新常态”。为博世汽车等6家企业外籍员工的14名子女提供补贴奖励，为三一集团等4家企业提供总额80万元院士专家工作站建站资助，为黄昆等9名“招才引智三年行动计划”培养对象颁发证书，为“碳-13同位素标记研制”等7个创业创新项目奖励630万元资金支持。2014年，人才办采取“走出去”和“请进来”两种方式，依托“海外招才引智工作站”和各类人才推介会，向海内外高端人才伸出橄榄枝，先后接洽高层次创新创业项目咨询50余批次，收集申报高层次创新创业项目17个，评审通过7个。年内，园区有1家企业（凯天环保）获批建设“博士后科研工作站”，4家企业（三一集团、山河智能、凯天环保、铁建重工）获批建设“院士专家工作站”，新建省级技术研究中心2家。园区拥有国家级企业技术中心（工程研究中心）5家，省级企业技术中心（研究中心、实验室）24家，市级企业技术中心（研究中心）23家，博士后科研工作站8家。共组织开展各类校企合作招聘活动30场；56家园区企业与省内23所技职院校合作关系良好，省内技职院校为园区企业输送技能型毕业生近4000人。通过外引内培策略，长沙经开区“人才特区”集聚效应明显。（区志办）

【上海大众长沙工厂首台样车组装成功】 12月18日，上海大众长沙工厂首台样车组装成功。上海大众长沙项目2013年5月开工，计划生产30万辆中档乘用车，2015年建成投产，2017年达产，主机厂年产值约600亿元，项目全部建成后将成为世界上一流汽车整车生产线，可实现年产能60万辆，产值1500亿元。（区志办）

【国产首台大直径全断面硬岩隧道掘进机下线】 12月27日，铁建重工主导研发的国产首台大直径全断面硬岩隧道掘进机（敞开式TBM）在长沙经开区顺利下线，该产品拥有自主知识产权，是国家“863计划”重点支持项目，打破了国外长期垄断，填补了中国大直径全断面硬岩隧道掘进机研制的空白。（区志办）

【铁建重工获批省创新型企业】 2月，长沙经开区园区企业铁建重工集团获批“湖南省创新型（试点）企业”，这是集团在获批长沙市创新型示范企业后迈上的又一个新台阶，也是对企业不断提升自主创新能力，坚持走创新发展之路的充分肯定。（区志办）

·宁乡经济技术开发区·

【概况】 2014年，宁乡经济技术开发区（以下简称“宁乡经开区”）完成工业总产值783.9亿元、同比增长17%，工业增加值201.2亿元、同比增长14%；实现财政收入16.8亿元，同比增长32%。

招商引资。全年合同引资210亿元，到位资金70亿元。投资50亿元的湖南粮食集团宁乡产业园、投资3亿美元的康师傅湖南生产基地、投资10亿元的华润怡宝饮料及华中运营总部等战略项目落户园区，以盼盼食品为代表的福建休闲食品和以买买提切糕为代表的新疆特色食品组团进驻；举办首届“蓝月谷食品饮料产业活动季”，引进项目15个，引资超115亿元；成功打造“湖南妇孕婴童示范园区”“湘品出湘”名优产品展销平台。

产业培育。园区获批长沙市创新型园区，加速创建全国首家“安全食品示范园区”，深入实施产业升级三年行动计划，出台“产业扶持30条”政策。加加食品成为全国质量检验工作优秀单位，盛泓机械白酒酿造业机械制曲设备填补国内市场空白，楚天科技成功上市并获批国家火炬计划重点高新技术企业，飞翼股份登陆全国中小企业股权交易系统，百川超硬获批长沙市“协同创新管理优秀企业”，顺泰钨业、乐福来食品等17件商标获批湖南省著名商标，马克菲尔、远大住工等获批湖南省科技进步奖，松井新材获批湖南省企业技术中心，凯瑞冶金、中联机制砂、湘路科技产品获批湖南省首台（套）重大技术装备认定产品，格力暖通、通石达产品获批长沙市自主创新和节能环保产品，神宇新材、妙盛国际等9家企业认定为省级高新技术企业；拜特生物、雅城新材等企业获批长沙市创新型企业。

项目建设。创新项目工程建设领导小组机构设置，开展“项目建设百日会战”活动。全年在建项目82个，其中新开工项目42个，新竣工项目31个，完成固定资产投资145亿元。加加食品科技工业园、中联机制砂、马克菲尔、小洋人乳业等项目实现竣工投产；格力暖通、盼盼食品、玉屏山国际产业城、未来方舟等项目顺利开工建设。全年实现路网竣工11千米，完成电力线路架设7千米、市政管网铺设5千米、绿化维护20万平方米，完成元宝山公园、迎宾广场、旺宁新村安置小区一期、石泉安置小区等重要基础建设。

要素保障。全年批回土地85.13公顷，办理土地权证131.33公顷，获湖南省“节约集约用地先进单位”二等奖并获得20公顷土地指标奖励；完成园区地籍数据库建设并获省评一等奖。蓝月谷集团公司新增融资27亿元，其中经建投公司发行企业债券12亿元，成为宁乡首支公开发行的地方债券。举办3期大专院校专场企业招聘会，全年为企业招聘人员2000人。设立园区低效闲置资产处置领导小组及办公室，建立低效闲置资产动态管理数据库，分批收回闲置低效用地13.33公顷。

社会管理。全年完成征地208.53公顷、腾地309.33公顷，实现格力电器等15个重大项目用地征拆清零；组织拆控违行动92次，控拆违面积2.5万平方米。成立综治委，建立定期信访接待制度；实行商事登记改革，新增商事主体600个；强化食品安全专项整顿，查处食品违法案件10起；完成园区公交专线和站点建设，蓝月谷文体活动中心和三联学校投入使用，北京大学附属小学完成主体建设；组织开展园区环境污染隐患大排查，198

家企业开展了污染隐患自查，关停企业11家。

开发平台。蓝月谷集团公司稳步推进市场化改革，实现资产总额136亿元，净资产89亿元；农科园全年共引进湖南粮食集团宁乡产业园等9个农产品加工项目，实现合同引资55.3亿元，省级农业园区中期评估获优秀，国家级农业科技园申报工作有序启动；老粮仓珠宝产业园的嘉成珠宝、藤强机械等项目正式投产；长沙大河西农产品物流中心项目快速推进。

队伍建设。园区党的群众路线教育实践活动扎实开展，制定"四风"突出问题专项整改方案，38项整改任务全部整改到位；推行廉政谈话、个人重大事项报告等预警促廉措施，严肃查办征拆违纪违法案件；机关党委获评长沙市学习型党组织建设示范点先进党委，加加集团成立党委，百川合金党支部获全市先进基层党组织；废止与实际不符的园区制度12件，新建、修改、完善制度119件；区总工会成功获批，档案管理工作获批"规范化管理省特级"，园区政务服务中心正式运营，管委会通过ISO9001质量管理体系和ISO14001环境管理体系认证。

园区文化。以"生态、健康、和谐"为核心的"蓝月谷"品牌渐入人心。深入开展园区子弟夏令营、歌手大赛、相亲会等文化活动；首届蓝月谷职工文化艺术节推出工间操、手机拍、职工书画赛等子活动；开展"筑梦·蓝月谷"摄影大赛，《逐梦·蓝月谷》文集、邮册成功发行；开设蓝月谷图书馆，打造"职工书屋"；开展首届劳模评选，凌云剑、陈小亮等10名先进典型当选。（饶洁玲）

宁乡经开区党工委、管委会领导人员

工委书记　　黎春秋

工委副书记、管委会主任　　戴中亚

工委副书记、金洲新区党工委书记　　刘永红

工委委员、管委会副主任　　陈海波　张君来

工委委员、纪工委书记　　刘　辉

工委委员　　王子进　喻锦东　袁　钊

【楚天科技登陆创业板】 1月21日，楚天科技作为2014年首只湘股在深圳证券交易所创业板登陆上市，当日股价大涨45.20%，报收58.08元/股。楚天科技本次共发行股份数量1824.98万股，其中发行新股699.925万股，老股转让1125.06万股，发行后总股本7299.93万股。发行价40元/股，对应发行后的市盈率为31.5倍。楚天科技成立于2002年，位于宁乡经济技术开发区，主营业务为水剂类制药装备研发、设计、生产、销售和服务。楚天科技是2014年湖南省第一家拿到证监会IPO批文的上市公司，公司募集资金拟投向现代制药装备技术改造项目、现代制药装备研发中心建设项目，总投资2.5亿元。（饶洁玲）

【经建投公司12亿元企业债券发行】 4月21日，宁乡经济技术开发区建设投资有限公司首期12亿元企业债券募集资金到账，标志着宁乡县首支地方公债成功发行。宁乡经济技术开发区建设投资有限公司2013年初全面启动本期债券发行准备工作；国家发展和改革办公室于2014年3月18日批复湖南省发展改革委，核准宁乡经济技术开发区建设投资有限公司发行企业债券12亿元。本期债券期限7年，采用固定利率形式，单利按年计息；由主承销商中国银河证券股份有限公司、分销商广州证券股份有限公司组成的承销团以余额包销方式承销；所筹资金全部用于旺宁安居工程示范小区公租房等13个项目。（饶洁玲）

【"蓝月谷之夏"食品饮料产业活动季】 6月13日，宁乡经开区举办"蓝月谷之夏"食品饮料产业活动季启动仪式暨中国（长沙）现代农业产业化示范园重点项目签约仪式，总投资50亿元的湖南粮食集团宁乡产业园等7个项目成功签约，合同引资70亿元。活动季至9月结束，共引进项目15个，合同引资超115亿元。活动期间，还成功组织了福建食品专场集中签约仪式、康师傅方便面及饮品项目专场签约仪式、金融与实体经济对接会、食品产业平台项目开工仪式以及"对话蓝月谷"安全食品对话会、"筑梦蓝月谷"摄影大赛、"爱满蓝月谷"慈善助学公益活动、"畅游蓝月谷"工业之旅、"缘定蓝月谷"相亲交友活动、"唱响蓝月谷"歌手大赛等17个子活动，深入推广园区安全食品理念。（饶洁玲）

【"产业扶持30条"政策出台】 6月27日，宁乡经开区出台了《加快转型升级促进产业倍增发展的若干规定》，从科技创新、设备升级、中介配套、融资渠道、创新创业、合作共建等方面，推出30条真金白银的产业扶持政策。文件鼓励园区企业开发具有自主知识产权的新产品，建设技术创新平台，寻求外部智力支撑，购买先进装备和开展区内配套采购，登陆境内外资本市场，参与园区开发建设；鼓励律师事务所、会计师事务所、专利事务所、咨询公司、认证机构、检测机构和人才中介机构等专业服务机构入驻园区；鼓励二级支行以上金融机构和金融服务机构入驻园区。（饶洁玲）

【玉屏山国际产业城开工】 7月29日，宁乡经开区投资建设的玉屏山国际产业城正式开工，将打造湖南省首个食品饮料产业领域系统化集成式公共服务器。玉屏山国际产业城作为宁乡经开区实施"平台高端化"战略举措的核心项目和打造完备食品饮料产业全产业链的创新之举，定位为集安全食品公共检测、研发、孵化、展示教育、信息管理等功能于一体的食品饮料产业公共服务平台。项目占地11.87公顷、总投资50亿元、建筑面积25万平方米，分为东、西板块，涵盖食品检测中心、食品研发中心、食品产业孵化中心和青少年食品安全教育基地四大功能分区，同时在周边配套建设能源利用信息化管理中心、食品工业专用水厂。（饶洁玲）

【康师傅湖南饮品及方便面生产基地项目签约】 7月31日，湖南省改革开放以来最大台资项目康师傅湖南饮品及方便面生产基地项目落户宁乡经开区。该项目用地43.33公顷、总投资3亿美元，项目达产后预计可实现年产值70亿元、年税收贡献4.6亿元，其中康师傅方便面项目投资1.2亿美元，用地约20公顷，全部达产后可实现年产值30亿元、税收约2亿元，项目一期计划于2016年上半年投产；康师傅饮品项目投资1.8亿美元，用地

23.33公顷，全部达产后可实现年产值40亿元、税收约2.6亿元，项目一期力争2016年上半年投产。（饶洁玲）

【晶弘冰箱生产基地项目入园】 10月15日，宁乡经开区与合肥晶弘电器有限公司正式签订晶弘冰箱项目投资合同，这是继格力电器商用空调项目后，又一大型主机家电项目落户宁乡经开区。晶弘电器冰箱生产基地项目占地35.2公顷，总投资10亿元，年产冰箱300万台，预计年产值50亿元、税收2亿元。作为湖南省政府明确的全省唯一家电产业园区，宁乡经开区目前已集聚了格力空调、晶弘冰箱、华良中意等家电主机企业以及注塑成型、管线制作、纸箱包装等相关配套企业，初具产业集群效应。作为格力电器曲线布局冰箱行业的重要举措，晶弘冰箱秉承着“以质量为王”的发展战略，全面依托格力的质量体系和管理力量，利用格力已有的销售渠道，主攻中高端市场，在短短几年时间内已发展成为冰箱行业的领军企业之一。（崔浪涛）

·浏阳经济技术开发区·

【概况】 2014年，浏阳经济技术开发区按照“产城融合，宜业宜居”的目标，克服宏观经济形势下行的压力，以党的群众路线教育实践活动为抓手强作风、鼓士气，以“项目攻坚”为主线解难题、促发展，真抓实干、开拓创新，加快了新型工业化与新型城市化的融合，出现了又好又快的发展局面。完成工业总产值710.5亿元，同比增长31.3%；完成财政总收入24.12亿元，同比增长37.9%；完成固定资产投资130.7亿元，同比增长35.4%。规模工业产值、财政税收、工业增加值等主要经济指标的增长速度在长沙市五个国家级开发区中排名第一，固定资产投资在长沙市五个国家级开发区中排名第三。全年新增入规企业12家，使园区规模企业总数达101家。获湖南省推进新型工业化一等奖、长沙市国家级园区绩效考核第一名。在湖南省109个园区排名中挺进3个位次，进入前六强。同时，发展空间不足、要素制约严重、体制机制欠顺、政府债务较多等问题，需要引起高度重视、着力加以破解。（胡晓江）

浏阳经开区党工委、管委会领导人员

党工委第一书记
曹立军（兼）
党工委书记　周岳云（2014.09任）
党工委副书记、管委会主任
郭力夫（2014.09任）
党工委委员、管委会副主任
周　剀（2014.09免）
刘良成
寻院豪（2014.09任）
邹先瑜　罗其胜
伍建明
党工委委员、纪工委书记
杨国山
党工委委员、工会联合会主席
胡汉圣
管委会副主任
陈志高

【尔康制药淀粉胶囊项目投产】 由湖南尔康制药股份有限公司投资58亿元建设的药用淀粉胶囊项目于2014年3月签约落户浏阳经济技术开发区，以木薯淀粉替代明胶生产药用辅料硬胶囊，计划建成生产基地约20万平方米。该项目4月开始建设，8月底完成2栋合计3万平方米厂房建设，11月完成64条生产线的设备安装调试并投入试生产，生产能力达到300亿粒/年。实现了3月签约、4月建设、8月设备安装、11月试生产，创造了令人瞩目的“尔康速度”，成为2014年长沙市“六个走在前列”大竞赛活动的重点观摩项目之一和2014年湖南省医药工业的最大亮点之一。以尔康制药淀粉胶囊项目为标志，浏阳经济技术开发区2014年引进兆丰精密光学仪器、豫园生物科技公司的生物菌生产基地、金岭投资的标准厂房、宝湾物流等项目24个，其中投资过50亿元项目2个，过30亿元项目1个，过20亿元项目1个，过10亿元项目2个。（胡晓江）

【蓝思科技股份有限公司新建厂房】 由蓝思科技股份有限公司投资55亿元的蓝思科技新材料生产基地项目于2014年1月签约落户浏阳经济技术开发区，使该区电子信息产业集群更加完善。至2014年年底，该项目已完成一、二车间整体建设，完成三、四车间和物料仓库、污水处理中心等设施的主体建设，总建筑面积达30余万平方米。（胡晓江）

【“八大民生工程”建设】 2014年，启动或完成长郡浏阳实验学校、长途汽车站、金阳文化艺术中心、幸福泉公园、“市民之家”、豫园名品商业街、仲景公园、公租房建设等“八大民生工程”，总投资7亿余元。其中，总投资3.5亿元的金阳文化艺术中心主体工程全部竣工、内外装修全部完成；总投资3.5亿元的长郡浏阳实验学校教学楼主体竣工；豫园名品商业街开街并进驻品牌商家十余个；长途汽车站主体全面竣工，站场硬化已完成基础平整；仲景公园投入使用；东郡公租房第一期工程7栋4.7万平方米（共计559套）全面开工，4栋、5栋、6栋、7栋已建至4层，1栋、2栋、3栋已完成地下室施工。（胡晓江）

浏阳经开区上市企业——湖南尔康制药有限公司

·望城经济技术开发区·

【概况】 望城经济技术开发区成立于2000年，2014年2月经国务院批准升级为国家级开发区。园区核定面积6.33平方千米，规划控制面积60平方千米，东临雷锋大道，西至黄桥大道，北起旺旺路，南连长沙高新区。近年来，园区以努力建设“工业化与城市化相协调、第二、第三产业相配套的现代化公园式工业新城”为目标，遵循“产业立园、项目兴园、创新强园”的发展思路，已引进包括美国、加拿大、比利时、日本、韩国、澳大利亚等十几个国家和中国台湾、中国香港地区在内的优强企业300余家，初步形成了四大主导产业，即以旺旺食品、澳优乳业、百威英博、合生元乳业、光明乳业等为代表的食品加工产业集群；以晟通科技、中联重科、湖南有色、金龙铜业、长高集团、泰嘉新材等为代表的有色金属精深加工暨先进制造产业集群；以高星（钢铁）物流园、金桥国际商贸城、奥特莱斯等为代表的现代商贸物流产业集群；以网讯通、光智通等项目为基础，着力建设的光电信息产业集群。园区已拥有“长沙望城国家有色金属新材料精深加工高新技术产业化基地”“国家知识产权试点园区”“湖南省最具投资价值十大产业园区”等国家和省级发展平台。

中共望城经济技术开发区工作委员会、望城经济技术开发区管理委员会驻地设长沙市望城区同心路1号，分别是中共望城区委员会、望城区人民政府的派出机构，合署办公，为正县级单位。望城经济技术开发区内设正科级机构有工会联合会、办公室、规划建设局、招商合作局、产业发展局和社会事务局，直属（或归口）事业单位有投（融）资管理办公室和金星文化产业园，直属企业有望城经开区建设开发公司，区直单位驻园机构或分设窗口有财政分局、同心派出所、国土中心所、行政执法经开区中队、巡回法庭及国税、地税、工商、规划、建设等。

2014年，在区委、区政府的坚强领导下，在相关区直部门和乡镇街道的大力支持下，通过园区企业和干部员工的共同努力，望城经济技术开发区坚持以“产业立园、项目兴园、创新强园”为统领，深入贯彻落实市委、市政府“加快倍增倍升、实施集群式项目满园扩园行动、两型化管理提标提档行动”的工作要求，深入开展党的群众路线教育实践活动，不断改进工作作风，积极投身“六个走在前列”大竞赛和“大项目突破年”活动，进一步夯实了发展基础，圆满完成了全年的各项目标任务。全年完成规模工业总产值648.2亿元，同比增长29.2%；实现财政总收入27.7亿元，同比增长7.9%；其中，国地两税完成17.7亿元，同比增长18.8%；完成规模工业增加值177.1亿元，同比增长15.8%；完成固定资产投资123.6亿元，同比增长23.7%；完成工业投资98亿元，同比增长39.9%；完成进出口总额8000万美元。

平台建设迈上新台阶。2014年2月18日，园区成功晋升为国家级经济技术开发区，登上了更高的发展平台。9月29日，省委常委、市委书记易炼红，副省长何报翔为国家级望城经济技术开发区揭牌，明确了“努力创建一流国家级园区”的新目标。成功申报省知识产权示范园区。顺利获批湖南省新型工业化示范园区和长沙市创新型园区。以长沙望城国家有色金属新材料精深加工高新技术产业化基地为依托，正式成立了湖南省首家具有法人实体性质的“长沙市有色金属新材料及精深加工产业技术创新战略联盟”。

招商引资收获新成果。跻身国家级经济技术开发区后，园区招商引资比较优势明显提升。制定了《关于全面创新招商引资工作的实施办法》，全方位推进招商引资工作改革，力促招商引资由粗放型向精细化转变，组织、参与了俄罗斯、德国、深圳、江苏等地的大型招商推介会，全年共引进中德有色工业园、网讯通光芯片及微电子生产基地、开利星空进口汽车城、合生元婴幼儿奶粉生产基地、西湖特种电线电缆等14个单独供地项目和苏美电器、中清环保、红鑫光电等16个入驻标准厂房项目。其中，中德有色工业园总投资达100亿元、网讯通总投资达52亿元。

产业发展迈出新步伐。支柱产业逆势上扬。有色新材料产业从传统制造业向高附加值终端化产业转型升级，全年完成规模工业总产值436.5亿元，同比增长37.2%，占园区规模工业总产值的67.3%。先进制造产业稳扎稳打，完成规模工业总产值40.8亿元，同比增长5.3%，占园区总产值的6.3%。食品加工产业增速稳健，品牌效应、质量安全业内一流，全年完成规模工业总产值81亿元，同比增长13%。印刷包装行业积极拓展国际市场，冲破行业“天花板”，破解技术瓶颈，全年完成规模工业总产值21.2亿元。商贸物流产业势头强劲，环球奥特莱斯、金桥国际市场创新创业基地、高星物流园（二期）等积极应对市场疲软，强策划、重实干，顺利建成营运。龙头企业行业领跑。晟通集团积极实施“201”工程（20万吨铝箔、世界第一），生产轻量化汽车、铝型材、建筑模板、铝工艺品等高附加值终端产品，实现了从传统制造业到创新型多元化企业集团的转型，全年产值突破305亿元，同比增长51.9%，成为行业标杆。金龙集团打造再生资源循环经济，拓展铜精深加工、终端产品生产线，运用电商模式开拓市场，有效提高产出和效益，产值突破100亿元大关，同比增长15.5%，“金龙速度”再次发力。澳优乳业长线投资海普诺凯荷兰工厂扩增产能，一举成为第四代配方奶粉生产的引领者，完成产值26.1亿元，同比增长53.8%。泰嘉、长高、中联消防、合生元、百威英博、派意特等一大批优秀企业抢抓机遇，创新转型，龙头带动作用成效显著。

要素保障开创新局面。投融资工作取得创新突破，12亿元债券发行已于年底获批；加强与各大银信机构沟通对接，扎实做好项目包装，多渠道筹措资金近20亿元。集约节约用地工作走在全省前列，获评湖南省开发园区节约集约用地特等奖，在卫片检查中没有出现一宗违法用地。全年完成土地报批171.67公顷，拆迁腾地202.53公顷，场平近200公顷，完成土方600万余立方米。

项目建设取得新突破。扎实开展“大项目突破年”活动，把推进项目建设作为园区中心工作来抓，强化领导联系协调项目工作机制，园区项目建设推进力度不断加大。产业项目建设成效显著。全年铺排重大产业项目51个，新建了旺旺乳饮、高星物流园、金桥国际商贸城、金荣科技、优美科富虹锌业、清风纸业等39个项目，续建了中航长沙航空工业园二期、航天磁电二期、晟通科技铝箔二期、奥特莱斯二期、黄金创业园三期等12个投产类项目；万家乐、统实包装、博翔纺织厂等18个项目实现了一期建成投产达效。基础设施建设稳步推进。制定并实施了经开区路网建设三年行动计划，全年共投入6亿余元，马桥河路南延线建成通车，金星大道西延线全面启动建设，沿河路一标段竣工通车，普瑞西路、雷高公路、金星西路等重点路段提质改造全面完成，31项水、电、气等配套工程顺利实施，建成区及主干道路绿化、亮化、净化、美化工程同步跟进，完成投资3722万元。推进城市交通建设，新增2条公交线路。园区发展空间不断拓展，“东西互动、南北对接”发展格局进一步打开。

转型创新增添新亮点。科技成果转化不断加速。全年实现高新技术企业产值472.8亿元，同比增长38%，占规模工业总产值的72.9%；规模工业研发经费支出12.6亿元，占规模工业增加值的7.6%。晟通科技、长高集团、澳优乳业等41家企业分别实施了国家、省、市科技创新、节能环保、技术改造、创业富民扶持项目112个，争取各类专项项目资金8387万元。黄金创业园、中德产业园、大河西科技园等标准厂房加快建设，建成面积13万余平方米，培育在孵企业40余家。中吉科技、湘仪动测等企业启动新三板上市培育工作，顺利进入股改程序。深入开展“院士专家望城行活动”，5个企业8个项目与中国有色金属学会、中南大学、湖南大学等签订了产学研战略合作协议，科技对经济的支撑作用进一步增强。积极搭建银企对接平台，全年共协助企业融资9.6亿元，有力促进了科技成果转化。创新能力不断增强。航天磁电、澳优乳业、大北农等6家企业成功创建省、市工程（企业）技术中心；新汇制药、湘仪实验等7个商标被评为湖南省著名商标；泰嘉双金属带锯条、派意特西服等6个产品获评湖南省名牌产品。至2014年年底，园区已拥有4个国家级实验室、1个院士工作站、5个博士（后）工作站、2个国家级企业技术中心、31个省、市级企业技术中心（工程中心）、12个中国驰名商标、56个省著名商标，授权专利已达1666件，科技引领、创新发展的氛围进一步浓厚。

环境建设呈现新面貌。生态环境不断改善。完成《基本生态控制线规划》，确定了需严格控制的生态保护区界线。扎实开展“三年造绿行动”，园区企业积极参与，全年造绿57.13公顷。狠抓企业清洁生产，率先全市国家级园区完成清洁能源改烧工作，实现了煤锅炉清零。强力推进渣土扬尘治理，切实加大场平工程降尘力度，全年开展大规模城乡清洁整治行动6次，整治各类渣土扬尘污染行为160余起，环境质量明显提升。园区社会和谐稳定。建立完善了社会管理综合治理体系，突出生产、建筑、消防、交通安全和项目建设环境、信访维稳等重点工作和领域的管控，77家企业顺利通过安全生产标准化评审，率先全市园区实现规模企业安全生产标准化创建动态清零，排查整治安全隐患141处，全年未发生一起安全生产事故和群体性上访事件。

民生保障凝聚新合力。社保安置更加有力，全年为181名拆迁群众发放了购房补助补贴1448万元；办理了82户、188套限价商品房申购；全力解决拆迁群众社保参保问题，支付社保安置资金2.3亿元；切实加强拆迁群众就业失业登记和劳动技能培训工作，就业安置力度继续加大。帮扶机制不断完善，全年为困难群众、职工发放慰问金64万元；职工互助医疗工作为急需帮扶的职工解了燃眉之急；金龙集团、旺旺集团、泰嘉新材、中联集团、天龙制药等企业积极开展爱心救助，充分彰显了现代企业的责任与担当；投入扶持街道、村、社区建设各类资金2000万余元；加大企业职工住房保障，发放企业员工购房补助37.8万元。

干事创业迸发新活力。深入开展党的群众路线教育实践活动，作风建设进一步加强。严格执行作风建设有关规定，开展“四风”专项整治，深入企业和群众收集办结了97家企业提出的120个问题，企业满意率达100%；严格机关事务管理，全面腾退了超标办公用房；精简各类会议、文件达20%以上；厉行节约、廉洁从政，“三公经费”严格控制在预算范围之内。扎实推进行政审批制度改革，制定了《望城经开区优化社会投资建设项目审批流程办法》，全面优化了办事流程，行政审批较法定时限整体提速50%以上。突出重点领域审计监督，创新审计方法，强化结果运用，审结项目173个，核减工程造价2050万元，核减率达26.4%。加强基层党组织建设，引领作用不断增强。傅集雅等4名非公党组织书记获区“十佳党组织书记”殊荣，天龙公司党支部被评为市“先进基层党组织”。党组织对工、青、妇等群团组织的带动作用不断增强，工、青、妇职能作用有效发挥；园区文化建设成果丰硕，《望城经济技术开发区志》编撰工作全面铺开，完成史实资料搜集整理及其中6章编写；组织开展了春季马路赛、企业乒乓球联赛、男子篮球赛等一系列凝心聚力的活动，园区工作氛围更加温馨。加强内部管理，队伍建设再上新台阶。出台《关于贯彻落实“三重一大”事项集体决策制度的意见》《望城经开区财政投资工程建设管理暂行办法》等9项制度，进一步完善了科学民主决策、财政预算管理、工程管理、企业服务、绩效考核等制度体系建设，土地清理、债务清理工作扎实推进，工作精细化、规范化、制度化水平再上新台阶。通过公开竞岗内聘6名局室正、副职和28名科（部）长，人才活力进一步激发。同心派出所、国土中心所、行政执法经开区中队、工商所、巡回法庭等驻园单位不断创新工作方法，服务园区发展建设措施有力，成效明显。（彭　珊）

望城经开区党工委、管委会领导人员

区委常委、党工委书记
张　权

党工委副书记、管委会主任
吴　皓

党工委委员、管委会副主任
谭平安

党工委委员、纪工委书记
余梅香

党工委委员、管委会副主任
浣望民

党工委委员、管委会副主任
刘　彪（兼）

党工委委员、总规划师
李彦波
党工委委员　李小平
管委会副主任　杨　智
工会联合会主席　向章平

【国家级望城经济技术开发区揭牌仪式】 9月29日，国家级望城经济技术开发区举行揭牌仪式。省委常委、市委书记易炼红，副省长何报翔为国家级望城经济技术开发区揭牌；市委副书记、市长胡衡华出席并讲话，省有色金属管理局局长宋建民，省商务厅副厅长罗双锋，市领导文树勋、陈献春、何寄华等出席。望城经济技术开发区创立于2000年。建园以来，园区产业蓬勃发展，形成了高科技食品、有色金属精深加工及先进制造、航空航天、现代商贸物流四大主导特色产业集群。园区已引进优强企业270余家。2014年2月，国务院批准望城经开区升级为国家级经济技术开发区。望城经济技术开发区升级为国家级经济技术开发区，成为长沙第五个国家级开发区，是省、市推进新型工业化的重要成果，对于加快省、市转变经济发展方式，做大做强实体经济，扩大对外开放，具有重要意义，为长沙市推进“三倍计划”注入了新鲜的活力。近年来，望城经济技术开发区以“产业立园、项目强园、创新兴园”为统领，以国家级经济技术开发区的水准为要求，全面实施集群式项目的满园扩园行动和“两型”化管理的提标提档行动，大力促进园区产业发展、开发建设、功能配套、生态环境、城市管理、文化风貌等全方位品质提升，奋力推动园区转型创新发展。园区升级极大地增强了望城经济技术开发区招商引资的优势。揭牌当天，中德有色工业园、网讯通光通信设备项目、开利星空进口汽车等一批强优项目落户园区，总投资达162亿元。涵盖了有色金属精深加工及先进制造、电子信息、高端进口汽车销售等领域和行业。 （彭　珊）

【“创新驱动·有色生辉” 院士专家望城行】 10月23日，以“创新驱动·有色生辉”为主题的2014院士专家望城行活动在国家级望城经济技术开发区举行。国家、省、市相关部门、行业学会、高等院校、科研院所、知名企业的领导、院士、专家、企业家共150余人出席活动。活动期间，望城经济技术开发区与中国有色金属学会“产学研战略”合作协议等8个项目签约；中国有色金属学会理事长康义作了《当前我国有色金属工业发展形势与对策》的主题报告。本次院士专家望城行活动整合了政府、学会、高等院校、科研院所的有色科研资源，形成了人才资源集约利用、“产学研”优势互补、科研协同效应强的有色金属科研创新链，为更好发挥湖南有色金属资源大省优势、实现有色金属基础研究、应用研究、中试孵化、成果转化等创新环节的无缝对接搭建了崭新的平台，将大幅提升有色金属新材料产品精深加工的技术合作能力，推动有色金属产品转型、产业升级，实现有色金属新材料产业的可持续发展。近年来，拥有国家级“长沙望城国家有色金属新材料精深加工高新技术产业化基地”金字招牌的望城经济技术开发区有色产业发展势头强劲，已汇集47家有色产业企业，拥有晟通、金龙、泰嘉等12个中国驰名商标和湘仪、泰模王、邦德利等56个省著名商标。 （彭　珊）

省、市、县级开发（园）区

·隆平高科技园·

【概况】 2014年，隆平高科技园累计完成工业总产值365亿元，增长15.3%;完成规上工业总产值345亿元，增长16%；完成高新技术总产值255亿元；实现规模工业增加值增长率13.5%、规模工业利税增长率13%、固定资产投资增长率22%。单位面积的投资强度和产出效率全市考核排名第一。新增规模以上工业企业5家，新增高新技术企业9家。连续第十年获评“长沙市推进新型工业化优秀单位”称号。

招商引资实现突破。新引进投资11亿元的英氏乳业孕婴童产品产业园，投资约5亿元的省部共建的华智生物水稻分子育种平台项目。平台招商引进了中国铁塔湖南分公司和长沙分公司、泓春奥克、欣朗生物、凯德自控等176家高科技、高成长型企业。入园企业总数达555家，较2013年增长33%，创业平台完成租赁新增3.8万平方米。凯德自控和众益传媒实现新三板上市。现代服务业快速成长，集聚了顺丰速运、苏宁云商、掌钱电子商务等行业标杆企业，获全市开放型经济和现代服务业考核两个“一类单位”“长沙市电子商务企业入驻集聚区”称号。协助区委、区政府举办第二届隆平论坛。项目建设进程加快。金茶产业园、雨污分流一期等一批项目完工。投资过10亿元的苏宁云商现代产业园项目、东湖壹号企业总部基地相继启动建设。6家企业完成土地挂牌，1家企业启动土地挂牌。融资拆迁有力推进。建行融资取得突破，为推动园区工作提供了有力保障。全年共实施3个地块的拆迁。张公岭村30.33公顷工业用地已基本平地交付使用，京珠东辅道2.32公顷商业金融用地拆迁即将完成，人民东路以南29.67公顷工业用地项目启动拆迁进展顺利。创新驱动成效明显。全年帮助企业申报科技项目80余项，为企业争取资金2000万余元。共获国家科技进步二等奖1项，省科技进步20项，省技术发明奖1项，市科技进步奖6项。新增市级创新示范单位2家，新认定高新技术企业9家，发明专利新增122件。省有色金属研究院启动建设国内最大的有色金属交易平台；湘茶集团成立国内最大的茶叶电商平台；博联航空与上海交大创建国内首个“农用无人机联合研发中心”。2家企业分获省级、市级院士工作站。1人入选“国家科技创新创业人才”；2人获评市第二批创新创业领军人才；3人获评市优秀青年科技人才，7人入选市“3635”人才计划。发展环境不断优化。全年发案9起，发案率比上年明显下降，继续保持芙蓉区发案数最低。安全生产实行党政齐抓共管、领导带队检查，加强事故隐患排查与监管，一批企业完成安全生产标准化建设，全年未发生一起较大以上责任事故。道路提质改造工程已申报立项；建成区雨污分流一期改造工程已完工，二期工程已启动报建。长沙市中小企业服务中心在园区设立河东分中心。评选红旗党组织1家。 （王　勇）

隆平高科技园党工委、管委会领导人员

芙蓉区委常委、党工委书记
王曙光
党工委副书记、管委会主任
黄 滔
党工委委员、管委会副主任
曾 理
党工委委员、纪工委书记
汤季平
党工委委员 吴清斌
党工委委员、总经济师
易 鹰
管委会副主任 陈 庆（2014.03 任）
副县级干部、工会联合会主席
阳林艳

【经阁铝业彩色电氟产品下线】 3月19日，由湖南经阁铝业科技股份有限公司与日本不二铝业历时5年联合研制的具全球领先水平且节能环保的彩色电氟铝型材下线，填补了国内高端铝型材产品的空白，标志着经阁铝材已掌握铝型材行业的最尖端技术，打破了国外品牌在高端铝型材领域的垄断。经阁彩色电氟铝型材由PVDF氟碳树脂和丙烯酸树脂混合制成水溶性涂料，再经纳米涂料的改性，显著改善涂膜的耐候性、力学性能和抗沾污性能，其使用寿命达80年，强度达到航天材料标准，产品颜色多样，表面光滑无机械纹路。通过催化作用，能显著提高涂膜的自清洁能力，耐酸耐碱，不沾灰不沾水不沾油污，各项指标均创铝型材技术新高。彩色电氟铝型材在生产过程中回收率达99%以上，重金属及有机废物实现零排放，大大减少了对环境的污染。 （王 勇）

【长沙大红陶瓷诞生中国红瓷板画《金陵十二钗》】 4月3日，长沙大红陶瓷发展有限责任公司诞生红瓷板画《金陵十二钗》。该红瓷板画宽2米、高1米，画面上是《红楼梦》里的12位富家小姐，个个姿态婀娜，瓷板镶嵌在红木底座上，喜庆而大气。中国红陶瓷板画是国家重点扶持的文化科技项目，需要经过4次烧制，温度高达1200摄氏度，大红陶瓷前后历时5年才攻克高温红色大型瓷器不能高温烧制、易变形、釉面着色不均匀、成器率低等多项技术难题。该项烧制技术和烧制设备均已申请国家专利。 （王 勇）

【隆平高科技园一期排水管网改造项目开工】 6月11日，隆平高科技园一期排水管网改造与建设项目开工仪式在雄天路施工现场举行。园区党工委书记王曙光，党工委委员吴清斌出席。参加仪式的有省工程建设监理有限公司项目监理部、市政工程公司项目经理部、园区项目建设指挥部组相关人员。该项目由湖南大学设计研究院有限公司进行设计，东至新安路，南至隆园一路，西至京珠辅道，北至与经开区交汇界线。一期道路雨污分流工程设计规模为1.5万立方米/天，设计管道总长为2560米，主要进行长星路污水次干管（隆园一路至雄天大道路段）、雄天大道污水次干管（新安路至京珠东辅道）、京珠高速东辅道污水主干管（雄天大道往北至原雨污合流排水管路段）、京珠高速东辅道穿越京珠高速的污水主干管的建设，总投资约1000万元，通过公开招标，由长沙市市政工程公司承担施工任务。 （王 勇）

·天心经济开发区·

【概况】 天心经开区控规面积5.83平方千米（国务院实际批准面积4.48平方千米）。其中，工矿仓储用地146.33公顷，商服用地79.53公顷，住宅用地7567公顷，道路、绿化、公共设施用地136.67公顷，实际可用来项目开发建设用地266.67公顷。天心经济开发区批准编制18个，实有在编干部20人。工委班子成员9人，其中，工委书记正县级，主任副县级，其他为正科级。内设6个科级局室，正副科级干部9人。借调、外聘工作人员34人。天心经济开发区以“融城核心、精品园区”为发展目标，坚持“和谐园区、创新园区、效能园区”发展理念，紧紧围绕“调整思路抓规划，腾笼换鸟抓项目，提升品质抓环境”的新目标、新要求，着力把握关键，致力开拓创新，攻坚克难，经济社会取得了较好成绩。

经济指标稳中有进。全年实现工业总产值215亿元，同比增长14%；规模工业总产值196亿元，同比增长16%；实现工业增加值66亿元，同比增长14%；规模工业实现利税8亿元，与上年基本持平；完成总投资额30亿元，同比增长18%；完成工业投资27亿元，同比增长17%。2014年全口径税收3.2亿元，同比增长13%。

项目建设有序推进。2014年经开区计划项目30个，其中基础设施项目11个、产业项目19个，年度投资25亿元，开工面积超100万平方米，竣工面积超60万平方米。其中纳入市重大工程建设项目四个，长沙大托库区片烟醇化仓库建设项目、宇航科技园、军用宽禁带半导体材料制备设备研发条件建设项目和康尔佳总部物流工程建设项目。列入天心区重大项目有宇航科技园、新兴企业中心、贤盛发基地三期、康尔佳总部物流工程建设项目一期、中信凯旋城、污水管网改造项目、经开区用地征拆项目、长沙大托库区片烟醇化仓库建设项目和中国电子科技第48所研发建设九个项目。

康尔佳总部物流工程建设项目：一期基本完成基础施工，进行地下室和正负零以上主体施工；中信凯旋城项目西边地块商业楼：已全部竣工，并进行销售，住宅楼大部分已封顶；污水管网项目：已完成环保大道两侧约500米明开挖污水管铺设和韶山南路顶管工作井开挖，正进行韶山南路主管道和分支管道顶进施工和环保大道顶管工作井开挖，新岭路和新兰路部分路基及排水工程已完成招标工作；长沙大托库区片烟醇化仓库建设项目：主体工程、内外装饰工程以及系统安装工程都已全部完成，正进行分系统试运行和验收工作，其他附属配套设施工程正进行施工；中国电子科技第48所研发建设项目：已完成主体施工、外墙装饰，进行室内装饰和系统安装以及道路、绿化等其他附属设施施工，已购置68台设备；双舟、益丰、超世项目：已做好前期准备工作，全面完成了规划设计，为下一步启动打下了基础。

2014年，园区全面推动基础设施建设，其中启动了三条道路和一个污水管网工程建设，全面启动了园区余下道路的手续办理。机场二街道路工程已完成招标工作，施工单位已进场施工；新岭路道路工程已完成招投标工作，确定施工单位，现正进行进场施工前期准备工作；新兰路部分路基及排水工程已完成招投标工作，现正进行施工前期准备工作。

转型创新蓄势待发。园区始终是经济发展的前沿阵地，一直以来谋求创新发展，实现转型升级，走差异化发展的道路，为区域经济发展提供源源不断的动力。一是坚持规划引领，推动提质扩容，建设品质园区。按照“发挥优势、集约节约、精品精典、宜业宜居、怡心怡情”的思路，实施“2年规划修编计划”，科学规划园区的转型升级、产城融合蓝图。园区控规提升已按程序基本完成，待市政府审批后便可组织实施，提升后的控规较之前比较，开发强度大幅度提高，进一步推进了园区向空间扩园的步伐。二是鼓励企业加大科技研发投入。积极协调、争取省、市、区三级补助、贴息等多种形式鼓励企业加大科技研发投入。三是加大了推进产学研合作力度。推进企业与大学、科研院所的战略合作，湖南思为科技开发股份有限公司与湖南大学联合研发的“横孔连锁混凝土空心砌块”获得了“湖南省科学技术进步一等奖”，并列入中国建筑标准设计研究院编制发行的国家图集，进一步扩大了新型研发产品的市场和影响力。10月27日该公司在湖南省股交所挂牌上市，长沙特邦新材料科技发展有限公司也与中南大学签订产学研合作协议。长沙中科院文化创意与产业研究院单独成立了与园区企业进行技术需求对接的部门，与园区企业进行产学研方面的学术交流和研讨；与长沙理工大学及12家入园企业联合成立了长沙天心经济开发区产学研合作委员会，下设5个专业工作站，拟全面推动院校与园、企的产学研合作活动，加速科技成果的转化，高效孵化新兴科技产业，促进经开区经济持续健康发展。四是深入实施企业创新示范。以增强企业自主创新能力为核心，以引导创新要素向企业聚拢为主线，加快培育和发展创新型企业，充分发挥创新型企业的辐射、示范、引领、带动作用。园区拥有5家创新型单位，2家创新型示范单位，高新技术企业9家，市级企业技术中心3个，省级企业技术中心4个，国家级工程技术中心1个。五是积极推进孵化器和科技信息平台建设。龙盛高科技电子产业基地、天心创业园与五田物流园3个孵化器共计35家企业已运行流畅，龙盛高科技电子产业基地二期标准厂房也已建设完工，新增科技孵化器面积4.84万平方米。另一方面，科技信息平台建设也已逐步完善，通过资源整合和建立系统管理，为企业建立了便捷的科技服务平台。六是推进品牌化建设，提升产业竞争能力。实施品牌带动战略，建立完善自主品牌发展机制，推动园区企业商标注册、品牌培育和名牌创建工作。2014年发明专利授权量6件，专利授权量71件。七是启动工业地产开发工作。市政府已批准的超世实业、新兴电器、贤盛发、康尔佳等工业地产项目共计29.07公顷前期准备工作已基本就绪。

招商引资后势强劲。2014年新注册入园企业60家；实现到位外资3000万美元，完成外贸进出口总额2100万美元，实现省外境内到位资金9.5亿元，省外境内资金形成固定资产投资16.5亿元。在项目引进方面，一是主动加强与中信集团总部的对接，敦促中信新城项目建设进度和加大二次招商的力度，目前已达成意向，由中信集团总部牵头负责中信购物中心的自营工作，这将进一步提升中信购物中心整体档次和品质；二是奥特莱斯新投入4000万元对购物公园进行提质改造，新引进10余个一线品牌，策划承办了“第三季长株潭汽车文化节暨奥特莱斯车展”“福满星城·乐购天心”等一系列重大活动。三是目前正在洽谈的有红星美凯龙天心MALL、中烟烟草物流中心、华宇电子商务平台等项目。

园区建设提标提档。一是开展环境综合整治。实施“清洁城市”“三年造绿”等行动，对清扫保洁实行服务外包，强化督查考核，形成了日督查、周例会、月调度、季考核的督查机制，确保干净、整洁、有序的城市面貌形成常态，打造了托子冲路景观路，完成了对环保东路、新电路等道路绿化的补栽补种及日常维护，建设绿色园区，实现城乡品质倍增。二是强化园区社会服务，实施提质改造工程。强化园区与街道、村支两委和社区的配合力度，积极化解群众反映的热点难点问题，积极协调企业出资解决沈销山组下水堵塞村民饮水、237项目拆迁遗留等问题，共协调资金近200万元。在长株潭提质改造领导小组统一领导下，园区进一步明确了工作责任，夯实了工作机制，实行每周一调度，为园区“长株潭融城商圈、省会现代服务业中心”建设营造良好环境。（袁　杜）

天心经开区党工委、管委会领导人员

工委书记　师大学
工委副书记、管委会主任　彭泽南
工委副书记、管委会副主任　邓志平
工委副书记　鲁志高
工委副书记　翁开明
管委会副主任　刘科宁
管委会副主任　罗　青
纪委书记　方婉人
工委委员　钟书宏

·长沙金霞经济开发区·

【概况】 2014年，长沙金霞经济开发区（以下简称金霞经开区）实现财政收入16.28亿元，增长27.19%；完成固定资产投资100亿元，增长32.4%；实现工业总产值410亿元，增长20.32%；规模工业增加值95亿元，增长18%；社会物流总额755亿元，增长20.08%；物流主营业务收入330亿元，增长22.39%，主要经济指标的总量和增幅居全市省级园区前列，园区经济实力倍增，发展动力凸显，呈现后发赶超的强劲态势，成功获评工信部“国家新型工业化产业示范基地”、中国物流与采购联合会“2014年度优秀物流园区”、湖南省人民政府首批“省级示范物流园区”和“两型示范园区”。体制创新发展凝聚合力。区委、区政府实施1号文件理顺了园区发展体制，实现了大城北的规划、招商、土地、财政和建设“五统一”，有力推动了大城北“一区、一园、一中心”发展同向、建设同步、工作同心。全力支持保税中心开展跨境电子商务试点，指导保税中心成功引进中国电信、中国银行、邮政速递、嘉德集团、西班酒业等一批优质企业，保税主营业务大幅增长，全年报关7394票、总货值36.7亿美元、其中保税货值17.3亿元，分别增长48.2%、36.74%和83.3%，步入了快速发展轨道。全力支持青竹湖中心片区的建设，完成了创业大厦建设，启动了中心片区商业节点的招商，支持青苹果数据中心搬入创业大厦，引进了交通银行、人和未来、快乐购等优质企业入驻。招商引资铸就发展实力。成功举办了“中部商贸物流产业投资推介会”“长沙医药健康产业园招商推介会”“中部(湖南)进出口商品展示交易中心招商推介会”“长沙开福创业中心招商推介会”等招商节会。香江集团、传化物流、普洛斯、阿里巴巴、前海金融等5家龙头企业集体签约入园,构建了全国首个高端战略企业联盟的商贸物流产业“生态圈”。中民筑友计划投资30亿元,建设全国建筑工业技术研发基地和生产基地,有望成为园区首家产值过100亿元的工业企业。深国际、爱尚通程、中石油西南化工基地、澳大利亚嘉民物流、三新住宅工业化等战略性企业相继签约落户,增添了园区后发赶超的实力。项目建设释放发展潜力。全年产业项目新启动20个、续建32个、竣工25个,香江项目从签约到3号馆开盘仅用13个月,开盘3天实现销售14亿元,引进个体工商户550余家,其中限上企业100余家,是香江集团在全国81个项目中建设速度最快、销售形势最好的项目,创造了“金霞速度”。新北站开通了“五定班列”,启用了铁路口岸和“无水港”,开通了湘欧国际货运班列,开辟了湖南对接“一带一路”、扩大对外开放的大通道。市政道路建成8条、在建3条,完成投资7.2亿元,舒张了园区路网框架,拓展了城北发展空间。配套项目建成5个、在建3个,园区城市面貌不断改善,区域价值明显提升。瓶颈破解增强发展动力。全年共完成扫尾项目6个、107.47公顷,新启动拆迁项目18个207公顷。全年共统征储备土地219.07公顷,争取市土地储备中心支持联合储备土地115.2公顷,完成挂牌出让14宗102.2公顷,土地出让资金12.54亿元。拓宽融资渠道,确保了资金链安全,新增银行融资10亿元,完成还本付息6.03亿元。效能提升激发发展活力。扎实开展党的群众路线教育实践活动,党员干部干事创业的精气神全面迸发。大力推进“人才兴园”战略,公开选聘高素质专业技术人才11名,组织2批68人次赴浙江大学进行业务培训,不断提升干部员工综合素质。深入开展“产业兴园”评选活动,大力推行“一线工作法”和党政领导联项目的机制,全年共召开产业项目调度会和现场办公会53次,解决各类问题和困难427个,努力营造风清气正、和谐发展的氛围。 (刘 铁)

金霞经开区党工委、管委会领导人员

党工委书记	张 毅
党工委副书记、管委会主任	袁政国
党工委委员、管委会副主任	李剑刚
党工委委员、纪工委书记	荣爱华
党工委委员、工会主席	杨永达
党工委委员、管委会副主任	易新宇
党工委委员、管委会副主任	罗 辉
管委会副主任(挂职)	李江峰
党工委委员、纪工委副书记	胡仕勇

【园区体制调整】 1月1日,为贯彻落实“两型引领、南提北拓、五轮驱动、领跑三湘”发展战略,整合发展资源,激发发展活力,加快大城北建设,打造开福经济发展升级版,开福区委、区人民政府下发《关于完善大城北发展体制的意见》(开发〔2014〕1号),建立“一区(金霞经开区)一园(青竹湖生态科技产业园)一中心(金霞保税物流中心)”的大城北发展新体制。《意见》明确:从2014年1月1日起,金霞经开区组织领导金霞保税物流中心、青竹湖生态科技产业园贯彻落实区委、区政府对大城北发展的目标任务;主导大城北城市建设规划、土地利用规划、产业发展规划和招商引资策划“五统一”;区年度预算、人事和考核工作,实行“三位一体”,由经开区统筹,同时保持机构设置、单位职责、财政收支“三不变”。 (刘 铁)

【中国石油湖南分销基地落户金霞】 1月27日上午,世界500强中国石油西南化工销售公司湖南分销基地项目签约落户金霞。该项目总用地面积6.30公顷,有效面积4.20公顷,总投资约2.16亿元,主要建设中石油化工产品储存仓库、实验室、市场及办公楼等,于2015年5月前投入使用,预计达产后总销售额达27亿元。 (刘 铁)

【通信网络建设签署入园合作协议】 4月17日上午,金霞经开区与中国电信长沙分公司就通信网络建设签署入园合作协议。电信将投入2.2亿元,依托网络、技术、服务和资金等方面的优势,为园区打造光纤主干接入,确保500G带宽出口、4G无线网络在园区全覆盖,这将使金霞以高速通信网络平台为依托,加速迈向“智慧园区”时代。 (刘 铁)

【中部商贸物流产业投资推介会在园区举办】 7月14日上午,由湖南省商务厅、省工商业联合会和长沙市政府联合主办,金霞经开区承办的“中部商贸物流产业投资推介会”在长沙举行。香江控股、阿里巴巴、传化物流、普洛斯仓储、前海香江金融等“五龙入湘”并与开福区政府成功签约。全国政协原副主席、全国工商联名誉主席黄孟复出席并致辞。这标志着中国首个“商贸产业生态圈”——以高岭国际商贸为核心的中部商贸物流产业高地项目建设和长沙中心城区市场外迁提质转型升级的大幕正式开启,也标志着长沙发展商贸物流产业、率先对接国务院“长江经济带”发展战略,迈出了坚实的一步。 (刘 铁)

【金霞经开区获批“国家新型工业物流示范基地”】 7月22日,全国工业和信息化系统技术改造暨示范基地工作会议在山东济南举行。开发区党工委书记张毅出席并接受了第五批“国家新型工业化产业示范基地”授牌仪式。1月28日,工业与信息化部公布了第五批“国家新型工业化产业示范基地”名单(工信部规〔2014〕51号),金霞成为目前全国唯一一家工业物流类“国家级新型工业化示范基地”,这是园区荣膺“国家电子商务示范基地”后获得的又一个国字号招牌。工信部表示,此牌授予后,将在产业规划布局、技术改造、重大专项、公共服务平台建设等方面,集中资源对示范基地予以重点支持。 (刘 铁)

【传化集团在金霞首推3.0版“智能公路港”】 9月25日下午,长沙传化智能公路物流枢纽港项目签约仪式在长沙举办,传化物流集团与长沙金霞经济开发区管委会签订了投资协议。市委常委、副市长张迎春主持仪式。全国工商联副主席、传化集团董事长徐冠巨,市委副书记、市长胡衡华出席。徐冠巨致辞中指出,传化集团致

力于城市基础公共事业建设，将斥资10亿元在金霞积极打造3.0版“智能公路港”，助力长沙建设公路港物流平台，弥补公路物流基础设施的功能缺失，完善城市物流体系。胡衡华寄望传化集团高标准、高质量地加快项目运行进度、建设速度，争取早日运营达效，努力将该项目打造成为湖南的物流高地、中部的物流名片、全国的物流枢纽新标杆。（刘 铁）

【中部（湖南）进出口商品展示交易中心落户金霞】 11月6日，湖南省商务厅、长沙市人民政府主办开福区政府和金霞经开区承办，长沙金霞保税物流中心和湖南嘉德集团协办“让湖南与世界零距离”为主题的“中部（湖南）进出口商品展示交易中心（IECC）招商推介会”在长沙举行。向世界推介中部进出口商品展示交易中心。副省长何报翔，海关总署加贸司副司长李志辉，市委常委、副市长张迎春及有关国外驻华领事、商务参赞等出席。IECC由保税中心和嘉德联手打造，4月28日启动建设，规划用地28公顷，总投资逾50亿元，引企1000家，5年将创造年产值100亿美元，对发展长沙现代服务业、提升湖南开放型经济发展乃至推动中部崛起具有战略里程碑意义。（刘 铁）

·长沙雨花经济开发区·

【概况】 2002年，长沙雨花经济开发区由省政府批准成立，2003年启动建设，长沙市8个省级开发区之一。至2014年底，园区规划面积23平方千米，入园企业480余家，初步形成新能源汽车制造、新型节能环保产业和机械加工三大产业特色，代表企业有比亚迪、晓光模具、金杯电工、长泰集团、克明面业等。2014年，完成规模工业总产值305亿元，增速28%；完成规模工业增加值80.03亿元，增速18.3%；完成固定资产投资（不含房地产）86.59亿元，同比增长55.23%；完成高新技术产业产值160.84亿元，同比增长73.24%，以上指标均在全市8个省级园区中排名第一。完成财政总收入14.25亿元，其中税收总收入7.36亿元。引进各类产业项目115个，其中投资1亿—5亿元项目6个，10亿元以上2个。完成实际到位外资1.26亿美元。多项工作取得跨越性突破：省经信委、省加速推进新型工业化工作领导小组批准园区为全省首家“湖南（长沙）工业机器人产业示范园”，并纳入全省“135”创新产业示范园区序列；在省经信委“中小企业公共服务体系建设平台建设项目”中排名第一；全省园区综合评价工作中，被评为全省一类园区；获“长沙市推进新型工业化建设红旗园区”称号；在长沙市建设用地节约集约利用考核中被评为优秀；比亚迪产值突破100亿元，成为全市产值最高的汽车企业。（彭智平）

雨花经开区党工委、管委会领导人员

区委常委、党工委书记 杜旭辉
党工委副书记、管委会主任 郭四军
党工委副书记、纪工委书记 洪 健
党工委委员、管委会副主任 邓 波
党工委委员 傅建辉
管委会副主任 朱 江（女）
党工委委员、纪检监察室主任 李逾之
党工委委员、规划建设局局长 刘 庄（女）
党工委委员、开发公司总经理 廖昌规
党工委委员、同升街道工委书记 张 建

【比亚迪K8纯电动公交车采购签约仪式】 12月25日，市委副书记、市长胡衡华，副市长何寄华，市政协副主席、市交通运输局局长刘明理，雨花经开区党工委副书记、管委会主任郭四军及各相关部门负责人，比亚迪董事长兼总裁王传福参加签约仪式。王传福和何寄华先后发表致辞，湖南巴士公共交通有限公司、龙骧巴士有限责任公司和长沙宝俊巴士有限责任公司与比亚迪公司签署400辆比亚迪K8纯电动公交车采购订单。比亚迪K8纯电动公交车整车长10.5米，单次充电续航里程可达200千米，整车采用两级踏步设计，动力电池置于车厢地板下，乘客座椅数38个。比亚迪K8纯电动公交车批量投放对长沙市汽车产业发展、产业转型提质、节能减排具有重要意义。（彭智平）

【园区县界认定工作完成】 7月24日，雨花区同升街道金井村、桃阳村与长沙县暮云镇高云村在雨花经开区完成签字盖章手续，标志着县界界线（万家丽路以东至雨花经开区规划绿化用地上，起点坐标84893.833、52771.407，终点坐标83776.308、53549.530）认定工作完成，为雨花经开区南片区的开发建设顺利推进打下坚实的基础。（彭智平）

【两大重点项目“深洽会”上签约】 10月14日，2014湖南（长沙）•深圳招商推介活动在深圳举行。长沙围绕湘江新区、东部开放型经济走廊等重点片区，以及汽车制造、生物医药、食品加工、节能环保、移动互联网、工业机器人等重点产业“搭台招亲”。在长沙（深圳）重大片区重点产业推介暨签约仪式上，比亚迪电动轿车及工业机器人两大重点项目成功签约。园区开展工业机器人本体制造商及集成商招商，与德国库卡、中轻集团、深圳拓野等6家工业机器人企业签约。（彭智平）

【雨花污水厂建设启动】 雨花污水处理厂是长沙市“十二五”城市污水处理设施建设项目，是省政府十大环保工程之一。原选址雨花经开区90号、91号地，由于该地块地质条件的原因，导致污水处理厂需要重新选址。新址位于园区54号地块，振华路以北、比亚迪支路四以南、武广高铁以东、沪昆高铁以西，占地面积9.78公顷，总投资6.3亿元。6月底，正式启动建设。建成后，日处理污水18万立方米，可满足园区及周边单位生产、生活污水排放和处理需要，为园区经济发展、环境保护及雨花区两河流域治理提供重要保障。（彭智平）

【园区获“湖南省工业机器人产业示范园区”授牌】 10月28日，2014年湖南省智能制造装备产业合作对接会在长沙举行，副省长黄兰香、老同志龙国键出席会议并见证签约。会上，黄兰香为雨花经开区正式授牌“省工业机器人产业示范园区”。（彭智平）

·暮云经济开发区·

【概况】暮云经济开发区（以下简称暮云经开区）紧邻湖南省政府新址，处“长株潭”三市融城中心，是长株潭“两型社会”建设试验区、长株潭国家自主创新示范区的核心区域，距离长株潭三市均为18千米，临近长株潭广阔的消费市场。区域建设规划用地达30平方千米，禁止开发区28平方千米，基本农田813公顷，既有广阔的产业承载用地，又有净化城市环境的“绿心”“绿肺”，还有生态动物园、湘江风光带、兴马洲、昭山风景区及城郊花卉果园基地等成片的生态旅游资源。区域内“五纵四横”主干道路、正在建设的城市地铁、长株潭城际轻轨无缝对接长沙市中心城区和株洲、湘潭两市，京珠、沪昆高速以及京广、沪昆高铁连通全国东西南北，黄花国际机场通达海内外。区域内工业企业139个，规模工业企业36家，形成了汽车零配件、建筑材料、食品加工等主导产业。同时，长株潭三市雄厚的工业基础和经济基础，又为上下游产业专业化、集群化发展提供了技术、产业和市场支撑。2001年8月破土动工兴建，正式成立暮云工业园；2002年，园区晋升“国家级乡镇企业科技园区”；2006年，被国家发改委、湖南省人民政府批准为省级开发区；2013年3月长沙暮云工业园正式更名为湖南长沙暮云经济开发区。2013年12月，暮云镇完成撤镇设街。暮云区域总面积64.07平方千米，总人口近16万人。辖南托街道、暮云街道共11个建制村、4个社区。区域内共有企业单位232个，其中工业企业139个（36家规模工业企业，国家级研发机构1家，省级研发机构3家），房地产企业28家，垂直工程项目8个，省市部门驻区单位15个。2014年，园区完成税收总额10.10亿元，单位面积实现税收13.92万元／亩；规模工业总产值59.84亿元，规模工业增加值15.68亿元，高新技术产业产值20.04亿元；固定资产投资80.18亿元，实际到位外资3675万美元。各项经济指标保持稳定增长。产业转型升级快。突出“两型”导向，加快产业转型，推动先进制造业和现代服务业融合发展。积极推进了慕名家居（原长沙晶尊玻璃有限公司）、鑫根科技等企业的产业转型，其中友文槟榔已转型为友文地产。融城国际汽车城项目的招商已签约落地，湖南新物产集团有限公司和湖南津湘投资有限责任公司计划投资近11亿元兴建，打造长株潭二手车旗舰市场。同时，利用现有地域及产业资源优势，园区与省国土资源厅协同新建湖南省地理信息产业园，目前挂牌材料已通过了省发改委的审核。主要从事地理信息大数据获取、处理和服务，引进、培育、壮大湖南省地理信息产业，预计到2015年产业园初步建成时，即可入驻企业30家，年度总产值达30亿元。第三，积极助推银企合作，促成顶立科技和中国工商银行达成项目融资计划，达成意向融资7000万元，新建厂房12000平方米。加大环境保护力度，积极推动工业企业环境保护工作，有8家企业（友文，南托，银珠等）完成了煤锅炉升级改造，并建有污水处理厂（暮云污水处理厂）。培育并引进的高科技、低能耗、自主创新为主的新型产业项目，占新引进项目的30%左右。规划建设推进稳。紧紧抓住暮云融城核心建设的发展机遇，积极争取资金和项目，园区基础设施建设已投入1.3亿余元，在建项目8个，其中月塘路一期、东三线、南四线、南六线、南湖大道东延线等项目正在推进建设进度，新韶山南路已于2014年11月26日正式开工建设，已完成新塘路项目的设计，高云路东延线、西湖路、月塘路二期项目正在开展设计招标，与湖南怡海三湘置业有限公司沟通协商以推进西湖路、月塘路二期项目建设，湘江截污工程10月17日已验收完工，积极主动与市水务处等部门沟通协调，加快暮云污水处理厂配套项目建设，确保按时交付使用。同时，组织开展暮云片区控制性详细规划设计工作，尽快落实“三规合一”及其他专项规划设计。已顺利完成建成区提质改造前期的立项、现状道路实测等工作，提质改造（包括地下管网改造）设计正在进行招标。招商引资项目强。一是采取带头走出去、把企业引进来的招商模式。成立招商引资小分队参加“湖南（上海）投资贸易洽谈周”和“2014年湖南（长沙）•深圳招商推介活动”，点对点招商、平等对话，诚邀优质企业入驻园区。2014年，新入驻总投资额达2000万元的企业共6家，计划投资近11亿元兴建的融城国际汽车城项目即将动工开建，与省国土资源厅协同新建的湖南省地理信息产业园，预计2015年产业园初步建成时，即可入驻企业30家，年度总产值达30亿元。二是注重政策惠企，全程排忧解难。分类清理招商引资优惠政策，定向惠企，为投资者办理手续提供全程代理服务，为“远航企业广场”“青苹果数据城”等项目提供绿色通道，助推建设发展，协助解决有实绩的8家进出口贸易企业在进出口方面存在的困难。园区重点招商引资项目：1. 湖南省地理信息产业园。湖南省地理信息产业园由省国土资源厅筹建，主要是以芙蓉南路周边的德泽苑为中心，构建相对集中的信息基地及展示区，主要从事地理信息大数据获取、处理和服务。暮云经开区内已有十几家单位从事地理信息生产、加工、科研以及服务等相关工作，对于成立湖南省地理信息产业园具有良好的产业基础优势。而地处长株潭“两型社会”试验区核心地带的区位及交通优势，完善的水、电、路、网等基础配套设施及较好文化教育资源，也使得在区内成立湖南省地理信息产业园具有较好的资本聚集和人才吸纳环境和能力，可以很好地承载地理信息产业发展。2015年，湖南省地理信息产业园将初步建成，入驻企业愈30家，年度总产值愈30亿元。2. 远航企业广场。远航企业广场由湖南远航控股集团有限公司开发，截至2013年，集团公司净资产超过5亿元。远航企业广场是集科研、办公、金融、展示、电子商务等于一体的新兴产业集聚高地、两化融合高地和生产服务高地。项目总投资逾8亿元人民币，是政府重大招商引资项目、两帮两促项目。项目总建筑面积18万余平方米，规划建设两栋国际AAAAA级办公楼、六栋生态立体产业楼，预计入园企业将达300余家。远航企业广场获“长沙最具投资价值商用物业奖”“结构优良工程奖”“湖南省优质工程”、湖南省建设工程“芙蓉奖”等众多荣誉称号。3. 青苹果数据城。青苹果数据城是长沙市、湖南省重点工程。项目实际占地12公顷，规划建筑面积约60万平方米。配备购物广场、大型超市、商业街、休闲娱乐影视城、酒店餐饮配套设施；建设中南地区最大的数码专业市场“中南数码商贸中心”、长沙“中关村”一条街；依托青苹果数据中心行业优势建立“长株潭服务外包产业园”“国家文化创意基地”“湖南数字出版产业园”。青苹果数据城可容纳500家企业入驻，提供约25000个就业岗位，预计年产值可达到50亿元。4. 长沙总部基地。长沙总部基地由湖南九纬置业有限公司、湖南九泰置业有限公司开发。总建筑面积近88万平方米，是湖南新型办公总部集群规模之最，是未来千万级大长沙的新中心。项目坐拥高铁、机场、城际轻轨、地铁、高速五维立体交通体系，总占地24.8公顷，容积率3.0，绿化率42%。涵盖花园独栋、高层研发、洲际酒店、精品公寓、时尚街区、顶级会所等。入驻企业可尊享定制设计、独栋冠名、私属花园、顶级会所、八大商务平台等服务，彰显企业尊贵与个性。

（陈　诚）

暮云经济开发区党工委、管委会领导人员

党工委书记　黄　勇

党工委副书记、管委会主任　王　剑

党工委副书记（兼）　凌　异

党工委副书记（兼）　蔡　逸

管委会副主任（兼）　冯学武

管委会副主任（兼）　陈　泽

党工委委员、管委会常务副主任　唐伏奇

党工委委员、纪工委书记　袁　勇

·浏阳工业集中区·

【概况】 浏阳工业集中区总规划面积36平方千米，2014年建成区面积约9.6平方千米，常住人口共约10万人。辖区内有礼耕村、坪头村、水山村、永安社区和永新社区等5个涉园村社区。2014年完成工业总产值241亿元，同比增长28.8%；完成规模工业增加值59.5亿元，同比增长23.8%。完成财政总收入8.16亿元，同比增长34.4%，其中税收收入5.29亿元，同比增长26%。装备制造业和汽车零部件两大主导产业加快转型升级，实现较快增长，完成企业产值180亿元，同比增长26.7%。新材料、烟草食品、快速消费品等行业紧跟市场发展，创新经营理念，完成企业产值69亿元，同比增长25.5%。规模工业增加值增速在长沙省级园区中位居第一，整体呈现总量增大、增速加快的良好发展态势。

全年共引进项目27个，其中投资过20亿元的项目1个，过10亿元的项目1个。先进装备制造、汽车及零部件两大主导产业类企业占引进企业总数的70%以上，8家汽车零部件企业均为核心配套企业，其中波特尼汽车线束项目达产后年创税可达6000万元，主业磁场效应进一步凸现。招大引强逐步突破，总投资超20亿元的“芙蓉王”全配方烟片打叶复烤项目，是长沙市省级园区中少有的大项目之一，也是园区未来经济增长的亮点。1月8日，与东莞市安达自动化设备有限公司成功签约，项目总投资10亿元，该公司属高端智能制造企业，与苹果公司等知名企业配套。

2014年，园区始终把安全生产工作作为头等大事，切实加强安全生产工作的领导和责任制落实。发挥园镇合力，形成抓安全就是抓效益、抓安全就是促发展的共识。联合安监、公安、消防、城管、自来水等部门对园区112家企业进行了2次地毯式的安全生产综合大检查，排查整改安全隐患308处，全年没有发生安全生产责任零事故。金德意油脂在停产整改过程中，因外请施工人员操作不当发生爆炸，造成两死一伤。发挥环保前哨作用，把好前置审批关，全年审批项目26个，完成初审意见2家，完成“三同时”验收9家。加大环保法律法规宣传，紧紧围绕“向污染宣战”这一主题组织开展系列宣传活动，进一步强化企业环境保护意识。加强对重点排污单位的监管，全年开展2次大范围环保隐患大排查，及时督促企业整改到位，确保园区环境保护整体良好。同时积极调处环境纠纷，有效化解了乐佰、旺达、百宜、一朵等企业环境投诉事件，较好地维护了居民的环境权益和企业发展环境。以创建平安和谐园区为目标，以征拆、社保为突破口，以落实政策为前提，紧紧围绕项目落地、项目建设、企业矛盾协调、流动人口管理等开展综治维稳工作。以开展党的群众路线教育实践活动大走访为契机，深入企业，深入群众，变上访为下访，积极宣传政策，化解矛盾纠纷，全年实现无重大治安事件、群体性越级上访和零计划外出生，确保了园区经济快速发展和社会和谐稳定。

按照“道路成网、地块成片、绿化成带”的要求，整体推进基础设施建设。完成了金阳大道的征地拆迁，开工建设了学苑路、永和南路、捞刀河路等15条道路，拉动了永和路、永裕路、永泰路等主干道，提质改造永阳路和永裕路，园区交通路网得到完善，区位优势进一步提升。完成15个地块80公顷的平地工程，及时保证了项目用地。完成污水主管敷设、河道清理和1.3万平方米的绿化施工。启动永安联合水厂建设，进一步完善电力线路，全面解决园区供水供电的问题。完成7栋保障性住房和再制造旧件回收物流中心的建设。博大中央广场、华润新都汇、滨海新干线3个三产项目加快建设，滨海新干线当年封顶，博大中央广场、华润新都汇完成主体部分建设。

坚持以民为本，依法依规落实征拆补偿及社保政策。全年发放宣传手册130余份，上门走访87次，接待来访群众230人次。加快社保办理，完成24个村民小组共1508人的资料上报，为880个对象办理了社保公示手续。落实老龄补助，为950余名老同志发放老龄补助610万余元。同时，抓好安置工作，新建续建安置房18栋，安置拆迁户280户。组织3期失地农民就业培训，确保了拆迁户安居乐业。

为落实省市关于简政放权的要求，提高企业办事效率，从2014年年底开始，园区启动政务服务中心的建设筹备工作。管委会在一楼大厅西侧完成了400平方米政务大厅的装修工程。园区有三个房地产项目，分别为博大中央广场、滨海新干线、华润新都汇。博大中央广场项目位于园区永阳路，占地3.83公顷，计划建设酒店及商业场所53000平方米，地下室30000平方米，住宅4栋面积56000平方米，总建筑面积150000平方米。现已完成地下室20000平方

11 月 26 日，芙蓉王项目签约落户园区

米，酒店酒楼约 10000 平方米主体。滨海新干线项目位于园区大安路与永泰路十字交汇处，规划有一栋 18 层商住楼和一栋星级标准酒店，沿街二至三层为商业裙房，总建筑面积为 5.7 万平方米。华润新都汇项目位于园区永和路与永福路交汇处。规划建设用地面积为 42425.14 平方米，规划总建筑面积为 188281.62 平方米，工程共分两期建设，其中一期工程用地面积 28470.29 平方米，总建筑面积为 126751.63 平方米。（李艳玲）

浏阳工业集中区党工委、管委会领导人员

党工委、管委会书记
寻院豪（2014.09 免）
周　剀（2014.09 任）
党工委副书记、管委会主任
周耀辉
党工委副书记、管委会副主任
赵志武
党工委副书记、纪工委书记
李　建
管委会副主任（兼）
陈训武
党工委委员、管委会副主任
黄杰伟
党工委委员、工会联合会主席
蓢正红（女）

【“芙蓉王”全配方烟叶输出复烤项目落户】 11 月 26 日，国家烟草局 2014 年重点投资项目“芙蓉王”全配方烟叶输出复烤项目落户签约仪式在浏阳制造产业基地举行。该项目总投资 21 亿元，共有两条生产线，分别为“芙蓉王”全配方烟片打叶复烤预处理生产线和“芙蓉王”全配方烟片干燥装箱自动化物流生产线。项目共占地面积 18.87 公顷，预计 2017 年正式投产，建成以后，将打造满足年产 150 万箱“芙蓉王”品牌全配方片烟输出的预处理中心，打叶复烤生产线加工能力为 60 万担，产值达 10 亿元以上，创税 2 亿元以上。该项目的成功引进标志着园区招大引强工作取得重大突破。（李艳玲）

【长沙波特尼电气系统有限公司项目签约】 长沙波特尼电气系统有限公司系苏州波特尼电气系统有限公司全资子公司，2 月 25 日正式签约落户园区，主要为上海大众汽车长沙基地生产汽车线束。该项目堪称“园区速度”典范，实现当年签约、当年建设、当年投产。项目总投资 2.5 亿元，占地面积 5.4 公顷，总建筑面积 33935 平方米，其中一期厂房面积 21395 平方米，建设有生产车间、仓库、办公楼、生活配套设施及相关附属工程，2014 年年底完成一期建设。全部投产以后，预计年产汽车线束 30 万套，实现销售总额 6 亿元，创税 6000 万元。（李艳玲）

【园区智能装备制造业】 2014 年，园区重点发展智能装备制造业，着力建设新型工业化产业示范基地。园区装备制造产业配套相对完善，有一批在技术上处于行业领先的企业，并且形成了集聚优势，在 2014 年新引进的项目中先进装备制造业占半数以上。2014 年园区获评湖南省新型工业化产业示范基地，其中先进装备制造产业作为战略新兴产业进行重点培育。宇环数控的研磨自动化生产线、华恒的“柔性叉车生产线机器人”、佳能泵业“矿山排水系统”、东莞安达自动化设备等在行业内均处领先水平。园区在项目招商和企业培育方面突出自动化、电气化、高端化，致力将园区打造为以智能装备制造业为特色的新型工业化产业示范基地。（李艳玲）

【园区汽车零部件产业】 园区加大产业聚集，着力打造汽车核心零部件配套基地。湖南省汽车产业飞速发展，成为全国第七大汽车产业基地，年产整车 200 万辆。浏阳制造产业基地作为传统汽车配套产业园区，现拥有汽车零部件规模企业 26 家，配套范围包括商用车和乘用车。近年，园区依托上海大众、广汽三菱、广汽菲亚特等整车厂集聚发展优势，聚集了一批汽车核心零部件企业落户园区。同时，大力发展新能源汽车产业，致力引进电动专用整车生产项目和混合动力客车生产等项目，包括专用物流用车、专用市政用车以及锂电池、电机、电控等零部件的整装，进一步完善汽车产业生产链条，夯实汽车产业基础，做强汽车零部件配套基地，进一步提升产业级次和配套能力。（李艳玲）

【园区家具产业】 永安是传统的“家具产业之乡”，至 2014 年底有专业家具生产工厂 600 余家，从业人员上万人，产品主要销往全国各地。2014 年湖南没有专业化的家具生产基地，而永安镇作为长沙市家具建材市场外迁的承接地，具备良好的产业基础。2014 年，园区着手发展家具产业，启动浏阳国际家具城项目，该项目一期占地 6.67 公顷，总投资 2.8 亿元，将建 800 个商铺，5 万平方米的标准厂房，计划 2015 年年底向外发售。项目规划有生产加工基地、研发楼、展览中心、家居建材广场、家居设计中心、仓储配套中心以及生活配套项目等。园区在推进家具产业专业化、规模化发展时，一方面，引导现有小微企业创新转型，做大规模，提升质量，创建品牌，逐渐向家具城聚集，同时鼓励在外地事业有成的永安家具老板回乡创业。另一方面，加大招商引资，引进国际国内知名品

牌家具企业入驻，建立生产贸易基地，从而促进整个家具产业转型升级，向专业化、规模化、品牌化方向发展。力争3年将浏阳国际家具城打造成为有产业基础、有市场活力、有品牌支撑的国际化家具市场，为浏阳甚至湖南再添一张新名片。（李艳玲）

·金洲新区工业集中区·

【概况】 2014年，在市委、市政府和县委、县政府的坚强领导下，金洲新区深入开展“六个走在前列”大竞赛和“四比四抓争先锋”活动，创造性实施“三区四化”发展战略和“四优四强”主题活动，推动各项工作迈向新台阶，“两型工业新城、千亿产业园区”和创新型科技园区建设稳步推进。2014年，新区引进项目30个，实现工业总产值560亿元，完成固定投资110.5亿元；实现财政收入15亿元；调度项目101个，新增投产项目17个；“四项费用”大幅下降，机关管理水平进一步提升，创新创业型干部队伍逐渐形成。

一、聚焦主导产业，招商引资取得突破。新区坚持“承接抱团转移、培育产业集群”工作思路，聚焦园区主导产业，新引进项目30个，合同引资超120亿元；实际到位内资27亿元，到位外资7870万美元。引进50亿元以上项目有大学科技园项目1个，引进10亿元以上项目有杉杉新材、东鑫环保总部、迪凯特、锂顺新能源4个。与长沙电池产业联盟、深圳手机协会、深圳新材料协会、深圳电子行业协会联合会等近10家行业协会建立了良好合作。湖南省战略项目“湖南省大学科技园”和“湖南科技成果转化和知识产权交易服务中心”（以下简称“一园、一中心”）落户金洲并实质性推动。

二、坚持创新驱动，产业发展稳中有进。新区坚持创新驱动的发展路径，经济与科技实力不断提升。完成工业总产值560亿元，同比增长24.5%，实现规模工业增加值133亿，同比增长17.7%，完成固定投资110.5亿元，同比增长34.83%，主要经济指标保持两位数的快速增长。新区现有高新技术企业32家，占全部规模企业的62.7%，实现高新产值155亿元，同比增长48.2%，高新产值占全部规模工业产值的比重达65.6%。

三、强化服务意识，项目建设加速推进。新区始终坚持以项目建设的成效论英雄、排座次、定奖惩，项目建设继续保持快速推进势头。在用地政策趋严趋紧的环境下，加大对闲置和低效土地的清理，集约节约土地评估工作获得市级先进。完成征地37.27公顷，拆迁房屋80栋，妥善处理信访问题178个，维护了项目建设良好氛围。新区坚持“股东式”服务，全方位、全过程服务项目建设，全年总调度项目101个，新开工项目数连续20个月、新竣工项目和新引进项目连续7个月、工业投资增速连续9个月位列全市“五区九园”第一。

四、加强制度建设，党建管理高质高效。新区以“四优四强”活动为抓手，扎实开展党的群众路线教育实践活动，新区干部大力践行一线工作法，深入企业和项目，为其排忧解难，新区党的群众路线教育实践活动得到省委督导组的高度肯定，在《长沙晚报》头版头条和长沙市党的群众路线教育实践活动《简报》予以推介；《湖南日报》就新区“创新、惠民、共建”的发展理念和特色做法进行了专题采访；出台财政财务管理、国库管理、政府采购以及对下属国有公司资金“双控”管理等制度，有效提高资金使用效率。

五、创新思路举措，财政融资科学推进。新区通过制定政策、科学统筹，重点抓好税收征缴、银行融资、资金双控等工作，促进新区经济保持良性运转。2014年，实现工商税收8.49亿元，同比增长16.5%，在全县亿元以上载体单位中，税收增幅及增长率均居首位。新增融资22亿元，同比增长133%，融资实力的大幅提升有效保障了园区的快速跨越发展。（邵宝盛）

金洲新区工业集中区党工委、管委会领导人员

党工委书记　刘永红

党工委副书记、主任

廖非平（2014.02免）

党工委副书记、主任

郑　旗（2014.01任）

党工委副书记、纪委书记

欧立新

党工委委员、副主任

曾　辉

党工委委员、副主任

刘　颖

田奇晖（2014.04任）

党委委员、副主任

张阳生（2014.04免）

张学秋（2014.04免）

【金洲新区工业集中区品牌建设】 5月20日，金洲新区恩吉创业园被认定为省级科技孵化器（湘科高字〔2014〕68号）；10月30日，在湖南省工业园区大会上，金洲新区标准厂房建设成绩排名全省工业园区第一，获大会通报表彰（湘政办函〔2014〕122号）；11月24日，金洲新区档案管理工作获省特级；12月18日，惠民物业公司开展三城同创工作，成功创建市级“青年文明号”称号；12月23日，金洲新区精量重工支部代表长沙市参加全省“非公党建品牌工作集中展示活动中”获一等奖；12月底，金洲新区申报国家新型工业化产业示范基地通过工信部审议、省级高新区申报完成答辩。（邵宝盛）

【湖南省大学科技园和湖南科技成果转化和知识产权交易服务中心落户】 4月16日，湖南省人民政府副省长李友志召开现场办公会，调度湖南省大学科技园和湖南科技成果转化和知识产权交易服务中心事宜。5月9日，湖南省大学科技园确定选址于长常高速金洲收费站附近，规划总用地面积约133.33公顷。5月16日，宁乡县成立了由县委书记黎春秋任组长、县长周辉任第一副组长的“一园、一中心”项目建设领导小组，同时县委、县政府制定和下发了《关于加快湖南省大学科技园基地建设的通知》，明确了项目建设分工，纳入年终绩效考核。6月22日，中办重走总书记走过的路，特别听取炼红书记关于总书记提出创新驱动之后长沙市的最新举措，炼红书记在汇报中重点介绍了金洲新区关于产学研用的一系列做法，以及“一园一中心”的相关设想。在市科技局的指导下，金洲新区产学研合作的基本情况及“一园一中心”的基本思路（以高校为技术支撑　推动园区创新发展——长沙金洲新区工业集中区创新驱动发展概述，见附件），汇编进入长沙

市整体汇报材料，由中办带回北京。11月20，长沙市副市长夏建平一行到金洲新区调研湖南省大学科技园项目。（邵宝盛）

【金洲新区工业集中区2家企业上市】 湖南星城石墨科技股份有限公司是一家专业从事锂电池负极材料研发与生产的高新技术企业，公司以锂动力电池负极材料的应用为主攻方向，同时覆盖铝壳、圆柱、软包等个人消费类锂电池领域，是北京奥运会、上海世博会、深圳大运会等电动大巴的电池材料供应商，2014年10月31日公司实现新三板挂牌上市（股票代码831086）。长沙族兴新材股份有限公司为国家高新技术企业，专业从事金属铝颜料研发和生产经营，是国内铝颜料行业中的龙头企业，拥有国际先进的各类铝颜料生产工艺和技术，技术研发实力雄厚，技术水平属于国内一流，国际先进。其中塑胶、包覆银、电镀银以及铝银粉等诸多技术和产品属于国内独有、国内领先，甚至国际领先水平。公司金洲新区生产基地属于亚洲规模最大、产品最齐全、技术最先进的单一工厂。拥有粗闪、细闪、细白、塑胶、包覆银、电镀银、浮银等以及铝银粉等多条生产线，公司年产能约3000吨。2014年7月11日公司在“新三板”挂牌上市（证券简称：族兴新材，证券代码：830854）。（邵宝盛）

【锂电谷产业园产业对接会】 10月23日，金洲新区成功举办2014中国（长沙）科技成果转化交易——锂电谷产业园推介暨锂电池产业对接会，本次科交会宁乡专场引进了深圳市迪凯特锂离子电池产业园、湖南中大年产5000吨锂离子前驱体正极材料产业化项目、湖南紫皇冠新能源锂离子电池隔膜产业化项目、长沙市先进电池材料及电池产业技术创新战略联盟以及湖南杉杉新材料与金瑞科技合作共建湖南省先进电池材料产学研用合作平台等15个项目，签约金额达90.7亿元。金洲新区作为全国唯一的国家节能环保新材料高新技术产业化基地，拥有杉杉新材（生产锂电池正极材料）、邦普循环（废旧锂电池的回收利用）、星城石墨（生产锂电池负极材料）、摩根海容（生产锂电池负极材料）、大华新能源（生产电池锂正极材料）等20余家锂电池上下游企业，在国内具备了一定产业竞争力和影响力，初步形成了锂电池全产业链条，通过此次科交会专场活动，金洲新区进一步完善了锂电池产业链。（邵宝盛）

金洲锂电谷项目签约仪式

·岳麓工业集中区·

【概况】 2014年，按照区委、区政府的决策部署，园区坚持以“六个走在前列”为工作指引，以打造产业支撑、两型引领、产城融合的高科技现代园区为目标，全面推进倍增倍升、满园扩园、提标提档战略，转型创新升级步伐不断加快。全年实现技工贸收入52亿元，同比增长35%；完成固定资产投资47亿元，同比增长55%；完成财政全口径总收入4亿元，同比增长26%；引进亿元以上重大项目9个，其中投资10亿元以上项目3个；融资到位20亿元，拆迁腾地43.2公顷，储备土地86.07公顷，出让土地12宗51.67公顷。在市对园区绩效考核中，园区在中心城区排名第二。

区校合作渐入佳境。获批省级中南大学科技园，正组织申报国家级中南大学科技园。筹备组建中南大学科技园创业投资（湖南）发展有限公司，启动了中南大学科技园（研发）总部建设前期工作，成功争取到湘江新区2亿元启动资金，项目用地报批已通过区级审批，正上报省国土资源厅。组织策划了“中南学子圆梦岳麓”深圳投资恳谈会，成功与10余家在深企业达成初步合作意向。启动了中南大学33.33公顷创业基地征地手续办理，加速建设50000平方米孵化器，全年引进科技孵化成果10个，孵化企业50余家，筹建继善高科、宏尚检测等院士工作站、博士后工作站2家。

主导产业初显雏形。按照长沙市《工业园区转型提质发展三年行动计划》要求，着力打造检验检测专业园区。园区现已集聚继善高科、中大检测、宏尚检测、赛恩斯环保等规模以上检测企业17家，主要涵盖建筑工程、机械设备、汽车产品、食品药品、环境质量、物探等工程、产品质量检测和建筑设计、文化创意设计等领域；新引进与全球知名企业（英国）天祥公司合作开发的洋湖国际创富中心、中铝华德节能科技总部以及总部拟搬至园区的中国有色金属长沙勘察设计研究院，拟草拟并协调出台《长沙市检验检测产业发展三年行动计划》。初步形成了检验检测、医药科技、文化创意和服务外包等主导产业。

工业地产全面启动。联东U谷政务服务中心、招商中心相继投入运营，启动了一、二期20万平方米地基施工，成功举办项目招商启动仪式并当场签约5家客户，与40多家中小企业达成初步合作意向。完成了洋湖创富国际中心项目规划方案设计及规划指标调整，启动继善检测技术园与检验检测总部基地手续办理、规划设计、征拆腾地等前期工作。

园容园貌较大改观。园区新建、在建政府投资基础配套项目22个、累计投资32亿元。完善主次干道路网，实现含浦大道三段、医专路、梨张路、观音路、张家村路等5条道路竣工通车，完成含浦大道二段、车塘河路、学士路建成区内提质改造；完成建成区内12万平方米截污工程、科教新村二期环境改造、白鹤小学边坡治理工程、靳江河堤防改造等治理项目；玉赤河景观廊道、园区规划展示馆、高压线入地项目顺利推进；学士门户广场景观完成改造并如期开放，市政设施配套日渐完善。启动拆迁项目5个，拆迁房屋244栋，动迁人口2413人，实现联丰苑保障性住房安置705套，安置拆迁户370户。全面开展生产性企业安全生产大排查行动，企业安全生产企稳向好。（徐 玢）

岳麓工业集中区党工委、管委会领导人员

党工委书记 屈志峰

党工委副书记 张永久

管委会主任、党工委副书记 刘正文

管委会副主任、党工委委员 张俊雄

管委会副主任、纪工委书记 单旭红

管委会副主任 张双武 黄 颖 方胜昔

【中铁城建集团湖南总部入园】 9月25日，中铁城建集团湖南总部签约落户长沙岳麓科技产业园。中铁城建集团是今年首个入驻园区的央企，是世界500强企业、中国建筑业的领军者，是专注于房屋建筑和城市建设，集设计、施工、安装、土地开发于一体的大型建筑企业集团和城市综合建设改造运营商，总资产达200亿元，年施工能力超过300亿元。该项目集团公司总部项目地块位于园区优越地段，占地面积约6.27公顷，建筑面积21万平方米。总部办公楼拟建高度150米，按照环保、节能、绿色的理念打造长沙新的地标性建筑，其余地块，将作为集团员工住宅、商业配套开发，计划总投资约12亿元。项目已完成征地拆迁，正准备挂牌手续办理，建成五年后，可提供近2万个就业岗位，实现产值500亿元，纳税1亿元以上。（徐 玢）

【"中南学子·圆梦岳麓"投资恳谈会】 10月15日在深圳联合举办了"中南学子，圆梦岳麓"投资恳谈会。中南大学党委书记高文兵，中共长沙市委副书记、市长胡衡华，副校长陈春阳、岳麓区人民政府区长周志凯等领导出席活动。该次活动旨全面深入推进区校合作进程，推动区校合作行动纵深发展，向沿海地区发展，为在深的优质项目入园投资提供发展平台、产业政策支持等后续保障，针对经审定的入园项目优先列入规划，优先供应土地。（徐 玢）

·星沙产业基地·

【概况】 星沙产业基地成立于2009年7月，规划总面积为40.7平方千米，其中一期控制性详细规划面积为18.7平方千米。园区以工程机械和汽车零部件作为主导产业，兼顾生物医药、电子信息、生产性服务业发展。坚持以"三个三分之一"坚持产城融合发展，力争再用五年时间，把星沙产业基地建设成为一个"产城融合、绿色生态、智能环保"的现代化城市工业经济综合体。星沙产业基地依托良好的区位条件、产业优势、完善的基础设施以及优质的服务团队吸引了不少世界五百强、国内五百强企业纷纷垂青，投资洼地效应不断显现。2009年以来，园区已累计引进项目93个，其中世界500强3家，世界行业50强2家，上市公司6家，项目总投资超过200亿元。园区已基本形成了以住友轮胎、大众汽车配套园、广汽三菱配套园为龙头的汽车零部件产业，以山河智能、云箭集团等为核心的装备制造业，以康宝莱、赛隆药业为代表的医药类新兴产业以及生产、生活性现代服务业等相辅相成的产业体系。园区正逐步成为长沙县、长沙经开区新的经济增长极。2014年，园区的工业总产值达到34亿元。星沙产业基地正在为实现"三年打基础、五年成雏形、十年大跨越"的发展目标，迈出坚实的步伐。

项目建设取得新进展。2014年，园区加强分类指导，扎实开展"一线服务"，强化项目前期调度，项目建设如火如荼。对落地项目加快立项、规划选址、可研、环评、实施方案等一系列前期工作，完成19宗土地挂牌，出让项目用地110.6公顷，为新安、同舟、申纺、运想、中缆等12个项目开工创造了条件，同时实现广汽三菱项目调规52.87公顷。全年实施会议集中调度和现场调度18次，及时为项目方协调和解决困难，加快推进了项目建设进度，有力促进了住友、云箭扩产项目和华新达、万容科技、力通重机、开元仪器等项目竣工投产。

产城融合呈现新面貌。2014年，园区投入1.2亿元，按照"绿色生态，宜居宜业，品质发展"的要求，高标准规划和建设基础配套设施。完成了控制性详规和空间体系概念规划，依山就势规划了东茅山公园、大山公园、雷鸣公园3个主题公园，开建了长龙、雷鸣和鸽子塘等3个公园，其中雷鸣公园被评为"省级植树基地"。实现了凉塘东路Ⅲ标建成通车，开元东路南侧完成提质改造，龙井路Ⅰ标、茶塘路、金塘路Ⅰ标、雷鸣路Ⅰ标等4条道路实现开工，长峰路、凉塘东路Ⅳ标、观山路、黄峰路等4条道路完成施工图设计，园区"三纵三横"的路网骨架全部拉通，各道路绿化、美化、亮化等辅助设施焕然一新；加快推进城市配套，起步区商业街区已开始筹备规划要点，"长龙湾"小区实现开盘销售，省技师学院完成了主体工程建设，县职教中心正在加快施工，街道综合文化站、社区公共服务中心和农贸市场已经立项，长龙变电站即将并网通电。

要素瓶颈取得新突破。一是拆迁体制得到了理顺。确立了园区的征地拆迁工作由产业基地、县国土局、长龙街道、县征地办等单位合理分工、共同负责的原则，并联合成立了项目建设拆迁协调指挥部。体制理顺后，新、老项目拆迁和历史遗留问题处理均取得了重大突破，解决了一批久拖未决的"老大难"问题，全年共实现拆迁腾地182.27公顷，为大众配套园、赛隆药业、久纳科技等30余个项目按期开工创造了条件；二是建设资金得到了保障。融资工作取得了令人欣慰的成果，实现债务性融资到位19.16亿元。税费返还通道得到进一步畅通，资金调度更加科学成熟，累计实现返还收入3884万元，实现美美食品、智普印刷等项目土地款返还收入4.2亿元。（田春雷）

星沙产业基地党工委、管委会领导人员

党工委书记　刘晓龙
党工委副书记、管委会主任　刘庚林
党工委副书记、纪工委书记　唐艳灵
党工委委员、管委会副主任（挂职）　王　璎
党工委委员、管委会副主任　吴　微
党工委委员、管委会副主任　何　展
党工委委员、管委会副主任　田立新

【园区首个商业楼盘“长龙湾”小区开建】 2月26日，园区首个商业楼盘“长龙湾”小区开工，该小区位于开元路与蓝田路交汇处西北角，由长龙建设开发有限公司开发。小区建设用地4.73公顷，总投资约为5.6亿元，拟建6栋高层商住楼、1栋6层商务楼，总建筑面积17.3万平方米。其中一期开发3栋，共544套，配套有部分限价房以限价形式定向销售给当地的失地农民。该项目地处星沙产业基地商业起步区的核心区域，对推动园区产城融合，促进现代服务业发展具有重要意义。（田春雷）

【长沙安新汽车隔音毡有限公司开工】 6月26日，长沙安新汽车隔音毡有限公司开工建设，该项目位于星沙产业基地上海大众配套园内，占地2公顷，总投资9000万元，主要生产汽车树脂毡隔音垫、热熔毡隔音垫、PUR复合EPDM/EVA隔音垫、电池隔热罩等产品，是上海大众（长沙）工厂的上游配套企业。为实现与上海大众（长沙）工厂的同步投产，星沙产业基地工、管委加大项目服务力度，专人联点，定期调度，为项目方顺利开工解决系列困难和问题。该项目将于2015年竣工投产，年产值可达2亿元。（田春雷）

【6家汽车零部件企业集体落户上海大众配套园】 8月12日，星沙产业基地与上海同舟、上海多利、长春英利、上海地毯厂、爱立德、金鸿顺等6家汽车零部件项目签约，正式落户上海大众配套园。上海大众（长沙）有限公司代表应邀出席见证，工管委领导刘晓龙、吴微参加签约仪式。该6家汽车零部件企业均为上海大众的上游配套企业，产品涉及汽车仪表盘、保险杠、底盘、空调总成及配件等50余种，总投资6.7亿元。（田春雷）

【鸽子塘湿地公园开建】 9月15日，星沙产业基地首个湿地公园——鸽子塘公园开建，该项目位于蓝田路以东、凉塘东路以南，东抵住友橡胶，南至中缆电缆，总面积为30058平方米，总投资1360万元，由长龙建设投资有限公司开发建设，是园区重要的生态景观游憩廊道。主要建设内容为湿地改造、水利设施改造、园林、绿化、土方、建筑等工程。该项目建设基于现状、尊重自然，利用原有的水系进行改造，营造湿地环境，公园将建设观赏亭、公共厕所、绿色走廊、休憩椅凳等，是园区规划的三大湿地公园之一。该项目预计2015年8月全部竣工，建成后将成为园区产业工人和辖区群众的重要休闲游玩地。（田春雷）

【山河装备集团15周年庆典】 9月28日，山河装备集团在星沙产业基地厂区隆重举行十五周年庆典，来自全球20余个国家的经销商、供应商、客户代表和山河智能部分员工共两千多人参加庆典活动。其间，山河智能举行了“新产品、新技术”客户交流会，湖南省经信委副巡视员、湖南省机械行业管理办公室主任陈丹萍出席并发言。中国工业协会秘书长苏子孟发表了关于工程机械行业主要运行指标、问题以及未来发展趋势等内容的讲话。在技术交流及产品推介环节中，山河智能为全球代理商、客户详细讲解了地下工程装备、挖掘机、特种装备系列产品、混合动力挖掘机等产品的技术性能、优势特点，赢得了代理商及用户的好评。（田春雷）

【湖南同舟汽车零部件有限公司开工】 10月12日，位于上海大众配套园的湖南同舟汽车零部件有限公司开工，该项目占地2公顷，总投资8600万元，计容总建筑面积为20534平方米，建设包括2栋厂房、1栋办公楼，主要为上海大众长沙基地提供汽车保险杠、前围等，设计年产能为30万套。项目于2015年7月投产，年产值可达1.5亿元。同舟零部件总公司位于上海嘉定区安亭镇“国际汽车城”。专业从事汽车零部件的生产制造，先后在南京、仪征、宁波建厂，为上海大众提供配套服务，2013年企业总产值25亿元，是中国汽车工程学会焊接专业委员会的成员单位。（田春雷）

【长沙经济技术开发区星沙产业基地工会联合会成立】 12月18日，长沙经济技术开发区星沙产业基地工会联合会成立，并在云箭集团多功能厅召开第一次代表大会，来自星沙产业基地及园区企业100余名干部职工参加会议。会议表决通过了《长沙经济技术开发区星沙产业基地工会联合会章程》和《长沙经济技术开发区星沙产业基地工会联合会选举办法》，并选举产生工会联合会委员15名，经费审查委员会委员3名。戴刚当选为工会联合会主席，张锦文、刘晓柱当选为副主席，欧娜美当选为经济审查委员会主任。长沙经济技术开发区星沙产业基地工会联合会下辖住友橡胶、云箭集团等12加投产企业，20家在建企业基层工会。（田春雷）

芙蓉区

区委书记 梁 仲

区长 于新凡

2月25日，区政协四届三次会议召开

2月26日，区人大四届三次会议召开

1月25日，开展城市大清洗活动

小巷直通车开到居民身边

人 民 政 府

3月14日，民政部部长李立国（右）到芙蓉区考察低保工作

5月28日，省委常委、省人大副主任李江（左二）率省委督导组到芙蓉区调研党的群众路线教育实践活动开展情况

3月10日，民政部基政司司长朱耀垠（右二）到芙蓉区调研

3月5日，芙蓉区举办"邻里守望"学雷锋志愿服务故事汇暨第二届学雷锋"双十创评"表彰活动

5月5日，芙蓉区举办"红袖章"美洁家园行动动员大会

6月26日，刘少奇纪念馆"三送六进"活动暨芙蓉区党史丛书赠阅仪式在西湖社区举行

芙 蓉 区

群众文化活动暖人心

小小“红袖章”为文明行为点赞

广场夜话听取群众意见

放飞心愿

治安巡防队

就业长廊

人 民 政 府

白果园小景

芙蓉广场一隅

东岸梅园里的宜居生活

老巷新貌

九道湾小区

浏阳河夜色美如画

天　心　区

区委书记曾超群在“书香天心”启动仪式上致辞

区委书记曾超群在“乐购天心”消费节启动仪式上致辞

区委常委、组织部部长张界贻在天心区“5411”人才引进工程上致辞

区委常委、宣传部部长李曦（左一）为“微理论·微宣讲”获奖党员颁奖

天心区共庆人民代表大会成立60周年

人　民　政　府

9月26日，区委副书记、区长朱东铁在天心购房节上致辞

4月10日，区长朱东铁（左四）组织项目建设督查工作

春节，区长朱东铁（中）、区委办主任谭雄伟（左）走访慰问老同志

5月26日，区长朱东铁（前排中）调研天心区三年造绿大行动

12月17日，中南大学湘雅五医院奠基仪式

区政协主席邓林（前排中）率区政协常委会组成人员考察社区卫生服务工作

天　心　区

9月24日，中国关工委主任顾秀莲（前排左二）到新天社区考察关心下一代工作

5月28日，省委常委、市委书记易炼红（前排左二）考察长沙（国家）广告产业园工作

5月19日，市委副书记、市长胡衡华（左二）调研天心城中村改造工作

4月9日，市委副书记张迎龙（前排左二）调研天心区城市建设工作

9月18日，副市长夏建平（右四）考察天心教育工作

长沙（国家）广告产业园一期整体鸟瞰图

人　民　政　府

3月，天心区县级领导到韶山开展“党的群众路线教育实践活动”

9月，天心区非公企业负责人到清华大学参加领导力提升培训

9月，区委书记曾超群、区委办主任谭雄伟等到天心一中看望全校师生

11月，天心区“未来教育家”成长研究基地项目启动

11月，青园小学机器人课开放活动

岳麓区

6月26日，中央编办一司副司长朱苇青（左三）一行到岳麓区调研简政放权工作

8月12日，团中央书记处书记汪鸿雁（前排左二）到岳麓区望城坡街道长华社区调研学雷锋志愿服务工作

10月17日，中宣部宣教局副局长刘亚圣（左二）一行到咸嘉湖街道咸嘉新村社区调研社区思想政治工作

1月6日，省委常委、省委组织部部长郭开朗（前排右一）调研岳麓区基层组织建设工作

3月19—20日，省政协主席陈求发（左四）在长沙调研湘江保护与治理工作

4月24日，吉尔吉斯斯坦共产党干部考察望月湖

人　民　政　府

①②
③④
⑤⑥

3月26日，岳麓区全体区级领导到刘少奇故居进行廉政教育活动

① 1月22日，市委常委、宣传部部长张湘涛（中）到岳麓区走访慰问困难群众，送上春节祝福

② 5月14日，全国道德模范廖月娥（左三）折桂长沙首个孝老爱亲红榜

③ 2月13日，区委书记陈中（右三）和孤寡老人、留守儿童一起“闹”元宵

④ 5月29日，区委书记陈中率队开展“六一”慰问活动

⑤ 9月1日，岳麓区政府与建设银行湖南省分行举行全面战略合作签约仪式，区长周志凯出席

⑥ 10月30日，中国初级卫生保健基金会支持长沙市岳麓区卫生服务能力建设暨医疗设备捐赠仪式在区机关10栋3楼多功能会议厅举行，区长周志凯参加仪式

岳　麓　区

4月16日，岳麓区召开区校共建大学生道德高地工作推进会

4月25日，岳麓区举办"商汇滨江·财聚银盆"——省会民营企业家"三服务"主题活动

4月28日，湖南统一战线在长沙岳麓区召开"同心工程"长株潭片区推进会

1月16日，长沙市"幸福家庭公益大讲坛"在岳麓区望岳街道府后路社区开讲

2月14日，长沙市"龙狮欢腾闹元宵"千团展演庆新春群众文艺展演在岳麓区开锣

7月25日，长沙市第二届葡萄节暨"岳麓农趣谷"都市田园旅游节开幕

12月25日，梅花奖艺术团岳麓"绽放"，为基层群众送上曲艺盛宴

6月21日，第二届"岳麓杯"男子篮球赛开幕

6月5日，郭贝贝原创舞蹈作品专场演出

人 民 政 府

1月18日，岳麓区掀起道路大清洗行动高潮，打造河西靓城

1月19日，团区委、区青联开展“红红火火过大年”走访慰问活动

2月14日，岳麓区成立首个“邻里守望”志愿服务基地，让托老服务驻社区

12月10日，岳麓区首届民办学校教师教学技能大赛“开擂”

1月24日，“马年送祝福，祥和满岳麓”书法家送春联进社区活动

3月9日，“为爱而来”橘子洲公益马拉松赛开跑

5月8日，岳麓区开展民兵防汛救援演练

8月23日，学士街道举办“周末盘泥鳅，农趣在岳麓”活动

9月2日，岳麓区举办抗战歌曲专场音乐会及抗战图片展

9月18日，岳麓区中小学创新方式纪念“九一八”

开　福　区

区委书记　李　蔚

区委副书记、区长　廖建华

2014 年，开福区按照省、市“六个走在前列”的部署要求，大力实施“两型引领、南提北拓、五轮驱动、领跑三湘”的发展战略，以“精、实、新”（精美城区建设、实力开福建设、深化改革创新）为工作抓手，攻坚克难，真抓实干，展示“干在实处、走在前列”的开福风采，有力推动开福新一轮大建设、大发展、大提升。全年完成地区生产总值 661.77 亿元，增长 10.2%；地方财政总收入 106.8 亿元，增长 24.2%，增长速度全市第一，成功实现“过百亿、上台阶”的目标；固定资产投资完成 570.79 亿元，增长 20.2%；社会消费品零售总额实现 567.42 亿元，增长 15.8%；规模以上工业增加值 50.13 亿元，增长 7.3%；单位 GDP 能耗下降 4.5%；城市棚改征收和农村征地拆迁齐头并进，完成 2653 户 20.55 万平方米棚户区改造，新启动农村 29 个拆迁项目，实现腾地 426.33 公顷。

人　民　政　府

7月28—29日，省委书记徐守盛（前排右二）一行实地考察黄兴北路棚改项目、绿化提质后的芙蓉中路以及长沙滨江文化园

8月12日，省委副书记、省长杜家毫（前排左一）调研长沙新港

8月27日，市委书记易炼红（前排右二）调研和指导城市管理工作

8月6日，市长胡衡华（前排左）专题调研金霞经开区

国家开发银行董事长胡怀邦考察清水塘炮后街棚改项目

5月29日，全国总工会副主席陈荣书到开福区考察

开 福 区

开福区纪念建党 93 周年主题活动

"5·12"防灾、减灾日大型宣传演练活动

两列满载湖南特色产品的国际货运列车，从长沙霞凝铁路口岸鸣笛启程，分别驶向德国杜伊斯堡和乌兹别克斯坦塔什干

8 月 31 日，和老浏阳河大桥平行的新桥建成通车

人民政府

10月11日，开福金秋经贸文化节

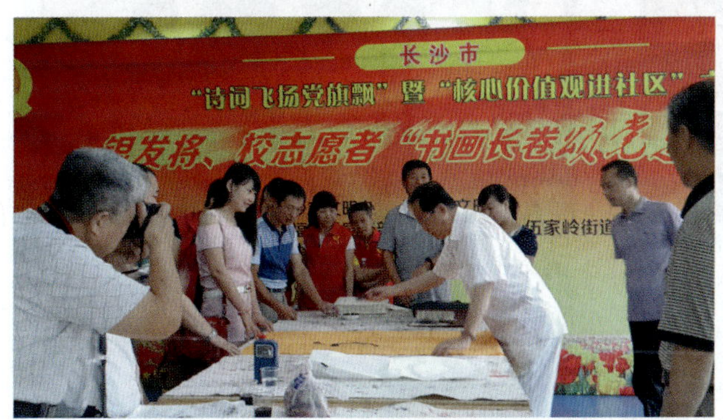

"诗词飞扬党旗飘"暨"核心价值观进社区"之银发将、校志愿者"书画长卷颂党恩"主题活动

7月14日，中部商贸物流产业投资推介会暨湖南"高岭国际商贸城"项目启动仪式在长沙举行

4月25日晚，湘江风光带风帆广场座无虚席，台下观众除了掌声雷动外，还有的情不自禁伴起舞来……为进一步丰富人民群众精神文化生活，推进党的群众路线教育实践活动开展，让公共文化服务直通基层，2014欢乐潇湘——长沙篇·舞动星城 歌涌湘江 开福区第十一届"湘江韵律"广场文化暨"校园文化进社区"系列活动在这里火热开场，拉开了2014年"湘江韵律"广场文化系列活动的序幕。市文化广电新闻出版局局长杨长江，区领导杨应龙、李正元、何惠凤、刘永红等出席。

雨　花　区

区委书记　周杏武

区委书记、区长　邱继兴

代区长　张能峰

1月3日，召开区人大四届三次会议，区政协主席李电晖、区长邱继兴、区委书记周杏武、区人大常委会主任龚景顺、区委副书记汪涓出席

4月29日,省委书记,省人大常委会主任徐守盛(左二),省委副书记、省长杜家毫(右二)出席长沙地铁2号线试运营仪式

12月4日，国家禁毒委委员、司法部副部长张苏军（右）到黎托街道考察雨花区禁毒工作与司法工作开展情况

4月1日，省委常委、市委书记易炼红（左二）调研长沙雨花经济开发区

11月14日，民政部副部长窦玉沛考察雨花区

2月24日，湖南省军区司令员黄跃进（中）检查指导高桥街道湖南省预备役师高炮团修理所正规化建设工作情况。

人　民　政　府

1月6日，长沙市委副书记、代市长胡衡华（中）调研雨花区项目建设

1月28日，区委书记周杏武（前排左一）督查安全生产

5月11日，区委书记、区长邱继兴（前排中）调研区重点产业项目

11月5日，代区长张能峰（中）调研长沙雨花经济开发区

8月8日，“惠民乐购雨花房产节”启动仪式

农博会开幕式

群众文化节

雨 花 区

街道书画作品展

茶艺表演

洞井龙舞

社区科普

学跳广场舞

机器人

喜盈门国际广场，为 94 岁抗战老兵张默坚老人爱心义卖活动现场

12 月 4 日，国家宪法日宣传

水岸天际小区“百家宴”

人 民 政 府

洞井北路通车

圭塘河景观

4月29日，长沙地铁二号线试运营

城中村改造——高升社区

提质改造后的枫树山社区

长沙黎托综合客运枢纽运营

农村拆迁保障住房星城新宇·桃花苑项目一期

牛角塘社区

沪昆高铁长沙南站

晨曦中的长沙高铁南站

财政·税务

责任编辑：尚　畅

财　政

【概况】 2014年，全市完成辖内公共财政预算收入1621.45亿元，比上年增长14.2%。全市完成公共财政预算收入632.8亿元，同比增长17.92%，其中，市本级完成245.95亿元，同比增长20.3%；区、县（市）完成386.85亿元，同比增长16.46%。全市完成财政总收入1003.08亿元，同比增长13.49%。税收收入占财政总收入的比重为81.79%，税收收入占公共财政预算收入的比重为71.13%。全市完成上划中央"两税"（消费税和增值税75%部分）132.85亿元，比上年减少0.21亿元，下降0.16%。2014年，全市完成公共财政预算支出802.38亿元，同比增加100.56亿元，增长14.33%。其中，市本级完成252.9亿元，同比增加23.41亿元，增长10.2%。

一、围绕提绩提效，着力加快推进财政改革。坚持改革创新，增强财政工作活力，着力在提高财政资金使用绩效上下功夫。1. 推进全口径预算管理。从编制2014年预算开始，对公共财政预算、政府性基金预算、国有资本经营预算、社保基金预算实行统一的预算管理。推动出台市本级财政预算和国库管理规定，明确预算编制、预算追加、预算调整、预算执行、预算结余结转、国库管理等工作程序和要求，进一步提高了预算的约束性和规范性。2. 加大财政信息公开力度。2014年部门预算、财政预算报告和"三公"经费情况统一向社会公开。除有保密要求的外，所有财政资金政策、管理办法、指标文件均在财政门户网站同步公开。产业发展专项资金全部实现同一平台申报管理，在《长沙晚报》和市政府门户网站同步公示，确保财政资金管理的公开公平公正和安全高效使用。3. 狠抓财政资金绩效。加强财政支出绩效目标管理，所有200万元以上的财政性资金项目一律纳入绩效目标管理范围，2014年评价资金41亿元，同比增长44.7%。制定政府购买公共服务实施细则，取消会议接待、公务出行定点采购工作，全市实际完成政府采购规模达100.06亿元，资金节约率为9.1%。4. 加强政府债务管理。推动出台政府性债务管理办法，建立"统一监管，分级负责"的全市政府性债务管理体系。建立规范的地方政府举债融资机制，把地方政府性债务纳入全口径预算管理，债务资金实行财政部门、举债单位"双控"管理，通过对综合债务率、逾期债务率等指标设置警戒线，不断完善风险预警机制，严控政府债务风险。五是完善财政监督管理。对全市41家单位进行财政收支、落实中央八项规定严肃财经纪律和"小金库"专项治理、会计信息质量等财政监督检查工作，切实维护财经纪律。圆满完成市本级超编超标公务用车处置工作，四批共处置车辆164台，收缴资产处置收入590.63万元。

二、围绕财源税源，着力助推经济转型发展。紧紧围绕培植财源、涵养税源，着力转变经济增长方式，积极推动经济转型发展。1. 完善财政政策导向机制。争取中央和省级建设资金24亿元，积极做好节能减排财政政策综合示范、农产品现代服务业、广告业示范试点工作。争取长沙磁浮工程、国际会展中心等7个建设项目列为全省首批政府和社会资本合作(PPP)示范项目，着力破解城市建设资金短缺难题，减少财政风险。设立流域生态补偿专项基金、高效节能专项资金、"三年造绿"、城市管理奖励专项经费等资金，推动品质长沙建设。2. 支持重大项目建设。通过股权投资方式筹集40亿元，增加先导投资公司投入14亿元，依法依规优化水业集团公司资产负债状况，助推集团重组上市。拨付轨道交通、湘江综合枢纽、黄花机场改扩建、万家丽路改造等重点工程项目建设资金62.7亿元，提升城市建设水平。拨付节能环保专项资金12.9亿元，用于节能减排财政政策综合示范、乡镇污水处理建设及维护等。筹措资金2亿元，引导长沙坪塘老工业区等21家建材化工企业全面退出。3. 支持助推产业企业发展。对产业发展类专项资金统筹集中20%近2亿元，支持全市重大产业项目发展。投入工业发展资金3.2亿元，推动工业经济转型升级。安排移动互联网、电子商务、服务外包、金融发展等专项资金4.34亿元，引导现代服务业健康发展。安排农业公共项目资金9.47亿元，加快现代农业发展。投入7000万元支持中小微企业服务平台和服务体系建设，激发企业发展活力。落实各项税收优惠政策，稳步推进"营改增"改革试点扩围工作，全年减轻企业负担约21.6亿元。4. 统筹推进城乡一体化发展。安排城市维护及运转经费

15.88亿元、城市管理项目资金3亿元，全力保障城市管理和维护。安排资金5.6亿元，用于公交票价补贴、新能源汽车更新等，切实改善城市公共交通。拨付专项资金3.5亿元，推进农村公路、干线公路建设。拨付资金1.9亿元，推进小城镇、中心镇的基础设施建设和农村环境整治、土地综合治理和农村危房改造。投入农业综合开发资金1.73亿元，建设农业综合开发项目54个。

三、围绕民生民本，着力保障重点支出需要。坚持既尽力而为，又量力而行，注重民生政策的公平性和可持续性，加大对民生领域的投入力度。1. 支持加快教育事业均衡发展。安排教育支出36.27亿元，重点支持10所城区中小学新改扩建、131所农村义务教育薄弱学校提质改造、63所公办幼儿园和师大附中梅溪湖中学等4所新城区中学建设，有力促进城乡教育均衡发展。2. 支持文体事业蓬勃发展。安排建设经费1.56亿元，推动“两馆一厅”、宁乡炭河里遗址公园和长沙滨江文化圈建设。在拨付1.3亿元的基础上，追加安排示范性乡镇街道文化站提质改造、送戏下乡、文化场馆免费开放等资金3000万元，推进长沙市国家公共文化服务标准化试点城市建设。安排全民健身活动经费1100万元，重点完善社区、乡镇体育设施，不断满足群众对文化体育活动的需求。3. 提高社会保障补助水平。率先全省提高基础养老金标准，城乡居民养老保险基础养老金从每人每月90元提高到105元，达到国家标准的1.7倍，对13家新建和改扩建敬老院分别补助50万元和20万元。对残疾儿童实行康复救助大幅扩面提标，康复训练补助由每月200元提高到500元。率先全省对重度残疾人发放护理补贴，按照城镇、农村居民每人每月80元、60元标准发放重度残疾人特殊生活补贴。4. 支持医疗卫生事业发展。城乡居民基本医疗保险财政补助标准从每人每年280元提高到320元，基本公共卫生服务经费财政补助标准从每人每年30元提高到35元，医疗保障水平进一步提高。落实公立医院改革财政投入政策，拨付基层医疗卫生机构药品零差率销售补助专项资金1800万元，有效降低人民群众用药负担。5. 加强住房保障和就业再就业工作。筹措2.97亿元推进廉租房公租房、工矿区棚改等安居工程建设，帮助低收入人群住有所居。安排就业培训、创业富民及求职补贴等资金6254万元，引导农村劳动力、城镇就业困难人员、高校毕业生就业创业。安排资金2166万元，落实退役士兵自主就业补助等优惠政策。

四、围绕增量增质，着力强化各项收入征管。结合全年目标任务，明确工作责任，加强协调沟通，牢牢把握组织收入的主动权。1. 及时分解落实收入责任。完善收入目标责任制，合理确定各征管部门年度收入任务，层层分解指标，强化执行考核监督。同时，统筹考虑各区、县（市）经济基础、产业结构、增长潜力等实际因素，适时建议市委、市政府调整财政收入增长幅度和目标，保障了全年财政收入的稳定增长。2. 切实加强收入征收管理。改进征管理念和措施，坚决不搞预缴、不搞空转、不用非税充，维护了正常的征缴秩序。综合治税平台二、三期工程接入32家市直单位和9个区、县（市），全年共查补入库税收8.8亿元。开展行政事业性收费项目清理和票据年检，市本级纳入公共财政预算管理的非税收入完成44.77亿元。严格国有资产占用费、经营性资产收入管理，市本级完成国有资本经营收入17.06亿元。3. 强化收入质量考核。取消收入总量超收加分，优化收入质量考核办法，财政总收入占GDP的比重为12.84%，比上年提升0.48个百分点。全市增值税、营业税、所得税等税种收入达258.92亿元，占税收收入的57.52%，增长7.91%，拉动公共财政预算收入增长19.74个百分点。

五、围绕规则规范，着力提升财政管理水平。优化并公开财政主要业务办理流程，业务办理、资金支付效率明显提高。资金支付由面审为主改为网审为主，面审科目由原来的63项减少至18项，减幅达71.43%。政府采购从计划申报到合同履约验收由12个流程优化到9个。全面落实厉行节约政策，制定会议费、公务接待、差旅费、培训费等管理办法，市本级“三公”经费支出在上年基础上减少31.68%，其中因公出国（境）经费减少37%。行政征收、行政给付、专项资金分配三项职权清理全面完成，总体压减率达到52.3%。对2014年部门预算项目支出中主要用于“三公”经费开支的一般专项压缩10%，节约资金4400万元。深入开展“工作零差错—服务创一流”活动，合理界定财政行政职权，主动下放区、县（市）项目建设资金“双控”管理权。强化投资评审管理，全年各类评审共核减资金5.31亿元，核减率10.28%。建立健全财政信息管理平台，进一步完善财政业务系统应用功能，提升了财政管理信息化水平。（严　波）

·财政统发工资·

【概况】 2014年市财政统发工资工作本着“工作精细、服务优质、办事高效”的原则，认真贯彻新修订的《长沙市市级财政统一发放工资管理实施办法》，全力抓好干部职工思想作风建设，以高度的事业心和责任感，完成财政统发工资各项工作任务。全年全市纳入财政统发工资单位1726家，纳入财政统发工资人员12.49万人，发放总额57.84亿元。其中：市本级全年共发放工资及津补贴20.32亿元，统一发放工资的单位300家，发放人员33019人，全年代扣款项达9312.07万元，办理各项工资异动38万人次。

一、突出统发工作质量，提高为统发单位和统发对象服务的能力。1. 在日常业务工作中，注重从源头上把好入口关。统发中心严格按照该纳入的单位不遗漏、不该纳入的单位不统发的原则，坚持定期与组织部、编办、人社局等部门召开例会，研究讨论工资发放的各项政策规定，落实工资政策、明确执行标准、统一发放口径，对申请纳入统发的单位进行审核，从源头上把好入口关。2. 定期组织各区、县（市）统发工资人员召开工作会议，交流工作经验，围绕统发工作中出现的新情况、新问题，探讨解决问题的办法。加强与区、县（市）统发工资中心的工作联系，在统发工资软件操作、数据处理、津补贴规范、工资改革政策等方面给予指导，提高全市统发工资队伍的整体业务水平。3. 健全完善工作制度和业务流程，着力解决实际业务难题。制定完善并重新印制

“财政统发工资中心业务办理须知及流程图”，并对外张榜公布。对于在工资中个人负担的公积金的计算及代扣问题，以前受工资软件功能的限制，只能在每年年初以元月份工资为基数计算更新一次，而在当年2月至12月的所有工资变动，均只能在次年元月的公积金基数调整中体现。为彻底解决这个问题，主动与人社、编办沟通，在新工资发放软件系统增加代扣住房公积金模块，每月在职干部职工的住房公积金基数按当月新工资基数计算，实行按月动态实时调整，彻底解决公积金计算基数实时更新的问题。为了更好地提高服务质量。积极主动向市人社、市统筹医疗办沟通，每年由中心按年度将各代扣单位干部职工未满18岁子女的统筹医疗款支付到统一账户，再按明细分解到各单位的分设账户，各单位可直接办理报账，切实解决代扣统筹医疗款不能直接返还到单位的问题，极大地方便了统发单位，有效地维护了干部职工的合法权益。4. 配合相关部门，认真做好专项工作。根据市委办公厅、市政府办公厅“转发市委组织部等五部门《关于在全市开展”吃空饷“专项治理工作的方案》的通知”（长办通知〔2012〕13号）规定要求，配合编办、人社等部门，对清理“吃空饷”工作常抓不懈。配合市直工委搞好“红牛杯”篮球赛，为参赛单位提供准确的人员信息。配合市委组织部、市编办完成中央督导组对长沙市的两项专项检查工作。

二、加强内部管理，严格按国家政策和规定的时限开展工作。统发中心相继健全和完善了例会制度、业务工作流程、接件按时办结制度、公章使用制度、数据传递和工资单领取保密制度、稽核对账制度，做到业务工作步步衔接、环环相扣，责任明确。使全体人员有章可循，自觉按照标准、程序办事，使工作走上了制度化、程序化、规范化的轨道，提升管理档次，从而保证中心工作运行始终处于科学、有序的状态之中，为中心工作的开展提供了有力保障。统发中心着手从内部管理入手，不断修订完善《长沙市财政统发工资中心办理工资资料收发登记单》，进一步规范整个业务流程，使内部流转程序更加简单明确，职责到人，为给统发对象提供优质服务提供制度保障。将财政统发工资的业务流程及办事指南制作成简明的公示栏予以张贴公示，让服务更加公开、透明。在整个业务工作中，对工资异动资料的收集、数据录入、数据稽核汇总、工资预算网上申报、经费指标申请到工资专户核对等各个环节从严要求，并分别明确权限和责任。2014年，市本级和区县未出现漏发、错发、重发和核对不符的业务，也未出现纠纷和投诉，忠实履行好自己的职责，得到领导和服务对象的一致肯定，树立财政窗口的良好形象。（黄　沁）

·国库集中支付·

【概况】长沙市国库集中支付局是隶属于长沙市财政局管理的副县级全额拨款事业单位，前身为长沙市会计委派管理中心，2003年12月更名为长沙市国库集中支付核算局。随着财政国库集中支付制度改革的不断深化，2009年12月再次更名为长沙市国库集中支付局，参照实行公务员管理（长编委发〔2009〕66号文件）。内设办公室、支付一科、支付二科、支付三科、支付四科、支付五科、会计科、稽核科等8个职能科室，现有工作人员48人，平均年龄43岁。

2014年，市国库集中支付局紧紧围绕加快深化和完善国库集中支付改革这一主题，把好支出关口，优化支付流程，提高支付效率，强化资金安全管理。市本级已实施改革的347家预算单位集中支付业务230832笔，支付资金135.54亿元，比上年同期增长16.8亿元，增幅14.14%。其中：直接支付178396笔，支付金额133.07亿元，占支付总额的98.18%；授权支付划款清算52436笔，支付金额2.46亿元，占支付总额1.82%。拒付违规资金5107笔，金额4.35亿元；市本级共有200家项目单位的948个项目纳入“双控”管理，较去年同期增加31个单位、共149个项目；累计核付“双控”资金9233笔（其中工程款支付6373笔），金额249.48亿元；严格对未按规定实行公开招投标、政府采购及超概算、超进度、超比例付款等不合规支付事项进行监督，全年累计拒付违规支付申请86笔，金额达0.9亿元。

一、扩大网审范围，提高支付效率。切实提高支付效率，强化预算单位的主体责任，出台《关于进一步明确国库集中支付面审范围的通知》（长财办〔2014〕13号），资金支付实行由面审为主改为网审为主，除会议费、奖金等需要前置审核审批和政策性规定需面审的支付事项外，一般都实行网审，提高支付效率。

二、下放区县“双控”项目管理权限，提高办事效率。加大“简政放权”力度，将原由市本级财政“双控”的区、县（市）实施的项目建设资金改由区、县（市）财政进行“双控”管理，并下发了《关于进一步完善区、县（市）项目建设资金“双控”管理方式的通知》（长财办〔2014〕2号）。积极与各区、县（市）财政部门沟通衔接，指导其接收“双控”项目管理工作，并催促各项目单位完成账务核对及销户工作，下放“双控”资金1.68亿元，涉及到7个区县170个项目、19个项目单位，注销市级“双控”账户23个。“双控”项目管理权限的下放，各区、县（市）财政部门更好地掌握了各个项目的整体情况，对项目的开展更有效的实施了监督管理，在确保财政资金安全的同时，进一步提高了办事效率。

三、优化业务流程，明确办理时限。按照精简程序、清理环节、提升效率、明确标准的要求，对国库集中支付业务流程、政府性投资项目“双控”资金管理流程优化，并在财政网上公示。作为财政国库资金支付执行者，市国库集中支付局对国库集中支付的用款计划实行限时审核，科学设置计划审核、核批的岗位，由原来的“两审核两核批”精简为“一审核一核批”，在计划环节上效率提高一倍；用款计划审核环节不超过2个工作日，用款计划审定和下达环节不超过2个工作日；财政资金支付按照合规资金“随到随审，上午送单审核，下午支付；下午送单审核，第二天支付”的原则进行，全面实行窗口式服务，办结时限不超过2个工作日。

四、及时处理软件问题，积极推进融资平台“双控”资金实行网上支付。积极探索各大融资平台财政资金实现网上支付的途径，召集各融资平台的财务负责人对实行网上支付的可行性和技术性进行探讨，并确定以“双控”软件与集中支付系统对接予以实现。积极与软件公司会商，邀请省银联公司公务卡客服负责人、技术人员、用友公司北京开发人员协商沟通，公务卡参考省厅管理模式，将银联公务卡交易数据定时同步到市国库集中支付局服务器，通过公务卡卡号查询该卡所有交易记录，再选择对应的交易记录生成授权支付申请，可以选择多条交易记录进行支付申请。

五、全面梳理，完善各类管理政策。对市国库集中支付局现行的52项财政政策进行了认真、全面清理，保留的财政政策28项，确定废止的财政政策24项。为全面整理完善相关财政政策，市国库集中支付局制定了《关于因公出国（境）等六项费用支出的审核口径规定》《进一步完善区、县（市）项目建设资金“双控”管理方式的通知》等制度，完善了公务用车、公务接待、档案管理、固定资产管理等相关内部管理制度。

六、严格审核标准，有效控制“三公”经费。市本级“三公”经费实际支出20703万元（占年初预算的79.5%），较2013年同期减少9678万元，下降幅度为31.68%。其中：因公出国（境）费用897万元（占年初预算的58.55%），较2013年同期减少527万元，下降幅度为37%；公务接待费7323万元（占年初预算的84.47%），较2013年同期减少4022万元，下降幅度为35.45%；公务用车购置及运行费用12483万元（占年初预算的78.75%），较2013年同期减少5129万元，下降幅度为29.12%。

七、清理实体资金账户，提高财政资金的使用效益。市国库集中支付局对保留在市国库集中支付局专户上的结存资金按照纯往来、费用性往来及事业基金、专用基金—住房维修资金、专项结余资金等资金用途进行了一次全面清理核对，累计清理结存资金2.78亿元。对纯往来款、专用基金—住房维修资金共计9520万元，保留继续使用；对费用性往来及事业基金、专项结余资金共计18328万元，经业务处室认定后继续使用到2014年年底；收回1398.42万元上缴国库。

八、深化交流，区县改革整体推进。为促进全市国库集中支付改革全面整体深入推进，市国库集中支付局取消对区、县（市）的国库集中支付改革及管理工作年度目标考核。已实施改革的9个区、县（市），总支付702285笔，金额388.16亿元；其中直接支付598031笔，金额382.16亿元，占总支付的98.46%，授权支付104254笔，金额6亿元，占总支付的1.54%，拒付违规请付资金10026笔，金额4.6亿元；对政府性投资项目实行监管达201个单位，2011个项目，核付资金734.9亿元。 （李　佳）

·非税收入管理·

【概况】 2014年，长沙市非税收入管理局以《湖南省非税收入管理条例》颁布实施十周年为契机，围绕“依法征收、应收尽收、纳入预算、统筹管理”工作目标，全面加强和规范非税收入管理，确保了全市非税收入管理各项工作任务圆满完成。全年完成市本级非税收入50.82亿元（不含土地出让金，不含先导区），较上年同期38.45亿元，增加12.37亿元，增长32.18%。其中纳入公共财政预算收入完成25.65亿元，较上年同期15.98亿元，增加9.87亿元，增长62.58%；政府性基金收入完成20.35亿元，较上年同期18.39亿元，增加1.96亿元，增长10.69%；实行财政专户收入完成4.82亿元，较上年同期4.28亿元，增加0.54亿元，增长12.44%。为全市增强政府宏观调控能力、财政收入实现“倍加”作出较大贡献。2014年，长沙市非税收入管理局先后获“全省非税收入征收管理工作先进单位”“全省票据管理工作先进单位”“全省非税收入知识网上竞赛优秀组织单位”。

一、强化收入征收管理，圆满完成全年收入任务。1. 强化收入目标管理责任。认真落实年度非税收入计划，及时将收入任务量化到科室到单位，并逐月下达收入计划，严格按照以旬保月、以月保季、以季保年的工作要求，确保市本级同口径非税收入实现平稳增长。2. 狠抓收入日常征收管理。坚持定期召开非税收入形势分析会，研究制定工作措施，特别对重点收入执收大户以及对非税收入增减幅度变化较大的相关执收单位加强动态管理，定期进行集中走访，确保收入按序时进度要求均衡入库。3. 严控非税收入缓减免行为。严格执行长政办函〔2012〕171号文件有关规定，重点加强城市基础设施配套费和基本建设项目报建缴费审核，对确因特殊情况需要缓缴、减缴、免缴非税收入的，报市政府集体研究按规定审批。

二、严格财政票据管理，不断强化以票管收手段。1. 完善票据管理制度。严格执行《长沙市财政票据管理办法》（长财非税〔2013〕6号），重点加强对财政票据的购领、核销、使用、管理等环节进行规范管理。结合财政票据管理办法，先后修订并完善一系列财政票据管理制度，确保了财政票据使用规范、资金足额缴库。全年全市共发放财政票据3828.6万份，其中市本级发放1514万份，核销1528万份。2. 开展财政票据年检工作。2014年，集中对全市520家市直各行政事业单位、社会团体2013年度财政票据购领及使用情况开展年检工作。已参加年检单位506家，其中市卫生局等20家单位被评为财政票据年检先进单位，市公安局等486家单位年检合格。市模特协会等11家单位因未参加年检、市清洁行业协会等3家单位因违规使用财政票据，年检不合格，暂停票据供应。

三、加强《条例》学习宣传，着力提升非税收入理念。1. 制定活动实施方案。2014年是《湖南省非税收入管理条例》（以下简称《条例》）颁布实施十周年。根据省财政厅关于开展《条例》学习宣传月活动的通知要求，研究制定《条例》学习宣传月活动具体实施方案，明确《条例》宣传月活动的工作目标、宣传内容、形式方法以及活动步骤等。2. 开展《条例》学习宣传系列活动。从5月上旬开始，先后组织召开全省《条例》颁布实施十周年电视电话会议、全省“非税十年”非税收入知识网上竞赛等活动；在长沙晚报专版登载市财政局党组书记、局长张敏《认真贯彻执行〈条例〉规定，全面推进非税收入规范管理》署名文章和市财政局党组成员、副局长张学峰就“财政部门如何贯彻落实《条例》规定要求，确保非税收入依法征收、应收尽收”记者专访文章等；在长沙会计报专版登载长沙市贯彻实施《条例》有关文章；利用市政务中心、各执收单位、代理银行电子显示屏、长沙新闻频道等载体进行广泛宣传，进一步扩大规范非税收入管理的社会影响面。

四、开展收费政策清理，全面推进依法行政征收。1. 开展收费政策清理。2014年，根据市委、市政府《关于进一步深化行政审批制度改革提高行政效能的实施意见》（长发〔2013〕15号）文件精神以及《长沙市财政局精简规范市本级行政职权（行政征收、行政给付、专项资金分配）工作方案》要求，会同市物价部门和各主管部门对市本级行政事业性收费及行政征收职权进行了全面清理。经认真梳理、逐项比对，并经政府多次会议研究，最后确定市本级保留行政征收职权的行政主体单位51家，具体行政征收事项123项。2. 积极推行阳光收费。根据清理结果，先后编制《长沙市本级行政事业性收费目录清单》《长沙市本级政府性基金目录清单》以及《长沙市市本级涉企行政事业性收费目录清单》《长沙市市本级涉企政府性基金目录清单》，并在政府门户网、长沙财政网、长沙非税收入网对外进行公布。同时明确，市直各单位凡是没有纳入"权力清单"的行政征收职权一律不得再实施，做到依法征收、公开透明、阳光收费、强化监督。

五、强化收入稽查工作，建立健全监督管理机制。1. 强化日常稽查监督。严格执行财政票据核销日常稽查制度和基本建设项目报建缴费《完费通知单》日常稽核制度，重点围绕加强财政票据日常使用的规范管理和报建费等非税收入的应收尽收方面强化日常稽查工作。2. 开展专项稽查工作。配合市纪委对全市相关部门多家单位贯彻执行中央"八项规定"的情况进行专项检查，并对检查中发现的问题提出整改意见和措施。配合财政监督检查局先后对市规划信息中心、市房产信息中心以及市路桥征费管理处、市妇联、市城管局、市地方海事局等单位的有关非税收入管理和财政票据管理等情况进行集中专项检查，并针对相关被检查单位所属服务中心、培训中心存在的有关问题，责令相关单位及人员对相关违规事项进行认真整改。

六、加强资金核算管理，严格执行收入汇缴制度。1. 严格实行分类预算管理规定。按照《湖南省财政厅关于公布湖南省纳入预算管理的非税收入项目信息目录的通知》（湘财非税〔2013〕9号）等有关规定，严格区分非税收入资金性质，将非税收入分别纳入公共财政预算、政府性基金预算和财政专户管理，及时准确编制汇总非税收入报表。2. 严格执行非税收入汇缴制度。认真审核每笔收入资金缴库、拨付及退付凭证，将属于本级的非税收入按不同类别分别定期划解国库和财政专户，对属于上下级分成的非税收入分级次进行结算，定期上解或下拨，切实保证财政资金的运行安全。3. 认真做好融资债务有关结算工作。积极与贷款银行联系，协调、落实办理各项到期融资款项的还本付息、续借和新借贷款工作。2014年共计归还本金8亿元，续借贷款4.25亿元，新借贷款7亿元，支付贷款利息约1.1亿元。

七、完善征管系统建设，助力提升征管工作效率。1. 不断完善征管系统联网建设。按照"单位开单、银行打票、财政统管、政府统筹"征管模式要求，先后完成对市本级各学校春秋两季学费收费项目的适时挂接以及新建立的师大附中梅西湖中学、周南梅西湖中学和新增高中的长郡梅西湖中学等3所学校有关系统执收账户开设、学费收缴系统联网等工作，确保学校开学收费工作的顺利进行和学费收入的及时足额缴库。2. 积极创新高效便民措施。重点联合市公安交警支队开通非税收入征管系统与交通违法处理系统联网接口，创新拓展交通违法罚款缴纳渠道，方便市民通过"互联网""一站通"或手机微信等交通违法自助系统，多方式快速同步办理交通违法裁决和交通违法罚款缴款业务，实现高效便民。

八、规范收入执收工作，积极推进绩效评估考核。1. 高度重视，认真对待。根据《湖南省财政厅关于2014年度省对市州非税收入管理工作绩效评估考核有关事项的通知》（湘财非税〔2014〕24号）文件要求，及时将非税收入管理绩效评估考核工作的主要精神向市政府领导进行专题汇报，争取领导重视。对照省对市州考核指标内容，逐项进行查漏补缺，切实做好全市非税收入管理绩效评估考核有关自查申报工作。2. 明确责任，强化监督。先后转发、印发非税收入管理工作绩效评估考核有关文件（长财非税〔2014〕3号、长财非税〔2014〕4号），要求市直各单位，各区、县（市）财政部门进一步明确责任，认真抓好《非税收入执收工作责任制规定》的落实。同时通过加强对执收单位执收工作的日常监督以及组织对执收单位的相关检查，有效防治非税收入执收工作中乱作为和不作为行为。（张宏伟）

·政府采购监督管理·

【概况】2014年，全市政府采购监管工作紧紧围绕"重服务、重效率、重规范"的工作思路，充分发挥政策功能，规范政府采购行为，加强政府采购监管，提高信息化水平，稳步推进政府采购改革。

一、坚持应采尽采，不断扩大采购规模。通过不断拓展采购范围，严格规范管理，采购规模逐年扩大。2014年，全市实际完成采购规模达100.06亿元。其中市本级（包括高新区、先导区）实际完成政府采购33.14亿元，节约资金3.31亿元，资金节约率为9.1%。市本级比上年同期增加4.17亿元，增长14.4%，其中公开招标的采购金额22.83亿元，占政府采购总额68.87%。完成受理并下达计划的采购项目8030个，共签订合同5552个；通过湖南省政府采购专家库管理系统随机抽取采购项目3611个，抽取并参与评审的专家12347人次。2014年完成百万以上的采购合同349个（含定点），预算金额27.06亿元，合同金额25.36亿元。

二、积极探索推广政府向社会购买公共服务。出台《长沙市人民政府关于政府购买公共服务的暂行办法》长政发〔2014〕45号文件，按照"以人为本、服务为先、社会协同、广泛参与"的原则，逐步实现政府职能转变，鼓励社会组织为社会提供多样化、多层次、多渠道的公共服务，不断扩大政府购买公共服务的范围，全面提升政府公共服务水平。制定第一批政府购买公共服务指导性目录，明确政府购买服务的种类、性质和内容，内容涵盖了公共性、公益性和社会性的公共服务事项。

三、采取多种方式，不断增强监

督力度。2014年，共处理举报和情况反映31起，投诉17 起，比2013年受理数量增加18起，办理行政处罚5起，办理行政复议2起，被复议2起。完成违规项目审核22个，涉及申报金额451万元，审核金额398万元，节约率为12%。1. 对全市公务车定点加油站政府采购政策执行情况随机抽查，重点督查监控设备的配备安装及使用情况。2. 继续推行采购代理机构日常监督考核情况登记制度，对采购代理机构在项目招标、开标、评标以及日常业务办理工作中存在的问题进行逐项登记，对合同备案中普遍存在的合同延后签订问题，要求代理机构发送催办函并要求相关政府采购当事人来函予以说明情况，加强对采购代理机构的日常监督管理。共登记各代理机构违规情况77次。3. 受省厅委托完成对注册地在长沙的乙级政府采购代理机构监督检查，监督检查内容包括代理机构人员管理情况、政策法规执行情况、代理绩效、质疑（投诉与举报)办理情况及日常检查记录等。4. 印发《长沙市政府采购监督管理局关于举报(情况反映)办理内部工作程序(试行)》，规范举报（情况反映）的工作程序。5. 积极配合搞好政协民主监督工作，组织政府采购监管部门、供应商、代理机构面对面座谈会，对长沙市城管局的优化调整城区道路交通隔离设施（第二批）采购项目一标段投诉处理进行重点督导。6. 依法查处政府采购当事人的违规行为。对有违规行为的1家代理机构下发为期六个月的整改通知，暂停其在长沙市的政府采购代理活动。查处2家定点加油站违规加油行为，下发违规通报共扣15000元履约保证金上缴国库，取消其中一家公务车定点加油站资格。没收7家供应商的投标保证金，行政处罚5个采购项目的6家供应商。对3个项目17名专家不尽职行为进行通报，对1个项目1名专家违规行为上网通报。并上报省财政厅建议暂停政府采购专家资格。7. 明确验收责任，强化验收环节监管，重点对7家单位已验收付款的货物、服务类政府采购的项目实施、采购预算执行及合同履约验收情况抽查。

四、主动加强管理，不断规范政采行为。1. 修订收发文管理制度，明确收发文程序和相关责任，优化内部办公流程。2. 加强在长沙公共资源交易中心开评标项目的监管力度，指派专人现场全程监管，及时组织协调和处理现场突发情况，有效地减少不规范的评标行为，确保采购项目的顺利进行。全年共监管在交易中心开、评标政府采购项目628个。3. 参与省厅组织的讨论贯彻落实财政部74号令《政府采购非招标采购方式管理办法》，规范政府采购方式审批和进口产品审核流程，推行单一来源审核前论证公示制度，公布“政府采购单一来源公示（范本)”，规范单一来源方式采购项目要求。4. 印发《关于修改采购文件范本及明确相关事项的通知》（长采管〔2014〕13号）文件，进一步完善采购文件范本和操作规程，修改内容包括投标保证金到达期限、评标一览表的提供要求，取消营业执照年检、落实“两型”产品评审优惠政策等内容，不断规范采购代理机构的行为。五是积极发挥政府采购政策功能，优先采购“两型”产品，将政策优惠要求体现在新的招标文件范本中，从机制和措施上确保政策功能发挥。

五、优化平台升级，不断提高办事效率。切实提高政府采购工作效率和服务能力，在原有政府采购信息化管理平台的基础上，完成政府采购信息平台全面提质升级。为确保新版平台正常运行，编写采购人、供应商、代理机构、业务处室操作手册，组织对全市行政事业单位、政府采购代理机构、印刷定点供应商、区县政府采购监管部门800余人分别进行政府采购信息化业务培训。（杨　栋）

税　务

·国家税务·

【概况】 长沙市国家税务局设13个处、室以及稽查局、第一稽查局、第二稽查局、车辆购置税征收管理分局、直属税务分局五个直属机构，下辖市内芙蓉、天心、岳麓、开福、雨花、高新、望城7个区局和长沙县、浏阳市、宁乡县国家税务局，现有在职干部职工2339人，离退休人员493人；负责全市200679户工商企业和个体工商户的国税收入的征收管理。2014年，长沙市国家税务局顺利通过“全国文明单位”复查。在湖南省国家税务局对全省市州税务局进行绩效考核和长沙市人民政府绩效考核中，长沙市国家税务局均获一等。

一、实行专项督导，保证税收收入及时入库。为进一步加强组织收入，督导税收及时入库，长沙市国家税务局在2014年6月组建8个以局长、副局长牵头，机关处室主要负责人为组长的税收收入督导组，分赴全市15个税务基层局开展组织收入督导工作。督导组对各基层局税收收入情况进行逐月通报讲评、按月考核进度，坚决制止寅吃卯粮收过头税，保证税收收入挤净拧干水分、及时足额入库。2014年，长沙市国家税务局完成国税收入9211646万元（不含车购税、不含海关代征），完成年计划100.34%，占湖南省2014年国税收入完成数的59.67%；2014年长沙国税收入与上年同期比较，增收1028896万元，增长12.57%，其中：国内增值税、国内消费税“两税”累计入库7475335万元，增收924249万元，增长14.11%。

二、构建新机制，优化税收征管模式。长沙市国家税务局为适应国民经济增速放缓以及以调整税收结构为主的新一轮税制改革的新常态，以专业化管理为导向，以风险管理为重点，以快捷办税优化税源管理资源配置为目标，科学构建征管新机制。2014年，在全市国税系统全面实施税源专业化管理模式，一改过去税管员保姆式管户制传统样式，将原来的税源管理部门的职责一分为三，分解为基础管理、涉税调查、纳税评估3大类，设立基础管理科、涉税调查科、纳税评估科。其中，基础管理部门按照“规模+行业+风险事项”模式进行基础事项受理纳税服务工作；涉税调查部门负责各类资格认定、减免退税等需要进户调查核实的工作；纳税评估部门负责异常纳税评估的风险识别和处理工作。

三、实施总局规范，纳税人享受“国标”级服务。为了全面贯彻落实国务院转变职能、简政放权，推进国家治理体系和治理能力现代化的总体要求，按照“最大限度便利纳税人，最

纳税服务实事竞赛现场

大限度规范税务人”的基本思路，国家税务总局制定《全国县级税务机关纳税服务规范》（以下简称《纳税服务规范》），于2014年10月1日在全国范围内施行。《纳税服务规范》的制定和实施使全国县级税务机关在纳税服务方面第一次有了“国标”，它从全国层面统一了县级税务机关的基本服务标准，使不同区域、不同群体的纳税人享受到高效便捷、文明规范的优质服务，真正有了“纳税人”的身份认同。长沙市国家税务局在启动实施《纳税服务规范》之时，得到《人民日报》、新华社、中央电视台、《光明日报》《经济日报》5大媒体的特别关注。10月，上述媒体记者赶赴湖南长沙，深入到长沙市国家税务局各基层征收分局，连续4天对长沙市国家税务局实施《纳税服务规范》情况进行跟踪采访进行报道。其中，中央电视台更是在2014年10月20日黄金档节目《新闻联播》中报道长沙市国家税务局实施《纳税服务规范》的情况。

四、落实优惠政策，释放改革红利。长沙市国家税务局在搞好纳税服务的同时，也将税收优惠政策带给纳税人，为全市纳税人充分释放改革红利。

2014年，国务院常务会议推出系列支持小型微利企业的新政策。其中，在对月销售额不超过2万元的小微企业、个体工商户和其它个人暂免征收增值税、营业税的基础上，从2014年10月1日至2015年底，将月销售额2万至3万的也纳入暂免征收范围。由于政府政策出台时间紧，大部分纳税人没有及时了解或没能理解相关政策。针对这一状况，长沙市国家税务局加大宣传力度，通过纳税服务平台发送宣传短信16万余条，依托《湖南日报》、湖南经视、《潇湘晨报》等省、市各大主流媒体发布减免税优惠政策，并要求所辖各基层局干部逐户走访小微企业和个体工商户，进行“点对点”的服务，确保符合条件的纳税人享受税收政策的优惠。2014年9月底，个体工商户在长沙地区共有86861户，起征点以上25713户，10月1日新政策实施以来，有21955户符合免征范围，免征面扩大到85.35%。仅此一项，减免税收4000万余元。

此外，税收政策对应纳税所得额低于6万元的小微企业给予所得税减半征收。2014年长沙地区缴纳所得税的小微企业47000余户，其中17000余户享受到减半征收，减免税额达5000万元。（张　钢）

【“百日千人走税户”活动】 2014年2—5月，长沙市国家税务局启动“百日千人走税户”活动。在此期间，上至长沙市国家税务局“一把手”，下到各基层局局长、税收业务骨干，超过1000名国税干部以全市20万户国税征管范围内的纳税人为对象，分层次、分阶段进行走访，重点走访营改增试点企业和小微企业代表。国税干部走出办公室深入税户，全面了解纳税人所思所想、所求所盼，不断提高纳税人满意度和税法遵从度，与纳税人建立良好的互动关系。（张　钢）

【长沙国家税务局成立新闻中心】 2014年9月29日，长沙市国家税务局成立新闻中心。作为税收宣传的新阵地和主渠道，新闻中心将全面展示本局税收工作，回应民生关切，普及税收知识，加强征纳沟通。长沙市国家税务局一直以来十分注重发挥媒体优势进行税收宣传。尤其在国民经济增速放缓的新常态以及以调整税收结构为主的新一轮税制改革的新形势下，更是加大税收宣传的力度。成立新闻中心，一是便于统一对外宣传口径；二是行使召集人职责，保持本局各职能处室与主流媒体经常性交流沟通，形成多部门协作、各环节快速联动的宣传工作机制。（张　钢）

表21　　2014年长沙国税收入分税种完成情况（含营改增）

编制单位：长沙市国税局收入核算处　2014年12月　　单位：万元

序号	项目	本月数					累计数			
		市局计划	收入额	为计划(%)	比上年同期		收入额	为计划(%)	比上年同期	
					增减额	增减(%)			增减额	增减(%)
1	一、税收收入合计（含车购税，不含海关代征）		383304		46353	13.76	9559501		1070086	12.60
2	税收收入合计（不含车购税，不含海关代征）	9180000	348499	3.75	43311	14.19	9211646	100.34	1028899	12.57
3	其中：中央级收入		289973		24701	9.31	8271985		893406	12.11

续表 21

单位：万元

序号	项目	本月数					累计数			
		市局计划	收入额	为计划(%)	比上年同期		收入额	为计划(%)	比上年同期	
					增减额	增减(%)			增减额	增减(%)
4	省级收入		42097		9161	27.81	718832		94451	15.13
5	市本级收入	365000	25266	6.92	1828	7.80	370759	101.58	51665	16.33
6	区县级收入		43266		6921	19.04	448149		104230	30.31
7	其中：卷烟税收		75392	1.30	25694	51.70	5841047	100.71	760021	14.96
8	剔烟收入		273107	7.79	17617	6.90	3370599	96.17	268878	8.67
9	(一)国内增值税		247234		13467	5.76	2853092		197576	7.44
10	其中：卷烟		61193		16273	36.23	1050717		46495	4.63
11	剔烟		186041		-2806	-1.49	1802375		151081	9.15
12	(二)国内消费税		29907		10417	53.45	4622243		726837	18.66
13	其中：卷烟		13899		9227	197.50	4448331		691965	18.42
14	剔烟		16008		1190	8.03	173912		34872	25.08
15	(三)海关代征		15946		-5176	-24.51	244980		68169	38.55
16	其中：增值税		15925		-5166	-24.49	244586		67928	38.45
17	消费税		21		-10	-32.26	394		241	157.52
18	(四)企业所得税		71355	3.83	19427	37.41	1736283	93.10	104576	6.41
19	其中：卷烟		200	0.06	94	88.68	341999	95.00	21561	6.73
20	剔烟其他所得税		71155	4.73	19333	37.31	1394284	92.64	83015	6.33
21	(五)个人所得税		3		0	0.00	28		-90	-76.27
22	(六)车辆购置税	339300	34805	10.26	3042	9.58	347855	102.52	41187	13.43
23	二、出口退税		-25841		37651	-59.30	-519653		-76764	17.33
24	其中：1.退增值税		-25039		35013	-58.30	-483381		-75365	18.47
25	2.退消费税		-802		2638	-76.69	-36272		-1399	4.01
26	三、其他收入合计		1641		975	146.40	18202		15460	563.82
27	四、财政专员办市级退库		-60		22	-26.83	-722		-101	16.26
28	1.清缴以前年度欠税		0		-1	-100.00	1612		1599	12300.00
29	2.税款查补入库收入		18237		911	5.26	90816		27766	44.04
30	3.免抵已调增值税		22348		-17323	-43.67	206020		66831	48.01
31	五、营改增入库		26956		0.00		251424		197924	369.95
32	1.省级收入		7792		0.00		71422		58047	434.00
33	2.市级收入		7537		0.00		69529		53704	339.36
34	3.区(县市)级收入		11627		0.00		110473		86173	354.62

注：市本级含地税代征部分。

·地方税务·

【概况】 2014年，长沙地税坚持“一调两转三确保”工作基调，突出“两强一优”工作重点，完成了各项工作任务，全年完成各项收入543.49亿元，增收50.17亿元，剔除“营改增”因素，增长13.86%，总量突破500亿元大关，占全省的39.57%，位列中部六省省会城市第二。费金收入41.58亿元，占全省的35.54%。市局被评为省局绩效考核先进单位、市政府综合绩效考核一类单位、全市党风廉政建设先进单位、全市社会治安综合治理工作先进单位。（龙群飞）

【组织收入】 面对严峻形势，全市系统攻坚克难，推出了一系列爬坡上行阻滑提速的举措，严格按照依法征收、规范征管、夯实基础、严肃纪律要求，始终坚持“三个不要”原则（不要有水分的增长、不要没有征管质量的增长、不要不能体现政策水平的增长）切实加强收入管理，全面强化全口径全税（费）种考核，积极落实市政府加强财政收入征管工作的指示精神，坚决制止收过头税、空转等违规行为；坚持及早谋划、高位协调，务实运作，对税源短缺的区县，严格依法依程序调低收入任务16.5亿元，实现挤水保质；坚持理性考核，对收入任务的完成情况，实事求是地进行考评，全市系统不仅圆满完成收入任务，而且收入质量为历年来最好，依法征收、应收尽收得到充分体现。同时，为进一步掌控组织收入工作主动权，该局着力搭建收核、征管、税政、规费、稽查等多部门参与的收入“大分析”格局，从经济－税政－税源三维入手，税收分析工作呈现制度化、常态化发展态势，1篇分析材料被国家税务总局刊发，3篇得到市委市政府主要领导批示。其中专业市场税收征管、重大项目投资与税收等建议，引起市政府领导高度重视，常务副市长专题带队深入现场办公，研究提出解决方案，建立并实行定期联席会议制度。（龙群飞）

【税收征管】 把推进改革、规范征管作为夯实基础、破解难题的重要抓手。在全省率先试点征管改革，顺利完成改革试点任务，实现征管模式从管户向管事的转变，办税服务更加快捷，税收风险明显降低，征纳权责更加明晰，征管质效和税法遵从大幅提高。改革经验在省局征管经验交流会议上作典型发言。着力抓统一规范促夯基提质，出台征管操作规程，统一征管范围划分，调整迁移5000余户征管权属，征管行为更加规范；创新推出税务登记、缴期入库、滞纳金加收等征管情况月通报制，及时查找漏洞；推进综合治税，32个市直部门信息共享，通过商品房销售备案数据比对补税16亿元；委托国税、邮政窗口代征地方税费9635万元；个体市场税收代征文件将以市政府名义出台实施。（龙群飞）

【税政管理】 坚持向税政要税源，认真研究政策，深挖潜在税源，出台5号公告，进一步规范建安行业所得税管理，扎实做好“营改增”移交、所得税汇缴、个税自行申报、契税自缴等各项税政管理工作。重点开展“四清”行动：开展营业税“清零”，清查房地产企业2277户、建安项目48619个，清理应缴营业税20.64亿元，入库15.03亿元；开展土地增值税清算，清算项目221个，入库税款8.16亿元，同比增长170.81%；开展建安、房地产企业所得税清缴，清缴建安、房地产企业655户，入库4.17亿元；开展欠税清理，按“约谈－公告－红黑榜”程序，清理历年欠税近20亿元。同时，坚持“小税种大税源”管理理念，全年9个小税种入库184.75亿元，增长22.06%，高于全省10.66个百分点，其中契税入库56.01亿元，增长36.16%，高于全省12.05个百分点，有效弥补建安、房地产下滑缺口。（龙群飞）

【税务稽查】 严格把好稽查关口，当好征管“守门员”。集中系统资源，推进专项稽查，对全市156户城建开发投资公司开展税收专项稽查，完成首批33户现场稽查工作，查补税款17.34亿元；完成市纪委交办案件，入户稽查5户，查补税款6598万元；全年受理举报立案142件，结案164户，入库税款2774万元。推行“一案双查双报告”，出台施行细则，按要求报送68户稽查案件，指出征管问题78个，提出征管建议83条。开展“三自两免”，对469户纳税人进行自查辅导，补缴税款8.8亿元；对282户纳税人入户检查，查补税款22.6亿元。在稽查过程中，全市系统始终坚持依法稽查、规范征管，有效发挥稽查促收、促管、促廉作用，彰显了稽查威力。（龙群飞）

【纳税服务】 适应教育实践、简政放权和便民办税要求，创新推出“360”办税模式，全面深化全天候、全方位、全过程的服务内涵，着力突出即时办、限时办、预约办3个时限要求，精心制定客户制、直通车、免填单、提醒式等6项办税服务制度，切实优化服务方式、服务平台和服务内容，有效实现与《全国县级税务机关纳税服务规范》的有机统一，行政审批由7项减至2项，办税效率提速70%以上，取得“服务有提升、品牌在树立、形象得优化”的成效，得到总局、省局领导高度评价。推行纳税服务指数第三方测评发布工作，黄牌警告倒数3名，倒逼服务质效提升；开发的网上办税厅上线9个月点击量达到1157万次，实现网上缴税91亿元，多项功能在全国同类网厅处于领先水平。在总局组织的纳税人满意度调查中，该局排名位居全国第11位。（龙群飞）

【诚信地税建设】 把建设诚信地税作为构建诚信征纳的重要手段，着力解决欠税清缴难、滞纳金加收难、稽查执行难、税收处罚难等难题。出台诚信地税实施方案，加大诚信宣传力度，浓厚良好诚信环境；推出红黑榜公告制，在市信用网公布“红榜”184户、“黑榜”13户企业名单，促进纳税人遵法守信。制定纳税信用等级常态管理办法，改等级评定由年底“一锤定音”为按季测评。深化纳税信用结果运用，2014年，通过“税融通”服务，帮助510户诚实守信企业获批26.52亿元授信额度贷款，这一举措被新华社《内部参考》推介；对信誉等级低的，则在发票供应、稽查选案、政府采购和资质审核等方面予以限制或禁止，营造“一处失信，处处难行”氛围。（龙群飞）

【上线网上办税服务厅】 市地税局于2014年3月22日零时起，全面推广上线湖南省地方税务局网上办税服务厅。作为该局优化“六个一”服务平台的一项重点工程，网上办税服务厅具有网上申报、税费缴纳、报表报送、涉税提醒、涉税申请、涉税查询、在线咨询、综合服务8大功能，支持24小时缴税、多渠道登录、智能化办税、自助式查询、互动式咨询、纳税风险提醒，在国内网上办税服务厅中具有领先地位。依托网厅，纳税人即使足不出户也可实现快捷办税。（龙群飞）

【委托代征强化零散税收征管】 为进一步加强零散税收征管，堵塞税收漏洞，从6月1日起，市地税局委托国税窗口代开发票并代征地方税费。国税窗口在为小规模纳税人代开普通发票或增值税专用发票并征收增值税时，也将代地税部门征收城市维护建设税、教育费附加、地方教育附加和个人所得税，其中个人所得税仅对窗口代开票的小规模纳税人中的个体工商户和个人进行代征。为推进委托代征工作，该局反复与国税、邮政部门协商，多次牵头召开联席会议，联合下发了专题文件；印制代征公告500份，在地税办税窗口、国税及邮政代征窗口粘贴告示；各区县局也与对应的国税、邮政部门签订委托代征协议书，并对邮政的169个代征网点颁发了委托代征证。（龙群飞）

【对城建开发投资公司开展专项稽查】 11月份以来，长沙市局对全市156户城建开发投资公司开展税收专项稽查，完成首批33户现场稽查工作，取得阶段性成果，涉及税款超过16亿元。一是真督实导重推进。召开动员会、推进会、案情分析会6场次，主要领导亲自督导进展，协调关系，推进工作。税政、征管处室对专项稽查过程中土地流转、收入确认等5大类14个问题进行快速研究，提供政策支持，为专项稽查的顺利推进夯实了基础。二是交叉稽查严执法。抽调各区、县（市）局业务精英36人开展交叉稽查，避免执法干扰。从国土等部门调取资料数据，重点对企业以各种方式所取得土地的契税和土地使用税进行了清理，对BT（建设移交）、BOT（建设经营移交）等项目的营业税等税种进行查补，做到程序合法、证据充分、事实清楚、定性准确。三是上门辅导优服务。组织人员开展上门辅导服务，对税收政策进行细致解读，逐项解答纳税人的涉税疑问。在长沙市城投集团召开企业自查辅导会，详细讲解容易被忽视的税收政策“盲点”和难点，帮助企业进一步规范财务管理，规避涉税风险。（龙群飞）

【星级税务分局评选推进基层建设】 为全面提升基层税务分局工作质效，长沙市局大力开展星级税务分局评选活动，全市系统有26个分局进行星级申报。一是指标重绩效。考核内容突出分局工作绩效，包括组织收入、征管质量、纳税服务、队伍管理、执法规范等9个方面，细分28个考核指标对税务分局重点工作进行了分项计分，并设置严重违反税收征管规定和工作人员违法被司法机关查处等“一票否决”项目。二是流程显公平。实行动态考核，单数年度为复查年，双数年度为验收评定年。评定程序为逐级申报推荐、现场检查考核、抽样走访座谈、综合审查评定“四步走”。采取听汇报、查资料、看现场、随机抽户、组织测评等形式，对各申报单位工作开展情况进行考评。考评计分情况全面公开，确保程序公平，结果公正。三是奖励促提升。对取得五星级、四星级税务分局予以通报表扬，并给予一定额度的奖金奖励。活动开展以来，各税务分局高度重视，认真对照评选标准，狠抓目标任务，夯实征管基础，推进队伍建设，优化纳税服务，强化内外管理，立足强基层、夯基础、练好基本功“三基”建设，各项工作取得明显成效。（龙群飞）

【依托综合治税平台核实税款15亿元】 12月，市地税局利用长沙市综合治税决策支持平台对商品房销售备案数据开展税收分析，核实地方税收156239万元，为全市地税收入任务的完成发挥了重要作用。一是分析比对突出“细”。利用长沙市综合治税决策支持平台采集的住建委商品房销售备案数据，对2011年以来全市1134个房地产项目商品房备案情况进行细致入微地分析，按备案金额计算其应当缴纳的营业税，并将应当缴纳的营业税与入库情况进行比对，发现其中427户房地产企业存在少缴销售不动产营业税嫌疑，可能少缴营业税达303893万元。二是风险排查紧扣“严”。迅速将风险数值推送到主管单位，并就该项工作召集区、县（市）局长进行专题部署，要求在12月15日前全面进行核实，对涉及的房地产企业相关建安项目税收情况一并进行清理。根据各局反馈情况先后两次下发情况通报，通报了各局工作开展情况，指出了核实记录不详实、补缴税款未入库等问题，确保商品房备案数据风险排查进度。三是堵漏增收凸显“实”。该次安排调查核实的房地产企业427户，除18户因为卷入案件账务被冻结、法人走逃等非正常原因导致无法落实外，409户已全部完成核实工作。其中应补缴税款的户数为221户，占总户数的52%，应补缴地方税收156239万元。（龙群飞）

金　　融

责任编辑：刘盼盼

【概述】 2014年，长沙市金融业增加值321.78亿元，同比增长13.7%。金融业增加值分别占GDP和第三产业的4.11%、9.87%。

一、金融服务地方经济贡献有效凸显。新增贷款稳步增长。2014年，全市新增贷款1079.80亿元，占全省的42.77%，同比多增9.57亿元。直接融资创历史新高。截至12月底，全市实现直接融资471.69亿元，同比增长38.56%，占全省的25.26%。保费收入快速增长。2014年，全市保险业实现原保费收入165.70亿元，同比增长19.25%，占全省的28.19%，增速高出全省3.68个百分点。金融税收贡献持续增加。2014年全市金融机构共缴纳地税67.86亿元，同比增长20.21%，高于地税平均增速9.52个百分点，金融业税收占地税税收比重达13.52%，创近5年来新高。

二、各层次资本市场创协调发展新局面。以2014年新增楚天科技、方盛制药和快乐购物3家上市公司，全市累计已有境内外上市公司48家。湘财证券等18家公司在新三板挂牌，占全省（34家）的52.94%，在中部省会城市中排名第三。69家公司在湖南省股权交易所完成挂牌或展示。

三、金融聚集发展迈出新步伐。长沙金融后援服务中心招商工作取得新进展，先后与民安保险、深圳银燕金融外包服务公司签订战略合作协议，另已与4家大型保险公司、5家银行、2家数据网络公司、5家金融交易所以及部分证券类金融机构完成初步洽谈。浦发银行、广发银行和吉祥人寿相继签约入驻滨江新城金融商务区。新型金融机构创设取得新进展。经省政府向国务院申请，中国银监已同意在下一次扩大消费金融公司试点范围时，优先考虑支持长沙成为消费金融公司试点城市。

四、金融创新力度加大。1. 上市公司加快并购重组。博云新材收购长沙市拟上市企业伟徽新材、中联重科收购安徽奇瑞重工、天舟文化收购北京神奇时代、方正证券收购民族证券等，进一步提高了市场占有率，有效推动了产业转型升级。2. 小额贷款公司努力开展外部融资。全市共有4家小额贷款公司实现外部融资1.7亿元，另有两家小额贷款公司正在积极准备新三板挂牌。3. 民生类保险试点工作有所突破。食品安全责任强制保险试点工作扩展到全市，“一元民生”保险和社区综合保险试点工作正稳步推进。4. 举办第三届长沙小微企业金融服务节和小微金融大讲堂活动，广泛深入普及正规投资理财和小微金融知识，参与培训企业共计1162家。

五、金融政策体系逐渐完善。1. 出台了新的全局性的金融政策《关于加快发展现代金融业的若干意见》（长政发〔2014〕22号）。2. 出台了场外市场挂牌政策文件《关于鼓励企业在场外市场挂牌有关事项的通知》，对在新三板和区域性股权交易市场挂牌的企业，给予前期费用补助。

六、金融环境建设得到优化。1. 防范和打击非法集资工作力度持续加大。与长沙晚报合作开辟了“慧眼理财、重拳打‘非’”专栏，已大篇幅刊登12篇的警示解析专栏报道。2. 金融生态建设持续深化。长沙金融生态评估全省排名第一。3. 信用征信体系建设进一步加强。组织全市36家相关单位进行新一轮信用信息数据归集报送，共更新重点企业信息10731条，更新重点人群信息154780条。（朱慧星）

银　　行

【概况】 2014年，长沙银行业金融机构抢抓中部崛起和两型社会建设的战略机遇，不断深化改革、加快创新、加强管理，发挥融资主渠道作用，为全市“稳增长、调结构、促改革、惠民生”做出了积极贡献。

组织机构门类齐全。2014年末，全市共有银行机构网点1558个，从业人员3.05万人。含地方法人及其分支机构共549个，其中：地方法人20家，包括城商行2家，农村中小金融机构13家（4家农合行、5家农商行、2家农信社、2家村镇银行）、信托公司1家，财务公司3家，汽车金融公司1家；含全国性、区域性银行业分支机构1009个，包括：2家政策性银行及国家开发银行，5家国有商业银行，9家股份制银行，1家邮政储蓄银行，3家外地城市商业银行，1家外地财务公司，5家外资银行，4家资产管理公司。年内新增机构为出版集团财务公司。

银行业规模稳步提升。2014年末，长沙市银行业机构资产、负债总额分别为18507.3亿元和17876.8亿元，同比增长了14.52%和14.53%，分别占全省银行业资产、负债总额的

48.23%和47.86%。年末全市各项存款余额为11266.1亿元，占全省存款总额的37.24%，同比增长10.98%。全年新增1114.28亿元，占全省新增存款的33%；各项贷款余额达10712.8亿元，占全省贷款总额的51.55%，同比增长11.21%。全年新增贷款1079.8亿元，占全省新增贷款的42.77%。

质量效益平稳向好。虽然受经济结构调整，经济增速下滑等因素影响，2014年长沙市银行业不良贷款余额和比例比年初略有增加，但资产质量效益总体平稳向好。长沙市银行业年末不良贷款余额98.47亿元，比年初增加20.94亿元，不良贷款率0.9%，比年初上升0.1个百分点，不良贷款余额占全省不良贷款总额的18.6%，不良贷款率仍较全省平均不良率低1.64个百分点。盈利水平保持稳定，全市银行业机构全年共实现经营利润246.2亿元，占全省的47.8%。

贷款投向突出保重点、促薄弱。从新增投向看，全市中长期贷款占比较高，信贷投放向基础设施、重点工程建设倾斜。年末中长期贷款余额7992.6亿元，同比增长11.4%，比年初增加817亿元，同比多增44.87亿元，占全部新增贷款的75.66%。其中：交通运输、水利、电力行业新增贷款305.9亿元，占全部新增贷款的28.3%。保障性安居工程新增贷款110亿元，余额增长54.6%；支持结构调整和产业升级方面，工业转型升级项目、文化产业贷款余额分别达250.6亿元和118.2亿元，节能环保等七大战略性新兴产业贷款余额达309.1亿元，占全部贷款的6.3%；普惠金融发展稳步推进，“三农”信贷投入稳步增加，年末涉农贷款余额达2208.5亿元，比年初增加328.6亿元，同比增长17.8%，高于全部贷款增速6.6个百分点。（罗　勇）

·中国人民银行长沙中心支行·

【概况】 2014年，全市经济金融保持平稳运行，存款增长有所减缓，新增贷款继续保持同比多增，信贷支持有扶有控，为全市经济结构调整和转型升级提供有力支持。

贷款平稳增长。截至2014年末，全市金融机构贷款余额10712.8亿元，增长11.2%，低于全省2.7个百分点；全年新增贷款1079.8亿元，同比多增9.6亿元。其中，地方法人机构全年贷款多增35.9亿元。

信贷支持有扶有控。一是改善薄弱环节信贷支持。全年全市涉农贷款新增328.6亿元，同比增长17.8%，快于全市全部贷款增速6.6个百分点，新增县域贷款244.8亿元，同比多增33.3亿元。二是持续支持全市工业企业复苏。全市全年新增工业贷款86.5亿元，同比多增2.5亿元。三是重点支持居民消费需求。全市全年个人消费贷款新增258.9亿元，同比多增54.8亿元。四是支持基础设施建设力度减弱。全市全年交通运输、水利等基础设施领域新增贷款312.5亿元，同比少增22.1亿元；新增额占全市对公贷款的42.2%，同比下降6.7个百分点。

存款增长减缓。2014年末，全市金融机构存款余额10148.8亿元，同比增长11.0%，低于全省1.56个百分点。全年新增1114.28亿元，同比少增231.62亿元。其中，单位存款新增749.89亿元，同比少增2.75亿元；个人存款新增391.34亿元，同比少增109.07亿元。

金融效益稳步增长。2014年，全市金融机构盈利308.1亿元，同比增盈15.3亿元。其中地方法人金融机构盈利73.3亿元，同比增盈12.8亿元。（邹庆华）

【支持湖南经济持续发展】 1.引导信贷合理增长。人民银行长沙中心支行通过召开形势分析会、实地督导、定期监测、约见谈话等途径，加强政策宣传与引导，确保信贷平稳适度增长。引导银行机构围绕湖南“四化两型”发展战略，重点支持基础设施建设。积极推进金融支持现代农业“1+4”工程，提升农业金融服务水平。出台《关于金融助推湘西州加快发展的指导意见》，推动改善扶贫开发金融服务。以文化产业、高新技术企业为重点，加强和改善小微企业金融服务。2.促进金融市场规范发展。严格落实金融市场准入管理，完成银行机构黄金市场备案工作，占已开展黄金业务的银行机构的90%。支持符合条件的地方政府融资平台、民营企业等主体发行债务融资工具，全省发行债务融资工具685亿元，同比增长58.4%，创历史新高。有序推进利率市场化改革，开展法人金融机构合格审慎评估工作。推动跨境人民币业务发展，全省办理跨境人民币结算537亿元，同比增长81%。3.提升调研统计监测水平。推进金融业综合统计，《湖南省现代金融业统计制度》经省统计局批准以地方性法规正式实施，全面采集银行、证券、保险、小贷、典当、担保、期货、资产管理公司等金融业及准金融业机构统计数据。推动成立湖南有色金属指数研发中心和指数网站，并在《金融时报》按周发布郴州有色金属指数。完善环洞庭湖粮食价格监测制度，形成省内包括岳阳、益阳、常德及望城区在内完整的环洞庭湖生态区粮价监测体系。（刘瀛洲）

【拓展金融服务功能】 1.支付结算业务稳健发展。开展农村地区手机支付应用试点，建立助农取款服务点支付业务收费定价及利益分配机制，银行卡助农取款服务推广至各行政村，全年办理取现业务664万笔，金额20.1亿元。2.经理国库水平继续提升。协调财政、税务、银联等单位，成功上线运行银行卡刷卡缴税业务应急处理系统，实现TIPS出现故障时纳税人仍然能够正常缴纳税款。联合省财政厅开展国库集中支付电子化管理试点，上线运行省本级和益阳市本级国库集中支付电子化系统，指导岳阳开展财政专项资金纳入国库集中支付管理试点。3.征信管理服务优化升级。完善湖南省中小机构征信信息服务平台建设，稳步开展征信机构准入管理和中小机构接入管理工作。加强小微企业和农村信用体系试验区特别是总行级试验区的建设，截至年末，全省累计为5.29万户小微企业、728.7万农户建立信用档案。4.货币发行服务不断拓展。建立小面额人民币供应主办银行（网点）制度，在县域建立人民币调剂兑换服务中心。落实交存发行库现金全额清分，全省金融机构1.7万余台自助存取款设备、78%的营业网点对外支付现金实现冠字号码记录查询。5.科技服务作用有效加强。继续推进金融IC卡行业应用，全省发行金融IC卡1600万张、社保卡1200万张，占已发卡量的87%，全省所有银行网点、ATM、POS均能受理金融IC卡。规范全省金融机构代码证管理，拓展机构编码在证券、保险、期货等行业的应用。（刘瀛洲）

【完善金融管理手段】 1. 金融风险监测敏锐有效。完善地方法人金融机构风险监测框架，监测对象扩大到银证保及小贷公司、融资性担保公司。加强重点企业信贷风险监测和分析，开展湖南省三线城市房地产贷款压力测试。2. 金融生态环境持续改善。发布2014年湖南省金融生态评估结果，发布范围扩大到市州前5名和县市前50名。完善金融生态良好城市考评指标，开展8个试点地区的年度测评和4个申报地区的考评，增加邵阳、常德、张家界为金融生态良好城市试点地区。联合省政府金融办印发《湖南省金融安全区创建工作达标单位考核考评办法》，对浏阳市等13个“省级金融安全区达标单位”开展“回头看”。截至年末，全省共有市级以上金融安全区64个，其中省级金融安全区27个。3. 反洗钱工作继续深入。引导金融机构建立风险为本的反洗钱工作方法，认真开展反洗钱调查和案件协查。推动区域洗钱与恐怖融资风险防范，指导部分市州中心支行与当地公安部门建立外籍人员身份证明文件核查机制。（刘瀛洲）

【提升外汇履职效能】 1. 深化改革推动转型。成功争取湖南2家企业开展跨国公司外汇资金集中运营管理试点，参与试点的华菱集团、中联重科节省成本2560万元。建立完善经常项目敏感企业监管体系，实施“抓大放小”和“人盯企业”机制。建立银行融资业务统计制度，宽口径监测全省融资活动。2. 改进服务提升层次。支持衡阳、湘潭、岳阳综合保税区发展，帮助企业解决外汇汇兑、结算、融资中遇到的难题。编辑出版外汇管理与服务系列丛书，为社会提供外汇服务指引。（刘瀛洲）

·中国农业发展银行湖南省分行营业部·

【概况】 2014年，中国农业发展银行湖南省分行营业部（以下简称“农发行省分行营业部”）在风险管控，基础管理和队伍建设三个方面寻求突破，扎实有效地开展各项工作，较好地完成各项工作任务。12月末各项贷款余额165.73亿元，比年初增加26.49亿元，增幅19.02%；各项存款余额28.9亿元，比年初增加8.63亿元，增幅42.37%；实现中间业务收入384万元。实现利润3.12亿元，同比增加1300万元；收回不良贷款17360万元，实现不良贷款零余额。（李　浩）

【业务发展】 1. 信贷支农力度加大。2014年，农发行抢抓发展机遇，在继续做好粮油收购、加工、流通全产业链信贷业务的同时，重点加大水利建设和农业基础设施建设中长期贷款投放力度。1—12月，累放各项贷款103.08亿元，累收各项贷款97.66亿元，12月末，各项贷款余额165.73亿元，比年初增加26.49亿元，同比增长19.02%。一是切实做好粮棉油信贷主体业务。积极适应粮油托市收购实行分贷分还带来的新变化、新要求，始终坚持在不打“白条”的前提下防控风险的要求，全力做好粮棉油收储信贷工作。累计投入粮棉油收购贷款20.7亿元，支持企业收购粮食35.75万吨，储备油16.5万吨，棉花12.5万担。保证了中央和地方储备企业收储、轮换、进出口、仓储等方面的资金需要。适应棉花市场化改革政策变化，认真执行收购贷款风险管理、抓好“三个”控制、突出“四个”从严等行之有效的政策措施，支持银华、湘棉两家战略性客户发挥全省棉花收购主体作用；分别对两家企业审批棉花收购贷款最高累放30000万元和60000万元。二是大力支持农业开发和农村基础设施建设。进一步增强业务发展的紧迫感和责任感，着力做大平台业务，把多争取总行项目作为改善农发行中长期贷款结构的重要抓手，制定了营业部业务发展考核办法，把业务发展与年度评先和费用挂钩。明确要求各支行三、四季度必须营销1～2个中长期贷款项目。市分行组成营销专班，采取高层营销、上下联动等多种方式，加强与省、市政府及各县（市、区）政府有关部门的联系，加强项目的营销、培育，突破发展瓶颈，开展了业务发展推进会和“百亿大营销”活动。在业务发展中，自找差距，自加压力，转变观念，增强业务发展的紧迫感，全行发展意识加强。全年共营销中长期贷款项目13个，金额105亿元。总行、省分行已批项目8个，金额92.8亿元，省分行营业部发展后劲得到加强。截至2014年12月底，营销新项目13个，金额105亿元。2. 存款业务稳步开展。坚持“存款增效”的经营理念，在贷款投放不足、中长期到约期贷款收回额大的形势下，多措并举挖掘存款潜力，做到存贷联动、以贷引存、以贷增存，努力拓宽渠道，充分挖掘。营销同业存款6笔，余额6000万元，财政涉农定期存款2笔，金额1.2亿元，存款吸收保险公司定期存款1500万元，活期存款16335万元，日均余额3125万元。截至12月末，资金自给率26.42%，提升了存款对利润的贡献水平。（李　浩）

【信贷风险防控与处置】 1. 湘农公司不良贷款核销处置工作。针对湘农不良贷款核销工作时间紧、情况复杂和思想认识问题，营业部成立了核销工作领导小组、组建专班，充分运用法律途径施压，召开了省供销社、农发行营业部、湘西法院、湘农公司、律师参加的协调会议，将农发行的时限要求明确在律师代理合同条款中，确保了9月份及时获得了核销所需的法律文书，迅速推进了核销工作。协调法院认可采用省审计厅专项检查作为财务审计报告，并迅速向省分行和总行作专题汇报，争取上级行的理解和支持，困扰省分行营业部多年的省湘农不良贷款17360万元得到核销，实现不良贷款零余额，兑现了年初与省分行签订的《信贷资产风险防控和处置责任承诺书》。2. 全面推进信贷基础管理年活动。一是积极配合省银监局、总行特派办对信贷工作和中长期贷款大检查，并对检查中发现的问题逐一说明和积极整改到位，提高依法合规经营和风险防控的能力和水平。二是切实加强活动的组织领导。制定了营业部“信贷管理年”实施方案。做到各部门和市、县两级行既明确分工、落实责任，又统筹协调、步调一致，保证各个环节工作的有效开展；三是开展信贷风险排查工作。在支行自查基础上，组织了2次信贷基础工作专项检查，发现风险线索18条，涉及贷款客户 13家；四是开展信贷基础工作“十看十查”活动。对信贷制度进行全面清理，对信贷制度落实情况进行检查。对贷款借据、贷款合同等内容，逐企业排查。五是认真开展信贷自查自纠工作。组织2次信贷专项检查，对库存、押品、贷款合规、销货款回笼、信贷基础工作、近3年各类检查发现问题整改情况进行全面细致的检查，并逐一制定了整改措施，落实了整改责任；六是加强风险监测预警。加强内部监督信息管理系统的推广运用。加强责任考核和督导，全面增强系统运用的权威性、严肃性和时效性，保证有序开展，切实消除合规隐患，杜绝不良贷款新增。3. 抓好到约期贷款的收回。农发行省分行营业部2014年需归还政府融资平台及商业性中长期约期贷款16.5亿元。为缓解巨大的还款压力，坚持早规划、早动手，提前与企业及政府主管部门协商资金来源，对重点、难点地区采取上门蹲守、曲线协调等方式清收，1—12月共收回到约期贷款39笔，到约期贷款本息全部按期收回，贷款本息收回率100%，有效防范了中长期贷款还款风险。4. 政府债务的清理甄别工作。受当前政策影响，融资平台公司不得新增政府债务，把地方政府债务分门别类纳入全口径预算管理，偿债资金也要纳入相应预算管理。认真做好地方政府投融资客户存量债务清理甄别工作，共清理存量债务26笔，金额78亿元。由于政策和当地财政的原因，部分债务没能及时纳入当地财政直接偿还责任，积极与政府沟通协调，于2014年年末全额纳入了财政直接偿还责任。（李　浩）

【客户基础建设】 1. 认真做好客户评级授信工作。全辖累计完成2014年度客户评级68户、授信62户，最高综合授信总金额249.1亿元。其中扩大授权授信客户1家。全年累计完成政策指令性、政策指导性非专项授信调增31笔，金额106.9亿元。年末，AAA、AA、A客户贷款占比分别为21.42%、24.19%、47.52%。2. 加强客户维护。召开银企座谈会，做好做细客户维护方案，着力提高办贷效率，坚决杜绝因农发行办贷、续贷迟缓拖延引发企业出现风险的现象发生，提高办贷效率。作业监督审核工作质量进一步提高。全年累计完成作业监督审查56笔，金额共计18.07亿元。加大对实体经济的信贷支持力度支持国家级产业化龙头企业5家（湖南隆平高科股份有限公司、湖南省银华棉麻产业集团股份公司、湖南省茶业集团股份有限公司、红星实业集团有限公司、湖南新五丰股份有限公司），省级产业化龙头企业11家。黄金、优质和战略客户16家，占实体经营企业的48.48%，有效地夯实了客户基础。3. 强化客户维护工作。澄清贷款结构，掌握客户生产经营情况，因企业制定维护方案，严控盲目授信，提高办贷效率，维护中敢于负责，做到不因自身工作引发信贷风险。及时为23家客户续贷28.7亿元。（李　浩）

·中国工商银行湖南省分行营业部·

【概况】 2014年，中国工商银行湖南省分行营业部（以下简称“工行省分行营业部”）应对纷繁多变的内外经济金融形势，着力解决员工内生动力和市场有效客户支撑不足两大问题，各项业务发展呈现良好态势，全面完成了年度各项工作任务。年内在全国直属分行、一级分行营业部经营绩效和业务发展考评中排名第21位，较上年上升4个位次，绩效等级在全省二级分行经营绩效与业务发展考评中排名第1位，同比上升7个位次；有17个专业在全省专业评先评优中排名第1位。全年实现还原后拨备前利润24.53亿元，还原后净利润16.02亿元，EVA9.21亿元，利息收入49.17亿元。各项存款增加127.01亿元，其中储蓄存款、对公存款、同业存款分别增加21.22亿元、55.27亿元、50.52亿元；各项贷款增加65.64亿元；其中，公司贷款增加31.36亿元，个人贷款增加27.38亿元，票据贴现增加6.81亿元，创5年来最好发展水平；转贴现金额 82.87亿元，同比增加 30.30亿元。实现中间业务收入9.74亿元，同比增加7906万元，增长8.83%，增量排四大行同业第1位。实现个金营业总额140.60亿元，同比增长39.10%；个人本外币理财产品销售102.60亿元，同比增加27.20亿元；新发信用卡5.79万张，新增特约商户1457户，分期付款交易额36.91亿元，同比增加20.44亿元，同业排名第1位。新增个人网银证书客户17.13万户，企业网银证书客户3011户，手机银行客户24.27万户，新开有效结算账户5544户，实现电子银行交易额21720亿元，融e购交易额2.56亿元。累计实现国际结算业务量29.30亿美元，同比增长5.29%；跨境人民币结算12.76亿元，同比增长63.83%。累计清收不良贷款4.13亿元，贷款不良率1.43%，较年初下降0.18个百分点。持续实现了安全经营无案件、无重大责任事故。（龙　灿）

【市场拓展】 1. 抢抓优质信贷市场的能力进一步增强。积极推进重点项目营销审批投放进程，重点支持了沪昆客运专线、湖南高速公路骨干网、新能源风电、国家级开发区园区建设、湖南农村电视数字化项目、广汽菲亚特乘用车项目、万家乐热能产业园、先导电子陶瓷基地建设等重点交通、电力、基础设施和产业发展项目，以及泊富广场、云海湾、长丰星城等优质房地产项目；力拓了小微企业信贷和个人信贷客户市场，进一步提升了工行信贷业务品牌形象。全年累计发放项目贷款50亿元、房地产贷款14亿元。一般流动资金贷款比年初增加24亿元，占全省该项贷款净增额的68%，扭转了近3年持续下滑的局面。积极开展“百日百企”金融服务活动，全年新营销大中型信贷客户90户，同比多营销55户，累计发放贷款37亿元，表外融资3亿元。累计发放个人贷款61.04亿元，个人住房类贷款（含商用房）净增30.35亿元。2. 确保各项存款增长的基础进一步夯实。一是促进了储蓄存款稳定增长。创新建立了储蓄存款节点增长考核工作机制，加强网点精细化管理，严格实施“行长坐班制”，联动营销代发工资业务，抢抓旺季营销发展先机，网点阵地营销作用明显增强。年内5万元以上优质个人客户新增存款19.87亿元，占全辖储蓄存款新增额的93.64%；新增代发工资客户稳定沉淀存款8.70亿元；旺季增储27.80亿元，累计本外币理财产品转化为储蓄存款2.60亿元。二是推进了对公存款突破性增长。抓牢客户维护机制建设，加强"机构客户营销管理系统"推广应用，充分挖掘财政、社保、军队、移动、烟草等存量系统客户的增存潜力，成功中选长沙社会保障"一卡通"合作银行比选项目，有效提升了存量客户增存贡献度。年内实现非税系统时点余额2.36亿元，军队系统时点余额104.20亿元，分别较年初增加11.20亿元、21.09亿元；公积金系统时点余额16.62亿元，财政社保系统时点余额84.01亿元，分别较年初增加21.80亿元、10.12亿元。（龙　灿）

【转型业务】 1.提升中间业务贡献水平。全力推动基础类中间业务收入持续增长，深挖人民币结算、代理保险、代理基金、账户管理、信用卡结算、理财产品销售等产品增收潜力，全年实现基础类中间业务收入26128万元，同比增长15.59%；全力推动创新类中间业务收入加速增长，继续加大品牌投行、理财项目推介、私人银行、代理金融债、现金管理等业务领域拓展力度，努力开拓增收新途径，全年实现品牌投行收入7163万元，同比增长132.77%。2.拓展电子银行业务市场。进一步丰富以手机银行、网上银行为主渠道、民生领域全覆盖的特色业务综合服务平台。成功投产"达达财富网"全省首家B2C多银行支付业务，标志着湖南分行进入多银行线上收单时代；成功投产"吉祥人寿"银企互联项目，预计每年可累计归集保费收入4亿元，同时带来代发工资业务及电子银行中间业务收入增长；成功投产省体彩中心"缴费站彩票额度购买"项目，全年实现个人网银客户增长2000余户，办理了近5000人代发工资业务。强力推进电商平台业务营销，利用多种优势吸引优质客户入驻融e购电商平台，联动上门帮促商户上线，有效拓展了电商平台市场。年内已有42家企业入驻"融e购"平台，注册客户6万户。3.开拓了信用卡业务市场领域。以项目发卡、批量发卡为突破口，创新实现信用卡额度审批流程电子化，开展"享受快乐周四，工银信用卡连连刷"等多项促销活动，做大发卡规模，做精发卡质量，全年发卡规模与发卡质量实现了双提升，总卡量启用率、动卡率分别为60.90%、60.30%，同比分别提升26.80、18.90个百分点。不断拓宽收单品牌宣传渠道，注重加强与财富通、拉卡拉等优质收单机构合作，年内POS倍增计划取得了实效，全年以体彩项目为基础在全省安装POS机800余台。继续做大分期付款业务规模，多渠道推动专项分期付款业务、普通消费转分期付款业务快速发展，再造优化汽车分期三方合作业务流程，开辟公务员办理分期付款审批绿色通道，有效提高了分期付款业务总量。全年实现普通消费转分期5.25亿元，被评为总行事件式营销先进单位；完成汽车分期付款交易额31.66亿元，分期付款规模占比达74.13%。4.增强了国际业务市场竞争力。坚持以"重点客户、重点支行和重点产品"为核心，继续深挖科力远、三一重工、中联重科、蓝思科技和物产中拓等重点优质客户潜力，进一步提高了客户覆盖率和业务渗透率。加快推动企业网银结售汇和网银对公外汇买卖、远期结售汇业务发展，持续做好同业代理和同业融资业务营销工作，梳理同业业务操作流程，加快拓展国际业务基础客户群体，在进一步夯实客户基础的同时为营业部带来了大量的国际结算量和结售汇业务。全年新营销外汇客户53户。5.拓宽结现业务发展空间。加强与工商联、发改委、招商局、商务局、技术监督局等部门的合作，开展"111122"客户发展工程营销劳动竞赛活动和商会、开发区、楼宇、供应链等集群营销活动，逐步扩大了账户开户来源。开展工银薪金宝营销活动，全年法人理财产品总销量201417万元，法人理财有效客户数173户；成功营销他行客户资金购买"法人稳利"理财产品2亿元，成为湖南分行最大单笔"法人稳利"业务，促进了客户存款与理财产品实现良性循环。不断提升贵金属业务价值贡献，积极开展新网银客户"1克账户白银交易"体验活动，切实发挥贵金属旗舰店产能功效，扎实做好红色记忆产品、马年生肖系列、品牌金等实物贵金属营销，全年贵金属有效客户数达14725户，实现法人积存金销售1252千克。（龙　灿）

【风险管控】 1.加大潜在风险贷款处置力度。以突出"质量年"为主题，充分发挥潜在风险贷款管理的"防火墙"作用，合理确定潜在风险贷款客户名单，针对潜在风险的不同特征一户一策制定详细的贷款退出预案，做好潜在风险贷款退转工作。2.提高不良贷款处置成效。实行部领导挂帅清收不良贷款责任制和重点处置项目联席会议制度，加快推进清收处置进度。通过加强与法院等部门沟通推动诉讼执行进程，充分运用呆账核销、还款免息等方式快速压降不良贷款，不良贷款清收处置工作取得明显进展。全年累计清收处置不良贷款4.13亿元，实现了自2011年以来的首个年度"双降"，降额排名居全省第1位。3.提升内控案防管理水平。坚持"业务越是发展，内控越要加强"的理念，突出从严治行和过程控制，抓好内控合规制度体系建设。认真开展运营风险核查工作，全面实施准风险事件核查监督机制，年内核查准风险事件2131笔，下发整改通知书396笔，整改率100%。（龙　灿）

·中国农业银行湖南省分行营业部·

【概况】 2014年，中国农业银行湖南省分行营业部围绕"拼市场、拓客户、强管理"的经营思路，以业务经营管理的"六个率先突破"为工作主线，深化经营转型，市场竞争力进一步加强，客户基础进一步夯实和优化，员工队伍活力、凝聚力和执行力得到提升。2014年末，人民币各项存款时点余额621亿元，较年初增加87亿元，人民币各项贷款余额553亿元，较年初增加62亿元，实现拨备前利润18.5亿元，同比增盈1.5万元，增幅8.8%；实现账面拨备后利润17亿元，同比增盈2.1亿元，增幅13.9%。实现中间业务收入4.98亿元。（曾祥林）

【公司业务】 深化对公业务经营转型，大力提升价值创造能力和市场竞争能力。1.开展"十大重点项目"营销。积极研究省、市、县（区）三级政府主导的重点招商引资项目，省内上市公司、拟上市公司和百强企业，各级政府机构、科教文卫等事业单位，确定136个重点项目，逐一落实到各支行、大客户部，实施方案营销、团队责任营销和限期营销突破。2.加强机构类客户营销。对省、市、区（县）各级存量财政社保账户、"五险一金"账户、新农合账户等进行全面梳理、澄清底数，确定目标客户名单；以省财政局清理社保财政类账户为契机，加强与各级政府部门的沟通与合作，督促各行针对性营销辖内财政社保类账户。3. 加强重点资产客户营销。营销中国移动、三一、中联、省烟草、省高速、中建五局、广汽菲亚特等大型客户对公存款，大力发展资金归集类和电子渠道业务，增强对存款的牵引、辐射作用。4. 加快小微客户营销。积极拓展新法人负债客户，新营销湖南高桥大市场、天心城建投、市站台迁建公司、永通贸易、市芙蓉城建投滨河路建设项目等30余个，实现项目投放20余个，贷款金额20亿元；加强与省市工商局、发改委、招商部门、异地商会等掌握项目信息的机构对接，利用工商"E"线通等系统实行小微企业融资项目源头营销。（曾祥林）

【零售业务】 把零售业务的发展作为战略基点，持续深入地开展零售业务转型工作。1. 加快重点网点优先发展。确定首批重点发展综合网点42个，按照"优化分区、分岗服务、一点一策、重在营销"的实施路径，立足"全功能、综合化、有所侧重、做大做强"的经营定位，抽调精干力量成立转型项目组，出台转型实施方案、人员考核方案等制度办法，解决网点考核难等问题，逐步将网点打造成综合经营"小银行"。2. 规范网点服务营销。落实省行网点转型"九个固化"要求，推进网点转型导入、服务品质、营销能力"三个升级"。率先试点上线"超级柜台"，开福先锋支行、雨花区支行营业部等4个网点先后上线"超级柜台"，开启网点个人业务服务的新模式。3. 加强个人贵宾客户营销维护。实施个人贵宾客户扩户提质"五大工程"并进行评比，涉及十大考核指标，涵盖客户分群分类、大堂值守、待提升客户达标、网点沙龙及外拓开展、网点重点产品贡献度提升、代发工资聪明账批量签约等各项工作，要求各网点坚持每月开展一次理财沙龙和一次外拓活动，已累计开展2000余场次。（曾祥林）

【"三农"业务】 落实"三农"金融事业部改革要求，成立"三农"事业分部推动县域业务发展。1. 积极对接长沙市现代农业重点项目。作为唯一金融机构与长沙市30家重点企业进行融资对接，融资意向签约52亿元。2. 加快惠农通工程建设。开展机具布放攻坚赛，实现惠农通电子机具在长沙地区1166个行政村的全覆盖，共布放惠农通机具3183台，新增有效服务点787个。3. 民生代理工程取得突破。望城县支行、浏阳市支行先后成功上线惠农补贴"一卡通"系统和发放惠农补贴。（曾祥林）

【基础管理】 持续夯实内部管理基础，为业务快速高效发展保驾护航。1. 狠抓合规理念传导。把合规宣讲纳入基层网点晨会一页纸内容，做到每日必讲合规，每月集中学习一次规章制度和合规操作手册。2. 加强运营操作风险管理。加大了现场监管的力度和频次；强化对重点时段、重点网点、重点业务的非现场监管力度，充分运用运营集中监管平台和电视监控联网系统，加大对柜面、对金库等重点领域的非现场监管力度。同时，开展了运营重点风险领域的专项治理活动。3. 强化贷后管理。制定《2014年贷后管理考核方案》，将支行和大客户部及前台部门纳入贷后管理考核，引导和督促客户经理完成贷后管理规定动作。（曾祥林）

·中国银行股份有限公司湖南省分行·

【概况】 2014年，中国银行湖南省分行围绕总行"担当社会责任，做最好的银行"的战略目标，深入推进"机构达标年"建设，加强风险管理，狠抓基础建设，取得良好的经营业绩。截至年末，人民币各项存款余额2232.71亿元，较年初增长124.42亿元；外币各项存款余额7.91亿美元，较年初增长1352万美元；人民币各项贷款余额1595.14亿元，较年初增长114.16亿元；外币贷款余额8.49亿美元，较年初增长1.78亿美元；不良余额较年初增加0.93亿元，不良率较年初下降0.01个百分点；实现净收入86.45亿元，同比增长8.99%；实现拨备前利润50.8亿元，同比增长14.31%；实现净利润32.64亿元，同比增长8.32%。（周玉婷）

【支持湖南经济建设】 2014年，中国银行湖南省分行向18个省内基础设施和民生工程建设项目提供授信总量282亿元，向长沙轨道交通、沪昆铁路、三一集团等前十大客户累计投放91.03亿元。中型授信客户新增80户，新增贷款46.26亿元。围绕"专精特新""规模以上工业企业"和县域的医院、学校、水电气行业客户发展新模式业务，新增贷款12.45亿元，贷款余额占比提升0.98个百分点。（周玉婷）

【改革成效明显】 2014年，中国银行湖南省分行在用好内生动力机制、提升基层发展能力、推进业务发展、抓实风险管控、搞好队伍建设等方面取得了明显成效。1. 用好内生动力机制，抓好机制下沉，细化管控要点，营造良好氛围，机制传导到位，讲究过程督办，机制执行到位。2. 深入推进网点服务达标、网点业务结构达标和网点等级达标，引导基层机构找准目标，提升主动发展意识和能力。3. 坚持以存款为本，拼抢市场不放松，紧贴湖南市场，稳健发展授信业务，突出中行优势，综合金融服务提质。4. 主动管理授信风险，优化授信结构，强化操作风险管理，做到"防风险、调结构、促发展"的统一。5. 以教育实践活动为契机，加强队伍建设，解决员工最关心的现实问题，提高队伍活力。（周玉婷）

【战略业务发展】 2014年，中国银行湖南省分行跨境人民币业务市场份额39.46%，居同业第1位。新增行政事业客户758户，新增代发薪单位767户。推出"福农卡+惠富通+移动终端"的农村金融组合拳，赢得多项代理业务机会。理财业务大幅增长，月均12.18亿元资金从理财回流核心存款。代销基金收入同比增长287%。新增金融IC卡139.32万张，交易量跃居省内同业第1位。（周玉婷）

【特色业务发展】 支持企业"走出去"，为华菱集团、中联重科、中电财和首创水务等135户集团客户上线现金管理平台。利用跨境人民币额度切分、出口买贷、并购服务等产品和服务支持南车株机、时代新材、五凌电力等客户的海外业务。为中联重科、华菱集团搭建湖南首单跨境双向人民币和外币资金池。尝试自贸区新业务，为蓝思国际在上海分行开立FTN账户。全方位满足客户多元化筹资需求。通过针对中票、短融、投融通、理财、代理资管、海外直贷、内保外贷、委托贷款等产品，多渠道满足中联重科、三一集团、湖南高速等客户的资金需求。（周玉婷）

·中国建设银行湖南省分行·

【概况】 2014年，中国建设银行湖南省分行扎实推进各项经营管理工作，加快提升金融创新和金融服务能力，取得了良好的经营业绩。一般性存款余额4640亿元，较年初新增437亿元，各项贷款余额3108亿元，较年初新增372亿元，各项主要业务指标继续保持省内同业领先。（姚湘炬）

【公司业务】 2014年，中国建设银行湖南省分行加强重点行业分析研究，巩固基础设施领域传统优势，拓展城镇化建设贷款等新兴市场。企业存款余额2010亿元，较年初新增134亿元，公司贷款余额2133亿元，较年初新增188亿元。信贷结构持续优化，突出支持国家重点在建续建基础设施项目，压缩退出产能过剩等国家政策限制行业贷款。基础管理扎实稳健，对公客户评级覆盖率99.9%，预警跟踪覆盖率92.3%。（姚湘炬）

【个人业务】 2014年，中国建设银行湖南省分行科学规划调整渠道结构，突出细节提高服务管理能力，多策并举促进管理转型，提升个人客户产品覆盖度、交易量和金融资产总量，做大做强有效客户规模。个人存款余额2630亿元，较年初新增303亿元，个人贷款余额975亿元，较年初新增184亿元。金融IC卡发卡888.8万张，新增403.4万张。获湖南银联“2014年湖南省银行卡受理市场建设突出贡献奖”。（姚湘炬）

【战略性业务】 2014年，中国建设银行湖南省分行积极推动战略性业务健康持续发展。电子银行业务狠抓常态营销，个人网银客户数突破千万户，达到1060万户，善融商务交易额又创新高，达到24.4亿元。信用卡业务围绕“质量、效益、速度同步发展”，信用卡客户新增42.5万户，累计发卡272万张，实现消费交易额804.5亿元。国际业务基础进一步夯实，实现国际结算量71亿美元，跨境人民币结算量96亿元，本外币表内外贸易融资21亿美元。投资银行业务保持稳健经营，发行保本型理财产品129期，发行金额315.1亿元；完成债券承销42.7亿元，比2013年增长21.7亿元。（姚湘炬）

【风险内控】 坚持强化授信审批“把关守口”作用，有效平衡发展与风险的关系；加强客户风险排查和贷后管理，强化放款审核的规范化、集约化管理；继续实行责任收贷制度，筛选大额不良和风险贷款项目进行重点攻坚，全年处置不良贷款21.2亿元，其中现金回收6.7亿元；不良贷款率0.93%，较年初下降0.03个百分点。继续推进“双基”管理长效机制建设，完善内控管理体系，将内控管理嵌入日常业务流程，加强风险梳理和主动识别。开展“管控关键环节、防范突出风险”案件专项治理等活动，强化员工从业行为动态管理，实现了无重大违规、无重大安全责任事故、无案件的“三无”管理目标。（姚湘炬）

【转型创新】 推进产品创新，完成产品创新项目71个，同比增加47个。推进金融IC卡行业应用，长沙公交IC龙卡通成为全面覆盖公交、地铁、出租行业应用的金融IC卡。加快流程银行建设，全年共完成流程优化项目38个。前台以业务流程为重点，通过优化个人助业贷款、国际收支申报等流程，有效提升了客户体验；中后台以管理流程为重点，通过优化网点建设投入产出分析审批、行务运行系统等流程，稳步提高工作质效。针对客户多样化需求，不断强化综合金融服务，推出ETC综合金融服务方案，累计发卡76万张，市场占比第一，得到交通部和省委省政府的肯定。（姚湘炬）

【支持地方经济】 2014年，中国建设银行湖南省分行积极支持湖南经济建设，全力保障重点项目建设资金。突出支持省内重点在建、续建基础设施项目，重点保障省高速公路、沪昆铁路、湖南城际铁路等重大项目，以及湖南建工集团、湖南路桥等重点建筑施工企业。着力支持小微企业和“三农”发展，认真落实“两个不低于”要求，积极推广“大数据”信贷产品，推进“助保贷”等平台建设，加大对“三农”支持力度，小微企业贷款新增115亿元，涉农贷款新增105亿元。积极助推产业结构调整，重点保障传统产业升级和新兴产业发展，支持长沙经开区、长沙高新区等重点园区建设，以及电子信息、先进装备制造、汽车等重点产业发展。大力促进民生改善，在医疗卫生、教育、水利、新闻出版等民生领域累计投放贷款104亿元。（姚湘炬）

·交通银行湖南省分行·

【概况】 2014年，交通银行湖南省分行以“抓存款、稳利润、控风险”为主线，效益优先、兼顾规模、依法合规、稳健经营，调整结构、防控风险、提升服务，深入推进“第三次创业”，各项工作取得显著成效。在交总行综合竞争力排名第4名、内控评价排名第8名、服务提升考核排名第9名，再次获得总行颁发的“经营管理优胜单位”。

一、服务实体经济。围绕服务实体经济的要求，严格执行信贷计划管理和存贷比管控，做到“有存有贷、增存增贷、减存减贷”。紧贴市场，重点支持省内重点基础设施建设项目以及装备制造、有色金属、汽车、科教文卫等行业优质客户，并加大对中小微型企业支持力度，积极服务实体经济。小微企业贷款较年初增长55.45亿元，全面达成小微企业“两个不低于”的要求。

二、坚持改革创新。通过非信、私募债、中票、保债等途径为企业提供表外融资，加速创新业务发展。发挥中心支行“火车头”作用，带动二级支行增产增效，管理改革稳健落地。成立投资银行部，分设零售信贷业务部、零售信贷管理部，增设公司板块风险小中台，机关部门架构更趋合理。

三、加强风险管理。强化“守土有责”的风险防控责任制，建立“纵到底、横到边、全覆盖”的全面风险管控网络。坚持风险管理委员定期会议制度，重点加强对辖属分行的指导与监督，加强风险决策，增进部门联动，保障全辖业务健康发展。加强重点领域、行业风险管控，加大房地产、融资平台、小企业、民间融资企业实地查访频率和力度，开展地方政府性融资业务甄别工作，狠抓贷后及存续期风险管控，增加风险检查的次数和覆盖面。加大减持退出与清收力度，对存在合规风险的客户及时列入“灰名单”“减退名单”“指令性名单”，积极开展不良贷款重组。

四、提升服务质量。坚持“一个交行，一个客户”的经营理念，狠抓服务提升，促进业务发展。以理念传导为核心，全面奏响服务提升“三部曲”，不断降低投诉率，提升服务质量与效率，推行标准化、规范化、特色化服务。以常态管理为抓手，推进落实“一把手”抓服务工程，坚持主管副行长“坐堂制”“每日10分钟检查制”，从硬件环境，软性服务等方面强化日常管理痕迹。持续开展“我的微笑，真心相伴”服务提升评选活动，践行“金融知识万里行”“金融知识进万家”等社会责任，提升社会公众对交行服务的认知度，树立良好口碑，促进服务稳步提升。获评2014年度湖南省银行业文明规范服务百佳示范单位评选活动最佳组织奖，4家网点入围中银协2014年文明规范服务“千佳示范单位”，3家网点获评“2014年度湖南省银行业文明规范服务百佳示范单位”。

履行社会责任。与湖南省教育基金会、湖南省教育厅共同开展了评选表彰“湖南最可爱的乡村教师”活动。开展“温暖微行动—爱心课桌”捐款活动，为贫困地区的孩子募集爱心捐款12.54万元。组织开展“绿色交行，美丽中国”增绿减霾募捐活动，募集捐款7.19万元。（湖南省分行办公室）

·中国民生银行长沙分行·

【概况】 2014年，民生银行长沙分行面对利率市场化、金融脱媒以及严峻的风险防控形势，积极适应新形势，把握新机遇，着力完成各项工作任务。截至12月末，存款余额为381.78亿元，各项贷款余额311.46亿元。其中公司贷款余额200.63亿元，个人贷款余额110.82亿元。资产质量处于较为稳定，不良贷款22306.28万元，不良贷款率为0.72%。已开业全功能网点21家，2014年新增3家。员工人数878人。

2014年，民生银行长沙分行被人行长沙中心支行评为“人民币银行结算账户管理优秀单位”“支付清算系统运行优秀单位”，被省地税局和国税局联合评为年度“纳税信用A级单位”。所辖湘潭支行获全国五星网点和全国“千佳”网点，四方坪支行被湖南银协评为“百佳”网点。民生银行“直销银行”获得新浪湖南“互联网金融最具影响力品牌奖，“舌尖上民生”获年度服务优秀案例奖。在系统内，获总行客户服务管理先进分行、新闻宣传一等奖、运营服务支持二等奖等奖项，流程管理建设体系项目得到总行高度肯定。（谭盛中）

【零售业务】 主打普惠金融。小微业务抓紧小微2.0流程再造项目落地。优化业务流程、管理模式、团队组合模式，完善岗位职责和考核办法。紧密围绕大服务、大消费行业，对存量项目深度开发的同时，拓展新的业务增长点，加快个人按揭等消费类贷款的上量。小区业务在经营模式上积极探索。明确小区网点服务监测标准、营销业务模式、团队工作指引，理顺小区常态化营销模式。搭建小区批量获客平台。实现自助代缴费渠道搭建，积极开发ETC、居民健康卡、各类代缴等批量项目，持续做好信用卡交叉营销、小区微信等平台搭建。策划小区金融主题活动。采取分行大型活动策划+支行个性化活动开展模式相结合，逐步从提升客户认可度转向提升小区网点产能。设计小区专属金融及非金融服务。针对不同小区群体设计不同产品套餐、营销模板，确保小区金融及非金融服务定期、定向推送。（谭盛中）

【公司业务】 突出区域特色。民生银行对郴州、汨罗区域的循环特色经济等形成了较好的开发模式。积极推进城镇化项目开发。确定土地一级开发、棚改、重点园区建设、土地收储等作为营销重点，结合地方债务甄别梳理，积极参与项目对接，建立绿色通道，确保城镇化项目快速批复。2014年，营销城镇化项目16笔、授信金额76亿元。着眼战略性客户的经济活动，打通票据、私人银行、金融市场、投资银行和贸易金融等业务边界，严格按照监管要求，梳理业务流程，提高工作效率，适应客户需求，做实“金融管家”服务。（谭盛中）

·长沙银行·

【概况】 长沙银行成立于1997年5月，总行位于湖南省省会长沙，现拥有包括广州、株洲、湘潭、常德、娄底、郴州、益阳、怀化在内的24家分支机构、101个营业网点，控股发起湘西、祁阳、宜章三家长行村镇银行。截至2014年12月31日，全行资产总额2121.78亿元，一般性存款总额1518.1亿元，表内外授信总额达1021亿元，实现利润31.32亿元，其中资本利润率31.33%。2014年上缴税收13.99亿元，各项结构性指标均达到上市银行水平。综合实力在英国《银行家》杂志评选的“2014全球银行1000强”中名列第489位，较2013年攀升57位，在中国《银行家》杂志评选的“年度城市商业银行财务评价”（资产规模1000亿～2000亿元）中位列第四位。（吴 瀚）

【战略业务转型】 长沙银行深化特色定位，加快转型步伐，转变增长方式，持续优化业务结构、盈利结构和资产负债结构，五大战略板块业务均取得新的突破。1. 大零售经营格局初步搭建。大零售业务体系初步构建，强化理财师队伍和零售客户经理队伍建设，加快网点“软转”进程；社区银行网点数量领先同业。2. 网络金融实现突破。掌钱用户312.02万，资金交易量超过260亿元，成功推出“天天涨钱”“年年涨钱”等金融应用，接入长沙交通罚款缴纳、预约挂号、全省水电缴费、足彩、湖南有线支付等支付和充值渠道。3. 小微金融持续深化。创新开展小微金融大讲堂活动，举办活动12场，参会人员2766人，参会小微企业2158家。4. 传统批发业务稳健发展。创新负债产品，推出结构化存款和智能存款；加强政务营销，取得湖南省社保卡合作银行发卡资格，成为长沙市社保卡主发卡行。5. 管理资产业务捷报频传。第一个投行业务资质—债券意向承销商资质成功获批，20亿元小微企业专项金融债券获得银监会批复；面向6家机构投资者成功发行小微企业信贷资产支持证券7.1亿元，

为资产证券化业务拓展了新渠道。 （吴　瀚）

【强化风险防控】 长沙银行通过一系列举措切实提升全面风险管理水平和内控防范能力。1. 全面开展风险排查。建立风险预警常规机制，实行风险贷款名单制管理，严控重点领域信用风险。2. 切实加大压降力度。明确一把手作为压降不良的责任人，坚持一户一策，全年共收回不良贷款 3.42 亿元，不良率保持在 0.98%，明显低于行业平均水平。3. 积极推进全面风险管理。搭建了不同维度的监测和报告体系，动态优化授信权限管理。4. 持续完善内控体系建设。持续推进内控评级工作，着力推进内控文化建设；积极开展风险排查，强化案件和违规问责机制。 （吴　瀚）

【提升精细管理】 1. 全面加强执行力建设，建立总行和分、支行的执行力考核系统，完善周报、月报和季报制度。2. 在全行范围开展“长行好声音”活动，激发广大员工为全行转型发展献计献策，共收到个人好声音 563 条、集体好声音 220 条。3. 围绕流程银行建设推进各项工作，优化运营流程，强化风险防控，深化机制创新。4. 大力推进标准化服务和网点转型工作，制定网点转型三年发展规划。5. 全面加强财务管理。强化资产负债管理执行机制的落实；加强利率定价机制建设，探索司库管理模式改革，完善全面成本管理机制。 （吴　瀚）

·长沙市农村信用合作社联合社·

【概况】 长沙市农村信用社坚持服务“三农”，不断深化改革转型，各项工作都取得了良好的成效。年末，存、贷款总量分别达1173亿元和720亿元。

一、群众路线活动取得实效。对“四风”问题全面进行整改，形成了改进作风的长效机制。积极建立便民服务窗口、助农取款终端，实行一厅式办公、一窗式受理、一条龙服务，搭建了为民绿色通道，有效提高了服务质量和效率。

二、支农支小成绩显著。组织开展扫街营销和客户大走访活动，推动金融服务进政府、进市场、进企业、进校园、进社区、进村组，共营销街道 639 条、专业市场 115 个，新增基础客户 38.24 万户。评级授信农户 93 万户，农户评级覆盖面达 90%。累计投入信贷资金 800 亿元，有效扶持了一批小微企业和新型农业经营主体，为地方经济发展注入了强劲动力。

三、转型发展步伐加快。进一步做实小额农贷等传统产品，逐步推广“贷款证转便民卡”工作。积极创新订单贷、林权抵押贷款、促进就业小额担保贷款等系列信贷产品，有效破解了客户抵押难、融资难等融资瓶颈。将社保卡业务列为全市农信系统的“一把手”工程，参加全市金融机构社保卡发卡资格比选并成功入围。积极推动省联社金融 IC 卡、贴片版手机银行、“农信通”业务、福民卡、自助银行示范点、ETC 项目组建等试点项目建设，拓宽了中间业务渠道，培植了新的业务增长点。年末电子银行替代率达到 37.51%。

四、内部管理不断加强。招聘新员工 144 人，组织各类培训 346 批次，提升了队伍素质。新建及改造营业网点 30 余处，新增 ATM 249 台，POS 机 2379 台，改善了服务环境。专题策划了“长沙农信在行动”系列宣传报道，增强了整体形象。

五、风险防控更加严密。充分运用大数据信息技术研发了长沙农信信用风险管理系统，构建了以经风险调整后的经营利润、风险计量、质量管理为支柱的风险管理体系，试点后在各区县行全面上线运行，推广运用。成立了网络管理中心，实现了长沙地区网络集中管理，为网络安全运营、高效管理和外延开发奠定了基础。组织了重点领域稽核等全市性的稽核检查活动 18 次。组织投入资金 9250 万元，有效提高了物防技防水平。全年实现安全无事故。 （张　茜）

保　险

【概况】 2014 年，长沙保险业面对错综复杂的经济金融形势，全面落实保监会各项工作部署，坚持稳中求进总基调，主动适应经济新常态，围绕“抓服务、严监管、防风险、促发展”，扎实推进改革创新等各项工作，全市保险市场运行平稳健康。

一、保险市场基本情况。1. 市场主体。截至 2014 年末，驻长沙市保险机构共有法人保险公司 1 家。省级保险分公司 47 家，较年初增加 3 家。其中财产险公司 22 家，较年初增加 1 家；人身险公司 27 家，较年初增加 2 家。保险专业中介法人机构 27 家，其中保险代理公司 15 家，保险经纪公司 8 家，保险公估公司 4 家。2. 业务收入。2014 年，全市保险业实现原保险保费收入 153.80 元，占全省保费的 26.17%，同比增长 14.97%，保费规模列全省第 1 位。按险种类别分：财产险保费收入 76.67 亿元，同比增长 19.84%；寿险保费收入 77.13 亿元，同比增长 10.50%；健康险保费收入 12.75 亿元，同比增长 32.95%；意外险保费收入 4.79 亿元，同比增长 16.48%。3. 赔付及费用支出。2014 年，全市赔付支出 67.88 亿元，同比增长 17.37%。其中，财产险赔款支出 32.55 亿元，同比增长 14.83%；寿险赔付支出 29.6 亿元，同比增长 16.96%；健康险赔付支出 4.76 亿元，同比增长 48.44%；意外险赔付支出 0.97 亿元，同比增长 6.83%。4. 保险金额。产险业保险金额 4.43 万亿元，同比增长 49.20%。寿险业期末有效保险金额 2.12 万亿元，同比增长 107.04%。

二、市场运行主要特点。

（一）财产险市场运行主要特点。1. 业务实现快速增长。2014 年，财产险保费收入 76.67 亿元，同比增长 19.84%，增速较全省平均水平高出 0.48 个百分点。11 个主要险种中，除工程险、信用险、货运险和特殊风险保险保费有所下滑外，有 7 个险种实现正增长。一是车险业务快速发展。车险实现保费收入 58.22 亿元，同比增长 21.23%，高出全省增速 4.39 个百分点；占财产险保费比例达到 75.94%，对财产险增长的贡献度达 79.61%。二是责任保险、保证保险大幅增长，成为新的保费增长点。责任保险、保证保险分别实现保费收入 3.57 亿元和 4.15 亿元，同比分别增长 44.27% 和 68.52%；其中责任保险主要受雇主责任保险的增长拉动，雇主责任保险实现保费收入 3.34

亿元，同比增长109.45%；保证保险主要受小额贷款信用保证保险的增长拉动。三是农险持续平稳增长。种植险、养殖险分别实现保费收入1.88亿元和1.01亿元，同比增长8.33%和35.06%。四是部分与经济运行和固定投资关联较大的险种出现下滑。工程险、货运险和特殊风险业务均出现不同程度的负增长，分别同比下降14.46%、14.83%和34.87%，共计在财产险中占比1.40%，较上年同期下降0.62个百分点。2.服务经济社会能力不断提升。2014年，产险业承担风险保障金额达4.43万亿元，同比增长49.20%，为因自然灾害和意外事故受损的企业和人民群众及时提供了32.55亿元（含短期健康险及意外险）的经济补偿，同比增长14.83%。一是服务三农成效显著。全市种养两业农险共承保400万公顷水稻、油菜、林木等农林作物和2600万头育肥猪、能繁母猪等牲畜，承保数量分别同比增长1.91%和724.89%，全市共为115万户次农户提供了231.5亿元的风险保障，其中34.16万户次获得3.49亿元的保险赔款。积极协调出台财政奖补政策，研究推进生猪价格指数保险试点工作。二是交强险覆盖面继续扩大。交强险累计实现保费收入12.68亿元，同比增长16.12%；承保总量达129.14万台，同比增长12.99%；累计支付赔款83.78亿元，同比增长16.42%。三是责任险积极发挥有效作用。责任保险累计提供风险保障金额约达1.56万亿元，同比增长95.50%；赔款支出2.37亿元，同比增长38.16%。四是为湖南省外贸出口和对外承建项目提供收汇保障。出口信用保险实现短期出口信用保险保额29.05亿美元，同比增长17.0%；赔付支出1328.50万美元，同比增长28.27%；短期险项下累计贸易融资额5.96亿美元。

（二）人身险市场运行主要特点。1.业务发展稳中有进。2014年，全市人身险业务实现保费97.88亿元，同比增长13.20%，较上年同期提高了9.33个百分点，业务发展稳中有进。一是寿险业务企稳回升。全市寿险实现保费收入82.42亿元，同比增长10.79%，较上年同期提高了9.88个百分点。其中年金保险实现保费收入21.7亿元，同比上升77.97%。二是意健险业务实现较快增长。全市意外险和健康险分别实现保费收入4.15亿元和11.31亿元，同比增长16.48%和32.95%，其中人身险公司分别为2.78亿元和9.56亿元。2.业务结构进一步优化。一是一险独大的局面得以改善，险种结构更趋合理。自2014年8月份寿险费率市场化改革以来，普通寿险发展迅速，实现保费收入33.08亿元，同比增长235.12%，占寿险保费比重40.14%，较上年同期上升27.37个百分点。分红险保费收入48.53亿元，同比下降23.88%，占寿险保费比重58.88%，较上年同期下降26.82个百分点。二是销售渠道结构进一步优化。公司直销渠道保费收入8.98亿元，同比增长73.17%，占寿险业务比重10.90%，较上年同期上升3.93个百分点。电销和网销共计1.17亿元，同比增长36.39%。三是业务价值进一步提高。寿险公司新单折标率43.21%，较上年同期提高2.16个百分点。3.行业风险总体可控。全市人身险公司妥善应对集中满期给付和退保高峰的冲击。一方面，满期给付有序进行。满期给付金额21.48亿元，同比增长16.55%，和人身保险保费增量基本持平。行业现金流保持充足，2014年经营活动产生的净现金流21.25亿元，同比增长25.16%，未出现给付危机。另一方面，退保情况总体保持稳定。各人身险公司累计发生退保金24.33亿元，退保率5.19%，低于全国平均水平0.43个百分点。4.服务范围不断扩展。全市人身险公司期末有效保险金额1.84万亿元，同比增长107.04%；期末有效承保人次0.41亿人次，同比增长43.97%；期末有效保单件数727.85万件，同比增长18.11%。在参与社会保障体系建设方面，承保城镇居民、城镇职工和企事业团体补充医疗业务共计832.05万人次，同比增长630.60%；实现保费收入0.691亿元，同比增长20.90%。承保新农合及新农合补充商业医疗险业务共计441.48万人次，同比增长124.01%；实现保费收入0.507亿元，同比增长204.68%。

三、保险监管工作情况。

（一）行业风险防范。1.加强防范给付与退保风险管理。一是落实主体责任。组织辖内人身险公司深入学习保监会工作精神，督促各类各级高管人员切实履行工作职责。二是加强监管联动。贯彻保监会与银监会联合发文精神，要求银保双方共同规范银保销售行为，建立联合应急机制，落实客户投诉纠纷首问责任制，妥善处理风险苗头。三是开展风险排查。对6家地市中心支公司开展巡查，以点带面促进全省工作开展。四是加强风险监测。坚持旬报、月报、季度分析制度，针对万能型高现金价值产品热销情况，深入开展调研分析，及时提示风险。2.防范化解农险经营风险。一是加强制度建设。修订下发《湖南保监局关于进一步规范养殖业保险的通知》《湖南保监局关于认真贯彻〈农业保险条例〉进一步规范农业保险发展的通知》，完善农险经营制度基础。二是督导风险自查。召开农业保险规范发展专题会议，要求农险承办公司对全险种、全区域农险承保理赔各节点监管规定执行情况开展逐项自查，追责整改。三是开展农险检查。以农险业务经营行为合规性和内控管理有效性为重点，对7家支公司开展了现场检查和信访调查。四是处置风险事件。在媒体报道病死猪无害化处理问题后，紧急部署行业全面自查，出台相应规范性文件，及时向保监会和省政府报告有关情况。3.防范化解案件风险。一是开展非法集资案件风险专项检查。重点检查相关公司人员管理、产品销售管理、业务管理、单证管理、资金管理等环节存在的非法集资风险隐患。二是针对重点地区开展风险排查。针对区域性非法集资案件风险隐患，及时指导当地行业协会开展非法集资风险排查。三是针对新型风险加强风险警示。查处优易保等“会员卡送保险”系列案件，深入分析“会员卡赠保险”在制作、销售、承保、理赔等各环节的主要风险点，在行业内发布风险警示函，取得较好震慑作用。四是加强执法合作。与公安厅建立行政执法与刑事执法工作合作机制，联合出台《关于加强打击保险欺诈违法犯罪行为的通知》。五是严格案件问责，加强案件问责管理，倒逼公司加强案件风险管控。4.开展保险中介市场清理整顿。一是加强组织领导。成立清理整顿领导小组和领导小组办公室，统筹组织清理整顿工作。要求各类机构成立由主要负责人担任组长的领导小组，落实主体责任。二是推进摸底自查。组织保险公司和保险中介机构对机构、人员、业务、风险、制度等开展自查，全面摸清保险中介市场风险底数。三是加强工作督导。针对组织领导、部署落实、摸排、整改、上报、意见建议六个环节，分保险专业中介、兼业代理、营销管理三个领域同步开展督导。四是开展现场检查。根据保监会要求成立联合检查组，结合信访举报，对15家保险公司和中介机构开展现场检查和延伸检查，依法处理了查实的违法违规行为。

（二）消费权益保护。1. 继续整治理赔难和销售误导问题。治理理赔难方面。一是落实《湖南省理赔服务综合治理工作方案》，下发《关于进一步加强保险服务工作的通知》，督促保险行业提升承保理赔服务质量，推进理赔难综合治理。二是综合测评全行业2014年车险理赔服务水平，向媒体公布评价结果，倒逼公司提升服务质量。从2014年车险理赔服务质量评价指标行业均值来看，各项服务指标持续向好，以客户满意度为导向的理赔服务评价体系已基本形成。治理销售误导方面。一是开展信息披露资料自查清理工作，落实集中管理责任，提高信息披露资料的合规性，预防销售误导行为的发生。二是坚持“公司纵向核实处置”与“监管横向督办调查”相结合的纵横相连工作方式，强化公司纠纷处置主体责任，提高“以人身险销售误导主张合同权益”类投诉的处理实效。三是加大查处力度，派出信访调查小组36个，出动人力47人次,查实4家公司违法违规问题。2. 妥善处理保险合同纠纷及投诉。在法院设立涉保案件调解室，通过诉调对接机制调解案件227件，其中成功调解193件，涉案金额1437.4万元。3. 加强长效机制建设。一是开展湖南保险业服务质量市场满意度调查活动。联合湖南省产品（服务）质量市场满意度调查活动办公室、湖南日报《质量专刊》、华声在线新闻网等单位，共同组织“2013—2014年度湖南保险业服务质量市场满意度调查”活动。二是加强消费者宣传教育。开展“3·15”维权宣传活动。组织保险机构开展形式多样的活动，全市共组织总经理接待日活动108次，组织大型现场宣传活动6次，参与活动消费者数量1.5万余人次,在各类媒体刊发文章53篇。

（三）规范市场秩序。1. 加大检查力度，完善检查制度。一是针对重点问题开展检查。针对车险违规经营、销售误导和财务业务数据失真等主要问题。二是结合专项工作开展检查。根据保监会的统一部署，赴外省（市）开展农险、大病保险专项检查，组织、配合开展省内农业保险、大病保险和中介业务清理整顿专项现场检查。三是完善检查处罚制度。对现场检查通知书进行统一登记、统一编号及统一存档，进一步提高现场检查执法行为的规范性。2. 强化公司内控，规范公司行为。一是完善人身险风险管理规则。湖南保监局出台了《关于进一步加强人身保险风险管理的通知》，对人身险公司收付费、单证、印章、销售、回访、信息系统和风险管控机制等主要环节进行规范。二是规范产险相互代理保险业务管理。强化交叉销售业务管控，落实见费出单要求。三是加强保险中介从业人员管理。对保险中介从业人员报考学历要求、身份学历查验、资格证书换领、信息变更、执业证书管理等明确监管要求，增强可操作性。

（四）服务经济发展。1. 协调推动重点业务发展。一是联合省食品药品监管局，在食品生产、销售，餐饮服务等领域开展食品安全生产责任强制保险试点。二是联合省安监局等部门，下发安全生产责任保险工作指导意见，推动安全生产责任保险纵深发展，为9498家企业提供443.16亿元的安全生产风险保障。三是与省卫生厅等部门沟通，研究医疗责任保险推动意见，探索保险服务医疗行业和患者的新途径，为3100家企业提供5.07亿元的医疗风险保障。四是与省金融办联合下发《关于全面推广小额人身保险的通知》，促进各地市对小额人身保险的引导和推广，切实改善低收入人群的生活保障水平。2. 稳步推动大病保险试点。一是出台服务规范。制定《湖南省保险机构城乡居民大病保险服务基本规范（试行）》，明确最低服务标准化，实行量化管理，进一步优化各环节服务流程。二是强化过程监管。采取事前提示、事中指导、事后监督等手段跟踪大病保险投保管理，加强风险防范。三是加强沟通协调。推动相关政策研究，争取政策支持。2014年，大病保险业务覆盖城乡居民423.25万人，累计赔付4108万元，共计10505人受益。3. 主动服务地方经济建设。一是深化城乡服务体系建设。根据《湖南财产保险业城乡服务体系建设试点实施方案》，督促公司持续开展城乡服务体系建设，目前全市已有乡镇农险服务站520个，村服务点8370个，乡镇专（兼）干达到1100人，村协保员达8905人，保险服务网络进一步健全。二是加快发展出口信用保险，发挥保险在促外贸、稳增长等方面的积极作用。2014年，为全省外贸出口提供了29.05亿美元收汇保障，短期险项下累计贸易融资额5.96亿美元，三是鼓励支持险资入湘。协调推动保险资金投资湖南的重大基础建设、保障性住房建设、养老养生园等项目，全年签约金额超过199亿元。

（刘纵波）

·中国人民财产保险股份有限公司长沙市分公司·

【概况】 中国人民财产保险股份有限公司长沙市分公司（以下简称人保财险长沙市分公司）2014年，人保财险长沙市分公司实现保费收入16.19亿元，为全市100万余个企事业单位、个人提供了超过3900亿元的风险保障，共处理各类案件17万余件，上缴和代收税款2.17亿元，公司服务地方经济社会建设的能力不断增强。连续多年被省、市政府评为“重合同守信用”单位、“文明单位”和“文明行业”。2014年，被长沙市工商行政管理局评为“重合同守信用”单位；被雨花区人民政府评为“雨花区优秀企业”。

保险保障方面。人保财险长沙市分公司充分发挥风险管理专业优势，加强与客户单位联动，通过开展风险评估、制定防灾防损策略、引入费率杠杆制约、进行自然灾害提醒等举措，进一步强化客户单位的防灾防损能力。2014年，人保财险长沙市分公司为全市近35万台车辆提供了超过2000亿元的风险保障，为中联重科、三一重工、长沙远大等标志性企业承担了1800余亿元的风险责任，为省内衡邵高速、大岳高速等多条高速公路大型基建项目提供了近30亿元的保险保障，专门建立服务团队，开辟绿色理赔通道，有力支持了骨干企业和项目的正常生产。2014年11月29日，三湘南湖大市场发生火灾，人保财险长沙市分公司立即赶往事故现场，与被保险人、保险人、公估人、区物价局、经营户等人员成立了十余个查勘小组开展事故处理，并于12月19日向市场方先行预付了1057万元的保险赔款，帮助受灾商户解决燃眉之急。

参与社会管理方面。人保财险长沙市分公司贯彻落实新“国十条”，积极向市政府汇报请示，主动对接政府需求，与市政府一道共同探索政保合作服务保障社会民生的新途径。为积极响应落实省食安办、省食药监局、湖南保监局联合下发的《关于开展食品安全责任强制保险试点工作的指导意见》相关要求，人保财险长沙市分公司与市食药监局、市教育局联合印发了《长沙市食品安全责任强制保险试点工作实施方案》（长食药监发〔2014〕57号），共同推动试点工作开展，保障了长沙市民舌尖上的安全。为有效借助保险的风险警示和补偿作用推动农村治安环境的整治和优化，人保财险长沙市分公司积极推动了农村治安保险项目，得到了市政法委的大力支持，并于2014年6月在全市范围启动了项目的试点工作，为维护社会的安定和谐提供更全面的保险保障。同时，人保财险长沙市分公司与市住建委合作，积极在全市推进住建安责险项目，为全市1769个报建工程项目提供了199.08亿的人员及财产安全保障。人保财险长沙市分公司还与教育局、环保局等部门合作，共同开展了校园方责任险、环境污染责任险、火灾安全责任险等项目，在生产、教育、环境、公众安全等多个领域提供全面的风险保障。

交通安全管理方面。基于“长沙市交警队拟扩大‘快处快赔’事故处理范围，进一步提升其治堵效果”的工作设想与当前“保险欺诈案件较多，各家保险主体对此顾虑较大”的现状之间存在的矛盾，2014年，人保财险长沙市分公司组织陪同湖南省保险行业协会和长沙市交警支队赴厦门学习其交通事故处理模式，并结合长沙实际进行了细化落实。已在雨花区成立了由交警队、法院、司法局、保险行业协会组成的道路交通调处中心，开展人伤案件一站式处理模式的试点，成熟后在全市推广。同时，拟将保险行业协会人员派驻长沙市交警指挥中心办公，通过调取视频核实事故真实性，在此基础上扩大了“快处快赔”的事故处理范围。

服务“三农”方面。人保财险长沙市分公司把发展农险作为自己义不容辞的责任，把“三农”服务体系建设作为服务“三农”的依托。2014年共承保了12.93万公顷水稻、2.67万公顷油菜、17.6万头能繁母猪、24万头育肥猪、22.51万公顷商品林和0.91万公顷烟叶等政策性农业保险业务，全年支付种植业、养殖业、森林等险类灾害赔款4677.26万元，受益农户达4.6万户次。2014年12月15日，人保财险长沙市分公司与市畜牧局联动合作，协同市财政局相关人员赴浙江龙游县学习病死畜禽无害化处理联动机制，出台了长沙市《动物无害化处理体系建设方案》，将病死猪的无害化处理作为生猪保险理赔的前提条件，通过将理赔节点整合进动物无害化处理体系，有效加强对病死猪无害化处理的监管力度，推动长沙市动物无害化处理体系建设进程，保障公共卫生及食品安全，为农业的稳定健康发展保驾护航。

加强服务能力建设。2014年，人保财险长沙市分公司持续推进向“以客户为中心”转型，全面推进长沙地区客户服务标准化建设，进一步完善VIP客户服务平台，创新开展“VIP客户春季大酬宾”、夏季旅游活动、客户答谢座谈会等形式的活动，得到了广大客户的高度关注与积极参与。人保财险长沙市分公司全面推进理赔服务升级，大力提升理赔工作的“速度、态度、准确度和满意度”：一是推行“三免两快一小时通知”服务，通过简化单证、优化流程、限定处理时效、提高理赔各环节处理速度，为客户提供快速便捷的理赔人性化服务。二是大力推广移动查勘定损系统，实现了小额案件现场查勘、现场定损、现场收集单证，极大地提高了服务效率。三是推出医疗垫付服务。坚持以人为本，公司为发生人伤事故的客户提供抢救费垫付服务，解决客户因突发事件造成的资金困难问题，为建设文明长沙、和谐长沙做出贡献。（罗杰斯）

·中国人寿保险股份有限公司长沙市分公司·

【概况】 2014年，中国人寿保险股份有限公司长沙市分公司（以下简称“分公司”）系统推进“创新驱动发展战略”，坚持“创新引领、强司富员、进位争先”的工作方针，分公司取得良好的成绩，进入全省系统AA公司行列。

一、业务发展。1. 核心指标提前一个季度超额达成年度目标。至三季度末，分公司首年标保达成率为100.02%，首年期交达成率为107.33%，10年期及以上期缴达成率102.67%，短险业务达成率100.09%。全年实现长险首年标保14722万元，年度预算目标达成率111.9%，同比增幅38.1%；长险新单保费76767万元，年度预算目标达成率108.09%，同比增幅41.13%；首年期缴保费29422万元，年度预算目标达成率108.84%，同比增幅36.85%；10年期及以上首年期缴保费16662万元，年度预算目标达成率107.67%，同比增幅29.8%；短险保费20290万元，年度预算目标达成率102.53%，同比增幅10.02%。长沙县支公司获省公司“先进经营单位荣誉称号”。2. 主要业务经营指标同比增幅显著。公司总保费、首年标保、首年期交、10年期及以上期缴、短险同比增幅分别达10%、38%、37%、30%、10%。3. 各销售渠道齐头并进超额达成目标。个险渠道：完成长险首年标保12646万元，年度预算目标达成率106.7%，同比增幅29.03%；首年期缴20056万元，年度预算目标达成率108.97%，同比增幅14.66%；10年期及以上首年期缴15682万元，年度预算目标达成率111.54%，同比增幅24.3%；短险保费3901万元，年度预算目标达成率90.96%，同比增幅3.54%。个险开福支公司获集团公司“一线销售单位业务发展奖”；个险开福支公司获省公司“先进经营单位荣誉称号”；宁乡夏铎铺营销服务部、黄材营销服务部、煤炭坝营销服务部、回龙铺营销服务部、长沙县暮云营销服务部、沙坪营销服务部、黄花营销服务部、浏阳永安营销服务部、沙市营销服务部共9个网点获省公司2014年度“农网建设领先奖”。银保渠道：完成长险首年标保2073万元，年度预算目标达成率158.99%，同比增幅143.2%；新单保费56878万元，年度预算目标达成率108.5%，同比增幅59.68%；首年期缴9362万元，年度预算目标达成率108.5%，同比增幅133.96%；5年期及以上首年期缴6980万元，年度预算目标达成率118.71%，同比增幅717.36%。银保天心营业区、银保理财中心获省公司“先进经营单位荣誉称号”。团险渠道：完成短险保费16176万元，年度预算目标达成率104.36%，同比增幅10.35%；意外险保费9973万元，年度预算目标达成率115.16%，同比增幅16.34%。市公司团险销售部获集团公司“一线销售单位业务发展奖”；团险城区支公司获省公司“先进经营单位荣誉称号”。4. 队伍指标预算达成率实现近年来的新突破。个险销售队伍月均持证人力3776人，预算目标达成101.97%；个险销售队伍月均长短险举绩人力2440人，预算目标达成率120.08%；个险销售队伍月均主险举绩人力1822人，预算目标达成率127.77%。银保规划师队伍289人，预算目标达成率120.42%。截至12月底，长沙个险销售队伍持证人力达到4700人，较上年净增1700人；银保销售队伍有效人力达到 494人，较上年净增166人。5. 市场优势持续稳固，竞争能力显著提升。一是公司整体经营指标排名第一，领先寿险行业。全年公司总保费、新单期交、个险期缴、银保期缴、团险短险市场份额分别为28.13%、33%、30.83%、32.55%、33.56%，除个险期缴外，整体经营指标在市场的排名均为第一，且市场份额远远超出主要竞争对手。二是市场份额稳步提升，市场地位日趋牢固。全年公司总保费、新单期缴、个险期缴、银保期缴、团险短险的市场份额较上年末分别提升0.11个、8.72个、2.47个、9.86个、1.91个百分点。

二、开源节流，经营效益大幅提升。围绕年度创费目标，不断优化险种结构，科学配置财务资源，有效提升了经营效益。分公司本部全年行政费用较上年同比下降2.09%；全年公杂费同比下降8.4%、业务招待费同比下降7.71%、会议费同比下降13.6%、业务推动费同比下降25.81%。

三、资源整合深度推进，柜面直销成绩卓著。通过科学整合柜面的客户、人力、服务等资源，在未增加人力成本的前提下，将柜面由过去单一的服务职能转型为具有服务和销售双重职能的新型柜面，有效培育了新的业务增长极。全年柜面直销实现总保费1.15亿元，其中标保154.35万元，首年期交295.56万元，短险150.27万元，柜销业务规模及贡献度居全省系统第一。长沙柜销的成功经验得到总、省公司领导的肯定和表扬，全国10余家兄弟分公司近200百名同仁前来分公司现场观摩学习柜面直销经验，并受邀到多家兄弟分公司进行柜销经验介绍。

四、强化客户服务。1. 公司美誉度明显提升。全年投入了专项经费用于个险客养活动，深入开展了客户大讲堂、保险服务进社区等系列客户活动，得到了广大客户和社会民众的一致认可。根据行业调查的统计信息，公司学生保险的社会美誉度位居行业第一。2. 应对满期给付成效显著。全年累计完成满期给付2.53万件，满期给付金额5.46亿元，满期给付件数、金额达成比例分别为91%、93%，所有满期给付业务100%通过银行转账，坚决维护了公司声誉和社会稳定。3. 客户满意度明显提升。根据行业调查和统计，客户满意度提升到99.75%，比上年提升近5个百分点。

五、强化风险防范。2014年分公司促进了风险管理制度化、规范化、常态化，确保了公司平安稳健运行。全年销售风险预警系统共运行24批次，进入预警范围的销售人员达20828人，提交排查的预警人数1277人；组织开展了12次单证、印章、集中采购、非法集资、反洗钱等专项检查和联合检查，现场检查关键岗位54人次，清理反洗钱自查自纠数据44845条。

2014年长沙分公司存在两个有待突破的薄弱环节：一是队伍基础有待进一步夯实。个险队伍规模需进一步扩大，队伍有效人力亟待提升；队伍的辅导训练力量还有待加强。银保保险规划师队伍无论数量还是质量均有待快速加强；团险队伍建设还有待进一步稳固和提升。二是基础管理有待进一步加强。销售团队的会务管理需进一步加强，会务运作有待进一步规范；销售人员管理有待全面强化，出勤率有待全面提高；销售队伍有效活动量有待进一步强化；资源有待进一步整合。（阳爱萍）

·中国太平洋财产保险股份有限公司长沙中心支公司·

【概况】 中国太平洋财产保险股份有限公司长沙中心支公司（以下简称“太平洋产险长沙中支”）2014年末，内设管理部门6个，业务部门8个，下辖有5家支公司，1家麓山营销服务部，员工268人；其中天心支公司年初筹建，11月正式开业。

2014年，太平洋产险长沙中支积极应对市场竞争，紧紧围绕“鼓足干劲、精准操作、领跑三湘”为牵引，大力推动专业化销售团队建设，强化成本管控，全年共实现保费收入67761.31万元，净增12359万元，增幅22.31%，高于行业平均2.46%，在太平洋产险全省系统，其业务规模和净增绝对值，分别占居三分之一和二分之一，市场份额上升0.34%，真正发挥了省会城市中支领头羊作用。实现利润5369.36万元。全年赔款总额34358.36万元，税务贡献总额7521.97万元。（刘　密）

【促进业务转型】 2014年，太平洋产险长沙中支车商渠道实现保费收入35394万元，占车险业务59018万元的59.97%，同比增幅20.54%。太平洋产险长沙中支合作车商184家。与此同时，电网销渠道业务突飞猛进，2014年A类业务占比达66.81%，下半年公司积极推行“全民做网销”，11月单月创造了过千万元的佳绩，2014年共实现网销保费3311万元，占全省6925万元网销业务的47.81%。为了促进业务转型，太平洋产险长沙中支根据支公司辖区特性和业务部门人力资源情况，进行了一对一的非车险业务发展思路梳理和具体项目指导。2014年，新组建的银保业务部实现保费收入1266万元。上半年，下辖岳麓支公司成功组建了一支四级机构非车险专业化销售团队，实现保费收入1346万元。太平洋产险长沙中支进一步明确了以“项目业务带动非车险转型”的发展思路，明确以学校类、园区企业、社区保险、百强客户和银保渠道等项目为发展目标，为车险销售团队指引了方向。在中支项目业务倾斜政策的大力推动下，2014年9月，成功签单中南林业科技大学新生的团意险项目。太平洋产险长沙中支独家或参与的大项目有水电八局一揽子保险、中烟工业公司财产和货运险、地铁2号线运营保险、湖南电信财产险和公众责任险、湖南通信服务有限公司的雇主责任险、建筑施工企业的安全生产责任险、道路客运承运人责任险、万家丽快速干道改造工程和省内岳望高速等多条高速公路建工险。（刘 密）

【提升服务品质】 2014年4月，太平洋产险长沙中支获湖南省政府颁发的省级“文明窗口单位”荣誉称号。太平洋产险长沙中支一楼门店作为全省服务行业首家五星级门店，在服务管理工作上没有一丝懈怠。坚持不懈抓好门店员工技能大练兵活动，做到有的放矢，促进门店服务团队综合素质和专业能力不断提升，真正让员工有所学、有所思、有所得，向上门客户提供更优质的服务。并让公司业务部门综合内勤、支公司综合科科长和出单岗、4S店驻店专员参与进大练兵活动中，让门店示范效用不断向中支所有机构和车商服务窗口、柜台延伸。为优化理赔流程，提升理赔服务水平，太平洋产险长沙中支提出“客户在哪里，理赔工作重心就要下沉到哪里”。2013年末，依托全市集团车商，分别在长沙城区的河西、中南、四方坪、雀园路、广本雨花、力天福特等地设立7个集中定损点，推行集中定损，并将公司理赔人员分片区下沉到定损点推行网格化管理，就近向公估公司查勘员调度任务。客户出险后可以直接到定损点进行查勘、定损和单证收集，并通过与后台联动完成理算核赔和赔款支付，让客户真正享受到“一站式”的理赔服务，打破了传统的上门定损服务，节约了理赔人员来回奔波的时间及人力。现场到达率提升到95%，赢得客户良好的口碑。并通过收回公估公司对非直赔车辆的案件定损权，由中支理赔中心人员直接集中定损，公司将调整出的人力投入到大案复勘中，保证超万元案件复勘的全面覆盖，实行旧案旧件回收制度，有效挤压理赔“水分”，打击了虚假赔案，实现了“阳光定损、阳光理赔”，中支车险综合赔付率也较之前下降了10个百分点，促进了公司整体经营效益的提升。（刘 密）

证 券

【概况】 湖南资本市场基本情况。1. 拟上市公司基本情况。2014年，湖南新增辅导报备企业7家，撤销辅导报备企业6家，新增申报企业5家，终止审查1家；已发行企业3家，分别是金贵银业、楚天科技、方盛制药，共募集资金19.56亿元。现有辅导报备企业34家，其中已报证监会审核19家。辅导报备企业家数在全国排名第15位，在审企业家数在全国排名第10位，在中部5省居第1位。湖南辅导报备企业有三个主要特点：一是地域分布集中。长沙企业占总数的61.76%。具体排名情况为长沙21家、岳阳3家、常德2家、娄底、郴州、株洲、衡阳、益阳、怀化、湘西和湘潭各1家。二是行业分布体现湖南省产业优势。湖南省优势产业医药、媒体、农业、机械制造等行业的报备企业占总家数比重高达60%。三是以民营企业为主体。34家报备企业中，民营企业有26家，占总数的76.47%，其中2014年新增的7家报备企业中，有6家为民营；19家在审企业中，有17家为民营。2. 上市公司基本情况。湖南辖区共有73家A股上市公司，其中上交所主板公司20家，深交所主板公司21家、中小板公司20家，创业板公司12家，总市值为5802.59亿元。从上市公司运行情况看，呈现以下几个特点：一是资产规模持续增长。辖区上市公司合计总资产5426.68亿元，同比增长20.67%。截至12月31日，有11家上市公司总资产超过百亿。二是公司整体发展比较好。辖区上市公司实现归属母公司股东净利润74.12亿元，其中，创业板公司除万福生科外均保持盈利，共实现归属于母公司股东的净利润9.18亿元，同比增长22.05%。三是再融资和资产重组比较活跃。15家上市公司通过非公开发行股票、公司债券、可转债、短融券和中期票据等方式再融资527.578亿元；共有6家上市公司进行了重大资产重组，涉及资产金额229.448亿元。3. 证券期货行业基本情况。证券法人机构有3家，分别是方正证券、湘财证券、财富证券；证券分公司有9家。证券公司净资产374.22亿元，同比增长74.31%；证券公司净资本189.53亿元，同比增长41.62%；证券公司营业收入71.98，同比增长68.85%。证券营业部有255家，全国排名第11位，覆盖全省66个县级行政区划。营业部累计开户数399.79万户，客户资产4459.7亿元，累计实现交易量41662.69亿元。法人期货公司有3家，期货公司总资产23.13亿元。有期货营业部55家，累计成交量4687.89万手，累计成交额76154.37亿元。4. 新三板挂牌公司、私募基金及私募债基本情况。新三板挂牌公司有33家，其中长沙18家，全国排名12位；在审企业23家，全国排名第11位；储备企业126家，全国排名第10位。已备案私募基金管理人70家，其中股权投资基金42家。管理私募基金数量63只，管理私募基金规模124.8亿元。中小企业私募债备案22家，私募债备案金额58亿元，私募债发行金额23.5亿元。

一、加强日常监管针对性。1. 突出防范欺诈发行，切实创新辅导监管模式。全面分析拟申报验收企业的经营模式、销售和收入模式，选择可能存在较高风险的企业开展辅导验收提前介入；全面加强对拟上市企业招股说明书、中介工作报告等申报材料的审核分析，防范虚假披露、披露不完整和披露差错等问题，督促相关中介机构补充实施客户走访、关联方核查等工作程序100余项，督促企业整改问题、修改或补充披露信息50处；全面开展在审企业年报检查，累计发现、督查企业及中介机构整改问题90个。2. 突出信披监管核心，加大上市公司监管力度。通过风险分析会系统梳理辖区上市公司风险隐患，列出风险关注问题223个，向7家公司的年报审计机构下发《年报审计监管关注函》；

及时启动现场核查程序处置重大及突发情况，完成针对媒体质疑、信访举报、突发事项、重大事件等专项现场核查9项；向18家公司、4家年审机构、6家保荐机构下发监管意见函16份、监管函19份，对3家公司采取了行政监管措施，将4家公司的违规线索移交稽查，其中1家公司被稽查立案和行政处罚。3. 突出事中事后监管，增强机构监管实效。对48家证券营业部进行经纪业务、投资者保护、创新业务及信息安全等13方面为主要内容的现场检查，对3证券公司的风险管理实施情况、沪港通业务准备情况和2家证券公司的资产管理业务、融资融券业务进行了专项检查，累计约谈高管和工作人员60人次，回访客户130人次，发现和整改问题80个，对2家证券公司采取责令增加合规检查次数的监管措施。对16家期货营业部进行现场检查，向8家期货经营机构下发现场检查问题确认书，对1家期货采取行政监管措施。

二、推进简政放权进程。1. 全面提高审核效率。优化现有行政审批程序，取消了融资融券、IB业务、证券经纪人制度实施及证券营业部开业等现场验收环节；对拟上市公司将辅导备案审查时间由10个工作日缩短为5个工作日、鼓励辅导备案材料电子报送、简化辅导期公告程序；压缩证券期货行业行政许可审批时间、完善审核流程等。2014年行政审批86项，没有一起超期，且整体较法定时间平均缩短50%以上，审核效率明显提升。2. 彻底清理“土政策”。取消拟上市企业辅导期不少于三个月的原则性要求，由保荐机构根据企业具体情况自主掌握辅导时间；废止了《证券营业部分类监管工作办法》《营业部分类监管工作办法》《营业部合规管理工作指引》《期货营业部分类监管工作办法》等文件；取消对企业高管进行专门培训、强制性考试和营业部负责人任职资格测试等强制性规定。3. 规范备案报告事项。梳理由派出机构实施的证券经营机构备案、报告和报送等事项共200余项、梳理期货公司应报送信息51项，营业部应报送信息16项，进一步整合和简化了备案程序和材料。

三、监管服务深度不断拓展。1. 新三板政策指导新举措。围绕“新三板挂牌业务”“做市商制度”等主题在长沙、郴州组织了3次全省范围的培训会议，对辖区10余家后备挂牌企业上门辅导；借助多元媒体平台集中宣传报道新三板市场创新发展情况；现场走访调研了辖区20家新三板企业，了解企业发展难题，讲解监管政策，并提供专业辅导帮助。2. 期货市场培育。联合中金所举办“国债期货及股指期权培训会”、联合郑商所举办晚籼稻期货上市推介会、联合大商所举办煤焦矿产业培训班，促进相关期货品种的推广；主动与省粮食局、省有色管理局联系，举办“粮食企业风险管理高级研修班”“2014年湖南辖区豆粕期权培训班”“期货工具服务有色产业”座谈会，探索有效推进期货服务湖南省农业、有色等优势产业的新途径；联合郴州市金融办、郴州市委党校、湘南学院，举办“期货大讲堂走进党校、高校”活动，提高党政干部对期货等金融领域的了解。3. 支持机构创新发展。成立湖南省期货业创新发展研究工作小组，集中监管机构、自律组织和经营机构的人才资源，共同服务期货业创新发展；在坚持合规和风控底线的前提下，积极支持证券期货公司的组织创新、产品创新、业务创新、经营创新。积极支持方正证券通过开发“方正小方”开展手机开户，2014年6月至10月底，公司累计新开户26.4万户，新增客户资产72亿元。

四、创新投保工作。1. 创新教育宣传方式。深入开展投资者教育纳入国民教育体系工作，在湖南商学院开设“中国资本市场业界名师系列讲座”并列入学校必修课程；联合省内主流媒体如潇湘晨报开办投保宣传专栏，推出《湖南将试水证券纠纷解决仲裁机制》《湖南证监局举办资本市场名师讲座》系列报道。2. 创新纠纷解决机制。健全局领导接访机制、新提拔干部信访岗位锻炼机制、法制处与相关业务处室对重大问题的会商机制等三种机制；通过中小投资者座谈会、信访、“12386”热线、证券期货营业部投资者咨询等渠道，听取解决证券纠纷的意见建议；积极整合辖区上市公司协会、证券业协会、期货业协会现有资源，引入中证中小投资者中心，联合打造新的调解纠纷平台，已被列入全国建立调解中心试点地区。3. 创新服务工作模式。下发《关于以投资者需求为导向做好信息披露工作的通知》，要求上市公司信息披露要简明化、语言要通俗易懂、对投资决策要实用；试行了上市公司公开征集投资者对年报事项的问询和答复制度；督促存在未履行承诺事项的65家上市公司专项披露未履行完毕承诺的相关情况，将存在不合规承诺的3家上市公司和超期未履行承诺的5家上市公司列为监管重点。（邱　孝）

工 业

责任编辑：刘盼盼

【概述】 2014年，长沙市规模以上独立核算工业企业2545家，从业人员平均人数65.41万人，资产合计7090.96亿元。全市共有规模以下工业企业和工业个体户52038家，从业人员33.55万人，其中企业7686家，从业人员16.25万人，工业个体户44352家，从业人员17.29万人。

2014年，长沙市大力实施转型创新发展战略，稳步推进工业倍增计划，全市工业和信息化实现新发展。全年完成规模工业总产值9496.2亿元，增长13.3%；规模工业增加值3042亿元，增长12%，总量和增速均在全国省会城市中排名第六；全部工业增加值3570亿元，增长11.4%；完成工业投资1745.3亿元，增长18.9%；工业招商518.9亿元；新产品产值2347亿元，增长24%。

一、运行调度。制定《关于促进工业经济平稳较快发展的意见》，每季召开全市新工领导小组调度会和工业经济形势分析会，每月公布区、县(市)、园区主要工业经济指标排名，及时协调企业用水、用电、用气及运输等生产要素。完善《本地产品推荐目录》，组织目录企业与市内重点项目现场对接。通过综合施策，全市规模工业增加值增速在9月止跌回升，12月回升到12%。

二、多点支撑。专题研究工程机械产业发展趋势，协调解决企业面临的困难和问题，中联重科在环境机械和农业机械、三一集团在海洋工程机械和风电装备上取得新突破。加快汽车产业产能释放，上海大众样车下线，广汽菲亚特等企业扩能增产。着力推进加加集团、旺旺食品等“二次创业”项目建设。积极协调湘江涂料、长重机器等重大搬迁改造项目。出台移动互联网、北斗卫星导航产业发展政策，吸引500余家移动互联网和北斗卫星导航应用企业聚集发展。汽车及零部件、新材料、电子信息、生物医药等产业产值和增加值增速达到或接近20%，2014年，工程机械、材料、食品、电子信息产业产值分别达1800亿元、1900亿元、1500亿元、1100亿元，多点支撑格局逐步形成。

三、园区发展。突出园区主体地位，出台《进一步加快工业园区发展的若干意见》《长沙市工业产业空间布局规划》《进一步规范工业地产发展暂行办法》，《工业园区转型提质发展三年行动计划》从园区经济、集群式发展、两型化管理、特色工作等方面建立园区工作目标考核体系。下大决心加强园区组织领导，省级以上园区党工委书记挂任区、县（市）委常委。长沙经开区获批国家知识产权示范园区，望城经开区升级为国家级园区，金霞经开区跻身国家新型工业化产业示范基地。园区规模工业总产值和增加值分别同比增长14.7%、13.4%，分别均高于全市平均增速1.4个百分点。

四、技术创新。围绕优势产业和战略性新兴产业，加大新产品开发力度，推荐33项重点新产品、12项重点专利入选“湖南省百项重点新产品及专利转化计划”，推荐5家企业申报国家级技术创新示范企业、8家企业申报省级企业技术中心。修订和完善技术创新示范企业认定管理办法及其评价指标体系，评定第三批技术创新示范企业，开展协同创新示范活动，推进知识产权和标准化。新产品产值占全市规模工业总产值的24.7%，增速高出全市10.7个百分点。

五、工业招商。出台《工业园区引进重大工业项目暂行办法》，编制《长沙工业招商目标名录》，策划、包装80个重点产业招商项目，引进第二代光纤生产基地等9个投资过50亿元项目、比亚迪电动乘用车等21个10亿元以上、50亿元以下项目。进一步完善项目审批、核准、备案制度，简化工作流程，加大项目服务和协调力度，帮助项目解决审批、融资、用地等困难和问题。全年实施投资2000万元以上工业项目共计2696个，其中当年新开工建设项目2199个、续建项目497个，工业投资在上海大众等重大项目的带动下实现了高速增长。

六、信息化建设。在信息基础设施领域，着力打造“光网长沙”和“无线长沙”，全面推进三网融合；在社会应用领域，着力推进“智慧长沙”建设，重点推进“数字城管”“智能交通”“天网工程”等一批信息化项目建设；在经济领域，大力发展集成电路、移动互联网、北斗卫星导航应用、电子商务、物联网、软件和信息服务等产业，深入推进两化融合，创建智慧企业。

长沙工业尽管在形势非常复杂、挑战十分严峻的背景下仍然取得了较好的成绩，但还是存在一些突出矛盾和问题。从产业看，下行压力仍然较大。工程机械产业持续下行，其他产业有效支撑不足，新的增长点体量小、增量不大，造成长沙工业增速趋缓下行。从企业看，转型升级任务艰巨。工程机械企业核心竞争力偏弱使得产业转型困难；工业经济效益依然没有向好转变，2014年全市规上工业利润总额为零增长，比上年回落13个百分点；工业发展后劲依然没有得到增强，新增规模企业缺乏具备上下游带动效应的龙头企业。（文龙辉）

【市工业和信息化工作会议】 2月26日，2014年全市工信系统深入开展“六个走在前列”大竞赛活动暨工业和信息化工作会议在机关会议中心召开。市委常委、统战部部长文树勋主持会议，市政府副市长何寄华作“实施‘工业倍增’计划、推进转型创新发展”的工作报告，会议全面总结了2013年工业和信息化工作，精心部署了2014年工业和信息化工作；市政协党组副书记谢明德宣读了长沙市人民政府关于表彰2013年度工业和信息化工作先进单位的通报，并对获奖单位和企业进行了颁奖；市委副书记、市长胡衡华下达了2014年度工业和信息化工作目标责任书。会上，湖南省经信委主任、党组书记谢超英表示，希望始终坚持新型工业化第一推动力不动摇；希望牢牢把握稳中求进的工作总基调；希望加快转型升级推动工业提质增效。市委副书记、市长胡衡华最后强调：要坚定不移地走新型工业化道路，新型工业化仍然是长沙经济发展的第一推动力，是长沙实现现代化的必由之路，是长沙产业转型升级的主要引擎，是新型城镇化的发动机；要准确把握推进新型工业化的主攻方向，注重产业的互动发展、注重工信息化和工业化的融合发展、注重创新发展；要充分发挥园区推进新型工业化的主力军作用，要落实责任，加强规划布局，优化环境。各区、县（市）、工业园区、有关部门、企业和金融机构负责人参加会议。（文龙辉）

【全省工业及国企改革工作调度会在宁乡召开】 11月6日，全省工业及国企改革工作调度会在宁乡县召开。会议传达了10月31日省委常委扩大会议精神，对下阶段工业经济重点工作进行了部署，副市长何寄华介绍了长沙市前三季度工业运行及国企改革情况，副省长黄兰香高度肯定了长沙工业经济对全省工业增长所做的贡献，为下阶段长沙工业发展提出了更高要求。希望各市州把稳工业作为稳增长的头等大事来抓，咬定全年发展目标不放松，加大后两个月的工作力度。要下大力气加强工业园区建设，提高产业集中度，进一步优化产业结构。对市（州）县国企改革，要明确改革企业和责任人，确保各项工作任务按时间节点顺利完成。抓好安全生产，关注特困企业和职工的生活，搞好扶贫帮困工作，同时要抓好2015年工作的谋划。（文龙辉）

【全市园区工作会议】 11月14日，市委、市政府召开全市园区工作会议，传达贯彻全省产业园区工作会议精神，分析当前经济形势，部署加快推动全市园区转型升级。市政府副市长何寄华全面总结园区发展历程、做法，认真分析园区存在的问题和困难，精心部署下部工作。市委副书记、市长胡衡华就园区发展提出三条明确要求，园区在建设“三市”实施“三倍”中要有新担当，要努力培育新形势下园区发展的新增长点，要充分激发园区跨越发展的新动力。省委常委、市委书记易炼红出席会议并强调，要按照“六个走在前列”的要求，瞄准率先建成“三市”、强力实施“三倍”、加快实现基本现代化的目标，聚焦园区抓产业，给力园区促升级，实现园区转型创新发展大跨越，必须树立只争朝夕的紧迫感，牵紧项目建设的牛鼻子，展示品质倍升的新面貌，激发班子队伍的创造力。市领导文树勋、陈献春、曹立军出席。宁乡县、长沙高新区、长沙经开区、雨花经开区和市国土局分别做了典型发言。（文龙辉）

【胡衡华会见互联网领军人物】 9月21日，市委副书记、市长胡衡华会见了在长沙出席手机文博会——“中国移动互联网领军人物岳麓峰会”的嘉宾。市委常委、宣传部部长张湘涛，副市长何寄华参加会见。胡衡华对嘉宾们的到来表示欢迎。长沙十分重视移动互联网产业的发展，推出了一系列政策措施，特别是长沙高新区已经正式挂牌湖南省移动互联网产业集聚区，未来五年，每年将投入1亿元作为移动互联网产业专项资金，致力于打造长沙新的千亿级产业集群，带动长沙产业结构转型升级、创新发展。此次参加峰会的嘉宾都是中国互联网行业的领军人物，希望大家能聚焦长沙，支持长沙，开展更深更广的合作，欢迎越来越多的移动互联网企业来到长沙发展，共同铸就移动互联网的“政策洼地”和“产业高地”，携手促进互联网产业与各行各业的深度融合发展。（文龙辉）

【中国电子与长沙市政府签订战略合作协议】 9月23日，长沙市政府与中国电子信息产业集团有限公司签订战略合作框架协议，中国电子将在高新区投资“自主可控国产计算机整机”“自主可控操作系统”“金融信息安全研发中心”等重大项目。市委副书记、市长胡衡华，副市长何寄华，高新区党工委书记罗社辉，管委会主任李晓宏等出席签约仪式。中国电子的自主可控国产计算机整机项目总投资10亿元，面向各领域市场的广大需求，建设完善基于国产核心基础软硬件平台的服务器、桌面计算机、平板计算机等军品、民品产品线。项目达产后可实现年产值15亿元。市政府将对中国电子投资的重大项目给予一系列政策支持。同时，中国电子将陆续引入一系列相关产业项目，与长沙市政府共同打造国家信息安全产业基地。胡衡华指出，长沙市政府与中国电子签署战略合作框架协议，是响应国家战略要求，共同推进信息安全产业升级发展的重大举措；是双方继长沙中电软件园项目之后，又一深度合作的典范。胡衡华希望以此为契机，继续深化合作，依托长沙市良好的投资环境和产业基础，引入中国电子的优质项目和专业资源，共同打造全国最具影响力的自主可控信息安全产业基地。（文龙辉）

表 22 2014 年各园区规模工业主要指标

园 区	总产值(亿元)		增加值(亿元)	
	绝对值	增长(%)	绝对值	增长(%)
园区总计	6724.56	14.7	1825.64	13.4
长沙高新技术产业开发区	1281.03	9.0	348.79	10.3
长沙经济技术开发区	1626.28	10.4	445.21	11.0
湖南浏阳经济技术开发区	708.79	31.5	231.37	19.7
湖南宁乡经济技术开发区	783.95	16.1	201.32	14.0
湖南长沙天心经济开发区	230.03	12.9	72.03	12.4
湖南长沙雨花经济开发区	317.54	32.8	80.03	18.3
湖南长沙金霞经济开发区	416.05	30.3	92.41	13.4
湖南长沙暮云经济开发区	59.78	5.7	15.68	6.6
湖南望城经济开发区	667.11	25.6	177.13	15.8
隆平高科技园	350.39	16.7	83.44	13.5
湖南浏阳工业集中区	232.65	31.7	63.88	17.8
湖南金洲工业集中区	562.18	22.7	133.58	17.8

表 23 2014 年六大产业集群主要经济指标

指 标	单位：亿元	
	绝对值	增长(%)
一、规模工业总产值	9496.17	13.3
六大产业集群合计	6958.00	11.9
工程机械产业集群	1807.43	-3.2
汽车及零部件产业集群	600.50	31.0
食品产业集群	1514.73	10.7
新材料产业集群	1900.12	20.9
电子信息产业业集群	1174.57	20.6
生物医药产业集群	305.08	30.4
二、规模工业增加值	3042.05	12.0
六大产业集群合计	2324.99	11.2
工程机械产业集群	476.30	-2.7
汽车及零部件产业集群	147.11	27.8
食品产业集群	835.24	8.7
新材料产业集群	495.70	19.0
电子信息产业业集群	373.46	24.1
生物医药产业集群	91.92	26.2

表 24　　2014 年各区、县（市）规模工业主要指标

单位：万元

指标名称	绝对值	增长（%）
一、全社会工业总产值（现价）		
其中：1. 规模以上工业	9496.17	13.3
芙蓉区	412.64	11.3
天心区	433.72	8.0
岳麓区	1069.02	6.7
开福区	189.41	7.5
雨花区	1200.10	14.7
望城区	843.62	21.8
长沙县	1937.93	10.5
宁乡县	1741.15	17.6
浏阳市	1668.58	23.1
2. 规模以下工业		
二、工业产品销售率	96.9	-0.7
三、规模以上工业增加值（现价）	3042.05	12.0
芙蓉区	98.78	11.5
天心区	120.10	7.5
岳麓区	295.08	7.1
开福区	50.13	7.3
雨花区	770.82	9.4
望城区	222.18	15.0
长沙县	523.34	11.0
宁乡县	439.70	15.2
浏阳市	521.92	16.7

工程机械

【概况】 全市工程机械规模企业 112 户，其中主机企业 28 户，已经形成了以中联重科、三一集团、山河智能等企业为龙头的各具特色的制造群体。随着 3 家骨干企业的崛起，带动了中国铁建重工集团有限公司、奥盛特重工、长沙方圆、中立机械、飞翼股份等一批工程机械及相关企业在长沙落户发展。集群重点聚集在长沙高新技术开发区、长沙经济技术开发区，浏阳工业集中区和宁乡经济技术开发区也在逐步集聚。

一、发展速度快，创新体系基本形成。2014 年产值 1807 亿元，是中国最大的工程机械生产制造基地。拥有行业研发人员 1 万余名，其中博士、硕士占 40% 以上；有 4 个国家级企业技术中心、5 个国家级博士后科研工作站、1 个国家重点实验室、1 个国家工程技术研究中心；龙头企业每年将销售收入的 5% 以上用于研发，获得了一大批自主知识产权，仅中联重科和三一重工两家企业就相继主持和参与制（修）订近 400 项国家、行业标准，累计申请中国专利 5000 余件、PCT 国际专利近 300 件、海外专利 65 件，获权专利 2000 余件。已具备自主研发、制造高端和大型化产品的能力，混凝土输送泵和混凝土泵车、振动压路机、液压传动与控制、低噪音混凝土振动器、塔式起重机和履带起重机、沥青摊铺机、多功能液压静力压桩机、智能型挖掘机、隧道凿岩机器人等技术达到国际先进水平。

二、产品起点高，品种规格全。除了农用挖掘机、轮式装载机这类产品外，其他工程机械主导产品在长沙的企业均有生产。长沙工程机械行业主要生产 12 大类、100 余个小类、400 余个型号规格的产品，产品品种占全国工程机械品种的 70%。主要产品为拖式混凝土泵、混凝土泵车、混凝土布料杆、混凝土搅拌机、塔式起重机、塔式起重布料两用机、挖掘机、

压路机、摊铺机、汽车起重机、旋挖钻机、静力压桩机、盾构机等 14 个品种。

三、国际化步伐加快，国际竞争力增强。近年来，长沙工程机械产业为了能够更好地参与国际竞争，除了积极拓展海外业务、建立海外服务体系外，还通过引进国际高端人才、设立海外研发机构、海外投资设厂、并购海外企业等方式加快国际化步伐。长沙拥有几个初具世界级竞争力的大型工程机械制造企业集团，其混凝土机械、起重机械、路面机械、环卫机械、桩工机械等在世界上都具有较高的知名度。“2014 年世界工程机械 50 强”名单中，中联重科、三一集团、山河智能都进入 50 强，分别名列第 9、10、49 位。三一重工在印度、美国、德国、巴西相继投资设立研发制造基地，建有 20 余家海外子公司，业务覆盖 150 个国家，2011 年首次入围世界 500 强（唯一上榜的中国机械企业），混凝土泵车产销量连续多年居世界第一，2012 年斥资 27 亿元收购德国企业普茨迈斯特后更扩大了其品牌影响。中联重科 2008 年收购意大利 CIFA 公司后，成为了世界最领先的混凝土机械制造商。（文龙辉）

三一混凝土超高层泵至 620 米

【两家工程机械企业获国家科技进步奖】 1 月 10 日，2013 年度国家科学技术奖励大会在人民大会堂举行。工程机械行业企业三一重工申报的“大吨位系列履带式起重机关键技术与应用”与中联重科的“超大型塔式起重机关键技术及应用”项目均获国家科技进步二等奖。此为三一重工第三次获国家科技进步二等奖。2005 年及 2010 年，三一重工凭借“混凝土泵送关键技术研究开发与应用”“工程机械技术创新平台建设”两度荣膺过该奖项。另外，2012 年三一重工超长臂架技术还摘取了国家技术发明二等奖。2013 年，三一重工 SCC36000A 型 3600 吨履带起重机正式获得《特种设备型式试验合格证》及《特种设备制造许可证》。两证的获得，标志着 SCC36000A 已成为经认证的、可实现对外销售的全球最大吨位履带起重机。中联重科的“超大型塔式起重机关键技术及应用”项目，是中联重科深耕塔机技术领域几十年的集中成就。该项目催生的明星产品 D1250-80 塔式起重机，是全球首台臂架长度突破 100 米的塔机，工作幅度长达 110 米，满足机场枢纽、水利水电、运动场馆和桥梁建设等重大工程对塔机提出的工作幅度超过 100 米的特殊要求。中联重科的塔机系列产品不仅打破了以往超大型塔机核心技术长期被国外品牌垄断的局面，还实现了在澳大利亚、新加坡、土耳其、阿联酋等 10 余个国家的批量出口，近 3 年来都在塔机市场上位居第一。（文龙辉）

【三一集团入选“中国工业企业品牌竞争力百强榜”】 4 月 8 日，工业和信息化部发布 2013 年中国工业企业品牌竞争力评价结果显示，三一集团股份有限公司荣登“中国工业企业品牌竞争力百强榜”。这是工业和信息化部首次发布中国工业企业品牌竞争力评价榜单，与三一一同入选的还有中国海洋石油总公司、上海汽车集团、海尔集团等国内知名企业。“中国工业企业品牌竞争力评价活动”是 2013 年工业和信息化部推进的重点品牌培育工作之一，旨在验证品牌培育工作成果，建立评价发布平台，为政府相关部门给予企业政策扶持提供采信依据，是中国工业企业品牌培育工作最具权威和影响力的评价之一。从收购全球混凝土机械第一品牌普茨迈斯特，到积极捍卫公司利益，起诉奥巴马，三一集团敢为人先的精神让人称道。同时，三一也积极履行社会责任，在国内外多项重大救援中，肩扛重担，出色完成了各项救援任务。（文龙辉）

【三一重工超高层混凝土泵送刷新世界纪录】 6 月 15 日，中国第一高楼上海中心，三一重工超高压混凝土拖泵成功将混凝土泵送至 620 米高度，创造超高层混凝土泵送新的世界纪录。该次挑战 620 米超高层泵送，选用的是 C100 的超高强度混凝土（即抗压强度为 100 兆帕的混凝土），因其黏稠度极大，泵送阻力远大于普通混凝土，被业界称作“糯米团子”。泵送 C100 超高强度混凝土对泵送设备的要求极高，这是全球首次将 C100 超高强度混凝土泵送至 600 米以上。2013 年 8 月 3 日，上海中心主体结构封顶，三一泵送设备以 580 米的泵送高度再次刷新此前一直保持的国内单泵垂直泵送纪录。此次，三一成功将混凝土泵送至上海中心 620 米高度，一举打破普茨迈斯特在世界第一高楼迪拜塔创造的 606 米混凝土泵送纪录。（文龙辉）

【“国家混凝土机械工程技术研究中心”落户中联重科】 “国家混凝土机械工程技术研究中心”作为目前国内行业唯一的国家级混凝土机械工程技术研究中心正式落户中联重科，并于 10 月 22 日通过项目验收。为强化全国混凝土机械国际竞争力与话语权，提高工程机械自主创新能力与工程转化能力，2009 年 10 月，科技部批准依托代表行业最高水平的中联重科股份有限公司，组建国家混凝土机械工程技术研究中心。作为国家在混凝土机械领域的集成创新平台，中心自组建之初，即致力于成为混凝土机械先进技术的引领者、成套装备的开拓者、绿色施工技术的倡导者、行业进步的推动者。经过3年建设，中心基础条件全面提升，建成泵送、搅拌、臂架疲劳等6大试验平台，覆盖混凝土机械全线产品的试验验证。通过异地资源协同、产品并行开发、虚拟设计制造等3大产品开发平台，实现了中国、意大利等研发中心的资源整合及跨部门、跨系统信息的高效传递。建成麓谷、汉寿、沅江3条中试线，覆盖全系列混凝土机械产品，并成功研制出101米世界最长臂架泵车、50兆帕高强高性能混凝土超高压泵、世界首套连续级配混凝土生产线。中心的落户，进一步强化了中联重科在全球混凝土机械行业的领导者地位，极大地提高了中国技术研究及工程转化能力，也将继续引领行业向健康、可持续方向发展，真正成为“行业的巅峰、创新的源泉”。（文龙辉）

【中联重科完成对德国M-TEC公司并购项目股权交割】 4月2日，中联重科宣告正式完成对德国M-TEC公司并购项目的股权交割。M-TEC公司正式加入中联重科。借助并购整合的优势，中联重科将重塑中国干混砂浆设备市场格局，抢占干混砂浆设备市场先机。德国M-TEC公司成立于1978年，是全球干混砂浆设备领域的第一品牌。世界第一台搅拌机和搅拌泵、第一个干混砂浆移动筒仓都诞生于此。该公司产品已覆盖干混砂浆搅拌站设备和干混砂浆施工设备，产品销往全球55个国家和地区。中联重科并购M-TEC之后，通过顶尖的德国技术品质，完善的全球产业链与销售服务渠道保障，将在干混砂浆设备快速发展热潮中抢占市场先机和产业制高点。中联重科副总裁、混凝土机械公司常务副总经理郭学红介绍，收购M-TEC公司后，中联重科将致力于实现从单一的设备制造商向系统解决方案提供商的转型。（文龙辉）

【中联重科并购全球著名升降机企业——荷兰Raxtar公司】 8月8日，中联重科在上海签约，并购全球著名升降机企业——荷兰Raxtar公司。此举标志着中联重科致力打造全球施工升降机领域领导者迈出实质性步伐。荷兰Raxtar公司是集研发、生产、销售为一体的是全球升降机领先企业，产品覆盖了施工升降机、传输平台、货梯和工业电梯领域，其施工升降机产品曾参与诸如美国纽约世贸中心等全球多个国际标杆项目的施工和建设。中联重科此次并购将借助Raxtar公司多年来在升降机领域丰富的国际化生产、研发和高端市场营销经验，极大地提升中联重科升降机在全球市场的竞争力和品牌影响力。（文龙辉）

【中联重科宁乡工业园建成投产】 10月30日，中联重科宁乡工业园建成投产。宁乡工业园是中联重科重要产业园区之一，坐落于宁乡经开区，占地面积9.22公顷，专业从事机制砂石设备生产及开展混凝土机械公司培训工作。项目正式投产后，具备年产机制砂设备数百台套的产能，并可同时满足100人规模的员工培训需求。2012年，中联重科推出的三位一体技术以环保节能为基本理念，解决了传统河砂开采和拌制方式所带来的损毁河道、破坏水利设施、污染环境等种种弊端，可将大量工业废渣、落地石材、建筑垃圾等制成符合不同产品个性化要求的高品质人工砂。2014年3月15日，正式向业界推出专门针对预拌混凝土和干混砂浆产业用户特点的“金砂”系列高品质机制砂石成套生产设备。4月19日，中联重科全球首条每小时入料量达到150吨的干法楼式机制砂生产线在湖南吉首投产运营。机制砂子公司已新签订了5000万余元合同，并收到意向订单20余个。混凝土机械公司培训部门也在园区开展了一期客户培训，参训人员30人。（文龙辉）

【中联重科混合动力搅拌车获“红点设计大奖”】 11月，中联重科旗下混凝土机械公司革命性新能源产品CIFA ENERGYA系列混合动力绿色搅拌车获得世界工业设计领域“红点设计大奖”(Red Dot Design Award)，此为工程机械行业首次获得该项殊荣。

红点设计大奖（Red Dot Design Award）是由德国著名设计协会Design Zentrum Nordrhein Westfalen创立，至今已有超过50年的历史。通过对产品设计、传达设计和设计概念的竞赛，每年吸引超过60个国家1万件作品投稿参赛，获奖作品可以获得在德国Essen的红点博物馆展出以及参加颁奖典礼的机会，是国际公认的全球工业设计顶级奖项之一，其影响力一直被冠以“国际工业设计的奥斯卡”之称。ENERGYA系列混合动力绿色搅拌车，作为世界上唯一插电式混合动力混凝土搅拌车，实现了电力与柴油双管齐下提供动力，达到了实用性与高效率的完美结合，开创了一个尖端技术与可持续发展观相融合的新时代。在产品开发阶段，CIFA工程师就联合若干国际级的设计师成立了一个专门的产品设计团队。该团队从宇航产品上获得了灵感，依据宇航产品简洁、基本功能性强的设计理念，设计出集高性能、低耗、环保、美观、现代感于一体的ENERGYA系列新型搅拌车。为此，红点博物馆内专门为ENERGYA系列保留了极佳的位置，以视觉效果和文字描述向参观者全方位展示ENERGYA的亮点。（文龙辉）

汽车及零部件

【概况】 长沙汽车及零部件产业聚集了广汽菲亚特、广汽三菱、比亚迪、上海大众、众泰汽车、北汽福田、陕汽集团、博世、住友橡胶等国内外知名企业，已逐渐成为中国重要的汽车生产基地之一。截至2014年，全市共有规模以上汽车及其零部件企业100余家（其中整车企业10家），其整车生产能力涵盖了轿车、轻中重载货汽车、越野车、专用车、客车、新能源汽车等六大类，初步形成了以“两区、两园、一廊”为基地、以六大类整车为核心的汽车产业集群，是全国首个具备完整车系制造能力的城市。2014年，长沙市汽车产业稳步增长，规模以上企业累计完成产值600.5亿元，同比增长31%，累计完成产量28.27万辆，同比增长9.6%。

一、加大政策扶持力度。省政府出台《支持省产乘用车发展的若干政策措施》，鼓励优先采购本地汽车，鼓励企事业单位、居民采购本地汽车，凡购买本地乘用车，给予税费减免等方面的优惠政策。长沙市制定了《长沙市支持本地优质产品对接政府投资项目的操作办法》及《长沙市本地产品推荐目录》。其中规定：政府采购及

广汽菲亚特致悦上市发布会现场

财政性资金实施的市内项目，采购单位在采购产品时，采购本市产品不得低于采购金额的40%。另外，长沙市是最早一批入选“十城千辆”节能与新能源汽车示范推广试点城市，在补贴效果上可达到“双级”补贴。

二、引导企业技术合作。加强企业技术合作，紧紧依托整车企业，提高系统化配套和模块化供货能力，形成规模化生产。并鼓励整车和零部件企业围绕国家产业政策和重点发展方向，实施关键技术改造投资项目。

三、完善外部发展环境。组织大型专题招商活动，广泛邀请国内外整车及零部件厂商参与；加强产业链的缺环连接，重点引进发动机、底盘、变速箱等关键零部件项目。加强汽车产业人才队伍建设。加快建立适应汽车产业发展需要的人才培养机制和人才资源配置体系，培养、引进高水平研究开发人才、高技能生产人才和高层次管理人才，加强经营管理、技术研发、财务管理等人员的培训，充分积蓄汽车产业发展后劲。为汽车产业发展提供用地保障。积极引导汽车工业企业选址各类园区，保障汽车企业生产建设用地计划指标。对重点汽车企业建设用地实行“绿色通道”审批，快速提供用地。（文龙辉）

【“Ottimo 致悦”上市】 3月7日，广汽菲亚特第二款国产车型——两厢掀背式轿车“Ottimo 致悦”在上海世博中心正式上市。Ottimo 致悦基于菲翔打造，是一款两厢车。其车身线条流畅，前脸进气格栅和下部进气口尺寸较大，大灯配有 LED 日间行车灯。该车重点在于车尾的设计，后备厢盖在后风挡玻璃下方有稍稍外凸的轮廓，一方面更有层次感，另一方面实现更大的行李箱空间。新车的尾部造型还是十分协调，并充满动感。Ottimo 致悦依然搭载的是一台 1.4T 发动机，该发动机经过不同调校有两个版本，其中高功率版最大功率为 150 马力，低功率版最大功率为 120 马力。传动方面，与之匹配的是 5 速手动或 7 速双离合变速箱。（文龙辉）

【徐守盛调研广汽菲亚特】 7月28日，湖南省委书记徐守盛，湖南省委常委、市委书记易炼红，长沙市委副书记、市长胡衡华，长沙市委常委、市委秘书长陈献春等到广汽菲亚特，对发动机加工车间进行实地考察。公司总经理柏恩翰、执行副总经理王秋景、总经理助理兼整车制造部部长张朝阳等参与。在机加工车间内，发动机制造部部长李玉权结合现场产品、零件样品及流水线作业情况，向来宾介绍了广汽菲亚特发动机制造部各车间布局及生产情况、产能规划等情况，充分展示了发动机生产线的设备先进性、生产柔性、环保性。期间，徐守盛还近距离观看了机加工关键加工工序——座圈导管压装工序的生产，并对广汽菲亚特的制造工艺先进性表示赞赏。他勉励广汽菲亚特要发挥企业优势，打造国际化的企业成长环境，让企业与员工共同成长。（文龙辉）

【众泰“云 100”成功下线销售】 10月，长沙众泰汽车工业有限生产的纯电动汽车——“云 100”成功下线，并开始正式销售。众泰云 100 纯电动车于 10 月 24 日上午在众泰汽车长沙基地总装车间正式上市，售价 15.89 万元。此外众泰云 100 已经进入国家新能源车推广目录，上市后可以享受国家4.75万元+地方补贴优惠购车政策，其在长株潭地区终端售价仅为 4.89 万元。众泰云 100 基于众泰 Z100 打造，具备可视化电池管理系统和 GPS 远程安防系统，续航里程大于 150 千米。在众泰云 100 的上市现场，众泰汽车总经理苏金河表示，随着国家对新能源汽车政策支持力度的加大，新能源汽车产业的空间已经逐步放开，众泰汽车在国家引导下，不但持续地通过技术革新促进行业发展，同时也致力于加速与上下游产业间合作。同时，湖南省级新能源汽车技术中心也宣布成立；省内第一家新能源汽车云监控中心、湖南大学与众泰汽车联合实验室投入使用。（文龙辉）

食品·烟草

【概况】 长沙食品烟草产业已初步形成了宁乡、浏阳、望城和隆平园四大

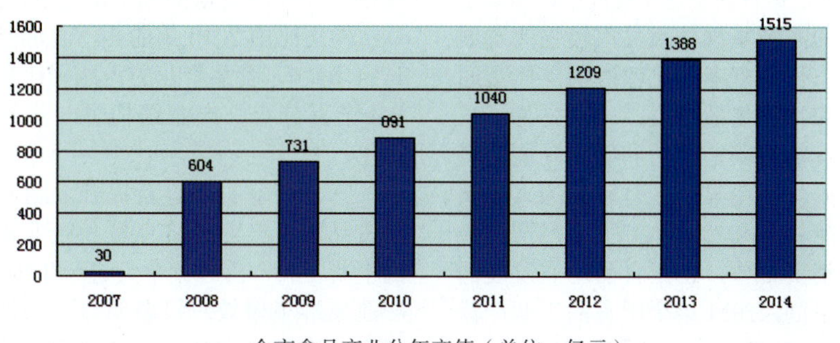

全市食品产业分年产值（单位：亿元）

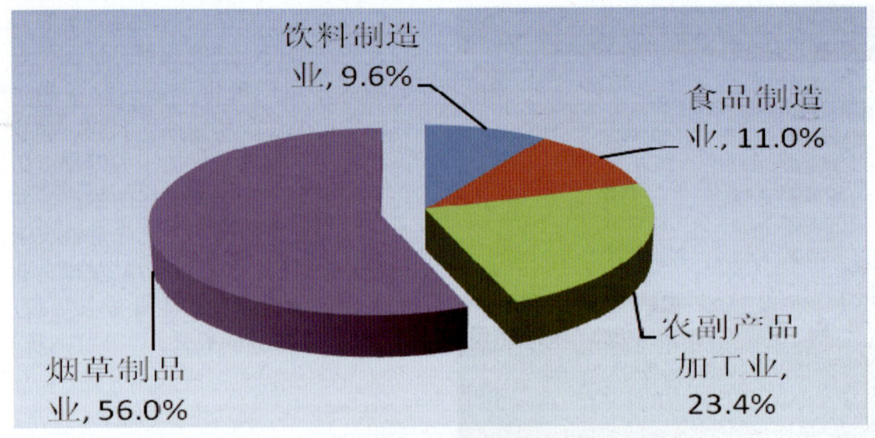

2013 年食品烟草产业占比

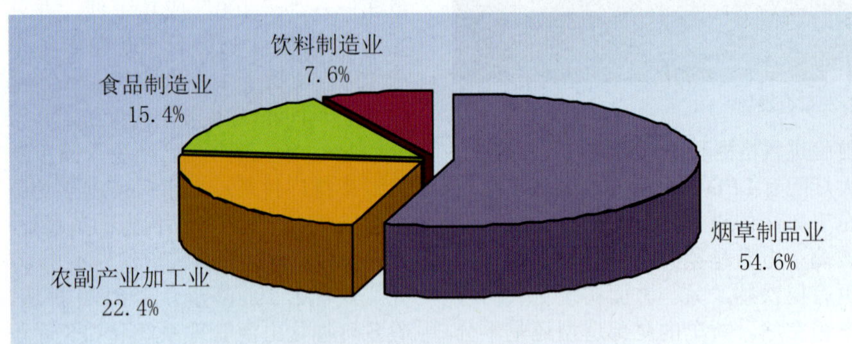

2014 年食品烟草产业占比

聚集区；汇聚了烟草制品、乳制品、肉类加工、粮油加工、调味品、酒类、饮料、茶叶、休闲食品、保健食品、饲料加工和其他农副食品加工 12 个子行业。既有一大批支撑作用强的优势企业、又有众多产业特色鲜明的中小企业；既有一批基础稳定的传统企业，又有众多极具发展前景、综合竞争力较强的成长型企业。

2014 年，长沙市食品烟草产业规模以上企业 271 家，年产值过亿元企业 142 家，过十亿元企业 10 家。2014 年，完成工业产值 1515 亿元，同比增长 10.7%；实现工业增加值 835.3 亿元，增长 8.7%，占全市规模工业经济总量的 15.9%，对全市 GDP 的贡献率达到 10%。

长沙市食品烟草产业经济总量不断壮大，运行质量逐年提高，已积累了较好的产业基础，凸显出较强的发展优势。长沙东南西北辐射的立体交通网络和物流集散中心，大大完善了长沙市场的聚集、辐射和媒介功能；科研资源优势明显，具有较强的人才聚集功能；国内 13 亿人口是食品产业最大的消费群体，也是食品产业发展的市场空间，2014 年全国食品工业产值突破了 12 万亿元，市场需求巨大，为长沙食品产业发展创造了有利的条件。

一、经济总量有新跨越。长沙食品烟草产业产值自 2007 年突破 300 亿元关口后，连续迈上 600 亿元、700 亿元、800 亿元台阶，2011 年晋升千亿产业集群，再连续迈上 1200 亿元、1300 亿元，2014 年登上 1500 亿台阶。食品烟草产业已成长为长沙工业的支柱产业之一，成为全市经济不可或缺的组成部分，为全市工业经济的稳健增长做出了较大贡献。

二、产业格局有新变化。长沙市食品烟草产业结构发生了积极的变化，2014 年长沙食品产业完成产值 688 亿元，增长 12.6%，占全市规模工业经济总量的 7.2%；烟草产业完成产值 827 亿元，增长 10.9%，占全市规模工业经济总量的 8.7%。食品与烟草结构之比由 2013 年的 44:56 调整至 45.4:54.6，食品产业的占比同比提高 1.4 个百分点，产业结构进一步趋于优化。

三、竞争实力有新提升。随着长沙食品烟草产业经济总量和企业规模的不断壮大，总体竞争力进一步提高，产业集群集聚效应日渐明显。长沙食品产业出现一大批支撑作用强的优势企业、又有众多产业特色鲜明的中小型企业；既有一批基础稳定的传统企业，又有众多极具潜力的成长型企业。2014 年，中烟公司销售收入过 800 亿元，成为长沙食品产业和工业经济的中流砥柱。以加加集团、旺旺食品、统一企业等为代表的食品加工制造业迅速发展壮大，更好地吸引技术、资本等优势要素资源的汇聚。培育形成了“绝味”“加加”“明园”“湘丰”“怡清源”等具有良好市场知名度的本地品牌，部分产品达到国内先进水平；引进汇聚了“娃哈哈”“旺旺”“百威英博”“统一”“可口可乐”等国内外知名品牌。（文龙辉）

【“24611”工程】 针对十二届六次全会提出的“到 2017 年食品烟草产业裂变为两大千亿产业集群”的目标，对裂变的产业基础、发展优势、问题与不足进行了全面研究分析。长沙市工信委食品工业处进一步明确了后段食品产业的整体发展思路：实施“24611”工程。“2”是加快把食品烟草产业裂变为两大千亿产业集群，形成长沙工业新的增长极；“4”是做强“宁乡、浏阳、望城、隆平园”四个专业园区，提高长沙食品产业承载能力；“6”是重点发展“休闲、粮油、饮料、调味品、酒类和速冻食品”六大行业，调优长沙食品产业结构；“1”是重点引进十大国内外知名品牌加盟长沙，壮大长沙食品产业规模；“1”指的是培育 100 户成长型企业，提升长沙食品产业市场竞争力。（文龙辉）

【拓展食品企业市场】 1. 加大宣传力度帮助企业开拓本地市场。2014 年，长沙市工信委与长沙晚报联合推出《湘知湘味——长沙知名食品产品及生产企业巡礼》系列报道，对长沙市 40 家重点食品企业开展宣传报道后，收到丰硕成果。湘丰茶业、怡清源、明园蜂业、梁嘉食品、口口香等企业反映，相关报道见报后，咨询谈业务的明显增多。2. 组织企业参加展销活动开拓外地市场。2014 年 5 月，长沙市工信委组织了部分重点食品企业参加在山东烟台举办的“2014 第九届东亚国际食品博览会”。长沙市食品企业与国内外经销商达成战略合作意向 18 个，对诚邀境内外知名品牌食品企业来长沙

共谋发展起到了积极的宣传作用。（文龙辉）

【烟草生产】 湖南中烟工业有限责任公司长沙卷烟厂工厂主厂区占地面积32.48万平方米，大托、圭塘、吉首仓库用地43.65万平方米。年卷烟生产能力750亿支（150万箱）。固定资产原值60.89亿元，净值18.80亿元。拥有意大利COMAS制丝线3条，德国及国产卷接机43台，德国、意大利及国产包装机45台（2台闲置），德国及国产滤嘴成型机18台。在册在岗人员2167人。7月，制丝车间党支部专题民主生活会得到中央巡回督导组和国家局领导的积极评价。8—9月，2项QC成果获“湖南省质量协会QC成果发布赛一等奖”、2个QC小组获“湖南省优秀质量管理小组”称号、2个班组获“湖南省优秀质量信得过班组”称号。12月，2个QC小组被中国质量协会等四家单位联合授予“全国优秀质量管理小组”称号，1个班组被授予“全国优秀质量信得过班组”称号。

2014年，长沙卷烟厂主要生产的卷烟品牌有“白沙”“利事”和“万宝路”3个卷烟品牌31个规格。其中内销卷烟17个规格，含白沙（硬细支和天下）和白沙（软和天下）两个新规格，出口卷烟14个规格。年内生产卷烟663.06 亿支（132.61万箱），同比减少0.82亿支（0.164万箱）。其中，生产内销卷烟656.60亿支（131.30万箱），出口卷烟6.56亿支（1.31万箱）。生产“白沙”652.66亿支（130.53万箱），其中“白沙”精品类282.60亿支（56.52万箱）。加工“万宝路”9.5亿支（1.9 万箱）。合作生产卷烟662.85亿支（132.57万箱）。全年万支卷烟综合能耗为2.85千克标煤，万元产值综合能耗10.26千克标煤，烟叶、滤棒、盘纸平均消耗（对标值）6.47千克/万支、2014.76支/万支、593.24米/万支。水、电年平均消耗为0.094吨/万支、7.53千瓦时/万支。

2014年，长沙卷烟厂优化生产组织、强化生产效率管控、开展“3+1”区域建设，整体日生产能力由最大5800箱提升至6200箱，白沙（和天下）手工生产能力稳步提升至230箱/天。实施软包硬化设备改型、制丝工房品牌代码升级扩量等工作，形成白沙（硬细支和天下）等6个规格新品生产能力。实现万宝路双线生产，万宝路制丝最大日产能由2400箱提升至3200箱。完成芙蓉王生产均质化评估，确保2015年1月具备芙蓉王（硬）生产能力。优化设备调试流程，顺利投产5台套超高速设备，实现制丝一线30个品牌规格转移生产，保证市场和技改需求。精细过程管理，构建卷烟制造过程能力（σ 水平）测评模型。开展制丝操作符合度评价，实施卷包过程缺陷零容忍质量评价。“烟支单重偏差”指标行业对标连续2年排名第一。全年制丝整体工序的CPK批次达标率96.88%，全制造过程 σ 水平达到4.28。以课题为载体，有效组织76项工艺与设备技术改进活动。实施目标动态管控，全年对标指标提升率93.75%。聚焦精益管理，梳理流程文件，优化文件标准270份。以问题改进为导向，实施基础优化课题37个。推进行为项目建设，完善8类53个岗位的行为标准，完成系统一期开发。持续开展生产现场6S管理改善活动，39个优秀成果得到推广应用。逐层签订安全目标责任书和责任承诺书，强化安全责任。编制岗位安全标准化手册，作为模板在湖南中烟工业有限责任公司推广。（长烟办）

材料产业

【概况】 2014年，规模以上企业451户，从业人员约8万人，完成工业总产值1900亿元，同比增长20.9%，占全市规模工业总产值的比重为20%。其中：晟通科技、远大住工、金龙铜业完成总产值分别居全市材料产业第一位、第二位、第三位。

“十二五”前半期，长沙市材料工业围绕调整结构这根主线，加快化工材料、建筑材料等传统材料产业改造升级步伐；加快储能材料、先进金属材料等新型材料产业发展进程；加快材料工业与长沙市主导产业的融合。材料工业规模不断扩大，产业结构不断优化，成为全市工业经济四大主导产业之一。与2010年相比，长沙市材料工业产值规模由774亿元上升到1900亿元，年均增长36%。

金属材料。2014年完成总产值550亿元。形成了从铝锭→铝材、铝箔→铝塑复合板、铝制品零部件及其应用的铝材深加工产业链；以及从稀土金属等合金材料→硬质合金→硬质合金工具的硬质合金产业链。

新能源材料。2014年总产值60亿元。主要产品有锂离子电池材料、续化带状泡沫镍、无汞电解二氧化锰、镍氢电池负极材料等先进电池材料和锂离子动力电池、镍氢动力电池、铅布铅酸电池等。形成了从电池原材料→电池关键材料→动力电池产业链。

化工材料。2014年完成总产值约450亿元。主要产品有合成洗涤剂、涂料（含汽车油漆）、烟花化工产品、工程塑料等。长沙市是国内高档合成洗涤剂原料第二大制造商，主要与宝洁等大型公司配套，引进大型的日化企业是招商的重点；涂料特别是汽车涂料具有较强的竞争力，汽车底漆国内市场占有率20%，随着长沙市汽车产能的释放，本地配套率将大幅提高；烟花化工与长沙市烟花产业形成了稳固的配套链，其规模随着烟花产业的发展而发展。

建筑材料。2014年完成总产值约460亿元。主要产品既有水泥等传统材料，又有高分子新型材料，形成了从玻璃纤维、高分子材料→新型建材→卫生洁具、轻质楼盖材料、保温材料的新型建材产业链。传统材料以本地房地产、基础设施配套为主，新型建材已逐步向省外扩张。（文龙辉）

生物医药

【概况】 长沙生物医药产业发展以浏阳经开区（浏阳生物医药园）为核心区，在地理范围上主要聚集在浏阳经开区、长沙高新区、开福区、暮云工业园、金霞经济开发区等，同时还有部分散布在其余各区、县（市）及园区。初步形成产业集群的是浏阳经开区和长沙高新区。

长沙生物医药产业由现代中药、基因工程和现代种苗产业组成，现代中药加工技术和现代种苗技术处于全国领先水平，而基因工程及技术处于

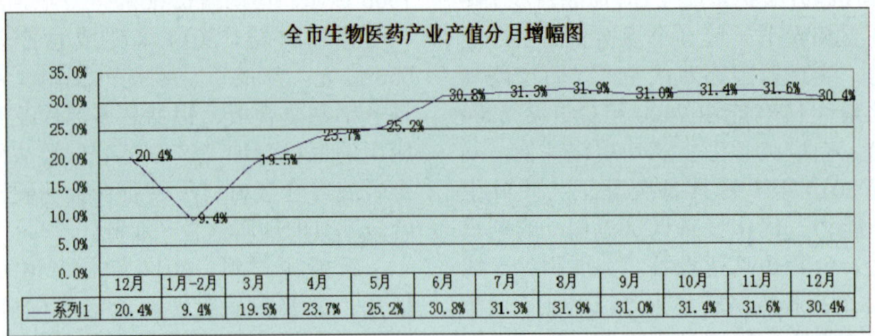

中部领先水平。长沙生物医药产业现已形成七大特色领域，分别是以九芝堂等为代表的现代特色中药行业；以九典等为代表的高端原料药及制剂行业；以迪诺等企业为代表的抗肿瘤药物行业；以尔康为代表的药用辅料行业；以宏灏生物等企业为代表的生物诊断试剂行业；以斯奇制药为代表疫苗行业；以农大动保等企业为代表的动物保健药行业。2014 年，长沙市拥有生物医药生产型企业 170 余家，其中规模以上企业 76 家，上市公司 4 家，产销过亿元企业 11 家，药品品种 1504 个。长沙市 76 家规模以上企业完成产值 305 亿元，增长 30.4%；完成增加值 92 亿元，增长 26.2%，增加值率达到 30.1%，比同期和年初分别提高 1.2 个百分点。

2014 年，长沙市生物医药产业依托规模、品牌、产品和技术等优势，抢抓新一轮兼并重组的重大机遇，提高市场占有率，全力化解新 GMP 认证调整、市场竞争加剧、行业门槛提高多重不利因素，呈现高速增长态势。增幅由 2013 年底 20.4% 幅小回落至一季度的 19.5%，1—6 月加速至 30.8%，6—9 月再度回升 31%。（文龙辉）

【推进医药产业 GMP 认证】 根据国家食品药品监督管理局《关于加强〈药品生产质量管理规范（2010 年修订）〉实施工作的通知》精神，从 2012 年开始，市工信委按照周密部署、精心组织、分类指导的原则，组织全市生物医药企业启动了新修订药品 GMP 认证工作，计划实施认证企业 40 家，2013 年认证 11 家，2014 年认证 15 家。经过 2 年多的不懈努力，部分医药生产企业已经率先通过认证，2013 年，有 8 家企业全部通过认证，9 家企业部分通过认证；2014 年有斯奇生物、迪诺制药、九典制药、安邦制药、华纳大等 12 家企业通过了新版 GMP 认证，产销步入良性发展通道。（文龙辉）

电子信息

【概况】 2014 年全市电子信息产业全行业收入突破 1600 亿元，同比增长 26%。其中电子信息制造业实现工业总产值 1174.57 亿元，同比增长 20.6%；软件和信息服务业实现主营业务收入 254 亿元；移动互联网产业业务收入 150 亿元，同比增长 120%；通信服务业约 100 亿元。全年共向上级部门推荐上报项目 269 个，获批 237 个，争取省移动互联网资金 11950 万元、信息产业专项资金 560 万元、信息化专项资金 570 万元。拥有长沙高新区、长沙经开区和浏阳经开区三大产业聚集区，初步形成了以蓝思科技、介面光电、宇顺电子、基伍手机为代表的智能终端产业链；以创芯科技、国科微电子、景嘉微电子、融合微电子、中慧微电子为代表的集成电路产业链；以拓维信息、58 同城、中清龙图、易宝天创、金蝶移动为代表的移动互联网产业链；以湘邮科技、湖南贝银、长城信息、航天电子、中本导航、北云科技为代表的北斗卫星导航应用产业链。（文龙辉）

【信息化建设】 1. 信息基础设施建设大力推进。长沙是国家三网融合试点地区之一，已建成集固定电话、移动通信、广播电视、多媒体综合通信为一体的功能齐全、覆盖面广的现代化通信网络。2014 年末本地固定电话用户 194.68 万户，下降 5.8%，普及率为 26.63 户／百人；移动电话用户 1118.20 万户，增长 2.9%，普及率 152.94 户／百人。年末互联网宽带用户达 152.83 万户，全市广播综合人口覆盖率达 99.4%，电视综合人口覆盖率达 98.89%，有线电视用户达 159.68 万户。自 2012 年起，长沙市与通信运营商合作启动了“光网城市”和“无线长沙”的建设，已实现乡镇光网通达、无线宽带网络全覆盖，全面提质升级信息基础设施建设，使市民享受到更加便捷的网络服务。2. 电子政务建设初见成效。全市电子政务内外网络已实现与市直机关单位的横向对接，纵向贯通了省、五区四县及 80% 以上的乡镇和社区。“中国·长沙”门户网站在全国省会政府网站绩效评估中连续 3 年排名前十。“应急联动”“天网工程”“智能交通诱导系统”“数字城管”“数字空间地理框架”“数字规划”“数字交通”“数字旅游”“数字档案”“金财工程”“金土工程”“高清卡口”“警务通”“教育中招系统”“国土招拍挂系统”等一大批信息化业务应用项目相继建成投入使用，大大提高长沙市电子政务的总体水平，为长沙市构建“阳光政府”和便民利民发挥了重要作用。市空间地理数据库已初步建成，人口基础数据库、法人基础数据库建设取得进展。市社保数据库、规划管理数据库、统计数据库、环境监测数据库、住房公积金数据库、房屋产权数据库等部门核心业务数据库建设取得较好进展。信息资源在城市管理、公共服务、社会事业、经济发展等领域开发利用逐步深入，提高了城市信息的综合服务能力。3. 信息产业持续快速发展。2014 年全市共拥有电子信息企业 2300 余家，其中规模以上的企业 221 家，产值过亿元企业 87 家。形成了以平板显示、军工电子、金融电子、医疗电子、智能仪器仪表为主的制造业产业集群；以移动互联网、平台软件、嵌入式软件、数字媒体、软件服务外包为主的软件和信息服务业产业集群。其中，移动互联网产业作为省、市政府重点支持的企业，发展非常快。2014 年，全市电子信息产业销售收入突破 1500 亿元，同比增长 20.6%，已成为长沙市第四个千亿元产业集群。4. 两化融合深入推进。长沙是国家级两化融合试验区之一，信息化与工业化融合取得了初步成效。大型骨干企业的信息技术应用持续深入，中小企业信息化服务体系开始建立。搭建了中小企业法律服务网络平台、中小企业融资服务平台、现代物流公共信息服务平台、网络协同制造技术服务平台、重点行业专利数据库服务平台等信息化公共服务平台建设，有效推动了产业结构调整和优化升级。面向工程机械、汽车及零部件、纺织服装、食品加工、生物医药、烟花鞭炮、商贸物流、建筑材料等行业，在产品研发设计、生产过程控制、经营管理和物流与供应链管理等方面广泛应用现代信息技术开展试点示范。5. 社会信息化应用逐步展开。90% 的高等院校和 76% 的普通中学建成校园网，中小学校基本实现“校校通”。90% 的县级以上医疗机构建成医院信息系统，80% 以上定点医疗机构实现住院补偿即时结报。城镇职工养老、医疗、工伤、失业、生育保险和新农保工作实现全程信息化。RFID（射频识别）、GPS（全球定位）等信息技术在交通、邮政和物流等领域得到广泛应用，城市公交 IC 卡基本普及。社会管理网格化、信息化建设深入推进，信息化对创新社会管理、深化平安建设、服务人民群众的支撑作用明显增强。（文龙辉）

【长沙移动互联网产业发展环境推介会】 4 月 24 日在深圳、5 月 8 日在北京、6 月 18 日在上海举办多场长沙移动互联网产业发展环境推介会。2014 年，全市移动互联网产业实现总收入 150 亿元，同比增长 120%。长沙正逐步成为中部地区移动互联网产业集聚区，从 2014 年初至 2015 年 3 月，吸引了 600 余家企业入驻长沙，其中包括 58 同城、金蝶软件、中清龙图、善领云商、友阿云商、央视商城、易宝支付、江苏名通、万达信息、上海帝联、京湘联集团等多家知名移动互联网企业。（文龙辉）

【“搜云杯”长沙移动互联网创业大赛】 7 月 11 日，“搜云杯”长沙移动互联网创业大赛暨 2014 创新中国走进长沙活动隆重举行，创业邦杂志社 CEO 南立新、IDG 资本创始合伙人熊晓鸽、乐逗游戏 CEO 陈湘宇、胡莱三国创始人乔万里、启赋资本董事长傅哲宽、清科集团创始人、董事长兼 CEO 倪正东、兰亭集势联合创始人文心等担任主题演讲嘉宾和大赛评委，300 余名移动互联网企业精英人物参加了活动。围绕“2014 年后移动互联网的掘金点在哪”和“2014 年之后的手游怎么做”的主题进行了对话。组委会精心征集挑选最具可扩张性及高成长潜力的 19 家公司分别进行了项目展示，项目涉及移动互联网或相关行业领域技术、产品、商业模式创新，经过评委会的严格评审，北京健康之路、长沙糖果网络科技、北京山水地信息技术、湖南索拓科技、专联科技获等五家公司胜出，晋级总决赛。长沙高新区企业上游网络科技有限公司凭借优异的表现，其手游项目《塔防传说》获得紫辉创投、搜云科技、长城会联合提供的 500 万元基金支持。（文龙辉）

【全省汽车电子产业合作对接会在长沙召开】 9 月 29 日，全省汽车电子产业合作对接会在长沙召开。比亚迪等 17 家整车企业，博世汽车等 42 家汽车电子及电子信息企业以及省汽车行业协会、省汽车及零部件产业技术创新战略联盟和长沙市集成电路设计与应用产业技术创新战略联盟等参加会议。对接会旨在通过政府“牵线搭桥”、企业“登台唱戏”的模式，推进行业了解，加强企业互动，助推汽车与电子信息两大战略性新兴产业跨界融合、创新发展、合作共赢。（文龙辉）

【第二届中国手机文化产业博览会在长沙举行】 9 月 19 日至 21 日，以“指尖世界 成就梦想”为主题的第二届中国手机文化产业博览会在长沙举行。28000 平方米的展区汇聚了中国移动、中国电信、中国联通、新浪、拓维等 579 家手游企业、手机品牌厂商、门户网站。展会期间，四大主体活动精彩纷呈：“第九届原创手机动漫游戏大赛”“亚洲手机视频大赛”开始为期一年的动漫游戏作品征集；“中国移动互联网领军人物岳麓峰会”在岳麓书院举行，移动互联网大佬围绕移动互联网发展及移动互联网创业等热点话题，争锋论道；“IDG 校园创业大赛决赛”在田汉大剧院举行，决赛胜出的项目将获得 IDG15 万元奖励；“掌握 phone 云榜·2014 中国手机文化产业评选颁奖盛典”评选出“最佳组织奖”“最佳布展奖”“新锐企业奖”“最佳应用发布奖”“最具吸引力手机游戏奖”5 项大奖。博览会致力在长沙搭建一个国际手机文化创业平台；吸引更多行业‘巨鳄’落户长沙，力争将长沙打造成为‘全国手机文化产业中心’城市。（文龙辉）

电 力

【概况】 2014 年，全市全社会总用电量 227.49 亿千瓦时，电力总供需总体保持平衡，增速较 2013 年同期小幅增长，同比增长 2.01%。

2014 年，长沙电厂发电量完成 373611 万千瓦时，同比减少 139391 万千瓦时，下降 27.17%。2014 年，国网长沙供电公司全年完成售电量 204.71 亿千瓦时，同比增长 3.11%；售电均价 770.24 元 / 千千瓦时，提高 5.15 元 / 千千瓦时；电费回收率 100%；综合线损率 7.14%，下降 1.69 个百分点；城市、农村综合电压合格率分别达到 99.996% 和 99.890%，供电可靠率分别达到 99.985% 和 99.979%，均同比上升，圆满完成了既定目标。

一、强化精益管理，保障全市用电安全。贯彻“安全第一、预防为主、综合治理”的方针，充分发挥“三大体系”（安全生产责任体系、保障体系和监督体系）作用，严格落实“五类制度”（生产调控、计划检修、现场把关、安全稽查和设备主人制度），安全生产精益化水平不断提升。科学安排电网调度方式，努力增强电力供应能力，优化有序用电措施，制定并组织演练保电时期反事故预案，抓好客户用电安全服务，有效保障关键时期全市电力的稳定供应。坚持“能带不停”的设备检修原则，推进配网带电作业等先进技术，2014 年配网跳闸次数同比降低 15.2%，减少 6.67 万停电时户数，为社会多供电量 1044.96 万千瓦时。公司连续安全生产 4131 天，实现第 5 个安全生产年，安全生产标准化建设通过国家能源局达标（一级）验收。

二、支撑城市发展，推进智能电网建设。统筹长沙气候特点、用电结构、负荷特征等因素，严格按照市委市政府的要求开展电网规划工作，合理把

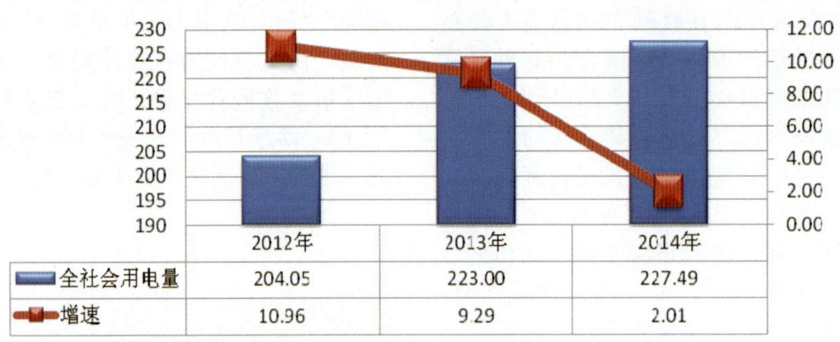

历年全社会用电量、增幅走势图（单位：亿千瓦时、%）

握项目建设规模和时序，增强年度电网建设项目计划的科学性，满足长沙城市可持续发展需要。2014年长沙电网主网方面110千伏荣湾输变电工程等9个项目顺利投产，新增变电容量38万千伏安，输电线路长度139.29千米；配网方面新建变电站配套出线19条，新建、改造低压变压器1026台，10千伏以及下线路1612千米，整治22条重载及存在严重安全隐患线路，改造行政村配电网371个，网架结构进一步增强。跟踪服务省市重点项目，确保了地铁2号线配套电力建设、大众110千伏输变电工程、中低速磁浮工程、湖南国际会展中心、广电生产基地等项目按省市领导的要求进行推进，有效提升长沙核心区域、工业园区的供电能力。科学布局全市智能充换电网络，已投运3座电动汽车充电站（汽车东站、汽车西站、大托充电站），支撑全市电动大巴行驶330万千米，为长沙“两型”城市建设做出重要贡献。

三、转变发展方式，经营管理稳中向好。历时五年全面建成“三集五大”体系，机构精简42.1%，用工效率提升18.2%，不断完善业绩考核体系，全力推广“四到位”基层单位绩效管理模式，全员劳动生产率提升44.5%，人力资源“存量”得到进一步释放。将依法治企作为企业发展的基本原则，加强内控和协同监督，持续查摆安全生产、营销服务、电网建设、经营管理等方面的问题，有效防范经营风险。大力推进管理创新项目，积极挖潜增效，公司经营状况保持良好态势，全面完成国有资产保值增值目标任务。

四、坚持市场导向，服务电力客户。坚持面向市场、面向客户，围绕优质供电服务难点和问题，有力服务和保障社会民生。建立健全银行划拨、银行自助终端缴费、网上银行缴费、拉卡拉等各种缴费途径，进一步完善城市“10分钟缴费圈”；在农村地区建立自营网点240个，邮政代收网点593个，信用社代收点86个，投入自助缴费网点(银联POS、拉卡拉)763个，其他混合型缴费网点109个，实现“村村有缴费点”，切实解决城乡居民缴费难题。依托新型平台，创新建立快速响应机制，完善“长沙供电”微信公众服务平台功能，推出“停电地图”、VIP定制等服务模块，关注人数已突破10万；优化短信平台，增加服务信息定制等互动功能；积极推广“台区经理”制，按“客户经理、台区经理班、电力保障班”的三级需求响应模式，以主动服务满足客户诉求。简化业扩报装流程，直接放开负荷额度简化中间环节，提高效率；制定分布式电源并网服务流程示意图，强化过程监管，形成了“流程精简、协同高效、全程管控”的业扩报装精益化管理模式。提升电网智能互动能力，完成中粮集团等光伏发电站并网工作，满足新能源接入需求。（陈　进）

烟花爆竹

【概况】 2014年，全年浏阳市花炮产业集群实现总产值202亿元，同比增长7.6%。其中出口销售额28.35亿元，同比增长15.8%；国内销售额126.77亿元，同比增长7.37%；原辅材料及相关产业实现产值46.88亿元，同比增长6.8%。

整合提升。依法有序完成100家企业退出目标，重点引导有品牌、有市场、有技术、善管理的企业兼并收购专业小厂，淘汰引火线、黑火药等落后产能。指导成立黑火药行业协会，通过内部兼并重组，组建了10家集团公司，实行以销定产，降低安全风险。

科技研发。设立1000万元技术攻关专项资金开展烟花爆竹重大技术难题攻关，积极破解制约产业发展的科技瓶颈。经专业评委综合评审，已选出7个具有较强代表性的关键共性难题进行重点攻关。加大微烟、少尘、无硫、降噪等环保新材料的科研攻关，出台《浏阳市烟花爆竹新材料研发应用管理暂行办法》，举办微烟发射药比武，成功研发新型微烟无硫发射药等环保材料。加大危险工序自动化机械的研发应用，成功研发了药柱自动生产机械、组合烟花全自动生产机械、烟火药自动造粒成型设备、新型无硫发射药旋转式造粒机等安全机械，大大提升了花炮生产安全系数。筹建浏阳花炮重点实验室，打造浏阳花炮原材料检测和技术研发公共平台，大力推进浏阳花炮标准化、科技化进程。

人才培养。开展多场花炮人才招聘会，共引进花炮技术人才300余人。举办3期高级管理培训班，组织大型焰火操作人员培训考核和全市烟花爆竹专业技术人员培训，全年共培训人员1000余人，新增省级工艺美术大师2人，中级工艺美术师58人，助理工艺美术师49人，提升从业人员管理水平和专业技能，为产业创新发展夯实了人才基础。

质量监管。联合质监、工商等部门共同成立了烟花爆竹行业秩序监管办公室，对生产企业使用和市场流通的原材料以及企业超规格生产情况进行常态化检查，有效确保原材料和产品质量安全。加大假冒伪劣行动打击力度，印发了《浏阳花炮打假举报奖励办法》，先后赴海南、福建、临湘等地开展打假行动，捣毁假冒浏阳花炮生产窝点，维护浏阳花炮品牌声誉。创新升级电子防伪信息系统，引进了手机二维码防伪技术，提升品牌保护能力。成功获批省级出口烟花爆竹质量安全示范区，建立健全以企业为主体的质量安全管理体系，积极打造浏阳花炮的品质高地。

营销创新。做好省外定点订货工作，组织了浏阳市480余家企业参加黑龙江、山东等15个省市供货备案会议，进一步稳定和拓展内销市场。探索省内直销试点模式，支持庆泰、明义等10家知名优质企业联合组建了浏阳花炮连锁经营管理发展有限公司，在湘潭等地成功设立了直销店，有效探索了省内直销试点新模式。支持大型企业举办专场订货会，为浏阳花炮企业拓展国内市场开辟新的渠道。推动电子商务应用，组织浏阳26家花炮企业进入长沙市工信委推广应用的“e企来”平台和“湘赢”网上商城，推动浏阳花炮拓展现代化营销。举办中国烟花爆竹安全环保博览会，通过论坛、展览、焰火展示等活动全景展示了烟花爆竹安全环保新形象，为拓展市场营造良好外部环境。

文化宣传。积极开展烟花文化专题宣传，争取了20余家省级及以上媒体专题报道浏阳花炮转型升级之路，为产业发展营造了良好舆论氛围。精心打造烟花特色宣传平台，认真组织橘子洲周末音乐焰火燃放，打造寿庆、婚庆、企业庆典等民间庆典主题焰火，进一步弘扬烟花传统文化，推动民间焰火市场发展。创新举办浏阳河周末音乐焰火活动，加强文化创意与融合，提升浏阳花炮影响力。两大品牌活动有效带动浏阳、长沙相关产业的发展，催生焰火经济新业态。积极参与国际盛事焰火燃放，积极把握大型焰火燃放展示机遇，成功承担了南京青奥会、韩国仁川亚运会、北京APEC会议等国际盛事的焰火燃放，大大提升浏阳花炮的国际知名度和美誉度，为行业发展营造更加宽松的市场氛围和更加浓厚的文化氛围。

存在的困难和问题：安全环保发展任重道远。社会舆论对安全环保产品要求高，但市场接受度不高，安全环保产品的推广难度大。同时，安全环保受原材料研发落后、高级技术人才短缺、资金投入不足等因素制约进展缓慢。整合提升推进难度较大。按照国家安委办文件精神，浏阳到“十二五”末要力争将烟花爆竹企业控制到700家左右，由于企业关闭退出后可能面临银行追还欠款、厂房设施废弃等问题，同时淘汰退出缺乏补偿机制，将导致工作难度加大，甚至可能引发社会不稳定因素。（黄　露）

【首届中国烟花爆竹安全环保博览会在浏阳举行】 5月，中国烟花爆竹安全环保博览会在浏阳举行，烟花爆竹“科技、安全、环保”主题论坛、花炮机械化生产设备和安全环保产品展览、安全环保新产品燃放效果演示以及中国烟花爆竹协会第一届理事会第二次全体会议等四大主题活动吸引了国内烟花爆竹管理部门和企业聚首。此次安全环保博览会不仅全面展示了花炮产业安全环保新形象，而且为企业搭建了产销对接的经贸平台，实现了经济效益和社会效益双丰收。（黄　露）

【浏阳花炮绽放南京青奥会和北京APEC会议舞台】 8月，第二届青奥会在南京举行，浏阳花炮亮相开闭幕式环节。11月10日，北京APEC领导人非正式会议焰火燃放活动在北京举行，参与燃放的企业中有4家来自浏阳。焰火绽放在青奥会、APFC 会议等重量级活动舞台上，宣告花炮时隔两年之后重登国家级舞台，不仅拓宽了花炮产业属于文化产业的认识面，也为焰火市场复苏带来了拉动效应。（黄　露）

【浏阳市获批湖南省级出口烟花爆竹质量安全示范区】 12月31日，经湖南出入境检验检疫局批准，浏阳出口烟花爆竹质量安全示范区顺利成为湖南省省级出口工业产品质量安全示范区。省级示范区的成功创建，对于提高浏阳出口烟花爆竹总体质量水平和市场竞争力、服务区域经济又好又快发展方面具有重要意义。（黄　露）

【浏阳花炮连锁直销店开业】 11月18日，浏阳花炮连锁湘潭直销店隆重开业，这标志着浏阳首创的花炮连锁经营模式走向零售市场。浏阳花炮连锁直销是借助“湖南省率先打破烟花爆竹经营垄断”契机下做出的积极探索。浏阳花炮连锁经营管理发展有限公司是由浏阳10家优质品牌企业联合组建，以“浏阳花炮”地理标志为品牌基础，致力打造烟花爆竹行业的标准店、示范店。（黄　露）

交通·邮政·通信

责任编辑：吴丫丫

城市公共交通

【概况】 截至2014年底，全市公交车4585台、出租车7780台，日客流量220万人次，出行分担率约36%。城区公交线路147条，线路总长度4956.9千米，总运营里程39359.2万千米，客运总量80300万人，覆盖市区、长沙县、望城区50%以上区域，公共汽车行业从业人员10267人，其中驾驶员6396人。出租车行驶总里程118195.2万千米，营运总收入239616万元，客运总量33094.6万人，出租汽车行业从业人员1.7万人，其中驾驶员1.64万人。长沙轨道交通线网包括地铁、磁悬浮等，在运营的有4月29日开通的地铁2号线一期。

（杨　甜　彭叶青）

【公交车营运】 2014年是建设“公交都市”的重点启动年份，市交通运输局对“公交都市”实施方案进行细化分解并编制“公交都市”三年重点实施项目表。1. 出台《关于优先发展城市公共交通的实施意见》，10月20日起实施。2. 启动公交刷卡乘车优惠制度，1月1日起市民乘坐公交车刷卡享受7折优惠，老年人、残疾人刷卡免费，学生卡5折优惠。全市公交车辆刷卡机具全部调试到位，补贴按月发放到位，1—11月共刷卡4.28亿人次，补贴资金2.11亿元。普通公交乘车人数由原来的200万人次/天上升至220万人次/天。3. 推进快速公交系统建设。万家丽路BRT系统依托万家丽路快速化改造工程同步实施，启动建设。4. 9月24日，召开全市公交都市建设推进大会，明确相关责任单位，对建设任务进行责任分解。

（彭叶青）

【出租车营运】 1. 制定《长沙市出租汽车服务质量信誉考核实施细则》，完善考评体系。创新实施出租汽车主城区“运行率”和“停驶率”考核，缓解“打的”难。2. 开展出租汽车计价机构调整工作。对出租汽车经营者、驾驶员以及乘客进行问卷调查，协助成本调查队进驻出租车企业开展成本核算，配合物价部门实行“差别化运价”调研，召开行业座谈会、专家论证会、新闻媒体协调会及听证会。3. 完成409台更新出租汽车及900台新增运力出租车的旧车下线改色及新车验收工作，安装税控计价器1335台。

（成　明）

【公共客运管理】 规范审批业务。1. 政务窗口共接待5263人次，受理进窗事项31476件，其中行政许可事项13546件，年检和非行政许可事项17930件，办结率100%。2. 全面做好许可项目的清理工作，做到精简许可项目50%，许可流程时限提速50%。3. 集体研究审批企业上报的班线和车辆的发展计划，严格做好省、市际道路旅客运输运力发展计划申报工作。严格日常监管。2014年，共检查公交车27177台次、出租车44846台次、道路客运车辆14825台次。共处理公交行业违章投诉立案案件1156起、出租车行业违章投诉立案案件3078起、出租车违规记分案件3399起、道路客运行业违章立案案件15起。提升服务质量。共受理各类公共客运事宜63244起，其中咨询15924起，投诉8899起，表扬4027起，求助11449起，拾物30起，举报491起，建议1261起，其他21163起。共处理市民服务热线“12345”交办件1186件。（成　明）

【城市轨道交通】 4月29日，长沙市轨道交通2号线一期工程开通试运营。开通前，市交通运输局准备工作：1. 在市政府主持召开的地铁运营管理专题会上作市交通运输局推进轨道交通试运营管理工作的专题报告。2. 牵头召集轨道集团和公交公司专题研究《地铁公交接驳预案》。3. 督促市公共交通投资管理有限公司尽快完成地铁公交IC卡互通互联。四是全程组织试运营基本条件评审会议。开通后，根据《长沙市轨道交通管理条例》完成以下工作：1. 明确局属相关单位、处室轨道交通运营管理工作分工。2. 对轨道公司下发《长沙市交通运输局关于做好轨道运营管理工作的通知》。3. 制定《长沙市轨道交通运营服务质量考评办法（试行）》，为规范管理地铁运营提供可操作细则。（彭叶青）

【交通行政执法】 2014年，共检查公交车27177台次、出租车44846台次、道路客运车辆14825台次。共处理公交行业违章投诉立案案件1156起、出租车行业违章投诉立案案件3078起、出租车违规记分案件3399起、道路客运行业违章立案案件15起。在“打非”方面主动作为，保持打非高压态势。贯彻落实《长沙市2014年城区打击非法营运专项治理工作方案》，认真履职，加强对重点站场、区域、路段监管，保持路面高压、夯实驻站管理，特殊时段领导24小时值班带班。全市共查扣非法营运车辆4576台次。（成 明 李 茜）

【驾培管理】 2014年，驾培机构招生人数超40万人，按“先照后证”模式许可12所驾培机构，受理教练员从业资格考试报名3400余名，受理并初审二级教练员报名337人，核发道路运输从业人员资格证5144本，道路运输从业人员继续教育考核合格6882人。（向 樊）

【交通运输信息化】 2014年，交通运输信息中心推进信息化建设与管理。1. 重点工程。按照国、省两级要求加速推进交通运输部在长沙两个试点项目，城市公共交通智能化应用示范工程进入全面施工期，长沙铁路南站（黎托）综合客运枢纽信息服务与协同管理系统试点工程完成设计，进入招标。2. 公众服务。“12328”交通服务热线项目完成号码开通、立项、报批、初步设计相关手续；交通“一点通”手机APP形成调试版；市交通运输局办公自动化纳入省厅OA系统，待全面投入使用；监督、指导交通行政执法局、农村公路局、驾培处等二级机构开通单位门户网站。（王 磊）

【春运服务】 召集全市交通系统春运工作动员大会，印发《关于认真做好2014年春节运输工作的通知》，对春运工作进行提前动员。春运40天，全市道路运输共完成客运发送量1094.60万人次，累计完成收入28543.84万元，同比增长4.49%；城市公交车每天平均投入运力3932台，共运送乘客6762.17万人次；出租车每天平均投入运力6718台，共运送乘客4428.15万人次。没有出现旅客滞留现象，也没有发生重大安全生产责任事故，满足广大市民在春运期间的出行需求。（彭叶青）

【公共客运行业专项整治】 1. 实施行业“脏、乱、差”整治、出租汽车拒载整治、出租车营业站点夜间营运秩序整治、出租汽车违规安装“跳跳表”整治、公交车丢站甩客整治、武广火车南站及周边营运秩序专项整治行动等专项整治行动。2. 开展联动执法，协同市公安局公交分局、市交警支队、市交通行政执法局打击“套牌”出租汽车，共查处“套牌”出租汽车137台次。（成 明）

【“长沙市民满意十佳驾校”推选活动】 1月17日，2013年“长沙市民满意十佳驾校”网络推选活动举行颁奖仪式，长城、公专、远征、交技、鸿宇、博鳌、交安、民和、工业、城东10所驾校被推选为2013年“长沙市民满意十佳驾校”。活动由《长沙晚报》报业集团和长沙市交通行业协会共同主办，《长沙晚报》、星辰在线和市交通行业协会驾培分会承办。活动从2013年12月2日开始，全市103所驾校参评，经过为期一个半月的公众投票、行业主管部门质量信誉考核和专家评审，二轮公众投票后，按照公众投票占40%，质量信誉考核占30%，专家评审等占30%，对30所候选驾校的综合情况进行评定，评定出“长沙市民满意十佳驾校”10所。（陈东风）

【轨道交通2号线一期工程开通试运营】 4月29日，长沙市轨道交通2号线一期工程开通试运营。2号线一期工程全长22.26千米，均为地下线，设站19座。工程总投资120.6亿元。2009年9月28日开工建设，2012年11月26日完成“洞通”，2012年12月26日实现“轨通”，2013年8月8日实现“电通”，8月9日第一列车到达车辆段，2013年12月30日试运行，2014年4月29日开通试运营。2号线也成为了新国标颁行后达到A级开通标准的全国首条地铁。轨道交通2号线一期工程西起汽车西站，向东沿枫林路至溁湾镇，过湘江后沿五一大道向东行进，穿越长沙火车站后沿荷花路，在古曲路右拐向南，沿杜花路向东经长沙火车南站，穿越浏阳河到达终点站。（彭叶青）

【传承爱心送考活动】 6月7—8日高考期间，联合湖南电台交通频道组织开展“学习雷锋、爱心送考”主题公益活动。公交行业共有3279台车参与，比上年同期增长23.18%；出租车行业共3101台车参与，比上年同期增长49.21%；轨道交通共运行392趟次，免费接送考生927人。（成 明）

【“公交都市”建设推进大会】 9月24日，长沙召开“公交都市”建设推进大会。市委副书记、市长胡衡华出席会议并讲话，副市长姚英杰主持会议，副市长何寄华对下阶段创建工作作具体安排，市政协副主席、市交通运输局局长刘明理宣读交通运输部对长沙“公交都市”创建实施方案的批复。根据交通运输部要求，长沙的公交都市创建时间原则上为5年，建设期为2013—2017年。长沙优先发展城市公共交通的目标是：将以提高公共交通分担率和群众满意度为目标，重点组织实施场站建设、路网建设、轨

9月24日，长沙召开“公交都市”建设推进大会

道交通建设、快速公交、常规公交优化、智能公交、城乡公交改造、低碳公交、交通需求管理、优质服务十大工程，建设立体、快速、全域、绿色、便民、人本的公共交通，到2017年，中心城区公共交通占机动化出行比例60%；公交线网密度3千米／平方千米以上；中心城区站点500米覆盖率100%；建成180千米以上的公交专用道，基本形成公共交通专用道网络；城市主干道和重要交叉口公交优先通行信号设置比例30%以上；公共汽电车车均场站面积200平方米／标台；常住人口万人公交车车辆保有量16标台以上；绿色公共交通车辆比率65%以上；早晚高峰时段公共汽车平均运行速度16千米／小时以上，准点率78%；公共交通乘车电子支付卡使用率80%以上；公共交通乘客满意度80%以上。真正做到小区、园区建到哪里，公交线路就通到哪里，通过公交线路的开通聚集人气，带动城市发展。（陈东风）

铁　路

【概况】 2014年，长沙市完成沪昆杭长段和长昆湖南段开通、长株潭城际铁路延长线前期启动、蒙华煤运通道岳吉段铁路可行性研究报告获国家批复、渝厦高铁纳入国家规划等工作，长沙市铁路建设各项工作取得成效。

一、铁路项目协调。2014年，长沙市铁路建设办公室发挥协调服务的工作职能，加大工作机制创新力度，加快推进全市铁路项目建设。1. 前期工作。长沙市做好铁路项目前期工作，保持项目投资建设的良好势头。长沙市协同湖南城际铁路有限公司、铁四院，推进长株潭城际铁路延长线前期工作，11月获中国铁路总公司对项目的初步设计批复，三电迁改现场勘测完成，2015年春节前将实施项目招投标，2015年正式启动开工建设。7月12日，蒙华煤运通道岳吉段铁路项目通过国家发改委的可行性研究报告批复，长沙市浏阳境内的先期用地土地勘测定界工作基本完成，启动征拆。争取渝厦高铁线路纳入国家“十三·五”铁路规划网，并在“十三·五”期间启动项目建设。配合铁四院、铁五院完成长沙至赣州段铁路规划的深入研究，提前做好渝厦高铁引入长沙境内枢纽站的规划定位工作；争取上级部门支持线形沿北边连接浏阳并设站。协调广铁集团加快对长沙市境内涉铁项目审查审批进度，长沙市境内通车运行或在建铁路共6条，途经所有区县，长沙市在建或已规划的地铁、市政道路、桥梁、房建等约40余个项目会与这些铁路有交接，按照国家《铁路安全保护条例》规定，所有的项目方案必须报经业主单位和广铁集团审查审批同意后，方能启动实施建设，为不影响重大项目的开工建设，长沙市加强与武广、沪昆公司以及广铁集团的工作对接。3月，市委副书记、市长胡衡华落实省委书记徐守盛的指示，带队到沪昆公司衔接，磁浮工程线形方案、火车南站东站房建设、沪昆铁路生产生活配套用地、沪昆动车所扩征用地等问题取得突破性的进展。11月，市委副书记、市长胡衡华带队到广铁集团衔接南北站迁建工程以及涉铁项目审批，连续3次调度工作进展，南北站迁建工程所涉及的具体事项取得进展，广铁集团表示全力支持加快对长沙境内涉铁项目的审查审批。通过协调广铁集团完成审查审批的项目有4个，即受湘江枢纽影响的排水管网改造工程柏家河项目、双管子项目穿京广铁路、大托机场专用线、地铁1号线开福区汽车北站电力隧道过京广线线等。2. 施工环境。保证良好的施工环境，坚持从内到外、软硬兼顾。“硬”环境方面，长沙市严格执行3个“一票否决制”，即：发生重大阻工挠工事件或强揽强卖工程而影响项目建设的，因征拆进度严重滞后导致控制性工程施工无法推进的，部门和地方协调配合不力导致工程建设受损的，一律取消其年度铁路建设工作评先评优资格，后果严重、情节恶劣的，还将呈报上级主管部门审查并进行全市通报。长沙市境内的铁路项目建设总体保持稳定态势。如在处理长沙县盘古庙弃土场危及沪昆、城际铁路安全的问题上，长沙市敢于责任担当，主动作为，重点督查督办长沙县暮云街道，严肃惩处涉案人员，并且市、县筹措资金351万元，妥善解决好盘古庙弃土场的安全整治问题，为项目顺利推进保驾护航。“软”环境方面，长沙市加强铁路建设正面舆论宣传报道，增强全民共同支持铁路建设的思想意识，争取社会各界对铁路项目的关注和支持。9月，接待香港建设行业协会60余名会员，到长沙长沙南站武广线运营现状以及沪昆高铁建设现场，开座谈会交流高铁建设对区域经济发展所带来的好处与变化。12月13日，长沙市组织市直机关铁路建设工作联络员，沿线所有区县的一线征拆、协调工作者以及被拆迁群众代表等160余人，参加“体验沪昆，体验科技”的试乘活动。2014年，长沙市在省、市级各类报刊、网络媒体上刊发铁路建简报、讯息30余则，在省级电视媒体播报新闻5篇，市级媒体播报8篇。3. 安全管理。安全生产方面，以项目本身安全监理监管部门为主，长沙市配合做好安全监管。8月底，沪昆高铁在通车前组织了安全评估验收，在获悉联络线下安全控制范围内雨花区有部分房屋未拆而影响项目安全评估验收，市铁办进行查看核实，市政府分管副市长何寄华带队到现场调度部署，雨花区委、区政府及时进行整改落实，有效确保沪昆高铁的正常开通运营。交通组织方面，随着城市机动车运行数量的快速增长，同时城区内铁路建设工程占道施工的多点铺开，长沙市道路交通管理工作面临压力和挑战。为缓解工程施工与路面交通运行压力之间的矛盾，减少施工建设对城市道路交通的影响，长沙市按照“交通管理服务于重点工程、重点工程服从于交通组织”的总体原则，对铁路项目每个站点逐一进行仔细踏勘，提前介入施工交通组织设计，根据施工建设进度需要，制定各阶段的施工交通疏解方案，全年共批复铁路建设占道施工许可16起。渣土运输方面，项目在主城区内施工建设的渣土运输管理是难点问题，为妥善处理好城市管理与渣土运输两者之间的关系，长沙市提出“重点工程、重点地段、重点保障”的思路方针，对城际铁路主城区内重点施工地段的渣土运输时间进行科学调整、合理布排，还对运输车辆的清洁、施工现场的保洁等作出具体要求，既保障重点工程建设的顺利推进，又保证城市环境的维护秩序。文明施工方面，严格按照全国文明卫生城市的标准要求，规范所有铁路项目施工点，从统一围档标准、安全着装施工、场地堆放整洁到建立职工学堂、保持食堂宿舍洁净等。2014年，长沙市共开展铁路项目建设工地文明创建专项督查行动4次，每月定期或不定期地检查施工现场，对不按要求落实到位的工地，务必督促其限期整改到位，保持长沙市全国文明城市形象。

二、铁路项目征拆。2014 年，长沙市协调区县、市直有关部门，完成年度征拆目标任务。1. 年初，长沙市下达 2014 年度铁路项目征拆目标，要求沿线区县推进征拆工作，保障项目建设施工需要。一是石长铁路增建二线。红线内应征地 149.23 公顷，完成 100%；应拆迁 112713.61 平方米，拆迁任务全部完成。按照项目建设进度要求，红线外受施工影响的房屋拆迁工作扫尾中。二是沪昆客专杭长、长昆段。红线内征拆任务全部完成，项目提前实现通车运营目标；项目生产生活配套用地 19.73 公顷征拆工作，共需拆迁合法建筑 41 栋，违章建筑约 3.6 万平方米，8 月，业主单位到位征拆资金 8600 万元，雨花区 12 月 30 日先期交地 4 公顷；动车运用所扩建基地征拆工作，根据铁四院 9 月提供的设计方案，在武广动车所东侧（即杨梅路以南、红旗路以西）新扩征沪昆动车所用地 59.99 公顷，市铁办 9 月两次调度动车运用所扩建基地征拆工作，雨花区及相关街道全力支持项目建设，完成调查摸底工作；因安全控制范围需新征 15.33 公顷。为确保沪昆高铁的安全通车运营，副市长何寄华带队到现场调度部署安全控制线范围内的房屋征拆工作，市铁办负责跟办督促雨花区落实到位。红线范围内存有安全隐患建筑物均消除，防护栅栏围闭施工完毕，因安全防范需要新扩征 15.33 公顷的征地拆迁工作进行中。三是长株潭城际铁路。全长 95.5 千米，长沙境内 43.5 千米。2014 年，长沙市征拆工作重点主要在芙蓉区、雨花区境内涉铁房屋征拆，该段线路长 1.9 千米，涉及征收土地 22.67 公顷，拆迁房屋 9.2 万平方米，原本该片区征拆工作明确由业主单位协调广铁集团完成，后来在征拆进度严重滞后于施工组织要求的情况下，2013 年底交由长沙市负责。雨花区境内涉铁房屋 8 月 30 日全部拆迁腾空，芙蓉区 10 月 31 日如期完成。长株潭城际铁路长沙境内累计完成房屋拆迁约 29 万平方米，累计完成征拆投资 27 亿元。集体土地方面，全部完成征地拆迁工作，完成征地面积 38.58 公顷，拆除房屋 10.35 万平方米（含代拆房屋 4873 平方米），安置人口 682 人，迁移花木苗圃 6.77 公顷，造塘还塘 4.39 公顷，完成补偿投资 2.72 亿元；国有土地方面，完成征拆腾地面积 44.85 公顷，提供临时施工用地 56.68 公顷，拆迁房屋 18.5 万平方米，拆除私房 36 户，拆除公改私住房 140 户。为确保 5 月 16 日能顺利举行磁浮线开工典礼仪式，市铁办在 4 月中旬接到工作任务后，统筹调度磁浮线雨花区境内的征拆工作，仅用 4 个月时间完成雨花区境内的所有征拆任务，保证开工仪式的如期顺利进行，做到征拆工作无强拆、无上访、无纠纷现象发生。2. 长沙市创新工作方式方法，打造 4 个工作机制，推进长沙境内铁路项目征地拆迁。一是实行现场派员制。长株潭城际铁路 2014 年的征拆任务重点、难点在芙蓉区、雨花区，主要涉及铁路部门房屋征拆，该片区不仅拆迁量大、涉及面宽，而且历史遗留问题也较多。为加快拆迁进度，减少报审环节，长沙市联合省国土资源厅、湖南城际铁路有限公司，组织芙蓉区、雨花区相关街道、部门，成立涉铁房屋征拆现场工作组，沿用以往“5+2”“白 + 黑”的工作模式，派驻专人驻守现场，10 月底完成涉铁房屋征拆任务。二是实行会议调度制。长沙市突破传统定期召开调度会议的工作模式，采用现场协调调度、限期专项交办、有问题及时解决的会议模式，重点推进征地拆迁工作，全年全市召开各类大小调度、协调会议 160 余次，形成会议纪要、备忘 62 个，解决征拆矛盾纠纷 20 余起。三是实行高位协调制。2014 年，通过市领导亲自主持会议研究、现场办公、针对问题作出重要批示等形式，共解决 18 件事关铁路项目建设施工、征拆过程中的突出矛盾和问题。6 月 9 日，市政府分管副市长姚英杰主持召开长株潭城际铁路征拆工作推进会议，专题研究芙蓉区三湘南湖大市场和长沙县境内的拆迁工作，有效化解征拆重点、难点问题。3. 长沙市加强督查督办力度。一是落实上级的重大决策部署。6 月，省委督查组专门就国务院“稳增长、促改革、调结构、惠民生”政策措施的落实情况，对铁路建设工作进行专项督查。长沙市在具体承办任务中，注重质量与效率的统一，在反馈落实环节上加强工作力度，强化工作时效性，做到快办、快结、快反馈。二是落实全年重点工作目标任务。把督查督办贯穿到落实全年重点工作目标任务中的全过程，以督查督办促工作，以工作的创新发展检验工作成效。三是工作中的突发应急任务。如在沪昆杭长段 9 月 16 日前进行的联调联试工作中，因沪昆沙黎、沙榔共塔（220 千伏）线路改迁，须上跨安沙镇中铁沥青搅拌站，市铁办获悉情况后，召集省电力设计院、省送变电公司以及县有关部门到现场踏勘查看，研究处理办法，3 天时间内解决矛盾问题，做到及时出动、及时处置、及时解决。2014 年，市铁办联合市纪委、市委市政府督查室和市绩效办共同开展的专项督查行动 5 次，不定期到现场督查督办 60 余次。（谢诗莺）

长沙车站领导人员

站　　长　　易甫生
党委书记　　周爱国
党委副书记、纪委书记　李旭东
工会主席　　陈　浩
副 站 长　　王　伟　赵军生
　　　　　　何秋利（女）
　　　　　　王海湘
　　　　　　匡文彬
总工程师　　郦宏远
站长助理　　刘　菁（女）

【车站管理】 长沙车站位于湖南省长沙市芙蓉区车站中路 406 号，2014 年末在册职工 2016 人，具有技术职称 162 人，其中高级职称 3 人、中级职称 38 人、初级职称 121 人。1. 设备管辖及担当任务。长沙车站管辖京广普速长沙站、京广高铁岳阳东站至郴州西站和沪昆高铁醴陵东站至新晃西站，共计 19 个车站，管辖总里程 987.591 千米，固定资产总值 6221.74 万元（不含高铁托管资产）。下设客运车间、售票车间、运转车间、行包车间 4 个普铁生产车间和长沙南站、衡阳东站、娄底南站、怀化南站 4 个高铁车间站，共设有 45 个生产班组。2. 生产与经营指标完成情况。2014 年，长沙车站日均接发旅客列车 405 列，其中高铁日均 239 列、普速线日均 166 列。全年完成旅客发送人数 4523.38 万人，为年度预算计划的 107.32%，超 308.38 万人，同比增加 566.24 万人，增幅 11.14%；实现运输进款收入641399.8万元，为年度预算计划的102.34%，超14654.8万元，同比增加92813.3万元，增幅16.92%。3. 安全生产及经营管理。2014年，长沙车站全年无路风不良反映及以上问题，共收到旅客表扬信163封，锦旗71面。年内，长沙车站客运车间获评“全路客货运输窗口用户满意单位”，客运车间客运一班获“全国铁道行业质量信得过班组优胜奖”，并被推荐为“全国质量信得过班组”。截至12月31日，车站实现连续安全生产2807天。4. 技术培训与技能鉴定。全年共举办各类培训班250期，培训职工14548人次，新分配大中专毕业生73人、吸收安置铁青旅机构整合人员33人、转岗分流安置运转车长352名，新职、转岗、晋升培训697人次；送外培训769人次。举办技能鉴定2场次，鉴定工种10个，参与鉴定职工257人，工人晋升技师6人，破格晋升技师3人。（周玉良）

【铁路建设】 2014年，长沙市铁路项目建设顺利推进，确保年度铁路建设项目投资基本完成。1. 项目投资。截至12月底，长沙市境内沪昆、石长、城际铁路3条铁路年内完成投资33亿元，开工累计完成投资155亿元，其中：石长复线长沙境内年内完成投资3.5亿元，完成辖区内年度计划4亿元的87.5%；开工累计完成投资16.42亿元，完成辖区内计划总投资19.7亿元的83%；沪昆客专长沙境内年内完成投资4.11亿元，完成辖区内年度计划4.11亿元的100%；开工累计完成投资94.48亿元，完成辖区内计划总投资94.48亿元的100%；长株潭城际铁路全年累计完成投资50亿元，为年度计划50亿元的100%，其中长沙境内全年累计完成投资26.3亿元，完成辖区内年度计划24.5亿元的107.3%；开工累计完成投资41.6亿元，完成辖区内计划总投资144.48亿元的28.8%。长沙市本级累计完成铁路建设直接投资22.6亿元（含武广征拆资金1.1亿元、石长望城站西移新建资金0.6亿元、长株潭城际铁路项目资本金20.4亿元、长株潭城际铁路站房周边市政配套资金0.5亿元），完成长沙市高铁新城片区（武广）基础设施配套建设投资约110亿元。2. 项目通车。实现沪昆高铁湖南段的提前开通，12月全面建成并投入使用。9月16日，实现长沙至南昌段通车；12月10日，实现杭长段通车；12月16日，实现长昆湖南段从长沙南至怀化西段通车。12月18日，沪昆公司与长沙市签订沪昆东站房建设出资协议，初步设计方案报中国铁路总公司审查。3. 项目进度。长沙市境内石长增建二线、长株潭城际铁路两条续建项目建设进展情况较好，总体上按照年初中国铁路总公司下达的建设目标有序推进。一是石长增建二线。截至12月15日，长沙段工程路基基石方开累完成702万立方米，完成设计总量838.3万立方米的83.74%；桥梁开累完成11235延米，完成设计总量100%；涵洞开累完成330个，完成设计总量335个的98.5%，隧道开累完成2435成洞米，完成设计总量2845成洞米的85.59%；新线换铺开累完成40.3千米，完成设计总量124千米的32.5%。二是长株潭城际铁路。湘江隧道：矿山法地段左、右线上台阶分别累计掘进3005.3米、3115.9米，下台阶分别累计掘进2932.2米、2984.1米，二衬分别累计掘进2650.6米、2621.8米，滨开盾构区间左、右线均累计完成掘进2711.7米，左线管片安装1514环全部完成，右线管片安装完成1509环，进开盾构区间累计完成设计量1320根的55%；树木岭隧道：矿山法地段左、右线上台阶分别累计掘进2712.4米、2732.4米，下台阶分别累计掘进2578.4米、2536.4米，二衬分别累计掘进2208.9米、2220.9米，进树盾构区间左、右线分别累计完成掘进2577.6米、2525.6米，左线管片安装1432环，右线管片安装完成1399环。香湘盾构区间左、右线分别累计完成掘进2044.5米、378米，左线管片安装1128环，右线管片安装完成210环；地下车站：雷锋大道站累计折合完成18447平方米，完成设计的90.8%，市府站累计折合完成16439平方米，完成设计的90.4%，滨江新城站累计折合完成21017平方米，完成设计的95%，开福寺站累计折合完成12820平方米，完成设计的55.9%，树木岭站累计折合完成23278.6平方米，完成设计的94.4%，香樟路站累计折合完成16446.4平方米，完成设计的91.8%，湘府路站累计折合完成18455.7平方米，完成设计的95%，汽车南站累计折合完成15382.8平方米，完成设计的85.6%；理工大学特大桥桩基、承台、墩身、预制梁架设全部完成；地面地上车站长沙火车站、中信新城站、生态动物园站、暮云站12月2日完成招投标。4. 配套建设。长沙市关于站场外的市政综合配套工作：一是推进长株潭城际铁路地面地上站房周边市政综合配套建设。按照中国铁路总公司的批复工期要求，长株潭城际铁路火车站、中信新城站、生态动物园站、暮云站4个地面地上站房建设12月完成招投标。12月4日，市铁路建设领导小组向站房外广场及市政配套建设的责任单位下达工作计划，要求所在区、县须在规定时限内完成征拆任务，确保广场、市政配套建设与站房同步建成并投入使用。二是推进长沙南站东、西广场及市政配套的规划、设计、建设工作。长沙南站东、西广场及市政配套明确由市轨道集团公司负责，委托市规划院制作的设计方案经组织多次审查审评，报市政府审定。三是提前部署石长长沙西客站广场及周边市政配套建设工作，按照属地管理原则，明确由望城区政府负责石长长沙西客站广场及周边市政配套的规划、设计、建设工作。

（谢诗莺）

【春运工作】 2014年春运工作始于1月16日，止于2月24日，为期40天。期间，京广普速长沙站日均接发列车191列；京广高铁长沙南站节前日均接发动车组208列，节后228列。全站共发送旅客453.9万人，同比增长10.4%；其中京广高铁发送旅客286.5万人，同比增长16.3%；京广普速长沙站发送旅客167.4万人，同比增长1.7%，安全、优质、高效地完成春运工作任务。1. 安全出行。强化应急处置，修订完善22个应急预案（其中普速线12个，高铁10个）。成立乘降应急小分队，确保旅客乘降安全。强化实名验证，对热门车次进行二次验证。建立客运、运转、售票和行包车间定期协调联控机制。强化站场封闭管理。2. 方便出行。实行互联网购票、电话订票、代售点和窗口售取票以及手机订票、支付宝在线支付等多种售取票方式，新增乡镇邮政代办点37家，实现购取票网点“城乡全覆盖”。共开启售票窗口493个，同比增加52个，其中自动售票机95台，增加29台；自动取票机20台，增加8台。在湖南大学、中南大学、湖南师范大学设立8台自动取票机。提前组织对广播系统、引导系统、空调系统以及售票系统、自动售取票设备等相关客服设备设施进行全面改造和整修；在车站广场搭建候车雨棚，做好恶劣天气等情况应对准备；完善售票厅、广场、进站口等重点处所购票、进站指引标识，引导旅客合力流动。实施站内快捷中转换乘，在长沙站和长沙南站重点针对广州、广州东、深圳北方向旅客加强换乘宣传，制作站内快捷换乘流线示意图，利用检票口显示屏和站车广播，对广州南站开行节后夜间接续广珠、广深港动车组，开设夜间候车区以及公交接驳方案进行滚动宣传。用好广铁官方微博和集团微信，及时与湖南省和长沙市各大报纸、电视台、交通电台频道和大门户网站沟通协调，开办“铁路春运”专栏，及时发布铁路春运信息。（周玉良）

【沪昆高铁新线开通】 9月16日，沪昆高铁杭长段长沙南至南昌西通车；12月16日，长昆段长沙南至新晃西通车。沪昆高铁湖南段实现全线通车。2014年初，长沙车站成立沪昆客专开站筹备工作领导小组，从人员配置、员工培训、联调联试、规章体系、设备设施、后勤保障、舆论宣传7个方面提前介入新线开通工作。选拔69名优秀管理人员充实开站人员力量，抽调48名业务骨干驻站盯控联调联试与试运行安全，先后培训新线各站管理人员25人、行车人员31人和客运人员401人次，修订技术规章、管理文件、作业办法及应急预案33个，向建设、施工方发出优化建议专函28个，跟踪整改各类问题135个。2014年7月16日与12月16日，醴陵东站和湘潭北站、韶山南站、娄底南站、新化南站、邵阳北站、溆浦南站、怀化南站、芷江站、新晃西站分别按期顺利开通运营。（周玉良）

公　路

【概况】 长沙是全省高速公路网的中心，京港澳、长永、长吉、长常、临长、绕城、机场、长潭西、长株、长韶娄等高速公路汇聚于此。长沙被列为全国第一批45个公路主枢纽城市之一，G106、G107、G319等3条国道贯通境内。截至2014年底，全市已通车和在建高速公路共有19条，总里程715千米，全市境内所有乡镇基本实现30分钟可上高速公路；14条省道和106条县道密集分布，等级公路总里程超13000千米。主要公路客运枢纽包括汽车东站、汽车南站、汽车西站、长株潭站、汽车北站、星沙汽车站、宁乡汽车站、望城汽车站、浏阳汽车站等。现有货运站场10家、维修企业3020家、普通货运车辆82364台、从事危险货物运输企业72家3503台车。全年全市公路运输完成客运量9765.32万人，旅客周转量611156.05万人千米，分别为2013年同期的99.04%、104.54%；全年全市公路运输完成货运量27098.07万吨，货物周转量2642698.27万吨千米，分别为2013年同期的114.4%、113.19%。（杨　甜）

【公路客运】 2014年，长沙市有道路客运站84个，实际占地面积787315平方米，其中一级站5个，二级站6个。营运客车4841台，客位数134708座，其中班线车3409台，旅游车1059台，包车337台，其他客车36台。客运线路 1519条，其中跨省线路179条，跨地市线路415条，跨县线路 442条，县内线路483条。道路旅客运输经营从业人员17472人，其中驾驶员8460人，乘务员4497人，汽车站经营从业人员1809人。2014年，通过提前规划、提前部署，开展安全生产检查，全面排查治理安全隐患，落实值班制度，严格牌证发放等，有效实现春节、清明节、端午节、“五一”劳动节、“十一”国庆节等节假日期间无大客流滞留、无重大交通安全事故、无重大投诉。（成　明）

【公路货运】 2014年，对232家五台车以上申报的普通货运企业进行质量信誉考核。审核危险货物道路运输证3183本，新增《道路运输证》744本，办理歇业、报停、过户车辆383台（含挂）。开展执法行动170次，出动执法车辆340台次，执法人员1420余人次，检查汽车修理厂11余家，查扣非法营运车辆71台、证（牌）135本（副），罚款54万余元。（瞿福钱）

【公路建设】 2014年，完成干线建设投资17.04亿元，占计划102%；完成前期工作里程113.13千米，占计划103%；年度新开工89.62千米，占计划104%；建成通车里程92.1千米，占计划105%。办理干线建设项目开行贷款对接，签订64亿元的贷款协议，发放贷款8亿元。做好浏大公路东风界滑坡处治工程项目的调概、竣工验收和项目审计工作，收尾工作全部结束。（谭　智）

【公路养护】 2014年，普通国省干线路况优良率86.8%，超出省年度考核目标6.8个百分点；完成大中修标准里程127.18千米（其中国省道大修62.94千米，县道大修46.47千米，中修换板17.77千米），为年度目标任务的133%；完成危桥改造33座；完成安保工程实施线路4条，里程42.502千米；完成灾害防治工程线路1条，里程37千米。（谭　智）

【路政执法】 2014年，推进路域环境建设，创建“路政管理示范路”，违法占路现象基本消除，路容路貌稳步提升。共下发消除违法行为通知、通告1100余份，拆除跨路龙门架16个，清除移动非标1067处，拆除违法棚屋33个，清理摆摊设点537处，清理堆物放料496处，清理马路市场8个。指导和督促各区、县（市）开展治超工作，突出源头治理，加强路面执法，加快治超站点建设。各区、县（市、郊）公路局共检测车辆82809台次，查处非法超限运输车辆3973台次，卸载货物53172吨，全市平均超限率2.65%。（以唐田、杨家、养鱼塘3个治超站数据为调查样本）（谭　智）

【质量安全监管】 2014年，开展公路建设质量安全综合监管，组织综合督查共3次，监理检测专项检查4次，下发质量安全检查通报10份，指出质量安全隐患共261条，提出意见及建议107条，并通报批评3个建设单位、7个施工单位、7个监理单位、1个检测单位，5名施工人员、6名监理人员，清退1名监理人员，约谈1家建设单位。（刘 锡）

【国省干线公路建设项目借款合同暨投资意向协议签约仪式】 8月20日，长沙市举行国省干线公路建设项目借款合同暨投资意向协议签约仪式。签约仪式由副市长何寄华主持。国家开发银行湖南省分行行长王学东，湖南省交通运输厅厅长刘明欣，市委副书记、市长胡衡华，市委常委、常务副市长陈泽珲，市政协副主席、市交通运输局局长刘明理出席签约仪式。开行湖南省分行、省交通运输厅等有关处室负责人、开元发展（湖南）基金管理有限责任公司负责人、市直相关单位负责人和区、县（市）政府负责人参加签约仪式。国家开发银行湖南省分行、长沙市公共交通投资管理有限公司代表双方签订长沙市国省干线公路建设项目64亿元借款合同（仅含首批望城、浏阳、宁乡申报的项目）；开元发展（湖南）基金管理有限责任公司、长沙市公共交通投资管理有限公司代表双方签订基金合作框架性协议，拟合作设立开元发展（长沙）投资有限责任公司，共同管理合作基金投资打造城市综合运营平台，作为新形势下长沙市城市建设的新型市场投融资主体，从事长沙市人民政府授权范围内的土地开发和公路、港口、交通枢纽等地面交通重大基础设施项目投资和建设。该协议的签订是国家开发银行对长沙市交通项目建设的大力支持，使长沙市成为继宁波后全国第二个获批的开行支持的市级平台统贷的公路建设项目，惠及全市38个国省干线公路重点项目，覆盖长沙县、浏阳市、宁乡县、望城区和岳麓区，总里程579.42千米，总投资规模98.72亿元。（陈东风）

水 路

【概况】 长沙市境内有湘江、浏阳河、捞刀河等12条河流，共有通航里程537千米，其中湘江76千米为Ⅲ级航道、浏阳河下游54千米为Ⅵ级航道、捞刀河下游12千米为Ⅶ级航道。截至2014年底，全市有水运企业31家、水路运输服务企业27家、货运码头泊位51个、水上旅游客运码头4个、渡口68处、各类船舶1000余艘50万总吨、水上从业人员26000余人。全年全市水路运输完成货物量2882.83万吨，货物周转量298693.38万吨千米。加强水上交通安全管理和巡查，组织开展“打非治违”“一江三河”主城区河道环境、运砂船标识及非法改装等专项整治行动。截至12月5日，共计检查船舶1400余艘次，出动执法船艇450余艘次，执法人员2300余人次，对127艘船舶予以相应的行政处罚。进一步强化渡运监管责任，严格落实渡口、渡船定期检查和重点时段巡查制度，推进渡口渡船更新改造，在全省率先建成标准化渡口2个，推进标准化渡船改造51条。长沙市水上交通支持保障系统工程（一期）完成初步设计，启动工程招投标。审批、核发1家港口岸线使用证、2家港口经营许可证、1家港口危险货物作业证；加强港口危险货物码头管理，完成全市3家危险化学品企业安全生产标准化评级。（师 毅）

8月20日，长沙市举行国省干线公路建设项目借款合同暨投资意向协议签约仪式

【湘江长沙综合枢纽通航管理】 2014年，累计开启12203万闸次，船舶通过77410万艘次，过闸货运量5680万吨，分别较上年增长2.1%、7.2%、29.6%，其中自卸砂船22938艘次，占61.9%；煤炭、矿石、钢铁等省市重点物资运输船舶21368艘次，占27.5%；危险品船舶（含原油）621艘次，占0.8%;集装箱船舶1167艘次，占1.5%。开辟矿石、钢铁、煤炭和汽柴油等省市重点物资水运“绿色通道”。进一步规范湘枢纽通航管理，通过建立健全责任及监管制度、公开船舶过闸信息等措施，通航秩序和环境不断优化。（师 毅）

民用航空

【概况】 2014年，长沙黄花国际机场完成旅客吞吐量1802.05万人次，安全保障运输起降15.17万架次，货邮吞吐量8.8万吨，同比分别增长12.58%、10.64%、3%，连续6年实现年旅客吞吐量中部地区排名第一，中南地区仅次于广州、深圳，排名第三，全国机场排名第十二。其中国际旅客年吞吐量112.49万人次，同比增长30.42%。

一、安全管理。落实机场安全生产运行管理主体责任，实施运行安全监察，加强机坪联合督查，不间断开展各层级安全监察92次，确保机坪连续两年零事故。扎实推进安全绩效管理，确保年度安全质量目标实现。7月，通过大型机场综合保障能力评估；11月，通过中国民航局第二轮航空安保审计和“平安机场”建设年度考核；

12月，通过机场使用许可证换证检查，《长沙黄花国际机场航空安保方案》通过民航中南地区管理局认定并在行业内推广。10个绩效项目指标实现年度目标，责任范围鸟击航空器、FOD扎胎发生率下降10%，5个安保关键绩效指标值保持良好；成功处置“1·24”国界南头火情、“2·5”新奥多联供燃气泄露突发事件，有效、有序处置应急情况25起。

二、运输生产。全年旅客吞吐量1802.05万人次，创造长沙黄花国际机场年旅客吞吐量历史新高。年计划航班执行率90.2%，机场运输架次和旅客吞吐量分别高于中南地区30个机场平均增长水平0.34和0.78个百分点。本场过夜并执行早班的始发运力在运输旺季达30架次（未计货航）。2014年有13天客流突破6万人次，暑运高峰日客流63581人次，航班起降523架次,高峰小时客流4676人次，航班起降37架次，均创本场单日历史新高。基地航空公司规模进一步扩大，厦门航空湖南分公司、奥凯航湖南分公司先后挂牌成立；“国际线”快速发展，亚洲航空1月开通长沙—曼谷的国际定期航班，南方航空6月开通广州—长沙—法兰克福的欧洲航线，美国动力航空12月开通长沙—安科雷奇—洛杉矶的美洲航线，引进数条东南亚及南亚方向包机航线；支线网络初步形成，2月和3月分别开通长沙至永州和铜仁两条支线航线，并在下半年逐步加大长沙至张家界和铜仁航线密度，4条支线平均客座率近65%。

三、服务质量。2014年，长沙黄花国际机场持续巩固服务提升成果，践行37项服务承诺，推出一证通关、微信值机、湘沪快线等9项便民服务措施；完善硬件设施，共计实施楼内外改造项目43个；开展体验式服务项目，建设3个旅客多媒体体验区，丰富航站楼的服务功能。提升“96777”品牌形象，“96777”呼叫中心，做好旅客投诉受理、航延旅客语音服务，与湖南新闻广播频道、交通频道等媒体建立长期连线工作机制，及时为旅客提供航班信息，旅客服务满意率99.41%。强化航站楼服务质量纠察，发现问题484起，完成整改441起，整改完成率93.6%。发挥旅促会平台优势，研讨服务改进措施，整治经营单位产品推荐服务行为。在新浪财经主办的全国40个机场服务质量在线调查中排名第十三，获“2014年度内地机场网名口碑榜”奖杯。长沙黄花国际机场获中国民用机场协会“2013—2014年度民用机场服务质量评价旅客满意优秀奖”。

四、保障效率。2014年，长沙黄花国际机场通过航班正常管理工作专题推进会的形式，加强航班正常管理，从7月开始，顺利开展航班协同决策系统（CDM）试验运行，航班保障关键节点录入FIMS系统，实现航班运行实时监控。全年放行正常率84.8%，时刻协调机场始发航班离港起飞正常率87.2%,机场放行率名列中南地区前茅。整合机位资源，完善47个可用机位中的37个机位停止线标志，在211#机位东北侧增设一个E类远机位。提升飞行区保障功能，加强道面巡视维护、FOD防范、鸟击防范，顺利启用长沙机场航空器使用非全跑道起飞项目；7月31日至12月26日，开展飞行区道面病害整治项目工程建设，整治铺筑面积总计17.45万平方米，顺利通过竣工验收。推动信息建设，完成企业网中心机房和核心网络改造，呼叫中心、微信平台二期升级和移动电子商务平台、临空产业园区通信管网建设等项目。继续推动专家成果落地，德国专家年内共提交15份指导建议报告，其中14份建议报告落地或正在实施过程中，进一步提升长沙黄花国际机场运行保障国际化、科学化水平。

（曹泽明）

【厦门航空湖南分公司成立】 5月5日，厦门航空湖南分公司揭牌仪式在长沙黄花国际机场举行，厦航成为继南航之后第二个在湖南设立分公司的航空公司。湖南省人民政府副省长张剑飞、中国民用机场协会理事长夏兴华出席仪式。厦航规划在湖南分公司成立第一年投入驻场运力3～6架飞机，争取第三和第五年分别达到10架和15架，逐步构建以长沙为中心，辐射湖南省内机场及国内各主要大中城市的航线网络：1. 重点加密现有长沙始发经华东往东北和福建、杭州、天津等基地经停长沙往西北、西南的航线航班，择机开通张家界、常德、怀化等其他机场航线航班；2. 争取加密 / 开通长沙—北京、上海、广州、深圳等国内干线；3. 充分利用自身网络优势，加密现有长沙—台北航线，逐步开通长沙往东南亚、东北亚航线，构建湖南至台湾和东南亚、东北亚的便捷通道。

（邓竹君）

【奥凯航空湖南分公司成立】 12月12日，奥凯航空有限公司湖南分公司正式揭牌成立。湖南省副省长张剑飞，湖南机场集团公司总经理、党委书记刘志仁，奥凯航空总裁刘伟宁等领导出席揭牌仪式，张剑飞与刘伟宁共同为奥凯航空湖南分公司揭牌。8月，中国民用航空局批复同意奥凯航空有限公司以长沙黄花国际机场为基地设立湖南分公司。奥凯航空湖南分公司成为长沙黄花国际机场的第三家基地航空公司，也是奥凯航空在天津机场主基地之外设立的第一家分公司。奥凯航空在长沙机场投放9架过夜飞机，执行航线19条，航点16个。

（李明业　李　鑫）

【“长沙—法兰克福”航线开通】 6月23日，中国南方航空公司在长沙举行广州—长沙—法兰克福航线首航新闻发布会，宣布长沙至法兰克福航线正式开通，该航线每周往返3班，是湖南开通的首条洲际航线，将成为湖南直通欧洲的空中桥梁，标志着中部地区至德国的空中走廊首次贯通。湖南省副省长张剑飞，南航集团公司党组书记、南航股份公司总经理谭万庚，南航股份公司副总经理陈港，湖南机场集团公司领导刘志仁、谭克涛出席发布会。6月24日凌晨0时05分，湖南首趟洲际航班从长沙黄花国际机场起飞，13个小时后，机场200名旅客抵达德国法兰克福。该航班号为：CZ331/332，每周往返3班，去程航班每周一、三、五，回程航班每周二、四、六。由空客宽体机A330系列的最新机型A330-2009执飞，共216座，分头等舱（4个）、公务舱（24个）、高端经济舱（47个）和普通经济舱。

（李敏娜　易　浩）

【“长沙—安克雷奇—洛杉矶”航线开通】 12月28日，长沙—安克雷奇—洛杉矶航线首航仪式在湖南机场集团办公楼举行，湖南省人民政府副省长戴道晋宣布航线正式开通。仪式由湖南省人民政府副秘书长赵清云主持，湖南省机场管理集团有限公司总经理、党委书记刘志仁，中国国旅集团有限公司总经济师卢路，美国动力航空公司 CEO Paul Kraus 以及湖南省省直有关部门、长沙市政府、联检单位和驻场有关单位领导出席首航仪式。17 时 35 分，美国动力航空公司 2D788 航班乘着 210 名旅客缓缓从长沙机场起飞，驶向美国安克雷奇和洛杉矶。这是湖南省继 6 月 23 日开通长沙—法兰克福航线后的第二条洲际航线，不仅是全省首条直飞美洲的航线，也是中国首条直飞美国阿拉斯加州的客运航线。长沙—安克雷奇—洛杉矶航线同时开通两个美国航点，航班采用 B767-300ER 机型，共 233 个座位，其中包括 18 个豪华商务舱座位（全平躺）、8 个商务舱（约 165 度后躺角度）和 207 个经济舱。去程是 17 时 35 分从长沙起飞，当天 10 时 25 分到达安克雷奇，12 时 25 分从安克雷奇起飞，19 时 25 分到达洛杉矶；回程是 20 时 30 分从洛杉矶起飞，次日 1 时到达安克雷奇，3 时从安克雷奇起飞，当地时间第二天 6 时 30 分到达长沙。

（邓竹君　李敏娜）

邮　政

【概况】 长沙市邮政分公司有效推动企业发展转型升级，邮务类、金融类、速递物流类业务协调发展，业务收入实现平稳增长。截至 2014 年底，企业资产 2.76 亿元，员工 2938 人，邮政服务网点 219 个（其中农村网点 156 个），便民服务站 677 个，三农服务站 465 个，“助农取款”服务点 392 个，投递段道 991 条，邮路总长 3705 千米。

一、强化管理。1. 业务创新。长沙市邮政分公司致力于为党政机关、企事业单位、人民群众、社会团体提供迅速、准确、安全、方便的邮政服务。主要经营有金融类业务：邮政储蓄、汇兑、代理保险及邮储中间业务。邮务类业务：函件、包裹、报刊发行、集邮、机要通信、三农服务，以及商业信函、邮寄帐单等多种新型业务。速递物流类业务：特快专递、物流配送业务。其他便民服务：代缴费、代收费、代理票务、代开国税发票、网上报刊订阅、集邮网上营业厅、惠民优选等。2. 服务质量。提升投递服务能力。加大邮政运输能力建设，加快邮件传递速度，健全投递服务质量监管体系，加强信息化管理手段，对生产现场进行实时跟踪、监控；加大投递服务质量检查及邮件全程时限管控力度；邮件达到率 95% 以上，逾限率控制在 2% 以下。随着电商业务的发展，加强对国内小包的管控力度，当日妥投率 80% 以上，三日妥投率 95%。提高投诉受理工作效率，加强查验赔偿时效和质量。3. 营销体系建设。实现综合营销、专业营销、团队营销相结合的“三位一体”的营销模式。4. 网路运行模式。一是改变原来多个总包封发、多环节经转的操作方式，增加大客户上门取件、驻仓收寄、散件外走、整车直封长沙中心局星沙邮件处理中心的个性化服务，最少提速 6 小时。二是改变原有的国内小包封发格口，以时限优先为目的，在省公司网运处和中心局的支撑与配合下，开通望城坡、马坡岭、大托、披塘等城郊接合部的国内小包封发格口，减少因多次盘驳、重复分拣所造成的延误，提高国内小包首日妥投率。三是改变固有邮路的操作方式，增设大客户专用虚拟邮路，做到信实同步，保障邮件处理各环节明确、顺畅。5. 安全管理。强化安全管控，高度重视安全生产，以资金、消防、车辆和人身安全为重点，开展不间断检查，加强金融资金安全管理。严把收寄关，确保邮政寄递渠道安全。增强安全防范教育，组织“安全生产月”活动，召开各类安防培训，提高生产一线职工的安全防范意识和“四防”技能，层层签订《安全保卫责任书》。开展隐患整改工作。

二、能力建设。1. 网点转型升级工作。根据全市金融网点的情况确定 28 个网点作为标准版转型网点（包括 9 家 2013 年建成的转型网点）。新增助农服务站 463 个，同比增幅 403%。全年完成 13 个网点整体装修改造及 8 个网点的局部改造工作，对 10 处金融示范网点重新规划和实施新的业务宣传和现场设施配备，全年累计布放 ATM144 台、CRS35 台。2. 提升服务质量专项活动。在全市范围内陆续开展“6S 现场管理集中大整治”“投递服务质量整治提升”“全面提升邮政服务质量”三大专项活动。3. 综合服务平台建设培训、推广。开展两次全区性的综合平台建设工作的通报及培训，共同建立严格选点的审核机制，成功建点 11 个。4. 智能包裹箱安装布放。截至 12 月 31 日，确定智能包裹箱可签协议的小区 52 个，协议已交的 38 个，根据协议可安装 60 台，已安装 25 台。5. 推进投递社会化试点。在长沙县暮云进行邮政业务外包试点，通过对方案的修正，在干杉、槩梨成功运行。6. 规范报刊亭管理。制定报刊亭管理办法，规范全市报刊亭的建设、更新、退亭押金等行为；开展报刊亭检查和整治，调整部分报刊亭位置，优化报刊亭布局；加强县域业务推进，规范县区业务发展，严格报刊亭管控，整治亭容亭貌。

（陈　懿）

通　信

·中国电信股份有限公司长沙市分公司·

【概况】 中国电信股份有限公司长沙市分公司（以下简称“中国电信长沙分公司”）下辖长沙县、望城区、浏阳市、宁乡县 4 县（市）电信分公司。2014 年，完成收入突破 23 亿元，移动净增 93.38 万户，宽带净增 23.64 万户，ITV 净增 6.43 万户。

一、市场经营。1. 以光网追赶计划提升服务与销售能力，推进民资引入，加大光网能力建设。将所有光网小区进行分类，重点关注低端口占用率小区的占用率提升营销、新建光网小区营销及新改造光网小区的平移导高营销，以挂图作战为指引，以及日常宣传“三个一”宣传规范，在发展中逐步提升端口占有率。2. 围绕渠道追赶计划提升渠道建设与渠道效能。推进渠道追赶计划期，各渠道部门共同努力加快组织，2014 年对新建门店组织开展规范协议、统一 VI，统一门店门头标准，结合实际对新建门店门头重新设计，统一制作；对老门店按新 VI 规范进行统一变脸工作。优化渠道建设流程，实行商圈门店隔离运营，新建门店效能支撑，促渠道效能提升，在提升效能管控的同时加强渠道服务支撑，做好5项支撑，做实6项承诺，支撑体系建立和承诺服务兑现，提高渠道代理商销售信心和合作诚信双赢意识，为发展奠定基础。3. 强化业务稽核与风险管理。完善稽核工作的执行标准，加大稽核范围，加大稽核力度，精确细化欠费管控，高带宽专项业务收入稽核，2014年开展对长沙地区高带宽无主套餐、高带宽低资费用户、停机有流量用户、前后端资料不一致用户、前后端速率不一致、后端有CRM无资料用户、体彩福彩用户、固定IP用户等的专项清查。4. 丰富渠道运营模式，拓展网络和信息化合作优势，把握电信3G日渐完善的业务平台，抓住4G业务初始勃发的契机，提高校园市场规模，推动校园行业代理模式，完善学子公司建设和运营工作，组织学子公司进行入班、以及贴吧、微博上等线上营销，企业整合厂家资源精心安排现场路演，在所有演示终端中预装易信、微博、天翼校园等应用，在学校举行飞YOUNG合伙人活动、天翼爱心赠机、天翼助学金等项目，提升品牌感知。5. 推进精确营销，提升电信产品的互联网营销和服务能力，完善电子支付和物流配送能力，打造多元化、一体化、差异化的电子商务体系，实现电子渠道向电子商务的转型。整合网厅、掌厅、微信等平台的优势，开辟网、掌厅流量专区，优化短厅指令，简化订购流程，以自助便利吸引用户；通过10000号和外呼协同，校园和中小聚类市场，实现线上线下协同营销；开展网厅金秋回馈季、岁末年初大礼包、“双11”天猫大促等网厅和卖场的电渠促销宣传引流活动；打造差异化优势，增加用户粘性，通过“添益宝”拉动C网用户发展，以“添益宝”为切入口，组织企业全体员工体验翼支付业务，带动各渠道营销人员向客户推荐“添益宝”业务，以翼支付应用拉动C网业务增长。

二、管理机制。深化人力资源改革，用工管理中精确配置、在人工成本管控中精细管理、在职业发展上大做文章、在绩效管理中发挥导向、在培训拓展上逐渐深入。特别是企业进入人力资源综合转型工作以来，投入大量精力，完成前期的人力资源综合转型工作进度，为企业跨越发展提供良好的工作环境和人力资本。适应形势下市场竞争需要，持续架构优化调整，根据划小工作安排，对前端收入责任单元进行四级重新划小，根据营维合一的划小工作要求，对企业客户端装维中心进行撤销，原客户端装维中心的装维人员全部下沉至相应营业部，为理顺企业维护体系，重新划分调整长沙县、浏阳市、宁乡县的维护界面，根据标准组织架构的要求，结合实际，对原有组织架构进行全面审视，并优化调整。通过岗位编制的牵引，支撑岗位人员进一步精简，共有147人充实到生产一线岗位，一线岗位人员占比61.5%。加强编制和岗位管理，及时进行岗位和人员异动，优化企业人力资源结构。

三、网络建设。以市场为导向，把应对市场竞争和满足市场需求放在首位，加强端到端的能力建设，推进光网建设，部署TD-LTE试验网建设，推进农村“光进铜退”。全年新增FTTH宽带端口50万个，可提供长沙地区放装能力；乡镇EVDO覆盖率100%，EVDO基站渗透率98%。在2014年电信集团专利评审中，中国电信长沙分公司的一种无人值守用电设施反窃电方法、装置及系统获得通过。全面完成全城及长沙地铁2号线和过江隧道的室内4G、3G信号覆盖，通过建设不同场景微基站，对信号盲区或重点投诉进行覆盖补充。

四、网络维护。深化企业战略转型加快企业发展，创新维护服务机制及服务手段，打造服务精品窗口。以运行维护体系集约化维护为契机，创新突破基础支撑保障能力和维护效率，提升全业务支撑水平。1. 抓好关键业绩指标，强化障碍分析及措施。企业成立宽带精品网达标和接入维护能力双提升项目执行团队，明确项目时间、项目目标，制定具体的实施方案和执行手册。2. 抓好电缆维护和线路整治工作，提高维护质量。重点在电缆的修复和更换，在长沙市政局的支持下，开破路面，彻底解决5年以来一直未解决的电缆坏线多的问题。全年电缆障碍查修历时缩短，线路质量逐步提高。3. 加强盘活迁改管理，全年对长沙市政地铁1、2、3、4号线，万家丽、轻轨等线路迁改配合管控，实行项目经理负责制，全程管控进度及施工质量，安排专人日夜巡视，组织抢修，确保用户通信畅通，社区整治6个、各类迁改工程50项。4. 开展全网系统优化工作，针对网络的接入性能、覆盖水平、数据业务性能、保持性能等方面进行网络整体评估，发现网络存在问题，掌握网络薄弱环节，解决存在问题，全方位提高网络质量，确保集团DT/CQT评测顺利达标，确保4G顺利实现放号，在4G正式放号后，继续开展4G网络簇优化工作，全年完成两轮全网的簇优化工作，提升4G网络质量。

五、企业服务。开展服务整治，保障各项服务举措的落实到位，提升服务指标。健全客户服务体系，企业设置客户服务部，县分公司设置客户服务与维系分部，配置专职服务及维系管理人员、投诉处理人员全面承接服务、维系工作，企业各单位都配备兼职服务专干，确保各项服务工作全面落实，服务标准、服务规范达标承接和督办管控。严控服务风险，重点做好风险排查的跟进落实，组织企业专题会议，下发服务风险排查整改工作的通知，要求全面落实业务办理实名制，强化用户信息安全管理；规范营销受理，杜绝三强问题；制定执行手册对服务风险的排查和清理工作进行布置；走访相关的监督机构、新闻媒体和消协；清理10000号系统遗留工单，加强对投诉工单处理的管控，妥善解决一些投诉问题。加强服务监督和考核，服务监督检查团队及聘请的社会监督员每月开展关于基础服务、全业务客户服务标准落实、客户维系、营业厅服务规范、宽带服务新标准等方面的服务工作，对其中发现的问题进行责任落实、通报点评、限期整改和严格考核。针对阶段性服务热难点问题组织服务专题会、服务例会、整治提升会等，加强对各阶段服务较弱、问题较多单位的调研督导，共同分析探讨问题，督促相关单位尽快整改和提升。全年共组织开展服务协调沟通会议120余次，下发服务督办单、体验单20余张，开展服务检查、调研、指导、暗查暗访300余次，提高客户可感知的触点服务水平，提升企业形象和服务。（田小群）

【“数字长沙·智慧城市”建设工作会商会】 4月18日，长沙市人民政府与中国电信湖南公司在长沙举行“数字长沙·智慧城市”建设工作会商会。副市长何寄华与中国电信湖南公司党组成员、副总经理万鹏出席会议。双方正式签订《共建“数字长沙·智慧城市”信息化战略合作框架协议》。根据协议，未来5年内，中国电信湖南公司在长沙行政区域内累计完成投资近100亿元，建设“智慧城市”基础网络设施，实现长沙城区光网100M全覆盖、乡镇20M全覆盖、建制村8M全覆盖，实现长沙乡镇及以上地区3G/4G网络全覆盖，并建成IPv6下一代互联网；同时通过推广“智慧政府”“智慧企业”“智慧民生”等智慧应用等等。（田小群）

【湖南省宽带提速与光纤到户工程启动】 6月25日，湖南省宽带提速与光纤到户工程启动仪式在长沙市白沙湾小区举行，副省长黄兰香出席。该工程主要完成两项工作任务：1. 改造升级全省宽带骨干网，扩容出省带宽及各市州出口带宽，全面提升骨干网传输和交换能力，提高骨干网互联互通水平和质量。2. 全面落实光纤到户国家标准和省标准，实现县级以上城区新建住宅小区光纤到户。（田小群）

【湖南电信天翼4G上市】 9月5日起，长沙作为中国电信新增的24个4G试商用城市之一，正式开售天翼4G套餐手机服务，为消费者提供更优质的移动通信信息服务体验和更多选择。湖南电信此次为4G手机服务新增以177开头的4G专用号段，“低门槛、大流量、可分享、可自选”是天翼4G套餐的最大特点，实现用户个性化套餐需求。（田小群）

·中国移动通信集团湖南有限公司长沙分公司·

【概况】 中国移动通信集团湖南有限公司长沙分公司（以下简称“长沙移动”）是中国移动在长沙的市级分支机构，下辖城北、城南、城西、长沙县、望城区、浏阳市、宁乡县7个区、县（市）分公司。截至2014年底，公司共有在职员工2684人。

一、业务发展。2014年累计完成通信服务收入超52亿元，期末客户超760万户。响应税制改革，严控税务风险，实现“营改增”平稳过渡，全年累计缴纳各类税款7.01亿元，其中缴纳营业税0.78亿元，缴纳增值税1.06亿元，缴纳其他税款5.17亿元；被湖南省国税局与地税局评为“纳税信用A级单位”。3月15日，长沙移动正式推出4G商用服务。4G是第四代移动通信及其技术的简称，在4G网络的支持下，用户能够以最快100Mbps的速度下载，比拨号上网快2000倍，比3G网络快20倍。TD-LTE是中国移动自主研发的4G标准，具有高速度、低延时的特点。为给客户提供更快更好的4G体验，长沙移动下调流量资费，率先推出“从40元400M到280元10G”共7档流量套餐资费，供消费者自由组合，流量单价相比2G/3G时代大幅下降；流量超额时可订购加油包；率先实现4G套餐多用户、多终端共享，满足一人多屏或家庭共享的需求。给客户提供“流量使用提醒”和“500元/15G流量双封顶服务”。推广4G行业应用，打造天网工程监控、湖南巴士4G监控、浏阳森林防火监控、浏阳4G驾考等标杆项目4个。实现宽带自主运营，推出“中国移动光宽带”服务。

二、客户服务。完善客户服务体系，优化服务流程，形成以客户为导向的客户服务体系；重视网络质量保障和客户投诉问题解决，客户投诉48小时内首次回复。持续向广大客户提供“10086”服务热线24小时服务，并开通官方微博、微信等互联网服务平台；专门成立垃圾信息治理小组，搭建实时拦截及举报平台（“10086999”举报平台），配合有关部门实时拦截违规违法垃圾信息，通过设定短信发送量的门限值，实时更新短信疑似敏感字段，重点封堵黄色、诈骗等犯罪信息，受理客户对接收的垃圾信息举报，有效控制垃圾短信的蔓延。

三、网络建设。2014年，长沙移动用于网络等基础建设投资超16亿元；4G网络建设超常规发展，全年新建4G基站超4000个；截至2014年底，公司2/3/4G基站总数超1.8万个；HSS容量1403万户，VLR容量1030万户。县市第三应急路由率从50%提升到100%，汇聚节点配套合格率达到100%。小区及乡镇宽带覆盖超1000个，端口能力超44万线。网络维护方面，优化流程制度，在全省率先实现网络故障集中化管理。家客业务装机及时率、投诉处理及时率、投诉解决及时率均明显提升。做好各项重大活动、重大突发事件通信保障工作，确保网络质量。（张　薇）

【长沙移动4G商用新闻发布会】 3月15日，长沙移动召开4G商用新闻发布会。长沙市委常委、宣传部部长张湘涛，长沙市副市长何寄华，湖南移动负责人出席，工商局、工信委等政府机关部门、新闻媒体、消费者协会、重点集团单位、终端厂商领导及省、市主流媒体代表参会。发布会现场进行4G业务演示、终端展示以及应用体验等，分公司领导分别就4G的网络、资费、服务以及应用等方面回答现场新闻媒体提问。该分公司还在区县9个活动分会场提供包括手机免费维修等在内的公益便民服务。（张　薇）

【“移动4G惠三湘·信息服务惠基层”活动】 5月17日，湖南移动与长沙分公司举行“移动4G惠三湘·信息服务惠基层”主题活动启动仪式暨“移动办公云平台”上线发布会。湖南省经济和信息化委员会副主任李球、湖南移动副总经理在启动仪式上致辞，见证企业代表与湖南移动现场签订移动办公云平台业务协议，标志着湖南省政企办公进入“云”时代。活动期间，湖南移动对全省10000家以上企事业单位进行信息化知识宣讲活动，为各企业解读湖南省《关于推进“宽带中国”战略促进信息消费的实施意见》等文件精神，介绍无线城市建设、移动互联网与电子商务发展情况与趋势，推介包括4G VPN专线、千里眼在内的政企信息化产品，为集团单位配置专享信息化优惠政策，降低通信成本。（张　薇）

【全省首例NFC校园一卡通应用上线】 9月2日，湖南大学“和包”NFC校园一卡通正式上线，成为全省首例NFC 校园一卡通应用。长沙移动以NFC 校园一卡通项目合作为契机，与湖南大学签订了战略合作协议，并开展了大型校园促销活动。该项目是基于NFC 移动支付技术开发的新一代校园一卡通系统，完全颠覆原有传统校园卡的发卡方式，可实现教职工和学生随时随地使用NFC手机进行校园卡的空中发卡、空中充值等业务，免去办卡和充值时的排队等待烦恼，有效地将手机和校园一卡通完美结合，真正实现个人一卡通移动化办理。下阶段，长沙移动继续优化应用、设备、平台的建设方案，为用户创造更丰富的体验，与各方共同推动NFC 移动支付在湖南的发展。（张　薇）

·中国联通长沙市分公司·

【概况】 中国联合网络通信有限公司长沙市分公司（以下简称“长沙联通”）是中国联通在长沙的市级分支机构，负责经营在长沙市行政区域内的基础电信业务即2G业务、3G业务、4G业务、固定电话业务、互联网宽带业务、国际国内长途、IP业务、数据通信业务和增值电信业务。2014年，长沙联通获评“全国工人先锋号”“2014年度社会管理综合治理先进单位”“2014年度全市内保系统安全保卫优秀单位”等。

一、发展状况。2014年，长沙联通提前对营销思路进行转型，改变原有的营销模式，从传统的标卡加平台的短平快营销模式转向终端加渠道的店面经营模式，从集团直销的人海战术转向行业信息化所牵引的集团名单制拓展方式，从互联网纯线上的发展向全渠道互联网化转型。截至2014年底，长沙联通连续4年主营业务收入保持两位数增长，6月开始因受营改增口径变化影响，收入增幅放缓，仅增长8%。长沙联通总用户突破370万户。连续五年，长沙联通累计上缴利润数在全省名列前茅，2010—2014年上缴利润累计16.86亿元，上缴税费累计4.24亿元，连续10年被评为“A级纳税优秀单位”。

二、客户服务。2014年，长沙联通对不良用户进行严格管控。针对实名制入网率低的问题，快速转变二级市场拓展模式，全体系构建实名制入网管理体系，通过加大惩罚力度、制作实名制手册、聘请第三方团队暗访，控制实名制违规现象。针对不良用户占比过高的问题，构建三类不良用户的督导考核体系。年内，全市月均不良用户占新增比从峰值25%左右下降至12月的8%左右，不良用户绝对值从月均数千户下降为月均数百户，全市移网发展有效性得到提升。

三、通信能力。2014年，长沙联通推进“3/4G精品覆盖”“两区三点建设”“宽带中国战略”3个工作。新建3G基站510个，室内覆盖站点283个；新建4G站点建设2318个，4G室内覆盖站点300个。构建“多网协同、深度融合、面向未来”的移动通信网络，保证联通网络优势；两区三点完成18个汇聚节点及196个综合接入节点的入环，提升网络保障能力及乡镇业务接入能力；宽带网建设立足湖南联通客户工程管控系统，提升项目储备、发起速率，全年完成6200万余元（含商企），新增数据端口22万余个，单端口造价控制在267元之内，较上年下降17%。2014年，长沙联通宽带用户平均速率24M。高速宽带足以支持各种高清视频、上网等宽带应用。

四、项目建设。2014年，长沙联通落实市政府打造“智慧长沙”目标，以信息化手段协助政府提高公共服务能力，推进智慧梅溪湖、沃税通、幼教系统等标杆项目，与长沙市政府签订智慧城市协议，借助行业应用快速推进城市信息化建设。长沙联通提升交通、医卫、教育、社区等方面的服务能力，为长沙市民提供基于现代化通信网的信息化服务。推出宽带长沙、市民一卡通、校园一卡通、移动互联网增值服务等行动。（陈　念）

农村经济

责任编辑：吴丫丫

【概述】 2014年，长沙市实现农林牧渔业总产值490.59亿元，增长4.5%；实现农林牧渔业增加值317.72亿元，增长4.5%；农村居民人均可支配收入2.1万元，增长10.2%。

一、传统农业。推动粮食生产机械化，水稻耕种收综合机械化率75.2%；扶持种粮大户、专业合作社等新型经营主体，种粮大户1.02万户，种粮合作社400家，优质稻面积27.47万公顷，实现粮食总产248万吨。提升蔬菜生产设施化、标准化水平，从事蔬菜生产、经营和服务的企业增至600余家，蔬菜面积10.67万公顷，年产量37亿千克，全市形成4个万亩蔬菜生产片。提质改造茶叶、水果、中药材等经济作物，新扩良种茶园176.67公顷，改良水果基地117.33公顷。全市生猪、家禽产量分别为816.9万头、5880.27万羽，扩大标准化规模养殖，年出栏500头以上生猪的规模养殖场1774家。推进三年绿化大行动，完成绿化里程558.5千米，栽植树木109.1万株。全年完成林业总产值212.6亿元。

二、城乡融合统筹发展。围绕规划融合、基础融合、产业融合等重点任务，选择15个试点镇先行先试。1.规划融合。完成15个试点城镇的规划编制和修编工作，城镇发展定位更加清晰、科学。岳麓区率先试点编制社会发展总体规划、土地利用规划、城乡建设规划、产业发展规划等"多规合一"的全域农村规划。组织县（市）区政府、相关部门和试点镇党政负责通知60余人到同济大学进行城乡规划建设高级研修学习。2.基础融合。15个试点镇铺排基础设施、社会事业以及产业项目357个，实现投入208.5亿元，一批奠定城镇格局、彰显城镇特色、提升城镇品质的项目建成或建设中。3.产业融合。保利、雅居乐、柏乐园、华天、通程等一批知名企业和大型投资项目落户试点镇，支撑和带动试点镇产业快速发展。4.经营运作水平提升。开展政银企对接，与中国工商银行签订城乡融合发展战略投资合作协议，筹建长沙城乡融合发展建设投资公司；长沙县果园镇采用PPP模式，鼓励社会资本参与建设；各试点镇大多数成立城镇建设开发公司，坚持走"政府引导、市场运作、社会参与、滚动开发"的发展之路。5.城乡联动形成合力。结合党的群众路线教育实践活动，启动"三联三促建三市"活动，实行城区联试点镇、部门联合作社、企业联村社场，推动城乡互促、互动、互补发展。

三、现代农业。全力实施现代农业十大工程，加快构建六大支撑体系，加快农业经济转型升级。1.一、二、三产业发展加快融合。休闲农业、电商农业、会展农业等新兴业态发展迅速。生态园、农家乐、度假村等休闲农业基地2600余处，现代农庄增至351家，获评"国五星"农庄1家、"省五星"农庄13家，接待游客2500万人次，经营收入52.8亿元；推动农业物联网示范应用和农产品直销配送工程建设，发展农产品电子商务，加大农副产品直销力度，电商直销终端1500余家，农产品直销标准店242家，销售农产品能力达60万吨；举办中国中部（湖南）国际农博会，成为推广农业品牌的重要平台。2.新型农业经营主体。新型农业经营主体增加到14100家，农民合作社和家庭农场分别比上年增加1887家、676家，其中国家级和省级示范农民合作社分别为63家、113家。3.农业产业化经营水平。拉长农业链条，拓展农业功能，扶持农产品加工业发展，规模以上农产品加工企业450家，农产品加工销售收入突破1300亿元，增长25%；浏阳金橘、大围山梨获评中国地理标志产品；优化农业资源运作，与中国建设银行、农业发展银行合作，组建市农业发展集团、农业融资担保公司，加快农业开发与资本经营；支持农业企业上市，鑫广安农牧、绝味食品、盐津铺子3家企业向中国证监会申请上市，湖南茶叶集团向省证监局申报上市辅导报备，怡清源、贵太太等企业完成股改，亮之星、沩山茶叶等企业在湖南股权交易所挂牌，拟在新三版上市进行股份挂牌转让；企业通过股份改制融资力度加大，怡清源茶业有限公司与维维豆奶合作，出让51%的股权。4.项目建设和招商引资。铺排163个重大现代农业项目，实现投资103.5亿元；组建50个帮扶工作组，结对帮扶重大现代农业项目；开展招商引资，引进农业项目260个，合同金额510亿元，实际到位152亿元；多次组织银企对接，推动中国农业银行为重大现代农业项目授信52亿元，实现到位31亿元。5.现代农业领军人才培养。实施现代农业领军人才培养工程，选送650名优秀农业人才到中国农业大学研修学习，组织4批共110名学员到台湾学习先进经验。成立市农业创业者联合会，吸收会员300余名，带动农业创业主体近2000名。市农创联组织活动，为广大农业创业者增长见识、开阔视野、加强交流、开展合作搭建平台并初步发挥作用。

四、民生工程。1. 农村基础设施建设。完成水利投入30亿余元，开工建设水利工程3万余处，宁乡县率先全省启动农村田间水利扩容提质工程，浏阳市启动农田水利畅通工程三年行动计划，全省农田水利建设现场会两度在长沙市召开，经验在全省推广。新建农村公路637千米、提质改造378千米，宁乡县率先全省完成农村公路安保工程。改造农村危桥32座、危房6187户。2. 农村生态建设。继续实施三年造绿大行动，投入资金17.23亿元，实施重点项目近40个，完成造林绿化面积1.37万公顷。开展农村环境卫生整治，新建乡镇污水处理厂10家，户用沼气池3126口，改建无害化户厕1.1万座。坚持以点带面，建设美丽乡村。望城区率先开展美丽乡村建设，计划用3年时间建设1000个美丽自然村落；浏阳市创建幸福屋场。全省美丽乡村建设现场会在长沙市召开。3. 农村公共事业。提质改造农村义务教育薄弱学校137所。建成示范性乡镇综合文化站30个、村（社区）文化室100个。建成乡镇卫生院12所、村卫生室273所，引导社会办医，推进双向转诊，群众就医更加方便。提高低保和五保供养标准，改扩建敬老院13所。加强精品社区建设，获评“全国和谐社区建设示范城市”。成功申报全国养老服务综合试点城市，提升养老服务水平。稳步推进计生、供销、移民、残联、气象、水文等各项工作。4. 精准扶贫开发。开展农村扶贫对象识别、建档立卡和信息化管理工作，全年对180840名贫困人口、85个贫困村进行识别确认。扶贫方式改“大田漫灌”为“精准滴灌”，推进浏阳市东北部山区、宁乡县西部山区、长沙县东北角、望城区黑麋峰周边等边远贫困乡村的发展。（张　婷）

【农业技术教育】 1. 开展农村实用人才培训。全年全市农科教系统培训农民26.8万余人次，以城乡一体化发展试点村、建设扶贫布点村和新农村建设示范村为重点，以集中教学为主要方式，开展农村实用人才培训1.25万人次。2. 择优扶持农业新技术、新品种推广项目。以乡镇农科教中心为实施主体，组织、引导农民开展优质种子种苗繁育、农产品生产加工、标准化高效种养等农业新技术和优良品种推广示范。择优重点扶持珍稀食用菌生产技术示范、标准化水产养殖技术推广、优质油茶培育示范、食用菌野外栽培技术试验、七彩山鸡养殖技术推广、绿色小水果种植示范、药食两用中药材种植示范等推广示范项目45个。3. 完善乡镇农科教服务体系。启动开慧镇、国进食用菌开发公司农科教培训基地、黄金镇、茶亭镇、洞阳镇、镇头镇、沿溪镇沙龙村、煤炭坝镇、黄材镇9个示范乡镇农科教中心（培训基地）建设。通过添置教学设施、改善教学条件、完善生产示范基地，增强乡镇农科教中心和村级教学服务点的科技培训功能和生产示范能力。全市各乡镇农科教中心基本达到“五有标准”要求，38个乡镇农科教中心通过省、市教育系统的示范农校验收。4. 开展农村科技信息服务。为促进农业科技进村入户，将农业科技信息化服务纳入乡镇农科教中心的工作考核内容，充分利用媒体优势，开辟电视专栏，开通农技服务热线电话，及时为农民提供农业科技服务信息。全年全市农科教系统向农民发放农业实用技术资料40万余份，赠送种养殖科技书籍8000余本、实用技术光碟4000套。5. 打造现代农业领军人才。大力实施现代农业领军人才培养工程，继续加强与中国农业大学合作，举办现代农业高级研修班7期（次），培训党政干部和领军人才650余人次。分14批（次）组织现代农业领军人才培养对象、相关部门分管领导和重大现代农业项目帮促领导及后盾单位联系人 370余人，到国内现代农业先进地区进行现代农业先进技术经验的考察学习。（张　婷）

【农村能源建设】 2014年，长沙市农村能源围绕“两型”农村建设，实施中央预算内投资农村沼气项目和实事工程，发展农村清洁能源，推进节能减排和生态能源建设。市本级财政投入农村能源建设资金656万元，比上年增加156万元；争取到位中央节能减排奖励资金267万元。全年新建户用沼气池3126口、养殖小区及联户工程80处、农村能源服务网点15处，其中户用沼气项目超出中央投资计划120%；新增太阳能热水器7370台，推广太阳能路灯1585盏；推广省柴节煤灶3690户；4处大型沼气项目完成主体工程建设；市实事工程项目圆满实施，10个示范性服务站点顺利通过验收。长沙市农村可再生能源服务监管平台开通运行，正式启动长沙农村能源建设全方位集成化服务监管。优化整合服务网点，将全市645家乡村服务网点优化整合为82家农村能源合作社，全年培训新能源建设、推广和服务等各类技术人员1075人次。（张　婷）

【长沙市农村土地承包经营权确权登记颁证试点工作会议】 7月22日，长沙市召开农村土地承包经营权确权登记颁证试点工作会议，副市长黎石秋参加会议。确定宁乡县喻家坳乡，长沙县北山镇明月村、开慧乡清泰桥村，望城区乌山镇团山湖村、乔口镇蓝塘寺村，浏阳市大围山镇长鳌江村、上坪村，岳麓区雨敞坪镇瓦灰村共1个乡、7个村开展确权登记颁证试点工作，2015年在全市全面铺开，争取2017年全面完成确权登记颁证工作。新一轮确权登记颁证将进一步解决农村土地管理现实矛盾和问题，维护农民利益，全面深化改革。（张　婷）

【长沙市美丽乡村建设现场座谈会】 11月19日，长沙市美丽乡村建设现场座谈会在望城区召开。市委副书记张迎龙、副市长黎石秋等出席。相关市直部门和区、县（市）负责人，城乡一体化、美丽乡村、新农村建设等试点镇村负责人共130余人参加会议。与会人员现场参观望城区静慎村、复胜村、英雄岭村、银孔围组4个美丽乡村建设的典型示范村组。张迎龙指出，要通过美丽乡村建设，推动城乡一体化向更高水平发展，努力打造环境美、风尚美、人文美、秩序美、创业美的幸福乐园，让城乡之间、乡村之间各美其美、美美与共。望城区突出农民主体地位，强化乡村特色，弘扬传统文化，推进美丽乡村建设取得成效。全区实现村村通水泥路，并向组向户延伸；建成覆盖城乡的污水处理厂14个，新建垃圾中转站8个，完成农村改水改厕1.95万座，配备垃圾桶4万余个；全面开展示范片区、美丽街道、美丽村落、美丽农庄、美丽庭院等评比创建活动，引导全区500余个单位和4万户农户投身美丽乡村建设，改善乡村环境卫生和人居环境。（张　婷）

【长沙市现代农业与城乡融合发展重大项目集中签约仪式】 11月20日，2014年长沙市现代农业与城乡融合发展重大招商项目集中签约仪式举行。市领导胡衡华、张迎龙、黎石秋、赵建强等出席。225家全国知名涉农企业和投资机构负责人等300余位客商参会。该活动以“聚焦现代农业，建设美丽乡村”为主题，旨在交流推介，搭建平台，吸引各类资本投入现代农业和中心镇（小城市）建设，实现共赢发展。活动共推出投资项目23个，现场签约项目33个，合同签约金额226.16亿元。其中湖南发展集团投资50亿元，在长沙县春华镇建设占地200公顷，以休闲观光、生态体检、高端医疗、活力养老、健康养生、创意娱乐为主导功能的生态健康城；广垦辰禧国际农产品物流投资有限公司投资20亿元，在长沙现代农业综合配套改革试验区建设占地100公顷的现代农产品物流园；绿城集团休斯顿投资管理（杭州）有限公司投资20亿元，在宁乡县建设20公顷的宁乡生态文化城项目；深圳市兴农友生物科技开发有限公司投资15亿元，在湖南望城国家农业科技园区建设200公顷太阳能光伏发电、大棚蔬菜及经济作物种植基地。（张　婷）

种植业

【概况】 2014年，长沙市农业围绕现代农业发展这一主线，优化产业结构，强化技术支撑，加强农产品质量安全管理，推进产业化经营，农业和农产品加工业保持良好的发展势头。

一、种植业生产稳步增长。大宗农产品供应稳定。1. 粮油生产扩面稳产。全年全市粮食播种面积37.7万公顷，同比增长1.5%，总产249万吨，同比增加4万吨。宁乡县、长沙县被评为“全国粮食生产先进县”，望城区被评为“全省粮食生产先进县”。全市A级高档优质稻面积4.4万公顷，AA级有机稻米和有色功能稻米面积5333.33公顷。全市优质稻面积27.47万公顷，占水稻面积的80%。2. 蔬菜生产提质增效。全市蔬菜播种面积14.13万公顷，产量48.8亿千克，产值65.5亿元，分别同比上涨4%、3.7%、7%。103家标准化专业蔬菜基地完成新扩面积933.33公顷，投入6000万元新建冷库、采后处理中心等配套设施。长沙县、望城区、浏阳市、宁乡县4个万亩蔬菜示范片总规模1533.33公顷，均形成独特的区域优势。依托马王堆、红星两大市场和菜篮子工程直销门店，构建批发与直销的互补格局，全市蔬菜价格保持稳中有降的局面，全市14个主要蔬菜品种平均价格2.26元/千克，同比下降30%。3. 经作生产扩面调优。全市经济作物播种面积10.27万公顷，同比增加2666.67公顷。总产值54亿元，同比增长4亿元。依托良种茶园改造和实施精品战略，茶叶产值11.5亿元，同比增长11%。全年全市完成新建良种茶园233.33公顷，改良低产茶园500公顷，改植换种湘波绿2号、槠叶齐、碧香早、湘波翠、黄金茶1号等良种，良种茶园面积8353.33公顷，良种化率58.3%。浏阳大围山万亩生态精品水果示范基地引进冬魁杨梅、蓝莓、樱桃、日本蜜梨、秋红桃等10个高端果树新品种进行试种和繁育，通过改种高附加值的精品水果，全市水果产业实现产值8.4亿元，同比增长28%，浏阳金橘、大围山梨获国家地理产品标志认证，蓝莓姐姐、佳沃、炎农、田茂、唐坡杨梅等一批地方产品品牌知名度和影响力不断扩大。良种繁育迅速发展，长沙县、浏阳市、宁乡县均建起新品种繁育基地，全年全市繁育黄桃、中秋脆枣、奶油枣、圆蓝蓝莓、金弹桔等新品种苗木近30万株，引进和储备金秋、园黄梨、大丰4号早熟桔、映霜红桃、湘妃樱桃、台湾枇杷等新品种。

二、农产品加工业。全年全市农产品加工业实现销售收入1304亿元，同比增长25%，实现利税总额117亿元，同比增长23%，重点调度的92家龙头企业销售收入310亿元，同比增长22%。市农业局推荐20家农产品加工建设项目进入长沙市现代农业重大项目，帮助企业解决281个难题。

三、休闲农业。全年全市休闲农业综合经营收入52.8亿元，接待人数2500万人次，同比增长8%。2014年，市人民政府出台《关于加快现代农庄发展的意见》，明确每年安排1000万元支持现代农庄提质升级。政策引导推动下，全市现代农庄迅速发展，现代农庄351家。锦绣江南、千龙湖等老牌农庄进一步美化环境，开拓项目；望城区湘台园、柏乐园、浏阳市桂圆国际引入工商资本，挖掘农业与地域文化，促进产业融合发展。全市获评国家级五星级农庄1家，省五星级农庄13家，新江生态园获评全国“十佳农庄”，云尚庄园获评“全国休闲农业与乡村旅游示范点”。

四、农机化装备。全年全市争取农机购置补贴资金8553万元，补贴农机具2.5万余台（套），农机总动力576万千瓦，水稻耕种收综合机械水平达75.2%，加快机插推广与普及，新增插秧机213台，水稻机插面积5.05万公顷，解决群众反映突出的粮食烘干问题，全年全市新增烘干机141台（套），新建5个粮食烘干中心。

五、农产品质量安全。全年全市组织259家基地开展农业标准化示范基地创建，示范总面积5.4万公顷，“三品一标”农产品625个，认证总量居全省前列。全年对全市的农产品直销店和蔬菜生产基地进行的例行监测，平均合格率98.7%，农业部对长沙市进行4次“国检”，平均合格率99.1%，连续11年未发生农产品质量安全重大事故。

六、农业科技服务。全年全市推广超级稻“三定”栽培、农作物缓控施肥等新技术35项，研发长研201辣椒、早红茄1号等新品种32个，超级稻生产示范推广面积7.07万公顷，最高亩产903千克。统防统治面积8.6万公顷，同比增长16%，实施测土配方施肥面积570万亩次，节本增收近3亿元。农业气象灾害预警系统发送信息6万余条，帮助农民有效应对“寒露风”等灾情。市院合作不断深入，全年全市共举办农民专业技术培训班300余期，完成新型职业农民培训近1.6万人，选派300余名农业领军人才到国内外知名高校学习考察。

七、农业综合服务。1. 农产品产销对接。全年全市新增农产品直销标准店 242 家，直销终端总量突破 1500 家，年销售农产品 60 万吨，日均销售额 870 万元，流通环节减少后，农产品直销店的主要农产品价格普遍低于周边市场 10% ～ 30%。2014 年，农产品直销店建设纳入全市为名办实事工程，市级价格调节基金安排 1000 万元扶持资金，市农业局从农业切块资金中安排 300 万元开展标准化直销门店建设。2. 新型专业合作组织。全市鼓励建设涵盖良种示范、农机作业、抗旱排涝、统防统治、农资配送、产品销售等服务的多元化专业合作社。金丰公司在望城区、宁乡县推行的“六代一包”服务面积突破 3333.33 公顷，卫红米业建设“粮食银行”服务面积 8000 公顷，全市水稻技术承包面积 1.4 万公顷。 （周　鹏）

·粮油作物·

【概况】 2014 年，长沙市粮食播种面积 37.7 万公顷，同比增长 1.5%，粮食总产 249 万吨，同比增加 4 万吨；水稻播种面积 34.38 万公顷，同比增加 0.4 万公顷，早稻播种面积 15.29 万公顷，同比增加 0.12 万公顷，双季晚稻播种面积 15.76 万公顷，油菜收获面积 4.73 万公顷，同比增加 0.17 万公顷，产量 7.6 万吨，同比增加 1.4 万吨。粮油生产均全面完成省、市政府下达的任务。宁乡县、长沙县获评“全国粮食生产先进县”，望城区获评“全省粮食生产先进县”。

一、稳定粮食面积和总产。1. 市政府与粮食主产县（市）区签订粮食生产目标责任状。明确各级粮食生产的基本目标与要求。市人民政府召开粮食生产工作会，下发《关于进一步推进粮食产业稳定发展的通知》，将发展粮食生产列入对区、县的绩效考核中，为稳定粮食生产提供行政支持。2. 加强遏制耕地抛荒力度。市人民政府下发《关于强化粮食生产坚决遏制耕地抛荒问题的会议纪要》，落实遏制耕地抛荒、双季稻区“双改单”及水稻直播工作责任制，市农业局印发《坚决遏制耕地抛荒　努力保障粮食安全》白皮书 3.6 万册，有力地促进粮食生产的稳定。3. 开展督查。通过开展乡镇自查、县（市）区普查、市级抽查，强化动态管理。市农业局联合市政府督查室对上半年季节性抛荒及“双改单”、下半年常年性抛荒进行两次专题督查，在全市通报批评那些落实粮食生产工作不力的 19 个乡镇（街道）。粮食生产状况有了大的改观，常年性抛荒基本遏制。各区、县对粮食生产投入明显加大，长沙县、望城区将全部产粮大县奖励资金用于粮食生产。各级对遏制耕地抛荒有新的认识，尽管内 5 区因城建等原因减少不少面积，全年全市水稻种植面积仍然增加 4066.67 公顷。

二、粮食生产转型升级。全年全市优质稻面积 27.47 万公顷，同比增加 0.33 万公顷，占水稻总面积的 80.6%，高档优质稻面积 7.27 万公顷，A 级高档优质稻栽培 4.4 万公顷，同比增加 0.8 万公顷。AA 级有机稻米栽培示范片 36 个，面积 0.28 万公顷，同比增加 0.11 万公顷。重点扶持金山粮油、金霞、盛湘米业等规模以上加工企业，提升粮食精深加工能力，拉长产业链条。湖南粮食集团、湖南卫红米业、盛湘粮食集团在果园、东湖塘、沙田等地开展有机稻米生产基地开发，品牌效应明显。有机稻米每百千克收购价 430 元以上，比一般价格高出 295 元，有机大米销售价在每千克 56 元～ 60 元。以尚海农科、宁乡稻丰、隆平葛家粮社、省水稻所为代表的有色功能营养观光水稻开发潜力明显。全市有色功能营养水稻观光点 10 个，面积 826.67 公顷，每亩平均增收 2000 元～ 3600 元。经过提质升级，全市稻米生产形成优质有机稻、功能营养水稻、有色观光水稻新格局。

三、推进集约化经营。全市加大对龙头企业、种粮大户、种粮合作社的政策扶持和财政投入力度，推动粮食的适度规模化生产、集约化经营、社会化服务、产业化开发。全年全市粮食规模经营面积 60%，专业合作社 400 家，同比增加 69 个，粮食加工企业办基地 52 个，同比增加 9 个，2 公顷以上的种粮大户 10198 户，同比增加 772 户。

四、良种良法配套。1. 推广集中育秧。全年全市培育建设集中育秧示范点 2490 个，总面积 3.3 万平方米，供大田面积 4.97 万公顷，新建育秧大棚 5.4 万平方米，育秧大棚 890 个，供大田面积 433.33 公顷。完成机插面积 5.05 万公顷。2. 推广优良品种。早稻主要推广中早 39、中嘉早 17、湘早籼 24 号、45 号，陵两优 268、211、996、942、17， 潭两优 83、268 等 14 个品种；一季稻主要推广深两优 5814，皖稻 153，黄花占、泌香系列等品种；晚稻主要推广五优 308，天优华占，湘晚籼 13 号、17 号、黄花占品种；油菜主要推广湘杂油 4 号、5 号、6 号、7 号、753、丰油 730、丰油 823 等优良品种（组合）。3. 推广实用技术。广泛应用增种增苗技术，大田用种量增加 0.25 千克，达 2.5 千克；常规稻增加 1 千克，达 7 千克；软盘增加 10 个，平均每亩 80 ～ 120 个。根据大田调查数，早稻抛栽后基本苗 12.87 万株，比上年亩平均增加 0.35 万株，晚稻亩平均增加 0.2 万株，为提高水稻单产、防控 2014 年自然灾害奠定基础。

五、开展高产创建。巩固提高长沙县、浏阳市永安镇、宁乡县回龙铺镇成建制水稻高产创建水平，抓好花明楼、永安、路口等乡镇的 40 个水稻高产万亩示范片创建。全市水稻高产创建水田面积 5.47 万公顷，同步开展水稻全程机械化增产模式攻关，经省农业厅交叉测产，高产创建示范点早稻平均亩产 510.6 千克，比上年增产 5.6 千克，比非示范区增产 95.6 千克 / 亩；双季晚稻平均亩产 558 千克，比上年增产 10 千克，比非示范区增产 85 千克 / 亩。

六、加强试验示范，开展镉污染综合治理。1. 推广应用石灰钝化处理技术。在全市稻田大面积施用石灰钝化重金属，全年全市施用石灰 82848 吨，施用面积 5.54 万公顷，其中长沙县 2.80 万公顷、望城区 1.34 万公顷、浏阳市 1840 公顷、宁乡县 5786.67 公顷、岳麓区 5380 公顷、开福区 960 公顷。2. 开发应用页面富硒综合治理。重点推广三元和福山富硒叶面肥、生物富硒费两个专利产品。全市施用叶面肥 2.57 万公顷，其中长沙县 1.52 万公顷、望城区 5920 公顷，浏阳市 1840 公顷，宁乡县 2706.67 公顷。3. 开展种植结构调整试点。在划定的作物替代种植区，开展非食用、非口粮作物替代传统水稻种植，全年全市落实 306.8 公顷。4. 开展抗阻镉新品种选育及试验示范。通过以镉为主的重金属降阻品种筛选与降阻镉配套技术的研究，降低稻米镉的含量，逐步解决粮食重金属超标问题。全市示范推广种植低吸收镉水稻品种湘晚籼 12、13 号，株两优 819 等品种 2420 公顷，全市水改旱改制玉米示范种植 80.13 公顷，高粱 13.33 公顷。（周　鹏）

·蔬菜产销·

【概况】 2014 年，长沙市蔬菜播种面积 14.16 万公顷，同比增长 3.96%；总产量 48.84 亿千克，同比增长 3.74%；总产值 65.53 亿元，同比增长 6.95%。全省“菜篮子”市长负责制考核排名由 2011 年第七名、2012 年第四名，跃居 2013 年第一名。

一、推进标准化基地创建。1. 开展标准化创建。全年全市 103 家标准化专业蔬菜基地完成新扩面积 958.13 公顷，提质改造面积 391.46 公顷，新建高架大棚 22.7 万平方米、双层大棚 6.8 万平方米、单层高架大棚 105.7 万平方米，完成冷库、展示中心、采后处理中心、初加工线等配套设施投入 6081 万元。完善全市专业蔬菜基地沟、渠、路、电等基础设施，供应生产能力明显增强。2.“百千万”工程快速推进。全市 4 个产业集中区，截至 2014 年底，共入驻企业 54 个，总规模 2133.33 公顷，其中核心区新增标准化专业蔬菜基地 402.4 公顷，新增高架大棚 10.8 万平方米、双层大棚 3.5 万平方米、单层大棚 38.7 万平方米。望城区蔬菜万亩片以柯柯、兴农、千龙湖为代表，发展蔬菜展示、农耕文化和休闲观光，长沙县万亩片以九龙、龙华山、宇田为代表，打造标准化专业蔬菜基地示范种植，宁乡县万亩片以秀山美地、天源、凤凰山为代表，发展甘蓝、韭菜专业种植。百亩蔬菜种苗中心培育出茄果类和瓜类优质蔬菜种苗 18 个品种近 200 万株，盆景菜和盆栽菜开始进入生产销售。

二、加大政策扶持力度。长沙市人民政府出台《关于进一步加快蔬菜产业发展的意见》（长政发〔2014〕12 号），明确全市今后蔬菜产业发展的总体思路、中长期目标、工作重点和保障措施等。市人民政府与区、县签订《长沙市“菜篮子”区县长负责制目标管理责任状》，将专业蔬菜基地建设任务与农产品直销标准店建设任务分解，并细化各区、县（市）在资金投入、政策落实、质量监管等方面的具体目标，同时在项目征选时明确各项目的工作重点和具体目标。各级加大对蔬菜产业扶持力度，农业部、省物价局、省农业委均安排资金扶持长沙蔬菜生产及科研，长沙县、望城区、浏阳市、宁乡县 4 县（市）区财政预算蔬菜产业发展专项资金共 2026 万元，整合各部门资金 5836 万元。

三、促进蔬菜高产优质。设置蔬菜科研与推广项目 12 个，对 2 个地方特色品种进行提纯复壮与推广，对 4 个种类的蔬菜进行优新品种的选育与研究。试验推广蔬菜高产栽培技术和育苗技术各 1 项，推广应用绿色、生态、环保综合防控技术 1 项；研究和利用高效设施栽培技术 2 项，对国内高难度的羊肚菌栽培技术进行攻关，其中《早熟丝瓜新品种早优 6 号的选育》获 2014 年湖南省科学技术攻关三等奖，《中国南瓜主要农艺性状的相关性研究》获 2014 年长沙市科学技术学术年会论文一等奖，“长辣”系列线椒新品种的选育与推广获长沙市科技进步二等奖，选育的 2 个苦瓜新品种和 1 个豇豆新品种通过湖南省农作物品种审定委员会审定。

四、保障蔬菜质量安全。1. 开展标准化生产。指导基地按照行业标准开展生产，对基地的园地园貌、栽培管理、采后处理、质量控制、产品上市、制度执行等提出一系列明确的要求。督促各基地规范从播种到采收的全程生产操作技术，依法严禁使用高毒高残留农药，推广使用蔬菜良种和高效低毒低残留农药。2. 强化基地自检工作。凡配备有检测设备的蔬菜生产单位，在产品采收上市之前，必须开展农残检测，暂无检测设备的必须委托有关检测机构进行检测，检测合格后方可采收上市销售，全市标准化专业蔬菜基地创建单位中 90% 以上都配备有农残检测仪开展自检。3. 开展培训宣传。组织蔬菜基地有关人员进行《农产品质量安全法》等相关法律法规及农药安全使用常识的培训和学习，将禁用、限用、常用农药名单、防治对象、使用方法及相关农事操作记录表格等打印成册发放到每个基地，督促基地在显眼位置设立公示牌，营造质量安全第一重要的氛围。4. 加强市级监督抽检。加大对基地的抽检监测力度，2014 年市级的 5 次例行监测共抽检 1000 批次，合格率 98.7%，农业部 4 次对蔬菜生产基地“国检”，合格率 98.74%，全市全年未发生 1 起因食用蔬菜引起的群体性中毒事件。

五、贯彻落实《蔬菜基地管理条例》。1. 扩补标准化专业蔬菜基地。在城市快速发展、城郊原有优质蔬菜基地大量被征占的背景下，向 4 县（市）远郊乡镇谋求发展。2. 开展基地登记造册工作。为保护和管理好现有的蔬菜基地，市农业局组织区、县（市）蔬菜行政主管部门与专业队伍按照相关要求对全市规模蔬菜基地进行登记造册，并要求区、县（市）农业主管部门发文确定。从 2014 年初开始，对已经创建和待创建的标准化专业蔬菜基地及其他常年蔬菜基地同步纳入测绘范围，年内全面测绘近 6000 公顷蔬菜基地，逐项记录蔬菜基地的面积、组成、栽培情况等。3. 做好基金的收缴和使用工作。全年征收新菜地建设基金共计 2700 万元。

六、健全流通体系，开展产销对接。由市农业局牵头，市物价局、市商务局、市财政局共同参与，安排 1000 万元价格调节基金支持农产品配送工程建设，市农业局从切块资金中安排农产品直销工程 300 万元。全年全市完成农产品直销店建设 242 家，全市 37 家基地或专业配送公司参与农产品直销店建设，价格调节基金扶持直销店验收合格 232 家，配送中心 9 家。在市农业局引导下，16 家直销配送企业共同成立全市农产品统采统配平台——湖南田园香生鲜配送股份有限公司。截至 2014 年底，全市建成多种类型的直销网点 1500 余个（其中各种形式的社区直销店 500 余家），年销售农产品 60 万吨，日均销售收入 870 万元。（周　鹏）

畜牧水产养殖

【概况】 2014 年，全市畜牧兽医水产系统围绕现代养殖业建设目标，加快推进产业转型升级，健全动物疫病防控长效机制，提升执法监管水平，克服H7N9流感等突发疫情和生猪价格低迷等不利因素影响，各项工作都取得较好成绩。2014年，全市生猪、牛、羊、家禽分别出栏（笼）823.6万头、11.8万头、86.7万只、5836.7万羽，水产品总产量12.27万吨，实现养殖业总产值近160亿元。

一、加快产业转型升级。坚持“抓项目就是抓发展”的理念，围绕标准化生产、地方品种保护、现代渔业生态园等重点工程，铺排一批重点产业发展项目。成立“重大现代养殖业项目帮促工作组”，分别由长沙市畜牧兽医水产局（以下简称“市畜牧局”）党组成员带队，对口联系、服务、帮促具体项目，推进长沙养殖业转型升级。1. 推进标准化规模养殖。持续推进畜禽标准化规模养殖工程和水产健康养殖工程。截至2014年底，全市创建各级畜禽标准化养殖示范场73个、水产健康养殖示范场117个、休闲渔业示范基地19家，构建国家、省、市、县四级畜禽水产品标准化养殖示范梯队。发挥各级强农惠农扶持资金的引导作用，支持和鼓励农户推行适度规模养殖，提高生产水平，全市年出栏500头以上的生猪规模养殖场1774个，养殖业规模化、产业化水平进一步提升。2. 地方良种保护开发多点突破。抓好地方良种保护与开发工作。宁乡猪、大围子猪和湘东黑山羊3大地方品种核心群保种工作稳步推进，大围子猪和宁乡猪扩繁场建设进展顺利。黑山羊发展突破68万只，改扩建10个黑山羊标准化场。大围子猪被列入国家畜禽遗传资源保护名录。完成宁乡花猪产业发展对策研究初稿，肉脯、肉干等10余种西式、中式休闲产品研发投产，花猪公众信息网及微信平台面世，花猪产品实现线上、线下跨界营销，销售网络延伸北上广等多个特大城市。推进望城区农业部渔业健康养殖示范区创建，现代生态渔业养殖园落实鮰鱼、河蟹、甲鱼养殖等特种名优水产养殖700公顷，建成20个水产质量安全监测点，配备网络监控系统和快速检测系统，形成网格化的水产品质量安全体系。湖南柳吉观赏鱼产业园加快新品种研发，获省级观赏鱼良种孵化场和省级休闲渔业示范场授牌，成为湖南省最大的观赏鱼养殖和孵化基地。3. 畜禽污染治理取得成效。配合环保部门实施第二个“环保三年行动计划”，因地制宜引导养殖场（户）推广种养平衡、大型工业化、生态湿地等治理模式，畜禽养殖污染治理成效显著。全年4区、县（市）实现养殖污染治理（退出）面积18.5万平方米，完成市政府下达目标任务的185%。落实省委“一号工程”总体部署，强力推进湘江干流养殖退出工作，明确治理目标、治理方式和时间节点，实行局领导联点负责制，及时到相关区县开展技术指导与督促工作，确保各地超前完成退养任务。

二、落实防疫责任，确保不发生重大动物疫情。健全动物疫病防控体系，落实综合防控措施，应对突发动物疫情，开创动物防疫工作新局面，在国内外口蹄疫、小反刍兽疫等动物疫病多发频发，特别是多地出现人感染H7N9禽流感病例的背景下，全市动物疫情始终保持稳定。1. 健全责任机制，落实到位综合防控措施。市、县、乡3级层层签订目标管理责任状，建立行政、业务“双轨并行”的责任考核体系。在春秋两季和重点防控时期，商请市政府督查室牵头开展专项督查，确保防控措施落实到位。全面推行新型免疫制度，畜禽免疫密度常年保持在90%以上。组织春秋两季免疫抗体效果评估抽查，全年抽检免疫抗体1.7万批次，确保“真苗、真打、真有效”。在省畜牧局免疫抗体抽检中，全市4种疫病免疫抗体平均合格率94.5%，居全省之首，也是唯一所有免疫病种均达农业部要求（合格率≥70%）的市州。严密实施疫病监测，全市全年29个定点监测点开展动物疫病病原学检测1.67万批次。创新规模场监管方式，在实施标准化生产的规模养殖场推行官方兽医联场巡查制度，督促规模场落实主体责任，全年巡查规模场1211个次，督促整改140家，确保规模场动物疫病综合防控措施到位。统筹开展人畜共患病防控，在城区规范设置18个狂犬病免疫点，全面实施狂犬病国产苗免费免疫，在服务市民的同时提升狂犬病免疫率。督促指导区县开展动物血吸虫病普查及同步化疗工作，全年普查、化疗牛羊4000余头次。长沙县、宁乡县、天心区和开福区达到传播阻断标准，望城区和岳麓区达到传播控制标准。2. 应急措施得力，妥善处置突发疫情。应对全国性的H7N9禽流感、小反刍兽疫等动物疫情，第一时间启动应急响应，紧急制定工作方案，全面开展疫情监测和流行病学调查，实行防控工作一日一调度，信息一日一报送，建立各相关部门密切协作的联防联控机制。加强家禽批发市场监管，依法监督市场管理方落实休市清栏消毒制度，禁止从疫区调入活禽。严格按照部、省、市有关规定，与城区39个活羊经营户签订防控承诺书，限制活羊跨县调运，严厉打击违法经营活羊的行为。全年共完成各类H7N9流感样品应急和集中监测7348批次，检测小反刍兽疫样品362批次，紧急调拨小反刍兽疫疫苗48万头份，累计免疫羊41.69万只，确保全市动物疫病防控形势的稳定。3. 转变防控理念，推进动物疫病净化工作。推进动物疫病防控工作由“预防为主”向“疫病净化”转变，率先全省实施疫病净化工作。制定下发家禽H7N9流感剔除计划实施方案，全面实施禽流感剔除计划。全年共检测各类动物H7N9病原学样品5715批次、禽类H7N9血清抗体样品1633批次，为有效防控疫情提供坚实的技术保障。生猪伪狂犬病净化项目有序推进，18个项目示范场建设配套缓冲隔离区，市财政投入近300万元疫苗经费，每年4次高密度免费普免。根据农业部动物疫病净化示范场创建现场考核结果，浏阳市百宜种猪有限公司被农业部定为国家级动物疫病净化创建场。开展动物布鲁氏菌病流行特点及净化技术研究，获得市科技重大专项支持，拟采取检疫（检测）—扑杀（补偿）—监测—净化综合防控措施，达到全市范围净化标准。4. 攻克发展难题，无害化处理体系建设取得突破。将推进病死动物无害化处理机制建设，作为解决制约行业发展“瓶颈”问题的重大举措。在汲取国内外先进经验的基础上，经过多方研究论证，提出全市病害动物无害化处理体系建设的具体方案，报请市政府于10月10日下发《关于加快推进动物无害化处理体系建设的意见》（长政发〔2014〕43号），明确全市无害化处理体系建设的目标任务、建设内容、扶持政策和实施步骤，与国务院办公厅10月20日印发的《关于建立病死畜禽无害化处理机制的意见》精神高度契合。长沙县安沙镇建成全省首个病死动物无害化处理中心，宁乡县通过招商引资引进省外多家公司达成参与长沙市动物无害化处理体系建设意向；浏阳市确定无害化处理运营企业和无害化处理方式，选址通过环保部门勘验，处于征地建设中，全市病害动物无害化处理体系建设取得突破。

三、加大监测执法力度，确保动物产品质量安全。1. 动物卫生监督体系。深化兽医管理体制改革，推进市、区两级动物卫生监督职能归位，着力于机构、队伍及基础设施建设，完善动物卫生监督体系。各区均下文成立区级动物卫生监督所，岳麓区、芙蓉区、雨花区、天心区等区所人员到位并挂牌运行开展工作。举办官方兽医培训班，共培训市本级官方兽医及区县官方兽医骨干300人，全市官方兽医培训率100%，队伍素质有力提升。加强全市兽医行业人才队伍建设，与市人社局、市总工会联合举办长沙市首届动物防疫职业技能竞赛活动，得到省畜牧局、市政府领导高度评价；选派队员参加全省竞赛，囊括疫病防治和兽医化验两项团体第一。圆满完成组考年度全国执业兽医资格考试组考工作；全市行政执法案卷评查中，“肖某经营假兽药行政处罚案”作为全市5个执法典型案例之一，入选全市年度行政执法指导案例。支持8个乡镇动物防疫站和14个动物检疫申报点开展标准化建设，基层工作基础进一步夯实。2. 检疫监管措施。严格实行产地检疫与“瘦肉精”同步抽检，把好基地准出关。全年共同步抽检“瘦肉精”14.9万批次，阳性检出率为零。严格实行屠宰检疫和水产品凭证入市，把好市场准入关。与生猪屠宰企业、肉品企业、生猪贩运商签订质量安全承诺书，明确企业主体责任，认真执行生猪进场查验制度和“瘦肉精”自检制度，全市屠宰检疫生猪111.2万头，监督无害化处理不合格生猪915头，抽检“瘦肉精”4.1万份，合格率100%，屠宰检疫率100%。试点启动动物检疫证明电子出证工作，最大限度地杜绝伪造、买卖检疫合格证明和不检疫就出证、填写使用不规范等违法违规现象。部署开展检疫行为集中暗访行动，随机抽查各区、县（市）产地、屠宰和流通环节检疫行为，并专题通报存在问题，规范动物检疫行为。3. 质量安全监测。制定畜禽水产品质量安全监测工作实施方案，全年配合农业部、省畜牧局开展畜禽水产品产地质量安全例行监测10次，共监测畜禽产品50批次、水产品30批次、生猪“瘦肉精”3117批次，阳性检出率均为零。市本级共完成各类畜禽水产品及饲料质量安全监测5333批次，其中定量监测2688批次，为年度计划的134.4%，监测合格率99.75%，及时对监测中发现的问题进行溯源查处。4. 专项整治。制定全市畜禽水产品质量安全专项整治方案，先后组织开展“瘦肉精”、生鲜乳违禁物质、兽用抗菌药、水产品禁用药物等专项整治行动，全方位、多角度加强畜禽水产品质量安全监管工作。承办“三湘农产品质量安全行”活动，编印《长沙市畜禽水产品质量安全监管工作纪实》画册，加强对外宣传，正面引导社会舆论。继续实施水产品凭证入市制度，抽检各类外来水产品样品2818批次，总体合格率99.33%，查处并销毁不合格水产品1178.5千克。在各专项整治工作中，全市共立案130起，移送公安和其他机关7起，法定期限内案件审结率100%，无执法责任事故发生。长沙县、浏阳市、宁乡县成功创建“全省畜禽水产品质量安全监管示范县”。5. 诚信体系建设。推行违法企业黑名单制度，定期通报信用信息，曝光违法情况。全市对养殖生产企业、养殖业经济合作组织、兽药饲料生产经营企业建立质量安全信用档案共计1145家，扩大信用档案覆盖范围；全年通过局政务网站对外公布不良信用企业10家，并督促相关单位对其实施重点监管，震慑违法失信企业，取得良好社会效果。

四、严格渔政执法，推进渔业资源养护。加强渔政执法，健全渔业资源养护机制。实施为期3个月的湘江长沙段春季禁渔工作，加强重点水域的巡查整治力度，有效地遏制非法捕捞现象的发生，实现“江中无渔船，岸边无网具，市场无河鱼”的禁渔目标。打造人工放流生态品牌，与《长沙晚报》联合举办的“鱼水情深，保护湘江”大型公益放流活动被市委统战部、长沙晚报集团和中国爱心工作委员会等多家单位联合评为“2014年湖南年度公益新闻事件”之一。全年开展人工增殖放流活动3次，累计向湘江投放各类鱼种700万尾。编印《安全生产知识画册》，狠抓渔业安全生产管理。组织开展打击非法捕捞作业专项行动，维护渔业生产秩序。全年共查获违法船只13艘、各类违法网具357件；立案、结案2起，行政处罚2人，有效保护了湘江渔业资源。开展渔业生态环境监测，及时应对和处置渔业污染事故。开展湘江库区8个断面水域生态环境和水生生物监测分析，为湘江保护和综合治理积累理论依据。（柳　斌）

【动物无害化处理体系建设】 病死动物无害化处理设施设备缺乏、补助政策不健全，一直是制约病死动物无害化处理体系建设的重要因素。2014年，市动物卫生监督所先后5次组织召开专题研讨会，多次组织人员到外地学习，争取市政府出台下发《长沙市人民政府关于加快推进动物无害化处理体系建设的意见》（长政发〔2014〕43号）（以下简称《意见》），《意见》是湖南出台的首个动物无害化处理体系建设的指导性意见。《意见》明确目标任务、建设期限，出台补助政策，推动长沙市动物无害化处理体系建设，并进入统筹实施的新阶段。长沙县建成湖南首个动物无害化处理中心，采用高温干化处理工艺，日处理能力达30吨。启动病死动物收集暂存点建设，规划建设乡镇（街道）病死动物收集暂存点18个，其中路口镇病死动物收集点基本建成。浏阳市经过考察调研，确定无害化处理方式和运营企业，立项、调规、环评等各项工作处于有序推进中。（陈宇明）

【创新畜禽规模养殖场监管】 2014年，在实施标准化生产的规模养殖场推行官方兽医联场巡查制度和监管责任挂牌公示制度，要求对每个规模场明确1至2名联场官方兽医，每月开展不少于1次的巡回检查，督促其落实“四个三”的主体责任，即三建立（建立健全规章制度、建立健全饲养档案、建立健全购销台账）、三主动（主动申办动物防疫条件合格证、主动接受监督检查、主动申报产地检疫及跨省检疫)、三到位(强制免疫、消毒等预防疫病措施到位、投入品管理到位,病害畜禽尸体无害化处理到位)、三提高(提高疫病防控能力、提高标准化生产水平、提高质量安全水平)。2014年,官方兽医联场巡查规模场1211家,整改规模场140家,590家设立动物卫生监督公示牌。(陈宇明)

【打击动物卫生违法行为】 2014年,长沙围绕"日常监管常态化、执法办案规范化、文书档案标准化、联防联动制度化"和"监督零距离、管理零空档、案件零差错、执法零投诉"即"四化、四零"目标,先后组织开展"打击非法处置病死动物专项整治""活羊经营违法行为专项整治""动物检疫出证与收费情况督查"等8项活动,及时发现违法违规行为,广泛挖掘案源线索。全年全市共开展监督检查1256次,严厉查处动物卫生违法案件115起,移送公安机关9起,法定期限内案件审结率100%,无执法责任事故发生。特别是与5个地市州组成联动办案机制,查处宁乡县李某未经检疫从四川贩运有病种羊进行销售案,由公安机关刑事立案打击,成为湖南省第一例因违法跨省引种引发疫情受刑事审判的案件,震慑了违法分子。(陈宇明)

【动物疫病监测工作】 2014年,长沙市动物疫病预防控制中心按照《2014年长沙市动物疫病监测与流行病学调查计划》文件要求,采取日常监测、定点监测、应急监测和集中监测相结合的原则,在全市规模畜禽场(户)、家禽批发市场、屠宰场等重点区域和场点,科学合理的设置29个市级定点监测点,针对禽流感、口蹄疫、布鲁氏菌病等疫病进行重点监测。全年共计完成动物疫病抗体和病原监测33943份,其中动物疫病免疫抗体检测17283份、动物疫病病原检测16660份,完成年度目标任务的122%。(冯亚梅)

【"三湘农产品质量安全行"检验检测体系建设现场经验交流会】 9月4—5日,以"畜禽水产品质量安全"为主题的全省"三湘农产品质量安全行"检验检测体系建设现场经验交流会在长沙市召开。省人大常委会副主任徐明华,秘书长彭宪法,省人大农业与农村委员会主任委员李小平,省政府副秘书长陈吉芳,以及市领导张迎龙、袁观清、黄佳惠、黎石秋,市人大常委会秘书长柳美景出席会议或相关活动。与会人员到长沙市质量技术监督局食品检测中心、望城区畜禽水产品质量检测中心、八百里水产养殖基地、胤霆蔬菜展示中心以及湘台农业科技园现场考察农产品质量检验检测体系建设情况。长沙就农产品品质认证、农业标准化建设、检验检测体系建设三大体系质量安全作典型发言。(柳斌)

【首届动物防疫职业技能竞赛活动】 9月23—24日,市畜牧局、市人力资源和社会保障局、市总工会在望城区联合举办2014年长沙市首届动物防疫职业技能竞赛活动。长沙市人民政府副市长黎石秋、副秘书长曾慧明,湖南省畜牧兽医水产局总工程师邱伯根,望城区人民政府副区长姚建刚以及市畜牧局、市人社局、市总工会、市直工委等领导出席。竞赛分为动物疫病防治员和兽医化验员两个类别,包括理论知识竞赛和现场操作技能考核两大部分。市本级和各区、县(市)共11支队伍、40名选手、10名领队及160余名观摩人员参与竞赛活动。浏阳市、望城区分别获兽医化验员工种、动物疫病防治员工种竞赛团体第一名。(柳斌)

【动物及动物产品检疫出证数字化管理平台正式投运】 11月27日,长沙县春华镇动物检疫申报点官方兽医罗栋使用电子出证系统开出长沙市第一张动物检疫合格证明,标志着长沙市动物及动物产品检疫出证数字化管理平台正式投入联网试运行。该系统实现官方兽医在线受理动物产地(屠宰)检疫、填报检疫数据、单张或多张打印动物检疫合格证、离线出证、二维码自动生成、错误证明报废等功能。手工填写改为机打,避免出证不规范,附印的二维码增加电子出证的防伪和智能识别功能。合格证上的所有信息均可以随机保存、再次调用,自动上传、逐级汇总,存储并共享于市级数据库,便于地市、区县、乡镇各级监管单位筛选调用。(柳斌)

【市动物疫病预防控制中心通过"双认证"复评审】 11月,长沙市动物疫病预防控制中心通过省质量技术监督局组织的实验室资质认定复评审和湖南省农委组织的农产品质量安全检测机构考核复评审。评审后,疫控中心检测能力资质再次扩充,具备包括饲料、初级农产品、动物疫病3大类171个参数的检测能力,检测项目312个,进一步夯实技术支撑职能的履职基础。(冯亚梅)

【人工增殖放流活动获选2014年度湖南十大公益新闻事件】 12月28日,市委统战部、市民政局、市民族宗教事务局、《长沙晚报》共同举办的"字述湖湘 祈福五洲"——2014湖南年度代表字评选暨公益新闻事件发布活动在长沙市望城区洗心禅寺举行。市畜牧局与《长沙晚报》共同策划举办的"鱼水情深,保护湘江"人工增殖放流活动,获选2014年度湖南十大公益新闻事件并获"水生态环境保护奖"。(柳斌)

林业

【概况】 2014年,全市有林业用地面积61.71万公顷,森林覆盖率54.8%,活立木蓄积量2524.7万立方米。市林业局被国家林业局评为"全国生态建设突出贡献奖先进集体"。

一、实施"三年造绿大行动",增加绿色资源总量。自2013年12月启动三年造绿大行动以来,全市共召开动员、部署会议430场次,投入资金17.23亿元,组织专业施工队伍497支、20375人,动用机械设备2.31万台次,投工投劳30万余人次,完成造林绿化面积1.37万公顷。1. 城郊绿化。全市共完成城郊绿化242.93万平方米。2. 年度宜林地绿化任务超额完成。全市完成迹地更新宜林荒山荒地造林1.33万公顷,为年度计划任务的104.74%。发动市民群众参加义务植树活动398.9万人次,完成义务植树1709万株。3. 社区(单位)绿化。全市创建市级绿色示范社区30个，建成社区公园55个。4. 城市绿道建设功能凸显。重点打造全长1.9千米、绿化面积2.6公顷的圭塘河绿道。5. 街景（立体）绿化。全市完成街景（立体）绿化面积9.19万平方米，为三年总计划任务的30.6%。6. 集镇绿化。全市完成创建市级绿色示范集镇10个。7. 村庄（庭院）绿化。创建市级绿色示范村庄30个，创建市级绿色示范庭院3500户。8. 通道绿化。加快连接城乡10条重点干线和百条乡村公路两厢绿化，完成绿化里程441.18千米。9. 水系绿化。全市完成“一江六河”及库区、山塘、堤坝周边和重点干渠等绿化面积149.96万平方米。10. 屏障绿化。推进城市林业生态圈建设，千龙湖国家湿地公园（试点）通过国家林业局验收并正式挂牌，望城区乌山森林公园晋级“省级森林公园”。新增湿地保护面积6128.4公顷，全市湿地保护面积21915.7公顷，保护率55.8%，排名全省第一。

二、加快绿色产业建设，提升林业发展质效。全市完成林业总产值244.79亿元，为年目标任务的121.18%。1.“三百产业”（百万亩优质油茶、百万亩高效楠竹、浏阳河百里花木走廊）。共完成市级油茶抚育和低产林改造5000公顷，为年度任务的150%。完成楠竹低改166.67公顷，择优扶持28家花卉苗木生产企业进行提质改造。2. 林工产业。突出抓好实木楼梯、办公家具、竹木地板、竹木工艺品等竹木产品精深加工业，全年完成林产工业产值80.2亿元，为年度任务的120.1%。全市有国家级林业重点龙头企业1家、省级林业产业龙头企业42家。3. 林下经济。发展以林下养殖、林下种植和森林生态旅游为主要模式的林下经济，扶持全市25个林下经济项目单位，创建省级林下经济示范单位5个。全市林下经济发展面积3.37万公顷，实现总产值5.5亿元。4. 林业专业合作组织。全市新增林业专业合作组织108家，涉林面积1.05万公顷，涉及农户2613户，浏阳市湘纯油茶种植专业合作社被评为2014年“国家级示范合作社”。

三、增强森林火灾防控制能力。落实各级森林防火责任，开展森林防火“大宣传、大排查、大培训”活动。1. 森林火灾防控。全市森林火灾受害率0.21‰，发生率2次/10万公顷，远远低于省控指标，没有发生重大森林火灾和人员伤亡事故。2.“三基”建设。推进森林防火基本队伍、基本装备、基层基础建设，组织森林消防队伍培训110场次、集中比武演练1次，省森防指、省林业厅在浏阳市召开的全省东部片区防火现场会上推介了长沙经验。建立以长沙市武警消防支队为依托的市级森林消防专业队伍100人、县级森林消防半专业队伍23支1103人，全市乡镇、涉爆企业、林场、林区村群众森林扑火队伍650支17533人，村日常森林防火巡护队伍2850人；投资1000万余元，新购森林消防水车7台、森林消防坦克1台、运兵车2台、背负式森林消防水泵85台、风水灭火机120台；在高速公路沿线设立森林防火大型公益宣传牌10块，在交通要道、重点林区设立森林防火宣传牌2735块。3. 火案查处。全市共查处火案112起，其中刑事案件56起、治安案件51起、行政处罚5起，打击和震慑了森林涉火犯罪行为。

四、强化森林监管。1. 林政管理。实施林木采伐指标入村到户工程，长沙县、浏阳市、宁乡县、望城区4区、县（市）采伐指标入村到户率、公示率均100%。严格林木限额采伐和林地定额管理，全年节约省政府批准的采伐限额指标2/3以上，无违法违规审核审批林地行为。2. 森防野保工作。全市共发生林业有害生物1.37万公顷，成灾200公顷，成灾率0.3‰，大幅低于省控指标1‰；组织防治1.3万公顷，其中无公害防治率95.6%；对外省调入的松科植物及其产品复检率100%，松材线虫病监测和普查率100%；岳麓区松材线虫病除治成功。加强野生动植物保护管理和执法，开展“爱鸟周”和“万条养殖幼蛇放归自然”为主题的野生动物保护宣传活动，救护鸟类、蛇类、蛙类1万余条（只），全市未发生非法猎捕野生动物重大案件。3. 打击涉林犯罪。开展森林火灾犯罪专项打击行动、代号为“绿箭”的打击乱采滥伐和非法收购盗伐林木违法犯罪行为专项行动、长株潭城市群生态绿心地区违规占用林地行为清理整治工作专项行动，全市共办理涉林刑事案件161起，破获145起，逮捕35人，直诉119人。

五、推进林业综合改革。1. 林权配套改革。全市开展森林资源流转61宗，涉及林地面积2086.67公顷，流转金额1986.49万元；办理林权抵押贷款31宗，新增贷款金额1.7亿元；全市中央、省级生态公益林全部入参森林资源保险，面积14.16万公顷，商品林参保面积22.81万公顷；举办全市基层林业站长参加的林权争议处理培训班，调处林权纠纷48起，调处率72.7%。2. 项目建设。落实中央农发项目3个，争取到位中央省级财政投资630万元；争取中央林业投资、植被恢复费、省级林区道路建设等一批项目，落实资金4000万余元。全市林业投入造林绿化资金4.24亿元。3. 科技推广服务。开展科技进村入户和科技特派员服务活动，实施科技服务登记制度，将每个项目和个体实行科技特派员专人对接并登记，畅通林业科技服务“最后一公里”“最后一步路”。4. 林木种苗管理。全市组织调剂调运各类造林苗木1363万株，全部为良种，保障全市工程造林和面上造林良种苗木使用率100%。5. 行政审批改革。全面清理和规范行政审批项目、内容、流程、时限，行政许可项目精简50%、提速50%全部到位，行政审批事项办结率100%，实现“零差错，零投诉”、办事群众满意率100%。6. 生态文明教育。围绕“三年造绿大行动”，制作专题宣传片《绿色星城，生态长沙》，在《长沙晚报》、长沙电视台、市政府门户网站等主流媒体上开设新闻专版13个，播报信息46条，发动市民群众评选“最应纠正的十种常见损绿行为”“最受欢迎的十句爱绿护绿宣传用语”，充分调动社会的积极性。（刘少尧）

【市林业局获评“全国生态建设突出贡献奖先进集体”】 经湖南省林业厅推荐，国家林业局评选工作领导小组办公室评审通过，11月，市林业局被评为2014年度“全国生态建设突出贡献奖先进集体”，成为全省获该荣誉的两家单位之一。市林业局认真贯彻《国务院办公厅关于进一步加强林业有害生物防治工作的意见》精神，坚持“预防为主，科学防控，依法治理，促进健康”的林业有害生物防治工作方针，按照省、市人民政府《林业有害生物防治工作目标管理责任书》和《林业生物灾害应急预案》的要求，强化虫情监测，科学积极处置突发生物灾害，为长沙生态文明建设做贡献，特别是在组织除治岳麓山松材线虫病疫情上取得重大突破，基本实现“当年发生、当年发现、当年除治、当年拔除”的目标。（胡东兵）

【湘纯油茶种植专业合作社获评“国家级示范合作社”】 11月22日，农业部、国家林业局等7部委以农经发〔2014〕10号文件，联合评选浏阳市湘纯油茶种植专业合作社为2014年“国家级示范合作社”。2010年12月，浏阳市湘纯油茶种植专业合作社组建，注册地址为浏阳市淳口镇，采用“合作社+基地+农户”的产业化模式，有社员120余户，其中农民占98%。有专职管理人员3人、专业技术人员5人；聘请兼职专业技术人员5人，其中高级经济师1人、高级工程师1人、高级技工1人。合作社以服务“三农”为宗旨，以“民有、民管、民享”“自主经营、自负盈亏、平等互利”为原则，坚持质量第一，诚信为本，科学发展，规范管理，运营状况良好。该社投资1100万元建成集中连片的油茶基地201.67公顷，带动周边地区农民栽培油茶1000公顷。该社先后被评为长沙市现代农业特色产业科技示范工程“良种油茶丰产栽培特色产业科技示范基地”“国家农民合作示范社”“省委、省政府为民办实事合作社”“万企联村共同发展省级示范项目”。（肖向阳）

【全国重大林业有害生物防治现场会在长沙召开】 11月20—22日，由国家林业局主办、湖南省林业厅承办、长沙市人民政府协办的全国重大林业有害生物防治现场会在长沙召开。国家林业局局长赵树丛、副局长张永利、总工程师封加平，湖南省委副书记孙金龙、省人民政府副省长张硕辅，贵州省副省长刘远坤等出席会议，张永利主持会议。国家林业局等10余个部委的司（局）级领导、各省（区、市）人民政府和林业厅（局）的有关负责人，以及新华社、湖南卫视等媒体记者共计170余人参加会议。张硕辅和赵树丛在会上作重要报告。会议宣读《全国林业有害生物防治工作先进集体和先进个人表彰决定》，通报《2011—2013年松材线虫病等重大林业有害生物防控目标责任书》履责情况检查考核结果，播放湖南省、上海市、山东省等5省（市）林业有害生物防治经验短片。长沙市岳麓山风景名胜区麓山景区松材线虫病除治点被选定为两个考察观摩现场之一。（胡东兵）

农产品质量监管

【概况】 2014年，长沙市按照《农产品质量安全法》要求，认真履行农产品质量安全监管职责，落实农产品质量安全保障措施，质量安全总体水平保持稳中有升的良好态势，全市连续11年未发生农残中毒重大事故。

一、健全监管体系。1. 加强监管工作体系建设。落实乡镇安全监管站建设，按照“有机构、有场地、有人员、有设备、有经费”的标准，全市112个乡镇农产品质量安全监管站建设基本到位。市农业局在长沙县、望城区、浏阳市、宁乡县及岳麓区选择20个乡镇开展农产品质量安全监管综合试点工作。2. 加强监测体系的建设。截至2014年底，全市建成112个乡镇农残速测室和104个蔬菜基地农残速测室，市、县、乡、基地4级农残检测工作体系基本建立。

二、推进农业标准化生产。全年全市共组织259家基地开展标准化生产示范基地创建，示范总面积5.4万公顷，其中粮食基地97个，示范面积3.33万公顷；蔬菜基地101个，示范面积1.6万公顷；水果、茶叶基地52个，示范面积4666.67公顷。

三、加强农产品质量安全监管执法。市农业局制定并下发《2014年农产品质量安全专项整治工作方案》，方案中对各个区、县（市）中的农业部门开展整治工作提出具体的要求，在农业部门内部形成上下联动、共同参与的工作机制，全年全市出动执法人员3558人次，检查农资经销企业、门店、市场2140家，立案查处85起，重点检查无证经营、超范围经营、生产或销售标签标识不规范及国家禁用农业投入品、生产或销售未登记审定批准使用的农业投入品，共查获不合格种子、农药、肥料等农资216吨。加强对种植基地、专业合作社的检查，分期组织检查组到各区、县（市），检查企业93家、农民专业经济合作组织32家、“三品”生产企业27家。重点检查产地环境是否符合要求、是否建立田间生产档案等，对生产基地的样品随机抽样，重点检查农药指标。全市印制农资打假、农产品质量安全等方面的法律法规资料3万余份，定期在长沙市农业信息网上公布例行监测结果。

四、加强产地环境安全监管，开展耕地土壤、面源污染环境治理。1. 加强产地环境监控。按照《湖南省2014年农业环境质量定位监控方案》的要求，完成境内4个点源、4个面源长期定位监测点的监测、取样任务，共取土样12个、水样20个、产品样12个，获有效数据342个，长沙县完成1个全国农业面源污染监控网国控监测点监测工作。2. 加强重金属污染治理。根据农业部、财政部、省政府、省农业委关于重金属污染修复治理的要求，2014年长沙县、望城区、浏阳市、宁乡县、开福区、岳麓区启动重金属污染修复治理及种植结构调整试点工作。全年完成2.5万余个耕地监测点及灌溉水源监测点的取样任务，划定达标生产区、管控专产区、结构调整区，施用石灰8万吨，施用面积5.53万公顷，种植绿肥1.87万公顷，推广水稻镉低累计2000余公顷。

五、增强农产品质量监测能力。全市农产品质检机构的硬件设施进一步完善，检测能力处于全省领先水平，市、县检测中心检测频次每年超过4万批次，马王堆、红星蔬菜批发市场常年完成检测10万批次和7万批次。市农业局根据农业部的要求，做好农业部农产品质量安全例行监测、监督抽查的监测抽样和样品处理工作。农业部2014年对长沙市进行4次农产品质量安全例行监测，共抽检农产品231批次，合格229批次，平均合格率99.13%，其中蔬菜抽检159批次，合格157批次，合格率98.74%，水果和食用菌分别抽检40批次和32批次，全部合格。（周　鹏）

农产品加工

【概况】 2014年，全市农产品加工企业实现销售收入1303.75亿元，同比增长25%，实现利税总额117.3亿元，同比增长23.2%。

一、加工项目建设。坚持以项目促发展，突出抓好一批投资规模大、带动能力强、市场前景好的农产品新加工项目建设，加大对现有龙头企业的技术改造，通过市财政局、市农业局共同发布申报指南，组织各区、县（市）农产品加工企业申报农产品加工固定资产投资重点项目和技改项目。通过与各区、县（市）共同组织现场考察，组织专家评选，共确定项目36个(其中投资额1亿元以上3个、5000万元以上8个、1000万元以上25个，如加加集团、金井茶业投资均在5000万元以上)，技改项目80个，完成投资29.446亿元，争取市财政补贴资金1000万元，新增产能120亿元以上。

二、龙头企业产销两旺。全市重点调度的98家国家、省级重点农产品加工龙头企业，实现销售收入977.8亿元，同期增长25.9%，其中销售收入增长50%以上的企业14家，年销售收入过亿元的企业42家，其中年销售收入过5亿元的企业8家、过10亿元的7家，省茶叶集团年产销突破52亿元。

三、带动效应显著。全市69家省级以上龙头企业，领办参办农业种养专业合作社的65个，占94%，全市创建原料生产基地16.53万公顷，直接吸纳农民就业10.9万人，给农民带来收益20亿余元。如湘丰茶叶、金井茶叶、盐津铺子、盛湘米业、万家春米业等加工龙头企业，通过土地流转，租用农民连片土地发展有机茶、优质稻。省级以上龙头企业通过建立原料生产基地，合同订单收购带动农户159万户，户均增收1.2万元。

四、推进农产品加工园区建设。市农业局与宁乡县农创园共同在宁乡县金洲大道西线建立10平方千米农产品加工专业园区，全年完成园区规模设计和基础设施建设，第一期工程用地100公顷，10家企业签约进入园区(省粮食集团、洋河就业、康师傅食品集团等10家企业)，签约金额60亿元，其中省粮食集团投资50亿元将金健米业整体迁移至宁乡园区。

五、加大重点企业和项目帮扶力度。1.加强对重点农产品加工建设项目的督查指导。深入企业调查研究，搞好工作协调化解难题，提供优质信息服务。2.择优选择20家农产品加工建设项目进入长沙市推进重大现代农业项目中，确立市帮促领导后盾单位和区、县（市）帮促领导，定期开展工作。3.18家省级龙头企业列入市“两帮两促”对象，每个企业安排1个市直部门对口帮扶，实施项目跟进服务，帮助企业排忧解难，共帮助企业解决难题159个。

六、提高科技创新能力。23家省级龙头企业与驻长沙科研院所建立产学研合作关系，10家企业参加科交会，加强对外科技合作，提高科技创新意识和科研技术应用推广意识。全市55家省级以上龙头企业均建有产品研发机构，获省级以上科技奖励25个，投入科研经费1.2亿元。（周　鹏）

农机管理

【概况】 2014年，全市农机总动力574万千瓦，同比增长2.5%；全市机耕面积564.62千公顷，机耕率83.5%；机播面积64.93千公顷，机播率9.56%，机收面积384.2千公顷，机收率56.59%（其中水稻机耕率98.77%，机种率15.06%，机收率98.17%）。拖拉机拥有量33391台，水稻插秧机1683台，联合收获机12828台，谷物烘干机227台，农用植保飞机25架。水稻耕种收综合机械化水平达73.5%。

一、推进水稻生产全程机械化。抓好水稻机插秧技术推广，市农业局投入100万元，建立10个工厂化育秧育苗示范基地，新建1280平方米育秧大棚25个。各区、县（市）用于机插秧推广工作的各项补贴总体投入资金458万元。全年全市新增插秧机213台，其中高速插秧机87台、手扶式126台。新增烘干机141台，新建望城区龙虎机械合作社150吨粮食烘干中心、新康乡金成水乡生态种养基地70吨粮食烘干中心等5个粮食烘干中心。

二、加快油菜生产机械化发展。重点推广2BYD-6浅耕开沟机、2BYD-6浅耕开沟播种联合机、2BYF-6开沟覆土机和2BYF-6开沟播种覆土机等油菜生产机械，推广油菜收割、烘干等配套机械，推广开沟覆土直播标准化栽培技术。全年重点推进长沙县和浏阳市两个油菜生产机械化核心区建设，通过示范建设，浏阳市全年油菜生产机耕、机种、机收率综合水平达35%，同比增长3%，长沙县在春华镇洞田村建设106.67公顷连片油菜示范基地。

三、加强科技推广。1.开展农机作业现场演示。全年全市举行农机现场演示会19场（次），4月11日，机械化插秧暨无人直升机植保现场演示会在望城区开展，副省长张硕辅在省农业厅厅长刘宗林、副市长黎石秋陪同下到新康乡调研春耕备耕工作时，观看水稻机插秧技术推广现场演示会。2.开展农机培训。按照《湖南省2014年农业机械化教育培训大行动实施方案》的要求，开展农机教育培训工作。全年共举办水稻机插秧培训班42期，培训学员2400余人，农机核查员培训140余人。3.组织人员开展技术指导。在服务农业生产过程中，全市农机部门开展送技术下乡、上门培训、示范推广、政策指导等服务，全市建立15个技术指导组，开展对机插秧示范片、示范点的巡回指导。全年全市培训各类农机人员9560人次，其中农机管理人员260人次、农机技术人员1100人次、驾驶操作人员及农民农机技能培训8200人次。

四、提高农机服务水平。1.农机购置补贴工作。全年全市落实农机购置补贴资金8553万元。2.扩大农机服务组织规模。根据湖南省人民政府《关于实施两个“百千万”工程加快现代农业建设的意见》的精神，全市重点培育经营规模33.33公顷以上、农机装备精良、农业组织化程度和机械化水平较高的现代农机合作组织。全年全市新建农机合作社71个，全年购机金额100万元以上的农机合作社56家，全市农机专业合作社204个。3.开展农机租赁试点工作。望城区政府主导的区农发集团农机租赁服务有限公司，全年共租赁34台机具，为农机合作社解决农机购置资金困难的问题。

五、履行农机安全生产监管职责，确保全市农机安全生产。2014年，望城区通过“平安农机示范县（区）”验收，全市新建“平安农机”示范县1个、示范乡镇8个、示范农村32个。在完善对乡镇农机安全生产考核的基础上，加强乡镇、村2级农机安全生产制度建设，乡镇明确农机安全生产专干，乡镇、村完善对大型农机作业机具、农机驾驶员与所有者信息、农机安全生产督查与隐患排查、农机事故台账等监管信息的登记。（周　鹏）

休闲农业

【概况】 2014年，全市休闲农业经营收入52.8亿元，全年接待人数2502万人次，同比增长8%。

一、休闲农业发展氛围浓厚。全年全市休闲农业投资建设8.19亿元，同比增长13%，新增经营面积893.33公顷，新增休闲农业园区3个。全市47家农庄申报国家、省级星级农庄创建，经部级、省级验收评审，1家获评国家级五星级农庄，13家获评省级五星级农庄，新江生态园获评全国“十佳农庄”。

二、推进产业农庄建设。市人民政府出台《关于加快推进现代农庄发展的意见》，明确现代农庄的总体思路、任务目标和发展路径，提出从2014年起，重点培育10个示范农庄，打造成长沙现代农业的名片、全国著名的现代农庄，逐年培育出一批规范性农庄，到2020年，全市争取建成标准农庄100家，辐射带动农业产业经营面积6.67万公顷，农庄经营产值100亿元。对现代农庄经营体系提出5大要求，并在政策保障中明确专项扶持政策，从农口切块资金中安排1000万元用于示范农庄和标准农庄建设补贴，出台13项产业及配套项目扶持政策。

三、加强综合服务能力。1. 申请项目资金。引导休闲农业企业申报项目，争取各类产业扶持资金和相关项目建设资金，市农业局调研考察124个申报项目，综合项目的带动性、成长性考虑，推荐53个项目参加行政评审和专家评审，最终确定44个项目进行验收，经验收合格、公示，共安排扶持发展资金300万元。研究制定项目扶持和项目评选办法，2. 寻求各方支持。加强与民生银行合作，解决休闲农业融资困难问题。加强与电商、媒体联系，开发休闲农业电商平台与微信平台，开展招商引资工作，推荐8家企业与现代农庄进行合作。3. 开展培训服务。按照省级下达的教育培训任务，市农业局组织指导开福区、望城区、长沙县、浏阳市、宁乡县及休闲农业协会开展蓝色证书和技能鉴定培训，会同省农业局实施蓝色证书考试13场次，实施技能鉴定6场次，通过蓝色证书考试1200人，技能鉴定400人，完成省农业局下达的任务。（周　鹏）

新农村建设

【概况】 2014年，市农办以15个试点镇为重点，推动项目建设、产业发展、基础设施和生态建设，统筹推进城乡融合发展。

一、项目建设。15个试点镇围绕基础设施、产业发展、公共事业、房地产建设等方面推动项目建设。全年铺排新建或续建项目347个，项目开工率100%，其中铺排基础设施类项目152个、产业发展类项目111个、公共事业类项目47个、房地产类项目37个。

二、强化产业支撑。试点镇围绕各自区位条件、资源禀赋、产业基础等各方面的优势，选准产业，找准定位，发展特色经济，培育支柱产业，产业支撑作用逐渐强化。1. 先进制造业。铜官镇以新型工业为主导，引进巨星建材、金天能源、新宇新材、盈成油脂等各类工业项目。大瑶镇投资4亿元提质改造花炮产业，推进产业发展集约化、规模化、专业化、信息化、机械化。永安镇推动园镇深度融合，发挥园区带动作用，推动制造业发展。2. 现代农业。金井镇新增中科院长沙高值循环农业园、千亩生态玫瑰产业园等特色农业产业项目，登记申报信祥、桂峰水果、滋源等18个家庭农场。开慧镇铁皮石斛种植、板仓彩色农业博览园、慧润薰衣草科普花园、水果采摘园等农业项目区域特色明显。路口镇完成蓝莓产业基地和龙华山现代农业产业基地建设，农业综合效益大幅提升。镇头镇大面积种植油茶林和花卉苗木，并注入文化和创意元素，联动餐饮、商贸、娱乐产业，发展生态休闲农业，提高产品附加值。莲花镇打造蓝莓基地、草毯基地、葡萄基地、蔬菜基地等“千亩基地”，培植壮大重点产业项目，打造新型农业产业体系。3. 旅游产业。灰汤镇、花明楼镇、沩山乡、大围山镇、乔口镇围绕各自资源，加大旅游开发力度，挖掘历史文化资源，打造特色旅游线路。

三、基础设施建设。各试点镇通盘谋划城乡基础设施布局和建设，完善设施功能，增强城镇综合承载能力。金井镇完成8所中小学校合格化建设、全镇16个标准化村卫生室改造。开慧镇打造兼具田园风情和社区功能的高品质现代化生态农民集中居住区。路口镇按照省内一流标准完成敬老院建设。永安镇按城市标准设计配套，全面完成道路改造、污水管网铺设、绿化亮化等提质工程。镇头镇抓好供水设施的提质改造，统筹完善供电、供气、排水、通信、污水处理、公共交通、环境卫生等设施配套。灰汤镇围绕生态农业、集镇生活、旅游度假3区功能布局，以乌江大道、环镇公路、长韶娄高速骨干路构筑城市交通骨架。花明楼镇建设双狮岭大道、靳石大道、花明大道、提质幸福大道，形成“对外大通达、对内大循环”的交通格局。流沙河镇在政府对面建设流沙河社区农民文化广场，栽植香樟、八月桂、紫薇等名贵苗木，配套喷泉、假山等景观小品，为群众打造一个良好的休憩场所。启动建设乔口镇敬老院宿舍楼、食堂等，逐步完善卫生院各项基础设施。

四、营造宜居宜业环境。试点镇以生态环境一体化为目标，同步推进环境治理和生态建设，城乡生态环境明显改善，宜居宜业目标逐步实现。开慧镇学习望城区乔口镇、金山桥镇农村生态建设先进经验，创新开展集镇生态环境示范楼栋创建工作，新增绿篱、盆花、晒衣架等景观设施，有效提升集镇品位。镇头镇将废旧钢材和利用材经营户统一搬迁至利用材市场，同时开展拆除街道沿线违章建筑、统一门店招牌等行动，集镇形象得到大幅改观。大围山镇将生态环境建设与旅游产业发展结合起来，在大围山泥坞村、浏河源等村抚育景观竹林，完善修建林间道路，建设万亩高效景观竹林基地。流沙河镇整治重点区域的环境卫生，落实“门前三包”责任制，垃圾日产日清。沩山乡加大生态投入，营造人居优美环境，推进“梅花谷、樱花坡、桃花岭”计划，累计种植梅花、桃花、樱花2万株，实现“镇在林中、路在绿中、房在园中、人在景中”。乔口镇先后投入资金1700万余元用集镇环境卫生设施的提质改造，建设市民绿化广场和污水处理厂，农村环境卫生形成村收集、镇转运、区处理的垃圾收集处理模式。投资近5000万元建设柳林湖综合治理工程，集中清理湖内水体污染物，建设环湖游道，种植生态绿化防护林，打造杜甫码头、水上舞台和多处亲水平台。莲花镇推广使用太阳能、风能路灯，开展“两型”机关、绿色村庄、“两型”家庭创建活动。（张　婷）

水文·水利

·水　文·

【概况】 2014年，长沙市水文局为长沙防汛抗旱、水资源管理、饮用水安全、涉水工程建设提供优质服务和技术支撑。

一、水文测报工作。2014年，1—11月全市累计平均降雨1575.9毫米，较历年同期均值（1457.4毫米）偏多8.1%。汛期（4—9月）全市累计平均降雨1077.8毫米，较历年同期均值（993.4毫米）偏多8.5%，降雨主要集中在5—7月，降雨量764.6毫米，占全年汛期降雨量的71%。由于全市降雨总量偏多，时空分布较均，全年没有出现明显旱情。市内主要河流各水文控制站均出现多次洪水过程，但洪峰水位均在超警戒水位以下。湘江长沙站年最高水位34.34米，低于警戒水位（36.0米）1.66米；浏阳河榘梨站年最高水位35.51米，低于警戒水位（36.0米）0.49米。虽汛情平稳，市水文局全体干部职工及时了解、分析和掌握雨、水、旱情动态，开展水情、墒情监测工作，完成各项测报预报工作任务。2014年，市水文局水情30分钟内到报率99.8%。整个汛期，该局共提供雨水情专题分析材料14期、雨水情简报材料19份，发送手机短信4.5万余条。在水环境监测方面，该局做好管辖范围内23个水质监测断面共31个监测点的水质取样分析工作，各水质监测站均监测到高洪水样，全年共收集正常水环境监测数据8000余个，并按质按量完成各项分析任务，按时向省水文局和市水务局提供每月的水质监测资料。为适应新时期水资源管理与保护工作的需要，长沙水环境分中心积极开展应急水环境监测和重要饮用水源地水环境监测，保质保量完成长沙水质自动监测站的正常运行、维护及保养。对辖区内的重要水源地星沙断面施行旬测，有力地保障城区市民的饮水安全。

二、水文服务支撑作用。1.防汛抗旱服务。继续做好大江大河的洪水预报和水情服务，并全面编制完成市水文局中小河流水文监测系统12个断面预警预报方案。做好全市范围内195个山洪预警系统站点的运行及维护管理工作。在城市防内涝方面，市水文局修订完善《长沙市防内涝应急预案》，2014年城区强降雨期间的城市应急管理取得成效。对于长沙城区拟建的内涝监测预警专用站点，市水文局联合中南水电勘测设计院进行现场查勘，确定观测项目、设备形式等，并编制完成《长沙市城市内涝监测预警系统设计方案》。2.水资源开发利用管理服务。严格执行《长沙市水资源管理条例》和《长沙市境内河流生态补偿办法》，做好全市境内主要江河湖库的水量、水质监测和长沙市境内7个生态补偿断面的水量监测工作；完成2013年度《长沙市水资源公报》《浏阳市水资源公报》的编制，并每月编发《长沙市水资源质量状况通报》和《长沙市株树桥水库水资源质量状况通报》；完成长沙市国家水资源监控能力建设、水资源保护规划编制基础资料收集工作。参与长沙市饮用水安全保障、饮用水源地水质监测等工作；加强水功能区的监测与评价工作，为配合市水务局实施最严格的水资源管理制度提供坚实技术支撑。3.水环境监测、饮用水安全服务。确保水功能区站、水资源质量站、城市饮用水源地等水质监测断面的日常监测及生产科研任务正常开展；加强突发性水污染事件的应急监测。2014年4月18日的“湘江油污染事件”，市水文局迅速启动应急监测预案，第一时间派员到湘江饮用水源地取样。4月19日凌晨2时30分和7时、9时、14时、16时对湘江长沙猴子石大桥及长沙水文站断面进行采样监测。监测结果表明，湘江长沙水文站断面14时出现石油类超标，危及长沙市民的饮水安全，该局第一时间把分析数据以水质快报的形式上报给长沙市政府和省水利厅、省水文局，作为河道水质管理的重要依据；湘江长沙航电枢纽建成特别是蓄水以后，针对湘江水体自净能力进一步下降的趋势，加密监测频次，加强分析研究，为确保长沙饮用水安全提供技术支撑。4.城市建设服务。发挥生产和科研优势，及时了解水务、交通、铁路、农业、环境等部门对水文的需求及社会公众在涉水旅游、城市景观等方面对水文的需求，为长沙城市规划、堤防、公路、铁路、桥梁、地铁、过江隧道、枢纽工程、城市建设等方面的提供水文服务。

三、中小河流项目建设。2014年，完成道林水文站与横市水文站建设。完成新年度项目文家市、沿溪、沙市、坪塘、梅溪湖、高塘岭、滩山铺7个站点以及道林中心站的招标，并进行合同签订及技术、安全交底，坪塘、高塘岭等站开工建设。（王　亮）

资料

2014年长沙市汛期雨水情情况

长沙市降雨总量偏多，时空分布较均，全年没有出现明显旱情。湘江长沙站、浏阳河椝梨站等水文控制站均出现多次洪水过程，但洪峰水位都不高，全市河流各控制站均未超警戒水位。

一、雨情

1. 汛前雨情概况

2014年1—3月，全市累计平均降雨347.5毫米，比历年同期均值（312.6毫米）偏多11.2%。其中1月全市平均降雨17.1毫米，较历年同期偏少76.8%；2月全市平均降雨118.6毫米，较历年同期偏多22.9%；3月全市平均降雨211.8毫米，较历年同期偏多48.6%。

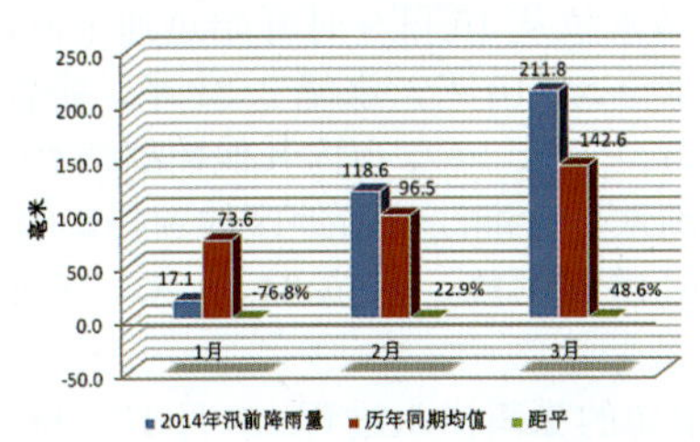

图1 1—3月降雨量与历年均值对比图

2. 汛期雨情综述

2014年汛期(4—9月)全市累计平均降雨1077.8毫米，较历年同期均值（993.4毫米）偏多8.5%。4月、6月和9月份降雨偏少，5月、7月、8月降雨均偏多。降雨主要集中在5—7月，降雨量764.6毫米，占全年汛期降雨量的71%；其中7月降雨305.1毫米，占全年汛期总降雨量的28.3%。长沙市汛期各县（市）每月降雨情况见表25，汛期逐月降雨量与历年同期均值对照见图2，汛期各月降雨量分布情况见图3。

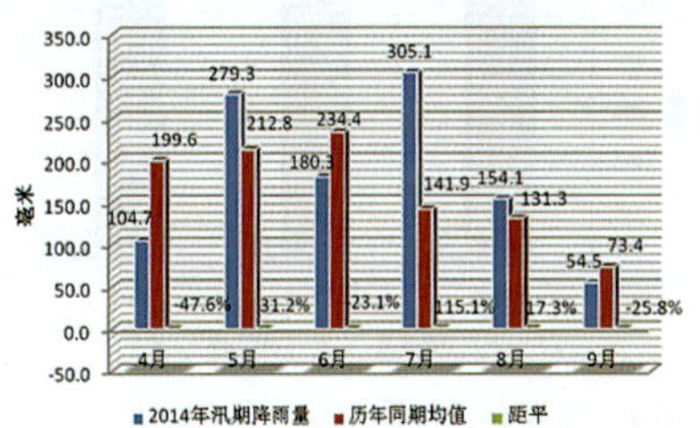

图2 汛期各月降雨量与历年均值对比图

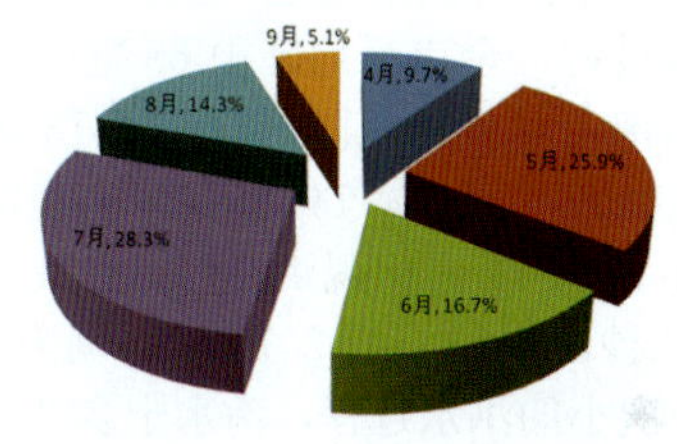

图3 汛期各月降雨量分布图

2014年汛期市内主要河流降雨情况分布为：浏阳河流域累计平均降雨1178.2毫米，比历年同期均值（1040毫米）偏多13.3%；捞刀河流域累计平均降雨965毫米，比历年

表25　　2014年汛期长沙市各县（市）降雨情况与历年比较

单位：毫米

月份	降雨	长沙市区	浏阳市	长沙县	望城区	宁乡县	全市
4月	雨量	105.6	105.5	102.7	109.5	104.2	104.7
	历年均值	189.3	212.8	187.5	191.9	189.5	199.6
	距平(%)	-44.2	-50.4	-45.2	-42.9	-45.0	-47.6
5月	雨量	246.2	375.5	268.8	226.5	217.0	279.3
	历年均值	193.8	231.9	196.7	192.7	205.5	212.8
	距平(%)	27.1	61.9	36.7	17.5	5.6	31.2
6月	雨量	136.3	219.3	176.6	132.5	173.7	180.3
	历年均值	205.5	268.2	228.1	202.5	209.7	234.4
	距平(%)	-33.7	-18.2	-22.6	-34.6	-17.2	-23.1
7月	雨量	246.5	366.7	259.4	299.5	311.8	305.1
	历年均值	126.1	158.0	140.4	128.7	127.5	141.9
	距平(%)	95.5	132.1	84.7	132.7	144.6	115.1
8月	雨量	127.4	148.2	143.8	159.5	181.0	154.1
	历年均值	112.4	139.6	124.1	114.2	132.6	131.3
	距平(%)	13.4	6.2	15.8	39.7	36.4	17.3
9月	雨量	41.8	62.7	27.1	64.5	73.8	54.5
	历年均值	65.1	75.7	75.0	80.3	67.8	73.4
	距平(%)	-35.7	-17.2	-63.8	-19.6	8.8	-25.8
4—9月	雨量	903.8	1277.9	978.4	992.0	1061.5	1077.8
	历年均值	892.2	1086.2	951.8	910.3	932.6	993.4
	距平(%)	1.3%	17.6%	2.8%	9.0%	13.8%	8.5%

同期均值（959 毫米）偏多 0.6%；沩水流域累计平均降雨 1084.9 毫米，比历年同期均值（952 毫米）偏多 14%。4—9 月各流域降雨对照情况见图 4。

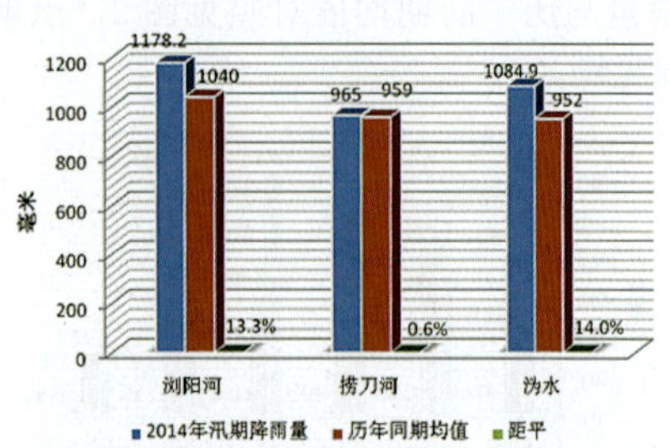

图 4　汛期各流域降雨量与历年均值对比图

二、主要暴雨洪水过程

1. 5 月上旬的暴雨洪水过程。5 月 8—10 日，全市出现一次强降雨过程，全市平均降雨 65 毫米。暴雨中心在长沙北部和东部，其中望城区平均降雨 73 毫米。过程降雨量最大的是望城区苏寥站 141.5 毫米。受降雨影响，湘江长沙站 5 月 12 日 22 时出现洪峰，水位 31.43 米，流量 7510 立方米 / 秒，水位涨幅 2.79 米。浏阳河、捞刀河、沩水均出现一次小的洪水过程，沩水宁乡站、浏阳河榘梨站水位上涨 2 米左右，但均低于警戒水位 4 米以上。

2. 5 月下旬的暴雨洪水过程。5 月 21 日，湘江流域和全市均出现一次强降雨过程。全市平均降雨 25 毫米，暴雨中心在浏阳东部和南部，过程降雨量最大的是浏阳团结水库站 78 毫米。湘江流域平均降雨 41.8 毫米，暴雨中心在株洲南部、郴州北部、衡阳北部，日降雨量最大的是零陵区大庆坪站 196.5 毫米。

5 月 24 日，强降雨再次袭击长沙市，全市平均降雨 47 毫米，暴雨中心在浏阳东部和南部，浏阳市数十个乡镇降雨超过 100 毫米，降雨量最大的是浏阳碧溪站 208.5 毫米。受强降雨影响，浏阳市多个乡镇受灾，渌水支流南川河出现大洪水。金刚水位站水位从 24 日 17 时 76.23 米开始上涨，25 日 17 时出现洪峰，洪峰水位 81.04 米，涨幅 4.81 米。

受 5 月 24 日的强降雨影响，浏阳河水位快速上涨，双江口站 25 日 13 时出现洪峰，水位 23.51 米，流量 1136 立方米 / 秒；榘梨站于 25 日 22 时出现全年最大洪峰，水位 35.51 米（警戒水位 36.0 米），距警戒水位仅差 0.49 米，流量 1460 立方米 / 秒。

湘江长沙站水位从 5 月 22 日 3 时 29.64 米开始上涨，5 月 24 日 9 时达洪峰水位 32.68 米，流量 9860 立方米 / 秒。之后由于浏阳河、捞刀河对湘江长沙段水位的顶托，加之上游地区来水量增大的综合影响，使湘江长沙站水位略有回落后继续上涨，26 日 21 时出现全年汛期最高洪峰，水位 34.34 米（警戒水位 36 米），流量 12200 立方米 / 秒。

3. 6 月下旬的暴雨洪水过程。6 月 19—20 日，全市出现一次强降雨过程，全市平均降雨 80 毫米。暴雨中心在浏阳市东南部、长沙县中北部、望城区。浏阳市平均降雨 106 毫米，过程降雨量最大的是浏阳石湾站 202.5 毫米。受本轮强降雨影响，长沙站 6 月 23 日 11 时出现 32.89 米洪峰水位，流量 9340 立方米 / 秒。市内主要支流各控制站水位上涨 2 米左右。其中浏阳河榘梨水文站水位上涨 4.08 米，21 日 2 时出现洪峰，洪峰水位 33.37 米（警戒水位 36.0 米），流量 917 立方米 / 秒。

4. 7 月上旬的暴雨洪水过程。7 月 4—5 日，湘江流域和全市均出现一次强降雨过程，全市平均降雨量 90 毫米，过程降雨量最大的是宁乡县田新站 247 毫米。受上游来水和降雨影响，湘江长沙站 7 月 6 日 11 时出现洪峰，水位 33.41 米，流量 7940 立方米 / 秒，市内主要支流浏阳河、捞刀河、沩水各控制站水位均出现上涨，其中浏阳河榘梨站水位上涨 2.3 米，沩水宁乡站 7 月 5 日 9 时出现洪峰，水位 39.96 米，流量 1100 立方米 / 秒。

5. 7 月中旬的暴雨洪水过程。7 月 12—15 日，全市自西向东发生一次明显的降雨过程，全市平均降雨 133 毫米，过程降雨最大的是宁乡崔坪站 300.5 毫米。受降雨影响，浏阳河榘梨站水位从 15 日 9 时开始迅速上涨，16 日 8 时出现洪峰，水位 35.10 米，涨幅 3.31 米，距警戒水位 0.9 米，流量 1430 立方米 / 秒，市内其他控制站水位涨幅较小。

受洞庭湖水位对湘江下游地区的顶托影响，湘江长沙站 19 日 20 时出现洪峰，水位 34.01 米，流量 3160 立方米 / 秒。

6. 8 月中旬的暴雨洪水过程。8 月 17—18 日，全市出现一次强降雨过程，暴雨中心在宁乡县，全市平均降雨 79 毫米，其中宁乡县平均降雨 112.8 毫米，过程降雨量最大的是宁乡滩山铺站。受降雨影响，沩水宁乡站出现全年汛期的最大洪峰，水位 40.23 米，流量 1300 立方米 / 秒，市内其他控制站水位小幅上涨。

表 26　长沙市主要河流控制站年最高水位情况

河名	控制站	年最高水位（米）	出现时间（月 . 日）
湘　江	长沙站	34.34	5.26
浏阳河	榘梨站	35.51	5.25
捞刀河	罗汉庄站	31.55	7.19
沩　水	宁乡站	40.23	8.18

三、2014 年雨水情主要特点

1. 降雨总量偏多，时空分布较均，全年没有出现明显旱情。全年汛期全市累计平均降雨较历年同期均值偏多 8.5%。降雨空间分布上，东部和西部地区的浏阳市和宁乡县降雨略多，均超过 1000 毫米；中部的长沙县和长沙城区降雨略少，均在 1000 毫米以下。降雨时间分布上，4 月、6 月和 9 月偏少，5 月、7 月、8 月偏多。由于汛期降雨时空分布相对较均，全市未出现明显干旱。

2. 汛期降雨过程多，局部暴雨明显。入汛以后，出现 7 次强降雨过程，分别为：5 月 8—10 日、5 月 21 日、5 月 24 日、6 月 19—20 日、7 月 4—5 日、7 月 12—15 日、8 月 17—18 日。5 月 24 日，一场大暴雨袭击浏阳市东部、南部，25 个站点日雨量超过 100 毫米，澄潭江镇碧溪站日降雨量 208.5 毫米，最大 1 小时降雨 70.5 毫米（出现时段 25 日 5—6 时），暴雨频率超过 20 年一遇。

3. 洪水次数较多，洪峰水位不高，市内支流年最高水位出现时间差异较大。湘江长沙站和浏阳河榘梨站各有4次洪水过程，沩水宁乡站有5次洪水过程，但洪峰水位均不高，全市河流各控制站均未超警戒水位。浏阳河、捞刀河、沩水的年最高水位分别出现在5月、7月、9月，与往年差异较大。（王 亮）

·水 利·

【概况】 2014年，全市水务工作全面统筹“治水、供水、护水、管水”工作，完成市委、市政府确定的各项工作任务，提升水务服务能力，为长沙经济社会发展提供强有力的水务支撑和保障。

一、防汛抗旱工作。全市防汛抗旱整体形势较为平稳，汛前，市水务局党委把握住防汛抗灾工作的主动权，开展防灾备灾工作，落实以行政首长负责为核心的防汛抗旱责任制，展开防汛安全隐患专项大检查，针对排查出来的问题，逐一下发整改通知书，并限期整改落实。强化科学调度。整个汛期，出现6轮强降雨，并多次发生洪峰过程，经科学调度、处置，有效应对强降雨袭击。强化山洪灾害防治。发布预警近500次，启动预警广播5000余次，转移人口10万余人，保障人民生命财产安全。强化城区防洪排渍工作。率先全省成立主城区强降雨天气防涝排渍工作指挥部，通过实施堵点改造，强化值班值守，加强应急抢险，确保汛期和强降雨天气期间城区未出现大面积、长时间渍水现象。

二、农村水利建设。推行“民办公助”小型农田水利建设，重点解决干旱死角、“卡脖子”问题，广大农民群众及其他多种涉农主体积极参与小型农田水利工程项目建设。全年共完成投入30亿余元，开工建设水利工程3万余处，完成45座重点小二型水库除险加固，完成山塘清淤扩容4486.67公顷、沟渠疏浚4400余千米、更新改造河坝602座、小型抗旱机埠更新改造142处，现代农业项目水利设施配套45处，维修改造渡槽1.6万余延米，完成乌川、泉水冲、横山头、韶灌区4处中型灌区续建配套任务，超额完成全市“四小”水利工程年度建设任务，农田水利“毛细血管”逐步打通。湘江长沙库区水利项目建设基本完成，实施涵闸处理216处、泵站改造138座、库岸防护17.9千米，为湘江长沙综合枢纽实现全部竣工蓄水创造良好的条件。宁乡县率先全省启动农村田间水利扩容提质工程，浏阳市启动农田水利畅通工程三年行动，先进经验得到省委、省政府主要领导的批示和高度肯定，3次召开全省水利建设现场会进行推介。

三、城乡供水工作。推进城乡供水项目建设，加大供水基础设施和管网建设力度，加强日常管理维护，城区供水管网总长2200千米，覆盖区域300平方千米，年供水总量5.8亿立方米，提升城市供水保障水平。城区自来水管网延伸到望城桥驿、丁字，长沙县暮云、跳马等地，宁乡县、浏阳市等地县城自来水管网也逐渐向乡镇延伸，推进城乡供水一体化。推行新建居民住宅供水设施统一规划、统一建设、统一管理，提高管理质量。推进城区户表改造，完成“一户一表”改造20万户，改造后的供水水质、水压、水量明显改善，跑冒滴漏现象大幅减少，居民用水支出普遍有所降低，逐步打通水质安全“最后一公里”。实施阶梯式水价和《长沙市用水定额》，户表改造用户年用水量下降19%。加强供水管理和水质监测，城市供水水质综合合格率、管网压力合格率、漏点维修率均100%。推进农村饮水安全工程建设，解决饮水不安全人口30万人。

四、截污治污工作。启动“一江五河”城区段排水口截污改造，年内完成改造76个。完成暮云污水处理厂建设，启动雨花、花桥、岳麓等10个污水处理厂新改扩建项目建设或前期工作，完成年度投资8.9亿元，出厂水由一级B提高至一级A或地表Ⅳ类水标准，市本级污水处理厂10个，日污水处理能力137万吨，城市生活污水处理率96.81%，到2015年，湘江流域范围内基本消除劣五类水体，湘江干流长沙段整体水质达到三类标准。推进污水管网系统建设，启动700余千米污水管网及雨污分流建设与改造，完成改造400千米。

五、水生态文明建设。《长沙市水生态文明城市建设试点实施方案》经省政府批准实施，召开全市水生态文明城市创建工作动员大会，会议规模扩大至全市乡镇、街道一级，市长胡衡华组织动员部署，水生态文明建设全面进入实施阶段。出台《长沙市最严格的水资源管理制度实施方案》及其考核办法，建立最严水资源管理长效机制。出台《关于加强湘江长沙库区堤防河滩环境管理的通知》，对湘江岸线实行属地责任制管理，有效遏制堤防河滩乱卸、乱倒、乱种、乱养、乱建等行为。开展“一江三河”主城区河道环境综合整治，整治河道滩地466.67公顷，清理非法种植和岸滩垃圾、渣土3万立方米。启动洋湖垸湿地公园、乔口水利风景区、团头湖水利风景区等水利风景区建设工程，推进15个洲岛生态保护工程建设，打造湘江风光带、浏阳河风光带、圭塘河风光带等一系列滨水、亲水平台。

六、水务改革创新。率先全省开展乡镇水管站能力建设，完成年度建设40个，落实站（所）工作经费，优化办公条件和队伍结构，提升服务能力。加强工程建设过程监管，出台《关于进一步规范水务工程建设项目招标投标的实施意见》，规范水务项目工程招投标活动，促进水务项目工程质量的提高。下放水利工程建设与管理权限，推动工作任务下移到区、县（市）和乡镇，实现水利资金安排到区县，增强各级政府投入水利的责任感和积极性。精简审批事项，推进审批权力下放，下放审批事项8个，减少审批事项4项，清理行政处罚、行政检查196项，降低群众办事成本，促进行政审批效能提高。水政执法支队实现机构级别升格，加强人员装备及执法能力，湘江干流及库区范围实现相对集中管理，全年共计出艇300余艘次，取缔切割或驱赶非法吸砂船只34艘，封堵地摊砂场及下河码头16处，处理水事纠纷55起，规范河道、砂石管理秩序，改善库区环境管理。

七、面临的形势和问题。1. 水基础设施仍待完善。全市仍有44座小型病险水库、200千米堤防、7000千米沟渠、6666.67公顷骨干山塘等水利工程尚待建设。老城区供水管网年久失修，漏损率高达20%，每年损失1100万立方米，相当于一座中型水库。城市排水管网缺乏科学规划，建设标准不高，管理责任不明，资金投入不足，一些“肠梗阻”问题比较突出，雨污没有分流，强降雨时期，雨水、污水汇流直接入河，易堵地段内涝频发。2. 水资源供需矛盾日渐突出。全市城市化进程日渐加快，人口向城区及周边加速聚集，用水量大幅增加，总量突破38亿立方米，逼近省政府控制指标40.1亿立方米。市民对长沙市“汛期水多、平常水少，过境水多，本地水少，污染水多、干净水少”的现实认识不足，普遍存在用水方式粗放、“节水减排”意识缺乏的问题，加剧水资源供需矛盾。3. 水污染防治任务艰巨。存在河流裁弯取直、填湖造地等侵占水面的问题，河道乱倒垃圾、非法种养、污水偷排等破坏水系的问题还比较突出；污水收集和处理能力不够，排放标准不高；排水口截污改造难度大、见效慢；城市内湖与河流、雨水管网、再生水管网不连通，生态净化能力下降。长沙城区80%以上生活用水取自湘江，抵御水污染等突发事件能力低；综合枢纽蓄水后，库区水流速度减慢，自净能力下降，水污染防治难度加大。4. 水管理体制没有完全理顺。建设项目投入政策不明朗，农民和社会力量参与激励机制不完善；市级唯一的水利投资平台——市水利投资公司划归城投公司，水利建设的投融资作用发挥不够。长沙水业集团处于国资委、城投集团和市水务局共管局面，职责不清。城郊接合部泵站、沟渠管理责任不明，区县涉水管理部门混乱。市级城市排水管网、乡镇污水处理厂管理职能划归长沙市水务局，区县城市排水管网的管理却在市政部门，乡镇污水处理厂建设和管理在环保部门，上下不对口。　（廖森胜）

【长沙获评“全国节水型社会建设示范区”】 2014年初，经水利部、全国节约用水办公室专家组考评通过，下发《关于授予第三批全国节水型社会建设示范区称号的通知》，长沙被授予“全国节水型社会建设示范区”称号，标志着长沙节水型社会建设从试点迈入示范的新阶段。2009年，长沙市被确定为全国第三批节水型建设试点城市。试点期间，长沙成立市节水型社会建设工作领导小组，组建长沙市水务局和区、县（市）水务局，设置乡镇水务管理站等等，出台《长沙市水资源管理条例》《长沙市节水型社会制度建设责任分工》《长沙市城区新建居民住宅供水设施建设和管理办法》《长沙市水平衡测试管理办法》等制度。加强水源地保护，启动全市大中型水库和承担供水功能的上型水库的退出投肥养殖生态补偿工作，将担负饮水功能的水库全部划为水源保护区。开展水资源信息系统建设，编制《长沙市水资源实时监控与管理系统规划》和《长沙市水资源实时监控与管理系统实施方案》，实现城区6个供水水厂和7个污水处理厂出厂水的在线监测。建成大中型水库视频监控系统，打造桐仁桥水库智能远程自控化灌区。出台《长沙市水功能区划》，明确水域的使用功能和水质保护目标。出台《长沙市境内河流生态补偿办法》，率先在全省实现主城区污水“全截污、全收集、全处理”。开展“城市、县城、乡镇、农村、农户”五位一体的污水处理工程建设。加大宣传力度，营造全社会节水氛围。长沙在产业结构调整、改进用水工艺、加强用水管理、提高水资源的利用效率等方面取得实质成效。　（廖森胜）

【长沙启动全国水生态文明建设试点】 2013年8月，水利部下发《关于开展全国水生态文明建设试点工作的通知》，长沙市成功列为全国首批45个水生态文明试点市，试点期为2014—2016年。市委、市政府成立由市委副书记、市长胡衡华任组长，市委副书记张迎龙、副市长姚英杰、黎石秋任副组长，各相关职能部门为成员单位的“长沙市水生态文明城市建设试点工作领导小组”，领导小组办公室设市水务局。对长沙市水生态文明城市建设试点工作中的28项“评价指标”和28个重点项目进行责任分解，确定项目指标责任部门、工作时序、考核办法。2014年9月23日，市政府组织召开“全市水生态文明城市创建暨水利建设动员大会”，对全市水生态文明城市创建和年度项目建设进行全部部署和安排。2014年，长沙水生态文明创建工作全面展开。出台《长沙市最严格的水资源管理制度实施方案》及其考核办法，建立最严水资源管理长效机制。下发《关于加强湘江长沙库区堤防河滩环境管理的通知》，对湘江岸线实行属地责任制管理，有效遏制堤防河滩乱卸、乱倒、乱种、乱养、乱建等行为。开展“一江三河”主城区河道环境综合整治，整治河道滩地466.67公顷，清理非法种植和岸滩垃圾、渣土3万立方米。开展《浏阳河、捞刀河流域综合治理规划》的编制工作，启动浏阳河、捞刀河流域综合整治。开展洋湖垸湿地公园、乔口水利风景区、团头湖水利风景区等水利风景区和15个江心洲岛生态保护工程建设。下阶段，长沙按照全国水生态文明城市的标准和要求，编制中心城区水域保护规划，对5千米以上河流、2公顷以上水域进行蓝线保护。加强流域综合治理，全面实施浏阳河、捞刀河等整治工程建设，实施岸线滩涂整治、生态修复造绿，构建以“一江五河”为骨架的生态水网。　（廖森胜）

【长沙市水质检测能力达到国内领先水平】 长沙市水质检测中心，是长沙市水务局下属事业单位，为水质监测检测行业管理机构。2006年，长沙市水质检测中心成立时，只有工作人员25人，且设备简陋，无法满足现行水质检测监测的要求。2014年，市水质检测中心与长沙水业集团水质化验中心整合，工作人员53人，其中高级工程师职称4人，工程师职称以上24人，博士生1人，研究生8人，队伍力量明显增强。检测中心实验室按照国家一级实验室标准组织建设，总投入1729万元，办公面积3300平方米。市水质检测中心拥有多种国内外大型精密检测仪器，设备总价值约3000万余元，具备对生活饮用水、地表水、城市排水等类别水质的检测能力，检测项目249项。10月，市水质检测中心通过省计量认证复评审和ISO 9001、ISO 14001认证，具备水质全项目277项检测能力，达到国内领先水平。

（廖森胜）

气象服务

【概况】 2014年，长沙市气象局推进气象现代化，提升公共气象服务和气象社会管理能力，完成省气象局和市委、市政府下达的各项工作任务。获评中国技术市场协会“金桥奖先进集体”、省气象局“特别优秀达标单位”、全省气象部门创新工作“优秀单位”、市政府“安全生产先进单位”等。

一、气象基础业务。1. 完成长沙地区城镇预报业务切换。从1月1日起发布长沙地区预警信号，5月1日制作与发布长沙地区城镇天气预报。2. 地面气象观测工作。承担望城坡、莲花两站的对比观测任务，完成中国气象局气象探测中心自动云量、云高与雨滴谱仪器的考核试验任务。全市观测基数53692.8，取得无错情好成绩，报表经省气象局审核为全优，长沙站在第二十三次全国酸雨观测质量样品考核中获优秀，全年区域自动站上传率99%。

二、公共气象服务。1. 拓展服务领域，提高气象服务的针对性。与农业、国土、林业、民政、环保等部门开展合作的基础上，又与旅游、城市轨道交通部门签订合作协议；宁乡县气象局与农业局、烟草局签订合作协议；浏阳市气象局与农业局、国土局、烟草局、安监局签订合作协议。与省气象台、市环境监测中心站合作，开展雾、霾预警、基于AQI的城市空气质量预报等环境气象服务。加强与市发改委的衔接沟通，将“组建长沙市气候变化研究所，成立长沙市应对气候变化重点实验室，加强长沙气候变化监测评估体系等”写入市发改委《长沙市低碳城市试点工作规划（2015—2020年）》。2. 为重大社会活动提供服务。先后为梅溪湖国际文化艺术周、橘子洲音乐节等活动提供气象保障服务。承担由省气象局、省应急办主办“城市气象防灾减灾应急演练”的组织和实施。3. 加强气象科普宣传。开展“3·23”世界气象日、“5·12”全国防灾减灾日、科普宣传周等科普宣传活动10余次，接待学校参观10余次，发放各类宣传资料上万份。发布各类服务478期，气象预警短信176期，党政领导汇报21期，外呼预警98次，“96121”热线日均拨打数1.25万次，发展防汛责任人“防灾掌上通”用户686户。4. 深化气象为农服务成果。探索政府购买服务机制，加强农业科研和效益评估。发展“直通式”气象服务示范基地、种养大户等5916户。按照省气象局党组的要求，部署“春季为农服务下乡月”活动。市气象局党组成员到示范点调研近20次，农气专家和业务人员指导农户生产50余次，召开座谈会8次。在手机短信、为农服务网、电子显示屏、气象预警大喇叭、高频广播等平台基础上，新增和完善防灾掌上通、农情通、微博、微信等多种新媒体服务平台。望城区、长沙县分别列入全国“现代农业气象服务示范县”和“‘三农’气象服务专项重点实施县”。望城区气象局建立“气象为农服务超市”，受邀参加中国气象报社的直通式气象服务专题访谈。

三、气象现代化建设。1. 政府主导，推动气象现代化建设。市政府相继出台《关于加快推进气象现代化建设的意见》《关于加强城市气象防灾减灾示范社区建设的意见》等文件。3年内，市、区县2级投入1000万余元，建成100个气象防灾减灾示范社区。市发改委下达《关于长沙市城市精细化气象服务项目可行性研究报告的批复》。市政府召开长沙市精细化气象服务项目建设及资金落实协调会，市、区县政府和市直相关部门配套投入3404万元，两年内完成项目的建设。2. 推进气象现代化项目的实施。“长沙市精细化气象服务项目”年度资金到位1700万余元，完成第一批设备采购；在岳麓区实现气象防灾信息网格化管理；长沙市国家突发事件信息发布平台建设方案获市政府批准，落实首期建设资金550万元；完成28个城市气象防灾减灾示范社区建设，主要负责人接受《中国气象频道》专访。城市气象防灾减灾融入政府网格化管理被省气象局评为全省创新项目。3. 长沙国家气候观象台基础设施建设基本完成。完成所有场馆的内外装修，新观测场投入使用，风廓线雷达安装完毕。启动云量、云高及降水天气现象自动观测设备的考核业务。启动南方基地气象科普文化园规划设计。4. 长沙县、望城区气象局基础设施建设进展顺利。望城区气象局进入工程装修扫尾和设备安装调试阶段，业务办公楼在汛期前投入使用。长沙县气象局进行场地平整、桩基施工。

四、科技创新和人才强局。贯彻落实全省气象部门人才工作会议精神，制定《长沙市气象局人才优先发展计划》《长沙市气象局编外用工管理办法》，为全市气象部门实施人才强局战略奠定基础。全市气象部门共有21人报考函授本科，15人报考在职研究生。申报和参与省气象局课题7项，共发表各类科技论文30余篇，其中国家级核心2篇、全国气象年会交流3篇。举办“2014年长株潭城市气象防灾减灾学术交流会暨长沙市科学技术学术年会气象学会分会”，为加强气象科技人员学术交流，提升城市气象防灾减灾能力搭建良好的平台。

五、强化气象社会行政管理职能。1. 规范审批事项和行政权力，提高行政效能。6项审批事项得到市政府的确认，并在（政府令127号）予以公布，25项行政权力在市政府网公示。审批流程、时限等进行简化和压缩，办结时限均在上年基础上压缩一半。全年共办结许可验收869件。2. 加强防雷安全的监管与考评。与市安监局联合印发《关于加强汛期防雷安全检查检测工作的通知》，市气象局印发《区、县（市）防雷安全生产工作考评细则及评分标准》《关于进一步规范防雷行政管理和技术服务工作的通知》。副市长黎石秋带队，对重点行业单位开展防雷安全联合检查。全年无因雷电灾害引起的人员伤亡或重大财产损失责任事故发生。 （周　威）

【《关于加强城市气象防灾减灾示范社区建设的意见》印发】 4月21日，长沙市人民政府办公厅印发《关于加强城市气象防灾减灾示范社区建设的意见》（长政办发〔2014〕13号）（以下简称《意见》）。《意见》明确建设任务、实施计划、组织保障等，要求用3年（2014—2016年）时间，完成100个城市气象防灾减灾示范社区建设，覆盖全市约15%的社区，基本建成合理、技术先进、组织有力、机制完善的城市气象防灾减灾和公共气象服务体系。按照《意见》要求，市气象局制定全市城市气象防灾示范社区建设总体工作任务（含机构设立、分年度建设计划、配套建设及维持运行资金），计划2016年2月前完成各级气象防灾减灾机构设立，完善相应气象防灾减灾规划，提高城市气象灾害防御能力，降低城市气象灾害成灾风险。（周　威）

【《关于加快推进长沙气象现代化建设的意见》出台】 5月5日，长沙市人民政府下发《关于加快推进长沙气象现代化建设的意见》（长政发〔2014〕16号）（以下简称《意见》），为长沙加快“四个一流”气象台站建设，全面提高“四个能力”，完善长沙气象现代化体系提供政策保障。《意见》指出，气象现代化建设坚持以长沙经济社会快速发展对气象保障服务需求为引领，以进一步完善综合气象观测系统为基础，以提高气象预报预测准确率和服务能力为核心，以气象科技和人才为支撑，以加快实施气象现代化骨干工程项目为抓手，促进长沙气象事业全面可持续发展。在构建城乡一体化公共气象服务体系，加快气象监测预警基础设施和应对气候变化气象科技服务能力建设，强化气象事业可持续发展的支撑保障和全面推进气象现代化的组织领导等方面做出具体部署。在区域特色气象业务、服务能力建设方面，《意见》要求在用地以及基础设施建设等方面创造条件，加快推进中国气象局长沙综合气象观测试验基地建设，大力提升长沙综合气象观测、气象科研、业务试验能力；加快建设城市精细化气象服务系统，切实提高城市精细化气象业务、服务能力，为城市安全运行提供强有力的气象标准服务。《意见》强调，要切实加强政府对气象工作的领导，相关部门密切配合、积极支持，及时协调解决发展中的重大问题，确保长沙气象现代化建设有力有序推进。（周　威）

【湖南省城市气象防灾减灾应急演练】 7月4日，由省气象局联合省应急办主办，长沙市应急办、岳麓区人民政府、长沙市气象局承办的“湖南省城市气象防灾减灾应急演练”活动在岳麓区咸嘉新村示范社区举办。省气象局副局长何逸、省应急办副主任鲁明、省气象局局长助理薛建军、市应急办主任晏兴辉、市气象局局长郭卫星等领导观摩演练活动。演练以7月3—4日长沙地区出现暴雨局地大暴雨，并伴有雷雨大风等强对流天气为背景，主要针对城市在暴雨天气过程中出现的路面积涝、交通疏导、人员疏散救援等问题进行模拟，指导社区民众如何在灾害快速的组织救援，提升社区防灾减灾抢险救援能力。该演练检验气象部门气象灾害预警发布能力，体现社区气象信息服务站、气象信息员在传递气象预警信息和社区防御气象灾害中的应急及抢险救灾作用。（周　威）

移民开发

【概况】 2014年，长沙市有大中型水库移民58795人，全年下拨移民资金总计6873.7万元，其中后扶直补资金2650.32万元，落实各类项目资金4223.38万元，实施移民项目429个。全市移民民生不断改善，移民群体总体稳定。

一、移民资金投入增长。市移民局在完善库区基础设施、发展库区现代农业、为移民办实事三个重点领域，争取中央专项资金和省移民局对长沙移民工作的支持，共争取各类移民项目资金6400万余元，比上年增长30%。通过整合资金、优化布局、规范管理，提高移民资金使用效益，保障全年重点工作任务的如期完成，促进库区经济社会发展。

二、移民项目管理公开透明。严格实施《长沙市大中型水库移民后期扶持项目管理实施细则》，规范项目申报，落实项目公开。在项目计划编报方面，各区、县（市）严格按照省移民局批复的《库区和移民安置区经济社会发展“十二五”规划》编报年度计划，全年共上报后扶基金项目103个，资金3299.1万元；上报结余资金项目326个，资金3099万元；将50万元及以下项目审批权下放到区县。在项目公示方面，各区、县（市）所有的项目计划全部按照公开、阳光、透明的原则在移民网或当地政府网站上以及项目所在的乡镇、村组公示，接受移民群众和全社会的监督。所有项目全部按照项目管理统一要求建立和完善项目台账、档案。

三、移民资金管理规范严格。全市移民资金管理制度健全，操作规范，运行安全，在全省移民系统位居前列。1. 落实县级报账制。召开专题会议，加强资金管理培训，在全市统一工作规程，落实县级报账制。按照县级报账制的要求，全市移民资金严格执行票据原件、项目合同、竣工决算表、报账申请“四合一”的资金报账制度。2. 加强档案台账管理。按照县级报账制的要求，对移民资金严格实行“专人、专户、专账”管理，建立健全项目资金台账，资金依据文件、项目资料和拨付凭证齐全，移民资金做到专款专用。3. 内部审计常态化。建立健全移民资金内审制度，组织移民系统骨干力量交叉审计各区、县（市）移民资金使用情况，对发现的问题责令限期整改到位，并重点督查整改情况。

四、为移民办实事。1. 及时足额发放移民直补资金。建立移民基本数据库，加强移民动态管理，及时足额将省里拨付到位的直补资金通过银行“一卡通”的形式发放到移民手中，共发放2013年第三、四季度以及2014年第一、二季度直补资金2727.89万元。2. 促进移民产业快速发展。整合库区基金、后扶结余资金、应急资金向库区移民产业倾斜，引导社会资本带动移民产业发展。新建高产油茶基地10处，面积313.33公顷；新建或提质改造有机茶园3处，面积86.67公顷；新建水果基地5处，面积86.67公顷；扶持开发无公害蔬菜基地133.33公顷；新建中药材基地3处，面积146.67公顷。3. 开展移民培训。全市共举办各类移民培训22期，培训移民1686人次，其中茶叶、油茶、食用菌、无公害蔬菜、中药材、小水果等栽培加工实用技术培训1398人次；厨师、汽车驾驶、服装制作、家政服务、电工、焊工、钳工等职业技能培训288人，转移就业272人，就业率94.5%。4. 完善库区基础设施。在库区交通设施和移民安全饮水工程项目方面加大投入，新修环库公路、村组公路131.9千米，惠及105个移民村组。建设或在建安全饮水工程8处，惠及26个移民村，帮助5760人解决安全饮水问题。5. 推进二次搬迁。市、县移民部门牵头，共安排财政专项资金4000万元，开展特困移民生态搬迁和避险搬迁安置工作。长沙县高桥镇、金井镇、北山镇完成移民生态搬迁43户151人；浏阳市七宝山乡完成特困移民避险搬迁29户103人。

五、新水库移民安置进展。督促湘江航电综合枢纽工程相关部门完成对库区正常蓄水位29.7米下闸蓄水前移民安置及库底清理工作。完成移民人口审核申报，新增坝区移民3810人获中央认定批复，库区移民1669人向省移民局申报。支持长沙县白石洞水库建设和移民搬迁安置工作。库区建设共需搬迁627户1926人，签订搬迁协议611户1849人。集中安置区"四通一平"等工作全面完成，启动移民自建房补助工作，基础设施建设稳步推进，水库上坝公路和管理用房建设进展顺利。（尹凤麟）

【白石洞水库移民搬迁安置工作】 白石洞水库是长沙县新建的最大水源工程，总投资9亿元，该水库主要作为长沙县东、北部10镇饮用水水源和长沙县县城供水备用水源，同时补充金井河流域农业灌溉用水、生态用水。工程竣工有助结束长沙县无大型水源工程历史，缓解区域内工程性缺水的问题。白石洞水库建设需搬迁移民627户1926人，签订搬迁协议611户1849人。4月10日，长沙县金井镇金井大道旁的白石洞库区移民安置区第一批移民通过摸号的方式选得自己在安置区内的新家地点。5月21日，省移民局副局长杨北伟、搬迁安置处处长王雪平、市移民局局长张水平一行到长沙县金井镇实地考察白石洞水库移民集中安置区建设现场，参观分散安置的移民建成的住宅，详细了解移民搬迁后的生活情况，听取有关单位负责人关于白石洞水库移民搬迁安置和集中安置区建设的情况汇报。7月，集中安置区全面启动移民建房，各项基础设施稳步推进。10月28日，水库上坝公路和管理用房正式开工兴建。（尹凤麟）

【帮扶望城区光明无公害种养专业合作社】 望城区光明无公害种养专业合作社成立于2010年，是全市163家现代农业重点项目基地之一，是长沙市移民局联点扶持单位。市移民局局长张水平多次带队实地考察项目，对合作社的发展规划、产业布局、生产经营、建设管理提出建议，多次协调有关部门帮助合作社解决土地流转、融资、政策扶持等难题，初步把基地打造成为集种养、休闲、观光、体验于一体的现代农业示范基地，初步体现出"有山水景观、有田园风貌、有人文底蕴、有产业亮点"的现代农庄特色。在市委、市政府支持和市移民局协调、帮扶下，2013年、2014年连续两年进入长沙市现代农业重大产业项目，每年帮助合作社争取各级涉农扶持资金100万余元。2014年，该合作社被确认为长沙市现代农业千亩示范园、长沙市蔬菜标准化基地。合作社共有专业种养殖人员50余人，租用流转土地120余公顷，年产值千万余元，在长沙市内开设有8家菜篮子工程直销店，提供生态猪肉、绿色水产品、无公害时令蔬菜以及净菜、坛子菜等产品。（尹凤麟）

【移民培训工作】 2014年，长沙市共有大中型水库移民58795人，符合参训条件的16～45岁移民近2.4万人。市移民局坚持"扶贫先扶智、发展可持续"理念，创新移民培训组织管理，开展多渠道、多层次、多形式的移民培训。主要培训内容是：结合产业发展重点开展茶叶、油茶、食用菌、无公害蔬菜、中药材、小水果等实用技术培训；结合社会用工需求开展中式烹饪、服装制作、家政服务、电工、焊工、汽车驾驶等就业技能培训。培训组织形式主要采取集中办班和到库区办班相结合、校企联合、自主参训和培训补贴结合、跨县（市）区交叉办班等多种培训形式。2014年，市、县两级共举办各类移民培训22期，培训移民1686人，其中茶叶、油茶、食用菌、无公害蔬菜、中药材、小水果等栽培加工实用技术培训1398人，厨师、汽车驾驶、服装制作、家政服务、电工、焊工、钳工等职业技能培训288人，转移就业272人，就业率94.5%。通过培训，移民群众掌握现代农业生产技术和职业技能，获得职业发展的机会和空间。市移民局把移民培训工作和参训移民就业情况纳入对区、县（市）移民工作绩效考核管理，建立健全质量监督评估机制，实行过程监管、质量评估和社会监督相结合，加强对培训资金、培训单位、责任主体的全方位监督。1. 建立培训资金报账制度。移民培训经费严格执行移民项目管理办法及移民专项资金管理有关规定，实行专户管理，封闭运行，申请拨付，分级报账的管理模式。2. 建立培训质量跟踪评估机制。市移民局跟踪监测区、县（市）培训计划实施进度、资金使用、培训效果等，综合评价移民培训工作绩效，对培训任务未完成、移民就业不达标的单位直接取消年度评优资格。培训学校负责组织学员考证并推荐就业，市移民局和各区、县（市）移民部门依据培训协议考核培训单位，对培训项目实施效果差、就业率低的培训单位，取消其定点培训资格。3. 加强社会监督。各级移民部门通过有效形式，公布移民培训情况；深入培训点定期抽查培训效果以及就业情况；深入移民集中乡镇、村组开展培训情况调查，并接受社会监督。（尹凤麟）

商贸服务业

责任编辑：江　雷

【概况】 2014年，全市商务工作以开放型经济引擎计划、服务业倍增计划为重点，主要指标走在全国、全省前列，实现了“两个第一”“一个第二”。社零总额同比增长12.9%，进出口总额增速27.2%，均居中部六省省会城市第一位；实际利用外资同比增长16.7%，增幅居中部六省省会城市第二位。其他指标均圆满完成全年目标任务：引进市外境内资金完成固投、实际到位省外境内资金分别完成年度任务的101.7%和103.7%；新增对外投资中方合同投资额、对外承包工程和劳务合作完成营业额分别完成年度任务的113.2%和131.4%；服务外包总收入、社会物流总额、电子商务相关交易额分别完成全年任务的100%、100%、102%。在《福布斯》发布的中国大陆最佳商业城市百强评比中，长沙排名第十八位，比2013年提升3位。获批“中国电子商务示范城市”“国家跨境电子商务服务试点城市”。同时，市商务局获得多项荣誉：湖南省商务工作先进单位、湖南省开放型经济工作先进单位；全市绩效考核经济类第一名；全国服务外包人才培养突出贡献奖；现代服务业综合试点在年度绩效评价中位列同批城市第一名；肉菜流通追溯体系建设工作中的技术创新在全国流通追溯体系建设工作会议上进行推广；“5全便利店”获全国社区商业委员会“十大社区商业创新成果”奖。

一、招商引资成效显著。在境内外重点城市开展招商引资活动，牵头组织“沪洽周”“深洽会”，分别与市工商联、国资委共同举办“民间投资项目对接会”和“2014·湖南长沙国资项目合作洽谈周”活动，累计签约项目98个，拟引进资金1209.5亿元。重大项目引进持续发力，引进第二代光纤生产基地、克莱斯勒吉普等50亿元以上项目9个，引进苏宁云商现代产业园、传化智能公路物流枢纽港等10亿元以上项目15个。实际利用外资超过3000万美元以上的重大项目25个，其中新批项目14个。引进项目质量不断提升，上海大众、五菱电力、高岭国际商贸物流城、中联重科等项目当年累计实际利用外资均超过1亿美元；恒基兆佳、和记黄埔等重点外商投资房地产项目持续增资扩股。引进项目涵盖了工业机器人、移动互联网等战略新兴产业，工程机械、汽车及零部件、电子信息、新材料等传统优势产业以及现代物流、现代金融等生产性服务业。

二、外经外贸稳中有进。政策体系不断完善，拟定了全市外经外贸专项支持政策，将农产品外贸升级工程纳入第四批现代服务业试点项目库，牵头起草了《构建长沙对外开放新格局三年行动方案》。引进卓志供应链服务（集团）有限公司在全市建立外贸综合服务体，成立全省首家通关代理中心——湖南浩通通关代理中心。推动开通长沙至欧洲的“湘欧快线”，结束了湖南和欧洲进出口货物主要依赖海运的历史。稳步推进“破零倍增”计划实施，全年外贸破零企业242家，倍增企业150家，全面完成全年目标任务，“破零倍增”企业完成进出口46.2亿美元，占全市进出口总额的36.8%。继续实施市场多元化战略，引导全市企业参加“选择美国”投资研讨会、投资东盟研讨会等活动，借助驻外使领馆、各地商协会等平台，加快“走出去”的步伐。鼓励全市对外承包工程、劳务合作企业借助中拉峰会、湖南—澳门劳务合作对接会和央企湘企国际合作恳谈会等活动，进一步开拓境外市场。

三、商贸流通持续繁荣。积极举办各类促销节会活动。第六届“福满星城”购物消费节实现社会消费品零售总额677亿元，较上年同期增长了15%。第七届“福满星城”购物消费节11月正式开启。举办“传统商业与现代商业相融合”等活动，积极引导传统企业发展移动电子商务，步步高、通程等企业线上线下联动成效明显。消费转型实现新突破。推动从高档消费转向大众消费、从中心消费转向社区消费、从单一消费转向综合消费、从商品类消费转向服务类消费转型。步步高、家润多将日用品消费和服务消费打捆进社区，在全市开设了130家“5全便利店”。加强市场运行监测，多渠道发布市场分析情况。开展市级储备肉食应急调运演练，加强酒类、成品油、典当、拍卖等行业的监管，规范二手车、报废汽车等行业的发展。开展自创知名品牌和最具成长性商贸流通企业认定工作，认定第一批自创知名品牌商贸流通企业44家，最具成长性商贸流通企业34家。积极引导发展新的行业商协会，新成立了长沙市现代服务业联合会、长沙市影楼用品协会、长沙市石材经销协会等3家协会。市场迁建和提质改造加速推进，长沙农产品物流中心迁建项目一期拆迁全面完成，杨家山家禽市场全面关闭，新建长沙市家禽批发市场已完成项目用地预审，高桥市场片区提质改造工作全面启动。

四、现代服务业态势喜人。电子商务有新发展。快乐购、中移电子商务、御家汇集团等龙头企业交易额稳定增长，嗨淘网、御泥坊移动客户端交易额均突破其交易总额的50%，快乐购已成功上市。服务外包有新成效。长沙国家高新技术产业区、青竹湖生态科技园、隆平高科技园、岳麓科技产业园等四个示范园区业务总额占全市业务总额超过75%，产业集聚效应明显。2014年，全市从业人员1000人以上的服务外包企业18家，同比增长20%。7家企业获评"中国服务外包百强成长型企业"称号。现代物流有新突破。物流市场主体进一步壮大，2014年全市新增AAAA级物流企业3家，AAAAA、AAAA级物流企业27家；新增5星级仓储物流企业3家，5星级、4星级物流仓储企业累计达到12家。仓储建设进一步提速，全市新建标准仓储155万平方米，在建/拟建的常温仓储约320万平方米；已建成冷库容量25.5万吨，在建/拟建冷库容量63.2万吨。

五、项目建设有序推进。加强全市项目的策划和包装，完成了《2014年长沙市重大招商引资项目册》，聘请福瑞德行编印了《长沙市重大片区、重点产业推介册》。实施项目动态管理，对重点在谈项目实施一月一调度，对近三年来重大招商活动中市级重大招商引资签约项目实施动态适时调整和月调度、季评价。2014年市级重大招商引资签约项目154个，总投资约2367.6亿元，其中已履约项目147个，已开工项目131个，到位资金约1024.7亿元，项目的履约率、开工率、资金到位率分别为95.5%、85.1%、43.3%。集中推进了57个重大商务项目建设，全年完成投资额147.8亿元，占年度投资计划的102.7%。

六、各项试点工作成效显著。现代服务业综合试点方面：试点机制不断完善，构建了新型物流、公共服务、科技创新、融资支撑等试点机制。试点项目建设稳步推进，第一、二批项目累计完成投资82.7亿元，占总投资的65.3%；第三批22个项目已通过评审，总投资25.6亿元；第四批项目征集已全面启动。肉菜追溯体系建设方面：完成了全国首创远程监控追溯电子秤、手持机的软件、追溯管理平台和11个子系统的开发，屠宰场激光灼刻三套设备、宁乡花猪肉追溯体系建设两个招投标工作，肉菜流通追溯指挥中心、数据中心、激光灼刻设备的安装调试。中小商贸流通企业建设方面：市中小服务平台与省服务平台实现省市合一，成立了湖南省小微企业金融促进会，完成了第一批基金客户的贷款贴息审核工作。（沈　滢）

招商引资

【概况】 2014年，长沙市共引进外来资金1634.11亿元（以1美元对人民币6.1元汇率折算），同比增长19.24%，其中：实际利用外资39.69亿美元，完成年计划的104.23%，同比增长16.7%；全市利用市外境内资金完成固定资产投入1392亿元，完成年计划的101.68%，同比增长20.03%；实际到位省外境内资金609.76亿元，完成年计划的103.7%，同比增长14.17%。

一、利用外来投资情况。2014年实际利用外资超过3000万美元以上的重大项目25个，上海大众、五凌电力、高岭国际商贸物流城、中联重科等项目当年累计实际利用外资均超过1亿美元；新批项目投资总额超过3000万美元14个。全市新型工业化项目利用外资20.47亿美元，同比增长10.89%，占全市实际利用外资总量的51.57%；服务业实际利用外资18.56亿美元，占全市实际利用外资总量的46.76%。全市新批外商独资、中外合资企业数占全市新批外资企业数的95.12%，其中中外合资企业数占全市新批外资企业数的25.20%，占比比上年同期提高3个百分点。全市招商引资的主要来源仍以亚洲为主，实际利用外资26.35万美元，同比增长5.92%，占全市实际到位外资总量的66.4%。开发园区成为吸引外资的重要载体，全市开发园区共实际利用外资16亿美元，占全市实际利用外资总量的40.31%，同比增长18.16%，高于全市增速2个百分点。

二、内联引资情况。2014年，全市一、二、三产业实际到位资金分别为15.12亿元、194.13亿元、400.51亿元，比例分别为2.48%、31.84%和65.68%，形成了"三、二、一"的引资格局，有力增强了全市产业实力。2014年全市实际利用长三角、珠三角、环渤海区域资金分别为：143.36亿元、180.01亿元、129.63亿元，分别占全市实际到位资金总额的23.51%、29.52%、21.26%。实际利用省外境内资金排名前三名的是广东省（180.01亿元）、北京市（102.84亿元）、上海市（82.69亿元）。全市新引进总投资额5000万元以上的项目37个，总投资967.67亿元，增资6.39亿元

三、主要招商活动情况。2014年，围绕重点产业，积极对接"珠三角"和"长三角"，重点做好"深洽会""沪洽周"两大招商活动。"2014湖南（长沙）·深圳招商推介活动"，共有57个签约项目，总投资额751.9亿元，拟引进资金698.1亿元；"2014年湖南（上海）投资贸易洽谈周"活动，共签约38个项目，其中省级签约项目8个，市级签约项目30个，投资总额达381.3亿元，拟引进资金379.6亿元。同时，"湖南长沙国资项目合作洽谈周"活动上，全市挑选和包装了87个重大招商项目进行推介发布，项目投资总额4501.7亿元。协助承办第二届"中国（长沙）国际矿物宝石博览会"和"2015米兰世博会长沙路演活动"等展会活动。扎实做好客商联络及重点在谈项目调度工作，启用商务客户信息库数据管理系统，提高了工作效率，全年商务系统共接待客商1000余人，在谈项目600余个。

四、招商引资项目情况。2012—2014年，全市积极组织参加或自行举办了第七届"中博会"、第六届"湘商大会""2012长沙·央企合作投资推介会""2013港洽周""2013上海招商推介活动""2014沪洽周""2014深洽会""民间投资项目对接会"等一系列区域、省、市级重大招商活动。在这些活动中全市签约项目289个，总投资2906.6亿元，签约引进资金约2621亿元。截至2014年底，已履约项目275个，已开工项目245个（含竣工项目73个），有资金到位项目

275个，到位资金约1378.7亿元，项目的履约率、开工率、资金到位率分别为95.2%、84.8%、47.4%。（沈滢）

【长沙市参加2014年湖南（上海）投资贸易洽谈周】 6月16—22日，由湖南省人民政府主办，省商务厅、省经协办、省政府驻上海办事处等联合承办的“2014年湖南（上海）投资贸易洽谈周”（以下简称“沪洽周”）活动在上海市及长三角地区举办，活动重点推介战略性新兴产业和现代服务业。为进一步增强长沙市与上海的交流合作，巩固近年来长沙市在上海的招商成果，拓展交流合作的领域，全市组团参加省“沪洽周”活动，并举办相关特色活动。市领导胡衡华、赵文彬、张迎春、何寄华出席相关活动。市委宣传部、市政府办、市商务局、市国资委、市工信委、市金融办及相关区、县（市）人民政府、开发园区管委会主要领导参加活动。“沪洽周”期间，长沙市除参加湖南省—上海自贸区考察对接活动、2014年湖南省情推介会暨重大招商项目发布会等省专题活动外，还举办了“移动互联网产业专题招商推介会”“2014美丽浏阳制造产业基地专场招商会”“中部跨国公司总部经济园项目推进会”3场专题活动。同时，考察了上海ABB工程有限公司、上海市环球港购物中心、绿地集团、斐讯通讯等上海知名企业。“沪洽周”长沙市共有39个项目签约，总投资441.28亿元，拟引进资金439.18亿元，其中投资总额10亿元及以上的项目13个，主要集中在战略性新兴产业和现代服务业等领域，涵盖了汽车生产配套、先进制造业、电子商务、现代物流、信息产业、新材料、生物医药、食品加工生产、文化创意、商贸流通及商业地产等多个行业。克莱斯勒汽车项目、丰树（长沙）高新产业园（二期）、当代星沙MOMA项目等6个项目在“2014年湖南省情推介会暨重大招商项目发布会”上现场签约。（易根花）

【2014湖南（长沙）·深圳招商推介活动】 10月14—17日，2014湖南（长沙)•深圳招商推介活动（以下简称“深洽会”）在深圳举行。长沙围绕湘江新区、东部开放型经济走廊等重点片区，以及汽车制造、生物医药、食品加工、节能环保、移动互联网、工业机器人等重点产业“搭台招亲”。深洽会包括一场主体活动和多场子活动，分别是长沙（深圳）重大片区重点产业推介暨签约仪式、长沙移动互联网产业发展环境推介会、跨境电子商务专题推介会、2014湖南（长沙）• 深圳加工贸易企业恳谈会、2014长沙经开区集中电路产业政策发布会、长沙市人才政策推介会等。市委副书记、市长胡衡华，市领导张迎春、何寄华分别参观知名企业，通过一对一、面对面的方式大力推介长沙投资环境，对接招商引资项目。深洽会期间，众多国内外著名跨国企业、世界500强，珠三角地区知名企业及行业领军企业，与长沙各区县、重点企业，进行项目深度对接和交流合作。长沙广泛推介湘江新区、高铁新城、空港新城、金霞新区等重点片区，突出汽车制造、生物医药、食品加工、节能环保、移动互联网、工业机器人、现代物流等重点产业，签约一批重大项目，形成一批意向项目，承接一批加工贸易项目。（沈滢）

2014年湖南（上海）投资贸易洽谈周项目签约仪式

【长江中游城市群省会城市第二届会商会在长沙举行】 为着力打造中国经济发展“第四极”，共同促进经济繁荣发展，2月27—28日，由合肥、南昌、武汉、长沙四市联合举办的长江中游城市群省会城市第二届会商会在长沙举行，国家发改委地区经济司司长范恒山及湖南省委常委、市委书记易炼红，市委副书记、市长胡衡华，安徽省委常委、合肥市委书记吴存荣，合肥市委副书记、市长张庆军，江西省委常委、南昌市委书记王文涛，南昌市委副书记、市长郭安，湖北省委常委、武汉市委书记阮成发，武汉市委副书记、市长唐良智出席会议。27日，四市与会领导就长沙两型社会建设、产业发展、城市建设管理对橘子洲生态文化公园、梅溪湖国际服务区和长沙远大住宅工业有限公司进行考察，长沙市领导陈泽珲、赵文彬、陈献春陪同考察。会商会于28日上午召开，四省会城市市长围绕“开放融合、创新发展”主题进行了讨论发言并签署《长沙宣言》。长江中游城市群省会城市会商会是长江中游城市群四个省会城市为推动区域发展而建立的沟通协调机制，首届会商会于2013年2月在武汉市举行并签署《武汉共识》。在会商会推动下，四市在产业合作、经贸往来、路网融合、文教科技等多领域结出了累累硕果。市商务局党委书记、局长刘素月参加第二届会商会相关活动。（宋孝明）

【长沙市代表团参加第十届“珠洽会”】 10月12日，由福建、江西、湖南、广东、广西、海南、四川、贵州、云南省（区）人民政府和香港、澳门特别行政区政府共同主办，粤港澳三地政府共同承办的第十届泛珠三角区域合作与发展论坛暨经贸洽谈会在广州举办。澳门特别行政区行政长官崔世安，香港特别行政区政务司司长林郑月娥，湖南省省长杜家毫等“9+2”各方政府代表团和经贸代表团成员，国家有关部委代表，中央政府驻香港、澳门联络办代表，长三角、环渤海区域合作组织代表，中葡论坛秘书处代表，有关专家学者，部分工商界代表等出席会议。长沙市人民政府副秘书长王体泽率市商务局及有关区县、园区和项目签约代表组成代表团参加此次活动。开幕式现场有50个项目签约，总投资875亿元，其中湖南省共集体签约经贸合作项目7个，合同引资163.4亿元，涵盖电子制造、商贸物流、林业等领域。长沙市有2个项目上会签约，总投资13亿元。从2004年6月首届“泛珠三角区域合作与发展论坛”举办以来，初步形成以珠三角为枢纽的扇形跨省区立体交通新网络、区域间产业梯度转移的新格局、对内合作对外开放的新机制；2013年，泛珠内地九省（区）实现GDP18.6万亿元，是2004年的3.8倍，约占全国总量的三分之一。

（宋孝明）

商贸流通

【概况】 2014年，全市累计实现社会消费品零售总额3162亿元，增速12.9%。市场运行监测工作稳步推进，各监测系统企业结构不断优化，数据报送质量不断提高，市场分析成果不断扩大，全市各监测系统共有监测样本企业216家。依托商务部生活必需品市场监测系统对生活必需品进行常态周监测，通过应急保供重点联系企业对猪肉、蔬菜日均价格及上市量进行日监测，及时准确掌握主要生活必需品市场供应形势。开展市级储备肉食应急调运演练工作，保障市场供应的稳定。在春节、国庆黄金周及特殊天气期间精心安排、周密部署，采取积极举措，保证了全市节假日和特殊时期市场供应的稳定。

一、市场体系建设情况。一是深入推进农贸市场标准化改造。2014年，省厅下达全市农贸市场目标任务11家，其中开福区1家，雨花区1家，长沙县2家，浏阳市3家，宁乡县4家，总投资6600万余元，建设面积23000平方米，截至2014年底，已全部竣工。二是全力推进三大市场迁建。编制完善《关于三大市场迁建和高桥市场片区提质改造三年（2014—2016年）工作的实施方案》，健全工作机构，建立“一对一”服务机制和“一月一调度”“一月一督查”调度机制，市场迁建工作成效明显。三是开展“万村千乡”市场工程，11家承办企业新建和改造县乡直营大店5个，配送中心1个，乡镇商贸中心2个，所有项目均已通过省厅验收。四是积极推进节能减排服务业集约化综合试点，5个再生资源回收利用类试点项目进展基本顺利，项目总投资4.67亿元，已完成投资4.2亿余元，完成90%。五是促进典当拍卖、汽车行业发展。

二、行业指导工作情况。终端消费促进工程“5全便利店”建设取得新的成果。2014年，在长沙地区已建成130家“5全便利店”（其中汇米巴96家，家润多34家），同时，步步高集团汇米巴公司在湘潭、株洲开设21家“5全便利店”（其中湘潭13家、株洲8家）。“5全便利店”项目获全国社区商业委员会“十大社区商业创新成果”奖。开展自创知名品牌和最具成长性商贸流通企业认定工作，共确定78家企业为第一批自创知名品牌和最具成长性商贸流通企业，其中自创知名品牌商贸流通企业44家，最具成长性商贸流通企业34家。全力推进节能减排家政服务体系建设，4家项目单位已基本完成了项目建设，万众和、妇联家政、华嫂3家项目单位通过了市节能减排试点领导小组的验收，恩庆家政项目将于2015年3月验收。推进“中华老字号”企业发展，为火宫殿、又一村等老字号企业争取相关资金。指导组建了长沙市现代服务业联合会、长沙市影楼用品协会、长沙市石材经销协会等3家协会，全局所属的商贸行业协会达到36家。推进中小商贸企业融资服务工作。

三、酒类食品安全监管情况。做好酒类的行政审批工作，对酒类行政审批法定时限提速50%，提高了行政审批服务效率，2014年1月至12月15日，长沙市酒管处已审批并颁发《湖南省国产酒类批发许可证》152个，《湖南省进口批发许可证》61个。坚持执行随附单“以旧换新”管理制度，全年免费为酒类批发企业换发“酒类随附单”3500本，不向未成年售酒警示牌5000份。

四、药品流通管理情况。2014年，全市限额以上药品销售总额167.83亿元，同比增长15.3%，增幅较上年同期下降1个百分点。“五健大药房”项目建设顺利实施，养天和、老百姓新建、改扩建共150家“五健大药房”项目已启动建设，按计划完成项目建设。积极联系协会开展工作，协助协会举办了长沙市药品经营企业GSP认证与检查工作专题培训，公共营养师培训等。积极参与全省中药材流通追溯体系建设工作。

五、成品油市场管理情况。坚持成品油市场监测的周报、月报（重大节日、重要防护期坚持日报）制度，积极主动协调和组织资源投放，保障了成品油市场正常供应和市场需求。抓好年度检审，指导企业认真填报，年检合格企业450个。落实长沙市人民政府《关于印发长沙市环境保护三年行动计划（2012—2014年）增补计划的通知》要求，全市辖区内各加油站、储油库及油罐车须全面完成油气排放污染治理改造工作。（沈　滢）

【传统产业与电子商务消费展示体验活动】 1月12日，由长沙市电子商务协会主办，快乐购物股份有限公司和长沙开福万达广场承办，长沙市商务局、开福区人民政府等单位特别支持的“中国·长沙2014.1.12新年第一福——传统产业与电子商务携手融合、消费展示体验活动”在长沙开福万达广场举行。在12日上午举行的启动暨签约仪式上，快乐购物股份有限公司与湖南梦洁家纺股份有限公司等电子商务企业和传统企业签订了战略合作协议。市政府副秘书长王体泽，市商务局党委书记、局长刘素月，市发改委、市工信委、市农业局、开福区人民政府、区县市商务部门负责人，以及参展企业负责人参加了启动暨签约仪式。商贸应用电子商务，工业应用电子商务，农产品电子商务，电子商务购物平台，B2B平台，移动电子商务，跨境电子商务，电子商务集聚区，小微电子商务企业等九个版块，35家单位参与了消费展示体验活动。12日下午，市委副书记、市长胡衡华，市委常委、副市长张迎春等领导到万达巡展并参与了体验送福活动，考察了参展的电子商务企业，同时启动了16:00的整点送福活动。12—13日活动期间，消费者可以在活动现场，通过扫描二维码、关注企业官方微博等参与活动，赢得丰厚的奖品，还可以通过快乐购微信公众号“狗小二”“福满星城”APP公共平台参与送福抢福活动，同时可以参与展会现场舞台活动区的互动抽奖、送福活动。随着以互联网、云计算、物联网等为代表的信息技术飞跃发展，电子商务与实体经济深入融合，将在促进经济发展方式转变、保持经济创新活力等方面发挥越来越重要的作用，传统产业和电子商务的携手融合也将是未来电子商务和传统产业发展的新引擎。此次体验活动全面展示了长沙市传统产业与电子商务融合的成果，搭建了传统产业与电子商务共同发展的平台，打响了传统产业与电子商务融合的新年第一炮。（郭苗苗）

【第七届“福满星城”购物消费节】 11月22日，第七届“福满星城”购物消费节在友阿奥特莱斯举行。市政府副秘书长王体泽，天心区委书记曾超群，长沙晚报报业集团党委书记、社长龙钢跃，长沙晚报社总编辑徐辉，天心区人大常委会党组书记、主任于献，省商务厅市场运行调节处副处长秦捷，市商务局副局长王红，市旅游局副局长陈威等领导出席活动。此届购物消费节由长沙市政府指导、市商务局支持，市中小商贸流通企业服务中心、长沙晚报报业集团、天心区委区政府联合主办，将持续到2015年2月19日，历时90天，跨越圣诞、元旦和春节。消费节以“运用电子商务 促进长沙消费”为主题，活动包括12个企业特惠周、长沙首届电商零售购物节、汽车促销费活动、“我身边的美食节”品牌湘菜活动等，线上线下联动给消费者送福送礼。此外，“福满星城”官方APP也将天天送福星，总计将有10000个有奖福星派送给广大消费者。天心区“乐购天心”休闲购物消费节同步开启，雨花区、开福区、芙蓉区、岳麓区、宁乡县等区、县（市）整体联动，精心安排了丰富多彩的购物消费活动。自2008年开始，“福满星城”购物消费节每年举办，不但集合全市百货、超市、餐饮、汽车等门店，实实在在地让利老百姓。“福满星城”购物消费节有效地扩大消费、拉动经济，已成为全国叫得响的品牌节会。上届消费节期间80天，全市共实现社会消费品零售总额677亿元，比上年同期增长15%。（沈滢）

【长沙市零售商业行业协会成立】 1月29日，经市商务局、市民政局批准，长沙市零售商业行业协会登记成立，成为湖南省首个专业为零售行业服务的非营利性社会组织。长沙市零售商业行业协会会员范围为长沙市范围内从事零售行业的零售单位、供应商、行业相关社会团体及组织机构。协会创办的宗旨是“服务企业、规范行业、助力政府”，本着为零售行业服务的目的，协调会员关系，规范会员行为，为会员提供服务，同时，作为桥梁和纽带，沟通会员与政府、社会的联系，共同维护零售商业行业公平竞争秩序和行业整体利益，促进行业健康发展。长沙市范围内从事零售行业的门店数量超过1万家，其中有限额以上单位1600余家。（蔡碧良）

【创业富民·第一批自创知名品牌和最具成长性商贸流通企业认定结果发布会】 11月14日，市商务局创业富民·第一批自创知名品牌和最具成长性商贸流通企业认定结果发布会举行。省商务厅流通发展处处长刘飞，市商务局副局长王红，市创业富民办、市公务员局、市中小商贸流通企业服务中心、湖南商学院工商管理学院等单位负责人出席了会议。第一批44家自创知名品牌和34家最具成长性商贸流通企业负责人，各区、县（市）商务局及全市商务行业协会负责人参加了会议。会上，市中小商贸流通企业服务中心主任颜权宣读了企业认定结果通报，8家自创知名品牌企业代表及2家最具成长性企业代表、市电子商务协会、芙蓉区商务局、宁乡县商务局分别作了发言。刘飞对长沙市自创知名品牌和最具成长性商贸流通企业评定工作所取得的成绩及相关部门在评定工作中付出的努力表示了肯定，并希望企业珍惜荣誉，再创辉煌。王红强调此次评定成果丰硕，来之不易，希望在以后的工作中，各级商务主管部门，各行业协会都积极配合，进一步推动长沙市自创知名品牌和最具成长性商贸流通企业认定这一战略性的创业富民工作。会议强调，长沙市商务系统自创知名品牌和最具成长性商贸流通企业认定有效期为三年，一年一评估，希望获得认定的企业珍惜品牌、诚信经营、开拓创新，努力实现集约化、规模化、跨越式发展，为长沙经济和社会又好又快地发展做出新的贡献。（蔡碧良）

对外贸易

【概况】 2014年，全市累计完成进出口总额125.66亿美元，同比增长27.2%，高于全省4个百分点，高于全国23.8个百分点。其中：出口87.66亿美元，同比增长42.2%，进口38亿美元，同比增长2.3%。进出口总额占全省总额的40.5%，完成年度目标任务的112.5%。在中部六省省会城市中，长沙排名第四。

一、传统市场与新兴市场增长良好。2014年，全市对欧美日等传统市场进出口贸易增长总体平稳向好，其中，对美国进出口9.8亿美元，增长18.7%；对日本进出口9.51亿美元，增长38.6%；对欧盟进出口19.19亿美元，下降0.9%。同时，全市对新兴市场贸易继续保持快速增长势头，其中，对东盟进出口22.43亿美元，增长94.8%；对中东进出口8.94亿美元，增长81.8%；对非洲进出口12.52亿美元，增长33.6%；对拉美进出口5.91亿美元，增长4.4%；对俄东进出口4.64亿美元，下降13.1%；东盟超越欧盟跃升为全市第一大进出口市场。2014年，全市对金砖四国进出口有所回落，除对印度进出口增长73.4%以外，对俄罗斯、巴西和南非进出口分别下降30.9%、29.7%和36%。全市共与190个国家（地区）产生了贸易往来。

二、机电、高新技术产品成为出口主力，服装成为出口最大亮点。2014年，全市机电产品与高新技术产品出口保持了平稳快速增长的势头，分别实现42.96亿美元和15.14亿美元，增长32.5%和30.3%，二者出口占全市出口比重达到50.5%（同口径）。传统大宗商品出口总体保持平稳，服装成为全市出口最大增长亮点，全年实现出口8.92亿美元，增长242.1%；烟花爆竹出口4.42亿美元，增长11.9%；茶叶出口0.87亿美元，增长5.7%。进口方面，机电产品全年完成20.53亿美元，增长11.6%；高新技术产品完成8.1亿美元，增长28%；平板玻璃完成2.92亿美元，增长9.1%；汽车零件完成1.79亿美元，增长4.3%；原油完成3.63亿美元，下降28.1%；农产品完成1.24亿美元，下降25.1%。

三、一般贸易快速发展，加工贸易有所调整。2014年，全市一般贸易进出口实现96.44亿美元，增长28%，占全市贸易总额的76.7%；加工贸易进出口实现23.48亿美元，增长11.7%，占全市贸易总额的18.7%，比上年下降2.6个百分点。

四、外贸"破零倍增"取得成长性突破，外贸主体不断壮大。2014年，全市外贸"破零"企业达到242家，完成全年目标任务的130%，实现进出口业绩36.52亿美元，占全市进出口总额的29.1%；外贸"倍增"企业达到150家，完成全年目标任务的113.6%，实现进出口业绩9.7亿美元，占全市进出口总额的7.7%。9个区、县（市）、12个开发园区中，"倍增"区、县（市）1个，"倍增"开发园区2个。2014年，全市有外贸实绩企业数量达到1410家，比上年增加93家。（沈　滢）

【"中小企业电子商务国际行"活动】 为提高全市中小外贸企业国际电子商务应用水平，突破传统进出口方式的市场瓶颈，增强中小外贸企业国际市场竞争力，推动全市外贸的稳定发展，长沙市商务局联合中国国际电子商务中心湖南代表处（以下简称"湖南代表处"）共同发起了"2013年长沙市中小企业电子商务国际行"活动，受到全市广大中小外贸企业欢迎。此次活动由市商务局、湖南代表处提供政策支持服务，中国国际电子商务中心为不同类别企业量身订制，提供活动平台和各项特色服务。经过广泛宣传和各区、县（市）、园区推荐，全市多家中小外贸企业成功入选国际行活动。市商务局和湖南代表处协同配合，共同为企业提供包括国际市场情报分析和企业海外营销推广等各种服务，比如为长沙埃索凯化工有限公司、长沙凯旺化工有限公司、长沙凯尔盛化工有限公司等企业提供了互联网在线市场分析和采购商分析服务。同时，搭建了全英文的产品宣传平台，为企业拓展产品网络宣传渠道，开辟网络询盘，帮助企业加快融入全球进出口业务的进程。参与企业普遍表示此次活动受益匪浅：一是部分中小外贸企业实现了进出口业绩零的突破，成为"真正的"进出口企业。二是帮助中小外贸企业及时、全面掌握相关产品及国际市场需求量、价格等方面的信息。三是通过平台活动方式有效帮助中小外贸企业对目的国海关进出口数据、交易行情、竞争对手等系列情况深度分析，寻找到潜在的客户和合作伙伴，为企业获得更多的贸易商机，让企业感受到了"大数据"带来的机遇。

（许国侠）

外经合作

【概况】 2014年全市新增对外投资项目40个，累计投资总额35462.43万美元，其中中方合同投资额28300.23万美元，主要涉及生物医药、电子信息、新材料等行业。全市对外承包工程不断壮大，累计新签合同额36.88亿美元，完成营业额25.01亿美元，同比分别增长9.1%和14.2%。对外劳务合作服务平台作用不断增强，全市累计外派劳务13631人次，月末在外16708人。

一、民营企业投资势头强劲，主力军地位逐步确立。2014年全市对外投资项目全部由民营企业实施，创历史以来最高占比，民营企业在"走出去"过程中不断发展壮大，已逐渐成长为全市对外投资主力军。对外投资市场相对集中，香港平台作用愈发明显。亚洲一直以来是全市对外投资的重点市场，分布在亚洲的投资项目24个，中方合同投资额16366.91 万美元，所占比重分别达到60%和57.83%。香港的对外投资平台作用明显，全市有13家企业在香港投资布点，中方合同投资额10366.64万美元，占全市累计中方合同投资额的比重达36.63%。对外投资行业不断优化，高新科技企业比重提升。全市电子信息、新材料、生物医药等高科技实力型企业抓紧产业结构调整机遇，抢滩海外市场。拓维信息系统股份有限公司、湖南泰嘉新材料科技股份有限公司等龙头企业纷纷赴香港、美国等区域投资高新技术行业，全市优势产业全球布局加速。对外投资项目规模偏小，中小型项目个数增长较快。2014年全市新增对外投资项目规模普遍偏小，平均投资为707.51万美元，比上年下降了30余个百分点。但中小型项目个数增长较快，与上年同期相比增长141.67%。

二、项目分布地域跨度大，重点区域优势进一步显现。2014年全市新签对外承包工程项目主要分布在东南亚、南亚、中东、西非、中非、南非、南美洲七大区域的20余个国家和地区。中国水利水电第八工程局、中国建筑第五工程局等实力型企业在委内瑞拉、柬埔寨、阿尔及利亚等优势区域设立公司，企业全年累计新签合同金额均在2亿美元以上，而上述地区新签合同额占全市总量的90%以上，对外承包工程区域优势进一步显现。业务领域不断拓展，优势产业走出去力度加大。2014年，全市对外承包工程除在传统的水电、火电、房建、基础设施建设等领域继续保持优势以外，新开辟了光伏电站、石油化工、环保垃圾焚烧、污水处理、设计咨询等领域。全年新签合同模式也逐渐向融资总承包、设计咨询等方向转变，高层次高利润项目逐渐增多。项目履约情况良好，长沙品牌形象逐步树立。2014年，完成营业额过亿美元的企业有5家，其中中国水利水电第八工程局首次实现完成营业额逾10亿美元，其承建的孟加拉石卡巴哈燃气电站、印度尼西亚亚齐火电站项目1号、2号机组及公共系统等顺利竣工并移交投产，进一步稳固了长沙市水电、火电、冶金冶炼等领域的品牌形象。对外承包工程主体不断增加，走出去队伍发展壮大。全市对外承包工程主体继续增加，华自科技股份有限公司、威胜集团有限公司、湖南远大建工股份有限公司等9家企业获得对外承包工程经营资格，全市对外承包工程资质企业增至66家。

三、劳务企业转型调整，新兴市场开拓成效显著。全市外派劳务主要集中在非洲、东南亚和美洲的乍得、刚果、阿尔及利亚等传统市场，外派行业仍以工程师、项目管理人员、建筑工人、酒店管理与服务等为主。长沙明照实业与澳大利亚澳宝红集团于2014年年底签订合作协议，成功开辟了澳大利亚劳务市场。优势互补推动劳务发展，工程项下劳务输出优势明显。全年对外承包工程项下外派劳务5500余人次，占全市外派人数的40%；通过对外劳务合作企业派出的工程管理人员3445人次，占全市外派劳务人数的25%。工程项下的劳务输出仍为全市劳务输出的重要渠道。劳务合作平台作用显著，招选派出逐步规范。全年通过平台招选并派出的人员4500余人次，从源头上有效规范了劳务人员的招选和派出。突发事件应对能力增强，劳务权益有效保障。配合市卫生局等相关部门积极开展埃博拉出血热的防控工作；督促对外劳务合作企业进一步落实劳务人员的技能培训、规范劳务合同的签订、全面落实意外伤害保险和医疗保险的购买，不断加强境外项目人员的管理，取得较好效果。

（沈 滢）

【长沙市轻型卡车及零配件进入越南市场】 2月20—23日，应长沙市斯博泰科技有限公司邀请，越南交通部直属的越南汽车总公司总经理黄英俊一行4人到长沙市考察轻型卡车开发及零配件供应项目，旨在开展3吨以下轻卡及零配件合作。越南代表团分别对北汽福田长沙汽车厂、波隆集团、长沙胜通汽配科技发展有限公司、长沙市鹏翔重工机械有限公司干沙车架厂、长沙果福车业有限公司等企业进行了观摩和技术交流，针对3吨以下轻卡已选定车型，与长沙斯博泰科技有限公司签订了第一期供应200台轻型卡车开发及零配件供应的合作协议。本项目全部实施完成预计可向越方提供5000台轻型卡车开发及零配件，将带动全市近2500万美元的出口。此次斯博泰科技有限公司与越南汽车总公司的合作将进一步推动长沙汽车工业走入越南及东盟市场，也将带动长沙市更多的汽车及零部件、设备、技术“走出去”。

（粟润萍）

【参加中国（湖南）—拉美矿业暨基础设施建设国际合作恳谈会】 9月13日，由湖南省人民政府主办，湖南省商务厅承办的中国（湖南）—拉美矿业暨基础设施建设国际合作恳谈会在圣爵菲斯大酒店举行。会议由省商务厅副厅长李心球主持，副省长何报翔、中国驻苏里南大使杨子刚、商务部美大司副司长房秋晨，省政府副秘书长王光明、省商务厅厅长徐湘平等出席会议，苏里南驻华大使洛依德·皮纳斯、苏里南工商会主席亨克·纳仁德普、牙买加国家石油公司董事长克里斯托弗·卡基尔等一批重要境外客商应邀出席会议，中外参会嘉宾逾四百人。此次会议旨在增进拉美国家对全省企业的了解，为全省基础设施、矿业等相关行业企业走进拉美、进一步开拓拉美市场创造条件。会上，何报翔省长致辞，杨子刚介绍了苏里南的基本情况，徐湘平介绍了湖南省与拉美地区经贸合作情况，中国银行和中信保解读了开拓拉美市场金融支持政策，中冶长天等企业代表在会上发言，会上还进行了项目签约和互动交流。为促进企业开拓国际视野，了解拉美市场情况，寻找投资合作机会，全市广泛动员，共组织了中国水利水电第八工程局有限公司、中国轻工业长沙工程有限公司等几十家企业参会，为全市企业开拓拉美市场打下了基础。

（粟润萍）

现代服务业

【概况】 2014年，全市服务外包总收入453亿元，同比增长12.5%，完成年度任务的100%。社会物流总额2.7万亿元，同比增长14.1%，完成年度任务的100%。电子商务相关交易额2550亿元，同比增长70%，完成年度任务的102%。

一、服务外包产业继续保持良好发展态势。服务外包规模效益同步增长。2014年，全市完成服务外包总收入453亿元，同比增长12.5%；进入商务部服务外包业务管理和统计系统的企业新增107家，总数552家，新增从业人员43965人；离岸服务外包执行金额同比增长24.4%。有离岸业绩的企业79家，同比增长36%。离岸服务外包执行金额达到50万美元以上的企业54家，同比增长54%。服务外包企业从业人员1000人以上的企业18家，同比增长20%。服务外包人才培养成效显著。新认定了3家培训机构为2014年度“长沙市服务外包人才培训基地”，全市服务外包人才培训基地21家；会同市教育局引导和促成了全市呼叫外包产业产学研校企联盟的成立，搭建了特色公共培训平台。湖南拓肯教育培训中心、欧柏泰克软件学院、长沙市天心区华瑞培训学校3家培训机构被中国投促会评选为2014年中国“优秀服务外包培训机构年度奖”，长沙市商务局被中国投促会评为2014年中国“服务外包人才培养突出贡献奖”。服务外包企业的竞争力明显提升。组织服务外包企业开展国际资质认证和技术先进型服务企业认定等工作，全年通过CMMI、ISO27001和ISO9001等相关国际资质认证新增21个，技术先进型服务企业新认定2家；服务外包执行金额达到1000万美元以上的企业28家，同比增长64.7%；离岸服务外包执行金额超过1000万美元的企业10家，同比增长42.9%。化工部长沙设计研究院、湖南华诺科技有限公司、湖南拓肯文化传播有限公司、湖南省青苹果数据中心有限公司、湖南山猫卡通有限公司、长沙中兴软创软件有限公司、湖南盈博数码科技产业发展有限公司7家服务外包企业被中国投促会评选为2014年“中国服务外包百强成长型企业”。服务外包公共平台建设初见成效。组织申报2013—2014年长沙市服务外包公共平台项目，长沙高新区服务外包国际合作平台、欧柏泰克（Hopetech）呼叫中心服务外包公共平台、基于校企合作联盟的呼叫中心公共培训平台和隆平高科技园服务外包公共服务平台等4个平台初步纳入国家公共平台项目支持范围。服务外包产业集聚效应明显，4个示范园区的业务总额占全市业务总额超过75%，入驻服务外包园区的企业数量比上年提升2.5个百分点。

二、现代物流产业发展成效显著。市场主体进一步壮大。全市共有规模物流企业800余家，其中重点联系企业60余家。全市年物流收入过10亿元企业8家，年物流收入过亿元企业20余家。物流企业标准化建设稳步推进，全市AAAAA级物流企业7家（全省仅7家），AAAA级物流企业20家。其中2014年新增3家AAAA级物流企业。全市物流企业仓储条件及服务质量持续改善，全市共有9家5星级、3家4星级仓储物流企业。其中2014

年新增3家5星级仓储物流企业。冷链物流实现规模化。形成了湖南红星冷冻食品有限公司冷冻库（三期）扩建、长株潭广联生猪交易市场冷链建设等一批拥有5万吨以上库容量的冷链物流项目。截至2014年底，全市已新建仓储近155万平方米，在建/拟建的常温仓储约320万平方米。全市已建成投产冷库容量总计25.5万吨。城市配送逐步共同化。以食品果蔬配送为切入点，推动城市共同配送的发展，重点推进了晟通公共物流平台与共同配送体系建设项目、长沙市（白沙）农产品配送公共服务平台项目等一批共同配送项目的建设，有效提升了全市第三方物流配送水平及配送效率。据不完全统计，全市食品（含农产品）统一配送率达到90%以上。产业发展呈现集聚化。全市物流产业集中向规划中的“五园十中心”物流节点集中布局，逐步形成了物流企业抱团发展、物流功能集中布局的产业发展特征。长沙传化智能公路港、恒广国际物流中心、实泰家电物流中心等园区型、平台型项目逐步发力，引领全市物流产业发展。

三、电子商务产业。长沙市获批国家电子商务示范基地、电子商务示范城市和跨境贸易电子商务服务试点城市。湖南御家汇网络有限公司（汇美丽）、湖南快乐淘宝文化传播有限公司（嗨淘网）等4家企业被评为商务部“2013—2014年度电子商务示范企业”，长沙柯西贝尔电子商务有限公司、嘉丽购物有限责任公司等6家企业被评为“2014年省级电子商务示范企业”，步步高商城开发平台（步步高电子商务责任有限公司）、远大空品电子商务平台（远大空品科技有限公司）等8个建设项目被评为“2014年省级电子商务重点项目 ”。移动电子商务快速发展。全市作为首个“国家移动电子商务示范基地”，移动电子商务发展势头良好，产业链逐步完善。2014年，嗨淘网移动客户端交易额首次超过PC端，御泥坊移动客户端交易额突破交易总额的50%，快乐购移动客户端占比也大幅提升，占网络交易额的15%，钢为、通程等电子商务企业抓住市场发展机遇，纷纷推出移动APP。电子商务支付体系不断完善。长沙市在移动支付方面获得中国银行的移动支付业务许可证的企业有中移电子商务有限公司和鹰皇金佰仕网络科技有限公司。全市中移电子商务公司、鹰皇金佰仕网络技术有限公司、湖南星广传媒有限公司等7家电商相关企业获得了中国银行“预付卡发行与受理业务许可”的支付认证。电子商务平台建设稳步推进。全市第一、二批现代服务业综合试点涉农电商平台项目（含储备项目）24个，总投资10亿元，已完成总投资的80%以上。爱尚通程、友阿有啊、60购、中国信息导航网、天骄物流等一批综合电商平台的正式上线，进一步完善了长沙市电子商务产业公共服务体系，推动电子商务产业的快步发展。（沈　滢）

【长沙市9家企业被评为“2013年度湖南省电子商务示范企业”】 根据《湖南省商务厅关于发布2013年度湖南省电子商务示范企业、示范基地和电子商务建设重点项目的通告》（湘商电〔2013〕11号），全省共评选出13家电子商务示范企业，3个电子商务示范基地和15个电子商务建设重点项目。全市快乐购物股份有限公司、长沙钢为网络科技有限公司等9家企业被评为“2013年度湖南省电子商务示范企业”，长沙高新技术产业开发区被评为“2013年度湖南省电子商务示范基地”，湖南龙迅村村通信息科技有限公司（农业电子商务平台）、长沙通程控股股份有限公司（爱尚通程网上商城）等4个项目被评为“2013年度湖南省省电子商务建设重点项目”。另外，2013年，全市湖南御家汇网络有限公司（汇美丽）、湖南快乐淘宝文化传播有限公司（嗨淘网）等4家企业被评为商务部“2013—2014年度电子商务示范企业”。（郭苗苗）

【参加第三届“中国（北京）国际服务贸易交易会”】 5月28日至6月1日，第三届中国（北京）国际服务贸易交易会（以下简称“京交会”）在北京国家会议中心举办。该届京交会以“创新、跨界合作：推动文化产业大发展”为主题，由展览展示、论坛活动、洽谈交易三种形式133场活动组成，洽谈展览面积约5万平方米。长沙市由市商务局副局长毛鹏程带队，组织了湖南省青苹果数据中心有限公司、湖南山猫卡通有限公司、湖南盈博数码科技产业发展有限公司、湖南鼎翰文化传播有限公司等数十家服务外包企业及培训基地参加了此次“京交会”。会上，长沙市服务外包企业、人才培训机构与近百家企业进行了项目对接，其中盈博数码科技把握了先机，与江西池泉科技等16家企业达成合作意向。盈博数码科技展台上推出的3D打印机得到了众多参展企业的驻足关注，商务部、省商务厅领导亲临长沙展区，听取企业代表介绍。湖南山猫一改平时参展作风，将自制动漫衍生产品带到展台，公主与王子的书包套件深得参展企业中妈妈们的喜爱，展品一抢而空。展会期间，毛鹏程带领长沙市外包企业负责人积极参观各展馆，与其他城市进行交流学习，积极推荐长沙，为长沙企业与参展同行企业开展项目对接牵线搭桥。（宾军旗）

商务试点

【概况】 现代服务业综合试点情况。构建新型物流机制、公共服务机制、科技创新机制和融资支撑机制，试点机制不断完善；围绕服务业“六大工程”共征集实施了三批项目，第一、二批累计完成总投资的65.3%，第三批22个项目总投资25.6亿元，项目拉动效应逐步凸显；第四批试点项目申报新增了“农产品对外贸易工程”项目类别，并启动征集工作。通过试点项目实施，农产品物流的率先发展和整体带动，全市社会物流总费用与GDP比值由2013年的16.9%降低到16.5%。在2014年全国试点地区的绩效评价中，长沙被评为优秀等级，同批次试点城市中名列第一。肉菜追溯体系试点情况。制定了长沙市肉菜流通追溯体系建设的顶层设计和技术实施方案；完成了全国首创远程监控追溯电子秤、手持机的软件、追溯管理平台和11个子系统的开发；完成了屠宰场激光灼刻三套设备、宁乡花猪肉追溯体系建设两个招投标工作；完成了肉菜流通追溯指挥中心、数据中心、激光灼刻设备的安装调试。8月，在全国流通追溯体系建设工作会议上，长沙市就试点工作协调督促，技术系统开发，节点基础建设，体系建设整体推进等方面作了经验推广。中小商贸流通企业建设试点情况。长沙市中小服务平台与省服务平台实现省市合一，并已开展实质性的共建工作；融资平台完成了优化提质，由民生银行和部分商协会发起并在省民政局登记成立了湖南省小微企业金融促进会，对接并服务了3000余家中小微商贸企业的融资贷款，共新贷和续贷20余亿元，广大中小商贸流通企业给予了高度评价。试点工作再次得到了商务部领导的充分肯定，将长沙模式在全国推广。全年先后接待来自吉林省、山东潍坊、湖北襄阳等省、市近30批次代表团学习交流。创新性地在全国首开先河组织了第一批自创知名品牌和最具成长性商贸流通企业认定工作，该项认定经市委办公厅和市政府办公厅支持确认，并被国家商务部、省商务厅作为创新性工作经验在全国、全省推广。

（沈　滢）

【肉菜流通追溯体系建设技术评审新闻发布会】 3月21日，肉类蔬菜流通追溯体系建设技术评审新闻发布会在商务局召开。发布会由市商务局副局长吴照舒主持，商务部内贸中心，省商务厅市场秩序处处长姜衡舒，市商务局党委委员刘利华，企业代表及11家新闻媒体参加发布会。会上，刘利华委员详细介绍了长沙市肉菜流通追溯体系建设的意义、内容、近期所做的工作以及下一阶段工作安排。省商务厅姜衡舒处长向新闻媒体宣布了长沙市肉菜流通追溯体系建设技术评审会的评审结果：长沙市肉菜流通追溯体系建设技术方案结合长沙的实际情况，注重管理、技术与运营的创新，设计了巡检机制、城市平台功能扩展、市场监测分析、种养殖源头信息延伸追溯等“长沙十大特色”，总体设计合理，符合商务部肉菜流通追溯体系建设规范要求，符合长沙市肉菜追溯的实际需要和发展要求，总体达到国内先进水平，部分功能国内领先。会后，来自商务部的肉菜追溯专家、中国软件与技术服务股份有限公司的负责人、湖南长株潭广联生猪交易市场有限公司和马王堆农产品批发市场的总经理在现场接受了多家新闻媒体采访。（沈　滢）

口岸管理

【概况】 2014年，全市进出口总额为772.53亿元，同比增长26%。其中，出口538.48亿元，同比增长41%；进口234.04亿元，同比增长1.2%。航空口岸出入境人员120.39万人次，同比增长30.6%；霞凝港水运口岸外贸集装箱吞吐量为11.28万标箱，同比增长22%；“五定班轮”累计运营198班次，运输集装箱3.26万标箱；金霞保税物流中心“一日游”累计报关5353票，同比增长86.8%；“一日游”货值13.28亿美元，同比增长111.6%；海关税收及代征税4.51亿元，同比增长136.4%。一是霞凝铁路口岸验收开放。4月28日，霞凝铁路口岸正式验收开放运行，同时开通长沙霞凝至深圳“五定班列”；10月30日，湘欧快线以南北双线齐发的方式进行首发，分别驶向德国杜伊斯堡和乌兹别克斯坦塔什干，11月21日，长沙至莫斯科的第二条湘欧国际货运班列开通。二是长沙至欧洲、美洲国际航线顺利开通。6月23日举行了广州—长沙—法兰克福首航仪式。12月28日举行了长沙—安克雷奇—洛杉矶航线首航仪式。三是对长沙综合保税区的申报建设方案进行了调整，申报名称由长沙临空综合保税区更名为长沙黄花综合保税区，由省政府向国务院提出了调规和更名的申请。11月5日，由海关总署、国家发改委、财政部、国家外汇管理局等部委组成的联合调研组到长沙市对设立长沙黄花综合保税区工作进行实地调研。海关总署已启动向国家部委征求意见，正式进入审批程序。四是跨境贸易电子商务综合服务试点工作稳步推进。海关总署批复同意长沙市“组织开展跨境贸易电子商务综合服务出口试点工作”。现正在进行试点园区基础硬件设施的改造、建设工作，并将长沙跨境贸易电子商务通关服务平台纳入长沙电子口岸信息平台建设项目，同期进行建设。长沙电子口岸建设，已启动机房装修建设、设备采购、安装调试。五是星沙海关和长沙出入境检验检疫局已开关开检。11月18日，星沙海关举行了开关仪式，长沙出入境检验检疫局于10月27日正式对外办公。这两个单位的正式运行，对优化全市开放型经济发展环境有着极大的促进作用。六是帮助企业解决具体困难。通过调研外地企业扶持政策及本地企业现状，会同市财政局向市政府呈报《关于促进长沙口岸多式联运发展的若干办法》的请示已获批并向相关企业下发申报2014年口岸发展专项资金的通知及申报表格；相关企业已上报全年口岸发展专项资金申请材料并被市相关部门审核通过。通过走访企业并开展企业座谈，形成《长沙市货代、船代行业自律公约》，此公约将为完善约束机制、规范企业行为和市场秩序、营造良好的发展环境发挥积极作用。七是开展群众路线教育实践活动，机关自身建设不断加强。全年共收集到对领导班子和班子成员意见建议92条。领导班子整改方案坚持做到一个问题一条整改措施，坚持把边学边查边改，贯穿于活动始终。有效改进工作作风，提高服务质量，促进干部队伍团结。

（凡　张）

【长沙霞凝铁路口岸验收开放】 4月28日上午，湖南省人民政府口岸办公室和长沙市人民政府在长沙霞凝铁路货场联合主办长沙霞凝铁路口岸验收暨长沙霞凝至深圳“五定班列”开通仪式。省政府副省长何报翔、长沙市委常委副市长张迎春、市政府副市长何寄华出席仪式。参加仪式的还有市直相关部门、开发园区，长沙、深圳两地货代、物流、外贸、船公司等单位共50余家代表参加。霞凝铁路口岸位于长沙市开福区金霞经济开发区霞凝货场内，广铁集团长沙货运中心严格按照海关总署171号令的要求，建设监管场所总面积14120平方米，并采用铁栅栏进行整体围网，建设有集装箱堆存区、掏箱区、海关监管仓库、暂扣仓库、检验检疫监管仓库、查验平台、电子地磅、监控系统等，其软、硬件设施得到了联合验收组的充分肯定。该口岸的验收合格开放，为建立长沙立体口岸开放体系打下了坚实基础，同时也为推动长沙外向型经济发展增添了一个重要平台。长沙霞凝-深圳集装箱“五定班列”实行定点（装车站和卸车站固定）、定线（运行线固定）、定车次（班列车次固定）、定时（货物发到时间固定）、定价（全程运输价格固定）。其特点一是快捷便利，实行客车化运行，全程信息跟踪，日行800千米（单线600千米）；二是手续简便，致电各站或到各站填写运输服务订单，一个窗口一次办理承运手续。三是安全可靠，货物发到时间固定，各级调度重点掌握，逾期承担违约责任，保证运到时间，安全系数高。四是价格优惠，明码标价，往返运输的海运重箱，广铁（集团）公司给予运价下浮50%的优惠。按照中央给湖南“一带一部”的全新定位，长沙霞凝至深圳集装箱班列的开通是促进长沙更高层次参与国际经济大循环、加快建设“两型”社会示范区、加快实施“一带一部”战略部署的重大举措，为长沙乃至全省开放型经济发展提供强力支撑。（凡　张）

【湘欧国际货运班列双线首发】 10月30日上午，湘欧国际货运班列从长沙霞凝铁路口岸南北双线首发，分别驶向德国杜伊斯堡和乌兹别克斯坦塔什干。北线经满洲里出境，途经俄罗斯、白俄罗斯、波兰，运抵德国杜伊斯堡，全程11905千米，运行时间16—18天；南线经阿拉山口出境，途经哈萨克斯坦，运抵乌兹别克斯坦塔什干，全程6476千米，运行时间11天。班列采用“集装箱+整车”形式组织货源。北线首发为集装箱班列，货物包括汽车配件、机械配件、瓷器、显示屏、智力玩具、茶叶等。南线首发为整车班列，货物包括机械配件、石油管道、茶叶、化工产品等货物。两趟班列货源以湖南本地货源为主，少量来自华南和华东地区。欧盟是湖南省最大的国际贸易伙伴，俄罗斯、东欧和中亚是全省十分重要的海外新兴市场。开通湘欧国际货运班列，是全省加强与丝绸之路经济带战略互动、建设向西开放国际大通道的重大决策，是全省优化国际物流格局、提升国际物流整体时效、促进湘欧投资贸易发展的重大举措，是提高全省通关便利化水平、加速口岸物流发展的重大突破。11月21日，长沙至莫斯科的第二条湘欧国际货运班列开通。（凡　张）

【湖南长沙电子商务产业大厦竣工】 湖南长沙电子商务产业大厦位于金霞保税物流中心办公楼核心区域、芙蓉北路与青竹湖路交汇处西北角，占地面积3.6公顷，总建筑面积48000平方米，大楼高99米，其中地上26层，地下2层。该项目由开福区政府投资2.06亿元，于2012年10月底开工建设，2014年6月竣工投入使用，为AAAAA级写字楼，各项配套功能齐全，是大城北的一座标志性建筑。（凡　张）

【湖南跨境贸易电子商务服务试点项目启动】 2014年元月，长沙市获批国家跨境贸易电子商务服务试点城市，经相关部门批准，在金霞经济开发区范围内规划建设“湖南电子商务产业园”，并以金霞保税物流中心为依托，着力打造“长沙跨境贸易电子商务产业园区”。规划建设跨境电商监管中心，优化整合口岸资源，强化联检服务功能，在电子商务产业大厦4～6楼设立联检大厅，海关、国检、国税、外汇、口岸、工商、保险、银行等机构进驻设立办事窗口，实行“一站式办公、一条龙服务”，目前，联检大厅装饰装修项目完成。此外，长沙市电子口岸、跨境电商公共服务平台、保税中心监管信息系统布局在电子商务产业大楼内，建立统一机房；为有效提升信息化建设水平，园区联合中国电信长沙分公司启动“智慧园区”建设，投资2.2亿元，打造光纤主干，并将中国电信金霞主机房布局在楼内，确保500G带宽出口和4G无线网络全覆盖，打造“金霞智能大通关”模式。截至2014年底，已有西班投资酒业、特易购、长沙爱町宝、深圳爱菲丝等企业入驻，湖南邮政速递、广州卓志等企业均有意向入驻保税中心开展跨境电商相关项目。（凡　张）

·海　　关·

【概况】 11月18日，中华人民共和国长沙星沙海关正式开关并对外办理海关业务。长沙市委常委、副市长张迎春、长沙海关党组书记、关长黎对贞出席开关仪式并揭牌。据了解，这是继张家界海关开关之后，全省在各市州正式设立的第八个海关。同日，入驻星沙海关综合大楼办公的还有长沙海关驻黄花机场办缉私分局。作为省会城市，长沙是全省进出口量最大、进出口企业最多的市州，但一直没有设立海关。经过省、市和海关多年努力，2010年中编办批复同意设立长沙金霞海关，选址在开福区，后因选址改在长沙经开区漓湘东路188号，报经中编办和海关总署同意后，更名为星沙海关。2012年9月正式奠基开工建设，由长沙市政府委托经开区管委会建设，项目总用地2.17公顷，净面积1.44公顷，实际总建筑面积约14800平方米。2012年第15次《中共长沙市委常委办公会议纪要》明确，星沙海关办公楼产权作为市政府国有资产进行管理，使用权归星沙海关。2014年10月8日，长沙海关与市政府签署《关于星沙海关有关事项的合作备忘录》，对星沙海关开关运行后的保障问题达成共识。根据中编办批复和海关总署《关于同意星沙海关开关的批复》（署人函〔2014〕430号），星沙海关机构规格为正处级，隶属于长沙海关，核定行政编制70名，业务管辖范围为长沙、益阳、怀化三市，设有办公室、综合业务科、监管科、邮检科（对外称星沙海关驻邮局办事处）、驻浏阳办事处（筹）。具体职责包括：办理进出口通关、监管、征税、统计、打击走私业务；负责辖区内的企业管理、加工贸易、稽查稽核、减免税业务；负责辖区内非贸易性质进出口业务；负责辖区内与邮政相关的海关业务办理；负责辖区内风险管理、海关监管、物流监控；根据需要办理其他海关业务。长沙海关驻黄花机场办事处缉私分局规格也为正处级，人员编制30人，其局长兼任星沙海关党组成员，业务管辖范围和星沙海关一样，其职责为专门打击辖区内走私违法活动。（汤纪文）

【星沙海关建成开关】 11月18日，星沙海关建成开关。星沙海关（含中国电子口岸数据中心长沙分中心）综合楼位于长沙经开区东十线以西、漓湘路以南。占地面积1.44公顷，总建筑面积14883.26平方米，地上八层，地下一层，总投资约6500万元。该项目于2012年9月正式奠基开建，历经2年多时间建成开关，开始对外办理海关业务，星沙海关将充分发挥属地管理职能优势，成为长沙经开区坚实的产业基础和强劲的经济支撑。

（汤纪文）

·出入境检验检疫·

【概述】 2014年,长沙检验检疫局(以下简称长沙局)对全市货值115亿美元的进出口商品实施了监管,并对8929批进出口货物实施检验检疫,货值9.56亿美元,其中出口货物6348批,货值4.61亿美元,进口货物2581批,货值4.95亿美元。检验出口运输包装900批、3078万件,并对25108辆进口汽车(货值约24亿美元)实施了检验换证。全年共签发各类原产地证书28105份,签证金额约13.5亿美元,同比分别增加87.38%和29.72%,各类优惠原产地证书为企业减免进口国关税5155.75万美元,共受理进出境集装箱3.2761万标箱。检出不合格货物279批,货值1085万美元,不合格率分别为3.32%和1.22%,其中出境不合格99批465万美元,入境不合格180批620万美元;登检中发现31辆进口汽车不符合要求,并监督有效整改。2014年,长沙局积极服务,严格把关,有效推进了长沙市对外贸易发展:一是推行24小时电子集中审单受理,对符合"系统放行"要求的,简化施检、结果登记等流程,由窗口直接放行;对抽中批,优化检验检疫流程,率先试行"先报后审"申报模式,实现现场审单与施检同时进行,提升了通关效率,抽检批平均每单流程减少1~2天。二是强化进出口食品风险信息收集、研判、预警及处置工作,提升进出口食品质量安全,提交进出口食品安全风险信息33期、进出口食品化妆品不合格信息6份。三是加强外来有害生物监测,布置实蝇、杂草等监测点84个,实施监测90点次,采集检测数据5647个;加强疫病疫情监测,抽取302个样品进行安全风险检测;有效处置6批进口不合格、5批出口退运动植物产品,首次在湖南口岸检出黑双棘长蠹有害生物,在外来有害生物监测中,发现在长沙城区多处"假高粱"疫情,经过深入调研后及时上报湖南局及长沙市政府,并采取有效处置措施,防止疫情进一步扩散。 (朱小君)

【长沙局整体搬迁工作完成】 2014年,长沙局加强与长沙市口岸办、财政局以及长沙经开区等职能部门的衔接,克服新建城区水、电、气、网等配套设施管网铺设不到位等困难,同时,精心制定详细的搬迁方案,保证搬迁前后工作顺利衔接,2014年10月25日,长沙局圆满完成了新址搬迁工作,改善了办公环境,提高了服务效能。 (朱小君)

11月18日,星沙海关开关

【推进通关便利化】 积极与口岸检验检疫部门深化合作,全力推进通报通签申报模式,实现了"就近报检、属地施检、结果互认、就近放行"的便利化目标。2014年共有10家企业实施通报通签模式。对B类诚信企业全面推行出口货物无纸化报检,共有20家企业实施无纸化报检模式。简化原产地证书申签手续,改先审后签为先签后查。全面开展原产地申报企业分类管理,推行无纸化申报、降低调查比例、即到即签等签证便利措施,帮助企业利用政策获得国外减免关税待遇,促进商品扩大出口。2014年共对830家企业实施分类管理,产地证9家无纸化申报企业。 (朱小君)

【"上海—长沙大众"项目进口成套设备监管】 采取成套设备"整体报备、分批核销"监管模式,与企业签订合作备忘录,并设立现场检验监管办公室,科学制定工作流程与监管重点,实现进口设备当天报检,当天核销,当天安装调试,完成对139批次进口成套设备及物资的检验监管,涉及金额2.24亿美金。上海大众长沙项目第一台样车已成功下线,从开建到生产仅用了不到9个月的时间。 (朱小君)

【出口食品农产品质量安全示范区建设】 2014年,采取"两步走"的形式推进长沙县出口食品农产品全国级质量安全示范区建设,2014年11月正式获批为"国家级出口食品农产品质量安全示范区"。一是"检企试点,以科技项目带动示范区建设"。依托湖南省科技厅重点项目《茶叶害虫生物防治药剂及综合防治技术的研究》与湖南检验检疫科学研究院、安徽农业大学、湖南湘丰茶业有限公司在茶叶害虫生物防治综合体系开展科研攻关,合力推进示范区建设。二是"政府主导,政检企合力推进示范区工作"。按照总局《关于印发国家级出口食品农产品质量安全示范区考核实施办法的通知》(国质检食〔2014〕216号)精神,坚持政府主导,由"检企"试点转化为"政检企"共同推进示范区建设。 (朱小君)

【出口工程机械质量安全示范区建设】 2014年,根据长沙市出口工程机械产业特点,长沙局不断推进出口工程机械质量安全示范区建设。2014年5月15日,长沙市人民政府办公厅印发《关于创建长沙出口工程机械质量安全示范区的意见》(长政办发〔2014〕16号),2014年6月10日,长沙市人民政府举行"创建长沙出口工程机械质量安全示范区"启动仪式。 (朱小君)

【出口茶产业发展】 2014年,长沙局细化服务措施,多举措促进辖区出口茶产业发展。一是构建"三维"风险分析机制。通过对企业、茶叶种类、进口国(地区)的三维风险分析,确定不同抽批率。二是率先开展"通报通签",由产地检验检疫机构施检,异地检验检疫机构受理报检、计收费、签证，平均节约企业成本5000元/标箱。三是深化政检企合作，与长沙县政府、主要茶叶公司签署合作备忘录，共同建设长沙县出口食品农产品质量安全示范区；与企业合作开展《茶叶害虫生物防治药剂及综合防治技术的研究》等两项科研课题。四是跟踪研究香港《食物内除害剂残余规例》、欧盟EU87/2014法规等技术性贸易措施，及时发布风险预警信息；帮扶企业创建有机茶园，建立产品质量和安全卫生监控体系，指导企业开展公平贸易认证和IMO有机茶认证等国际认证。

（朱小君）

【“两创新两加强”助推辖区杂交稻种出口】 2014年，长沙局“两创新两加强”促进辖区杂交稻种出口逆势增长全年检验检疫出口杂交稻种突破2000吨，货值突破1000万美元，创历史新高。创新申报模式，实行“先报后审”，每批产品提速2～3个工作日；创新监管模式，构建从种植基地到加工厂监管体系；加强技术壁垒突破，完善杂交稻种出口检测方法和标准体系；加强品牌建设，支持企业引进国外优良资源增强竞争力。

（朱小君）

【中国（长沙）国际矿物宝石博览会现场检验检疫工作】 5月15—20日，第二届中国（长沙）国际矿物宝石博览会在长沙举行，长沙局负责博览会展品现场检验检疫工作，通过设置专用报检和放行窗口，实行优先受理报检、优先检验检疫、优先签证放行等便利措施，为3360件、780个品种的矿物宝石进出境提供快速检验服务，同比首届分别增长166.67%、237.69%、242.11%；查验14个集装箱及木质包装212个，同比首届分别增长600%、523.53%。发现问题点21个，截获有害生物2种次，其中一个集装箱发现携带疑似病害树叶。（朱小君）

【科技兴检】 2014年，长沙局推进科技兴检：一是实验室装修工作进展顺利，已采购的大型仪器设备基本安装到位，一线技术保障能力加强。二是组织或参与起草了《出口斑点叉尾鮰——相关法律法规及标准》等5项国家标准制定，推进“进出口干花检验规程”“湖南出口黑茶质量与安全控制技术研究”“茶叶害虫生物防治药剂及综合防治技术的研究”等课题相关工作，发表论文5篇。（朱小君）

·边防检查·

【概况】 2014年，站党委在总队党委的正确领导下，坚持以党建带队建，开拓创新谋发展，凝心聚力干事业，率领部队圆满完成了以提高边检服务水平为中心的各项工作任务，实现了口岸勤务和部队内部的双稳定，促进了部队建设和边检工作的双提高，赢得了党委政府和出入境旅客的双满意。

一、全面推进龙头工程，大力加强领导班子建设。1.坚持以贯彻民主集中制为核心强化制度建设。积极贯彻落实公安现役部队党建工作会议精神，以“民主集中制建设年”活动为契机，加强党委对重大事项的研究力度，制订了《长沙边检站2014年重点工作项目库》，全年共召开党委会14次，研究各类议题62个，票决“三重一大”事项4个，无议而不决、决而不行的现象。尊重党员主体地位，开展党委满意度测评、“破解部队发展难题”问卷调查4次，收集意见建议56条，解决问题20个。举办论证会2次，基本形成尊重专家、听取民意、科学论证、民主议事、科学决策的新思路。提倡积极健康的党内思想斗争，高标准召开专题民主生活会。2.坚持以深化创建活动为抓手强化组织建设。制定出台《长沙边检站党务督察工作制度》《长沙边检站党员之星评比》等制度，坚持每季度开展党务督察、党员考试。创新开展党员之星评比，激发党员官兵的政治荣誉感和先锋模范作用。严格发展党员，举办了入党积极分子培训班。推行身份标识全覆盖工程，为全体党团员购买配发党团徽，自行设计制作党团员手册一本通，扎实开展“聆听党声”庆祝建党93周年活动等，强化官兵党性修养。围绕中心，广泛开展争创“党员先锋岗”、党组织和党员公开承诺、联创共建等活动，创建实效显著提升，部局创建专栏7次、《军队党的生活》对我站创建工作经验做法进行了介绍。3.坚持以功能作用发挥为目标强化能力建设。着眼于发挥党委核心领导、支部战斗堡垒、党小组末梢神经的功能作用，始终突出能力建设这条主线。严格落实党委理论中心组学习制度，科学制订《2014年党委中心组学习计划》，将边检业务、后勤规章制度等纳入中心组学习范畴，及时购买下发《之江新语》《习近平系列重要讲话读本》等，大兴“理论联系实际”之风，全体官兵共撰写调研文章60余篇，不断提高理论水平特别是在研究状态下开展工作的能力。通过举办书记培训班、党务理论测试、党务实操演练等，全面提升党务工作能力。4.坚持以实践“三个敢于”为主线强化作风建设。坚持基层第一，党委年初承诺为官兵办实事项目全部完成。坚持警力下沉，整合信息化科、情报法制科成立勤务指挥中心，机关干部兼职指挥中心担任值班任务。坚持领导带头示范，党委成员持章上台验证，严格落实双重组织生活制度，军政主官下基层当兵体验生活。围绕中心工作，通过狠抓教育、健全制度、强化监督等，纪委作用充分发挥。扎实开展领导干部工作生活待遇专项整治工作，对党委成员办公用房进行严格规范，用言行一致取信官兵、感召部队。

二、全面强化主业工作，不断提升边检服务水平。1.突出维稳形势推进“平安口岸”建设。构建“大安保体系”，与国安、机场公安等部门建立“信息联通、协作联勤、沟通联动、防范联处”的“四联”协作机制，制定《长沙口岸应急处置机制建设要点》《长沙边检站勤务现场防恐处置方案》，率先汇同口岸联检部门建立防控“埃博拉出血热疫情”协作配合机制。成立应急处突小分队，购买配发防暴处突装备，开展桌面预演、联合演练、专题培训30余次，确保拉得出、到位快、控得住、打得赢，实现了口岸管控“零盲区”，圆满完成两会、北京APEC峰会等安保任务。修订《梅沙系统违法违规和查控事件登记流转范本》，规范梅沙系统账户设置和权限分配，从源头上查堵安全隐患。2.突出“双重职能”推进“舒畅工程”建设。出台绩效评档、专项学习、强化训练等“勤务质量控制措施”，狠抓勤务质量提升，固化“紧急救助一站式通关”、公务机查验流程、微信公共服务平台等便民利民措施，完成台湾海基会协商代表团等专项勤务。深化与3家经开区共建，研究制定边检配套设施合理化建设意见10条，互利共赢、齐头并进局面形成。充分发挥站主官作为市政协委员的优势，通过提交议案、邀请政协委员来站参观考察以及报送边检信息等，为驻地党委政府决策提供参考依据。积极发挥出入境窗口单位的优势，通过建立官方微博微信、播放公益宣传片等，努力推广湖南旅游和投资环境等，全年共发放宣传手册、宣传单1000余份，开展业务咨询2000余次，解答群众出行疑难问题3000余个，成功举办“8·19”警营开放日活动，驻地主流媒体进行广泛宣传报道。3. 突出专业高效推进机制建设。通过盘活内部、同行、社会力量，健全完善了“适应型基础、深造型专业、提升型拓展”为一体的立体式教育培训体系，20名业务骨干赴职改站跟班学习，完成珠海、北京边检站人员交流学习和挂职锻炼任务。结合新航线开通和反恐形势，邀请德国驻广州总领馆证件事务顾问、新疆边防总队反恐证研专家来站授课。探索推行“星级检查员”评定制度，队伍活力显著增强。自行设计了边检logo水杯、公文包等，职业文化建设成果显著。积极推进勤务模式改革，探索“一个中心、两个平台”指挥中心建设模式，健全制定《长沙边检站检查员配章工作规范》《法制员工作规范》等勤务监督和规范制度10项，共制定下发现场信息速递26期，处理各类突发勤务事件6起，规范各类勤务问题处理30余项，实战功能进一步强化。1篇论文获得全国边检机关“法治边检大家谈”主题征文评选征文活动二等奖，2篇论文在部局首页刊发，圆满完成总队2期岗前培训班实习培训。4. 突出效能提升推进法制化和信息化建设。通过集中授课、官兵自学、法制员轮岗练兵、参加执法资格考试等方式，进一步强化官兵的执法执勤安全意识。制定《长沙边防检查站案卷评审办法及评审细则》，完善办案流程和裁量标准。完成了2013年执法规范化建设强制项目达标项目化验收，实现零投诉、零复议、零差错的工作目标。加大科技投入力度，取得移动办公应用系统建设、互联网光纤升级、国际中转区建设、营区监控管理平台完善、梅沙主备服务器更新、多媒体教室改造、自助查验系统建设、搭建NAS集中存储平台等10件成果，获得湖南边防总队2014年信息化比武竞赛团体第一名好成绩。

三、全面加强部队管理教育，努力提高部队正规化水平。1. 坚持抓严管理训练促正规化建设。进一步理顺部队管理层级关系，明晰职责要求，制定并落实《长沙边检站岗位职责标准》，积极推行机关干部目标化管理，扎实开展“条令条例学习月”和“百日安全竞赛”活动，投入资金配齐应急系列警械装备，严格执行“周督察、月通报”，全年共组织警容风纪检查、卫生检查、点名、查铺查哨合计达1000次，部队“四个秩序”井然有序。坚持依法治训、按纲施训，突出抓好实战技能、基础技能训练。深入开展“知兵、爱兵、育兵”活动，创新开展“兵情日记”撰写工作，5名士官考取或通过了地方继续教育和各类资格考试。2. 坚持抓实安全工作保部队平安和谐。逐级签订安全工作责任状，切实以责任主导安全。严格落实“两个分析一个评估”制度，完善督察机制，运用视频监控、GPS系统等信息化手段，共派出督察工作组240人次，发现并整改隐患苗头110处。完善和细化车辆派遣规定、组织新训驾驶员复训等，全年未发生车辆事故。通过制作下发禁令卡、签订遵纪守规保证书等，扎实贯彻“两个禁令”。规范涉密文件资料和移动存储介质管理，定期开展保密检查，部队未发生任何失泄密事件。严密部署开展政治考核，各岗位人员思想稳定，履职优秀。3. 坚持抓好岗位练兵促业务技能提升。坚持从难、从严、从实深化岗位练兵活动，建立了“日学、周测、月考、季评”岗位练兵长效机制，制定详细方案，建立练兵考勤量化、讲评通报制度和个人练兵档案，设立“练兵”专栏，做到区分岗位练兵、贴近实战练兵、考训结合练兵。全年共组织军事、业务、政工、后勤等各类测试25场，集中开展基础体能、单警技能、实弹射击等，官兵100%参训，全站上下学风浓厚，官兵业务技能显著提升。

四、全面推进政治建警，扎实提高队伍建设质量和层次。1. 扎实开展政治建警，积极营造氛围。坚持按纲实教，扎实开展“牢记强警目标，履行边防使命”主题教育，注重传统文化熏陶，提升教育实效，两级党组织开展集中授课10次，配套活动8次，2名官兵受聘担任共建学校德育辅导员，主题教育做法得到部局推广。及时传达学习中央对周永康、徐才厚案件审查通报精神，确保官兵在政治上与党中央保持高度一致。规范了营区政治文化环境，在营区显著位置悬挂了“听党指挥、能打胜仗、作风优良”标语牌。成立了站篮球队，参加了第二届机场杯篮球赛，举办了“和谐警营、快乐边检”和庆“八一”警营运动会，成立了战士夜校，部队文化生活精彩纷呈。大力开展宣传报道工作，全年共刊稿172篇，实现了“出精品”“上头条”既定目标。2. 积极打造成长平台，队伍素质显著提高。运用奖惩杠杆激励干部发挥积极性，制定完善了《长沙边检站机关和基层干部轮岗交流实施办法》《长沙边检站鼓励干部参加继续教育和国家各类资格考试办法》等规章制度。加大干部培养力度，组织干部参加检查员等级考试，推荐8名干部参加总队营团职干部双考。加大带班员、法制员培养，推行执勤科和指挥中心轮岗培训，业务干部梯次结构合理有序、充满活力。深入开展“双争”活动，政工干部队伍素质进一步提高，做法被部局刊发，在部局组织的政工岗位练兵考核中取得了优异成绩。加大典型培树力度，在站网页开通“出彩边检人”专栏，开展“党员之星”“文明使者”“后勤先锋”评比，组织参与省市各级评比表彰，学先进、当先进、赶先进氛围浓厚。3. 抓好经常性思想工作，确保官兵思想稳定。建立健全思想骨干队伍，落实官兵思想分析制度，通过深入基层调研、谈心谈话等形式，及时掌握官兵思想动态。全年，站党委委员深入基层调研达10次，与官兵面对面谈心200余人次，认真做好官兵心理测查，有针对性地开展心理疏导工作，确保了官兵思想稳定。针对个别人员的违纪现象，及时跟进做好思想教育工作，加大重点帮扶力度，目前个别人思想比较稳定，无失控、漏管现象。扎实落实好每月一次警示教育，完善纪委工作制度，参与现场遣返案件审查48次，市场考察6次，办理官兵婚宴审批9人次，官兵廉洁从警意识增强，部队未发生任何违法违纪事件。

五、坚持以科学发展为目标，有效增强全面保障能力。1. 大力争取支持，提高综合保障能力。按“项目化、明细化、精确化”要求，科学编制年度预算，严格预算执行。坚持以有为换有位，以业绩换支持，出台制定《关于厉行勤俭节约反对铺张浪费的实施细则》，坚持勤俭办事，削减“三公“经费预算和消耗性经费开支近30万余元，集中财力办大事。通过成立迁建领导小组、抽调骨干成立专人专班、加强请示汇报等，迁建工作得到省市各级领导和政府广泛支持，先后完成了项目立项、经费划拨、红线图办理、征地经费减免等工作。2. 夯实基础建设，优化营区内部环境。在人、财、物的投入上，倾斜基层一线，先后为现场就餐室配备了保温箱、茶水柜等生活设施，为官兵宿舍配备了小冰箱、浴霸、风扇，安装了隔音窗户，加强营房维修管理，在宿舍楼顶安装了不锈钢晾衣架，对宿舍楼楼顶进行了防水施工，对营区地下管网进行全面清洗，切实通过点滴关爱提高官兵幸福指数。完成了兵器室建设项目，确保了枪械管理安全。3. 强化精细管理，增强持续发展潜力。认真梳理修订《国内公务接待管理实施办法》等5项规章制度，精心编印《后勤业务流程与规范使用手册》《防暴恐急救知识手册》《驾驶员安全行车手册》等配套操作手册，实现后勤各项工作制度化、规范化、流程化的目标。尝试伙食社会化保障，边检辅警配备工作扎实有效推进。充分利用驻地社会资源，开展驾驶员复训、炊事员“进修”，聘请地方厨师，狠抓食堂硬件设施改善，科学制定食谱，尝试现场执勤错时就餐，部队伙食保障工作跨上新台阶。4. 坚持“三个第一”，全力落实从优待警。组织健康体检、免费注射乙肝抗体疫苗、建立完善官兵健康档案，确保官兵身体健康，通过采购医疗设备、发放基本用药、短信温馨提醒等，有效防控埃博拉疫情及流感病情。给全体干部采购发放了防寒保暖被装，让官兵切实感到组织的关爱。协调相关部门为官兵办理了机场高速ETC卡，保障官兵通行顺畅。多方争取经费，全力保障官兵福利待遇稳定。

（陈龙华）

【泰国亚洲航空公司定期航班首航边检勤务工作】 1月24日始，泰国亚洲航空公司开通每天一班长沙往返曼谷的国际定期航线。这是长沙口岸首家外航执飞泰国方向定期航班，此航班开通后，长沙口岸至泰国方向的航班将增至每周40架次。为做好此航班的边检勤务保障，长沙站提前谋划，站长宁小平在第一时间邀请航空公司代表来站座谈。期间，副站长王颖向该公司代表宣讲了边检法律法规，提示了旅客通关、航班申报等手续办理的注意事项。宁小平对泰亚洲航空在长沙口岸高密度开通航班表示祝贺，希望该公司加强与长沙站工作联系，密切配合，双方共同以高效优质的服务迎接四方来客。2013年，长沙直飞泰国方向航班增至1317架次，同比增长188.18%，从长沙口岸出境前往泰国的中国公民增至104822，同比增长233.13%。随着此次泰亚洲高密度航线的开通，将进一步刺激全省公民“出境游”热潮，并吸引更多境外旅客到湖南，促进两地经贸交流。长沙站将以此为契机，加快规范化、专业化、标准化进程，为每一名出入境旅客，为每一架次出入境航班提供专业、高效的边检通关服务。

（陈龙华）

【2014年春节期间边防检查任务】 春节长假期间，长沙口岸航班增多、口岸客流迅猛上涨，维稳形势更是复杂多变。长沙站针对新形式，新变化，提前谋划、精心部署，主要领导亲临一线值班指挥，全体官兵发扬不怕疲劳、连续作战的优良作风，圆满完成了春运期间出入境边防检查任务。1月26日至2月10日，共检查出入境航班超300架次、人员40000余人次，。确保了春节期间口岸和谐、安全、畅通。2月20日11时30分，台湾海基会协商代表团一行51人乘坐AE977次航班抵达长沙黄花国际机场，长沙边检站提前谋划、周密部署，提供了热情、高效、周到的礼遇服务，圆满完成代表团的入境边防检查任务。经中央批准，海协会与海基会定于2月20—22日在长沙举行两会协议执行成果总结会暨两会负责人第十次会议工作性商谈，接到任务后，长沙站多次召开会议研究制定勤务保障方案和应急预案，科学预测可能出现的情况和问题，合理部署勤务，优化警力配置，并明确各级职责分工，做到定岗、定责、定人。一是明确专人与省台办、口岸办、口岸签证以及各联检单位沟通协调，准确掌握航班动态；二是增派执勤警力，启动特殊勤务检查方案，增派备勤人员充实到一线，加强口岸限定区域管控，确保口岸绝对安全，通行顺畅；三是靠前指挥，妥善处理。宁小平站长到一线指导，司令部组织安排综合素质好、业务能力强的检查员组成礼遇检查小组，总队业务参谋现场督导，当班执勤业务科严密组织实施，保证验放准确高效，服务细致周到。边检官兵饱满的精神状态、优质快捷的通关效率和热情的服务态度，充分展现了边检文明窗口和文明使者的风采风貌，得到了省台办和到湖南贵宾们的高度评价。

（陈龙华）

【边检形象宣传片拍摄】 5月9日至16日，公安部边防局与湖南卫视联合制作的《梦想与世界同行》中国边检形象宣传片在长沙边检站完成最后拍摄工作。此次宣传片由湖南卫视《爸爸去哪儿》精英团队制作，拍摄历经半年多时间，脚步走过全国26个现役边检站。作为此次宣传片补拍镜头的最后一站，长沙边检站党委高度重视，将此次拍摄工作当作展示我站边检服务工作成果、扩大社会影响力、提高群众认知度、树立良好边检形象的有利契机。拍摄过程中，司令部全程协调跟进，全站官兵踊跃参与，或担任执勤官兵，或担任群众演员，先后完成了我的中国梦、空港口岸巡查、检查员问候、违禁物品展示等5个场景和镜头的拍摄任务。据摄制组介绍，此部宣传片将于5月下旬完成全部制作工作，并下发至全国边检站播放。

（陈龙华）

【长沙边检站为台湾海基会代表团出境提供礼遇】 2月22日，台湾海基会协商代表团一行51人乘坐AE978次航班从长沙机场出境，长沙边检站按照上级要求为其一行提供了礼遇通关。台湾海基会协商代表团是与海协会在长沙举行两会协议执行成果总结会暨两会负责人第十次会议工作性商谈后离境的。此次代表团规格高、人数多，长沙边检站严格按照拟定的勤务工作方案，站值班领导亲自部署，明确专人提前与省台办、口岸办等接待单位沟通协调，准确掌握代表团人员动态；站值班值班室积极协调，做到出入境动态联勤，确保高效使用警力；担任礼遇工作任务的业务二科安排业务能力强的检查员进行验证，严密组织礼遇勤务，以饱满的工作激情、专业的工作水平，为代表团一行提供了优质高效的通关服务。（陈龙华）

【长沙至法兰克福航线首航边检执勤任务】 6月24日零时55分，南航CZ331次航班从长沙黄花国际机场起飞前往德国法兰克福，标志着长沙口岸正式开通欧洲国际航线。边检站提前谋划，周密部署，圆满完成了166人次的出境边防检查任务，优质快捷高效的边检服务受到首航出境旅客的一致好评。CZ331/2次航班，是由广州经停长沙，往返德国法兰克福的国际中转航班，经停时间为1小时20分钟。所有旅客的边防检查手续均由该站办理。为进一步方便旅客，缩短检查时间，该站在长沙黄花机场国际中转区建立了新的执勤分现场，提前主动跟进勤务部署，确保了首航及该定期航班安全顺畅。（陈龙华）

【"警营开放日"活动】 8月19日，长沙边检站开展了中国边检服务品牌推介暨长沙边检警营开放日活动，长沙市政协、人大、口岸办、旅游局、长沙海关、省出入境检验检疫局、市台商协会、省旅行社协会、省内主要旅行社、黄花机场国际及地区航空委员会、驻场各航空公司和多家媒体记者等60余人受邀走进警营和执勤现场，零距离体验边检工作，面对面感受边检官兵风采。（陈龙华）

【中国—拉美企业家高峰会出入境边防检查勤务】 9月12—13日，第八届中国——拉美企业家高峰会在长沙举行，此届峰会的主题为"从量变到质变—深挖合作潜力、深化利益融合"。在为期2天的高峰会活动中，来自30个拉美和加勒比国家数百名政商届重要宾客参会。边检站提前介入，严密部署，全力为参会的巴拉圭工业和贸易部长古斯塔沃·莱特等30余名贵宾提供优质高效的通关服务，赢得了广泛好评。接到相关通知后，边检站高度重视，制定了专项勤务保障方案，明确各岗位职责和任务，多措并举全力保障此次重大勤务。一是安排专人与会议举办方、航空公司及省口岸办等单位沟通联系，及时掌握航班动态和人员信息，根据实际情况做好勤务部署；二是科学合理调配警力，及时开通专用通道，选派业务素质高、服务意识强的检查员为重要宾客办理边检通关手续；三是加强口岸限定区域监管，增派现场巡查人员，严防可疑人员潜入潜出，同时督促台外检查员做好现场旅客的通关引导，确保通关安全有序。（陈龙华）

供销合作贸易

【概况】 2014年，在市委、市政府的正确领导下，坚持一手抓党的群众路线教育实践活动，一手抓为农服务和企业转型升级发展，努力开拓，不断进取，取得了优异成绩。市社系统全年完成商品销售（营业）收入55亿元，与上年同比增长7.85%，实现利润总额2.1亿元，同比增长10.96%。

一、抓好主业发展，"为农服务"宗旨不动摇。农资供应保持稳定。面对主要农资价格持续走低的严峻考验，全社克服困难，筹措资金1.13亿元，完成了5.94万吨大化肥的淡季储备任务，确保了农业生产用肥的需要以及农资市场价格的平稳。严格把关，加大农资经营质量的自查与督查力度，规范经营行为，确保本系统销售的农资商品量足、质优、价稳，全年未发生一起因经营假冒伪劣农资造成坑农、害农的事件。农资公司调整营销机制，充分调动业务人员的积极性，年内农资商品销售同比增长400万元。浏阳市农资公司在巩固农资主渠道地位的同时，积极拓展业务，成功并购浏阳金牛种子公司，占据浏阳市种子销售市场的半壁江山。服务网络持续完善。市级农资中心储备库二期顺利封顶，宁乡县农资配送中心开始建设，浏阳、宁乡新增乡镇农资配送站7个。至此，全社"十二五规划"确定的1个市级农资中心储备库，4个县级农资配送中心，22个乡镇配送站已全部建设完成并已通过市财政局验收。长沙县社路口公司投资兴建的农村商贸综合体正式营业，营业面积超1万平方米，日均销售逾10万元。浏阳市社、宁乡县社大力打造"网上供销"电子商务平台，充分利用两地农副产品资源，开辟了农副产品销售的第二战场。综合服务不断加强。组织5名合作社理事长参加全国总社和省社主办的相关培训，组织蜂业公司参加农博会，茶业公司参加国际茶艺博览会、湖南省第六届茶博会，效果良好。帮助雄丰蔬菜专业合作社、淳峰茶叶专业合作社申报并获得"中华全国总社示范专业合作社"称号。推荐湖南领航农业发展有限公司等5家农民合作社成功申报龙头企业及合作社项目。长沙县社组织780余名农资、日用品消费行业从业人员进行专业培训。

二、抓好转型升级，增强竞争能力不懈怠。内强管理，挖掘潜力巩固效益。梦洁公司实体经营与网络销售相结合，克服了经济整体低迷带来的不利影响，实现了销售收入的平稳增长。长沙大厦贯彻执行"一扩三调"发展战略，物业收入同比增幅超过25%。金苹果公司积极加强与经营户的协商，合理提高门面租赁价格，物业收入4829万元，较上年增加571万元。天祥烟花等烟花鞭炮销售企业强化经营管理，提升商品品质，全系统烟花鞭炮销售总额逾亿元。蜂业公司通过开发郴州、新化、耒阳、湘乡等地的加盟代理商，业绩增长20%。外引资源，合作发展增加效益。北城公司引资合作，投入近千万元将原彭家巷商店进行了彻底的提质升级，开业3天即实现销售超过240万元。顺民公司"借鸡生蛋"融资600万元，投入霞凝新港物流仓库和青竹湖仓储物流项目，每年可为企业创造100万元以上的收入。浏阳市社与淘宝网合作，精心打造"淘宝网特色中国·湖南浏阳馆"，上线运营前3天即帮助当地农民和企业销售农特产品460万余元。广拓思路，进军新业开发效益。金苹果担保公司完成贷款发放18笔，总计金额9520万元，实现经营收入268.45万元。新长久公司投资逾亿元建设集商、住一体的乔口商贸城项目，将乡镇商业业态立体化，满足当地居民吃、住、玩、乐、购、娱一站式生活，成功开发出企业新的经济效益增长点。

三、抓好重点工作，推进项目建设不松劲。难点项目努力推进。日杂公司竹山园项目联合开发取得突破，顺利办完土地出让手续，节约支出1800万元。经发公司大桥商店自建项目完成了备案、评估等大量相关手续，正在办理规划许可证。大托经理处机场口项目完成了土地转让协议的签署，协调规划部门优化方案，协商周边商家以地换地，扩大用地规模，确保企业利益最大化。腾飞公司妥善解决了开发项目日照和南向出口问题，顺利拿到了项目开发的“四证”，开工指日可待。在建项目加快步伐。洞天公司合作开发项目在新的投资方进入后已完成投资1.6亿元。蜂业公司在浏阳“两型”产业园投资3000万元建设蜂产品加工与配送厂区，2014年已完成投资860万元完成一期工程建设，二期工程正在建设之中。茶业公司投资近5000万元完成了茶文化展示中心项目和科研营销中心项目的建设，万亩有机茶惠农核心示范基地的建设也在进行之中。完工项目发挥作用。东岸公司积极协调，开发项目争取到减免契税的优惠政策，办公用房装修完毕。经发公司长房白沙湾物业完成全部对外招租，年租金收益达170万余元。蓝天公司蓝田产业园项目重点抓好环保验收和项目资金申报等工作，完成了“长沙市再生资源回收利用体系建设二期项目”和“节能减排项目”的联合验收工作，为企业下一步扩产增效打下了坚实基础。

四、抓好内部建设，和谐环境营造不打折。巩固基层党建。坚持党管干部，指导东岸、大托完成支部换届，新长久公司成立了党支部，调整和充实了经发公司和北城经理处的领导班子。坚持从严治党，发展党员13人，预备党员转正15人。完善党统、“三会一课”和党费收缴管理等相关制度，全面开展了民主评议党员工作。坚持科学管理，系统党建信息平台维护情况得到了市委组织部的好评。坚持关爱党员，组织慰问了系统困难党员113名，发放慰问物资和慰问金41286元。强化廉政建设。明确党委主体责任和纪委的监督责任，层层分解下达党风廉政建设责任制工作目标68份。严格党的纪律，所有领导不再兼职，遵守“八项”规定，及时制止变相公费旅游等行为，实施廉政登记、个人重大事项报告等制度，全年报告7人次。加强新《党章》学习，坚持廉洁自律专题民主生活会制度，组织干部职工学法，开展廉政文化“四个一”活动，增强干部党员自我约束意识。完善用人机制，严格工作程序，加强财务监管，坚持公函报批接待制度和“四费公开”制度，贯彻落实《领导班子决策重大问题议事规则》，制定实施了《重大项目监督管理办法》，落实四项谈话制度，坚持党务、政务、财务公开，使全社廉政建设落到实处。密切联系群众。驻雨新路社区群工组以“一家人、一条心”为工作理念，深入了解社情民意，切实解决群众困难，得到社区群众的高度评价和认可。市社领导和机关党小组积极开展“结对认亲，排忧解难”活动，把帮扶对象当成自己的亲人来关心对待，定期上门走访，及时给予帮助，全年上门走访慰问逾60余人次，送去慰问金、慰问物资累计近3万元。加强监督审计。把监事会的监督纳入日常党委、理事会的各项工作中，实现事前、事中、事后的全面监督。加强审计监督的作用，市社年度绩效考核中审计方面的权重由原来2分调整为监事会、审计共8分。年底对各单位的监事会、审计工作进行全面绩效考核，对照年初计划逐项一一检查落实情况，重点是审计项目的执行质量及结果运用情况，市直企业年初计划审计项目53个，实际完成审计项目59个。确保安全稳定。签订综治、安全目标管理责任书，抓好夏、冬两季及“两节”“两会”期间的稳定和安全生产工作，金苹果冷库、金泰市场的关停，长沙大厦消防主水管的改造，经发公司电源线路整改，降低了重点部位隐患源的风险。在“6·22”桥头大市场特大火灾中由于日杂公司措施得力，有效防控了涉及锦江酒店的险情。系统全年无一起重大治安刑事案件及造成严重负面影响的群体性涉稳事件，无一起安全生产责任事故。积极应对各类信访问题，接待来访职工200余人次。

（邹　晟）

工商市场监管

【概况】 2014年，工商市场监管方面，着力强化市场日常监管，开展专项整治，在市场食品安全监管、重要商品市场监管等方面做工作。

一、深入开展红盾护农行动，维护农民农资商品消费安全。1. 规范农资市场主体资格。结合日常监管，对全市的农资经营户1900余户进行全面摸底、清理规范农资经营主体资格，确保监管不留“死角”，对不具备经营资质的，坚决停止其经营活动，对无照经营的坚决予以取缔，今年共取缔无照经营农资22户。2. 规范农资市场经营行为。进一步落实“两账两票一书一卡”制度和种子留样备查等制度，做到市场上销售的农资产品来路清、去向明。与农资经营户签订农资产品质量承诺书，免费发放农资经营户销货票据2000余本，基本建立了农资质量追溯制度，确保了农资消费安全。2014年共对未建立进销台账的35户农资经营户进行了立案查处。3. 开展了农资市场商品质量监测。2014年加大对流通领域农资商品的监测力度，在全市范围内开展统一的抽检活动。各县（市）分局也根据各自实际情况开展检测工作，市局本级共抽检种子17个批次，其中1个不合格；抽检农药15个批次，其中1个不合格；抽检化肥15个批次，其中1个不合格；下属各单位共计抽检农资商品111个批次。共立案20起，处罚金23.07万元。最大限度地预防和消除农资商品安全隐患。

二、坚持标本兼治，巩固和提高农贸市场监管水平。1. 认真做好创建文明集市活动和市场文明指数测评工作。坚持按月组织开展农贸市场文明创建指数测评工作，每月随机抽取中心城区25个农贸市场进行交叉检查测评、计分并狠抓督促整改，文明创建工作得到进一步深化。针对测评发现的一些共性问题，组织开展了集贸市场环境综合整治，制定了《工作方案》，对场内环境卫生、周边违章占道、城乡接合部市场进行了专项整治，取得了较好的成效，圆满完成全国文明城市指数测评检查市场迎检任务。2. 切实加强市场食品安全管理。针对肉及肉制品市场管理混乱，商品以次充好等乱象，2014年全局专门开展为期三个月的流通环节肉及肉制品安全专项大检查，此次专项整治行动中，共出动执法车辆387台次，执法人员1997人次，检查肉及肉制品批发市场72户次，检查集（农）贸市场等各类市场235个，检查食品经营户2244户次检查肉及肉制品经营户3163户次，抽检肉及肉制品20个批次，其中1个批次不合格，取缔无照肉及肉制品经营户2户次，收缴白板肉700千克，开展联合执法行动27次，开展食品安全宣传咨询活动18次，查处其他违法销售食品案件10件，罚没金额2.6万元。3. 认真做好市场防控禽流感工作。自2014年2月份在长沙地区检测出H7N9高致病性禽流感呈阳性以来，全局高度重视，积极应对，迅速制定市场防控预案，明确防控措施，组建了“防控H7N9禽流感应急分队”，对所有农贸市场和大型家禽批发市场实行每日两次的日常检查，实时掌握市场情况，严格落实市政府防控禽流感工作要求。全局共出动人员1024人次，检查活禽批发市场3个，农贸市场170个，检查家禽经营户3400余户次。配合市畜牧局共计采集家禽批发市场3个，采集样品196份。区县农贸市场142个，送检样品440份。同时要求系统广大干部职工加强日常检查力度，严格规范市场交易行为，严把市场主体准入关，认真做好应对禽流感疫病的各项工作，切实强化了应对农贸市场疫病的即时防控。

三、深入规范和整治成品油市场秩序。2014年以来，成品油价格波动较大，油品质量问题引起了消费者和社会各方面的热议，成品油市场监管压力持续加大。一是加强日常监管。把对各类成品油经营企业的日常检查纳入市场监管工作范畴，切实做好对加油站等经营单位的日常检查指导，督促企业完善内部管理制度，公平竞争，诚信经营。二是严把市场主体准入关。对全市的成品油市场进行一次全面清查，严格审查成品油经营单位的经营资格和经营范围，对无前置审批或者已过期失效的，立即责令停业整改，杜绝无照经营和超范围经营，确保经营主体合法有效。三是严把油品上市质量关。报请省局批准，制定了成品油市场商品质量定向监测计划，有针对性地开展质量检测，重点查处假冒伪劣和标号、标识不相符的油品。今年对全市16个加油站23个样品进行了抽样检测，其中7个样品检测不合格，截至2014年底，共立案3起，结案2起，罚没8万余元。

四、以“打非治违”为重点，切实加强安全生产管理。认真落实2014年安全生产“打非治违”专项行动方案，层层签订责任书，监管的每个环节都明确到人。严格执行前置审批制度，把住市场准入关；开展拉网排查，落实日常监管，会同其他部门关停非煤矿山近40座；开展安全生产大检查，重点对危爆品经营行业和运输行业、油品经营单位、网吧行业、校园周边和农贸市场消防安全进行了排查，下发整改通知200余份，查处了一批违法经营行为，为优化全市安全生产大局做出了贡献。（黄　忠）

粮油贸易

【概况】 2014年，市粮食局紧紧围绕全市“率先建成‘三市’、强力实施‘三倍’，加快实现基本现代化，大步践行‘六个走在前列’”战略部署，坚持以“保安全、稳市场、强产业、惠民生”为目标，坚持以“抓收购、夯基础、促发展、转作风”为重点，扎实开展党的群众路线教育实践活动，较好地完成了年初制定的各项目标任务。全年全市收购原粮76.5万吨，销售贸易粮89.5万吨；全行业实现销售收入188.7亿元，同比增长17.6%，完成利税2.08亿元，同比增长32.5%；湖粮集团实现利润5000万元，同比增长23.7%；市粮食局获评“全国粮食系统先进集体”称号。

一、抓好粮食购销，保障省会粮食安全。1. 认真做好国家最低保护价粮食收购工作。切实宣传好、执行好、落实好收购政策，确保不出现农民“卖粮难”及农民上访的情况，收购秩序为近年最好，全年全市最低价收购早稻28万吨，新收中晚稻14.7万吨，为农民增收8400万余元。2. 着力拓展销售。市局沉着应对粮食市场行情走低，企业经营难度加大局面，深入进行调研，认真分析市场走势，指导企业调整经营策略；积极拓展销售渠道，全年全市销售出省粮食9.66万吨；利用粮食主产区优势，与省外部门和企业开展代储、代加工业服务；加快“放心粮油”工程网点布局，创新经营方式，全年新增专店12个，专柜15个，销售收入3000万元。

二、聚焦转型升级，推进粮食产业发展。编制完成《长沙市主食产业化规划》《长沙市粮安工程建设规划》，行业发展蓝图更加清晰。坚持“五扶”原则，推动企业做大做强，全年全市新增中国驰名商标1个，新增省级龙头企业3家，新增市级龙头企业7家，全行业完成工业总产值160亿元，同比增长10亿元。抢抓“危仓老库”维修改造工程建设机遇，争取政策、资金支持，充分发挥湖粮集团、各县（市、区）建设主体作用，投入资金3.33亿元，对66个库点，395栋仓房全面进行维修改造。年内完成一般维修62.69万吨，完成大修44.57万吨，完成功能提升53.52万吨，完成新建和改扩建16.99万吨，辖区内现有有效仓容增至128万吨。重大项目全面有序推进：金霞国际粮油商贸城项目开始动工；湖粮集团粮油深加工产业园落户宁乡；金霞物流园港口项目土建工程、铁路散粮接卸项目完工；“北粮南运”铁路散粮运输专列正式运行。

三、坚决依法管粮，维护粮食市场秩序。全年共开展各类专项监督检查和整治行动262次，查出违法违规案件13例，责令改正12例，警告1例，有效遏制“转圈粮”“顶包油”等问题，确保购销企业守法经营、口粮绝对安全、市场平稳有序，2014年市局被授予“全国粮食流通监督检查示范单位”。通过开展市级储备粮油定期检查、政策性粮油不定期巡查和加强对各粮油仓储企业的业务技术指导，不断加强储粮管理，进一步规范了全市粮油仓储管理工作，市局被评为全省“粮油仓储规范化管理先进单位”。

四、不断凝心聚力，确保行业和谐稳定。深入扎实地在全系统开展党的群众路线教育实践活动，并以此为主线，着力加强行业党的思想、组织、队伍和党风廉政建设，党员教育卓有成效，基层基础得到夯实，干部队伍得到优化，制度建设不断完善，党风廉政建设责任制得到全面落实，工作作风明显转变。扎实开展安全生产专项检查，全年系统未发生任何等级安全生产责任事故；坚持局领导班子接访日工作制度，及时化解各类矛盾，全年共接待各类信访32批310余人次，有效地维护了行业和谐稳定。（柳　青）

专营专卖

·烟　草·

【概况】 2014年，长沙市烟草专卖局（公司）在省局党组和市委市政府的正确领导下，坚持稳中求进的工作总基调，以建设现代流通企业为发展目标，以深入开展党的群众路线教育实践活动为契机，认真思考、谋划、实践行业“三大课题”、全面提升“五个形象”，突出严格规范、创新发展、精益管理，各项工作取得新成绩新发展，较好完成了全年目标任务。

一、经济运行稳中增效。全年销售卷烟35.17万箱，同比增长2.98%。销售烟叶41.61万担，收购烟叶34.27万担，其中烤烟29.83万担，晒烟4.44万担。实现销售收入96.48亿元，同比增长6.57%。实现税利24.18亿元，同比增长10.55%。其中利润13.57亿元，同比增长15.99%。税金14.16亿元（含所得税），同比增长5.96%。

二、卷烟销售“一稳三增”。全年市场状态持稳，卷烟销量、单箱均价、毛利分别同比增长2.98%、6.04%、9.73%。退出卷烟规格6个、停投停调12个、缓投缓调19个，保持了品牌良好的市场状态。累计建成现代零售终端2709家，其中直营终端124家，发展终端扫码807户。对60%以上的零售户进行培训，有效提升经营能力。积极探索市场化取向改革，完善以电子商务为主的现代营销模式，四网合一推进多维互动平台建设。创新网络营销，发展粉丝经济，品牌培育效果好。丰富客服内涵，为2500余零售户办理金叶贷记卡，授信额度9000万余元。实现全省14个市州公司卷烟订单集成整合和信息共享。物流配送通过科技创新、标准强化、定额体系提升配送效率和管理效能，全年送货里程145万公里，单箱物流费用162元。

三、烟叶生产提质增效。多举措稳控规模，全市共收购烟叶34.27万担，守住了红线。上等烟比例为63.22%，B3F及以下中等烟比例控制到10.05%，烟叶纯度和等级质量明显提高。烟农总收入5.5亿元，烤烟户均收入8.3万元，晒黄烟户均收入近1万元。全面完成2013年度烟水路配套建设，投入7633万元，建设项目4228个。2014年烟基建设进展顺利，已完成80%的投入和建设，投入资金1.2亿元，建设项目4229个。宁乡横市基地单元纳入国家局精益生产试点。4家示范社和4个基地单元顺利通过省局验收。2家合作社被评为全省优秀单位。浏阳市评为全省烟叶工作优秀单位，长沙市、宁乡县评为全省现代烟草农业建设优秀单位。

四、市场监管成效明显。开展专项行动维护市场秩序，以铁腕手段治理真烟非法流通。全年查获卷烟违法案件2751起，涉案金额6588.8万元，上缴罚没收入1353.8万元。查获5万元以上大要案件166起，破获真烟非法流通网络案3个，破获国标假烟网络案10个，集中公开销毁假冒卷烟8000余件。移送司法机关逮捕35人、刑拘42人，判刑12人。两员整合、三站融合，构建内管监管模式，市场监管和内管检查效率不断提升。依法行政许可，严格落实分区划片，试点“APCD”工作法，搭建多维互动监管平台，基础管理扎实。全年无行政诉讼、行政复议案件。在省局和市政府组织的案卷评查中评为优秀。长沙县局专卖股被评为全国烟草行业先进集体，市局夺得省局专卖管理岗位技能竞赛团体、个人双第一。

五、多元产业稳健发展。神农酒店管理有限公司重新定位，发力创新营销，提升个性化服务水平，全年实现营业收入1.84亿元，实现利润743.23万元；湖南六三六连锁管理有限公司坚持稳健发展，不断夯基础、促规范。加快布局成熟商圈及农村烟站网点，直营终端达124家。拓展非烟业务，推进分销渠道建设，探索开展电子商务，加强会员营销，636品牌知名度不断提升。全年实现营业收入4.92亿元（含税），同比增长8.9%，实现利润1116.8万元。

六、基础管理全面加强。完成新一轮人力资源改革，通过竞争上岗、公开选调、岗位实践、挂职锻炼、工作交流，不断激发员工活力。加强普法宣传和法制教育，严格合法性审查，防控法律风险。全面落实企业安全主体责任，强化日常监管和重点防范，加强隐患排查整改，保障企业安全发展。狠抓宣传树形象聚力量，提升水平保障后勤服务，营造快乐工作、幸福生活氛围。完善科技创新发展规划和管理制度，规范项目过程管理，提升项目质量。获省政府科技进步二等奖一个。（欧阳花）

·盐　务·

【概况】 2014年，长沙市盐务管理局围绕“经营管理更精细、市场服务更扎实、队伍素质更优化”的目标，不断“夯基础、强队伍、抓薄弱、促规范”，履行盐政人员职责，落实“三项基础工作”检查，加强市场监管，为维护好盐业市场秩序，确保广大人民群众吃上放心合格的加碘食盐，扎实开展了一系列食盐安全整治工作。全年共查获各类盐业违法案件23起（其中一般程序8起），查获违法盐斤62.02吨，没收各类违法盐斤50.07吨；上交罚没款34400元，行政拘留3人，治安拘留1人，判刑1人，有效维护了辖区盐业市场的稳定。一是认真组织开展“5·15”我国第二十一届“防治碘缺乏病日”宣传活动。该局与市卫生局、市疾控中心联合，分别在岳麓区的步步高商业广场前坪、天心区新开铺新一佳前坪、浏阳市、宁乡县设置4个宣传点，开展了以“科学补碘，保护智力正常发育”为主题的防治碘缺乏病大型宣传活动，收到良好的社会宣传效果。二是保持打假打私的高压态势，强化市场监管力度，提升市场净化率。从严从细，不留死角，常抓不懈，确保稽查工作不走过场。积极协调，会同卫生、工商以三家的名义共同下发了长卫发〔2014〕126号《关于在全市范围内倡导低盐低钠健康生活方式的通知》的文件，加强企业及市场的监管；并协调湖南经视、公共、政法、都市等频道积极报道盐业市场查稽，正面宣传盐业相关条例及加强引导消费者用盐知识的宣贯，有效维护消费者利益；同时积极请求公安及食安办配合协助，有效震慑了涉盐犯罪嫌疑人，查处了一批有较大影响的案件。如3月份在长沙县福临铺镇查获1起用工业盐利用病死猪肉加工腊肉案，现场收缴江西富达盐化厂生产的50千克装工业盐108包，计重5.4吨，该案犯罪嫌疑人已被公安机关刑拘。5月份在长沙清鑫肠衣厂查获没收英文版工业盐28件，计重1.4吨；查封扣押宁乡万事达食品厂“三无”高级精制盐28.2吨，肠衣宝10吨；查封扣押宁乡长城肠衣厂“三无”高级精制盐6.2吨，并在湖南经视大调查、钟山说事栏目对现场进行了曝光。三是按照省局加强市场监管的要求，积极配合公司营销中心强化市场及校园食堂的检查，督促片区经理加强巡查力度，鼓励各类人员积极举报涉盐信息，同时加强查缉落实。四是加强队伍建设，积极组织盐政执法人员培训。按省局的要求，选送13名人员参与了省局组织的盐业行政执法和案件办理培训。申报了11名人员办理行政执法证。同时加强了长沙市盐务局网站的工作。对有关法律法规、信息资料进行及时更新对外普及。加强内部管理。一是进一步重视安全管理。以“预防为主、加强监管、落实责任”为重点，继续深化落实安全生产“三项行动”“三项建设”各项工作措施，从学习培训到检查再到落实，每个环节都紧抓不懈。一是积极开展“安全生产月”活动。积极搜集、整理活动资料，并及时下发各部门进行宣传、学习，同时，将“安全生产月”活动主题和相关宣传标语悬挂于公司大门醒目位置，制作大型宣传栏，营造了良好的活动氛围；二是认真做好特殊工种、特种作业人员的清理建档和教育培训管理工作，做到特种人员100%持证上岗；三是按集团公司要求组织全体员工观看安全警示教育片，通过开展安全教育活动，极大地提高了员工的安全防范意识，学习了安全应急的措施和方法；四是加强安全检查，及时消除安全隐患。切实对“重点领域、重点部位、重点时段”进行安全检查和隐患查找。截至年底共出动检查20批50人次，并落实了整改分工、时间及要求。二是强化信息化建设彰显企业优良形象。为了增强经营决策的科学性，提高工作效率，促进工作方式的优化。一年来重在强化对六大业务操作系统的规范管理，深入县级分公司指导其按业务流程操作，确保各类数据能及时与分公司对接。在维护和提升长沙盐业“省级文明单位”形象方面，一是对公司门户网站进行了精心维护，加强了企业形象的宣传，尤其在党的群众路线教育实践活动开展以来，积极开设“党的群众路线”和“志愿者服务活动”两个专栏，及时对活动开展情况进行了报道；二是在树立企业优良形象方面，与中国移动合作开发了长沙盐业的彩铃。即统一企业形象又对公司的产品进行了广泛宣传，达到了促销增效的目的；三是为了彰显企业服务意识，密切客群关系，在协调公司各项业务工作、提升公司经营管理方面，率先在全省盐业系统开发了“4009931616”的服务热线，服务涉及长沙、浏阳、宁乡，内容包含订货、盐政举报、证照办理、服务及质量投诉、传真等；四是与时俱进，结合新形势下营销工作的新特点，积极开展优化配送线路以及移动办公的调研工作，争取在适当的时机投入使用；五是年末按照集团信息化建设要求，积极组织基层业务操作员参与集团“两化融合”基层调研，大家结合自身工作特点，积极建言献策，为公司2015年信息化管理规范化、标准化、科学化的提升开了好局。（谢 静）

·石　油·

【概况】 2014年，中国石化湖南长沙石油分公司围绕“精心经营，从严管理，提质增效，齐心协力推进企业快速发展”的工作目标，以“比学赶帮超”“从严管理年”活动为抓手，发扬“见红旗就扛、有第一就争”的精神，突出狠抓增量、网建、管理、改革、队伍为重点，充分发挥各级班子团队功能，固本强基，开拓市场，持续提升保障和发展能力，完成了全年各项目标任务，实现安全、数质量等级事故为零，员工队伍保持整体稳定。

一、齐头并进抓落实，实现各项工作上新台阶。2014年，公司始终以抓落实、强执行为落脚点，发扬盯目标任务、盯工作进度、盯落后单位和薄弱环节的“三盯”精神，从工作布置、落实、检查、考评等环节促进各部门抓落实，做到各部门条线、各项工作整体推进，确保了经营、管理、改革、安全、党建等各项工作齐头并进，在全省系统市、州公司年度各项工作综合考评中名列前茅。公司连续三年被评为全省系统“比学赶帮超”工作“标杆企业”和全国地市公司综合竞争力十强。2014年，公司成品油销售同比增长4.5%；零售量同比增长1.31%；直批量同比增长31.43%；非油品营业额同比增长26.6%；IC卡日均沉淀资金余额同比增长19.4%；利润同比增长21.9%，完成目标任务100.4%。

二、量效并重抓经营，实现发展质量新提升。1.扩销拓市做大经营。公司通过提高单站销量及资产经营质量，狠抓加油站在营率及设备设施完好率，加大对影响安全和经营的设施设备改造，消除制约经营增量的各种不利因素。2.优化网络发展促经营。公司把新建油气站当作企业的“饭碗工程”来抓，全年确保了3座加气站开业并销售天然气100万立方米，另外还新建加气站2座，有2座市区加油站开业，在建加油站3座，为拓市上量、油气并举打下了坚实基础。3.优化结构，量价互动，实现效益最大化。公司通过优先保障加油站高标号资源配置、员工绩效工资与高标号汽油销售任务挂钩、增加8个加油站销售高标号汽油、15个加油站增加20把高标号加油枪等措施，以12%的销售比创造了20%的销售毛利。

三、下大力气抓管理，实现挖潜创效新佳绩。1.数质量降耗增效成效显著。公司通过严格落实超耗赔偿责任制，加强数质量损耗的实时监控和预警分析，强化内培外送，2014年公司汽、柴油升制损耗率分别下降了1.01‰和0.82‰。2.安全管理上新台阶。公司通过严格落实安全环保责任、执行安全环保制度，狠抓环保隐患治理，在全省组织的安全环保隐患整改考评中获第三名。3.库站现场管理进步明显。公司通过定期和不定期明查、暗访、电话抽查，在各片区创建2～3座标杆站，开展基础管理技能比武，巩固了加油站基础管理水平，增强了加油站员工队伍的纪律意识和综合素质。4.进一步加强投资及资产管理。

公司完成了桥驿、观沙岭、华达公司等联营单位的申报核销工作，并得到了省公司的批复同意，使长期投资管理进一步规范。

四、积极推进企业改革，激发全员工作新活力。1. 积极推进资产重组改革工作。公司根据总部对油品销售业务实行改革重组的决策部署，按时保质完成了法律尽职调查、证照变更登记等工作。2. 考核激励向经营创效的一线倾斜。加大了毛利高、加油频率高、工作量大的汽油考核力度，在对轻油考核权重上专门拿出 30% 考核汽油目标任务完成率，通过导向激励，全年汽油零售同比增量 3.8 万吨，增幅 10.2%，公司上下形成了“增汽油量就是增效增收入”的观念。

（张克学）

【非油品新兴业务发展】 在推进成品油销售业务的同时，公司大力开拓天然气新业务，发展新能源，同时通过在加油站开展非油品销售业务，销售烟酒百货、食品，开辟洗车、汽服等，不断完善和提升加油站综合服务功能。2014 年，公司实现非油品业务营业额首次突破 1 亿元，天然气销售量首次突破 100 万立方米。（张克学）

【城区加油站油气回收改造工作】 为积极打造长沙市“碧水蓝天”，自 2013 年下半年开始，公司陆续投入资金 3600 万余元，分期分批对长沙市城区、县城区的加油站进行油气回收改造，安装油气回收治理装置，有效控制加油站油气中有机挥发物的排放，经过环保验收合格，截至 2014 年年底，公司主城区包括四县城区共 89 座加油站具备了油气回收功能。（张克学）

【中石化资产重组改革工作启动】 根据中石化总部对油品销售业务实行改革重组的决策部署，公司按时保质完成了企业法律尽职调查、证照变更登记等工作，开启了新一轮的专业化重组路线图。（张克学　王笙任）

会　展

【概况】 2014 年，长沙市举办各类会展活动 183 个。总展览面积 180.18 万平方米，其中，展览面积 1 万平方米以上的会展项目 77 个，5 万平方米以上的会展项目 2 个。专业观众人数约 540 万人，其中，观众人数超过 10 万人的会展项目 9 个。全年在三大专业场馆（湖南省展览馆、湖南国际会展中心、红星国际会展中心）举办的各类会展活动成交金额 395.09 亿元，其中，成交金额 10 亿元以上的会展项目 5 个。全市会展环境进一步改善，会展市场进一步规范，会展质量进一步提升，会展管理工作取得满意成果，长沙市会展工作管理办公室（以下简称“市会展办”）在 2014 年度“六个走在前列”大竞赛暨绩效考核工作中被评为一等，长沙市则从 40 余个城市中脱颖而出，再次获评被业界誉为中国会展业“奥斯卡”之称的“金海豚大奖——2013—2014 年度中国会展名城”称号，并获评“优秀会展城市奖”。新政策出台。2014 年，市会展办整合往年实行的《长沙市人民政府办公厅关于进一步搞活流通扩大消费的若干意见》《长沙市会展项目扶持资金管理暂行办法》等会展扶持政策，征求相关单位及本市会展企业的意见建议，参考会展发达城市的有关政策，结合下阶段长沙会展发展规划，和市财政局联合出台了《长沙市会展业专项扶持资金管理办法》。重点项目推进有序。2014 年，通过自愿申报、处室初审、办公会议研究、市政府审批和社会公示等程序，公布了 31 个长沙市重点会展项目。针对重点会展项目，按照政府引导、企业自主、分工负责、跟踪服务的原则，突出在价值培育和服务保障上下功夫，取得明显成效。长沙图书交易会汇集了包括台湾出版社在内的 428 家出版发行单位参加出版物展示和洽谈订货，中国（长沙）国际矿物宝石博览会吸引全球约 70 个国家和地区逾万名境外嘉宾参加，俄罗斯猛犸象化石、惊世孔雀石蓝铜矿、缅甸重达 1700 克拉的“抹谷之王”等展品惊艳亮相。中国（长沙）国际雕塑文化艺术节以“城市精神·城市文化·城市创造”为主题，是长沙第一次以雕塑艺术为纽带组织的一场国际文化交流盛事。中国（长沙）国际水利工程、环境治理及疏浚技术装备展览会作为水利部重点支持的国际大型施工装备类展会之一，将永久落户长沙。中国中部（湖南）国际农博会变身为线下展示和网上销售的新模式，并结合互联网超时空限制的特点，变成了移动互联网上“永不落幕”的农博会。车展内涵品质全面提升，商务部投资促进事务局主办的汽车产业国际投资合作论坛落户长沙车展，不但提高了长沙车展的知名度，更是极大的提升长沙车展的品质。内外合作取得突破。对内，为了进一步规范本地会展市场秩序，促进良性竞争，由市会展办召集本市专业场馆企业进行专题座谈，并就合作事项签署了备忘录。对外，加强与两岸四地交流合作，推进与欧盟中小企业中心合作洽谈，继 2013 年北京招商推介会后，2014 年组织召开了长沙（广州）会展项目和企业对接洽谈会，珠三角地区各大组展公司、大型会展公司以及商会、协会等共 100 余家单位和嘉宾与会，中国国际机械装备博览会暨中国长沙国际机床工模具展览会、中国（长沙）茶业茶文化博览会、活力澳门湖南（长沙）推广周等 4 个项目现场签约，取得丰硕成果。场馆建设进展顺利。2014 年，新国际会展中心主场馆表土清理外弃及回填工程已累计完成约 75% 的工程量。融资方面也完成了计划进度，片区城市设计方面也初步完成了策划报告。（冯　烨）

表 27　　2014 年长沙市重点会展项目

序号	展会名称	举办时间	申报单位
1	2014 第十五届湖南浩天广告四新展览会	3.8—10	长沙浩天会展服务有限公司
2	2014 首届中国（长沙）国际美丽健康时尚产业博览会 暨第十四届湖南（长沙）春季美博展	3.21—23	市美容美发化妆品行业协会
3	第二十一届长沙图书交易会	3.21—23	市文广新局
4	2014 年中国中部（长沙）国际装备制造业博览会 暨 2014 第十五届湖南工业装备展览会	4.13—16	长沙好博塔苏斯展览有限公司
5	2014 年第十四届湖南社会公共安全产品与技术博览会	4.18—20	湖南兰德展览广告有限公司
6	湖南长沙第三十六届房地产交易展示会	5.9—12	湖南亚洲湘会展有限公司
7	2014 年中国（长沙）国际矿物宝石博览会	5.15—20	华夏矿物宝石展览公司
8	2014 年中国中西部（长沙）医疗器械展览会 暨 2014 第二十一届湖南医疗器械设备展览会	5.29—31	长沙好博塔苏斯展览有限公司
9	2014 第九届湖南酒店用品展暨第八届糖酒食品展	6.13—15	长沙仁创会展服务有限公司
10	2014 湖南（长沙）节能和循环经济博览会	6.8—10	湖南亚洲湘会展有限公司
11	2014 第五届中国（湖南）教育博览会	6.26—27	中南国际会展有限公司
12	2014 长沙（国际）动漫游戏展览会	7.4—8	长沙和展文化传播有限公司
13	2014 中国（长沙）婚博会	8.29—31	中南国际会展有限公司
14	2014 中国（长沙）第二届手机文化产业博览会	9.5—7	中广天择传媒有限公司
15	长沙橘洲（国际）音乐节	9.13—14	湖南中南国际会展有限公司
16	第十二届全国种子信息交流暨产品交易会	9.16—17	厦门市凤凰创意会展服务公司
17	2014 长沙（中部）印刷包装博览会	9.18—20	长沙和展文化传播有限公司
18	2014 中国（长沙）国际水利工程、环境建设装备展览会	9.20—22	江河博华会展长沙有限公司
19	2014 年中国（长沙）国际食品展览会	9.25—28	湖南省商务厅商务展览中心
20	中国湖南（国际）老年产业博览会	9.30—10.2	湖南联众文化传媒有限公司
21	2014 中国（湖南）家居产业 暨时尚家具博览会	9.29—10.1	湖南金鹰晋翔文化发展有限公司
22	2014 第六届茶业博览会	10.16—19	长沙仁创会展服务有限公司
23	世界休闲农业与乡村旅游 城市（城区）联盟峰会	10.25—26	长沙千龙湖生态旅游度假有限公司
24	2014 第五届中国（长沙）孕婴童产业博览会	10 月	长沙广播电视台新闻频道
25	中国．长沙绿色建材博览会	11.13—15	长沙港湾置业有限公司
26	节能减排财政政策综合示范论坛 暨 2014 中国国际节能减排产业博览会	11.19—21	长沙市瑞利网轩文化传播有限公司
27	2014 中国中部（湖南）国际农博会	11.18—24	长沙纵横会展服务有限公司
28	2014 中国（长沙）科技成果转化交易会	11 月	市科学技术局
29	第十届中国（长沙）国际汽车博览会	12.11—15	湖南中南国际会展有限公司

旅　游

责任编辑：刘盼盼

【概述】 2014 年，长沙旅游工作贯彻落实省委、省政府《关于加快建设旅游强省的决定》和市委、市政府《关于加快现代旅游业发展建设旅游强市的决定》，围绕建设旅游强市、打造世界旅游目的地、做大做强千亿元产业的目标，大力实施旅游强市战略，努力构建大旅游发展的格局，促进长沙旅游品质大提升、旅游服务大提高、旅游产业大转型、旅游事业大繁荣，实现旅游业又好又快发展。2014 年，全市实现旅游总收入 1192.10 亿元，同比增长 18.46%；其中，国内旅游收入 1143.62 亿元，入境旅游收入 78194.72 万美元，分别同比增长 19.38% 和 0.38%。共接待旅游者 10607.3 万人次，同比增长 10.47%；其中接待国内旅游者 10487.1 万人次，接待入境游客 120.2 万人次，分别同比增长 10.56% 和 2.76%；全市新增国家 AAAA 级景区 1 家、AAA 级景区 4 家，新评全国休闲农业与乡村旅游示范点 1 家、五星级旅行社 2 家、四星级旅行社 3 家、省五星级乡村旅游区（点）14 家、省工业旅游示范点 5 家、省生态旅游示范区 2 家；长沙市连续 5 年被省政府授予“全省旅游产业发展先进单位一等奖”。

表 28　　2014 年旅游业经济指标

项目	单位	2014 年	2013 年	比上年同期增长
旅游总收入	亿元	1192.10	1006.3	18.46%
国内旅游收入	亿元	1143.62	958	19.38%
入境旅游收入	万美元	78194.72	77902.18	0.38%
接待旅游者人次	万人次	10607.3	9602.33	10.47%
接待国内旅游者	万人次	10487.1	9485.36	10.56%
入境旅游人次	万人次	120.2	116.97	2.76%

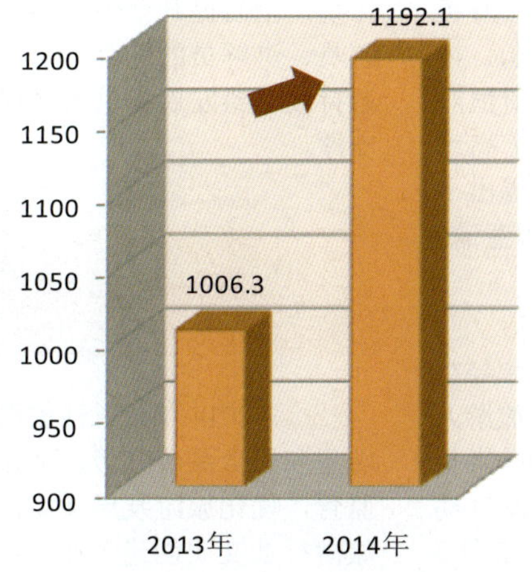

2014 年旅游总收入同比增长 18.46%

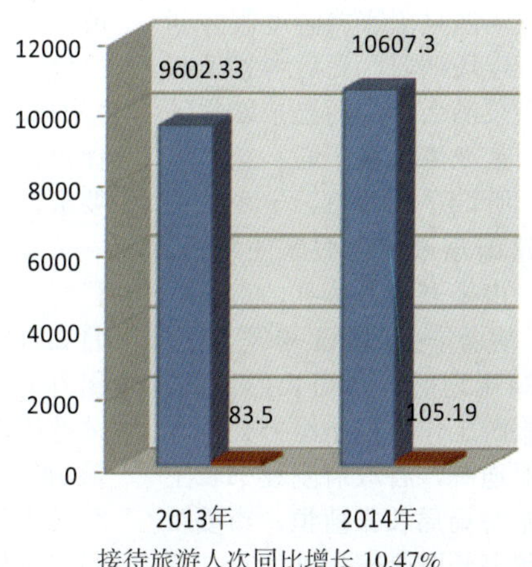

接待旅游人次同比增长 10.47%
接待入境游客同比增长 2.76%

【实施政府主导战略】 2014年，长沙旅游坚持大力实施政府主导战略，各级领导和部门都高度重视旅游产业的发展，特别是市委、市政府主要领导多次就全市旅游工作进行专题调研，并先后召开全市旅游工作会议、市政府常务会议专题研究部署旅游工作。2014年，省委常委、市委书记易炼红先后对望城区书堂山、铜官古镇等新建旅游项目和宁乡灰汤度假区进行考察，市委副书记、市长胡衡华和市委常委、副市长张迎春先后对浏阳大围山国家生态旅游示范区进行调研，胡衡华还主持召开了市政府第二十次常务会议，专题研究长沙市旅游公共服务体系建设。与此同时，长沙积极争取国家和省旅游局的大力支持，先后多次对长沙旅游进行专题调研，有力促进了长沙旅游发展。 （曾益清）

【人才培养】 2014年，长沙旅游坚持以人才为本，积极采取措施，大力加强旅游人才队伍建设。全面启动“312旅游人才培养工程”，选拔了6名旅游首席专家、20名旅游创新创业领军人才和40名旅游发展带头人，隆重举办2014年旅游人才先进事迹报告会，承办全国红色经典景区导游员、讲解员大赛，积极开展百佳导游、最美导游评选。加强与高等院校合作，积极开展旅游培训工作，全年培训旅游行政人员、企业中高级管理人员和导游人员等各类旅游人才1.23万人，提高了全市旅游行业的整体素质。（曾益清）

【国家旅游局调研国家旅游度假区创建工作】 8月16—17日，国家旅游局党组副书记、副局长王志发一行到长沙就宁乡灰汤温泉国家旅游度假区创建工作进行现场调研，先后考察了灰汤华天城温泉酒店、灰汤温泉度假区游客中心、紫龙湾温泉中心、金太阳休闲农庄，听取了长沙市、宁乡县关于灰汤创建国家旅游度假区的汇报。省委常委、市委书记易炼红，市委副书记、市长胡衡华会见了王志发一行。国家旅游局规划财务司司长彭德成，全国红色旅游工作协调小组办公室常务副主任罗迪辉，省政府副秘书长王光明，省旅游局局长张值恒，市委常委、市委秘书长陈献春参加会见。易炼红指出，长沙的旅游产业2013年成功跻身千亿产业集群，成为引领现代服务业加快发展的重要力量。长沙提出“加快建设品质长沙，大力提升宜居宜业宜游指数”，这与人民群众的热切期盼、山水洲城的独特资源禀赋、历史文化名城的厚重底蕴、日益凸显的交通区位优势是一脉相承的。随着灰汤旅游度假区、湘江欢乐城、铜官窑国际文化旅游度假区等一批大项目、好项目的引进落地，旅游产业发展“井喷”时代即将到来，长沙将乘势而上，树立大理念，建设大景区，打造大品牌，实施大营销，发展大产业，谋划好旅游产业的进一步转型升级，希望国家旅游局一如既往地给予指导和支持。王志发表示，湖南旅游产业发展一直居于第一方阵，长沙作为省会是重要的旅游目的地和集散地。多年来，长沙把旅游产业发展与和谐社会建设、文化繁荣、生态文明建设等通盘考虑、统筹推进，创造了很多值得在全国推广的好经验，在国家级旅游度假区创建中，长沙的各项工作再次走在前列。国家旅游局将加大支持力度，帮助长沙把握好新时期产业转型创新发展的方向，实现新的更大突破。 （曾益清）

【省旅游局调研长沙“国家信息化试点单位”】 10月28日，省旅游局局长张值恒对“国家信息化试点单位”湖南鹰皇商务科技有限公司“5211go”庄园假日项目进行调研，省旅游局副局长尚斌、市旅游局长谭勇、市旅游局副局长余岚及省旅游局有关处室负责人陪同调研。“5211go”庄园假日项目是该公司致力于将其高尔夫线上服务的成功经验移植到乡村旅游领域，实现OTA在线旅游和游、购、投三位一体发展的全新尝试。张值恒对“5211go”庄园假日项目给予了高度评价，并对平台的下一步工作提出了要求。 （曾益清）

【“312”旅游人才选拔培养工程】 4月22日，市建设旅游强市工作领导小组办公室印发《长沙市“312”旅游人才选拔培养工程实施方案》的通知（长旅强办函〔2014〕2号），正式启动“312”旅游人才选拔培养工程。5月5日，市旅游局召开长沙市“312”旅游人才选拔培养工程动员部署工作会议，全面启动了长沙市“312”旅游人才选拔培养工程。市旅游局局长谭勇、纪检组长罗晓群出席会议并讲话，市旅游局相关处室、各区县市旅游局、旅游院校和旅游行业协会代表共30余人参加了会议。此次实施长沙市“312”旅游人才选拔培养工程，是落实长沙市委、市政府《关于加快现代旅游业发展建设旅游强市的决定》的重要举措，力争用5年左右的时间，选拔培养30名旅游首席专家、100名旅游创新创业领军人才和200名旅游发展带头人，为长沙市旅游人才成长起到示范引领作用，为长沙市建设旅游强市奠定坚实的人才基础。2014年的选拔工作从5月4日开始至7月31日截止，拟选拔6名旅游首席专家、20名旅游创新创业领军人才和40名旅游发展带头人。 （曾益清）

【全国红色旅游经典景区导游员（讲解员）培训班】 11月18—24日，全国红色旅游经典景区导游员（讲解员）培训班在长沙举办。全国红办副巡视员王树茂，湖南省旅游局党组副书记、副局长王超祥，长沙市委常委、副市长张迎春出席开班仪式并讲话，长沙市旅游局局长谭勇、纪检组长罗晓群参加开班仪式，来自辽宁、吉林、黑龙江、江西、湖北、河南、湖南七省的全国红色旅游经典景区导游员、讲解员和七省旅游部门红办负责人共100人参加培训。此次培训班由全国红色旅游工作协调小组办公室主办，湖南省旅游局承办，长沙市旅游局具体落实执行，旨在深入挖掘红色旅游思想文化内涵，弘扬爱国主义和革命传统，全面提升全国红色旅游景区导游员、讲解员的综合素质，为红色旅游持续健康发展提供人才保障和智力支撑。 （曾益清）

行业管理

【概况】 2014年，长沙旅游狠抓产业转型和服务品质升级，强化旅游市场监管，优化旅游发展环境，深入开展旅游行业文明创建工作，大力实施品质旅游战略，全面提升了旅游服务质量和行业整体素质，行业管理呈现“两新”特点。1. 加快产业转型，旅游发展有新氛围。针对长沙高星级酒店大幅下滑的局面，市旅游局多次召开长沙市旅游行业“转型升级”座谈会，引导高星级酒店去高端化，去行政化，面向市场、面向大众，进行转型创新。圣爵菲斯大酒店开辟适应大众消费的火锅城，把所有能够推向市场的部门全部推向市场，如洗衣房、员工餐厅、游泳池面向大众，并承接湖南广电集团的所有员工餐，业绩大为提升；百事通旅游全面启动平台开放战略，用先进的科学技术和互联网思维提升和完善销售渠道，已成为全国最大的旅游零售分销渠道；大围山“四季”都有节会活动，旅游呈现出旺盛势头，比上年同期增长142.5%，旅游综合收入20亿元，其中门票收入突破1300万元。2. 加强行业管理，市场环境有新起色。深入开展文明旅游工作，深化“集体约谈”做法，在全市率先建立红黑榜。积极采取多种方式，开展旅游市场日常检查、联合检查和专项整治，联合公安、工商、交通、物价等部门开展旅游散拼、旅游广告宣传、旅游非法营运专项整治，带领区县开展旅游合同和旅游服务网点专项整治，净化旅游市场环境，维护广大游客的合法权益。健全完善全市旅游安全责任体系，不定期组织开展旅游安全监督检查，消除各类旅游安全隐患，实现旅游投诉处理回复率100%，办结率98%，无较大和重大旅游服务质量投诉事件发生。深入开展旅游行业文明创建工作，深化“旅游满意在长沙”活动，完善硬件设施，提升软件服务，努力为游客提供动心、放心、开心、安心、称心的“五心”级服务。2014年全市新增五星级旅行社2家、四星级旅行社3家。（曾益清）

【全市旅游行业转型升级座谈会】 4月3日，市旅游局组织召开专题座谈会，研究商讨长沙市旅游行业如何实现转型升级，市旅游局局长谭勇、副局长陈威、工会主席章友发、副调研员马晓红和相关处室负责人，以及部分旅游景区、旅行社、酒店负责人参加了会议。会议认为，长沙市旅游行业持续稳定增长的总趋势没有变，但旅游行业内部的发展仍然参差不齐，旅游大众化、散客化、信息化、网络化的时代已经来临。谭勇指出，旅游行业转型升级势在必行、迫在眉睫，谁转得快，谁就能占得先机；谁转得好，谁就能赢得主动。（曾益清）

【新版旅游合同示范文本启用】 4月21日，适应贯彻落实《旅游法》的要求，市旅游局、市工商行政管理局联合下发了《关于推广使用2014年版〈团队境内旅游合同（示范文本）〉和〈境内旅游组团社与地接社合同（示范文本）〉的通知》，要求全市旅行社使用新版合同，切实规范企业经营行为，维护游客、企业双方利益。（曾益清）

【全市文明旅游宣传引导活动】 5月13日，市旅游局、市文明办联合下发《长沙市文明旅游宣传引导工作实施方案》（长文明办〔2014〕14号）和《关于开展创建“文明旅游景区”“文明旅游饭店”“文明旅行社”“文明导游员”评选活动的通知》（长旅联发〔2014〕2号），在全市旅游行业全面开展文明旅游宣传引导，进一步规范旅游从业人员文明行为，引导市民文明出游，提升旅游从业人员素质。（曾益清）

【“华天旅游杯”湖南省导游大赛】 5月18日，“湖南省文明旅游宣传引导仪式暨2014年‘华天旅游杯’全省导游大赛”在长沙开福区风帆广场启动，该次活动由湖南省文明办、省旅游局主办，长沙市文明办和市旅游局承办。省旅游局党组书记、局长张值恒宣布大赛正式启动，省委宣传部副部长、省文明办主任宋智富致辞，省旅游局副局长刘之明致辞并发布新闻，市委宣传部副部长、市文明办主任郑力虎，文明办副主任丁德喜，市旅游局副局长陈威，开福区区委宣传部部长、文明委副主任杨应龙，副区长张春雄等领导和旅游企业负责人、员工代表共500余人参加了启动仪式。6月24—27日，2014年长沙市“百佳导游员”总评选暨“华天旅游杯”湖南省导游大赛长沙选拔赛在长沙新天宾馆会议中心成功举办。市旅游局局长谭勇、纪检组长罗晓群出席评选活动，全市旅游院校、景区、旅行社等几十家单位的400余名导游员参加了比赛。评选活动以“锦绣潇湘、快乐长沙、快乐导游”为主题，坚持公开、公正、择优原则，通过自我介绍及形象展示、现场导游讲解、旅游知识问答和才艺展示四个环节竞赛，选拔了100名爱岗敬业、知识丰富、业务精湛、执业文明的“百佳导游员”，并从中择优推选了16名优秀导游参加湖南省导游大赛。9月25日，在湖南省2014年“华天旅游杯”导游大赛总决赛中，长沙市有7名选手进入总决赛，其中2名获省导游大赛二等奖、3名获三等奖，2名分别获“最佳形象奖”和“最佳讲解奖”，长沙市旅游局获“优秀组织奖”。（曾益清）

【全市旅游行业深化文明旅游工作会议】 8月4日，市旅游局召开全市旅游行业深化文明旅游暨推进旅游行业诚信建设和旅游安全工作会议。市旅游局副局长陈威主持会议，市旅游局副局长廖双寅做工作报告，市旅游局局长谭勇、市文明办副主任丁德喜、市安监局副局长刘金泽出席会议并讲话，市旅游局全体党组成员、全市各旅游企业和区县市旅游局共400余人参加了会议。会议传达学习了8月2日省委常委、市委书记易炼红在检查安全生产工作时的讲话精神和省旅游局局长张值恒在全省旅游局长座谈会上的讲话精神，并就深入贯彻落实市委、市政府关于文明旅游、诚信建设和安全生产的系列会议精神，进一步明确了工作责任和工作要求，以提升长沙旅游行业的窗口形象和服务水平。（曾益清）

【“长沙旅游红黑榜”在长沙旅游网上线】 8月19日，“文明旅游、引领风尚”“长沙旅游红黑榜”在长沙旅游网正式上线，集中发布全市旅游行业文明创建最新动态，并定期发布长沙旅游企业红榜、黑榜名单，以进一步规范全市旅游行业秩序，提升旅游行业文明经营意识。（曾益清）

项目建设

【概况】 2014年，长沙旅游项目建设按照“树立新理念、实施新举措，建设大项目、发展大产业”的思路，大力实施精品工程，狠抓项目质量升级，完善旅游产品体系，项目建设不断呈现新“亮点”。1. 重大旅游项目建设加快推进。大王山旅游度假区建设加快，路网工程全面铺开；巴溪洲水上公园开园纳客，乔口柏乐园开业运营，吸引游客的新产品不断推出；《长沙市公共服务体系三年行动方案》正式出台，景区厕所亮化和城区旅游标识全部完工；在长沙高铁南站设立了长沙旅游咨询集散中心，在凌霄社区、西湖社区、德政园社区和浏阳河婚庆园设立了长沙旅游咨询服务点，启动了旅游咨询服务进社区工作。铜官窑文化旅游度假区、灰汤国家旅游度假区和大围山省级旅游产业园区等创建工作积极推进。2. 旅游景区等级创建成效明显。黑麋峰森林公园成功创建国家AAAA级景区，宁乡天紫漂流、浏阳石霜寺、浏阳象形山、望城新康戏乡获评国家AAA级景区，开福新富豪云尚庄园获评2014年全国休闲农业与乡村旅游示范点，浏阳周洛风景区、宁乡沩山风景名胜区获评湖南省生态旅游示范区，远大集团、三一集团、美津园粮油食品公司、克明面业公司、中联重科等5家企业被评为省工业旅游示范点，长沙市望城区开天渔庄、望城区同心湖生态农庄、望城区金豆豆农业休闲观光体验区、长沙县锦绣江南生态农庄、长沙县德瑞山庄、长沙县顺世生态休闲农庄、宁乡县红泥巴家庭农庄、宁乡县状元山庄、宁乡县美林农庄、开福区星月岛农庄、开福区新富豪云尚庄园、开福区凯森农庄、开福区良家农庄、岳麓区麓山天池休闲园14家农庄被认定为省五星级乡村旅游区（点），湖南神农茶都市场管理有限公司、慧润薰衣草小站、长沙五养之乡农业发展有限公司被认定为省旅游购物示范点。岳麓区农趣谷利用区位和生态优势，打造都市田园旅游新品牌，获评“长沙都市田园旅游示范点”称号。（曾益清）

【长韶红色专列开通】 3月19日，由长沙市旅游局、长沙旅游集散中心及湘潭市政府、韶山市政府联合打造的长沙至韶山红色旅游专列正式开通并在长沙火车站举行了启动仪式。长沙市旅游局局长谭勇致辞并宣布红色旅游专列活动正式启动，长沙市交通局党委书记胡乐龙、韶山市政府副市长刘科、湖南龙骧集团董事长龚乐群等参加了启动仪式。谭勇指出，开通长韶红色专列，是整合两地红色旅游资源的一个战略举措，是发展两地旅游经济的一项创新，也是对两地宝贵红色资源的升华。红色专列的开通将让游客的韶山之行更便利，更舒适，更贴近旅游市场需求。（曾益清）

【《长沙市旅游公共服务体系建设三年行动方案》修订协调会】 7月18日，市政府副秘书长高伟主持召开修订完善《长沙市旅游公共服务体系建设三年行动方案（2014—2016）》协调会。市旅游局、市住建委、市交通局、市财政局、市园林园、芙蓉区、雨花区、天心区、岳麓区、开福区等单位参加会议。会议进一步明确了长沙公共旅游自行车交通工程牵头单位，落实了城区旅游厕所亮化经费。市旅游局局长谭勇主要就方案编制进行了说明。（曾益清）

【长沙乔口柏乐园开园】 10月18日，位于长沙市望城区乔口古镇的湖南首家综合性游乐园、长沙首个世界动漫明星嘉年华——长沙柏乐园盛大开园。中国入世首席谈判代表、博鳌亚洲论坛原秘书长龙永图宣布开园，湖南省旅游局局长张值恒、长沙市委副书记张迎龙为“世界动漫明星嘉年华”开票，市委常委、副市长张迎春讲话，市旅游局局长谭勇发布新闻，望城区区委书记谭小平致辞，望城区区长孔玉成主持开园仪式。长沙乔口柏乐园由湖南省柏乐文化投资有限公司投资建设，第一期占地面积66.67余公顷，总投资10亿元，由陆地游乐、水上乐园、动物王国、商业美食、度假酒店、水乡古镇六大板块组成。（曾益清）

【世界休闲农业与乡村旅游城市联盟第二次峰会—“湘江论坛”】 参见P530“望城区”相关条目。

市场拓展

【概况】 2014年，长沙旅游坚持以政府宣传旅游形象与企业推介产品相结合、业界推广与公众宣传相结合、“请进来”与“走出去”相结合，加强与国内外大旅行商、主流媒体、知名网站和国家旅游局驻外办事处合作，全方位、多角度、广渠道营销“快乐长沙”城市形象，客源市场有新拓展。1. 积极拓宽城市营销渠道和客源市场。“快乐长沙”旅游城市形象广告在央视1套天气预报栏目中宣传播放，还通过开展中华旅游名博长沙行等活动，不断提升“快乐长沙”长沙城市形象知名度、美誉度；筹办2014长江中游城市群四省会城市旅游合作会商会和“5·19”中国旅游日湖南公众宣传暨中三角旅游城市广场推介活动，与南昌、合肥、武汉共同发布了《长沙宣言》，推动区域旅游合作；充分利用长沙旅游网进行宣传营销，网站日均PV流量稳定在1.5万左右，高峰日达到3万左右，月均50万左右，微博粉丝量达到20万。长沙市旅游局新浪官方微博在湖南首届政务微博论坛，以新媒体互动形式，成功推广旅游资源，获评“湖南省2013年度十大政务微博机构应用奖”。2. 着力打造旅游节会品牌。坚持季季有主题、月月有活动，先后举办首届橘洲喜乐会、橘洲国际音乐节、梅溪湖元宵灯展、开福喜乐会、天心火宫殿庙会、第六届中国湖南世界名花生态文化旅游节、杜鹃花节、油菜花节、第二届葡萄节、第六届漂流节等10余个旅游节会活动，带动了旅游业发展。（曾益清）

【2014中国（湖南）春节文化旅游节暨首届橘洲喜乐会】 1月10日—2月14日，2014中国（湖南）春节文化旅游节暨首届橘洲喜乐会在橘子洲民俗文化园举办。该次活动以“欢乐潇湘年，橘洲喜乐会”为主题，由省旅游局、市政府指导，由市旅游局、岳麓区政府、岳麓山风景名胜区管理局、潇湘晨报社主办，湖南中南国际会展有限公司、长沙华旅船说文化传播有限公司承办。活动特色鲜明、内容丰富、年味浓郁，是集特产年货展销、特色风味小吃、民俗非遗展示、曲艺杂耍表演、儿童游艺娱乐、元宵花灯庙会、万人复古相亲于一体的综合性喜乐会，为全省和长沙市民精心打造了具有浓郁潇湘传统民俗特点的春节活动。（曾益清）

【"深入推进中三角旅游合作"主题座谈会】 1月22日，长沙、武汉两市以"深入推进中三角旅游合作"为主题的座谈会在长沙召开。武汉市政府副市长刘英姿、长沙市政府副秘书长高伟出席座谈会。会上，武汉市旅游局局长张侠、长沙市旅游局局长谭勇分别就长江中游城市群四省会城市旅游发展合作工作作了汇报。（曾益清）

【第六届中国湖南世界名花生态文化旅游节】 3月20日，集旅游、休闲、美食、娱乐、购物、房产于一体的中国湖南第六届世界名花生态文化旅游节在省植物园举办。该次名花节以"最美春季花园"为主题，让幸福的生活充满鲜花，以室外与室内相结合、陆地与水上相辉映的展出形式，呈现七彩梦幻之美景，打造美丽星城之品牌，举办世界名花生态文化旅游节"春之歌"樱花展、郁金香花展等八大花展。（曾益清）

【2014首届中国望城风筝旅游节】 3月29日，"快乐长沙、筝舞千龙"2014首届中国望城风筝旅游节开幕式在长沙千龙湖生态旅游度假区隆重举行。市旅游局局长谭勇宣布开幕，望城区人大常委会副主任杨金其、望城区政府副区长苏敏芳等领导出席了开幕式。来自全国各地的3000余名风筝爱好者参与了此次盛会。该届风筝节持续到4月6日，其间有风筝文化艺术展、风筝交易、特色美食汇、放飞风筝比赛等多项活动，特色鲜明，亮点突出，无论从专业性、观赏性，还是规模性和参与广泛性，都在湖南省风筝节庆活动中取得了重大突破。（曾益清）

【长江中游城际交流合作】 5月18日，长沙、合肥、南昌、武汉四市联合在长沙举办2014长江中游城市群四省会城市旅游合作会商会。长沙市委常委、副市长张迎春出席会议并作了《把握城市群合作大势，推进旅游合作共赢》的讲话。长沙市政府副秘书长高伟主持会议，市旅游局局长谭勇作了《2014长江中游城市群四省会城市旅游合作会商会工作报告》，合肥、南昌、武汉市旅游局领导代表各自城市旅游局作了发言。此次合作会商会是为落实国务院关于建设长江经济带战略部署，加快长江中游城市群旅游发展，根据《武汉共识》《长江中游城市群暨长沙、合肥、南昌、武汉旅游发展合作协议》和《长江中游城市群省会城市第二届会商会（长沙）宣言》的要求，由长沙市轮值举行的。会议围绕"长江经济带，中游四省游"主题，就长江中游城市群四省会城市旅游合作进行了广泛探讨和深入研究。会议通过了《2014长江中游城市群四省会城市旅游合作会商会（长沙）宣言》，有力推动了长沙、合肥、南昌、武汉四市在旅游规划、产品线路、宣传营销、市场监管等多领域开展有效合作。5月19日，在长沙市黄兴路步行街举行"美丽中三角，快乐潇湘行"——"5·19"中国旅游日湖南公众宣传暨中三角旅游城市广场推介活动。省旅游局副局长高扬先、市政府副秘书长高伟出席活动并讲话。活动中，长江中游四省会城市武汉、合肥、南昌、长沙先后作了城市旅游推介，分别推出了各城市优秀旅游产品和季节性旅游新产品；启动了"美丽中三角、快乐都市游"长江中游四省会城市资助百名留守儿童的旅游公益活动；进行了广场公众宣传和现场有奖问答；京广高铁湖南沿线的长沙、郴州、衡阳、株洲、湘潭、岳阳等六城市旅游局共同发布了《品质旅游，优质服务》宣言；参会的各城市旅游局还组织辖区内相关旅游企业发放了旅游宣传品并推出了优惠促销的措施。（曾益清）

【第六届浏阳河漂流节】 7月2日，长沙市第六届浏阳河漂流节开幕式暨2014美丽浏阳"夏·清凉季"启动仪式在长沙市运达喜来登酒店举行。本次漂流节由市旅游局、浏阳市政府主办，由浏阳市漂流协会、大围山国家森林公园、瑞翔冰雪世界、大围山英华锋滑雪运动场承办，以"夏·清凉——美丽浏阳等你来"为主题，包括"浏阳漂流·七大线路任我行""世界杯·在长沙最高峰看比赛""音乐季·大围山避暑音乐盛会"等十二大主题活动，共有长沙市各区（县）旅游局、长株潭和赣西30余家媒体、长株潭及赣西市场150家与浏阳合作密切的旅行社参与了该次盛会。（曾益清）

【"快乐长沙 微传美丽"——中华旅游名博长沙行】 7月18—21日，"快乐长沙 微传美丽"——中华旅游名博长沙行活动成功举办。此次活动由市旅游局主办，南方卫视《潮流假期》栏目承办，新浪、腾讯、网易、搜狐、凤凰网、新华网、人民网、旅评网等合作举办，通过传统媒体与新媒体的对话、长沙旅游与旅游名博的对话、旅游名博与粉丝群的对话，全方位传播快乐长沙城市形象。活动邀请了南方卫视、新华社记者和10位中华旅游名博一行17人到长沙踩线，深入长沙特色旅游景点亲身考察体验，通过旅游名博写长沙、旅游名博说长沙等形式推动长沙旅游宣传。市旅游局局长谭勇、副局长陈威出席了活动。（曾益清）

【长沙市第二届葡萄节暨"岳麓农趣谷"都市田园旅游节】 7月25日，"葡萄誉三湘·农趣乐长沙"——长沙市第二届葡萄节暨"岳麓农趣谷"都市田园旅游节在岳麓区学士街道龙溪湖度假村隆重举行。该次活动由长沙市政府主办，市旅游局、岳麓区委和岳麓区政府承办，市委常委、副市长张迎春，市政协党组副书记、市科协主席谢明德，市委副秘书长何季麟，市政府副秘书长高伟，市旅游局局长谭勇，岳麓区委副书记、区长周志凯等领导出席开幕式。该次葡萄节为期两个月，期间岳麓区、长沙县、望城区、浏阳市、宁乡县均推出了丰富多彩的葡萄节系列活动。（曾益清）

【2014长沙橘洲国际音乐节】 9月13—14日，2014长沙橘洲国际音乐节在橘子洲沙滩乐园成功举办。音乐节以"悦万境　乐蓝山"为主题，由长沙市政府主办，市广播电视台、潇湘晨报社、市旅游局承办。该次音乐节共吸引了20组艺人、上万名音乐爱好者参加。（曾益清）

【2014中国湖南旅游产业博览会在长沙举办】 9月19—21日，市旅游局组织参加了在郴州举行的2014中国湖南旅游产业博览会。该届展会由省旅游局、郴州市政府主办。长沙市共组织80余家旅游企业、150余件旅游商品参展，展品涵盖了土特产、旅游工艺品、旅游纪念品、旅游装备品等各个方面，充分展示了长沙旅游商品开发的最新成果；共选送18件旅游商品参加旅游

商品创新设计大赛，其中获金奖1名、银奖2名、铜奖1名；长沙市获得本届旅游产业博览会"优秀组织奖"和"最佳展台奖"两项殊荣。（曾益清）

【湘江新区巴溪洲水上乐园等旅游项目专场推介会】 9月26日，市旅游局组织举办"湘江新区巴溪洲水上乐园等旅游项目专场推介会"。推介会由市旅游局局长谭勇主持。举办此次推介会旨在积极推介湘江新区旅游项目和相关政策，促进湘江新区和旅行社的合作共赢。中共长沙市委常委、长沙大河西先导区党工委书记、管委会主任赵文彬以及长沙、株洲、湘潭、益阳、岳阳、衡阳等城市旅游局领导及旅行社嘉宾代表共200余人参加了推介会。（曾益清）

【2014年长江中游城市群四省会城市旅游联合推介会在长沙召开】 10月14日，市旅游局作为轮值主席在重庆举办了2014年长江中游城市群长沙、合肥、南昌和武汉四省会城市旅游推介会，重庆市旅游局副局长王定国，长沙市旅游局局长谭勇、副局长陈威，合肥市、南昌市、武汉市旅游局负责人，重庆市近200家旅行社负责人和合肥、南昌、武汉、长沙的部分旅游企业代表参加了推介会。推介会上，长江中游城市群四省会城市轮值主席城市长沙市旅游局局长谭勇代表四省会城市旅游局发表了致辞，重庆市旅游局副局长王定国作了讲话，四省会城市旅游局分别对各自的城市作了旅游推介，并表演了地方特色的节目。（曾益清）

【云南——湖南旅游文化产业合作推介会在长沙举办】 11月24日，市旅游局组织举办了云南——湖南旅游文化产业合作推介会，并接待云南旅行团前往湘江新区和橘子洲景区进行考察学习。云南省政府资政刘平、湖南省政府副省长何报翔出席会议并讲话。市委常委、副市长张迎春，市政府副秘书长高伟参加有关活动。全市50家旅游企业参加了推介会。（曾益清）

附录

长沙市部分旅游景区介绍

2014年，长沙市新增国家AAAA级旅游景区1个（长沙黑麋峰国家森林公园）、国家AAA级旅游景区4个（浏阳象形风景区、浏阳石霜寺、望城新康戏乡景区、宁乡天紫漂流），新增湖南省生态旅游示范区2个（浏阳市周洛风景区、宁乡县沩山风景名胜区）。全市有国家A级旅游景区37个，其中AAAAA级2个、AAAA级17个、AAA级16个、AA级2个。

1. 岳麓山·橘子洲景区

爱晚亭

国家AAAAA级旅游景区、位于长沙湘江西岸，规划面积35.20平方千米，现有麓山景区、橘子洲景区、岳麓书院和新民学会四个核心景区、景点，集"山、水、洲、城"奇观于一体，自然环境优美，人文底蕴深厚，基础设施完善，是全国重点风景名胜区、湖湘文化传播基地和爱国主义教育的示范基地。2012年1月9日，岳麓山·橘子洲旅游区获得国家AAAAA级景区授牌，成为长沙史上第一个国家AAAAA级景区。

橘子洲头

岳麓书院

新民学会旧址

2. 花明楼·刘少奇故里景区

国家AAAAA级旅游景区、中国十大红色经典景区，位于长沙市宁乡县花明楼镇炭子冲村，是全国刘少奇文物资料收藏研究中心和思想宣传阵地。核心景区主要包括以全国重点文物保护单位刘少奇故居、门楼广场、铜像广场、生平业绩陈列馆、文物馆为主体的纪念场馆；以花明楼、修养亭、万德鼎、刘少奇坐过的飞机、刘少奇母校炭子冲学校旧址、一叶湖、柳叶湖和炭子冲民俗文化村为主体的旅游景观；形成了人文荟萃、山水和谐、风光秀美的花明楼风景名胜区。花明楼东距省会长沙50余千米，西南至韶山毛泽东故里、乌石彭德怀故里30余千米，形成了举世瞩目的伟人故里文化旅游"红三角"。先后被评为全国爱国主义教育基地、全国廉政教育基地、国家一级博物馆、全国人文社会科学普及基地；连续6年评为中国十大红色经典景区。

刘少奇故里门楼

刘少奇同志纪念馆

3. 黑麋峰国家森林公园

2014年新增的国家AAAA级旅游景区，位于长沙市望城区东北部的桥驿镇境内，距长沙市中心19千米，是市内面积最大、海拔最高的国家级森林公园，总面积4079公顷，主峰海拔590.5米。公园内森林覆盖率为80.2%，风景秀丽，气候宜人，动植物资源丰富。黑麋峰久以人文鼎盛著称，是长沙地区四大佛教名山之一，自古号称"洞天福地"，是长株潭广大市民节假日的重要休闲度假之地。

黑麋峰国家森林公园

4. 宁乡天紫漂流

2014年新增的国家AAA级旅游景区，位于长沙市宁乡县黄材镇境内，漂流全长9千米，水位落差98.5米，急滩21个，有"湖南生态第一漂"的美誉。天紫漂流有200米超长极速滑道，漂流时间约一个半小时，水质为纯天然山泉水；河道两岸保留有客家人特有的筒车、水对子，千年流传，可以充分感受客家人利用大自然的独到匠心。

宁乡天紫漂流

5. 浏阳象形风景区

2014年新增的国家AAA级旅游景区，位于长沙浏阳市达浒镇，西临官渡镇潘溪村，背倚连云山，距浏阳市区40千米。素有"湘东小桂林"之美称，2009年被浏阳市政府确定为自然保护区，该区由紫红砂砾经自然雕塑，形成一种奇特的丹霞地貌。境内鸟语花香、四季翠绿、空气新鲜，岩峰错列、悬崖绝壁，形成奇特多姿、若人若物，若禽若兽的奇山怪岩，千姿百态，目不暇接，可谓天降神物，现身人间。

“湘东小桂林”

6. 浏阳石霜寺

2014年新增的国家AAA级旅游景区，位于长沙浏阳市金刚镇石霜村霜华山上，距浏阳市区35千米。石霜寺为湖南名寺，因山而名。石霜山，位于浏阳城南金刚镇境内，寺因霜华山山峻水秀，触石喷霜而名。石霜寺又名崇胜禅林，石霜、道吾、宝盖、大光四寺并称浏阳四大祖庭。石霜寺宗教脉缘源远流长，既是中国佛教的禅宗圣地，佛教禅宗中的“黄龙派”“杨岐派”即发源于金刚石霜寺；又是日本佛教主要派别“中严宗”“临济宗”两派发源的祖庭，禅学圣地美誉影响深远。加之位于花炮始祖李畋所在的萍浏醴核心区域，使得金刚宗教文化旅游资源名扬中外。

石霜寺

石霜寺

7. 望城新康戏乡景区

2014年新增的国家AAA级旅游景区，位于长沙市望城区中西部，东临湘江，南西接沩水，紧邻湘江航电枢纽。新康历史文化底蕴厚重，农耕文化、群工文化、草根文化繁盛，特别是花鼓戏夜歌子、民歌、拉纤号子、划龙舟、舞狮、舞蚌、木雕、剪纸、酿酒等民间艺术薪火相传，文化氛围十分浓厚，是当地有名的戏窝子。

新康戏乡兰桂演艺

8. 长沙世界之窗

全国首批国家AAAA级旅游景区之一，位于长沙市东北郊、浏阳河畔，坐落于长沙市金鹰影视文化城，占地40公顷，是湖南省最大的文化旅游项目之一，也是湖南省重要的精神文明建设基地。长沙世界之窗是一个将世界建筑奇观、历史遗迹、古今名胜以及世界民居、五洲民俗风情、世界歌舞艺术表演、大型机械游乐、先锋时尚活动、影视拍摄等汇集于一园的资深综合性大型主题公园。

世界之窗

世界之窗

9. 杨开慧纪念馆

国家AAAA级旅游景区，位于长沙市长沙县开慧镇开慧村，西连汨罗市，北与平江县毗邻，距长沙市区55千米，距离京港澳高速（G4）开慧互通2.5千米。杨开慧纪念馆成立于1966年，占地约8.4公顷，建筑面积9600平方米。由杨开慧故居、杨开慧烈士陵园、杨开慧生平业绩陈列馆、杨公庙四部分组成，是全国百家红色旅游经典景区、国家AAAA级旅游景区、湖南省爱国主义教育基地、湖南省首批妇女儿童爱国主义教育基地、湖南省统一战线教学基地、湖南省廉政文化教育基地、湖南省重点烈士纪念设施保护单位、湖南省园林式单位、长沙市党员教育基地。

杨开慧纪念馆

杨开慧烈士汉白玉塑像

10. 大围山国家生态旅游示范区

国家AAAA级旅游景区、国家生态旅游示范区，位于长沙浏阳市东北部。大围山是罗霄山脉的支脉、浏阳河的发源地，是湘东第一高峰，主峰七星峰海拔1607.9米。大围山生态环境优美，风景秀丽，气候宜人，被誉为“湘东绿色明珠”，有“自然空调”“天然氧吧”美称，园区内共有6大景区、121处景点，集山青、水秀、林幽、石怪、花艳于一体；佛教文化源远流长，有红莲寺、白面石护国将军庙等大型古建筑遗址；是红色旅游胜地，有省苏维埃旧址、白沙上坪会议旧址、湘鄂赣第一次党代会旧址等红色旅游景点；冰川地貌显著，有冰斗、冰窖、冰坎、鱼脊峰、U形谷、葫芦谷、冰溜面、冰川擦痕、冰川漂砾、冰桌、冰臼等地貌。

大围山梯田

大围山风光

11. 洋湖湿地景区

国家AAAA级旅游景区、湖南省水利风景区、湖南省两型示范区，位于长沙市西南部大河西先导区内，北依岳麓山、东临湘江，靳江河、雅河环绕其中，总占地面积4.85平方千米，是中国中南地区最大的城市湿地。景区以湿地生态为基底，通过重新构建湿地生态及水资源循环利用系统，广泛采用“两型”技术及材料，实施绿色“两型”管理，形成了一个集湿地群落观赏、生态科普、两型理念宣传为一体的特色旅游目的地。景区分为湿地休闲区、湿地生物多样性展示区、湿地科教区、湿地生态保育区及雅河、靳江河滩涂湿地五个板块，呈现出“水质清洁、天然氧吧、四季花果、万千林相、百鸟争鸣、生命乐园”的美好景象，被誉为沿湘江旅游带上一颗璀璨的明珠。

洋湖湿地景区

洋湖湿地景区

12. 沩山风景名胜区

国家AAAA级景区，位于长沙市宁乡县西部，地处宁乡、桃江、安化三县交界处，是集礼佛、度假、休闲、探险于一体的综合旅游区。景区拥有以密印禅寺为核心的佛教文化区、以青羊湖为中心的青羊湖水上区、以黄材炭河里西周古城遗址为中心的青铜文化区、以黄材千佛洞为中心的千佛洞景区等四大核心景区。密印寺始建于唐代，中国佛教禅宗沩仰宗的发源地。主要景点有密印寺、千佛洞、炭河里西周古城遗址、青洋湖、三关门、城墙大山、芦花瀑布、灵祐塔、何叔衡故居、谢觉哉故居等50余个。

沩山密印寺

13. 天心阁

国家AAAA级景区、中国历史文化名楼、全国重点文物保护单位，位于长沙市中心地区东南角、城南路与天心路交会之处的古城墙内。天心阁原名“天星阁”，为观测星象、祭祀天神之所。阁中供奉文昌帝君和魁星像，以保长沙文运昌盛。天心阁始建于明万历年以前，距今近500年历史。现由主阁楼和南、北两副阁组成，主阁高14.6米，两副阁各高10米，中间以游廊相连，形式山峦起伏、错落有致、气势宏伟。自明清时期以来，天心阁一直被视为古城长沙的标志，素有“潇湘古阁，秦汉名城”之赞誉。

天心阁

天心阁夜景

14. 周洛风景区

2014年新增的省级生态旅游示范区，以山青、水秀、瀑多、山奇、林美著称，位于长沙、浏阳、平江三市（县）交界的社港镇境内，地处地处连云山脉石柱峰，海拔1381米，是捞刀河发源地，距浏阳市北50千米，长沙市东70千米，黄花机场60千米。景区内人文遗址、自然景观甚多，人文景观有铁坟坪、水口塔、陈家祠堂、颜家古场等古迹，很有考古价值；生态环境好，珍稀动植物繁多，特别是迷人谷内溯溪而上约1千米长的桂花峡两岸，长有1026株野生桂花，系中国首次发现的最大野生桂花群；水资源极为丰富，有众多大小瀑布，清流飞瀑长年不息。

周洛瀑布

周洛瀑布

15. 巴溪洲水上公园

巴溪洲水上公园是长沙大王山旅游度假区内集游艇俱乐部、生态湿地于一体的旅游观光生态公园，总占地面积约73.33公顷，包括木龙花园、石龙花园、九溪烟树、水影广场、天鹅剧场、长河红霞等景点，有世界著名建筑大师汉斯·霍莱因的绝笔之作——游艇俱乐部和大型儿童乐园等诸多游乐场所。景区景观规划由世界知名设计公司SWA出品。公园于2014年10月18日正式开园。

巴溪洲水上公园

16. 长沙柏乐园

湖南大型游乐综合体、中国大型渔文化主题游乐园，位于长沙市雷锋大道北端（望城乔口镇），2014年10月18日开园迎宾；总规划面积260万平方米，第一期投资10亿元、开发面积70万平方米，由“陆地游乐、水上乐园、动物王国、亲子体验、购物美食、酒店会议、水乡古镇”七大版块组成，拥有25个大型机动游乐设备、18个互动体验项目、108艘游船、1座动物园、1个4D环幕影院和6栋共500个床位的宾馆、160余个餐馆及商铺，可满足不同年龄层次游客的需求，是旅游度假、娱乐休闲、商务会议的首选之地，更是团队拓展、学生活动、亲朋聚会的最佳场所。

长沙柏乐园

长沙柏乐园

（市旅游局）

科学技术

责任编辑：刘盼盼

科技工作

【概况】 2014年，长沙科技工作以国家创新型城市建设为中心，以转变经济发展方式、调整产业结构为主线，以夯实重大科技平台、推进科技成果转化、提升自主创新能力、培育战略性新兴产业为重点，不断转变工作作风、提高行政能力，推动科技事业不断迈上新台阶。长沙县成为全国最佳“两型”中小城市，在全国十佳“两型”中小城市排名第一，开福区、岳麓区、望城区进入全国科学发展百强区和全国投资潜力百强区；2014中国（长沙）科技成果转化交易会被评为“2014年度中国十佳品牌展览会”。

一、创新基础夯实发展，有力支撑创新创业。1. 获得了一批科技成果及奖励。2014年，获得国家级奖励13项，获得省自然科学奖2项，省技术发明奖4项，省科技进步奖49项。评选2014年市科技进步奖71项，产学研合作奖9项，科技创新市长奖5项。获国家发明专利授权2733件，万人有效发明专利拥有量居全国省会城市第4位。“天河二号”超级计算机再次荣登由国际TOP500组织在美国发布的世界超级计算机500强排行榜榜首，获得四连冠。“一种脑电波控制假肢系统”等三项发明专利在第113届巴黎国际发明博览会上分别获金奖和银奖；新亚胜自主研发的“魔幻舞台”成功拿到了巴西世界杯LED显示屏合同；国内铝行业最大光伏项目在晟通集团并网发电。2. 建设了一批科技创新平台。新组建“湖南省呼吸系统药物工程技术研究中心”等27家省级工程（技术）研究中心、16家省级重点（工程）实验室。新认定“长沙市瓜果病毒病检测鉴定工程技术研究中心”等25家市级工程技术研究中心，对已完成组建的“长沙市铝基复合新材料工程技术研究中心”等10家市级工程技术研究中心进行了验收。新认定4家科技企业孵化器，新增孵化面积11万平方米。国家超级计算长沙中心11月在湖南大学揭牌正式运营；宁乡经开区启动了全省最大食品公共科技服务平台玉屏山科技城建设；楚天科技与中南大学桂卫华院士团队共建院士工作站。3. 拓展了科技投入渠道。2014年长沙市科技发展资金3.176亿元，全年争取省科技厅项目1780余项，资金近2亿元。组织申报中小企业创新基金，共获得国家中小企业发展专项资金科技创新、科技服务和科技型中小企业创业投资引导基金支持项目77项，获得9404万元资金的支持。另获国家科技计划立项（不含创新基金）支持278项，资金5.2亿元。会同统计局加大了对全社会研发投入的统计力度，联合对2013年度长沙规模以上工业高新技术企业科研经费投入总量和占比分别排名前100的企业表彰，并加大了支持力度。起草了《关于加大全市研发投入 推动转型创新发展的实施意见》，有望在2015年初以市政府的名义出台。长沙高新区在全省首推纯知识产权质押融资，设立了“麓谷共同创业基金”“长沙高新区中小企业转贷引导基金”。全社会研发投入保持增长态势，全市873家高新技术企业不断增加研发投入，研发经费支出170.5亿元。4. 优化了创新创业环境。长株潭国家自主创新示范区获批；望城经济开发区升级为国家级经济技术开发区；长沙金霞经济开发区获批“国家新型工业化产业示范基地（工业物流）”；宁乡县成为国家知识产权强县工程试点县（区）；望城区创建国家可持续发展实验区通过科技部专家评审。深入营造社会创新氛围，全市新认定53家创建创新型单位；成功举办2014年科技活动周，举行了长沙市大学生科技创新创业大赛、知名高校专家教授长沙行等5大主体活动，长沙市科技局获“全省科技活动周先进单位”；开展了第四批科普专业场馆认定，新认定了新能源汽车科学技术普及基地等7家科普专业场馆。

二、深化产学研金合作，加快科技成果转化进程。1. 推进区域协同创新。为贯彻落实《长江中游城市群暨长沙、合肥、南昌、武汉科技合作协议》精神，进一步推动四省会城市科技合作，组织召开了“长江中游城市群省会城市第二届科技合作联席会”，四市相关领导及科技部门负责人围绕实施创新驱动发展战略、整合创新资源、加强区域合作，推进协同创新、为长江中游城市群“打造中三角，挺近第四极”提供科技支撑等方面作了广泛探讨和深入研究，会议一致通过并形成了《长江中游城市群省会城市第二届科技合作联席会会议纪要》。决议在产学研对接活动，开展异地专家评审，建立跨区域技术创新联盟，联合申报国家重大科技项目，联合开展“十三五”科技发展规划前期研究合作五个方面开展工作，将四市科技合作不断向“多元化、常态化、实效化”方向推进。2. 开展各类产学研活动。组织开展了市外高校专家与本地企业的产学研对接活动8次，邀请了悉尼科技大学、明尼苏达大学、四川大学、武汉理工大学等市外高校专家教授到长沙深入企业进行技术服务。创新科交会办会模式，首次分“请进来，走出去”二阶段举行。共征集并发布全国近百家高校和科研院所的最新适用科技成果5241项，征集企业技术需求395项，融资需求175项，人才需求117项，举办主体活动14场，签订产学研金合作项目262项，签约金额128.9亿元。走出去阶段组织了50余家龙头企业分别赴北京、上海高校开展了对接。3. 建设各类产学研合作平台。对产业技术创新战略联盟进行了年度绩效考核，对考核优秀的联盟单位进行了表彰，给予考核结果为“合格”以上的联盟单位共计225万元的工作经费支持。积极推进联盟的注册工作，所有2013年以前成立的18家联盟全部完成了民办非企业注册登记。新组建了“长沙市机器人产业技术创新战略联盟”，正在筹备成立“长沙市美丽乡村建设与发展技术创新联盟”。推进市外高校技术转移机构，修订了《市外高等院校（科研院所）长沙技术转移机构工作绩效评价办法》，开展了技术转移机构年度绩效考核。长沙市科技局与美国明尼苏达大学签订了“技术转移合作协议”，与长沙市建立合作关系的境外高校及研究机构达到4家。4. 引进境外先进技术。建设了“长沙市境外人才网”和“境外高层次人才信息库”。组织了“技术、市场信息交流与情报挖掘”“长沙科技高端人才交流会”等创业沙龙系列活动。设立了引进国际先进适用技术资金专项，立项支持36个，其中“引进国际先进适用技术”专项15项、“境外高层次人才创业”专项14项、重大专项5项、其他两项，总经费达915万元。科交会期间，中南大学、隆平高科技园创业服务有限公司、湖南丰日电源电气有限公司等分别与俄罗斯高校签订合作协议。华曙高科与德国巴斯夫集团、德国LSS公司、美国Varia3D公司共同签订3D打印国际合作伙伴关系备忘录。新加坡高级数学中心副主任王睦俊到长沙考察，就长沙和新加坡开展科技合作达成了广泛共识。

三、推动产业高端发展，促进经济转型升级。1. 高新技术产业逆势增长。2014年全市有效高新技术企业873家，实现总产值6427亿元，同比增长18.8%；全市高新技术产业增加值达到2232亿元，同比增长21.2%；实现销售收入6212亿元，同比增长18.4%；实现利税567亿元，同比增长1.9%。全市新增高新技术企业90家，中国水电顾问集团中南勘测设计研究院有限公司等14家企业获得国家火炬计划重点高新技术企业荣誉称号。2. 促进文化与科技结合。根据长沙市文化体制改革总体要求，制定了《持续推进长沙国家级文化和科技融合示范基地建设实施方案》。与市发改委、市委宣传部等部门联合出台了《长沙市加快推进文化创新和设计服务与相关产业融合发展行动计划（2015—2020）》。组织召开了文化和科技融合示范基地建设领导小组会议，下发了《长沙国家级文化和科技融合示范基地建设领导小组2014年工作要点》。新认定湖南华凯创意展览服务有限公司等11家企业为长沙市第二批文化和科技融合示范企业。继续实施文化和科技融合重大专项，对2013年文化和科技融合项目进行了绩效评价和中期评估，在此基础上，支持重大文化科技融合项目15项，资金1030万元。3. 扶持技术先进型服务企业。与市财政局、国税局、地税局、商务局、发改委等6个单位联合修改完善了《长沙市技术先进型服务企业认定管理办法》。对长沙部分服务外包企业进行问卷调查，根据调查问卷的提供基本信息，摸清了全市科技型服务外包企业的基本情况，撰写了《长沙市科技型外包企业调研报告》。目前正在组织进行长沙市2014年技术先进型服务企业初审和复审。4. 培育战略性新兴产业。2014年立项支持战略性新兴产业99项，合计3754万元。向省科技厅推荐报送2014年湖南省战略性新兴产业专项25项，立项24项，获得资金4340万元。2014年科技重大专项向战略性新兴产业倾斜，新设定“智慧城市技术开发与应用”“先进工业机器人及其关键技术研发和应用示范”“北斗卫星通信及导航等系统开发与应用”重大专项；长沙国家工程机械高新技术产业化基地获评A类基地；国药控股湖南有限公司被评为“药品冷链物流运作规范国家标准试点企业”。

四、完善农业科技体系，支撑农村经济发展。1. 建设农业特色产业科技示范基地。新认定14家农业特色产业科技示范基地，共安排支持经费280万元。会同财政对2012、2013年已立项且仍在实施期的30个基地进行了现场督查，同时组织专家作了年度中期评估，根据现场督查和中期评估结果，确定对29个基地给予继续滚动支持，共安排科技经费610万元。2. 建设农村科技信息服务体系。制定了星火科技12396长沙科技助农直通车信息工程2014年工作计划和工作任务责任分解表。制订并下发了《星火科技12396长沙科技助农直通车2014年科技信息服务示范站创建工作方案》，认定了湖南金井茶业有限公司等18家信息服务示范站创建单位。直通车服务中心“好视通视频会议系统”正式上线运行，实现了呼叫座席与省呼叫指挥中心顺利视频对接，全年举办了42期“网上课堂”。3. 开展农业科技特派员工作。和市委组织部联合完成了第七批科技特派员的年度考核程序，启动了第八批科技特派员的选派工作，遴选了35名专家作为第八批科技特派员。第七批科技特派员共为驻点单位制定产业发展规划25个，推广新技术新产品112项，引进新品种52个，创建利益共同体16家，为驻点单位争取省市两级科技项目57个，举办各种形式培训班192次，培训农民8829人次，发放各种实用技术资料26647份。

五、强化科技计划管理，切实保障资金绩效。1. 深化科技体制机制改革。为解决高新技术产业增长放缓、研发投入徘徊不前、企业自主创新能力不足等诸多制约长沙经济社会可持续发展的瓶颈，长沙市委、市政府出台了《关于强化企业自主创新能力建设 加速转型创新发展的意见》，从深化科技体制机制改革、强化企业自主创新主体地位、构建创新创业完整的金融服务链等9个方面制订了33条措施，成为未来5年长沙自主创新发展的纲领性文件。2. 加强计划顶层设计。根据《2014年度长沙市科技计划项目申报指南》，设置了八大类科技计划资金，全年度受理一般、重点项目1826个，重大专项60个，完成长沙市各类科技计划项目评审1369项。建立了长沙市科技重大专项项目库，共安排重大专项73项，资金5460万元。3. 强化项目科学管理。与财政联合制定下发了《长沙市科技计划项目管理操作规程》，进一步规范了科技计划项目管理的流程，明晰了各级相关单位的责任，明确了科技计划项目信誉管理制度。对没有按时完成验收，拒报有关绩效评价材料等行为的项目承担单位，建立相关信誉档案纪录。共27家科技计划项目承担单位纳入不良信誉记录档案，对承担单位及其单位法人或负责人等予以通报，在3年内不能再申报、承担各类（级）科技计划项目。4. 开展项目绩效评价。对2013年度科技资金进行整体评价，采用查看科技计划项目申报、评审、公示等资料和抽查项目单位现场评价相结合的方式进行，查看资料项目数为285个，金额16823万元，分别占项目总数的22.28%和资助总额的57.02%。现场抽查项目87个，资助金额8370万元，分别占项目总数的6.8%和资助总额的28.37%。经综合评价最终得分为84.7分，绩效评价等级为良。通过2013年立项项目实施，各承担单位共开发新产品2568项，新增科技成果708项，申请国家专利2485项，获得专利授权1328项（其中获得发明专利582项），共实现总产值573.3亿元，利税总额51.81亿元，出口创税2.36亿元。

（陈　昶）

【支持“两型”社会建设】 围绕长沙经济社会发展重点设定了“两型”社会建设科技支撑资金等20个专项。2014年立项支持“两型”社会建设146项，经费3608万元，重点支持了大气污染防治技术开发与应用、水污染防治技术开发与应用、大气污染防治技术开发与应用、废弃物资源化综合利用技术开发与应用等领域。通过设立专项，引导社会重视和支持“两型”社会产业发展，引导企业重点发展“两型”社会建设技术和项目。组织开展了科技活动周和“两型引领，幸福长沙”科普知识竞赛等各类科普活动，大力普及两型科技知识、传播“两型”社会理念、倡导低碳生活方式。

（吴许文）

【社会科技发展】 重点支持医疗卫生、文化、金融和公共交通等方面的技术研发和产业化。支持城市公共管理项目42项，支持经费943万元，重点支持了“地铁地下车站空调系统专用蒸发冷凝器开发与应用”和“智能车道控制器的研发及产业化”等项目，大力推动城市环境、公共安全和社会管理等方面的技术研发和产业化推广。支持医疗卫生项目102项，共投入资金2153万元。设置了“中药创新关键技术研究及产业化”和“检测试剂与医药用抗体关键技术研究及产业化”重大专项。

（李　畅）

【科学技术普及】 全市上下坚持主题性与经常性科普活动相结合，围绕科技活动周、全国科普活动日、科技三下乡等主题活动，积极组织提高市民素质、服务民生、贴近群众生活的科普宣传教育活动，使科普工作成为了常态性工作。全市围绕大型科普活动开展科普进社区、农村、学校、机关、企业等日常科普活动达到400余场（项），参加人次超过60余万；举办各类科技培训班3000余次，参加人数近28万；发放科技资料、图书30万余份（册）；举办科普（技）讲座和报告会1000余场次，参加人数超过20余万；开展科技下乡活动140余次，参加人数达到25万。全市近50家各类科普场馆（基地）在科技活动周、全国科普日等大型科普活动期间，免费向公众开放，全市各类科普基地开放活动230余次，参加人数90万余人次。

（吴许文）

·科技环境·

【完善科技创新政策体系】 牵头制定了《中共长沙市委 长沙市人民政府关于强化企业自主创新能力建设 加速转型创新发展的意见》（长发〔2014〕16号），从深化科技体制机制改革、强化企业自主创新主体地位、构建创新创业完整的金融服务链等9个方面制订了33条推进措施。推进依法行政，制定了《长沙市科技局深入推进依法行政 加快建设法治政府实施方案》和《长沙市科技局深入开展依法行政示范单位创建活动实施方案》。

（尹志军）

【推进科技体制改革】 制定了《长沙市科学技术局关于贯彻落实市委市政府〈关于全面深化改革的实施意见〉的工作方案》，《关于〈市直有关部门贯彻实施〈中共长沙市委关于全面深化改革的实施意见〉重要举措分工方案〉中明确的由市科技局牵头改革事项的工作方案》，《关于“经济体制改革专项小组2014年工作要点”中明确的由市科技局牵头事项的工作方案》3个专门工作方案。牵头制定了长沙科技“33条”，对包含“扩大股权与分红激励试点，健全科技成果处置权、收益权管理机制，促进科技成果资本化、产业化”，财政科技资金投入等多个科技体制改革事项进行了全面部署。完成了市委、市政府对局机关各类达标评比表彰、协调议事机构和行政审批职权的清理，以及本级行政权力清单的公布等深化改革工作，市科技局牵头组织的各类达标评比表彰从5个精简到1个，办公室设市科技局的协调议事机构从9个精简到4个，撤销了不必要的行政审批，仅保留1项非行政许可。

（方明赛）

【创新型单位建设】 2014年，修改了创建创新型单位申报条件，经严格的初审、专家评审、局务会研究并报分管市领导批准、公示等程序，发文认定了湖南联智桥隧技术有限公司等86家申报单位中的53家为长沙市第七批创建创新型单位。由市科技局计划、监察和业务主管部门组成验收小组，采取集中汇报、现场考察等形式，对2013年（第六批）54家创建创新单位工作进行了严谨、细致地验收，各单位创建工作特点突出，各项目标任务得到较好实现，经济社会效益较往年有了明显提高。

（李　畅）

【科技宣传】 为了营造更加浓厚创新氛围，正确引导舆论，2014长沙科技宣传借助举办科交会，通过举行新闻发布会，专题报道，刻制宣传光盘等形式大力宣传长沙科技创新情况和创新政策。2014年，湖南卫视、长沙新闻频道，《科技日报》《湖南日报》《长沙晚报》，人民网、红网、星辰在线，《文汇报》等市内外主流媒体在重要时段或重要版面位置报道、刊发、转发新闻稿件近千余篇。长沙科技网、长沙科技成果转化网等网站通过设置2014科技活动周、2014科交会、2013长沙市十大科技事件、长沙市科技局深入开展党的群众路线教育实践活动、2014年“12396”助农直通车网上课堂等专栏及时更新发布长沙科技信息1300余条，其中视频新闻50余条。（陈　昶）

·高新技术·

【高新技术产业发展】 2014年，全市高新技术产业面对国内经济发展“新常态”，总体保持稳中求进。全市有效高新技术企业873家，实现总产值6427亿元，同比增长18.8%；全市高新技术产业增加值达到2232亿元，同比增长21.2%；实现销售收入6212亿元，同比增长18.4%；实现利税567亿元，同比增长1.9%。全市873家高新技术企业不断增加研发投入，研发经费支出212.5亿元，同比增长10.6%；全市高新技术企业申请专利7880项。高新技术产业规模跃上新台阶，骨干企业支撑作用凸显，全市高新技术企业产值100亿元以上的有6家，产值50亿元以上的13家；从高新技术产业增加值上看，全市增加值过亿元企业192家，占全部高新技术企业数的21.9%；增加值超过10亿元的企业26家，全年累计实现增加值987.8亿元，占全部高新技术产业增加值的44.26%。（杨楚彬）

【高新技术产业集群】 2014年，长沙市高新技术改造传统产业（含工程机械产业）实现高新技术总产值2427亿元，占全市高新技术总产值比重为41%；新材料技术实现高新技术总产值1039亿元，占全市高新技术总产值比重18%；电子信息技术、生物与新医药技术、高技术服务业均实现高新技术产值约700亿元，各占全市高新技术总产值比重11%左右，多点支撑格局初见雏形。资源与环境技术跨越式发展，实现产值123.25亿元，同比增长57%，增幅为各领域之首。（梁　雄）

【培育与发展高新技术企业】 指导长沙企业了解和熟悉高新技术领域相关知识和国家有关高新技术企业优惠和扶植政策，开展了高新技术企业认定培训，共有215家企业，247人次参加了培训。根据国家高新技术企业认定管理办法规定，全年受理高新技术企业认定申请277家，其中240家通过省厅认定，通过率87%；受理高新技术企业复审申请78家，其中70家通过省厅认定，通过率90%。截至12月底，全市共有873家高新技术企业，新增高新技术企业240家。经科技部评审认定，2014年中国水电顾问集团中南勘测设计研究院有限公司等14家企业获得国家火炬计划重点高新技术企业荣誉称号，占全省新增重点企业数的56%。全市重点高新技术企业累计达到51家。（王岁江）

【关键技术研发与成果转化】 中国铁建重工集团的国产首台大直径全断面硬岩隧道掘进机在长沙下线，标志着中国现代化隧道施工装备达到世界领先水平；中电四十八所研制的自主知识产权敏感芯片成功替代进口；长沙长泰机器人公司“CTR铸铁件机器人自动化精整系统”获得国际机器人行业最高荣誉“IERA Award发明与创业奖”银奖。湖南华曙高科技有限责任公司自主研发的世界最快工业级3D打印机在长沙问世。高性能3D烧结金属材料研发、诊断与药用抗体制品研究与开发、面向制造业的机器人视觉检测与控制关键共性技术、汽车轻量化关键技术、三网融合及电广传媒关键技术、智慧城市技术、嵌入式系统关键技术、智能家居立体化物联数据网络系统与终端接入关键技术研发等一批关键技术已取得突破性进展，即将实现产业化。（胡　静）

【技术先进型服务企业培育与发展】 全市近100家科技型服务外包企业中开展问卷调查，根据调查问卷提供的基本信息，摸清了全市科技型服务外包企业的基本情况，撰写了《长沙市科技型外包企业调研报告》。市科技局与市财政局、国税局、地税局、商务局、发改委等6个单位修改完善了《长沙市技术先进型服务企业认定管理办法》（长科发〔2014〕50号），并严格按照文件组织开展长沙市2014年技术先进型服务企业认定和复审工作。（梁　雄）

【科技与文化融合】 根据中共长沙市委办公厅《关于做好党委序列议事协调机构清理工作意见反馈的通知》，调整了文化和科技融合示范基地建设领导小组组成人员。根据长沙市文化体制改革总体要求，制定了《持续推进长沙国家级文化和科技融合示范基地建设实施方案》，参与市发改委、市委宣传部等出台了《长沙市加快推进文化创新和设计服务与相关产业融合发展行动计划（2015—2020）》。认定了11家批文化和科技融合示范企业。继续实施科技与文化融合重大专项，共支持两个子项——现代文化产业科技引领工程和传统文化产业科技提升工程项目15个，资金1030万元。（王岁江）

·农业科技·

【农业技术研发与成果推广应用】 以科技计划项目的形式支持湖南省农科院、湖南农业大学、长沙市蔬菜研究所等多家农业科研单位、涉农科技企业及农业科技合作社开展作物新品种的选育和引进示范推广工作。支持的科技项目达40个，经费达615万元，主要技术领域包括水稻、蔬菜、棉花、中药材、花卉等方面。安排了1155万元的经费重点支持了近92家农业科研部门、涉农科技企业、农业科技合作社开展了一系列农业新技术的开发与推广，涉及水稻的优质高产栽培技术，蔬菜的设施、反季节、无公害栽培技术，特种水果的丰产栽培技术，茶叶、油茶的丰产栽培技术，土壤酸化改良技术，病虫害综合防治技术，中药材GAP种植技术，农业机械化技术等，多个项目进展顺利。（胡和平）

【农产品精深加工技术研发与应用】 科技计划安排了近760万余元经费重点支持了近26家涉农科技企业开

展农产品精深加工技术研发与应用，主要是在粮食精深加工技术、畜禽精加工技术、蔬菜精加工技术、水果加工技术、蜂产品加工技术、水产品加工技术以及有关加工设备等方面开展研究与应用，项目的实施促进了农产品加工关键技术、共性技术的解决。（胡和平）

【现代农业特色产业科技示范基地建设】 2014年，一方面促进已认定的74家示范基地发挥好科技创新和示范带动的作用，另一方面新发展了有科技创新、产业特色鲜明的示范基地14个，带动农业新技术、新品种的集成示范推广。2014年，各基地建设共带动投入1.41亿元，共新扩建基地面积达94.11公顷，研发新产品115个，申请国家发明专利1项，实用新型专利1项，获得国家专利4项，其中发明专利3项，实用新型专利1项，实现销售收入7.65亿元，实现利润7622.77万元，上缴税金811.07万元。基地共新增就业4819人，举办各类讲座、培训155期，培训农技人员10724人次，带动农民增收1.79亿元。（曾　敏）

【科技助农直通车】 2014年，以星火科技12396长沙科技助农直通车信息工程为抓手，坚持“平台上移，服务下延”的原则，加大工作和支持力度，重点是抓好市级综合平台建设、基层示范站建设和农业实用技术培训。2014年新发展市级信息服务示范站18家，全市直通车专家队伍达400余名；共组织专家“出诊”服务近900场次；组织基层信息服务站在省市平台发布信息和咨询问题近6000条；举办农业科技培训430余期，培训农民近3万人次，发放科技资料20万余份；通过开展农业科技信息服务，节约生产成本2150万元，挽回经济损失1670万元，增加经济收入8217万元。（曾　敏）

·产学研合作·

【2014中国（长沙）科技成果转化交易会】 创新了办会模式，采用“请进来，走出去”两个阶段式办会。第一阶段“请进来”，于10月23—24日在长沙组织了启动式及12个主体活动。第二阶段于11月下旬，组织了一批科技型企业前往北京、上海两地与清华大学、北京大学、复旦大学、上海交通大学等高校开展考察、项目对接和合作洽谈活动。第十届全国人大常委会副委员长顾秀莲指导，科技部副部长曹健林，省委常委、副省长陈肇雄，省委常委、市委书记易炼红，国防科技大学副校长庄钊文，湖南省政协副主席王晓琴，中国科协副主席、工程院院士黄伯云等领导出席了启动式。会议共签订各类产学研合作协议262个，签约金额128.9亿元。（陈　昶）

【产学研金合作】 设立了“产学研合作资金”专项。2014年共立项147项，支持资金3229万元，支持了“高性能稀土永磁材料关键技术研究与产业化——高性能稀土永磁材料关键技术研究与产业化”等一批先进科技成果落地转化。2014年，技术合同成交总金额27.76亿元，技术交易额20.24亿元。合同数2278份，其中技术开发合同1745份，合同成交额15.35亿元，技术交易额11.95亿元；技术转让合同65份，合同成交额10.67亿元，技术交易额6.54亿元；技术咨询3份，合同成交额和技术交易额194.72万元；技术服务465份，合同成交额和技术交易额1.72亿元。新增技术交易机构备案49家。（潘　攀）

【国际科技交流与合作】 2014年支持“引进国际先进适用技术”专项15项，总金额255万元。先后组织技术和管理人员赴美国、加拿大等国家和台湾地区进行科技创新管理培训和国际科技合作，开展国际先进技术引进和高端人才招揽，成功引进美国明尼苏达大学在长成立技术转移机构，实现了北美高校技术转移中心落户长沙零的突破，长沙与境外高校或机构共建技术转移中心已达四家。利用国际科技交流合作窗口积极开展技术对接，2014年开展各类活动20余次，签订各类境外技术转移合同10余个。接待来自美国、澳大利亚、德国、俄罗斯、新加坡等国家的科技代表团10余个，数量金融、量子计算与智能系统、智能机电系统、物联网、无线电设备与电子、合成橡胶等领域一批国际先进技术在长落地。（陈　昶）

【长江中游城市群科技合作】 2014年6月14日，组织召开了“长江中游城市群省会城市第二届科技合作联席会”，会议一致通过并形成了《长江中游城市群省会城市第二届科技合作联席会会议纪要》。依托长沙市科技专家库，结合地区科技计划、科技奖励评审程序，开展了科技计划、科技奖励异地评审合作，并多次为武汉、合肥、南昌等地的科技项目及科技奖励的评审推荐长沙优秀科技评审专家。牵头成立了“长江中游城市群省会城市科技发展比较研究课题指导组”，开展“长江中游城市群省会城市科技发展比较研究”。组织新亚胜、明和光电、红太阳光电等12家长沙光电子领域的优秀企业参加了在武汉市举行的“第十一届‘中国光谷’国际光电子博览会暨论坛”，充分展示了长沙光电子领域创新成果，促进了行业领域的交流与合作。（胡　静）

【驻长沙技术转移中心】 美国明尼苏达大学、长沙市科学技术局、湖南帝优生物科技有限公司联合签订科研合作的框架协议，境外高校在长技术转移中心达到5家。通过驻长技术转移中心，积极组织高校与企业技术对接活动，打造校企合作创新的平台，先后组织了“北京理工大学专家教授长沙行”“悉尼科技大学先进适用技术对接交流会”“武汉理工大学、华南理工大学专家教授长沙行活动”“推动望城区美丽乡村建设与发展”四川大学涉农技术推介专场会、上海交通大学成果对接会、“建设宜居长沙你我同行”四川大学专家教授长沙环保行、俄罗斯技术交流与科技成果推介会等活动。（余新辉）

·科技平台·

【技术研发平台】 2014年，长沙获批组建了湖南千山制药机械股份有限公司技术中心1家国家级企业技术中心，获批组建了湖南省电力厂站智能自动化工程技术研究中心等18家省级工程技术研究中心，同时对获批组建的国家、省级工程（技术）研究中心进行了配套支持。新批准组建了长沙市瓜果病毒病检测鉴定工程技术研究中心等25家市级工程技术研究中心，对已完成组建的长沙市节能型止回装置工

程技术研究中心等10家市级工程技术研究中心进行了验收。（黄 可）

【创新服务平台】 新组建了“长沙市机器人产业技术创新战略联盟”。对所有产业技术创新战略联盟进行了2013年度绩效考核，对考核优秀的联盟单位进行了表彰，给予考核结果为“合格”以上的联盟单位共计225万元的工作经费支持。积极推进联盟的注册工作，到2014年，所有联盟全部完成了民办非企业注册登记。重点支持了长沙市小微企业分析检测服务平台建设、临床疾病基因诊断公共服务平台建设、长沙市望城区动物产品质量安全监管平台建设等3个检测服务平台。获国家工信部批准，成立了长沙市中小企业公共服务平台、长沙电子信息产业集群窗口平台。（张淑华）

【成果转化平台】 湖南妙盛企业孵化港有限公司、湖南长海科技创业服务有限公司被国家科技部认定为国家级科技企业孵化器，湖南豪丹科技园创业服务有限公司、长沙恩吉创业服务有限公司被湖南省科技厅认定为省级科技企业孵化器。对2013年认定的国家级科技企业孵化器——长沙湘能科技企业孵化器有限公司给予100万元的配套支持。2014年新认定市级科技企业孵化器4家，给予每家50万元的经费支持。重点支持了科技企业网络孵化服务平台建设及应用、长沙技术（产权）交易市场建设、湖南省国际高新技术转移企业服务平台建设等3个成果转化服务平台建设。（黄 可）

附录

2014年长沙科技十件大事

1. 长沙、株洲、湘潭国家高新区建设国家自主创新示范区正式获国务院批准。将努力打造成创新驱动发展引领区、科技体制改革先行区、军民融合示范区、中西部地区发展新的增长极。

2. 中共长沙市委、市人民政府出台《关于强化企业自主创新能力建设加速转型创新发展的意见》，从深化科技体制机制改革、强化企业自主创新主体地位、构建创新创业完整的金融服务链等9个方面制定措施33条。

3. 国防科大研制的“天河二号”获世界超级计算机“双料冠军”，实现世界超算“四连冠”；“天河一号高效能计算机系统”项目获2014年度国家科技进步奖特等奖；“天河”高性能计算创新团队当选央视2014年度科技创新团队。

4. 袁隆平院士领衔的第四期超级稻大面积亩产超过1000千克，平均亩产达1026.7千克，创造世界水稻大面积产量新纪录。

5. 14项重大科技成果获国家级奖励。其中中南大学张尧学院士主持完成的“网络计算的模式及其基础理论研究”获2014年度国家自然科学奖一等奖；湖南大学谭蔚泓主持完成的项目获2014年度国家自然科学奖二等奖，三一集团有限公司易小刚主持完成和湖南大学罗安主持完成的项目分获2014年度国家技术发明奖二等奖，湖南省林业科学院李昌珠主持完成、中南大学李劼主持完成和中南大学柴立元主持完成的项目获2014年度国家科技进步奖二等奖。

6. 中国铁建重工集团的国产首台大直径全断面硬岩隧道掘进机在长沙下线，标志着中国现代化隧道施工装备达到世界领先水平；中电四十八所研制的自主知识产权敏感芯片成功替代进口；长沙长泰机器人公司“CTR铸铁件机器人自动化精整系统”获得国际机器人行业最高荣誉“IERAAward发明与创业奖”银奖。湖南华曙高科技有限责任公司自主研发的世界最快工业级3D打印机在长沙问世。

7. 长沙经济技术开发区获批国家知识产权示范园区；长沙高新技术产业开发区首次进入国家高新区创新能力排名前十；望城经济技术开发区获批成为国家级开发区。

8. 2014中国（长沙）科技成果转化交易会创新办会模式，分“请进来，走出去”两个阶段成功举办，实现签约产学研合作项目261项，签约金额128.9206亿元，再次获“中国十佳品牌展览会”殊荣。

9. 湘雅医学院全球首例3D打印辅助颅底肿瘤切除术获得成功，首次发现并克隆了急性早幼粒白血病的新致病基因，首次发现人卵“外衣”缺失病例及其致病基因。

10. 全国首条拥有完全自主知识产权的中低速磁浮铁路在长沙开工建设。

表29 2014年长沙市创建创新型单位名单

序号	单位名称
（一）创新型企业	
1	湖南联智桥隧技术有限公司
2	湖南特种金属材料厂
3	湖南省冶金材料研究所
4	湖南湘丰茶业有限公司
5	长沙南方钽铌有限责任公司

续表 29

序号	单位名称
6	长沙长泰机器人有限公司
7	湖南华强电气有限公司
8	湖南粮食集团有限责任公司
9	湖南农大动物药业有限公司
10	湖南现代环境科技有限公司
11	湖南太阳龙医疗科技有限公司
12	湖南欧林雅服饰有限责任公司
13	长沙拜特生物科技研究所有限公司
14	长沙盛泓机械有限公司
15	湖南五新重型装备有限公司
16	长沙威保特环保科技有限公司
17	湖南湖大艾盛汽车技术开发有限公司
18	长沙天卓塑胶有限公司
19	湖南天地恒一制药有限公司
20	长沙安迪生物科技有限公司
21	湖南省邮电规划设计院有限公司
22	湖南百宜饲料科技有限公司
23	湖南雅城新材料发展有限公司
24	长沙县金井茶厂
25	湖南搏浪沙水工机械有限公司
26	湖南省土壤肥料研究所
27	湖南有色金属研究院
28	湖南省植物保护研究所
	（二）创新型学校创建
29	湖南中医药大学
30	长沙市北雅中学
31	长沙市芙蓉区大同第二小学
32	长沙市第二十六中学
33	长沙市雨花区枫树山鸿铭小学
34	长沙市岳麓区博才金峰小学
35	宁乡县实验中学
36	长沙市湘府中学
	（三）创新型科技服务机构创建
37	长沙中电软件园有限公司
38	长沙华益投资咨询有限公司
	（四）创新型社区创建
39	长沙市开福区清水塘街道清水塘路社区居民委员会
40	浏阳市淮川街道北正社区居民委员会
41	长沙市雨花区左家塘街道赤岗社区居民委员会
42	长沙市雨花区井湾子街道融城苑社区居民委员会
43	长沙市雨花区高桥街道金环社区居民委员会
44	长沙市芙蓉区湘湖街道车站北路社区居民委员会

续表 29

序号	单位名称
	（五）创新型乡镇（街道）创建
45	长沙县星沙街道办事处
46	浏阳市关口街道办事处
47	长沙市岳麓区梅溪湖街道办事处
48	长沙市雨花区左家塘街道办事处
49	长沙市望城区格塘镇人民政府
50	宁乡县城郊乡人民政府
51	长沙市芙蓉区荷花园街道办事处
52	长沙县湘龙街道办事处
	（六）创新型园区创建
53	宁乡经济技术开发区管理委员会

表 30　　第六批“长沙市创新型单位”名单

序号	单位名称
	（一）创新型企业
1	湖南稀土金属材料研究院
2	中国铁建重工集团有限公司
3	长沙景嘉微电子股份有限公司
4	湖南汇一制药机械有限公司
5	北汽福田汽车股份有限公司长沙汽车厂
6	浏阳象形精品烟花出口制造有限公司（原浏阳市象形精品烟花出口厂）
7	湖南纳菲尔新材料科技股份有限公司
8	长沙族兴新材料股份有限公司
9	湖南南方搏云新材料有限责任公司
10	长沙市迪马斯体育用品实业有限公司
11	湖南松井新材料有限公司
12	湖南邦德利建材有限公司
13	湖南力科自动化技术有限公司
14	国药控股湖南有限公司
15	湖南优蜜食品科技有限公司
16	长沙普惠环保机械有限公司
17	长沙中传机械有限公司
18	湖南易通汽车配件科技发展有限公司
19	湖南万通科技有限公司（原湖南万通电力科工有限公司）
20	湖南先步信息股份有限公司
21	长沙文象环保科技有限公司
22	湖南新五丰股份有限公司
23	大邦（湖南）生物制药有限公司
24	长沙佳能通用泵业有限公司
25	湖南中岸生物药业有限公司
26	湖南美可达生物资源有限公司

续表 30

序号	单位名称
27	湖南亿年酉鱼农牧渔业发展有限公司
（一）创新型企业	
28	陕西中大机械集团湖南中大机械制造有限责任公司
（二）创新型科研院所	
29	湖南省蔬菜研究所
30	湖南省水稻研究所
（三）创新型公共服务机构	
31	湖南星辰在线网络传播有限公司
（四）创新型学校	
32	湖南师范大学
33	宁乡县双江口镇双江口初级中学
34	长沙市芙蓉区马坡岭小学
35	长沙市开福区清水塘第二小学
36	长沙市望城区职业中等专业学校
37	长沙市岳麓区望新小学
（五）创新型乡镇（街道）	
38	长沙市芙蓉区定王台街道办事处
39	长沙市天心区坡子街街道办事处
40	浏阳市沿溪镇人民政府
41	宁乡县白马桥乡人民政府
42	长沙市岳麓区银盆岭街道办事处
（六）创新型社区	
43	长沙市天心区新开铺街道新天社区居民委员会
44	长沙市雨花区洞井街道高升社区居民委员会
45	长沙市开福区望麓园街道荷花池社区居民委员会
46	长沙市天心区赤岭路街道白沙花园社区居民委员会
47	长沙市望城区高塘岭街道白芙塘社区居民委员会
48	长沙市开福区东风路街道东风二村社区居民委员会
49	长沙市芙蓉区荷花园街道杨家山社区居民委员会
（七）创新型科技服务中介机构	
50	湖南大学科技园有限公司
（八）创新型园区	
51	金洲新区工业集中区管理委员会（原宁乡金洲新区管理委员会）
52	湖南浏阳制造产业基地
（九）创新型医院	
53	中南大学湘雅医院

表 31　2014 年长沙科技重大专项

序号	重大专项名称	子项名称	项目名称（研究方向）
1	信息网络科技支撑重大专项	（1）电子信息技术关键系统研究与开发	金融机具关键技术研究及产业化
		（2）“三网融合”新技术开发及应用	高安全级别的数字多媒体 IP 网络对讲系统产业化
			农信 RCAP 异地远程集中授权管理系统开发
		（3）电子信息技术关键系统研究与开发	嵌入式系统关键技术研究及其产业化
			汽车主动安全传感器关键技术研究及产业化
			嵌入式系统关键硬件技术研究及产业化
			嵌入式系统操作系统技术研究及产业化
			基于嵌入式的汽车 EPS 控制器关键技术研究及产业化
		（4）新型电子元器件开发	固态硬盘关键技术研究及产业化
		（5）智慧城市技术开发与应用	智慧城市中能源用户交互管理系统开发及应用
			智慧医疗公共支撑平台应用与服务创新
2	新材料产业科技支撑重大专项	（6）高性能稀土永磁材料关键技术研究与产业化	高性能 S-NdFeB 磁体及生产新工艺的研究
			高性能稀土永磁材料关键技术研究与产业化
		（7）高性能金属效应铝颜料和涂料关键技术研究及产业化	高性能金属效应铝颜料新产品研发及产业化
			高性能金属效应涂料研发及产业化
		（8）金属材料新技术及产品开发	电动汽车用高能量锂离子动力电池产业化科技攻关
		（9）高分子材料新材料技术及产品开发	氢化丁腈橡胶密封制品关键技术的研究及产业化
		（10）3D 模型快速采集与获取、高性能选择性激光烧结设备及烧结材料的研制及产业化	高性能选择性激光烧结设备及尼龙材料研制与产业化
			高性能 3D 烧结金属材料研发和产业化
3	生物与新医药产业科技支撑重大专项	（12）中药创新关键技术研究及产业化	银黄清肺胶囊等系列新品种研发
			高纯度 1- 脱氧野尻霉素（DNJ）制备技术研究
			中药超微饮片技术开发与研究
			中药特色新品种及关键技术研发
			中药大品种的质量标准化关键技术研究及产业化
			生物中药猴头健胃灵质量标准化关键技术研究及产业化
		（13）检测试剂与医药用抗体关键技术研究及产业化	检测试剂关键技术研究及产业化
			检测试剂与医药用抗体关键技术研究及产业化
			诊断与药用抗体制品研究与开发
4	先进装备制造产业科技支撑重大专项（含科技领军人才创新创业资金）	（14）先进制药机械研发与产业化	电子微孔检漏机研发与产业化
			塑料容器吹瓶、灌装、封口一体机的研发与产业化
			无菌药品冻干制剂生产线研究与产业化
		（15）先进制造系统技术及装备开发	大型集束式 MOCVD 设备关键技术研究
		（16）先进工业机器人研发及应用示范	数字化焊接机器人研制及产业化
			先进铸铁件自动精整工业机器人产业化推广应用
			面向制造业的机器人视觉检测与控制关键共性技术
5	汽车产业科技支撑重大专项	（17）汽车电子产品开发	高效节能汽车点火线圈关键技术的研究与产业化
		（18）新型汽车及其关键零部件开发	汽车散热系统无刷永磁电机的研制及产业化
			汽车用高强高韧和耐磨球墨铸铁关键技术研究及产业化
		（19）汽车产业发展关键技术研究与产业化	汽车轻量化关键技术研究及其产业化

续表 31

序号	重大专项名称	子项名称	项目名称（研究方向）
6	文化创意产业科技支撑重大专项	（20）现代文化产业科技引领工程	云电视存储和计算中心建设
			三网融合及电广传媒关键技术开发与创新平台建设
			基于“三屏合一”的多媒体营销平台建设
			Smart 复合数字出版系统及数字教育云的开发与应用
		（21）传统文化产业科技提升工程	智能家居新技术开发与推广应用
			高分子节能电热翅片板智能采暖系统应用技术推广与新技术开发
			新型陶瓷材料及烧制技术研发与推广应用
			中国红瓷器婚庆文化系列礼品开发
			演艺展示文化声光电系统集成技术研发与推广应用
			魔幻舞台系列多功能 LED 显示屏的研发与产业化
			新型湘绣材料及绣制技术研发与推广应用
			数字化、智能化技术与传统湘绣的融合创新及湘绣艺术研究院建设
			湘绣数字化技术研究与数字博物馆建设
			新型烟花及烟花燃放技术研发与推广应用
			大型艺术焰火燃放系统关键技术研发与推广应用
			浏阳彩色菊花石雕文化创意产业的关键技术开发
			智能型建筑外遮阳节能门窗一体化系统应用推广与新技术开发
		（22）智能家居立体化物联数据网络系统与终端接入关键技术研发与产业化	高清 LED 电子显示屏、高效影视舞台灯光设备智能集成技术研究开发与应用
			物联控制系统研发
			智能家居立体化物联数据网络系统与终端接入关键技术研发批量生产与产业化应用
			多媒体管理系统技术研发
7	现代农业与健康科技专项	（23）食品加工过程中安全控制关键技术研究与示范	休闲食品保鲜保质共性关键技术研究
			粗粮乳饮料工业化生产关键技术研究及产业示范
		（24）农产品精深加工、安全检测与现代储运技术	优质稻低温储藏系统及关键设备开发
			优质稻低温储藏系统及关键设备开发
			酱油多菌种酿造关键技术研究与示范
			发酵米制品生产中重金属消减技术研究
		（25）食品加工设备与绿色加工关键技术研究与示范	食品专用双螺杆挤压机成套设备研究与开发
			散粮吸卸机械研究与产业化
			扁茶成套加工机械研发与产业化
			高蛋白休闲食品杀菌技术
		（26）农林植物、畜禽水产等优良新品种与优质高效安全生产技术	铁皮石斛优良品种选育与优质高效安全生产技术研究与产业化
8	生态环境保护科技支撑重大专项	（27）大气污染防治技术开发与应用	工业高温烟气 PM2.5 高效净化关键技术研究及装备的产业化
			生活垃圾焚烧烟气净化技术研究及应用
		（28）废弃物资源化综合利用技术开发与应用	垃圾塑料回收利用研究及产业化
		（29）水污染防治技术开发与应用	重金属污染物减排与综合利用关键技术及工程示范
9	新能源与资源开发科技支撑重大专项	（30）绿色建材及建筑节能关键技术研究与产业化	高、新、特加固材料的研发及产业化

续表 31

序号	重大专项名称	子项名称	项目名称（研究方向）
10	航天航空产业科技支撑重大专项	（31）北斗卫星通信及导航等系统开发与应用	基于北斗二代 RNSS 双频定位系统的高精度导航用户机研发及产业化
			中国第二代卫星导航系统重大专项应用推广与产业化项目
			多模多频高精度天线
			基于北斗的物流位置服务平台及终端的研发产业化

表 32　　2014 年长沙新增高新技术企业

序号	企业名称	所属区域
	2014 年第一批认定高新技术企业	
1	湖南省圣保罗木业有限公司	长沙市
2	长沙南方钽铌有限公司	长沙市
3	湖南尔康北山明胶有限公司	长沙市
4	湖南普斯赛特光电科技有限公司	长沙市
5	湖南有色金属研究院	长沙市
6	长沙兴嘉生物工程股份有限公司	长沙市
7	湖南尔康制药股份有限公司	长沙市
8	湖南尔康正阳药用胶囊有限公司	长沙市
9	湖南大方农化有限公司	长沙市
10	长沙和坊电子科技有限公司	长沙市
11	湖南雅城新材料发展有限公司	长沙市
12	湖南中大创远数控装备有限公司	长沙市
13	长沙市汇华胶粘剂科技有限公司	长沙市
14	长沙华洋机电设备制造有限公司	长沙市
15	湖南科太电气有限公司	长沙市
16	湖南春光九汇现代中药有限公司	长沙市
17	湖南康源制药有限公司	长沙市
18	长沙中南凯大粉末冶金有限公司	长沙市
19	长沙市佳一密封件有限公司	长沙市
20	中冶长天国际工程有限责任公司	长沙市
21	长沙利欧天鹅工业泵有限公司	长沙市
22	湖南科比特新能源电气 技术有限公司	长沙市
23	湖南千山制药机械股份有限公司	长沙市
24	湖南罗比特化学材料有限公司	长沙市
25	中铁建电气化局集团第四工程有限公司	长沙市
26	湖南东方钪业股份有限公司	长沙市
27	飞翼股份有限公司	长沙市
28	威胜集团有限公司	长沙市
29	湖南威铭能源科技有限公司	长沙市
30	长沙威胜信息技术有限公司	长沙市
31	长沙博大机械零部件有限公司	长沙市
32	湖南万通科技有限公司	长沙市
33	湖南江海科技发展有限公司	长沙市
34	中国轻工业长沙工程有限公司	长沙市

续表 32

序号	企业名称	所属区域
35	长沙湘江生力重防腐涂料有限公司	长沙市
36	湖南长步道光学科技有限公司	长沙市
37	永清环保股份有限公司	长沙市
38	湖南金沙药业有限责任公司	长沙市
39	湖南湘江涂料集团有限公司	长沙市
40	湖南创想伟业科技发展有限公司	长沙市
41	中建五局工业设备安装有限公司	长沙市
42	湖南易联众信息技术有限公司	长沙市
43	湖南交通规划勘察设计院	长沙市
44	湖南长高高压开关集团股份有限公司	长沙市
45	湖南精艺节能环保科技有限公司	长沙市
46	长沙远大住宅工业有限公司	长沙市
47	湖南安信医用高分子材料有限公司	长沙市
48	湖南鼎中环保科技有限公司	长沙市
49	宇环数控机床股份有限公司	长沙市
50	长沙市规划信息服务中心	长沙市
51	长沙壹纳光电材料有限公司	长沙市
52	湖南省忘不了服饰有限公司	长沙市
53	湖南新亚胜科技发展有限公司	长沙市
54	长沙开元仪器股份有限公司	长沙市
55	湖南九典制药有限公司	长沙市
56	湖南华望熏蒸消毒有限公司	长沙市
57	湖南轻工业纺织设计院	长沙市
58	湖南镭目科技有限公司	长沙市
59	中电长城（长沙）信息技术有限公司	长沙市
60	长沙奥特金属颜料有限公司	长沙市
61	湖南安邦制药有限公司	长沙市
62	拓维信息系统股份有限公司	长沙市
63	湖南神宇新材料有限公司	长沙市
64	湖南一朵生活用品有限公司	长沙市
65	湖南柯盛新材料有限公司	长沙市
66	湖南明创信息系统集成有限公司	长沙市
67	湖南晟通科技集团有限公司	长沙市
68	湖南泰嘉新材料科技股份有限公司	长沙市
69	长沙南丰电气设备有限公司	长沙高新区
70	湖南梦洁家纺股份有限公司	长沙高新区
71	多喜爱家纺股份有限公司	长沙高新区
72	湖南省湘电试验研究院有限公司	长沙高新区
73	湖南海纳新材料有限公司	长沙高新区
74	湖南沄辉科技股份有限公司	长沙高新区
75	湖南方盛制药股份有限公司	长沙高新区
76	长沙三济生物科技有限公司	长沙高新区
77	湖南长沙天地人生物科技有限公司	长沙高新区

续表 32

序号	企业名称	所属区域
78	力合科技（湖南）股份有限公司	长沙高新区
79	湖南长信畅中科技股份有限公司	长沙高新区
80	长缆电工科技股份有限公司	长沙高新区
81	金杯电工股份有限公司	长沙高新区
82	湖南佳信佰生物技术有限公司	长沙高新区
83	湖南海利化工股份有限公司	长沙高新区
84	中联重科股份有限公司	长沙高新区
85	湖南博云新材料股份有限公司	长沙高新区
86	湖南长斧众和科技有限公司	长沙高新区
87	长沙深湘通用机器有限公司	长沙高新区
88	长沙海川自动化设备有限公司	长沙高新区
89	九芝堂股份有限公司	长沙高新区
90	湖南丰汇银佳科技有限公司	长沙高新区
91	湖南天佳电子技术有限公司	长沙高新区
92	长沙奥托自动化技术有限公司	长沙高新区
93	长沙合茂网络科技有限公司	长沙高新区
94	长沙普惠环保机械有限公司	长沙高新区
95	湖南安淳高新技术有限公司	长沙高新区
96	长沙矿山研究院有限责任公司	长沙高新区
97	湖南康盟环保科技有限公司	长沙高新区
98	长沙艾格里生物肥料技术开发有限公司	长沙高新区
99	湖南湖大艾盛汽车技术开发有限公司	长沙高新区
100	湖南三德科技股份有限公司	长沙高新区
101	湖南晶鑫科技股份有限公司	长沙高新区
102	长沙海润生物技术有限公司	长沙高新区
103	长沙汉河电缆有限公司	长沙高新区
104	湖南互动传媒有限公司	长沙高新区
	2014 年第二批认定高新技术企业	
1	长沙赛尔透平机械有限公司	长沙市
2	湖南丰源业翔晶科新能源股份有限公司	长沙市
3	湖南中冶长天节能环保技术有限公司	长沙市
4	长沙豪耀电子科技有限公司	长沙市
5	湖南瑞翔新材料股份有限公司	长沙市
6	湖南兴瑞新材料研究发展有限公司	长沙市
7	湖南亿利达实业有限公司	长沙市
8	长沙国容新能源有限公司	长沙市
9	湖南耐普恩电能科技有限公司	长沙市
10	湖南继善高科技有限公司	长沙市
11	长沙矿冶研究院有限公司	长沙市
12	凯天环保科技股份有限公司	长沙市
13	湖南万容科技股份有限公司	长沙市
14	远大空调有限公司	长沙市
15	湖南省神六机械制造有限公司	长沙市

续表 32

序号	企业名称	所属区域
16	湖南沃邦环保科技有限公司	长沙市
17	湖南航天信息有限公司	长沙市
18	湖南长城信息金融设备有限责任有限公司	长沙市
19	长沙宏达科技发展有限公司	长沙市
20	湖南创博龙智信息科技股份有限公司	长沙市
21	湖南慧诚控制系统有限公司	长沙市
22	湖南华宽通科技股份有限公司	长沙市
23	湖南明和光电设备有限公司	长沙市
24	长沙韶光半导体有限公司	长沙市
25	湖南科创信息技术股份有限公司	长沙市
26	湖南华美信息系统有限公司	长沙市
27	湖南蓝创信息技术有限公司	长沙市
28	湖南大学设计研究院有限公司	长沙市
29	湖南电器研究所	长沙市
30	长沙金凤滩高科技有限责任公司	长沙市
31	中国建筑第五工程局有限公司	长沙市
32	中国水电顾问集团中南勘测设计研究院有限公司	长沙市
33	中航飞机起落架有限责任公司	长沙市
34	长沙市天映机械制造有限公司	长沙市
35	长沙开元平方软件有限公司	长沙市
36	湖南恒翔机电成套设备有限公司	长沙市
37	湖南天工展业有限公司	长沙市
38	中联重科机制砂设备（湖南）有限公司	长沙市
39	湖南泵阀制造有限公司	长沙市
40	湖南妙盛企业孵化港有限公司	长沙市
41	三一集团有限公司	长沙市
42	山河智能装备股份有限公司	长沙市
43	湖南博利达汽车零部件有限公司	长沙市
44	湖南蓝天焊接科技有限公司	长沙市
45	长沙众泰汽车工业有限公司	长沙市
46	湖南中茶茶业有限公司	长沙市
47	湖南泰克新能科技有限公司	长沙市
48	长沙湘邵电力设备有限公司	长沙市
49	长沙鸿汉电子有限公司	长沙市
50	长沙一派数控机床有限公司	长沙市
51	湖南达美程印刷科技有限公司	长沙市
52	三一汽车制造有限公司	长沙市
53	湖南三星玻璃机械有限公司	长沙市
54	长沙凯瑞重工机械有限公司	长沙市
55	中国铁建重工集团有限公司	长沙市
56	楚天科技股份有限公司	长沙市
57	湖南银通科技有限责任公司	长沙市
58	湖南长庆机电科教有限公司	长沙市

续表 32

序号	企业名称	所属区域
59	湖南湖大三佳车辆技术装备有限公司	长沙市
60	湖南长机科技发展有限公司	长沙市
61	湖南中南高创烟草科技有限公司	长沙市
62	湖南星宇龙机械有限公司	长沙市
63	加加食品集团股份有限公司	长沙市
64	湖南三一路面机械有限公司	长沙市
65	湖南湖大华龙电气与信息技术有限公司	长沙市
66	长沙奥托机械股份有限公司	长沙市
67	湖南南方博云新材料产业集团有限公司	长沙市
68	湖南亚太实业有限公司	长沙市
69	湖南精诚特种陶瓷有限公司	长沙市
70	长沙新宇高分子科技有限公司	长沙市
71	湖南海利高新技术产业集团有限公司	长沙市
72	湖南稀土金属材料研究院	长沙市
73	长沙北美孚新材料科技有限公司	长沙市
74	湖南科天新材料有限公司	长沙市
75	湖南省金海科技有限公司	长沙市
76	湖南五强产业集团股份有限公司	长沙市
77	湖南浩威特科技发展有限公司	长沙市
78	湖南固尔邦幕墙装饰有限公司	长沙市
79	湖南利尔电子材料有限公司	长沙市
80	长沙市旦晟门窗有限公司	长沙市
81	湖南华纳大药厂有限公司	长沙市
82	湖南泰尔制药股份有限公司	长沙市
83	袁隆平农业高科技股份有限公司	长沙市
84	湖南福来格生物技术有限公司	长沙市
85	湖南迪诺制药有限公司	长沙市
86	长沙绿叶生物科技有限公司	长沙市
87	湖南美可达生物资源有限公司	长沙市
88	湖南有色凯铂生物药业有限公司	长沙市
89	湖南长远锂科有限公司	长沙高新区
90	湖南省力宇燃气动力有限公司	长沙高新区
91	湖南睿胜能效管理技术有限公司	长沙高新区
92	化工部长沙设计研究院	长沙高新区
93	长城信息产业股份有限公司	长沙高新区
94	湖南一特电子医用工程股份有限公司	长沙高新区
95	长沙湘计海盾科技有限公司	长沙高新区
96	湖南威远信息技术有限公司	长沙高新区
97	湖南华博科技开发有限公司	长沙高新区
98	长沙市业通达监控技术有限公司	长沙高新区
99	长沙南睿轨道交通电气设备有限公司	长沙高新区
100	湖南先步信息股份有限公司	长沙高新区
101	长沙瑞伟电气有限公司	长沙高新区

续表 32

序号	企业名称	所属区域
102	长沙宏地科技开发有限公司	长沙高新区
103	湖南中联重科智能技术有限公司	长沙高新区
104	湖南华诺星空电子技术有限公司	长沙高新区
105	湖南中科博华科技有限公司	长沙高新区
106	中移电子商务有限公司	长沙高新区
107	湖南开源科技有限公司	长沙高新区
108	湖南邱则有专利战略策划有限公司	长沙高新区
109	国网电力（湖南）发展有限公司	长沙高新区
110	长沙通发高新技术开发有限公司	长沙高新区
111	湖南三能科技发展有限公司	长沙高新区
112	长沙海赛电装科技股份有限公司	长沙高新区
113	湖南英科电力技术有限公司	长沙高新区
114	长沙天腾电子有限公司	长沙高新区
115	湖南科瑞特科技股份有限公司	长沙高新区
116	湖南金能自动化设备有限公司	长沙高新区
117	湖南华强电气有限公司	长沙高新区
118	湖南长天自控工程有限公司	长沙高新区
119	长沙金鹰机电科技有限公司	长沙高新区
120	长沙正忠科技发展有限公司	长沙高新区
121	长沙金码高科技实业有限公司	长沙高新区
122	湖南金能科技股份有限公司	长沙高新区
123	长沙贝士德电气科技有限公司	长沙高新区
124	湖南博云汽车制动材料有限公司	长沙高新区
125	长沙大红陶瓷发展有限责任公司	长沙高新区
126	湖南杉杉新材料有限公司	长沙高新区
127	湖南佰霖生物技术有限公司	长沙高新区
128	长沙伟微高科技新材料股份有限公司	长沙高新区
129	长沙巨星轻质建材股份有限公司	长沙高新区
130	长沙三诺生物传感技术股份有限公司	长沙高新区
131	湖南德康制药股份有限公司	长沙高新区
132	康普药业股份有限公司	长沙高新区
133	湖南天劲制药有限责任公司	长沙高新区
134	湖南省明园蜂业有限公司	长沙高新区
135	湖南家辉生物技术有限公司	长沙高新区
136	湖南博云东方粉末冶金有限公司	长沙高新区
	合计 240 家	

表 33 2014 年通过复审高新技术企业名单

序号	企业名称	所属区域
1	湖南省艾博克电脑系统有限公司	长沙高新区
2	湖南远控能源科技有限公司	长沙高新区
3	湖南星空无线技术有限公司	长沙高新区

续表 33

序号	企业名称	所属区域
4	湖南省青苹果数据中心有限公司	长沙高新区
5	湖南特能博世科技有限公司	长沙高新区
6	湖南金指王信息系统有限公司	长沙高新区
7	湖南杰克数控磨床有限公司	长沙高新区
8	湖南航天宇环通信科技有限责任公司	长沙高新区
9	混啊泰瑞医疗科技有限公司	长沙高新区
10	湖南光琇高新生物科学有限公司	长沙高新区
11	长沙岱勒新材料科技股份有限公司	长沙高新区
12	湖南奇思环保有限公司	长沙高新区
13	湖南亿泰环保科技股份有限公司	长沙高新区
14	湖南信达电梯股份有限公司	长沙高新区
15	长沙华速电力科技有限公司	长沙市
16	湖南威视远讯科技有限公司	长沙市
17	湖南金码智能设备制造有限公司	长沙市
18	湖南智卓创新金融电子有限公司	长沙市
19	湖南创发科技有限责任公司	长沙市
20	长沙三才电子科技有限公司	长沙市
21	长沙美诺电子科技有限公司	长沙市
22	湖南双菱电子科技有限公司	长沙市
23	长沙创智和宇信息技术有限公司	长沙市
24	长沙尚唐古道科技有限公司	长沙市
25	长沙启明科技发展有限公司	长沙市
26	湖南电力调度高新技术开发公司	长沙市
27	长沙图龙设计有限公司	长沙市
28	中航规划建设长沙设计研究院有限公司	长沙市
29	湖南中大设计院有限公司	长沙市
30	湖南省交通科学研究院	长沙市
31	湖南有色冶金劳动保护研究院	长沙市
32	长沙天和砖具机械有限公司	长沙市
33	湖南湖机国际机床制造有限公司	长沙市
34	湖南永创机电设备有限公司	长沙市
35	湖南永安镭射科技有限公司	长沙市
36	湖南希法工程机械有限公司	长沙市
37	湖南深拓智能设备股份有限公司	长沙市
38	长沙哈量凯帅精密机械有限公司	长沙市
39	湖南湘仪动力测试仪器有限公司	长沙市
40	湖南鸿辉科技有限公司	长沙市
41	湖南山水节能科技股份有限公司	长沙市
42	湖南海捷精密工业有限公司	长沙市
43	长沙方圆回转支承有限公司	长沙市
44	湖南航天诚远精密机械有限公司	长沙市
45	湖南华天光电惯导技术有限公司	长沙市

续表 33

序号	企业名称	所属区域
46	湖南省湘晖农业技术开发有限公司	长沙市
47	湖南欧亚生物有限公司	长沙市
48	湖南百宜饲料科技有限公司	长沙市
49	湖南科源生物制品有限公司	长沙市
50	湖南华诚生物资源有限公司	长沙市
51	湖南湘雅制药有限公司	长沙市
52	湖南纳菲尔新材料科技股份有限公司	长沙市
53	湖南丽臣奥威实业有限公司	长沙市
54	长沙东鑫环保材料有限责任公司	长沙市
55	湖南中财化学建材有限公司	长沙市
56	湖南松井新材料有限公司	长沙市
57	湖南省天赐阳光太阳能有限责任公司	长沙市
58	湖南利能科技股份有限公司	长沙市
59	湖南华银能源技术有限公司	长沙市
60	湖南永清水务有限公司	长沙市
61	长沙奥邦环保实业有限公司	长沙市
62	湖南艾格森科技有限公司	长沙市
63	湖南东方华龙信息安全技术有限公司	长沙市
64	湖南省建筑材料研究设计院有限公司	长沙市
65	湖南全洲现代医药物流有限公司	长沙市
66	湖南联智桥隧技术有限公司	长沙市
67	长沙伟嘉饲料有限公司	长沙市
68	长沙建益新材料有限公司	长沙市
69	长沙赛恩斯环保科技有限公司	长沙高新区
70	湖南清之源环保科技有限公司	长沙高新区

表 34　2014 年长沙新增国家火炬计划国家重点高新技术企业

序号	企业名称	证书编号
1	中国水电顾问集团中南勘测设计研究院有限公司	GZ20144300001
2	袁隆平农业高科技股份有限公司	GZ20144300002
3	中联重科股份有限公司	GZ20144300003
4	爱威科技股份有限公司	GZ20144300004
5	楚天科技股份有限公司	GZ20144300006
6	山河智能装备股份有限公司	GZ20144300007
7	湖南邦普循环科技有限公司	GZ20144300008
8	湖南隆平种业有限公司	GZ20144300010
9	湖南红太阳新能源科技有限公司	GZ20144300011
10	湖南红太阳光电科技有限公司	GZ20144300012
11	湖南泰嘉新材料科技股份有限公司	GZ20144300013

续表 34

序号	企业名称	证书编号
12	湖南三德科技股份有限公司	GZ20144300018
13	湖南方盛制药股份有限公司	GZ20144300020
14	湖南长高高压开关集团股份公司	GZ20144300025

表 35　　2014 年长沙市文化和科技融合示范企业名单

序号	企业名称
1	拓维信息系统股份有限公司
2	天舟文化股份有限公司
3	湖南青苹果数据中心有限公司
4	湖南凌华印务有限责任公司
5	湖南和光传媒有限责任公司
6	鹰皇商务科技有限公司
7	湖南长广天择传媒有限公司
8	湖南四海通达文化传播有限公司
9	东信烟花集团有限公司
10	湖南明和光电设备有限公司
11	湖南华凯创意展览服务有限公司
12	嘉丽购物有限责任公司
13	华声在线股份有限公司
14	长沙国安广播电视宽带网络有限公司
15	长沙锦东瓷业有限公司
16	湖南中信泽实业有限公司
17	长沙大红陶瓷发展有限责任公司
18	湖南青果软件有限公司
19	湖南众益文化传媒有限公司
20	湖南新亚胜科技发展有限公司
21	长沙晚报传媒有限公司

表 36　　长沙市第四批科学技术普及专业场馆（基地）名单

序号	场馆（基地）名称	申报单位
1	新能源汽车科学技术普及基地	长沙市比亚迪汽车有限公司
2	光伏新能源科学技术普及场馆	湖南红太阳光电科技有限公司
3	空调制冷科学技术普及场馆	湖南盛世欣兴格力贸易有限公司
4	茶叶科学技术普及场馆	湖南省茶业集团股份有限公司
5	苗木花卉科学技术普及基地	长沙园林生态园
6	无土栽培科学技术普及场馆	湖南胤霆农业科技有限责任公司
7	蝴蝶科学技术普及场馆	望城区白箬铺镇光明新农村建设服务公司

表 37　　2014 年新增的省级工程（技术）研究中心

序号	名　称	依托单位
1	湖南省电力厂站智能自动化工程技术研究中心	湖南先步信息股份有限公司
2	湖南省磁性材料与器件工程技术研究中心	湖南航天磁电有限责任公司、湖南省产业技术协同创新研究院
3	湖南省散装物料处理智能化装备工程技术研究中心	湖南万通电力科工有限公司、中南大学
4	湖南省高性能炭石墨材料工程技术研究中心	湖南省长宇新型炭材料有限公司、湖南大学
5	湖南省铝颜料工程技术研究中心	长沙族兴新材料股份有限公司、中南大学
6	湖南省建筑安全与节能工程技术研究中心	中国建筑第五工程局有限公司、湖南大学
7	湖南省优质用材工程技术研究中心	湖南省林业科学院
8	湖南省水生资源食品加工工程技术研究中心	长沙理工大学等
9	湖南省生物农药及制剂加工工程技术研究中心	湖南农业大学、湖南化工研究院
10	湖南省优良林木快繁工程技术研究中心	湖南省森林植物园、湘植园林科技有限公司
11	湖南省茶叶加工装备工程技术研究中心	湖南湘丰茶业有限公司
12	湖南省核酸诊疗工程技术研究中心	湖南圣湘生物科技有限公司、中南大学
13	湖南省呼吸道药物工程技术研究中心	湖南九典制药有限公司
14	湖南省制药机械智能化工程技术研究中心	湖南千山制药机械股份有限公司
15	湖南省铁皮石斛工程技术研究中心	湖南省龙石山铁皮石斛基地有限公司、湖南中医药大学
16	湖南省麻醉临床医疗技术研究中心	中南大学湘雅二医院
17	湖南省宫内疾病微创诊治临床医疗技术研究中心	中南大学湘雅三医院
18	湖南省眼表疾病临床医疗技术研究中心	爱尔眼科医院集团股份有限公司长沙爱尔眼科医院
19	深井矿山安全高效开采技术湖南省工程研究中心	长沙有色冶金设计研究院有限公司
20	有色金属资源循环利用湖南省工程研究中心	中南大学
21	医学显微镜检验自动化湖南省工程研究中心	爱威科技股份有限公司
22	生活垃圾资源化处理湖南省工程研究中心	永清环保股份有限公司
23	汽车主动安全控制技术湖南省工程研究中心	湖南华诺星空电子技术有限公司
24	中药配方颗粒湖南省工程研究中心	湖南华纳大药厂天然药物有限公司
25	工程安全与地质灾害智能监测湖南省工程研究中心	湖南中大建设工程检测技术有限公司
26	显示屏触控玻璃面板湖南省工程研究中心	蓝思科技（长沙）有限公司
27	生物辐照技术湖南省工程研究中心	湖南省核农学与航天育种研究所

表 38　　2014 年批准组建的市级工程技术研究中心

序号	名　称	依托单位
1	长沙市瓜果病毒病检测鉴定工程技术研究中心	湖南格瑞园艺科技发展有限公司
2	长沙市实验室环境智能控制工程技术研究中心	湖南朗圣实验室技术发展有限公司
3	长沙市基质育苗工程技术研究中心	湖南省湘晖农业技术开发有限公司
4	长沙市物流智能装备工程技术研究中心	长沙长泰机械股份有限公司
5	长沙市时尚职业装工程技术研究中心	湖南派意特服饰有限公司
6	长沙市饲料安全生物调控工程技术研究中心	湖南大北农农业科技有限公司
7	长沙市直线伺服与非圆截面数控工程技术中心	长沙一派数控机床有限公司

续表 38

序号	名　称	依托单位
8	长沙市农业机械工程技术研究中心	长沙桑铼特农业机械设备有限公司
9	长沙市氮化合金新材料工程技术研究中心	长沙东鑫环保材料有限责任公司
10	长沙市热能设备工程技术研究中心	湖南亿利达实业有限公司
11	长沙市花卉培育工程技术研究中心	湖南省文华农业工程技术有限公司
12	长沙市智能展馆控制系统工程技术研究中心	湖南华凯文化创意股份有限公司
13	长沙市工业机器人工程技术研究中心	长沙长泰机器人有限公司
14	长沙市智能配电网自愈控制工程技术研究中心	湖南湘能智能电器股份有限公司
15	长沙市土木结构加固工程技术研究中心	湖南固特邦土木技术发展有限公司
16	长沙市电梯工程技术研究中心	湖南信达电梯股份有限公司
17	长沙市北斗用户终端工程技术研究中心	湖南中森通信科技有限公司
18	长沙市喷雾除尘工程技术研究中心	湖南九九矿安装备有限公司
19	长沙市粪污生态治理工程技术研究中心	湖南海尚环境生物科技有限公司
20	长沙市轨道车辆测控工程技术研究中心	长沙海赛电装科技股份有限公司
21	长沙市天然产物提取分离工程技术研究中心	湖南华诚生物资源有限公司
22	长沙市塑料软包装工程技术研究中心	湖南晶鑫科技股份有限公司
23	长沙市地质勘探钻探装备工程技术中心	长沙锐合钻石工具有限公司
24	长沙市民爆信息工程技术研究中心	湖南长信畅中科技股份有限公司
25	长沙市燃气综合利用工程技术研究中心	湖南省力宇燃气动力有限公司

表 39　　2014 年验收的市级工程技术研究中心

序号	名　称	依托单位
1	长沙市钨合金电镀工程技术研究中心	湖南纳菲尔新材料科技股份有限公司
2	长沙市散装物料装卸运输工程技术研究中心	湖南长重机器股份有限公司
3	长沙市节能型止回装置工程技术研究中心	湖南搏浪沙水工机械有限公司
4	长沙市汽车摩擦材料工程技术研究中心	湖南博云汽车制动材料有限公司
5	长沙市绿色复合地板制造工程技术研究中心	湖南康派木业有限公司
6	长沙市羽毛球生产技术与工艺工程技术研究中心	长沙市迪马斯体育用品实业有限公司
7	长沙预应力智能张拉与压浆工程技术研究中心	湖南联智桥隧技术有限公司
8	长沙市光学镀膜工程技术研究中心	湖南电子信息产业集团有限公司
9	长沙市铜铝材精深加工工程技术研究中心	湖南金龙国际铜业有限公司
10	长沙市铝基复合新材料工程技术研究中心	长沙众兴新材料科技有限公司

表 40　　2014 年新增的省级重点（工程）实验室

序号	名　称	依托单位
1	脓毒症转化医学湖南省重点实验室	中南大学
2	皮肤肿瘤及银屑病湖南省重点实验室	中南大学
3	化石能源低碳化高效利用湖南省重点实验室	湖南大学
4	植化单体开发与利用湖南省重点实验室	湖南师范大学

续表 40

序号	名 称	依托单位
5	洞庭湖区农村生态系统健康湖南省重点实验室	湖南农业大学
6	非煤矿山通风防尘湖南省重点实验室	湖南有色冶金劳动保护研究院
7	环境光催化应用技术湖南省重点实验室	长沙学院
8	轨道车辆碰撞安全保护技术湖南省工程实验室	中南大学
9	药物临床评价技术湖南省工程实验室	中南大学
10	特色中药制剂湖南省工程实验室	湖南中医药大学第一附属医院
11	工程机械振动噪声与安全技术湖南省工程实验室	三一集团有限公司
12	有色冶金污染物监测与资源化湖南省工程实验室	长沙华时捷环保科技发展有限公司
13	心血管用生物工程材料湖南省工程实验室	中南大学湘雅二医院
14	公路地质灾变预警空间信息技术湖南省工程实验室	长沙理工大学
15	汽车车身轻量化技术湖南省工程实验室	湖南大学
16	畜禽废弃物资源化利用湖南省工程实验室	湖南农业大学

表 41　　2014 年新增的国家级、省级企业技术中心

序号	名 称	依托单位	级别
1	湖南千山制药机械股份有限公司技术中心	湖南千山制药机械股份有限公司	国家级
2	中铁城建集团有限公司技术中心	中铁城建集团有限公司	省级
3	湖南绝味食品股份有限公司技术中心	湖南绝味食品股份有限公司	省级
4	湖南创博龙智信息科技股份有限公司技术中心	湖南创博龙智信息科技股份有限公司	省级
5	湖南三德科技股份有限公司技术中心	湖南三德科技股份有限公司	省级
6	湖南特种金属材料厂技术中心	湖南特种金属材料厂	省级
7	湖南天地恒一制药有限公司技术中心	湖南天地恒一制药有限公司	省级
8	湖南农大动物药业有限公司技术中心	湖南农大动物药业有限公司	省级
9	湖南浏阳金生花炮有限公司技术中心	湖南浏阳金生花炮有限公司	省级

表 42　　2014 年新认定的科技企业孵化器

序号	名 称	认定级别
1	湖南妙盛企业孵化港有限公司	国家级
2	湖南长海科技创业服务有限公司	国家级、市级
3	湖南豪丹科技园创业服务有限公司	省级、市级
4	长沙恩吉创业服务有限公司	省级
5	长沙黄金创业园置业有限公司	市级
6	长沙夏铎铺建设开发有限公司	市级

表 43　　2014 年长沙新增科技创新创业领军人才名单

序号	姓名	单 位	职务 / 职称
1	刘祥华	湖南千山制药机械股份有限公司	董事长 / 高级工程师
2	张庆华	湖南方盛制药股份有限公司	董事长兼总经理
3	冯延林	永清环保股份有限公司	副总经理、总工程师 / 教授级高级工程师
4	闵小兵	湖南省冶金材料研究院	院长 / 研究员
5	卢捷	九芝堂股份有限公司	副总经理 / 高级工程师
6	刘阳	长沙威保特环保科技有限公司	董事长 / 高级工程师
7	张泉	长沙麦融高科有限公司 / 湖南大学	技术总监 / 教授
8	廖翠猛	湖南隆平种业有限公司	总经理 / 研究员
9	李益民	湖南英捷高科技有限责任公司 / 中南大学	总经理 / 教授
10	许岗	湖南福来格生物技术有限公司	总经理 / 高级工程师
11	刘洪波	湖南省长宇新型炭材料有限公司 / 湖南大学	技术总监 / 教授
12	李完小	湖南航天环宇通信科技有限责任公司	董事长兼总经理 / 高级工程师
13	曾祥君	湖南湘能智能电器股份有限公司 / 长沙理工大学	技术总监 / 教授
14	曹典军	湖南泰谷生物科技股份有限公司	董事长 / 高级经济师
15	郭长春	长缆电工科技股份有限公司	总工程师 / 高级工程师
16	韩明华	湖南华诺星空电子技术有限公司	董事长 / 高级工程师
17	尹彦征	长沙大红陶瓷发展有限责任公司	董事长兼总经理 / 副研究员
18	谢建军	湖南中野高科技特种材料有限公司	董事长
19	黄本东	湖南华纳大药厂有限公司	董事长兼总经理 / 高级工程师
20	周晓峰	湖南先步信息股份有限公司	常务副总经理 / 高级工程师
21	苗洪雷	华自科技股份有限公司	副总经理

表 44　　2014 年长沙获得的国家级科技奖励

序号	项目编号	项目名称	完成人及单位
国家自然科学奖获奖项目（通用项目）			
一等奖			
1	Z-10701-1-01	网络计算的模式及基础理论研究	张尧学（清华大学），周悦芝（清华大学），林闯（清华大学），任丰原（清华大学），王国军（中南大学）
二等奖			
2	Z-103-2-04	功能核酸分子识别及生物传感方法学研究	谭蔚泓（湖南大学），杨荣华（北京大学），蒋健晖（湖南大学），王柯敏（湖南大学），俞汝勤（湖南大学）
国家技术发明奖获奖项目（通用项目）			
二等奖			
1	F-30801-2-03	高速重载工程机械大流量液压系统核心部件	易小刚（三一集团有限公司），刘永东（三一集团有限公司），陈兵兵（三一集团有限公司），侯刚（三一集团有限公司），孙丹（三一集团有限公司），贺电（三一集团有限公司）
2	F-30802-2-03	冶金特种大功率电源系统关键技术与装备及其应用	罗安（湖南大学），张波（华南理工大学），马伏军（湖南大学），陈燕东（湖南大学），欧阳红林（湖南大学），李爱武（湖南中科电气股份有限公司）

续表 44

国家科技进步奖获奖项目（通用项目）				
序号	项目编号	项目名称	完成单位	完成人
一等奖				
1	J-220-1-01	高端容错计算机系统关键技术与应用	浪潮集团有限公司，中国人民解放军国防科学技术大学，中国建设银行股份有限公司	王恩东，胡雷钧，张东，张峻，黄家明，夏军，林楷智，尹宏伟，王守昊，林磊明，乔鑫，陈彦灵，吴楠，乔英良，陈继承
序号	项目编号	项目名称	完成单位	完成人
二等奖				
2	J-202-2-03	非耕地工业油料植物高产新品种选育及高值化利用技术	湖南省林业科学院，中国林业科学研究院林产化学工业研究所，天津科技大学，天津南开大学蓖麻工程科技有限公司，中南林业科技大学，淄博市农业科学研究院，广西壮族自治区林业科学研究院	李昌珠，夏建陵，王光明，叶锋，蒋丽娟，王昌禄，肖志红，马锦林，聂小安，张良波
3	J-220-2-02	铝电解槽高效节能控制技术及推广应用	中南大学，中国铝业公司，北方工业大学，湖南中大业翔科技有限公司，西南科技大学，北京航空航天大学，郑州发祥电力有限公司	李劼，阳春华，宋威，丁凤其，邹忠，吕晓军，冀树军，闫太网，张红亮，赖延清
4	J-220-2-03	复杂装备跨生命周期数据管理平台关键技术	清华大学，湖南三一智能控制设备有限公司	王建民，孙家广，周翔，张力，刘英博，闻立杰，王朝坤，莫欣农，刘永红，张钰旻
5	J-22102-2-01	混凝土结构耐火关键技术及应用	哈尔滨工业大学，华南理工大学，中冶建筑研究总院有限公司，上海市建筑科学研究院（集团）有限公司，北京建筑大学，广州市泰堡防火材料有限公司，长沙民德消防工程涂料有限公司	吴波，郑文忠，惠云玲，王孔藩，查晓雄，王英，王帆，侯晓萌，曾令可，刘栋栋
6	J-231-2-01	有色冶炼含砷固废治理与清洁利用技术	中南大学，郴州市金贵银业股份有限公司，锡矿山闪星锑业有限责任公司，长沙有色冶金设计研究院有限公司，铜陵有色金属集团控股有限公司，郴州丰越环保科技股份有限公司	柴立元，蔡练兵，闵小波，高长春，梁彦杰，郑雅杰，余刚，宋修明，杨志辉，张传福
7	J-23301-2-02	药物成瘾机制及综合干预模式研究与应用	中国人民解放军军事医学科学院毒物药物研究所，宁波市微循环与莨菪类药研究所，北京大学，中南大学湘雅二医院，中国人民解放军军事医学科学院基础医学研究所，云南省药物依赖防治研究所，上海市精神卫生中心	李锦，郝伟，周文华，崔彩莲，杨征，李建华，刘志民，赵敏，韩济生，苏瑞斌
8	J-236-2-03	下一代网络与业务国家试验床创新技术研究及应用	中国人民解放军信息工程大学，中国人民解放军国防科学技术大学，浙江大学，清华大学，浙江工商大学，中兴通讯股份有限公司，工业和信息化部电信研究院	汪斌强，刘勤让，伊鹏，张风雨，于婧，黄万伟，王晶，申涓，陈一骄，扈红超
9	J-25103-2-04	超级稻高产栽培关键技术及区域化集成应用	中国水稻研究所，扬州大学，江西农业大学，湖南农业大学，吉林省农业科学院，广东省农业科学院水稻研究所，四川省农业科学院作物研究所	朱德峰，张洪程，潘晓华，邹应斌，侯立刚，黄庆，郑家国，吴文革，陈惠哲，霍中洋

表 45　　2014 年长沙获得的省级科技奖励

序号	编号	项目名称	完成单位名称	主要完成人员
湖南省自然科学奖				
自然科学奖一等奖（6 项）				
1	20142018	岩石动静组合加载理论与方法	中南大学，湖南科技大学	李夕兵，周子龙，宫凤强，刘德顺，左宇军，赵伏军
2	20142013	异种组织材料—牛颈静脉带瓣管道防钙化及促进体内再生的系统研究	中南大学湘雅二医院	吴忠仕，吕卫东，谭琦，唐浩，胡建国
3	20142025	智能电网高效运行与安全控制的理论与方法研究	湖南大学	曹一家，李勇，黎灿兵，罗隆福
4	20142030	水中微量持久性污染物识别捕集和去除材料的构建方法和调控原理	湖南大学	罗胜联，刘承斌，唐艳红，刘玉堂
5	20142037	量子非局域性理论及应用基础研究	中国人民解放军国防科学技术大学	陈平形，刘伟涛，梁林梅，戴宏毅，吴伟，李承祖
6	20142038	生物特征与三维形状的获取分析学习与识别方法研究	中国人民解放军国防科学技术大学	殷建平，祝恩，徐凯，熊岳山，李宽，刘新旺
自然科学奖二等奖（10 项）				
1	20142019	面向新型网络计算的可信性理论与方法	中南大学	王国军，刘琴，姜文君，王田
2	20142012	运动系统损伤与退变的发生机理和防治研究	中南大学湘雅医院	雷光华，高曙光，李康华，徐迈，曾超，熊依林
3	20142011	血管过氧化物酶介导心血管疾病作用及机制研究	中南大学湘雅医院，中南大学	张国刚，彭军，石瑞正，胡长平，柏勇平，成光杰
4	20142016	中度高温环境下冶金微生物菌种选育及其硫化矿浸出机理	中南大学	周洪波，曾伟民，夏乐先，刘元东，朱建裕，王玉光
5	20142021	沙眼衣原体和流感病毒致病机制及候选疫苗研究	中南大学，湖南师范大学	余平，王芙艳，陈则，常海艳，方芳，王洁
6	20142024	岩土极限分析非线性理论	中南大学	杨小礼，李亮
7	20142028	巨型网格结构体系性能及相关计算分析理论与方法研究	湖南大学，重庆大学，中南大学	贺拥军，周绪红，侯鹏飞，周期石
8	20142035	液膜应用基础研究	湖南师范大学	何鼎胜，马铭，谷淑湘，刘新芳，张朝辉，罗小健
9	20142044	聚合物材料的高性能化与功能化研究	湘潭大学，湖南大学	黎华明，钟文斌，高勇，杨端光，魏晓林，陈红飚
10	20142064	气候－冰川－冰湖耦合关系与灾害研究	湖南科技大学，湖南师范大学	王欣，谢自楚，韩用顺，蒋宗立，林剑
自然科学奖三等奖（10 项）				
1	20142015	纳米材料在生命分析化学中的应用研究	中南大学	王建秀，阳明辉，邓春艳
2	20142020	抗盐蚀混凝土相关理论研究	中南大学	龙广成，谢友均，元强，刘赞群，马昆林，邓德华
3	20142029	碳芯结构磷酸铁锂复合材料的构造及其传输传导机制	湖南大学，湖南工业大学	陈晗，韩绍昌，范长岭，白咏梅，李玲芳
4	20142032	低氧刺激提高机体运动能力的分子适应性机制	湖南师范大学	瞿树林，林喜秀，刘文锋，李善妮，龚晓明
5	20142049	农业生产措施对土壤微生态系统的影响	湖南农业大学，湖南中医药大学	张杨珠，谭周进，陈建国，肖嫩群，周卫军，颜雄
6	20142056	中药密蒙花治疗实验性干眼症拟雄激素效应的研究	湖南中医药大学	彭清华，姚小磊，王方，李怀凤，彭俊，王芬
7	20142058	血府逐瘀汤对心肌缺血损伤保护作用的研究	湖南中医药大学	张秋雁，邓冰湘，苏剑峰，王权礼
8	20142065	转子机械智能诊断与健康维护	湖南科技大学，中南大学	李学军，蒋玲莉，沈意平，宾光富，刘义伦，陈安华

续表 45

序号	编号	项目名称	完成单位名称	主要完成人员
9	20142069	基于近红外光谱和拉曼光谱的食品质量快速检测新方法研究	湖南省农业科学院，中南林业科技大学，中南大学	朱向荣，单杨，张菊华，李高阳，李水芳，范伟
10	20142071	鼻咽癌抗独特型基因工程抗体疫苗的实验研究	中南大学	李官成，何小鹊，王甲甲，李跃辉，汪静，罗晨
湖南省技术发明奖				
技术发明奖一等奖（6 项）				
1	20143030	高清全景摄像机	中国人民解放军国防科学技术大学，湖南源信光电科技有限公司	张茂军，王炜，熊志辉，徐玮，包卫东，谭树人
2	20143031	蝶翼式硅微陀螺及其批量化制造工艺	中国人民解放军国防科学技术大学	李圣怡，吴学忠，肖定邦，陈志华，侯占强，罗兵
3	20143032	高平均功率近红外全光纤超连续谱光源	中国人民解放军国防科学技术大学	侯静，陈胜平，陈子伦，王泽锋，冷进勇，郭少锋
4	20143042	镉铅污染农田原位钝化修复与安全生产技术体系创建及应用	中国科学院亚热带农业生态研究所，湖南省土壤肥料研究所（湖南省农业环境研究中心）	黄道友，朱奇宏，刘守龙，罗尊长，刘钦云
5	20143028	先驱体转化陶瓷喷管制备技术及其在姿轨控发动机中的应用	中国人民解放军国防科学技术大学	王松，王军，陈朝辉，李伟，马青松，祝玉林
6	20143044	化学品与化学污染物检测监测技术及装备	湖南出入境检验检疫局检验检疫技术中心，江南大学，中华人民共和国上海出入境检验检疫局	王利兵，丁利，彭梓，陈练，胥传来，罗斯斯
技术发明奖二等奖（4 项）				
1	20143002	机器视觉技术在显微镜形态学镜检中的应用	爱威科技股份有限公司	丁建文，周丰良，梁光明，袁鹏，卓红俞，全学平
2	20143025	基于全自动技术的大尺寸闭孔泡沫铝低成本制备	中南大学，四川元泰达有色金属材料有限公司	周向阳，杨娟，王辉，袁跃民，李凤，何静
3	20143036	肉品生物调控保鲜及骨骼高效利用新技术	湖南农业大学，湖南恒惠食品有限公司	李宗军，李珂，王远亮，唐礼德，李罗明，蒋秋桃
4	20143040	污染稻田土壤—水稻系统镉迁移积累的多靶向定量控制技术	湖南省农业科学院，长沙三元农业科技有限公司	纪雄辉，刘昭兵，柳伏龙，黄凤球，彭华，彭志红
技术发明奖三等奖（5 项）				
1	20143020	大尺寸 Tm，Ho: YAG 晶体材料	湖南稀土金属材料研究院	黄美松，翁国庆，邬晔，黄蓉，吕小春，高娅娜
2	20143024	污废水深度处理与再生利用创新技术研究及应用	中国水电顾问集团中南勘测设计研究院有限公司	唐传祥，禹芝文，杜成琼，李勇，陈湘斌，熊道文
3	20143033	松节油制备香料、医药中间体新技术及其开发应用	中南林业科技大学，湖南松源化工有限公司	黎继烈，李忠海，黄卫文，王卫，王挥，何小平
4	20143035	桑叶、罗汉果生物活性成分的综合开发利用	湖南农业大学，长沙湘资生物科技有限公司	饶力群，唐忠海，郭时印，向华，彭国平
5	20143043	常见猪流感病毒快速检测技术	湖南出入境检验检疫局检验检疫技术中心，中南大学	唐连飞，孟芳，朱中武，周智君，黄迎波，陈兵
湖南省科技进步奖				
进步奖一等奖（15 项）				
1	20144011	烧结矿冷却液密封技术及装备的研究与应用	中冶长天国际工程有限责任公司，湖南华菱涟源钢铁有限公司，中南大学	高德亮，叶恒棣，戴传德，汪庆祝，刘相佩，张家元，邓志宏，程航，王年生，王建平
2	20144001	防污染无菌隔离高速针剂生产联动整体技术与装备	楚天科技股份有限公司，中南大学	唐岳，刘振，段吉安，邱永谋，蔡大宇，黄明辉
3	20144117	碳 / 碳复合材料坩埚制备关键技术及应用	湖南金博复合材料科技有限公司，中南大学	廖寄乔，张福勤，李军，龚玉良，王冰泉，谭周建，刘学文，李丙菊，王跃军，邰卫平，袁青

续表 45

序号	编号	项目名称	完成单位名称	主要完成人员
4	20144244	超大吨位系列全地面起重机关键技术研究及产业化	三一集团有限公司	刘木南，唐修俊，邓连喜，刘会敏，任利有，袁丹，陈继亮，叶明，姜成武，邹兴龙，苏龙，黄庆裕
5	20144252	羟基嘧啶类化合物及下游产品清洁生产关键共性技术开发与应用	湖南海利化工股份有限公司，湖南化工研究院，湖南海利常德农药化工有限公司	王晓光，毛春晖，王宇，王胜得，黄明智，许世兵，杨彬，黄兰兰，刘伟，陈明，聂萍，邓金周
6	20144289	超细晶粒整体硬质合金纳米涂层系列精密铣刀	株洲钻石切削刀具股份有限公司，山东大学，湖南大学	汤爱民，王社权，肖思来，陈利，刘战强，任莹晖，罗胜，欧阳亚非，张于波，宋铁军，万熠，许晋
7	20144294	重载铁路桥梁和路基检测、评估与强化技术	中南大学，朔黄铁路发展有限责任公司，铁道第三勘察设计院集团有限公司，高速铁路建造技术国家工程实验室，湖南中大建科土木工程科技有限公司	薛继连，蒋丽忠，冷伍明，屈晓辉，贾晋中，孟宪洪，卫军，朱德兵，乔世范，宋力，宋绪国，张向民
8	20144337	在线社交网络分析关键技术及系统 YH-SNAS	中国人民解放军国防科学技术大学，湖南蚁坊软件有限公司	贾焰，周斌，方滨兴，李爱平，韩毅，韩伟红，杨树强，裴健，李莎莎，黄九鸣，刘江宁，李树栋
9	20144362	国家二类新兽药博落回提取物与博落回散创制及应用	湖南农业大学，湖南美可达生物资源有限公司，中国农业大学，湖南省中药提取工程研究中心有限公司，长沙世唯科技有限公司	曾建国，沈建忠，蔡鹏，程辟，吴聪明，罗炼辉，欧阳勇，杜宇，柳亦松，黄复深，张明军
10	20144369	淡水鱼深加工关键技术研究与示范	长沙理工大学，益阳益华水产品有限公司，湖南农业大学，大湖水殖股份有限公司，资兴市山水天然食品有限公司	刘永乐，王建辉，李向红，刘焱，王发祥，吴葵，陈奇，邓放明，俞健，曹忠，盛佳林，陈晓玲
11	20144370	湖区高速公路路基建造关键技术及工程应用	湖南岳常高速公路开发有限公司，长沙理工大学，湖南省高速公路建设开发总公司	郑健龙，张军辉，付宏渊，李友云，钱国平，刘龙武，熊伟，刘朝晖，何忠明，贺炜，刘治球，黄斌
12	20144414	超级杂交稻“种三产四”丰产技术研究与应用	湖南杂交水稻研究中心，湖南农业大学，湖南省水稻研究所，袁隆平农业高科技股份有限公司，醴陵市农业局，永州市零陵区农业局	袁隆平，彭既明，吴朝晖，马国辉，陈红怡，徐秋生，宋春芳，邹应斌，夏胜平，钟其全，丁秋凡，张九清
13	20144421	水稻主要害虫绿色防控技术研究与应用	湖南省农业科学院，湖南省水稻研究所，湖南省植物保护研究所，湖南农丰种业有限公司，湖南粮食集团有限责任公司	张玉烛，赵正洪，朱国奇，黄志农，方宝华，陈恺林，刘洋，文吉辉，王蓓，曾翔，黄泽辉，罗正祥
14	20144292	难处理铜矿生物冶金过程强化新技术及应用	中南大学，中国有色矿业集团有限公司，江西铜业股份有限公司	刘学端，谢开寿，吴启明，孙加林，刘新星，覃文庆，顾帼华，张雁生，梁伊丽，王军，尹华群，申丽
15	20144331	信用环境评价的关键技术、评估方法与实际应用	湖南大学	杨胜刚，吴志明，龙海明，姚小义，乔海曙，陈迪红，邓利华，张学陶，易传和，刘铁，张磊，晏艳阳

进步奖二等奖（46 项）

序号	编号	项目名称	完成单位名称	主要完成人员
1	20144006	植物营养剂的研制与应用	长沙学院	张志元，罗永兰，郭清泉，唐建洲，邹朝晖，游勇，刘兴海，彭亮，徐峰
2	20144008	废旧锂离子电池资源化制备高性能电池材料关键技术及产业化	湖南邦普循环科技有限公司，广东邦普循环科技有限公司	李长东，唐红辉，李和敏，周汉章，王皓，余海军，谭群英
3	20144027	注射用哌拉西林钠舒巴坦钠	湘北威尔曼制药股份有限公司	孙明杰，陈维，王霆，马宏强，邓桂兴
4	20144028	高效多功能粉末冶金制品制备关键装备研制及应用	湖南顶立科技有限公司	戴煜，谭兴龙，邓军旺，胡祥龙，羊建高
5	20144125	高选择性负载型钯催化剂制备及清洁高效回收技术	郴州高鑫铂业有限公司，湖南师范大学	雷涤尘，杨拥军，尹笃林，毛丽秋，冯志杰，杨静，邓春玲，叶咏祥，雷海波
6	20144141	湘村黑猪新品种选育及推广	湘村高科农业股份有限公司，湖南省畜牧兽医研究所（湖南省家畜育种工作站）	杨文莲，彭英林，李静如，刘建，朱吉，谭建坤，谢菊兰，杨仕柳，孙宗炎

续表 45

序号	编号	项目名称	完成单位名称	主要完成人员
7	20144180	山区高陡边坡段桩柱式桥梁修建关键技术及其工程应用	湖南省交通科学研究院，湖南大学，湖南省高速公路建设开发总公司，湖北工业大学	杨明辉，宁夏元，赵明华，赵清华，王黛，赵衡，刘齐建，邓友生，尹平保
8	20144181	极端洪旱事件对洞庭湖水安全影响机制研究	湖南省水利水电勘测设计研究总院，河海大学	黎昔春，廖小红，张振全，薛联青，宋平，王加虎，刘晓群，谢育健，李杰友
9	20144200	湖南油茶良种组合区划和标准化栽培	湖南省林业科学院，南京林业大学，湖南林之神生物科技有限公司，岳阳市林业科学研究所，湖南省湘潭市林业科学研究所（湘潭市金鸡岭林场）	陈永忠，彭邵锋，彭方仁，马力，胡孔飞，王瑞，皮兵，潘新军，廖德志
10	20144202	金银花新品种“花瑶晚熟”选育及组培快繁技术	湖南省林业科学院，隆回县特色产业开发办公室，湖南未名创林生物能源有限公司	王晓明，蔡能，陈建军，曾慧杰，李永欣，马社军，杨硕知，乔中全，王惠
11	20144204	非食用复合原料油清洁转化油脂基能源产品新技术与示范	湖南省林业科学院，湖南省生物柴油工程技术研究中心，中国科学院广州能源研究所，江苏大学	李昌珠，袁振宏，林琳，李培旺，刘汝宽，张爱华，吕鹏梅，肖志红，张良波
12	20144224	某型子母战斗部	湖南云箭集团有限公司，湖南神斧集团向红机械化工有限责任公司，中国航天科技集团公司川南机械厂，四川华川工业有限公司	赵继飞，喻翅翔，袁谋纯，袁云华，邢恩峰，彭渊，曾德和，彭逊夫，朱琳
13	20144231	湖南适应气候变化关键技术及其应用	湖南省气候中心，湖南大学，湖南省气象科学研究所	廖玉芳，潘志祥，彭嘉栋，沈军，马亿旿，罗伯良，黄菊梅，杜东升，段丽洁
14	20144236	刘祖贻学术临证精华暨效验方转化应用之系列研究	湖南省中医药研究院	刘芳，刘祖贻，杨维华，朱璐，尹天雷，宁泽璞，刘春华，伍大华，赵瑞成
15	20144254	多级调度协调的湖南电网在线综合调控体系研究与建设	国网湖南省电力公司，华北电力大学，国网湖南省电力公司长沙供电分公司	刘志刚，姜新凡，陈浩，张思远，潘飞来，刘敦楠，曾鸣，李京，刘力
16	20144291	水下超浅埋大断面立交隧道修建技术研究	中南大学，中铁隧道勘测设计院有限公司，中铁隧道集团有限公司，长沙市环线建设开发有限公司	彭立敏，施成华，雷明锋，宋仪，陈海军，贺维国，钟可，朱世友，于勇
17	20144293	复杂型面构件超声自动检测技术与应用	中南大学，长沙理工大学，中国兵器工业集团第五二研究所，湖南省科学技术信息研究所	李雄兵，胡宏伟，刘希玲，倪培君，杨岳，梁佳佳，罗意平，谢静波，王向红
18	20144299	分娩相关差异基因的筛选及其临床应用的研究	中南大学湘雅医院，中南大学湘雅三医院	张卫社，吴新华，周昌菊，梁清华，谢庆生，伍招娣，陈其能，刘蓉，刘巧姝
19	20144300	头颈鳞癌高转移性动物模型的建立及转移相关分子标志物的筛选鉴定	中南大学湘雅医院	张欣，田勇泉，刘勇，黄东海，邱元正，余长云，蔡耿明
20	20144301	单纯一期后路手术治疗脊柱结核的关键技术及相关基础研究	中南大学湘雅医院	张宏其，唐明星，王昱翔，吴建煌，刘金洋，郭超峰，王锡阳，胡建中，葛磊
21	20144321	急性冠脉综合征炎症机制及治疗策略优化的系列研究	中南大学湘雅二医院	周胜华，胡信群，方臻飞，唐建军，唐亮，沈向前，赵延恕，刘启明，李旭平
22	20144323	细胞凋亡在慢性阻塞性肺疾病发病机制及防治中的研究	中南大学湘雅二医院	陈燕，陈平，蔡珊，张艳，杨敏，刘绍坤，刘彩虹，曾慧卉
23	20144338	北斗 RDSS 用户机检定测试系统	中国人民解放军国防科学技术大学	庞晶，牟卫华，李柏渝，李彩华，王勇，黄龙，雍玲，吴鹏，彭竞
24	20144340	制造业信息化装备设计与制造融合平台	中国人民解放军国防科学技术大学，湖南师范大学，长沙凯士达信息技术开发有限公司	李国喜，龚京忠，许第洪，吴宝中，李小龙，张萌，尹欣，颜建强，康辉梅
25	20144344	节能降耗低排放人造板生产技术集成与创新	中南林业科技大学，广西新凯骅实业集团股份有限公司，湖南湖湘木业有限公司	吴义强，李贤军，李新功，谢力生，卿彦，洪东方，胡云楚，张新荔，夏燎原
26	20144347	桤木人工林生态系统结构功能及高效培育关键技术研究与应用	中南林业科技大学，湖南省林业科学院	文仕知，周小玲，何功秀，李铁华，杨丽丽，龚玉子，杨模华，陈艺，朱光玉

续表 45

序号	编号	项目名称	完成单位名称	主要完成人员
27	20144349	EX–SF 系列分散染料的关键中间体成套合成技术研发及产业化	中南林业科技大学，湘潭陈氏精密化学有限公司，浙江迪邦化工有限公司	赵莹，唐智勇，谭晓燕，徐万福，曹福祥，赵芳，刘伟，周志军，傅伟松
28	20144350	畜禽养殖废弃物资源化综合利用处理技术	中南林业科技大学，湖南海尚环境生物科技有限公司	谭益民，李新平，罗勇，王文芳，张雯娟，艾牡龙，左锋，张赛军，周稳涛
29	20144360	环洞庭湖区水产高效生产的营养与水质调控关键技术	湖南农业大学，湖南正园饲料有限公司，益阳益华水产品有限公司，大通湖天泓渔业股份有限公司，长沙学院	肖调义，胡毅，王红权，兰时乐，李德亮，陈开健，成嘉，毛小伟，许宝红
30	20144361	油菜联合收获技术及装备开发与推广	湖南农业大学，现代农装株洲联合收割机有限公司	吴明亮，谢方平，官春云，罗海峰，汤楚宙，谭太龙，向阳，任述光，刘兴国
31	20144365	大跨径长翼宽箱桥梁结构关键技术研究	长沙理工大学，湖南大学，湖南省长湘高速公路建设开发有限公司	张建仁，杨美良，雷正保，方志，陆尚武，夏桂云，刘扬，陈义祥，欧碧峰
32	20144371	工程灾害智能化监控成套技术	中国有色金属长沙勘察设计研究院有限公司，长沙理工大学	贺跃光，杜年春，徐卓揆，金俊，徐鹏，向海波，邓兴升，曹凌云，邢学敏
33	20144372	低功耗高速公路车道控制系统关键技术	长沙理工大学，湖南意丰汇智科技有限公司	宋云，李峰，高峰，龙际珍，朱晋，向永生，周天，郭军
34	20144385	局限性慢性湿疹涂喷治疗技术的研究与应用	湖南中医药大学	杨志波，唐雪勇，曾碧君，汪海珍，何群，向丽萍
35	20144387	艾灸的温补效应规律及其原理研究	湖南中医药大学	常小荣，严洁，刘密，易受乡，岳增辉，王小娟，林亚平，郁保生，彭亮
36	20144393	动态中药提取的溶出稳态性规律研究与科研产业化应用	湖南中医药大学，九芝堂股份有限公司	贺福元，刘文龙，谷陟欣，石继连，黄胜，杨岩涛，周晋，邓凯文，卢捷
37	20144398	供用电系统电能质量治理关键技术与装备研制及工程应用	湖南工业大学，株洲变流技术国家工程研究中心有限公司，长沙理工大学	李圣清，黄燕艳，王小华，吴强，罗仁俊，欧伟明，谭胜武，徐文祥，蓝德劭
38	20144402	深部茅口灰岩井下注浆改性提升矿井水位及防突水关键技术	湖南科技大学，湖南黑金时代长沙矿业有限公司	王卫军，赵延林，李青锋，彭文庆，叶洲元，邓建长，丁治军，杨跃军，郭志伟
39	20144410	湖南武陵山区特色农业产业发展战略	湖南省农业科学院	刘芳清，周克艳，谭强林，刘晗，刘英，胡任远，刘宇，陈俊宇
40	20144416	有机废弃物育苗营养基质的研究与应用	湖南省农业科学院，长沙浩博生物技术有限公司，益阳市赫山区宏兴蔬菜种植专业合作社	彭福元，刘朝晖，崔新卫，鲁耀雄，龙世平，边文亮，易宁，罗连光，肖苏林
41	20144417	杂交油菜“沣油 5103”等品种选育及配套技术研究与应用	湖南省农业科学院，湖南隆平高科亚华棉油种业有限公司	李莓，曲亮，王同华，范连益，惠荣奎，陈卫江，彭铁玖，黄虎兰，李志清
42	20144424	特大型矿床深部开采综合技术研究	长沙矿山研究院有限责任公司，金川集团股份有限公司，北京科技大学	周爱民，李向东，姚中亮，陈得信，姚维信，郭慧高，周益龙，王虎，李永辉
43	20144425	烟花爆竹安全环保关键指标及检测技术	湖南出入境检验检疫局检验检疫技术中心，广西出入境检验检疫局危险品检测技术中心	谭爱喜，张光辉，江资成，江放明，肖家勇，商杰，欧杨，肖焕新
44	20144436	湘菜产业标准化技术研究与应用	湖南省食品质量监督检验研究院，湖南省餐饮行业协会	杨代明，孙桂芳，许菊云，罗继湘，唐小兰，杨滔，王墨泉，谭添三，常国强
45	20144033	依托装配式剪力墙结构体系的住宅产业化	长沙远大住宅工业有限公司	张剑，俞大有
46	20144155	全国两型社会建设综合配套改革试验区体制机制创新	湖南商学院，湖南省社会科学院，湖南省人民政府经济研究信息中心（湖南省软科学研究中心）（湖南省电子政务中心）	欧阳峣，尹向东，唐宇文，张建民，孙红玲，聂国卿，李定珍，彭炳忠，生延超

进步奖三等奖（77 项）

序号	编号	项目名称	完成单位名称	主要完成人员
1	20144010	空气净化技术研究与应用	远大空品科技有限公司	张跃，李胜雄，贺建华

续表 45

序号	编号	项目名称	完成单位名称	主要完成人员
2	20144007	PYZC 型垂直预压式生活垃圾转运站成套设备	长沙普惠环保机械有限公司	安明生，陈巍，姚继戈，王淑珍，何永红，盛建华，屈小平
3	20144017	石材荒料灌注加固胶黏剂和灌注加固技术	湖南柯盛新材料有限公司	柳雄策，郑保昌，钟雪琴，沈定忠，何双林，左婷，王理尧
4	20144021	手性抗过敏新药盐酸左西替利嗪及胶囊产业化项目	湖南九典制药有限公司	朱志宏，姚金成，卜振军，徐霞，郑霞辉，雷文枚，范朋云
5	20144029	新型无硫烟火药研发与应用	浏阳市合力高科发展有限公司	陈兴，刘琼吾，何定武，李是良，喻磊
6	20144035	大型铸造机器人自动化生产线关键技术与成套设备	长沙长泰机器人有限公司，长沙理工大学	杨漾，高金锐，张辉，张继伟，徐岩，吴成中，郑勇全
7	20144047	基于 Sip 封装的直播卫星解调解码融合芯片 GK6105S	湖南国科微电子有限公司	姜黎，祈卫，黄新军，隋军
8	20144092	黑马王子西瓜新品种选育与开发	湖南省瓜类研究所，湖南农业大学，湖南雪峰种业有限责任公司	孙小武，邓大成，欧小球，严钦平，左蒲阳，唐瀚，张礼红
9	20144153	汽车电机转子穿线工序自动化生产线	湖南广播电视大学（湖南网络工程职业学院），长沙友佳实业有限公司	胡素云，舒大松，周国栋，余深传，汤筱飞，戴军辉，王闻
10	20144156	混凝土节水保湿养护膜开发应用技术	长沙圣华科技发展有限公司，湖南省科学技术研究开发院，长沙理工大学	刘晓剑，唐冬汉，罗建阳，谭丽霞，姚丁，黄婕，刘小芬
11	20144157	苎麻剥麻机的研制与应用	中国农业科学院麻类研究所，长沙桑铼特农业机械设备有限公司	龙超海，吕江南，马兰，王绍文，胡志国，何宏彬，刘佳杰
12	20144158	湖南省重点成矿带与矿集区矿产资源开发多目标遥感调查与监测	湖南省地质环境监测总站（湖南省遥感中心，湖南省地质灾害应急中心）	余德清，刘立，夏乐，邹蒲，厉贤葵，王晓莹，邹娟
13	20144159	湖南 1 ：5 万城步县幅区域地质调查	湖南省地质调查院（湖南省地质矿产勘查开发局油气资源调查中心）	刘伟，刘耀荣，张晓阳，陈必河，倪艳军，钟响，贺春平
14	20144167	山区高速公路资源节约施工技术研究与应用	中建五局第三建设有限公司	谭立新，李水生，秦海初，任自力，廖飞，尹峰
15	20144168	双向八车道浅埋偏压小净距隧道关键技术	湖南路桥建设集团有限责任公司，中南大学，长沙理工大学	谢小鱼，黄阜，周光裕，刘云付，梁成，王路路，董亚奎
16	20144174	旅游公路改造及安全保障技术研究	湖南省交通科学研究院，同济大学，湖南省高速公路建设开发总公司，长安大学	蔡长，虢柱，邓鲲，岳志平，高琼，汤伟，阎莹
17	20144176	突发自然灾害（大雾、冰冻）对湖南高速公路的影响及减灾对策研究	湖南省交通科学研究院，湖南省高速公路建设开发总公司	胡柏学，喻泽文，凌剑兴，罗阳青，徐霞飞，彭璞，潘晓东
18	20144179	桥隧相连工程多源损伤与控制技术研究	湖南省交通科学研究院，中南大学，湖南省高速公路建设开发总公司	周利金，戴桂华，巢万里，杨进，刘维民，吴平，向俊宇
19	20144182	洞庭湖防洪蓄洪管理系统示范区建设	湖南省洞庭湖水利工程管理局，长江水利委员会长江科学院	沈新平，周柏林，汤小俊，谭德宝，郑学东，汪朝辉，李志军
20	20144191	湖南省湘江流域水量分配方案研究	湖南省水文水资源勘测局	尹建国，李广源，谢时雨，张广泽，姜玮，苏珊，沈起鹏
21	20144201	原竹对剖联丝展开重组材工艺技术及关键装备	湖南省林业科学院，益阳海利宏竹业有限公司	丁定安，孙晓东，彭亮，丁渝峰（丁锋），余颖，卜海坤，刘锐楷
22	20144209	湖南省油茶害虫危险性等级及其主要害虫防控技术	湖南省林业科学院	周刚，李密，何振，夏永刚，颜学武，张刘源，喻锦秀
23	20144212	鼻咽癌放射敏感性的临床和机理研究	湖南省肿瘤医院	王晖，谢小雪，席许平，胡炳强，吴胜其，金和坤，周菊梅
24	20144230	湖南冬季降水相态预报关键技术研究与系统平台建设	湖南省气象台	姚蓉，黎祖贤，叶成志，刘红武，何正阳，欧小锋，许霖
25	20144233	饮瘀同治肺心病心衰的疗效机理与临床推广应用研究	湖南省中医药研究院	柏正平，卜献春，谭光波，廖金剑，柏莹，胡学军，李继红
26	20144234	金英胶囊创制的关键技术及产业化	湖南省中医药研究院，湖南方盛制药股份有限公司	彭艳梅，卢敏，朱立华，谭达全，王红梅，张庆华，杨军辉

续表 45

序号	编号	项目名称	完成单位名称	主要完成人员
27	20144237	食品包装纸研发及其应用	岳阳林纸股份有限公司，长沙理工大学	尹超，朱宏伟，马乐凡，刘春景，刘成良，周金涛，李丹
28	20144247	连续级配高质量混凝土绿色生产线及关键技术	中联重科股份有限公司	吴斌兴，苏赣斌，莫劲风，蔡纯杰，杨立山，曲鑫，吕洪波
29	20144249	无泄漏压缩式垃圾车	中联重科股份有限公司	彭文飚，刘臻树，刘文革，苏伟，冯卫，郝长千，尤红耀
30	20144253	新型高效环保大粒剂漂浮型制剂	湖南大方农化有限公司	李旭君，肖国光，周尚泉，刘松，史志行，张健
31	20144255	湖南电网安全风险实时评估及分析体系研究	国网湖南省电力公司	盛鹍，周帆，李湘华，刘永刚，李军，黄良刚，胡迪军
32	20144258	输变电环境影响及关键防治技术研究	国网湖南省电力公司电力科学研究院	周年光，彭继文，胡旭，周建飞，欧阳玲，吕建红，陈绍艺
33	20144260	基于绝缘介质特性的电气设备诊治关键技术研究及应用	国网湖南省电力公司电力科学研究院	周舟，刘凯，龚尚昆，冯兵，万涛
34	20144262	雷害、污闪综合防治关键技术研究及其在湖南电网的应用	国网湖南省电力公司电力科学研究院	黄福勇，周卫华，汤美云，彭波，汪新秀，沈志舒
35	20144263	电网重要导流与支撑设备安全关键技术研究及应用	国网湖南省电力公司电力科学研究院	刘纯，欧阳克俭，陈军君，龙会国，熊亮，陈红冬，谢亿
36	20144273	基于网源协调的大中型水轮机调节系统建模、参数测辨及仿真研究	国网湖南省电力公司电力科学研究院	孟佐宏，宋军英，魏加富
37	20144277	电网企业资源管理信息“一体化”体系研发及建设应用	国网湖南省电力公司，国网湖南省电力公司信息通信公司，杭州益和电力科技信息有限公司	张敏，武卫东，眭建新，王向阳，卢波，梁朝仪，徐涛
38	20144280	分布式电源接入电网的柔性并网装置与新技术	长沙电力职业技术学院，长沙理工大学，湖南三能科技发展有限公司	夏向阳，皮洪琴，龚敏，李爱国，陶明，成新，曾祥宇
39	20144286	超细高纯氧化钪规模化生产关键技术及应用	湖南东方钪业股份有限公司，湖南稀土技术开发有限公司，湖南省冶金材料研究所	陈卫平，杨钊，钱晓泰，陈青松，黄湘，聂东红，王晓平
40	20144296	高速公路隧道低碳建设技术研究与工程示范	中南大学，湖南省交通科学研究院，湖南省长湘高速公路建设开发有限公司	钟放平，阳军生，蔡能，宋燕铭，杨峰，王宝林，李念恩
41	20144303	人脐血单核细胞经静脉移植治疗缺血性脑损伤及其细胞分子机制	中南大学湘雅医院	余国龙，杨天伦，欧雅莉，胡珂，方立
42	20144304	几种常见肿瘤的三维适形调强放疗的临床研究及基础研究	中南大学湘雅医院	魏瑞，钟美佐，姜武忠，唐三元，杨振，戴幼艺，王琦
43	20144305	子宫内膜容受性在辅助生殖技术中的研究	中南大学湘雅医院	李艳萍，张琼，赵静，徐爱装，朱琳，刘冬娥，刘能辉
44	20144308	高危出血患者血液净化抗凝新技术系列研究及应用	中南大学湘雅医院	宁建平，陈立平，张义雄，文锐，赵双平，彭琳琳，宋加荣
45	20144309	甲状腺癌的外科治疗和基础研究	中南大学湘雅医院	王志明，李新营，李劲东，常实，黄云，周乐杜，谭辉
46	20144311	气道重塑致气道高反应性和哮喘机制及防治研究	中南大学湘雅医院	潘频华，谭洪毅，覃庆武，赵然然，朱叶牡
47	20144314	泌尿外科腔镜手术特殊并发症处理的研究及应用	中南大学湘雅医院	唐正严，王桂林，李杨，张向阳，杨中青，李东杰，黄亮
48	20144317	速度向量成像技术评价心肌力学的研究	中南大学湘雅二医院	周启昌，彭清海，曾施，杨祖荣，蒲大容，张佚，章鸣
49	20144318	干细胞治疗肾脏病的临床与基础研究	中南大学湘雅二医院	何小解，易著文，黄丹琳，李晓燕，曹艳，党西强，何庆南
50	20144320	胡桃夹综合征诊治技术的创新与应用	中南大学湘雅二医院	杨金瑞，王龙，饶建民，刘紫庭，尹焯，刘龙飞
51	20144322	快速康复外科技术在膀胱全切肠代膀胱术的运用	中南大学湘雅二医院	赵晓昆，徐冉，钟朝晖，张磊，朱煊
52	20144325	严重创伤修复的临床新技术开发与应用	中南大学湘雅三医院	周建大，吴松，王知非，周勇，罗成群，贺全勇，潘冰冰
53	20144326	鼻咽癌紫杉醇耐药的分子机制及临床应用	中南大学湘雅三医院	谭国林，李维，李和清，马艳红，彭小伟，贺广湘，蒋明

续表 45

序号	编号	项目名称	完成单位名称	主要完成人员
54	20144345	油茶低产林产量提升技术	中南林业科技大学，湖南省林业科学院，浏阳市林业技术推广站，湖南雪峰山茶油专业合作社	袁德义，谭晓风，王耀辉，袁军，陈隆升，张慧中，卢世魁
55	20144357	南方马铃薯病毒病及脱毒种薯繁育技术研究与应用	湖南农业大学	胡新喜，熊兴耀，何长征，刘明月，宋勇，胡祥文，黄科
56	20144358	檵木属种质资源的创新与利用	湖南农业大学	于晓英，陈海霞，李达，彭尽晖，陈己任，龙岳林，吕长平
57	20144366	望湘——幕阜山成矿带遥感信息综合找矿与靶区优选	长沙理工大学，湖南省地质矿产勘查开发局四0二队（湖南省地质矿产勘查开发局水文地质工程地质环境地质二队）	郭云开，文先明，董胜光，周厚祥，乐小勇，吴运军，彭文建
58	20144368	锂离子动力电池正极材料关键技术及应用	长沙理工大学，湖南长远锂科有限公司	陈召勇，胡柳泉，朱华丽，周友元，李灵均，周耀，张瑾瑾
59	20144373	烟气 SCR 脱硝系统共性关键技术的研究与应用	长沙理工大学，永清环保股份有限公司	陈冬林，冯延林，姜昌伟，曾昭良，刘小波，李蓉，张巍
60	20144377	火电厂关键高温部件高能微弧强化修复技术	长沙理工大学，湖南省电力公司科学研究院	陈荐，何建军，李光，任延杰，邱玮，陈建林，符慧林
61	20144380	湘银花、湘百合、湘玉竹种质评价和 GAP 种植关键技术研究及应用	湖南中医药大学	周日宝，童巧珍，刘湘丹，王朝晖，贺又舜，雷志钧，王珊
62	20144384	通管方治疗输卵管炎性阻塞性不孕的临床及实验研究	湖南中医药大学	匡继林，刘奇英
63	20144388	中风后痉挛性瘫痪中医护理方案	湖南中医药大学	张月娟，余艳兰，刘梨，廖若夷，冯进，王小亮，姜京明
64	20144390	基于中医药系统生物学模式研究左金丸及类方“谱－效”关系	湖南中医药大学	邓桂明，张志国，葛金文，陈镇，欧阳林旗，肖瑞飞，刘文娥
65	20144392	夏桑菊颗粒质量标准研究及其产业化应用	湖南中医药大学，广州白云山星群（药业）股份有限公司	林丽美，廖端芳，夏伯候，姚江雄，许招懂，方铁铮，刘菊妍
66	20144394	名方逍遥方抗抑郁有效组分新制剂的研制	湖南中医药大学，湖南省中医药研究院	匡建军，王宇红，蔡萍，李跃辉，李波，李超，蔡光先
67	20144395	皮肤病中医生活质量疗效评价体系的构建与研究	湖南中医药大学	朱明芳，王军文，王畅，刘宁
68	20144405	复杂条件下深基坑开挖变形控制与实时预警技术	湖南科技大学，湖南安信岩土工程有限责任公司	高文华，贺建清，陈秋南，陈伟，万文，罗秀清，朱建群
69	20144411	湖南省创意休闲农业发展战略	湖南省农业科学院	刘军，邓文，刘学文，谭艺平，倪笑，刘贝，黄振国
70	20144412	南方城市屋顶绿化关键技术研究及应用	湖南省农业科学院，湖南省园艺研究所，湖南格瑞园艺科技发展有限公司，湖南省土壤肥料研究所（湖南省农业环境研究中心），湖南广陌景观设计有限公司	李卫东，庄志勇，汤海涛（已故），李健权，丁桂花，贾冰，李赛群
71	20144413	籼型三系不育系丰源 A 的选育与应用	湖南杂交水稻研究中心	唐传道，邓应德，艾治勇，杨峰，谭志军，肖国樱，唐振东
72	20144418	珍贵资源江华苦茶创新利用研究及新品种潇湘红 21-3 选育与推广	湖南省农业科学院，湖南天牌茶业有限公司	李赛君，郑红发，刘宝祥（已故），罗意，康彦凯，刘湘鸣，刘求长
73	20144422	极破碎顶板复杂层控型矿床采矿方法多元化协同强化开采技术	长沙矿山研究院有限责任公司，巴彦淖尔西部铜业有限公司	宋嘉栋，柳小胜，欧任泽，朱天平，林卫星，王训青，孙建国
74	20144427	重建钢板联合记忆合金骑缝钉治疗 148 例骨盆与髋臼骨折的研究	湖南省人民医院	王愉思，康亦锋，黄焱，何畔，徐勇强，许自力
75	20144431	儿童单纯性肥胖症的流行特征及其早期干预	湖南省儿童医院（湖南省红十字会医院）	钟燕，康如彤，蒋耀辉，刘康香，吴宗文，丁大为，游诚
76	20144433	食品安全常见致病微生物快速检测方法的建立及应用研究	长沙市疾病预防控制中心	宋克云，孙边成，欧新华，张如胜，苏良，姚栋，叶文
77	20144437	动物源食品安全控制技术体系	长沙市食品质量安全监督检测中心	彭新凯，杨丽霞，李乐，夏立新，周金沙，李林，陈娜

表 46　　长沙市 2014 年度科技进步奖获奖项目

序号	项目名称	完成单位名称	主要完成人员
		一等奖（九项）	
201401	基于光谱分析技术的人民币防伪鉴别仪	湖南丰汇银佳科技有限公司	邹耀增，谭卫清，唐水林，龙志辉，李跃进，胡静，刘熙
201402	肼基甲酸苄酯的合成方法的研究与应用	湖南斯派克科技股份有限公司	段湘生，曾文平，王洪成，张文杰，余治生
201403	室内空气品质控制应用研究及产业化	远大空品科技有限公司	张跃，李胜雄，贺建华
201404	变姿态超长柔性臂架回转振动主动控制技术及其应用	中联重科股份有限公司	郭岗，邝昊，黄毅，徐建华，王佳茜，杨文，唐志杰，黄露，罗清群
201405	基于物联网技术的智能水质自动监测系统	力合科技（湖南）股份有限公司	张广胜，邹雄伟，文立群，武军贤，蔡志，唐宏朝，熊春洪，刘德华，杨军
201406	长沙轨道交通建设施工关键设备研究及产业化—地铁盾构机关键技术研究及产业化	中国铁建重工集团有限公司，中南大学	程永亮，夏毅敏，彭正阳，康彦君，刘斌，文中保，朱晨，普娟娟，李鹏华
201407	塑料容器吹瓶、灌装、封口一体机的研发与产业化	湖南千山制药机械股份有限公司	刘祥华，刘燕，郑国胜，艾良圣，邓铁山，黄盛秋，吴成中，高仲华
201408	高配合力油菜隐性核不育系S017A 的选育与应用	湖南亚华种业科学研究院，袁隆平农业高科技股份有限公司，湖南隆平高科亚华棉油种业有限公司	卓宇红，彭武生，陈庭舟，刘伟丽，李志清，匡新华，陈胜文，于学平，欧阳兵
201409	槟榔碱诱导口腔黏膜下纤维性变及其癌变的分子机制研究	长沙市口腔医院，中南大学湘雅医院，中南大学湘雅三医院	周中苏，李明，彭解英，高峰，张睿，张胜，林世荣
		二等奖（二十三项）	
201410	桥梁预应力结构质量智能控制成套技术	湖南联智桥隧技术有限公司，交通运输部公路科学研究所，交通运输部工程质量监督局	刘柳奇，梁晓东，郭大进，张晓冰，吴涛，周昆，张砾
201411	新型轨道交通车载辅助变流系统	长沙广义变流技术有限公司	赵林冲，王颖曜，汤世娟，王凤吾，刘文强，阳东礼，黄柱
201412	金融 IC 卡互联网终端关键技术研究与应用	长城信息产业股份有限公司，中电长城（长沙）信息技术有限公司	官峰，陈伏清，高晓飞，陈瑾，贺清生，彭先林，王小玲
201413	抗生素生物合成关键技术研究及产业化	湖南福来格生物技术有限公司	许岗，曾红宁，柳杏辉，黄斌，赵翔，朱永盛，陈梅
201414	国家二类新药苹果酸氯波必利及片剂研究及产业化	湖南九典制药有限公司	徐霞，阳海，范朋云，谭军华，梁胜华，魏全民，张健
201415	镀覆金刚石切割线	长沙岱勒新材料科技股份有限公司	段志明，钟建明，杨辉煌，刘纯辉，熊佳海，郭伟信，丁立乾
201416	一种稀土掺杂的钛酸钡粒子及其制备方法	湖南先导电子陶瓷科技产业园发展有限公司	彭铁缆，匡建波，汤育才
201417	蓖麻籽生产防锈润滑油关键技术研究与应用	湖南省生物柴油工程技术研究中心，湖南省林业科学院，湖南未名创林生物能源有限公司	肖志红，刘汝宽，李培旺，张爱华，钟武洪，李昌珠，张良波
201418	烧结余热高效综合利用系统的研究与应用	中冶长天国际工程有限责任公司，湖南中冶长天节能环保技术有限公司，湖南华菱湘潭钢铁有限公司，国家烧结球团装备系统工程技术研究中心	叶恒棣，成沛祥，徐忠，田卫红，唐卫红，汤聂，阳建辉
201419	SUPER130 超级摊铺机	中联重科股份有限公司	余林，许辉，许少铭，徐仁建，侯伟，贺劲，黄国勇
201420	移动支付安全中间件研发及产业化	威胜集团有限公司	朱政坚，殷昌华，殷琪，李少芳
201421	LED 显示屏多态组合与无缝连接技术	湖南新亚胜科技发展有限公司	梁军，雍温英，梁展，王双，肖科，周浩
201422	同电多产品校准系统	长沙天恒测控技术有限公司	周新华，邹学良，周署根，彭浴辉，尹翔鹏，刘志中
201423	SAC6000 全地面起重机	三一汽车起重机械有限公司	张强，苏龙，姜成武，胡江林，李松云，田伟光，黄茂民

续表 46

序号	项目名称	完成单位名称	主要完成人员
201424	滑移装载机关键技术及产业化	山河智能装备股份有限公司，中南大学	何清华，陶海军，黄志雄，谭泽萍，汤雄，曲国锐，郭勇
201425	药品冻干产品联动生产线整体技术与装备	楚天科技股份有限公司	贺建军，苏九洲，康峰，蔡大宇，谭亮，钟元龙，柏天桥
201426	铸造自动化生产线关键技术与成套设备	长沙长泰机器人有限公司，长沙理工大学	杨漾，高金锐，张辉，张继伟，徐岩，吴成中，郑勇全
201427	高水头大口径水轮机进水双密封液控蝶阀的研制	中阀科技（长沙）阀门有限公司，长沙理工大学	童成彪，李志鹏，翟兴学，李有德，袁邦，张波，张旋
201428	第四代婴幼儿配方奶粉研究与技术开发	澳优乳业（中国）有限公司	戴智勇，莫红卫，董玲，高玉妹，张岩春，潘丽娜，刘跃辉
201429	“长辣”系列线椒新品种的选育与推广	长沙市蔬菜科学研究所，长沙市蔬菜科技开发公司	周清华，张海斌，王安乐，林佳福，邓稳桥，邵奇，张艳
201430	优良香稻不育系湘丰 70A 的选育及其系列组合产业化	湖南杂交水稻研究中心，湖南金色农华种业科技有限公司	徐秋生，胡忠孝，田妍，唐楠
201431	长沙地铁洲中车站与穿越湘江盾构隧道施工关键技术研究及应用	中铁五局集团第一工程有限责任公司，中南大学，长沙市轨道交通集团有限公司	苗宪强，王薇，黄昌洋，曹前，阳军生，杨文国，蒲青松
201432	针灸分期治疗促进胫骨骨折愈合的临床研究及对家兔骨折愈合生长因子的影响	长沙市中医医院（长沙市第八医院）	杜革术，漆晓坚，彭小溪，翟伟，陈卓夫，易汉文，陈玉香
		三等奖（三十九项）	
201433	服役桥梁损伤诊断与结构状态监测技术	湖南省交通科学研究院，湖南大学，长沙金码高科技实业有限公司	胡柏学，于德介，刘克明，罗阳青，曾威
201434	基于互联网的心电图分布式专家服务系统	长沙爱康电子有限公司	刘阳，吴健辉，王钟达，刘宇，吴灿
201435	现钞清分自动处理系统	湖南辰泰信息科技股份有限公司	黄赛勤，李建强，御保才，袁细林，刘邦模
201436	光伏建筑非电量安全监测系统	长沙全程数字机电科技有限公司	尚超，肖岸文，刘杰，陈杰，黄祝华
201437	基于多 DSP+FPGA 架构的嵌入式高清视频图像实时处理平台	长沙高新开发区迪内斯电子科技发展有限公司，国防科学技术大学	鲁新平，余知音，李吉成，卫明安，李剑武
201438	基于物联网技术的数字化病区护理信息服务系统研发及产业化	湖南长城医疗科技有限公司	胡强，王小平，伍科，文晖，方维
201439	红细胞形态学分析技术在尿液镜检中的应用	爱威科技股份有限公司	丁建文，周丰良，梁光明，袁鹏，卓红俞
201440	植物甾醇制备甾体激素核心中间体 17α－羟基孕酮的新工艺	湖南诺凯生物医药有限公司	刘喜荣，蒋青锋，曾春玲，杨坤，胡冬晴
201441	牛奶蛋白快速检测卡的研制与应用	长沙安迪生物科技有限公司	周坚，周展波，王黎丽，王辉，李云峰
201442	注射用甘油的制备方法	湖南尔康制药股份有限公司	帅放文，王向峰，张立程，章家伟
201443	高档饰面石材修补剂及使用技术	湖南柯盛新材料有限公司	柳雄策，郑保昌，钟雪琴，王理尧，沈定忠
201444	新型无硫发射药的研究与应用	浏阳市合力高科发展有限公司	刘琼吾，李是良，何定武，喻磊，何定钦
201445	负载密码的多重色比复合荧光稀土防伪材料	浏阳市慧丰印刷科技有限公司	肖思国，王祥夫，丁建文，阳效良，张慧林
201446	F4 星浸渍纸层压木质地板研制的应用	湖南圣保罗木业有限公司	符兴义，杜少波，林建，殷建新，杨素文
201447	高电压、高压实钴酸锂正极材料的制备及产业化	湖南美特新材料科技有限公司，湖南有色金属研究院	李碧平，欧阳全胜，米成，汤志军，朱贤徐
201448	饰面石材用薄板复合胶粘剂	湖南神力铃胶粘剂制造有限公司	袁媛，王理尧，刘辉
201449	可再生能源并网控制技术及应用	湖南科比特新能源电气技术有限公司，长沙理工大学	夏向阳，彭振江，孔祥霁，李灵利，谭维益
201450	一种去除 Hg、As 及 Cd 等重金属物质的土壤修复技术	长沙威保特环保科技有限公司	刘阳，舒淼，高青松，宋丹，伍青松

续表 46

序号	项目名称	完成单位名称	主要完成人员
201451	新风系统用全自动清洗静电过滤装置	湖南西城华兴科技发展有限公司	戴若夫，张斌，张奕，赵刚，张志雄
201452	SDLA718 工业分析仪的研制开发	湖南三德科技股份有限公司	王芹，毛仲，方伟
201453	浆板打包输送系统的关键技术研究与产业化	长沙长泰机械股份有限公司	赵柏林，崔跃武，方勇燕，张海峰，唐良军
201454	基于 ARM 机电集成电液伺服系统的关键技术研发及产业化	湖南睿创宇航科技有限公司	黄文梅，宋国大，袁新亮，李森林，刘阳丽
201455	大吨位高温液态铁水包运输车的研发及产业化	长沙凯瑞重工机械有限公司	张卫东，周浩，向燕，沈志文，周畅
201456	QNT-420 全自动组合烟花内筒装药生产线研制与应用	浏阳市荷花精工机械制造有限公司	周昊，毛成兵，毛明光，李振兴，邓小波
201457	数字智能化电动调焦 LED 灯具研发及产业化	湖南明和光电设备有限公司	王珏，傅高武，贺一平，彭岳棋
201458	ZM75 大功率举高照明消防车的研发及产业化	长沙中联消防机械有限公司	黄开，梁米，刘召华，熊炳榕，唐建国
201459	ECK2150A 数控活塞变椭圆车床	长沙一派数控机床有限公司	朱更红，谌国权，杨坚，郑球辉，邓祚国
201460	城镇化建设混凝土成套设备研究及产业化	三一集团有限公司	代晴华，易全旺，宋永红，王晓君，卓志红
201461	多功能电旋挖钻机关键技术研究及产业化	恒天九五重工有限公司	凌国滨，肖国兴，李先文，徐降芬，陈志勇
201462	螺旋地桩钻机研制及产业化	山河智能装备股份有限公司，中南大学	何清华，赵宏强，高淑蓉，林宏武，朱建新
201463	浏阳菊花石雕新工艺技术研究与应用	湖南永和菊花石工艺美术有限公司，浏阳河菊花石浏阳文化产业有限公司，浏阳市永和菊花石研究所	李舟，李钧，葛鹤松，李浩，李满初
201464	YHZD001 智能化双平面加工成套设备关键技术研究	宇环数控机床股份有限公司，湖南大学	许亮，彭关清，周志雄，朱永波，任莹晖
201465	产赖氨酸枯草芽孢杆菌的研制及在养殖业中的应用	湖南帝亿生物科技有限公司，中国科学院亚热带农业生态研究所，长沙蓝马生物饲料有限公司，湖南农业大学，湖南省微生物研究院	李丽立，王升平，张彬，印遇龙，周浩
201466	杂粮新产品的开发与推广	浏阳河农业产业集团有限公司，长沙理工大学，中国农业科学院农产品加工研究所	罗可大，周素梅，易翠平，杨有望，李艳
201467	猪精液保存改进技术研究与应用	长沙新起点生物科技有限公司，湖南省畜牧兽医研究所，湖南光大牧业科技有限公司	燕海峰，易康乐，傅胜才，李新国，胡雄贵
201468	替代抗生素的复合植物提取物饲料添加剂	湖南省五季风生物科技有限责任公司	张石蕊，胡国田，杨强，胡瑕，贺喜
201469	高档优质香稻新品种玉针香的选育及名优香米产业化开发	湖南农丰种业有限公司，湖南省水稻研究所，金健米业股份有限公司，湖南粮食集团有限责任公司	赵正洪，张世辉，周斌，吕艳梅，周政
201470	食品安全快速高效检测技术研究与应用	长沙市动物疫病预防控制中心	王辉，卢艳芬，徐丽君，唐巍，丑亚琴
201471	彩超对不同孕周正常胎儿肾脏长径、横截面积及肾动脉血流频谱的研究	长沙市第三医院，湖南省妇幼保健院，长沙市妇幼保健院	李涛，冯泽平，田艾军，袁红霞，周永

表 47　长沙市 2014 年度产学研合作与科技成果转化奖获奖单位

序号	单位名称
1	湖南长高高压开关集团股份公司
2	长沙福田汽车科技有限公司
3	澳优乳业（中国）有限公司

续表 47

序号	单位名称
4	力合科技（湖南）股份有限公司
5	湖南顶立科技有限公司
6	湖南航天环宇通信科技有限责任公司
7	加加食品集团股份有限公司
8	湖南方盛制药股份有限公司
9	湖南省林业科学院

表 48　长沙市 2014 年度企业科技创新市长奖获奖单位

序号	单位名称
1	中国铁建重工集团有限公司
2	楚天科技股份有限公司
3	湖南千山制药机械股份有限公司
4	湖南迪诺制药有限公司
5	凯天环保科技股份有限公司

知识产权保护和运用

【概况】 2014 年，市知识产权局围绕市委市政府建设创新型城市和国家自主创新示范区的总体目标，致力于走在前列，争创一流，知识产权事业发展取得了新突破。长沙在全国 41 个知识产权示范城市中专利实力排名第 2 位，成功通过国家知识产权投融资服务唯一试点城市验收；在第十六届中国专利奖评选中，长沙 9 项专利获奖，其中获中国专利金奖 2 项。

全市全年累计申请专利 17763 件，同比增长 11.32%，其中发明专利申请 7451 件，同比增长 16%；获得专利授权 11448 件，其中发明专利授权 2733 件，同比增长 17.4%，发明专利授权量居全国省会城市第 7 位；全市拥有有效发明专利 11281 件，万人有效发明专利拥有量达 15.6 件，高出全国平均数 10.7 件，居全国省会城市第 4 位；完成版权登记 1698 件，占全省总登记量的 90% 以上。　（龙长佑）

【《关于进一步加强知识产权保护工作的意见》出台】 2014 年 8 月，长沙市人民政府出台了《关于进一步加强知识产权保护工作的意见》。《意见》共分五部分十五条。从加强知识产权保护工作的战略意义、提升企业知识产权自我保护能力、加强知识产权维权援助工作方面、加大知识产权行政司法保护力度和营造知识产权保护浓厚氛围五方面来有效推进知识产权保护工作。将根本上解决制约知识产权保护工作的政策支撑不够、机构设置不到位、经费投入不足、执法力量薄弱等现实问题。《意见》将对长沙市的知识产权保护工作产生重大而深远的影响，有利于提高企业知识产权保护能力，提升长沙知识产权保护形象。市知识产权局配套出台了《长沙市知识产权维权援助管理（暂行）办法》《企业知识产权境外维权指引》《企业境外参展知识产权指引》等文件，不断创新完善知识产权保护机制。（龙长佑）

【长沙通过国家知识产权投融资服务试点城市验收】 3 月 18 日，长沙市召开知识产权投融资服务试点验收会并顺利通过考评验收。长沙自 2010 年成为全国首个知识产权投融资服务试点城市以来，以注重引导、构建机制、狠抓服务作为基本工作思路，积极出台四大层面政策、着力构建四大工作机制、切实搭建四大融资平台，知识产权投融资服务取得了较大成效。3 年试点期间，累计推动知识产权投融资服务项目 366 项，实现融资金额 28.3 亿元，惠及企业 196 家。其中 36 家企业成为知识产权试点示范企业，61 家企业成为高新技术企业，19 家企业成为上市后备企业并有 4 家企业已经成功上市，6 家企业成为年利税 5000 万元以上的利税大户。知识产权投融资服务工作为长沙率先建成“三市”、强力实现“三倍”的工作目标提供了有力地知识产权支撑。（阳　明）

【长沙市专利执法维权工作排全国前列】 在 2014 年全国知识产权执法维权工作绩效考核中，长沙市专利行政执法工作位列副省级及其他城市第 2 名；在全国 76 个知识产权维权援助中心（包括省级中心）的排名中，长沙市维权援助举报投诉工作位列第 5 名。2014 年，市知识产权局坚持以加强专利保护、服务经济发展为主线，以开展“执法维权护航经济发展”专项行动为契机，以推动基层专利执法工作为重点，创新工作思路、完善工作机制、狠抓工作落实，认真履行了执法维权职能，有力打击了专利侵权和假冒专利违法行为，全面优化了市场经济发展环境。（阳　明）

【两项专利获中国专利金奖】 2014年，在第十六届中国专利奖评选中，长沙市取得优异成绩。三一重工股份有限公司的“一种液压油缸及液压缓冲系统、挖掘机和混凝土泵车”和湖南大学、湖南中科电气股份有限公司的“两相逆变电源系统及其综合控制方法”2件专利获中国专利金奖，三一汽车制造有限公司等单位的9件专利获中国专利优秀奖。（尹江健）

【驻长沙企业知识产权保护工作座谈会】 5月29日，市委副书记、市长胡衡华主持召开驻长企业知识产权保护工作座谈会，听取企业代表对加强知识产权保护工作的意见。胡衡华指出，对于长沙而言，经济社会发展到了一定的阶段，面临转型升级的压力，创新是唯一出路。长沙具备良好的创新基础和条件，政府要营造宽容失败、鼓励创新的环境。胡衡华强调，企业是创新的主体，也是知识产权保护的主体。政府将帮助企业树立保护知识产权的信心，通过人才培训、搭建平台等手段营造知识产权保护的良好氛围。通过积极开展维权援助，指导、帮助企业打好知识产权诉讼、维护自身权益。通过企业、政府和社会的共同努力，把长沙打造成一个知识产权保护洼地，促进长沙成为创新发展的高地。（尹江健）

【《2013年长沙知识产权保护状况》白皮书发布】 4月21日，在长沙知识产权宣传周启动仪式上，长沙市人民政府正式向社会发布了《2013年长沙知识产权保护状况》白皮书。白皮书从推进知识产权机制建设、打击侵犯知识产权和制售假冒伪劣商品工作、专利工作、版权工作、商标工作、其他知识产权工作及知识产权行政执法和司法保护等方面客观真实展示了2013年长沙知识产权发展现状及保护取得的成果。此次白皮书发布是长沙市知识产权协调领导小组组织各相关部门共同做好知识产权保护工作的一项重要内容，是对长沙市2013年知识产权保护工作的全面总结，让社会更加客观真实了解长沙2013年知识产权保护情况，对本年度知识产权保护工作的有效开展具有重要借鉴意义。（尹江健）

【《知识产权战略实施行动计划（2015—2020年）》发布】 2014年底，长沙作为全国首个城市率先发布了《知识产权战略实施行动计划（2015—2020年）》，《行动计划》明确提出了知识产权强市的新目标，为知识产权事业发展指明了方向。《行动计划》分为总体要求、重点任务、保障措施3个部分，要求围绕护航创新发展行动，助推经济转型行动，支撑事业发展行动三个方面，积极营造良好的知识产权法治环境、市场环境、文化环境。到2020年，实现知识产权与经济社会发展有效融合，把长沙打造成为自主创新的高地和知识产权保护的洼地。知识产权保护环境更加优良、运用成效更加显著、创新能力更加突出、服务体系更加健全，知识产权工作走在全国城市前列。《行动计划》的印发实施，是贯彻落实国家知识产权战略行动计划（2014—2020年）的有力举措，将为长沙实现创新驱动发展、推动经济提质增效升级，率先建成“三市”、强力实施“三倍”提供有力的知识产权支撑。（尹江健）

科学普及

【长沙市科协十一届二次全委（扩大）会】 3月26日，市科协召开十一届二次全委（扩大）会议，深入贯彻党的十八届三中全会精神，认真落实中央书记处、中央领导关于科协工作的重要指示，全面总结2013年工作，研究部署2014年工作任务。市政协党组副书记、市科协主席谢明德作了题为《凝心聚力，服务创新，为全面推进长沙率先建成“三市”而努力奋斗》的工作报告。市人民政府副市长夏建平出席会议并讲话。大会审议通过了十一届二次全委会工作报告以及变更和增补市科协十一届委员会常委的报告。市科协十一届委员会专兼职副主席、常委、全体委员，各市级学会（协会、研究会），各区、县（市）科协负责人，各园区、企事业科协代表，市科协机关各部室及直属事业单位负责人，近200人参加了会议。（刘孙波）

【院士专家工作站建设】 2014年认定了第二批7家市级院士专家工作站，引进院士及创新团队专家达57人，聚焦攻关16个关键技术项目。组织对首批院士专家工作站进行考核，5家评为优秀，4家评为良好。12月31日，市政府召开了“2014年全市院士专家工作站建设工作会议”，中国工程院院士桂卫华，湖南省科协副主席廖任强，市委常委、组织部部长程水泉，市人大常委会副主任芮英姿，市人民政府副市长、市院士专家工作站建设协调领导小组组长夏建平，市政协党组副书记、市科协主席谢明德等省市领导出席会议。会议全面总结了一年来的工作，安排部署了2015年和以后一个时期的工作，与会领导为7家新建院士专家工作站授牌，会议还表彰了5家优秀院士专家工作站，新建站企业中国铁建重工集团、优秀建站企业威胜集团和山河智能集团在会上作了经验交流发言。（刘孙波）

【实施学会服务能力提升计划】 为积极引导市级学会通过承担重点任务提升能力，彰显服务科技创新的作用，市科协制定并实施了《学会服务能力提升计划实施方案（试行）》，采取以奖促建和重点项目资助相结合的方式，为学会发展和工作创新提供必要的指导和支持。2014年评定资助了市中西医结合学会等10家优秀科技社团，立项支持23个项目，资助学会开展学术创新、建立科技服务站、科普创新、建设科技思想库、服务科技工作者等方面的活动，启动学会科技服务站建设试点工作，指导市蔬菜学会、市兽医学会建立科技服务站，满足基层科技服务需求，有效提升了学会的服务能力。（刘孙波）

【“院士专家长沙·望城行”活动】 10月23日，以“创新驱动，有色生辉”为主题的“2014院士专家长沙望城行”活动在望城经开区举行。活动由长沙市人民政府主办，长沙市科协、望城区人民政府、望城经开区共同承办，中国科协、中国有色金属学会、中南大学、湖南省科协对活动给予大力支持，中国有色金属学会理事长康义，中国工程院院士余永富，中国科技咨询中心副主任王诚，湖南省科协党组副书记、副主席荣诚、省科技厅副厅长杨薇，省有色金属管理局副局长邓

2014 "院士专家长沙·望城行"活动主会场

家军，长沙市领导夏建平、谢明德以及望城区委、区政府及区直相关部门、望城有色行业专家和企业家约200人出席了此次活动。会上，望城经开区与中国有色金属学会"产学研战略"合作协议等8个项目进行了签约，康义作了"当前我国有色金属工业发展形势与对策"的主题报告。这次活动从3月份开始积极筹备，前期对望城经开区晟通科技、金龙铜业等规模以上有色企业47家进行了调研摸底，征集并汇编了院士专家技术合作需求项目；结合园区产业发展和征集的需求信息，组织院士专家到望城经开区企业开展了预备性考察调研，并召开了企业技术需求对接座谈会，经过技术咨询、交流洽谈落实了技术合作对接项目，形成了有色金属新材料精深加工产业发展的调研成果。（刘孙波）

【实施"基层科普行动计划"】 2014年，长沙市科协推选15个单位参评全国和全省"基层科普行动计划"表彰，共有8个项目入选，获全国、省级奖补资金200万元。其中，宁乡县食用菌协会、浏阳市养猪协会、长沙县金井茶厂有机茶种植科普示范基地、望城区湖南八曲河生态种养殖基地等入选中国科协"科普惠农兴村计划"；天心区青园街道青园社区、芙蓉区荷花园街道荷花园社区、岳麓区望城坡街道长华社区、雨花区东塘街道枫树山社区入选省级"社区科普益民计划"。同时，市级"基层科普行动计划"安排专项资金100万元，表彰了8个农村先进农技协、科普示范基地，3名科普带头人和5个城区科普示范社区。8月21日至22日，市科协在宁乡县召开全市"科普惠农兴村计划"现场观摩和经验交流会，市人民政府副秘书长刘秋成，市科协党组书记、副主席李范坤，省科协科普部副部长李世才，市科协其他班子成员，各区、县（市）科协、财政局分管领导及相关部门负责人，获得中央、省、市2012—2014年"科普惠农兴村计划"表彰的先进集体和带头人的代表，以及新闻媒体记者50余人参加了会议。（刘孙波）

【2014年"全国科普日"活动】 9月21日，2014年"全国科普日"长沙主场活动启动仪式在洋湖湿地科普馆前坪举行。省科协党组书记、常务副主席毕华，市委副书记、市长胡衡华，副市长夏建平出席，市政协党组副书记、市科协主席谢明德主持启动仪式。此次全国科普日长沙主场活动由市科协、市教育局、市科技局等单位联合主办。启动仪式上，长沙市入选2014年全国和省级"基层科普行动计划"的单位和个人受到表彰授牌。毕华向洋湖湿地公园颁发"湖南省科普教育基地"证牌，胡衡华为获得长沙市第三届青少年科技创新市长奖的个人颁奖。此次科普日系列活动以"创新发展、全民行动"为主题，从9月21日至27日在全市范围内展开。市科协、市教育局、市科技局和全市各级科协组织广泛动员组织广大科技工作者、科普工作者、科普志愿者和社会各界积极参与，重点组织了"老年健康科普知识讲座""长沙市青少年科技竞赛""科普进农村、进企业、进社区""科普志愿者基层服务周"等50余场别致新颖的"科普大餐"与市民分享。活动对于推动全社会形成"科学普及、科技创新你我共参与"的良好局面，营造"科技创新、全民行动"的浓厚氛围，推进创新型长沙建设，具有积极的意义。（刘孙波）

【长沙市科学技术协会学术年会】 11月4日上午，由长沙市科协主办、长沙学院承办的"2014年长沙市科学技术学术年会"在长沙学院举行，省市300余名科技工作者参加此次活动。湖南省科协副主席廖任强、长沙学院党委书记韦成龙等领导出席年会。年会特邀国防科学技术大学教授、机器人技术专家马宏绪作《工业机器人及其发展现状与趋势》主题报告，邀请中民筑友有限公司研究院院长、建筑专家俞大有作"建筑产业现代化——建筑的绿色革命"主题报告。该届年会以"开放、创新与产业升级"为主题，本着"活跃学术氛围、激发创新思维"的理念，该届年会既关注机器人技术等前沿科技的创新与发展，又注重推动传统产业的转型升级。年会除设立长沙学院主会场外，分会场设置兼顾学科、产业和区域分布，突出推动传统产业转型发展，分别设立了长沙市机械工程学会"机械工业技术创新论坛"等5个分会场和4项重点学术活动。年会共评出优秀论文一等奖13篇，二等奖21篇，三等奖34篇。获奖论文在大会上予以表彰并收录于《长沙大学学报—2014年长沙市科学技术学术年会》增刊。（刘孙波）

社会科学

【研究成果】 1.2014年，社科重大课题招标，启动《长沙建设"一带一部"核心区的思路与对策研究》和《品质长沙建设研究》两个重大项目的研究，并面向全国公开招标。市社科联加大宣传力度，在《光明日报》和相关网站刊发招标公告，吸引了包括清华大学、中南大学、省委党校、省社科院等众多高校和科研院所的积极申报，最后通过评审、答辩、公告公示，并报请省市委领导审批，确定了中标单位。目前，研究工作正按计划有序推进。2. 经请示省市领导同意，申报了由市委主要领导担纲的湖南省社会重大项目《长沙实施大气污染专项治理研究》和省社科规划办重点项目《社会舆论场与网络舆论场互动机制研究》，并成功立项。其中《长沙实施大气污染专项治理研究》中完成的《研究报告》和《对策建议》均获省市主要领导批示，《对策建议》在市委《内情参考》以专刊形式刊发，《研究报告》在市政府主办的《决策咨询》全文刊发，在全市范围内产生了较好的社会影响。3. 2013年面向全国公开招标的项目《长沙基本实现现代化发展战略研究》和《推进长沙"六个走在前列"，提升城市综合竞争力的发展思路与对策研究》重大招标课题的成果均获省、市领导易炼红、胡衡华等的肯定性批示，并明确要求市直职能部门在实际工作统筹考虑，认真吸收。张湘涛多次出席课题调研、课题论证、成果转化等会议，并就如何实现理论与实践对接提出了明确要求。其中，《推进长沙"六个走在前列"，提升城市综合竞争力的发展思路与对策研究》在市委《内情参考》专刊刊发；《长沙基本实现现代化发展战略研究》在《湖南省情要报》刊发，成果转化上实现了新的突破。4. 2014年，在《人民日报》《光明日报》《经济日报》《湖南日报》《长沙晚报》等刊物上都推出了系列研究成果。其中，《雷锋精神是核心价值观建设的宝贵财富》在《人民日报》刊发，《对加快推进新型城镇化的思考》在《光明日报》刊发，《弘扬崇高精神 引领伟大事业》在《经济日报》刊发，《铆足干事创业的精气神》等3篇文章在《湖南日报》刊发。在《长沙晚报》头版适时推出的《共建品质长沙 共享民生乐园》《以破解"五个怎么办"的实效大步践行"六个走在前列"》2篇理论文章均获省市委主要领导同志的肯定性批示。结合党的群众路线教育实践活动撰写的《发挥群众主体作用 共建共享品质长沙》《群团机关建设中反"四风"的现实思考》等文章获得各方好评。5. 配合市委宣传部做好《长沙文化发展报告蓝皮书（2014）》《雷锋精神论纲》和《中外志愿服务比较研究》等3部专著的撰稿、组稿和编辑出版工作。6. 2014年通过规划立项工作，组织发动省会专家学者完成了《建立健全党的作风建设保障机制研究》《长沙市文化旅游产业发展研究》《中国梦时代特征研究》《长株潭快速融城进程中的地方政府功能发挥研究》《长沙市农业信息化服务体系研究》等10余个课题研究项目。（蒋湘锋）

【长沙市社科工作会议】 2014年长沙市社会科学工作会议于4月22日上午在市档案馆二楼会议室召开。市委常委、宣传部部长张湘涛，省社科联党组书记、副主席周发源等出席会议并发表了重要讲话，会议由副市长夏建平主持。会上表彰了长沙市第十一届社会科学优秀人才和第十五届社会科学优秀成果。徐赛华、张鸿辉、龙钢跃3人被评为"长沙市第十一届社会科学优秀人才"，谭建林、徐昌才、熊力游、张凯兰、黄熊飞5人被评为"长沙市社会科学先进工作者"。《探索湘江古镇群落的复兴路》等63项社会科学成果被评定为"长沙市第十五届社会科学优秀成果"。并在《长沙晚报》《长沙社科》和相关网络媒体上对优秀人才、成果和学会进行宣传推介。

（蒋湘锋）

2014年长沙市哲学社会科学重大课题招标评审会议现场

【长江中游城市群建设研究交流会】 10月22日，2014年长江中游城市群建设研究交流会在长沙成功举行，来自武汉、合肥、南昌、长沙社科院的专家围绕"开放融合、创新发展"主题，积极为四省会城市挺进全国"第四极"、构建"四核四圈"新格局建言献计。市委常委、宣传部部长张湘涛出席会议。2013年2月，长江中游城市群四省会城市首届会商会在武汉召开，长沙、合肥、南昌、武汉四市达成《武汉共识》，开启了资源优势互补、产业分工协作、城市互动合作之旅。2014年2月，第二届会商会在长沙举行，四市党政主要负责人签署发布《长沙宣言》，在探索创新驱动转型发展新道路、建设具有国际竞争力的特大城市群、打造中国经济发展"第四极"等方面达成共识。四市在经信、教育、科技、规划、环保、交通运输、商务、文化、旅游等多领域展开了合作交流，标志着长江中游城市群建设进入到了一个全面推进、快速融合、协同发展的新阶段。张湘涛表示希望四个省会城市社科院要有强烈的使命担当，争做协同发展的理论先导；有强烈的问题意识，聚焦协同发展的关键领域；有良好的合作机制，构建协作研究的长效机制。（蒋湘锋）

【科普宣传主题活动】 1. 为进一步做好青少年社科知识普及工作，并培养学生创新精神和实践能力，在广大学生中普及形成学科学、爱科学、讲科学、用科学的良好风尚，市社科联精心策划，与团市委联合主办社科普及进校园活动，选择浏阳市中和镇丁字完小、社港镇大洛完小和长沙市雨花区长塘里小学开展了系列社科普及活动。活动形式新颖、学生积极性高、参与面广，深受师生和社会好评。2. 充分利用长沙作为省会城市的社科资源优势，协助省委宣传部、省社科联积极做好“2014年湖南省社科普及进农村系列活动”，并邀请相关专家在望城区光明村作了《社会主义核心价值观怎么看？》的主题报告，深受当地群众和干部好评。（蒋湘锋）

防震减灾

【概况】 2014年，长沙市防震减灾工作坚持与经济社会融合式发展，不断提升城市地震灾害综合防御能力，为长沙四化两型社会建设提供地震安全保障。市地震局分别被湖南省地震局和中国地震局授予“市州综合考核先进单位”和“全国地市级防震减灾工作综合考核先进单位”称号。

一、深刻领会省防震减灾工作领导小组会议精神，推动《长沙市建设工程抗震设防要求管理办法》《长沙市地震应急预案》修订出台。《长沙市建设工程抗震设防要求管理办法》（市政府第126号令）经过征求各方意见和多次修改，于2014年1月14日市人民政府第9次常务会议通过，5月1日起施行。修订后的《办法》对建设工程抗震设防要求的管理程序按照基本要求、分类确定、特别程序、工程建设要求、审批程序要求、竣工验收要求等6个方面进行规定，进一步明确抗震设防要求审批的范围，规范行政审批行为，缩短审批时限，对优化办事流程、提高办事效率起到很好的作用；完成《长沙市地震应急预案》修订起草工作，征求了市防震减灾工作领导小组31家成员单位的修改意见，形成代拟稿提交市政府审议。《预案》将于2015年出台。

二、地震监测预报基础工作不断加强。按照中国地震局要求做好仪器设备的维修和标定工作，开展流体观测水房维修改造工程，确保测震、形变、流体各仪器运转正常，产出资料连续可靠；完成流动台观测仪器的安装和调试工作，在宁乡县煤炭坝镇箐华铺选定1处观测地点；长沙地震台全年处理能看清震相和有分析价值的地震1042个；3月1日起，长沙地震台同时承担邵阳地震台和桃源地震台两个无人值守台的测震数据分析处理工作。截止到12月31日，处理邵阳台和桃源台地震数据分别是831次和665次。全年上报中国地震局地震五日报72篇、月报12篇、前兆月报12篇、强震台半月报24篇，全年脉冲标定12次，正弦标定一次，断记统计12次；3月1日至12月31日邵阳台、桃源台各上报《地震日报》303篇，前兆异常跟踪分析周报48篇，形变、流体年报各一篇；完成2014年强震仪资料评比上报工作；统计核对1973年1月1日—2014年11月30日长沙地区仪器记录的地震目录，绘制《震中分布图及比例图》；编写《长沙市2014年年中地震趋势会商报告》《长沙市2015年地震趋势会商报告》，其中《长沙市2015年地震趋势会商报告》在全省地震趋势会商会评比中获二等奖。2014年，长沙行政区域内仪器记录地震37次，最大震级ML2.8级。

三、加强抗震设防要求监管，确保新建工程抗震能力。长沙市人民政府下发《关于公布市本级行政审批项目的决定》（市政府令第127号），其中明确市地震局实施的行政审批项目有：《建设工程抗震设防要求审批》《在地震监测设施和地震观测环境保护范围内进行工程建设核准》2项；长沙市人民政府《关于加强市政基础设施项目建设管理的若干意见》，再次明确将地震部门意见纳入评审可研内容；市地震局继续做好政务中心窗口服务工作，2014年政务中心窗口和先导区窗口接待办事群众600余人次，完成抗震设防要求确认审批项目197项，参加建设工程资料联合验收140项，参加市政府组织召开的各类专题咨询会议10余次，包括磁悬浮项目、市轨道交通四号线、宁乡机场整体搬迁论证等。

四、加大防震减灾宣传力度，积极开展地震应急工作。以“城镇化与减灾”为主题，把汶川地震纪念日和市政府126号令《长沙市建设工程抗震设防要求管理办法》颁布两个宣传活动结合起来，部署安排防灾减灾日系列宣传活动；协助长沙市应急办、市民政局，雨花区应急办、民政局救灾办等相关单位开展“防灾减灾宣传周”相关宣传工作；指导宁乡地震办开展“全国防灾减灾日”宣传活动；启动儿童灾害教育湖南长沙项目工作，在学校、社区等单位放映防震减灾故事片《飞跃地心》《今天•明天》26场；继续开展“平安中国”公益宣传活动；联合江湾社区开展纪念“7•28唐山大地震”三十八周年防震减灾宣传活动；继续推进防震减灾科普示范学校创建工作，开福区国庆小学、宁乡县大成桥中心小学被评为省级防震减灾科普示范学校；创建长沙市首个地震安全社区—江湾社区；配合应急频道制作4档地震应急宣传节目；根据公众对长沙市城市总体规划的关注程度，接受潇湘晨报记者的采访，在门户网站提供各区县地震应急避难场所名单；继续做好长沙市防震减灾科普教育基地的维护、接待工作，发挥宣传主阵地的作用，努力创建国家级防震减灾科普教育基地。全年接待麓山国际实验学校、湖大附中、马王堆小学、新民小学、长沙市实验小学等中小学校师生及市民参观基地1000余人次；做好长沙市应急联动平台的日常维护和

莲花镇中小学生开展地震应急演练

管理工作；通过网站招募、“5·12”现场招募、媒体宣传等方式募集志愿者，为志愿者培训工作做好准备。

五、指导市县地震工作，推进地震安全农居建设工程。多次赴宁乡、浏阳调研指导防震减灾工作，考察菁华铺抗震民居示范区和备选地震台址现场，做好向市政府和省地震局的汇报工作，协同有关部门解决宁乡的机构和职能问题；推进农村民居抗震设防示范点建设。在宁乡菁华铺开展农村民居抗震设防示范点，并在煤炭坝、大成桥、喻家坳、回龙铺4个乡镇启动农村民居示范户工程。出台《长沙市农村民居地震安全工程试点示范管理办法（试行）》，并开展农村民居建设抗震设防指导培训；召开区、县（市）防震减灾工作总结座谈会，对2015年开展地震应急演练、创建示范学校和示范社区、“5·12”宣传等工作进行部署。（魏　箐）

【市防震减灾科普教育基地获省级科普基地称号】 3月14日，湖南省科普工作总结表彰暨2014年科技活动周筹备工作会议在湖南省地质博物馆召开。会议总结2013年全省科普工作，部署2014年科技活动周工作。科技部政策体改司副司长翟立新作政府科普管理报告并讲话，省科技厅总工程师姜郁文宣读了《关于认定第七批湖南省科学技术普及基地的决定》（湘科政字〔2013〕152号），并对一批新的省级科普基地授牌。长沙市防震减灾科普教育基地成为此次20家省级科普基地之一。（魏　箐）

【儿童防震减灾教育活动】 3月25日，由长沙市地震局、岳麓区团委、北京西部阳光农村发展基金会、NGO备灾中心主办，大爱无疆公益文化促进会、新民路小学等单位承办的儿童灾害教育湖南省项目暨TOT培训启动仪式在长沙市防震减灾示范学校新民路小学举行。9月，市地震局与壹基金、大爱无疆等公益组织联合在莲花镇开展中小学防灾减灾教育活动，通过给学校老师培训、学生兴趣游戏互动、赠送应急卡通包等形式增强学校教师防灾教学水平，提高学生防灾知识。（魏　箐）

【7所学校获评“2014年度长沙市防震减灾科普教育示范学校”】 9月24日，长沙市地震局、长沙市教育局联合出台《关于做好2014年度防震减灾科普教育示范学校有关工作的通知》。对2012年度评定的6所长沙市防震减灾科普教育示范学校提出复检要求，对申报创建2014年度长沙市防震减灾科普教育示范学校提出指导性意见。明德中学、开福区新竹第二小学、长沙县黄兴中学、望城区乔口镇南湖小学、浏阳洞阳初级中学、高新区枫树小学、天心区南湖小学等7所学校通过初步审查。11月25日，市防震减灾科普教育示范学校考评组对这7所中小学校进行现场验收，授予“2014年度长沙市防震减灾科普教育示范学校”称号。同时决定继续保留长郡中学、长沙市第十五中学、雨花区枫树山小学、雨花区砂子塘新世界小学、浏阳市人民路第二小学、望城区格塘中学等6所学校“长沙市防震减灾科普教育示范学校”称号。（丁　岩）

【江湾社区为长沙市首个地震安全示范社区】 2014年，江湾社区按照《长沙市地震安全示范社区管理暂行办法》标准，明确目标，落实责任，成立防震减灾工作领导小组，制定地震应急预案，根据不同苑区的实际情况落实7个紧急避难场所，总面积达31000平方米，避难场所配备水电、卫生间等生活基本设施，每个楼道设置安全出口标识牌，制作社区疏散示意图，有明确的应急疏散路径，社区居民对社区的地震灾害风险和次危险源了解清楚，普遍掌握必要的紧急疏散、自救互救等基本技能，知晓避难场所及行走路线，形成以宣传防震减灾知识为主线，深入开展预防演习活动为载体，防震减灾工作全民参与的良好氛围。社区多次开展各种形式的宣传活动，包括在“7·28”唐山大地震38周年纪念日，举办“探索科学，敬畏自然，关爱生命”的地震应急避险知识讲座、地震应急紧急疏散演练、观看防震减灾主题电影《飞跃地心》等多项活动；“8·3”鲁甸地震后及时利用微信平台向辖区内5000余名居民推送防震避险宣传知识等。9月29日，江湾社区通过验收成为长沙市首个地震安全示范社区。（丁　岩）

【宁乡四乡镇试点农村民居抗震设防示范工程】 宁乡是长沙市地震常发多发地区，据2010年1月至2014年监测数据，长沙地区发生67次地震，其中64次在宁乡。研究分析表明，地震灾害建筑破坏是造成人员伤亡和财产损失的主要原因，地震中90%～95%的伤亡是由建筑物倒塌造成的。市地震局结合宁乡农村民居建设现状和震情实际，在煤炭坝镇贺家湾村、大成桥镇永盛村、喻家坳乡湖溪塘村、回龙铺镇段家桥村实施农村民居抗震保安工程试点示范，2014—2015年度示范户规模30户，合法自建自住房经过验收达标的建房户每户将可领取到8000元的抗震补助资金。12月16—17日，市地震局、宁乡县地震办在大成桥镇、煤炭坝镇、回龙铺镇、喻家坳乡巡回举办农村自建自住房抗震建设培训班，各乡镇国土、规划、沉陷治理、危改、社会事务办和村干部参加培训。培训结合宁乡建房实例，分析当地农村自建房的现状，根据国家规范，提出抗震房建设应对措施，重点介绍农村抗震房的标准和要求，要求砖混结构抗震房设置圈梁、构造柱，采用眠墙砌筑、水泥砂浆、现浇楼板等。（魏　箐）

教 育

责任编辑：吴丫丫

【概述】 2014年，长沙市共有各级各类学校2764所（含驻长沙高校），学生182.9万人（含成人教育），教职工133147人。其中，高校55所，普通在校大学生54.75万人，在职教职工5.13万人；中职学校52所，在校学生8.67万人，在职教职工4019人；普通高中74所，在校学生13.15万人，在职教职工1.38万人；有义务教育阶段学生的学校1191所，义务教育阶段在校学生71.45万人，在职教职工3.84万人；幼儿园1424所，在园幼儿23.28万人，在职教职工2.42万人。长沙市获评“全国职业教育先进单位”,成为国家特殊教育改革实验区。基础教育满意度排名全国主要城市第七位，5个区、县率先入围湖南省第一批教育强县（市、区），学前教育普及普惠、义务教育均衡发展、行动德育、学校安全、区域党建等多项工作在全国、全省推介交流，中央电视台、《香港文汇报》等正面宣传100余篇次。

一、教育强市建设。1. 事业发展提升。学前3年毛入园率90.5%；义务教育阶段适龄儿童入学率100%，三类残疾儿童义务教育入学率87.6%；高中阶段入学率96.1%，高等学校录取率89.06%，社区学校街道（乡镇）覆盖率91.4%，较上年均有提升并高于全国水平。2. 区域特色培育。开福“公民教育”、芙蓉“幸福教育”等区域特色凸显，长沙市一中、师大附中、长郡中学、雅礼中学等创新实验及长沙外国语学校特色实验有序推进，创建一批省市示范的“两型”学校、生态文明校、特色发展校，认定芙蓉区育英学校、天心区桂花坪小学等12所学校为长沙市第二批区域教育特色发展建设学校。3. 教育质量提高。高二学业水平考试、中考、体育中考一次性合格率分别为93.13%、90.59%、96.16%。明德华兴、雅礼中学获全国篮球联赛初中男子总冠军及高中女子亚军，8项科技创新成果参展巴黎国际发明展并获奖。艺术、体育、科技竞赛及职业技能比武等赛事屡获佳绩。

二、教育治理体系。1. 教育新政推出。中心城区中小学校布局规划、城镇小区配套幼儿园建设用地划拨及产权移交、普惠性幼儿园认定、基础教育集团办学、特殊教育提升、农村义务教育及高等职业教育改革发展、各学段素质教育督导评估等政策、文件印发出台，奠定长沙教育治理体系现代化基础。2. 教育改革深化。“小升初”划片招生高新区试点推进，中招志愿填报优化完善，阳光招生全面推行；中小学生综合素质评价体系试测修订，“课堂教学改革年”深入开展，基础教育改革有序推进；服务外包、建筑、汽车等产学研校企合作联盟成立，11所职业院校与合作企业推行预备员工制，6个项目入围省职业教育“十二五”省级重点建设项目，职教改革机制不断创新。4项基础教育、职业教育课题获年度国家级教学成果奖二等奖。3. 依法治教推进。市教育局重大行政决策程序规则率先出台，民办教育立法深入调研，依法治校、章程建设培训推进，权利清理、简政放权有效推进，望城区率先建立管办评分离管理机制，浏阳督学责任区获评“省优秀示范区”，政府合同及规范性文件审查机制健全，行政执法规范，没有发生行政复议和行政诉讼案件。

三、优质教育资源。1. 办学条件改善。新、改扩建公办幼儿园63所，认定普惠性民办园515所，公办与普惠民办园占幼儿园总数的56.8%；新、改扩建雨花区新华都中学等城区中小学15所，完成义务教育薄弱学校提质改造137所，建设合格学校79所，添置农村寄宿学校床位2424个；“三通两平台”建设推进，实现规模以上学校的校校通全覆盖。2. 集团办学拓展。城区新增师大附中梅溪湖中学等4所优质中学，依托城区优质教育资源，实施捆绑发展、对口支援、委托管理、多校推一等模式，推进湘江新区、15个中心城镇及新建校、薄弱校集团办学，更多百姓可就近享受优质教育资源，城乡对口支援长效机制获评“省教育创新特色项目”。3. 队伍素质提升。开展“师德师风巩固年”活动，组织“感动星城·十大魅力教师”评选，新组市级名师（技能大师）工作室11个。继续与湖南大学合作实施“教育英才”骨干教师学历提升计划，组织国家、省、市三级培训教师2.2万人次，培训率43.23%。4. 创新机制推进交流，调整交流干部21名，占比11%；调配城区教师274名到“三区”支教，2731名校际交流，交流比6.1%。

四、教育民生保障。1. 组织保障。全市教育系统1.8万余名党员全面开展了党的群众路线教育实践活动，诚听意见，立行立改，18项制度推动作风建设的常态长效。基层党建特色创新，城乡统筹区域化党建模式获评“省教育工作创新特色项目”“三建在一覆盖”服务党员经验中组部推介。2. 投入机制。调度安排资金近20亿元用于教育发展，解决下区离退休教师待遇，确保市本级学校教师工资待遇水平不低于公务员，空编包干经费由职业学校扩展到基础教育学校。投入8.5亿元用于义务教育阶段学生、中职学生免费入学与资助，安排9.57万名随迁子女就读公办学校并享受一费制免费教育。3. 教育行风。实行专项整治，纠正发展教育事业中损害群众利益行为，严肃查处群众反映强烈的办班补课、家教家养、滥发教辅资料、违规招生、违规收费等问题，查处违规教师，清退违规收费。实行艺考培训市场联管联控，从严治理非法办学行为，排查合作办学问题项目69个，清查市管烂尾学校25所。4. 综治安全保障。推进“一岗双责”制度落实，构建安全标准、安全责任、安全督查、安全教育社会延伸“四位一体”管理体系；搭建市校车监管服务平台，深化校车安全规范管理；加强安防设施配备，开展安全隐患排查整治，校园及周边治安综合治理工作排名全省第一。5. 其他工作。加大绩效过程评价力度，推进“六个走在前列”“五比五赛”工作。加强文明创建，开展社会主义核心价值观主题教育，开展传统文化进校园、“抗战胜利花”等活动。创新媒体宣传，“长沙教育”官方微信名列全国教育官方微信第三。强化内审监督，完成审计项目13个。推进就业创业，全市大中专毕业生就业率93.46%。市教育局获评“全市政务服务先进单位”。（肖碧芳）

【长沙市教育工作大会】 1月20日，长沙市2014年度教育工作会议召开。会议提出“加快教育强市建设步伐，努力办成人民满意教育”的长沙教育改革和发展目标。会议分析长沙教育改革发展面临的机遇和挑战，明确2014年全市教育工作的总体思路。具体目标是：新改扩建公办幼儿园45所，学前3年毛入园率90.2%，公办园和普惠性民办园占全市幼儿园总数的55%。新改扩建城区中小学10所，提质改造义务教育薄弱学校130所，学校班班通比例90%。小学、初中适龄人口入学率保持100%，三类残疾儿童入学率85%以上，符合政策条件的农民工子女100%在公办中小学就读。职业院校年招生总量10万人以上，普职分流大体相当，高中毛入学率96%以上，社区学校覆盖率85%，推动各类教育协调发展，教育的社会贡献水平有效提升。重点抓好10项工作：1. 着力党建工作，推进群众路线教育常态化。2. 着力项目推动，推进学校建设标准化。3. 着力素质教育，推进教育质量品牌化。4. 着力人才兴教，推进教师队伍专业化。5. 着力集团办学，推进城乡教育一体化。6. 着力普惠提质，推进学前教育公益化。7. 着力服务发展，推进职业教育体系化。8. 着力质量提升，推进高校发展内涵化。9. 着力招考改革，推进生源配置均衡化。10. 着力机制创新，推进学校管理现代化。（熊武林）

【9区县通过国家义务教育发展基本均衡县认定】 2月12日，国务院教育督导委员会办公室发布《关于对2013年全国义务教育发展基本均衡县（市、区）名单进行公示的公告》，长沙市岳麓区、芙蓉区、天心区、开福区、雨花区、望城区、浏阳市、长沙县、宁乡县9个区、县（市）领先湖南通过国家义务教育发展基本均衡县认定。长沙市所有区、县（市）全部通过国家评估认定，成为继成都之后所辖区、县（市）全部通过“国检”的省会城市。国家义务教育发展基本均衡县督导检查组认为，长沙市城乡义务教育发展迅速，所抽查学校校园环境优美，各种功能室齐全，设备设施现代，城乡学校差距较小，达到国家义务教育发展基本均衡县评估标准。（汪建业）

【5区县入围湖南省首批教育强县（市、区）】 7月24日，芙蓉区、开福区、天心区、岳麓区、宁乡县5个区、县接受省第三轮“两项督导评估”集中反馈会在长沙市举行。省教育厅副主任督学、省教育督导委员会专职委员李传荣宣布督导评估考核结果：长沙市开福区政府教育工作和区党政主要领导教育工作实绩督导评估考核达合格等次，其中义务教育单项督导评估达优秀等次；芙蓉区、天心区、岳麓区、宁乡县政府教育工作及其党政主要领导教育工作实绩督导评估考核均达优秀等次；芙蓉区、天心区、开福区、岳麓区、宁乡县“教育强县（市、区）”评估验收合格，认定为湖南省第一批教育强县(市、区)。评估考核发现，5个区、县全面落实教育发展目标与措施；均建立并落实教育工作领导责任制，确保教育在经济社会全局中优先发展，城乡教育均衡走在全国前列，各类教育协调发展；均出台学前教育改革和发展三年行动计划，发展公办幼儿园和普惠性民办幼儿园。宁乡县每个乡镇都有1所以上公办中心幼儿园。天心区、岳麓区公民办普惠性幼儿园在园幼儿占入园幼儿总数的比例分别为63%、56%。5个区、县合格学校建设领先全省提前3年达标，教育信息化全省领先。（肖碧芳）

【全国班主任专业培训会议在长沙召开】 4月26—27日，全国班主任专业化“班主任的价值追求”高层论坛在长沙市明德中学举行。会议由中国教育学会班主任专业化总课题组主办、市教育局协办、长沙市明德中学承办。参会人员包括全国各区域教育科研负责人、学校课题主持人、课题参与人员及长沙市部分德育工作者。市教育局局长王建华出席开幕式并致辞，市教育局副局长缪雅琴代表长沙作《虚功实做，让德育动起来》的经验交流。（熊武林）

【全省高校实践育人工作现场会在长沙召开】 12月5日，由省委宣传部、省委教育工委、省教育厅、团省委联合主办的湖南省高校实践育人工作现场会在长沙市岳麓区召开。会议由省委宣传部副部长、省文明办主任宋智富主持。市委常委、宣传部部长张湘涛，副市长夏建平等出席。会议围绕学习贯彻全国高校实践育人工作现场会会议精神，推进湖南高校实践育人工作。副省长李友志强调，当代青年大学生要知行合一。会上，长沙市岳麓区、驻区高校以及湖南大学生代表介绍实践育人的典型经验。会前，各市州委宣传部、高校所在区（县）常委、宣传部部长以及高校相关负责人实地观摩长沙市岳麓区区校共建基地。（赵春华）

【全市学校开展“四项课程”建设】 6月27日，《长沙市教育局关于进一步加强全市各级各类学校体育、艺术、健康和国防教育课程建设的实施方案》出台，对全市学校体育、艺术、健康和国防教育课程开展进行详细规定。体育课程建设上，确保学生每天阳光锻炼1小时。其中小学1～2年级每周4课时，小学3～6年级和初中每周3课时，高中每周2课时；寄宿制学校要坚持每天出早操。艺术课程建设上，9年义务教育阶段艺术类课程占总课时的9%～11%，初中阶段艺术类课程开课不低于艺术课程总课时数的20%。健康课程建设上，健康教育课教学每学期应安排6～7课时。国防课程建设上，义务教育阶段的国防教育采取渗透的形式进行；高中（含中等职业学校）阶段的国防教育课程98个课时。（汪建业）

【高新区试点划片招生】 2014年，长沙市选取高新区试点划片招生，改革试点工作的总体原则是“划片招生、相对就近入学；区为主、保入学；市协调、保公平”。各学校严格执行招生计划，不突破招生规模、不超过班容量，不提前招生和举行招生考试。统筹做好外来务工人员随迁子女入学工作。（肖碧芳）

【骨干教师队伍建设】 2014年，长沙市完成新一批基础教育7个名师工作室、高等教育4个技能大师工作室的组建，考核优秀连任工作室4个。市级名师工作室、大师工作室全面开展活动。建成区、县级名师工作室64个，举办长沙名师大讲堂活动3次，组织4次大型送教下乡活动。与湖南大学联合开办第二期英才工程骨干教师综合素质提升培训班，组织156名骨干教师攻读教育管理、中文、物理、数学4个专业的硕士学位。选拔第三届市级骨干教师1207人。52名校长和青年教师推荐评选为湖南省未来教育家和青年精英教师培训对象，入选总人数占全省1/6。截至2014年底，长沙市两届5批28个名师工作室，累计出版专著141部，进行省级以上的讲学（培训）983次，先后1000余名教师加入。2010—2014年，长沙市名师工作室在全市的100余所学校，带动全市4.3万名教师专业成长。《中国教育报》以《28颗“蒲公英的种子”》为题，报道长沙名师工作室建设情况。（熊武林）

【教师信息技术应用能力提升工程】 2014年，长沙市实施《教育信息化三年行动计划（2012—2015年）》，重点实施“三通”工程、教育城域网建设、“一师一优课、一课一名师”和微课学科资源建设等，区域性整体推进教育信息化工作。截至2014年底，全市完成1270余所学校接入互联网工作，其中10兆以上带宽占接入学校总数的64.2%，“宽带网络校校通”覆盖率95.71%，“优质资源班班通”覆盖率95.03%，“网络学习空间人人通”（初中以上学生和专任教师）开通率22.6%。长沙教育城域网实现市教育局到区县教育局、市直学校和二级机构55个单位的千兆裸光纤直连，芙蓉区、天心区、雨花区、开福区、岳麓区、宁乡县建成教育城域网。全市中小学开展“一师一优课、一课一名师”活动，年内全市有1.3万余名教师在网上上课，完成小学美术、音乐、英语、语文4学科共5册的微课研发并投入使用，并实施英语人机对话网上测试、农村规模以上学校教室多媒体终端建设等信息化项目。（汪建业）

【健全学生资助工作机制】 2014年，长沙市健全从学前教育到高等教育资助政策体系，完善学生免费入学和学生资助工作机制，加大财政投入力度，确保各教育阶段学生不因家庭经济困难失学。实行义务教育阶段学生免杂费和免“一费制”入学，投入公办学校公用经费和民办学校学生免杂费经费4.35亿元，投入2.42亿元免除包含131.6万人次学生“一费制”。投入经费3347.6万元补助5.55万人次农村家庭经济困难寄宿学生。实行普通高中学生国家助学金政策，发放4万人次家庭经济困难普通高中学生国家助学金3013.8万元。发放749名家庭经济困难大学新生路费44万元。实行高校学生国家奖、助学金政策，发放51名高校学生国家奖学金40.8万元，发放1666名高校学生国家励志奖学金833万元，发放2.45万人次国家助学金3683.7万元。共有948名高校学生办理高校学生生源地信用助学贷款，贷款额度673万元。实行中职学生免学费和国家助学金政策，投入9441.3万元免除4.2万名中职学生学费，发放1.25万名中职学生国家助学金1694.3万元。补贴4427名长沙户籍学生学费370.6万元。实行学前幼儿资助政策，投入1604.3万元资助家庭经济困难学前幼儿1.6万名。全年全市共投入免费入学和家庭经济困难学生资助经费9.18亿元，除中央和省级财政补助资金，市财政分担1.53亿元，县级财政分担3.24亿元。（肖碧芳）

【推进校车安全管理“四化”】 2014年，长沙市教育、公安交通管理、交通运输等部门合作，在落实好校车使用许可审批、开展执法监督等日常工作的基础上，推进校车安全管理“四化”：学生上下学保障多元化，通过科学布局学校实施学生就近入学、发展公共交通、加大农村寄宿制学校建设等多途径，缓解义务教育阶段学生上下学困难；校车管理公司化，推进专业校车服务公司提供校车服务，提升全市校车专业化管理水平；校车监管智能化，搭建“长沙市校车监管服务平台”，接入校车1700余台，基本实现校车联网联控；营运校车标准化，在重新修订的长沙市校车安全管理规范性文件中明确提出，争取在2015年底前，改装非标准校车退出校车运营市场。（熊武林）

【构建“四位一体”的安全管理体系】 2014年，长沙市教育安全工作构建安全标准、安全责任、安全督查、安全教育社会延伸“四位一体”管理体系：制定中小学和幼儿园校园安全督查项目及要求，明确中小学校、幼儿园校园安全标准；制定《长沙市教育局学校安全管理工作“一岗双责”暂行规定》，转印教育部《中小学校岗位安全工作指南》，明确教育行政机构领导干部和39个学校工作岗位安全职责；制定领导干部带队检查学校安全工作制度和区、县（市）学校安全管理交叉检查制度，明确校园安全工作督查、整改机制；组织全市学校向家长发放《安全教育告家长书》，与小学五年级以上学生签订《遵守校规校纪承诺书》，让家长共同参与对学生的安全教育，强化家长对未成年人的教育、监护责任。（汪建业）

【长沙市属学校招聘490名教师】 4月22日，市教育局、市人力资源和社会保障局联合发布《2014年长沙市教育局直属学校公开招聘教师公告》。经报名、资格审查、笔试、考核、体检、考察、资格终审等程序，在8月按相关规定录取490人。（肖碧芳）

【原民办教师和代课教师生活困难补助发放工作】 12月10日，长沙市原民办代课教师和原乡村医生生活困难补助发放工作大会召开，会上明确各级各部门工作职责，下发《长沙市做好原民办教师和代课教师生活困难补助发放工作方案》。在公办中小学连续或累计从事教育教学工作5年以上（含5年），已离开教育教学岗位并且未被国家机关及事业单位录用、未参加企业基本养老、年满60周岁的原代课教师和民办教师可享受生活困难补助。补助发放标准有4个等级，其中从事教育教学工作12年以上的，每人每月发放生活困难补助120元；从事教育教学工作8～12年（含8年）的，每人每月90元;从事教育教学工作5～8年（含5年）的，每人每月60元；从事教育教学工作1～4年（含1年）的，每人每月30元。截至2014年底，全市共有30326名原民办教师和代课教师通过审核。（熊武林）

【选派276名优秀教师到“三区”支教】 2014年，为推行城乡教师支教制度，市教育局、市委组织部、市财政局等5部门联合印发《长沙市实施湖南省边远贫困地区、民族地区和革命老区人才支持计划教师专项计划方案》，组织全市276名教师到邵阳、涟源、汝城、龙山支教。（汪建业）

【第三届“感动星城·十大魅力教师”评选活动】 3—11月，市教育局联合市委宣传部、市人力资源和社会保障局、市总工会、市文明办、长沙市广播电视台、长沙晚报报业集团、长沙市教育基金会，开展长沙市第三届“感动星城·十大魅力教师”评选活动。经过宣传发动、基层推荐、评委初审、集中考察、组织审定5个阶段选拔，确定20名魅力教师候选人。11月27日，长沙市第三届“感动星城·十大魅力教师”现场评选会在长郡双语实验中学举行。浏阳市澄潭江镇碧溪村龙家小学缪昌联、宁乡县黄材镇月山完小王斌、长沙县实验中学张水强、雨花区育新小学臧迎春、开福区清水塘三小周满意、长沙市第十五中学胡超祖、望城区乌山镇坪塘小学何宇红、长沙高新技术工程学校杨明辉、长沙市周南中学夏远景和芙蓉区育才小学吴萍10名老师当选为第三届“感动星城·十大魅力教师”。（肖碧芳）

【长沙市首届教职工书法艺术展】 12月5日，长沙教育工会举办首届教职工自己的书法艺术展，展出教职工优秀书法艺术作品90幅。展览的主题是“放飞中国梦、讴歌师生情”，展出的作品均为7月份长沙市教育局举办的全市教职工书法艺术大赛的获奖作品。（熊武林）

【长沙市教育局官方微信公众平台“长沙教育”开通】 8月1日，市教育局官方微信公众平台“长沙教育”开通。公众微信集新闻发布、教育理念、政策解读于一体，服务广大师生、家长和各界人士。订阅用户超3万人，共推送183个图文信息列表，有30余条新闻（信息）的阅读点击量超过1万人次，单条信息最高阅读量创下2天逾10万人次的纪录。（汪建业）

【长沙市教育局阳光服务中心成立】 2014年，长沙市教育局阳光服务中心成立，中心设市教育局办公楼一楼大厅，开辟网上远程服务和窗口实体服务两个平台。网上远程服务平台设立“网上办事大厅”，构建上通下联、横向拓展的信息畅通渠道，上通省级平台、市政府网站，下联区、县（市）中心平台及学校站（点），做到信息的收集、批转、回复、监督、统计均能在网上进行并全程公开。“网上办事窗口”远程为群众服务，能够在网上办理的事情，为群众远程办理;“网上交流窗口”，给群众一个说话、咨询、投诉的平台。窗口实体服务平台负责信息服务、政策咨询、办事指引、信访接待、举报受理等服务，市教育局领导轮流值班，相关处室人员阶段性驻点服务。市教育局成立教育阳光服务领导小组，党委书记、局长任组长，党委成员、纪委书记任副组长，其他局领导为成员。领导小组下设办公室，由纪委副书记、监察室主任任主任，各处室长为成员。另配专职办事员2名，负责中心办事大厅窗口工作。（肖碧芳）

【长沙基础教育满意度排名全国主要城市第七位】 12月13日，中共拉萨市委、市政府和中国社会科学院马克思主义研究院、华图政信公共管理研究院、社会科学文献出版社联合举办的“城市基本公共服务满意度评价理论研讨会暨《公共服务蓝皮书（2014年）》发布会”在拉萨举行。会议发布《中国城市基本公共服务力评价（2014）》报告。2014年城市基本公共服务满意度评价指标体系共包含公共交通、基础教育、城市环境等9个一级指标。长沙市基础教育满意度排名全国38个主要城市第七位，长沙基础教育满意度连续两年进入全国主要城市前十排名。（熊武林）

【8项科技创新项目在巴黎国际发明展上获奖】 4月30日—5月11日，第113届巴黎国际发明展在巴黎凡尔赛门展览馆举行。通过12天的展出与角逐，长沙青少年8项科技创新成果全部获奖。其中“一种脑电波控制假肢系统”获金奖，“车载式浮尘高效捕捉装置”“呼气式油气回收液化机”获银奖，“图书分页风洗机”“一种太阳能日夜型彩色发光、反光标志”“烟花无线电子点火系统”获铜奖，“汽车太阳能空调天窗板”“单元式反季节育苗器”获列宾奖。（汪建业）

【5项教育教学科研成果获国家级教学成果奖】 9月4日，教育部公布《关于批准2014年国家级教学成果奖获奖项目的决定》，长沙有5项教育教学科研成果获奖。其中基础教育领域的“乡村幼儿游戏课程开发与研究”“教育教学新体系与学生发展支持服务体系的实践”“综合实践活动课程的建设、推进与实施”3个课题和职业教育领域的“区域中等职业教育闭环质量监控体系的构建与实践”“以发明制作引领中职学校创新创造教育的探索与实践”2个课题均获国家级教学成果二等奖。国务院设立国家级教学成果奖，每4年一次评选，该届国家级教学成

果奖是首次在基础教育界设奖，国家级教学成果奖被视为与国家科技成果3项奖励并列的国家级奖励。（肖碧芳）

【8校中外合作项目实践研究列为湖南省重点课题】 2014年，长沙市一中、湖南师大附属中学、长郡中学、明德中学、周南中学、雅礼中学、长沙市十五中、长沙市外国语学校共同承担课题《长沙市普通高中中外合作办学项目发展研究》，成功立项“湖南省教育科学‘十二五’规划2014年度省级重点资助课题”。（熊武林）

【构建城乡学校对口支援机制获评“市州教育工作创新（特色）项目”】 2月18日，2014年湖南省教育工作会议召开，会议公布2013年度市州教育工作创新（特色）项目。市教育局探索实施的“构建城乡学校对口支援机制”获评“2013年度市州教育工作创新（特色）项目”。长沙推进优质教育资源城乡共享，安排15所城区优质公办学校对口帮扶农村学校，实现人员互派、教学互动。（汪建业）

【市教育局获评“全国职业教育先进单位”】 4月25日，教育部、国家发展改革委、财政部、人力资源社会保障部、农业部、国务院扶贫办6部门发布《关于表彰全国职业教育先进单位和先进个人的决定》（教职成〔2014〕3号），市教育局获评“全国职业教育工作先进单位”。市教育局贯彻落实国家加快发展现代职业教育的方针政策，落实《国家中长期教育改革和发展规划纲要（2010—2020年）》，深化教育教学改革，加强职业教育能力建设，扩大职业教育影响力、吸引力，竞争力逐年提升。（肖碧芳）

【市教育局获《中国教育报》事业发展贡献奖】 10月20—24日，中国教育报刊社在北京举办全国教育新闻通讯员培训班，开展教育新闻宣传培训与业务交流，表彰成绩突出的优秀单位和特约通讯员。市教育局获“中国教育报2014年度事业发展贡献奖”，市教育局宣传统战处处长、新闻中心主任王本蛟参加培训并作经验介绍。（熊武林）

【9人次获评“全国先进教师”】 2014年，长沙周南中学李向、长沙高新技术工程学校杨明辉2名教师被人社部、教育部授予“全国模范教师”称号；天心区万爱群、长沙市第七中学乐长华、望城区李晟老师、长沙县张扬、长沙市第六中学5名教师黄敏兰被教育部授予“全国优秀教师”称号。万爱群、张扬还分获“全国优秀班主任”“全国优秀德育工作者”称号。（汪建业）

学前教育

【概况】 2014年，全市审批注册的各级各类幼儿园1424所，在园幼儿232802人，离园人数78720人。学前3年教育毛入园率89.96%。教职工24198人，其中专任教师10953人。现有审批注册的各级各类幼儿园占地面积2636770平方米，校舍建筑面积1749224平方米。加大公办园建设，全年新、改扩建公办幼儿园63所，完成年初计划的140%；认定普惠性民办园515所，公办园和普惠性民办幼儿园占幼儿园总数的56.8%，市、区县两级共投入近3000万元用于普惠性民办园补助。（肖碧芳）

【《关于进一步缓解入学难问题的实施意见》出台】 12月，长沙市政府办公厅下发《关于进一步缓解入学难问题的实施意见》（长政办函〔2014〕186号），《意见》指出，从2015年开始，用3年时间，重点在推进学校规划建设和标准化学校建设、深化人事制度改革、不断扩充优质教育资源、加快公办幼儿园和普惠性民办幼儿园建设、促进特殊教育发展等方面取得突破，在教育投入、教师交流、发展方式等方面形成有效缓解入好园难问题的长效机制，努力实现所有适龄少年儿童“入好园”“上好学”。（熊武林）

【《关于城镇小区配套幼儿园建设用地划拨及产权移交的实施办法》出台】 2014年，长沙市在全国率先出台《关于城镇小区配套幼儿园建设用地划拨及产权移交的实施办法》，从2014年12月20日起实行。明确新建楼盘配建幼儿园建设用地实行政府划拨，所建幼儿园无偿移交给当地教育行政主管部门管理和使用，举办公办幼儿园或普惠性民办幼儿园，文件出台实施后，市区每年新增加50所公办幼儿园或普惠性民办幼儿园，有效解决公办幼儿园不足和民办幼儿园收费较高而产生的入园难、入园贵问题。（汪建业）

【《长沙市普惠性民办幼儿园评估标准》出台】 2014年，长沙市政府出台《长沙市普惠性民办幼儿园评估标准》，组织评估专家按照“硬件从实、软件从严”的总原则，对区、县（市）前期认定的三、四级普惠性民办幼儿园进行复评和指导，对区、县（市）申报的一、二级普惠性民办幼儿园进行认定，并召开评审会进行最终认定，12月初向社会公示515所普惠性民办园名单，全市公办园和普惠性民办园占园所总数56.8%。各区、县（市）投入1913.7万元补助普惠性民办园，市本级奖补资金1000万元根据各区、县（市）政府财政补助经费额度按比例拨付。普惠性民办园建设经验被中央电视台《新闻联播》报道推广。（肖碧芳）

普通中小学教育

【概况】 2014年，全市普通中学292所、小学937所，其中初级中学181所、高级中学38所、完全中学33所、九年一贯制学校37所、十二年一贯制学校3所。普通初中在校学生数233157人，小学在校学生数481333人，普通高中学生数131496人。招生数小学87655人，初级中学77988人，高级中学44132人。毕业生数小学70504人，初级中学70782人，高级中学39469人。全市普通中学现有在职教职工28279人，其中专任教师25370人，小学现有在职教职工22894人，其中专任教师22286人。全市普通中学现有占地面积12725221平方米，校舍建筑面积6084280平方米，小学现有占地面积10429540平方米，校舍建筑面积3766427平方米。（熊武林）

【《长沙市人民政府关于进一步加快农村义务教育发展的若干意见》出台】 11月11日，《长沙市人民政府关于进一步加快农村义务教育发展的若干意见》出台。文件提出，经过5年时间，使全市每一所农村义务教育学校都符合国家办学标准，办学经费得到充足保障；教育资源满足学校教育教学需要，开齐开足国家规定课程；农村义务教育学校教师配置足额合理，教师素质得到整体提高；城乡学校之间差距明显缩小，城乡义务教育均衡发展。文件明确加快农村义务教育发展的5大任务：1. 实施标准化学校建设，推进农村寄宿制学校建设工程、农村中小学教育信息化工程，大力改善农村义务教育学校办学条件；2. 稳定农村教师队伍，改革农村学校教师编制配备方式，加大城乡学校干部、教师交流力度，合理配置农村义务教育教师资源；3. 保障进城务工人员随迁子女平等接受义务教育，建立健全农村留守学生关爱服务体系，关心扶助需要特别照顾的学生，维护农村少年儿童平等入学权利；4. 树立科学的教育质量观，加强农村学校教学常规管理，推进优质教育资源共享拓展，全面提高农村义务教育质量；5. 确保投入总量增长，落实支出各项政策，拓宽农村教育筹资渠道，提高农村义务教育投入保障水平。 （汪建业）

【《长沙市城区2014年进城务工随迁子女入学指南》发布】 5月22日，长沙市联合各区共同制定《长沙市城区2014年进城务工随迁子女入学指南》，统一规范进城务工人员随迁子女的小学、初中和高中入学与转学政策，各区具体明确进城务工人员随迁子女入学具体工作安排。据2014年秋季开学统计，长沙市城区有义务教育阶段中小学生31.39万人，进城务工人员子女95714人，进城务工人员子女约占城区义务教育中小学生人数的30.48%。 （肖碧芳）

【高中教师资格认定】 3月14日，湖南省非师范教育类毕业人员申请认定高中（中专）教师资格教育学、心理学考试，全市共设立考点9个，参考人数为中学11164人、小学2272人，占全省总参考人数1/4。上半年市本级认定师范类毕业生3799人，非师范类毕业生1969人；2014年下半年教师资格认定173人；全年共认定高中教师资格5941人。 （熊武林）

【中小学教师职称评审】 12月22日至27日，长沙市教育局组织进行2014年度的中小学教师中、高级职称评审。高级职称评审方面，全市学校共申报审批中学高级职称职数指标226个，空缺不用22个，实际使用中学高级职称指标204个；参评中学高级教师共457人，评审通过216人。中级职称评审全市审批岗位职数指标424个，实际使用职数指标329个；参评中学一级教师申报材料206份，专家评审通过169人；参评小学高级教师申报材料296份，专家评审通过243人。参评中专讲师材料5份，全部通过。 （汪建业）

【中小学教师培训】 2014年，长沙市教育学院中学教师培训13191人次，其中信息技术提升工程3526人；市小学教师培训中心培训1606人，其中异地高级研修培训班9批，培训人数366人。选送中小学教师参加国培6354人、省培1045人，合计22196人次。国培、省培中，农村教师4702人，占总数的63.55%。评选市级基础教育教师培训专家，共遴选培训专家306人。完成上年度全市中小学教师继续教育学分登记工作，登记总人数45288人。 （肖碧芳）

【城区新增3万个优质学位】 2014年，长沙市城区新增湖南师大附中梅溪湖中学、周南梅溪湖中学、长沙市一中新华都学校和湖南师大附中博才二校等优质初中，并新建枫树山南屏锦源小学等中小学校14所，新增优质学位3万个，让更多人享受优质教育资源。 （熊武林）

【5项举措推进长沙基础教育集团办学】 4月11日，长沙市人民政府办公厅转发市教育局《关于进一步推进基础教育集团办学的实施意见》，文件明确提出进一步推进基础教育集团办学，以扩充优质教育资源，促推城乡义务教育资源均衡配置。出台5项举措：1. 完善并创新发展模式。继续实施对口帮扶、捆绑发展和委托管理措施，完善“一带多”模式，创新“多推一”模式，即整合多所优质学校教育资源，集聚多所学校力量，助推一所新建学校。2. 完善招生政策。文件规定对口支援学校对口直升生计划数为微机派位且在受援中学就读3年的应届初中毕业生人数的8%～10%；委托管理学校对口直升生比例为被委托管理学校在校就读3年的应届初中毕业生人数的3%～5%。3. 创新集团办学机制。探索成立教育集团理事会，制定优质学校集团办学章程，优化内部组织结构，明确长远发展规划。4. 加大经费投入力度。长沙市本级设立教育集团办学奖补专项，并视财力状况适当增加，主要用于教育集团学校办学条件改善和人才奖励。5. 扩大人事自主权。优质学校与委托管理学校签订集团办学协议，明确相关人事管理事项，引进优秀骨干教师和应届毕业大学生到委托管理学校任教。 （汪建业）

【招生考试专项治理】 5月8日，市教育局向社会公布《致全市中小学家长的公开信》，坚决查处“以钱择校、以分择校、以权入学”等违规行为，对历年中招中考过程中社会反响强烈的突出问题进行专项治理：严控非正常招收外地学生，严禁招生乱收费，严把招生入口关，严格学籍管理，严推阳光招生，严查招生虚假宣传和欺诈行为。下发《关于进一步规范招生行为专项督查工作方案》和《2014年小升初提前批招生督查工作方案》，组成5个督查工作小组，分别到45个提前招生学校开展2014年小升初提前批招生和民办子弟学校自主招生专项督查。专项治理取得成效：1. 2014年，长沙市任何学校没有再设立“空降班”，解决多年没有解决的难题，确保教育公平公正。2. 学校违规招收外地优秀生得到有效控制，保障本地学生享受优质教育资源的权益。3. 2014年小升初微机派位和高中招生结束后，统一学籍管理，非正常跨区域择校控制在10%，远低于教育部规定的择校招生不超过30%的比例。

（肖碧芳）

【首次成立长沙市中考命题专家库】 3月31日，市教育局下发《关于推荐长沙市初中毕业学业水平考试命题专家库成员的通知》，首次成立中考命题专家库。推荐条件：要求长期从事该学科教学工作（一般应从教10年以上，任教过一届以上毕业班），熟悉教育方针政策，教学经验丰富，能准确把握本学科课程标准和教材内容，在教学领域具有较深的造诣，有一定的语言文字表达能力和信息技术基本技能。师德师风好，责任心大，原则性强，工作认真细致，能自觉履行职责，善于合作，具有较强的团队精神。身体健康，心理素质好，男教师年龄不超过52岁，女教师年龄不超过48岁。专业技术职称原则上应具有中学高级以上，特别优秀的青年骨干教师可适当放宽。每年初中毕业学业水平考试命题前，在纪委、监察部门的监督下，市教育局根据命题工作需要以及有关规定，从命题专家库中随机抽取当年各学科命题教师，并通知所在单位及本人。

（熊武林）

【中小学大课间校园集体舞评比活动】 12月30日，由长沙市教育局主办，长沙市教育科学研究院、长沙市学生体协、长沙市体育名师工作室协办的长沙市中小学大课间校园集体舞评比活动在长郡中学结束评比。活动有63所学校参与，参赛学生3万人。评比活动分为两个阶段，第一阶段由各区、县（市）组织预赛，并推荐优秀学校参加市里决赛，第二阶段由市教育局抽调评委到各学校现场评比。小学、初中、高中共有39所学校获一等奖、24所学校获二等奖，两个单位获优秀组织奖。其中长郡中学校园集体舞比赛视频在网上广泛传播，点击率30万余次。（汪建业）

【首批“长沙市心理健康教育示范学校”评选】 为进一步推动长沙中小学心理健康教育工作开展，2014年，市教育局开展市级心理健康教育示范校评选活动。根据研制的《长沙市中小学心理健康教育示范学校评估细则》，长沙市第一中学、长沙市长郡中学等19所学校被评为首批“长沙市心理健康教育示范学校”。（肖碧芳）

【浏阳市一中成功申报“孔子课堂”】 2014年，长沙市教育局支持浏阳一中与英联邦马恩岛巴拉克明中学合作办学，协助其成功申报国家汉办主办的“孔子课堂”。浏阳市一中每年向巴拉克明中学派送汉语教师和学生志愿者，双方积极开展汉文化交流。

（熊武林）

【规范学生参加出国（境）夏（冬）令营活动】 为加强对学生参加出国(境)夏（冬）令营等活动的管理，2014年长沙研制《关于进一步规范中小学校组织学生参加出国(境)等活动的通知》（长教通〔2014〕103号），组织2014年全市学生到境外夏（冬）令营学校负责人进行专项培训，实行学校夏(冬)令营活动资料上报制度。年内，共收到17个单位请求组织夏、冬令营活动的报告和相关材料，分别是到美国、英国、澳大利亚、德国、瑞士、荷兰、新加坡、日本、芬兰、土耳其等10余个国家和地区。（汪建业）

中等职业教育

【概况】 2014年，长沙市共有各级各类中等职业学校52所，现有在校学生86670人，招生数33483人，毕业生数24603人。在职教职工4019人，其中专任教师2712人。全市各级各类中等职业学校校舍建筑面积1403258平方米。2014年，长沙市有4个专业、6所中职学校入围湖南省职业教育“十二五”省级重点建设“中高职衔接试点项目”，望城区职业中等专业学校的机械加工技术专业入围示范性特色专业群。4个省示范中职学校验收全部通过，其中3个为优秀。长沙市继续开展重点项目立项工作，确定3个中职特色专业群，3个中职校企合作实习实训基地。（肖碧芳）

【首次开展中职学校学生体质健康状况抽查】 根据长沙市中职学生毕业标准，2014年长沙首次在全市中职学校开展学生体质健康状况抽查。共抽查10所学校376名学生，其自选项目男生达标率96%，女生达标率46%，必选项目男生达标率56%，女生达标率81%。（熊武林）

【中职学生毕业标准启用】 2014年，长沙市中职学校按《关于印发〈长沙市中等职业学校学生毕业合格标准〉的通知》（长教通〔2013〕54号）要求，制定学校各专业毕业标准，在新生中开始实施。建立和完善职业教育质量监控制度，实施以用人单位为主导的包含行业、企业、科研院所、中介机构、学生家长等多元协同的职业教育质量监控体系。以“职业院校专业建设抽查标准”为准绳，实施学生专业技能抽查，采取随机抽学校、随机抽专业、随机抽评委、随机抽教师、随机抽学生和随机抽课程的“六随机”方式，对11个专业483名学生的专业技能进行现场测试，合格率89.9%，优秀率31%。（汪建业）

【长沙在湖南职业院校技能竞赛中获团体一等奖】 5月13—19日，2014年湖南职业院校技能竞赛在湖南交通职院、长沙民政职院等17个赛点举行。中、高职组共设有61个赛项，竞赛内容涉及17个专业（类），全省14个市州选拔的729名选手参加中职组7个专业（类）、31个赛项的角逐，59所高职学院选拔的1152名选手参加高职组10个专业（类）、30个赛项的角逐。长沙职业学校学生以团体总分第一的成绩位居榜首，获金牌数第一、奖牌数第一，学生参赛获奖率96%。

（肖碧芳）

【长沙市中职学校学生技能竞赛活动】 11月21日，由市教育局、长沙中华职教社联合举办的2014年长沙市中职学校学生技能竞赛闭幕式暨技能展示活动在长沙职教基地举行。市人民政府副市长夏建平、市人民政府顾问宋达等领导出席并为获奖单位、学生颁奖，省、市相关部门领导及全市中职学校负责人、千余名中职学生代表现场参加活动。大赛以“大赢在德长胜于技”为主题，竞赛共10个专业大类、35个竞赛项目，全市各中职学校1000余名学生参赛。（熊武林）

【长沙县入围国家职成教育示范创建县】 2014年，长沙县入围国家职成教育示范县创建县。长沙县调整高中阶段教育学校布局，优化中等教育结构。全年全县普通高中在校生12397

人，职业中专在校生10778人，普职比53:47；全县初中毕业生8204人，升入职业学校3750人，初中毕业生普职分流比和县域内职业高中与普通高中招生比例大体相当。职业教育的发展为提速全县城市化进程、促进产业发展有重要作用。长沙县职业中专学校等中职院校与县域主导产业、特色产业和现代农业紧密对接，设置机械加工技术、汽车制造与维修、酒店管理和服务、园林技术等特色专业，为长沙县经济发展特别是经开区园区企业输送大量的技术技能人才。

（汪建业）

【“长沙市第六届创业推进月”系列活动】 3—5月，长沙组织各大中专院校在湖南信息科学职业学院开展“长沙市第六届大中专学生创业教育推进月”系列活动，主要包括优秀创业成果汇报、大中专学生自主创业沙龙、创业讲座、大中专学生自主创业项目设计竞赛、创业教育和政策解读专题会等活动，参与院校40余所，参与学生4万余人次。（肖碧芳）

高等教育

【概况】 2014年，长沙市共有各级各类高等院校55所，在校学生人数547514人，在职教职工52972人。累计输送高校新生44272人，新生录取率89.07%。持续推动高等教育改革发展，成立高等教育工作管理协调委员会。出台《长沙市人民政府关于促进高等职业教育改革和发展的意见》。开展高职教育市级重点项目建设工作，高职教育重点建设项目立项数为长沙市对接地方产业的校企合作（实习实训）示范基地3个、长沙市高等职业教育重点特色专业3个、长沙市高等职业教育精品网络共享课程10门、长沙市高等职业教育技能名师工作室4个、长沙市高等职业教育教学团队2个。推动高等函授教育规范发展，2014年全市共有高等函授教育辅导站135个，其中省内高职院校、外省主办高校函授站70个；省内普通高校函授站65个。涉及89所普通高校、75个设站单位。（熊武林）

【《长沙市人民政府关于促进高等职业教育改革和发展的意见》出台】 10月9日，《长沙市人民政府关于促进高等职业教育改革和发展的意见》（长政发〔2014〕42号）出台。该文件是长沙市推进“地方政府促进高等职业教育发展综合改革试点”项目的具体落实措施。文件提出要深入开展高等职业教育综合改革，实施现代职业教育体系建设工程、高职教育基础提质工程、高职教师队伍英才工程、精品专业建设工程、教育教学质量提升工程、高职教育国际化工程六大工程。通过推动企校联合教产深度对接、企校联合实训基地建设、企校联合落实顶岗实践实习任务、企校联合研究应用技术和项目合作、企校联合开展职业人才培训，发挥企业对促进高职教育发展的积极作用。并从组织、宣传、制度、自主权和监管等方面进一步强化高等职业教育改革发展的保障。

（汪建业）

·长沙学院·

【概况】 2014年，长沙学院占地133万平方米，校舍建筑面积31万平方米，教学科研仪器设备总值11133万元，图书馆藏书129万册，全日制在校生13079人。学校现有15个教学系（院、部），38个本科专业。拥有教育部专业综合改革试点项目、特色专业建设点2个，教育部大学生校外实践教育基地1个；省特色专业、专业综合改革试点项目5个，省实践教学示范中心、校企合作人才培养示范基地5个，省基础课示范实验室、大学生创新训练中心、优秀实习教学基地13个，省级精品课程7门，省级教学团队2个。学校形成拥有4个省级“十二五”重点建设学科、8个湖南省重点实验室、省高校重点实验室、省社会科学研究基地、省高校科技创新团队、省高校产学研合作示范基地、1个长沙市文化研究基地、11个校级重点学科和重点建设学科、12个校科研创新公共平台、校创新团队及团队培育对象、20个校级研究所的学科建设格局。现有教职工957人，其中专任教师635人。专任教师中正高职称教师81人、副高职称教师222人，具有博士学位教师121人、硕士学位教师382人。有享受国务院政府特殊津贴专家4人，“新世纪百千万人才工程”国家级人选、教育部新世纪优秀人才支持计划人选、省新世纪“121人才工程”人选5人，省教学名师、优秀教师5人，省青年教师教学能手、教学奉献奖10人。

一、本科教学工作合格评估整改任务顺利完成，人才培养取得成效。应邀在教育部评估中心举办的培训会上介绍评建工作经验。3个项目获批2014年度中央财政支持地方高校发展专项资金资助，立项资金计712万元。完成2014年教学基本状态数据采集上报和2013年度本科教学质量报告。“一对接四合作三服务”人才培养模式改革深入推进。深化专业综合改革。举办应用型人才培养系列讲座；各专业积极探索卓越人才培养计划等校企合作教育新模式；物业管理、软件工程等省级综合改革试点专业通过省教育厅组织的中期检查。学校获批立项省级教改课题17项、省教育科学规划课题14项。获省级教学成果奖和省教育科学研究优秀成果奖5项，其中一等奖2项。加强优质课程资源和课程信息化建设。学校依托网络辅助教学平台，立项建设校级优秀课程80门，加强慕课建设，引进尔雅网络通识教育课程12门；获批湖南省高校思政课名师空间课堂建设与研究项目5项；《大学生学习指导》课程入选国家精品视频公开课，并在教育部“爱课程”网上线。加强实践教学建设与改革。生物科学类专业校企合作人才培养示范基地立项为省级示范基地；环境材料开发与应用技术大学生创新训练中心立项为省级创新训练中心；立项省级大学生研究性学习与创新性实验计划项目14项。深入开展素质教育。学校大力实施大学生思想道德素质提升工程，立项校级项目12项，获批省级项目5项。学科竞赛水平成绩显著，获省级以上奖励115项，其中全国性竞赛一等奖6项、二等奖16项、三等奖20项；省级比赛一等奖10项、二等奖32项、三等奖31项。招生与就业工作成绩显著。2014届毕业生的初次就业率91.1%，位居同类院校前列。生源质量提高，学校在湘文理科录取投档线分别超过省控线34分和46分，创历史新高。加强学生管理与指导服务工作。推进校系两级心理健康教育，

2个成长辅导室获大学生道德素质提升工程省级立项。全年共投入和争取奖助贷免补资金1953.75万元，设立校内勤工助学岗位3615人次，发放津贴71.65万元。

二、学科建设取得进展，提高科技创新和服务地方发展能力。硕士建设点学科建设。在加强4个专业硕士建设点建设的同时，遴选生物工程、机械工程、工商管理3个学科为科学硕士立项建设点。学科平台和团队建设。“环境光催化应用技术”湖南省重点实验室获批立项，实现省级自然科学科技平台“零”的突破。“经济动植物质量调控及应用”省高校重点实验室、“湖湘文化与区域旅游产业开发”省高校科技创新团队成功获批。“学习型社会建设研究基地”“住房保障研究基地”两个省级社科基地的建设获“良好”评估等级；省高校“光催化工程技术”科技创新团队以“优秀”等级通过验收，并得到省教育厅的再度立项支持。科学研究取得成果。获批各级各类纵向科研项目125项，其中国家自然科学基金项目9项、国家社科基金教育学青年基金项目1项、教育部人文社会科学基金项目1项、省级科研项目38项，纵向立项经费总计1081万元。学报质量提高，影响因子和排名大幅度提升，比2013年上升27位。师资队伍整体水平提升。全年共有3人通过正高职称评审、21人通过副高职称评审；公开招聘博士7名、硕士11名。组建教师发展中心，开展一系列教师培训咨询和师德师风建设活动。

三、发展环境与条件不断优化，加强管理服务工作。规范财务管理。制定和修订《长沙学院关于费用支出管理的若干规定》等系列管理制度，对招待费、出国经费、公务用车运行费、差旅费、培训费、活动费、加班费和劳务费等进行规范，“三公”经费较上年减少32.68万元，下降17.04%。加强审计工作。完成基建、修缮工程项目预算审计86项，送审金额778.58万元，审减金额94.82万元，审减率12.23%；基建、修缮工程项目结算审计232项，送审金额1759.87万元，审减金额194.90万元，审减率11.08%。提升后勤和国有资产管理服务水平。物业管理实现平稳过渡。通过公开招投标，与深圳龙城物业管理有限公司签订新的物业管理合同，实现物业管理的平稳过渡。完成学校日常维修和专项维修130项，全面改造校园路灯和道路减速带，维修汇泽学生公寓。推进社会化学生公寓和食堂运营困难化解工作。与3个公寓园区投资方开展终止合作的实质性谈判，汇泽学生公寓和食堂的管理权、经营权移交学校。开展国有资产管理工作。全年累计新增资产4541台（件），价值6272.14万元。完成教职员工住房补贴申发工作。争取市财政自来水户表改造专项投入近200万元，改造410户职工宿舍水表。加强卫生防疫、食品卫生监督、健康教育和计划生育工作。通过公开招投标引进新的食堂经营服务单位，实现米、油等大宗物资的招投标定点采购；规范外卖快餐管理，改善师生就餐环境。改善办学基本条件。完成2栋学生宿舍的建设任务，8月竣工投入使用；校园修建性详细规划修编方案通过规划初步认可；教学实验楼设计方案获批；外教楼、音乐厅、学术交流中心等完成立项。升级改造校园一卡通系统，图书馆新增入库纸质图书13046册。推进学校章程建设。6月，启动《章程》制定工作，历时半年，上报省教育厅申请核准。维护校园安全稳定。开展平安校园创建工作，学习贯彻新的《安全生产法》，落实安全稳定责任制，逐级签订综合治理责任书。消防安全防范检查和隐患整治，增加消防经费50万元，及时更新消防设施。全面加强人防、物防、技防，立项建设校园110指挥系统和视频监控系统。进一步加强校内交通管理。严防境外敌对势力以及邪教组织渗透活动。附属中学建设取得新成绩。完成附中领导班子换届，设立党的基层委员会。教师队伍建设和德育工作加强，提升办学质量和社会声誉。（肖　雄）

·长沙职业技术学院·

【概况】 长沙职业技术学院是长沙市人民政府主办的一所全日制普通高等职业院校，前身是由谭嗣同夫人李闰等人1902年创办的湖南省浏阳师范学校。胡耀邦、杨勇等人曾在该校就读。学院现有雷锋（主）校区、浏阳（东）校区和天心（南）校区三大校区，占地面积40公顷，在校学生6000余人；学院现有教职员工480余人，其中正、副教授83人；拥有博士、硕士研究生学历的教师145人，“双师型”教师276人。学院设置有机械工程系、汽车工程系、建筑与艺术设计系、经济贸易管理系、人文与信息科学系、特殊教育与学前教育系、基础课与思想政治课教学部、中职教学部、成教培训部6系3部，开设机械制造与自动化、汽车运用技术、轨道交通、建筑与工程技术、工程造价、酒店管理、会计电算化、特殊教育、学前教育等28个专业。学院是湖南省唯一的特殊教育师资培训基地，国家发改委、教育部、中残联“特殊教育学校二期建设”项目单位、中央财政的实训基地建设项目单位、中央财政的提升专业服务产业能力建设项目单位，湖南省教育科学研究基地等，建有国家职业技能鉴定所和再就业培训基地。《长沙市中长期教育改革和发展规划纲要（2011—2020）》中明确提出：“重点建设以长沙职业技术学院为龙头的长沙职教创业园区，使之成为毕业生创业项目孵化基地。”并投资8.1亿元，以雷锋校区为依托建设长沙职院新校区，计划2015年竣工投入使用。2014年，学院围绕新校区建设与创建优质特色高职学院两大中心任务，重点推进教育教学改革、人事分配改革、体制机制改革3项改革工作，加强专业建设、师资建设、德育工作、教改科研、招生就业、社会服务、管理工作、作风建设8项重点工作，学校各项工作呈现良好态势。2014年，学院获评“湖南省黄炎培职业教育奖学校”“长沙市安全维稳工作先进集体”“湖南省先进团委”“湖南省学生职业技能竞赛团体三等奖”等荣誉。

（肖碧芳）

·长沙商贸旅游职业技术学院·

【概况】 长沙商贸旅游职业技术学院是2003年由长沙商业学校（创办于1960年）和长沙商业职业中专学校（创办于1956年）合并升格的全日制公办普通高等学院，由长沙市人民政府主办，湖南省教育厅负责业务指导，为省示范性（骨干）高职学院。学院现有主白路和韶山路两个校区，占地面积40.57万平方米，总建筑面积18.1万平方米，教职工436人，专任教师281人，教授、副教授109人，“双师型”教师192人。新校区位于长沙职业教育基地，总投入14.4亿元，占地73.33公顷，总建筑面积35万平方米，2014年市政府再投入8亿元完善职教基地的校园校舍建设。长沙职业教育基地形成由长沙商贸旅游职业技术学院牵头，一所高职带五所中职的“1+5”办学格局。学院以财经和旅游两个专业大类为重点，设有28个专业，形成湘菜产业、旅游服务业、现代商贸服务业三大专业群，三年全日制高职在校生6384人。2014年，学院以“优秀”等级通过湖南省示范性高等职业院校的验收，湘菜产业专业群成功立项为湖南省示范性特色专业群。（熊武林）

成人教育

【概况】 2014年，长沙市有成人高等学校5所，在校就读学生数3206人，在职教职工558人。终身教育体系不断完善，成人高考、长线自考和全日制自考报考人数持续增长。2014年，芙蓉区、天心区、岳麓区、开福区、雨花区、高新区的街道乡镇实现社区学校100%覆盖，其余区、县（市）覆盖率在80%以上，全市社区学校覆盖率91.4%。（汪建业）

【社区教育品牌创建】 2014年，长沙社区教育获多项国家、省级荣誉，现有全国社区教育示范区2个（岳麓区、雨花区）、全国社区教育实验区1个(开福区),全国数字化建设先行区2个(岳麓区、雨花区），全国学习型社区示范街镇2个（望城区格塘镇、岳麓区望城坡街道）、全国社区教育示范街道4个(望城区格塘镇、岳麓区望城坡街道、岳麓区咸嘉街道、芙蓉区定王台街道)，全国终身学习活动品牌2个（岳麓区社区教育志愿者服务、浏阳市杨花村学习型组织建设），全国社区教育实验项目6个，省级社区教育实验区5个(芙蓉区、天心区、岳麓区、开福区、雨花区)。（肖碧芳）

【社区教育建成四级培训网络】 2014年，长沙制定《社区学院建设基本要求》《社区学校建设基本要求》《示范性社区学校建设方案》《优秀社区学习中心建设方案》及《先进社区学校评选办法》等，使全市社区教育培训机构逐步实现“实体化、标准化、特色化、社会化”。长沙共评选市级示范性社区学校81所、先进社区学校10所、优秀社区学习中心建设单位6个，分别给予2万～10万元经费支持。（熊武林）

【长沙终身教育学习网排名全国同类网站第十】 截至2014年底，“长沙终身教育学习网”课程数量3280门，注册学员人数244265人，访问学习14630501次，在全国社区教育专业网站点击量排名前十。（汪建业）

特殊教育

【概况】 2014年，长沙市有特殊教育学校4所，在校学生1283人，招生数106人，毕业生数41人。在职教职工227人，其中专任教师183人。学校占地面积88852平方米，校舍建筑面积45880平方米。（肖碧芳）

【教育部“医教结合”康复项目会议在长沙召开】 9月27—29日，长沙市特殊教育学校承办教育部首批“医教结合”试验基地建设项目总结暨“医教结合”特殊师资培训基地建设项目启动会议在长沙市召开。全国18所首批“医教结合”实验基地的校长、项目负责人及骨干教师，全国特殊教育学校校长、从事学前及低年级教学的特教教师，民政、残联及医疗机构的教师和康复师代表共400余人参加会议。中国教师发展基金会副秘书长谢敬仁、言语听觉科学教育部重点实验室主任黄昭鸣、中国聋儿康复研究中心孙喜斌等领导和专家到会指导。会议对首批特殊教育学校“医教结合”实验基地项目进行全面总结。长沙市特殊教育学校实验成果《“医教结合 综合康复”理念下的学前特殊儿童“1+X+Y”教育康复模式实践与反思》在大会专题推介，《小动物饭团》《会飞的动物》《整理房子》3个医教结合课例现场展示。（熊武林）

【《长沙市特殊教育提升计划（2015—2017）》出台】 11月，《长沙市特殊教育提升方案（2015—2017年）》率先在全省出台。文件规定，将全面推进全纳教育，构建布局合理、学段衔接、普职融通、医教结合、向学前教育与高等教育延伸的特殊教育体系，形成以特教学校为骨干、以随班就读为主体、附设特教班和送教上门等为补充的办学格局。文件明确坚持以政府投入为主的原则，将加大对特殊教育的投入，给予特殊政策倾斜。生均公用经费标准从2015～2017年，分别为6500元、7000元、8000元以上。特殊教育学校按1:2.5的师生比配备教师编制；要求随班就读学校至少配备1名资源教师，送教上门按照1:2的比例配备特教教师编制。在全面落实国家规定的15%特殊教育教师津贴的基础上，在奖励性绩效工资中设立特殊教育教师岗位补贴，要求在核定特殊教育学校绩效工资总量时，按特殊教育学校本单位绩效工资基准线的40%～60%增核绩效工资总量，逐年增加，分步到位，用于发放特殊教育教师岗位补贴及业绩奖励。（汪建业）

民办教育

【概况】 2014年，全市共有教育行政部门审批注册的民办学校或教育机构1753个(高职院校5所、专修学院29所、中职27所、普通中小学31所、幼儿园1155所、培训机构506个），占学校（或教育机构）总数的63.4%；全市全日制民办学校（含幼儿园）共有在校学生235968人（高职院校31796人、中职3237人、普通中小学50313人、幼儿园150622人），占全市在校学生总数的12.9%；共有在职教师18825人（高职2046人、中职423人、普通中小学3455人、幼儿园14701人），占全市在职教师总数的14.1%。制定和印发《2013年度民办学校办学情况评估方案》，分4组对市管民办学校进行现场评估，市管74所学校除9所学校未参评外，有16所学校获“优秀”，35所学校被评为“合格”，7所学校被认定为“整改”，7所学校被认定为“不合格”。全面梳理民办学校年度办学情况，并通过专题会议形式，就评估过程中发现的有关问题进行通报讲评。修订完善民办学校审批管理规程。按照实事求是的原则，依据教育部和省教育厅有关要求，补充、修订和完善民办幼儿园、民办普通中小学、民办中等职业教育学校和民办培训学校设置标准；明确规定民办学校校名、层次、类别以及举办者、法定代表人和办学场地变更等事项，形成一套完整的审批管理政策体系。（肖碧芳）

【长沙联管联控规范艺考培训】 2月18日，市教育局下发《关于对艺术考试市场实行联管联控的通知》，决定对全市艺考培训市场实行联管联控，同时公布41所具备合法办学资质的民办艺培学校名单。年内，长沙对69个民办非学历高等教育违规办学项目分别下发整改通知，有34个项目得到整改，其余35个项目被暂停招生。协同市纪委、公安、消防、工商、民政等部门开展非法民办培训机构专项督查，重点查处公办中小学在职教师校外兼职兼课行为。清理排查市管“烂尾学校”25所，有4所学校依法办理终止手续，其余21所学校按有关程序处理。（熊武林）

【省市骨干民办学校建设】 2014年，长沙市按照学校申报、基层推荐、综合评审的程序，确认11所市级骨干民办学校建设项目学校，推荐并确认3所省级骨干民办学校建设项目学校，全市省、市级骨干民办学校建设项目学校总数分别为14所、37所，完成“十二五”省市级骨干民办学校建设立项任务，加强对骨干民办学校建设项目的跟踪管理。（汪建业）

表49　　2014年驻长沙高校基本情况

序号	学校名称	主管部门	所在地	办学层次	备注
1	湖南大学	教育部	长沙市	本科	
2	中南大学	教育部	长沙市	本科	
3	长沙理工大学	湖南省	长沙市	本科	
4	湖南农业大学	湖南省	长沙市	本科	
5	湖南中医药大学	湖南省	长沙市	本科	
6	湖南师范大学	湖南省	长沙市	本科	
7	湖南商学院	湖南省	长沙市	本科	
8	长沙学院	湖南省	长沙市	本科	
9	湖南财政经济学院	湖南省	长沙市	本科	
10	湖南警察学院	湖南省	长沙市	本科	
11	湖南女子学院	湖南省	长沙市	本科	
12	湖南第一师范学院	湖南省	长沙市	本科	
13	湖南涉外经济学院	湖南省教育厅	长沙市	本科	民办
14	长沙师范学院	湖南省	长沙市	本科	
15	湖南信息学院	湖南省教育厅	长沙市	本科	民办
16	长沙民政职业技术学院	湖南省	长沙市	专科	
17	湖南工业职业技术学院	湖南省	长沙市	专科	
18	湖南信息职业技术学院	湖南省	长沙市	专科	
19	湖南税务高等专科学校	湖南省	长沙市	专科	
20	长沙航空职业技术学院	总装备部	长沙市	专科	

续表 49

序号	学校名称	主管部门	所在地	办学层次	备注
21	湖南大众传媒职业技术学院	湖南省	长沙市	专科	
22	湖南科技职业学院	湖南省	长沙市	专科	
23	湖南生物机电职业技术学院	湖南省	长沙市	专科	
24	湖南交通职业技术学院	湖南省	长沙市	专科	
25	湖南商务职业技术学院	湖南省	长沙市	专科	
26	湖南体育职业学院	湖南省	长沙市	专科	
27	湖南工程职业技术学院	湖南省	长沙市	专科	
28	保险职业学院	湖南省	长沙市	专科	
29	湖南外贸职业学院	湖南省	长沙市	专科	
30	湖南网络工程职业学院	湖南省	长沙市	专科	
31	湖南司法警官职业学院	湖南省	长沙市	专科	
32	长沙商贸旅游职业技术学院	湖南省	长沙市	专科	
33	湖南邮电职业技术学院	湖南省	长沙市	专科	
34	长沙环境保护职业技术学院	湖南省	长沙市	专科	
35	湖南艺术职业学院	湖南省	长沙市	专科	
36	湖南机电职业技术学院	湖南省	长沙市	专科	
37	长沙职业技术学院	湖南省	长沙市	专科	
38	长沙南方职业学院	湖南省教育厅	长沙市	专科	民办
39	长沙电力职业技术学院	湖南省	长沙市	专科	
40	湖南水利水电职业技术学院	湖南省	长沙市	专科	
41	湖南现代物流职业技术学院	湖南省	长沙市	专科	
42	湖南安全技术职业学院	湖南省	长沙市	专科	
43	湖南外国语职业学院	湖南省教育厅	长沙市	专科	民办
44	湖南都市职业学院	湖南省教育厅	长沙市	专科	民办
45	湖南电子科技职业学院	湖南省教育厅	长沙市	专科	民办
46	湖南三一工业职业技术学院	湖南省教育厅	长沙市	专科	民办
47	长沙卫生职业学院	湖南省	长沙市	专科	
48	湖南食品药品职业学院	湖南省	长沙市	专科	
49	湖南劳动人事职业学院	湖南省	长沙市	专科	

文 化

责任编辑：江 雷

【概述】 2014年，长沙先后被文化部列为全国公共文化服务标准化试点城市、全国上网服务行业转型升级试点城市，市文广新局被人社部、文化部评为“全国文化系统先进集体”。

一、着力构建三大体系，文化品质内涵全面提升。1. 公共文化服务体系提质提效。市委、市政府下发了《长沙市公共文化服务体系提质提效三年行动计划（2014—2016年）》，许又声、易炼红、胡衡华等省市领导多次调研公共文化服务体系建设，市委、市政府召开了建设现代公共文化服务体系工作会议，胡衡华出席会议并讲话。提质建设示范性乡镇（街道）综合文化站30个、示范性村（社区）文化活动室（中心）100个，补充更新农家书屋出版物108家、全市1364家农家书屋全面升级，完成广播电视户户通工程70159户、超年度目标16.9%，市湘剧、花鼓戏传承保护中心和市歌舞剧院完成“好戏天天送”“好戏天天演”惠民演出700场，市电影放映中心、银宫影剧院和区县电影公司完成农村公益电影放映21700场，完成了宁乡县、望城区全省广播“村村响”试点任务。市图书馆积极深化“区域图书馆资源共享”建设，大力完善公共图书馆服务体系，新建地铁自助图书馆2个、分馆10个，全市总分馆达73个、流动服务点达75个，在机关大院和政务大厅设置了电子图书借阅机，城乡居民每4.8万人拥有一个公共图书馆总分馆或服务点，全市4个家庭被评为“全国书香之家”，营造了“书香长沙”的浓厚氛围。全年直接投入文化惠民资金超过1亿元。长沙成为全国10个公共文化服务标准化试点地区（城市）之一。2. 现代文化市场体系转型升级。优化政务服务。搞好商事登记制度改革和行政审批规范化建设，积极推进政务窗口“一站式”办理，在全市率先制定了《长沙市文化广电新闻出版局行政审批事项暂行办法》，清理、缩减、归并行政职权466项，压缩将近67%，行政审批提速50%以上（其中电影审批提速62%）。强化市场监督管理，扎实开展网吧、电玩、电影、艺术品等文化市场管理，长沙作为全国上网服务行业转型升级试点城市，工作经验在全国会议上作交流推介；扎实开展安全播出、频率频道、内容传输的广播电视管理；扎实开展新闻从业人员资格资质、印刷、出版发行的专项管理，规范了市场秩序。促进融合发展。天心文化产业园引进了联合利国文化产权交易所等发展平台和动力壹佰、锄禾标识、面对面广告等知名企业；制定出台了《长沙市人民政府关于支持长沙（国家）广告产业园发展的意见》，市财政安排5000万元支持产业园发展。天心文化产业园绩效评估名列全国第一；长沙鸿发印务实业有限公司被国家新闻出版广电总局评为全国印刷行业示范企业。湘台文化创意产业园基础建设有序推进，欧阳询文化园顺利开园，铜官古街开街。后湖国际艺术区基础设施、陈列展厅进一步提质扩容。湖南红太阳联手广东海印集团，引资1.8亿元开启长沙歌厅新模式，并获评“中国文化品牌企业”；沙坪湘绣在深圳文博会成功签约引资30亿元，成为文博会上湖南最大签约项目。召开了长株潭三市文化产业合作恳谈会，签订了《长沙共识》，推介项目63个，招商合作金额达107亿元。华凯创意入围国家文化产业示范基地。李克强总理考察了拓维公司。美庐等4家画廊入选湖南省首批诚信画廊。为局属单位争取“以奖代补”和文化产业引导资金460万元；7个文化项目进入市发改委重点（重大）项目，5个企业的作品（项目）获国家级奖励。抓好会展引导。成功举办“创业兴文走在前列——第二届阳光娱乐节”，启动了“333文化市场振兴计划”，开展“十万群众进歌厅”“社区K歌赛”“网游竞技大赛”“放心酒进娱乐场所”等活动，开通“长沙阳光娱乐”官方微信，惠及市民10余万人，并拓展到株洲、湘潭地区。举办第21届长沙图书交易会，分别达到428家和16.8亿元码洋；开创与境外书商合作先河，引进300余家台湾出版社出版的上千种台湾精版图书参展。举办首届长沙（中部）印刷包装博览会，200余家单位参展，5000余人观摩展会，达成意向性交易金额3000万余元。举办2014年第二届“影响长沙”公益电影放映月暨“进长沙影城，做观影达人”有奖竞选活动；首次向市民免费发放《长沙电影地图》10万余册，全市40余家商业影院、63个固定电影放映点、77支流动放映队累计放映参与1500余场，全市电影票房近4亿，增长35.6%。市电影中心、银宫、市歌舞剧院、市文物商店、大众游乐场和解放、劳动剧院、市湘剧和花鼓戏中心、市艺教馆等转企、自收自支、差额拨款经营单位奋力开拓，共实现收入突破2.5亿元，增长超过35%。2014年，全市文化产业年产值达1600

亿元，占GDP总量预计达8.9%。3. 优秀文化传承体系扩容增益。国务院副总理刘延东、全国人大原副委员长周铁农、省委书记徐守盛、国家文物局局长励小捷、市委书记易炼红调研简牍博物馆。市文物局牵头制定了《关于加快民办博物馆发展的意见》，设立扶持民办博物馆发展专项经费，制定了《民办博物馆专项资金使用管理办法（试行）》。文物局和群艺馆加强文物和非遗保护名录体系建设，公布了全市第六批市级文物保护单位名单和第四批非遗项目名录，全市新增180处市级文物保护单位，市级文保单位达224处；新增市级非遗项目12项、总量达53项，5人入选省级非遗项目代表性传承人，浏阳文庙祭孔音乐入选国家级非遗项目；开福区沙坪镇入选全国民间文化艺术之乡，浏阳市楚东村入选中国传统村落。完成了第一次全国可移动文物普查首批全市3808家国有单位的文物情况调查工作；实施了田汉故居、雷锋故居等文物保护修缮工程，贾谊故居修旧如旧，重新开放。中国非遗协会刺绣专业委员会在长沙成立，并举行了刺绣文化论坛；成立了全省首个非遗民间组织——长沙市非物质文化遗产保护协会，开通了长沙非遗网，编撰出版了《长沙非遗集萃》《长沙弹词》；组织开展了“让文化遗产活起来——文化遗产日”系列活动。依托“博物馆之夜”，简牍博物馆推出了盛世殷商——甲骨文青铜玉器精品展、翰墨留香 丝路溢彩——吐鲁番出土文书精粹展，市博物馆推出了“黑石号”沉船唐代长沙窑瓷器展、欧阳询杯全国书法展，谭国斌当代艺术博物馆等民办博物馆举办了“湘江北上”等系列精品展览；简牍博物馆赴美国布莱恩特大学举办“领略简牍文化，分享中秋温情”主题活动，汉长沙国出土文物赴意大利国家博物馆参加了《马王堆汉墓传奇》展。贾谊故居、新民学会旧址、李富春故居等单位立足实际、打造特色，小馆做出了大影响。全市各文博场馆全面优质免费开放，全年接待观众977万人次。全市文物战线认真落实《长沙市不可移动文物安全管理办法》，市文物局出台了《长沙市市级文物保护单位申报与退出管理办法》，市文物考古研究所配合城市建设完成重点考古调勘22万多平方米；全年征集文物394件套、科技保护和修护文物近300件。

二、始终突出三个重点，文化发展后劲持续增强。1. 重点文化项目建设进展顺利。滨江文化园“两馆一厅”（图书馆、博物馆、音乐厅），完成主体建设，转入后续专业建设阶段；市政府安排专业建设资金3.2亿元，计划明年正式开放运行。市图书馆、博物馆等完成了园区总体和馆厅单体开放运营筹备方案编制、图书招标采购和信息化设计、博物馆新馆形式设计和制作招投标准备工作，音乐厅正式确定委托北京保利剧院管理有限公司经营，委托经营管理费列入2015—2020年财政常年经费预算。长沙国王陵文物总体保护规划已通过国家批准，与清华大学合作，完成了遗址公园规划编制，启动遗址关键区域考古调勘、信息化系统建设、可移动文物比对等工作。进一步优化城市文化功能布局，实验剧场9月份投入试运行，累计承接组织演出近60场，受到各级领导的肯定和广大市民的赞誉；启动实施长沙市艺教馆、长沙市广播电视安全播出综合监管平台、长沙市文化市场技术服务与综合监督平台的建设工作，长沙文物商店重新开张营业。炭河里、铜官窑考古遗址公园及浏阳市秋收起义纪念园、胡耀邦故居等项目建设和专业工作有序推进。2. 重大文艺精品创作有序推进。市湘剧中心克服危房调整的重重困难，扎实推进艺术生产，《苏秀才》获省“五个一工程”奖，市委书记易炼红等省、市领导观摩该剧迎国庆专场演出，并给予高度评价；市花鼓戏中心组织创排的大型现代花鼓戏《月塘村的菁妹子》首演成功，新排的经典花鼓戏《海哥与九妹》应邀赴新加坡交流演出，受到新加坡总统接见；市湘剧、花鼓戏中心、歌舞剧院和市剧本创作中心推进了湘剧《贾谊上疏》《湘江传说》，花鼓戏《湘绣女》《女人的游戏》及非遗题材大型歌舞等新创剧目的创作工作；举办了2014年长沙市“杜鹃花”艺术月活动，推出12个系列29场演出，演出剧（节）目110个。市群艺馆开展优秀群众文艺团队评比展示活动，在全省群艺馆文化馆业务技能大赛中取得2金1银1铜的好成绩。3. 重头文化活动成果陆续推出。市群艺馆精心组织“欢乐潇湘”——“舞动星城 歌涌湘江”群众文艺展演系列活动，与长沙市第五届“百佳千星”评选、“校园文化进社区”活动和区、县（市）特色文化活动联袂展开，组织海选、会演、决赛800余场，全市1300余个群众文艺团队，10万余名群众演员参与其中，观众累计超过百万人次，并在全省总决赛中，取得了3金、4银、3铜的优异成绩；开展第五届“百佳群众文艺团队评选”暨“千团星级评定”活动，评定了最佳团队30支、优秀团队30支、先进团队50支。市图书馆的“阅读推广”项目获全省“文化志愿服务推进

现代花鼓戏《月塘村的菁妹子》演出剧照

“湘桂一家亲·群星耀星城”——“大地情深”“群星奖”作品慰问外来务工人员汇演

年”服务项目金奖，选送《爱的校园梦之沃土》参加2014年全省少年儿童“中国梦·我心中的故事”读书活动故事讲述竞赛，获金奖和组织奖。全市还先后承办了“全省文化志愿服务基层行”系列活动暨“群星奖”获奖节目巡演启动式、“湘桂一家亲·群星耀星城”——“大地情深”“群星奖”作品慰问外来务工人员会演等活动，组织“红叶组合”等团队参加了文化部“春雨工程”——湖南文化志愿边疆行活动；举办了赴台湾文化经贸交流活动。

三、切实强化措施，文化建设保障显著加强。1. 以提升文化自觉为动力，主导主责效应进一步彰显。社会各界的文化自觉是文化发展的前提。进一步发挥市委、市政府文化建设的主导作用。2014年以来，争取市委、市政府对文化工作的重视和社会各界对文化的支持。全年，市委、市政府主要领导主持、参加文广新系统的活动、会议、调研6次，市委、市政府或两办名义下发文广新领域的文件3个，与市财政局、市发改委等部门联合发文4个。局机关预算2014年比2013年增加2000万余元，2015年比2014年增加1100万余元，全系统增加将突破1.8亿元。在全市清理考核达标评比整顿中，保留了公共文化服务体系的绩效评估项目。进一步强化市文广新局机关和各直属单位的主责担当。机关办公用房经过多方协调，实现了20个处室和市文物局集中办公。加强机构编制建设，局机关正式新设“非遗处”，积极协调推进汉长沙国王陵遗址公园管理局、滨江文化园管理中心等机构的组建工作，新图书馆和博物馆新增人员编制正在落实。2013年争取中央和省级文物非遗、公共文化、项目建设、产业引导等各类资金超过1亿元。2. 以全面深化改革为抓手，体制机制活力进一步迸发。长沙歌舞剧院全面完成转企改革，办理了提前退休人员手续，落实了有关经费提留、补助工作，长沙歌舞剧院与市花鼓戏保护传承中心签订了原市歌舞剧院在编人员托管协议，并开始实施人事制度、竞聘上岗、双向选择、薪酬机制的深化改革。银宫影剧院积极协调做好部分拆迁补偿工作，大众游乐场和解放、劳动剧院拓宽思路求发展，稳健管理保效益。市电影发行放映中心和银宫影剧院积极筹备做好改革准备工作。加强干部队伍建设，调整充实基层领导班子5个，提拔科级干部7人，推荐新任县级干部2人，引进人才14人。赴10个省市区10所高校延揽人才，反响强烈。加强干部教育培训，组织干部参加部、省、市级各类教育培训80余人次。举办现代公共文化服务体系研修班，首次对全市乡镇、街道文化站长等260余人进行大规模培训。（刘飞飞）

公共文化建设

【概况】2014年，公共文化建设大步推进，群众文化活动精彩纷呈，示范区工作进一步深化，在全市产生了较大的社会影响。

务实推进示范区后续管理工作。按照示范区后续建设要求。召开了全市建设现代公共文化服务体系工作会议。市长胡衡华亲自主持召开有500多人参加的全市建设现代公共文化服务体系工作会议，覆盖到全市乡镇（街道）和社区。以市委、市政府名义下发了《长沙市公共文化服务体系提质提效三年行动计划（2014—2016年）》（长办发〔2014〕9号），对全市公共文化服务提质提效工程，明确标准、明确时间、任务到岗、责任到人。各县（市）区按照目标任务加快建设，全市公共文化服务体系建设迈上新台阶。文化部简报专门刊登了长沙市的做法。10月，文化部副部长董伟一行对全市国家公共文化服务体系示范区后续管理工作进行了督查。督查组对长沙市将示范区后续建设作为常态化来建设，保持创新劲头不变，表示满意，并期望长沙多出经验和制度，为全国率先垂范。”

大力加强基层公共文化建设。年初，组织召开了乡镇（街道）综合文化站现场陈述评议会，确定了15家新建和15家提质的示范性文化站建设名单，会同市财政局、发改委、市体育局制定下发了《长沙市2014年度30个示范性乡镇（街道）综合文化站建设实施方案》和《长沙市2014年度100个示范性社区（村）文化活动室（中心）建设实施方案的通知》》，对建设进度、建设标准、工作要求等作出明确规定，分别纳入市“实事工程”项目和绩效考核的范畴。在全国第一次乡镇综合文化站评估定级中，全市116家乡镇综合文化站入选，其中一级站36个，二级站40个，三级站40个，评定数量和评定等级稳居全省第一。长沙县福临镇获全国优秀文化站。6月，举办了全市现代公共文化服务体系建设研修班。全市文化系统260余名学员参加了学习全市所有文化站长全部参加，邀请北京大学教授李国新、上海社科院研究员巫志南等专家进行授课。11月5、6日成功举办了全市群艺馆、文化馆（站）业务技能大赛（包括理论文章、方案撰写、群文辅导、舞台表演、视频竞赛、书画展六个方面），在全省群众艺术馆技能大赛中斩获2金1银1铜，全省位居第一。抓推动创新项目建设。推进全市图书馆总分馆建设，依托城市高铁、地铁站点，在建和建成开放地铁自助图书馆7个。目前，全市已布局建成图书馆分馆68个，全部实现通借通还的借阅“一卡通”。加大经费投入。加大了对综合文化站等基层设施的投入，对新建、提质文化站建设奖励引导资金由每个12万元提高到20万元；为15个街道和90个村（社区）文化活动室（中心）积极争取配送文化设备价值达到630万余元；从省委宣传部争取到了100万的“24小时地铁图书馆”专项扶持经费，有效改善了基层文化阵地的条件。

大力开展丰富多彩的群众文化活动。精心组织开展“欢乐潇湘”活动。2014年3月起，整合全市群众文化品牌资源，开展了“欢乐潇湘——长沙篇·舞动星城 歌涌湘江”大型群众文艺汇演活动，实现了市、区、县（市）、街道（乡镇）、社区（村）四级联动，成为全市演出规模最大、时间跨度最长、发动最深入、参与面最广泛的群众文化活动。组织各类海选、初赛、复赛、展演活动800余场，全市1300余个群众文艺团队，10万余名群众演员参与其中，观众累计超过400万人次。在全省欢乐潇湘大型群众文艺汇演决赛中，取得了3金、4银、3铜的成绩，获奖质量和数量均列全省第一。11月，启动了第五届“百佳群众文艺团队”评选暨千团星级评定活动，科学合理地完善了评选规则，大大调动了基层单位和文艺团队的积极性，为打造“群文湘军”提供有力支撑。按照“三个多出”的要求，开展原创作品大赛。以“群星奖”等为龙头实施公共文化产品精品战略，深入挖掘长沙湘剧、花鼓戏、弹词、山歌等本土文化艺术资源，创作一批具有鲜明本地特色的原创文艺精品。9月3—5日，在长沙实验剧场举行了音乐、小戏小品曲艺、舞蹈三场市级决赛，近54个优秀原创节目各具特色，精彩纷呈。精心组织“三湘读书月”活动。市图书馆以“主题书籍阅读”“故事创作编写”“故事讲述”“少年儿童阅读之星竞赛”“送书下乡”为主要内容开展了“三湘读书月”活动，表彰了“长沙市十大书香家庭”，自7月份开展以来，全市共有吸引8万余人参加，开展各种形式的主题读书活动100余场，征得网络征文300多篇。其中张少雄等四个家庭被评为“全国书香之家”，市图书馆获全省“少年中国梦·我心中的故事图书活动故事讲述竞赛”冠军。大力开展文化志愿服务活动。通过“大舞台”“大讲堂”“大展台”等活动载体，积极开展了“橘洲讲坛”“法律大课堂”“校园文化进社区”活动等文化志愿服务活动。2月，在步步高广场举行了“我们的中国梦 文化进万家”—2014年长沙市“龙狮欢舞闹元宵 千团展演庆新春”群众文艺展演；6月，在长沙人民会堂举办了“湘•灵”——校园文化进社区活动暨郭贝贝原创舞蹈作品专场演出活动。11月，在举办的全省“文化志愿服务推进年”系列活动经验交流表彰会上，市图书馆阅读推广项目获得服务项目金奖，该局获文化志愿服务工作优秀单位。

出色完成重大文化活动。承办了全省国家公共文化服务体系示范区创建工作现场经验交流会，会上长沙市作了典型经验发言，推广了公共文化服务体系的“长沙模式”。组织各州市实地考察了长沙县“推进城乡文化设施一体化、加强基层文化阵地建设”的做法和经验。5月，承办了“全省文化志愿服务基层行”系列活动暨“群星奖”获奖节目巡演启动式，拉开了全省文化志愿服务活动的序幕。7月，承办了由省文化厅主办的“湘桂一家亲•群星耀星城”——“大地情深”“群星奖”作品慰问外来务工人员会演，为现场400余名外来务工人员呈现了一场较高艺术水准与浓郁民族特色的文化盛宴。10月，组织“红叶组合”团队等参加了文化部“春雨工程”——湖南文化志愿边疆行活动，搭建起了边疆与湖南艺术交流的桥梁。

积极申报公共文化服务标准化试点城市。根据文化部《关于开展公共文化服务标准等试点工作的通知》（办公共函〔2014〕318号）的要求，精心筹备申报国家级公共文化服务标准化试点，认真制定了《长沙市公共文化服务标准化试点工作方案》和《长沙市公共文化服务保障标准、技术标准、评价标准细则》。经省文化厅推荐和文化部组织的专家评审等环节后，成功入选为10个国家级公共文化服务标准化试点城市之一。（刘飞飞）

【长沙被确定为国家公共文化服务标准化试点】 2014年9月，文化部公布了国家公共文化服务标准化试点地区名单，长沙市确定为全国10个国家公共文化服务标准化试点地区之一，也是全省唯一入选的地区。国家公共文化服务标准化试点工作是文化部贯彻落实中央全面深化改革领导小组重点督办的一项重要任务，旨在贯彻落实党的十八届三中全会关于“构建现代公共文化服务体系”的要求，探索推进基本公共文化服务标准化的模式、路径和方法，提升公共文化服务效能，更好地保障广大群众的基本文化权益。该项国家级试点工作由文化部和各省（区、市）文化厅（局）共同推动，从2014年7月开始启动到2015年底基本结束，周期为1年半，围绕制定实施保障标准、技术标准和评价标准，在国家和试点地区两个层面，初步建立科学、规范、适用、易行的标准体系，形成一批适合不同地方特点的工作模式，推动全国公共文化服务标准化工作全面深入开展。2014年7月，文化部下发了《关于开展公共文化服务标准化等试点工作的通知》，市文广新局组织专门力量进行标准化试点申报工作，最终在全国31个申报城市的角逐中申报成功。（张 涛）

【《长沙市公共文化服务体系提质提效三年行动计划（2014—2016年）》出台】 4月上旬，市委办公厅、市政府办公厅联合下发《长沙市公共文化服务体系提质提效三年行动计划（2014—2016年）》，要求按照“整合资源、分步实施”的原则，坚持以人民满意为标准，加速提升公共文化服务品质，加快推进公共文化管理服务体制创建，力争到2016年，建成布局合理、设施先进、功能完善、运行高效、覆盖城乡的市、区县、乡镇（街道）、村（社区）四级公共文化设施网络，实现市民群众“读有书屋、唱有设备、演有舞台、看有影厅、跳有广场、讲有故事、创有指导、办有经费”，全面形成“设施网络化、供给多元化、机制长效化、城乡一体化、服务普惠化”的现代公共文化服务新格局，推动全市公共文化服务整体水平走在前列。《长沙市公共文化服务体系提质提效三年行动计划（2014—2016年）》是根据文化部《关于加强第一批国家公共文化服务体系示范区后续管理工作的通知》

精神，在全国率先出台的创建后续管理发展计划，也是未来三年长沙公共文化服务体系建设的纲领性文件。主要任务是全面提升公共文化设施品质、全面提升公共文化服务效能、全面推进公共文化服务体系创新。计划对文化设施建设、文化服务载体、公共文化服务体系等提出了具体的要求。根据该计划，未来3年，长沙将在城区和城关镇、中心镇、特色镇、一般乡镇分别建成设施设备先进、功能齐全、服务优良的10分钟、15分钟和30分钟公共文化服务圈，重点推进纳入全市城乡一体化建设范畴的15个小城市、中心镇和特色镇文化建设，将再提质建设100个乡镇（街道）综合文化站和300个村（社区）文体活动中心。着力以公共文化优秀节目展演为平台，实施群文湘军“五百行动”计划，即表彰100支优秀群众文艺团队，创作100个优秀群众文艺节目，培育100名群众文艺明星，打造100个优秀群众文化活动项目，建设100个承载容量较大、集聚能力较强、配套水平较高、社会影响较大的群众文化广场。（张贤瑜）

【建设现代公共文化服务体系工作会议】 5月22日，长沙召开建设现代公共文化服务体系工作会议，省文化厅党组书记、厅长朱建纲，市委副书记、市长胡衡华出席会议并讲话；市领导张湘涛、芮英姿、夏建平、石长松等出席。会议下发了《长沙市公共文化服务体系提质提效三年行动计划（2014—2016）》。长沙将力争到2016年，全面形成服务目标均等化、供给主体多元化、公共服务高效化的现代公共文化服务新格局。长沙将以项目建设为支撑，推进“两馆一厅”、实验剧场等建设，加快长沙国王陵、铜官窑、炭河里三大国家考古遗址公园建设，打造一批文化新地标。同时，促进公共文化资源向基层延伸，着力打通公共文化服务的“最后一公里”。会上，夏建平作工作报告，回顾了长沙创建国家公共文化服务体系示范区工作。2011年6月，长沙被文化部、财政部确定为全国首批国家公共文化服务体系示范区创建城市，经过两年的创建，长沙初步构建了“设施网络化、供给多元化、机制长效化、城乡一体化、服务普惠化”的公共文化服务体系，长沙以中部第一、全国第二的创建成绩跻身首批国家公共文化服务体系示范区。长沙在完善公共文化设施、提升公共文化服务效能、实施文化精品工程、加强人才队伍建设等方面创建成果显著。朱建纲对长沙构建现代公共文化服务体系提出要求，一是找准经济文化发展的方位，在民生主战场突出文化民生地位；二是从研究人民群众需求出发，在公共文化的普惠和特色上下功夫；三是把握文化发展规律，在公共文化服务长效机制上有追求。胡衡华强调，建设现代公共文化服务体系是建设服务型政府的重要内容，是建设国际文化名城的有效举措，是践行群众路线的必然要求，各级各部门要以高度的责任感和使命感抓好现代公共文化服务体系建设，提升人民群众的愉悦感、幸福感。胡衡华指出，建设现代公共文化服务体系，要发挥好政府主导作用，各级政府要加强统筹规划和组织协调，要以公共财政为支撑，以公益性文化实体为主体，建立健全向社会提供公共文化设施、产品、服务项目的完整体系。要发挥好群众的主体作用。公共文化服务体系建设要始终坚持以人民满意为标准，以人民群众为服务对象和表现主体，坚持公共文化服务向基层群众倾斜。要发挥好人才的支撑作用。要通过健全工作机制、政策扶持，促进专业人才到群众中去，创造出更多的文化精品力作，为群众提供形式多样的文化服务形式。会议还表彰了长沙创建国家公共文化服务体系示范区工作优秀单位和优秀个人。（张　涛）

【文化志愿服务基层行】 5月20日晚，由湖南省文化厅、湖南省文明办、中共长沙市委、长沙市人民政府主办，长沙市文广新局、中共长沙县委、长沙县人民政府承办的“2014全省‘文化志愿服务基层行’暨‘群星奖’节目巡演启动式”在长沙县县城星沙举行。湖南省文化厅副厅长鄢福初主持启动式，常务副厅长杨福杰为活动致辞，市政府副秘书长刘秋成、市委宣传部常务副部长赵柏林等参加启动式并观看演出。“十艺节”上湖南选送的7个优秀节目和长沙县选送的3个节目精彩呈现，为长沙县人民送上了一台精彩的文化大餐。启动式上，省、市、县相关领导为第十届中国艺术节“群星奖”获奖节目和全国群文之星颁发了荣誉证书，为17个文化志愿者支队长颁发了文化志愿者注册志愿服务证。现场500余名文化志愿者齐声宣读了《湖南文化志愿者（2014）倡议书》。（许　郡）

【基层文化工作者培训】 6月24—26日，长沙举办现代公共文化服务体系建设研修班，市图书馆、群众艺术馆班子成员，各区、县（市）文体广新局局长、副局长、图书馆长、文化馆长、各乡镇（街道）文化站长（专干）共计230余人参加了此次培训。市委常委、宣传部部长张湘涛，省文化厅副厅长鄢福初出席了开班典礼。张湘涛要求要统一思想，充分认识举办研修班的重要性；学以致用，将学习成果积极转化为公共文化服务的生动实践；提升素质，努力肩负起构建现代公共文化服务体系的时代使命；严格要求，切实提高学习研修的效果，努力开创现代公共文化服务的新局面。张湘涛强调，要建设一批在全国领先的乡镇（街道）综合文化站，打造长沙市乡镇（街道）综合文化站的十颗明珠。副市长夏建平参加研修班结业典礼，并为学员颁发了结业证书。夏建平强调，要突出公共文化服务内容的先进性、运行的公益性、服务对象的均衡性、服务网络的系统性；要致力新作为，把文化人才用好、把文化场馆用好、把文化设施用好、把文化剧场用好；文化站长要在改革创新上、创造特色上、服务群众上、追求实效上增强本领。（张　涛）

【许又声调研长沙市公共文化服务体系建设】 7月11日，省委常委、宣传部部长许又声在长沙调研公共文化服务体系建设情况。他强调要加快推进长沙文化设施建设，让市民享受到更好的公共文化服务。许又声一行先后来到省美术馆建设工地、市“两馆一厅”和江湾社区实地察看。省美术馆项目用地位于岳麓区岳麓街道靳江村，占地面积4.94公顷，总投资概算2.99亿元。2014年6月，该项目完成了初步设计和概算编制，并完成了预算编制单位招标。在坐落于浏阳河与湘江交汇处三角洲的市“两馆一厅”，建筑工人正在紧锣密鼓地施工。在详细询问施工进度和布展情况后，许又声希望工作人员抓紧建设，抓好质量，使“两馆一厅”为长沙再添新地标。在江湾社区，许又声饶有兴趣地观看了社区居民的戏曲排练，并对社区为群众文化活动提供的优质服务表示赞赏。许又声指出，长沙是全国最具幸福感城市之一，也是国家公共文化服务体系示范区，让市民享受文化艺术的成果对提升幸福感非常重要。这几年来，长沙市的群众文化服务活动活跃，发展迅速，相对而言，公共文化服务设施条件仍有待提高。省美术馆、市“两馆一厅”等文化工程建设要在保证质量的前提下抓紧推进。　（刘飞飞）

【国家公共文化服务体系建设专家调研开福区沙坪街道】 9月24日，由国家公共文化服务体系建设专家委员会主任、山东省文化厅原厅长亢清泉带队的国家公共文化服务体系建设专家委员会一行来到开福区沙坪街道调研“中国民间文化艺术之乡”建设情况。专家组首先听取了沙坪湘绣的情况介绍，详细了解了沙坪风情小镇的整体规划思路及沙坪绣纺街项目的进展情况。随后饶有兴致地参观了沙坪湘绣文化广场、湘绣大师楼、沙坪湘绣博物馆等，观赏了馆藏珍品并听取相关讲解，大家对湘绣博大精深的文化底蕴赞叹不已。专家组表示沙坪湘绣有其独特的文化魅力，希望能继续加大对本土优秀文化艺术的保护和传承工作，同时与公共文化服务体系建设工作做到有机结合，让开福区的文化事业与文化产业的统筹、协调发展。湖南的沙坪用百束锦丝对外递交了一张“中国湘绣之乡”的五彩文化名片，让人印象深刻。　（刘飞飞）

【实验剧场免费运行】 实验剧场是市政府统筹全市公共文化资源建设、完善城市文化功能布局的重大文化工程，整体改造装修工程从2013年10月开始启动，2014年年初确定建成后隶属于市群众艺术馆，由该馆成立实验剧场管理部统一管理。9月，实验剧场开始试运行，积极开展公益性演出，免费向社会开放，年内承接各类公益演出60余场。　（张贤瑜）

【乡镇文化站评估定级工作】 2014年初，市委、市政府出台了《长沙市公共文化服务体系提质提效三年行动计划（2014—2016年）》。在基层公共文化设施建设方面，提出“2014年、2015年、2016年分别提质30个、40个、30个乡镇（街道）综合文化服务中心”的目标，并将乡镇综合文化站建设纳入市“实事工程”项目，对新建、提质文化站建设引导资金由每个12万元提高到20万元。2014年新建或提质的30个示范性乡镇（街道）综合文化站已经全部完工，全市示范性文化站总数128个，每个文化站建筑面积500平方米以上，多功能活动厅、书刊阅览室、培训教室、公共电子阅览室等功能布局和电脑、音响、灯光、文体器材等设备一应俱全。10月，文化部公布了全国首次乡镇文化站评估定级结果，长沙市共获评一级站36个、二级站40个、三级站40个，评定等级和数量居全省第一。　（张贤瑜）

【示范性社区（村）文化活动室（中心）首次纳入对区、县（市）考核范畴】 2014年全市共建设示范性社区（村）文化活动室（中心）100个，首次纳入对区、县（市）绩效考核的范畴，同时对建设进度、建设标准、工作要求等作出明确规定。2014年，全市为90个村（社区）文化活动室（中心）配送文化设备购置经费630万余元。　（张贤瑜）

【“欢乐潇湘”大型群众文艺会演】 9月20日晚，2014年“欢乐潇湘”大型群众文艺会演决赛长沙市专场在贺龙体育馆东广场举行。省委常委、宣传部部长许又声和肖雅瑜、刘晓、谭仲池、欧阳斌、魏委、李颖、鄢福初等省领导和老同志、省委宣传部、省文化厅相关负责人，市领导胡衡华、范小新、张湘涛、王忠斌、夏建平、石长松等观看演出。3—12月，长沙市开展了“欢乐潇湘——长沙篇·舞动星城歌涌湘江”大型群众文艺会演活动，整合了全市群众文化品牌资源，实现了市、区、县（市）、街道（乡镇）、社区（村）四级联动，各部门协同作战，全社会共同参与，成为全年全市演出规模最大、时间跨度最长、发动最深入、参与面最广泛的群众文化活动。各区、县（市）、街道（乡镇）、社区（村）组织各类海选、初赛、复赛、展演活动800余场，全市1300余个群众文艺团队，10万余名群众演员参与其中，现场观众累计超过百万人。　（张贤瑜）

【第五届“百佳群众文艺团队”评选暨千团星级评定活动】 11月，长沙市启动了第五届“百佳群众文艺团队”评选暨千团星级评定活动，科学合理地完善了评选规则，大大调动了基层单位和文艺团队的积极性，为打造“群文湘军”提供有力支撑。　（张贤瑜）

【群众文艺进工地】 1月20日，劳动东路京武工地上飘出高亢激昂的歌声，长沙市群众艺术馆组织的“外来务工人员精神新家园系列行动”——2014年新春“三送”慰问活动吸引了两百余名工人前来观看。在欢快的舞蹈中，活动拉开了序幕，演员们以歌曲、舞蹈、时装秀等多种形式将浓浓的年味带到了现场，点燃了现场每一位观众的热情。与此同时，10余名长沙市书法名家和书法爱好者现场挥毫泼墨，为春节前依然奋战在建设一线、远离家乡参与长沙城市建设的工人们书写春联。共送出春联500余幅。　（颜蜜如）

【长沙市龙狮欢舞闹元宵】 2月14日，“龙狮欢舞闹元宵　千团展演庆新春”活动在河西步步高广场前热闹举行。市领导张湘涛、夏建平到活动现场，为“龙”点睛，将活动推向高潮。舞蹈《红红的日子》《格桑拉》《幸福的阿婆》、花鼓戏《刘海砍樵》、快板《兴市强区续辉煌》等节目轮番上阵，引来台下观众欢呼声、掌声不断。捏面人、剪纸、雕刻、书法等传统民俗表演活动同时进行。广场四周悬挂的300余幅灯谜吸引了许多观众驻足。春节期间，长沙市文化系统推出了“主题演出服务大局”“演艺惠民欢乐城乡”“文化窗口免费开放”“多彩民俗热闹新春”“群文湘军送福拜年”“娱乐星城乐享时尚”“缤纷荧屏律动生活”“欢乐星城区县活动”八大文化活动，为市民提供丰富的文化产品，过一个红红火火的“文化年”。　（张　涛）

文学艺术

【概况】 2014年，全市文化艺术单位按照年初工作部署，围绕文学艺术生产系统的构建与完善，紧抓重点工作，扎实推进各项工作目标落实，圆满完成全年工作任务。精品剧目再获佳绩。集中多方优势资源，提质湘剧《苏秀才》。该剧摘得省“五个一工程”奖并获推参评中宣部“五个一工程”奖。为着力打造精品，邀请著名编剧盛和煜对剧本修改进行指导，并多次邀请专家、领导座谈提出修改意见。编剧综合修改意见对剧本进行了提升，确立“天地有正气”的剧目新主题，“文化导演奖”得主、青年导演宋纪刚对全剧进行了细节调整和加工，剧目质量显著提升。经提质打磨，该剧获得第十二届湖南省精神文明建设“五个一工程”奖，名列全省戏剧类第二名，并获推参加中宣部评选。9月25日，该剧在新装修开放的长沙实验剧场进行了迎国庆专场演出，剧场座无虚席，省委常委、市委书记易炼红现场观看，对该剧给予高度评价，表示“看戏还是要看长沙的戏”。

剧目创作积极推进。围绕年初剧目创作目标，剧目创作工作积极推进：花鼓戏《月塘村的菁妹子》立项投排。组织专家对剧本创作进行了多次讨论，编剧对剧本进行了10余次修改，经专家论证通过后，该剧确定了主创人员，于11月1日启动投排，并于年底在长沙实验剧场公演。储备剧目剧本进一步修改。组织对湘剧《贾谊在长沙》、花鼓戏《李家湘绣》剧本进行了修改，其中：《贾谊在长沙》编剧完成剧本修改，进入立体剧目排练阶段；《湘绣》编剧突破自我，拿出与上一稿剧本内容完全不同的全新作品。剧目创作规划进一步完善。为进一步推进长沙市剧（节）目生产和大戏创排，于10月制定了《2014年11月—2015年12月艺术创作工作计划》，进一步加大剧目创作工作力度，启动了与优秀编剧的约稿工作，与编剧袁克平进行了花鼓戏《女人的游戏》（暂定名）约稿，编剧已开始剧本创作；提出了创作规划，对市直三院提出了“投排一台、创作一台、储备一台”的具体目标，市直剧团有8台剧目进入目标内容。

艺术活动扩大影响。继续开展2014年长沙市“杜鹃花”艺术月活动，在去年优势基础上，进一步丰富内容、扩大影响。活动形式更加丰富。除专业剧团演出外，艺术月活动引进了群众文艺团队、民营优秀团队和活跃戏迷团队加入演出，参与演出团队规模更大。同时，对专业剧团剧目资源进行了重新调配，推出了青年明星展演、幽默喜剧展演、小品专场展演、新创剧目展演、竞技展演专场、非遗经典展演、戏剧名家讲座等内容丰富的专场演出、讲座等活动，全面展示专业剧团艺术形象。覆盖范围更加广泛。除湘江剧场外，将长沙实验剧场纳入艺术月活动演出场馆，活动覆盖范围扩大至城东，附近市民可就近欣赏惠民演出。活动品质进一步提升。根据2013年戏剧艺术月活动效果，扬长避短，在节目内容安排上进一步提升品质，并将对舞台要求较高的开闭幕式、新创剧目《月塘村的菁妹子》、经典花鼓戏《海哥与九妹》及长沙歌舞剧院比赛专场安排至剧场条件优越的长沙实验剧场，充分展现今年艺术月活动的高雅艺术格调。

非遗戏剧传承发展。创造性开展非遗戏剧保护传承工作，通过剧目传承和社会化合作，进一步完善非遗剧目保护传承工作：启动非遗经典剧目精品化整理。通过老艺人传授、学习移植外剧种优秀剧目等方式，全年恢复整理精品花鼓戏、湘剧大戏10台，小戏20个，均已在湘江剧场“好戏天天演”活动中进行了公开演出，广受好评。探索非遗剧目社会化合作模式。不局限于本剧团艺术人才，联合艺术家、企业家进行非遗剧目商业化运作，进行了新编湘剧《湘江传说》、概念湘剧《三圣》项目的前期策划准备工作，其中《湘江传说》项目已进入剧本修改打磨阶段。启动大型非遗主题歌舞剧目创作。将长沙市传统非遗元素与歌舞演出相结合，通过深入挖掘，完成了市场调研、项目前期策划、资金筹备等工作，全面启动大型非遗主题歌舞创作。

惠民演出提质升级。结合公共文化服务体系提质提效计划，对送戏下乡进社区惠民演出进行了提质升级。演出场次进一步增加。为进一步提高演艺惠民活动的覆盖范围，经过与市政府绩效办的衔接，将演出场次提高到700场，较去年目标场次提高了100场，并通过与市财政局、市委宣传部的积极衔接，将新增场次经费落实到位。圆满完成全年场次任务。根据年初制定的《2014年长沙市送戏下乡进社区工作方案》，市直剧团根据分配的目标任务场次，科学安排、有序推进，严格按照送戏下乡进社区演出质量要求，保质保量，全面完成700场的目标场次任务。

改革后续基本完成。“妥善解决市属文艺院团改革遗留问题”今年被列入市政府工作报告内容，经过努力，长沙歌舞剧院改革后续工作基本落实到位：完成了改革文件规定内容的落实。积极对接市财政、市人社局、市编办等相关部门，完成了符合条件提前退休人员手续办理、提前退休人员提留经费及生活补助经费到位、清产核资、原长沙市歌舞剧院在编、退休人员及提前退休人员关系交接等工作，改革方案规定内容全面落实到位。启动深化机制改革工作。为进一步深化机制改革，长沙歌舞剧院参考中央歌剧舞剧院机制改革方案，根据长沙歌舞剧院实际，制定了长沙歌舞剧院改革方案，院班子成员进行了深入讨论并就方案征集了公司职工的具体意见，经过修改，进入具体实施阶段。

音乐厅筹备稳步推进。筹备工作方面。积极向市政府汇报争取，恢复了长沙音乐厅管风琴的设置；完成长沙音乐厅前期经费申请、审批程序，市财政已拨付到位150万元；明确音乐厅的委托管理招标金额控制在1400万元／年以内，并纳入财政预算；完成音乐厅委托经营管理合同，通过政府采购招标程序，确定了北京保利剧院管理有限公司为长沙音乐厅委托经营管理单位；完成了长沙音乐厅后续业务建设可行性研究报告编制，并通过了发改委的批示同意。建设工作方面。邀请专家进行图纸评审6次，出具了工作联系单5份，解决了管风琴建设基础技术支持、音乐厅强弱电审图建议、音乐厅强电计量表设置、音乐厅餐厅、咖啡吧制作间和吧台功能设计及设备参数、音乐厅舞台设备调整变更及深化设计等问题。

剧场单位安全稳定。配合大众游

乐场、劳动剧院、解放剧院领导班子，加强对剧场单位维稳发展、安全生产等工作力度，确保了各单位稳定、安全。对大众游乐场租赁万代大厦六楼合同进行了审核，参与租赁和承租合同制定过程，维护大众游乐场单位稳定。（王柳蓉）

【长沙花鼓戏传承保护中心受邀到新加坡演出】 1月7日，长沙市花鼓戏保护传承中心应新加坡“春城洋溢华夏情”活动主办方邀请，赴新加坡进行为期15天的文化交流演出。《海哥与九妹》演出是新加坡“2014年新春国民融合之夜”的重要活动之一，也是“春城洋溢华夏情”活动的重要演出。1月11日晚上，长沙市花鼓戏保护传承中心参加新加坡中国城牛车水农历新年庆祝活动开幕典礼与亮灯仪式，并为亮灯晚会奉献了具有湖湘特色综艺节目，新加坡总统陈庆炎出席并观看了演出，接见了演出团团长黎政。中国驻新加坡大使馆文化参赞肖江华接见了长沙市花鼓戏保护传承中心演出团。（李旭云）

【董伟调研长沙地方戏曲传承发展】 3月24日，文化部副部长董伟携文化部艺术司、财政司等部门工作人员一行到长沙调研地方戏曲传承发展工作。上午，专题调研座谈会上，市文广新局及市县地方戏剧剧团分别就在传统戏曲保护发展方面开展的工作、取得的成绩及将来的打算向调研组进行了汇报。董伟副部长对市地方戏曲传承保护工作给予了高度肯定，非常赞成长沙市提出来的多演戏、演好戏的做法。下午，调研组前往市花鼓戏保护传承中心、望城区雷锋艺术团进行了现场考察，省文化厅厅长党组书记、厅长朱建纲、副厅长孟庆善、副市长夏建平、市文广新局党委书记、局长杨长江陪同进行了现场考察。董伟副部长考察了两院的生产办公情况，在现场观看了院团排练并与老艺术家进行了亲切交流。（王柳蓉）

【大型现代湘剧《苏秀才》会演】 9月25日，为热烈庆祝新中国成立65周年，长沙市迎国庆大型现代湘剧《苏秀才》专场演出在长沙市群众艺术馆实验剧场倾情上演。市领导易炼红、范小新、张湘涛、陈献春、李春艳、黄中瑞、刘新程、芮英姿、夏建平、石长松与全市各界群众代表、全市群众文化团队代表近七百人，欢聚一堂，共享传统文化盛宴。自从创排以来，该剧几经修改提升，先后参加湖南省艺术节和中国戏剧节，屡获领导、专家、群众好评，获湖南省艺术节“田汉大奖”、中国戏剧节“剧目奖”、全省五个一工程奖。新落成的长沙群艺馆实验剧场是长沙市人民政府投资兴建的公益性文化场所，设备设施一流，是长沙群众文化的展示窗口，传统戏剧的演出舞台，精品力作的创作基地。（王柳蓉）

2014年“杜鹃花”艺术月开幕式合影

【“杜鹃花”艺术月】 12月2日，由长沙市委宣传部、市文广新局主办的“雅韵星城”——2014年长沙市“杜鹃花”艺术月拉开大幕，长达1个月的时间里，将在湘江剧场、长沙实验剧场推出12大主题活动、29场演出。省文化厅党组书记、厅长李晖，省文联副主席周祥辉，市领导张湘涛等领导出席开幕式。在以“薪火传承”为主题的开幕式晚会上，由长沙湘剧国家级传承人曹汝龙、花鼓戏省级传承人贺艾芸与获国家级、省级专业奖项的4位青年优秀演员周帆、曹威治、文君、宋纪刚同台演绎《苏秀才》《盘夫》《卖水》《春闺梦》《百花赠剑》等经典湘剧、花鼓戏选段，体现中国传统文化戏剧艺术“薪火传承”的主题，充分展示了长沙市专业艺术剧目传承和人才培养的喜人成绩。接下来的1个月里，青年明星展演活动、小剧场话剧展演、小品专场展演、非遗经典展演、戏迷联谊展演、群文团队展演、艺术竞技展演、戏剧名家讲座、新创剧目展演等相继举行；长沙新创花鼓戏《月塘村的菁妹子》等优秀戏剧、折子戏轮番上演，一批优秀青年演员在舞台上尽情展示自己的才华。艺术月评选出了一台最佳剧目及最佳男演员、最佳女演员等单项奖，并于12月31日举行了闭幕式。（王柳蓉）

文化市场管理

【概况】 2014年，全市文化市场管理不断提升管理水平，优化服务内容，加大综合协调力度，主动适应新常态、应对新挑战、抓住新机遇，确保了管理工作稳中有进、稳中有变、稳中有为。

一、适应新常态，市场管理稳中有进。基础工作扎实有效。规范行政审批，全年办结网吧设立及变更379项。行政审批工作在全省会议上作经验发言。狠抓安全生产，共开展“元旦、春节、两会、国庆”等重要时间节点安全生产检查12次，开展“阳光暑假”“清源、净网、秋风”“打非治违”“三考静音”“校园周边”等专项整治行动17次，确保全年没有发生一起重大安全责任事故。加大全国文化市场技术监管与服务平台推广应用，完成2302

个文化经营单位的数据采集及激活工作，激活率达到100%。组织完成2237家文化经营场所年度实地检查和重新审核登记换证工作。为文化经营场所免费制作、换发“未成年人禁止入内”宣传牌2600块；为全市420家KTV场所制作并添加开机法制宣传视频。网吧专项整治成效显著。借助《电视问政》契机，开展了为期半年的网吧专项整治行动，取得了阶段性成果。下发文件4个，召开网吧经营业主工作会议11个。建立重点网吧专项档案，实行网格化管理。全年联合执法局共出动检查人次1925人次，检查网吧542家，指导文化市场综合执法局立案158起（办结139起），受理有效举报311起，查办回复率100%。开展全市示范性绿网评定工作，对16家场所提高补助经费重点扶持，打造亮点。娱乐市场管理平稳有序。联合工商、公安、消防等开展娱乐场所安全整治、无证照整治、娱乐场所毒品问题专项治理5次；结合市禁毒办“情系蓝结家园”等活动载体，积极推进禁毒宣传和娱乐场所禁毒整治任务，连续三年争取“全市禁毒工作先进单位”。出台《关于进一步加强游艺娱乐场所管理的通知》，完善行业管理政策。艺术品市场管理走向规范。在全省率先启动艺术品备案管理工作，完成备案单位163家。开展艺术品市场调研，形成《长沙市艺术品市场调研报告》上报省文化厅；组织召开全市画廊行业座谈会；参加全省“诚信画廊”评选活动，美庐文化艺术馆等4家单位获得首届“湖南诚信画廊”称号，获奖数量居全省（共评选7家）第一。

二、应对新挑战，行业服务稳中有变。“创业兴文走在前列——第二届长沙阳光娱乐节”有新意。开通官方微信，免费为企业发布促销信息；新增了市文明办、市商务局、市体育局等3家合作单位；“十万群众进歌厅”拓展到株洲、湘潭地区；“社区K歌大赛”结合雷锋原创歌曲推广，推动公共文化与文化互动互利；“网游竞技大赛”实现参赛队伍和人数翻番；“放心酒进娱乐场所”活动得到市场认可。活动信息在《长沙晚报》头版和《中国文化报》等媒体进行重点宣传。行业培训有实效。联合市文化市场综合执法局开展娱乐演艺经营场所和网吧法律法规及经营管理培训班9期，每期3个半天，累计培训人员超过2000人。在宏观经济不景气和商事登记制度改革的背景下，免费培训提升了从业人员法规意识、转型升级能力和行业发展信心。网吧转型升级有亮点。自从被文化部确定全国转型升级试点城市之后，及时降低计算机台数、营业面积等准入门槛，放开网吧审批，适应商事登记制度改革试点要求，实行“宽进严管”“先照后证”。3次接待文化部督导组调研考察；杨长江局长、上机堂网吧连锁公司等接受文化部转型升级专题片采访，并在全国会议及中央电视台进行推介；长沙相关经验入选全国上网服务场所转型升级高峰论坛会议材料；藩城网络会所在大会上作典型发言。服务企业有实招。开展体验式调研3次，解决企业发展难题11个；制定“333文化市场振兴计划”，首批扶持红太阳演艺集团等6家企业，每家予以5万元的资金补助。主动与中国音集协协调，推进KTV版权保护，减轻企业负担。为全市4家网吧争取到全省文化产业引导资金共计20万元。

三、抓住新机遇，综合协调稳中有为。注重抓总协调。依托市网管办、市文管办，组织公安、工商、执法等部门召开联席会议6次，议定议题24项，在查处网吧违规接纳未成年人、安全生产等方面占据主导。开展文化市场文明测评工作，通过“明察暗访”形式开展月度测评9次，出动检查人次132人次，检查场所231个，发现问题152个并全部整改到位。强化行业指导。指导市艺教馆完成场地装修改造和网吧行业业务培训工作。指导市网协开展VIP会员服务，常年为网吧提供法律咨询服务和开展网吧连锁企业“爱心助学”活动。指导市娱协组织开展演员资格认定工作和举办阳光娱乐节主题活动。完成交办事项。主办的3件人大建议、政协提案全部按时办结，见面率100%，满意度100%。全年办理市长信箱11件，12345市民热线工单7件。接待哈尔滨等外地代表团7次123人次。认真完成“六个走在前列”大竞赛、“清洁城市”、全市未成年人思想道德建设工作等重点工作。（刘飞飞）

【国家联合调研组到长沙调研互联网上网服务行业转型升级】 8月11日，文化部文化市场司、教育部基础一司、共青团中央权益部及全国关工委办公室组成联合调研组到长沙市调研互联网上网服务行业转型升级试点工作。联合调研组充分肯定了长沙市互联网上网服务行业转型升级试点工作成绩，认为长沙按照“突出引导、分类指导、整合资源、重点推进”的基本原则，充分发挥市场决定性作用，适当调整互联网上网服务营业场所管理政策，实行工商登记注册与经营项目审批相分离的登记制度，放宽住所登记条件，依法有序开展网吧审批，取消网吧连锁企业认定注册资本最低限额规定，大力扶持网吧连锁发展，政策红利逐步释放；上机堂等4家试点单位根据各自用户需求确定相应的发展方向，积极探索上网服务+社区服务+网络课堂类、上网服务+多业态经营类、上网服务+电子竞技类、上网服务+娱乐休闲类等试点模式，经营效益明显。联合调研组要求长沙要认真总结经验，扩大试点范围，争取10月份在长沙召开全国互联网上网服务行业转型升级现场经验交流会暨高峰论坛；进一步集聚多方资源，打造示范工程，加大创新改革力度，促进互联网上网服务行业转型升级试点工作走在全国前列。（何吉多）

【网吧行业法律法规及经营管理培训】 9月26日，2014年全市网吧行业法律法规及经营管理培训班动员大会召开。局长杨长江强调，要在研判形势中促进行业发展。要在创新举措中提升管理水平。立足长沙实际，坚持标本兼治，疏堵结合，扶限并举，上下联动，推动网吧长效管理出新经验，行业转型升级出新品牌。要在齐抓共管中凝聚工作合力。进一步深化文明创建，抓好协同配合，完善长效机制，强化责任意识，落实保障措施，推动网吧往高品质、多功能的文化休闲场所方向发展，实现经济效益与社会效益的统一。培训班共分五期，持续一个月，培训人员达到1700人。培训内容涵盖《互联网上网服务场所管理条例》等法律法规，安排了网吧行业经营管理、转型升级等方面的讲座和行业交流探讨，同时还要求结业考试。（何吉多）

【第二届“创业兴文走在前列——阳光娱乐节”】 11月12日，第二届“创业兴文走在前列——长沙阳光娱乐节”启动，十万群众进歌厅、“社区K歌大赛”等主题活动相继启动，氛围浓厚，创意十足。免费赠票惠及十万名群众。在开幕式上，“十万群众进歌厅”免费活动券赠送给环卫工人、地铁工人、群文代表、残联代表、社区代表、教师代表以及株洲、湘潭地区代表等群体。市文广新局代表活动组委会还向湖南电视台娱乐频道、《长沙晚报》《潇湘晨报》、湖南电台893汽车音乐电台、星辰在线5家媒体赠票5000张。市民群众通过参加电视台节目可以领取“十万群众进歌厅”免费活动券。送票活动也走进解放路街道化龙池社区、开福区通泰街道吉福街社区，向社区困难群众赠送歌厅、酒吧、KTV免费活动券500张。竞技大赛引爆娱乐潮流。“K歌大赛”“网络游戏竞技大赛”一直是娱乐节的经典板块。今年的“K歌大赛”结合“情系雷锋 大爱长沙”雷锋原创歌曲推广活动，鼓励选手唱雷锋歌曲，鼓励KTV场所将雷锋原创歌曲添加到KTV点歌系统并开展相关主题宣传推广活动，并且利用“长沙阳光娱乐”官方微信开通报名通道，实时报道活动动态。大赛启动以来，共举办社区海选10场，参加选手400余人，发放KTV场所免费练歌券2000余张。“网络竞技大赛”倡导“玩健康游戏，健康玩游戏”，在长沙市200余家网吧展开，最终16支战队进入总决赛。在总决赛现场，不仅设置了大屏幕投影现场直播，还邀请了Cosplay动漫游戏爱好者装扮成“英雄联盟”游戏中的角色现场表演助威，数支代表队正在网上火热开战，引得大批市民观战。最终长沙市开福区藩城网络生活馆战队获得冠军，长沙湘浦连锁公司旗舰店战队获亚军，长沙上网屋网吧战队获季军。振兴市场引导健康发展。此次娱乐节首次提出了“333文化市场振兴计划”，即从2014年起，用3年时间，在演艺娱乐、网络文化、艺术品市场3大领域，累计扶持30个文化市场重点企业开展转型升级、市场拓展、品牌塑造。经由区、县（市）文化部门初审、专家评审、公示确定，评选出红太阳演艺集团、湖南琴岛文化传播有限公司、长沙湘浦网吧连锁管理有限公司、长沙上机堂网吧连锁管理有限公司、藩城网络会所、长沙博联网吧连锁管理有限公司天马店为2014年度“333文化市场振兴计划”入选企业，每家予以5万元的经费支持。下一阶段，还将加强指导和帮扶对接，不定期对入选企业进行调研，解决企业发展和改革中的具体困难；不定期对入选企业进行督查，减少发展和改革中出现的负面因素，确保财政资金使用效益，推动文化市场振兴计划取得实效。娱乐节还推出“阳光娱乐 诚信经营”——“放心酒”进娱乐场所活动，通过与华声在线合作，评选“长沙市娱乐场所承诺放心酒示范店”，启动“放心酒”溯源贴标经销及查询模式，引导娱乐场所注重食品安全，开展诚信经营。

（何吉多 刘 陶）

文化产业发展

【概况】 2014年，全市文化产业工作以服务园区（企业）为宗旨，以项目申报为重点，以加强调研为基础，以协会工作为桥梁，较好地完成了各项工作任务，推动了文化产业转型创新发展。

一、加快文化产业园区基地建设。积极申报国家级文化产业示范（试验）园区（基地）。根据《文化部办公厅关于开展第五批国家级文化产业示范（试验）园区和第六批国家文化产业示范基地申报工作的通知》精神，积极组织开展申报工作。一是召开了申报工作会议，各区、县（市）文广新局及相关单位分管负责人参加，对申报工作进行了广泛的宣传发动。二是仔细研读了申报政策，对所有申报单位的材料进行了精心指导，耐心修改，所有材料做到了精确、精细、精美、精致。全市申报文化产业示范园区2个，申报文化产业示范基地12个，是上届申报总数的2倍。预计湖南华凯文化创意股份有限公司将获批第六批国家文化产业示范基地称号。指导推进文化产业园区建设。长沙（国家）广告产业园主体建设有序推进，现在已经部分封顶，12月全部封顶，参与制定了《长沙市人民政府关于支持长沙（国家）广告产业园发展的意见》（长政发〔2014〕20号），市财政已从产业资金中安排5000万元支持该园区的发展；湘台文化创意产业园成功举办了“2014海峡两岸文创名人名企长沙(铜官)行”活动，铜官古街于10月22日顺利开街，欧阳询文化园于11月28日开园；后湖国际艺术区基础设施不断优化，天马路、麻园路已进行路基、水系施工；陈列展厅进一步提质扩容，年内举办10余次名人名家作品展，影响力进一步提升。协调推进滨江文化园建设。指导长沙滨江文化园筹备办工作，对前期筹备工作情况及后续工作进行了多次认真梳理、修改，形成了向市领导汇报的整套资料，包括主体建设情况、管理机构、筹备工作所需前期经费、常年经费预算、物业管理、食堂管理、公共停车场管理等系列情况总结和工作方案。

二、推动文化企业创新发展。积极帮企业争取政策支持。组织市歌舞剧院等8家单位申报2014年长沙市文化产业引导资金，2014年，实际到位资金200万元，其中长沙国王陵（国家）考古遗址公园、中和华风文化传媒专业平台提质升级项目分别获批重大项目资金50万元。根据市委、市政府《关于执行文化改革发展若干政策的实施意见》（长发〔2012〕6号）的精神，2014年3月，对全市文化产业园区（基地）、文化企业和文化品牌获奖情况进行了摸底，组织了13家企业申报政策奖励，明和光电、金霞湘绣、宏梦卡通、蓝猫动漫、山猫卡通等5家单位分别获得了50万元“以奖代补”资金支持，共获批资金250万元。（其中宏梦卡通开始自己对照说并不符合奖励条件，准备放弃此次申报。经工作人员的细心核对，发现其是2013—2014年度国家文化出口重点企业，鼓励其申报并获得了奖励资金。组织申报中国文化艺术政府奖第二届动漫奖，其中湖南锦绣神州影视文化传媒有限公司入围最佳动漫创作者或团队奖，湖南华视坐标SCM立体摄像机大师系统入围最佳动漫技术奖，《山猫和吉咪之全家乐篇》入围最佳动漫国际市场开拓奖。4组织申报少儿精品及国产动画发展专项，其中长沙市人民广播电台《爱的天使团》获优秀少儿广播栏目三等奖，湖南锦绣神州影视文化传媒有限公司制作的《锦绣神州之奇游迹》获优秀国产动画片二等奖。推进文化创意和设计服务与相关产业融合发展。联合市委宣传部、市科技局，组织开展了长沙市第二批文化和科技融合示范企业评选工作。湖南华凯创意展览服务有限公司、嘉丽购物有限公司等11家企业被评为长沙市文化和科技融合示范企业。配合市政协开展了文化旅游产业调研，提出了对做大做强长沙市文化旅游产业的措施建议。迎接了国务院稳增长促改革调机构惠民生政策落实情况的督查。牵头组织了“推进文化创意和设计服务与相关产业融合发展的政策措施落实情况”资料的准备，加班加点，保质保量，按期完成了工作任务。同时，通过此项工作，加强了与市委宣传部、市旅游局、市农业局、市农办、市体育局、市人社局、市财政局、市金融办的协调联系。依据国务院相关规定，参与制定了《长沙市关于推进文化创意和设计服务与相关产业融合发展行动计划（2014—2020年）》。

三、精细化包装一批重大文化项目。组织申报2014年长沙市招商引资项目。锦绣潇湘文化创意中心、湖南工艺美术国际展示中心、凤舞酒吧等3个项目申报市级招商项目；湖南凌华印务有限责任公司的2个环保印刷项目申报省级招商项目。组织申报引进民间资本参与公共领域建设项目。按照省、市发改委的要求，推介湖南省开元博物馆“开元天地”项目面向民间资本进行招商。组织申报2014年湖南文化产业投融资项目。推介湖南大剧院的“潇湘大舞台”演艺电视播出平台项目为投融资项目，并在第十届深圳文博会上进行发布和推介。组织申报2014年中国文化产业重点项目和特色文化产业项目。共有动画电影《柳毅传书》（湖南拓肯文化传播有限公司）、数字电视多屏互动业务系统建设（长沙国安广播电视宽带网络有限公司）等38个项目申报重点项目；宁乡花明国际、宁乡沩山风景区、沙坪绣坊街、长沙县板仓国际、湘绣城等5家单位项目申报特色项目，其中沩山风景名胜区炭河里考古遗址公园、湘绣特色系列产品创新研发中心等2个项目被入选为国家级“特色文化产业项目”。组织申报2015年省级、市级文化产业引导资金项目。其中省级1个，市级18个，申报资金1570万元。组织申报2015年重大项目及市本级项目。共有长沙滨江文化园业务建设，长沙新广电中心主体大楼（长沙广播电视台），长沙市广播电视综合监管平台项目，长沙国王陵（国家）考古遗址公园项目，田汉大剧院地下空间商业项目（长沙广播电视台），长沙歌舞剧院重建项目，长沙文物交流鉴定中心（长沙文物总店）业务用房维修改造工程等7个项目申报。

四、策划举办文化产业重大交流活动。2014年10月22日，组织召开了长株潭三市文化产业合作恳谈会。省文化厅、人民政府、市委宣传部及长株潭三市文广新局领导、文化产业园区及文化企业代表共80余人参加会议，共同签订了《长沙共识》。三市就“长沙智慧城市”“株洲釉下五彩陶瓷文化交流中心”“湘潭昭山文化创意产业园”等15个重大文化产业项目（投资总额约为76亿元）在会上进行了现场推介交流。发布了《长株潭文化产业招商项目手册》，推介交流了一批前景看好、可行性强的文化产业招商项目63个，招商合作金额达107亿元。

五、拟定修改文化产业相关政策规划。拟写了一系列文化政策措施的建议方案。主要有：《十大动漫作品创作推广工程实施方案》（2014—2017）；《文化产业大提升行动计划》；《长沙市关于民间资本进入文化领域的政策措施》（代拟稿）；《关于提升居民文教娱乐服务服务支出占家庭消费支出比重的实施方案》等。修改回复了一系列政策意见及提案议案。主要有：回复《关于中国（长沙）国际矿物宝石博览会相关情况的意见》；修改《2014年加快转型创新发展和两型社会建设竞赛活动工作要点》；修改《长沙市人民政府关于进一步发展开放型经济的实施意见》；回复《国际矿物宝石博览会工作方案意见》；关于对《长沙市水上旅游规划》（送审稿）的修改意见；省人大第1206号建议会办函；市政协第45号提案会办函等；

六、做好文化产业基础工作。上报“六个走在前列”专项工作信息。每月向市商务局上报“长沙市提升对外开放水平层次和加快现代服务业集聚发展竞赛活动”工作报表及总结。调度长沙市政府投资、社会投资重大项目（文广新系统）信息。上半年每月25日前组织上报长沙滨江文化园（两馆一厅）后续专业建设 、长沙国王陵（国家）考古遗址公园、长沙新广电中心主体大楼等5个重大项目信息，并汇总相关情况报市重点工程办。文化产业统计工作。协同市统计局进行了2013年文化产业统计工作，对全市艺术团体、文物保护、博物馆、公共图书馆、网吧、影剧院、娱乐场所等作了全面的数据的统计。对全市小微文化企业情况进行了初步摸底统计。接待外地文化考察团。先后接待了佛山市政府到长沙考察演艺产业、河南安阳及株洲、岳阳、湘潭市文体局到长沙考察文化产业、华谊兄弟传媒集团区域老总到长沙考察签约项目等工作。指导长沙市文化产业协会、湖湘文化交流协会工作。组织召开了长沙市文化产业协会会长会议、《长沙文化产业》杂志升级改版座谈会等，编辑出版了《长沙文化产业》杂志。协调湖湘文化交流协会做好市、县级领导兼任社会组织职务的报备工作；指导两协会完成年检工作。（刘飞飞）

【长江中游城市群文化交流】 2月27—28日，由合肥、南昌、武汉、长沙四市联合举办的长江中游城市群省会城市第二届会商会在长沙举行，四省会城市签署发布了《长沙宣言》。自2013年2月23日长沙、合肥、南昌、武汉四市在武汉召开了首届会商会后，四省会城市在文化交流与合作方面取得了共赢共荣的实效。政府互动呈现常态。在首次会商会上，四省会城市文化广电新闻出版局就文化工作签订了《长江中游城市群省会城市文化交流合作协议》，协议要求从公共文化、艺术创作展演、文化遗产保护与传承、文化产业的互动协作、文化市场协同发展等方面进行了有效的合作。在长沙召开的二次会商会上，四市提出开展“武汉、长沙、合肥、南昌”四市文物精品巡展和文艺院团精品剧目巡演等活动，抓好政府层面的互动合作。民间投资日趋频繁。湖南琴岛文化娱乐传播有限公司与江西艺术剧院、南昌市政签约，投资8000万元《南昌•琴岛之夜》主题文化演出项目，是赣湘文化交流的主要项目，已于2013年5

月31日首演。成立了长江中游城市群暨长沙、合肥、南昌、武汉演艺联盟，策划组织了苏州昆剧院昆曲《牡丹亭》、上海越剧院越剧《红楼梦》在武汉、长沙、南昌三地的剧场演出活动。行业交流持续深入。2013年12月长沙举办的“全国娱乐行业2013（长沙）经营研讨会”上，武汉、长沙、南昌、合肥等地娱乐协会负责人就加强各省市协会之间的合作与交流（包括人才交流、连锁经营品牌、产品推荐、网站链接、技术及设备等需求）进行了深入的探讨；在第二十届图书交易会上，四市出版物发行业协会共同签订《长江中游地区湖南、湖北、安徽、江西图书发行中三角战略合作协议》，有力助推区域共同发展。2013年4月，武汉市文物交流中心联合湖南省文物总店、安徽省文物总店、江西省文物商店举办了“武汉2013第四届全国文物艺术品交流会”。交流会邀请了北京、辽宁、甘肃、广西、湖南、江西、浙江、河南等全国近30余家“国字号”文物交流中心、国有文物商店参展，一大批民间团体、经销商和收藏家齐聚武汉，汇聚了各具地方特色的文物珍品进行展销交流。（许柏来）

【浏阳搭建“文化产业股权融资交易平台”】 4月8日，浏阳市文化产业园管委会与湖南华盛烟花有限公司签订了《浏阳市文化产业股权融资交易平台战略框架协议》，搭建浏阳市文化产业股权融资交易平台，为发展中遇到资金瓶颈的文化企业提供金融服务。该平台是国内首家由民营资本运营的“文化产业股权融资交易平台”。文化产业股权融资交易平台将采取股权换资金的投资方式，主要的投资对象包括影视、演艺、旅游、数字创意等文化企业，不局限于企业规模和经营效益，而选择有创意、有梦想的团队或个人作为投资对象。管委会将为融资平台推介优秀企业和项目，同时让文化企业能无障碍、多渠道地获得金融对接，为浏阳文化产业在文化金融合作方面的探索创造“浏阳模式”。（彭　文）

【第三届中部金融中心论坛】 7月8日，由《光明日报》、湖南大学、第一财经主办，湖南德思勤投资有限公司、第一财经《中国房地产金融》、农银国际（湖南）投资管理有限公司联合承办的第三届“中国中部金融中心论坛”在长沙召开，文化部文化产业司副巡视员施俊玲、湖南省人民政府副省长张剑飞等与数十位文化、金融机构高层就“文化金融中部未来”共襄年度金融盛宴，共商“以金融与文化驱动中部产城升级”。该次论坛，主要针对湖南普遍存在着金融服务体系支持不足、金融支持总量较小、金融支持结构欠缺、金融支持方式单一等种种不足，做了一系列深入而富于指导性的探讨。不论是对城市管理者推动中部产城升级，还是文化创意产业界寻求资本突破，都是一场巅峰盛会，对雨花区文化创意产业快速发展有着重大的意义。作为该次活动的承办单位，雨花区文化创意产业园主体之一湖南德思勤投资有限公司再次提出了持续深入打造“亚洲第一街”理念，该城市综合体建筑面积达156万平方米，建设集商务、商业、文化、酒店、会议、娱乐、公寓、旅游、书店、影院等多功能于一身的城市升级模式，被中央政策研究室原副主任郑新立赞誉为中国城市发展与产业升级的新思路，将成为雨花区文化创意产业发展的新亮点。（刘飞飞）

【长株潭三市签订《文化产业合作长沙共识》】 10月22日，长株潭文化产业合作恳谈会在长沙召开。长沙、株洲、湘潭三市文广新局领导及文化企业代表共80余人参加了会议。省文化厅厅长李晖、副市长夏建平等领导出席会议。上午，会议代表参观了长沙“两馆一厅”、国家级文化产业示范基地——湖南明和集团、长沙大红陶瓷公司，代表们对长沙文化产业的发展深表赞赏。下午的会议上，长沙、株洲、湘潭三市分别报告了本市近年来文化产业发展情况，共同签订了《长沙共识》。《长沙共识》提出三市将共同建立“文化项目招商库”，组团参加境内外重大招商、会展等活动，形成招商、推介的叠加效应，支持、鼓励文化产业行业协会、企业家展开多元合作与交流，实现常态化的项目对接和融资。实现三市错位分工，长沙主要发展广播影视、网络新媒体、动漫游戏等新兴文化产业；株洲主要发展炎帝文化、陶瓷文化、服饰设计等产业；湘潭主要发展文化旅游、创意设计、工艺美术等产业。”三市就“长沙智慧城市”“株洲釉下五彩陶瓷文化交流中心”“湘潭昭山文化创意产业园”等15个重大文化产业项目（投资总额约为76亿元）在会上进行了现场推介交流。会议还发布了长株潭文化产业招商项目手册，推介交流了前景看好、可行性强的文化产业招商项目63个，招商合作金额107亿元。（肖晓运）

文博工作

【概况】 2014年，全市文物工作紧扣大局，紧贴大众需求，既扎实稳健又开拓创新，取得了一定的成效。

一、力争在机制上求新。尝试策展人制度。打破传统的办展运营模式，推行了策展人制度，尝试从展陈策划到推介运营，整个流程均由固定的专业技术人员主导并全权负责组织，取得了多方面的成功。市博物馆举办的“海上丝绸之路的明珠——‘黑石号’沉船唐代长沙窑瓷器展”和长沙简牍博物馆举办的“翰墨留香　丝路溢彩——吐鲁番出土文书精粹展”，办出了新的特点与气象。兼顾主动性考古发掘。市文物考古研究所在开展基本建设考古工作的同时迈开了主动科研性考古的步伐，全面铺开了长沙国王陵遗址关键区域考古调勘及试掘，新发现陵园墙、陪葬墓（坑）等一批文化遗迹；宁乡罗家冲遗址发现了商代时期房屋建筑基址，出土600余件自新石器晚期至商代的陶器、石器标本；在市青少年宫建设工地内发现了三国魏晋时期的长沙古城北城墙。开展双向文化交流。谭国斌艺术博物馆举办了“欧洲先锋——恩特林顿美术馆20世纪藏品鉴赏展”。长沙国出土文物受邀赴意大利参加了“马王堆传奇”展。长沙简牍博物馆联合美国布莱恩特大学在美举行了“领略简牍文化，分享中秋温情”主题活动，将简牍文化、学术研究成果送到国外。推进工作制度设计。先后出台了《长沙市历史文化名城保护资金管理和使用办法》《长沙市民办博物馆专项资金管理使用办法》《长沙市民办博物馆评级标准》《市级文物保护单位申报与退出管理办法》

《长沙市基本建设工程地下文物调勘发掘工作管理办法（试行）》一系列规范性文件。修改完善了《全市文博系统学术课题和工作研究奖励制度》，建立起文物博物馆工作的专家咨询制度。

二、力争在项目上求进。考古遗址公园建设。《长沙国王陵遗址保护总体规划》获省人民政府公布实施，《汉代长沙王陵墓群谷山片区环境整治工程立项报告》获得国家文物局批准，编制了《长沙国王陵国家考古遗址公园规划》；长沙铜官窑遗址博物馆主体建设、陈列布展设计已完成，谭家坡1号龙窑保护工程、陈家坪遗址展示工程进展顺利；炭河里遗址青铜文化博物馆建筑主体完工，停车场、河道整治工程竣工，遗址保护、文化长廊、滨河景观取得阶段性成果。博物馆建设。制定了新的市博物馆运营及陈列展览一揽子工作方案，推进了展品归类整理和修复保护，两个基本陈列的内容方案和临时陈列大纲已确定。刘少奇纪念馆改建工程已完成概念性规划，芙蓉区组织的中国隆平水稻博物馆顺利启动。文化园区建设。浏阳市完善了《秋收起义纪念园发展规划》，落实了工程经费，完成了里仁学校的整体搬迁，征集配套文物92件。望城区完成了欧阳询文化园建设并对外开放。古镇（村）保护。浏阳市大围山镇楚东村入选第二批中国传统村落名录。望城区完成了铜官古镇保护工程，开福区启动了潮宗街历史文化街区的规划编制。

三、力争在基础上求实。“一普”工作。对全市3808家国有单位的文物情况进行了调查，落实了两级普查专项经费，完成了文博系统外所有可移动文物的认定，信息采集登录共计5000余件（套）。数据整理。推进了望城区、长沙县、浏阳市的不可移动文物数据整理。全市石刻类文物拓片已部分完成标注、整理和释文。推进了内五区不可移动文物电子信息档案工作。文物登录。市人民政府正式公布了第六批市级文物保护单位180处，浏阳市、长沙县各公布了一批县级文物保护单位，宁乡县、岳麓区适时公布了一般不可移动文物。文物调勘。完成地下文物调勘项目141个，调勘面积达360余万平方米。开展了7处抢救性考古发掘，出土器物数500余件。国保规划。已完成中共湘区委员会旧址、黄兴故居、徐特立故居、锦绶堂、何叔衡故居、谢觉哉故居保护规划编制；曾国藩墓、天心阁古城墙、浏阳文庙、张南轩墓（含张浚墓）、谭嗣同墓（祠）的保护规划工作已启动。文物“四有”。完善了新公布省级以上文保单位保护说明词，保护说明牌制作进入实施阶段。着手了第六批市级文物保护单位的保护范围及建设控制地带划定工作。保护工程。完成了谢觉哉故居、基督教城北堂、雷锋故居、田汉故居、桃树湾民居、柘湘公路纪念塔的修缮工程。胡耀邦故居修缮方案已获国家局批准。制定了易祓墓、炭子冲学校、大夫堂庄园古墙等文物保护单位的维修方案。雨花区结合棚改工作对有关文物保护单位的保护利用开展了专题调查。文物征集。围绕新市博物馆基本陈列开展文物征集，共征集文物47件（套）。另新征集了一批湖湘木雕计332件。科技保护。《长沙五一广场东汉简牍保护修复方案（二）》《湖南长沙尚德街东汉简牍保护修复方案》《湖南长沙西汉“渔阳”王后墓漆木器保护修复方案》均获国家局批复和支持。市博物馆完成了154件（套）金属文物和30件字画、纸质绢本文物的科技保护。市文物考古所完成22件漆器（漆膜）的保护修复。长沙简牍博物馆完成了100余件漆木器样品提取检测。长沙铜官窑国家考古遗址公园开展了展陈文物修复。文物安全。认真落实《长沙市不可移动文物安全管理办法》的要求，针对春节、雨季等不同时期实施重点排查，对长沙国王陵、明藩王陵等重点区域实施重点关注。全年完成了所有市保、省保和国保的例行巡查，配合了国家文物局对长沙市古城保护文物安全的专项督查。完成了谭嗣同故居、徐特立故居安防工程方案编制，对棠坡清代民居进行了白蚁防治，为明藩王陵增配了安防设施。天心区对3处不可移动文物点的危旧线路进行了整治。长沙国王陵安全防范第二阶段工程方案获得批准。

四、力争在教育上求精。紧贴时事。刘少奇故居纪念馆、秋收起义文家市会师旧址纪念馆、胡耀邦故居纪念馆等单位推出了“红色文化套餐”，接待党员团体达1500余批次。勤办临展。全市国有博物馆与民办博物馆共举办各类临时展览38个，“湖南晚期青铜器”特展等一批精品力作深受广大群众喜爱。力推活动。长沙市博物馆先后举办了“粽情端午”“唐茶的味道”“植物的美妙”“小小‘馆’理员”等专题活动。长沙简牍博物馆借“盛世殷商文物特展”开启了别具风情的“博物馆之夜”。市文物考古研究所组织开展了三场“走进考古工地”公众考古活动。贾谊故居举办了女子成人礼、传统祭祀活动。新民学会的“新民小导游”、李富春故居纪念馆“看文物、听讲解、观后答题”活动均取得了良好反响。浏阳市推出了“经典诵读”“争当小讲解员”活动。宁乡县开启了“知我宁乡，爱我文脉”市民讲坛。沙坪湘绣博物馆举办了“我是小小湘绣师”等多场体验活动。全市累计送展览、送活动、送讲座共58次，开办文化讲堂共14期。普惠公众。坚持博物馆免费开放，加强阵地建设，完善服务功能，“请进来”与“走出去”同步，扩大社会教育的受众面。全年市内博物馆、纪念馆共接待入馆观众达977万人次，其中市直文化系统直属文博单位累计接待观众175万人次。

五、力争在科研上求深。出版专业著作。出版了《毛泽东诗词艺术碑廊详解》《宁乡青铜器》《嘉禾一井传天下》《长沙馆藏精品文物漫谈》（共5册）、《揭秘长沙会战》已进入出版程序。《长沙考古文存》（第二辑）、《长沙走马楼竹简》（第九卷）编撰工作已完成。发表学科论文。全市文博工作者在各类学术刊物上学术论92篇。开福万达国际广场、东牌楼长沙国际金融中心、人民路地泰家园古墓葬、天健一期工地古墓葬等资料均已完成整理。坡子街7号地块灰坑9、燕子岭古墓葬等发掘报告已入选《湖南省博物馆馆刊》。国家核心期刊《中国书法》分两期刊发了“长沙东吴简牍书法特辑”。推进课题研究。沩水流域先秦文化调查取得重要收获，并启动了宁乡花草坪遗址的考古发掘。中国简牍博物馆内容设计已历经第四稿。长沙古城等研究课题取得较好进展。拓展学术交流。长沙简牍博物馆对接德国汉堡大学开展了简牍科技保护交流，与日本吴简研究会沟通了各自的研究方向与关注焦点，合作进一步深化。市博物馆、市文物考古研究所、长沙简牍博物馆等多家单位选派30余名专业技术人员参加了全国多起学术交流与培训。

六、力争在影响上求广。办好自有平台。出版《长沙文博》4期，编印了《文物要情》11期，长沙文化遗产网累计发布各类文化遗产信息近200条，获得了广泛的关注度。各文博单位开设了文博QQ群，开通了微信公众平台，网络宣传日趋旺盛。开展活动推广。市、县（市）区、高新区利用节假日、国际博物馆日、中国文化遗产日，通过悬挂宣传横幅、宣传标语、展板展示、发放宣传册、招聘志愿者、送展下乡等一系列形式多样的宣传活动，广泛普及文物保护知识，营造文化遗产保护氛围。倚重媒介宣传。发动电视媒体、电台广播、报刊报纸等媒体深度参与文物保护工作，及时跟进报道。全年中国文化报等媒体有关长沙市文物工作的报道600余条次。吸纳公众参与。全年，长沙市博物馆的志愿者提供服务6476小时，长沙简牍博物馆志愿者为观众讲解2490批次，贾谊故居开展了学雷锋志愿服务月活动，新民学会的“恰同学少年”志愿者服务队继续壮大，长沙铜官窑国家考古遗址公园向社会公开招募了一批志愿者。（朱丰顺）

【铜官窑国家考古遗址公园挂牌】 1月16日，长沙铜官窑国家考古遗址公园正式授牌，成为湖南省目前唯一的国家考古遗址公园。国家考古遗址公园是由国家文物局在全国范围内选择的一批具有重大考古、历史、科研、教育等价值的大型考古遗址，建成集文物保护展示利用、城市公共绿地、市民休憩娱乐等功能于一体的考古遗址公园，是国家文化遗产保护领域一次重大的尝试。近年来，全市高度重视大遗址保护工作，严格依据《国家考古遗址公园管理办法（试行）》和《国家考古遗址公园评定细则》等有关法规要求，组织开展了国家考古遗址公园建设工作，取得了较好的工作成效，经国家文物局专家现场考察、评议，国家文物局局务会议研究决定，长沙铜官窑进入国家考古遗址公园行列，炭河里考古遗址公园入选国家考古遗址公园立项名录。全市两处大遗址入选国家考古遗址公园和立项名录。（朱丰顺）

【长沙市政府设立专项资金支持民办博物馆】 3月5日，市政府办公会议专题研究了民办博物馆发展事宜，议定从2014年始，市财政设立300万元民办博物馆专项补助资金，列入常年预算，并另行对民办博物馆设施改扩建予以适当补助。民办博物馆专项补助资金的设立，将有效地缓解长沙市民办博物馆办馆资金不足的矛盾，为全市民办博物馆健康发展起到积极的作用。有关部门已在研究制定《长沙市民办博物馆评估定级和专项补助资金管理使用办法》。（朱丰顺）

【张忠培调研长沙国王陵考古遗址公园建设工作】 4月19日，受省文物局的邀请，中国考古学会理事长、国家文物局考古专家组成员、原故宫博物院院长张忠培调研了长沙国王陵（国家）考古遗址公园筹建工作。张忠培冒雨实地考察了长沙国王陵考古遗址，并听取了市文物局有关遗址公园筹建工作的情况汇报。张忠培高度肯定了长沙国王陵考古遗址公园考古工作，认为考古区域系统调查成果明显，发现了陵园墙等遗址（遗迹），为全面认识长沙国王陵提供了实物印证。他提出，在区域系统调查初步结束后，应选取一至两座陵园进行试掘，力求弄清单体陵园的结构布局。当前的考古工作要以找陵园为主，对新发现的大型墓葬必须妥善进行保护，要以整体的眼光看待文物遗存保护问题。长沙国王陵（国家）考古遗址公园建设要突出考古工作，应在区域系统调查的基础上进行建设。省文物局副局长江文辉，省文物局文物处处长熊建华，市文广新局局长杨长江、副局长聂勇，市文物局局长曹凛陪同参加调研。（刘海泉）

【安阳殷墟商王朝文物亮相长沙】 5月17日，由长沙市文广新局、中国社会科学院考古研究所、长沙市文物局主办，长沙简牍博物馆承办的“盛世殷商——甲骨·青铜·玉器珍品文物特展”开幕式暨“简博之夜”启动仪式在长沙简牍博物馆举行。这是安阳殷墟商王朝文物首次亮相长沙，展览将持续到8月底。5月24日下午，省委常委、宣传部部长许又声到长沙简牍博物馆参观考察，参观了“盛世殷商”珍品文物特展和长沙简牍博物馆基本陈列，询问并了解文物保护有关情况。在考察中，长沙简牍博物馆李鄂权馆长汇报了该馆的基本情况及“盛世殷商”特展的筹备过程。（管　震）

【长沙市完成国有单位可移动文物收藏调查摸底】 4月底，长沙市国有单位可移动文物收藏情况调查全面完成，“一普”工作取得了阶段性成果。统计数据表明，此次参与文物收藏情况调查的单位达3825家（不含中央驻长沙和省属单位），国有单位参加调查的覆盖率和收藏情况调查登记表回收率均达到了100%。其中，调查出收藏有可移动文物的国有单位52家（其中非文物系统29家），尚待认定的文物148859件套（其中非文物系统10105件套）。（朱丰顺）

【长沙市“国际博物馆日”活动】 5月18日是第38届“国际博物馆日”，本次博物馆日的主题是“博物馆藏品架起沟通的桥梁”。5月7—18日，长沙市文物局组织全市7家文博单位开展了14场形式多样的国际博物馆日主题宣传活动。国有博物馆、民间博物馆共同参与，线上线下同步进行，真正架起博物馆与市民亲近的桥梁。活动期间，市直文博单位通过举办临时展览、送展览进学校进社区、文化遗产知识讲座、博物馆教育体验活动、网络宣传活动等形式，加强博物馆与市民的交流。长沙简牍博物馆举办了“盛世殷商——甲骨·青铜·玉器珍品文物特展”，并启动了“简博之夜”活动。邀请了中国社会科学院考古研究所研究员、安阳工作站站长唐际根主讲了《甲骨文背后的历史与文化》的学术讲座。长沙市博物馆则特别准备了“唐茶的味道”系列主题文化活动，博物馆日开展了系列活动的首场讲座“唐代茶文化讲座”，特别邀请了中南大学茶文化教育示范基地主任曹进教授为大家讲述了唐茶文化。还有体验唐茶的茶之旅——长沙金井茶园亲自采茶，器之旅——长沙铜官窑国家遗址公园欣赏唐代茶器都受到了市民热捧，报名火爆。除两大主打活动外，长沙市博物馆和长沙简牍博物馆还送展览进学校进社区，分别走进了湖南省特教中等专业学校和芙蓉区马坡岭街道，长沙简牍博物馆还和芙蓉区文管所一起开展了博物馆日主题宣传活动。长沙市博物馆和长沙简牍博物馆还另辟蹊径，与网络媒体新浪微博和百度百科数字博物馆合作开展了线上线下相结合的博物馆宣传活动，得到了网民们的大力支持。湖南雷锋纪念馆与益阳市博物馆共同举办的《弘扬雷锋精神 践行群众路线——雷锋精神大型图片展》在益阳市博物馆展出1个月，从5月31日起将在益阳安化、桃江、沅江、南县等地区进行巡展。宁乡县委宣传部、县文体广电局、县文物局共同主办的“知我宁乡，爱我文脉”市民讲坛活动在县文体中心拉开帷幕，首期主讲嘉宾长沙市文物局局长曹凛作了《文化遗产，人人共享》专题讲座。秋收起义文家市会师旧址纪念馆与文家市中学联合开展了“馆校合作教育，争当小讲解员”的活动。纪念馆从文家市中学中招募了八名中学生为小讲解员，经过一段时间的专业培训后，在博物馆日当天八名小讲解员正式上岗为观众带来了充满朝气的讲解。长沙的民办博物馆也积极参与其中，湖南沙坪湘绣博物馆特别推出了“我是小小湘绣师”湘绣体验活动，博物馆为来馆参观的小朋友提供了湘绣工具，亲手体验了湘绣工艺类型和基本技法，感受湖湘文化的魅力。

（罗炯炯）

【长沙新增180处文保单位】 长沙市人民政府发文公布了长沙市第六批市级文物保护单位名单，全市共新增180处市级文物保护单位，市级文物保护单位总数224处，长沙火车站、远大路浏阳河大桥、湖南大学毛泽东塑像等现代建筑首次被列为市文保单位。截至2014年底，全市共有文保单位433处，其中全国重点文物保护单位25处，省级文物保护单位96处，市级文物保护单位224处，县级文物保护单位88处。新增的180处文保单位中近现代建筑有120处。将现代建筑列入市文保单位是防止城市过度开发的一种措施，这些风貌独特的现代公共建筑在进入市文保单位后，其主体建筑的拆建都必须依据《文物法》的规定，要取得文物单位的同意后才能施工。

（吴文峰 师 磊）

【长沙市博物馆展出“黑石号”沉船唐代长沙窑瓷器】 7月28日，长沙市博物馆向广大市民推出原创展览“海上丝绸之路的明珠——‘黑石号’沉船唐代长沙窑瓷器展”。展览精选长沙窑研究会收藏的从国外购买的“黑石号”沉船出水长沙窑瓷器以及长沙市博物馆馆藏的长沙窑遗址出土精美器物150余件，较全面地展现了长沙窑的烧造工艺、艺术创新以及文化交流等内容。省文物局副局长何强、市委宣传部常务副部长赵柏林、文广新局局长杨长江为开幕式剪彩。此次展览内容共分为“中华彩瓷第一窑”“丝路明珠耀光芒”和“彩瓷遗珍满天下”三个部分，用图、文、实物、影像等结合，对长沙窑的发现、发掘、分布、烧造、工艺创新、文化交流、外贸销售、收藏分布、学术研究等内容进行了较为全面的梳理，尤其对长沙窑在中国陶瓷史上具有重要地位的“釉下彩”装饰工艺和外贸销售等内容作了重点表达。展览期间，市博将举办形式多样的教育活动，以增进公众理解，吸引广泛参与，展厅现场开辟的“陶艺坊”，邀请大小朋友体验古老的泥条盘筑法和现代电动拉坯机制陶；点彩拼豆豆、条彩绘制、捏塑、陶瓷修复等美术活动，将让公众更直接地感受长沙窑特色鲜明的陶瓷装饰艺术。市博还邀请了新加坡饮流斋陶瓷鉴赏会副会长赖辅仁在市博物馆陈列楼二楼的报告厅，举行专题学术讲座。此次展览由市文化广电新闻出版局、市文物局主办，市博物馆、湖南省考古学会长沙窑研究会联合承办。展览于7月29日至8月31日在市博物馆免费展出。

（彭 文）

【长沙文物商店重新开业】 9月9日，长沙市文物商店新址在长沙市开福区清水塘开业，受到文物收藏界的关注。新址营业大厅优雅别致、陈列古色古香、设施设备齐全。开业首日共展示了瓷器、玉器、字画等各类文物精品三百余件。长沙市文物商店库存文物数千件，有经验丰富的著名鉴定专家进行鉴定和收购，杜绝赝品。长沙市文物商店成立于20世纪60年代，“文化大革命”中关停，后于1996年正式恢复营业，2006年因各种原因文物商店业务全面停滞。长沙市文物商店新址，作为长沙市唯一的一家国营文物商店，涵盖了文物的鉴定、展示、交易等一系列服务，将为广大收藏家和爱好者有了一个规范、广阔的文物交流平台。

（刘飞飞）

【《民办博物馆专项资金使用管理办法（试行）》出台】 10月，长沙市财政局、市文广新局、市文物局联合出台了《长沙市民办博物馆专项资金使用管理办法（试行）》，从2014年11月1日起，市财政每年安排300万元民办博物馆专项补助资金，用于民办博物馆日常运营补助，另设场馆建设补助资金，实行一事一报，对民办博物馆实行专项补助。《办法》规定补助资金从陈列展览、免费开放、文物抢救性保护、学术交流和重大文化活动、文物征集等方面对博物馆的日常运营进行补助，每馆每年获得补助不超过60万元；馆舍补助根据新建和改建两种建设方式进行补助，每馆可获得最高不超过200万元的一次性补助。市文广新局和市文物局将组织设立专项资金评审专家组，对各馆提交的申报材料进行评审，并出具书面评审意见，最终的资金补助情况将通过过相关媒体向社会公示。该《办法》的出台将鼓励更多的民间力量投资文物、博物馆事业，在一定程度上激发民间兴办博物馆的热情，有利于更好地保护文化遗产。

（罗炯炯）

【长沙简牍走进美国布莱恩特大学】 9月23日，“领略简牍文化，分享中秋温情”主题活动在美国布莱恩特大学拉开帷幕。此次活动由美国布莱恩特大学、长沙简牍博物馆、湖南省文物考古研究所共同组织，200余名当地华人华侨和美国观众参加了庆祝活动。本次活动由主题讲座和“中国湖南简牍文化展”两部分构成，长沙简牍博物馆主责创意设计。讲座以《中华早期文明的璀璨明珠——中国简牍文化》为主题，全面而详实地介绍了中国简牍学发生发展的历程以及主要研究领域。主题讲座结束后，“中国湖南简牍文化展”开展，内容涉及政府公文、法律文件；交税凭证、食谱和战士家书，以及部分珍贵的孙子兵法简等。讲座与展览以图文并茂、深入浅出的形式，向观众展现了几千年前中国不同历史时期的政治、经济和普通百姓生活的方方面面，引发美国观众对中国古代文化的探索与思考。“中国湖南简牍文化展”还将应邀前往美国新罕不什尔州大学孔子学院和马里兰大学孔子学院进行巡展。（万　婧　朱丰顺）

【文博系统外国有单位收藏文物认定工作完成】 10月中旬，市普查办正式启动文博系统外国有单位收藏文物认定工作，成立了由文物认定专家、摄影专家及“一普办”工作人员组成的文物认定工作小组。工作小组按照文物认定工作计划对市直及区县文博系统外国有单位申报的疑似文物进行了认定，并对认定为文物的藏品进行了拍照及基本信息采集。11月27日，全面完成对全市文博系统外国有单位的文物认定工作。此项工作历时一个月，27家国有单位参与认定，共认定文物414件。（朱丰顺）

【吐鲁番出土文书到长沙展出】 12月12日晚，“翰墨留香丝路溢彩——吐鲁番出土文书精粹展”开幕式暨“简博之夜”活动举行。此次展览是新疆吐鲁番出土的纸质文书首次走出新疆，亮相长沙。该展分为“火洲概貌”“文书散逸”和“笔墨惊鸿”三个部分，其中“笔墨惊鸿”以“开疆建制”“商贾辐辏”“寻章觅典”“众神栖落”“古道遗风”五个主题，分别从政治、经济、文化、宗教、民俗方面来展现吐鲁番文书的内容。吐鲁番博物馆所藏文书中有7件入选国家珍贵古籍名录，此次展览有5件参展，包括《论语郑氏注》唐西州卜天寿抄本、长篇占卜文书《易杂占》《妙法莲华经》等。配合此次展览，长沙简牍博物馆还精心设计了一系列的社会教育活动，如开幕当天吐鲁番专家现场导赏，家长和小朋友共同参与的“汉字竞猜”“故城探秘”“彩绘达普”等活动。开展专家公众讲座，讲述关于吐鲁番出土文献的点点滴滴。（管　震）

【长沙市公布第四批市级“非物质文化遗产”名录】 6月13日，在中国第九个“文化遗产日”前夕，长沙市人民政府公布了第四批市级非物质文化遗产名录，五大类12个项目新晋入围，沩山擂茶制作技艺、徐长兴烤鸭制作技艺等纷纷入围。至此，长沙市级“非遗”项目达53个。长沙市第四批市级“非遗”项目包括：传统体育与竞技——八拳，曲艺——长沙快板，传统戏剧——长沙花鼓戏（浏阳）、长沙花鼓戏（宁乡），民间音乐——长沙山歌、黄材山歌，传统手工技艺——沩山擂茶制作技艺、浏阳小曲古法酿造技艺、望城新康木雕技艺、徐长兴烤鸭制作技艺、丁字湾麻石雕刻技艺、流沙河土花猪饲养技术。（许柏来）

【浏阳文庙祭孔古乐入选第四批国家非物质文化遗产名录】 7月16日，国家文化部办公厅发布了《关于公示第四批国家级非物质文化遗产代表性项目名录推荐项目名单的公告》，经国家级非物质文化遗产代表性项目名录评审委员会认真评审和科学认定，298个项目入选第四批国家非物质文化遗产名录，浏阳文庙祭孔古乐名列其中。浏阳文庙祭孔古乐又称“浏阳古乐”，是清道光年间至新中国成立前夕，浏阳文庙祭祀孔子的专用古乐。它融乐、舞、歌、礼于一体，历史上曾名动天下。其古乐与山东曲阜孔庙齐名，有“国乐古礼在浏阳”之誉，是中国民间现存最完整的古代祭孔仪式音乐遗产。随着礼乐局解散，祭孔活动中断，古乐器大多被损毁，颇具造诣的乐师、舞生绝大多数也相继谢世，浏阳古乐的传承岌岌可危。近年来，浏阳市委、市政府对此项目高度重视，以“保护为主，抢救第一，合理利用，继承发展”为工作方针，成立了浏阳文庙祭孔古乐抢救保护工作组，并制定了相关抢救保护方案。浏阳市文体广电局通过不懈努力，调查挖掘整理出浏阳文庙祭孔古乐资料40万字，录制音像资料100余分钟，为活态传承及再现当年的祭孔盛况提供了强有力的依据。目前，该项目保护单位——浏阳市文化馆，正组织专业人员进一步搜集整理相关资料，并聘请唯一传承人邱少求老人定期进行技艺传授，力争恢复祭孔大典。（许柏来）

【中国非遗协会刺绣专业委员会在长沙成立】 11月2日，中国非物质文化遗产保护协会刺绣专业委员会在长沙宣告成立并揭牌。据悉，这也是中国非物质文化遗产保护协会下成立的首个全国性专业委员会。当日，28大绣种的80余名代表性传承人齐聚长沙，就中国刺绣在务实创新、人才培养、宣传推广等多个方面的议题展开深入探讨。（许柏来）

广播电视电影

【概况】 2014年，长沙广播电视电影事业和产业保持良好发展势头。主题宣传浓墨重彩。台（集团）各媒体认真学习贯彻落实党的十八大、十八届三中全会、十八届四中全会精神和习近平系列重要讲话精神，围绕党的群众路线教育实践活动、“六个走在前列”大竞赛活动、文明创建、学雷锋等各项重点工作，先后开设了《党的群众路线教育实践活动在长沙》《六个走在前列进行时》《中国梦·星城美·长沙人》《践行核心价值观》《文明微力量》《身边的雷锋》等新闻专栏20余个，组织采写重点主题报道50余组，圆满完成重大直播30余次。其中，《梦想的召唤——“六个走在前列”在行动》《2014年上半年经济盘点：转型创新发展》《崛起的动力——转型创新中的长沙工业园区》《地铁来了》等反映长沙改革转型创新发展的宣传报道，得到了上级领导和市民群众的高度肯定。

大片制作亮点不断。2014年以来，中广天择传媒打造的《天地神舟》《超级女兵》《烈火雄心》《私人订制》《花样年华2》《百万粉丝》《火线英雄》等纪实类大片，在央视、江苏、山东、北京、天津等各大平台热播，《起航吧，少年》等节目也完成制作，即将亮相荧屏。其中，《烈火雄心》获得国家新闻出版广电总局的好评，《人民日报》也专门撰文给予高度评价；《百万粉丝》作为全国首档台网联动社交真人秀，播出后反响热烈，新浪微博话题阅读量高达4.9亿次；《火线英雄》播出后一再刷新收视成绩，第二集以0.769%的收视率跃居全国第二。和光传媒打造的大型电视剧《毛泽东》《长沙保卫战》，先后在央视、湖南卫视等平台播出，广受好评。

精品创优捷报频传。2014年以来，创优评优捷报频传，展示了长沙广电在精品创作上的强大实力。国家级大奖斩获四项。它们分别是：新闻专题《把粮食存到“银行”》，获第二十四届中国新闻奖一等奖；中广天择的电视栏目《情动八点》，获第二十三届中国电视“星光奖”电视文艺栏目大奖；和光传媒的电视剧《毛泽东》，获全国“五个一工程”优秀作品奖、第27届中国电视金鹰奖最佳电视剧奖。省级政府奖再拔头筹。台（集团）有11件作品获2013年度湖南广播电视奖一等奖，获奖作品总数连续18年位列全省地州市首位。另外还有5件作品获得2013年度湖南新闻奖一等奖。业内评优连创佳绩。共获得20余个行业奖项。在国家新闻出版广电总局《中国广播影视》杂志主办的评选中，长沙广电获“年度最具创新影响力城市台”奖。在联合国开发计划署和新华社主办的评选中，中广天择传媒被评为“2014中国最具文化软实力品牌”。在中国版权协会主办的评选中，中广天择传媒被评为“2014年中国版权最具影响力企业”，是湖南唯一一家获奖企业。在第七届中国品牌媒体高峰论坛上，中广天择传媒获“2013—2014中国最具成长力节目制作公司”大奖。中广天择参与制作的大型纪录片《天地神舟》，获第二十届中国电视纪录片年度收藏作品奖，并被中央档案馆收藏。中广天择原创的网络视听节目《最美情书》和《我是中医》，获得国家新闻出版广电总局颁发的“2014优秀原创网络视听节目奖”。

控负控俗效果显著。2014年以来，台（集团）按上级部署，狠抓打击新闻敲诈和假新闻，严控负面报道和“三俗”之风。台（集团）与各媒体主要负责人签订了“坚守职业道德 拒绝新闻敲诈”媒体承诺书。先后制定下发了《建立打击新闻敲诈和假新闻工作长效机制的规定》《建立“反三俗”工作长效机制的规定》等制度，确保这项工作的常态化、制度化和长效化。政法频道与市政务中心合作开设了《12345市民直通车》栏目，推出了评论类节目《八点开讲》，继续强化都市类媒体的转型升级。同时，各媒体的负面报道数量和比例大幅下降，“三俗”报道明显减少。

收视收听份额保持平稳。2014年以来，由于央视卫视的强势竞争和新媒体的蓬勃发展，全国多地城市台均面临收视滑坡的严峻形势。台（集团）收视率和收视份额基本保持平稳，收视份额超过22%。长沙广电在全国省会城市台收视份额排名中位居前列。收听率方面，台（集团）广播市场占有率超过20%，比上年同期有所增长。

经营创收稳中有升。在全国城市台普遍面临经营创收困境的大背景下，长沙广电优化资源配置，实现了总创收14.11亿元，同比增收6468.5万元，增幅为4.8%。其中，广播创收是媒体创收的最大亮点，四个广播频率总收入8128.7万元，同比增收2619.2万元，增幅为47.5%。各公司经营质量进一步提升，中广天择、嘉丽购、地铁电视等公司的利润率大幅上涨。

中广天择打造核心竞争力。“节目购”受市场热捧。中广天择公司投资3000万元研发的全国电视节目版权网络交易平台“节目购”，6月在上海电视节上成功上线。全新的节目交易模式和海量优质的电视节目资源吸引了国内外多家媒体和公司客户，广受业内好评，已发展成为全国最大的电视节目交易平台。“剧盟”模式走向全国。以中广天择为主体，积极构建“全国地面频道电视剧播出联盟”（简称“剧盟”）。加入“剧盟”的有10个省会城市，包括南昌公共频道、长春娱乐频道、呼和浩特影视娱乐频道等，合作后收视率都有显著提升。上市工作稳步推进。中广天择的上市申请报告已经向国家新闻出版广电总局、中宣部等主管部门逐级申报，等待审核批复。上市工作有序平稳推进。公司发展势头良好。嘉丽购构建起电视购物、微信商城、外呼分销、专案分销等全方位的营销渠道，会员规模扩大至102万人，同时推行规范化管理，利润率大幅提升。国安网络积极顺应市场趋势，抓住“平台优先”“内容至上”“优化产品体验”三大关键环节，稳住了盘子。目前，OTT云电视平台建设已基本完成，内测运行稳定，预计2015年将正式投入使用。地铁电视自2014年4月29日开播以来，实现总收入887万元，是台（集团）首个当年投入、当年即实现盈利的项目。田汉大剧院地下商业项目经过两年的筹备，于2014年12月23日正式开工，为剧院经营创收带来新的增长点。此外，移动电视、户户通、现代女性频道、银星影院等也实现平稳发展。

大型活动精彩纷呈。2014年举办、承办的各类大型品牌活动精彩不断。主要包括“2014梅溪湖国际文化艺术周”“2014大美洋湖·中国（长沙）国际雕塑文化艺术节”“2014中国（长沙）第二届手机文化产业博览会”“2014中国中部（湖南）国际农博会”开闭幕式、“2014第五届中国长沙（国际）孕婴童产业博览会”“中国（长沙）首届‘欧阳询杯’全国书法展”“2014长沙橘洲音乐节”等，大大彰显了长沙广电的活动策划、执行和创新实力。同时，严格遵守“节俭办会”的要求，严把立项关、内容关和监管关，为晚会和节庆活动“瘦身”。（胡　琳）

【移动电视频道牌照获批】 10月27日，国家新闻出版广电总局正式批准长沙电视台开办“移动电视频道”，呼号为“长沙移动电视”。这是国内第四张“移动电视频道牌照”。（胡　琳）

【农村广播“村村响”工程建设】 农村广播“村村响”（以下简称“村村响”）工程，即基本实现农村各地都能通过扬声器等终端收听到上级和当地县、乡（镇）、村播出广播节目和本地信息。2014年，长沙市全面启动了“村村响”工程建设，望城区完成19个乡镇、122个村、2538只高音喇叭的建设；宁乡县完成32个乡镇、395个村、4756只高音喇叭、19个音柱的建设；长沙县和浏阳市也开始逐步启动“村村响”建设。（颜青君）

【长沙市第二批文化和科技融合示范企业认定】 3月，经过组织发动、企业申报，在对材料进行初审的基础上，通过部门评审和长沙国家级文化和科技融合示范基地建设领导小组审定，市委宣传部、市科技局和市文广新局联合下发了《关于认定长沙市第二批文化和科技融合示范企业的通知》（长科发〔2014〕9号），认定湖南华凯创意展览服务有限公司、嘉丽购物有限责任公司、华声在线股份有限公司、长沙国安广播电视宽带网络有限公司等十一家企业为长沙市第二批文化和科技融合示范企业，涵盖了影视、传媒、文化创业等企业。此次认定的十一家

示范企业，都是长沙市具有一定规模、在行业领域能发挥典型示范意义的文化科技企业。　（颜青君）

【长沙市广播电视安全播出综合监管平台建设】 为履行广播电视安全播出监管职能，全面提高安全播出运行管理水平和安全防范能力，2014年启动了长沙市广播电视安全播出综合监管平台项目建设，按照“总体规划、分步实施”的建设原则，计划分三期用三年时间完成。截至2014年底，《长沙市广播电视安全播出综合监管平台项目规划方案》获湖南省新闻出版广电局的批复，并在长沙市发改委通过了立项批复，市发改委、市财政局对项目的建设内容、建设规模、投资规模、运行规模等开展了可行性考察调研。在调研论证的基础上对项目重新进行了规划设计，将建设一个资源整合、配置合理、规模适度的广播电视播出监测监管平台，实现集技术监测中心、安全播出调度中心、视听节目评议中心、信息数据中心于一体的监测监管中心职能，为履行广播电视管理职责提供有力的抓手。

（胡　琳）

【“影响长沙”优秀国产电影公益展映月】 1月3日，为期一个月的“影响长沙”——优秀国产电影公益展映月活动圆满收官。放映月期间，各商业影院共放映优秀国产影片260余部，湖湘院线共放映公益场次1155场，观众约80万人次，社会反响强烈。此次活动获得万达、星美、潇湘院线等10余家全国性商业院线和全市33家影院（城）的大力支持，据初步统计，每家影院及所属院线为放映月投入的版权费、放映成本、宣传费等均不低于4万元，星美国际、潇影集团等每天均开放免费场次的影城及院线投入都超过20万元，加上湖湘院线下辖77支放映队以平均每两天放映一场公益电影的各级专项补贴投入，市委宣传部给予的15万元支持经费，“影响长沙”——优秀国产电影公益展映月共计投入资金约231万元。放映月活动在全国首创全免费模式，得到国家、省、市各级各类媒体的宣传推介，《中国文化报》在头版头条全面报道了长沙市近年来公益电影发展历程，凤凰卫视下辖的“凤凰网”转载了放映月开幕盛况。包括《中国文化报》《中国电影报》、凤凰网、湖南卫视、经视、都市、长沙新闻、《长沙晚报》《潇湘晨报》等各媒体共发布放映月及相关报道18条次。　（朱　鹰）

【《公益电影固定放映点管理办法》出台】 2014年5月，长沙市文化广电新闻出版局和长沙市财政局联合下发了《长沙市公益电影固定放映点管理办法》。经市文广新局与市财政局联合向市政府申报请求，市政府每年将给予每个公益固定放映点0.5万元运行补助资金，各区、县（市）财政给予不低于市级拨款额度的对应支持，补助资金列入常年财政预算。《长沙市公益电影固定放映点管理办法》明确了公益电影固定放映点开办条件、开办运行、监督责任主体和补助资金的出资、受领主体，同时对运行管理、年度核查、处罚都进行了详细规范。为固定放映点出台管理办法并划拨专项运行资金，这在全省农村公益放映领域属首创。长沙市2014年全力建成51个公益电影固定放映点后，市文广新局重点关注固定放映点的运行实效。4月16日，局党委书记、局长杨长江率局党委委员、副局长黎政及局相关处室负责人到宁乡县基层乡、村和文化站点负责人调研固定放映点运行情况，向村民了解观影感受，征求意见。黎政先后到长沙县、浏阳市、望城区实地巡查固定放映点的运行情况，现场指导放映点管理和优化提质。截至2014年4月，市文广新局根据全市中心工作布局，在2013年基础上，在已经建成或正在建设的15个小城市、中心镇、特色镇全部增设公益电影固定放映点，全市固定放映点数量增加到63个。　（朱　鹰）

【第二届公益电影放映月】 11月26日，由中共长沙市委宣传部、长沙市文化广电新闻出版局主办，长沙市电影业协会承办的2014年第二届“影响长沙”公益电影放映月暨“进长沙影城，做观影达人”有奖竞选活动正式启动，并推出10万册《长沙电影地图》。放映月期间，全市40余家商业影院向市民免费赠票。启动仪式上，首发赠送10万册《长沙电影地图》，并为长沙新增的12个公益电影固定放映点授牌。《长沙电影地图》主要通过长沙市各商业影院购票处免费向市民赠送，囊括长沙市所有商业影院，信息实用，其中更包含全市影院的一次性最优购票折扣。手册也是“观影达人”竞选活动的参与凭证，当观众看遍手册上所有影城并盖满验证章后，就可参加50名“观影达人”的角逐了。一旦当选，由全市所有影院提供的、价值约6000元的免费观影券和观影礼品，足以让获奖者观看一年新片、大片。本届公益电影放映月从11月26日开始，持续到12月23日结束。放映月期间，长沙市所有商业影院每周将为广大市民免费开放两个观影场次，爱好电影的朋友可以到各影城自行领取指定免费场次观影券，先到先领，领完即止。同时，全市公益电影放映队将在城区和县、乡、镇、村的公益电影固定放映点、流动放映点，每两天为周边的群众放映一场电影。此次放映月启动和“电影达人”活动的推出将使长沙市全年观影人数突破2000万人次，并直接刺激2014年票房跨越4亿元，提前引爆长沙城2015年贺岁档观影热潮，推动农村公益电影放映工程超额完成原定放映计划。在商业放映方面，2013年全市电影票房2.93亿元，跨入2014年仅半年，长沙市票房就接近2亿元，新影院建设和开业继续保持高速态势，长沙已拥有银幕300块。　（朱　鹰）

新闻出版

【概况】 2014年，长沙市新闻出版广电工作坚持正确的舆论导向，推进行业产业发展，大力提升社会影响力，新闻出版广电工作稳步推进，全面开花，为促进长沙经济社会文化发展、维护和谐稳定大局发挥了积极作用。

图书交易会成功举办。“长沙人爱读书”——第21届长沙图书交易会于3月21—23日在湖南省展览馆举办。本届长沙图书交易会已从区域性发展成全国性订货盛会，吸引了300余家台湾出版社来参展。图交会共有428家国有、民营出版发行企业参展，来自全国各地的企业超过3000家，交易额16.8亿元。《中国文化报》、省人民政府门户网站、湖南卫视等23家媒体进行了报道。省新闻出版局党组书记、局长周用金同志在考察参观展会后，评价“展会办得很扎实，这是在为文化做好事，为群众办实事”。完成行政审批和行业年检。1—11月共核发一次性内部资料准印证22份，内报内刊准印证10份，初审出版物批发单位15家，无一例违规审批，无一例行政复议或行政诉讼。行政审批效率在原来基础上提高50%。2014年，共有63家内报内刊单位和1261家出版发行单位参与年检。优质完成行业推优申报工作。推荐4个家庭被国家新闻出版广电总局评为首届全国“书香之家”；推荐10家实体书店参与2014年度中央文化产业发展专项资金实体书店扶持奖励的申报；推荐天舟文化股份有限公司等8家单位为全省民营出版发行业2012—2013年度“诚实守信业绩优良”先进单位。

印刷复制凸显创新。举办首届长沙(中部)印刷博览会。9月18—20日，该局在省展览馆举办首届长沙（中部）印刷博览会，吸引了200余家单位参展，5000余人观摩展会，达成意向性交易金额3000万余元，彰显了长沙印刷业融合内外资源的能力。展会邀请14个市州印刷行业协会组团观摩，共计近1000家印刷企业来到现场，为参展的设备耗材商拓展业务助力。社会层面关注度初步提升，中央省市14家媒体予以报道，新浪腾讯等10个网站安排转载。开展行业法规培训班。5月16日举办了一期印刷企业负责人法规培训班，培训了具备出版物印刷资质的企业法定代表人、部分其他印刷品资质企业法定代表人180余人。11月21日，2014年长沙市印刷法规培训班开班，参加印刷法规培训有74人。不断完善管理机制。将长沙市划分为五大片区，建立市印刷行业协会工作委员会，对出版物印刷企业比较集中的伍家岭、马坡岭、黄花印刷科技产业园区进行检查，共检查企业35家，均未发现违法印刷行为；每月开展安全生产大检查，截至2014年底，共检查企业120余家次。长沙鸿发印务公司被评为全国印刷行业示范企业。全力以赴确保行业稳定。2014年，长沙市几家行业风向标式的规模企业面临资金短缺动弹不得，长沙市文化广电新闻出版局主动出击，指导协会召开会议研究应对办法；与省局一道召开银企对接座谈会，主动向市委市人大市政府领导汇报，争取领导和银行支持。据统计，2013年，行业经年检和统计共有企业家数768家，三印企业1015家，从业人员2.78万人，资产总额90亿元，年工业总产值84.94亿元，比2012年增长10.9%，预计2014年稳定在2013年水平。

农家书屋建管并重。完成全市108家农家书屋出版物补充更新工作。全市共108家农家书屋纳入补充更新范围，市财政按中央、省政府标准（每家4200元）追加45.36万元进行同等补充更新。长沙市文化广电新闻出版局下发了《关于下达108家农家书屋出版物补充更新分配计划的通知》，各区县市按要求上报了书屋名单。目前108家农家书屋补充更新图书已全部配送到位。参加“我的书屋我的梦”为主题的农村儿童暑期阅读征文活动。经省局组织的专家评选，长沙市选送的征文有四篇获得了奖项，并被推荐参加全国范围内的评选。宣传长沙市农家书屋工作经验。8月10日，《光明日报》在头版头条以《长沙：书屋村村有 书香满农家》为题介绍长沙市农家书屋的建设成就。新华网以《陈志明：一个文化人的乡村情结》为题，介绍了湖南文化界名人陈志明退休回乡创办卷石书屋，开展各类文化惠民活动的事迹。（刘飞飞）

【第二十一届长沙图书交易会】 3月21—23日，以“书香星城·成就梦想 长沙人爱读书”为主题的第二十一届长沙图书交易会在湖南省展览馆举办，图交会总成交额达16.8亿元码洋，无论是参展商还是成交额都创下长沙图交会纪录。省新闻出版局党组书记、局长周用金，巡视员朱三平，市政府顾问宋达，市政府副秘书长刘秋成等领导以及出版发行业代表出席了图书交易会开幕式。在开幕式上，启动了“书香两岸·湘台情深”活动，揭晓了长沙市“十佳书香家庭”“2013年度长沙人最喜爱的十本书”的评选结果。市领导张湘涛、夏建平同市民一起逛书市、淘好书。此次交易会除了创历史新高的428家国有、民营出版发行单位参加出版物展示和洽谈订货外，还有300余家台湾出版社出版的上千种台湾精版图书参展，开创了长沙图书交易会与境外书商合作交流之先河。本届图书交易会还首次开通了长沙图书交易会官方网站，官方微信、微博。交易会三天，前来省展览馆选书购书的市民络绎不绝，交易会现场通过扫微信二维码幸运抽奖、样书让利售书等活动与前来现场逛书市的市民们充分互动，首次亮相的精品台版书1000余册样书被抢购一空。（彭　文）

【定王台书市出版物零售行政许可正式移交芙蓉区】 根据市政府21号会议纪要，定王台书市出版物零售行政许可等事项由市文广新局移交到芙蓉区人民政府。4月15日，市文广新局副局长吴应龙带领出版发行处负责人一行4人，到芙蓉区文体新局就定王台书市相关工作办理交接手续。市文广新局将定王台书市2010年以来的办证资料档案130份全部移交到芙蓉区文化市场综合执法局。吴应龙表示，市局将大力支持芙蓉区工作，同时建议芙蓉区在2014年的出版物证照年检年审时，将所有经营户的证照全部换成芙蓉区发证，收缴销毁老证，以便于今后的统一管理，并要求芙蓉区今后对于定王台书市，从审批到执法务必要监管到位。芙蓉区委、区政府非常重视定王台书市的移交管理工作，通过政府常务会专题研究，同意增加2名工作人员，确保定王台书市的繁荣稳定。（刘飞飞）

【长沙4户家庭获评全国“书香之家”】 4月23日，湖南省新闻出版局公布，湖南共有42个家庭获首届全国“书香之家”，其中长沙4家，分别是长沙市天心区白沙路市地税局周歌家庭、中南大学高等教育研究所教授张少雄家庭、湖南省长沙市万家丽北路的林小宁家庭和长沙市岳麓区八方小区的陈小放家庭。长沙获奖的四人里，周歌已有数万字的文学作品在国家、省、市级刊物上发表，其作品在系统内更是多次获奖，先后被湖南省、长沙市两级作协吸纳为会员，并担任长沙市作协理事；张少雄家有藏书3万余册，发表论文30篇，其中CSSCI期刊文章近20篇，出版自组教材、省级规划教材、译著与专著22部，其中19部为主编、主译或主著；林小宁先后投入数十万元用来购置书籍，现已拥有各种类别的图书 2 万余册，读书笔记几十万字，在读书学习过程中完成论文 17 篇，6 次获得省一级的优秀论文奖励；陈小放在 2001 年著的《轻轻松松上哈佛》一书，被作家出版社和台湾高富国际文化股份有限公司先后出版，先后被聘为湖南省和长沙市家庭教育讲师团的成员，多次在长沙、武汉对家长、学生进行教育讲座。

（冯智忠）

【国家新闻出版广电总局调研长沙县农家书屋】 1 月 14 日下午，国家新闻出版广电总局印刷司副司长谭汶、陈凯，省新闻出版局巡视员朱三平、市场处处长刘力峰、副调研员邵楠一行到长沙县北山镇文化站、青田村、福高村、官桥村、新云村农家书屋，对 2013 年农家书屋出版物补充更新及“两节”期间农家书屋开放使用、数字农家书屋建设等有关情况进行检查调研。谭汶副司长对长沙县农家书屋建设、“星级评定”及“摘牌机制”给予充分肯定，认为长沙县农家书屋建设工作机制健全，出版物上架到位，登记贴签、分类陈列合规有序，免费开放时间充足，书屋建设起点高、标准高，真正将农家书屋办成了一项实实在在的惠民工程。截至 2014 年底，长沙县已建成农家书屋 292 个，有效解决了广大农民群众“买书难、借书难、看书难”的问题。农家书屋已成为村民们劳作之余获取科技知识、拓宽致富信息渠道、增长致富技能的一个好去处。（许　郡）

【长沙（中部）印刷包装博览会】 9 月 18 日，由长沙市文化广电新闻出版局主办，长沙市印刷行业协会、湖南省展览馆联合承办的长沙（中部）印刷包装博览会开幕，集中展示了近年来长沙印刷包装产业发展成果，以此推进长沙印刷包装产业转型升级，打造长沙印刷高地。展会以“展示成果，聚合资源，转型发展”为主题，为期三天，以推动行业发展、变革、转型为目标，吸引了大批知名印刷包装企业关注展会，目前，展会共有近 200 家印刷包装企业、上下游及相关产业经营单位参加展示交易，前来观摩、洽谈合作的企业超过 1000 家。展会共划分为八大主题展区，分别是食品及饮料包装企业展区、出版物印刷企业展区、包装装潢印刷企业展区、商务印刷企业展区、数码印刷及特种印刷企业展区、印刷及包装设备展区、印刷耗材及包装材料展区、相关产业展区。展会期间还将举办四大主题活动，分别为：首届长沙（中部）印刷包装成果展示会，创意设计获奖作品、数码印刷、绿色印刷、3D 印刷展示会，新产品、新工艺、新设备、新材料、新技术推广会，长沙印刷包装行业发展研讨会。展会还专设有“百年印刷”设备陈列区，分别展出了上海切纸机、捆书页机、卧式捆书机、铁线装订机、石印机设备及印刷烫金两用机、油印机、铅印和油印品、铅字等极具收藏价值的印刷设备。其中上海切纸机由湖南长福彩色印刷有限公司提供，是 1968 年由上海切纸机生产的，是该厂建国成立后设计制作的第一把切纸刀。至 20 日展会结束，首届印博会共吸引 5000 余人次前往省展览馆参观，达成意向性交易金额 3000 万余元。（冯智忠）

公共图书馆

【概况】 2014 年，长沙市图书馆坚持公共文化事业发展的均衡性和高效性，切实保障人民群众共享文化发展成果，营造丰富生动的社会文化生活氛围。

一、打造廉政文化教育示范点。以制度促长效。长沙市图书馆不断完善和落实党风廉政建设责任制分解制度，廉政教育学习制度，一把手上廉政党课制度，党员年终述职制度，廉政谈话制度等，坚持以经常性的制度抓好日常化的党风廉政建设工作。以活动提认识。积极整合馆内场地设施和长沙图书馆总分馆网络体系优势资源，购置 3000 册廉政图书，在总馆阅览室、分馆、24 小时自助图书馆、农家书屋设立“廉政书窗”，推广勤政廉政图书，建起了从本馆到群众家门口的廉政文化教育平台；把廉政文化教育融入主题阅读活动中，开设廉政文化讲堂，举办《十八届三中全会政策解读》《曾国藩与湖湘文化》《职务犯罪法律分析及防范与警示》等讲座，帮助党员干部及群众了解国家反腐的决心和政策，提高反腐倡廉的思想意识；开展廉政文化知识竞赛和廉政建设征文活动，面向社会，调动区县图书馆、各分馆广泛参与。一年来，有效整合讲座、培训、展演、诵读、征文和知识竞赛等活动形式，积极推广廉政文化和廉政知识，覆盖了从幼儿到老年的广大人群。以宣传造氛围。进一步落实党务公开，在场馆大厅、官方网站、流动图书馆等服务平台上分别开辟廉政教育专栏，定期更新内容，进行廉政文化宣传；开设流动“影视吧”，利用流动服务车播放《焦裕禄》《杨善洲》等廉政影视作品感染群众，在社会营造“廉荣贪耻”的社会氛围；利用节假日期间，广泛发布廉政短信，让机关干部随时随地都能接受到廉政文化的熏陶。

二、扎实推进新馆筹备。按照“巩固老馆开放成果，全面投入新馆开放”的工作思路，一年来，以新馆建设为重点，全力投入，多方调研，积极谋划，扎实推进新馆筹备。1. 规范管理，优化新馆筹备办工作机制。坚持“高起点，高标准，高要求”的原则，把新馆筹备工作当作头等大事，主动查缺补漏，建章立制，坚持每周一、三、五召开碰头会，组织馆务会成员深入现场，汇报责任区域的专业建设优化方案，通报筹备工作进展情况，解决筹备过程中出现的各种困难和问题。重点跟进自动化管理系统、业务流程、人员编制、空间及家具设计、强弱电等对图书馆营运管理工作有重大影响的工程。制定并完善了《长沙图书馆新馆筹备工作职责与工作制度》《长沙图书馆新馆运营方案》等 10 余个保障新馆顺利开放运行的方案和制度，以科学的工作机制确保工作进度和工作质量。2. 积极谋划，提升图书馆专业建设水平。借鉴东莞、杭州等国内一流图书馆办馆经验，运用现代化科学理念提高专业建设水平，配合华伦咨询公司编写《新馆后续专业建设项目可行性报告（初稿）》，并对报告中所存在的问题进行了修改和完善。加强馆舍和相关软硬件设施配套建设，经过与多个专业公司进行洽谈和沟通后，完成了新馆信息化的顶层设计工作，确定了新馆信息化系统的基本框架，初步确立了新馆网络和存储、自助打复印等系统、智能信息交互系统、网络接入和程控电话系统等多个解决方案。组织专业团队规划设计高清影视室、听音室声学装饰，协调建设方完成了基层装修。为合理利用先进的设施和资源优势，使图书馆的知识传播、社会教育和文化休闲等功能能够在新馆得到充分发挥，创立了新三角创客空间，招募创客志愿者并成立了筹备小组，组织了4次筹备讨论会，举办了1次体验交流会“开源硬件与机器人”，完成了新馆创客空间工作室的平面布局设计，完成了3D打印机制作项目。3. 科学扎实，逐步落实新馆建设推进工作。一是完善新馆空间优化。赴南京、杭州等地考察家具设计、新馆空间优化设计公司，联系设计团队来新馆现场勘察，出具了初步设计方案。配合室内导视系统设计，讨论确定了新馆标识标牌的名称和数量。二是完成新馆logo征集。6月10日至7月9日，面向全国公开征集新馆logo，共收到应征作品300多件。结合专家评审和网络投票结果，最后选出1个作品作为新馆logo进行推广使用。配合logo征集，制作了新馆推介网站，介绍新馆建设动态和规划等。三是完善业务流程设计。学习全国部分先进图书馆业务流程，综合新馆各区域功能特点，组织全馆业务流程设计，形成业务流程初稿。四是加快人才队伍引进。进一步修改完善了岗位设置及编制方案，重新核定新馆岗位设置150个，优化了第一批核心人员的资格条件，着手外出赴国内著名高校的人才引进。五是启动图书采购。完成了中文图书400万元，外文图书50万元的招标采购，拟写了《长沙市图书馆新馆选书委员会实施方案》，编制了《图书馆选书委员会专业分组一览表》及《选书委员会专家名册》。

三、逐步提高服务效能。1. 免费开放全面落实。在基本服务免费的基础上，延长开放时间，5个主要窗口做到节假日不闭馆，每周开放时长66.5小时。优化服务环境，从紧张的办公经费中挤出8万元对老馆进行墙面粉刷、书架更换和电力维修。增加馆藏资源采购数量，全年共采购中文图书约9.4万册，向江湾分馆等14家分馆配送图书2.5万余册；采购电子文献1970种15168片；盲文图书近1000种。征集地方文献157种，购买地方文献约1056册；购买古籍1366册。坚持每月向读者公布月借阅排行榜，全年发送新碟推荐220部。同时，与地铁报（《壹早报》）签订宣传推广协议，开设栏目“地铁书香”，于每周二、四为市民推荐阅读书目，每周三发布“阅读活动预告”，从11月合作至今，发布“地铁书香”5期，“阅读活动预告”3期，为读者提供专业的阅读指导。办证量、图书外借量、读者到馆人次持续增长，据统计，2014年，新办借书证约3500个，外借图书、电子文献、期刊32万册次，到馆人次25万。为将中山纪念亭内的园林绿化水平提高一个新的台阶，在多次与原有施工方协商无果后，决定将中山亭草坪委托开福区园林局进行养护管理。并依照绿地植物生长规律，负责草坪的灌溉、修剪、施肥和病虫害杂草防治、修补等工作。2. 资源建设优化升级。一是完善图书采购方式。采用图书采访子系统，从建立订单发出订购等流程，进一步完善我馆图书系统采购的方式；实行多家供货商入围采购图书的招投标办法，根据供应商履约情况“优中择优”，合理调整采购份额，保障采购图书的质量，增加了图书馆的自主性和针对性。二是规范馆藏资源建设。编写了长沙市图书馆馆藏资源建设规划、外文图书采访条例、中文图书采访条例；完成了Interlib书目数据合并工作，完成过刊保持本数据录入Interlib系统，实现书目数据的标准化、规范化，提高图书馆书目数据库的质量。三是成立外文选书委员会。诚邀外国友人、国际演讲会成员等作为读者代表协助长沙市图书馆甄选以英语、法语、德语、日语、韩语为主的原版外文图书，进一步完善长沙市图书馆外文资源建设，弥补外文采访人员精力能力的不足。四是建立专题文献馆。为增强图书馆馆藏资源建设特色，结合湖湘文化特点，决定在新馆建立长沙人文馆，重点建立三湘院士文献馆、雷锋专题文献馆和曾国藩专题文献馆，全面收集记录湖湘名人的影像、图书、手稿等不同类型的载体文献资料，为社会各界人士了解学术最前沿动态、学术价值和社会价值提供平台保障。3. 总分馆服务体系建设稳步推进。新建汉回、创梦者、莲花等10家分馆。新建2个地铁自助图书馆，分别设在五一广场和芙蓉广场两处地铁站，同时加强了步步高分馆的维护与建设。“书香地铁”的实施得到了市领导、专家、市民的高度认可，被誉为“城市文化和市民精神家园的守卫者”。新采购5台电子图书借阅机。流动图书车累计出车242次，新增省委二大队、荷花园、枫林绿洲、省人大等7个流动服务点。在市委宣传部内建立机关自助阅览室1个。组织召开长沙总分馆培训会议，区县中心馆、分馆80余名管理员参加；颁布了总分馆考核办法及评分细则，对经过整改办馆效益不佳的红星美凯龙分馆进行撤销，切实推进分馆提质提效。4. 馆员素质不断提升。通过考察、比赛和培训等形式，帮助图书馆工作人员学习业务知识，提升业务能力和服务水平。2014年分批次组织部分职工赴省内外（江苏、安徽、省馆、株洲）学习考察图书馆业务；开展全馆编目业务培训和编目业务技能竞赛，提高非图书馆专业工作人员的基础业务水平；5月，安排3名工作人员去桂林参加Interlib图书馆管理系统培训；6月，参加湖南省图书馆外文编目过刊流程的学习；针对区县馆反映总馆个别青年职工字写得不好的问题，馆里立即采购字帖和练习本，组织35岁以下员工进行为期3个月的硬笔书法练习。加强对基层图书馆的业务辅导，培训分馆及农家书屋管理员120余人；对老年分馆、弘道编目公司、金江分馆、枇杷塘分馆、坡子街社区等新建分馆工作人员进行了InterLib系统培训，全面指导了中文图书采编工作流程，中文MARC基础知识、报表与统计、典藏等业务。

四、全力推广全民阅读。1. 品牌活动常态化。为持续推广全民阅读，我馆打造了一系列常态化的品牌活动，吸引了大量读者到馆，满足了全市读者的精神文化需求。目前，我馆常态化的品牌活动以公益性讲座（讲堂）、公益课培训、读书会等形式开展，主要包括：长沙公益大课堂、星城科学讲堂、橘洲讲坛、法律大课堂、长沙市图书馆读书会等。内容涉及环保、养生、国学、艺术、科学、法律、亲子共读等市民较为关注的生活文化领域。长沙公益大课堂根据学校学期和假期安排，分为春秋寒暑4期，2014年春季共开设

6门课程，分别为：简笔画、素描、作文初级与中级、英语初级与中级，课时累计达120课时；暑期共开设4门课，分别为：儿童画、磨耳朵英语、隶书启蒙、超级口算，课时累计达40课时。2014年，图书馆共举办橘洲讲坛45场，星城科学讲堂8场，读书会13次，法律大课堂讲座43场（总馆34场，分馆9场），邀请到的主讲嘉宾有来自新加坡公共服务学院，新加坡南洋理工大学，中国科学院等国内外学术机构的教授，有何光岳、水运宪、阎真、黄晓阳、张扬、肖仁福、魏剑美等文化知名人士。这些活动迎合读者兴趣爱好，每周定期举行，深受读者欢迎，形成了一定的影响。读书会活动在2014年《图书馆“书友会”优秀案例征集》活动中获二等奖，星城科学讲堂被市委宣传部评为长沙市优秀学习活动。2. 少儿活动多样化。针对少儿的心理特征和兴趣爱好，精心策划、组织开展了多种寓教于乐的少儿公益读书活动，策划开展“欢度假期”“比比我最爱的玩具”、欢乐“绘本节”及“三湘读书月——长沙市少年儿童‘中国梦·我心中的故事’”系列读书活动，11月，市图书馆组队参加省故事讲述比赛，故事《爱的校园 梦之沃土》获金奖。亲子共读经典公益培训班每周日下午举行，共开展了54次课程。新举办了图书馆“四点钟课堂”，明确提出了“学校放学，图书馆开学”的思路，为小学生构建一个学习、活动的乐园。举办了“OPEN”书架易书活动，并在“六一”儿童节开展易书活动。为培养孩子们的科学素养，引进科学实验的国际品牌“小牛顿”科学实验，共开课18次。新发展2家幼儿园为小书虫玩具图书馆的会员，玩具图书馆推出形式多样的阅读课，以绘声绘色的表现形式、画面唯美的绘本书籍和精美可爱的小玩具，激发幼儿园小朋友的阅读兴趣。全年开展阅读推广上门服务30次。与八方分馆联合举办“父母课堂”34次。“圈圈故事会”每周日上午，四馆（天心区中心馆、阳明山庄分馆、银星分馆、岳麓区中心馆）同步举行，共举办90余场次，累计400余人次参加，其中，“我是你的眼”国际盲人节活动，环保小卫士，“你好新大陆”哥伦布美洲探险，有趣的汉字等主题内涵丰富，深受家长和小朋友们的欢迎。3. 主题活动优质化。与市总工会合作新开设“职场公开课”，邀请省内外知名教授、专家，解读职场热点，提升职业素质，已开讲10场，分别为浏阳、宁乡、长沙县等园区送讲座进企业，讲座涵盖公文写作、职场礼仪、职场情绪、沟通管理等主题，听众达到3000余人。11月，新开设“音乐中的精灵”钢琴启蒙免费公益课，普及音乐基础知识，培养和提高儿童音乐素养，留守儿童、城市低保儿童，农民工子弟优先入学，目前2个班20名学员已全部招满。加强长沙图书馆总分馆资源共享和服务的互动和互联，E课堂——老年人电脑培训班在6个分馆同步进行，开课2期，共招生近400人，受到老年读者的高度赞誉；流动展览举办“长沙文物精品展”走进富基世纪公园、荷花园、银星社区等流动服务点；举办“照亮童年”绘本发展史暨中外优秀绘本展，走进枫林绿洲等小区，接待读者800余人次。参加第九届文津图书奖评选活动，举办了优秀书评评选活动，共收到读者的书评作品300余件；第九届文津图书奖揭晓后，在七中分馆和开福区图书馆等分馆进行为期两个月的获奖图书展活动，观展市民6000余人次。联合雨花区残联及侯家塘街道，在长沙市十五中举办了全国“爱耳日”电影驿站活动，为残疾人播放无障碍电影。4. 数字阅读普及化。加强数字图书馆建设，整合链接区域图书馆网站，建设特色资源，继续进行长沙名人、长沙地方文艺、橘洲讲坛等数据库的后续建设工作，建成“法律资讯平台”。春节期间，与国家图书馆联合举办“网络书香过大年”数字图书馆推广活动，组织了“变身数码达人”咨询活动、“带一座移动图书馆回家过年”“网上充电”培训计划、“数字图书馆推广微博、微信转发有礼”等活动。“4·23”世界读书日期间，与国家图书馆联合举办“网络书香·世界读书日”系列活动，组织了“数字资源掘宝大赛”“图书馆故事随手拍”微视频大赛、“邂逅·图书馆”摄影作品网络展、“数字图书馆推广创意秀”金点子征集等活动。高考期间，举办了“高考分数线与报考指南数据库”现场咨询与推广活动。5. 志愿服务规范化。1—6月共招募新志愿者200余人，志愿者团队达到6个，800余人。全面开展志愿者培训工作，组织志愿者开展书籍排架、公益大课堂、电脑E课堂、圈圈故事会等活动。成功举办长沙“雷锋号”阅读推广志愿者表彰暨新志愿者誓师大会，表彰优秀志愿者36名，优秀志愿者团队5个。长沙市图书馆志愿者联合会被评为2013年度长沙市优秀志愿服务组织。

五、宣传扩大活动影响。1. 做好阵地宣传推广。为营造社会关注、群众参与的良好氛围，我馆安排专人负责网站、微博、微信、“数字资讯中心”“政府公开信息平台”“法律资讯平台”“移动图书馆”、短信平台、读者QQ群、读者论坛等网络宣传平台的日常管理和信息更新，回复读者咨询。据统计，微博上半年累计更新700余条，粉丝同比增长10%；全年发布微信共计319条，开通了自定义菜单功能；短信平台编发公益讲座、读者活动、廉政短信合计7000余条；已有长沙全民阅读推广志愿者群、长沙读书人之家等10多个读者交流群，新增政府公务群读者群，所有读者群成员共3000余人。2014年共印制讲座海报60期，宣传单21000份。2. 密切联系新闻媒体。为方便读者准确掌握市图书馆活动信息和及时参加相关活动，每周三在《长沙晚报》上发布活动预告，2014年，长沙市图书馆在《长沙晚报》上发布45期近300条活动预告；为《长沙晚报》星期天读书提供6期书讯；与湖南经视合作，拍摄《让书香丰盈生命》，集中展示书香地铁、流动图书馆、书香长沙等阅读服务精彩。邀请《中国文化报》《湖南日报》《潇湘晨报》、湖南卫视、湖南经视、湖南娱乐、湖南教育、长沙新闻等媒体报道长沙市图书馆重要工作事项。（欧阳文芳）

【长沙市图书馆推出“移动阅读平台”】 1月20日，长沙市图书馆正式推出“移动阅读平台”，该平台迎合移动阅读新趋势，以优质的文化资源，为智能手机、平板电脑等移动终端用户提供知识化、个性化的免费阅读服务，满足公众随身、随时、随地阅读的需求。长沙市图书馆希望通过新颖时尚的移动阅读服务，引导读者从碎片化阅读进入到深度阅读，与时俱进地发挥公共图书馆的全民教育职能。

移动阅读平台汇集了电子图书、电子期刊等优质文化资源，平台内的4万余册电子图书，涵盖了文学、教育、历史、传记、体育、生活、经管、职场、军事、科幻等12个类别。该平台还将陆续把图片、讲座视频等资源，以及地方公共图书馆的优秀特色资源纳入其中，最大限度地为读者提供内涵丰富、形式多样的文化资源。

（欧阳文芳　李怡梅）

【长沙地铁“24小时自助图书馆”开通】 4月23日是“世界读书日”，在试运行的长沙地铁二号线内，长沙市图书馆负责实施的“书香地铁24小时自助图书馆”同步开通。23日当天，前一百名办理借阅证的市民，工本费、押金全免。此次试运行的两个“24小时自助图书馆”分别位于地铁2号线的“芙蓉广场站”和“五一广场站”。这两个“24小时自助图书馆”外形与银行ATM机类似，能存取402本图书，按提示操作，借书30秒钟、还书10秒钟即可完成，操作十分方便。自助图书馆还与长沙市图书馆总分馆全面对接，图书可在遍布全市的80余个分馆通借通还。地铁自助图书馆内的图书将由长沙市图书馆派专门的工作人员管理，每半月对图书进行一次更新，保障在架图书不低于280册。（彭　文）

【长沙图书馆数字资源走进市政府门户网站】 从2014年9月始，长沙市政府门户网站上增加了一个全新栏目“长沙图书馆公众文化服务平台”，市委、市政府、人大、政协等IP地址范围内的办公电脑，可直接登录平台的“大众文化服务”“决策咨询参考”“科技文献”版块，下载国家领导人讲话、理论学习、科技论文、年鉴、报纸、各地发展数据、经济民生等多种资源，为机关公务人员提供便捷的数字文化服务。“公众文化服务平台”是长沙市图书馆引进的我国信息量涵盖最为广泛的数据库之一，由中国知网建设开发，在市图书馆电子阅览室或凭读者证号外网登录均可访问。（李怡梅）

【长沙县图书馆选送少儿经典诵读节目获奖】 “全国少儿中华经典读物诵读视频大赛”的节目评选结果揭晓，由长沙县图书馆选送的来自星沙金鹰小学杨旺同学朗诵的《满江红》获个人组优秀奖，来自青山铺镇的《孩子，快抓紧妈妈的手》获团体组优秀奖，长沙县图书馆获积极组织奖。

（欧阳文芳）

【《长沙弹词》编辑工作启动】 3月，长沙市非物质文化遗产保护中心召开座谈会，商讨《长沙弹词》一书编辑事宜。长沙弹词国家级代表性传承人彭延昆出席座谈会，并简要介绍了自己学习传承长沙弹词的经历，表示全力支持编好《长沙弹词》。省曲艺家协会副主席、著名单人锣鼓演奏家、彭延昆大弟子李迪辉，长沙市著名文史专家陈先枢，著名导演王伟隆参加了座谈会，对编辑工作提出了建议。

（刘新权）

报　刊

【概况】 2014年，《长沙晚报》通过不断改版提质，实现了读者阅读率、发行覆盖率、广告市场占有率这三项主要指标在同城媒体中跃居首位。据集团经管办监测数据，《长沙晚报》全年硬广告市场份额同比增长2.13个百分点。列入考核的系列媒体经营公司中，有六家单位进入年创收千万元“俱乐部”，知识博览报也将很快踏入这一门槛。重大项目的攻坚能力显著提升。麓谷产业园基地项目已进入主体施工阶段，累计完成投资6000万元，圆满完成了市委市政府下达的年度建设任务；与长沙媲美投资有限公司合作的利美商务印刷有限公司于2014年11月底投产。挖潜增效的内控能力显著提升。首先是挖潜，《知识博览报》《学生·家长·社会》《晚报文萃》通过改版提价，发行收入整体增加；房产经营公司在房源没有增加的前提下实现纯房租收款增加。其次是降本增效，印务公司和利德印务一年节约纸张近400吨，后勤服务中心全年节约用电30万元；全年差旅费用开支比2013年下降46.60%，接待费用下降62.17%；交通运输费用下降13.47%；会议费下降50.56%。

3月19日，《长沙晚报》再次进行年度改版，“长沙读本”定位更精准，推出“独家调查”等强化深度报道，严格实行采编分离制，采用更时尚的文本表达及包装方式，尝试多媒体新闻采集。星辰在线提质改造。实施新闻原创、政府官网集群建设、技术自主研发和多途径合作策略，推进问政长沙等品牌栏目建设，联合市委统战部推出“和网”、市纪委推出“长沙廉政网”。推出地铁报《壹早报》。《星沙时报》4月21日实施新一轮改版，推出“掌上星沙”城市发布平台，开展“星沙首届社区节”等活动。开通长沙对外服务信息热线。与市外宣办、市外侨办联合打造“96333”长沙对外信息服务热线，是湖南省首条对外语音信息服务热线。推进新媒体项目建设，2014年有10余个项目获市文化产业引导资金、市科技项目资金、省移动互联网项目资金扶持。2014年长沙晚报报业集团入选湖南省数字出版转型示范单位。新闻和栏目创优方面，完善创新项目管理条例等考核制度，明确各类优稿奖励措施；狠抓主题策划，改革首席记者、首席编辑评聘方式，成立了重大政经、社会新闻、理论研究等精品创优项目组；全年集团各媒体获评中国新闻奖、赵超构新闻奖、湖南新闻奖和长沙新闻奖等160件次，其中1件作品获评中国新闻奖三等奖，1件作品获评赵超构新闻奖特等奖、6件获赵超构新闻奖一等奖，10件作品获评湖南新闻奖一等奖。精品书籍方面，积极推进“品读长沙”大型精品读书、创作互动活动；落实长沙晚报社庆60周年系列丛书“六十年六十人”“六十年六十篇”“六十年六十图”系列图书策划出版工作。多出优秀人才方面：总结集团“双十双百”人才工程实施情况，制定集团“人才培养工程实施方案”“后备人才选拔方案”等，落实“新闻传媒人才培育计划”和“文化经营管理人才培育计划”。创新人才选拔交流机制，年初完成了集团近年来规模最大的一次中层干部竞聘，“精简高效、德才兼备、公平公正、竞争择优”的选人用人导向得到进一步强化；创新人才培养方式，组织实施了专业培训20余场次，派出员工10余人参加高层次培训；多人获评“全国新闻出版行业领军人才”“全国未成年人思想道德建设先进工作者”“省优秀新闻工作者”“省文化志愿者形象代言人”“市社科优秀人才”“市劳动模范”等荣誉称号。刘先根撰写的新闻论文《4G技术背景下报业移动新媒体转型》获得第二十四届中国新闻奖三等奖，这是他连续第五年获得中国新闻奖，是全国新闻界个人连续五年获得中国新闻奖的第一例。

强化理念创新，制定了《长沙晚报报业集团传统媒体和新兴媒体融合发展战略规划》，推出七大项目上报市委宣传部。强化手段创新。内容报道创新。狠抓重大主题报道，“六个走在前列”实施一周年系列报道得到省委常委、市委书记易炼红的充分肯定，市委常委、宣传部部长张湘涛批示“该报道有分量、有影响”；推出王红理、邓悦等系列报道在全国范围产生较大影响，推出“时代楷模”望城区消防中队、全国“最美社区人”卢瑞雄、全国“优秀志愿者”孟繁英等重大典型；2014年，省委宣传部《阅评简报》有30余篇阅评稿件，市委宣传部有20余篇阅评稿件表扬《长沙晚报》、星辰在线采编工作。活动策划创新。“百万中小学生佩戴‘胜利花’”“你好，湘江——守护母亲河行动”“美丽乡愁”浏阳河九道湾大型探访活动在全国范围有较大影响；长沙首届网友节、“相约长沙最美乡村”等活动特色鲜明；房交会、车博会、雕塑节、消费节等策划叫响了品牌；新成立的星恒公司，7个人在8个月里承办大型活动30余场，“百万中小学生佩戴胜利花”“爱的老花镜”“我为祖国献热血”、西湖文化园开园等活动策划执行到位，很有战斗力、执行力，竞标时甚至PK掉湖南卫视、交通频道等强劲对手。传播手段创新。长沙“两会”期间推出《长沙晚报》“微网站”和“微报纸”；据权威机构测评，《长沙晚报》进入中国报纸移动传播百强，微博、微信粉丝数量、阅读量不断提升；新推出的“图事绘”“@新闻”“微视觉”等栏目广受年轻读者好评。体制机制创新。知识博览报社转企改制新组建知识博览报（长沙）有限公司，集团形成了一媒体一公司的管理框架。强化基层工作创新。到2014年底，七大方面36大项整改内容和9个重点整改项目基本全部完成；坚持和完善“三重一大”事项集体研究决定制度、深化记者“走转改”工作、取消不合理津补贴、强化公务用车管理等整改已经完成并初见成效；采取措施解决“中午就餐难”“停车难”等具体问题；建立新型通讯员队伍，建立长沙晚报智库，小区水管改造、屋顶漏水墙面渗水等20小项整改任务正积极推进；认真落实《集团党委工作制度》、廉政主体责任制等制度，修改完善《关于领导班子贯彻落实“三重一大”事项集体决策制度的实施办法》等4项规章制度；修订出台《集团人才培养工程实施方案》《关于预防和打击新闻敲诈规范新闻采编工作的规定》等5项规章制度。加强了战略研究和项目调研的基础工作，有针对性地对“全国主流媒体电子商务”“码上淘项目”“长沙智能信息社区”项目策划、“社区报”“全国报业集团全媒体运营模式”“长沙市二手车市场调研”“全国城市党报和都市报价格体系分析”等10余项进行了调研并稳步推进重点项目，助推集团产业转型发展。

（刘先根　彭培成）

【地铁报《壹早报》创刊】 随着长沙首条地铁——长沙地铁_号线的开通，长沙晚报报业集团与长沙市轨道交通集团合力打造的地铁报《壹早报》，于2014年4月29日正式创刊面世。它是湖南省第一份免费报纸，也是长沙地铁唯一官方纸媒，发行量30万份。

（刘先根）

【《长沙晚报》“微网站”和“微报纸”问世】 2014年12月，长沙市“两会”期间推出新媒体——《长沙晚报》“微网站”和“微报纸”，这两个新媒体一经问世，就产生了很大影响。据权威机构测评，《长沙晚报》进入中国报纸移动传播百强，微博、微信粉丝数量、阅读量不断提升。（刘先根）

【长沙对外服务信息热线开通】 长沙问讯文化传播有限公司（即“96333”新闻热线）与长沙市外宣办、长沙市外侨办联合打造“96333”长沙对外信息服务热线，2014年3月3日正式开通，这是湖南省首条对外语音信息服务热线。（刘先根）

档案工作

【概况】 2014年，市档案局围绕全市2014年档案工作要点、“六个走在前列”暨绩效考核工作目标，自我加压、砥砺前行、奋勇拼搏，各项工作目标任务圆满完成，先后获得湖南省档案工作先进集体（近6年来首次获得）、湖南省档案宣传工作先进集体、“开启身边记忆，讲述档案故事”征文组织奖等一系列荣誉。

一、紧跟形势，依法治档有新举措。法制意识不断提高。积极贯彻监察部30号令，组织全市机关各部门和企事业单位的档案员180余人集中学习，并联合市监察局、市人社局，出台了《关于认真贯彻〈档案管理违法违纪行为处分规定〉》，在《长沙晚报》将档案违法违纪行为举报电话予以公布。邀请市政协委员刘岳教授作《中国反腐败困境与司法改革——十八届四中全会与反腐败工作形势》报告，增强了干部职工运用法治思维、方式和手段开展档案工作的意识。执法力度不断加大。按照《档案法》相关规定，依法依规严肃查处各类档案违法案件。认真落实省局交办的肖治国信访案件，并依据调查结果及时予以答复。档案立法不断推进。编印了《档案工作法律法规与政策性文件汇编》，全书分通用篇和教育篇，共计40余万字，成为全市档案工作者通用的实用性工具书，并普发至区县市档案部门及市直机关档案员，成为档案学会档案教材。档案安全万无一失。根据《档案法》相关条例，切实加强档案安全教育管理、检查和督促，定期对库房进行检查，投入资金60万余元，完善了消防、监控设施，监督指导市、区县市和各专业档案馆加强档案安全工作，实现了全年无档案安全事故发生。协助做好了规范化文件清理工作。派出专人，协助市委办公厅，从纳入档案管理的1978年至2012年共4.5万多文件中，甄别出需要纳入清理范围的党内规范性文件567件，建立了清理目录，复印了文件副本，保证了清理工作正常高效开展。

二、大胆实践，服务大局有新突破。服务中心工作特色突出。围绕全市中心工作，策划举办了《党的群众路线档案展》，省委常委、市委书记易炼红率领全体市委常委集体观看了展览。全市90余家单位先后参观，《中国档案报》、湖南卫视、长沙新闻频道、《长沙晚报》对此进行了专题报道，展览随后在芙蓉、开福、雨花等7个区、县（市）进行巡展，共2万余名干部群众参观，让干部群众接受了更为系统直观的群众路线教育。同时，与市活动办联合下发《关于做好党的群众路线教育实践活动文件材料收集归档工作的通知》；协助制定《党的群众路线教育实践活动文件材料归档范围和档案保管期限表》，免费帮助规范整理活动资料，确保档案资料规范完整。服务经济发展成效明显。切实加强档案规范化管理工作，宁乡县经济开发区、宁乡县金洲开发区2个单位晋升档案工作规范化管理省特级，长沙市公共资产管理中心等4个单位晋升档案工作规范化管理省一级；对全市档案工作规范化管理省一级以上单位进行了清查，完成了金霞经济开发区等30家单位的省一级复查。认真贯彻落实国档10号令，组织23家市属国有企业档案员开展了业务培训，完成《文件材料归档范围和保管期限表》的制订与审批。对长沙县、望城区、浏阳市新建档案馆建设进行了实地指导。对长沙红天2家档案技术服务有限公司进行了档案中介机构备案登记和资格复审，制定了《长沙市档案中介服务机构备案登记办事指南》《长沙市档案中介服务机构复核办事指南》，对合格机构及时网上公布，下发了《关于公布第二批予以备案登记的档案中介服务机构名单的通告》。联合市企业社会保险工作局，出台了《积极开展企业养老保险业务档案规范化管理验收工作的通知》，并狠抓落实。完成重点建设项目档案登记工作和长沙地铁二号线档案预验收。服务社会民生反响良好。依法加强应开放档案鉴定工作，成立档案工作鉴定小组，组织人员对法定可开放档案进行鉴定，并将经鉴定的档案目录打印成册，可开放的档案有62个单位共2932卷；政府信息查阅中心全年共接待近3万人次，调用档案近5万卷，政府信息查阅窗口及大厅2014年零投诉，收到锦旗2面，表扬留言50篇，窗口工作人员多次被市政务中心评为“先进个人”；全年公开政府信息纸质文件128份，电子文件937份，编研资料189册，公开量较上年增加40%。积极开展村级建档工作，出台《长沙市行政村档案管理办法》《村级文件材料归档范围和保管期限表》，编印了《长沙市行政村档案工作手册》，免费培训村级档案员300余名，完成全市100个村级建档达标验收，有效提升了全市村级建档水平。

三、夯实基础，业务工作有新作为。信息化建设快速推进。积极与天心区、雨花区开展档案目录数据整合共享，整合两区档案目录数据50.2万条，实现了档案目录数据在授权范围内的跨馆跨区查询。信息化建设督导全面铺开，市直机关应用长沙市电子文件归档管理系统的单位58个，比2013年增加15%。与秦皇岛市档案局互建重要档案数据异地备份基地，将全市各区、县（市）重要档案数据捆绑，并与全局数据一起备份，移交备份数据13T，确保了数据安全。完成了600万页的数字化验收，档案数据量比2013年增加5.5T，达到10T，翻了一番多。档案编研成果颇丰。编辑出版了《党的群众路线档案聚焦》一书，向市民发放1200余册；精选馆藏慈善档案和长沙老照片，推出《湖南慈善档案》一书。在《中国档案报》《兰台内外》等专业刊物上发表《馆际分布式数据库远程利用开发研究》等专业论文8篇，其中《档案志愿者激励的问题与对策》提交“第三届中国档案职业发展论坛”论文研讨会，并获三等奖。档案征集成果斐然。制定了《长沙市档案馆档案征集管理办法》《长沙市档案馆档案征集工作流程》，规范档案征集工作；开展公务礼品档案收集，接收市委接待办、市外事办200余件公务礼品档案进馆，实现公务礼品进馆零突破；征集长沙老照片8200余张，征集地方文献、政策汇编52本和党的群众路线档案文献资料光盘10张，这是近十年征集到的大批量声像档案，极大的丰富了馆藏档案资源。档案修复有序推进。出台了扫描及缩微档案出入馆制度；清理一楼荣誉档案室实物档案，整理出92件实物档案，编制了清册，并全部入库保存；对17—18号正常破损的全宗档案，已报市政府申请修复经费。学会影响不断扩大。积极发展学会会员，新增会员20余名；举办2期共300余人参加的档案业务知识培训班，聘请了专家学者授课，省档案局胡振荣局长亲临开班仪式并为学员授课；面向全市开展了“大数据时代档案资源建设”学术征文活动，编辑《大数据时代档案资源建设—2014年度长沙市档案学术交流征文汇编》；12月举办了长沙市档案学会理事会暨学术交流会，共计70余名与会代表参加。

四、抢抓机遇，推动发展有新办法。主题宣传亮点频现。以“6·9”国际档案日为契机，联合省局开展了以“走进档案”为主题的大型宣传活动，推出《寻梦·月华如练——馆藏民清档案展》，副省长李友志出席了活动，并与市民一同观看了展览，《湖南日报》《长沙晚报》、长沙新闻频道等省市主流媒体对此纷纷报道，档案开始走出“深闺大院”，走进千家万户。精心组织人员参加省“开启身边记忆，讲述档案故事”主题征文活动，作品《王光美遗物征集轶事》获三等奖，并在《中国档案报》发表。抢抓机遇主动作为。贯彻落实（中办发〔2014〕15号）、（湘办发〔2014〕29号）文件精神，与市委办公厅组成联合调研组分赴市直单位和区县市、企业、街道、社区实地走访，围绕档案工作领导体制、管理机制、依法治档等六个方面开展实地调研，组织了5场座谈会，撰写了《关于档案工作的调查报告》，并呈送市委、市政府主要领导。档案交流深入频繁。先后接待了南京市、秦皇岛市、贵阳市、增城市等同行考察组10余批次，双方通过实地走访调研、召开座谈会、交换编研资料等形式，深入交流探讨新形势下档案工作中体制机制、信息化建设、人才队伍培养等方面问题，是近年来长沙市档案工作对外交流最频繁、最深入的一年。

五、求真务实，自身建设有新成效。确保政令畅通。按照全面深化改革的要求，对本局的职能管理权限进行全面清理，将原有行政职权56项调整为8项，将原3项行政许可事项精简成1项，办理时限由20个工作日调整为5个工作日，整体提速75%；全部取消4项非行政许可事项，权力清单公布在《长沙晚报》。狠抓基层党建。完成局机关总支换届选举，配备年轻干部；核实党员身份信息，健全完善党员管理台账；成立了党务公开工作领导小组，设置了党务公开征求意见箱，在网站建立了“党务公开”专栏，并通过局党组会、局办公会、党员大会等形式将重大活动、大额经费支出、政府采购项目、人事任免、干部奖惩、教育培训等工作动态予以及时公开。积极开展困难帮扶和“机关党员进社区”活动，切实提高全局凝聚力、向心力。班子形象提升。以深入开展党的群众路线教育实践活动为契机，聚焦四风绝不反弹，切实加强班子和队伍建设，通过深入交心谈心，班子成员大事讲团结，小事讲风格，消除了隔阂，班子凝聚力、战斗力、向心力进一步增强，创先争优意识更浓，团结干事劲头更足，率先垂范引领更强。在班子的带领下，干部职工工作激情更足，集体荣誉感更强。培优选优干部。加强干部队伍建设，按照市纪委、市委组织部、市委宣传部、市直机关工委要求，选送干部参加了口述档案培训班、档案业务培训班、重点岗位人员廉政培训班等；通过与市人大共享选调成果，择优从湘乡市政府办选调了一名高素质人才，接收一名正团职转业干部和一名正营职转业干部。通过内部培养，外部引进，全局干部能力素质进一步提升，活力进一步增强，成效进一步凸显。（杨　佳）

【长沙市与秦皇岛市签约互为建立重要档案数据异地备份基地】 10月24日上午，秦皇岛市档案局副局长李三妹率信息处负责人一行3人到长沙市档案局交流沟通，双方就互为建立重要档案数据异地备份基地合作事宜达成协议，签订了重要档案数据异地备份工作协议并完成数据交接。将全市各区、县（市）重要档案数据捆绑，并与全局数据一起备份，移交备份数据13T，确保了数据安全。这是该局继与贵阳市签订异地备份合作协议以后，为保障档案数据安全而采取的重要措施。（杨　佳）

【市档案局派员出席第三届中国档案职业发展论坛】 8月7—12日，由中国档案学会指导的“第三届中国档案职业发展论坛”会议在昆明市举行。市档案局汤才友、张菊滨提交的论文《论档案志愿者激励的问题与对策》被论坛组委会评为三等奖，汤才友出席论坛会议并接受组委会颁奖。此届论坛的主题是社会变革时代的档案职业，全国各地档案工作者共400余人参加会议，提交论文与专著共380余篇（部）。论坛由中国档案学会秘书长方鸣主持，国家档案局正局级巡视员王良城致开幕辞。国家档案局政策法规司司长王岚，中国人民大学教授、《档案学通讯》总编辑胡鸿杰，《中国档案》总编辑邓小军，《档案学研究》总编辑方鸣以及山东大学、安徽大学等高等院校教授作主题演讲，来自各条战线的档案工作者30余人围绕“档案法制与标准”“档案职业状况”“职业责任与风采”“档案数字化生存”等主题学术发言，并由现场专家教授进行点评。（杨　佳）

【长沙市召开2014年档案学会理事会暨学术交流会】 12月9日，长沙市2014年档案学会理事会暨学术交流会召开，市人大原副主任、市档案学会理事长彭可平参加会议，并作《长沙市档案学会2014年工作报告》，以组织建设、业务工作和学术交流为重点，全面回顾了2013年6月长沙市档案学会成立以来取得的成绩，科学谋划了2015年档案学会的主要工作，并预祝会议取得圆满成功。80余人参加了会议。会议对2014年长沙市档案学会档案学术获奖论文、湖南省档案学会第22次档案学术获奖论文和第三届中国档案职业发展论坛获奖论文的作者进行了表彰。会上，3名获奖论文的作者代表阐述了自身论文的写作过程和重点；省文史研究馆教授陈先枢、中南大学图书馆主任袁小一和长沙市档案局党组副书记、副局长陈艳芳围绕大数据时代档案资源建设，运用自身对于档案建设工作的理论研究成果，对此次国、省、市获奖论文进行了研究和讲评。（杨　佳）

地方志工作

【志稿评议会】 2014年，长沙市地方志办公室先后组织了两次大规模的志稿评议会，树立志稿质量标杆。召开了各“区县概况”和“区街工业”志稿评议会。选定“望城区（县）概况”（初稿）、“岳麓区区街工业”（初稿）、“天心区区街工业”作为评议稿，指导他们修改完善。5月23日，组织召开评议会，由参会的省志委、各区、县（市）史志档案局以及市地方志办领导和专家进行评议。召开了工业门类的初稿评议会。选定市工信委的“工业企业体制改革”、市汽车电子行管办“汽车行业沿革”志稿为评议稿。10月28日，由市工信委和国资委牵头召集市电业局、长沙烟厂、市安监督局及8家行管办的修志人员召开志稿评议会。（曾牧野）

【修志工作协调会】 为破解各市志承编单位进度不均衡，少数单位进展缓慢问题，长沙市地方志办公室开展了再摸底、再动员、再督促工作。针对摸底后的情况，采取了以分系统召开修志工作协调会为重点的一系列措施来整体推进。召开全市金融系统修志协调会解决志稿承编难的问题。改原由各驻长金融机构分别承编为“一行三局”（中国人民银行长沙分行、省银监局、省证监局、省保监局）和省保险学会承编，确保金融编能更全面反映25年长沙金融事业的兴衰起伏。召开工业系统修志工作协调会解决修志内容机械重复问题。针对“工业企业改革”内容的记述，明确在“工业综述”设专节记述，各行业章不设“改革改制”节，只在章下无题述中作为主线带出，避免了各单位的重复劳动。三是召开文化部门协调会解决篇目调整和凸显地域特色问题。根据长沙实际，参考外地志书文化篇目基础上，重新调整了文化篇目，增设了反映时代特色与地域特色的内容。（曾牧野）

【指导修志业务】 长沙市地方志办公室以上门指导、送课到家，邀约来访等方式，做好修志的组织指导和服务工作。年内先后到市物价局、市体育局等50余家市志承编单位上门指导。根据部分承编制单位的要求，上门为编写人员授课，详细讲解志书的资料收集方法和写作要求。先后到市科协、市医化行管办、市财政局、省保险协会、市科技局、浏阳产业园等单位为修志人员讲课。接待来访的编写人员，为他们答疑解惑，指导编写工作。全年

共接待市卫生局、市政协办公厅、市委组织部等80余家单位的修志人员来访咨询。（曾牧野）

【《地方志工作条例》宣传工作】 长沙市地方志办公室利用5月18日国务院《地方志工作条例》颁布实施8周年的契机，组织9个区、县（市）史志档案局在全市范围内开展了“普及方志知识，推进依法修志进程，促进读志用志，培育和践行社会主义核心价值观，更好地为社会经济服务”系列宣传活动。活动内容丰富、形式多样，既有传统的悬挂横幅、设立展板，又通过微信平台、公众信息网等加大宣传力度。（曾牧野）

【地方志资料年报工作】 2014年是长沙市地方志年报工作实行的第一年。为顺利开展工作，长沙市地方志办公室于6月举办了第一期地方志资料年报业务培训班，邀请广州市志办专家曾新授课，还编辑印发了《长沙市地方志资料年报培训资料汇编》，全市165个地方志编纂委员会成员单位撰稿人参加的培训班。通过培训，参训人员对启动地方志资料年报工作的意义、编写资料年报的内容和编写资料年报的要求有了进一步了解。通过后续的督促、指导和审核。收集整理各承报单位2013年内发生的主要、重大事情，具体内容包括主体资料、大事记、人物资料、专题资料、图片资料、和附录资料六个方面。每套资料由承报单位领导审核签字，单位盖章后报送两份，并刻录一份光盘。到2014年年底，按照《长沙市地方志资料年报审稿标准》《地方志资料年报移交入库管理办法》等一系列制度，对112个验收合格的单位年报资料全部整理、归档，共归档约900万字。（曾牧野）

【省级以上开发（园）区志编纂工作】 2014年，长沙市地方志办公室重点对参与修志的13个开发（园）区的志书篇目进行指导，对上报的开发（园）区篇目进行了认真审阅，并写出书面审稿意见，对不符合要求的篇目退回重新拟定。深入岳麓科技园、长沙高新技术开发区、长沙经济技术开发区、金霞经济开发区4个开发（园）区进行督查与指导。截至11月底，13个开发（园）区篇目都已定稿，为下一阶段初稿的撰写奠定了良好的基础。为加强各开发（园）区修志工作者的交流学习，市地方志办还组织各开发（园）区之间进行修志业务交流5次。（曾牧野）

【《长沙年鉴》年度人物、年度事件评选活动】 2014年，长沙市地方志办公室共收集和整理全市各组稿单位推荐的36个人物和42个事件的资料，召开2次初评工作会议和2次专家初选会议，评选出候选人物20个、候选事件21个，9月28日在《长沙晚报》进行公示，9月29—30日在政法频道、新闻频道对候选人物和事件进行飞字播出。9月29日在长沙市政府门户网、长沙方志网启动为期15天的网络投票。10月15日，召开终评会议，市公证处的人员到会进行公证，通过网络票选、专家评委投票和公众评委投票，廖月娥等十人、花明楼风景名胜区获评国家AAAAA级旅游景区等十个事件入选为《长沙年鉴》2013年度人物和事件。评选结果在《长沙晚报》公布，并载入《长沙年鉴》（2014卷）。（曾牧野）

【《长沙年鉴（2014）》出版】 《长沙年鉴》是在中共长沙市委、长沙市人民政府的领导下，由长沙市地方志编纂委员会主办，长沙市地方志办公室承编的系统记述长沙自然、政治、经济、文化、社会等方面情况的综合性年度资料性文献。2014年10月，《长沙年鉴（2014）》由方志出版社出版。该年鉴是记载2013年度长沙市行政区域内各部门、各行业、各地区的主要工作、重要事件，收录若干文献和统计资料，集中反映长沙改革开放的新进程和经济建设、社会发展的新成绩、新经验及存在的问题。该年鉴采用分类编辑法，由部目、分目、条目三级组成，部分部目设子目。全书设置37个部目，170个分目，84个子目，1238个条目，彩页62页，文稿约130万字，较上年增加59个条目。2014年卷为适应长沙经济社会的发展，框架结构适当调整，增设长沙市“六个走在前列”大竞赛活动专栏;“人力资源和社会保障”栏目增加分目“公务员管理”;“先导区、开发（园）区”栏目增加子目“金霞经济开发区”“天心经济开发区”“暮云经济开发区”；“新闻”栏目归并为“文化”栏目等，其框架更具时代特色和地方特色。该书获评全国第五届年鉴编纂质量评比综合一等奖。（曾牧野）

【《长沙史话》编辑出版】 《长沙史话》是经市委、市政府批准编撰，由长沙市地方志办公室承编的地方史志通俗读物，系“十二五”国家重点图书出版规划项目《中国史话》系列丛书之一。该书编委会由省委常委、市委书记易炼红任名誉主任，市委副书记、市长胡衡华任主任，市委常委、常务副市长陈泽珲、市政协顾问周秋光任副主任。该书于12月出版。《长沙史话》共12万字，由市委书记作序，市长撰写绪言。全书以名胜古迹、文化典籍、历史遗存为依据，以历史沿革为次第，分“山水洲城、文化名城”“商周古邑、楚汉名称”“湖湘首邑、潇湘洙泗”“荆衡胜地、战略要冲”“革命圣地、时代先声”“伟人故里、雷锋家乡”六个篇章，对长沙三千年的历史作了相对系统的概括与梳理，对各个历史阶段重要的历史事件和人物故事，进行了认真的考究和述录。全书立意高远，资料翔实，内容丰富，文字鲜活生动，是对长沙历史文化的一次大宣传、大普及，能更好地激发长沙人民热爱家乡、建设家乡的信心和决心。为用好用活《长沙史话》这本难能可贵的地方史志读本，发挥地方志资源公共文化服务的职能作用，长沙市地方志办公室开展了《长沙史话》“六进”（进机关、进校园、进社区、进企业、进农村、进军营）活动，全市共购置该书62000余册，发放至相关单位和个人。（曾牧野）

卫　生

责任编辑：吴丫丫

【概述】 2014年，长沙市有各级各类医疗卫生机构（含村卫生室）4586个。全市共有乡镇卫生院103个、乡镇卫生院分院16个、村卫生室1364个；社区卫生服务中心69个、社区卫生服务站233个。全市辖区内医院共有病床5.79万张、卫生技术人员6.21万人。市级财政医疗卫生事业投入3.49亿元，增长16.72%；市直医疗卫生单位门急诊351.3万人次、出院24.9万人次，卫生业务收入37.67亿元，分别增长16.42%、10.78%和15.19%；基层医疗机构门诊495.65万人次、住院33.70万人次，分别增长17.8%和7.68%；采供血48.85吨，增长2.5%；出动救护车5.3万次，救治病人4.85万人次。

全市卫生发展及居民健康主要指标情况：长沙市每千人口卫生技术人员8.6人、病床8.02张，人均期望寿命78.9岁，居中部省会城市前列，高于全国平均水平。甲乙类传染病发病率235.68/10万，无传染病暴发流行。孕产妇死亡率9.29/10万，5岁以下儿童死亡率5.56‰。　（廖　凯）

【医疗卫生体制改革】 2014年，全市卫生系统按照省、市医改工作部署要求，围绕健全基层医疗服务体系、促进基本公共卫生服务均等化、建立国家基本药物制度及推行公立医院改革等5项重点改革任务，积极开展工作，取得初步成果。

一、加强基层医疗卫生服务体系建设。继续实施基层医疗机构标准化建设三年行动，各区、县（市）级财政及时足额安排配套经费，超额完成2014年建设任务，其中乡镇卫生院（含分院）12所、村卫生室273所、社区卫生服务中心7所。继续实施“四个一批”人才工程，全市完成全科医生转岗培训127人、学历培训250人、专业技术人员培训5030人次，返聘退休中高级职称人员130人、下派市级医院临床骨干296人，为基层医疗机构招聘全日制本科以上医学毕业生50人，完成农村订单定向免费医学生招录和协议签订15名。

二、进一步完善国家基本药物制度。政府办基层医疗机构全部实施基本药物制度，实行零差率销售。市、县两级公立医院使用基本药物品种分别达30%和50%以上。开展双向转诊用药专柜设置试点，在全省率先扩充30个品种非基本药物以满足群众就医需求，得到省卫计委肯定。与2013年相比，基层医疗机构药品总消耗下降25.23%，门急诊和住院次均费用分别下降26.73%和10.18%，居民在基层医疗机构住院就医报销比例达90%，患者医药费用负担明显减轻。

三、全面实施基本公共卫生服务均等化。2014年，基本公共卫生服务财政补助标准提高到35元/人。推行多层级的基本公共卫生服务绩效考核，考核结果与公共卫生补助经费挂钩，实行奖优罚劣，提高资金使用效益。全市累计建立居民健康档案647万份，建档率90.55%；65岁以上老年人规范化管理56.1万人，达78.15%；高血压、糖尿病患者规范化管理分别为45.33万和14.32万人，管理率分别为92.51%和92.75%。完成宫颈癌检查11.3万人次，乳腺癌检查6128人次，均超额完成省下达的任务。组织开展健康促进行动，群众健康意识逐步增强，开始从被动接受服务向主动要求服务转变，所有区、县（市）基层医疗机构服务满意率90%以上。

四、推进公立医院改革。以市政府名义制定出台《长沙市公立医院改革指导意见》。推进浏阳市公立医院改革试点工作，居民选择在浏阳本市就医的比例达96%，较改革前增长2个百分点；3家试点医院门诊人次、住院人次分别增长11.78%和8.1%，门诊次均费用、住院次均费用分别下降2.9%和0.6%，住院患者实际报销提高4个百分点，患者医疗费用负担得到有效控制。2014年底，宁乡县出台《公立医院改革试点工作实施方案》，市三医院完成改革基线调查工作，物价、医保、药品改革3个市级配套政策基本完善，改革试点顺利启动。

（廖　凯）

爱国卫生运动

【概况】 2014年，全市爱国卫生工作以扎实推进城乡环境卫生整洁行动、农村改厕、卫生创建和迎接省爱卫会灭蚊灭蝇先进市复查4项市政府实事工程项目为抓手，带动和促进全市病媒生物防制、健康教育和卫生管理等各项工作深入开展，爱国卫生工作取得明显成效。

一、强化爱卫组织管理。各级党委、政府领导高度重视爱国卫生工作，4月9日，市长胡衡华出席全市2013年城乡环境卫生整洁行动总结表彰暨现场观摩促进会，并作重要指示。6月10日，胡衡华主持召开爱卫全会，总结部署爱卫工作，并研究追加整洁行动和病媒生物防制设施建设等近200万元专项经费。副市长夏建平每季度亲自调度部署爱卫工作，多次主持召开爱卫工作会议并参与全市大型爱卫活动，各委员部门认真履职，为全市爱国卫生工作有序、有效、深入开展提供有力的组织保障。

二、城乡环境卫生整洁行动。1.4月9日，全市2013年城乡环境卫生整洁行动总结表彰暨现场观摩促进会在望城召开。全市各区、县（市）、农村乡镇和城郊接合部街道主要负责人160余人参观望城区金山桥街道银孔围示范片、乔口镇大垅围村湘团示范片和乔口集镇。2. 举办城乡环境卫生整洁行动讨论暨农村创卫工作培训班。5月28—29日，各区、县（市）爱卫办人员及50 余个乡镇（街道）分管负责人、爱卫办（整治办）主任等130 余人参加培训。省市有关专家分别就城乡环境卫生整洁行动、城镇公共场所卫生管理与食品安全、城镇环卫工作以及农村卫生创建工作规范等方面进行培训，为年度卫生村镇创建工作夯实基础。3. 开展城乡环境卫生整洁行动督查评选。6月下旬—7月中旬、11月下旬—12月上旬，组织市整洁行动领导小组11个成员单位30余名检查人员，采取分组负责、全程暗访的方式，分别开展全市城乡环境卫生整洁行动年中和年终两次督查。年中督查共评选出“优胜乡镇（街道）”20个、“优胜村（社区）”25个和“黄牌警告乡镇（街道）”“黄牌警告村（社区）”各10个，年终督查共评选出2014年度全市“十佳乡镇”“十差乡镇”“十佳村”和“十差村”各10个。

三、农村改厕工作。分别在浏阳市、长沙县、望城区、岳麓区举办4期改厕培训班，培训施工员及项目村管理负责人258人；聘请督查员对各项目村巡回督查，确保改厕质量和工程进度。全年下达改厕任务10500座，实际完成11230座，完工率107%。

四、病媒生物防制工作。1. 组织开展迎接省爱卫会灭蚊灭蝇先进市复查工作。3月3日，组织召开迎接省爱卫会“灭蚊先进市”“灭蝇先进市”复查专家座谈会，就巩固灭蚊灭蝇先进市复查达标工作的相关方案向专家征求意见和建议。3月21日，举办长沙市蚊蝇防治技术培训班，之后各区爱卫办先后组织举办培训班6期，831人参加培训。4—6月，各区按照统一部署对辖区蚊蝇孳生场所开展全面普查，为有效开展灭蚊灭蝇工作提供科学依据。8月中下旬，会同市卫生局、市城管局等8家爱卫会成员单位，组织开展迎接省“灭蚊灭蝇先进市”复查考核模拟检查。9月10日，召开模拟检查情况通报会，通报前期迎“省检”模拟检查情况，会后各级各单位严格对照标准、采取有效措施进行整改落实。2. 开展春秋两季灭鼠和夏秋季灭蟑螂活动。根据鼠类和蟑螂的季节消长规律，坚持预防为主、标本兼治、专群结合的原则，分别在3—5月、9—11月和7—10月在全市城乡范围开展春秋两季统一灭鼠和夏秋季灭蟑螂活动，新建灭鼠毒饵室5.1万余个，投放灭鼠药280吨、灭蟑药4.7吨、灭蚊药包10.5万个，区、县（市）开展下水道热烟雾熏杀各2次。6月上旬和10月下旬，组织对全市城五区及高新区春秋两季灭鼠、夏秋两季灭蟑和灭蚊蝇工作进行效果考核，检查结果表明各项考核指标均达到国家B级标准。3. 开展病媒生物防制基础设施规范建设。从5月起，各区、县（市）严格按照《关于进一步开展公共环境及重点部位病媒生物防制基础设施规范建设活动的通知》（长爱卫办发〔2014〕6号）要求和《长沙市各类病媒生物防制基础设施建设设置规范》，开展公共环境及重点部位病媒生物防制基础设施规范建设。争取市级财政增加病媒生物防制专项经费132万。截至11月底，全市共建设示范社区53个、示范单位54个，安装太阳能灭蚊灯537盏、添置诱蝇笼1898个、新建毒饵室（防鼠网）5446个，为全市病媒生物防制工作提供有力保障。

五、群众性爱国卫生运动。1. 开展“干干净净迎春节”卫生大扫除活动。元月20—26日，各区、县（市）动员各单位和广大人民群众，组织开展城区以各单位（门店）“门前三包”责任区、办公区及住宅区室内外环境和各居民小区、物业小区为重点，县（市、区）以公路沿线、各乡镇集镇、村镇及屋场的环境卫生清扫为重点的大扫除活动。据统计，全市共723个机关、2142个企事业单位、188个乡镇（街道）、1616个村（社区）、2318个住宅小区、68332个门店、60万余人次参与该次卫生大扫除活动。2. 组织爱国卫生月活动。4月，各区、县（市）围绕“远离病媒侵害，你我同享健康”主题，深入开展第26个爱国卫生月活动。3. 开展世界无烟日系列活动。5月底，在全市范围认真组织开展第27个“世界无烟日”宣传咨询及公共场所、工作场所禁烟等系列活动。全市33家单位、129户家庭申报创建“无烟单位”和“无烟家庭”，经市爱卫办审核和现场验收，报市爱卫会审批，有20个单位和100户家庭获市爱卫会命名表彰。

六、各项卫生创建工作。各卫生创建单位在区、县（市）爱卫办的指导下，认真对照相应的创建标准，逐条逐项强化创建措施落实，不断完善基础设施、积极开展健康教育、着力推动环境治理，创建水平不断提升、创建质量不断提高、创建内涵不断深化。经单位自愿申报、区县审核推荐、市考核验收，全年共创建“湖南省文明卫生单位”9个、“湖南省卫生镇”3个、“湖南省卫生村”16个、“长沙市文明卫生单位”36个、“长沙市卫生镇”3个、“长沙市卫生村”27个、“长沙市卫生社区”14个。　（钟玲俐）

【长沙市爱国卫生运动委员会全体（扩大）会议】　6月10日，市委副书记、市长、市爱卫会主任胡衡华主持召开2014年长沙市爱国卫生运动委员会全体（扩大）会议。副市长、市爱卫会副主任夏建平，长沙警备区参谋长、市爱卫会副主任赵钺出席会议，市爱卫会全体成员，高新区及各区、县（市）爱卫办主任参加会议。会议听取市爱卫办常务副主任成菲菲的工作汇报，简要回顾全市2013年以来爱卫工作，传达学习新一届全国爱卫会第一次全会主要精神，对下阶段爱卫工作任务进行安排部署。市长胡衡华作重要指示：要充分肯定爱卫工作取得的成绩，正确认识当前工作的不足，全面推进2014年爱国卫生工作各项任务。　（钟玲俐）

【全市城乡环境卫生整洁行动总结表彰暨现场观摩促进会】 4月9日，全市2013年城乡环境卫生整洁行动总结表彰暨现场观摩促进会召开。市长胡衡华，省卫生厅厅长张健，副市长夏建平，省卫生厅办公室主任彭亮，省爱卫办主任刘五星、副主任徐小生，市委副秘书长、市农办主任郑耀平，市政府副秘书长刘秋成出席会议，各区、县（市）、农村乡镇和城郊接合部街道主要负责人160余人参加会议。夏建平代表市整洁行动领导小组作工作报告，胡衡华、张健作重要指示。与会人员现场参观望城区金山桥街道银孔围示范片、乔口镇大垅围村湘团示范片和乔口集镇。会议回顾总结2013年全市整洁行动取得的成绩和经验，通报2013年全市城乡环境卫生整洁行动督查评比情况，对2014年工作进行全面部署，对2013年“国家卫生县城”、全省“十佳区、县（市）”和全市“十佳”乡镇（街道）、村（社区）进行表彰授牌。会后，各区、县（市）、乡镇（街道）、村（社区）、农户等10万余人自发组织到各示范点参观、考察、学习。（钟玲俐）

【爱国卫生月活动】 4月，组织开展以“远离病媒侵害，你我同享健康”为主题的第26个爱国卫生月活动。活动期间，全市共开展宣传活动近500场，更换宣传橱窗1900余期，印发宣传资料47万份，接受健康咨询15万人次；开展“城乡清洁周”活动，共清理楼栋院落2.5万处，疏浚沟渠32万米，清除卫生死角近1万处，整顿马路摊档6000余处；组织开展春季灭鼠投药工作，新建毒饵室7000余个，投放灭鼠药128吨。（钟玲俐）

【世界无烟日宣传活动】 5月，组织开展第27个“世界无烟日”宣传咨询及公共场所、工作场所禁烟等系列活动。5月30日，与市委办公厅、市人民政府办公厅、市委宣传部、市直机关工委、市文明办、市机关事务局联合发出《党政机关党政干部带头在公共场所禁烟倡议书》，并与市健康教育所、岳麓区文明委、岳麓区爱卫办、岳麓区文明办联合在市委市政府一办一楼大厅，以“远离烟害 拥抱健康 崇尚文明”为主题，举办第27个“世界无烟日”宣传活动，市委常委、市委宣传部部长张湘涛，市委常委、市委秘书长陈献春，市人民政府副市长夏建平，市委宣传部副部长、文明办主任郑力虎等领导出席集中宣传活动并带头在“我承诺、我履行、我带头”签名板上签名。（钟玲俐）

【城乡环境卫生整洁行动讨论暨农村创卫工作培训班】 5月28—29日，组织举办2014年城乡环境卫生整洁行动讨论暨农村创卫工作培训班，各区、县（市）爱卫办人员及50余个乡镇（街道）分管负责人及爱卫办（整治办）主任等130余人参加培训。省爱卫办副主任徐小生、省卫生监督局主任医师曹朝晖、省环境卫生协会秘书长张建及市爱卫办有关专家分别就城乡环境卫生整洁行动、城镇公共场所卫生管理与食品安全、城镇环卫工作以及农村卫生创建工作规范等方面进行培训。（钟玲俐）

基层卫生

【概况】 一、夯实基层卫生服务网络基础。1. 强化社区卫生服务中心建设。2014年，确定社区卫生服务中心建设项目7个，总建设面积1万平方米，投资2437万元，市级财政安排资金350万元。将建设项目年度目标完成情况纳入市政府对区、县（市）政府，市卫生局对区、县（市）卫生局年终绩效考核。2. 加强基本医疗设备的配备。按照适宜适用，符合基层医疗卫生机构设备配备标准的原则，采取经费补助的方式引导基层医疗机构配备基本设备。2014年，市级财政补助基层医疗机构设备经费450万元。3. 完善基层卫生信息化建设。按照省卫生计生委关于100%的区县、100%的乡镇卫生院、100%的村卫生室全面安装和运用农村卫生信息系统要求，基本完成基层卫生信息化建设任务，实现基本公共卫生服务、基本医疗服务等信息互联互通。

二、规范基层卫生服务行为。1. 加强乡村卫生一体化管理。实施村卫生室“六统一”管理，即由乡镇卫生院对村卫生室的人员、行政、业务、药械、财务和绩效考核等统一管理，乡村医生在不改变农（居）民身份的前提下，由乡镇卫生院聘用为村卫生室医务人员，作为乡镇卫生院一个独立序列进行管理。2. 开展对社区卫生服务站的专项检查。共抽查社区卫生服务站24个，强化社区卫生服务站的职能职责，促进基本公共卫生服务在站的落实，规范基层医疗机构服务行为。3. 提升基层卫生服务水平。进一步强化满意度测评工作，全市城乡居民对基层医疗卫生机构服务满意度不断上升，由原来不到70%上升到90%以上。

三、提升专业人员技术水平。制定下发《长沙市2014年中央补助社区卫生人员培训项目实施方案》《长沙市2014年农村卫生人员培训项目实施方案》。2014年，全市组织完成基层卫生人员培训7086人次。

四、探索基层运行管理新模式。1. 推行团队签约服务。全市已建立全科医生服务团队500余个，通过深入家庭、上门服务、主动服务等强化基层医疗卫生服务。全面试点推行乡村医生签约服务，通过宣传发动，优化服务。全市签约农户49.77万户，签约人口191.62万人，签约率50%。2. 继续试点基本公共卫生进社区。在2013年开福区清水塘、望麓园街道12个社区试点的基础上，要求总结经验，继续扩大试点范围，并纳入市委经济体制改革项目。该项试点正常推进，开福区扩大试点区域，并探索社区卫生、计生联合落实基本公共卫生服务工作。芙蓉区等区县也选择部分街道社区开展试点工作。

五、强化对口支援工作。完善“手牵手”帮扶，强化对口支援工作。全市共派遣296名专业人员到乡镇卫生院和社区卫生服务中心开展坐诊查房、业务指导、推广适宜技术。同时上级医院为基层专业人员提供培训和进修任务。（廖　凯）

妇幼保健

【概况】 2014年，全市孕产妇死亡率控制在9.29/10万，5岁以下儿童死亡率5.56‰。产前筛查率96.29%，新生儿疾病筛查率97.85%，新生儿听力筛查率97.41%。各项重大公共卫生项目中叶酸服用率95.8%，艾（滋病）梅（毒）乙（肝）检测分别为97.29%、97.28%、97.26%，婚前医学检查率90.85%，农村孕产妇住院分娩补助率100.15%。

一、保障孕产妇生命安全。1.实行《妊娠风险预警分类管理》，继续开展危重孕产妇评审，实现孕产妇死亡防控关口前移。2.进一步完善流动孕产妇的管理。流动孕产妇管理一直是孕产妇管理中的薄弱环节，为保证流动孕产妇享受同等的妇幼保健服务，全市将其纳入国家基本公共卫生服务和妇幼重大公共卫生服务目标人群，落实异地托管制度，实行专人专账管理。

二、全面提高产科质量。为切实降低全市剖宫产率，提高产科质量，减少出生人口缺陷，维护妇女儿童身心健康，通过多方协同，采取多种措施，全市剖宫产率逐年降低。2014年，长沙市剖宫产率下降3.9个百分点，其中长沙县与望城区下降力度最大。注重剖宫产信息质控，对在剖宫产数据上弄虚作假的单位予以停业整顿、限期整改，直到取消助产技术的处理。

三、重大公共卫生项目稳步推进。农村妇女“两癌”检查项目及妇女病普查工作成效显著。宁乡、长沙、浏阳三个“两癌”项目县，完成宫颈癌检查112841人，乳腺癌检查6128人，超额完成省卫生计生委下达的年度任务。非项目县按照“两癌”检查标准进行妇女病检查，全市妇女病普查650140人次，其中农村妇女病普查335597人次，完成农村妇女病检查的98.4%。巩固孕妇服用叶酸的健康行为，全市增补叶酸知识知晓率90%。

四、儿童保健管理力度不断加强。以儿童保健服务合格县（市）区创建工作为契机，促进儿童保健工作全面开展。芙蓉区、天心区、开福区、长沙县、宁乡县5个区县通过了儿童保健合格县市级评审，向省卫生计生委提出复核申请。全市儿童保健手册下发率、儿童保健手册使用率均达100%。婴儿死亡率3.35‰、5岁以下儿童死亡率5.56‰。

五、出生缺陷干预工作取得成效。对全市开展产筛及新筛工作的医疗保健机构进行质控并组织相关培训，共筛查孕妇55741人，筛查阳性数2836人，其中染色体高风险2705人，NTD高风险131人，脐血产前诊断异常核型12例，无创产前诊断799例，确诊异常核型16例；地中海贫血筛查与诊断13612例，阳性人数1595例；地中海贫血基因诊断1605人，确诊1035例；产前诊断9例，确诊地贫胎儿7例。

（廖　凯）

疾病预防控制

【概况】2014年，疾病预防控制与卫生应急工作坚持“抓好重点疾病、重点地区、重点人群”及“平战结合”的防控应对策略，进一步加强体系建设，理顺工作机制，落实各项工作措施，取得较好成绩。

一、成功应对H7N9疫情。1月，人感染H7N9禽流感疫情防控形势十分紧迫，任务艰巨，责任重大。市卫生局成立专项工作组，加强力量，加班加点，做到防控工作“天调度、天处理、天报告”，市疾控中心全面加强备战，疫情处置机动队24小时响应，实验室检测工作24小时不间断。加强与工商、畜牧部门的联防联控，并以市政府名义对上做好工作对接，对下做好工作督查，全面落实疫情防控措施。长沙市未发生本地感染的人感染H7N9禽流感病例，最大程度保障市民群众的健康安全、维护经济发展及社会稳定。

二、科学应对埃博拉疫情。2014年，全市共报告埃博拉疫情留观病例4例，均排除埃博拉感染。1.监测到位。省、市、县3级联合行动，信息共享，卫生、教育、公安等部门密切协作，对所有来自疫区人员开展追踪与健康监测，每天对其进行医学观察，出现发热症状后，立即按规定逐级报告。全市累计对近200名来华（归国）人员进行健康监测。2.处置到位。疾控机构迅速完成流行病学调查和消毒处置等工作。“120”急救中心第一时间将病例转运至定点医院，进行单人单间隔离治疗。并按要求采集标本送国家疾控中心检测、排查。3.救治到位。明确市一医院为定点救治医院，市一医院成立临床专家组，积极采取抗疟疾、抗病毒、抗细菌等治疗措施，全力做好病例的生活安排，确保隔离治疗顺利开展。4.后续跟踪到位。认真组织开展对留观病例密切接触者的医学观察，每天上午、下午各监测一次体温，询问身体状况，并要求接触者出现异常及时报告，确保疫情防控不留死角。全市未出现因埃博拉疫情导致的重大负面影响事件。

三、打造长沙卫生应急品牌形象。卫生应急示范区创建工作深入推进。天心区、浏阳市、宁乡县继续巩固加强“湖南省卫生应急综合示范县市区”相关基础性工作，天心区积极发挥“国家卫生应急综合示范县市区”的引领作用，创新、完善各项应急工作机制。2014年，参加省卫生厅、省人力资源和社会保障厅、省总工会联合主办的全省突发事件卫生应急技能竞赛，长沙市获团体第一、突发传染病事件应急处置团体第一等4项团体奖和7项个人奖的好成绩，其中一名选手被授予“湖南省五一劳动奖章”“湖南省技术能手”称号。

四、加强示范区、项目区的创建。1.成功申报第三轮全国艾滋病综合防治城市示范区，积极推进芙蓉区、天心区、开福区3个区的各项示范区工作。2014年顺利完成艾滋病防治五年战略规划编制工作。2.芙蓉区顺利通过国家慢病综合防控示范区的创建评审，宁乡县、长沙县成功创建省级慢病综合防控示范区。3.完成“城市癌症早诊早治项目”工作，全市共对44747名符合项目规定条件的居民开展癌症高危评估问卷调查，共完成临床免费筛查10168例次，整体任务完成率达101.68%。4.适龄儿童口腔干预窝沟封闭项目有序推进。

五、推进健康教育媒体平台的建设。1.在《长沙晚报》每周二的健康版开辟半个版面创办《健康长沙周报》，每周一在《长沙晚报》A版设立《一周健康预报》，专栏刊登健康知识、专科知识、名医名科等内容，普及医学与健康常识，引导市民合理就医、科学就医。2.与长沙电视台新闻频道合办《医本正经》专栏，采取专家访谈、现场采访、讲故事等形式，传播医学科普知识，推荐简单、实用的养生、保健方法。3.与湖南电台新闻综合频道合办《轻松活过100岁》之“健康长沙”，采取演播室专家访谈、热线咨询等形式，倡导健康生活方式，开展重点卫生日宣传、重点疾病防控。

2014年，共推出上述专栏约150期。

六、加强血吸虫病地方病防治。2014年，全市实际完成查螺3007.53万平方米，查螺完成率115.23%，未查到钉螺；完成药物灭螺（蚴）681.06万平方米，完成率119.48%，环改灭螺161.96万平方米。（廖　凯）

卫生监督执法

【概况】2014年，全市卫生监督工作以保民安康为宗旨，以高效执法为手段，以队伍建设为保障，认真履行卫生监督工作职责，扎实保障人民群众健康安全，全面完成年初各项即定任务：

一、全面开展卫生监督协管服务工作。建立定期培训制度、巡查制度、督查制度、信息报送制度等各项管理制度，对卫生监督员进行聘任前的培训和在岗时定期培训。同时，定期巡查与督查，及时报送协管信息，并纳入基本公共卫生服务考核体系，根据绩效考核结果，拨付相关公共卫生经费。全市选聘卫生监督协管员352名，卫生监督协管服务覆盖率100%。

二、开展食品安全餐饮环节监管。1. 打击食安违法行为。共组织开展两节两会、学校和学校周边、肉及肉制品、散装食用油及地沟油、上海福喜问题产品、早餐店等10余次餐饮服务食品安全专项整治行动。出动卫生监督执法人员1500余人次，检查餐饮服务单位950余家次，立案处罚49家，处罚金额24万余元。2. 保障重大活动安全。全年完成省市人大政协会议、高考、第八届中国—拉美企业家高峰会、科交会、中央领导到湖南考察等40余次重大活动的餐饮食品安全保障工作任务。对每一次重大活动，均制定方案、事前评估、全程监督、快速检测等措施，做到饮食安全万无一失，得到上级领导及有关部门的肯定和好评。3. 排除食品安全隐患。在春节、重大活动保障及日常监管工作中，在餐饮服务环节共抽检食品1823批次，其中定量检测105批次，快速检测1718批次。定量检测的105批次样品，合格率90.47%；快速检测的1718批次样品，合格率99.77%。4. 构建诚信体系。加强餐饮企业的信用体系建设，建立诚信“红黑榜”发布制度。全市评选并发布诚信企业57家，失信企业37家。全力推进餐饮服务食品安全量化分级管理，市直管评定优秀等级单位（A级单位）123家，良好等级单位（B级单位）353家，量化分级实施率100%。

三、加强生活饮用水和传染病防治监督。全年检查二次供水单位98家（次），对二次供水单位的水质监测合格率92%。深入社区、学校、农村，为人民群众开展水质快速检测195次。为预防和控制H7N9禽流感的传播，对11家局直医院、10家疾病预防控制机构和7家市直管学校进行人感染H7N9禽流感防控监督检查。开展游泳场所专项检查及公共场所控烟专项监督检查和公共场所卫生监督监测工作，全市共监测人工游泳池水质144份样品，住宿场所顾客用品用具986份样品，公共场所空气质量93份样品，集中空调通风系统45份样品。

四、开展职业卫生、放射卫生监督。做好职业卫生和放射卫生重点监督检查计划，职业病诊断机构市级覆盖率和职业健康检查机构县覆盖率均100%。全年累计完成职业健康体检人数6.87万人，累计报告职业病55例，其中尘肺49例（含）、中毒1例、噪声聋4例、中暑1例。培训放射卫生工作人员184人，对全市295家放射诊疗单位进行日常监督检查。对3家不合规范的医疗机构进行立案查处，进一步规范放射诊疗工作的管理，保证医疗质量和医疗安全。（廖　凯）

医政管理

【概况】2014年，医政工作以医疗质量和医疗安全为主要目标，围绕公立医院改革、服务能力建设、规范服务行为、和谐医患关系等方面开展工作。

一、加强医疗服务能力建设。1. 开展优质护理服务。深化“以病人为中心”的服务理念，将“三好一满意”活动、“十项便民惠民措施”与医院优质护理服务示范工程相结合。在7家市直三级医院优质护理服务全覆盖的基础上，23家二级医院均实施优质护理服务，全市二、三级公立医院实施优质护理病房均达100%。2. 积极推进医师多点执业。全市试行医疗集团内部、协议帮扶医院间多点执业，根据长沙市《关于进一步鼓励和引导社会资本举办医疗机构的实施意见》文件相关内容，抓紧制定长沙市医师多点执业的暂行管理办法，促进优质资源在一定区域内合理流动。

二、规范医疗服务行为。加强医疗执业专项督导。全年开展“2014年春节前医疗质量及医疗安全工作检查”“全市180余家口腔诊所及门诊部的专项检查”“全市140余家二级及以下医院、医学检验所和中医坐堂医诊所校验及检查评估工作”“全市19家三级医院（包括部省级医院）麻醉药品和第一类精神药品临床应用专项督查”等督导检查。管理水平稳步提高，医疗服务质量明显提升，医疗执业行为进一步规范。推动医疗临床合理用药。积极推进国家基本药物制度，三级、二级公立医院的基本药物使用量比例较2013年分别提高5%、10%。继续推行各级各类医疗机构合理使用抗菌药物，加强临床用药监测，落实抗菌药物临床应用各项控制指标，巩固抗菌药物临床应用专项整治工作成效，探索建立长效监管机制。

三、维护医疗秩序。1. 做好医疗纠纷化解工作。大力推进人民调解进医院工作，在省会58所二级以上医院建立调解室，全面开展医疗纠纷调解工作，形成由医院调解室、乡镇街道人民调解委员会、区、县（市）医疗纠纷人民调解委员会组成的医疗纠纷人民调解工作网络。2. 加强医疗机构安全防范能力。建立“警医联动”机制。2014年，完成13所部（省）属医院和12所市、县级医院警务室建设，专职民警和辅警配备到位。3. 规范院前急救和医疗转运秩序。市卫生局、市公安局、市交通运输局等五部门制定《关于进一步整顿规范医疗转运及院前急救秩序的工作方案》，开展3次专项整治行动，查处车辆近20台，抓获移送执法部门非法车辆6辆。积极推动出台规范急救秩序的地方性法规，规范院前急救秩序。

四、其他日常工作。全年接收信访投诉近200件，接待上访人员近100人次。顺利完成2014年度执业医师（助理）资格考试报名、资格审查、实践技能考核和综合笔试等各项工作。

长沙考点获评“省卫生厅全能优胜考点”。全年共完成各类医疗保障重大活动的医疗保障和突发公共事件的医疗救治31次，派出车辆35台次，派出医护人员70余人。完成团体预约献血3.7万余人次，比原计划超额完成7%；完成无偿献血近14万人次，采血48余吨，全年无重大血液质量安全事故。

（廖　凯）

医学科研

【概况】 2014年，卫生科教工作坚持“科教兴医，人才强院”的工作方针，积极开拓创新，圆满完成各项工作任务。

一、开展新一轮医学重点专科建设。制定下发《长沙市卫生局关于开展全市新一轮医学重点学（专）科建设项目的通知》，重新修订《长沙市医学重点学（专）科建设管理实施办法》，进一步完善重点专科建设对象、建设标准、申报条件、评审规则以及淘汰机制等。结合医院发展定位及专科优势，市、县二级公立医院、部分民营专科医院和优质乡镇卫生院等17家单位共申报新一轮建设专科63个。

二、加强医学高端人才海外培训。根据《长沙市中长期人才发展规划纲要（2010—2020年）》，围绕培育学科领军人才和打造医学尖端团队，进一步开发海外优质教育培训资源，积极联系海外高端学府和知名医疗科研机构，加快海外高端医学培训基地建设步伐。确立在美国加州州立大学旧金山分校及旧金山州立大学建立海外培训基地。7月，经市直医疗卫生单位考核，市卫生局择优选拔，确定第一批重点培训对象25人。

三、建立住院医师规范化培训新机制。长沙市中心医院被认定为国家首批住院医师规范化培训基地，市一医院、市妇幼保健院、市口腔医院、长沙爱尔眼科医院被认定为协作医院，确认专业基地38个。长沙市作为地区代表，在全省住院医师规范化培训工作大会上进行经验介绍。

四、加强学习交流活动。成功举办“星城国际大讲堂”——中美医学新技术进展及医学发展策略研讨班。成功举办中部六市医学会2014年度检验学术年会。发起举办首届长江中游城市群省会城市医学合作联席会议。组织市直7家医院负责人、中层管理人员共15人赴台湾交流学习。

五、开展教育和科技特派员活动。做好卫生技术人才培训统筹。落实好科技特派员对口帮扶工作。进一步健全完善科技特派员支援基层举措，建立科学规范的帮扶长效机制。市直单位共选派30名高年资主治医师开展为期1年的对口支援工作。

六、医疗援外工作。2014年，积极组建医疗专业团队，从全市二、三级公立医院推荐人员中择优选拔7名热心援外工作、专业技术精湛、医学知识丰富、执业操守强的高年资主治医师和副主任医师，涵盖内科、外科、医学影像等非洲急需的专业医疗技术资源。

（廖　凯）

中医药事业

【概况】 2014年初，下发《关于2013年全市实施基层中医药服务能力提升工程情况的通报》《关于申报2014年基层中医药提升工程建设项目单位的通知》等相关文件。协调市财政局拨付500万元预算经费建设100个社区卫生服务中心和乡镇卫生院的中医药综合服务区。12月，对全市100家基层医疗机构中医药综合服务区建设情况进行督查，超额完成年度目标任务。市中医医院对口扶贫支农3家县级医院，下派医生15名。11月，对全市18家中医坐堂医诊所进行年度校验。

（廖　凯）

资料

长沙市2014年传染病
与突发公共卫生事件监测年报

一、疫情概况

2014年，经中国疾病预防控制信息系统报告统计，现住址为长沙市的法定甲乙类传染病共19种17106例，死亡54例。无甲类传染病报告，甲乙类传染病年发病率、死亡率、病死率分别为235.68/10万、0.74/10万、0.32%。丙类传染病7种44261例，死亡5例，发病率、死亡率、病死率分别为609.82/10万、0.069/10万、0.01%。

1. 发病、死亡顺位。甲乙类传染病发病数居前十位的病种为：肝炎（6356例）、肺结核（4872例）、梅毒（3605例）、淋病（754例）、痢疾（503例）、猩红热（434例）、麻疹（201例）、艾滋病（181例）、出血热（87例）、伤寒+副伤寒（49例）（见图1），共占总病例数的99.63%。死亡数顺位依次为：肺结核24例、艾滋病24例、狂犬病4例、疟疾1例、人感染H7N9禽流感1例。丙类传染病发病数顺位为：手足口病34806例、其他感染性腹泻4526例、流行性腮腺炎3500例、流行性感冒1143例、急性出血性结膜炎213例、风疹71例、斑疹伤寒2例。死亡5例，均为手足口病（见图1）。

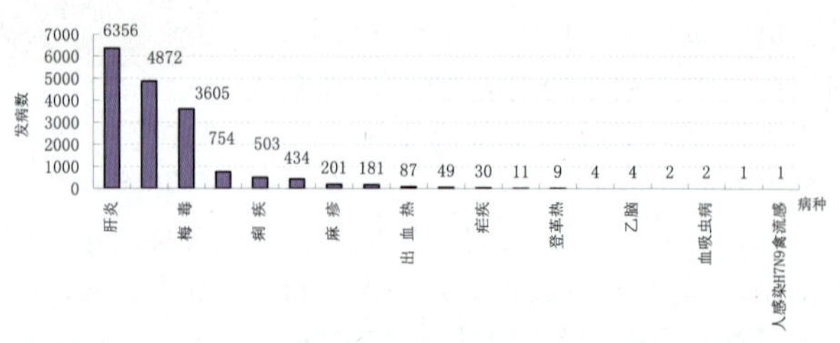

图1　长沙市2014年甲乙类传染病发病数统计

2. 不同传播途径传染病构成。从不同传播途径传染病构成比看，呼吸道传染病（5510例）、血源及性传播疾病（10607例）、肠道传染病（841例）、虫媒及自然疫源性疾病（148例），分别占总病例数的32.21%、57.84%、4.92%、0.87%，无新生儿破伤风（见图2）。死亡构成为呼吸道传染病25例、血源及性传播疾病24例、虫媒及自然疫源性疾病5例，分别占总死亡数的46.30%、44.44%、9.26%（见

图 3）。

与 2013 年比较，发病率均呈下降趋势：呼吸道传染病下降 14.23%、虫媒及自然疫源性疾病下降 47.14%、肠道传染病下降 31.12%、血源及性传播疾病下降 2.45%。

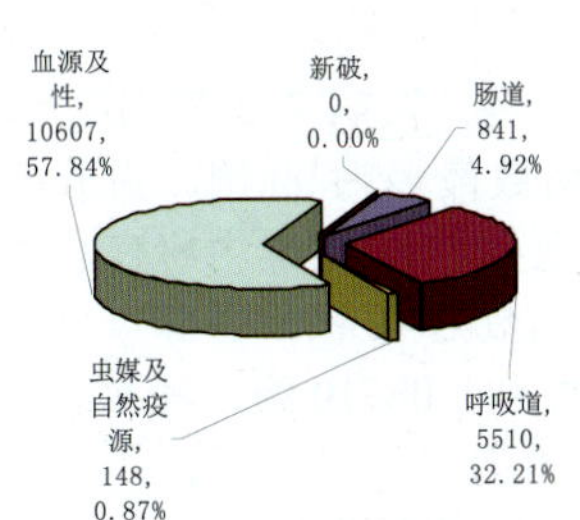

图 2 长沙市 2014 年甲乙类传染病分类构成比（%）

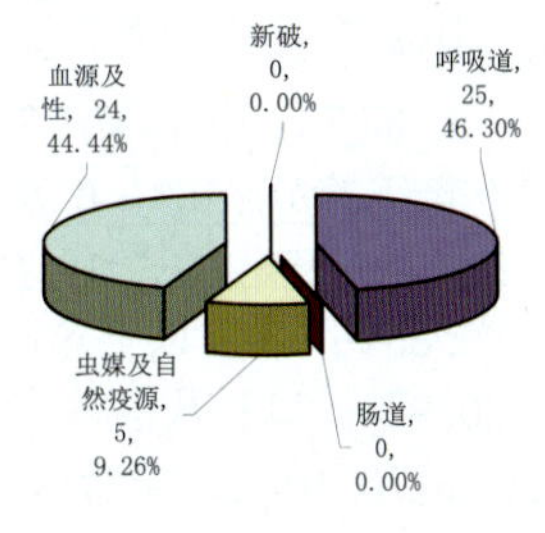

图 3 长沙市 2014 年甲乙类传染病死亡构成比（%）

3. 传染病发病、死亡特点。甲乙类传染病中无发病的病种为霍乱、鼠疫、传染性非典型性肺炎、脊灰、炭疽、白喉、新生儿破伤风、流脑、钩体病。与 2013 年相比：总发病率下降了 9.90%，死亡率增长 21.51%，病死率增长 35.04%。发病率较 2013 年上升的病种为艾滋病、乙肝、登革热、细菌性痢疾、伤寒、副伤寒、百日咳、猩红热、淋病；其他病种发病率均有不同程度的下降。死亡病种为肺结核、艾滋病、狂犬病、疟疾。丙类传染病中无发病的病种为黑热病、包虫病、丝虫病、麻风病。与 2013 年比较，总的发病率增长 50.20%，死亡 5 例（均为手足口病死亡，2013 年无死亡病例）。其中手足口病、流感、流行性腮腺炎发病率有所上升，其余病种均有所下降。

4. 长沙市疫情与全国、全省疫情比较。长沙市 2014 年甲乙类传染病发病率为 235.68/10 万，高于全国 226.98/10 万，低于全省 246.90/10 万发病率水平（见图 4）。

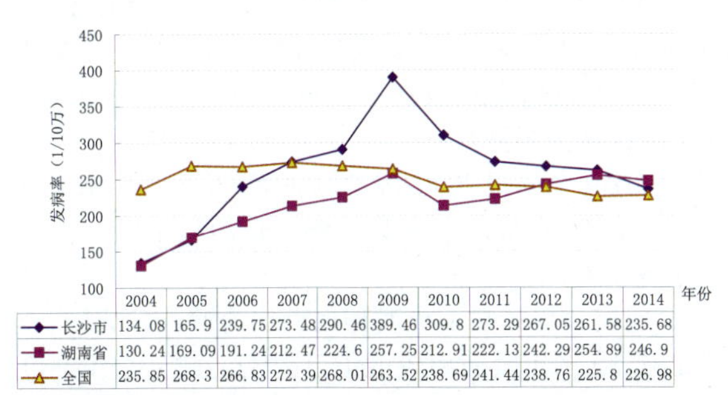

图 4 2004—2014 年长沙市甲乙类传染病发病数与全国、全省比较

二、甲乙类传染病流行病学分析

1. 地区分布：全市各区、县（市）甲乙类传染病发病率最高的是浏阳市，为 386.39/10 万，发病率最低是长沙县，为 159.40/10 万（见图 5）。高于全市平均发病率水平的为浏阳市、宁乡县。其中内 5 区发病率 199.50/10 万，其他 4 个区、县（市）发病率 262.94/10 万。与上年比较，发病率各地区均有不同程度的下降（见图 6）。

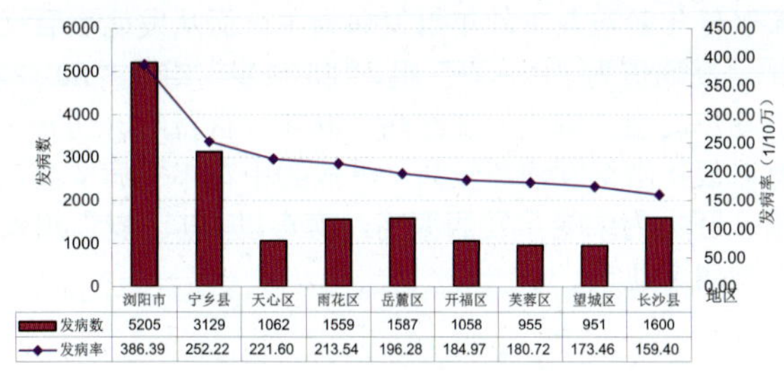

图 5 长沙市 2014 年各地区甲乙类传染病发病数、发病率统计

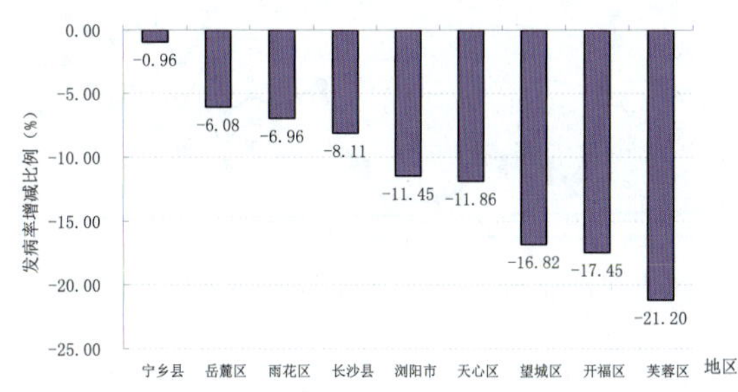

图 6 长沙市 2014 年与 2013 年发病率增减统计（%）

2. 时间分布：从 1—12 月疫情分布看，发病曲线（见图 7）基本平滑（2 月份春节发病数略低）。

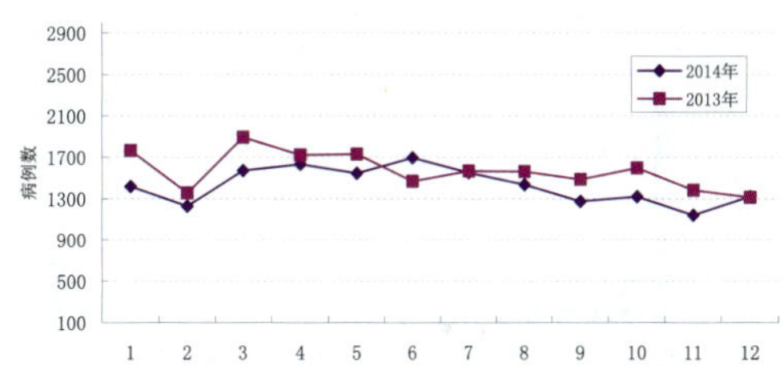

图 7 长沙市 2013、2014 年甲乙类传染病分月统计

3. 人群分布：

3.1 性别：17106 例甲乙类传染病病例中，男性 10442 例，女性 6664 例，男女比例 1.57:1。除梅毒、副伤寒女性病例多于男性病例、1 例人感染高致病性禽流感和 1 例人感染 H7N9 禽流感均为女性外，其余病种男性病例均多于女性病例。

3.2 年龄：从发病数看（见图 8），“0 ～ 9 岁”低年龄组以“0 ～岁”组发病数最多，“10 ～岁”以上年龄组中，“25 ～岁”组为发病高峰；在发病前 5 位病种中，肺结核以中老年发病为主，肝炎、梅毒、淋病以青壮年发病为主，

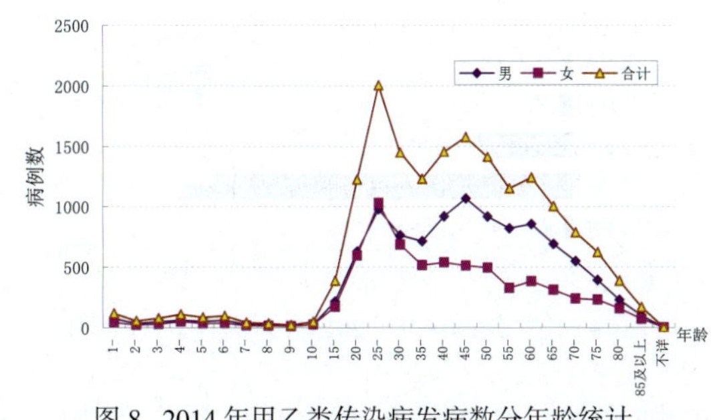

图 8 2014 年甲乙类传染病发病数分年龄统计

痢疾以低年龄组及青壮年组发病为主。而从发病率看（见图9），高峰值为“0～岁”组、“25～岁”组及“50～岁”以上高年龄组。痢疾、猩红热、麻疹、百日咳、伤寒+副伤寒以低年龄组发病率较高，淋病为中青年发病率高，肺结核、肝炎为中老年发病率高，梅毒以“0～岁”组及老年组发病率高。

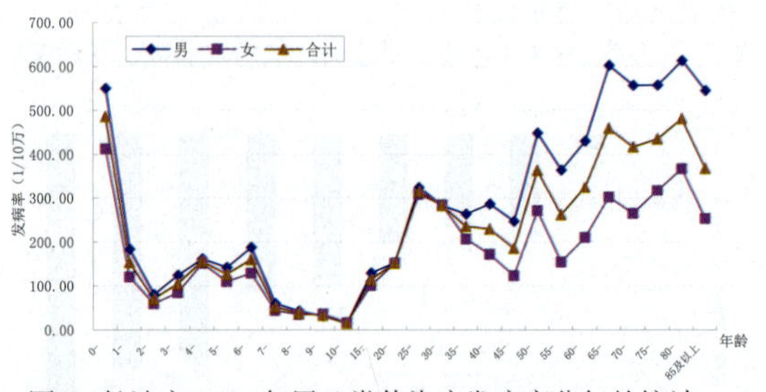

图9 长沙市2014年甲乙类传染病发病率分年龄统计

3.3 职业：农民发病最多，为7835例，占病例总数的45.80%。其次为家务及待业、离退人员，发病数分别占总数的11.32%、5.82%；学生、散居儿童、托幼儿童共发病1446例，占总数的8.45%（见图10）。

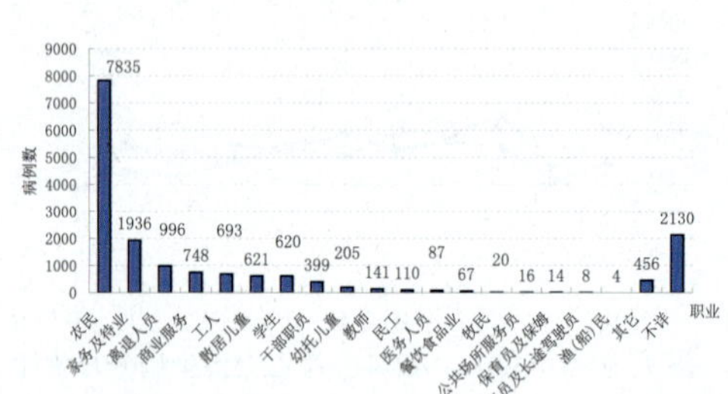

图10 长沙市2014年甲乙类传染病发病率分职业统计

三、重点疫情分析

1. 肝炎：报告发病6356例，无死亡。其中甲肝89例、乙肝4948例、丙肝1119例、戊肝123例、未分型77例。发病率87.57/10万，与上年比较增长3.69%，发病率位于全市传染病首位。除乙肝、未分型肝炎发病数有所上升外，其他各型肝炎较上年均有所下降（见图11）。发病率最高的地区为浏阳市（173.19/10万），其次为宁乡县（92.05/10万）、岳麓区（81.13/10万）。男女比例1.64:1，25～29岁发病数最多。

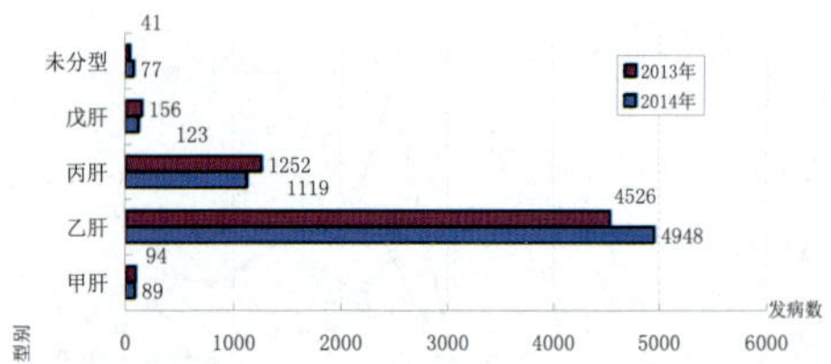

图11 长沙市2014年、2013年肝炎各型发病情况

2. 肺结核：全年发病4872例，死亡24例，其中涂（+）1563例、菌（-）3014例、未痰检262例、仅培阳33例。发病率67.13/10万，居全市传染病发病率第二位，较上年下降10.67%。内5区发病率54.77/10万，其他4区、县（市）发病率76.43/10万。以宁乡县发病率最高为91.65/10万，其次为浏阳市81.88/10万、望城区67.61/10万；职业以农民（2710例）发病为主，占该病发病总数的55.60%。年龄以15～岁以上成年人发病为主，男女比例1.57:1。

3. 麻疹：全年麻疹发病201例。发病率2.77/10万，较上年下降67.10%。0岁组发病数最多为99例，占麻疹总数的49.25%；1～14岁组发病数为60例，占麻疹总数的29.85%；15岁以上年龄组发病数为42例，占麻疹总数的20.90%。以长沙县发病率最高为4.08/10万，其次为天心区3.76/10万、芙蓉区3.60/10万。

4. 痢疾、伤寒/副伤寒：本年痢疾报告病例503例，其中1例阿米巴性痢疾、502例细菌性痢疾，发病率6.93/10万，较2013年下降44.10%。发病率最高的地区为浏阳市19.75/10万，其次为岳麓区16.70/10万、雨花区4.11/10万。伤寒+副伤寒病例49例，其中伤寒44例、副伤寒5例；发病率0.68/10万，较2013年增长24.40%。

5. 淋病、梅毒、艾滋病（HIV）：全市法定性传播传染病共发病4540例，占总甲乙类传染病发病数的26.54%。其中淋病754例、梅毒3605例、艾滋病181例（死亡24例，另有HIV感染者546例，死亡19例）。3种病中梅毒发病率较上年有所下降，艾滋病、淋病发病率有所上升。梅毒、淋病、艾滋病发病率分别位居传染病发病的第三、四、八位。

6. 猩红热、百日咳、流脑：该3种病种为全市除肺结核、麻疹外主要的呼吸道传染病，猩红热报告病例434例、百日咳报告病例2例、流脑无病例，猩红热发病率与上年比较增长133.54%，百日咳比上年增加1例，2013年流脑报告1例。猩红热发病最多的地区为长沙县170例，占所有病例的39.17%。主要发病的年龄组为3～7岁。

7. 流行性出血热、钩体病、狂犬病、乙脑：该四种自然疫源性疾病病例主要分布在农村。流行性出血热报告病例87例；无钩体病报告；狂犬病4例，均死亡；乙脑4例。与2013年比较出血热发病率下降了50.78%；狂犬病减少2例、乙脑减少3例。

8. 布病：全年报告11例本地病例，发病率0.15/10万，无死亡。病例分布在宁乡县7例、长沙县2例、芙蓉区、岳麓区各1例。

9. 疟疾、登革热：该两种病种均为输入性病例。全年报告疟疾30例，发病率较上年下降41.76%；登革热9例，比上年增加7例。两种疾病病例均为出国、外地务工回国人员。

10. 人感染H5NI和H7N9禽流感：全年报告人感染H5NI禽流感和人感染H7N9禽流感病例各1例。分别为雨花区和芙蓉区的病例。

11. 手足口病：全年长沙市共报告手足口病例34806例，报告发病率479.55/10万，较上年增长76.07%，为丙类发病率首位。重症病例26例，5例死亡病例。实验室诊断病例412例，其中118例为EV71阳性、103例为Cox16阳性、191例为其他肠道病毒阳性。死亡病例均为EV71阳性。病例主要为散居儿童（27963例），占报告病例总数的80.34%；幼托儿童（5992例）占报告病例总数17.22%。3岁及以下年龄组发病（29343例）占报告病例总数的84.30%。

12. 流感：共报告病例1143例，发病率15.75/10万，发病率较上年增长38.69%。从分月发病情况看（见图12），发病高峰在1—3月和6—7月。

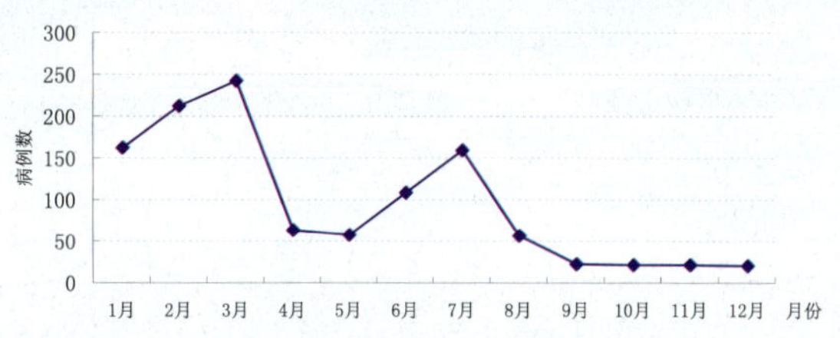

图12 长沙市2014年流感分月发病情况

13. 流行性腮腺炎：全年报告病例3500例，发病率48.22/10万，较上年增长4.42%。全年报告7起流行性腮腺炎的突发公共卫生事件，均为学校，长沙县3起、芙蓉区2起、雨花区和望城区各1起。

14. 其他感染性腹泻：全年报告病例4526例，发病率62.36/10万，较2013年下降10.27%，发病以学生及儿童为主。位居丙类传染病发病率第二位。

15. 急性出血性结膜炎：全年报告病例213例，发病率2.93/10万，较上年下降12.49%。

四、突发公共卫生事件

1. 基本情况。2014年，全市共报告突发公共卫生事件13起，发病人数474例，无重症及死亡病例。均为一般事件的传染病疫情，其中丙类传染病8起，其他类传染病5起。事件分型。13起传染病疫情中，水痘疫情5起，流行性腮腺炎疫情7起，其他感染性腹泻疫情1起。疫情有12起发生于中小学，1起发生于幼儿园。事件分布。时间分布：发生起数最多的月份为12月和11月，分别发生5起和3起。其次为4月发生2起，1月、5月、10月各发生1起，其余月份未发生事件。地区分布：报告起数最多的地区为长沙县，共报告5起，其次为浏阳市3起，芙蓉区2起，宁乡县、望城区、雨花区各1起，天心区、岳麓区和开福区无突发公共卫生事件报告。

2. 主要特点。2014年，全市发生的突发公共卫生事件均为传染病疫情，共涉及3种传染病。其中12起为呼吸道传染病，1起为肠道传染病。疫情发生波及人群均为学生，事件发生场所有12起为中小学，1起为幼儿园。全年报告的突发公共卫生事件中未出现死亡和重症病例。2014年无较大级以上突发公共卫生事件。未报告职业中毒、环境因素、预防接种、服药、医源性感染、意外辐射照射等突发公共卫生事件。

五、疫情报告质量及漏报调查情况

根据省疾控中心应急办每月对传染病疫情报告工作的评价、通报，全市整体质量良好。全市法定传染病报告质量评价综合率99.98%，传染病诊疗机构网络正常运行率100%、及时报告率99.96%、及时审核率99.97%，无重卡。全年全市未及时报告卡44例、未及时审核卡27例。

为提高工作质量，各区、县（市）疾控中心每月对重点及存在问题的医疗机构进行督导和查漏，每年开展2次疫情漏报调查，督导和调查范围全年覆盖所有医疗机构。市级每月对疾病监测报告信息质量进行检查评价，并根据湖南省疾控中心的要求于2014年10月11—29日对全市27家医疗机构进行了一次传染病报告管理工作的督导和漏报调查。

区县调查结果显示：全市共查医疗机构518所次，查阅病例2800071例，查出法定甲乙丙类传染病例数6724例，漏报365病例，漏报率5.43%；查出其他传染病例数553例，漏报23病例，漏报率4.16%。

市级对医疗机构传染病疫情漏报调查显示：调查共抽取1所省级综合医院、3所市级综合医院、3所县级综合医院、1所职工医院、1所部队医院以及18所卫生院（社区卫生服务中心）共27所医疗机构。共查出法定甲乙丙类传染病543例，漏报45例，漏报率8.29%；迟报26例，迟报率4.79%。（廖 凯）

体 育

责任编辑：吴丫丫

【概述】 2014年，市体育局完成全年各项目标任务，体育事业各方面取得长足的发展。

一、全民健身运动。1. 推进全民健身场地建设。2014年，为民办实事全民健身工程市区两级投资1.16亿元，建设篮球场368处、室外乒乓球场428处、健身路径563处、室内健身房40个。完成第六次全国体育场地普查和体育事业统计工作。统计显示，截至2013年12月底，全市体育场地（除不列入统计的健身广场外）总数9587个，体育场地总面积1040万平方米，人均体育场地面积1.44平方米。2. 培育全民健身品牌活动。创新活动形式，突出各区、县（市）以及各体育单项协会的主体作用，举办第三届长沙市全民健身节，历时10个月，吸引40万余群众参与。“全民健身挑战日——美丽湘江动起来”长沙站活动，全市共有19.5万人现场参与活动，占城市总人口比例2.77%，长沙获得关注率及参与总人数优胜。第48届春季马路赛跑，吸引省内外近万名长跑爱好者参与，成为长沙市全民健身的标志性品牌。户外体育休闲活动、世界杯球迷狂欢活动、都市高手·网动星城——同城约战赛、为爱同行健步走等群众体育活动在社会上引起强烈反响。3. 体育行业协会作用凸显。与市民政局联合出台《长沙市体育类社会团体评估办法》，开展体育类社会团体评估工作，加强体育类社会团体规范化、社会化、实体化建设。老年人体育协会举办的市第八届老年人运动会、市体育舞蹈协会举办的长沙市“恒广·国际景园杯”体育舞蹈大赛、木兰拳协会开展的健身展示暨祝寿活动、桥牌协会举办的长沙市桥牌锦标赛、市垂钓运动协会组织的第一届俱乐部垂钓挑战赛等一批赛事活动的成功举办，让群众身边的体育社会组织在全民健身活动的开展上发挥更为重要的作用。4. 推进全民健身惠民服务。2014年，政府连续第六年购买服务，全市41家游泳场馆免费向中小学生开放，免费服务32.6万人次。在游泳场馆免费开放的基础上，开放政府所属体育场馆进行公益服务作为党的群众路线教育实践活动的重要整改措施，市体育局所属场馆贺龙体育中心、贺龙体育运动学校、长沙市体育训练竞赛管理中心以及浏阳市体育中心、宁乡县文体中心均定期向社会免费开放。截至12月底，五大体育场馆共计免费服务80万人次。5. 构建全民健身服务网络。全年全市共有行业协会、单项运动协会30个，民办非企业单位6个，全年全市先后举办健美操、体育舞蹈、太极拳等项目社会指导员培训，全市各级社会体育指导员1.5万名，社会体育指导员占总人口数2‰，为广大群众科学健身提供有效的指导。5—11月，开展国民体质监测工作，2014年，完成第四次国民体质监测工作任务，采集、提交近万个样本，形成《长沙市2014年国民体质监测报告》为了解市民体质状况和推进健康城市建设提供科学依据。

二、竞技体育实力。1. 组队参赛省运会。湖南省第十二届运动会上，长沙市组建体育代表团参加青少年组全部22个大项和成年组8个大项的比赛，共获金牌207枚，总分5737分。2. 后备人才培养。通过不断加强各级体育后备人才基地建设，全年培养输送的青少年人才达到国家一级运动员技术等级标准的90人，达二级标准的200余人，达到国家健将级的1人。长沙市中小学组队参加三年一届的全国中学生运动会获5枚金牌。长郡中学代表长沙市参加在四川宜宾举行的2014年全国第十一届CSBA高中女子篮球锦标赛获第三名；长郡中学羽毛球代表队代表中国参加在台湾举行的2014年世界中学生羽毛球锦标赛获女团银牌；长沙市培养输送体操运动员谭佳薪、谢玉芬参加第四十五届世界体操锦标赛获女子团体第二名，参加2014年第十七届亚运会获体操比赛女子团体第一名。3. 学校体育工作。以全市77个市级体育传统项目学校、19个省级体育传统项目学校和5个国家体育传统项目学校等体育特色学校为主，以点带面，进一步加强青少年体育俱乐部等青少年体育组织建设，全年全市创建7所以各学校为依托的青少年体育俱乐部；全市中小学生的身体素质普遍提高，2014年，全市初中升学体育合格率96.3%。4. 校园足球运动。通过组织开展各项校园足球活动，提高全市校园足球人口数量，长沙市青少年校园足球工作进展迅速。组织对全市各布点学校运动员进行网上注册，组织运动员参与中国足协和全国校足办组织的“大手拉小手中甲关爱校园足球行动”活动。在全省率先组织小学、初中、高中、大学四级校园足球联赛，共有52个学校的87支队伍共1100余名运动员参加各级联赛。选拔队伍参加全国及全省校园足球各级联赛和冬令营、夏令营等活动并取得优异成绩，其中雅礼雨花中学男子足球队获2014年湖南省校园足球总决赛初中组冠军、2014年全国校园足球联赛总决赛二等奖，该校的唐启润入选“中国校园足球希望之星U16队”，到德国参加2014年拜仁青少年杯足球赛。

三、体育产业发展环境。为满足人民群众多样化的健身需求，打造具有长沙地域特点和文化特色的体育产业，2014年，市体育局开始编制《长沙市人民政府建设现代体育公共服务体系三年行动计划（2015—2017年）》和《长沙市体育产业中长期发展规划（2015—2025年）》，经过充分调研、多次征求各单位意见、召开专家座谈会、专家论证会等环节，12月印发。上述两大政策是长沙体育产业以及建设公共体育服务体系的纲领性文件，对强化政府公共服务职能，促进体育产业快速发展具有重要意义。（张海舟）

9月3日，湖南省第十二届运动会在娄底开幕

群众体育

【体育场馆免费向社会开放】2014年，政府连续第六年购买服务，全市41家游泳场馆免费向中小学生开放，免费服务32.6万人次。在游泳场馆免费开放的基础上，市体育局所属场馆贺龙体育中心、贺龙体育运动学校、长沙市体育训练竞赛管理中心以及浏阳市体育中心、宁乡县文体中心均定期向社会免费开放，提高了体育场馆公共服务水平，收到良好的社会效果。（张智锋）

【社会体育指导员师资力量建设】2014年，长沙市区两级联动，开展社会体育指导员培训，开展排舞、气排球、广播体操、舞龙舞狮等10个项目的培训，共计培训社会体育指导员2277人。其中有2180人通过考核获得二级社会体育指导员证书。（张智锋）

【“全民健身挑战日——美丽湘江动起来”长沙站活动】10月18日，“全民健身挑战日——美丽湘江动起来”长沙站活动正式启幕，活动由湖南省体育局主办、长沙市体育局承办。湖南“全民健身挑战日——美丽湘江动起来”系列活动第1站在长沙市和衡阳市举办，长沙市的主会场为贺龙体育中心，分会场烈士公园、橘洲公园。活动从18日早上7时延续到下午15时，在组委会指定会场进行体育活动的所有人均可参加。工作人员使用数码采集器的科技手段，对长沙市、衡阳市在各自指定会场进行体育健身的人数做记录；组委会对两区通过扫描官方二维码关注活动的大众进行统计。活动以当天连续做30分钟以上体育活动的总人数，作为“总人数优胜”，以其占该市总人口比例作为“参与率优胜”。长沙市共有19.5万人现场参与活动，占城市总人口比例2.77%，长沙获得关注率及参与总人数优胜。（张海舟）

竞技体育

【2014年长沙市“可口可乐杯”校园足球联赛】“可口可乐杯”校园足球联赛是长沙市从2014年开始正式打造小学、初中、高中和高校校园足球四级联赛体系，是湖南省体育局重点打造的一项全省联动的青少年足球赛事，由长沙市体育局主办，湖南中粮可口可乐饮料有限公司全程赞助的一次校园足球赛。该联赛在9所高校、12所中学以及34所小学中展开，共分为小学（甲、乙）组，初中组、高中组，从6月份启动，历时半年，最终共有44所学校分别获一、二、三等奖。（张海舟）

【参加湖南省第十二届运动会】9月3日，湖南省第十二届运动会在娄底举办，长沙组建870人的体育代表团，参加青少年组全部22个大项和成年组8个大项的比赛。历时半个月，长沙代表团共获金牌207枚，总分5737分，获青少年组金牌总数、青少年组赛会金牌总数、青少年组团体总分、青少年组赛会团体总分、成年组金牌、成年组总分、体育道德风尚奖、运动员输送突出贡献奖8个第一名。

（张海舟）

【中国国家队与巴拉圭国家队男子足球邀请赛】10月14日，中国国家队与巴拉圭国家队男子足球邀请赛在长沙举行，该项赛事是2014年长沙举办的首场国际A级赛事。该场比赛到场观众3万人，中国国家队最终以2:1战胜巴拉圭国家队。（高宇波）

体育产业

【长沙市第六次全国体育场地普查】根据省体育局、教育厅、统计局、旅游局《关于在全省开展第六次全国体育场地普查工作的通知》（湘体字〔2014〕2号）文件精神，从2014年2月起至8月，在长沙市辖区范围内（军队、武警和铁路系统除外）开展第六次全国体育场地普查。统计显示，截至2013年12月底，全市体育场地（除不列入统计的健身广场外）总数9587个，体育场地总面积1040万平方米，人均体育场地面积1.44平方米。

（张海舟）

表 50　　长沙市第六次全国体育场地普查

	体育场（个）	场地面积（平方米）	常住人口（万人）	人均面积（平方米）
全　市	9587	10400666.02	722.14	1.44
芙蓉区	719	424332.83	53.33	0.80
天心区	536	515132.29	48.16	1.07
岳麓区	1202	1674303.54	81.38	2.06
开福区	527	1627176.47	58.84	2.76
雨花区	1012	1361586.12	74.82	1.82
望城区	1376	842021.66	54.61	1.54
长沙县	1853	1453833.97	100.86	1.44
宁乡县	1164	1146005.35	120.63	0.95
浏阳市	1198	1356273.79	129.51	1.05

社会生活

责任编辑：吴丫丫

居民生活

【城镇居民生活状况分析】 2014年，据国家统计局长沙调查队抽样调查资料显示，长沙城镇居民人均可支配收入36826元，比上年增长9.4%，剔除价格因素影响，实际增长6.5%；城镇居民人均消费支出26779元，比上年增长19.8%，剔除价格因素影响，实际增长16.7%，收支均同步实现较快增长。

一、城镇居民收入持续增长。1. 工资性收入是城镇居民收入增长的重要引擎，主导着居民收入的走势。2014年长沙城镇居民人均工资性收入19471元，占到城镇人均可支配收入的52.9%，同比增长10.3%，对人均可支配收入增长的贡献率为57.6%，拉动可支配收入增长5.4个百分比。工资性收入增长的主要因素有：一是居民家庭就业人口增加。2014年，城镇户均就业人口为1.64人/户，比上年增长6.5%。二是长沙市再次提高最低工资标准。从2013年12月起，长沙市区从每月1160元提高到1265元，增长9.1%。3县（市）由每月1050元提高到1145元，增长9.0%。三是企业为破解逐渐显现的"招工难"和"用工荒"的难题，大多数企业都相应提高了职工工资及奖金。2. 经营净收入快速增长。2014年，长沙城镇居民人均经营性净收入 5606元，同比增长22.5%，对城镇居民增收贡献率32.6%，拉动可支配收入增长3.1个百分比。3. 财产净收入有较大幅度增长。2014年，长沙城镇居民人均财产性收入5393元，同比增长12.2%，对城镇居民增收贡献率18.6%，拉动可支配收入增长1.7个百分比。随着家庭财富的增加，投资理财越来越受到长沙居民的青睐，成为家庭收入的一个重要来源；随着新型城镇化建设，尤其是城乡接合部的居民财产性增收比较突出，集体分红、土地经营权流转、房屋设备租赁等成为重要的收入来源。4. 转移性收入增长放缓。2014年，长沙城镇居民家庭人均转移性净收入6356元，同比下降4.2%，其中转移性收入7520元，转移性支出1163元。

二、消费支出增速较快。长沙城镇居民八大类消费呈全面上涨趋势，其中交通通信、教育文化娱乐支出增长明显。1. 城镇居民家庭人均消费稳步提升，消费结构更合理。2014年长沙城镇居民恩格尔系数为26.4%，比上年下降3.1个百分点。随着城镇居民收入水平提高，居民家庭消费结构升级加快。从城镇居民消费结构来看，刚性需求占比在逐年降低，个性消费逐年增加，居民消费结构不断改善。2. 交通通信类是最大亮点。2014年，全市城镇居民人均交通通信消费4596元，同比增长53.7%。主要是因为交通类消费大幅增长，特别是家用汽车的消费。全年每百户城镇居民家庭拥有家用汽车45.4辆，比上年同期增长20.6%。长沙道路建设不断推进，城区日益扩大，公务用车制度改革刺激了私人汽车消费，越来越多的长沙居民家庭拥有1台甚至多台汽车。3. 教育文化娱乐消费增长迅猛，城镇居民人均教育文化娱乐消费3808元，同比增长52.4%。一是教育投入日益增加。重视教育是长沙市城镇居民消费的一个重要特点，如各类培训班、成人教育以及择校的教育投入。全国部分省份高校收费标准有所上调，增加了有供养大学生家庭的相关教育支出。二是在文化娱乐方面，旅游消费持续升温，城镇居民团体旅游975.84元，比上年同期增长65.9%。以注重健身、休闲娱乐、旅行等为特征的"乐享生活"逐渐成为长沙人生活的一种"新风潮"。携程旅行网发布国内首份年度出境旅游报告，报告显示，2014年，全国出境游出行人次增长最快的城市是长沙。4. 医疗保健支出看涨。随着生活水平的提高，长沙居民自我保健意识日益增强，用于医疗保健方面的消费支出稳步上升。全年全市城镇居民人均医疗保健支出1610元，比上年增长28.3%。5. 网络消费快速发展，家庭信息消费不断升级。随着家用电脑的普及和互联网技术的飞速发展，居民网络知识日益更新，网上消费和服务以其快捷、便利、价廉的优势吸引着越来越多的消费群体。网上购物和享受各种服务成为一种快捷和时尚的消费观念，全年城镇居民家庭通过互联网购买的商品和服务人均331元，同比大幅增长109.5%，网上购物被越来越多的居民所接受。

三、生活方式不断更新，生活质量不断改善。长沙"两型"社会建设带动城市发展，长沙城镇居民收入水平和消费水平的不断提升，生活方式不断更新，生活质量日益提高。1. 城镇居民居住条件进一步提高。截至2014年底，长沙市城镇居民人均建筑面积47平方米，98.4%的居民家庭人均建筑面积超过30平方米，绝大多数家庭达到小康住房标准。长沙城镇居民家庭购买住房（包括商品房、房改房、保障性住房）的占48.4%，自建住房的居民家庭占34.7%，两者合计占80%以上，购建住房成为居民现有住房的主要来源。2. 家庭设备更加现代化。截至2014年底，长沙市城镇居民每百户居民家庭拥有家用汽车45.4台、洗衣机98.9台、电冰箱98.5台、彩色电视机117.1台、空调180.2台、排油烟机79.0台、照相机46.8台，耐用消费品的普及进一步提升居民生活质量，家庭设备的智能化，多功能化以及数量上的增加使城市居民家庭生活越来越方便，老百姓的日子过得越来越殷实。3. 居民家庭信息化程度较高。截至2014年底，长沙市城镇居民每百户居民家庭拥有计算机83.8台，其中接入互联网的计算机72台，接入率85.9%；每百户城镇家庭拥有彩色电视机117.1台，接入有线电视网络的电视机100.8台，接入率86.1%；每百户居民家庭拥有移动电话229.9部，其中接入互联网的115.2部，接入率50.1%。长沙居民家庭信息化程度逐步提高，一些老式家电逐渐淡出，高科技产品成为居民生活、工作的必需品，如笔记本电脑、智能手机等越来越广泛的使用，足不出户即可知天下事，移动互联成为人们生活的一个重要组成部分。（宋迪敏）

【农村居民生活状况分析】 据国家统计局长沙调查队抽样调查统计：2014年，全市农村居民人均可支配收入21723元，同比增长10.2%；农村居民人均消费支出13147元，同比增长13.5%。

一、农村居民收入构成的主要特点。1. 农民收入增长的来源日趋多元化、多样化。长沙农民增收主要靠增产提价转向主要靠提质增效、扩大就业，农民进城打工数量大幅度增加，工资收入增长1.6%，家庭外出从业人员寄回带回收入增幅明显，比上年同期增长64.9%。从4大类收入看，工资性收入依然是农民收入的主要来源。2014年，农村居民家庭人均工资性收入10103元，占可支配收入的46.5%。随着经济形势的逐步趋稳向好，农民工务工环境日益好转，外出务工收入稳定增加。2014年，农村劳动力转移就业5.23万人，随着农民不断从土地上解放出来，实现就近务工，农村劳动力务工收入稳步提升。2. 经营净收入是农村居民收入的重要组成部分。据抽样调查，2014年长沙农村居民人均经营性净收入8118元，同比增长17.8%。农村居民人均经营性净收入增长较快的是第一产业和第三产业，人均收入分别为4681元和2498元，分别比上年同期增长19.2%和25.7%。全年农产品价格稳中有升，蔬菜产销两旺，价格不断上涨，特色农业及品牌农业增收势头良好，这些均有力地带动农民家庭经营性收入的稳定增长。3. 农民财产净收入提升空间较大。2014年，农村居民家庭人均财产净收入583元，同比增长4.5%。从绝对量看，长沙农民财产性收入基数小，所占可支配收入比重较低，对农民增收的贡献仍然较小，但其增长前景较好。在国家政策支持下，长沙农村居民家庭财产性收入从无到有，农村居民家庭从农村集体得到的分红收入大幅度增长，除储蓄利息收入外，房租收入、转包和承包收益也不断增加，并成为农民财产性收入的重要内容。随着城市化进程的加快，城郊接合部被征用的土地增加，农民的土地征用补偿收入随之增加。4. 全年农村居民转移净收入是农村居民收入增长的亮点。长沙市政府不断提高转移支付标准，农村基本实现社保全覆盖。长沙居民转移净收入有所增长，农村居民转移净收入大幅增长。从2013年10月1日起，长沙低保第10次提标，长沙县城市低保保障标准从每人每月350元提高到每人每月450元；浏阳市、宁乡县的城市低保保障标准从每人每月350元提高到每人每月400元。分散供养标准和特困对象补差标准也有50元～80元不等的提高。2014年，长沙农村居民人均转移净收入2919元，同比增长49.5%，对农村居民增收贡献率达48.1%。农村居民的社会救济和补助、政策性生活补贴、报销医疗费、外出从业人员寄回带回分别比上年增长163.0%、188.6%、69.5%、64.9%。

二、消费能力增强，消费结构理性转变。2014年，长沙农村居民人均消费支出13147元，同比增长13.5%。人民生活明显改善，农村居民消费能力增强、消费结构日趋合理。从八大类消费来看，呈“六升二降”趋势，食品烟酒、衣着、生活用品及服务、教育文化娱乐、医疗保健、其他用品和服务分别增长42.5%、2.4%、15.1%、55.4%、3.0%、35.8%。1. 食品消费追求健康营养。2014年，农村居民人均食品烟酒消费支出4055元，同比增长42.5%，长沙农村居民饮食结构更加均衡，居民花费更多的钱在蔬菜、肉类、水产品、奶类等更富营养的食品支出上。2014年，农村居民人均消费蔬菜和食用菌390元，同比增长1.9倍；人均消费禽类285元，同比增长2.1倍；人均消费蛋类146元，同比增长2.4倍。而人均烟酒消费比上年同期下降17.3%，说明长沙农村居民越来越追求健康的饮食方式。农村居民在外饮食渐成风尚，全年农村居民人均在外饮食支出481元，同比增长103.8%。2. 生活用品及服务消费追求品质。2014年，农村居民生活用品及服务消费人均支出835元，同比增长15.1%，其中人均家具及室内装饰品消费174元，同比增长17.5%；人均家用器具消费260元，同比增长28.4%；人均家庭日用杂品支出251元，同比增长10.8%；人均个人用品消费58元，同比增长61.4%。在生活用品中，农村居民选择家用耐用消费品日趋高档。2014年人均耐用消费品支出232元，同比增长20.4%，不少农村居民购买洗衣机、电冰箱、抽油烟机、太阳能热水器、消毒碗柜等家庭设备，人均消费金额同比增长分别为1.3倍、1.1倍、50.4%、52.4%、3.7倍。3. 小康社会建设促进教育文化娱乐消费。2014年，全市农村居民教育文化娱乐消费人均支出1726元，同比增长55.4%。农村居民不断加大对子女教育或提高自身素质的投资，带动教育支出增长，全年人均教育消费1246元，其中投入最多的是高中教育，人均支出363元，同比增长96.4%；增幅最大的是中专职高教育，同比增长3.7倍。收入水平的提高带来消费结构的日益完善，在物质生活得到基本满足后，农村居民的精神文化消费在消费结构中的比重必然会逐渐上升。全年全市农村居民人均文化娱乐消费支出480元，同比增长76.1%，其中文娱耐用消费品人均消费支出129元，同比增长65.3%；其他文娱用品人均消费67元，同比增长11.1%；文化娱乐服务人均消费284元，同比增长1.1倍。4. 农村居民有病看病，无病保健的健康意识不断增强。人们更加注重身心健康，新农保和医保基本全覆盖，促使居民医疗保健支出增长，2014年，长沙市农村居民人均医疗保健消费支出892元，同比增长3.0%，其中人均医疗器具及药品消费371元，同比增长12.0%。其中保健器具消费增幅明显，比上年同期增长1.3倍。5. 农村居民个性化消费增长较快。2014年，农村居民其他用品和服务人均消费232元，同比增长35.8%。居民进行个性化消费成为生活质量水平提高的一个主要特征。全年农村居民首饰及手表人均消费123元，同比增长77.1%。

三、农民家庭生活水平进一步提高。惠农利农政策在新农村建设的推进中持续实施，农村富裕程度普遍提高。2014年，长沙农村每百户分别拥有互联网计算机和互联网手机30.5台、97.8台，比上年同比分别增长27.4%和43.8%。从主要居民家庭耐用消费品的拥有情况来看，长沙农村居民家庭现代化水平比较高。调查显示，截至2014年底，长沙每百户农村居民家庭拥有家用汽车30.5辆，同比增长29.0%；每百户拥有彩色电视机129.3台，其中接入有线电视每百户拥有量99.1台，同比增长36.6%；每百户拥有空调106.4台，同比增长16.2%；每百户拥有热水器64.2台，同比增长19.6%，其中太阳能热水器每百户拥有量11.5台，同比增长36.3%；每百户拥有抽油烟机44.8台，同比增长23.0%；每百户拥有组合音响19.6台，同比增长8.2%。（龙　苏）

民　政

【优抚安置】推进退役士兵安置改革，进一步理顺安置工作机制，明确部门责任，加快遗留问题的解决，全年共安置退役士兵392名，办理自主就业2324人。开展职业教育和技能培训，共培训957名退役士兵。开展评残评烈和换证工作，推进烈士纪念设施建设和中心光荣院的提质改造，拨付优抚资金近1.3亿元。浏阳烈士陵园正式投入使用。开展“双带双促”活动，岳麓区等区县创建“全省双拥模范区（县）”工作得到省检查组的高度肯定。军休所站基础设施建设提速，“五情五联五化”特色军休服务模式在全省推广，举办首届全国（南片区）军队离退休干部文艺会演并获一等奖，军休文化建设在全国范围产生积极影响。（周　湛　邹艳青）

【社会福利】1. 为老服务。成功申报全国养老服务综合改革试点城市，出台《长沙市关于加快发展养老服务业的实施意见》，养老服务业政策环境进一步优化。新建日间照料中心、农村幸福院、居家养老服务中心292个，新增养老床位2004张，发放各类补贴818万元。在全市开展农村居家养老服务试点，落实老年人免费乘坐地铁的优待政策。长沙县为全县困难老人购买意外伤害险，实现基本养老服务补贴的全覆盖。2. 特殊群体服务。严格福利企业的认定标准，规范申办程序。推进困境儿童保障的试点工作，发放孤残儿童基本生活保障金636万元，雨花区民政局、望城区民政局被列为全国“第一批收养评估试点单位”。加强救助管理机构规范化建设，提升救助效能，累计救助生活无着流浪乞讨人员4.4万余人次，雨花区救助站获评“全国三级救助管理机构”。福彩销量再创新高，销量20.2亿元。（周　湛　邹艳青）

【社会救助】推进基层社会救助工作站建设，长沙县、宁乡县全面启动运行。启用新版居民家庭经济状况核对系统，在雨花区和望城区开展“救急难”试点，确保及时、精准救助。城乡低保月人均补助分别为352.5元和166元，均超过省考核指标。出台《敬老院建设三年行动方案》，加大建设资金投入，改扩建13所，打造10所示范敬老院，大幅提高“五保”供养标准。医疗救助21.6万人次，发放救助金1.1亿元，有效缓解因病致贫难题。雨花区发布社会救助系列标准，区社会救助局成为全国服务业标准试点单位。（周　湛　邹艳青）

【社会慈善】发展慈善事业，全年共实施并完成慈善救助项目24个，筹集善款4845万元，发放救助金3696万元，惠及4.8万余名困难群众。长沙市连续第七次获全国最高慈善奖“中华慈善奖”；获评“七星级慈善城市”，成为中西部地区唯一连续两届获该荣誉的省会城市。长沙慈善会获2014年度“中国公益慈善组织信息披露卓越组织”奖；在第三届中国公益慈善项目大赛中获“协力贡献”奖（长沙是除主办城市深圳之外唯一获“协力贡献”奖的城市）。（周　湛　邹艳青）

【救灾救济】2014年，全市遭遇比较严重的洪涝灾害，受灾人口40万人，农作物受灾面积1.67万公顷；倒塌农房1975户、4107间，严重损坏房屋987户、3982间，需救济人口近1.3万人，因灾死亡人口3人，直接经济损失5.3亿元。各级民政部门全力做好新灾应对和灾后重建工作，灾民基本生活得到全面保障，实现自然灾害救助的社会化发放。推进综合减灾示范社区建设，逐步完善社区综合减灾共享体系，芙蓉区火车站社区等11个社区获评“全国综合减灾示范社区”，13个社区成功创建“省级综合减灾示范社区”。（周　湛　邹艳青）

【婚姻家庭】开展婚姻登记机关等级创建，加强婚登员业务培训，服务能力不断提高。专项治理婚登搭车收费等违规行为，婚姻登记与婚姻服务实现人员、场地、收费、程序“四分开”。开展婚姻登记优质服务活动，全年共办理结婚登记69498对、离婚登记16970对。（周　湛　邹艳青）

【社会组织管理】推进社会组织登记管理体制改革，取消社团筹备和分支（代表）机构成立、变更、注销等项目，行政审批实现第三轮提速。全年共登记社会组织3909家，年增长14%；备案社会组织近2000家。6个孵化基地作用显现，共孵化培育36家社会组织。开展公益创投和评估工作。雨花区获评“全国社会组织建设创新示范区”。（周　湛　邹艳青）

【社区建设】2014年，长沙市获评“全国和谐社区建设示范城市”，内5区、左家塘等9个街道，咸嘉新村等27个社区分别获评“全国和谐社区建设示范城区”“示范街道和示范社区”。完成第九次村委会换届选举，推进社区办公服务用房达标工作，全市社区办公服务用房面积平均达700平方米，打造31个精品示范“两型”社区和37个社区服务品牌。提高社区专职工作人员工资福利和住房公积金待遇。推进农村社区建设，推动社区减负增效，试点社区分类治理，培育社区社会组织，提升社区治理能力。雨花区和开福区成为全国社区治理和服务创新实验区。（周　湛　邹艳青）

【社会工作】 实施社工人才“百千万”工程，培训社工实务人才1500余名。全市取得社工资格证2180人，占全省的65%。开展2014年社会工作示范创建活动，安排230万元支持43个社会工作服务项目，服务范围涉及外来务工人员、残疾人、老年服务、社区矫正等10余个领域。打造社会工作品牌，如工之友“关爱农民工子女”、暖心“益呼百应”公益平台等特色服务品牌。天心区成首批全国社会工作服务标准化建设示范地区。（周　湛　邹艳青）

【殡葬管理】 起草《关于党员干部带头推动殡葬改革的实施意见》，推进惠民殡葬政策落实和强制火化区建设，火化率稳步提升，全市火化率73.8%。宁乡县殡葬改革出成效，新扩强制火化乡镇12个。加强城区殡葬秩序整治，殡葬秩序明显好转。市殡仪处在第三届全国民政行业职业技能竞赛中获个人特等奖和团体二等奖。市民政局获评“全国殡葬工作先进集体”。

（周　湛　邹艳青）

老年人生活

【概况】 截至2014年底，全市常住人口731.15万人。其中0～14周岁110.1万人，15～59周岁501.6人。60周岁及以上老年人口119.4万人，占常住人口的16.33%，其中男性60.7万人、女性58.7万人。65周岁及以上老年人口78.65万人，占常住人口的10.8%。全市户籍人口671.41万人，其中非农业户口人数256.64万人、60岁以上老年人数45.61万人、农业户口人数414.77万人、60岁以上老年人数73.79万人。按户籍人口计算，人口出生率12.6‰，死亡率7.87‰，自然增长率4.73‰。2014年失独老人数3333人。全市60岁老年人口赡养系数23.8%，65岁老年人口赡养系数14.5%（老年人口赡养系数，是指60周岁及以上常住人口与15～59岁劳动年龄人口数量的比值。15～59周岁人口数502.6万人，15～64岁人口数543.35万人）。全市平均期望寿命76.91岁。

一、养老保障。1. 养老保险。截至2014年底，全市城镇职工基本养老参保人数142.93万人，其中市企业退休人员34.96万人，人均养老金1822.09元，市本级1998.9元，累计发放77.6亿元，发放率100%。全市城乡居民基本养老保险参保总人数267.02万人，城乡居民基本养老保险基础养老金120元/人·月。2. 医疗保健。截至2014年底，全市城镇职工基本医疗保险参保人数157.13万人，参保率97.6%，其中退休人员40.97万人。全市城镇居民参保人数515.02万人，参保率97.6%。在老年人健康管理方面，全年为城乡65岁及以上老年人进行1次免费健康体检，为70.42万老年人建立规范化的电子健康档案，健康管理率98.47%。市直7家医院为65岁以上老人开通就医绿色通道，设立特殊窗口，由专人引导就诊，提供无障碍的便捷就医环境。3. 社会救助。截至2014年底，全市60周岁以上的城乡低保和五保供养对象75976人。其中城市低保7844人、农村低保39417人、农村五保28715人。城市低保保障标准450元/月（市辖6区、高新区、长沙县）和400元/月（浏阳市、宁乡县），农村低保保障标准340元/月（市辖6区、高新区、长沙县）和260元/月（浏阳市、宁乡县）。“五保”老人集中供养标准8100元/年（市辖6区、高新区、长沙县）和7200元/年（浏阳市、宁乡县），分散供养标准4080元/年（市辖6区、高新区、长沙县）和3120元/年（浏阳市、宁乡县）。4. 社会福利。一是高龄津贴。享受低保政策家庭的80～89岁高龄老年人补贴标准50元/人·月，90～99岁高龄老年人补贴标准100元/人·月，100周岁以上高龄老年人补贴标准300元/人·月。继雨花区之后，2014年长沙县将80～89岁非低保家庭老人纳入高龄津贴发放范围，实现80岁以上老年人高龄津贴发放全覆盖。二是基本养老服务补贴。2014年，居家养老政府购买服务补贴提质扩面，内5区标准为：年满60周岁的失能半失能低收入家庭老人以及百岁老人，可申请每月300元的服务补贴；年满60周岁的失能半失能低保老人、失独低收入老人，年满70周岁的低保老人、失能半失能低收入老人，可申请每月400元的服务补贴；年满60周岁的失能半失能散居“三无”老人，年满70周岁的散居“三无”老人、失独低收入老人，获市级以上劳模称号的低收入老人，可申请每月500元的服务补贴。2014年，长沙县、望城区、浏阳市、宁乡县全面启动基本养老服务补贴工作，覆盖率都达50%以上。长沙县对65周岁以上低收入失能老人每人每月补贴150元、半失能老人每人每月补贴100元；望城区在城区和养老机构（或服务组织），对65周岁以上完全失能的“三无”老人每人每月补贴200元，对65周岁以上半失能的“三无”老人每人每月补贴100元，对65周岁以上低收入完全失能、半失能老人每人每月补贴100元；浏阳市对65周岁以上部分失能或完全失能的城市“三无”老人、农村“五保”老人、完全失能的低保老人每人每月补贴100元；宁乡县对65周岁以上部分失能或完全失能的城市“三无”老人、农村五保老人、完全失能的低保老人每人每月补贴120元。5. 老年保险。一是老年人意外险。截至2014年底，在全市推行老年人意外伤害保险。各区、县（市）政府为1.3万名城市“三无”和农村“五保”老人购买意外伤害险，共计36万元，长沙县政府将80周岁以上老年人全部纳入政府投保范围。街道、社区、企事业单位组织老人投保近85万元。全市老年人意外伤害险投保金额121万余元。二是养老机构责任险。在全市推行“长沙市养老机构责任险”，该险每床每年投保费用200元，市福彩公益金补贴50%，机构负担50%。截至2014年底，全市有20家养老机构的3245张床位购买责任险，有效降低养老机构的运营风险。6. 维权优待。一是老年优待。2014年底，推行老年证便民措施，长沙市及外埠65岁以上老人凭身份证（居住证）可在任一区、县（市）老龄办服务窗口办理老年证；城市公共交通（包括地铁）设立"老幼病残孕"专座，并对65周岁以上老年人实行乘车费用全免；65周岁以上老年人进入市内各收费公园实行免收门票费用。二是法律援助。截至2014年底，全市有法律援助中心1917个、老年维权组织518个、法律援助站102个，基层老年法律援助覆盖面100%，平均每年办理涉老案件3000余起，受援老人上万人。开展守护夕阳红法律援助活动，对老年人实行优先接待、优先受理、优先指派的"三优先"服务。开展"法援苍生，与您同行"法律援助服务活动，试行70周岁以上老年人法律援助绿卡制度，持卡老年人申请法律援助时不再审查经济困难条件，快速办理。

二、养老服务。1. 机构养老。截至2014年底，全市共有公办养老机构9家、民办养老机构31家、乡镇敬老院109家。公办养老机构床位数4500余张，民办养老机构床位数5300余张，乡镇敬老院床位数1.2万余张，入住率72.26%。年底，对110家农村敬老院进行提质改造，推进区县社会福利中心建设，鼓励支持社会资本进入养老市场，康怡养老院、红枫养老院成功投入使用，康乃馨老年呵护中心（二期）、天伦乐园老年公寓、安华山庄（二期）、吉祥凤凰城、青松老年公寓、鸣敏养老院6个重点项目开工建设，森馨舒养生养老园、含浦鸿信养老公寓、华盛千鹭湖健康医养社区、北辰养老中心、鸿天康逸敬老山庄（二期）5个大型养老项目完成立项。7月，民政部和国家发改委联合下发《关于做好养老服务业综合改革试点工作的通知》，长沙市被列为全国养老服务业综合改革试点城市。根据综合改革试点的要求，长沙市编制《我市人民政府关于加快发展养老服务业的实施意见》。文件对养老服务业的扶持力度上更大、更实在。一是在资金投入上有所增加。养老机构的建设补贴从原来的新建床位8000元、改扩建床位4000元增加到新建床位10000元、改扩建床位5000元；取消以前每个养老机构补贴不超过200万元的限制；运营补贴由原来每人每月给予全护理100元、半护理80元和自理60元，提高到按实际入住老人数每床每月补贴160元。还建立财政补贴保费制度，将养老机构场地责任险和"三无""五保"老人意外伤害险纳入财政补贴范围。二是土地供应政策更加细化。将养老设施建设用地纳入土地利用总体规划和年度用地计划，并在国有建设用地供应计划中予以优先安排。养老服务设施土地用途确定为医卫慈善用地。由民政部门认定的非营利性养老机构建设养老服务设施，与公办养老机构执行相同的土地使用政策，可依法使用国有划拨土地或者集体建设用地等。三是增加投融资政策内容。如市、区县（市）两级福彩公益金50%以上要用于支持发展养老服务业。要求充分利用中小企业、科技创新、创业投资、医疗卫生资金、就业资金、社会保障基金等方式加大政府扶持力度。四是明确指出发展"医养融合"的方向。鼓励社会资本举办老年护理院。有条件的养老机构，可申请设立医疗机构或老年护理院，符合条件的可纳入医保定点范围。2. 居家养老。一是城市居家养老。截至2014年底，全市共建成460家居家养老中心（站）、13家日间照料中心，主要分布在内5区。日间照料中心建设补贴按照一、二类标准，市财政一次性分别补贴10万元、8万元；运营补贴每年分别为5万元、4万元。城区居家养老服务中心运营补贴按照一、二类标准，市财政每年分别补贴3万元、2万元。区、县（市）财政按不低于市级财政标准补贴。截至2014年底，共建设省级城乡养老服务示范点67个、市级城乡养老服务示范点107个。二是农村居家养老服务试点。2014年，在农村幸福院建设的基础上，选择100个行政村进行农村居家养老服务试点，以政府向社会组织购买服务的形式，委托市老年协会牵头，发挥乡镇、村老年协会的作用，落实农村幸福院的各项服务和活动。市民政局在福彩公益金中安排100万元，对试点村级老年协会给予1万元/个的资金补助，并要求各区、县（市）级按照1:1的比例进行配套。3. 护理人员情况。截至2014年底，长沙养老护理员1353人。市民政局在福彩公益金中安排20万～30万元/年，委托"湖南国医职业技术学校"，每年组织300余名护理人员进行上岗培训。

三、老年文化教育活动。1. 老年教育。截至2014年底，全市共有老干部大学10所，其中市级老干部大学1所、区、县（市）级老干部大学9所，可提供舞蹈、文史、保健、音乐、书画等类别的教育。2. 老年文体活动。2014年，全市老年人体育以区县（市）、市直属单位为会员团体单位组织开展活动，有芙蓉区、天心区、雨花区、岳麓区、开福区、望城区、高新区7区，长沙县、宁乡县两县，浏阳市，公安局、财政局、移动公司、长沙卷烟厂、科大佳园、供电公司6单位共16个团体会员单位。常年开展门球、钓鱼、乒乓球、篮球、象棋、太极拳、桥牌木兰拳等活动。举办第八届综合性老年人运动会，设有比赛项目11个，参加人数2600余人。2014年，由市政府投资710万余元将原市老年人门球活动中心改建长沙市老年人体育活动中心，有5片室内门球场、2片室内地掷球场、2片室内气排场，以及象棋、围棋、桥牌活动室，两间会议室，平时每天活动人数400至500人，举行大型比赛参加人数达千人以上。

（鲁文倩）

人口和计划生育

【概况】 2014年，全市人口自然增长率5.24‰、符合政策生育率93.58%、5项优惠奖励政策落实率100%，长沙市在省检年度考核评估中名列全省第一，被省委、省政府授予"全省人口计生工作模范市"称号，连续7年保持全省第一、连续13年保持模范称号。

一、项目工作。1. 利益导向工作建立新的标准。制定出台《全市深入推进计划生育特殊困难家庭扶助关怀工作实施意见》，率先全国将扶助标准统一提高到每人每月400元，并一次性给予1万元专项补助。率先全省全面推进计划生育手术并发症人员扶助提标扩面工作，在扶助标准上提升至国家标准的两倍，在扶助范围上将精神障碍类和按原标准鉴定为四等的并发症人员纳入扶助制度，每人每年发放2400元生活扶助和开展定点免费对症治疗。按照全省城镇独生子女父母奖励工作统一部署和进度要求，加强统筹调度，协调资金来源，政策有序推进、迅速落实、发放到位。2. 优质服务工作出台新的举措。启动爱心助孕行动，为全市计划生育特殊家庭每对符合条件对象提供4个项目、4.2万元标准的免费助孕服务，对不孕不育家庭符合条件对象发放价值2400元的爱心卡并提供多项优惠助孕服务。推进免费孕前优生健康检查项目，率先全国将结算标准由240元提高到400元，将目标人群由农村人口拓展到全员人口的基础上，着重在项目质量、服务水平上下功夫，加强孕前服务管理，不断提升出生人口素质。全市落实检查对象近9万名，排查出生缺陷风险7236例，有效降低出生缺陷发生。创新实施“一孩生育证”即时办结、当场发证和“再生育证”提速办结、送证上门等办法，并通过全面推行网上办证，实现办证审批提速50%和办证零投诉。依托计生工作网络，贴近群众服务，做到把计生服务、便民措施送到基层、送进家庭、送给群众。3. 网格管理工作实现新的拓展。市政府将“人口网格化信息管理系统”纳入长沙市国家信息惠民工程试点市建设范畴。围绕“全面覆盖、全面应用”的目标，进一步抓好拓展和应用，在市内5区和望城区、长沙县全面应用的基础上，浏阳市、宁乡县全面启动应用，全市街道和中心乡镇应用率100%，“人口网格化信息管理系统”关联人口760万余人。深化“人口网格化信息管理系统”与组织、卫生、国土、公安、民政、人社、药监等部门系统和信息数据的对接和共享，构建适应人口计生业务、流动人口管理、公共服务管理、党委政府决策的人口基础管理模式。进一步夯实信息采集、拓展系统功能、整合工作资源，巩固提升人口信息数据质量，完善基层人口网格管理、动态管理、分类管理、协同管理等应用机制，提升基层服务的人性化、精细化、均等化水平。4. 流动人口工作构建新的模式。按照国家试点工作要求，构建政府主导、部门联动、覆盖城乡、均等普惠的流动人口卫生计生基本公共服务体系和机制，整合卫生计生系统信息资源、部门政策和服务力量，推进避孕节育、优生优育、健康管理、疾病防控等11项卫生和计生基本公共服务。结合省会城市流动人口的分布特点，通过在大型市场、工业园区、城郊接合等难点区域，确立重点协同治理单位，加强区域之间协作配合，进一步破解流动人口服务管理难题、探索流动人口服务管理模式。全市流动人口信息入库率96%，基本公共服务满意度98%以上，被国家卫生计生委、中央综治委等五部委确定为全国流动人口基本公共卫生计生服务均等化工作重点联系城市，《中国人口报》重点报道。

二、基础工作。1. 稳定生育秩序。按照全省“单独两孩”政策的整体部署，推进政策实施，共计审批“单独两孩”再生育6091例，生育秩序相对稳定。全年计生审查3528例，否决市级及以上先进单位25个；联合查处“两非”典型案件26例，获评全省“两非”典型案件查处工作先进单位；在计生工作外部环境复杂、舆论压力加大的特殊时期，取得零集体上访、零违法行政的良好成效。2. 夯实基础管理。推进“三级联创四到基层”工作，全面应用“人口网格化信息管理系统”。在全省考核评估中，全市符合政策生育率等基础指标连续7年排名第一，统计质量连续10年排名第一，9区、县（市）全部进入“全国计划生育优质服务先进单位”行列。3. 浓厚宣传氛围。开展以“婚育新风进万家”为主体的宣传教育活动和人口文化建设，并与市委宣传部、市文明办联合举办“长沙幸福家庭公益大讲坛”，共计举办60余场，惠及群众50万余人，通过开通公益短信平台，每年发布公益短信10万余条。4. 深化群众自治。全市各级计生协会和广大会员坚持以“创先争优、服务大局”为主线，以“生育关怀行动”、创建幸福家庭等活动为载体，传播婚育文化，促进优质服务，深化和拓展人口计生群众工作形式和内容。全面应用“计生协会综合管理信息系统”，拓展基层协会组织建设，推进村（社区）和流动人口基层群众自治工作，增强群众支持、参与、推动人口计生工作的积极性和主动性。全市计生基层群众自治示范单位村级创建率100%，共有104个村（社区）被评为全国、全省人口计生基层群众自治示范单位。市计生协会被评为“全省计生协会工作模范单位”。（袁　科）

【《关于进一步规范生育证办理工作的通知》出台】 6月9日，市人口计生委制定出台《关于进一步规范生育证办理工作的通知》，对“一孩生育证”和“再生育证”办理相关政策口径、办理程序、责任划分等进行统一的规定和规范的要求。通过创新实施“一孩生育证”即时办结、当场发证和“再生育证”提速办结、送证上门以及特殊情况个人承诺等办法，并全面推行网上办证，优化群众办证效率，破解群众办证难题，做到变行政审批为主动发放、变生育证明为服务承诺，实现办证审批提速50%和办证零投诉。

（袁　科）

【《全市深入推进计划生育特殊困难家庭扶助关怀工作实施意见》出台】 8月22日，市政府制定出台《全市深入推进计划生育特殊困难家庭扶助关怀工作实施意见》（以下简称《意见》），推进公共政策衔接和部门资源整合，强化经济扶助、保障服务和社会关怀，构建“政府主导、部门协作、社会参与、注重常态”的计划生育特殊困难家庭扶助关怀工作体系。特别是在落实经济扶助方面，《意见》明确规定：从2014年1月起，对女方年满49周岁的独生子女伤残、死亡家庭夫妻的特别扶助金标准统一提高到每人每月400元；对女方年满49周岁以上（含49周岁）的家庭，独生子女出现死亡的当年，由市、区（县、市）政府一次性给予1万元慰问金。全年新增投入近1000万元，扶助计划生育特殊困难家庭对象5361人。（袁　科）

【爱心助孕特别行动】 6月21日，市人口计生委、市财政局联合发文，在全市范围启动实施计划生育爱心助孕特别行动。主要内容包括：免费援助和优惠服务。1. 实施免费援助。原合法生育过子女、现无存活子女，夫妇居住长沙、一方具备长沙地区户籍且女方年龄在49周岁以下，经诊断符合不孕不育症治疗条件的计划生育特殊家庭，可以在定点医疗服务机构享受1次免费助孕服务（服务内容含4个项目，服务标准为4.2万元）。2. 实施优惠服务。夫妇居住长沙、一方具备长沙地区户籍且女方年龄在49周岁以下，合法生育且经诊断符合不孕不育症治疗条件的计划生育家庭，可以享受1次优惠助孕服务。（袁　科）

民　族

【概况】2014年，长沙市民族宗教事务局（以下简称“市民宗局”）被评为“全省民委系统先进信息工作单位”和“全省第六次民族团结进步模范集体”，在省委民族工作会议上，长沙市作典型发言。

一、贯彻落实民族政策。市民宗局依托全市多个民族工作“六进”试点单位，创新民族事务社会管理模式，完成民族政策法规知识竞赛和浏阳蓝思科技创建民族团结进步示范点相关工作，在国务院第六次全国民族团结进步表彰会上，市公安国保支队、阿迪力·买买提吐热和市民宗局民族工作处处长赵萍分别获评“全国第六次民族团结进步模范集体”和“模范个人”。联合市伊协对长沙市清真肉食及清真肉食制品进行安全专项大检查，充分尊重各民族宗教生活习俗，做好清真冷藏补贴与商事登记的相关工作，为尊重少数民族同胞生活习俗，为全市信仰伊斯兰教10个民族的穆斯林同胞共发放肉食补贴47万元；严格执行少数民族优惠政策，全年共完成400名享受民族优惠政策高考考生资格审核及220余人民族成分更改，无一违例现象。

二、宣传民族政策法律法规。市民宗局配合市人大民侨外委依托《长沙晚报》在全市范围内开展民族政策和民族知识竞赛100题活动，9月份宣传月集中报道望城一中西藏班、开福区汉回村和阿迪力·买买提吐热；为贯彻落实《2012—2016年长沙市培养选拔少数民族干部五年规划》，促进少数民族干部培养选拔工作的经常化、制度化和规范化，5月5日，联合长沙市委组织部、市委统战部在市委党校举办第十期少数民族干部培训班。

三、贯彻落实中央民族工作会议精神。10月16日，市委召开专门会议，认真学习传达中央民族工作会议暨全国第六次民族团结进步表彰大会精神，部署落实市委关于抓好新形势下民族工作的有关要求。10月20日，召开区、县(市)民宗局长及全局干部职工会议，全面传达中央民族工作会议及省、市委专题会议精神和市委书记易炼红的指示要求；并结合长沙民族工作实际，由长沙市委常委、市人民政府副市长张迎春担任调研组组长，市政府办公厅、市委统战部、市人大民侨外委与市民宗局派专人参与调研，实地调研5个区、县（市）及9个相关职能部门，形成《切实加强来长少数民族流动人员服务管理的调研报告》并上报省民宗委。

四、促进民族团结。2014年，全局共处理涉及少数民族同胞的矛盾纠纷10余起，化解矛盾及时，处理问题彻底，无一起反弹或上访，全市没有发生不尊重少数民族风俗习惯而造成不良影响事件。如3月14日在长沙伍家岭发生一起维吾尔族摊贩内部纠纷引发的致人伤亡案件，市民宗局与相关部门配合，完成该刑事案件的处置和善后工作；完成长沙医学院维吾尔族学生因感情纠纷跳楼身亡一事处置工作，配合校方及维稳办对涉事学生做好安抚稳控和学生的动态掌控，对加强新疆籍学生服务管理工作提出建议，确保全市民族领域的团结稳定。

五、抓实工作载体。服务少数民族经济发展，市民宗局为汉回村经济发展提供10万元民族发展资金，从2014年起，连续3年每年提供5万元少数民族发展专项资金给维吾尔族同胞阿迪力·买买提吐热创立梦想起航电子商务有限公司，争取将其公司纳入国家民贸企业享受贷款贴息等政策优惠范围；组织召开部分驻长沙高校统战部部长工作会议，就当前形势下开展好高校民族宗教工作交换意见建议；完成长沙市参加第八届湖南省少数民族传统运动会参赛及总结表彰工作，长沙市取得2金、1银、3铜及表演金奖的成绩。（周红波）

【帮扶阿迪力创业团队】云南省昭通市6.5级地震发生后，湖南梦想起航电子商务有限公司董事长、“切糕王子”阿迪力·买买提吐热和他的两位汉族合伙人蒋金亚、蒋春杨一起，在贷款维持后续生产的情况下，以他们注册的湖南梦想起航电子商务有限公司的名义向鲁甸地震灾区捐赠0.5万千克切糕，价值50万元，中央电视台、新华社、《长沙晚报》等媒体重点报道。阿迪力创业团队发展目标主要是以切糕为核心产品，逐步引入新疆其他特产，希望能在长沙建立一家新疆农副产品深加工及物流基地，安排一批新疆维族同胞就业，但是创业初期面临资金、场地等困难。长沙市、宁乡县两级政府及有关部门主动真情帮扶。5月，在长沙质监部门的帮助下，梦享时代（湖南）食品发展有限公司与阿迪力他们牵手，达成框架合作协议，正式将切糕生产从租赁的平房搬入宁乡妙盛国际工业园，解决生产场地受限的问题，并从品牌宣传、融资、招聘、创业导师、信息服务等多个方面对其进行帮扶，市县有关部门在办理营业执照、卫生许可，特别是在电子商务、后勤保障等方面给予全力支持。省、市民族工作部门给予高度关注，主动对其提供政策、资金上的支持，争取将阿迪力公司纳入国家民贸企业享受贷款贴息等政策优惠，主动帮助招商引资扩大生产产能。并推选阿迪力参加由中国民族报暨中国民族宗教网主办的“寻找民族团结感动人物”活动。8月16日，省民族宗教事务委员会主任徐克勤一行到公司现场调研，送去1万元慰问金。市委常委、统战部部长文树勋，市委常委、副市长张迎春等高度关注阿迪力创业团队，充分肯定阿迪力团队的创业成就与爱心善举。从2014年开始，市民宗局连续3年提供每年5万元少数民族发展专项资金给阿迪力的公司，并争取将其公司纳入国家民贸企业享受贷款贴息等政策优惠范围，将湖南梦想起航电子商务有限公司作为大学生创业企业纳入全市创业富民的专项资金支持范围。

（周红波）

【芙蓉区试点少数民族流动人口服务站】2014年，芙蓉区结合地方特色打造少数民族流动人口服务新途径，先行在辖区范围内试点挂牌成立马坡岭街道少数民族流动人口管理服务站。该站以服务少数民族同胞、构建和谐社会为宗旨，倡导民族宗教联谊理念，并结合党员服务和社区志愿活动，建立完善的工作体系及运行机制。马坡岭街道辖区内汽车东站，不仅是人流量密集的区域，也是少数民族流动人口较多的地方，全省乃至全国各地各行各业的少数民族流动人口常年在此集散，并有很多扎根辖区从事石材加工、餐饮服务、物流等行业。街道登记在册的少数民族流动人口有474人，工委和办事处结合实际，以汽车东站为依托，建立少数民族服务流动人口服务站。坚持以专门服务辖区少数民族流动人口的目标为导向，构建起志愿服务总站和分站两个志愿服务平台。总站针对节假日期间少数民族流动人口乘车问题，开展购票咨询、乘车引导、环境清洁等一站式服务。分站着眼于少数民族流动人口日常服务，立足社区居委会平台，提供劳动保障、就业帮扶、计生医疗等一站式服务。马坡岭街道少数民族流动人口服务站的建设，是少数民族管理服务社会化、经常化的一个重要尝试，通过开展各项服务活动，维护少数民族居民的利益，使“少数民族流动人口服务站”真正成为街道少数民族居民、社会各界的服务平台。（盘　敏）

宗　　教

【概况】 2014年，市民宗局依法管理宗教事务，各方面工作取得新的成效，确保全市宗教界的和谐稳定。

一、宣传宗教政策法律法规。举办区、县（市）民宗局干部、市各宗教团体负责人参加的全市深化“教风”创建活动动员暨民族宗教政策法规培训，对宗教基本政策理论、民族政策法规及民族宗教行政执法工作实务等热点难点问题进行专题授课。6月，在全市宗教界开展以“发挥正能量，共筑中国梦”为主题的政策法规学习月活动。为进一步强化全市宗教工作干部队伍和工作对象的法律意识，提高全市宗教界消防安全意识，组织举办“六五”年度普法与消防知识讲座。

二、推动宗教场所建设。协调市规划局对清真寺的改扩建工程进行规划技术指标的调整，并专题上报市政府，3月得到市政府批准立项。开福寺整体规划建设取得实质性进展，6月5日，市领导在开福寺进行现场办公，形成《关于开福寺规划建设及周边房屋征收有关问题的会议纪要》（长府阅〔2014〕69号），推动开福寺整体规划实施，湖南猴王茶业有限公司和38户居民签署征地拆迁协议，促进开福寺宗教历史文化街区整体规划的落实；指导做好基督教城南堂择址异地重建的规划、立项、用地等前期相关工作；经省民宗委同意后，做好长沙市高新区尖山湖和湘江新区梅溪湖基督教教堂的规划布局工作。

三、维护宗教和谐。引导宗教界积极参与“宗教反邪”活动，开展打非抵渗活动；配合省委统战部和市委统战部做好藏传佛教高资班相关协调工作；成功查处涉外非法基督教组织“生命之光”设立的健康仁爱中心非法传教活动；协调有关单位做好长沙医学院信教学生在校内举行宗教活动的调查处理工作，全年共依法处置非法宗教活动10余起，支持补助清真寺、宝宁寺、升冲观等宗教困难场所资金共14万元，做好特困场所和教职人员的扶助工作，有效维护全市宗教领域的和谐稳定。

四、推动黄兴北路宗教历史文化保护工作。黄兴北路沿线宗教文化底蕴厚重，借黄兴北路改造建设这一契机，向市政府做“打造黄兴北路宗教历史文化旅游街区”专题报告，并提出合理的意见建议。市委政研室对市民宗局报告内容撰写的调研文章《集中打造历史风貌展示区——关于黄兴北路沿线历史文化街区建设提质的调查思考》重点提及宗教文化因素，得到省委常委、市委书记易炼红的批示，同意在规划建设当中重点考虑宗教文化保护工作。

五、加强教风建设工作。开展宗教领域教风创建工作，组织召开全市宗教界“教风年”创建活动动员大会，制定下发创建活动实施方案，成立教风督查组加强暗访督查，及时查处江神庙非法宗教活动，并组织区、县（市）及宗教团体召开教风经验交流会，抓好佛教玉泉寺、基督教城南堂两个教风示范场所的建设。指导各区、县（市）在全市登记开放的民间信仰活动场所中部署试行分级动态管理制度，并开展拟保留但尚未正式登记的民间信仰活动场所备案工作，引导加强民间信仰场所文化建设，对全市具代表性的民间信仰特色文化素材进行整理并汇编成故事集，浏阳市民间信仰管理作为全国示范点，工作取得明显成效。组织宗教界人士开展征文活动并编印成册，鼓励宗教界开展学习交流活动，指导市基督教“两会”举办两期义工培训班、市天主教“两会”开展宗教常识学习活动、市道协开展讲经说法交流会及市佛协开展第四届讲经交流活动等，提升教职人员的宗教学识。

六、引导宗教慈善文化理念。8月1日，在“一推行四公开”联点社区——左家塘街道牛角塘社区举办“民族连心·五教同行”社区纳凉晚会，现场慰问工作在民族战线的维吾尔族同胞和社区特困居民群众共14人，各宗教团体负责人慰问社区困难群众35户。机关党员干部对口扶助联点牛角塘社区困难群众，与市佛协、市基督教“两会”一起，全年坚持每月为社区30户困难家庭每户资助大米20斤和菜油2.5升，基督教义工走进联点社区为学生家长做心理辅导活动。9月，组织民族宗教界公益慈善代表人士到湘西龙山开展“五教同行·民族连心”对口援助慈善活动，共援助12万元。9月开始，市民宗局与湖南省肿瘤医院合作开展健康心灵大讲堂活动，由市五大宗教团体安排专业人员每月为肿瘤患者授课，给肿瘤患者及其家属提供心理辅导，举办活动4期，800余人参加，开辟宗教界服务社会的新途径。2014年，全市宗教界通过扶贫济困、救灾助残、助学养老和参与社会其他公益、慈善事业，共捐资717万余元。其中洗心禅寺基金会通过“全省宗教界金秋助学行动”，捐助842名贫困学子共336.8万元。

（周红波）

【星云长老到长沙访问】 5月28日，台湾佛光山开山宗长星云长老一行到长沙访问。5月29日，省委常委、市委书记易炼红会见星云长老。市委常委、市委统战部部长文树勋，市委常委、大河西先导区书记、管委会主任赵文彬，市委常委、市委秘书长陈献春参加会见。易炼红对星云长老一行到访表示欢迎，他说，大师以文化弘扬佛法、以教育培养人才、以慈善福利社会、以共修净化人心，为推动两岸和平发展、促进两岸交流合作发挥重要作用，希望星云大师在推动两岸宗教、文化、教育等领域交流合作的同时，进一步密切长沙与台湾的交往。星云长老表示希望长沙发挥在教育、文化方面的独特优势，与台湾民众一道将同根同源的中华文化发扬光大，不断增进两地人民福祉。应湖南省佛教协会邀请，星云长老一行到长沙古麓山寺参加讲经交流活动。中国佛教协会副会长、湖南省佛教协会会长、长沙古麓山寺方丈圣辉大和尚代表省佛协作欢迎致辞。省宗教事务局局长孙剑霖、副局长傅雷、市民宗局局长刘佳勇等陪同出席相关活动。（娄雄辉）

【市推委会调研考察黄兴北路宗教历史文化街区】 黄兴北路聚集长沙四大宗教的代表性宗教场所、近现代保护建筑和老公馆等一批不可移动文物，保护利用好这一街区的文化资源，对提升长沙城市品位、促进文化旅游具有重要意义。8月6日，市政协主席、长沙市历史文化名城建设推动委员会主任范小新与推委会成员到黄兴北路实地调研考察宗教历史文化街区建设情况，市政协副主席龚振湘、石长松，顾问周秋光，秘书长彭志一参加调研。范小新一行先后到巴邑宗祠旧址、基督教城北堂、天主教堂、东岳宫、刘廷芳公馆、文昌庙等处，详细了解这些宗教历史文化资源的保护、修缮、利用情况。随后，推委会召开论证会，咨询论证相关问题。黄兴北路沿线的宗教文化资源、名人文化资源和古建筑文化资源如此集中和丰富，在长沙甚至全国范围都具有重要保护和利用的价值。建议结合黄兴北路棚户区改造，保护利用好该街区的宗教历史文化资源，让这些古建筑保持一种活态。范小新指出，黄兴北路宗教历史文化街区的保护与利用工作十分紧迫，要立足于凸显长沙“山、水、洲、城、文”的资源禀赋，充分吸纳专家意见，修改完善相关调研报告，争取早日立项，以项目建设为载体，推动历史文化名城建设落实到具体行动中。（姚　倩）

【长沙市道教协会第六次代表大会】 8月13日，长沙市道教协会召开第六次代表大会。中国道教协会副会长黄至安，市委常委、统战部部长文树勋，市人大常委会副主任芮英姿到会祝贺。会议选举产生市道教协会新一届领导班子，马涌奇当选长沙市道教协会会长。（何武军）

【洗心禅寺慈善基金会2014年捐资助学活动】 8月24日，洗心禅寺慈善基金会2014年助学活动捐赠仪式在洗心禅寺举行，共捐助842名贫困学子，共计336.8万元。中国国际文化传播中心执行主席龙宇翔，省委统战部副部长龙建湘，省民宗委党组副书记、副主任赵仁秀，省民宗委副主任邓文华，市委统战部副部长饶福明，市民宗局党组书记、局长刘佳勇等省、市、区领导出席捐赠仪式。长沙洗心禅寺慈善基金会作为湖南省首家以单个寺院为主体的宗教慈善基金会，以“存善心、行善事，快乐行善”为宗旨，自2012年8月成立启动“万名学子助学计划”，连续实施3年，共募集善款800万余元，资助全省2000余名寒门学子，受到社会各界的广泛关注和好评。经过3年的实践与探索，形成宣传、募集、走访调查、资金管理与发放等一整套比较完备规范的制度体系，成功探索出一条佛教慈善新途径。（周红波）

【与湖南省肿瘤医院签订健康心灵大讲堂合作协议】 11月25日，市民宗局与湖南省肿瘤医院（中南大学湘雅医学院附属肿瘤医院）联合开展的健康心灵大讲堂合作签约仪式暨健康心灵大讲堂第三期在湖南省肿瘤医院举行。市民宗局局长刘佳勇、湖南省肿瘤医院院长刘景诗、副院长谌永毅、长沙市佛教协会会长坚愿、长沙市天主教爱国会主任张炬、长沙市基督教协会会长徐勇斌等出席签约仪式。刘佳勇在讲话中表示充分发挥宗教界服务社会的社会功能，是宗教界的义务和责任，医院为患者服务，我们为社会服务，一起努力做好社会公益事业，为肿瘤患者做好心理辅导。刘景诗在签约仪式上表示，健康心灵大讲堂的目的是满足肿瘤患者心理和精神层面的照护需求，帮助肿瘤患者反思生命意义，加强精神层面的追求，不断自我完善，培养积极的人生观，感受新的生命喜悦，建立新的生活目标。是不断促进全人整体医疗和多元文化护理模式的创新发展。开展两期健康心灵讲座，取得良好的效果。（娄雄辉）

望　城　区

省委书记、省人大常委会主任徐守盛（左二）在晟通集团调研

省委常委、副省长陈肇雄（右一）会见出席湘江论坛嘉宾

省委常委、市委书记易炼红（右二）考察望城经开区产业发展情况

省委常委、市委书记易炼红（左二），副省长何报翔（左一）为望城经开区揭牌

2014年，望城区辖10个镇、10个街道、1个乡，（其中雷锋镇、廖家坪街道交由高新区托管），共125个村民委员会，40个社区居民委员会。全区总面积969平方千米，耕地总面积30.31千公顷。年末，全区总人口56.06万人。

2014年，望城紧紧围绕率先全面建成小康社会、建设现代化公园式城区的奋斗目标，以“大项目突破年”活动为抓手，打造和优化一批产业平台，经济转型升级全面提速；推进和建成一批重大项目，城乡统筹发展亮点纷呈；谋划和办成一批民生实事，居民幸福指数大幅提升，开创望城经济社会转型创新发展的崭新局面。2014年全年全区完成地区生产总值469.77亿元，比上年增长12.4%；完成工业总产值944.6亿元，其中规模以上工业总产值844.1亿元，规模以下工业总产值100.5亿元；完成固定资产投资571.8亿元，比上年增长20.3%；全区实现社会消费品零售总额79.37亿元，比上年增长23.6%；农村居民人均可支配收入23632元，城镇居民人均可支配收入34175元。

人　民　政　府

世界休闲农业与乡村旅游城市联盟第二次峰会(湘江论坛)在望城区开幕

中宣部授予望城消防大队“时代楷模”称号

望城开展“大项目突破年”狮子型团队、狮子型干部表彰大会

召开社会贤达表彰大会

建设“五乡”望城成果展

党的群众路线教育实践活动总结大会

望　城　区

中德工业园授牌仪式

举行铜官古街开街暨“海上陶路之源”石碑揭牌仪式

书堂山欧阳询文化园“集贤门”

欧阳询文化园开园

湘江风光带

环球奥特莱斯正式开业

人 民 政 府

千龙湖龙舟赛

省会最大的迪士尼式综合性游乐园——长沙柏乐园

雷锋公园

茶亭惜字塔

现代化公园式城区

长　沙　县

中共长沙县委书记
长沙经济技术开发区党工委书记
杨懿文

中共长沙县委副书记
县人民政府县长
张庆红

县委书记杨懿文陪同省委书记、省人大常委会主任徐守盛（前排右二）调研上海大众湖南（长沙）项目　曾诗怡　摄

2月25日，省委书记、省人大常委会主任徐守盛，省委副书记、省长杜家毫，省委常委、市委书记易炼红等省、市领导到长沙县星沙产业基地雷鸣公园参加义务植树活动

2014年，长沙县辖17个镇、7个街道办事处、218个行政村、76个社区。年末总户籍人口832244人。在县委、县政府的正确领导下，全县上下按照“三个共同”“三个共享”的发展理念和目标追求，破浪前行，县域经济社会发展快速和谐发展。全年地区生产总值1100.6亿元，工业总产值2128.3亿元，财政总收入207.2亿元。城镇居民人均可支配收入33513元，同比增长9.7%；农村居民人均可支配收入22872元，增长10%。在全国第十四届县域经济基本竞争力百强县名单中位列第九，首次进入全国十强、排名中西部第一；在全国中小城市综合实力百强（科学发展百强）名单中位列第七，稳居中西部第一；在中国十佳“两型”中小城市排名中，首次名列第一。

长沙县获评“全国网络形象百强县和十佳县市（排名第九）”，获批“全国禽畜养殖废弃物综合利用、病死动物无害化处理试点县”，获评“全国文化先进县”“全国粮食生产先进县”，成功创建“国家级出口食品农产品质量安全示范区”，率先全省创建“国家智慧城市”，在全国率先创建“零碳县”，县委书记杨懿文获评“2014年度中国创新榜样”。

人 民 政 府

5月20日，省委常委、市委书记易炼红（左三），市委副书记、市长胡衡华（左一）等领导到长沙县观摩人民路东延线绿化建设

7月16日，省委常委、省委统战部部长李微微（后排左三），副省长李友志（后排左四）出席湖南辛亥革命人物纪念馆建设工作座谈会议并讲话 叶 凯 摄

9月3日，市委副书记、市长胡衡华（右二）在长沙经开区考察园区企业

6月6日，省委督导组组长、全国人大内务司法委员会委员李江（右二）一行考察长沙危废处置中心项目建设 曾诗怡 摄

县委常委、县委办主任、县零碳办主任王国良出席第十四届中国经济论坛颁奖典礼

长 沙 县

3 月 11—12 日，省委常委、省委政法委书记、省公安厅厅长孙建国到长沙县公安局星沙派出所蹲点

11 月 20 日，省委常委、省委宣传部部长许又声（前排左一）到长沙县实地考察开慧镇综合文化站、葛家山乐和大院以及福临镇综合文化站，并召开座谈会

徐特立广场 姚宏权 摄

长沙市第八医院 乔育平 摄

地铁 2 号线光达站

宽阔的星沙大道

黄花国际机场

春华镇卫生院

人　民　政　府

乐和乡村试点村金井镇惠农村，黄古组村民在惠龙组织抗旱

开慧镇敬老院

集中建设提质后的开慧镇

惠农村公共文化服务中心

星沙至开慧红色旅游公交发车区

开慧镇葛家山农民集居点

白沙镇锡福村

白沙镇桃园新村农民集中居住点

龙华山蔬菜产业园大棚鸟瞰图

S207 线绿色通道

金井镇惠农村

秀美金龙村

浏 阳 市

3 月 14 日，民政部部长李立国（前中）调研文家市镇百福光荣敬老院

5 月 15 日，省委常委、长沙市委书记易炼红（前中）调研浏阳市经济社会发展和全面建成小康社会工作

2014 年，浏阳市实现地区生产总值 1012.83 亿元，增长 12.6%，完成财政总收入 100.9 亿元，增长 33%，长沙考核财政收入 75.9 亿元，增长 18.3%；完成固定资产投资 725.8 亿元，增长 23.4%；城乡居民人均可支配收入 28470 元，增长 9.5%，其中农村居民人均可支配收入 23186 元，增长 10.2%，城镇居民人均可支配收入 33816 元，增长 9.0%。城乡居民人均消费支出 17197 元。地区生产总值、规模工业增加值、固定资产投资等主要经济指标增速居长沙 9 区、县（市）第一位，财政总收入、工业总产值等指标均提前一年实现“十二五”目标。县域经济与县域基本竞争力跃升至全国百强第三十六位，比上年提升 11 位。首次入选中国全面小康十大示范县市，排名福布斯中国大陆最佳县级城市榜第二十八位，是中部地区唯一上榜县市。

浏阳河城区段

人 民 政 府

3月27日，浏阳市委书记曹立军（前左）带领市委常委会人员，开展党的群众路线教育实践活动集中学习暨湘赣边交通通道调研活动

浏阳市人民政府市长余勋伟（右二）接待到访群众

市人大常委会主任鲁建文（左四）到淳口走访人大代表并考察指导环境整治、农村基础设施建设等工作

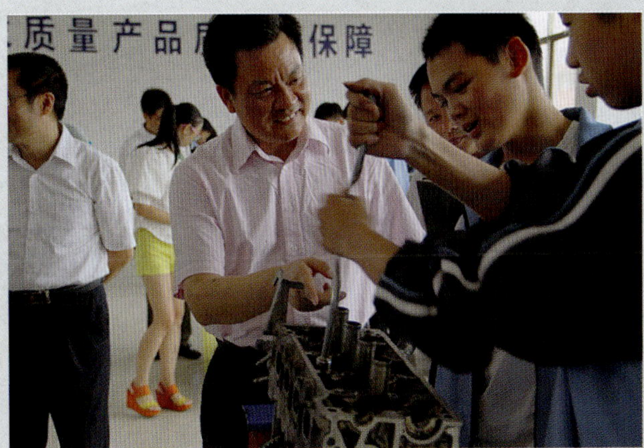

9月24日，市政协主席李家喜（前中）等一行到市职业中专调研

12月18—19日，首届湘赣边区域开放合作交流会在浏阳市召开，湘赣边10县(市)合作正式启动

10月，浏阳获批“千年古县”

浏 阳 市

11 月 10 日，浏阳花炮在北京 APEC 会议上燃放

8 月 16 日，浏阳花炮亮相南京青奥会开幕式

11 月，尔康制药全球首创木薯淀粉胶囊，其生产基地一期工程在浏阳生物医药园正式投产

投资 1500 万元新建大瑶李畋学校

投资 3500 万元新建文家市里仁学校

2014 年，浏阳市推出《教育三年行动计划》，计划 2014—2016 年 3 年投入 10 亿元，用于改善办学条件，推进教育现代化

人 民 政 府

大围山玉泉寺　　熊 剑 摄

12 月 3 日，“浏阳文庙祭孔古乐”入选国家级非物质文化遗产　　刘建国 摄

2014 年，浏阳农林牧渔业总产值 129.8 亿元，增长 5.5%，粮食总产量 56.19 万吨，增长 3.0%　　杨广泉 摄

暮色浏城　　邓霞林 摄

宁　乡　县

7月29日，省委书记、省人大常委会主任徐守盛（右一）到宁乡经开区调研，省委常委、省委秘书长韩永文，省委常委、市委书记易炼红陪同调研　　蔡何赞　摄

8月19日，省委常委、市委书记易炼红（左四）调研沩山，市委常委、组织部部长程水泉（左三）等领导陪同调研

8月19日，省委常委、市委书记易炼红（前右二）到宁乡县巷子口镇黄鹤村，全程参与指导黄鹤村合坪党支部专题组织生活会暨民主评议党员大会

6月10日，市委副书记张迎龙（左三）考察宁乡流沙河镇城乡一体化和农业产业化工作

人　民　政　府

5 月 19 日，县委书记黎春秋（前右一）调研交通工作

县委副书记、县长周辉（左二），县委常委、常务副县长刘亮（左三）检查办公信息化建设工作

6 月 15 日，“湘茗茶业杯”2014 中国（湖南）茶仙子立志大赛总决赛在沩山举办

10 月 24 日，宁乡县举办第五届廉政文化周活动

宁乡县第二届青少年科技创新县长奖总结表彰大会

宁 乡 县

7月7日，省委督导组常务副组长孙在田（左二）考察交通展示中心

8月13日，中国红十字会党组书记、常务副会长赵白鸽（前排中间）到流沙河镇合兴村调研博爱家园项目实施情况

7月10日，毛泽东女儿李敏（左三）到沩山参观调研，县委副书记邓杰平（左二）等陪同调研

2014年，长沙大河西农产品物流中心项目被长沙市人民政府批准为长沙湘江以西唯一的一级农批市场和长沙市现代服务业试点项目

人　民　政　府

修建一新的黄鹤村学校

2014 年，宁乡在全省首创电召服务平台，全年累计为 30 万群众提供安全便捷出行

建设中的宁乡县城一角　　　　蔡何赞　摄

12 月 29 日，长（长沙）韶（韶山）娄（娄底）高速公路竣工通车

区 县

责任编辑：陈晓红

芙蓉区

【概况】 芙蓉区辖定王台、韭菜园、文艺路、朝阳、五里牌、马王堆、荷花园、东屯渡、火星、东岸、马坡岭、东湖12个街道和隆平高科技园（正县级）、湘湖管理局（副县级）。全区土地面积42.68平方千米，耕地面积0.49千公顷；年末户籍总人口40.39万人，人口自然增长率8.49‰。

转变发展方式，区域经济稳中有进。全年实现地区生产总值（GDP）940.2亿元，按照可比价计算比上年同期（下同）增长8.5%。第一、二、三产业实现增加值分别为0.41亿元、153.22亿元和786.57亿元，各增长-55.4%、11.0%和8.1%。第一、第二、第三产业比例为0.04:16.30:83.66，在GDP增幅中，分别拉动GDP增长0个、1.9个、6.6个百分点，第一、第二、第三产业对GDP增长贡献率分别为-0.5%、22.6%、77.9%。实现财政总收入92.6亿元，增长1.9%，公共财政预算收入38.8亿元，增长3.6%。完成全社会固定资产投资361.4亿元，增长16.3%。完成社会消费品零售总额625.3亿元，增长10%。城镇居民人均可支配收入38817元，增长9.4%。实际到位外资5.5亿美元，市外境内资金形成固定资产投资197.8亿元。

科学应对经济下行压力，全力稳增长、调结构、促改革，提高发展质效。发展互联网经济，湘茶集团、长沙银楼等企业搭建电商平台，阿里巴巴长沙产业带入驻企业798家。提升楼宇经济，红橡国际、湘域国际等建成投入使用，新增商务楼宇面积20.4万平方米，新入驻楼宇企业515家。中宏保险、国开证券等省级金融机构相继进驻。开展“芯动芙蓉·快乐购物”第二季商贸促销活动，餐饮、建材等行业经营状况企稳回升。华智生物、英式乳业等一批投资超十亿元项目和掌钱电子、凯德自控等151家高新技术企业入驻隆平高科技园，实现工业总产值458.4亿元，增长11.3%。招商引资方面，引进平安财富、湖南铁塔等一批优质项目和总部型企业，引进省外境内资金76.6亿元。

强化民生保障，社会事业和谐共进。实施“十大民生工程”，推动公共服务事业发展，一批事关群众切身利益的民生问题得到妥善解决。加大教育投入，大同三小、东湖路幼儿园全面竣工。通过省第三轮县级教育工作“两项督导评估考核”，成为全省首批教育强区。注重科技创新源头建设，新增专利授权800余件。举办第四届芙蓉艺术节、第六届全民健身运动会等文体活动80余场次，群众文体生活日益丰富。深入开展健康管理家庭契约式服务，签约4800户。成功创建全国慢性病综合防控示范区。稳妥实施“单独二孩”新政，新增10个社区婴幼儿活动场所。落实城镇独生子女父母奖励政策，惠及3.6万人。新增城镇就业1.9万人。新增各类保险参保人数7.2万人。颁布慈善救助低保家庭实施办法，发放各类救助资金4691万元。新增廉租房租赁补贴808户、公租房50套。完成第九次村民委员会换届。开展食品安全专项整治，检查涉食单位6772家，责令整改341家。开展“打非治违”和“六打六治”专项整治，推进企业安全生产标准化创建，完成定王台书市消防隐患整改和提质改造工程，完成肉联厂冷库、金苹果冷库等重大安全隐患整治。召开全市首例信访听证会，解决突出信访问题32件，进京非正常上访数量下降58%。扬帆市场、农民安置房产权办理等历史遗留问题处置工作取得显著进展。推行社会治安群防群治试点，严厉打击违法犯罪行为，摧毁犯罪团伙73个，破获刑事案件1180起。加强火车站等重点地段的巡逻防控，反恐防暴能力显著提升。创建为全国和谐社区建设示范城区。

坚持建管并重，西提东拓强力推进。按照品质倍升的总体要求，协调推进城市建设和管理，提升城市承载功能和整体形象。实施跨河东进战略，启动征地拆迁项目14个，腾地158.6公顷。加快被征地农民安置步伐，一号安置点二期、二号安置点、三号安置点全线开工，购置商品房553套约5万平方米，用于被征地农民安置。筹集被征地农民社保资金3.1亿元。举办第二届隆平论坛，启动水稻博物馆建设，扩大隆平新区品牌效应和社会影响。浏阳河10千米长的东岸风光带全面启动建设。滨河路、营盘东路二期等竣工通车，隆平新区路网体系进一步加密。完成7处泵站重建，湘江综合枢纽库区涉水工程和截污工程基本竣工。恒大江湾、中房瑞致等地产项目加快建设，尚东板块成为置业热点。以棚改为抓手推进中心城区提质改造，五一大道东段、远大路一期等棚改项目基本扫尾，完成棚改500余户。筹措棚改资金20亿元，启动都正街、友谊东等地块棚改和火炬村城中村改造。完成城际铁路、万家丽路快速化改造项目用地拆迁并启动建设。落实最严格、最精细、最到位的城市管理要求，开展“十项治理”“五大提质”。严厉打击非法营运、“黑校车”、超载超限等行为，查扣黑车750台，取缔“黑站点”3处，查处超载超限车辆90台。拆除违法建设50万平方米。办结城管执法案件5098件。投入约1.7亿元实施富家湾、保利苑等30个农安和老旧小区改造。朝晖路、纬二路等瓶颈路和断头路相继打通，完成恒达社区、东湖社区等区域交通微循环改造。加强日常维护管理，铺设修补路面19万平方米，疏浚管道16万米，清运垃圾27.9万吨，改造水表3万余户，改建压缩式垃圾站4座。实施三年造绿大行动，完成19条道路绿化提质和3个社区公园建设，机关大院绿地对外开放，新增绿地52.8公顷。针对石材加工、餐饮油烟、燃煤锅炉等开展环保执法行动，整治非法排污企业570余家，削减化学需氧量945吨、二氧化硫154吨。组建万人“红袖章”志愿服务队，文明创建步入常态化轨道。

理顺体制机制，改革创新与时俱进。破除妨碍科学发展的体制机制弊端，做好多领域改革的总体规划，为经济社会发展激发活力、增添动力。简政放权，颁布行政审批项目目录，行政审批事项由249项精简至53项，精简率78.7%。制定行政审批局和行政执法局组建方案，构建行政审批和行政执法新框架。免征行政事业性收费11项。城管执法队伍下放至街道，实现重心下沉、关口前置，建构责、权、利相匹配的城管新机制。实施环卫体制改革，启动环卫作业市场化改革试点，环卫所全部移交街道管理。推进商事登记制度改革，新增登记注册市场主体1.8万家，注册资本155.8亿元，其中企业5200余家，注册资本亿元以上企业16家、千万元以上672家，市场活力和创业热情得到充分释放。在全省率先实施个体零散税收社会化管理改革，设立委托代征点15个，纳税服务更加便捷高效。

践行群众路线，作风效能不断改进。扎实开展党的群众路线教育实践活动，严格落实中央“八项规定”、省委“九条规定”、市委“两规定一办法”，作风建设取得显著成效。针对“四风”问题较为集中的领域开展专项整治，会议、文件数量分别下降20.1%、14.6%，拍卖超编公车63辆，“三公”经费削减35%，清理超标办公用房5630平方米，制定和完善《政府工作规程》等制度性文件32项。落实群众工作“直通车”和“四联三为”工作要求，全区干部走访企业、项目、社区和群众家庭3.4万人次，解决问题2163个。坚持民主决策、开门决策，针对征地拆迁、社区整治等事项召开听证会19次。加强政府信息公开，“芙蓉之窗”网站累计公开信息3.4万条，办结“区长信箱”信件310件、“12345”市民热线工单2321件。严格执行区人大及其常委会决议，自觉接受人大代表、政协委员和社会各界监督，办理各级人大代表建议61件、政协委员提案119件。强化监察、审计和行政问责，查办“庸懒散拖”问题52件，处理责任人65人，查处违法违纪案件44起，干部作风和行政效能总体向好。

全面建设小康社会、“六个走在前列”大竞赛、“两型”综合示范片区建设等工作有序推进。国防事业稳步发展，军政军民关系和谐融洽。“为民办实事”各项承诺全面落实。完成第三次全国经济普查。首部《芙蓉年鉴》出版发行。扫黄打非、防空防灾、民宗外侨等工作获全国、省、市先进。

问题和不足：财税、消费、工业等经济指标未能实现年初预期，驾驭复杂经济局势的能力有待提升。城市管理水平不稳定、不均衡，对一些城市乱象的整治力度有待加大。发生“7•19”“11•29”两起较大安全事故，安全生产监管体系建设有待加强。个别领导干部的违法违纪行为对政府形象造成了损害，政府自身建设有待深化。（喻 林）

芙蓉区

中共芙蓉区委员会

书 记 梁 仲
副书记 于新凡
　　　 夏钟剑
常 委 王曙光（挂职，2014.12任）
　　　 廖铁成
　　　 罗玉环（女）
　　　 周 虔（女）
　　　 伍艳飞（女）
　　　 张 勇
　　　 刘熙宇（2014.04免）
　　　 吴 敏
　　　 欧千军
　　　 苏智勇（挂职，2014.06-12）
　　　 蔡 冰（2014.09任）

区人大常委会

主 任 罗树林
副主任 宋晋武
　　　 陈忍冬
　　　 严国益
　　　 马京沙（女）
　　　 罗尔曼（女）

区人民政府

区 长 于新凡
副区长 罗玉环（女）
　　　 刘熙宇（2014.04免）
　　　 蔡 冰（2014.09任）
　　　 张庆和
　　　 彭尚松
　　　 许 凡
　　　 彭 娟（女）
　　　 黄健元
　　　 潘 宏（挂职，2014.10任）

区政协委员会

主 席 刘建新
副主席 陈建萍（女，2014.02免）
　　　 洪曙光（兼）
　　　 李国开
　　　 谢志鹏
　　　 黄金国
　　　 杨爱斌（女，2014.02任）

【“十大民生工程”实施】 2014年7月，芙蓉区以民生改善为根本，以提升芙蓉城市形象、改善老旧社区设施、完善城区基础配套为目的，开展实施“十大民生工程三年行动计划”。包括：水表改造、电力改造、燃气铺设、地下管网改造、社区交通微循环、路灯照明、绿化提质、环卫设施完善、社区服务规范化、农贸市场提质改造等，由区城管局、民政局、工信局、交警大队、相关街道等单位负责实施。截至2014年底，累计投入资金逾1.3亿元。共完成30969户居民的用水户表改造。对教师村片区430户居民和一个单位实现“专改公”电力改造。完成对富家湾C区等共100余栋老旧社区楼栋的燃气改造工作。对恒达社区等24个老旧社区改造地下管网，共清掏排水管2.2万米，下水管道改建约5万米，明沟疏浚约1.26万米，明沟改造约0.96万米。对社区支路交通实施微循环优化，提高通行能力，缓解社区停车难问题。加装和更换新型节能路灯483座。新建3个社区公园及小游园，总建设面积1.4万平方米。改造9个农安、老旧社区居住环境。新增并更换一批环卫设施设备。新建10座环卫工班房。改造3个社区办公服务用房。完成农贸市场建立肉菜追溯子系统前期摸底工作。（鲁素爽）

【《芙蓉年鉴（2014）》出版】 2014年3月，长沙市芙蓉区启动年鉴编纂工作，历时9个月，《芙蓉年鉴（2014）》由湖南人民出版社于2014年11月出版发行。《芙蓉年鉴》是由中共长沙市芙蓉区委员会、长沙市芙蓉区人民政府主办，长沙市芙蓉区史志档案局组织编辑出版的系统记述芙蓉区自然、政治、经济、文化、社会等方面情况的年度资料性文献。《芙蓉年鉴（2014）》记载2013年全区各部门、各行业、各街道的基本情况、主要工作和重要事件。该年鉴采用分类编辑法，设部目、分目、条目3个层次，部分部目下设子目，以条目为记述基本层次。全书共设有30个部目、105个分目、39个子目、661个条目，其中根据区情设置“要闻”“社区建设”等部目，形成鲜明特色。正文体例有概述、概况、条目、附录、资料、图表等，以条目为主体，书中插图片专版41张。（鲁素爽）

【区政府机关撤墙透绿向社会开放】 2014年6月，芙蓉区启动对整个机关大院提质改造，对植物景观层次、色彩和季相进行优化设计，新栽种灌木地被4000平方米，增加铺设园路1500平方米，摊铺沥青混凝土路面2000平方米。10月，拆除1.8米高的围墙铁护栏，将东西南北四角围墙拆除，底基凿平，拆除长度0.9千米。截至11月底，芙蓉区完成对整个机关大院“增景添绿”改造、新型太阳能路灯安装、篮球场、羽毛球塑胶地面改造，新增150个免费停车位，建成300平方米生态式电动车停车场。园林景观改造工程，总面积4万平方米，其中绿地面积占45%以上。机关大院开放后，市民可自由出入，原单位绿化用地成为市民休闲运动和锻炼场所。此举获广大市民支持和肯定，《人民日报》《湖南日报》《长沙晚报》、新华网、湖南经视等媒体对其宣传报道。（黄　华）

【芙蓉区名师校长交流成新常态】 2010年以来，芙蓉区采取刚柔并济手段，推出教师均衡配置组合拳：用激励方式引领骨干教师率先流动，以轮岗方式引领干部队伍带头流动，以选配方式引领新进教师定期调整，以设岗方式引领区域教师自主流动，以名校模式引领教师资源融通共享。全区共180名校级干部实行岗位轮换，2014年骨干教师学校覆盖率100%，形成一批在全省、全国有影响的名师、名校长、名班主任。4月15日，市教育督导团一行11人到芙蓉区进行评估检查。5月22—23日，省教育工作督导评估专家组一行9人开展义务教育发展基本均衡县市区评估考核。8月7日，芙蓉区获评全市第一批教育强区。9月2日，教育部、财政部、人力资源和社会保障部出台文件，要求推动校长、骨干教师交流轮岗，在3年至5年内实现制度常态化。芙蓉区作为湖南省城区唯一的“区域内义务教育阶段学校教师均衡配置”项目试点区，积极探索义务教育高位均衡的工作机制，其实践经验先后3次在全省推广交流。（鲁青松）

【“红袖章美洁家园”志愿服务行动】 3月18日，芙蓉区召开“清洁城市”暨“红袖章”行动动员大会，有全区各街道的500余名“红袖章”志愿者参加启动仪式。4月16日，区文明委制定下发《芙蓉区“红袖章”美洁家园行动实施方案》，要求各街道按照“统筹整合、择优调配、动态管理、常态考量”的原则，通过整合各方人员，吸纳社会力量，落实分项负责、分时上岗、分类服务、分块评价四项机制，要求重点区域必巡、安全隐患必检、重要情况必报、违规行为必纠、治安防控必查、矛盾积怨必解、危困弱势必帮、文明正气必扬。同时，区财政每年安排500万元专项工作经费，用于宣传发动、标识制作、推进工作和表彰奖励。在全区统筹下，东湖、荷花园、定王台、朝阳等街道结合实际情况，因势利导、因地制宜，分别开展各具特色的活动，推出“微文明，让红袖章飘起来”“红袖章”志愿联合会、“融合工作法”“益呼百应 美洁家园”“邻里书吧”等志愿服务品牌。截至2014年底，全区共登记“红袖章”志愿者15000名，志愿行动涵盖清洁家园、文明劝导、治安巡逻、帮扶慰问等方面。人民网、中国文明网、《长沙晚报》等媒体陆续进行报道。（鲁素爽）

表51　2014年芙蓉区主要经济指标与2013年比较

单位：亿元

指标名称	地区生产总值	农林牧渔业总产值	工业总产值	规模以上工业总产值	社会固定资产投资总额	社会消费品零结总额	财政总收入	财政支出	城镇居民人均可支配收入（元）
2013年	868.1	1.36	407.8	367.5	305.7	568.7	90.9	43.8	35484
2014年	940.2	0.79	458.4	412.1	361.4	625.3	92.6	50.6	38817
2014年比2013年增长（%）	8.5	-43.9	11.3	11.5	16.3	10	1.9	15.35	9.4

天心区

【概况】 天心区辖坡子街、城南路、裕南街、金盆岭、赤岭路、新开铺、青园、文源、桂花坪、大托、黑石铺、先锋12个街道和湖南天心经济开发园区、湖南文化产业园区。全区土地面积71.97平方千米，年末户籍总人口14.7万户39.73万人，人口自然增长率6.79‰，常住人口48.74万人。

全年实现地区生产总值642.76亿元，同比增长10.1%；分产业看，第一产业实现增加值0.83亿元，同比下降19.8%；第二产业实现增加值237.64亿元，同比增长9.3%；第三产业实现增加值404.29亿元，同比增长10.7%。第一、二、三次产业分别拉动GDP增长0个、3.8个和6.4个百分点，三次产业对GDP贡献率分别为-0.3%、37.3%和63.0%。按常住人口计算，人均GDP为126630元，同比增长2.8%。三次产业结构调整为0.1:37.0:62.9。完成财政总收入86.27亿元，同比增长11.3%，其中公共财政预算收入34.03亿元，同口径增长11.7%；全社会固定资产投资418.53亿元，同比增长18.7%；实现规模以上工业增加值120.10亿元，同比增长7.5%；社会消费品零售总额384.74亿元，同比增长12.8%；高新技术总产值242.92亿元，同比增长14.7%；实际使用外商直接投资5.5亿美元；城镇居民人均可支配收入同比增长9%，区域经济实现稳定增长。

加快转型升级，综合实力进一步壮大。2014年，面对经济下行的压力，坚持把加快产业发展作为稳增长、调结构、转方式的重点来抓，研究制定《促进金融产业发展的若干办法》等产业政策，精心举办汽车文化节、火宫殿大庙会、金秋购房节、乐购天心休闲购物消费节等主题活动，组织小分队主动对接各类战略投资者，加快建设广告产业园、文化产业园、长株潭商圈等产业平台，全力促进现代服务业和高新技术产业发展，全区产业结构逐步调优，发展质量稳步提升。成功引进了新华社新媒体中心、湖南卫视广告经营中心、银联商务、爱尔眼科医院集团总部、平安人寿保险、大地保险、北京世纪联保等企业，新增企业3175家、个体工商户4863户。新开铺、金盆岭街道跻身全市十快发展街道行列。全区区划调整区域面积增至137平方千米，顺利启动解放垸规划编制，发展空间进一步拓宽。

突出项目带动，城区功能进一步完善。坚持以项目建设带动城区功能完善，全年共安排重点工程和重大项目112个，所有县级领导和区直部门全部深入一线抓项目征拆和开工，精心组织“征拆项目攻坚季”活动，切实加强调度讲评，积极引进民间资本，有力促进项目开工和投资落地。刷新长沙城市建筑高度的华远·华中心正式封顶。全面拉通了汇丰路、九峰路、君逸路、蓝天路、青山路、豹山路和新联路，加快推进了书院南路、和平东路、金桂路、白沙路、城南西路等道路建设，坡子街社区、天剑社区道路微循环改造全面完工，城区交通更加顺畅。全力推动枣子园、南门口、古道巷二期、书院路305号地块、橘洲湾路及周边零星地块等18个棚户区项目改造，加快建设天心阁历史文化街区，完成了白沙路文化艺术街区建设规划，启动了县正街、高正街提质改造，城区面貌逐步改善。建成明德天心中学、仰天湖赤岭小学、书院小学、书院幼儿园和新宇幼儿园，先锋街道社区卫生服务中心正式运营，中南大学湘雅五医院完成设计方案国际招标并开工建设，智慧城区建设纵深推进，北部商圈基本实现无线网络免费覆盖，劳动路高排管涵、双管子高排管涵工程全面完工，一批事关区域发展的基础设施建设完成，一批事关群众生产生活的公益设施配套到位，完善了城区功能。

加强综合整治，城区品质进一步提升。坚持按照史上最严城市管理的要求，全面深化城市管理体制改革，抓好城区净化美化绿化和亮化，推进省府新区、湘江风光带等重点区域和城乡接合部环境综合整治，城区环境不断改善。全年共开展市容环境整治行动220余次，拆除违章建筑41万平方米、违章广告7.2万平方米，清运垃圾20万余吨，新建环卫工人休息室10个、站厕4座，修补沥青路面6.2万平方米，疏通排水堵点704处；自来水表改造、架空管线整治、社区品质提升、夜景亮化、湘江库区截污工程顺利完成；建成了湘府西路与南湖路两条林荫大道、绍基文化社区公园、湘中海社区公园、豹塘社区公园和新开铺街头小游园，完成“三边四旁”植树造林133.33公顷，新增绿地58.9公顷，城区环境卫生实现常态化保洁，城区品质稳步提升。特别是按照打造最具震撼力南大门的要求，积极推进环保大道、芙蓉南路绿化提质及先锋公园、融城绿化广场建设，启动了托子冲路、中意路等道路两厢综合整治及片区亮化，城市南大门更加整洁有序。坚持以培育和践行社会主义核心价值观为重点，扎实推进诚信建设制度化、志愿服务制度化等重点工作，完成全国文明城市指数测评，城区文明进一步提升。

坚持民生立区，民生保障进一步加强。坚持以“民生立区”三年行动计划为总揽，着力解决基础配套、公共服务、社会治理等与群众密切相关的问题，全年安排的129个重点民生项目基本完成，省、市、区26项为民实事全部办结，仁和家园用电专变改公变、新路村用水、省府新区公交线路优化等一批影响群众生活的突出问题得到解决。加强就业创业扶持和社会救助，实施残疾人安居、康复、就业和辅具畅行“四个100”项目，进一步完善社保、养老、救助、住房等保障体系，全年新增城镇就业1.2万人、参保单位314家，零就业家庭动态清零100%，全年累计发放城市与农村低保对象低保金、物价补贴、过节费2564.2万元。发放城乡困难居民医疗救助金313.2万元。全力推进保障性住房建设，天悦嘉园竣工并交付使用，发放廉租房租赁补贴938万元，筹集各类公租房327套（间），完成危房改造100户。深入推进“平安天心”“法治天心”建设，全面加强应急管理，积极开展安全生产打非治违、重点领域专项治理行动，排查整改安全隐患874处，组织实施了广厦新村、大托危桥、解放四村等13个排危项目，全区无重大安全生产责任事故发生；全面加大依法治访力度，落实信访主体责任，组织“信访积案化解攻坚”活动，接待群众来访3541人次，化解信访突出问题70个，有力维护了群众合法权益；深入开展“春雷行动”“治爆缉枪”

"清霾行动"和禁毒会战等专项行动，加快"七所两队一站"阵地建设，推行群防群治"红袖章"工程，严厉打击各类违法犯罪行为，破获和查处各类案件4132起，综治民调在全市城区排名第一，获评全省综治工作（平安建设)先进区,社会大局保持和谐稳定。

注重统筹兼顾，社会事业进一步繁荣。坚持办人民满意教育，创建为全省首批教育强区，全区中考合格率93.8%，高中学业水平考试一次性合格率92%，完成了12所农村学校、薄弱学校、老旧学校的提质改造。深入推进产学研合作，建成全区中小微科技型企业创业基地，创新型城区建设进一步加快。完成区文化馆、桂花坪示范性街道文化站提质和先锋街道文化站建设,"欢乐星城""好戏天天演"等品牌活动魅力彰显。创建成为全省慢性病综合防控示范区，爱尔眼科医院被评为全国百姓放心示范医院，基层医疗卫生服务水平进一步提升。夯实计生基层基础，积极帮扶重点人群，低生育水平保持稳定。完成金桂、涂新等12个社区阵地达标提质和第九次村委会换届，获评全国和谐社区建设示范城区，青园街道获评全国和谐社区建设示范街道。在全省率先建成功能齐全的社区矫正中心，打造了全省有影响的社区矫正工作模式，获全国"六五"普法中期先进集体。"两型"建设深入推进，4个社区获评为省级"两型"创建社区。实施"清霾""碧水""静音"及环境污染大排查行动，环境质量稳步提升。农村集体资金资产资源管理进一步规范，防汛抗旱、动物防疫、森林防火全面到位。查处食品安全违法案件155件，建成豆制品集中加工基地。落实人才优先战略，引进各类人才124名。完成湘府路大桥和九峰公园公交站场建设，处理非法营运车辆550台。城南堂获评全国和谐寺观教堂先进集体，赤岭路社区获评全国社区侨法宣传示范单位。特种设备质量监管到位。第三次经济普查全面完成。民兵预备役建设全面加强。工会、共青团、妇联、老龄、史志档案、外事、对台、人防、红会、工商联、关工委和涉老组织等工作均保持协调发展。

践行群众路线，工作作风进一步改进，有力提升了政府管理水平。坚持深化改革，全力推进行政审批、商事登记、食品药品监管和事业单位分类改革等9大类35项改革，精简区本级行政审批事项107项，精简比例79%，审批流程整体提速56%，行政效能不断提升。坚持依法行政,开展"依法行政天心行"活动，主动接受区人大及其常委会的法律监督、工作监督和区政协的民主监督，办理区人大议案3件、各级代表建议87件、委员提案146件，办复率100%；办理市长、区长信箱来信466件，依法审查政府和部门合同810份，受理法律援助案件256件，政府工作依法推进。坚持规范管理，制定出台《天心区政府采购网上竞价暂行办法》《关于政府性投资项目严格控制追加投资的通知》等制度，切实加强对政府采购、财政投资、工程建设等工作的监管审计，建成电子政务外网新平台，完成5个街道政务服务中心标准化建设，"12345"市民热线处理工单2200余件，在全市首创工单电子派发、督办、公示模式，有效提升了政府管理水平。坚持从严治政，制定出台《天心区党政机关国内公务接待实施办法》，"三公"经费支出减少30%，处置超编公车106台，腾退调整办公用房1.59万平方米，查办违纪案件41起，查办行政问责案件18件，树立了良好的政府形象。

问题和不足：战略带动项目不多、支柱性财源不够，经济增长内生动力有待增强；棚户区及城乡接合部环境依然较差，城区品质有待进一步提升；土地、资金等要素制约依然存在；城区基础配套设施还有待完善。（王富英）

天心区

中共天心区委员会

书　记　曾超群
副书记　朱东铁
　　　　邓鹏宇
常　委　曾超群
　　　　朱东铁
　　　　邓鹏宇
　　　　郑　明
　　　　胡维龙
　　　　骆正平
　　　　张界贻
　　　　苏宏洲
常　委　杨中建
　　　　李　曦
　　　　谭雄伟
　　　　喻中文

区人大常委会

主　任　于　献（女）
副主任　佘小玲（女）
　　　　汤楚罗
　　　　颜小平（女）
　　　　谭文敏（瑶族）
　　　　邱忠献

区人民政府

区　长　朱东铁
副区长　郑　明
　　　　杨中建
　　　　康镇麟
　　　　刘晓蓉（女）
　　　　贺国权
　　　　侯向宇
　　　　胡林辉
　　　　洪孟春（援藏）
　　　　周　浩（挂职）

区政协委员会

主　席　邓　林
副主席　皮丹丁（女）
　　　　黎小玲（女）
　　　　杨培春
　　　　陈　劲（女、兼）
　　　　罗超纲（兼）

【长沙市第七届"福满星城"购物消费节】 11月22日，中部地区最大的购物嘉年华——第七届"福满星城"购物消费节在友阿奥特莱斯举办，天心区"乐购天心"休闲购物消费节同步开启。天心区积极参加企业特惠周、长沙首届电商零售购物节、汽车促销费活动、"我身边的美食节"品牌湘菜等十二大活动等，线上线下联动给消费者送福送礼。集合全区百货、超市、餐饮、汽车等门店，实实在在地让利老百姓。天心区做好"商贸老区"的转型升级，对长株潭商圈、五一商圈、贺龙广场商圈、南湖商圈四大商圈进行清晰定位，同时制定了《关于促进天心区互联网和移动互联网电子商务发展的有关意见》，推出十大举措扶持电子商务产业发展。五一商圈打造成为全市、全省乃至中部地区具有竞争力、辐射力、吸引力的综合性商业中心，王府井、平和堂、友阿春天、万达、悦方等商业广场，6000余个品牌商家在此汇聚，50万人日均人流量，200亿余元年消费总额，这里不仅是集旅游、休闲、娱乐、餐饮、办公、购物于一体的商圈品牌，更是长沙乃至湖南的人流、物流、资金流、信息流中心。长株潭商圈中2010年进驻天心的友阿奥特莱斯，其零售额从2010年进驻时的2亿元上升至9亿元，其中50%的人流来自外地，成为中南地区购物天堂，汽车6S街区销售超百亿元，购物消费节有效地扩大消费、拉动经济。 （肖骐崑）

【长沙首个党员志愿服务微信服务平台“锋蜜在线”开通】 6月30日，长沙天心区在职党员志愿者进社区红色服务月活动启动仪式在裕南街街道石子冲社区举行，同时全市首个党员志愿者微信服务平台“锋蜜在线”开通。石子冲社区广大党员干部及联点在职党员牵头，成立了法律援助、医疗援助、居家便民、助残帮扶以及“邻里守望”5支志愿服务队，建立的社区微信平台（微信号“s85138917”）设有“政策法规”“公告信息”“在线求助”“建言献策”“邻里互助”等栏目，百名锋蜜志愿者“实时在线”，社区居民可通过微信平台与“锋蜜”志愿者进行点对点、一对多的交流。“锋蜜在线”为践行党的群众路线教育实践活动，探索解决“联系服务群众‘最后一公里’”的问题起到积极作用。 （肖骐崑）

【中南大学湘雅五医院召开项目设计方案国际征集评选会议】 10月17日，中南大学湘雅五医院项目设计方案国际征集评选会议在长沙华天酒店召开。中南大学校长、中国工程院院士张尧学，中南大学副校长张灼华，区委副书记、区长朱东铁，区委副书记邓鹏宇，区委常委、常务副区长郑明等领导及相关单位参加会议。中南大学湘雅五医院按照“政府主导、市场运作、混合所有、专业经营”的模式建设运营，设计方案邀请6家全球顶尖的设计公司和两家国内公司进行设计，引进社会资本投资参与，是全省建设混合所有制医疗卫生机构的一次大胆尝试，也是落实中央改革精神的一个创新举措。自2014年4月中南大学和天心区人民政府签订合作建设备忘录以来，双方派出精干力量组建专门工作组，按照时间节点要求，全力推进设计方案国际征集、投资方引进、相关手续办理等工作，取得一系列可喜成果。此次征集评选美国帕耶特（Payette）、法国AIA、德国HWP 3家设计公司夺得“三甲”。根据建设规划，医院的总建筑面积近40万平方米，将分两期完成，一期建设门诊楼、医技楼、1800张床位的住院楼及配套设施，二期将建设700张床位的住院楼及配套设施，计划2017年医院开业。 （王富英）

【10座环卫小屋投入使用】 天心区环卫局自6月份开始在贺龙广场、湘江风光带等路段，兴建环卫工人休息室，解决环卫工人无处休闲、吃饭、饮水、存放工具等问题。12月7日，10座环卫小屋通过专家检验评审投入使用，此举给了环卫工人家的温暖。位于贺龙广场附近12平方米的环卫小屋，室内配置有空调、微波炉、冰箱、饮水机、电风扇等生活设施，并配备有医药箱。 （肖骐崑）

【干部异地教育与培训工作】 天心区委、区政府积极落实天心区干部教育培训三年（2013—2015年）行动计划安排，年内组织5批异地培训班，共有300余名区直机关事业企业干部、社区工作者分别参加了浙江大学创新与发展专题研修班、清华大学领导力提升高级研修班、复旦大学新闻发言人与网络舆情应对高级研修班、东北财经大学财务骨干人员素质提升专题研讨班、中国社区建设培训中心社区书记、主任服务能力提升培训班，都得到良好的教育，这是天心区委、区政府为全面提升干部能力“强党性、提素质和促发展”的重要的举措。 （肖骐崑）

【长沙公布新下河街棚户区改造征收范围】 9月16日，天心区发布了关于新下河街棚户区改造项目房屋征收范围公告。该棚户区改造项目位于天心区五一大道与湘江大道交汇处东南角，紧邻地铁2号线湘江中路站，整体占地约2.67公顷。预计棚改及开发建设总投资约42.98亿元。下河街曾是全省的老字号的小商品市场，曾因老棚改区设施陈旧于2013年发生过火灾，整个下河街片区包括大众、桥头、金泰、上河街、下河街5个市场，此次仅金泰、上河街、下河街属于新下河街棚改范围。新下河街棚户区改造项目征收范围共有4个地块：东临卫国街，南接回龙巷，西至上河街，北至五一大道湘江中路匝道；东临上河街，南至回龙巷，西临湘江大道，北至五一大道；东临卫国街，南连大西门墙湾与卫国街之间巷道，西至大西门墙湾，北临五一大道；东临女人世界，西至卫国街，南面解放西路，北至金线街（以土地调查红线确定的范围为准）。 （肖骐崑）

表52　　2014年天心区主要经济指标与2013年比较

单位：亿元

指标名称	地区生产总值	农林牧渔业总产值	规模以上工业总产值	建筑业总产值	固定资产投资总额	社会消费品零售总额	高新技术总产值	公共财政预算收入	公共财政预算支出	城镇居民可支配收入（元）
2013年	591.68	1.4	398.48	502.99	352.59	341.23	211.79	30.48	37.68	38083
2014年	642.76	0.83	433.72	592.63	418.53	384.74	242.92	34.03	42.33	41510
2014年比2013年增长（%）	10.1	−19.8	8	7.9	18.7	12.8	23.7	11.7	12.4	9

岳麓区

【概况】 岳麓区辖岳麓、橘子洲、望月湖、银盆岭、观沙岭、西湖、望城坡、望岳、咸嘉湖、梅溪湖、天顶、坪塘、洋湖、学士、含浦15个街道办事处，莲花、雨敞坪2个镇，并设岳麓科技产业园和科技园创业服务中心，岳麓山风景名胜管理局，包括麓山景区和橘子洲景区；全区土地总面积558平方千米，年末总人口64.48万人，人口出生率15.97‰，人口自然增长率11.84‰。

全年完成地区生产总值774.05亿元，增长9.2%；财政总收入61.86亿元，增长19.0%，其中公共预算收入28.15亿元，增长17.86%；固定资产投资628.06亿元，增长20.3%；规模以上工业增加值295.08亿元，增长7.1%；社会消费品零售总额238.63亿元，增长17.8%；实际到位外资2.35亿美元，引进市外境内资金形成固定资产198.96亿元；城乡居民人均可支配收入34508元，增长10.1%；融资44.2亿元。

产业转型态势更加强劲。明晰“十区一园”产业功能，服务重点产业项目建设，全区首家省外银行总部——民生银行湖南总部、首家五星级酒店——佳兴世尊酒店开业运营；梅溪湖国际广场、长沙西中心、柏宁地王广场等城市综合体，王府井、麦德龙、红星美凯龙等高端卖场，浦发、广发、鼎安等金融证券总部，楷林国际、中盈广场等甲级楼宇建设推进顺利；投资120亿元的湘江欢乐城、投资80亿元的绿地湖湘中心全面启动建设。实施优商选资，举办“金星路先进服务业国际街区”投资说明会等节会，引进裕湘文化创意中心等产业项目60个，引进中铁城建、吉祥人寿等区域总部10个。大力发展楼宇经济，在建写字楼面积109万平方米，交付使用16万平方米。开展“新长沙·新中心”区域价值宣传推介，实现商品房网签面积304.9万平方米、销售额215.9亿元，“宜居在岳麓”的理念深入人心。岳麓科技产业园控制性详细规划获批，引进10亿元以上项目3个，联东U谷、中大检测等入园项目加快建设，园区综合实力不断增强。高质量完成第三次全国经济普查。蝉联全省旅游产业发展“十佳区”。晚安家居获评“省长质量奖”，云母山泉、岳麓山建筑获评湖南省著名商标。莲花桐木现代农业产业示范园、学士“农趣谷”都市田园旅游示范点、雨敞坪韭黄基地等农业项目发展态势良好。产城一体新格局加速成型。

综合承载功能渐趋完善。实施征拆项目101个，签约2243户，腾房2737户，省美术馆、橘洲移民安置地等52个项目实现签约清零，坪塘、洋湖、梅溪湖片区集体土地拆迁基本扫尾，坪塘工矿区和熊家湾棚户区改造征收工作稳步推进。铺排“六个走在前列”重点项目130个，完成投资435.4亿元。积极服务省、市重点工程，长留娄高速建成通车，地铁2号线开通运行，地铁3号线、城际铁路等项目建设推进顺利。完成截污口整治15个，改造污水管网42.5千米，湘江枢纽库区截污工程即将全面竣工。坦山路、长望路、麻园路等15条片区外道路加快建设。实施农村公路建设“三年行动计划”，修建农村公路100千米，提质改造冷金线等道路21千米，改造芝字港等危旧桥梁5座，655.1千米农村公路纳入统一管养范畴。完成水利工程554个，治理病险水库12座，解决1.9万人安全饮水问题。西湖文化园、巴溪洲水上公园开园。莲花镇获评全市城乡一体化示范镇年度考核第一名。

文明新区形象更为彰显。实施史上最严格、最精细、最到位的城市管理，建设清洁、畅通、靓丽城市，全区主次干道、中心广场更加洁净。梅溪湖、洋湖、滨江、学士、二环线“四片一线”市场化维护成效明显。积极开展城市管理“三进”行动，高标准打造长华等示范小区3个，新建骑龙等社区公园4个，提质改造科教新村等社区环境3个，硬化社会路口66处，背街小巷、农安小区、城郊接合部人居环境有效改善。加强城市道路交通管理，完成社区支路微循环改造13条，新增停车位8500个，治理社会停车场15个。深入推进“三年造绿大行动”，云栖路绿化提质工程成为全市造绿行动示范工程，杜鹃路、含光路、观沙路等23条道路的绿化实现全面提质。加大城市管理执法力度，拆除违章建筑34.8万平方米、户外广告7万平方米，规范店外经营行为3000余处。开展清霾、碧水、静音、净土环保行动。农村环境综合治理成效显现。

公共服务体系更加健全。完成省、市“为民办实事”工程26项。新增城镇就业10424人，农村劳动力转移就业1657人。城乡居民养老保险参保11.4万人、医疗保险参保51.44万人，城乡低保应保尽保。新改扩建学校、幼儿园9所，江山帝景中学、博才洋湖小学等6所学校开学；社会公众教育满意度全省第一，获评全省首批教育强区，“读书在岳麓”成为社会广泛共识。雨敞坪卫生院及学士、坪塘等社区卫生服务中心投入运行。新建社区公共文化活动中心12个，举办系列群众文化体育活动，公共文化服务更加惠民。落实单独两孩政策，兑现城镇独生子女父母奖励政策。充分发挥道德模范的示范作用，坪塘廖月娥敬老院投入使用。全年安置征拆群众2898人，改造棚户区787户，筹集公租房150套。规范化建设社区服务用房16个，成功创建全国和谐社区建设示范城区，咸嘉湖、观沙岭街道获评全国和谐社区建设示范街道。成功创建省级双拥模范区。民兵预备役、国防动员和征兵工作取得新成绩；科技、人防、外事、侨务、民族、宗教、对台、史志、档案、保密、机关事务管理、老干、关心下一代、老龄等工作实现新进步；工会、共青团、妇联、工商联、残联、侨联、科协等为岳麓发展做出了新贡献。

社会发展大局更加安定。构建“网格化管理、社会化服务、信息化支撑、一线法保障”的社会治理体系，获评全国“社会治理十佳经验”和“年度改革十大案例”。深化“六五”普法宣传，引导群众依法表达诉求，一批信访积案得到有效化解。加强公共安全管理，依法打击多发性侵财犯罪，社会治安防控能力不断增强。开展禁毒预防教育，加大传销打击力度，关爱社区矫正人员，进一步优化流动人口、特殊人群的管理服务。始终把安全生产作为最重要的民生工程，常态化排查、零容忍整治安全隐患，强力推进交通、消防、校车、建筑、食品药品、非煤矿山、特种设备等行业领域专项整治，基本完成青山片区安全隐患治理，安全生产形势稳定向好。

政府自身建设更加深入。坚决执行中央八项规定等作风建设规章制度，扎实开展党的群众路线教育实践活动，政府系统精简议事协调机构57个、压缩文件会议20%，整改问题213个。深化行政审批制度改革，承接市级行政审批事项72项，清理调整行政审批事项72项，调整率60.5%，政务服务效率大幅提升。推进商事制度改革，精简前置审批351项，新增市场主体10456家、企业4443家，分别增长41.54%、153%，增速位居中心城区首位，"创业在岳麓"的氛围日益浓厚。坚持依法行政，自觉接受人大法律监督和政协民主监督，办理各级人大代表建议96件、政协委员提案139件。主动听取各民主党派、工商联、无党派人士、人民团体和社会各界的意见建议。认真落实党风廉政责任，加强廉政风险防控，严格执行项目招投标、农村土地流转等制度，审计监督和行政监察力度进一步加大。政府自身建设取得新进展。

问题和不足：产业和税收结构有待优化，发展高端产业、培育长效财源的压力较大；科教文化、生态环境的优势还未充分释放，经济发展内生动力亟待增强；棚户区、城中村与城市发展不相匹配，改造力度有待加大；农村基础设施还不完善，城乡对接、以城带乡的水平还需提升；一些区域和企业的安全生产基础薄弱、安全生产意识不强，安全生产形势依然严峻；利益诉求日趋多元、影响社会和谐的因素仍然存在，民生保障和社会治理创新仍需加强。（周义娟）

岳麓区

中共岳麓区委员会

书　记　陈　中
副书记　周志凯　刘　汇
常　委　陈　中　周志凯
　　　　刘　汇（女）贺赤兴
　　　　刘　立　周　凡
　　　　彭利芝（女）蔡　锋
　　　　吴　江　张铁炎

区人大常委会

主　任　胡杰夫
副主任　钟红剑　杨利双（女）
　　　　辜显旺（兼）王剑鸣
　　　　陈怀宇

区人民政府

区　长　周志凯
副区长　刘　立　周　凡
　　　　苏春光　潘旺明
　　　　李　舜（女）陈定佳
　　　　刘雄辉　肖文辉

区政协委员会

主　席　袁精华
副主席　曾高杰　林俐俐（女）
　　　　喻英姿（女）
　　　　刘　平　卜茂荣

【2014中国（长沙）国际雕塑文化艺术节】 9月，大美洋湖·2014中国（长沙）国际雕塑文化艺术节举办。9月15日—10月30日，有17个国家的21位国际雕塑大师们在长沙湘江新区洋湖湿地景区进行大型雕塑作品集体创作活动。塑节期间，雕塑艺术家们在湖南师范大学、洋湖湿地白鹭塔举办了两场高校巡讲。著名湘籍画家李自健个人作品展、第十届华赛摄影精品长沙首展、书法展、美术集体展等一系列展览贯穿雕塑文化艺术节期间。此次雕塑文化艺术节以"城市精神·城市文化·城市创造"为主题，是雕塑艺术的集中展示，推动了中西方文化的融合。通过文化交流，给湖南展示未来艺术最高巅峰的精彩作品的同时给湖南观众带来最美好的艺术享受。（周义娟）

【全省法院首个心理咨询室在岳麓区挂牌】 6月13日，岳麓区人民法院与湖南省心理咨询师协会共建的心理咨询室揭牌仪式在岳麓区人民法院举行，这也是全省法院系统首个心理咨询室。新成立的心理咨询工作室通过专业的咨询手段对当事人进行心理干预，使其重构对客观世界的正确认识以及对事物的正确看法，调整心理状态，克服心理异常，避免过激矛盾冲突；同时在审判中引入心理干预机制，对案件当事人进行心理疏导，促进案件调解和诉讼活动的顺利进行。岳麓区法院作为全国"诉非衔接"改革试点法院，一直致力于推进多元化的和谐解纷，此次引入心理干预机制是该院深化这一改革的创新举措。此外，法院心理咨询室的成立，将建立关爱法官的长效机制，邀请心理学专家不定期对一线法官进行心理疏导和减压，开展讲座和心理辅导，帮助其有效宣泄和舒缓工作和生活中产生的不良情绪，积聚正能量。同时，以心理咨询室为依托，省心理咨询协会将为区法院法官开展心理咨询师专业课程，增长心理学知识，提升心理干预技能，使之融入法院的调解、审判和执行工作之中，切实增强法官的工作能力，促进和谐司法，努力实现案结事了、法律效果和社会效果有机统一的良好局面。（周义娟）

【"廖月娥敬老院"启用】 11月21日，位于长沙市岳麓区坪塘街道新合村的廖月娥敬老院一期启用，廖月娥任敬老院名誉院长。以全国道德模范廖月娥名字命名的廖月娥敬老院由政府出资兴建，并承担院中老人的所需费用。自2013年起，为了让更多孤寡老人得到照料，形成全社会良好的道德风尚，坪塘街道工委、办事处把荒废的旧敬老院修缮改造，建造成现在这座面积3000余平方米、筹备150余个床位的敬老院，2014年已启用第一期，可供50余名老人入住。该院设施齐全，功能完备，老人可以在这里种菜、养花、唱卡拉OK、打乒乓球，每餐配有二荤一素一汤，每人都有相应的护工精心看护。因见义勇为力擒歹徒而身中9刀导致瘫痪的"中国好人"谢芳是敬老院的第一个入住者。廖月娥在敬老院生活、照顾老人。该敬老院开设了道德讲堂，作为岳麓区乃至长沙市的德育教育基地，旨在传播正能量，传承孝老爱亲善举。（周义娟）

【锦绣潇湘马艺文馆开馆】 3月16日，岳麓区橘子洲街道锦绣潇湘文化创意产业园举行马艺文馆开馆仪式。在开馆仪式上，被誉为"京城第一马"的瑞永德亲临现场一展"马"的风采。瑞永德为北京骏风堂主人，徐悲鸿画院国画院副院长。在现场，10幅由湖南湘女楚韵女书艺术馆馆长、中国女书传人陈立新珍藏的瑞永德的马画名作，给大家带来视觉盛宴。锦绣潇湘·马艺文馆是一座以"马"为主题的文化艺术馆，通过多方位全视角来展现马史、马魂、马德、马姓、马相、马艺、马戏、马术等，以此再现马敏锐的灵感、激情的动感和豪迈的情感。马艺文馆分为马文化展示区、马文化体验区、吉祥马博览区、马文化交流区，其中，马文化展示区的“创意马”约3.2米高，呈站立姿势，全身贴满5000片闪光的马赛克。该作品是由大学生群体创作的，5000片马赛克寓意马文化与中华文化一样承载着社会发展5000年的历史。（周义娟）

【社区计卫服务平台开放】 9月，全市最大的社区计生卫生服务一体化平台在岳麓区观沙岭街道长望社区面向周边居民群众开放。该平台总面积逾6000平方米，由新近落成的新家庭文化屋、观沙岭社区卫生中心等部分组成。居民群众可到此阅览图书、听知识讲座、参加文艺活动，进行免费体检、妇检、孕检和求医问诊。长望社区是新建成的全市最大的安置型社区，包括农民安置房、城市拆迁安置房、廉租房、经适房等不同类型保障房8000余套，截至2014年底，已入住逾万人，周边密集分布有大型居民区和行政村，整个片区内已婚育龄妇女10768人。区、街投巨资建设了新家庭文化屋、市民学校、老年人活动室、计生服务室等设施，打造集文化学习、教育培训、休闲娱乐和保健于一体的综合性服务场所。（周义娟）

【岳麓区法院与高校共建法律人才培养基地】 9月3日，岳麓区人民法院举行与中南大学、湖南大学、湖南师范大学3所高校的法学院共建“卓越法律人才培养基地”的签约与挂牌仪式。此次签署的院校合作协议涵盖了“培养目标、合作方式、工作机制、资源共享”等方面的丰富内容，突显了“优势互补、长期合作”的原则，致力于促进法学理论与法律实践的互动，通过法院与高校的密切合作，共同培养具有多学科知识背景、系统法学知识、娴熟法律技能的复合型、应用型高素质法律职业人才。在高校与法院之间实施“双千计划”，在强化法学理论知识教学的基础上，加大实践课程的比例。发挥基地效能，开展覆盖面广、参与性高、实效性强的专业实习，切实提高学生的法律解释能力、法律推理能力、法律论证能力以及探知法律事实的能力。在人员交流方面，高校可选派青年教师到法院挂职锻炼；法院可推荐有较高理论水平和丰富实践经验的专家型法官到高校任教一门课程。高校与法院共同组织教学团队，尝试“双师同堂”式课程教学模式，即同一门课程教学，由高校教师和专家型法官共同备课、共同讲授，既传授专业理论知识，又传授实践经验。双方共同举办学术会议，互相交流学术成果，并建立学术交流资源共享机制。同时，高校还为提高该院法官的学历层次，优化学历结构提供渠道和资源。法院与高校共建“卓越法律人才培养基地”，是法学理论与法律实务的有机结合，也是培养卓越法律人才的创新探索。（周义娟）

表53 2014年岳麓区主要经济指标与2013年比较

单位：亿元

指标名称	地区生产总值	工业增加值	农林牧渔业总产值	社会固定资产投资额总额	社会消费品零售总额	财政总收入	财政总支出	城镇居民人均可支配性收入（元）
2013年	716.69	308.86	23.60	519.09	202.66	51.98	25.41	3.13
2014年	774.05	355.58	24.59	628.06	238.63	61.86	40.51	3.45
2014年比2013年增长（%）	9.2	7.0	0.8	20.3	17.8	19.0	14.4	10.1

开福区

【概况】 开福区位于长沙市北部，辖1区1园1中心（金霞经济开发区、青竹湖生态科技产业园、金霞保税物流中心），望麓园、清水塘、湘雅路、伍家岭、新河、东风路、通泰街、四方坪、芙蓉北路、洪山、月湖、浏阳河、秀峰、新港、捞刀河、沙坪16个街道办事处，青竹湖1个镇。全区总面积188平方千米，其中建城区面积65平方千米，耕地面积3.307千公顷。常住人口59.5万，年末户籍人口45.22万人，其中非农业人口36.69万人。

全年完成地区生产总值661.77亿元，增长10.2%；地方财政总收入106.8亿元，增长24.2%，增长速度全市第一，成功实现“过百亿、上台阶”的目标；固定资产投资完成570.79亿元，增长20.2%；社会消费品零售总额实现567.42亿元，增长15.8%；规模以上工业增加值50.13亿元，增长7.3%；单位GDP能耗下降4.5%。

经济基础更加夯实，园区经济快速增长。以现代物流为基础，商贸市场为主体，大力推进“产业兴园”。金霞经济开发区完成工业总产值410亿元，增长20.3%；实现社会物流总额755亿元，增长20.1%；完成货物吞吐量3125万吨，增长25%。服务业发展提速。设立现代服务业发展办公室，全面实施“1318”工程。服务业完成增加值509亿元，占GDP的76%。金融业加快成长。金融生态区聚集区域性金融总部机构35家，分支机构200余家，从业人员1.6万余人，辐射承载能力进一步增强。金融业税收占比25%，核心地位凸显。楼宇经济蓬勃发展。全区5000平方米以上已建在建商务楼宇129栋，总面积560万平方米。运达国际广场、开福万达广场、新时代广场等14栋商务楼宇年税收过千万元。文化旅游业增长较快。文化产业实现增加值140亿元。金鹰卡通、嬉美印刷等获评“2013—2014年度国家文化出口重点企业”。全年接待游客758万人次，完成旅游总收入87

亿元。都市工业实力增强。新增规模以上工业企业22家，工业投资增长39%。高新技术企业实现增加值130亿元，占GDP的19%。专利申请和授权量分别增长15.4%、17.1%，创新驱动能力进一步增强。现代农业稳步提升。统一集团、金霞粮食集团等29家农业产业化龙头企业实现总产值40亿元，观光休闲农业实现产值4亿元。

项目建设加快推进。成立推进重大项目建设领导小组办公室，以四个“十大”为重点，铺排重大项目110个，总投资253亿元。项目建设进度加快。高岭国际商贸城一期、湖南进出口商品展示交易中心一期主体竣工，湖南电商大厦、长沙跨境电子商务监管中心投入使用，佳海工业园、中南现代医药健康产业园建设加快，长沙新港三期、卓尔二期启动建设。捞刀河路一期建成通车，万家丽路快速化改造、渔业路延伸工程、滨河南路等项目进展顺利。征收拆迁强力推进。城市棚改步伐加快。制定了新一轮棚改计划，用4年至5年时间完成100万平方米棚改任务。2014年棚改总面积20.55万平方米、2653户。黄兴北路一期、太平变电站等项目征拆全面完成，黄兴北路二期进入扫尾，火车北站二期、清水塘炮后街等项目加快推进，新码头、陡岭路东厢棚改项目启动签约。城中村改造和农村征收扎实推进。启动农村拆迁项目29个，腾地426.33公顷，动迁7942人。重点推进朝正垸、胜利村、青竹湖中心片区、传化物流等项目的拆迁。资金保障有力有效。争取政策资金支持，加大平台融资力度，盘活经营性资产，保障了棚改安置房、农民保障住房及其他重点工程建设的资金需求。

城乡品质明显提升。以“精美城区建设年”为载体，理顺城管体制，构建“大城管”格局，投入城市建设管理资金逾10亿元，全面实施“七大工程”（清洁工程、畅通工程、靓丽工程、清霾工程、碧水工程、治违工程、共建工程）和“三进”（进社区（村）、进背街小巷、进城郊接合部）集中行动，打造品质开福，建设精美城区。提质改造成效显著。实施“十大提质改造”工程，完成荷花池社区、紫荆园社区、油铺街人造板厂小区综合提质改造；新建两个社区公园、提质改造5个街头小游园；完成营盘路、芙蓉路、三一大道、福元东路、楚家湖路等主次干道和29条支路街巷提质改造；修复路面80万平方米、人行道13万平方米。疏通中山路、福元路等4个片区排水堵点，改造300余处老旧化粪池，修复更换各类井座井盖3460套，疏浚排水管沟75万米。着力解决污水处理问题，汉回移动式污水处理设施投入运营，沙坪污水处理管网工程进展顺利，苏托垸污水处理厂完成规划选址。改造排水涵闸5处，改扩建排渍泵站5座，总装机容量3.1万千瓦。管理质效不断提高。开展城市道路交通综合整治，完成芙蓉中路、二环沿线等30个重要节点综合整治，新增停车位2400余个。实行史上最严格的城市管理，查处各类违规违章行为10万余起，查扣非法营运车辆777台，拆除违法建筑63.67万平方米，关停混凝土搅拌场36家，拆除洗砂场15家。购置环卫保洁机械作业设备107台，区域内主次干道保洁机械化作业率90%以上，市容市貌更加整洁。生态环境持续改善。推进“三年造绿”大行动，投入资金1.5亿元，新增绿化面积466.67公顷。强力实施清霾工程、碧水工程、静音工程，全年空气质量优良天数333天，湘江开福区监测断面水质达到水功能区标准。文明创建全面深化。主动转思路，提升文明创建常态化工作水平。以培育和践行社会主义核心价值观为主题，开展各类宣传教育活动120余场，市民文明素质得到全面提升。望麓园街道获评全国和谐社区建设示范街道，清水塘路社区成功创建全国文明社区。

改革开放不断深化。9大类48项重点改革全面启动，19项改革取得阶段性突破。行政审批制度改革全面实施。顺利承接市直部门下放的98项行政审批事项，精简区本级行政审批事项110项，精简比例63.6%。商事登记制度改革效果明显。承接商事登记管理权限94项，全面落实“先照后证”。全年新办企业3794户，增长108.5%；新设立商事主体注册资本总额82.3亿元，增长97.3%。“两型”社会建设深入开展。金霞片区被确定为湖南“两型”社会试验区，启动青竹湖镇“两型”综合示范片区创建工作，江湾社区等4家单位被评为省级“两型”创建单位。万国城和太阳星城等绿色建筑模式、湘雅医院等公共机构合同能源管理模式得到省、市肯定。其他各项改革有序进行。开展涉企行政事业性收费清理整顿，取消5项行政事业性收费。统筹抓好卫生、计生、食安、动物防疫和水利管理系统等机构改革的前期工作。对外开放成效扩大。金霞保税中心报关7394票，进出口货值17.3亿美元，分别增长48.2%、83.3%；征收关税4.5亿元人民币，增长136.4%。开通“湘欧国际货运班列”，举办第七届金秋经贸文化节等重大招商推介活动，签约落户重大产业项目23个、总金额约100亿元，引进传化集团、五矿建设、深国际、深圳华为、普洛斯、阿里巴巴、中民筑友等行业龙头企业。

民生福祉切实改善。发挥政府政策托底作用，民生支出41.65亿元，占公共财政支出83.3%，21项为民办实事项目全面完成。民生保障更加有力。发放城乡低保资金6359万元，发放各项惠农补贴2252万元，城镇新增就业9355人，1200余名环卫工人纳入社保体系。洪山益安公寓、沙坪福竹园小区农民保障住房分房入住，福嘉园一期、金盆丘农民保障住房竣工，荷叶村、福鑫苑、板塘二期、九尾冲和油铺街S8定向房源等项目加快推进。解决1113户困难家庭住房和1.5万农村人口安全饮水问题，完成32448户“一户一表”水表改造和1386户居民“专改公”电表改造。社会治理不断创新。获评“全国和谐社区建设示范城区”“全国社区治理和服务创新实验区”。全面完成第九次村支两委换届选举，优化配强了村级领导班子。完善县级领导包案制度，加大依法治访力度，全年约谈信访群众1053人次，化解了一批重点信访问题，进京非访同比下降65.2%。开展“民情大走访”活动，调解各类矛盾纠纷402起，获评“全国人民调解宣传工作先进单位”。开展安全生产大检查集中行动，打击非法违法、治理纠正违规违章行为505起，电梯安全管理标准化工作获国家标准化委员会唯一试点，消防安全责任得到有效落实，全区火灾四项指数全面下降，成功创建湖南省安全生产示范区。开展食品药品安全专项整治，破获食品药品刑事违法案件6起，抓获犯罪嫌疑人12人。“天网工程”新增监控点560个，实现区域全覆盖。强化民生警务，实行联勤武装巡逻，全区刑事案件下降15.5%，侵财案件下降16.5%，应急处置与舆情引导工作更加有效，人民群众安全感增强、满意度提高。各项事业稳步发展。获评湖南省首批教育强区，公民教育形成开福特色，全国推介。战略合作成立长沙市一中开福中学，新建1所小学、2所公办幼儿园、3个社区卫生服务中心和6个村级卫生室，对38所普惠性民办幼儿园进行补贴，群众上学难、就医难的问题得到进一步缓解。人口计生工作连续11年获评“国优”、连续13年获评“省优”“三民计生”基层群众自治模式全国推广。全省功能最全的残疾人服务中心投入使用，成立了湖南第一家婚姻家庭服务中心，全方位服务居民群众。推进公共文化服务示范区提质提效三年行动计划，新建提质一批群众文体活动场所。圆满完成新兵征集任务。国防动员、人防、老龄老干、外事侨务、史志档案、民族宗教、后勤服务等工作取得新进步；各民主党派、工商联、无党派人士及工会、共青团、妇联、科协、红十字会、关工委、残联等群团组织为区域发展做出新贡献。

政务服务全面优化。依法行政深入推进。开展依法行政示范单位创建，自觉接受人大和政协监督，185件人大代表建议和政协提案全部办复完毕。区政府班子成员深入17个街镇向人大代表、政协委员通报经济社会发展情况，征集整理的102条意见建议绝大多数得到解决。工作效能全面提升。加强在线审批和电子监察，在线办结各类行政审批事项11457件。开通“12345”等服务热线，办理回应市民诉求3956件，服务能力和水平不断提升。政务公开力度加大。建成街镇政务服务中心17个、社区(村)便民服务中心130个。实行财政预决算和“三公”经费网上公开。通过政府门户网站公开政务信息13307条，办理市长信箱、区长信箱等群众来信来访489件。作风建设不断深化。严格执行中央、省、市制度规定，围绕“四风”突出问题真抓实改。调整清理办公用房1.1万平方米，收缴处置超编超标车辆120台。出台《开福区党政机关国内公务接待实施细则》，“三公”经费开支大幅压缩，公务接待费下降50%。落实党风廉政建设责任制，强化重大项目投资管理和审计监督，审计政府投资项目429个，核减资金1.73亿元。 （王从福）

开福区

中共开福区委员会

书　记　李　蔚
副书记　廖建华（女）
　　　　沈裕谋　曾筱峰
常　委　李　蔚　廖建华（女）
　　　　沈裕谋　曾筱峰
　　　　刘小虎　黄　阳
　　　　刘文立
　　　　张　毅（挂职，2014.12任）
　　　　张　武（2014.09免）
　　　　杨应龙　周志军
　　　　郭朋芳（2014.06免）
　　　　黎　明（援藏）
　　　　袁伟洁
　　　　陆　忠（2014.06任）
　　　　邹犇淼（2014.09任）

区人大常委会

主　任　许振勤
副主任　王颂交　李光华
　　　　袁剑英（女）
　　　　李正元（女）
　　　　罗伟明

区人民政府

区　长　廖建华（女）
副区长　黄　阳
　　　　张　武（2014.09免）
　　　　邹犇淼（2014.09任）
　　　　汤建尧　张春雄
　　　　邓　平（2014.10免）
　　　　何惠凤（女）
　　　　廖　勇
　　　　邹　特（挂职，2014.09任）
　　　　李　忠（2014.10任）

区政协委员会

主　席　熊建伟
副主席　刘永红（女）
　　　　邓毅芳　杨庆江
　　　　苏松泉　杨　艳（女）
　　　　焦　灿

【IECC招商推介会在开福区举行】 11月6日，“让湖南与世界零距离”中部（湖南）进出口商品展示交易中心(IECC)招商推介会在开福区举行。推介会由湖南省商务厅、长沙市人民政府主办，长沙市开福区人民政府、长沙金霞经济开发区承办，长沙金霞保税物流中心和湖南嘉德集团协办。湖南省人民政府副省长何报翔，国家海关总署加贸司副司长李志辉，长沙市委常委、副市长张迎春，开福区委副书记、区长廖建华以及相关部门负责人、国外驻华领事、商务参赞出席推介会。推介会上，全球与会客商以IECC搭建合作共赢平台为契机，就中部湖南建立一流的外贸平台、加速湖南和中部地区进出口商品展示交易平台以及跨境电子商务平台建设话题进行深入探讨，湖南汽车服务商会、缅甸标准股份有限公司、株式会社韩流亚洲、VD韩国株式会社、缅甸温格里进出口贸易公司、华夏矿物宝石展览有限公司、中国银行湖南省分行、建设银行湖南省分行、中国贸促会建设行业分会近20家企业现场战略签约。IECC位于长沙金霞保税区，地处水陆空三港枢纽“黄金码头”，项目占地26.67公顷，总投资逾50亿元，2015年IECC实现运营后，长沙市民购买进口商品将更加便利，由于IECC拥有保税物流中心国际采购、国际分拨、保税仓储等功能优势，进口商品将比市场价低2至3成。为提升湖南开放型经济发展乃至推动中部崛起具有战略里程碑意义。 （王从福）

【荷花池社区综合提质改造工程项目】 8月5日，荷花池社区开展综合提质改造工程，该工程是2014年开福区推进“三进”工作、建设精美城区的典型工程，涉及35栋五层以上的居民建筑和沿道路两厢低矮民房以及门店招牌整治，弱电架空缆线下地、空坪隙地的休闲公园、文化广场等绿化工程的打造，以及下水管道疏浚、更换，化粪池扩容和新建，主要道路路面提质、停车位的增设等内容。截至2014年底，改造工作全面完成。（王从福）

【长沙市首届琼花艺术节】 4月8日，中国梦•福汇新河——长沙市首届“北辰”琼花艺术节在开福区紫凤公园举办，此次活动由长沙市园林局、开福区新河街道主办。活动期间，举办了游园全家福、桥志丰碑揭碑仪式、“精美城区建设年”志愿者签名活动、琼花树捐赠认养活动，众多市民踊跃参加。群众欣赏到了紫凤八景摄影作品、琼花赋书画作品等，摄影、书法协会邀请相关专家对摄影、书画作品进行品评，评选出此次活动的28名获奖者。4月12日，闭幕式现场举行颁奖仪式。 （王从福）

【长沙首家社区矫正公益劳动基地落户开福】 4月18日，全市首家标准化社区矫正公益劳动基地在开福区青竹湖镇太阳山森林公园揭牌。青竹湖镇社区矫正公益劳动基地具备规范的集中教育、公益劳动等多项功能，社区服刑对象可以依据自己的时间安排随时到基地完成每个月8小时的社区公益劳动任务。该基地对每一个特殊对象建立专门的劳动手册，并引入指纹签到仪真实记录劳动时间，通过加强公益劳动管理和有针对性的帮助，使该基地成为社区服刑人员塑造心灵、感化教育、融入社会的桥梁和纽带。（王从福）

【路琦调研开福区关爱留守儿童工作】 5月20日，中国预防青少年犯罪研究会秘书长路琦、团中央权益部调研员翁莉一行到开福区捞刀河街道捞刀河社区就关心关爱留守儿童工作进行调研，调研组一行考察了捞刀河社区留守儿童博爱超市、温馨港湾、雷锋号志愿者工作站、图书阅览室、未成年人绿色网吧及周末课堂，详细了解了社区团支部关爱留守儿童工作的具体措施和方法。社区团支部以“道德讲堂”等形式对留守儿童进行道德教育，用“周末课堂”填补学校教育的空白，利用重大节日组织留守儿童开展社会实践活动，借助公益机构关爱留守儿童，开展志愿服务增强留守儿童的公民意识。团省委权益部部长谢灏、团市委副书记詹萍萍、团区委副书记蔡哲陪同调研。（王从福）

【胡怀邦考察清水塘炮后街棚改项目】 12月25日，国家开发银行董事长胡怀邦一行，在省委常委、市委书记易炼红，副省长张剑飞，省政府副秘书长，省政府金融办主任石华清，市委常委、市委秘书长陈献春，副市长姚英杰，以及区委书记李蔚、区长廖建华等的陪同下，考察调研清水塘炮后街棚改项目。胡怀邦一行详细了解了炮后街棚改项目的基本情况、规划设计及资金预算情况。随后到清水塘5栋征收户王秀玲、陈凤辉家中进行了走访，并与他们亲切交谈，了解他们的房屋实际情况及家庭基本状况。胡怀邦等领导对清水塘炮后街棚改项目给予高度评价，并表示将全力支持长沙市的棚户区改造工作。（王从福）

【全市首家中学司法调解室设立】 5月19日，长沙市开福区东风路街道人民调解委员会驻长沙市第七中学调解室在长沙市第七中学挂牌成立。该调解室是全市设立的首家校园调解室，通过引入专业人员，及时解决各类纠纷，确保校园安全。（王从福）

【汉回村入选首批中国少数民族特色村寨】 9月23日，国家民委发布《关于命名首批中国少数民族特色村寨的通知》，全国共有340个村寨被作为首批“中国少数民族特色村寨”予以命名挂牌。开福区沙坪街道汉回村是长沙市唯一入选的单位。该村位于长沙市东北方向，距中心城区大约10千米，交通较为便利。据历史考证，回族定居汉回村有三百余年历史，具体可追溯到清道光年间。汉回村不但是少数民族聚居村，还是佛教、伊斯兰教宗教活动场所，建有铁炉寺、清真寺。全村总面积282.82公顷，共1408人，其中回族村民约占1/3。1994年，江泽民授予汉回村“全国民族团结进步模范村”称号。（王从福）

【开福区获湖南省“书画之乡”称号】 4月19日，湖南省创建“书画之乡”领导小组授予开福区“书画之乡”称号。省人大常委会老领导沈瑞庭、罗海藩、蔡力峰，市纪委原副书记、市老干部书画协会主席陈国风，区领导李蔚、袁伟洁、何惠风等出席授牌仪式。区委、区政府把创建“书画之乡”作为文化强区的重要推手，将书画艺术与开福寺佛教文化，清水塘和船山学社红色文化，沙坪湘绣艺术，世界之窗的异域情愫以及现代的院校文化、军营文化、社区文化等多种文化元素融汇在一起，努力打造“书香开福”，有深厚的历史文化根基，奠定了坚实的群众文化基础，开创了书画艺术的新领域。（王从福）

【3家文化企业获“国字号”称号】 5月12日，商务部、中宣部、财政部、文化部、国家新闻出版广电总局5部门联合公布了2013—2014年度国家文化出口重点企业和重点项目目录，开福区内企业湖南省青苹果数据中心有限公司、湖南金霞湘绣有限公司、湖南媲美印刷有限公司获评“国家文化出口重点企业”称号，并获50万元“以奖代补”资金支持。此外，华声在线股份有限公司、湖南中信泽实业有限公司、湖南青果软件有限公司和湖南新亚胜科技发展有限公司获评长沙市第二批“文化和科技融合示范企业”称号。（王从福）

表54　　2014年开福区主要经济指标与2013年比较

单位：亿元

指标名称	地区生产总值	全社会固定资产投资	社会消费品零售总额	地方财政总收入	公共财政预算收入	城镇居民人均可支配收入（元）
2013年	600.68	497.37	490.21	86.01	31.69	30891
2014年	661.77	570.79	567.42	106.8	45.7	33980
2014年比2013年增长（%）	10.2	20.2	15.8	24.2	44.2	10

注：因统计口径变化，2014年全社会固定资产投资按照新口径进行了调整

雨花区

【概况】 2014年，雨花区辖12个街道，有105个社区，36个社区筹委会。辖区有省级工业园区长沙雨花经济开发区。土地总面积115.23平方千米，城区总面积约71.1平方千米。年末，全区户籍总人口57.6万人，人口出生率12.69‰，自然增长率9.33‰。

全年实现地区生产总值（GDP）1429.74亿元（含中烟），同比增长9.6%。第二产业实现增加值877.55亿元，同比增长9.3%，其中工业实现增加值782.80亿元，同比增长9.1%，占GDP的比重54.8%。规模以上工业实现增加值770.82亿元，同比增长9.4%。三次产业结构比为0.1:61.4:38.5。GDP总量占全市的18.3%，经济总量占内五区的32.1%。按含中烟公司长沙卷烟厂部分口径核算，全年实现地区生产总值（GDP）918.49亿元，同比增长9.4%。其中第一产业实现增加值0.80亿元，同比下降44.7%；第二产业实现增加值366.30亿元，同比增长8.6%，其中工业实现增加值271.55亿元，同比增长7.8%；第三产业实现增加值551.39亿元，同比增长10.1%。第一、二、三次产业分别拉动GDP增长-0.1个、3.5个、6.0个百分点，三次产业对GDP增长的贡献率分别为-0.8%、36.8%、64.0%。三次产业结构为0.1:39.9:60.0。规模工业总产值、增加值（含长烟）分别达到543亿元、246.7亿元，分别同比增长13.1%、7%。完成财政总收入118.66亿元，同比增长13.06%；地方公共财政预算收入52.64亿元，同比增长19.1%。完成固定资产投资512.86亿元，同比增长18.2%。实现社会消费品零售总额580亿元，同比增长10.2%。引进省外境内资金76.3亿元，市外境内资金形成固定资产198.35亿元，增长19.78%，内五区排名第二位，实际到位外资5.49亿美元，增长15%，内五区排名第二位。进出口总额11.94亿美元，增长60%，内五区排名第一。城镇居民人均可支配收入40497元，增长9.0%。

项目建设全面推进。全区登记在册的10亿元以上项目59个，一批城市综合体相继启动建设、投入运营，打造专业示范楼宇6个，培育“亿元楼宇”2个。积极参加沪洽周、深洽会等招商节会，累计签约重大项目18个，中石油、昆仑能源、华夏人寿保险等12家区域性总部签约落户。湖南工业机器人产业示范园落户雨花经开区，长泰、库卡、拓野、佛山精一、湖南大捷、艾伯特6家机器人厂商成功签约。比亚迪电动大巴、乘用车销售良好，克明面业、金杯电工、晓光模具等一批骨干企业不断发展壮大。雨花现代电子商务产业园运营顺利，仓储1号地摘牌，园区首个项目成功落地。成功举办2014年中国中部（湖南）国际农博会、福满星城·福传雨花购物消费节等节会活动，雨花的知名度进一步提升。区内拥有AAAA级旅游景区湖南省森林植物园，省级工业旅游示范点长沙比亚迪工业园、克明面业，省级旅游购物示范点神农茶都，市级工业旅游示范街道同升街道。2014年，区内举办“第六届湖南世界名花生态文化旅游节”“第三届百万花蝴蝶文化节”“一元游雨花”等大型旅游活动，累计接待游客约950万人，年增长16.9%。

转型升级步伐提速。编制区现代服务业总体发展战略规划和核心片区规划，高桥大市场提质、红星冷冻四期、养天和大药房3个项目纳入国家级现代服务业综合试点。启动区现代服务业总体发展战略规划和核心片区详细规划编制工作，黄金走廊、雅塘新城、东塘组团、浏阳河生态经济带等区域详细规划编制工作取得实效。明确现代金融、商贸物流、商务智慧、康乐文体四大产业支点，区现代电子商务物流园、全洲农产品电子商务综合服务产业园等9个项目入选国家级现代服务业综合试点，全区综合性和现代服务业项目占比超过35%，高新技术增加值占GDP（含中烟）比重13.8%；实现第三产业增加值490.71亿元，占比超过59%。新型工业稳步发展，全区规模工业企业100家，比亚迪电动大巴、乘用车实现量产量销，晓光模具、金杯电工、长泰机械等企业成长良好。东湖高新标准厂房新入驻企业48家，雨花经开区增速位居长沙10个省级开发区第一位。

城市品质不断提高。主动服务国家、省、市重大工程建设，实施重点项目53个。沪昆高铁站场投入使用，磁悬浮开工建设，地铁2号线竣工运营，地铁1号线、城际轻轨、京珠高速、万家丽路快速化改造、洞株公路等项目完成年度建设任务。积极推进高铁新城、雅塘片区开发建设，洞井路、大桥路、楠竹路、东进路、曙光南路、圭塘路二标、马王堆路、嘉雨路、万侯路9条道路建成通车，木莲冲路、石坝路等10余条道路抓紧建设。加强建设行政执法监管，强化质量安全监督，有效确保了工程质量。确立“4+X”（“4”即高铁新城片区、雅塘片区、棚户区改造、城中村改造4个征拆主项目；“X”即区内其他重点拆迁项目）征拆模式，推进征拆工作，全年腾地372公顷，其中集体土地上拆除合法建筑675栋，国有土地上征收私房户972户。实施“百万拆违”大行动，拆除违法建筑126万平方米、违章户外广告招牌5.5万平方米。开展城管“三进”“清洁城市”等行动，强化“门前三包”、夜宵摊担、渣土扬尘管理，改造一批老旧社区、背街小巷，组织火车南站、高桥大市场等区域综合整治，市容市貌有效改善。实施“三年造绿”大行动，开展花侯路、长沙大道等道路绿化提质，打造景观街2条，兴建社区公园2个、小游园4个，新增绿地67.3公顷。实施清霾、碧水、静音和污染隐患排查整治四大行动，开展“两河”流域综合治理，圭塘河二期开工建设，花桥污水处理厂二期、雨花污水处理厂建设顺利。巩固文明创建成果，开展“八个最美”创建活动，打造了“高铁志愿服务”“七彩雷锋日”等服务品牌。

民生福祉有效改善。民生保障有效加强，新增城镇就业1.94万人，农村劳动力转移就业2600人，城镇登记失业率2.3%，“零就业”家庭实现动态清零。新增企业养老保险1.5万人，城乡居民医疗保险缴费16万人。推进惠民解困“雨露工程”，城乡低保救助6.8万人次，高龄老人津贴1.06万人。民生项目取得实效，圆满完成省13件、市7件实事。黎锦苑、黎雅苑、太和园、颐景苑等农民保障住房竣工分房，桃花苑、瑞景苑、莲景苑、月雅苑等农民保障住房主体封顶。长沙锁厂棚改竣工交房，一汽棚改主体封顶，长重棚改一期竣工，华狮、长城信息、长钢、梨子山等项目启动改造。新建廉租房

616套，185套公租房建设顺利。红星、高升、石马等城中村改造试点工作稳步推进。社会事业协调发展，推进合格学校、校安工程建设和薄弱学校提质改造，市一中雨花新华都学校、枫树山南屏锦源小学、长塘里新华都分校、黎郡小学等学校如期开学，新增校舍面积10万平方米、学位8550个，获“全国义务教育发展基本均衡区”。科技服务水平进一步提升，新增省级科技创新平台5家、高新技术企业15家。打造群众文化节、“书香雨花”读书节等品牌，建成示范性街道综合文化站2个、示范性社区文化活动中心12个。落实国家基本药物制度，区公卫大楼完成主体工程，砂子塘、洞井社区卫生服务中心建设如期推进，改造村级卫生室7所。开展幸福家庭创建活动，加强流动人口管理，落实“单独两孩”政策、“城镇独生子女父母奖励制度”，关爱计生特殊家庭，连续七年保持“全国计生优质服务先进区”称号。

社会大局和谐稳定。完善领导接访、包案约谈、督查督办等工作机制，建立信访问题联席会商、各类非访快速处置制度，依法整治信访秩序，高效化解社会矛盾，收集诉求问题 1.2万余件，答复处理率85%。深入开展“转作风、解难题、抓关键、见实效”“三定三抓”和“创业富民”等专项活动，解决一大批企业和群众反映强烈的热点难点问题。成立8个新社区，建成3个新型标志性社区，提质17个社区阵地，成功入选创建全国社会治理和服务创新实验区。抓好安全生产示范创建和企业标准化建设，组织开展安全大检查、“打非治违”“火灾隐患大排查大整治”等专项行动。深入推进平安雨花建设，组织防范和打击涉众型经济犯罪专项行动，深入开展“星城金盾”“打盗抢保民安”“治赌缉枪打黑除恶”等行动，构建全天候、立体化的治安防控体系，连续七年保持“全省平安区(县)”称号。积极推进“平安雨花”建设，开展了“春雷行动”“亮剑行动”和“黄赌毒”专项整治，严厉打击各类违法犯罪活动，构建立体化的治安防控网络，群众的满意度进一步提升，连续八年保持全省“平安县（区）”称号。完善领导包案接访、矛盾纠纷排查、信访稳定评估等机制，开展化解信访积案专项行动，化解信访积案71件，非访人数大幅下降。推进“打非治违”“火灾隐患大排查大整治”，加强重点行业、重点领域安全隐患排查治理，推进企业安全生产标准化建设，全区安全生产形势持续好转，保持“省级安全生产示范县（区）”称号。加大食品药品安全监管力度，对校园周边、餐饮门店、加工作坊等重点场所进行治理，有效保障了人民群众“舌尖上的安全”。实施全国社区治理和服务创新实验区建设，完成社区筹委会选举，开展社区职能职责清理工作，成功创建“全国和谐社区建设示范城区”。

问题和不足：经济运行总体保持平稳态势，但下行压力加大，投资动力不足，消费需求不旺，区域经济保持高基数上的高增长压力较大；产业结构逐步优化提质，但发展质量和效益仍然不高，缺乏强有力的大项目、好项目支撑，企业创新能力和产业附加值相对较低，转型升级任务艰巨；项目帮扶的成效明显，但征地难、拆迁难、融资难等问题依然突出，重点项目建设有待进一步加快；城市承载功能不断增强，但建设品质还需进一步提升，管理水平有待进一步提高；社会大局持续稳定，但安全隐患较多，安全形势依然严峻，社会矛盾较多，维稳任务依然艰巨；政府效能不断提升，但社会管理和公共服务职能还需进一步强化，行政效率有待进一步提高。（刘科明）

雨花区

中共雨花区委员会

书　记　周杏武(2014.03免)
　　　　邱继兴(2014.05任)
副书记　邱继兴（2014.05免）
　　　　汪　娟（女）
　　　　张能峰（2014.10任）
常　委　周杏武(2014.03免)
　　　　邱继兴　汪　娟（女）
　　　　张能峰（2014.10任）
　　　　杜旭辉　冯聪龙
　　　　王清政
　　　　叶方舟(2014.06免)
　　　　黄文先　何托林
　　　　王雄文　王维宁
　　　　罗予武
　　　　肖集林(2014.06任)

区人大常委会

主　任　龚景顺
副主任　胡和平
　　　　刘海秋
　　　　周凌云（女、兼）
　　　　谢爱龙　杨　平（女）

区人民政府

区　长　邱继兴（2014.10免）
代区长　张能峰（2014.10任）
副区长　王雄文　罗予武
　　　　王清华（女）
　　　　邹犇森（2014.09免）
　　　　余宏卿　李国军
　　　　谭应林
　　　　陈怀宇（2014.09任）
　　　　王海军（挂职）

区政协委员会

主　席　李电晖
副主席　康长萍（女）
　　　　陈国强　廖云伟
　　　　罗艳辉（女）任壮岳

【第三届中部金融中心论坛在长沙召开】 7月8日，由《光明日报》、湖南大学、第一财经主办，湖南德思勤投资有限公司、第一财经《中国房地产金融》、农银国际（湖南）投资管理有限公司联合承办的第三届“中国中部金融中心论坛”在长沙融程花园酒店召开，《光明日报》副总编辑兼光明网总裁陆先高、财政部旗下中国文化产业投资基金总经理陈杭、上海文化广播影视集团副总编辑兼《第一财经日报》总编辑秦朔、湖南大学设计艺术学院院长何人可，以及菲律宾裕景集团中国区总裁黄世达、德意志银行（中国）有限公司财富管理中国区总经理黄凡、紫辉创投总裁郑刚、誉银基金总裁闫红星、一财长富基金总裁陈贤锋等数十位机构高层，文化部文化产业司副巡视员施俊玲、湖南省人民政府副省长张剑飞，长沙市雨花区委书记、区长邱继兴等领导出席论坛活动。论坛以一场文化、创意、金融智库的深度碰撞，对经济结构升级转型环境下的产城升级路径，在“金融驱动实体发展”“工业设计和娱乐文化推动产业升级”等文融融合的维度上，进行一系列深入而富于指导性的探讨。省政府金融办、市委宣传部、雨花区委、

区政府有关领导出席论坛。（刘科明）

【2014中国中部（湖南）国际农博会在长沙举办】 11月17日，由农业部和省政府共同主办的2014中国中部（湖南）国际农博会在长沙红星国际会展中心举办。国家农业部原党组成员、中国农产品市场协会会长张玉香，全国供销合作总社监事会副主任汤益诚，省领导易炼红、徐明华、张硕辅、武吉海、袁隆平，阿尔巴尼亚驻华大使塔希尔等出席开幕式。农博会共设展位1500个，展区总面积3万平方米，展区划分为国际展区、休闲农业展区、省内龙头企业展区、省外龙头企业展区、黑龙江与大连市组团展区、生鲜水果展区、长沙市蔬菜直销店展区、市州特色农产品直销展区、种子展区、外省名优产品展区，中部6省300余家国家级、省级农业龙头企业携手1000余家中外企业参展，17—18日为专业观众参观日，19—24日向公众开放。农博会首次引入移动互联网电商平台，以“O2O”线上融合线下的立体交易。首次推出农博会APP应用“小辣椒”，首次实现从单一线下交易到“线上+线下”立体交易的营销形式，打造“网上农博会”电子交易平台。实现线上交易订单2.3万笔，交易额185.90万元。此届农博会以“中部新跨越 掘金云农博”为主线，除开幕式和专业观众观展以外，推出农业企业人才引进暨商贸洽谈签约仪式、农超农校产销对接会、农业电子商务发展推进活动、中国中部企业风采巡礼等八大主体活动。首次创新推出高端农业人才视频招聘会，帮助20余家湖南涉农品牌企业在农博会上成功“猎头”，帮2100余名各类农业人才初步达成就业意向。8天展会日均人流量超过10万人次，实现成交总额200亿元。（刘科明）

【长沙市雨花区（台北）专题招商推介会】 11月11日，长沙市雨花区（台北）经贸交流合作座谈会在台北长荣桂冠酒店举行。中华青年企业家协会、旺旺中时集团、工业总会、中华两岸教育文化交流协会、海峡两岸经贸交流协会携台湾各行业团体及相关企业约50人参加。雨花区委副书记汪娟在致辞中介绍了雨花得天独厚的区位交通优势，雄厚的产业基础、繁荣的经济商圈、丰富的生态资源和优质的人文发展环境。希望此次活动能够搭建起雨花与台湾全面合作的桥梁，共同创造出新的发展机遇。中华青年企业家协会荣誉理事长刘灿树在致辞中表示，雨花是一块难得的投资热土，台湾的企业家们应该立足雨花、放眼长沙、辐射“泛珠三角”，戮力同心，有所作为。座谈会上，台湾客人一同观看区域形象宣传片《雨花飞梦》，雨花区商务和旅游局局长易静作雨花现代服务业PPT专题介绍，重点就长沙高铁新城中央商务区、雨花电子商务产业园、长沙德思勤城市广场、长沙总部基地、工业机器人等16个重点开发、建设和工业项目向台湾工商界抛出橄榄枝。（刘科明）

【比亚迪成全省首家产值超百亿元汽车企业】 2014年，长沙比亚迪成功实现转型升级，新能源车产销量和产值均实现倍增，电动公交车全年销售2485辆，同比增长472.58%；轿车销售5.24万辆，长沙基地全年实现总产值100.13亿元，完成成长为百亿级高端制造企业的目标，成为全省首家超百亿元的汽车企业。截至2014年底，长沙比亚迪首条白车身全自动化焊装生产线机械设备安装完工。产线布线进度顺利，进入电气联调、机器人示教阶段。（刘科明）

【打造文化产业“黄金走廊”】 2014年，雨花区有文化企业1834家，其中规模以上文化企业126家，文化产业总值210亿元，形成影视传媒、数字资讯、创意设计三大优势产业，韩国CJ集团、长沙广电集团、潇影集团、省教育电视台、湖南人民广播电台、第一财经等龙头企业，以及江苏卫视幸福蓝海、保利国际影院等一大批院线集聚雨花，形成链条完整、配套完善的影视传媒产业链。区内汇集中国联通手机阅读基地、天闻数媒、湖南有线长沙网络有限公司、长沙国安广电网络、湖南家谱文化网络有限公司、联盛科技、九州众合等300余家数字企业，以及教育出版社、文艺出版社、美术出版社、魅丽文化等几十家内容提供商，形成较完整的数字产业链。拥有中机国际工程设计研究院有限责任公司等8家大型设计类央企，湖南方圆设计有限责任公司等400余家民营企业，年营业额90亿元。12月18日，长沙市雨花区文化产业示范基地在湘府路上的汇艺文创中心正式挂牌。汇艺文创中心汇集湖南演艺集团、湖南佳悦文化创意集团、湖南思齐文化教育集团3家企业总部以及加拿大环球传媒、天闻数媒等众多文化企业，入驻的文化产业项目面积17080平方米，占写字楼总面积的71%。雨花区将以该基地为核心，通过一系列产业扶持政策，将湘府路东起长沙新广电中心，西至德思勤城市广场两千米路段打造成文化产业“黄金走廊”。奥地利AST公司、德思勤24小时书店等16家大型文化产业项目与雨花区签约，落户该“黄金走廊”。（刘科明）

【“湖南省工业机器人产业示范园区”授牌】 2014年3月，省经信委、省加速推进新型工业化工作领导小组批复同意长沙雨花经开区创建“湖南省工业机器人产业示范园区”。为充分发挥这一优势，园区提供75公顷已统征完毕的工业用地用于机器人产业示范园建设，包括示范园一期89号地37.67公顷，二期88-1、54号地约36.67公顷。9月19日，由长沙市人民政府主办、雨花经开区承办的长沙市工业机器人推广暨发布会举办，会上正式发布长沙市《工业机器人产业发展三年行动计划（2015—2017年）》。9月下旬，中共长沙市委、长沙市人民政府《关于实施工业园区“转型提质发展”三年行动计划》征求意见稿出台，初步确立雨花经开区以工业机器人、汽车产业、新能源与节能环保产业为重点培育方向。在长沙（深圳）招商会上，雨花经开区成功签约库卡、拓野、佛山精一、湖南大捷、长泰、艾伯特6家机器人厂商，总投资15亿元。10月28日，2014年湖南省智能制造装备产业合作对接会在长沙举行。活动由省加速推进新型工业化领导小组办公室、省经信委、省科协、湖南大学主办，省机械工程学会、湖南信息产业职业教育集团承办。智能制造装备研制企业与应用单位、主机企业与零部件企业、高校与研制企业及应用单位、高职院校与企业分别签订采购、配套、研发和人才培养等方面协议。

副省长黄兰香为长沙市雨花经开区“省工业机器人产业示范园区”和湖南华曙高科“省增材制造（3D打印）产业示范基地”授牌。雨花经开区成为全省唯一获此授牌的工业机器人产业示范园区，并纳入全省“135”创新产业示范园区序列。（刘科明）

【湖南信息园项目建设】 湖南信息园项目位于万家丽路与劳动东路交汇处西北方向，总占地面积7.6公顷，总建筑面积20万平方米，计划总投资8亿元，建成后将成为雨花区重要的总部经济区、服务中南地区的数据信息处理中心。4月23日，湖南信息园项目奠基仪式举行。区委副书记、区长邱继兴，区委常委、常务副区长王雄文，中国电信湖南公司党组书记、总经理廖仁斌，区发改局局长聂文涛，高桥街道工委副书记、办事处主任李才军等出席奠基仪式。（刘科明）

【区本级行政审批项目目录公布】 7月2日，雨花区召开区委常委（扩大）会议，审议通过《长沙市雨花区区本级行政审批项目目录》，7月4日，以区政府文件正式发文，并在区政府门户网站面向社会公布。2014年保留的区本级行政审批项目从170项精简到31项，精简比例为81.76%；加上2014年市级两批下放的行政审批项目后，雨花区公布的区本级行政审批项目为65项，与2012年公布的区本级行政审批项目相比，总的精简比例为61.76%。取消行政审批项目3项。

（刘科明）

【规范性文件清理】 根据《国务院关于加强市县政府依法行政的决定》（国发〔2008〕17号）、《湖南省行政程序规定》（湖南省人民政府令第222号）和《湖南省规范性文件管理办法》（湖南省人民政府令第242号）以及长沙市人民政府相关指示精神，2014年，长沙市雨花区人民政府对2012年清理后确认继续有效和重新公布的规范性文件及后续制定的政府规范性文件进行全面清理。12月16日，区人民政府发布公告，公布规范性文件清理结果。区人民政府决定，废止《关于印发〈长沙市雨花区促进区域产业发展扶植奖励办法〉的通知》1件规范性文件，宣布《关于印发〈长沙市雨花区清理整顿无证办园联合工作方案〉的通知》等15件规范性文件失效，确认《关于印发〈长沙市雨花区困难残疾人和困难残疾人子女就学救助办法〉的通知》等23件规范性文件继续有效。重新公布《关于印发〈长沙市雨花区农村拆迁户保障住房建设及申购暂行办法〉的通知》等6件规范性文件。废止、宣布失效的规范性文件，自标注日期（未注明日期的自公告发布之日）起不再执行，文件本身确定了有效期限的以该文件规定的日期为准；确认继续有效的规范性文件，有效期与公告发布前连续计算；重新公布的规范性文件，自公告发布之日起重新计算有效期。区政府和区政府办公室于2014年11月30日以前制定的规范性文件，未列入继续有效、重新公布的规范性文件目录的，一律无效，不得作为行政管理依据。（刘科明）

【《雨花年鉴（2013）》出版】 11月28日，雨花区首部年鉴公开出版。《雨花年鉴（2013）》由雨花区人民政府主办，雨花区年鉴编纂委员会组织编纂，长沙市雅捷印务有限公司印刷，方志出版社公开出版。该年鉴全面、系统、翔实、客观记载雨花区2012年度自然、政治、经济、文化、社会等方面的基本情况和重大事项，体现新时代的雨花精神。全书379页，76万余字；彩页44页，图片95张，雨花区2012年最新行政区划图1张；表格39个；设有部目30个，分目118个，收录条目838条；随书附带电子光盘。该年鉴资料收集历经两年时间，共征集到300万余字文字材料，1000余张图片。资料内容注重各单位基本资料及特色亮点资料的收集。框架设计坚持“统筹兼顾、层次分明，把握热点、与时俱进，立足自身，突出个性”的方针，统筹全区各单位、各机构职能，科学设计框架结构。为促进年鉴编辑的规范性，6月25日，到望城区学习年鉴编纂经验，明确做好年鉴编纂工作的重点和难点。《雨花年鉴》编辑部及全区年鉴组稿人严格按照年鉴体例编辑文稿，8月底形成初稿。全局干部职工参与对年鉴稿件的校审修改，并联系方志出版社，省、市年鉴专家，区领导、相关部门负责人及各单位组稿人对初审稿进行校审，经反复校点、核对和修改，于11月交印刷厂付印。

（刘科明）

【获批“全国和谐社区建设示范城区”】 2014年10月30日，民政部下发《关于确定全国和谐社区建设示范单位的通知》（民发〔2014〕24号），雨花区继2009年首次获批“全国和谐社区建设示范城区”后，再次获此荣誉。雨花区在致力于推动区域经济发展的同时，始终把打造和谐社区作为和谐社会建设的重要载体，不断创新社区治理和服务方式，培育和扶持社会组织发展，构建“党委领导、部门协调配合、街道社区主办、社会各界支持、群众广泛参与”的和谐社区建设格局。通过坚持“规范化、便民利民、分类施救、舒适宜居、文明健康、安定有序”六大原则，实施“社区标准化工程”“优质服务工程”“社区社会救助工程”“生态环境工程”“平安创建工程”“健康文化工程”六大工程；创新思维，通过突出社区分类治理、清理社区职能职责、建设社区服务信息平台和开展社区主题四大活动，成功打造众多社区服务品牌，实现了社区减负增效和社区治理的转型创新，彰显了和谐社区建设特色；协调联动，培育了一批和谐社区社会组织品牌，发展了义工服务事业，鼓励驻区企事业单位、学校等参与社区共建，推动社区和谐发展。东塘街道和侯家塘街道获批“全国和谐社区建设示范街道”，廖家湾、牛婆塘、政院、圭塘、梨子山和融城苑6个社区获批“全国和谐社区建设示范社区”。（刘科明）

【获评“全国社区教育示范区”】 2014年，雨花区按照“积极发展继续教育，完善终身教育体系，建设学习型社会”的要求，充分发挥区委和政府对社区教育的统筹作用，进一步创建“学习型雨花”，采取上下结合、区域互动、整合资源的形式，教育形式不断创新，教育内涵不断丰富，2011年评为“湖南省社区教育示范区”。2013年雨花区作为湖南省唯一区（县）推荐申报“全国社区教育示范区（县）”。2014年3月24日，经全国社区教育领导小组审定，教育部授予雨花区“全国社区教育示范区”。（刘科明）

【获批“全国社区治理和服务创新实验区”】 2月8日，民政部下发《关于同意将北京市东城区等31个单位确认为“全国社区治理和服务创新实验区”的批复》（民函〔2014〕4号），雨花区获批“全国社区治理和服务创新实验区”。实验时间从2014年1月至2016年12月，为期三年。将围绕实验主题开展各项实验任务，完成“十百千”工程的目标，“十”即明确社区社会组织重点发展十大类别（养老助残服务、失独家庭关怀、流动人口管理、社区矫正、失地农民管理、矛盾调解、社区自治社团、禁毒监督、社会事务、环境保护），建立专业性的社区社会组织20个；“百”即扩大社区社会组织规模，提高社区社会组织的开放性程度，建立百人以上的社区社会组织100个；“千”即明确社区社会组织发展总量，建立1000个广泛参与的社区社会组织。通过实验，重点探索出社区社会组织培育、扶持、管理体制机制和制度保障，形成社区社会组织参与社区治理服务的途径、标准和考评机制，为全国创新社区治理和服务提供新的经验。（刘科明）

表55 2014年雨花区主要经济指标与2013年比较

单位：亿元

指标名称	地区生产总值	农业总产值	工业总产值	规模以上工业总产值	全社会固定资产投资	社会消费品零售总额	地方公共财政预算收入	地方公共财政预算支出	城镇居民人均可支配收入（元）
2013年	1300.3（含中烟）826.57（含长烟）	2.06	497.13	480.15	499.65	526.4	44.18	54.73	37147
2014年	1429.74（含中烟）、918.49（含长烟）	0.80	551.39	540.99	512.86	580.0	52.64	61.90	40497
2014年比2013年增长（%）	9.4（含中烟）、9.6（含长烟）	-44.7	10.9	17.2	18.2	10.2	19.1	13.1	9.0

望城区

【概况】 2014年，望城区辖10个镇、10个街道、1个乡（其中雷锋镇、廖家坪街道交由高新区托管），共125个村民委员会，40个社区居民委员会。全区总面积969平方千米，耕地总面积30.31千公顷。年末，全区总人口56.06万人（含托管的雷锋镇、廖家坪街道），人口出生率16.89‰，人口死亡率7.34‰，人口自然增长率9.55‰。

全区完成地区生产总值469.77亿元（含托管的雷锋镇、廖家坪街道），比上年增长12.4%。其中第一产业增加值35.02亿元，增长5.6%；第二产业增加值341.70亿元，增长13.1%；第三产业增加值93.05亿元，增长12.2%。三次产业结构为7.6:72.8:19.6，与上年比较，第一产业所占比重保持不变，第二产业比重下降0.7个百分点，第三产业比重上升0.7个百分点。全年全区完成财政一般预算总收入56.32亿元（按新口径），比上年增加8.65亿元，增长18.2%；全区财政总支出55.14亿元，增长10.8%。

全年完成农林牧渔业总产值62.48亿元，比上年增长5.6%。其中，农业产值38.09亿元，增长8.6%；林业产值0.71亿元，增长5.8%；牧业产值18.95亿元，增长0.3%；渔业产值3.96亿元，增长6.2%；农林牧渔服务业产值0.77亿元，增长5.9%。全年粮食播种面积55.09千公顷，比上年增加1.43千公顷，其中，水稻播种面积50.46千公顷，比上年增加1.15千公顷。全年粮食产量37万吨，增长2.3%，其中水稻总产量35.11万吨，增长2.03%。全年蔬菜播种面积31.54千公顷，比上年增加0.22千公顷，蔬菜产量106.5万吨，增长7.24%；茶叶产量644吨，增长0.63%；水果产量40672吨，增长18.37%。全区规模以上农产品加工企业54家，完成规模以上农产品加工产值122.2亿元，增长9.0%。全区有农民专业合作组织413个，比上年增加120个，参与专业合作社的农户20691户，流转土地12.97千公顷。望城农科园坚持科技兴园、生态立园，湘台现代农业科技园、神农大丰投产运营，园区品牌影响不断扩大；长沙现代农业综合配套改革试验区落户望城区，农业转型发展迎来机遇。

产业实力稳步增强。完成工业总产值944.6亿元，其中规模以上工业总产值844.1亿元；规模以下工业总产值100.5亿元。规模以上工业中，食品及饮料制造业产值70.6亿元，占规模以上工业的比重8.4%；有色金属冶炼和压延加工业产值417.9亿元，占比49.5%；机械制造业产值99.7亿元，占11.8%；建筑材料制造业产值56.4亿元，占6.7%；电力生产和供应业产值23.8亿元，占2.8%。全区有规模以上工业企业237家（不含雷锋镇、廖家坪街道的15家单位和中联2家分公司），较上年增加14家。晟通集团、金龙集团产值分别突破300亿元、100亿元，工业实现增加值290亿元，增长13.5%。环球奥特莱斯、湾田国际（一期）、高星物流园（二期）建成营业，金桥国际市场创新创业基地正式启用。望城经开区晋升国家级经济技术开发区，组建全省首家有色金属创新战略联盟，万家乐等13个项目建成投产，奠定转型升级、创新发展基础；铜官循环经济工业园基础配套日臻完善，金驰能源等6个项目建成投产，发展规模壮大；乌山中小企业园集聚优质企业28家，产业配套能力提升。滨水新城着力发展高端服务业，产城融合扎实推进。

全年完成固定资产投资571.8亿元，增长20.3%。工业和生产性服务业完成投资453.3亿元，占投资总量的79.3%，其中完成工业投资307.1亿元，增长21.5%；更新改造投资135.7亿元，下降19.9%。在投资总额中，房地产投资125.6亿元，增长19.2%。全年铺排重点项目265个，实质性启动245个，完成投资369亿元，旺旺乳饮、长缆电工等项目加快建设，合生元奶粉生产基地、有色钯材等项目建成投产。扎实开展“大项目突破年”活动，集中精力大抓项目、抓大项目。强化产业招商导向，新引进项目69个，协议引进资金321.5亿元，网讯通、长沙国际时尚之都、中德有色工业园等投资超50亿元的重大项目落户。

全区共有各类景区、点105处。其中：主要景点27处，AAAA旅游景区3家，AAA旅游景区2家；全国休闲农业与乡村旅游示范点1家，全国工农业旅游示范点3家，全国历史文化名镇1家，全国特色旅游名村1家，湖南历史文化名镇2家，省级工农业旅游示范点7家，省级特色旅游名镇3家，省级特色旅游名村3家。星级农庄67家，其中：五星级农庄12家，四星级农庄19家，三星级农庄34家。星级旅游饭店3家，五星级旅游饭店1家，三星级旅游饭店2家。2014年，光明蝶谷、柏乐园、铜官古街、环球奥特莱斯、东湖湿地公园、书堂山欧阳询文化园等一批重点旅游项目相继完成；节会活动精彩纷呈，先后举办“春满书堂山、大美铜官窑”中国书堂山首届踏青节、“快乐长沙，筝舞千龙”望城首届风筝旅游节、“激昂青春美，和谐中国梦”2014首届农庄主题文化趣味运动周活动；世界休闲农业与乡村旅游城市联盟（湘江论坛）在望城召开。全年实现旅游综合收入40.1亿元，接待游客957.6万人次。完成邮电业务总量62718万元，增长9.5%。其中：邮政业务总量5308万元，增长8.5%；电信业务总量9088万元，下降0.1%；移动业务总量38000万元，增长5.0%；联通业务总量13783万元，增长10.0%。年末固定电话用户7.3万户，移动电话用户66.1万户，国际互联网用户6.4万户。

社会消费品零售总额79.37亿元，增长23.6%，其中：城镇零售额66.75亿元，增长26.4%；乡村消费品零售额12.62亿元，增长10.6%。农村居民人均可支配收入23632元，增长10.1%；城镇居民人均可支配收入34175元，增长9.0%；城乡居民人均消费支出16285元。

社会事业均衡发展。新（改）建公办幼儿园8所，提质改造义务教育薄弱学校32所，探索实施联合（托管）办学，全面开展义务教育阶段中小学校长竞聘、轮岗，督学责任区建设经验在全市推介，入围首批国家级农村职业教育和成人教育示范县（区），教育高位均衡发展扎实推进。完成59所村卫生室提质改造，乡镇卫生院、区级医院标准化建设推进，市、区妇幼保健院建立“医疗联合体”，医疗卫生服务水平持续提升。举办“院士专家长沙·望城行”活动，开展科技下乡等活动157场，科技服务、科普宣传不断加强。完成雷锋纪念馆提质改造，举办“欢乐潇湘”等群众文体活动102场，群众精神文化生活丰富。认真落实“单独两孩”政策和各项奖扶制度，计生工作连续八年保持“国优”。乡镇卫生院综合改革推进，村卫生室全部实行基本药物零差率销售，人民群众用药负担减轻。2014年末拥有各类医院31所，床位2927张，医护人员2273人，卫生防疫人员260人。全区各医疗卫生服务机构接诊门急诊52.7万人次，接收住院病人5.96万人次，实现医疗业务收入2.88亿元，分别较上年增长25.5%、10.4%、12.9%。参加城乡居民基本医疗保险人数48.13万人，参合率98.6%。

基本民生保障有力。城镇新增就业8700人、农村劳动力转移就业6700人，零就业家庭实现动态清零。发放五项社会保险待遇7.8亿元，企业退休人员养老金、失业保险金每月分别提高178元、84元，城乡居民养老保险服务工作获评全省优秀。“雷锋580”救助机制不断完善，雷锋慈善会发放救助资金1055万元；大病救助、慈善助医最高限额分别提高至两万元、8万元。实施限价商品房建设项目7个，完成农村危房改造1100户、棚户区改造2850户，新增公共租赁住房1667套，发放住房公积金贷款4.1亿元。新增城乡低保381户，退出低保977户。城市低保累计发放2676万元，8万人次，月人均救助355元。农村低保累计发放5716万元，20万人次，月人均救助184元。农村“五保”户月分散供养标准340元，集中供养标准675元。

问题和不足：经济总量不大、工业大项目较少、现代服务业发展偏慢等问题尚未得到根本解决，产业转型升级还任重道远；受经济下行影响，企业生产经营困难增多，财税收支矛盾凸显；少数公职人员思想观念、工作作风、抓经济工作的能力和水平与新形势、新要求还不相适应等。 （钟 婷）

望城区

中共望城区委员会

书　记　谭小平

副书记　孔玉成　刘林平

　　　　刘国龙（挂职，2014.10免）

常　委　尹英龙　谢　进

　　　　莫金文

　　　　张　权（挂职，2014.12任）

　　　　余学辉

　　　　王华英

　　　　秦国良　周志辉

　　　　刘要明（2014.06任）

　　　　邓桂军（2014.06免）

区人大常委会

主　任　喻金平

副主任　陈义文　杨金其

　　　　文菊华（女）杨德明

　　　　丁四明

区人民政府

区　长　孔玉成

副区长　谢　进　余学辉

　　　　姚建刚　戴水文

　　　　杨利成　苏敏芳（女）

　　　　李军龙

区政协委员会

主　席　骆志平

副主席　凌立霞（女）严毅夫

　　　　蔡　锋　李建龙（兼）

　　　　张锰辉

【望城经济技术开发区升级为国家级经济技术开发区】 2月18日，国务院批复望城经开区升级为国家级经济技术开发区的请示（国办函〔2014〕24号），同意望城经开区升级为国家级经济技术开发区。9月29日，省委常委、市委书记易炼红，副省长何报翔为望城经开区揭牌。望城经济技术开发区创立于2000年，园区核定面积6.33平方千米，规划控制面积60平方千米。建园后，园区遵循“产业立园、项目兴园、创新强园”的发展思路，加大园区开发的政策扶持，重点围绕推进基础设施建设、培植主导产业，从财税、用地、融资等多渠道实行倾斜；通过完善园区运行机制，推进园区职能转变，理顺政府、园区、企业的关系，坚持“为投资者服务、对投资者负责、帮投资者解难、让投资者盈利、促投资者发展、助投资者成功”的服务宗旨，对项目和企业实行全程跟踪服务，获评“湖南省十大最具价值投资价值产业园区”“湖南省知识产权试点园区”等称号。引进美国、加拿大、比利时、日本、韩国、澳大利亚等10余个国家和中国台湾、香港地区在内的企业300余家，形成了高科技食品、有色金属精深加工及先进制造、航空航天、现代商贸物流4个主导产业集群。2014年，园区完成规模工业总产值648.2亿元，同比增长29.2%；实现财政总收入27.7亿元，同比增长7.9%。园区的成功升级，进一步促进了园区产业发展、开发建设、功能配套、生态环境、城市管理、文化风貌等全方位的品质提升。（张姣美）

【举办世界休闲农业与乡村旅游城市联盟第二次峰会活动】 10月21日，“世界休闲农业与乡村旅游城市联盟第二次峰会（湘江论坛）”在望城区召开，全球五大洲近190名政商人员、驻华使节、专家学者参加峰会，峰会以“新型城镇化与国际合作”为主题，在延续对休闲农业和乡村旅游关注的同时，着眼于城镇化国际合作，就“城镇化的方向和路径”“城镇化国际合作与城镇化合作推进一带一路建设”“乡村旅游、休闲农业与城镇化”等进行专题研讨，多名中外专家学者发表主题演讲，为共建21世纪海上丝绸之路经济带、新型城镇化建设、新兴的城乡关系的构建提供新的思路和视角。活动期间，围绕峰会主体活动举行了“中欧论坛圆桌会议暨中德工业园授牌仪式”“中国第十四届农业科技园区年会”、铜官古街开街仪式等大型系列活动，其中“中欧论坛圆桌会议”是首次在中国举行，会议围绕“一带一路”和城镇化建设两大时代发展主题，共话中欧务实合作的未来前景，为中欧共建“和平、增长、改革、文明”四大伙伴关系提供智力支持。此次峰会的成功举办，为望城打开了一扇推进城镇化国际合作的新窗口，并以此推进探索乡村旅游与城镇融合发展的新型城镇化之路。（曾梦遥）

【湖南党史陈列馆开馆】 9月30日，位于望城区雷锋镇的湖南党史陈列馆对外开放。省委书记徐守盛与中央党史研究室副主任李忠杰为名为“潇湘魂”的大型伟人半身雕塑揭幕，省长杜家毫主持开馆仪式，省委中心组在陈列馆内举行了集体学习。2011年初，为了更好保护、开发全省党史资源，湖南党史陈列馆正式立项，选址紧邻雷锋纪念馆，建筑面积15000平方米，展厅面积6000平方米，总投资1.5亿元，是一座兼具陈列展览、宣传教育、资料文物存储、研究培训等功能的大型省级综合性展览馆。截至9月30日，陈列馆建成面积约6000平方米的展厅和1600米的展线。布展主题为“敢教日月换新天”，采用2400余张照片、380余件珍贵文物和13处多媒体场景，分别以“开辟新天地”“描绘新画卷”“谱写新篇章”“三湘群英谱”为标题，分别展示新民主主义革命、全面建设社会主义、改革开放三个历史时期湖南的生动实践，第四部分“三湘群英谱”专题展介绍以毛泽东为代表的湘籍和长期在湘工作的著名党史人物。提质改造后的雷锋纪念馆也在“十一”期间重新向公众开放，湖南党史陈列馆与雷锋纪念馆融为一体，成为全省党史教育、革命传统教育和爱国主义教育的重点基地。（张理希）

【欧阳询文化园开园】 11月28日，欧阳询文化园开园暨中国（长沙）首届“欧阳询杯”全国书法展颁奖仪式在长沙市望城区书堂山举行。省委常委、宣传部部长许又声宣布开园，中国书法家协会副主席吴善璋、中国文联书法艺术中心主任刘恒，省、市领导欧阳斌、张湘涛等湖南省文化界名流及书法界人士100余人出席。书堂山是唐代书法大家、楷书四大家之首的欧阳询的故里，欧阳氏家族世居于此，欧阳询在此研习书法近20年，创下了流传后世的“欧体”，后世尊称为“楷圣”。为更好地研习、传承和弘扬欧阳询的书法艺术，欧阳询文化园作为长沙市文化产业重点项目，以“野趣、唐风、书韵”为定位，规划总面积185公顷，由书堂小镇和书堂山“一镇一山”组成，包括欧阳阁、欧阳询书法院、镇南将军府、书堂山森林生态游览区、唐风古镇、书香坡艺术街、书法研究教育培训区、书堂八景文化观光等历史人文生态景观，计划通过3年时间，打造成为融合观光游览、书法研修、艺术品交易展览、生态休闲的综合性文化艺术主题公园。文化园分三期建设，以书堂八景保护性开发、书堂小镇提质改造、登山游道、停车坪及污水处理站等项目为重点的一期建设已经完工。（张理希）

【长沙黑麋峰国家森林公园获评“国家AAAA级景区”】 12月17日，长沙黑麋峰国家森林公园通过湖南省旅游景区质量等级评定委员会评定，以全省排名第一的总分获评“国家AAAA级旅游景区”。长沙黑麋峰国家森林公园位于望城区桥驿镇，总面积4079公顷，园内3个主要水体水域面积89.6公顷，森林覆盖率80.19%，其主峰海拔590.5米，是市区内面积最大、海拔最高的山峰。2014年，黑麋峰森林公园管理处建立健全景区各项管理制度，加大基础设施的投入和建设，通过优质化服务、规范管理，突出景区特色，完成了黑麋峰景区各项旅游指标的标准化建设；按照国家AAAA级的标准对景区道路、登山游道等进行包装改造和提档升级；多次承办省级的大型体育赛事，以独具魅力的生态环境、深厚的历史文化底蕴和以人为本的文明管理特色成为望城热门旅游景区之一，全年共接待游客16.5万人次。

（钟　婷）

【获批“湖南首个省级生态区”】 9月18—19日，望城区通过省环保厅考核验收，成为“湖南首个省级生态区”。省级生态区是由省环保厅组织评选，旨在深入贯彻落实科学发展观，推进全省生态文明建设。近几年，望城实施“青山、碧水、蓝天、秀洲、美垸”五大计划，保护自然生态系统，提出打造“宜业宜居、共建共享”的现代化公园式城区，开展新型工业、生态农业、特色旅游、污染防治等一系列生态环境保护工程建设，生态区创建的各项工作成效明显。持续开展“广植树、多栽花、不露黄”为主要内容的全民绿化行动；全面实施“广覆盖、全天候、无死角、还本色”的乡村环境综合整治行动；在绿色产业发展上，坚决淘汰浪费资源、污染环境的落后工艺、技术、设备和产品，通过制定环保三年行动计划，实行污染治理项目目标考核；加快淘汰落后产能，英博雪津啤酒、中南机械有限公司、湖南旺旺食品等29家企业完成清洁能源改烧，关停、搬迁、退出海利化工、桃花电镀厂、晶天科技等涉重涉化企业30余家。全区共创建国家级生态乡镇15个，率先在全省实现国家级生态乡镇全覆盖；创建国家级生态村5个、省级生态村10个、市级生态村98个，生态村比例86.5%，全区人居生态环境质量提升，人均公共绿地13.88平方米。考核组现场考察了创建工作情况，一致认为望城生态环境优美，经济与环境协调发展，省级生态区建设全面有序推进，5项基本条件和22项建设指标达到省级生态区要求，同意望城区通过省级生态区考核验收。

（钟 婷）

【获评“湖南省餐饮服务食品安全示范区”】 11月28日，湖南省食药监局、省商务厅公布2013—2014年度省级餐饮安全示范区名单（湘食药监发〔2014〕26号），望城获评“湖南省餐饮服务安全示范区”，成为长沙市唯一获此殊荣的区县。自启动创建工作以来，望城区围绕“打造餐饮服务食品安全示范区”的目标，逐步推进创建工作。推进餐厨垃圾无害化处理，有效提高餐饮服务行业整体品质，全区有123家单位签订统一收购合同，年收购量在10吨以上；创新农村集体聚餐监管，在桥驿镇、茶亭镇先后成立农村集体聚餐公司，对农村集体聚餐实行公司化管理，其他乡镇（街道）成立红白理事会，对农村集体聚餐实行申办、承办、制作、进货、留样、登记一条龙运营，全区农村聚餐备案率100%；重点打造步行街、雷锋大道南延线（马家河—沩水桥）两条餐饮服务食品安全示范街，以及雷锋大道、郭亮路沿线食品安全区域和以华天大酒店为主的10家示范餐饮单位；全面完成餐饮服务单位量化分级工作，对全区1323余家餐饮单位进行量化等级评定，全区餐饮单位量化分级率100%，新增办证餐饮单位895家，全区餐饮服务企业的证照办理率由49%提高到95%。

（张姣美）

表56　　2014年望城区主要经济指标与2013年比较

单位：亿元

指标名称	地区生产总值	农林牧渔业总产值	工业总产值	规模以上工业总产值	社会固定资产投资总额	社会消费品零售总额	地方财政收入	财政支出	人均可支配收入（元）	
									城镇居民	农村居民
2013年	427.49	54.52	738.1	668.7	475.5	64.22	50.06	49.38	31344	21462
2014年	469.77	62.48	944.6	844.1	571.8	79.37	56.32	55.14	34175	23632
2014年比2013年增长（%）	12.4	5.6	13.3	15.0	20.3	23.6	18.2	10.8	9.0	10.1

注：地区生产总值、各产业增加值绝对数按现价计算，增长速度按可比价计算；财政收入按新口径统计

长沙县

【概况】 2014年，长沙县辖17个镇、7个街道办事处、218个行政村、76个社区。全县总面积1997平方千米，其中耕地面积57.72千公顷。年末总户籍人口832244人，少数民族人口3947人，人口出生率16.22‰，死亡率6.74‰，人口自然增长率9.48‰。年均气温18.2℃，年内最高气温38.8℃，最低气温-3.1℃；年降水量1480.1毫米。

地区生产总值1100.6亿元，按可比价格计算，比上年增长11%。其中，第一产业增加值70.07亿元，增长6.0%；第二产业增加值781.2亿元，增长10.9%，其中工业增加值682.7亿元，增长10.9%；第三产业增加值249.3亿元，增长13.1%。三次产业比由上年的6.7:71.3:22.0调整为6.5:71.1:22.4。完成固定资产投资761.9亿元，增长17.2%，其中第一、二、三产业分别完成投资17.3亿元、313.1亿元、431.5亿元，固定资产投资在三次产业中的比重由上年的4.6:40.2:55.2调整为2.3:41.1:56.6。财政总收入207.2亿元，增长15.1%，财政总收入占GDP的比重12.8%，比上年同期下降30.4%。其中，地方财政收入140.5亿元，增长8.2%；税收收入123.9亿元，增长7.3%。全年完成地方财政预算支出187.3亿元，增长33.3%，增速比上年提高3.2%。城镇居民人均可支配收入33513元，增长9.7%；农村居民人均可支配收入22872元，增长10%。按常住人口计算，全县人均生产总值107562元，比上年增长10.6%。在全国第十四届县域经济基本竞争力百强县名单中位列第九，首次进入全国十强，首次排名中西部第一位；在全国中小城市综合实力百强（科学发展百强）名单中位列第七，稳居中西部第一位；在中国十佳“两型”中小城市排名中，首次名列第一。

农林牧渔业总产值111.9亿元，比上年增长6.1%，其中：农业总产值68.6亿元，增长7.3%；林业总产值3.4亿元，增长9%；牧业总产值35.7亿元，增长3.5%；渔业总产值2.7亿元，增长9.1%；农林牧渔服务业产值1.5亿元，增长8.9%。全年粮食播种面积

8.8万公顷，粮食总产量58.6万吨，连续七年增收，获评“全国粮食生产先进县”。油料播种面积0.9万公顷，总产量1.4万吨。茶园面积0.6万公顷，总产量2.4万吨，金井飞跃有机花园获评“中国美丽田园”。蔬菜播种面积3.5万公顷，总产量125.6万吨；果园面积0.7万公顷，总产量9.6万吨。猪、牛、羊肉类总产量增长2.6%，禽蛋产量增长2.1%，牛奶产量增长12.4%，水产品产量增长5.2%。成功创建国家级出口食品农产品质量安全示范区。全县农产品加工企业254家，其中国家级龙头企业1家、省级龙头企业16家、市级龙头企业63家。全县59家规模农产品加工企业实现工业总产值145.6亿元。农民专业合作组织1278个。农业机械总动力146.8万千瓦，比上年增长2.4%，农业机械化综合水平78.3%，比上年提高1个百分点。

工业总产值2128.3亿元，增长12.5%；工业增加值682.7亿元，增长10.9%；工程机械、汽车及零部件、电子信息三大产业分别实现规模工业总产值850.6亿元、412.9亿元、156亿元，三大支柱产业产值占全县规模工业总产值的73.6%。规模工业企业实现主营业务收入1842亿元，盈亏相抵后利润总额72.1亿元，利税总额134.1亿元。5000万元以上在建项目（不含房地产项目）448个，完成投资372.7亿元，占固定资产投资总额的48.9%。

第三产业不断壮大。社会消费品零售总额290.1亿元，增长12.5%，其中城镇零售额245.6亿元，乡村零售额44.5亿元。批发、零售业零售额280.4亿元，住宿、餐饮业零售额9.7亿元，分别增长12.6%和9.2%。接待游客717.9万人次，实现旅游综合收入81.4亿元；开通星沙至开慧红色旅游专线。房地产开发投资180.4亿元，其中住宅投资120.4亿元，商业营业用房投资33.5亿元。商品房销售面积323.4万平方米，销售额156.1亿元，下降5.5%。

城乡面貌焕然一新。深入推进功能分区改革，实施规划获省发改委批复。持续推进城乡统筹发展，一体化进程明显加快。大力推进融城对接，沪昆高铁（长沙县段）建成通车，中低速磁悬浮专线、地铁3号线、黄江大道、北山大道等项目顺利推进，人民东路、万家丽北路、开元东路两厢提质改造全面完成。建设生态路120千米，硬化农村公路497千米，改造危桥38座。率先全省出台县级城市整体风貌规划，对星沙老城区进行提质改造概念性设计，城区基本实现网络化管理，主要道路保洁实现机械化作业。获全国“县级文明城市”提名，率先全省创建“国家智慧城市”，信号灯、指示牌等交通设施不断优化，可再生能源、建筑节能改造步伐加快。城市基础设施加速向乡村覆盖，启动组建城乡公交集团公司，管道天然气延伸至13个镇（街）。积极探索“以奖代投”推进新型城镇化建设新模式，“10+2”（即10个镇：暮云、金井、开慧、北山、青山铺、春华、安沙、黄花、江背、跳马；两个村：双河村、惠农村）城乡一体化试点成效显现，金井镇、黄花镇获批“全国重点镇”，春华镇等成功创建长沙市“十快乡镇”，浔龙河生态小镇及30个农民集中居住点建设顺利推进。在全国率先创建“零碳县”，率先完成县级碳源碳汇普查，科学编制“零碳县”发展规划，县委书记杨懿文获评“2014年度中国创新榜样”。开展“清霾”行动，淘汰黄标车1369辆，万元GDP能耗下降6.03%，主要污染物排放减少2%。实施可再生能源建筑应用示范项目50个。开展“碧水”行动，拆除农田养殖栏舍18.4万平方米，17家集镇污水处理厂日处理量2.4万吨，获批“全国首批畜禽养殖废弃物综合利用、病死动物无害化处理试点县”。白石洞水库、湘江航电枢纽库区长沙县段、水渡河闸坝一期等工程进展顺利，治理中小河流9条、病险水库39座，建成生态湿地3处。开展“净土”行动，在全省率先推行生态保护型土地综合整治，对2.8467万公顷耕地实施重金属污染修复治理。进一步完善生态补偿机制，全县非公益项目土地出让每亩计提6万元用于生态环境保护。城市生活垃圾无害化处理率100%。拥有污水处理厂21座，城市生活污水集中处理率100%。城乡绿化不断提质，全县森林覆盖率49.2%，城镇建成区绿化覆盖率30%。城市化率57.42%。

重点工程建设全面推进。全年实际到位外资5.6亿美元，到位内资46亿元，引进市外资金形成固定资产投资131.7亿元。引进项目259个，其中外资项目5个、内资项目254个。国内首家智能物流集群落户干杉镇，台湾佛光山会、法国水幕电影等项目入驻松雅湖，总投资58亿元的克莱斯勒年产8万台吉普、15万台汽车发动机生产线项目落户星沙，长沙国际会展中心、中低速磁悬浮专线等重大项目开工开建，上海大众、长株潭广联生猪交易市场等产业项目投产运营，星沙海关和出入境检验检疫局正式运行。在全国县级率先实施PPP（政府与社会资本合作）新型投融资模式，成功举办首次示范项目推介会。

交通邮电事业快速发展。全县公路客运量669.2万人，旅客周转量18172万人千米，公路货运量2452.8万吨，货物周转量124890.3万吨千米。县乡公路建设总里程346.7千米（不含省级通达计划），通车总里程5252.3千米。实现邮电业务收入12.7亿元，其中邮政业务收入1.1亿元，电信业务收入2.6亿元，移动计费收入6.7亿元，联通计费收入2.3亿元。年末固定电话用户16.5万户，其中城市电话用户6.9万户，乡村电话用户9.6万户；移动电话用户130.2万户，互联网宽带用户27.5万户。

社会民生事业大力推进，人民生活幸福感和满意度不断提高。全县高新技术产业研究与试验发展经费40.6亿元，占高新技术产业增加值比重的9.8%；省级工程技术研究中心15个、市级工程技术研究中心17个、市级特色产业科技示范基地18个；湘丰茶叶有限公司成功创建全县首家院士工作站。全年专利申请量2624项，其中专利授权量和发明专利授权量各为2021件、311件。全县有高新技术企业142家，实现高新技术产业产值和增加值1383.7亿元、414.2亿元；全县有中国驰名商标19个，湖南省著名商标101个。

全年教育事业支出12.28亿元，新建（改扩建）中小学18所，在建中小学16所、公办幼儿园12所，新增学位6000个；引进北京师范大学等优质教育资源办学，湖南信息学院、长沙师范、长沙卫校3所高等院校实现专升本。初中入学率、巩固率及小学学龄人口入学率、巩固率均为100%；小学毕业升初中比例100%。免除17.2

万人次学生杂费，义务教育阶段学生杂费免除率100%。全县对各级各类贫困学生资助金额7052.3万元，连续11年确保全县无一名学生因家庭困难而失学。

全县有文化馆1个，公共图书馆1个，档案馆1个，剧院2个，电影院4个，各类体育场地1466个。星沙文化中心主体竣工，创建国家一级综合档案馆工作全面启航。文化体育普惠基层活动蓬勃开展，首次获评“全国文化先进县”。有线电视用户266077户，综合覆盖率100%。4G无线宽带网络覆盖全县，重要场所的无线局域网和安全防护设施基本全覆盖。在全省率先建成三级公共文化服务网络，农家书屋“评星定级”管理办法在全国推介。县烈士陵园扩建一期工程完工。全国首部由地方党委、政府主持编纂的县级通史《长沙县通史》出版。

完善基本药物制度，推进乡村医生签约服务，基层医疗综合机构改革经验在全省推介。坚持新增财力的80%用于民生，全年民生领域支出76.3亿元。社会保障与就业支出6.66亿元，58.1万人次享受社保待遇，新增城镇就业2.2万人，农村劳动力转移就业9536人。完成危房改造960套（间），新建公租房1650套，救助工作站实现镇街全覆盖。从2014年起每年新增财政预算5000万余元，实施向全县参保居民每人每年发放补贴15元、统一提高城乡重度残疾人生活补助标准（110元/人）、城乡居民养老保险缴费补贴由每人每年30～50元调增至40～170元等七大惠民政策。年末参加城镇职工基本养老保险人数17.6万人，参加城乡居民养老保险人数48.3万人，参加城乡居民医疗保险人数71.8万人，参加城镇职工基本医疗保险人数11.9万人，参加失业保险职工人数8万人，参加工伤保险职工人数11.9万人，参加生育保险人数9.3万人，参加生育保险人数9.3万人，累计为58.1万人次支出社会保险各类待遇17亿元。有社会福利院、敬老院、养老院、光荣院等22所，各类收养性社会福利单位收养人员1133人。城乡低保对象34495人，发放最低生活保障金10749.4万元。城镇“三无”（无劳动能力、无经济来源、无法定赡养人）对象集中供养率18%。全县发放基本养老服务补贴人数972人，基本养老服务补贴覆盖率100%。

法治建设不断加强。主动接受人大、政协和社会监督，承办省、市建议提案16件，人大代表建议批评意见124件，政协委员提案157件。深化行政审批制度改革，公布政府“权力清单”，推进新一轮政府机构改革、事业单位分类改革、行政执法体制改革。清理办公用房11万平方米，撤并政府序列议事协调机构298个，“四项费用”（接待费、车辆使用费、会议经费、差旅费）同比下降46.03%，获评“全国网络形象百强县”和“十佳县市”“网络问政，政务微博”的经验被《中国城市网络形象报告白皮书》收录。探索绿色政绩考核，获评首届中国“政府创新十佳经验”。运用法治思维和法治方式处理社会矛盾，市医危废处置中心主体工程基本竣工，项目建设建设经验得到省、市主要领导批示，省委政研室专题调研报告《新形势下群众工作的样板》在全省推广。

问题和不足：经济结构和发展方式还不够合理，创新发展的动力还不够强劲；城乡发展不均衡，南北差距较大，城乡统筹任重道远；社会事业与经济发展不同步，极少数群众生产生活还有困难；面对中央作风建设和发展的更高要求，少数党员干部群众的能力、作风和廉政建设还需加强。

（周进银）

长沙县

中共长沙县委员会

书　记　杨懿文
副书记　张庆红
　　　　孙晓勇（2014.10免）
　　　　李洪波（2014.04免）
常　委　杨懿文　　张庆红
　　　　孙晓勇（2014.10免）
　　　　李洪波（2014.04免）
　　　　郭润葵（女）周志远
　　　　杨忠文　　杨　莉（女）
　　　　彭　勇　　常利民
　　　　赖坤明（援藏）
　　　　李　武　　王国良
　　　　邹春林（2014.09任）

县人大常委会

主　任　李建章
副主任　周安伟　　柳铁强
　　　　曹艳萍（女）
　　　　唐俊兴　　彭军其

县人民政府

县　长　张庆红
副县长　杨忠文
　　　　杨　莉（女）
　　　　王国良（2014.03免）
　　　　黄　梁　　谭浩然
　　　　曾卫国　　邹春林
　　　　陈计伟（2014.03任）
　　　　黄　波（挂职，2014.11任）

县政协委员会

主　席　王益枝
副主席　杜宏亮
　　　　李楚屏（女，兼）
　　　　郭艳红（女）陈沃辉
　　　　张小春（兼，2014.02任）

【“走进印尼”投资贸易推介会在长沙县召开】 1月12日，由印度尼西亚驻华大使馆、湖南省商务厅、长沙县人民政府、长沙市贸促会联合主办，长沙县商务局、中国国际商会长沙县商会共同承办的“走进印尼”投资贸易推介会在长沙县开源鑫城贵宾楼举行，全省70余家外贸企业代表参加会议。会上，省商务厅党组书记徐湘平，长沙县委常委、县人民政府副县长杨莉，印度尼西亚驻华大使馆副大使魏思诺(MR.Wisnu Edi Pratignyo)致辞。印度尼西亚驻华大使馆经济参赞展达拉（Mr. Chandra H. Gandasubrata）介绍印尼国情、投资法规、政策等。省境外企业法律事务咨询服务中心、中国银行、中国出口信用保险公司等相关负责人为参会企业作相关业务介绍和培训。徐湘平指出，印尼是湖南企业开展海外投资较早进入的市场，自2003年第一家湖南企业赴印尼投资至今，湖南在印尼投资企业39家，合同投资总额1.1亿美元。2013年1—11月，湖南省与印尼进出口4.6亿美元，同比增长1.3%，湖南的钢铁制品、烟花爆竹和工程机械在印尼市场很受欢迎。长沙县人民政府副县长杨莉表示，长沙县已引进外商投资企业150余家，其中世界500强企业31家。三一重工在印尼爪哇省以西的卡拉旺投资两亿美元兴建三一印尼产业园，

1月12日，“走进印尼”投资贸易推介会在长沙县举行

成为第一家在印尼制造业领域进行大型投资的中国企业；北汽福田在印尼建立KD工厂；长沙奥凯泵业制造有限公司作为长沙县水泵商会的龙头企业，也在印尼注册成立印尼奥凯公司。在对外贸易方面，长沙县已与包括印尼在内的140余个国家和地区建立经贸往来关系。2013年1—11月，长沙县实现外贸进出口总额24.2亿美元，同比增长9.2%，占长沙市外贸进出口总量的27.4%，占湖南省的10.9%。全年预计实现进出口总额26.9亿美元，其中与印尼实现双边贸易额2726万美元，同比增长42.6%。长沙县希望通过此次“走进印尼”投资贸易推介会，加深湖南省企业、特别是长沙县企业对印尼的了解，扩大长沙县乃至湖南省与印尼的经贸交流合作领域，实现互利共赢。（周进银）

【长沙县率先全国创建“零碳县”】 2014年，长沙县成立“零碳县”发展模式试点工作领导小组，在全国率先启动创建“零碳县”，与丹麦哥本哈根成为全球提出零碳模式的仅有的两个城市。该县已编制“零碳县”发展规划，探索出一条变有限森林碳汇为无限植物碳汇的低成本减碳之路。根据这一规划，该县提出“零碳”建设近期（2015—2025年）目标：实现全县碳排放总量在2013年基础上的“零”增长。在此基础上，围绕产业低碳化、生活绿色化和碳汇规模化三大任务，启动各项重点任务和工程，完成碳汇基地建设、零碳机关、零碳企业、零碳乡村、零碳社区、零碳学校和零碳体验馆建设等示范工程建设任务，力争到2025年，将碳排放总量控制在555.46万吨，为实现下个十年“零碳”发展目标夯实基础。截至2014年底，已完成县级碳源碳汇普查。12月10日，在人民日报社举办的第十四届中国经济论坛颁奖典礼上，长沙县委书记杨懿文因“以雄心勃勃的科学理念，要把能耗大县和排碳大县变成首个全国‘零碳县’”而获评2014年“中国经济论坛创新大奖”。（周进银　张　娜）

【全国首个产权式物流园区运营】 7月25日，全国首个产权式物流园区——湖南物流总部在黄兴镇运营。项目位于黄兴镇黄江公路以南、树新公路以东，东临黄花国际机场，西连长沙武广高铁站，紧靠长株高速。距黄花国际机场8千米、星沙10千米，位于黄兴商贸新城的核心地带，与武广高铁站一河相隔，临近地铁2号线终点站。园区所处区位优势非常明显。项目总体规划用地53.33公顷，总投资10.5亿元，货运年吞吐量400万吨以上，分三期开发，被列为交通运输部重点货运枢纽站场、交通运输部甩挂运输试点项目、湖南省重点物流项目、长沙市“两帮两促”项目。项目一期用地16.33公顷，建筑面积13.6万平方米，其中零担货运中心6.6万平方米、标准化仓库3.6万平方米、综合办公楼3.4万平方米，一期包含零担货运专线作业区200个，将为园区引进200条零担货运线路，建立辐射全省和全国的零担物流网络，实现零担物流的硬件整合。项目一期于2013年建设完工并投入试运营，2014年7月正式运营。（周进银　张　娜）

【国内首家智能物流集群落户长沙县】 2月24日，中科院云计算中心与湖南海驿集团《面向智能物流虚拟与实体智慧互联云服务平台构建与示范应用》项目（以下简称“智慧物流项目”）签约仪式在广东省东莞市举行。此次签约的湖南海驿智能物流产业发展有限公司投资拟斥资20亿元，在长沙县干杉镇打造国内首家立体交通智能物流产业集群基地。双方围绕区域商贸流通、物流配送、经营管理等领域，依托湖南海驿“智能物流中心”实体建设，开展基于物联网和云计算技术的智慧物流集成应用和模式创新。该项目总用地面积34.87公顷，可容纳实体经营户1000余家、平台会员单位5万余家，计划年营业收入突破100亿元、创税8亿元、就业岗位2万余个、年吞吐量2000万吨。项目一期投资6亿元，建成后，年货载吞吐量500万吨，年产值10亿元，年税收3000万元，实现销售收入10亿元。中科院云计算中心和海驿集团第一期合作项目，智慧物流项目总体投资1.8亿元。智能物流中心建成投产后，每年可降低社会物流总成本20亿元。（张　娜）

【长沙县首届汽车消费节】 11月27日至12月25日，由长沙县人民政府主办，县商务局、长沙晚报汽车事业部承办，中南汽车世界、申湘集团协办，主题为“欢乐购车节•钜惠大星沙”的长沙县首届汽车消费节举办。该县内100余家汽车经销企业积极响应和支持，推出年内最低购车优惠价。活动期间，该县人民政府还向在县内各汽车销售网点购车者派送100万元油卡及现金大奖，其中70万元油卡大奖由1110名消费者共享。此外，通过微信砸金蛋的抽奖方式，共向500位购车者每人奖励现金100元，共计5万元。活动期间，各大品牌车辆销售总量1.86万台，成交金额25亿元，成交量同比增长超25%。（周进银）

【长沙县政府与社会资本合作模式（PPP）示范项目推介会】 12月6日，长沙县举办政府与社会资本合作模式（PPP）示范项目推介会，全国300余

家投资企业参会。省财政厅党组成员、副厅长刘文杰、长沙市委常委、副市长张迎春出席会议并讲话，长沙县委书记、长沙经开区党工委书记杨懿文致欢迎词，长沙县委副书记、县长张庆红作 PPP 项目推介。PPP 是政府和私人企业之间为提供公共产品和服务、基于具体项目的合作融资模式，适用于具有长期稳定收益的基础设施项目建设，是全国正在积极推进的一种国际通行的投融资模式，长沙县从 2008 年起开始尝试。推介会上，该县发布 PPP 项目操作指南和《关于推广运用政府与社会资本合作（PPP）项目试点的指导意见》，所有 PPP 项目均可享受相关政策优惠。此次推介会共发布 PPP 示范项目 21 个，包括片区开发类项目 8 个、公共服务及基础设施类项目 13 个，涵盖基础设施建设、公共服务、城镇化建设、棚改等领域，总投资额 408 亿元，其中投资 10 亿元以上项目 13 个、50 亿元以上项目 4 个；浔龙河生态示范点、长沙县健康产业集团、长沙县城乡公交一体化、金井“茶乡小镇”城镇及旅游基础设施建设和湖南（长沙）现代农业成果展示园 5 个 PPP 项目签订合作意向书，签约总金额 146 亿元。长沙县人民政府还与中国中铁股份有限公司签订战略合作协议，双方就长沙县主要城市功能区规划和建设开展合作，共同探索健全城市土地市场运行机制中土地一级开发的有益模式。（周进银）

【长沙县排中国十佳“两型”中小城市首位】 10 月 17 日，发布的《中小城市绿皮书：中国中小城市发展报告（2014）》指出，2014 年中国十佳“两型（资源节约型、环境友好型）”中小城市排名湖南长沙县首列第一。近年来，该县以生态文明为引领，始终秉持“三个共同”（幸福与经济共同增长，乡村与城市共同繁荣，生态宜居与发展建设共同推进）的发展理念，不断提升全民共享经济发展成果、共享基本公共服务、共享平等发展机遇的“三个共享”层次和水平，发展绿色产业，保护青山绿水，构建生态产业支撑体系、生态安全保障体系、绿色人居支撑体系、生态文化支撑体系和生态制度约束体系。确立在处理生态环境建设与经济发展关系上的两个基本原则：一是“南工北农”、六大功能分区；二是以 1% 的土地作支撑，换取 99% 土地宁静。该县探索的“两型引领、绿色崛起、科学跨越”发展模式，成为加快转变经济发展方式，打造新时期“两型”社会的样板。（张 娜）

【长沙县入全国县域经济十强县】 11 月 1 日，第十四届全国县域经济与县域基本竞争力百强县排名在北京发布，长沙县首次进入全国十强，位列第九，连续七年排名中部第一。该县始终坚持以重大项目建设培育和集聚优势资源，推动信息化与工业化深度融合，工业化与城镇化良性互动，城镇化与农业现代化的相互协调。全年完成地区生产总值 1100 亿元，增长 11%；完成工业总产值 2100 亿元，增长 12.5%；完成财政总收入 207 亿元，增长 15%；完成社会消费品零售总额 289 亿元，增长 12.1%；完成固定资产投资 767 亿元，增长 18%。全年公共财政预算支出 103 亿元，首次突破 100 亿元。该县始终遵循“幸福与经济共同增长、乡村与城市共同繁荣、生态宜居与发展建设共同推进”的“三个共同”发展理念，团结带领全县人民围绕“争当排头兵，领跑中西部，进军前十强”目标，着力推动项目建设、城乡统筹、“两型”引领、民生改善，走出一条“产业先行、城乡互哺、分类发展、绿色转型”的科学发展之路。（张 娜）

【松雅湖工程建成通车】 12 月 26 日，长沙县主办大美松雅湖·健康迎新年“尚之路杯”2014 年松雅湖环湖活动，1500 人在松雅湖畔开跑，庆祝松雅湖“四路一桥一隧道”（即香堤路、捞刀河路、万明路、环湖支路；松雅湖大桥；松雅湖隧道）工程建成通车。松雅湖工程总投资约 8.63 亿元，全长 20.48 千米。该项目获评“长沙市 2014 年度结构优良工程”“长沙市建筑工程安全质量标准化示范工地”“长沙县建筑工程安全质量标准化示范工地”“长沙县十佳绿色工地”。松雅湖开发建设项目是该县首个投融资体制创新探索的 PPP 项目，位于长沙县中心城区东北部，紧邻京港澳高速，距长沙火车站、长沙高铁南站、黄花国际机场 20 千米，项目规划总面积 1697 公顷，由松雅湖生态公园和松雅新都市两大板块组成。（周进银）

【全国首个失独家庭认亲服务组织在长沙县成立】 1 月 18 日，长沙县青松老年公寓在全国率先成立首个失独家庭认亲服务组织，在全县 10 个乡镇开展“关爱失独家庭，上门认父母亲”活动，结对认亲 11 个失独家庭。活动中青松老年公寓为特扶家庭老年人特别准备“一餐团圆饭，一份倡议书、一封家信、一个红包、一份温馨礼物、一张合影、一台文艺节目”等“七个一”活动。在征得失独夫妇同意，认亲服务组织与其签订协议后，失独夫妇可在青松老年公寓终生居住，享受免费服务。（梁 漾）

【《长沙县通史》出版】 9 月 26 日，《长沙县通史》首发座谈暨新闻发布会在星沙举行，该书是全国首部由地方党委、政府主持编纂的县级通史。湖南省委党史研究室正厅级巡视员夏远生，湖南省社会科学院党组成员、副厅级纪检员刘云波，湖南省委党校教授刘强伦，长沙市委党史联络组组长陈香成，长沙市社科院院长贺代贵，湖南省社会科学院历史所所长王国宇，长沙市委党史研究室副主任李敏等领导和专家出席会议。《长沙县通史》编纂工作自 2012 年 3 月启动，由湖南省社科院和长沙县合作编纂，历时两年半，数易其稿，定稿 100 万字。全书分三卷 22 章，全面、系统、客观地再现了长沙县从远古到 2013 年的历史发展进程，将长沙县素享“三湘首邑，荆楚重镇”“屈贾之乡”“潇湘洙泗”之美誉以及跃居“中部第一县”的灿烂与辉煌一一展现，彰显了长沙县深厚的文化底蕴和独特的人文精神。是一部具有开创性的地方通史著作，也是县域文化强县建设的精品力作。（张 娜 梁 漾）

【获评“全国文化先进县”】 12 月 24 日，长沙县获评“全国文化先进县”。近年来，该县在实现经济快速发展的同时，大力推进公共文化服务体系建设、文化惠民服务、文化遗产保护、文化市场管理与文化产业发展等项目。投资 3.9 亿元的星沙文化中心完工，实现乡镇（街道）综合文化站、村（社区）文化活动室和农家书屋全覆盖；加强公共文化服务人才队伍的建设，引进专业文化人才，制定文化体育“百千万”工程，扶持组织100余名文化能人，开展万余人音乐、美术等培训；精心策划各级群众文化活动，搭建文化大舞台，让更多百姓登上舞台，一展风采。2014年，开展县级文化活动35场，镇级文化活动141场，村级文化活动95场，参加活动人数3.8万余人次，免费送电影下乡3000余场，使老百姓“读有书屋，跳有广场，唱有设备，观有影厅”，让老百姓获得实惠；实施文物保护工程，杨开慧故居、黄兴故居等均被列入省级爱国主义教育基地，湖南湘绣城被评为“中国非物质文化遗产保护生产基地”。每年将新增财力的80%用于改善民生，制定“文化强县”建设战略，基本建成城乡一体的公共文化服务体系，并成为首批国家级公共服务体系示范区。（张　娜）

【获评“全国粮食生产先进县”】 12月29日，长沙县获评“全国粮食生产先进县”。2014年，该县落实粮食播种面积8.85万公顷，粮食总产量突破60万吨，比上年增加35吨，实现粮食生产七连增。其中，早稻播种面积3.938万公顷，单产421.5千克，晚稻4.006万公顷，单产510千克，双季稻在粮食生产中占据优势地位。该县严格落实“米袋子”行政首长负责制，将粮食生产纳入县对镇（街）绩效考核，并严格执行“三个严禁”（严禁抛荒、严禁“双改单”、严禁直播）。此外，还出台政策大力扶持种粮大户、农机大户、合作组织、家庭农场等发展适度粮食生产规模经营，并从产粮大县奖励资金中安排专项资金给予扶持补助。同时，该县还重点实施双季稻高产创建、水稻全程机械化增产模式攻关、超级杂交水稻“种三产四”等项目建设。（张　娜）

【获批“国家出口食品农产品质量安全示范区”】 9月23日，长沙县创建国家出口食品农产品质量安全示范区工作接受国家质量监督检验检疫总局专家考核组的现场考核并通过验收。11月20日，在国家质量监督检验检疫总局公布的2014年度国家出口食品农产品质量安全示范区名单中，长沙县名列其中，成为湖南省仅有的两个示范区之一，其中茶叶和食用菌被列为出口示范区重点出口农产品。2013年，该县全面启动创建工作，确定以茶叶和食用菌为试点品种，以37个示范基地、30家示范合作社，以及湖南湘丰茶业有限公司、湖南金井茶业有限公司、湖南致远食用菌有限公司等13家农产品龙头企业为试点单位，以“政府主导、部门联动、龙头带动、全民行动”为原则，建立健全组织保障、质量安全标准化、农业化学投入品控制、疫情疫病监测控制、质量安全追溯、预警通报与应急、宣传培训和诚信管理七大体系。通过示范区创建，全县出口食品农产品质量显著提高，出口规模扩大，示范区内茶叶和食用菌出口带动4.5万户合作农户、12万名从业农民增收。截至2014年底，全县有茶叶企业15家（其中有出口资质的企业5家），全年直接出口茶叶4637吨，出口额1080万美元。全县食用菌种植面积220万平方米，有食用菌生产加工企业及合作社17家，有出口资质企业6家，2014年出口额570万美元。（周进银）

浏阳市

【概况】 浏阳市位于湘赣边境，湖南省东部偏北，省会长沙市的正东方。市境内浏阳河、捞刀河、南川河分别汇入湘江、渌江，浏阳河为湘江一级支流。浏阳东南西北分别与江西省宜春市铜鼓县、万载县、萍乡市上栗县，湖南省株洲市的醴陵市、株洲县，长沙市长沙县，岳阳市平江县交界。境内东西长125.8千米，南北长80.9千米，全市居北纬27°51′～28°34′东经113°10′～114°15′，境内总面积5007.75平方千米。浏阳市辖4个园区：浏阳经开区、制造产业基地、“两型”产业园、大围山国家森林公园，4个街道：淮川、集里、荷花、关口，27个镇，6个乡，共401个村（社区）。年末全市户籍户数41.94万户，总人口为145.32万人，增长0.94%，其中农业人口129.23万人，非农业人口16.09万人。年内出生人口2.6万人，出生率17.91‰。年内死亡人口8682人，人口死亡率6‰。人口自然增长率11.91‰。年平均气温为18.0℃，比历年同期平均偏高0.5℃；年极端最低气温为-3.9℃，出现在12月22日，年极端最高气温为38.1℃，出现在7月23日。年降水量1765.3毫米，比历年同期平均偏多214.0毫米。

全年实现地区生产总值1012.83亿元，增长12.6%，工业总产值2039.5亿元，增长22.4%；其中第一产业增加值83.87亿元，第二产业增加值718.66亿元，第三产业增加值210.30亿元，分别增长5.5%、13.8%和11%。三次产业对经济增长的贡献率依次为3.1%、79.3%和17.6%，分别拉动经济增长0.4个、10个和2.2个百分点；三次产业结构为8.5:71.1:20.4。完成财政总收入100.9亿元，增长33%，长沙考核财政收入75.9亿元，增长18.3%；完成固定资产投资725.8亿元，增长23.4%；城乡居民人均可支配收入2.85万元，增长9.5%，其中农村居民人均可支配收入2.32万元，增长10.2%，城镇居民人均可支配收入3.38万元，增长9.0%。城乡居民人均消费支出1.72万元。地区生产总值、规模工业增加值、固定资产投资等主要经济指标增速居长沙9区、县（市）第一位，财政总收入、工业总产值等指标均提前一年实现“十二五”目标。县域经济与县域基本竞争力提升至全国百强第三十六位，比上年提升11位。首次入选中国全面小康十大示范县市，排名福布斯中国大陆最佳县级城市榜第二十八位。

农林牧渔业总产值129.8亿元，增长5.5%，其中农业产值73.75亿元，增长7.2%；林业产值14.21亿元，增长6.3%；牧业产值34.97亿元，增长1.9%；渔业产值3.89亿元，增长6.5%；农林牧渔服务业产值2.98亿元，增长5.8%。粮食总产量56.19万吨，增长3.0%；蔬菜总产量130.4万吨，增长7.8%。完成造林面积7200公顷，中、幼林抚育面积5333公顷，年末实有封山育林面积80890公顷，年度活立木总蓄积量1298.96万立方米，增长1.84%。生猪出栏196.94万头，降低0.9%；山羊出栏73.56万只，增长5.0%；家禽出笼1177万羽，增长1.7%；肉类总产量17.6万吨，增长0.5%。水产品总产量2.52万吨，增长5.9%，其中鲜鱼产量2.46万吨，增长5.6%。创建长沙市级标准化农业生产示范基地46个，建成东盈、北盛、永安3个粮食仓储基地。投入10.6亿元，铺排农业重点项目26个，金盆种养平衡项目通过农业部标准化养殖示范基地验收。沿溪、古港蔬菜产业结构调整示范片和大围山水果特色产业园入围省“百片千园万民”工程。新培育农民合作社686家。发放农机购置补贴2486万元，主要农作物农机化率70.9%。整治农村土地4600公顷，新建沼气池1126口，完成123个行政村电网升级改造。抓好防汛、防火、防疫和抗旱工作，成功抵御“5•24”强降雨侵袭，实现全年无大灾。

工业总产值2039.5亿元，增长22.4%；实现工业增加值654.55亿元，增长14.1%。规模以上工业企业798家，实现规模工业产值1668.6亿元，增长23.1%，实现增加值521.92亿元，增长16.7%。其中产值超亿元企业272家，实现产值1235.9亿元；产值超10亿元企业14家，实现产值561.9亿元。花炮产业集群实现销售总额202亿元，创税10.9亿元，分别增长7.6%和38.1%；38家生物医药企业实现产值222.7亿元，增长37.5%；90家机械制造企业实现产值186.6亿元，增长26.8%；9家电子信息企业实现产值391.4亿元，增长32.3%。经开区实现工业总产值710.5亿元，财税收入24.3亿元（含土地出让金，下同），分别增长31.3%和38.3%。制造产业基地实现工业总产值241亿元，财税收入8.2亿元，分别增长28.8%和34.4%。“两型”产业园实现总产值68.8亿元，财税收入9620万元，分别增长18.1%和36.8%。“两型”产业园获批湖南首家特色食品产业园。乡镇特色工业集中区稳步发展，实现规模工业总产值130.2亿元，增长29%。电子信息、生物医药、机械制造、健康食品等优势产业持续壮大，产值分别增长32.3%、37.5%、26.8%、27%。一批龙头企业保持快速发展，蓝思科技实现产值316亿元，创税11.8亿元，尔康制药获年度制药行业十佳辅料品牌，湖南一朵电子商务销售过亿元。淘汰落后产能，关闭煤矿8家。应对安全环保和政策调整双重压力，实施“四化两型”战略，花炮产业集群实现产值202亿元，增长7.6%，其中出口28.4亿元，增长15.8%。浏阳花炮在南京青奥会、北京APEC会议等国际重大节会上成功燃放，展示了环保、安全、艺术的新形象。

社会消费品零售总额202.98亿元，增长14.0%。按消费形态统计，批发零售业商品零售额179.5亿元，增长14.0%；住宿餐饮业收入23.48亿元，增长13.7%。实现自营进出口总额13亿美元，增长5.4%。自营进口额3.84亿美元，增长8%。自营出口额9.16亿美元，增长4.4%，其中鞭炮烟花2.99亿美元、机电产品5.76亿美元、纺织品0.12亿美元、其他0.29亿美元。居民消费价格总指数（CPI）为102.7，商品零售价格指数为101.7，服务项目价格指数为102.7，工业品出厂价格指数为98.4。建筑行业实现增加值66.18亿元，增长10.1%。四级以上建筑企业33家，实现建筑业产值41.7亿元，增长33.7%。房地产业实现增加值22.66亿元，增长4.9%。房地产企业72家，实现房地产投资额51.5亿元，增长8.38%；商品房销售面积110.98万平方米，增长4.2%。实现固定资产投资725.8亿元，增长23.4%。其中工业投资481.2亿元，增长33.7%。大围山国家生态旅游示范区启动建设项目36个，胡耀邦故里旅游区建成文保中心、游客服务中心等项目，秋收起义纪念园工程顺利推进。举办赏花季、清凉季等系列旅游主题活动，接待游客1268.7万人次，实现旅游收入124亿元，分别增长22.8%和24%，获评“湖南省旅游产业发展十佳县市”。新改建标准化农贸市场10家，华润万家、鼎丰建材城等大型消费平台相继开业，苏宁电器全国首家乡镇店落户大瑶。成功举办首届中国烟花爆竹安全环保博览会、全国登山节、第九届湘菜美食文化节、第十届房交会等重大节会活动，浏阳蒸菜创两项吉尼斯纪录。引进项目180个，其中亿元以上项目40个，10亿元以上项目7个。外商直接投资实际到位资金1.92亿美元，增长25.9%，实际到位省外境内资金51.06亿元，增长19.1%。

基础设施不断夯实。投入18.6亿元，实施28个重大交通项目。金阳大道启动建设，浏中文公路、大围山旅游干线、园永公路、社大公路、G354浏阳至官渡公路二期、大瑶绕城公路建设顺利推进，完成张小公路、荷石公路、浏跃公路二期、官渡至东门公路提质改造，城乡道路联网成环步伐加快。启动西北环线和浏阳河六桥建设，新建集里路、学府路等6条城市道路，提质改造金沙南路等10条城市道路，城市交通路网优化升级。依法查处超限超载车辆2307台次，确保了道路安全畅通。投资3.6亿元，新建22万伏高压输电线3条，供电能力和可靠性显著提升。启动农田水利畅通工程三年行动，统筹各类涉水资金6亿元，完成农村饮水安全工程6处，清淤山塘870口、疏浚沟渠24900千米、除险加固水库13座、修复河坝213处、更新机埠86处。

城镇建设取得实效。完成城市总体规划修改，实现城区控制性规划全覆盖。长兴湖、新屋岭、黄泥湾等片区开发顺利推进，修建街心花园10个，实施城中村、老旧小区改造项目58个，完成济川河环境综合整治工程。亮化锦程大道等城市道路10千米，建成停车位314个，新建改造公交站亭63个，新投放公共自行车1000辆。在全省率先启动建筑节能改造工程，白沙、城东、禧和等新型保障性住房顺利竣工。启动“气化浏阳”建设，永安至经开区天然气传输管道建成投用，实现与长沙同网同价。强力推进征拆工作，完成征地849公顷，征收房屋1481户，实现81个项目清零，确保了“项目攻坚”活动有序推进。投资27亿元，建设乡镇城建项目96个，创建国家重点镇3个，全市城镇化率55.4%，新型城镇化建设迈上新台阶。

人居环境日益优化。全力推进文明创建工作，获全国文明城市提名，“淳风美德润浏阳”活动入选全国培育和践行社会主义核心价值观“一百招”。深入实施城乡统筹环境同治，创建长沙市卫生乡镇1个、湖南省卫生村（社区）4个、美丽屋场（社区）40个。推进40个新农村示范村建设，打造了梅田湖村、南山村等一批美丽乡村。推进“三年造绿大行动”，完成“4511”绿化工程，植树900万株，创建国家级生态乡镇5个，湖南省“两型”村庄（社区）5个。全面开展“清霾、碧水、静音”行动，停产整治造纸企业58家，治理生猪养殖污染7万平方米。建成城区污水处理厂二期工程、垃圾渗漏液处理厂、粪便无害化处理厂和12个乡镇污水处理厂。推进最严格、最精细、最到位的城市管理，出台并实施渣土扬尘治理"九条新规"，拆违拆旧10万平方米。大力开展违章停车等专项整治，推广城区保洁市场化运作，促进环境卫生提质提标，在长沙"清洁城市""城乡环境卫生整洁行动"考评中均排名第一。

公共事业加快发展。教育：全市拥有学前教育幼儿园326所，教职员工3320人，2014年入园34234人，在园45149人，离园15728人；普通小学187所，教职员工4141人，2014年招生17180人，在校学生95712人，毕业14148人；普通中学63所，教职员工4788人，2014年招生21059人，在校学生62661人，毕业18496人；特殊教育学校1所，教职员工60人，2014年招生59人，在校学生329人，毕业14人；中等职业学校3所，教职员工256人，2014年招生1978人，在校学生4345人，毕业972人。启动教育三年行动，教师进修学校及其附属小学主体竣工，里仁学校、李畋学校等投入使用，改造义务教育薄弱学校71所，建设教师公共租赁房427套。新增课改实验校8所，高考一二本上线率和学科平均分连续7年排名长沙4区县市第一。文化：全市拥有文化馆站38个、艺术表演团体1个，艺术表演观众人次26.8万人次。《浏阳日报》每期发行量4.5万份。全市广播综合人口覆盖率98.5%，电视综合人口覆盖率98.1%，有线、无线数字电视用户26万户，增长5.9%。年末图书馆藏书18.25万册。卫生：全市拥有卫生机构50个，其中医院42所。卫生机构床位数6882张，卫生技术人员7084人。年内诊疗312万人次，年内治愈率55%，年内病死率0.04%。新改建乡镇卫生院3所、村卫生室39个，公共卫生中心、骨伤科医院住院大楼主体竣工。县级公立医院改革深入推进，门诊、住院次均费用和药占比继续下降，医保实际补偿率增长3%，改革成果受到副总理刘延东的充分肯定。启动实施"单独两孩"政策，人口自然增长率控制在7.5‰，获评"全省人口和计划生育工作模范单位"。体育：全市共组织县级以上运动会5次（含各类协会组织），参加活动人数1.2万人次。运动员在省、市比赛中获得金牌77枚、银牌73枚、铜牌75枚。启动教育三年行动，教师进修学校及其附属小学主体竣工，里仁学校、李畋学校等投入使用，改造义务教育薄弱学校71所，建设教师公共租赁房427套。新增课改实验校8所，高考一二本上线率和学科平均分连续7年排名长沙4区县市第一。启动与中南大学市校合作，推进科技创新，实施科技项目230个，申请专利919件，成功创建湖南省可持续发展示范区。成立湘鄂赣城市广播联盟体，建成广播电视"户户通"工程两万户，成功举办首届欧阳予倩戏剧艺术节、第二届全民健身运动会、浏阳河音乐节等文体活动。建成烈士陵园，修缮金刚镇桃树湾等历史民居3处，新增长沙市级文物保护单位33处，文庙祭孔古乐被列入国家非物质文化遗产，获全国"千年古县"称号。

民生保障更加有力。实施"八大民生工程"，民生领域支出53.6亿元，占财政总支出的74.6%。加大创业就业扶持力度，新增城镇就业1.9万人，实现农村劳动力转移就业1.61万人、失业人员再就业4120人，城镇登记失业率控制在2.8%以内。支出社保基金15.2亿元，发放城乡低保金1.5亿元、全市参加城镇基本养老保险人数7.15万人，比上年末增加4480人。参加失业保险人数8.02万人，增加1.63万人。参加新型农村社会养老保险人数81.68万人，增加7.53万人。全年发放城乡居民最低生活保障经费14856万元，保障城乡困难居民6万人，城乡低保对象人均月补助标准为400元和260元。城乡基本医疗保险的参保人数129.43万人。医疗救助金2164万元。新改建敬老院7所，建设公共租赁房3394套，实施棚户区改造1635户，改建农村危房1400户，保障和改善了基本民生。

困难和不足：经济结构不优、创新动力不强，资金、土地、环境等要素制约日益突出，稳增长、促转型的任务十分繁重；农村基础设施还不完善，城乡融合发展步伐有待加快；群众对环境越来越关注，保护和治理任务艰巨；影响社会和谐稳定的隐患依然较多，安全生产形势严峻；少数干部创新精神、担当意识不强，政府服务与群众期望还有差距等。（唐继武）

浏阳市

中共浏阳市委员会

书　记　曹立军
副书记　余勋伟　吴　震
　　　　付旭明
常　委　谭　果　张作林
　　　　刘　旭　熊清溪
　　　　胡全文　邱山东
　　　　陈荣华　周文舜
　　　　潘美山

市第十六届人大常委会

主　任　鲁建文
副主任　孙建科　刘仙娥（女）
　　　　张友根　刘一江
　　　　杨　智

市人民政府

市　　长　余勋伟
常务副市长　张作林
副　市　长　熊清溪
　　　　邓雪琴（女）　莫小佳
　　　　邓阳锋　赵丁山
　　　　戴武明
　　　　郑　杰（挂职，2014.07任）

市政协委员会

主　席　李家喜
副主席　张葵红（女）谢建国
　　　　郭荣华（兼）廖伟平（女）
　　　　谢鹤林

【腾讯"智慧旅游城市名片"发布会在浏阳举行】 2月27—28日，以"腾讯游天下焰遇浏阳河"为主题的腾讯"智慧旅游城市名片"活动发布会暨"智慧浏阳河"高峰论坛在湖南省浏阳市举行。北京、云南、海南、江西等全国30个地级市旅游行业主管部门领导、旅游协会会长、平台运营商、中国微旅游联盟、"湖湘天下"旅游联盟、浏阳市本土文化产业、旅游行业、流通行业、景区景点、论坛网友、移动公司等行业企业705名人士参加活动。活动由浏阳市人民政府和中国微旅游联盟协会主办，浏阳市委宣传部、市旅游局、花炮局、文化产业园管委会、旅游协会、花炮总会承办。内容包括腾讯“智慧旅游城市名片”发布会、“智慧浏阳河”高峰论坛、环保艺术音乐焰火秀、微旅游公众平台项目说明会、腾讯QQ公仔特权活动暨“腾讯游天下，焰遇浏阳河”文化旅游博览会五大主体活动。活动主要目的是携手“腾讯”品牌，充分释放腾讯大数据的资源能量，运用互联网和移动通信为代表的现代信息技术，向全国、全球推广浏阳形象和“智慧旅游”发展情况，同时跟全国各大城市一起，开启数据共享、资源共赢的合作新篇。腾讯公司将“智慧旅游城市名片”发布会和“发现中国之美随手拍”首发站设在浏阳，并将浏阳作为腾讯QQ公仔全国巡展县级城市第一站。该活动的举办，对于促进文化、旅游产业发展，探索城市、企业合作模式，加快全国城市数据资源共享，开启数字创意产业新领域具有重要意义。（张　晋）

【浏阳排名福布斯“2014中国大陆最佳县级城市”第二十八位】 12月17日，福布斯中文版发布了2014年中国大陆最佳县级城市30强，浏阳排名第二十八位，为中部地区唯一上榜城市，是福布斯中文版6次发布中国大陆最佳县级城市榜以来，湖南首次有城市上榜。福布斯中文版发布中国大陆最佳县级城市榜主要以区域生产总值360亿元以上的县级城市为入选门槛，以人才指数、城市规模指数、消费力指数、客运指数、货运指数、私营经济活力指数、经营成本指数、创新指数八大要素为评价指标，全面衡量一个城市商业环境质量和发展潜力，为投资商选择投资目的地提供重要参考。此次排名30强的城市组成的榜单上，昆山、江阴、常熟、张家港、义乌名列“中国大陆最佳县级城市”排行榜前五。在这8项指标中，浏阳市消费力指数排名靠前。（唐继武）

【2014年全国群众登山健身大会在浏阳举行】 10月18日，2014年全国群众登山健身大会（浏阳站）暨大围山全国登山比赛在大围山国家森林公园举行。此届登山健身活动以“魅力大围山，健康你我行”为主题，宣传推动全民健身活动，形成崇尚健身、参与健身和追求健康文明生活方式的良好环境和氛围。比赛设有专业组和群众组。专业登山比赛路线设定为森林宾馆—栗木桥—五指石—祷泉湖—红莲寺，总长18千米。群众登山健身路线设定为森林宾馆—栗木桥—红莲寺，总长10千米。大围山国家生态旅游示范区是国家体育总局登山运动管理中心及中国登山协会授牌的登山运动知名单位。此次登山健身大会是一项集登山健身、旅游休闲为一体的群众性的体育盛会，与中国大围山全国登山比赛同步进行。结合长沙市第四届“相约长沙最美乡村”第五场活动，此次健身大会的举办，对浏阳美丽乡村和大围山森林公园是一次成功的宣传推介。（刘　辉）

【大润发进驻浏阳】 8月8日，世界500强零售巨头大润发与浏阳创意实业正式签约，投资5亿元进驻位于浏阳石霜中路的创意君悦城，建设大型购物中心。创意君悦城地处新老城区结合部，定位为大型城市综合体，是浏阳加速推进城北片区商业化进程的重点项目，预计2015年投入运营。大润发此次在浏阳投资的购物中心将建成集购物、休闲娱乐、餐饮等功能于一体的综合购物广场。同期签约的星鑫国际影城将建设一个20米宽幅的湖南县市首个国际标准IMAX超大巨幕厅。大润发、星鑫影城签约进驻浏阳，看中的是浏阳市场超强的消费能力和优越投资环境。2014年1—6月，浏阳实现社会消费品零售总额92.5亿元，同比增长10.2%。截至6月底，全市新引进项目95个，根据《长沙市城市总体规划2003—2020）（2014年修订）》，浏阳定位为长沙副中心城市，城区规划人口到2020年超50万人，将在全面融入大长沙的基础上，打造成为湘赣边区域性中心城市。（唐继武）

【开展造纸行业专项整治】 2月，浏阳市环保局对不能正常达标排污和擅自改变工艺、机型的58家造纸企业全部实行停产整改。组织联合监管，采取日常检查与夜间巡查相结合，严肃查处企业偷排、漏排等违法行为，先后对文家市、星华等7家造纸企业进行立案查处。通过6个月时间的排查整改，有44家做到了废水废气达标排放，有11家因不能实现达标而未申请复工生产，有3家因整治无望已申请停产。通过督促造纸设备设施升级更新，污水处理设施运行制度更完善，程序更规范，废水达标率显著提高，相关投诉也明显减少，达到整治预期目的。（陈文韬）

【第九届湘菜美食文化节在浏阳举行】 11月28日，由湖南省商务厅、湖南日报报业集团主办，浏阳市人民政府承办，浏阳市商务局、浏阳日报社组织举办的第九届湘菜美食文化节在浏阳河广场启动。此次文化节以“面向大众 理性消费”为主题，包括第九届湘菜美食文化节新闻发布会、万份浏阳蒸菜送长沙市民、第九届湘菜美食文化节启动仪式、浏阳蒸菜品鉴会、最大盘蒸菜“百菜蒸盘”申报吉尼斯世界纪录、湘菜美食文化展、湘菜企业招牌菜大赛、湘菜美食文化节焰火晚会、湘菜论坛九大主题活动。此次节会取得良好效果，开创了美食节首次在湖南省县市举办先河，最大盘蒸菜“百菜蒸盘”创世界最大单体蒸笼、世界最多菜品同蒸两项世界纪录。（黎　涛）

【浏阳市被纳入国家新型城镇化试点范畴】 2014年，浏阳市通过提早半年谋划，主动对接，编制《新型城镇化投融资机制改革试点研究课题》，提出通过市场化融资方式解决浏阳新型城镇化建设项目资金需求的实施路径和政策性融资方式支持新型城镇化建设的可行方案，浏阳市于2014年12月成功纳入国家新型城镇化综合试点长沙地区的试点范围（发改规划〔2014〕2960号），为浏阳市进一步推进新型城镇建设争取到了试点区先行先试的政策及资金扶持。（付晨辉　徐艳艳）

【浏阳市获批发行城投和经开区企业债券28亿元】 2014年，浏阳市突破现有非财政百强县不能单独发行企业债券的瓶颈，争取单独发行企业债券指标，相继成功获批发行年利率为6.98%的城建集团企业债券15亿元、年利率为5.7%经开区投资公司企业债券13亿元，总规模占整个长沙市债券融资规模（65亿元）的43.1%，居长沙9区、县首位，成为县级平台发行最快、规模最大、利率最低的县市，可撬动社会投资近50亿元，引导浏阳城建资金融资成本下降近3.5个百分点，每年可为浏阳市节约财务成本近亿元，开创了浏阳市债券发行历史上的先河。
（付晨辉　徐艳艳）

【尔康制药全球首创木薯淀粉胶囊】 11月30日，印度孟买举行的第十届“世界制药原料印度展CPHI”（全称Chemical Pharmaceutical Ingredient，国际医药原料博览会），浏阳生物医药园湖南尔康制药历时9年研发及生产的具有世界原创性的全淀粉空心胶囊和全淀粉软胶囊引起国际社会的关注。尔康全淀粉胶囊的原料—羟丙基淀粉，是一种通过独特技术进行凝胶、成型和干燥的木薯淀粉衍生物。羟丙基淀粉被广泛应用于医药、食品和化妆品，被列入FDA的GRAS目录，符合美国药典标准，欧洲药典标准和中国食品添加剂标准。与传统胶囊相比，尔康全淀粉胶囊具备以下特点和优点：稳定性高。它的分子结构稳定，无交联反，对温湿度不敏感，能适应各种储存和运输条件，保质期长。安全环保。胶囊成品无转基因成分，无农药残留，不含防腐剂，不用环氧乙烷消毒，无致癌物质残留；天然抑菌，无动物蛋白的隐患。全世界硬胶囊的需求为1.5万亿粒/年，软胶囊高达700亿粒/年，市场总量近千亿元人民币。湖南尔康制药股份有限公司成立于2003年10月，于2011年9月27日在深交所挂牌上市。公司从事医药产品研发、生产和销售，是国内品种最全、规模最大的专业药用辅料生产企业。2014年，尔康制药全淀粉胶囊产业园在浏阳生物医药园落户，项目总占地33.2公顷，前二期累计投入20亿余元人民币。
（唐继武）

【“淳风美德润浏阳”入选全国培育和践行社会主义核心价值观“一百招”】 2014年，浏阳以“淳风美德润浏阳”为主题，以“漫画图说”“先进楷模”“晒传家书”“宗祠文化”“文明办酒”等具体举措深入开展“淳风美德润浏阳”系列活动，让良好民风淳化每个市民，让崇高道德浸润整个浏阳。12月8日，“淳风美德润浏阳”活动被中宣部选入全国培育和践行社会主义核心价值观“一百招”，是湖南省唯一一个入选的活动。12月30日，《光明日报》在第四版以《湖南浏阳：淳风美德落地生根》为题，介绍了浏阳在培育和践行社会主义核心价值观方面的百招经验。
（陈　英）

12月3日，“浏阳文庙祭孔古乐”入选国家级非物质文化遗产

【浏阳获批“千年古县”】 2014年10月，在北京召开的中国地名文化遗产保护专家委员会第十八次“千年古县”专家会议上，浏阳以高分通过专家审定，成功申报为“千年古县”。“千年古县”评选活动，是由民政部、中国地名标准化委员会、中国地名协会发起，中国地名文化遗产保护促进会认定，联合国教科文组织批准的地名文化遗产保护工程。在中国优选出100个历史悠久、文化积淀深厚、地名文化内涵丰富的古县，进行“千年古县”的重点保护和国内外宣传工作。置县于公元209年的浏阳，距今已1805年，“浏阳”作为县级行政区划地名专名沿用至今。浏阳境内古迹众多，截至2014年底，有市（县）以上重点文物保护单位110处，有浏阳文庙等5家(7处）文物属国家级重点保护单位，含祭孔古乐等3项国家级非物质文化遗产。有易雄、欧阳玄等历史人物，花炮等特产深远影响世界。
（唐继武）

【"浏阳文庙祭孔古乐"入选国家级非物质文化遗产】 2014年12月3日，国务院正式批准文化部确定的第四批《国家级非物质文化遗产代表性项目名录》，“浏阳文庙祭孔古乐”列入其中，成为继浏阳花炮制作工艺、浏阳菊花石雕刻工艺之后的又一国家级非物质文化遗产。浏阳文庙祭孔古乐是清代道光年间浏阳乐律学家邱之稑大胆冲破几千年来“非天子不议礼、不作乐”的禁忌、修正康熙皇帝所作《律吕正义》的乐律缺陷，在发掘整理古代“韶乐”的基础上创制而成，是古代“韶乐”的完美再现，被我国著名音乐家杨荫浏教授称为“中国古代音乐的活化石”。它乐律动听、舞姿优美、气势非凡，是中国几千年儒家文化的体现，文化底蕴深厚，曾国藩曾赠予浏阳文庙“雅淡和平”“精深正乐”两块匾额，历史上有“国乐古礼在浏阳”之盛誉。
（唐继武）

宁乡县

【概况】 宁乡地处湘中偏北，全县土地面积2905.92平方千米，其中耕地面积9.41万公顷。宁乡县辖2个区(国家级宁乡经济技术开发区、宁乡金洲新区）、10个乡、23个镇，共418个村（社区）。年末户籍总人口139.35万人，其中城镇人口64.7万人，人口出生率14.8‰，死亡率5.35‰，自然增长率9.45‰。年平均气温17.8℃，年内极端最高气温为7月22日38.2℃，极端最低气温为2月11日的-4.2℃。降水量1470.7毫米。

全年实现地区生产总值（GDP）910.23亿元，比上年增长12.4%。其中第一产业增加值99.64亿元，第二产业增加值620.33亿元，第三产业增加值190.25亿元，分别增长5.2%、

13.7%和11%。第一、二、三次产业对经济增长的贡献率依次为4.1%、78.7%、17.2%，分别拉动GDP增长0.5个、9.8个、2.1个百分点。三次产业结构由11.2:68.9:19.9调整为11.1:68.2:20.7。实现财政收入55.68亿元，增长15.1%，公共财政预算支出65.84亿元，增长13.4%。实现社会消费品零售总额197.27亿元，比上年增长14.4%。城镇居民人均可支配收入3.11万元，增长9.1%，城镇居民人均消费性支出2.1万元。农村居民人均可支配收入1.97万元，增长10.2%，农民人均生活消费支出1.29万元。全县金融机构各项存款余额399.06亿元，比年初增长23.1%。各项贷款余额299.29亿元，比年初增长25.9%；金融机构利润总额9.86亿元，增长38%。县域经济基本竞争力居全国百强第五十位。获全国县级文明城市提名资格。

农林牧渔业总产值152.88亿元，比上年增长5.3%。其中农业产值83.48亿元，增长9.6%；林业产值4.85亿元，增长6.9%；牧业产值56.68亿元，下降0.6%；渔业产值5.5亿元，增长7.3%；农林牧渔服务业产值2.37亿元，增长10.5%。粮食种植面积13.24万公顷，比上年增长0.3%，其中稻谷播种面积12.14万公顷，下降0.7%，蔬菜种植面积4.62万公顷，增长5%；烟叶种植面积5700公顷，下降14.4%，产烟叶1.26万吨，下降13.7%，粮食总产量85.57万吨，增长0.5%，保持全国粮食生产先进县、全省粮食生产标兵县、湖南粮食生产第一大县龙头地位，成功入选全国仅有的三个万亩超级杂交稻攻关示范基地县；其他主要农产品产量有增有降，蔬菜161.1万吨，增长5%；出栏肉猪222.5万头，出笼家禽3909.2万羽，分别下降7.4%、5%，动物防疫防控稳居全市第一；农机总动力164.65万千瓦，增长3%。水稻耕、种、收综合机械化水平70%，比上年提高0.4个百分点，机插秧技术推广处于全省前列。

工业总产值1928.4亿元，增长17%，其中规模工业总产值1741.85亿元，增长17.6%。实现工业增加值620.38亿元，增长13.9%，高于全市2.5个百分点，工业对经济增长的贡献率为72.6%；其中规模工业增加值439.7亿元，增长15.2%，高于全市3.2个百分点。全县园区（两区五园）规模以上工业实现产值1204.01亿元，占全部规模工业的69.1%，增长20.4%；实现增加值307.73亿元，增长16.2%。先进装备制造、食品、新材料新能源三大主导产业共实现产值1238.01亿元，占全部规模工业比重71.1%，增长20.4%。全县规模工业实现主营业务收入1628.73亿元，比上年增长15.1%；利润总额167.16亿元，增长30.1%；利税总额257.91亿元，增长30.6%。着力构建宁乡经济技术开发区以食品为主导，机电、新材料为辅的产业体系，建设全国首家安全食品示范园区、全国生态工业园区；推动金洲新区工业集中区走“小企业大集群”“高科技快融合”和产城融合一体化发展之路，标准厂房建设排名全省产业园区第一，获批“国家新型工业化示范基地”；金玉工业集中区获批全省唯一跨乡镇“飞地经济”试点园区。夏铎铺、大成桥、煤炭坝、老粮仓、双凫铺5个特色工业小区，注重实施“一园一品、突出特色”战略，分别以汽配和服饰、制造、门业、珠宝、鞋业为主攻产业，着力打造特色产业平台。继续支持企业装备升级，31家企业62台套先进设备获得补贴691.4万元，实现投入1.05亿元，并以此带动技术升级、管理升级和品牌升级。44家企业获得一流专家技术支持。楚天科技成为2014年IPO开闸以后首家上市湘企，飞翼股份等3家企业挂牌新三板，懋天新材料创建国家级实验室。全省新型工业化现场会在宁乡召开。工业企业主要产品产量比上年有增有减。服装1496万件，大米107万吨，食用植物油4.6万吨，酱油23 万吨，啤酒6.7万千升，配混合饲料75.6万吨，水泥402万吨，钢材16.7万吨，机制纸10.7万吨，涂料24.3万吨，电力电缆7.6万千米，减速机23.8万台，铸造机械2.8万台，家用电冰箱12.2万台，家用洗衣机40.8万台。全年全社会建筑业增加值58.98亿元，比2013年增长13.3%。23家具有资质等级的总承包和专业承包建筑业企业实现总产值61.84亿元，增长4.4%；房屋建筑施工面积622.15万平方米，下降4.2%；竣工面积207.17万平方米，下降19.1%。

城乡建设品质提升。县城以全国文明县城创建为抓手，全面加强城市管理，开展环境卫生、户外广告、违法违章建筑、裸露地块、超限超载和非法营运五项整治。溜子洲大桥竣工通车，把沩江东、西两岸连接一体。完成沩江大道、义乌小商品市场等建设。获全国县级文明城市提名资格。资福乡撤乡建镇，青山桥集镇面貌一新，为全市示范城镇创建提供经验，沩山乡抓住被列入长沙市特色小镇建设的契机，着力建设禅都小镇。灰汤、花明楼、金洲、流沙河等小城镇建设加快。全县工业废水排放达标率87.5%，“三同时”（指建设项目中防治污染的设施，应当与主体工程同时设计、同时施工、同时投产使用）执行合格率100%，城镇生活垃圾无害化处理率100%，农村饮用水源达标率100%。空气质量优良天数352天，城区环境空气质量优良率96.4%。城镇化率50.1%，比上年提高3.15个百分点。农村基础条件不断夯实。全年累计清淤山塘3427口，新建291口，整修河道1313千米，改造河坝383座，沩水河道采砂纳入规范化管理，关闭河道砂场71家。整治投肥养殖，全县161座小一、二型水库和3处湖泊基本退出投肥养殖。成功申报全国第六批小型农田水利建设重点县。17座重点小二型水库除险加固全部完工，铁冲水库扩建项目征地拆迁及移民工作基本完成。农田水利建设经验全省推广，被评为“全国水利系统先进集体”。改造建设农村公路400千米、危桥45座，建成户用沼气池1120口，农村改水改厕2400座。200万尾鱼苗放入沩江。发放各项惠农补贴5亿元，完成各类支农投入5.93亿元。引导农民自主投入，累计筹集“一事一议”资金1024.8万元。创新土地流转办法，大成桥镇鹊山村成立土地流转银行，率先开展全村土地流转试点。喻家坳乡4个村土地承包经营权确权登记颁证试点有序进行。率先实施林权抵押贷款，使林权成为真正意义上的资产。引导种植基地成立全省第一家县级蔬菜协会。全县农民专业合作社突破1658家，新增省级龙头企业两家、市级龙头企业15家。召开2014年度首轮特色县域经济重点县建设工作大会，会上奖励补助2507万余元给第一批特色县域经济重点县建设的55家企业的66个项目，加加集团、亮之星米业、沙龙畜牧负责人作典型发言。“宁乡花猪”获批湖南省著名商标。33个市级重大农业项目开工率100%，累计完成投资17.5亿元。沃尔德、金洲外贸茶营销网络体系、湘都生态农业园、大河西农产品物流中心等项目稳步推进。投入1200万元开发“花猪游戏”，实现线上线下良性互动。花明楼镇、灰汤镇、双凫铺镇入选全国重点镇。玉潭、白马桥、城郊居全市经济社会发展综合实力十强乡镇，历经铺、花明楼跻身全市经济社会发展十快乡镇。全年全县有100位种粮标兵和10个农机大户受到表彰奖励。

固定资产投资713.52亿元，比上年增长20.2%。在固定资产投资中，第一产业完成投资29.22亿元，下降8.5%；第二产业完成投资378.88亿元，增长45.7%；第三产业完成投资305.42亿元，增长3.4%。基础设施建设投资203.12亿元，增长29%；房地产开发投资33.97亿元，下降16.6%；商品房销售面积90.14万平方米，下降14%；其中住宅78.13万平方米，下降20.5%；商品房销售额39.7亿元，下降8.5%；其中住宅29.5亿元，下降20.6%。

招商引资成效显著。全年引进1000万元以上项目259个，其中亿元以上项目94个。实际到位县域外资金253.8亿元，增长5.8%；实际到位省外境内资金58.22亿元，增长11.7%；实际到位境外资金2.41亿美元，增长16.8%。在“2014湖南（上海）投资贸易洽谈周”上，宁乡县签约康师傅、杉杉、晟誉装备制造、绿城宁乡文化城、家美门业五大项目，项目总投资逾50亿元。在宏观制约加剧、市场持续低温的情况下保持项目建设稳步推进。全县共有投资1000万元以上项目692个，其中新开工项目301个、前期准备项目181个、续建项目210个，完成投入586亿元，比上年增长16.1%。年内，湘中南物流园一期开业、普洛斯物流园一期竣工运营、香港盛大百货入驻春城万象、大河西农副产品物流中心一期基本建成、湘中南农机机电大市场等项目加速推进。

全年接待海内外游客1441.6万人次，比上年增长19.4%；实现旅游收入150.4亿元，增长41.9%。6月21日举行第一届中国灰汤神农生态旅游节。凤凰山森林公园龙凤峡漂流完成建设正式开漂，龙凤国际露营基地房车销售中心对游客开放，灰汤金太阳生态餐厅全面营业；花明楼键桥、双狮岭，青山桥芙蓉山，枫木桥龙仙寺，巷子口九折仑航空运动中心，灰汤华天温泉城二期及雅居乐等旅游项目建设快速推进，旅游产品开发势头保持良好。

年末县内公路里程4317.45千米，其中国道24.72千米，省道447.88千米；境内铁路里程68千米；全年旅客周转量比上年增长2%，货物周转量增长6%。全省率先完成县域内农村公路安保示范工程。途经宁乡的长（长沙）韶（韶山）娄（娄底）高速公路全线通车运行，金洲西线竣工通车，国道319全年完成邮电业务总量3.04亿元，比上年增长13.4%。年末本地固定电话用户10.1万户，下降8.2%；移动电话用户106.1万户，增长3.4%；互联网宽带用户10.41万户，增长18.2%。

社会事业全面推进。全县拥有高新技术企业和生产高新技术产品的企业94家，全年实现高新技术产值689.63亿元，比上年增长18.3%；实现增加值214.83亿元，增长13.8%，占地区生产总值的比重为23.6%。全年申请专利1141件，增长9.7%；其中发明专利309件，增长31.5%；授权专利868件，其中发明专利85件。成功申报国家、省、市各级科技项目220项，转化科技成果200项，被评为国家知识产权强县工程试点县。全县拥有国家高级技术产业化基地1个、国家级科技企业孵化器1个，博士后科研工作站2家、国家级工业设计中心1家、国家级企业技术中心2家、省级工程技术研究中心7家、省级企业技术中心14家、省级工业设计中心1家、市级工程技术研究中心15家。全县共有普通中小学320所，中职学校6所，特教学校1所。在校中小学生15.14万人，全县中小学教职工9293人，其中专任教师8532人。全县共有幼儿园218所，在园幼儿3.97万人，教职工1975人，其中专任教师956人。适龄儿童入学率100%，九年义务教育完成率100%，小学升学率100%。高考一本、二本上线5211人，居全省农村县市第一。获批“全国义务教育均衡县”。全县拥有广播电台1座，电视发射台和转播台1座，公共图书馆1座，藏书量21万册，档案馆1座，馆藏档案（资料）15.58万卷，《宁乡年鉴（2014）》如期出版。广播、电视综合人口覆盖率均达到98%，有线电视用户15万户。全县共有130支群众文艺团队，全年组织公益演出55场，公益电影放映4580场，捐赠图书1.6万册。共查处违法违规经营文化场所78家，收缴非法出版物1.5万册。成立宁乡县民间文艺家协会。举行首届“一镇一品·欢乐乡村”乡村民俗文化艺术展演活动和“幸福宁乡 欢乐楚沩”系列文化活动，活动分“幸福日子舞起来”“幸福生活动起来”“幸福宁乡记下来”“幸福文脉传下来”四个篇章。文物工作纳入乡镇绩效目标考核体系。完成全县可移动文物国有单位普查。有刘少奇故居、炭河里遗址、何叔衡故居、谢觉哉故居、张南轩墓5处国家级重点文物保护单位，50处省、市级重点文物保护单位，其他登记在录的不可移动文物1000余处，遍布全县33个乡镇。县馆藏文物丰盈，达到800余件（套），其中珍贵文物220件（套），是全省馆藏文物数量和级别文物最多的文物大县。炭河里青铜博物馆总投入1.7亿元，主体及景观配套工程竣工。全县共有体育场馆6座，400米田径场12个，乡镇门球场15个，拥有14个体育协会。积极承办中美篮球对抗赛、全国青年男子篮球联赛、2014“景仓杯”全国汽车场地越野锦标赛、长沙市第八届运动会老年人气排球比赛等高水平文体活动和比赛，参与人数逾50万人。在“欢乐潇湘——长沙篇·舞动星城 歌涌湘江”第二届全民广场舞大赛中获得2金1铜。全县全年共出生17222人，符合政策生育率85.3%。开展国家流动人口卫生计生服务流出地监测调查和“单独两孩”政策专题培训。获省人口计生工作先进单位。全县拥有医院、卫生院48个，其中县直医院卫生单位7个，乡镇卫生院33个，民营医院8个。全县医疗机构床位总数5054张。在编在岗卫生工作人员3647人。获批“全省公立医院改革试点县”。全年新增城镇就业1.19万人，新增农村劳动力转移1.24万人，失业人员再就业2713人，其中就业困难对象再就业1054人，零就业家庭动态就业援助100%；年末城镇登记失业率2.69%，同比下降0.36个百分点；培训失业人员1.21万人，其中开办创业班11期，培训人数316人。五险提质扩面，五大社会保险参保总人数36.65万人，比上年末增长4.8%；新增参保人数12.37万人，增长3.3%。城乡居民基本医疗保险和养老保险参保人数分别为120万人、78万人。宁乡县老年事业发展中心获得“全国敬老模范单位”。

全面推进依法治县。深入开展党风廉政建设和反腐败工作，全年全县共受理群众举报案件230件，立案查处违反党纪政纪案件185件，其中委局机关自办案件19件，移送司法机关8人。

困难和不足：经济总量不够大，产业结构不够优，可用财力不够多，体制机制不够活。（蔡水林）

宁乡县

中共宁乡县委员会

书　记　黎春秋
副书记　周　辉　邓杰平
常　委　黎春秋　周　辉
　邓杰平
　胡德强（2014.09免）
　刘　亮　汤智斌
　龚　畅
　张　武（2014.09任）
　谢圣彬
　刘莉霞（女，2014.02免）
　陈永高　刘　平
　吴文海
　王湘云（2014.02任）

县人大常委会

主　任　贺应辉
副主任　周泽祥　熊志扬
　闵志平　彭曦明（女）
　谢文军

县人民政府

县委副书记、县　长　周　辉
县委常委、常务副县长　刘　亮
县委常委、副县长　龚　畅
　吴文海（挂职）
副县长　钟利仁
　王湘云（2014.04免）
副县长　刘俊武　漆曙光
　冯智君
　彭　韬（2014.04任）

县政协委员会

主　席　喻亚军
副主席　喻立明　胡日新
　程万谋　李　纯（女）
　杨志武

【宁乡县排名全国百强县五十强】 11月1日，2014年第十四届全国“县域经济与县域基本竞争力百强县（市）”排名揭晓，宁乡县排名第五十位。2011年1月6日，宁乡县举行第十五届人民代表大会第五次会议，会议提出宁乡县在“十二五”发展期间实现“挺进全国五十强”的目标。是年，宁乡县排名第六十八位，2012年排名第六十一位，2013年排名第五十六位，此次排名第五十位，提前实现“进入全国五十强”的目标。2011—2014年，全县紧扣“率先转型”“走在前列”两个定位，坚持好中求快、“两型”（资源节约型、环境友好型）引领和创新驱动，以产业升级为主旋律，引领转型创新发展，坚持发挥比较优势与提升集群优势相结合，坚持改造传统产业与发展新兴产业相结合，坚持调整产业组织与优化产业链条相结合；以工业园区为主平台，承载转型创新发展，推动“三区五园”差异化定位、特色发展；以项目建设为主驱动，支撑转型创新发展；以招大引强为抓手，推动转型创新发展。2014年，全县实现地区生产总值（GDP）910.23亿元，比上年增长12.4%；其中第一产业增加值99.64亿元，第二产业增加值620.33亿元，第三产业增加值190.25亿元，分别增长5.2%、13.7%和11%；完成财政总收入55.68亿元，增长15.1%；完成固定资产投资713.52亿元，增长20.2%；实现社会消费品零售总额197.27亿元，增长14.4%。获评2014年全国县级文明城市提名资格。（蔡水林）

【宁乡3镇入选全国重点镇】 7月31日，住房和城乡建设部、国家发展改革委、财政部、国土资源部、农业部、民政部、科技部公布3675个全国重点镇名单，宁乡县花明楼镇、灰汤镇、双凫铺镇当选。花明楼镇位于宁乡县东南端，是国家原主席刘少奇的故乡。镇域总面积113.56平方千米，辖17个行政村、1个社区，总人口4.96万人。花明楼镇围绕建设“工业强镇、旅游大镇、文明新镇、华夏名镇”的目标，艰苦创业、奋力拼搏。先后获得“中国文明镇”“中国小城镇建设重点镇”“中国环境优美乡镇”、国家AAAAA级旅游景区、“湖南省最具发展潜力乡镇”“长沙市首届魅力乡镇”等多项荣誉。2014年，完成镇域生产总值22.56亿元，全社会固定资产投资13.49亿元，社会消费品零售额3.93亿元，城乡居民人均纯收入2.03万元，完成财政税收2554万元。灰汤镇位于宁乡县西南，总面积43.3平方千米，其中温泉区面积8平方千米，辖6个行政村，1个居委会，总人口24202人。域内有温泉，水温89℃，为全国四大高温复合泉之一，泉水富含钾、钙、钠、碳酸盐等27种微量元素和矿物质，有祛病疗伤之功效，誉为“神水”。灰汤为长沙城乡一体化建设示范镇。曾获湖南省最具民生幸福感乡镇、湖南省新农村建设明星单位和法制湖南谱写新篇章突出贡献单位。2014年，完成镇域生产总值9.31亿元，全社会固定资产投资21.7亿元，社会消费品零售额3.3亿元，农民人均纯收1.9万元，完成财政税收2911万元。双凫铺镇位于宁乡县中部，辖11个行政村，1个社区，镇域面积87.98平方千米，总人口4.04万人；2014年完成镇域生产总值24.1亿元，全社会固定资产投资10.81亿元，社会消费品零售额3.85亿元，农民人均纯收入1.9万元，完成财政税收2235万元。（蔡水林）

【2014“景仓杯”全国汽车场地越野锦标赛在宁乡举行】 11月26—28日，由国家体育总局汽车摩托车运动管理中心、湖南省体育局、宁乡县人民政府主办的2014“景仓杯”全国汽车场地越野锦标赛在宁乡县举行，72位赛车手经过预赛和半决赛，5个参赛组20位赛车手进入决赛。进入决赛的每位赛车手需进行两轮比赛。在近3千米的赛道上，赛车手需先后突破炮弹坑、跷跷板、穿桩路、左侧滑剪、V形沟、双边桥等16个仿自然障碍。最后，新秀组的杨帅、汽油改装组的潘碎周、柴油改

装组的孟斌、汽油组的鹿丙龙、柴油组的何伟获得小组赛的冠军。CCTV-5对决赛进行全程直播。（蔡水林）

【金洲西线全线贯通】 9月1日，金洲西线全线贯通。金洲西线东起宁乡大道，西抵益阳银城大道，全长5.4千米，宽度为115米（路幅65米，两侧背景林各25米），标准为城市主干道Ⅰ级，主车道为双向6车道，非机车道为双向4车道，全程改沥青路面，设计时速为80千米，总投资7.04亿元。该项目于2011年启动建设，共分五个标段进行，到2014年9月1日实现全线贯通，成功完成与益阳银城大道的对接。此路最大的特色就是在全省首次引进具有高技术含量的不停车超限快速检测系统，一旦发现超重就可以在前方指示牌提示其进入专业检测站进行检验。（蔡何赞）

【长韶娄高速全线通车】 高等级旅游公路。2003年10月，宁乡县正式立项长花灰韶旅游公路项目，2006年12月26日动工建设，此后，历经曲折，几度变更施工单位和设计方案，几度停工再重启，最终由省人民政府接管，重新论证、重新设计、重新确定线型走向，将高等级旅游公路变更为高速公路，并更名为长（长沙）韶（韶山）娄（娄底），利用长花灰韶旅游公路已建成的路基，于2011年8月正式动工建设。长韶娄高速公路全长139.151千米，总投资93亿元，向西延展至娄底，经长沙、湘潭、娄底三市的岳麓区、宁乡县、韶山市、湘乡市、娄星区、涟源市等6县（市、区），止于涟源龙塘镇。公路全程设3处服务区，同时拥有娄底北、双江和花明楼3条连接线。该高速公路在宁乡境内总长47千米，途经宁乡县道林、花明楼、东湖塘、偕乐桥、灰汤、大屯营6个乡镇，涉及20个行政村，分别在道林、花明楼、灰汤各建有一个下地互通。2014年12月29日，长韶娄高速公路全线所有收费系统全面启动，正式通车运行。该公路联系起国家高速公路京港澳复线、二广高速公路、长株潭环线、“3+5”城市群环线等多条高速公路。（蔡水林）

【溜子洲大桥竣工】 溜子洲大桥位于县城南部，沩江上游，横跨溜子洲，是二环路绕城线上连接沩江东、西两岸的重要城市桥梁，大桥横跨沩江河溜子洲，有23个桥墩，主桥720米，宽 30米，双向六车道，设计车速60千米每小时，大桥与沩江东西两岸沿江路的交通联系采用互通式立交方式，与溜子洲的交通联系采用匝道方式，项目于2012年9月3日开工，总投资2.2亿元。2014年3月31日溜子洲大桥主桥全线竣工。（蔡何赞）

【创建湖南省教育强县】 2009年2月，宁乡县正式启动创建省教育强县工作。从正式启动到创建成功，5年多时间，全县上下各级各部门全力支持配合创建工作。一是科学谋划教育发展全局。出台加快推进教育强县建设的《决定》《教育事业发展“十二五”规划》等文件，建立并落实教育工作领导责任制，对乡镇、街道、有关部门及其党政主要领导教育工作实行目标责任制，保障教育在经济社会全局中优先发展。把教育工作纳入县对乡镇绩效管理考核内容，并将考核结果作为单位评先评优、干部选拔任用的重要依据。出台学前教育改革和发展三年行动计划，大力发展公办幼儿园和普惠性民办幼儿园，每个乡镇都有1所以上公办中心幼儿园。投资2亿余元，打造以县职业中专为龙头的现代化县级职教中心。努力探索高中学校办学模式，初步形成示范高中、特色高中、综合高中多样化发展的格局。二是夯实教育发展基础。依法确保教育投入，“两个比例、三个增长”“七个政策性口子经费”“五个专项经费”等全部落实到位。在全省率先完成完小规模以上合格学校建设任务，提前三年实现规划建设目标。在合格学校建设中，新征土地120.6公顷，新建学校30所，改扩建117所，新建校舍 62.3万平方米；2013年投入1.2亿元用于学校内部装备，38所非完全小学创建为合格学校。投入700万余元建成教育城域网，实现学校宽带网络全覆盖；投入2246.18万元新装备班班通1515间，全县规模学校“班班通”比例达到88.57%；为263所学校新装高清电子监控设备，学校监控覆盖率100%。三是加快优化教育发展品质。科学修订中小学校和幼儿园建设用地布局规划，建设配套学校，保障每一位孩子受教育的权利。2011—2014年，在城区高标准建设9所中小学校，新增学位2万余个。通过“捆绑发展”等多种措施，推动优质教育资源拓展，带动区域内办学水平整体提升。快速补充师资，优化教师队伍，针对教师年龄老化、农村学校专业教师缺乏等问题，制定五年招聘1700名中小学教师的引进计划。建立教师培训长效机制，教师知识和理念不断更新。四是全面提升教育发展活力。创新教育监管体制机制，加强教育督导室和督学责任区建设。成立8个督学责任区，聘任25名专职督学，每年安排专项工作经费；定期发布教育督导通报，作为乡镇和部门工作绩效考核的重要依据。深化课程改革实验，开展“高效课堂推进年”“养成教育”等活动，全面推进高效课堂教学和育人模式创新。2014年7月，宁乡县被认定为湖南省第一批教育强县（市、区）。（蔡水林）

【青山桥镇集镇管理示范镇经验在全市推介】 2014年，青山桥镇围绕示范城镇创建要求，着力改善集镇面貌，为商业新街全线栽种桂花树，为老街栽种红叶石楠，为楚江河道两侧建设1千米绿色走廊，对集镇道路安装太阳能路灯，同时，对楚江河集镇段的“三桥一坝”进行亮化，美化集镇面貌，为集镇居民晚上出行、休闲散步提供舒适的环境；全面启动老集镇立面改造工程，对外墙立面统一风格、统一修缮装饰；对集镇道路进行沥青路面的提质改造，增设人行道，路面增加标识标线，划分停车位；建设污水处理厂，对集镇区域内的排水系统进行彻底修建；有效改善人居环境；加强设施配套，建设青山桥镇综合文化站和群众文化广场。针对集镇环境卫生、店外经营、交通秩序、违章建筑、广告招牌等重点难点，镇政府全年组织15次专项整治行动。12月26日，长沙市集镇管理示范乡镇创建工作现场观摩会在宁乡县青山桥镇举行，副市长姚英杰对青山桥镇的创建工作给予充分肯定。（蔡水林）

【历经铺乡获评“国家级生态乡镇”】 2014年，历经铺乡以城乡环境综合治理为有效抓手，全力提升乡域整体形象，环境卫生综合整治工作扎实开展。针对辖区范围内重点区域联合各个职能部门开展了多次集中整治行动，围绕环境脏、乱、差现象严重的突出部位，对症施治，消灭死角。全年新建垃圾池100余个，免费发放分类垃圾桶8500个，聘请保洁员105人，清运员8人，共发放垃圾分类宣传资料1.7万份，乡村两级共投入293万元。在全乡居民中开展院落环境卫生“最清洁、清洁、不清洁”评比，督促居民自觉形成环境卫生意识；11月，在全乡开展“环境卫生集中整治月”活动，先后投入80万余元，对宁韶线、国道319及工贸街广告招牌进行统一更换，更换面积4000余平方米，同时对国道319及省道208沿线的垃圾池进行全部拆除，并对沿线居民户发放100升垃圾桶315个，新建绿化24处，共计1.1万平方米，维护基础设施（安路灯、补路、挖水沟、门窗修复等）110处，整治店外经营260余户，城乡面貌焕然一新。2014年获评“国家级生态乡镇”。（蔡水林）

【宁乡县老年事业发展中心获评“全国敬老模范单位”】 宁乡县老年事业发展中心成立于2004年6月，该中心广泛开展慰问老人活动，年内共慰问特困老人3548人次，送去慰问金和物资177.4万元；春节期间，组织舞龙、舞狮、花鼓表演队伍到夏铎铺、双江口、县光荣院等地敬老院和特困危改户进行慰问表演，并送去爱心款物；连续几年在欢庆《老年节》暨“九九重阳大戏台”庆典上，对全县的百岁老人代表进行慰问。县委、县政府为县老年事业发展中心配备按摩室、理发室、棋牌室等活动场所，免费供老年人使用，并组织两届老年人棋牌大赛。每年请专家举行老年健康讲座50余场次，听众2.1万余人次。组织开展送文艺下乡进社区活动，每年义演数十场次，受到广泛欢迎。同时，积极组队参与上级开展的竞赛活动，如民族器乐《沸腾的宁乡》获中央电视台优秀节目奖，在2013年中国（长沙）老年产业博览会暨第三届老年文化艺术节上获3银2铜的好成绩。在维护老年人合法权益上，该中心举办《中华人民共和国老年人权益保障法》宣传日活动，现场发放资料4000份；翻印《中华人民共和国老年人权益保障法》5万册，免费发放到全县各单位和城乡村民家庭。从2014年3月起，通过县、市、省推荐报名，经初审初评、公众评选、专家评选、组织评定等环节，宁乡县老年事业发展中心获评“全国敬老模范单位”。在北京举行的第六届全国敬老爱老助老主题教育活动表彰大会上，宁乡县老年事业发展中心受到表彰。（蔡水林）

【楚天科技获省科技进步一等奖】 楚天科技与中南大学在国家重点新产品计划、国家火炬计划等国家项目的支持下，历时4年，于2006年成功研制首创“防污染无菌隔离高速针剂生产联动整体技术与装备”。该装备通过伺服驱动控制技术、超声波清洗技术、热风循环灭菌等技术，解决了产品破损率高、自动化程度低、交差污染多、合格率低、稳定性弱等问题。该装备研制成功后，不断革新升级，已申请获得专利技术166项。该装备属于制药装备行业的高技术装备，主要用于制药企业对化学药物制剂、中药制剂等水剂类注射剂生产。截至2014年底，该装备共销售1400余台（套），国内市场占有率60%，实现销售额23.24亿元，出口创汇3亿元，上缴税收2.1亿元。该产品的成功研制，打破了国外先进技术的垄断，大幅替代了进口产品，为国内制药企业节省了大量资金。据统计，楚天科技所生产的这一装备售价为120万～300万元，而国外同类装备售价为1200万～2000万元。该技术装备的替代，已为国内制药企业节约投资近90亿元，创造了良好的经济效益和社会效益，获2014年湖南省科技进步一等奖。（蔡何赞）

【10家企业获“湖南名牌”称号】 12月10日，宁乡县圣得西、忘不了、涌金铝业、海大铝材、龙丰铝业、爽洁纸尿裤、双华纸业、亮之星、卫红、万众香10家企业获2014年“湖南名牌”称号。至此，全县已有27家企业产品获“湖南名牌”称号，居全省县级第一方阵。“湖南名牌”评定以市场评价、质量评价、效益评价和发展评价为主要内容，“湖南名牌”产品在有效期内，免于各级政府部门的质量监督检验。对符合出口免检有关规定的，依法优先予以免检。2014年，宁乡县将品牌培育战略作为提升区域质量整体水平的基础工程和重要抓手，通过组建质量专家团队上门指导、定期举办卓越绩效高级研修班、经济奖励等方式，指导企业走“质量强企”之路，形成全县名牌氛围，并按照转型创新发展的要求，切实转变作风，致力打造“三个质检”（法治质检、科技质检、和谐质检），建设好“三个平台”（检验检测平台、电梯应急救援平台、标准服务平台），持续推进名牌战略和标准化战略。（蔡何赞）

人 物

责任编辑：尚 畅

全国"五一"劳动奖章获得者

【黄雄姿】 1957年5月出生，中共党员，大专文化，长沙市人民政府副秘书长、办公厅副主任。负责办公厅的日常工作，协助市政府领导分管发展改革、"两型社会"建设政务信息等工作。他忠于职守、兢兢业业、甘于奉献，为全市经济社会发展做出应有的贡献。他政治素质高，思想作风过硬。有强烈的革命事业心；创新进取精神强，政策水平高；善于团结同志；主动地为领导当好参谋助手；处事公道正派，在群众中享有较高的威信。他服务意识浓，甘做人民公仆。他坚持倾听群众呼声，积极协调解决涉及人民群众切身利益问题，积极组织调研，努力解决人民群众"看病难、看病贵"问题；他关爱弱势困难群体，组织研究解决企业到龄职工不能退休等具体困难，6万余人得到实惠。他奉献拼搏精神足，工作实绩突出。他善于协调处理复杂问题和矛盾，主持召开协调会等300余次，参与协调处理了全市国有企业改革、企业军转干部上访等问题。他分管的政务信息和政府网站建设工作名列全国省会城市第一，网站的"市长信箱"和"公共服务"栏目被评为政府网站精品栏目。他严于律己，坚持廉洁奉公。他坚持按原则规定办事，坚持清正廉洁，工作合作精神好，坚持团结干事。2014年获"全国五一劳动奖章"。

（周 婷）

【刘珏】 女，1980年6月出生，中共党员，大专学历，长沙通程控股股份有限公司百货事业部会员主管。她加入公司不久就参加了公司的年度收银技能考核，勤练点钞、捆钞、条码录入、收银等基本功，勤钻银行卡知识，在第二届全国商业服务业银行卡知识技能竞赛中获得一等奖。在她的带领下"刘珏收银示范岗"正式成立，从示范岗中培养出了一批优秀收银员，为社会其他单位培训收银员5000余人次。作为公司的内部培训导师，她从来不吝啬将自己的专业知识、技能分享给同事，在她的带动指导下，至2013年底公司已有4家门店设立"收银示范岗"，示范岗收银近10亿元，多项特色服务受到广大消费者的好评。走上会员主管岗位后，她着手完善会员管理与开发制度，会员数量每年均新增30%，她的真诚与勤劳，赢得广大会员和员工的一致好评。曾被评为"全国商业服务业技术能手""全国商业服务品牌劳动模范"，2012年记湖南省二等功，2013年获"湖南省五一劳动奖章"。2014年获"全国五一劳动奖章"。

（周 婷）

【姜鹏鹏】 女，1989年9月出生，中共党员，大专文化，长沙神农大酒店餐饮部楼面主管。她始终保持勤奋敬业的工作作风，努力为宾客提供满意的服务。在酒店工作期间，参加过多次重要接待，2010年被酒店派往张家界参加首届中国旅游文化节接待活动，得到一致好评；2012年被湖南省旅游局选派前往张家界接待国家领导人，以优异的表现获得领导赞许。2011年，代表长沙市参加湖南省旅游饭店服务技能大赛获得第一名；2012年，参加长沙市商务局主办的"百万市民票选服务明星"获得"金牌服务明星"称号；2013年，参加长沙市第七届旅游行业职工职业技能竞赛，获得中餐宴会摆台第一名，参加湖南省旅游行业岗位明星评选活动获评"餐厅服务员岗位明星"。在平凡的工作岗位中，她一直以积极认真的态度对待每一件事，积极参加单位组织的各项公益活动，工作勤勤恳恳，任劳任怨，对待同事亲切友善，对待客人积极主动。自从事酒店工作四年以来，一直在酒店一线服务的工作岗位，收到客人书面表扬信86封，年年被评选为酒店优秀员工。2014年获"全国五一劳动奖章"。

（周 婷）

【罗文智】 1978年11月出生，中共党员，本科学历，广汽菲亚特汽车有限公司整车制造部焊装科科长。他参与了焊装车间的设计和建设，在焊装车间建设、生产线调试期间，他兢兢业业，每天在现场检查工装设备的状态、夹具的动作。他锐意创新，指导团队以边安装、调试设备、边在线加工的方式，一个月时间完成首台车的在线试制，创造菲亚特汽车一百余年历史上的新记录，让整个汽车行业对广菲速度刮目相看。从车间布局到工艺规划，从产品设计到产品工艺的确定，他全程参与指导，提出的优化方案降低投资成本5850万元。在他的努力下，焊装车间从一片荒芜建设成为集世界顶尖工艺设备全线联动的车间。他积极组织骨干力量，开展各项技术攻关。公司成立以他为核心的劳模创新工作室，该工作室获得广汽集团的挂牌认证。他和工作室成员完成了现场生产、设备、工艺等多个领域的课题，将创新成果直接转化为生产力，为公司节约资金200万余元，该创新工作室成为催生创新成果、进行技术改造、提高生产效率的基地。他曾被评为长沙经济技术开发区劳动模范，2014年获“全国五一劳动奖章”。（周　婷）

全国“三八”红旗手

【吴晓红】　女，1971年5月出生，高中文化，中共党员，湖南龙骧巴士有限责任公司八车队7路线驾驶员。自1993年进入长沙公交以来，她凭借对公交事业的执着追求，对广大乘客的无限热爱，在十米车厢里创造了不平凡的业绩，是公司女员工的楷模。20年来，她安全行驶80.52万公里，从未发生过任何大小安全事故以及服务纠纷。她把安全驾驶、遵章行车、爱车护车铭刻在心；她视乘客为亲人，急乘客所急，在车厢里经常扶老携幼，劝导乘客让座，协助民警维护车厢治安；她坚持使用文明礼貌用语，坚持使用电子和人工口头报站相结合，坚持做到车辆干净卫生，赢得了大家的好评。先后被评为公司“劳动模范”“优秀共产党员”“优秀驾驶员”“安全标兵”“文明创建标兵”；2009年，她所在的线路被评为省“工人先锋号”先进集体；2009年，她所在的线路被评为省“工人先锋号”先进集体。2010年3月8日，被长沙市妇女联合会评为市“三八红旗手”；2012年1月，获长沙市“十佳拥警模范市民”；2012年4月，被评为“长沙市文明市民标兵”；2013年被评为湖南省“三八红旗手”；2014年3月，长沙市妇女联合会评为市“十大最美女性人物”。2014年获评“全国三八红旗手”。

（杨凯龙）

全国优秀共青团员

【陈盼盼】　女，1988年出生，2010年就职于长沙市小杜鹃艺术团，担任舞蹈班、儿童音乐剧班舞蹈教学及演员班节目排练工作。2011年赴西安参加国际文化艺术节；2012年赴马来西亚参加公益慈善募捐义演活动；2012、2013年参加长沙市友谊阿波罗童星大奖赛，编排舞蹈《一双小小手》《鼠你快乐》均获得一等奖；2014年赴美国洛杉矶参加好莱坞国际青少年音乐艺术大赛，表演舞蹈《山南笠影》获得舞蹈青年组二等奖；多次带领小演员参加湖南卫视元宵喜乐会、湖南卫视学雷锋大型晚会等省市演出活动。2014年获评“全国优秀共青团员”。

（李　平）

表57　　2014年“中国好人榜”长沙地区获奖人物

姓名	事迹	入选时间	所属类别
彭水林	轮椅上守望完美诚信“半截人便利店”诚信立店童叟无欺	2014年11月	诚实守信
张建明	贴百万元助残疾人学车 扶残助弱成企业文化	2014年9月	敬业奉献
常振伟	行善43年如一日，罹癌仍念做善事	2014年4月	助人为乐
杨庆林	低保英雄救火英勇献身	2014年2月	见义勇为
卢瑞雄	余热竭尽方不悔	2014年6月	助人为乐
余文觉	环卫工拾金不昧 捡内有价值50万余元东西的挎包还失主	2014年12月	诚实守信
袁　灿	长沙最大社区的“小巷总理”放弃企业高薪为10万居民服务	2014年10月	敬业奉献
傅学俭	公者千古 私者一时	2014年3月	敬业奉献
卢松柏	面对歹徒砍刀他挺身而出	2014年1月	见义勇为
彭德良	奋不顾身勇救三名落水儿童	2014年7月	见义勇为
胡桂香	找好事做已成习惯	2014年1月	助人为乐
阿迪力	“切糕王子”奔波40小时给鲁甸灾区送去万斤切糕	2014年12月	助人为乐
喻达武	外来女婿胜似儿	2014年5月	孝老爱亲
程文翔	拾金不昧好司机 诚信品质“金”不换	2014年9月	诚实守信

（表格由长沙市文明办提供）

表58

长沙幸存抗战将士名录

序号	姓名	序号	姓名	序号	姓名	序号	姓名
1	韩德明	42	刘胜其	83	纪炎林	124	万付全
2	何汉忠	43	王楚书	84	李金华	125	邓佑元
3	黄卓然	44	张谷初	85	袁安民	126	何月祥
4	康焕湘	45	王琦霞	86	周树安	127	银伏楼
5	林协顺	46	喻毓华	87	李兴堂	128	张自清
6	杨长林	47	黎桂春	88	张禄绥	129	胡礼义
7	张默坚	48	廖湘亮	89	刘志虞	130	卢瑞生
8	邓横波	49	廖湘术	90	周海云	131	李菊先
9	胡中祥	50	何业鸿	91	陈先役	132	柳元青
10	文淑仙	51	廖文湘	92	谭国山	133	曾镇国
11	周敏文	52	陈枚奎	93	肖幼龙	134	肖若霖
12	郭培金	53	徐斌祥	94	蔡荣江	135	邹延寿
13	易庆明	54	梁轶伟	95	徐名魁	136	刘先恺
14	陈卓群	55	罗华松	96	叶菊明	137	金世远
15	李宗黄	56	潘振坤	97	廖大炎	138	龙焕新
16	刘吉星	57	肖维翰	98	粟翼航	139	陈德兴
17	刘俊明	58	孙志明	99	王迪辉	140	王在梅
18	唐曦	59	谢定安	100	吴文献	141	黄德明
19	王聿新	60	李淑芳	101	吴介凡	142	盛振武
20	周海清	61	李克强	102	林重达	143	古银山
21	谭昆山	62	朱继章	103	肖建中	144	梁承彦
22	谢礼谦	63	佘钟明	104	陈志中	145	郭炎华
23	舒和仁	64	饶双福	105	王　福	146	周树桂
24	张家仁	65	易唯诚	106	陈　奇	147	刘青云
25	朱洪斌	66	戴全云	107	高汉洲	148	任江浦
26	林云德	67	郑一宽	108	潘善美	149	郭志高
27	罗科桃	68	陈永兴	109	王正相	150	黄导平
28	盛金云	69	黄海泉	110	陈少明	151	唐尧风
29	王金柱	70	胡宗煊	111	周绍耿	152	易兰生
30	郑慧庄	71	杜撰	112	王子基	153	张宜方
31	郭汝君	72	曾绍信	113	罗昭尤	154	钟华初
32	何孟恭	73	徐庆云	114	陈香岑	155	周开兴
33	王力新	74	刘津	115	谭子成	156	罗传兴
34	邹庆凡	75	陈靖中	116	黎霞林	157	肖伏知
35	何振求	76	吴淞	117	钟诗田	158	王胜泉
36	黄立均	77	周淮溪	118	邓杏生	159	周连桂
37	刘庆云	78	陈忠民	119	钟恒寿	160	唐伯勋
38	刘跃坤	79	欧阳全	120	黄术林	161	张镇国
39	张继洲	80	房可吉	121	刘光德	162	高正文
40	黄定明	81	贺芝华	122	刘光尧		
41	肖在衡	82	黄新民	123	邹长清		

（表格资料由长沙市民政局，市慈善会提供）

（统计时间截至2015年6月）

统计资料

责任编辑：陈晓红

表 59 长沙市行政区划变动情况

	单位	1950 年	1978 年	1985 年	1990 年	1995 年	2000 年	2005 年	2010 年	2013 年	2014 年
一、行政区划											
市辖区数	个	5	5	5	5	5	5	5	5	6	6
市辖县（市）数	个	…	2	4	4	4	4	4	4	3	3
镇数	个	…	7	16	21	70	75	79	85	79	80
县辖区数	个	…	16	39	39	…	…	…	…	…	…
街道办事处	个	6	39	32	35	50	50	55	59	94	94
居民委员会数	个	59	329	459	535	701	763	569	590	714	715
乡数	个	18	84	217	210	51	46	37	26	15	14
村民委员会数	个	11	1096	2996	2987	3121	3111	1281	1226	1169	1169
二、土地面积	平方千米	112.00	3995.00	11818.00	11818.00	11819.50	11819.50	11819.50	11815.96	11815.96	11815.96
# 市区	平方千米	112.00	352.00	352.00	367.00	556.33	556.33	556.33	958.80	1909.86	1909.86
# 建成区	平方千米	6.70	53.04	57.18	101.00	115.00	118.82	167.70	272.39	325.51	336.25
三、户籍总人口	万人	314.52	458.23	504.22	550.05	562.82	583.19	620.92	650.12	662.81	671.41
# 市区	万人	41.36	94.83	115.72	132.68	145.45	175.41	208.65	239.53	299.25	303.51

注：从 2011 年起，市区包括望城区，后同

表 60 长沙市国民经济和社会发展主要指标

	单位	1978 年	1985 年	1995 年	2000 年	2005 年	2010 年	2013 年	2014 年	1978 年 ~2014 年平均递增 (%)	2000 年 ~2014 年平均递增 (%)	2010 年 ~2014 年平均递增 (%)	2014 年比 2013 年 (±%)
土地面积	平方千米	3995.0	11818.0	11819.5	11819.5	11819.5	11816.0	11816.0	11816.0	3.1	持平	持平	持平
年末总人数	万人	458.23	504.22	562.82	583.19	620.92	650.12	662.81	671.41	1.1	1.0	0.8	1.3
市区人口	万人	94.83	115.72	145.45	175.41	208.65	239.53	299.25	303.51	3.3	4.0	6.1	1.4
县（市）人口	万人	363.40	388.50	417.37	407.78	412.27	410.59	363.56	367.90	0.0	−0.7	−2.7	1.2
从业人员	万人	209.61	257.97	348.11	358.80	358.92	424.07	456.63	460.47	2.2	1.8	2.1	0.8
# 农村劳动力	万人	153.22	183.47	226.22	206.70	193.29	181.11	175.99	—	—	—	—	—
# 职工人数	万人	56.40	74.50	91.40	85.00	76.34	107.60	122.11	123.85	2.2	2.7	2.9	1.4
地区生产总值	亿元	16.84	45.08	332.75	715.34	1783.48	4547.06	7153.13	7824.81	13.1	14.3	12.5	10.5
第一产业	亿元	5.61	12.09	45.58	74.11	113.98	202.01	294.55	311.90	5.1	4.7	3.8	4.4
第二产业	亿元	7.44	19.73	140.34	278.19	785.65	2437.03	3946.97	4241.25	14.9	16.8	14.1	11.4

续表 60

长沙市国民经济和社会发展主要指标

	单位	1978 年	1985 年	1995 年	2000 年	2005 年	2010 年	2013 年	2014 年	1978 年 ~2014 年平均递增 (%)	2000 年 ~2014 年平均递增 (%)	2010 年 ~2014 年平均递增 (%)	2014 年比 2013 年 (±%)
#工业	亿元	6.37	15.58	106.57	223.18	581.96	2020.68	3352.34	3574.93	15.0	17.4	15.1	11.4
第三产业	亿元	3.79	13.26	146.83	363.04	883.85	1908.02	2911.61	3271.66	14.6	13.7	11.1	9.7
人均地区生产总值	元	370	900	5930	11699	28131	66443	99570	107683	11.8	13.1	10.7	9.2
固定资产投资总额	亿元	2.41	12.57	104.95	202.32	881.42	3192.57	4593.39	5435.75	23.9	28.8	21.2	18.3
#更新改造	亿元	0.09	3.48	23.62	31.87	123.87	753.14	1635.62	1816.57	38.7	35.2	27.4	11.1
公共财政预算收入	亿元	4.23	6.57	17.99	34.45	108.06	314.28	536.63	632.80	…	24.5	19.1	17.9
公共财政预算支出	亿元	1.67	2.79	21.60	41.43	133.05	403.33	701.82	802.38	…	23.6	18.8	14.3
耕地面积	千公顷	255.91	250.05	245.77	242.32	246.90	276.79	274.15	273.36	0.2	0.9	-0.3	-0.3
农林牧渔业总产值（现价）	亿元	9.77	16.58	86.84	116.79	187.13	323.64	454.62	490.59	5.1	5.3	3.9	4.5
#农业	亿元	7.56	9.99	42.66	62.80	92.64	173.59	251.85	284.91	4.1	4.8	5.6	6.9
农业机械总动力	万千瓦	33.62	81.86	153.67	241.00	330.65	486.74	562.28	576.00	8.2	6.4	4.3	2.5
粮食产量	万吨	189.81	244.92	244.80	262.33	262.28	236.36	244.23	248.52	0.8	-0.4	1.3	1.8
棉花产量	吨	3205	1195	797	993	1000	1185	1004	577	-4.7	-3.8	-16.5	-42.5
油料产量	吨	12055	8160	25677	26263	30833	77280	85902	91838	5.8	9.4	4.4	6.9
猪牛羊肉产量	吨	95856	156867	366689	427874	575605	594503	628907	629529	5.4	2.8	1.4	0.1
水产品产量	吨	7755	23265	61664	85191	104201	106571	119349	122494	8.0	2.6	3.5	2.6
建筑业总产值（现价）	亿元	1.45	6.66	52.31	123.38	579.36	1740.17	2763.71	3193.87	30.1	28.5	16.6	17.0
社会消费品零售总额	亿元	7.72	24.39	165.80	349.30	748.57	1825.79	2917.90	3293.55	18.3	17.4	15.9	12.9
普通高校在校学生数	人	18895	37182	64866	125582	394399	508254	573447	547514	9.8	11.1	1.9	3.2
普通中学在校学生数	万人	33.11	22.20	28.41	38.42	34.52	30.74	35.71	36.47	0.3	-0.4	4.4	2.1
小学在校学生数	万人	68.01	61.63	62.37	46.65	33.87	41.35	45.79	48.13	-1.0	0.2	3.9	5.1
医院卫生院数	个	248	291	205	263	260	255	279	276	0.3	0.3	2.0	-1.1
执业医师和执业助理医师数	人	7247	10187	12107	12345	12088	18258	22936	24340	3.4	5.0	7.5	6.1
医疗病床数	个	12976	13743	21378	20590	27395	42629	57919	63606	4.5	8.4	10.5	9.8
城市居民人均可支配收入	元	327	838	4860	7530	12434	23347	33662	36826	…	…	…	9.4
农村居民人均可支配收入	元	127	415	1710	2941	4735	10640	19713	21723	15.4	15.4	19.5	10.2

注：1. 根据国家抽样调查情况，全省统一对 2010 年粮食产量数据进行了调整。
2. 从 2012 年起，原一般预算收入和一般预算支出改名为公共财政预算收入和公共财政预算支出。2013 年公共财政预算收入同口径增长 23.8%。
3. 因统计方法制度改革，从 2013 年起取消农民人均纯收入统计指标，城市居民人均可支配收入调整为城镇统计口径，2012 年以前为城市统计口径，与往年数据不具可比性。
4. 根据第三次全国经济普查结果对 2009—2014 年社会消费品零售总额数据进行了调整。

表 61

长沙市地区生产总值

单位：万元

	地区生产总值		第一产业		第二产业		第三产业	
	2014 年	2014 年比 2013 年 (±%)	2014 年	2014 年比 2013 年 (±%)	2014 年	2014 年比 2013 年 (±%)	2014 年	2014 年比 2013 年 (±%)
全市	78248074	10.5	3118995	4.4	42412490	11.4	32716589	9.7
市区	49182755	10.0	583194	-0.7	21685216	9.6	26914345	10.4
#望城区	4697660	12.4	350217	5.6	3416973	13.1	930470	12.2
县区	30236356	11.9	2535803	5.6	21201983	12.7	6498570	11.8
长沙县	11005780	11.0	700697	6.0	7812069	10.9	2493014	13.1
浏阳市	10128321	12.6	838694	5.5	7186604	13.8	2103023	11.0
宁乡县	9102255	12.4	996412	5.2	6203310	13.7	1902533	11.0

表 62

2014 年长沙市人口自然变动情况

	年末总户数（户）	年末总人口（人）	全年出生人数（人）	全年死亡人数（人）	年出生率（‰）	年死亡率（‰）	年自然增长率（‰）
总计	2178314	6714121	101938	35379	15.28	5.30	9.98
市区	1044723	3035103	42139	13720	13.98	4.55	9.43
芙蓉区	135517	403948	4825	1386	11.91	3.42	8.49
天心区	146993	397329	4495	1814	11.38	4.59	6.79
岳麓区	217491	644834	9970	2549	15.97	4.13	11.84
开福区	175474	452168	5988	1969	13.40	4.41	8.99
雨花区	193987	576257	7242	1917	12.69	3.36	9.33
望城区	175261	560567	9619	4085	16.89	7.34	9.55
县（市）	1133591	3679018	59799	21659	16.35	5.92	10.43
长沙县	260686	832244	13391	5565	16.22	6.74	9.48
浏阳市	419377	1453246	25909	8682	17.91	6.00	11.91
宁乡县	453528	1393528	20499	7412	14.80	5.35	9.45

表 63

长沙市年末分行业单位从业人数

单位：人

	1978 年	1985 年	1990 年	1995 年	2000 年	2005 年	2010 年	2013 年	2014 年	2014 年比 2013 年（±%）
总　计	563950	744994	845916	914026	684907	729738	1105562	1303449	1317973	1.1
# 国有经济	367858	513354	605100	677857	535949	360468	414172	365149	340813	-6.7
集体经济	196092	231623	237748	207917	88107	47315	48184	30699	25989	-15.3
按行业分										
（一）农、林、牧、渔业						3004	505	1215	923	-24.0
（二）采矿业						11610	9954	12320	4888	-60.3
（三）制造业						168420	305091	380497	390304	2.6
（四）电力、热力、燃气及水生产和供应业						7573	16147	7337	7625	3.9
（五）建筑业						122285	169912	216336	229696	6.2
（六）批发和零售业						45294	66543	83358	77914	-6.5
（七）交通运输、仓储和邮政业						30442	28120	51839	52197	0.7
（八）住宿和餐饮业						31889	44017	45343	37750	-16.7
（九）信息传输、软件和信息技术服务业						10518	16945	20563	22423	9.0
（十）金融业						23398	53141	57489	61369	6.7
（十一）房地产业						23064	41564	46233	48769	5.5
（十二）租赁和商务服务业						16334	21333	26417	26797	1.4
（十三）科学研究和技术服务业						24270	38114	52648	54178	2.9
（十四）水利、环境和公共设施管理业						7530	17171	13646	12148	-11.0
（十五）居民服务、修理和其他服务业						2417	5205	7651	4905	-35.9
（十六）教育						83364	109835	111200	115959	4.3
（十七）卫生和社会工作						34838	57216	63783	65900	3.3
（十八）文化、体育和娱乐业						15737	19224	23154	23490	1.5
（十九）公共管理、社会保障和社会组织						67751	85525	82420	80738	-2.0
（二十）国际组织						—	—	—	—	—

注：从 2003 年起开始启用国民经济行业新分类标准，2002 年及以前年份无同口径数据

表 64 2014 年长沙市规模以上工业增加值

	企业单位数（个）	工业增加值（万元）	2014 年比 2013 年（±%）
规模以上工业企业	2593	30420534	12.0
在总计中：芙蓉区	109	987823	11.5
天心区	122	1201010	7.5
岳麓区	174	2950754	7.1
开福区	101	501324	7.3
雨花区	104	7708243	9.4
望城区	251	2221775	15.0
长沙县	320	5233379	11.0
浏阳市	822	5219182	16.7
宁乡县	590	4397044	15.2
按经济类型分：国有企业	25	7221904	8.8
集体企业	34	163233	-10.0
股份合作企业	8	57672	22.8
股份制企业	2001	18974671	12.3
外商及港澳台投资企业	150	2711144	21.5
其它企业	375	1291910	10.5
按轻重工业分：轻工业	1215	12913097	11.1
重工业	1378	17507437	12.7
在总计中：国有及国有控股企业	109	10346210	3.8
大中型企业	352	20839362	11.2

表 65 2014 年长沙市规模以上分行业工业增加值

	企业单位数（个）	工业增加值（万元）
规模以上工业企业合计	2593	30420534
按工业行业中类分组		
（一）采矿业	71	270101
1. 煤炭开采和洗选业	18	38630
2. 黑色金属矿采选业	8	31436
3. 有色金属矿采选业	6	27211
4. 非金属矿采选业	39	172824
（二）制造业	2485	29538321
1. 农副食品加工业	156	778328
2. 食品制造业	71	461001
3. 酒、饮料和精制茶制造业	55	355526
4. 烟草制品业	2	6757546
5. 纺织业	24	163185
6. 纺织服装、服饰业	23	125087
7. 皮革、毛皮、羽毛及其制品和制鞋业	12	67722
8. 木材加工和木、竹、藤、棕、草制品业	29	105940
9. 家具制造业	32	159256

续表 65　2014 年长沙市规模以上分行业工业增加值

	企业单位数（个）	工业增加值（万元）
10. 造纸和纸制品业	71	265312
11. 印刷和记录媒介复制业	80	440531
12. 文教、工美、体育和娱乐用品制造业	25	97350
13. 石油加工、炼焦和核燃料加工业	7	31519
14. 化学原料和化学制品制造业	532	2420018
15. 医药制造业	81	951184
16. 橡胶和塑料制品业	85	362132
17. 非金属矿物制品业	238	1437003
18. 黑色金属冶炼和压延加工业	44	206129
19. 有色金属冶炼和压延加工业	62	1678938
20. 金属制品业	89	593158
21. 通用设备制造业	218	1478793
22. 专用设备制造业	174	4942376
23. 汽车制造业	113	1541339
24. 铁路、船舶、航空航天和其他运输设备制造业	20	301748
25. 电气机械和器材制造业	120	847222
26. 计算机、通信和其他电子设备制造业	70	2584174
27. 仪器仪表制造业	32	261807
28. 其他制造业	10	37331
29. 废弃资源综合利用业	8	71198
30. 金属制品、机械和设备修理业	2	15470
（三）电力、燃气及水的生产和供应业	37	612112
1. 电力、热力生产和供应业	11	433719
2. 燃气生产和供应业	11	98859
3. 水的生产和供应业	15	79533

表 66　长沙市主要工业产品产量

	单位	1978 年	1985 年	1990 年	1995 年	2000 年	2005 年	2010 年	2013 年	2014 年	2014 年比 2013 年（±%）
原煤	万吨	196	178	240	354	173	297	420	285	135	-52.7
发电量	万千瓦小时	11551	12214	14581	21505	6036	33702	584611	630810	569419	-9.7
饮料酒	万吨	0.68	2.47	2.54	6.53	6.05	16.79	34.07	13.01	8.24	6.2
卷烟	万箱	11.31	17.00	36.10	71.63	87.13	126.27	350.55	372.42	348.77	-0.1
纱	吨		10314	12238	11970	17115	18899	36443	76169	88292	15.9
棉布	万米	3185	4885	5688	5367	63.57	225.00	326.16	286.00	81.00	-71.7
印染布	万米	1930	2922	2507	2561	2749	2259	2908.0	—	—	—
服装	万件				1539	1315	1886	3706	4249	3314	-22.0
皮鞋	万双	145	306	548	1443	338	496	892	—	—	—
人造板	立方米		2444	20526	61003	102149	47358	25892	—	—	—
机制纸及纸板	万吨	1.88	4.33	6.13	13.02	3.09	14.38	21.36	27.22	24.71	-18.4
硫酸	万吨	5.52	3.91	7.61	12.58	10.92	3.61	—	—	—	—
涂料	吨	5667	12377	13586	19548	20214	49155	139323	325305	433564	33.3

续表 66　长沙市主要工业产品产量

	单位	1978 年	1985 年	1990 年	1995 年	2000 年	2005 年	2010 年	2013 年	2014 年	2014 年比 2013 年（±%）
肥皂	吨	10356	23511	21593	20866	7912	8697	—	—	—	—
合成洗涤剂	吨	8087	15646	26411	44432	71323	94069	130297	194826	205903	5.7
牙膏	万支	3313	5746	6071	3510	2300	836	—	—	—	—
水泥	万吨	22.31	54.27	89.32	248.00	313.81	537.37	1462	1423	1435	0.4
钢材	吨	16062	28420	55428	19849	18449	19443	94218	148284	199230	30.8
金属切削机床	台	2486	4723	1332	1460	858	1246	2963	1800	1773	-1.5
泵	万台	0.48	0.90	1.15	1.72	0.42	0.74	0.76	2.74	3.77	21.9
风机	万台	0.32	1.14	0.94	1.22	0.22	0.59	0.49	2.59	13.67	46.7
汽车	辆	502	3402	1103	2076	1377	61823	100388	257899	282697	9.6
交流电动机	万千瓦	31.0	50.8	59.4	62.0	35.0	165.0	215.0	363.6	331.0	-9.0
变压器	万千伏安	33.55	35.38	40.51	38.61	124.99	147.16	14.71	—	—	—
家用电冰箱	万台			16.40	21.83	44.54	55.54	31.31	20.04	69.46	-3.0
彩色显像管	万只				0.32	371.18	690.93	4.72	—	—	—

表 67　长沙市农村基本情况

	单位	2014 年					
		全市	市区	# 望城区	长沙县	浏阳市	宁乡县
一、农村乡（镇）个数	个	94	15	11	17	33	29
村（居）民委员会数	个	1498	375	164	300	401	422
二、乡村户数	万户	132.52	31.30	15.91	25.35	37.05	38.82
乡村人口数	万人	433.75	100.90	51.52	82.48	129.76	120.55
# 乡村劳动力资源数	万人	285.92	61.50	32.31	52.72	80.79	90.94
三、年末耕地面积	千公顷	273.36	44.16	30.31	57.11	78.01	94.08
# 水田	千公顷	241.00	38.61	26.93	52.99	69.82	79.58
旱地	千公顷	32.36	5.55	3.38	4.12	8.19	14.50
四、养殖水面	千公顷	28.51	10.88	8.19	4.82	5.67	7.14
五、农业机械总动力	万千瓦	576.23	116.09	58.59	146.83	148.67	164.64

表 68　长沙市农业总产值

	2014 年农、林、牧、渔业总产值						2014 年比 2013 年（±%）
	合计	市区	# 望城区	长沙县	浏阳市	宁乡县	
总计	4905925	960910	624773	1118765	1297481	1528769	4.5
一、农业产值	2849093	587074	380889	685764	741477	834778	6.9
1. 谷物及其他作物	885660	155725	119205	179267	230232	320437	2.1
# 粮食作物	763647	148310	113877	169202	167180	278957	2.5
油料作物	60364	6995	4944	9643	36040	7686	13.0
烟叶	58462	36		298	25504	32625	-12.6
2. 蔬菜园艺作物	1697794	416174	249671	394944	400764	485911	8.3
# 蔬菜	1397003	390069	241716	278345	305927	422662	8.2

续表 68　长沙市农业总产值

	2014年农、林、牧、渔业总产值						2014年比2013年（±%）
	合计	市区	#望城区	长沙县	浏阳市	宁乡县	
3. 水果、坚果、饮料和香料作物	231072	15007	11845	109890	77745	28430	13.4
#茶	118324	3093	2704	85031	12618	17582	12.0
水果	104939	11829	9069	20433	61844	10833	14.2
4. 中药材	34567	168	168	1663	32736		28.9
二、林业产值	238930	14090	7051	34283	142091	48466	6.2
林木的培育和种植	74756	8031	3914	29641	34607	2477	4.6
竹木采运	62392	2656	1309	1288	35200	23248	7.5
林产品	101783	3404	1829	3354	72284	22741	6.7
三、牧业产值	1552892	283549	189501	357379	345154	566810	0.1
生猪	1137015	236567	151082	317759	223127	359562	-0.6
牛	39014	2280	1296	10560	9582	16592	18.7
羊	63792	875	449	2160	50077	10680	8.6
家禽饲养	303036	41819	35314	23619	58867	178731	-0.8
牛奶	2915	1293	831	1239	179	204	1.8
其他	7120	715	529	2041	3323	1041	3.0
四、渔业产值	182015	61374	39593	26599	38946	55096	7.8
五、农林牧渔服务业	82995	14823	7739	14740	29812	23620	7.2

表 69　长沙市农作物产品产量

单位：吨

	2014年产量						2013年产量	2014年比2013年（±%）
	合计	市区	#望城区	长沙县	浏阳市	宁乡县		
粮食	2485182	481587	370303	585871	561949	855775	2442253	1.8
稻谷	2324215	456811	351132	547103	523101	797200	2298038	1.1
小麦	968				90	878	2137	-54.7
薯类	54841	16228	12729	16725	13050	8838	49237	11.4
杂粮	84640	6530	5072	16320	18331	43459	74453	13.7
大豆	20519	2018	1370	5724	7377	5400	18388	11.6
棉花	577	0	0	19	180	378	1004	-42.5
油料作物	91838	11761	8456	14260	51590	14227	85902	6.9
#油菜籽	75566	8717	5664	12500	48274	6075	72205	4.7
烟叶	21583	13		141	8794	12635	26154	-17.5
#烤烟	17850	13		133	8794	8910	22135	-19.4
麻类作物	55	18	18		20	17	250	-77.9
甘蔗	3087				2025	1062	2602	18.6
蔬菜	5693645	1522944	1064947	1255800	1304035	1610866	5356376	6.3
茶叶	31273	741	644	24151	1588	4793	28649	9.2
水果	399189	51296	37672	96100	191776	60017	390082	2.3
#柑橘	103625	15393	7231	16420	48859	22953	100437	3.2

表 70 长沙市肉类、牛奶、禽蛋、水产品产量

	单位	2014 年产量						2013 年产量	2014 年比 2013 年（±%）
		合计	市区	#望城区	长沙县	浏阳市	宁乡县		
肉猪出栏头数	万头	824.03	180.22	114.00	224.37	196.94	222.50	835.68	-1.4
出栏肉猪肉产量	吨	602373	126879	82488	166034	142585	166875	602575	-0.0
牛羊肉产量	吨	27156	982	695	3100	14576	8498	26332	3.1
出笼家禽	万羽	5773.18	415.35	321.45	272.00	1176.63	3909.20	5951.70	-3.0
牛奶产量	吨	6896	3340	2680	2025	851	680	6466	6.7
禽蛋产量	吨	54686	17108	15074	9987	11669	15922	55486	-1.4
水产品产量	吨	122494	41621	24766	20240	25216	35417	119349	2.6
#鲜鱼	吨	119125	39272	22433	19846	24641	35366	116386	2.4

表 71 长沙市固定资产投资主要指标

金额单位：万元　面积单位：万平方米

	1978 年	1985 年	1990 年	1995 年	2000 年	2005 年	2010 年	2013 年	2014 年	2014 年比 2013 年（±%）
固定资产投资	24100	125655	181209	1049543	2023194	8814166	31925699	45933871	54357478	18.3
#城镇固定资产投资	19338	90094	105287	924113	1533449	7911578	29098275	42545671	—	—
（一）按项目性质分										
基本建设	17355	47881	64098	384730	724858	—	—	—	—	—
技术改造	907	34767	31403	236186	318703	1238674	7531385	16356206	18165719	11.1
城镇集体及其他	1076	7446	9786	25440	40775	—	—	—	—	—
房地产开发	—	—	—	229657	330238	2563500	6841481	11536073	13104995	13.6
城镇工矿区私人建房	—	—	—	48100	118875	—	—	—	—	—
（二）按构成分										
建筑安装工程	13406	49277	65569	570017	1124602	5337629	20468048	30540737	41850518	20.0
设备工器具购置	5545	28204	31336	243588	170537	859072	2674215	4321152	5069984	19.0
其他费用	387	12613	8382	110508	238310	1714877	5956012	4261474	7436976	9.2
（三）按三次产业分										
第一产业	2090	484	1622	852	14414	46245	531109	849092	496027	10.7
第二产业	6594	41097	49746	187677	296055	1770047	7726675	14947075	17777873	20.6
第三产业	10648	48513	53919	735584	1222980	6095286	20840491	30137704	36083578	17.4
新增固定资产	13202	64883	82545	493739	883380	3437205	13758212	28613400	33616542	17.5
竣工房屋面积	81.41	186.78	109.77	314.55	343.54	931.57	1741.56	1522.97	1681.04	10.4
#住宅	41.17	93.49	91.95	168.87	198.51	534.03	1184.42	1083.82	1126.19	3.9

表 72 长沙市资质建筑业基本情况

	单位	2014 年	2013 年	2014 年比 2013 年（±%）
企业个数	个	564	592	-4.7
#亏损企业	个	76	69	10.1
建筑业总产值	万元	31938738	27637110	15.6
竣工产值	万元	17984470	17642193	1.9
房屋建筑施工面积	万平方米	26251.72	23775.93	10.4
#本年新开工面积	万平方米	9275.52	8813.35	5.2

续表 72

长沙市资质建筑业基本情况

	单位	2014 年	2013 年	2014 年比 2013 年（±%）
#投标承包面积	万平方米	23972.89	19301.80	24.2
房屋建筑竣工面积	万平方米	6697.81	6517.53	2.8
资产合计	万元	20658175	17815511	16.0
工程结算收入	万元	31139757	26653588	16.8
工程结算成本	万元	27828963	23614205	17.8
利润总额	万元	1102611	1129347	-2.4
计算建筑业劳动生产率平均人数	万人	100.27	91.27	9.9

表 73

长沙市交通运输情况

	单位	1990 年	1995 年	2000 年	2005 年	2010 年	2013 年	2014 年
货物运输量	万吨	1215	6419	5910	10991	22947	28048	30449
铁路	万吨	364	284	206	218	167	149	133
公路	万吨	446	5376	4972	9833	19270	24627	27098
水运	万吨	405	758	729	934	3369	3080	3014
货物周转量	万吨公里		601306	1404785	1003793	2192493	3340723	3597375
公路	万吨公里	13439	306737	308200	447386	1285375	2352483	2642698
水运	万吨公里	59367	288791	1094511	99596	369090	485042	498947
旅客运输量	万人	3942	8935	9052	10895	33984	37922	12745
铁路	万人	672	785	981	1218	1642	2088	2188
公路	万人	3036	8021	7825	9228	31257	35143	9765
水运	万人	219	44	43	7	18		
航空	万人	15	85	203	442	1066	691	792
旅客周转量	万人公里		348951	348315	995729	1945489	2767006	2210039
公路	万人公里	117989	267579	275029	469947	1130385	1304296	611156
水运	万人公里	10322	6325	3580	1211	141		

注：2014 年公路、水运客货运输统计指标统计口径和计算方法变更，2014 年数据与以前年度不具可比性。

表 74

长沙市邮电基本情况

	单位	1978 年	1985 年	1990 年	1995 年	2000 年	2005 年	2010 年	2013 年	2014 年	2014 年比 2013 年（±%）
邮电通信网											
年末邮路长度	千米	24167	22212	34558	48275	53435	53609	50671	43011	19822	—
邮电业务量											
邮电业务总量	万元	704	1958	6643	89069	349844	802762	846295	1353237	1948598	29.5
函件	万件	2145	5362	6453	11139	8399	3919	4248	2080	1793	-13.8
报刊期发数	万份	71	197	118	160	171	86	56	47	51	8.5
年末固定电话用户	万户	0.85	2.33	3.36	30.40	108.47	218.56	210.40	206.57	194.74	-5.8
年末移动电话用户	万户	—	—	—	3.70	58.78	316.85	780.21	1086.50	1118.20	2.9
国际互联网用户	万户	—	—	—	—	14.60	63.93	90.78	142.98	152.83	6.9

注：从 2010 年开始，邮电业务总量为 2010 年不变价数据，与以前年度数据不具有可比性。2013 年邮电业务总量统计将社会快递纳入统计，与 2012 年同口径数据比较年增长 9.7%；2014 年邮电业务总量计算方法发生变更，与以前年度数据不具可比性，2013 年同口径数据为 1505127 万元。2014 年年末邮路长度统计口径发生变化，与以前年度数据不具可比性。

表 75 长沙市社会消费品零售总额

单位：万元

	1978年	1985年	1990年	1995年	2000年	2005年	2010年	2013年	2014年	2014年比2013年（±%）
总计	77191	243928	513871	1658020	3492966	7485700	18257931	29779024	32935461	12.9
一、按销售单位所在地分组										
市区				1256370	2669100	5722359	14039885	22711428	25598203	12.7
县区				401650	823866	1763341	4218046	6467596	7337258	13.5
二、按行业分组										
批发零售业	67281	191952	385805	1280314	2570810	6310593	16220790	26269595	29808759	13.5
住宿餐饮业	2769	10593	27762	100764	402656	1105383	2037141	2909429	3126702	7.4
其他	7141	41383	100304	276942	519500	69724				

注：从2010年开始取消行业分组中的"其他"；根据第三次全国经济普查结果对2009—2014年数据进行调整

表 76 长沙市旅游业情况

	单位	1985年	1990年	1995年	2000年	2005年	2010年	2013年	2014年
一、接待境外旅游者人数	人次	20257	51000	119122	221772	255475	702141	1169711	1202016
1. 外国人	人次	9706	13103	54444	128105	182656	459228	716129	732960
2. 港、澳、台同胞	人次	10551	37897	64678	93667	72819	242913	453582	469056
二、接待境外旅游者人天数	人天	85079	204000	416927	652576	1098542	2643911	4175868	4327258
1. 外国人	人天	41501	85082	226975	384315	785421	1699145	2576632	2638656
2. 港、澳、台同胞	人天	43578	118918	189952	268261	313121	944766	1599236	1688602
三、旅游外汇收入	万美元	1446	2897	4500	11900	20198	52878	77902	78195

表 77 长沙市财政预算收、支情况

单位：万元

	2014年						2013年	2014年比2013年（±%）
	全市	市区	#望城区	长沙县	浏阳市	宁乡县		
公共财政预算收入	6327992	2346939	354238	741063	427414	353082	5366331	17.9
#营业税	1459057	685549	76481	189569	64288	55194	1462161	-0.2
增值税	468644	164623	23948	73714	43095	25505	338015	38.6
企业所得税	460886	115141	8687	25415	26174	19873	425491	8.3
公共财政预算支出	8023838	3078143	551625	1039861	718500	658353	7018238	14.3
#一般公共服务	1287832	782706	84199	184257	76306	82332	1184876	8.7
社会保障和就业	557342	210572	51658	66626	67955	74226	506539	10.0
科学技术	224570	51011	10052	21087	7360	9454	202244	11.0
教育支出	1260751	521580	69062	122759	136976	117297	1187445	6.2
农林水事务	620466	182060	96014	146450	119134	95108	533732	16.3

表 78 长沙市金融、保险情况

单位：亿元

	2014 年	2013 年	2014 年比 2013 年（±%）
一、金融业			
金融机构存款余额（本外币）	11266.10	10148.76	11.0
# 企业存款	6698.12	5937.48	12.8
个人存款	3898.85	3507.51	11.2
金融机构贷款余额（本外币）	10712.82	9633.02	11.2
# 短期贷款	2529.89	2331.67	8.5
中长期贷款余额	7992.60	7165.55	11.5
二、保险业			
保费收入	165.77	138.96	19.3
赔付款	75.65	50.19	21.2

表 79 长沙市公用事业情况

	单位	2014 年	2013 年	2014 年比 2013 年（±%）
一、自来水				
全市水厂个数	个	8	7	14.3
全市自来水生产能力	万吨 / 日	225	270	-16.7
年末供水管总长度	千米	3490	3300	5.8
二、公共交通				
1. 全年客运总量	万人次	116277	104103	11.7
2. 年末实有公共汽车营运车辆	辆	5517	4157	32.7
3. 年末实有出租汽车	辆	7957	6915	15.1
三、天燃气、液化气				
（一）天燃气供气总量	万立方米	85657	70321	21.8
# 家庭用量	万立方米	30780	26019	18.3
家庭用天然气人口	万人	337.2	311.9	8.1
（二）液化气供应总量	吨	101838	86492	17.7
# 家庭用量	吨	87210	72573	20.2
家庭用液化气人口	万人	210	275.0	-23.6
四、年末城市住宅建筑面积	万平方米	13239	11859	11.6
人均住房面积	平方米	48.28	41.4	16.6
五、城市供电				
全年用电量	万千瓦小时	2274871	2245429	1.3
# 工业用电	万千瓦小时	923598	898159	2.8
城乡居民生活用电	万千瓦小时	691650	718282	-3.7
六、道路				
年末实有铺装道路总面积	万平方米	4382	4307	1.7
七、城市下水道长度	千米	6930	2169	219.5
八、年末实有永久性桥梁	座	179	174	2.9
九、城市环卫				
生活垃圾粪便清运量	万吨	206.6	160	29.1
生活垃圾粪便无害化处理	万吨	207	160	29.1

续表 79 长沙市公用事业情况

	单位	2014 年	2013 年	2014 年比 2013 年（±%）
十、城市园林绿化				
园林绿化地面积	公顷	10163	9611	5.7
#公共绿化地面积	公顷	3256	2913	11.8
人均公共绿地面积	平方米	13.0	12.0	8.3

表 80 长沙市各类学校基本情况

单位：人

	2014 年				2013 年			
	学校数（所）	在校学生数	毕业生数	教职工人数	学校数（所）	在校学生数	毕业生数	教职工人数
总计	1360	1523498	357365	110316	1351	1508250	367842	107171
高等学校	50	547517	142835	52972	50	530635	153703	51339
中等职业学校	52	118798	30847	4019	50	108232	30648	4379
技工学校	24	9860	2865	1880	24	10308	4392	1310
普通中学	292	364653	110251	28279	285	357139	107723	28057
小学	937	481333	70504	22894	937	457894	71078	21800
盲聋哑学校	4	1283	41	227	4	1160	88	240
工读学校	1	54	22	45	1	70	210	46

表 81 长沙市文化、新闻、出版事业情况

	单位	1978 年	1985 年	1990 年	1995 年	2000 年	2005 年	2010 年	2013 年	2014 年	2014 年比 2013 年（±%）
一、电影放映单位	个	484	844	807	644	458	…	…	…	…	…
#电影院影剧院	个	31	42	47	29	20	…	…	…	…	…
电影观众人数	万人次	11272	9325	10728	2261	…	…	…	…	…	…
二、艺术表演团体	个	13	14	12	12	13	12	12	9	9	持平
艺术表演观众人数	万人次	351.0	207.0	118.6	130.3	121.0	247.0	271.2	149.3	152.5	2.1
三、公共图书馆	个	5	7	7	7	7	12	12	12	12	持平
图书馆藏书数	万册					480.10	521.00	633.10	1017.40	747.20	-26.6
四、文化馆	个	10	11	11	11	11	10	10	10	10	持平
五、图书出版印数	万册	1983	18850	32135	33677	24844	30483	31109	35733	42142	17.9
六、杂志出版印数	万册	2680	5149	5144	7636	10404	10925	12540	12804	13247	3.5
七、报纸出版印数	万印张	30057	59431	40325	55721	62354	75309	101861	105924	107581	1.6

表 82 长沙市广播、电视基本情况

	单位	1978 年	1985 年	1990 年	1995 年	2000 年	2005 年	2010 年	2013 年	2014 年
市台平均日播音时间	时′分″		10'45"	11'30"	16'30"	37'40"	88'96"	139'71"	147'6"	147'14"
市电台覆盖率	%		76.00		95.00	95.00	96.88	99.14	99.32	99.41
县（市）区广播台、站	个	5	5	5	5	4	4	4	4	4
市电视台每周播出时间	时′分″		16'00"	56'00"	42'00"	206'30"	858'12"	1060'47"	1115'54"	1114'78"
市电视台覆盖率	%		23.60	90.00	98.00	97.30	97.88	98.49	98.68	98.89

表 83 长沙市卫生事业基本情况

	单位	1978 年	1985 年	1990 年	1995 年	2000 年	2005 年	2010 年	2013 年	2014 年	2014 年比 2013 年（±%）
卫生机构数	个	1195	1403	1346	1100	1036	1519	2655	4690	4586	-2.2
#医院、卫生院	个	248	291	297	205	263	260	255	279	276	-1.1
床位数	张	12976	13743	18349	21378	20590	27395	42629	57919	63606	9.8
#医院、卫生院	张	11036	11503	14766	17594	17281	25501	39983	52507	57374	9.3
卫生工作人员	人	21583	29620	34190	37115	36225	37711	59738	76479	81645	6.8
#卫生技术人员	人	16068	21611	26307	27553	27460	28943	48791	62123	66735	7.4
#执业医师和执业助理医师数	人	7247	10187	12423	12107	12345	12088	18258	22936	24340	6.1

表 84 长沙市环境污染及治理情况

	单位	1979 年	1985 年	1990 年	1995 年	2000 年	2005 年	2010 年	2013 年	2014 年
一、工业废水排放总量	万吨 / 年	5000	6394	13878	6298	5533	4065	4336	4049	4397
#符合排放标准的	万吨 / 年	200	2342	10259	3804	4213	3562	3955	—	—
二、工业废气排放量	万标立方米 / 年	115000	839385	1441740	1890488	2624324	3078324	6269499	6233559	6486474
三、工业粉尘排放量	万吨 / 年	6	1.26	4.61	0.85	7.81	10.06	10.52	1.90	1.73
四、工业固体废物产生量	万吨 / 年	47	39.49	57.07	75.18	137.53	109.7	148.8	100.5	107.0
#综合利用量	万吨 / 年	23.97	2.79	15.49	58.13	101.79	98.4	148.4	86.9	91.5
五、锅炉总数	台	666	1046	819	489	407	307	284	280	288
#达标数	台	220	597	647	433	359	243	256	—	—
六、工业窑炉	台	670	683	578	395	465	222	219	108	117
#达标数	台	73	91	288	271	232	117	151	—	—

注：从 2011 年起，工业粉尘排放量（去除量）指标已改为工业烟尘排放量（去除量）

表 85 长沙市城镇居民家庭生活调查主要指标

	单位	2014 年	2013 年	2014 年比 2013 年（±%）
一、调查户数	户	528	532	-0.8
家庭人口数	人	1574	1591	-1.1
#就业人口数	人	863	818	5.4
二、平均每户人口	人	2.98	2.99	-0.3
平均每户就业人数	人	1.63	1.54	5.8
平均每一就业者负担人数	人	1.82	1.94	-6.2
三、平均每人年实际收入	元	43374	36094	20.2
平均每人年可支配收入	元	36826	33662	9.4
四、平均每人年消费性支出	元	26779	22346	19.8
（1）食品烟酒	元	7082	6589	7.5
（2）衣着	元	1915	1804	6.2
（3）生活用品及服务	元	1471	1388	6.0
（4）医疗保健	元	1610	1255	28.3
（5）交通通信	元	4596	2990	53.7
（6）教育文化娱乐	元	3808	2499	52.3
（7）居住	元	5749	5415	6.2
（8）其他用品和服务	元	547	405	35.1

表 86 农村住户调查主要指标

	单位	2014 年					2013 年全市
		全市	#望城区	长沙县	浏阳市	宁乡县	
一、调查户数	户	305	69	70	68	70	308
家庭常住人口	人	1114	267	260	258	220	1091
平均每户人口	人	3.65	3.87	3.71	3.80	3.14	3.54
二、人均总收入	元	30122	26236	25720	40730	22805	23612
三、人均总支出	元	28382	28341	18003	38598	22536	22658
(一)消费支出	元	13147	13551	11161	13906	12923	11586
1. 食品烟酒	元	4055	3926	3194	3992	4293	2845
2. 衣着	元	812	875	652	890	700	793
3. 居住	元	2823	2818	2712	3255	2498	3008
4. 生活用品及服务	元	835	923	860	877	792	726
5. 交通通信	元	1772	1949	1146	1416	2251	2066
6. 教育文化娱乐	元	1726	1558	1474	1990	1654	1110
7. 医疗保键	元	892	1295	1086	986	684	866
8. 其他用品和服务	元	232	208	36	500	51	171
(二)家庭经营费用支出	元	7723	2089	2304	16551	2659	3423
农民人均可支配收入	元	21723	23632	22872	23186	19719	19713
四、人均现住房建筑面积	平方米	51.79	63.37	54.55	43.38	57.17	61.97

表 87 2014 年长沙市各种物价指数

	以上年价格为 100		以上年价格为 100
商品零售价格指数	101.7	十四、书报杂志及电子出版物	100.0
一、食品	104.3	十五、燃料	99.2
#1. 粮食	102.4	十六、建筑材料及五金电料	102.0
2. 油脂	97.1	居民消费价格总指数	102.7
3. 肉禽及其制品	101.7	服务项目价格指数	102.7
4. 水产品	101.2	一、食品	104.3
5. 菜	106.7	#1. 粮食	102.4
二、饮料、烟酒	100.5	2. 油脂	97.1
三、服装、鞋帽	101.6	3. 肉禽及其制品	101.7
四、纺织品	100.0	4. 水产品	101.2
五、家用电器及音像器材	100.4	5. 菜	106.7
六、文化办公用品	100.4		
七、日用品	101.1	二、烟酒及用品	100.0
八、体育娱乐用品	100.6	三、衣着	101.9
九、交通通信用品	99.8	四、家庭设备用品及维修服务	102.1
十、家具	103.2	五、医疗保健和个人用品	102.1
十一、化妆品	99.9	六、交通及通讯	99.6
十二、金银珠宝	91.4	七、娱乐教育文化用品及服务	106.3
十三、中西药品及医疗保健用品	103.7	八、居住	100.7

文件选编

责任编辑：陈晓红

《长沙市促进天然气分布式能源发展暂行办法》

2014 年 1 月 28 日

第一条　为规范天然气分布式能源项目建设、运营和管理，推动天然气分布式能源科学有序发展，提高能源利用效率，促进结构调整和节能减排，根据《国家发展和改革委员会财政部住房和城乡建设部国家能源局关于发展天然气分布式能源的指导意见》（发改能源〔2011〕2196 号）及《长沙市人民政府办公厅关于印发〈长沙市天然气分布式能源中长期发展规划（2012—2020 年）〉的通知》（长政办函〔2013〕179 号），结合长沙市实际，特制定本办法。

第二条　本办法所称“天然气分布式能源”是指利用天然气为燃料，通过冷、热、电三联供等方式实现能源的梯级利用，综合能源利用效率在 70% 以上，并在负荷中心就近实现能源供应的现代能源供应方式，是天然气高效利用的重要方式。

第三条　长沙市促进天然气分布式能源产业发展工作领导小组负责统筹、指导、监督天然气分布式能源项目工作。

第四条　长沙市促进天然气分布式能源产业发展工作领导小组办公室（下称市分布式能源促进办）主要职责为：负责领导小组办公室的日常工作，组织制定和实施天然气分布式能源发展规划；组织开展技术指导、咨询、宣传等服务；协调落实相关补贴政策，对财政资金支持项目进行监督、检查和评估。

第五条　市分布式能源促进办每年应编制年度天然气分布式能源项目推进计划，并组织实施。

（一）各区县（市）政府，燃气企业与能源服务企业应认真调研并于每年 8 月底前编制天然气分布式能源计划报市分布式能源促进办。计划包括发展台数、装机容量、制冷量和燃气需求量等内容。

（二）市分布式能源促进办对各区县（市）分布式能源计划进行汇总平衡后，编制全市年度推进计划，于每年 9 月底前报市促进天然气分布式能源产业发展工作领导小组。

（三）市分布式能源促进办在领导小组同意后正式下达年度推进计划。各区县（市）主管部门与能源服务企业应按照下达的推进计划实施，并按季度向市分布式能源促进办报送推进计划的落实情况。

（四）市分布式能源促进办负责对推进计划实施进行检查与协调。

第六条　长沙市实施的天然气分布式能源项目，需在市分布式能源促进办备案后方可获得政策及资金支持，申报备案的天然气分布式能源项目须满足以下条件：

（一）能源需求与供给明确。项目应符合《长沙市天然气分布式能源中长发展规划（2012—2020 年）》的要求。大型区域型分布式能源项目应被列入《长沙市天然气分布式能源中长发展规划（2012—2020 年）》与电力规划。

（二）总体设计合理。有资质的设计咨询机构，已对该分布式能源系统进行总体研究，提出可行性研究方案。

（三）能源利用充分。高能高用、低能低用、温度对口、梯级利用，原则上天然气分布式能源项目年平均能源综合利用率应高于 70%。

（四）系统配置科学。符合天然气分布式能源系统供能标准、技术规范，建设规模合理，系统配置优化。

第七条　市分布式能源促进办应加强对天然气分布式能源示范项目建设、运营的过程控制，确保示范项目顺利实施、及时验收。

第八条　项目竣工后由建设单位组织设计、施工、监理等单位进行验收，市分布式能源促进办组织项目专家评审组参与并监督验收过程。

第九条　对建成投产并试运行 12 个月（经历一个供暖期、一个供冷期运行）的天然气分布式能源示范项目，市分布式能源促进办组织专家评审组依据《长沙市天然气分布式能源项目后评估办法》，对示范项目进行后评估，提出后评估意见。

第十条　对未通过项目后评估的天然气分布式能源项目，追回其享受的优惠补贴。

第十一条政府投资的重大基础设施建设项目冷热电负荷需求较大的，应在可行性研究报告中科学论证天然气分布式能源的可行性，并优先考虑使用天然气分布式能源供给方案。具备安装使用条件的，应优先使用天然气分布式能源系统。

第十二条　省级以上园区禁止新建项目使用燃煤，园区管委会须编制园区企业使用燃煤退出计划及集中供热（冷）专项规划，并报市分布式能源促进办备案。2017年12月31日前全面禁止入园企业（不含热电联产电厂）使用燃煤。

第十三条　支持符合电力并网条件的天然气分布式能源项目并网。

第十四条　要优先保障天然气分布式能源用户的供应。燃气供应企业在确定天然气分布式能源项目气价时，应体现其削峰填谷的特点，给予天然气分布式能源项目天然气的价格折让。

第十五条　天然气分布式能源项目建设单位可向项目所在地申请批准冷、热的特许经营，对于项目所在区域及相邻区域，实行特许权经营。

第十六条　对在长沙市国家节能减排财政政策综合示范期内获取核准批复的天然气分布式能源项目给予设备投资补贴，补贴资金主要由长沙市国家节能减排财政政策综合示范奖励资金安排，补贴标准为3000元/千瓦，每个项目享受的补贴金额最高不超过5000万元。项目单位按照相关要求进行申报。

第十七条　支持电力、燃气等能源企业和节能服务企业发挥技术、管理和资金等方面的优势，结合能源结构调整等工作，组建专业的能源服务公司。对于实行合同能源管理且符合《财政部国家税务总局关于促进节能服务产业发展增值税营业税和企业所得税政策问题的通知》（财税〔2010〕110号）要求的天然气分布式能源项目，可享受相关税收优惠政策。

第十八条　符合《财政部国家发改委关于印发〈合同能源管理项目财政奖励资金管理暂行办法〉的通知》（财建〔2010〕249号）要求的天然气分布式能源项目，可享受相应奖励政策。

第十九条　市分布式能源促进办牵头负责落实国家相关政策，积极争取国家、省市政策和资金支持。天然气分布式能源项目建设用地可参照城市基础设施享受相关政策。

第二十条　天然气分布式能源项目可享受重大技术装备进口关税优惠政策。

第二十一条　天然气分布式能源项目优先列入长沙市重大项目投资计划。

第二十二条　本办法自2014年3月1日起实施。

《长沙市城市桥梁隧道安全管理条例》

2014年2月26日，长沙市第十四届人民代表大会常务委员会第十一次会议通过

2014年5月1日，湖南省第十二届人民代表大会常务委员会第八次会议批准

第一章　总　则

第一条　为了加强城市桥梁、隧道安全管理，确保城市桥梁、隧道完好、畅通，根据有关法律、法规，结合本市实际，制定本条例。

第二条　本市市区城市道路中交付使用的城市桥梁、隧道的安全使用与维护、检测评估、事故处置等活动适用本条例。

本条例所称城市桥梁，是指市区内城市道路中的跨越水域或者陆域供车辆、行人通行的跨江河桥、立交桥、高架桥、人行天桥等建（构）筑物。本条例所称城市隧道，是指市区内城市道路中供车辆、行人通行的山岭隧道、水底隧道等。本条例所称城市桥梁、隧道不包括地下通道和轨道交通桥梁、隧道。

第三条　市建设行政主管部门是城市桥梁、隧道安全管理的监督管理部门，其所属的城市桥梁隧道管理机构具体负责本市城市桥梁、隧道的安全管理工作。

市安全生产监督管理、城乡规划、城市管理和行政执法、公安、交通运输等行政主管部门和地方海事管理机构应当按照各自职责，依法做好城市桥梁、隧道安全管理的相关工作。

第四条　城市桥梁、隧道安全管理坚持安全第一、预防为主、管理与养护并重的原则。

第五条　市发展和改革行政主管部门审查建设单位提交的城市桥梁、隧道建设项目可行性研究报告时，应当就桥梁、隧道的养护和安全管理事宜征求市建设行政主管部门的意见；在建设过程中，市建设行政主管部门应当加强对城市桥梁、隧道工程质量的监督管理；竣工后，城市桥梁隧道管理机构应当参与验收，未经验收或者验收不合格的，不得交付使用。

第六条　城市桥梁、隧道安全管理工作应当推广应用先进技术，提高管理水平。

对在预防或者处置城市桥梁、隧道安全重大事故中做出突出贡献的单位和个人，应当给予表彰和奖励。

第二章　安全使用与维护

第七条　城市桥梁、隧道交付使用时，建设单位应当做好下列事项：

（一）按照设计规范设置消防、通风、照明、排水、监控等安全附属设施和限载、限高、限宽等警示标志以及交通（通航）标志；

（二）提出安全使用和养护要点，以及与新技术、新工艺、新材料相关的特殊养护技术要求；

（三）移交与工程设计、施工、养护相关的资料。

第八条　船舶通过城市桥梁下的水域时，应当按照桥梁航标设置、国家通航标准和船舶通行规定，结合通航水位，在限定的航道通行。

第九条　超过城市桥梁、隧道的限载、限高、限宽、限长标准的车辆不得在城市桥梁、隧道通行，但国家有规定的除外。

船舶通过城市桥梁下的水域应当采取相应的防护措施，确保城市桥梁安全。

运载爆炸性、毒害性、放射性、腐蚀性或者传染病病原体等危险物质的车辆，不得在水底隧道内通行。

第十条　依附城市桥梁、隧道及其附属设施架（铺）设管线的，应当征求城市桥梁隧道管理机构的意见，并依法到相关部门办理手续。

管线产权单位应当对管线定期检查维修，及时消除可能对城市桥梁、隧道造成的安全隐患；在城市桥梁、隧道改建、扩建、维修时，应当采取措施配合做好工作。

第十一条　在城市桥梁、隧道及其附属设施上禁止下列行为：

（一）擅自修建建（构）筑物或者占用、挖掘桥面和隧道路面；

（二）擅自设置广告或者移动附属设施；

（三）在城市桥梁上垂钓；

（四）利用城市桥梁及其附属设施进行围栏、吊装、牵拉等施工作业（排险、救护、养护维修除外）；

（五）在城市桥梁上架设压力在0.4兆帕（4千克/平方厘米）以上的燃气管道、10千伏以上的高压电力线和其他易燃易爆及有毒有害气体、液体的管道；

（六）在城市隧道内铺设高压电线和输送易燃、易爆或者其他有毒有害气体、液体的管道；

（七）违规在城市隧道内明火作业；

（八）其他损害、侵占城市桥梁、隧道及其附属设施的行为。

第十二条　禁止在城市桥梁下的陆域空间从事妨碍桥梁检测与维护的活动。

城市桥梁下的陆域空间除作为临时公共停车场使用外，不得用于其他经营活动；作为临时公共停车场使用的，该公共停车场建设单位或者经营管理者应当按照规定向公安机关交通管理部门报送相关信息，并对桥体及其附属设施采取安全防护措施。

第十三条　在城市桥梁、隧道安全保护区范围内禁止下列行为：

（一）从事采砂、取土、挖掘、爆破等危及城市桥梁、隧道安全的作业或者活动；

（二）生产、储存、销售爆炸性、腐蚀性等危险物质；

（三）在城市桥梁安全保护区范围内捕鱼、泊船；

（四）其他危及城市桥梁、隧道安全的行为。

在城市桥梁、隧道安全保护区范围内架（铺）设、迁改、维护管线的，按照本条例第十条执行。

城市桥梁安全保护区是指桥梁下的空间和桥梁主体垂直投影面两侧各一定范围内的区域；跨江河桥梁两侧各200米范围内的水域、50米范围内的陆域；立交桥、高架桥和人行天桥两侧各五米范围内的陆域。

城市隧道安全保护区是指在隧道结构外边线外侧100米范围内的区域。

第十四条　城市桥梁隧道管理机构应当加强对城市桥梁、隧道及其附属设施养护维修的监督检查，督促城市桥梁、隧道养护人按照有关技术规范、操作规程及时进行养护维修。

政府、社会力量投资建设的公益性城市桥梁、隧道，其养护人为市人民政府确定的养护管理人；已经出让经营权的公益性城市桥梁、隧道，在经营期限内，其养护人为经营者；其他城市桥梁、隧道的养护人为产权人。养护人可以通过招标等方式选择养护作业单位。

市建设行政主管部门应当通过政务网站等方式向社会公布城市桥梁、隧道养护人信息。

第十五条　政府、社会力量投资建设的公益性城市桥梁、隧道，市建设、财政行政主管部门应当制定养护费用标准，其养护经费由财政统筹保障。

已出让经营权的公益性城市桥梁、隧道，其养护经费由经营者承担；其他城市桥梁、隧道的养护经费由其产权人承担。

第十六条　城市桥梁、隧道养护人应当做好以下工作：

（一）按照城市桥梁、隧道的养护要求制定养护计划，并足额安排养护经费；

（二）进行日常安全巡查，并按照桥梁、隧道养护技术规范、操作规程对城市桥梁、隧道进行养护，保持安全警示标志和应急设备、设施的完好；

（三）按照有关规定对城市桥梁、隧道进行安全检测评估；

（四）建立养护维修、检测评估资料信息系统；

（五）在所养护城市桥梁、隧道的醒目位置设置养护信息公示牌；

（六）按照有关规定制定城市桥梁、隧道的安全事故应急预案。

第十七条　城市桥梁、隧道养护作业应当采取安全保护措施，设置必要的交通安全设施和安全警示标志，保障通行安全。

城市桥梁、隧道养护作业应当避让交通高峰时段。紧急抢修时，养护作业车辆在确保交通安全的前提下，可不受时间、行驶路线、行驶方向、交通标志、标线的限制。

第三章　安全检测评估与事故处置

第十八条　城市桥梁隧道管理机构应当编制城市桥梁、隧道养护维修中长期规划和年度计划，建立、健全城市桥梁、隧道安全检测评估制度，监督城市桥梁、隧道养护人按照国家有关规定对城市桥梁、隧道进行安全检测评估。

在城市桥梁、隧道遭遇地震、洪水等自然灾害或者车船撞击等事故后，养护人应当进行专项安全检测评估。

城市桥梁、隧道安全检测评估应当委托具有相应资质的机构承担。

第十九条　经检测评估，城市桥梁承载能力下降但尚未构成危桥的，城市隧道存在安全隐患但尚未影响通行的，城市桥梁、隧道养护人应当及时变更承载能力等指引标志，设置安全警示标志，进行加固等处理。

经检测评估城市桥梁为危桥、城市隧道存在严重安全隐患影响通行的，城市桥梁、隧道养护人应当采取紧急措施，并向城市桥梁隧道管理机构和公安机关交通管理部门报告，危及通航安全的，还应当向地方海事管理机构报告；需要封闭桥梁、隧道以及相关水域的，公安机关交通管理部门或者地方海事管理机构应当及时发布有关通告。

第二十条　城市桥梁隧道管理机构应当建立预警和应急机制，制定城市桥梁、隧道安全事故应急预案并定期组织应急演练。

城市桥梁、隧道发生突发事件后，有关单位应当按照应急预案实施抢险和应急保障。

第二十一条　车辆在城市桥梁、隧道发生交通事故、故障等影响通行的，有关人员应当立即报告公安机关交通管理部门，公安机关交通管理部门应当及时处理；严重影响通行的，公安机关交通管理部门应当及时发布信息。

交通事故对城市桥梁、隧道及其附属设施造成损坏的，有关人员还应当立即报告城市桥梁、隧道养护人或者城市桥梁隧道管理机构；相关单位和个人不得瞒报、谎报或者拖延不报，不得破坏事故现场、毁灭有关证据。

第二十二条　城市桥梁、隧道出现塌陷、断裂等突发情形，城市桥梁、隧道养护人应当立即设置明显的安全警示标志，限制车辆、船舶、行人通行，并向城市桥梁隧道管理机构、公安机关交通管理部门和地方海事管理机构报告。情况危急时，城市桥梁、隧道养护人和城市桥梁隧道管理机构可先行采取封闭桥梁、隧道等紧急措施。

第二十三条　城市桥梁、隧道遭遇自然灾害或者人为事故造成损坏时，城市桥梁隧道管理机构和城市桥梁、隧道养护人等应当采取措施，迅速组织抢修，防止损失扩大。

第四章　法律责任

第二十四条　违反本条例第十一条第三项规定，在城市桥梁上垂钓的，由城市桥梁隧道管理机构责令改正。违反本条例第十一条第四项规定，利用城市桥梁及其附属设施进行围栏、吊装、牵拉等施工作业的，由城市桥梁隧道管理机构责令停止违法行为，并处10000元以上30000元以下罚款。

第二十五条　违反本条例第十二条第一款规定，在城市桥梁下的陆域空间从事妨碍桥梁检测与维护活动的，由城市桥梁隧道管理机构责令改正；逾期未改正的，对个人处1000元以上5000元以下罚款，对单位处10000元以上30000元以下罚款。

第二十六条　违反本条例第十六条第二项规定，未保持安全警示标志或者应急设备、设施完好的，由城市桥梁隧道管理机构责令限期改正；逾期未改正的，处5000元罚款。

第二十七条　违反本条例第十八条第二、三款规定，城市桥梁、隧道养护人未按规定进行安全检测评估的，由城市桥梁隧道管理机构责令改正；逾期未改正的，处10000元以上20000元以下罚款。

第二十八条　违反本条例第十九条、第二十二条规定，城市桥梁、隧道养护人未及时采取相应措施的，由城市桥梁隧道管理机构责令改正，并处10000元以上20000元以下罚款；造成损失的，城市桥梁、隧道养护人依法承担赔偿责任。

第二十九条　故意损坏城市桥梁、隧道及其附属设施，违反《中华人民共和国治安管理处罚法》的，由公安机关处罚；构成犯罪的，依法追究刑事责任。

第三十条　违反本条例规定，法律、法规规定由有关行政主管部门实施处罚的，有关行政主管部门应当依法处罚。

第三十一条　城市桥梁隧道管理机构违反本条例规定，有下列行为之一的，由市建设行政主管部门责令改正；情节严重的，由有关部门对直接负责的主管人员和其他直接责任人给予行政处分；构成犯罪的，依法追究刑事责任：

（一）不按规定对城市桥梁、隧道养护工作实施监督检查的；

（二）未编制城市桥梁、隧道养护中长期规划和年度计划的；

（三）未建立城市桥梁、隧道安全检测评估制度的；

（四）未制定城市桥梁、隧道安全事故应急预案的；

（五）发生城市桥梁、隧道安全事故后，不按规定组织实施安全事故应急预案或者将事故情况隐瞒不报的；

（六）其他不按规定履行职责或者失职、渎职的行为。

第五章　附　则

第三十二条　各县（市）城市桥梁、隧道的安全管理参照本条例执行。

第三十三条　本条例自2014年5月1日起施行。2007年4月27日长沙市第十二届人民代表大会常务委员会第三十五次会议通过，2007年6月1日湖南省第十届人民代表大会常务委员会第二十七次会议批准的《长沙市城市桥梁安全管理条例》同时废止。

附录一：长沙市主要单位、场所地址、电话及乘车指南

表 1　政府机关

名　称	地　址	电　话	公交站点
中共湖南省委	韶山路 1 号	82217256	袁家岭
省政府	湘府西路 8 号	85990001	省政府、省政府西门、天心区政府
省政府二院	五一大道	85990001	乔庄、浏城桥
市委、市政府	岳麓大道 189 号	88665000	市委、市政府、市政府南
芙蓉区政府	人民东路 189 号	84683088	芙蓉区政府、芙蓉区政府东
天心区政府	湘府中路	85899000	天心区政府、省政府
岳麓区政府	金星北路一段 517 号	88999998	岳麓区政府、岳麓区政府北
开福区政府	芙蓉北路	84558022	开福区政府
雨花区政府	长沙市万家丽路和香樟路交汇处	85880049	雨花区政府北、雨花区政府南、雨花区政府西
望城区政府	高塘岭镇雷锋东路	88062229	望城区政府
长沙县政府	星沙镇开元中路	84012217	长沙县政府、长沙县政府宿舍
浏阳市政府	浏阳市行政中心	83611981	行政中心
宁乡县政府	宁乡县行政中心	88980611	宁乡县政府

表 2　公　园

名　称	地　址	电　话	公交站点
岳麓区风景名胜区	河西岳麓山	88825011	岳麓山西、岳麓山北
岳麓书院	河西湖南大学内	88822316	岳麓山南
橘子洲景区	橘子洲头 2 号	88882152	橘子洲景区、橘子洲公园
新民学会旧址	新民路周家巷	88883401	新民学会旧址、市四医院
长沙世界之窗	金鹰影视文化城	84256989	世界之窗
长沙海底世界	金鹰影视文化城	84256002	海底世界、世界之窗
省博物馆	东风路 50 号	84535566	省博物馆
天心阁	天心路 4 号	85155379	天心阁、天心阁西门
雷锋纪念馆	望城县雷锋镇	88165506	雷锋汽车站
省森林植物园	雨花区洞井铺	85592074	省植物园、省植物园北

续表 2

名　称	地　址	电　话	公交站点
第一师范	书院路 356 号	85157430	第一师范
开福寺	开福寺路	84485300	开福寺、开福寺西
贾谊故居	太平街 19 号	82272799	贾谊故居
市博物馆	八一路 538 号清水塘	82224385	清水塘（军区医院）
湘绣博物馆	车站北路 39 号	82291061	五里牌
长沙简牍博物馆	天心阁东侧	85425666	城南路口
长沙生态动物园	长沙县暮云镇	84516959	长沙生态动物园
烈士公园	营盘东路	84556766	烈士公园南门、烈士公园西门、烈士公园东门、烈士公园北门
南郊公园	南二环二段 442 号	85418229	南郊公园
晓园公园	五一大道	82299350	长沙火车站、晓园路
王陵公园	咸嘉湖路 6 号	88806592	王陵公园
紫凤公园	开福区新河路 69 号	84480850	银盆岭大桥东
桂花公园	雨花区桂花路 97 号	84222321	桂花公园
喜乐地卡通公园	万家丽中路三段 59 号	82885588	喜乐地卡通公园
挪亚游轮	湘春路口风帆广场	88978887	湘春路西口
摩天轮	贺龙体育中心东北角	85157270	侯家塘北

表 3　医　院

名　称	地　址	电　话	公交站点
中南大学湘雅三医院	桐梓坡路 138 号	88638888	湘雅三医院
中南大学湘雅二医院	人民中路 139 号	85295888	湘雅二医院、窑岭北
中南大学湘雅医院	湘雅路 87 号	84328888	湘雅医院、湘雅路口、湘雅
省幼保健院	湘春路 53 号	84332201	省妇幼、湖南日报、兴汉门
解放军 163 医院	洪山桥 1 号	84184114	163 医院、洪山桥
省人民医院	解放西路 61 号	82278071	柑子园、兢才修业学校（柑子园西）
省第二人民医院	芙蓉中路三段 427 号	85232209	麻园塘
省马王堆医院	古汉路 89 号	86682746	马王堆医院、马王堆医院南
省肿瘤医院	桐梓坡路 283 号	88651670	省肿瘤医院
省儿童医院	梓园路 86 号	85600908	省儿童医院
湖南中医药大学第一附属医院	韶山中路 95 号	85600737	省中医附一院（东塘南）
省中医院	蔡锷北路 233 号	84917729	省中医院（营盘街）
省中医药研究院附属医院	麓山路 58 号	88883684	溁湾镇
市一医院	营盘路 311 号	84910097	市一医院（三公里）、松桂园
市中心医院	韶山南路 161 号	85668156	长沙市中心医院
市三医院	劳动西路 176 号	85171604	仰天湖、燕子岭
市四医院	麓山路 70 号	88850522	市四医院
省结核病院	岳麓山咸嘉湖 519 号	88867680	省结核病院（省肺科医院）、咸嘉湖

续表 3

名 称	地 址	电 话	公交站点
省军区机关医院	八一路 473 号	84570564	清水塘（军区医院）
湖南航天医院	枫林三路 189 号	88815318	湖南航天医院
市中医院	长沙星沙大道 22 号	85259000	管委会
市妇幼保健院	城南东路 416 号	84136959	长岭
市精神医院	香樟路 62 号	85585069	香樟路
长沙口腔医院	五一广场东南角	84430241	牛耳教育（南阳街口）
湖湘中医肿瘤医院	枫林二路 220 号	88882827	湖湘中医肿瘤医院
省武警医院	河西高叶塘	88883318	高叶塘

表 4 学 校

名 称	地 址	电 话	公交站点
中南大学	麓山南路 932 号	88876114	中南大学
中南大学铁道学院	韶山南路 154 号	82655311	铁道学院
长沙理工大学	万家丽南路二段 960 号	85258110	长沙理工大学（云塘校区）
长沙理工大学城南学院	赤岭路 45 号	85258110	长沙理工大学
湖南大学	麓山南路	88822712	湖南大学
湖南大学北校区	石佳冲 6 号	88684847	望麓桥
湖南师范大学	麓山路 270 号	88886796	湖南师大
国防科学技术大学	开福区四方坪	84575601	国防科大
中南林业科技大学	韶山南路 498 号	85623096	林科大
湖南农业大学	芙蓉区	84618001	湖南农大
湖南中医药大学	含浦科教园	88458000	湖南中医药大学
湖南财经高等专科学校	枫林二路 139 号	88811789	湖南财专
湖南涉外经济学院	长沙国家高新区麓谷园	88101451	涉外经济学院
湖南科技职业学院	井湾路 784 号	82861000	科技职院
湖南第一师范学院	枫林三路 1015 号	88228210	一师范
湖南商学院	岳麓大道 569 号	88689016	商学院
湖南公安高等专科学校	远大三路 9 号	82791600	螺丝塘
湖南女子大学	中意一路 160 号	82825012	湖南女子大学南院（红星村南）
湖南大众传媒职业技术学院	星沙特立路 5 号	85602472	大众传媒学院
长沙医学院	望城县雷锋大道 9 公里	88498888	长沙医学院
长沙学院	洪山路 98 号	84261436	长沙大学、洪山桥
长沙职业技术学院	湖南长沙市岳麓区雷锋镇正兴路 157 号	88105152	长沙职业技术学院
长沙商贸旅游职业技术学院	长沙市雨花区圭白路 16 号	89768687	林科大
长沙卫生职业学院	长沙市星沙经济技术开发区明月路 39 号	84015904	长沙卫生职业学院
长沙教育学院	长沙市望月湖	88615438	望月湖

续表 4

名　称	地　址	电　话	公交站点
长沙广播电视大学	长沙市蔡锷中路顺星桥 48 号	82684088	先锋厅
长沙南方职业学院	长沙市岳麓区大学城含浦科教园	88120011	南方职院
湖南外国语职业学院	湖南长沙市中意路 324 号	82646629	高升村南
湖南电子科技职业学院	长沙高新技术开发区	88379009	湖南电子科技学院
长沙民政职业技术学院	香樟路 22 号	82763288	北冲水库
长沙市一中	清水塘路 81 号	82222131	长沙市一中
长郡中学	黄兴南路 309 号	85287900	长郡中学、长郡中学新校区
雅礼中学	劳动西路 428 号	85530930	雅礼中学
省地质中学	人民中路 168 号	85164239	地质中学
湖南师大附中	桃子湖路 48 号	88838131	湖南师大
周南中学	金霞大道	88492058	周南中学
明德中学	天心区新韶西路豹子岭	88237428	湘春路西口
田家炳中学	火星镇	84662828	田家炳中学
长沙外国语学院	左家塘	88856428	左家塘

附录二：长沙市便民热线电话

表 5　报警·求助

火警	119
匪警	110
交通事故报警	122
医疗急救	120
高速公路报警	12122
湖南大学	麓山南路

表 6　生活·服务

号码百事通	118114
天气预报	12121
消费者投诉	12315
旅游投诉	85810110
旅游预定	88660731
环保投诉	84119262
出租车	84803488
群众信访	82223115
公共交通	84303488
武广高铁订票	95105105
交通违法	952116
车辆救助	85670888
城管救助	88665110

表 94　金融·保险

金融保险	95516
中国银行	95566
农业银行	95599
工商银行	95588
建设银行	95533
交通银行	95559
长沙银行	96511
招商银行	95555
兴业银行	95561
农村合作银行	96518
中信银行	95558
光大银行	95595
浦发银行	95528
民生银行	95568
中国人民保险	95518
中国人寿保险	95519
中国平安保险	95511
中国太平洋保险	95500
新华人寿保险	95567

表 8　　新闻 · 媒体

新华社湖南分社	82684512
《湖南日报》	84312999
《长沙晚报》	96333
《潇湘晨报》	96360
湖南电视台	84801141
湖南经视台	84802802
长沙电视台	85155555
湖南交通频道	85521111
星沙之声	82777001

表 96　　邮政 · 电信

中国电信	10000
中国移动	10086
中国网通	10060
中国联通	10010
中国邮政	11185

附录三：长沙市长途客运站

表 10

名 称	地 址	电 话	发车方向	公共站点
汽车南站	中意一路 643 号	0731-82805051	开往省内湘潭、株洲、衡阳、郴州、永州、娄底、邵阳、怀化，省外北京、上海、安徽、浙江、广州、广西、福建、河南、陕西等地班次	汽车南站
汽车西站	长沙市岳麓区望城坡	0731-82857676	开往省内益阳、常德、张家界、湘西吉首、怀化、娄底，省外江西、湖北、广东等地班次	汽车西站
汽车东站	长沙市远大一路	0731-84611731	开往省内岳阳、平江、益阳、浏阳，省外上海，江西、安徽、浙江、湖北、江苏、广东、福建、山东等地班次	汽车东站
汽车北站	开福区芙蓉北路	0731-84806463	开往省内湘阴、望城、长沙县等地班次	汽车北站
长株潭汽车站	长沙火车站友谊阿波罗商业广场南边	0731-82280212	开往省内株洲、湘潭，省外浙江杭州等地班次	长沙火车站
黎托高速汽车站	长沙火车南站一楼南侧		开往省内益阳、常德、张家界、吉首、怀化等地班次	长沙火车南站

附录四：长沙黄花机场大巴时刻表

表 11

	序号	线 路	停靠站点	运营时间	咨询号码
区线	1	黄花机场 — 民航大酒店	1. 高桥南大门 2. 民航大酒店（火车站旁边）	首班：以航班到达为准 末班：最后一个航班到达时间 其他班次间隔时间不超过二十分钟	0731-84798076
		民航大酒店 — 黄花机场	黄花机场（A 楼出发厅前坪）	首班：06：00 末班：22:00 其他班次间隔 15 分钟	0731-84129201
	2	黄花机场—汽车南站（经停武广）	1. 武广长沙南站 2. 汽车南站	首班：09:00 末班：17：30 其他班次间隔 30 分钟	0731-84798076
		汽车南站 — 黄花机场	黄花机场（A 楼出发厅前坪）	首班：09：00 第二班：10:00 末班：18：10 其他班次间隔 30 分钟	0731-85224349
	3	黄花机场—贺龙体育场（火炬塔）	贺龙体育场（大蓉和酒店）	首班：09：00 末班：23：00 其他班次间隔 1 小时	0731-84798076
		贺龙体育场 — 黄花机场	黄花机场（A 楼出发厅前坪）	首班：07：00 末班：21：00 其他班次间隔 1 小时	0731-84219268

续表 11

	序号	线　路	停靠站点	运营时间	咨询号码
地际市专线	4	黄花机—常德	1. 益阳汽车东站 2. 常德民航宾馆	1 班：11：00. 2 班 13：00 3 班：14:30 4 班 17：00	0731-84798076
		常德—黄花机场	1. 益阳汽车东站 2. 黄花机场（A 楼出发厅前坪）	1 班：06：30. 2 班：08：00 3 班：10:00 4 班：13：00	0736-7717206
	5	黄花机场—益阳	益阳汽车东站	1 班：11：00. 2 班 13：00 3 班：14:30 4 班 17：00	0731-84798076
		益阳—黄花机场	黄花机场（A 楼出发厅前坪）	1 班：11：30. 2 班 14：30	0737-6502773
	6	黄花机场—岳阳	岳阳黄花机场民航售票处	1 班：14：30. 2 班 16：30	0731-84798076
		岳阳—黄花机场	黄花机场（A 楼出发厅前坪）	1 班：07：50. 2 班 11：50	0730-8610777
	7	黄花机场—株洲	株洲绿园酒店	1 班：10：30 2 班 14：30 3 班 16：30 4 班 18：00	0731-84798076
		株洲—黄花机场	黄花机场（A 楼出发厅前坪）	1 班：8：00. 2 班 10：30 3 班 13：00 4 班 16：30	0731-28125276
	8	黄花机场—湘潭	湘潭民航售票处	1 班：10：30. 2 班 14：30 3 班 16：30	0731-84798076
		湘潭—黄花机场	黄花机场（A 楼出发厅前坪）	1 班：8：00. 2 班 14：30 3 班 16：30	0731-58224084
	9	黄花机场—萍乡	萍乡东方宾馆	1 班：11：30 . 2 班 15：00 3 班 18:00	0731-84798076
		萍乡—黄花机场	黄花机场（A 楼出发厅前坪）	1 班：7：00 2 班 10：30 3 班：14:30	0799-6211111

表 12

附录五：长沙市地铁 2 号线营运时间及站点

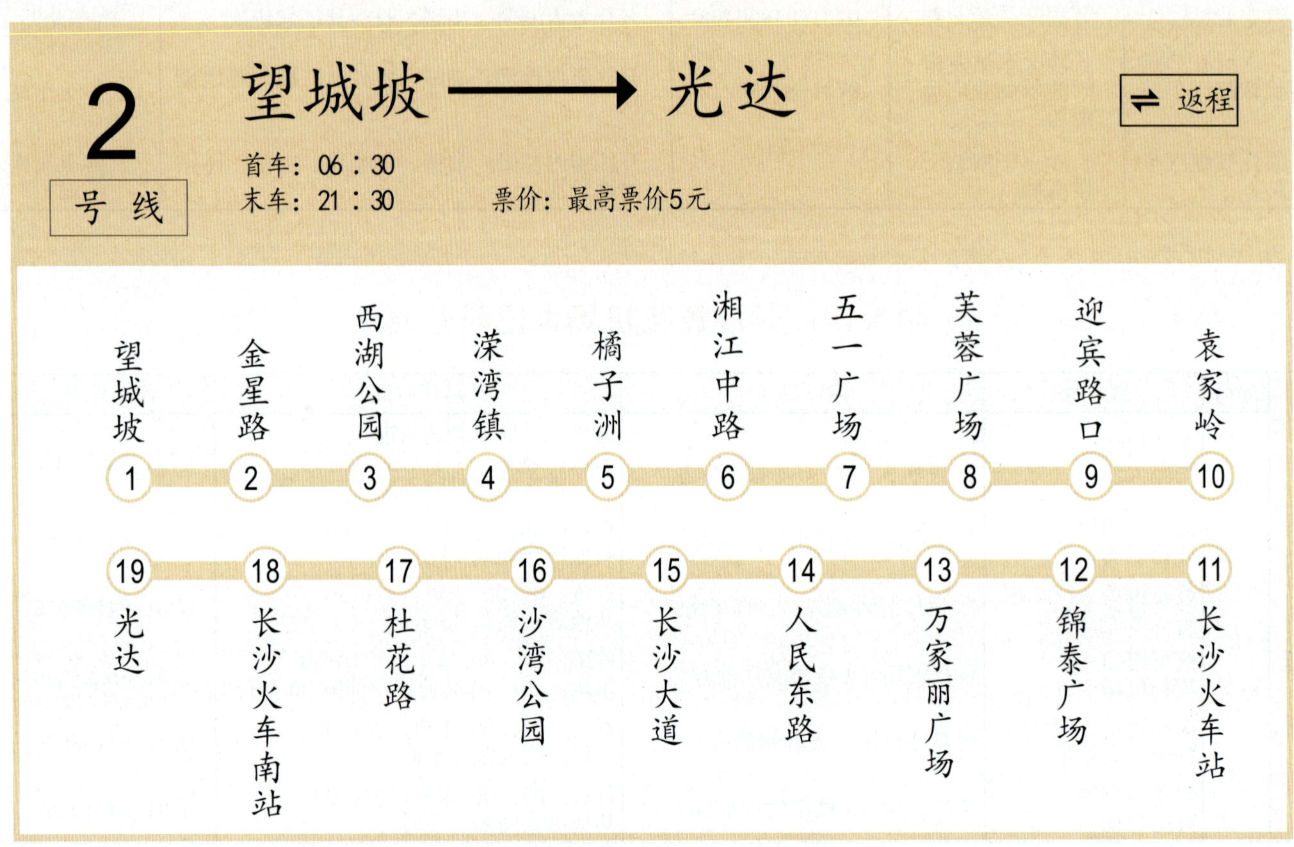

表 13

附录六：长沙市房屋产权办理点

登记点	地　址	乘车路线	联系方式
河西办公点：受理湘江以西区域房屋初始登记、变更登记、转移登记（除资金监管二手房）、注销登记、更正登记、异议登记、遗失补证、毁损换证、区划调整换证登记，负责对望城区划调整未换证档案的司法协助调查工作	长沙市岳麓大道218号市政府二办公楼一楼	市内乘6路、168路、301区间线、303路、903路、903区间线、穿梭巴士3号线至市政府站下	0731-88665177
德政园办公点：受理湘江以东区域房屋初始登记、变更登记、注销登记、遗失补证、毁损换证、区划调整换证、转移登记（除资金监管二手房）、更正登记、异议登记；负责现房司法协助、出具无房产登记证明和有房证明，以及湘江以东区域房屋所有权证的校对、缮证、发证、房屋所有权证挂失工作；负责房屋登记诉讼、房屋产权纠纷的调处工作	长沙市马王堆中路248号房产交易大楼三楼大厅	市内乘122路、130路、131路、148路、168路、168区间线、317路、702路、707路、809路、912路、912区间线、915路路至德政园东站下，乘705路、143路至樟木坝站下，乘301路至德政园站下	0731-84662171
蔡锷路办公点：受理二手房转移登记、更正登记、异议登记、遗失补证、毁损换证，负责二手房网上签约和资金监管工作	长沙市蔡锷中路196号二手房交易中心二楼大厅	市内乘2路、旅2路、901路至中山亭站下，乘901区间线、106路至水风井站下，乘501路、142路、803路、1路至小吴门站下，乘118路、401路、117路、317路等至蔡锷路口站下	0731-84779010

表 14

附录七：出入境办理点

地　区	机构名称	地　址	接待时间	联系电话	咨询热线
长沙市	长沙市公安局出入境接待大厅	长沙市岳麓区滨湾镇枫林一路2号（交警大楼裙楼4楼）	星期一至星期五 上午9:00—12:00 下午1:00—5:00	0731-82587653 0731-82587623	0731-82587653 0731-82587623
芙蓉区	长沙市公安局芙蓉分局出入境接待室	芙蓉区营盘东路369号（万家丽路与营盘路交汇处的西北角）	星期一至星期五 上午9:00－12:00 下午1:00－5:00	0731-84783073	0731-82587653 0731-82587623
开福区	长沙市公安局开福分局出入境接待室	开福区刘家冲1号（东风路高架桥旁）	星期一至星期五 上午9:00—12:00 下午1:00—5:00	0731-84523858	0731-82587653 0731-82587623

续表 14

地　区	机构名称	地　址	接待时间	联系电话	咨询热线
望城县	望城县公安局出入境接待室	望城县公安局办证大厅	星期一至星期五（法定节假日除外）上午：9:00 — 12:00 下午：1:00 — 5 :00	0731-88175030	0731-82587653 0731-82587623
天心区	长沙市公安局天心分局出入境接待室	天心区电力路 1 号（芙蓉南路省政府东侧）	星期一至星期五（法定节假日除外）上午：9:00 — 12:00 下午：1:00 — 5:00	0731-85895023	0731-82587653 0731-82587623
雨花区	长沙市公安局雨花分局出入境接待室	雨花区圭塘路 19 号	星期一至星期五（法定节假日除外）上午：9:00 — 12:00 下午：1:00 — 5:00	0731-85659628	0731-82587653 0731-82587623
高新区	长沙市公安局高新分局出入境接待室	长沙岳麓区桐梓坡路 C4 组团（银盆岭派出所对面）	星期一至星期五（法定节假日除外）上午：9:00 — 12:00 下午：1:00 — 5 :00	0731-88908797	0731-82587653 0731-82587623
浏阳市	浏阳市公安局出入境接待大厅	浏阳市关口办事处白沙路 9 号	星期一至星期五（法定节假日除外）上午：9:00 — 12:00 下午：1:00 — 5 :00	0731-83813017	0731-82587653 0731-82587623
岳麓区	长沙市公安局岳麓分局出入境接待室	岳麓区爱民路 180 号（岳麓分局旁）	星期一至星期五（法定节假日除外）上午：9:00 — 12:00 下午：1:00 — 5:00	0731-88648480	0731-82587653 0731-82587623
长沙县	长沙县公安局出入境接待室	长沙县星沙镇望仙路 1 号（县公安局大门口）	星期一至星期五（法定节假日除外）上午：9:00 — 12:00 下午：1:00 — 5:00	0731-84015097	0731-82587653 0731-82587623
宁乡县	宁乡县公安局出入境接待室	宁乡县玉潭镇二环西路文体中心西侧	星期一至星期五（法定节假日除外）上午：9:00 — 12:00 下午：1:00 — 5:00	0731-87897847	0731-82587653 0731-82587623

附录八：台湾地区通行证办理地点

表 15

地　区	机构名称	地　址	接待时间	联系电话	咨询热线
长沙市	长沙市公安局出入境接待大厅	长沙市岳麓区洙湾镇枫林一路 2 号（交警大楼裙楼 4 楼）	星期一至星期五 上午 9:00—12:00 下午 1:00—5:00	0731-82587653 0731-82587623	0731-82587653 0731-82587623
望城县	望城县公安局出入境接待室	望城县公安局办证大厅	星期一至星期五（法定节假日除外）上午：9:00 — 12:00 下午：1:00 — 5:00	0731-88175030	0731-82587653 0731-82587623

续表 15

地　区	机构名称	地　址	接待时间	联系电话	咨询热线
浏阳市	浏阳市公安局出入境接待大厅	浏阳市关口办事处白沙路 9 号	星期一至星期五（法定节假日除外）上午：9:00 — 12:00 下午：1:00 — 5:00	0731-83813017	0731-82587653 0731-82587623
长沙县	长沙县公安局出入境接待室	长沙县星沙镇望仙路 1 号（县公安局大门口）	星期一至星期五（法定节假日除外）上午：9:00 — 12:00 下午：1:00 — 5 :00	0731-84015097	0731-82587653 0731-82587623
宁乡县	宁乡县公安局出入境接待室	宁乡县玉潭镇二环西路文体中心西侧	星期一至星期五（法定节假日除外）上午：9:00 — 12:00 下午：1:00 — 5 :00	0731-87897847	0731-82587653 0731-82587623

附录九：港澳通行证办理地点

表 16

地　区	机构名称	地　址	接待时间	联系电话	咨询热线
长沙市	长沙市公安局出入境接待大厅	长沙市岳麓区溁湾镇枫林一路 2 号（交警大楼裙楼 4 楼）	星期一至星期五 上午 9:00—12:00 下午 1:00—5:00	0731-82587653 0731-82587623	0731-82587653 0731-82587623
芙蓉区	长沙市公安局芙蓉分局出入境接待室	芙蓉区营盘东路 369 号（万家丽路与营盘路交汇处的西北角）	星期一至星期五 上午 9:00 — 12:00 下午 1:00—5:00	0731-84783073	0731-82587653 0731-82587623
开福区	长沙市公安局开福分局出入境接待室	开福区刘家冲 1 号（东风路高架桥旁）	星期一至星期五 上午 9:00 —12:00 下午 1:00—5:00	0731-84523858	0731-82587653 0731-82587623
望城县	望城县公安局出入境接待室	望城县公安局办证大厅	星期一至星期五（法定节假日除外）上午 9:00—12:00 下午 1:00—5:00	0731-88175030	0731-82587653 0731-82587623
高新区	长沙市公安局高新分局出入境接待室	长沙岳麓区桐梓坡路（银盆岭派出所对面）	星期一至星期五（法定节假日除外）上午 9:00—12:00 下午 1:00—5:00	0731-88908797	0731-82587653 0731-82587623
浏阳市	浏阳市公安局出入境接待大厅	浏阳市关口办事处白沙路 9 号	星期一至星期五（法定节假日除外）上午 9:00—12:00 下午 1:00—5:00	0731-83813017	0731-82587653 0731-82587623
岳麓区	长沙市公安局岳麓分局出入境接待室	岳麓区爱民路 180 号（岳麓分局旁）	星期一至星期五（法定节假日除外）上午 9:00—12:00 下午 1:00—5:00	0731-88648480	0731-82587653 0731-82587623

续表 16

地　区	机构名称	地　址	接待时间	联系电话	咨询热线
长沙县	长沙县公安局出入境接待室	长沙县星沙镇望仙路 1 号（县公安局大门口）	星期一至星期五（法定节假日除外）上午 9:00—12:00 下午 1:00—5:00	0731-84015097	0731-82587653 0731-82587623
宁乡县	宁乡县公安局出入境接待室	宁乡县玉潭镇二环西路文体中心西侧	星期一至星期五（法定节假日除外）上午 9:00—12:00 下午 1:00—5:00	0731-87897847	0731-82587653 0731-82587623

附录十：长沙市图书馆开放时间表

表 17

1. 电子文献借阅室（盲人阅览室）、社科外借处、报刊阅览室	周一至周日　8:30—18:00
2. 少儿阅览室	周一至周五　13:30—18:00 周六、周日　8:30—18:00
3. 电子阅览室	周一至周五　8:30—12:00　14:00—18:00 周六、周日　8:30—18:00
4. 特藏文献室	周一至周五　8:30—12:00　14:30—17:30 （每年 7 月 1 日至 9 月 30 日）15:00—18:00

索　引

说明

一、本索引把年鉴的条目（特载、大事记、人物、统计资料、附录除外）用主题分析方法，按汉语拼音字母顺序排列。

二、类目、专稿标题用黑体字表明。

三、索引名称后的阿拉伯数字表示内容所在的页码，拉丁字母（a、b、c）表示栏别（从左至右分1、2、3栏）。

A

B

C

D

E

F

G

H

M

N

O

P

Q

R

S

T

Z

图书在版编目（CIP）数据

长沙年鉴. 2015 / 长沙市地方志办公室编. -- 北京：方志出版社，2015.9
ISBN 978-7-5144-1730-2

Ⅰ. ①长… Ⅱ. ①长… Ⅲ. ①长沙市－2015－年鉴
Ⅳ. ①Z526.41

中国版本图书馆CIP数据核字（2015）第245674号

长沙年鉴（2015）

编　　者：长沙市地方志办公室
责任编辑：张　颢

出 版 人：冀祥德

出 版 者：方志出版社

地址　北京市朝阳区潘家园东里9号（国家方志馆四层）

邮编　100021

网址　http://www.fzph.org

发　　行：方志出版社发行中心

电话：（010）67110500

经　　销：各地新华书店

印　　刷：长沙市雅高彩印有限公司　☏ 0731-84453344

开　　本：889×1194　　1/16

印　　张：42.75

字　　数：1700千字

版　　次：2015年10月第1版　　2015年10月第1次印刷

印　　数：0001～1800册

ISBN 978-7-5144-1730-2　　定　价：260.00元